2024학년도 중등임용 전문상담교사 대비

콕콕! 적중! 정혜영의
전문상담이론

2

정혜영 편저

이 책의 특징

- 2005~2023학년도 기출문제 전 영역 반영
- 2005~2023학년도 기출문제 년도 제시 및 최신 기출문제 수록
- 한국교육과정평가원의 "평가영역 및 평가내용 요소" 기준을 따른 교과 내용
- 내용 중요도에 따른 색깔 맞춤 표시
- 강의 수강시 워크북, 형성평가 문제 및 답안, 기말고사 문제 및 해설 제공

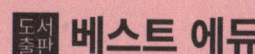

머리말

이 교재는 전문상담교사 임용고시를 준비하는 수험생들을 위해 만들어진 서적입니다. 그러므로 이 교재는 임용고시 시험을 잘 칠 수 있도록 내용과 형식이 구성되어 있습니다. 교재 특성 및 시험을 치기 위해 교재를 활용하는 방법은 다음과 같습니다.

첫째, 기출년도가 표시되어 있습니다. 그러므로 이론을 공부하시면서 최근 기출된 내용부터 자주 기출된 내용, 기출이 되었으나 오랫동안 출제되지 않았던 내용이 무엇인지 확인 가능합니다.

둘째, 기출된 적이 있는 이론 내용은 붉은색으로 표시가 되어 있습니다. 그러므로 시각적으로 기출영역을 확인할 수 있어 손쉽게 기출내용을 확인이 가능합니다. 이를 통해 변별력 있게 교재에 수록된 이론 및 개념들을 공부할 수 있습니다.

셋째, 기출된 적이 없으나 중요한 이론 내용은 파란색으로 표시가 되어 있습니다. 파란색으로 표시된 내용은 기출된 적은 없지만, 기출된 내용과 관련성이 있어 꼭 공부를 해둬야 하는 내용이거나, 이론 특성상 중요하다고 언급되거나 전문상담 임용고시 특성상 중요하게 공부를 해둬야 하는 내용에 해당합니다. 이를 통해 중요도 변별이 가능하므로 교재 내용을 중요도 우선순위에 따라 선택적으로 공부를 할 수 있습니다. 즉 본인의 학습에 있어 학습의 범위와 양을 계획할 수 있습니다.

넷째, 각 이론 내용 파트별 최근 기출문제가 수록되어 있습니다. 이를 통해 최근 기출문제 유형을 직접 확인이 가능하며, 이론 내용을 기출문제를 적용하여 정리할 수 있는 기회가 주어집니다. 또한, 최근 기출문제의 난이도를 동시에 확인할 수가 있어 본인의 학습에 있어 학습의 깊이를 계획할 수 있습니다.

다섯째, 풍부한 사례들이 제시되어 있습니다. 임용고시 시험 문제 자체가 95% 이상 사례로 출제가 되고 있어 개념들을 단순히 이해하는 것이 아니라 사례에 적용하는 것까지 연습이 되어야 합니다. 되도록 사례들을 통해 개념을 함께 이해할 수 있도록 내용을 구성하였으므로 개념들을 구체적으로 이해하기가 용이합니다.

여섯째, 임용고시 출제 영역인 교과평가 영역 범위를 충족시킬 수 있도록 내용을 수록하였으며, 기출영역과 관련된 이론 내용 및 최신 이론들까지 교재에 모두 포함이 되어 있습니다. 이로 인해 매년 교재 안에서 문제가 출제되는 비율이 95% 이상을 나타내고 있어 임용고시 합격을 보장하는 가장 신뢰할 수 있는 도구가 되고 있습니다. 그러므로 본 교재를 여러 번 회독하는 것만으로도 시험 합격에 큰 도움이 됩니다.

일곱째, 핵심구조화 지도가 함께 출간되어 본교재의 방대한 내용을 간략하게 정리하여 공부할 수 있도록 돕고 있습니다. 공부한 내용을 한눈에 지도처럼 볼 수 있게 하여 암기에 효율성을 높이는 부교재가 핵심구조화 지도입니다. 또한 강의 수강시 컬러본 요약노트가 제공되며, 워크북과 형성평가, 기말고사 등 각종 공부자료들이 제공이 됩니다. 이처럼 본교재와 핵심구조화 지도 부교재, 그리고 제공되는 자료들을 목적에 맞게 활용하면 공부과정을 탁월하게 도울 수 있습니다. 교재와 부교재, 제공되는 자료들을 연계하여, 공부계획을 세우는 것을 권장합니다.

최근 매년 전공시험 출제 경향이 바뀌고 있습니다. 그 결과 매년 학습의 방향을 잡기가 어려워지고 있습니다. 그러나 합격을 위한 원칙적인 학습 방향은 언제나 동일하고, 그 학습 방향을 충실히 지켜 공부할 경우, 어떠한 출제 경향에도 대비 가능합니다. 즉 '이론의 영역은 넓게, 이론의 내용은 깊고 상세하게' 공부하는 것입니다. 이론의 영역을 넓게 공부를 해두면 어떠한 새로운 영역에서 문제가 출제되어도 대비 가능합니다. 이론의 내용을 깊고 상세하게 공부를 해두면 어떠한 어려운 문제 유형에도 대비 가능합니다. 그 두 방향의 학습이 가능하도록 보다 넓게 이론들을 수록하고 보다 상세하게 개념들을 정리한 교재입니다. 이 교재를 통해 임용고시 시험을 준비하고 계시는 선생님들의 목표가 성취될 수 있기를 소망합니다.

정혜영 드림

콕콕!! 적중!
정혜영의 전문상담이론 II

PART I

가족상담

1. 가족상담의 정의와 특징 ········· 10
2. 가족상담의 역사 ············· 12
3. 가족상담의 기본 개념 ·········· 15
4. 정신역동적 가족상담 ·········· 23
5. 보웬의 다세대 가족상담 ········ 27
6. 사티어의 경험적 가족상담 ······ 43
7. 미누친의 구조적 가족상담 ······ 62
8. 전략적 가족치료 ············ 77
9. 후기 가족상담(2차 가족상담)의 특징 ····· 94
10. 해결중심 가족상담 ·········· 98
11. 이야기 가족상담 ············ 113
12. 통합적 모델 ··············· 128
13. 가족 스트레스 관련 이론 ······ 133
14. 가족생활주기 ·············· 139
15. 가족평가 ················· 146
16. 가족상담의 과정 ············ 167

CONTENTS

PART II 특수아상담

1. 특수교육의 대상과 정의 ·················· 184
2. 특수교육의 목표와 필요성 ··············· 187
3. 특수교육의 과제 ···························· 188
4. 통합교육 ······································ 189
5. 개별화 교육 ································· 192
6. 전환교육 ······································ 196
7. 특수아상담의 기본개념 ··················· 199
8. 특수아 상담자의 역할과 유의할 점 ··· 201
9. 특수아 부모상담 ··························· 205
10. 특수아 발생 원인 ·························· 208
11. 특수아 상담 대상 ·························· 209
12. 지적 장애(정신지체) ····················· 211
13. 학습 장애 ···································· 221
14. 정서 및 행동장애 ·························· 235
15. ADHD(주의력결핍-과잉행동장애) ····· 240
16. 자폐성 장애 ································· 252
17. 영재아 ·· 267

PART III 이상심리학

1. 이상행동의 분류와 평가 ········· 282
2. DSM-5와 DSM-IV의 비교 ········· 285
3. DSM-5의 범주 및 내용 ········· 287
4. 조현병 스펙트럼 및 기타 정신병적 장애 ····· 297
5. 양극성 장애 ········· 307
6. 우울장애 ········· 312
7. 불안장애 ········· 321
8. 강박 및 관련 장애 ········· 337
9. 외상 및 스트레스 관련 장애 ········· 343
10. 해리장애 ········· 354
11. 신체증상 및 관련 장애 ········· 361
12. 파괴적, 충동조절 및 품행장애 ········· 367
13. 성격장애 ········· 378

CONTENTS

PART IV

심리검사

1. 심리검사의 개요 ········· 400
2. 심리검사 도구의 제작 과정과 조건 ········· 409
3. 연구 설계법 ········· 426
4. 심리검사의 시행절차와 유의점 ········· 437
5. 심리검사 해석 ········· 443
6. 심리검사의 윤리 ········· 444
7. 웩슬러 지능검사 ········· 448
8. MMPI 다면적 인성검사 ········· 464
9. MBTI 성격유형검사 ········· 485
10. 행동평가 척도 검사 ········· 490
11. BGT 검사 ········· 497
12. SCT 문장완성검사 ········· 511
13. HTP(집-나무-사람) 검사 ········· 520
14. 로르샤흐 검사 ········· 528
15. 주제통각검사 ········· 544
16. 기타 지능검사 ········· 553
17. 기타 성격검사 ········· 555
18. 기타 진단용 검사 ········· 569
19. 학습 검사 ········· 575

콕콕!! 적중! 정혜영의 전문상담이론 II

PART I. 가족상담

1. 가족상담의 정의와 특징
2. 가족상담의 역사
3. 가족상담의 기본 개념
4. 정신역동적 가족상담
5. 보웬의 다세대 가족상담
6. 사티어의 경험적 가족상담
7. 미누친의 구조적 가족상담
8. 전략적 가족치료
9. 후기 가족상담(2차 가족상담)의 특징
10. 해결중심 가족상담
11. 이야기 가족상담
12. 통합적 모델
13. 가족 스트레스 관련 이론
14. 가족생활주기
15. 가족평가
16. 가족상담의 과정

1 가족상담의 정의와 특징

1 정의

가족상담(family counseling)이란 가족원 개인의 부적응과 대인관계 문제, 가족원 간의 갈등과 가족의 역기능 문제를 해결하기 위하여 가족체계를 변화시키는 데 초점을 두고 직접 개입하는 상담이다. 즉, 가족상담 및 치료는 가족원 간의 관계구조와 상호작용을 변화시켜 대인관계 기술과 적응능력을 향상시킴으로써 개인과 가족이 건강하고 기능적인 생활을 하도록 전문적인 도움을 주는 활동이다.

2 가족상담을 바라보는 관점과 원리

- 전체로서 가족은 각 부분의 합 이상이다.
- 가족은 변화와 안정성의 균형을 맞추려고 노력한다.
- 한 구성원의 증상을 개인의 정신 병리로 보기보다는 가족원 간의 관계성에서 파악한다.
- 한 가족 구성원의 변화는 가족성원 전체에게 영향을 미친다.
- 가족 구성원의 행동은 선형적 인과관계가 아닌 순환 인과관계로 가상 잘 설명된다.
- 가족은 보다 큰 사회체계에 속하며 아울러 많은 하위체계로 이루어져 있다.
- 가족은 기존의 규칙(rule)에 따라 움직인다.
- 상담은 주로 현재 상황에 초점을 맞춰야 한다.
- 가족 안에서 발생한 문제와 갈등의 원인을 아는 것도 중요하지만 그로 인해 초래되는 결과를 가족들이 주목하고 인식할 수 있도록 한다.

[2010년 기출]

버텔란피(L.Bertalanffy)의 일반체계 이론을 가족상담 이론에 적용한 개념으로 옳은 것을 〈보기〉에서 고른 것은?

〈보기〉
ㄱ. 가족체계는 각 부분의 특성을 합한 것이다.
ㄴ. 가족체계는 일반적인 규칙의 지배를 받는다.
ㄷ. 가족체계에서 부분의 변화는 전체의 변화를 초래할 수 있다.
ㄹ. 가족체계는 안정된 상태를 유지하려는 경향이 있으면서도 변화를 추구한다.
ㅁ. 가족 내의 개인행동은 순환적 인과관계보다는 직선적 인과관계로 파악하는 것이 적절하다.

3 가족상담의 특징

- 치료의 단위가 개인이 아닌 그 개인이 속한 관계의 망을 포함한다.
- 가족의 행동 패턴이 개인에게 영향을 미친다는 전제에 따라 가족을 치료 계획의 일부분으로 삼는다.
- 단기적(대개 평균 12회기 상담)이고, 해결에 초점을 두며, 구체적이고 성취할 수 있는 목표를 설정하며, 종결을 생각하고 치료를 설계한다.
- 가족치료의 거의 반은 일대일 형식이며 나머지 반은 부부치료, 가족치료 등 여러 형태가 혼합된 치료이다.

4 가족상담과 개인상담 및 집단상담

		개인상담	가족상담	집단상담
공통점		내담자(구성원의)의 문제 해결을 돕는다.		
차이점	상담 단위	개인을 단위	가족집단을 단위	5~20명 정도의 개인적, 혈연적 관계가 없는 다수
	개입대상	개인의 역사	가족 관계 내의 반복적인 상호작용	집단 안에서의 역동
	주요문제	• 성격, 무의식적 갈등 • 행동, 부적응 • 정서 문제	• 부부문제 • 부모-자녀 갈등 • 고부갈등 • 가족불화 • 가족 정서행동문제	• 대인관계 • 사회 부적응 • 불안, 행동 등의 문제
	상담목표	• 성격의 재구조화 • 증상제거 및 행동수정 및 인지변화	가족기능 향상	사회적 기능 향상
차이점	문제의 초점	• 개인의 심리·내적 문제 • 무의식적 소망, 감정전이, 외상사건 • 행동학습 및 기능회복 • 비합리적 신념 및 역기능적 인지도식 • 자아실현	• 의사소통 • 체계 내에서의 행동 방식 • 상호작용 패턴 • 가족 체계 • 시스템	• 집단 역동 • 집단 참여 • 피드백
	상담자 역할	이론별로 다양함	적극적, 참여관찰자	유동적, 촉진자
	상담 기간	기본적으로 장기 상담	개인상담보다 기간이 짧음. 가족의 관계구조가 변화하여 증상과 문제가 해소되면, 효과가 빠르고 오래 지속	단기: 마라톤 집단 장기: weekly 집단

※ 개인상담은 개인의 발달과정에 따라 상담이 이어지므로 직선적 인과론에 따라 사례개념화가 된다. 그러므로 환원적 관점을 가지나 가족상담은 순환적 인과론에 따라 사례개념화가 된다. 그러므로 맥락적, 관계적 관점을 취하게 된다.

2 가족상담의 역사

가족상담은 심리치료의 한 분파로 발전하였다기보다 새로운 세계관과 인식론의 발전에 의해 태동하게 되었다. 가족상담은 20세기 중반까지 서구를 지배하던 기계론적 세계관으로 설명할 수 없었던 생명 현상을 설명하기 위해 발전되었던 체계이론과 사이버네틱스의 영향으로 발전하였다.

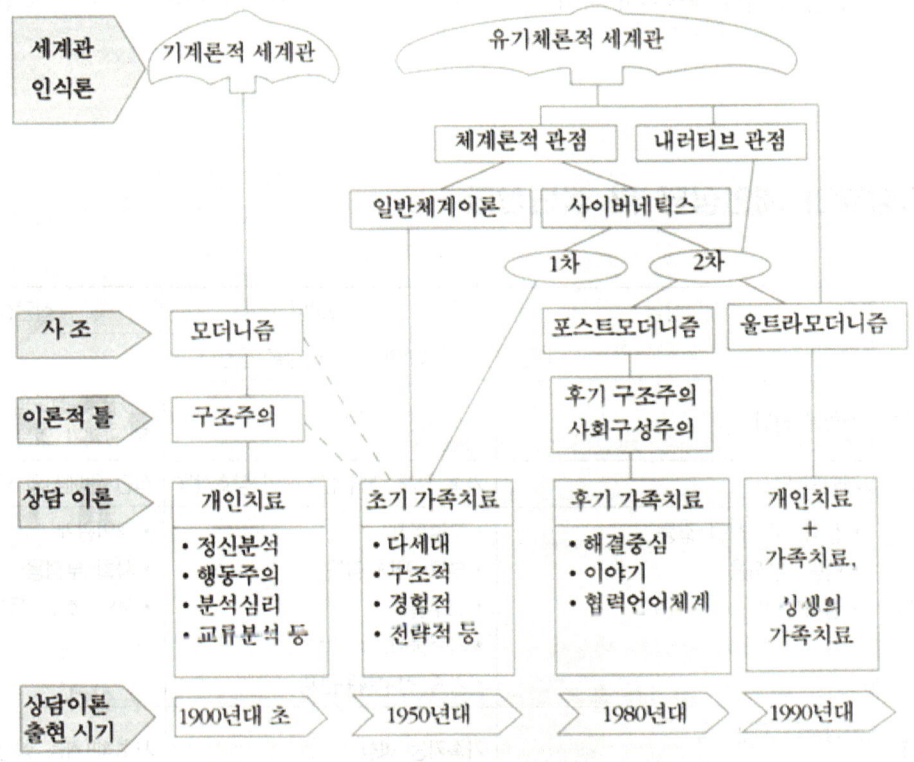

가족치료의 발달배경 사조, 「가족치료의 이해」, 정문자

시기	이론가	내용
1. 파종기 1940년대까지	베이튼슨	제2차 세계대전의 영향으로 다학제적 연구팀이 결성되었고, 이에 영국의 인류학자이자 민속학자였던 그레고리 베이튼슨(Gregory Bateson)이 미국의 국방부에서 다학제적 토론의 장이었던 메이시 회의에서 사이버네틱스의 원리와 개념을 주장하였다. 베이튼슨은 피드백이 생명의 일반적인 패턴이라고 보고, 사회체계 또한 하나의 유기체로서 피드백이라는 순환과정에 의해 움직인다고 믿었다. 그의 관심은 다양성 속에서 공통적인 조직원리를 발견하는 것이었으며, 이로 인해 개별적으로 존재하는 대상이나 실체에 초점을 두는 전통적인 심리치료적 접근에서 벗어나 사람 간의 상호작용이나 관계패턴에 초점을 두는 가족치료의 태동에 직접적인 동인이 되었다.

시기	이론가	내용
2. 모종기: 1950년대	베이트슨, 헤일리, 위클랜드, 프라이, 잭슨	일반체계이론(general system theory)과 사이버네틱스(cybernetics) 개념이 행동과학에 구체적으로 적용되기 시작하였고 가족치료(family therapy)라는 분야가 모습을 드러내게 되었다. 이때 베이트슨은 논리유형과 의사소통에 관심을 두어 헤일리, 위클랜드, 프라이, 잭슨과 함께 연구팀을 만들어 정신분열증이 가족환경 안에서 발생할 수 있다는 연구 가설을 세웠다. 그 결과 베이트슨은 1954년, 정신분열증 환자 가족에 대한 이중구속(double bind) 가설을 발표하면서 정신분열증이 개인의 정신 내적 질병이라기보다 대인적·관계적 현상이라고 보았다.
	애커먼	그는 1973년 《사회정서적 단위로서의 가족》이라는 가족치료 분야의 최초출판물을 내었으며, 지속적인 경제적 어려움이 가족환경과 정신건강에 미치는 영향에 관심을 두었다. 개인의 정신역동에 가족환경이 미치는 영향을 중시하면서 가족평가와 치료를 주도하였고, 1962년엔 잭슨과 더불어 가족치료 분야의 최초의 학술지인 《가족과정》을 발행하게 되었다.
	보웬	정신분열증 환자 가족과 일반 가족에 차이가 있음을 관찰하고 환자와 어머니의 속박관계에 관심을 두고 연구를 하였다. 그는 가족을 정서적 단위로 보았고, 여러 세대에 걸쳐 전수되는 정서적인 융합으로 인하여 정신분열증이 발생한다고 설명하였다.
	휘태커	경험적 가족치료. 정신분열증 치료를 위해 가족을 변화시키는 데 초점을 두었으며, 치료 장면에서의 경험을 통해 가족을 변화시킬 수 있다고 믿었다. 이론 구축보다는 치료기법을 개발하는 데 몰두하여, 놀이치료를 실시하였으며, 치료란 직관이며 비유와 자유연상, 환상을 통해 진행되는 예술과 같은 것으로 보았다.
	리즈	정신분열증 환자는 어머니뿐만 아니라 아버지의 영향도 중요하다고 주장하며 부부균열과 부부불균형이라는 두 개념을 발전시켰다.
	윈	정신분열증을 이해하기 위해 가족의 역할관계와 의사소통 유형을 고려해야 함을 강조했다. 1954년 보웬과 함께 정신분열증 환자가족에 관한 연구를 구체적으로 할 수 있었고 애커먼, 잭슨, 리즈와 대화하면서 거짓친밀성, 거짓적대성, 고무울타리 등 몇 가지 중요한 개념을 발전시켰다.
	보스조르메니-내지	아동지도상담소에서 일하면서 가족의 다세대과정의 영향을 강조한 맥락적 가족치료 이론을 확립했다.
3. 발아기: 1960년대	MRI: 잭슨, 헤일리, 사티어	가족치료가 독립된 전문 분야로 자리잡기 시작했다. 팔로알토에 정신건강연구소(MRI)가 있어, 정신분열증에서 시작해 청소년 비행, 학교문제, 정신·신체 질환 및 부부문제를 치료하기 위해 가족을 연구하기 시작했다. 이 기관에서 잭슨, 헤일리, 사티어가 있었다. 잭슨은 애커먼과 함께 《가족과정》을 창간했으며 가족 항상성의 개념을 가족치료 분야에 소개했다. 헤일리는 초기에는 의사소통 수준에 관심을 두었고, 베이트슨과 함께 이중구속 개념을 발전시켰다. 이후 권력이 인간 상호작용의 필수적인 부분이라고 여겨 이를 기초로 전략적 가족치료를 발전시켰다. 사티어는 활동 초기엔 의사소통에 관심을 두어 인생 초기 부모와의 의사소통과 상호작용을 통해 정서적 성장과 자아존중감이 형성된다고 믿었다. 후기엔 치료 장면에서 경험을 중시하게 되었고, 경험적 모델의 대표자가 되었다.
	미누친	저소득층 비행청소년 집단을 치료하는 과정에서 정신분석치료 기법이 효과적이지 않게 되면서, 비행청소년 뒤에는 역기능적 가족구조가 있음을 발견했다. 1965년에 필라델피아 아동지도 클리닉을 창설하여 빈민가족을 대상으로 더욱 구체적인 치료와 연구 활동을 시작했다. 구조적 가족치료의 대표자이다.
4. 개화기: 1970년대		1972년, 베이트슨은 《마음의 생태학》이라는 책을 출간하여 생물의 특징인 서로 연결되어 있는 체계의 특징을 마음이라 규정했다. 이는 개별적인 유기체뿐 아니라 사회체계와 생태계에도 표출되어 있다고 강조함. 또한, 이때는 가족치료자들이 발전시킨 이론적 모델들이 더욱 분명하게 구분되고 이를 대표하는 센터가 생겼다. 이 시기까지 발달한 대표적인 가족치료 모델로는 다세대 모델, 구조적 모델, 경험적 모델, 전략적 모델, 대상관계 가족치료 모델, 인지행동적 가족치료 모델이 있다.

시기			내용
5. 전환기: 1980~ 1990년대	초기 모델의 통합		• 여러 모델을 통합하거나 개인의 선호나 내담자의 증상에 따라 적절한 모델을 사용할 필요성을 절감하게 되었다. 〈초기 가족치료 모델들의 공통점과 차이점〉
		공통점	• 치료의 첫 단계에선 가족에 대한 평가를 강조한다. • 문제 발생에 대해 특정 가족원에 초점을 두는 것이 아니라 가족원 모두의 책임을 강조한다. • 가족의 의사소통 유형 파악 및 수정을 강조한다. • 치료의 목표가 가족의 역할의 융통성과 적응력 도모, 부부간의 권력 균형, 가족 집단성 안에서 개별성 확립, 의사소통의 구체성과 명료성 도모라는 점에서 유사하다.
		차이점	이론에서 강조하는 초점: 개인 심리 내면 VS 대인관계 — 개인 심리 내면 – 보웬의 다세대 모델, 사티어의 경험적 모델 / 대인 관계 – 미누친의 구조적 모델, 전략적 모델 과거와 현재를 강조하는 정도 — 현재와 과거 모두 강조 – 다세대 모델, 맥락적 모델, 사티어의 경험적 모델 / 과거보다 현재에 초점 – 구조적 모델, 전략적 모델
	후기 모델이 출현		• 초기 모델은 유기체론적 시각을 온전히 반영했다기보다 모더니즘적 영향도 받았다. 이에 가족의 상호작용 패턴을 객관적이고 과학적인 관찰과 측정을 통해 관찰하고 평가할 수 있다고 믿었다. 그 결과 치료자는 가족의 정상성이나 역기능성 여부를 정의하고 치료목표를 설정하는 객관적이고 전문적인 존재가 된다. • 모더니즘의 기계론적 세계관의 한계에서 벗어나려는 노력으로 포스트모더니즘이 등장했다. 이에 실재란 객관적으로 '바깥 거기에' 존재하는 그 무엇이 아니라 개인이 주관적으로 구성하는 의미의 세계라는 믿음이 확산되었다. • 구성주의와 사회구성주의가 등장했다. 구성주의(constructivism)란, 실재가 개인이 주관적으로 구성하는 것이라는 관점을 가진 사조이며, 사회구성주의(social constructionism)란, 실재가 사회적이고 언어적인 상호작용을 통해 구성된다고 보는 사조이다. • 모델의 주요 개념에 따라 정상성과 역기능성(dysfunctionality)을 평가하고 치료목표를 설정하는 것은 의미를 잃어가게 되었으며, 개인이 자신의 가족이나 관계를 어떻게 경험하는지, 자기 경험의 세계에 어떤 의미를 부여하며 자신의 경험의 세계를 어떻게 구성하는지를 파악하는 것이 문제해결 과정에서 강조된다. • 치료자는 내담자보다 더 많이 아는 전문가가 아니라 내담자의 경험의 세계를 재창조하는 과정에서의 협력자이다. • 해결지향 모델, 해결중심 모델, 이야기치료, 협력언어체계 모델.

3 가족상담의 기본 개념

1 일반체계이론 📖 2010 기출

1 체계이론의 개념과 배경

(1) **체계이론(일반체계이론과 사이버네틱스를 포함한 용어)**이란, 베르탈란피(L. Bertalanffy)가 제시한 이론으로, 세계를 모든 현상의 상호연관성과 상호의존성에 의해 파악하는 것을 뜻한다. 즉, 체계(system)가 외부환경과 상호작용하면서 환경의 지속적인 입력과 출력을 통해 자신을 유지해 나간다고 보는 유기체(organism)에 대한 생물학적 모델이다.

(2) 일반체계이론(general system theory)은 체계를 환경과 지속적인 상호작용을 하는 개방체계로 보기 때문에, 외부 관찰자가 체계에 대한 투입과 산출 간의 피드백 과정을 관찰함으로써 체계의 특성을 파악할 수 있다.

(3) 심리학적 문제 역시, 마음 안에 무엇이 진행되고 있는가를 연구하기보다 투입과 산출(행동, 의사소통, 규칙 등)을 연구하는 것이 더 효율적이라는 관점이다. 따라서 더 이상 관찰 불가능한 심리 내면에 대한 가정을 세울 필요가 없으며, 관찰 가능한 투입과 산출 관계만 관심을 두면 된다.

(4) 가족 역시 특정한 관계에 있는 개인으로 이루어진 전체로서 외부환경과 지속적인 상호작용을 하는 개방체계로 보았다.

(5) 가족체계이론의 관점은 개인이나 가족의 문제도 고립된 단위에서 발생한 문제로 보기보다는 사회환경과의 상호작용이나 가족 구성원의 역동적인 관계망이라는 가족체계의 산물로 접근하게 된다.

2 체계와 하위체계

(1) **체계(system)**란, 상호작용하는 관계에 있는 부분들의 집합체로서 여러 수준이 있는 것을 뜻한다. 체계는 상호의존적이고 상호작용하는 부분들로 구성되는 형성물이다. 이 때 부분들이란 순환적 인과관계로 상호작용하는 상위체계, 하위 체계들과 각각의 구성 요소들을 말한다.

(2) **상위체계(suprasystem), 하위체계(subsystem)**: 특정 체계보다 더 높은 수준은 그 체계의 상위체계이고 더 낮은 수준은 하위체계다. 체계의 수준들은 상호작용하면서도 고유하게 존재한다. 따라서 한 체계에 있는 특성은 다른 수준의 체계에도 있으므로 동일한 개념을 적용하여 서로 다른 체계를 이해할 수 있다.

(3) 가족은 상호작용하는 개인의 집단으로서 하나의 체계이다. 가족체계는 사회라는 상위체계의 하위체계임과 동시에 더 낮은 개인체계의 상위체계다.

(4) 가족의 하위체계는 개별 가족원 외에도 부부, 부모-자녀, 형제자매 하위체계 등으로 구분될 수 있다.

3 체계의 경계

(1) **정의**: 경계(boundary)는 개인 간 또는 하위체계 간 그리고 가족과 더 큰 상위체계 간의 에너지와 정보를 주고받고 서로 접촉하는 정도나 문제해결을 위해 상호 교류하는 정도를 뜻한다.

(2) 특징
   ① 경계에 따라 상위체계, 하위체계 등 수직적인 구조를 띤다. 경계는 체계의 유한성으로서 특정한 규정성을 나타내며, 체계의 생성이나 소멸은 경계의 존재에 따라 다르게 표시될 수 있다.
   ② 특정 체계가 상위체계와 하위체계로부터 어떻게 분리되고 소속되는가에 따라 체계의 정체성이 달라진다.
   ③ 인간이 환경과의 관계에서 에너지를 교환하는 강도에 따라 경계가 형성된다.
   ④ 가족체계의 경계가 기능적으로 규정되는지의 여부는 인간의 기본적인 욕구와 연관된다.

(3) 경계의 역할
   ① 하나는, 유통역할로 외부체계와 상호작용하면서 에너지나 정보를 교환한다.
   ② 또 하나는, 보호역할로 체계에 유익한 에너지나 정보는 받아들이지만 무익한 것은 들어오지 못하게 하며, 또 체계에 필요한 에너지나 정보가 외부체계에 쉽게 흘러 나가는 것을 저해하지만 체계에 해로운 것은 외부체계에 최대한 신속하게 배출한다.

(4) 가족은 하나의 체계로서 경계의 개념을 통해 가족의 정체성을 구분 짓는다. 또한 가족 안에 존재하는 다양한 하위체계의 정체성도 구분 지을 수 있다.

(5) 가족의 정체성을 구분하는 경계는 자율성과 독립성, 상호작용과 관여의 수준에 따라 경직된 경계, 밀착(애매, 모호)된 경계, 명확한 경계로 나뉠 수 있다.

4 개방성과 폐쇄성 2021 기출

(1) **체계의 개방성(openness)과 폐쇄성(closedness)의 정의**: 이는 외부체계에서 들어오거나 외부체계로 내보내는 정보의 흐름이나 상호교류를 허용하는 정도를 나타낸다. 체계가 지닌 에너지나 자원을 외부 환경이나 체계와 교환하는지의 여부가 개방된 체계와 폐쇄된 체계를 결정한다.

(2) **건전한 체계의 조건**: 체계가 건강하게 기능하기 위해서는 개방성과 폐쇄성 간에 적절한 균형을 이루어야 한다. 체계가 지나치게 개방적이거나 지나치게 폐쇄적일 경우, 체계는 외부로부터 정보를 지나치게 많이 받아들이거나 전혀 받아들이지 않게 됨으로써 체계 고유의 정체성과 생존이 위협받게 된다.

(3) 체계의 개방성과 폐쇄성 간에 어느 정도의 균형이 바람직한가는 체계가 처한 맥락이나 상황에 따라 다르다. 예를 들어, 다른 지역으로 이사를 간 가족의 경우엔 지역사회에 빨리 적응하기 위해 개방적이어야 한다. 만약 이전에 살던 생활 패턴을 고수하고 가족 간의 상호작용만 강조한다면 지역사회에 적응하기 어려울 것이다.

5 피드백 2015 기출

(1) **정의**: 피드백(feedback; 되먹임, 환류)이란 체계가 어떤 과정이나 행동의 결과에 대한 정보를 그 근원에 전달하는 과정으로, 체계가 역동적인 균형 상태에서 정체성과 항상성을 유지할 수 있도록 하는 자기조절 기제를 말한다.

(2) 가족체계가 기능적이기 위해서는 안정을 유지하면서도 변화해야 하기 때문에 부적 피드백과 정적 피드백이 모두 필요하다.
   ① **정적(positive) 피드백**: 체계의 안정적인 상태를 거부하고 체계를 변화시키려는 피드백
   ② **부적(negative) 피드백**: 체계의 변화나 이탈을 거부하고 체계의 안정성을 유지하려는 피드백

3 가족상담의 기본 개념

[2015년 기출]

다음은 전문상담교사들이 진수(중2, 남)의 가족상담 사례에 대해 논의한 내용의 일부이다. 괄호 안에 ⓒ에 해당하는 개념을 쓰시오.

> 김 교사: 진수의 반항 행동을 '가족'이라는 맥락에서 접근해 보면 어떨까요?
> 이 교사: 일반체계이론의 관점에서 볼 때, 가족체계는 가족의 상황에 따라 안정성을 유지하기도 하고 변화되기도 하지요. 진수가 중학생이 되었는데도 여전히 어린 아이로 취급하는 아버지 때문에 반항하는 행동을 보이는 것 같습니다. 이러한 상황을 볼 때, 진수네 가족은 가족체계의 변화를 거부하고 안정성을 유지하는 방향으로 (ⓒ)을/를 작동시키고 있는 것으로 보입니다.

6 순환적 인과관계 2006, 2007, 2014, 2021 기출

(1) 체계의 특징: 체계에서 일어나는 행동은 순환적으로 서로 영향을 미쳐 순환적인 결과를 일으키므로 직선적인 원인과 결과를 정확하게 찾고 구분 지을 수 없음을 뜻한다. 따라서 증상이나 문제는 특정 원인에 의해 일어나는 것이 아니라 행동과 반응의 연속선상에 존재한다. 이와 반대되는 개념이 직선적 인과관계(선형적 인과관계)이다.

(2) 마침표(구두점, punctuation): 순환적 인과관계 속에서 특정 원인을 구별해 내는 것을 마침표라 한다. 마침표는 관찰자에 따라 다르게 찍혀지게 되며 이로 인해 대인관계 갈등이 생겨난다.

> 예 아버지는 아들이 늦게 귀가해서 잔소리하는 것에 마침표를 찍는다면 아들은 '아버지가 잔소리해서 늦게 귀가한다.'에 마침표를 찍는다.

(3) 동일결과성과 동일잠재성: 동일결과성이란 살아 있는 체계가 다양한 출발 상태에서 시작하여 다양한 방식과 역동적 상호작용을 통해 동일한 특징적 결과에 이르는 경향을 뜻하며, 동일잠재성이란, 똑같은 출발에서 다양한 결과에 이르른 것을 뜻한다.

[2021년 기출]

다음은 전문상담교사가 소미(중3, 여)를 상담한 후 수퍼바이저와 나눈 대화 내용의 일부이다. 밑줄 친 ⊙과 ⓒ에 해당하는 인과론의 명칭을 순서대로 쓰고, 각각의 관점에 근거하여 소미의 문제 행동의 원인을 순서대로 서술하시오.

> 상담 교사: 제가 상담하고 있는 소미가 지난주에 가출했다가 들어왔어요.
> 수퍼바이저: 가출을 할 만한 특별한 이유가 있었나요?
> 상담 교사: 소미 부모님 간의 갈등이 큰 원인인 것 같아요. 소미의 아버지는 내성적이고 행동이 좀 느린 편이시라고 합니다. 어머니는 그런 아버지에게 잔소리를 좀 많이 하시는 편이고요. 아버지는 어느 날부터 저녁에는 야근을 하시고 주말마다 낚시를 가 버리셨대요. 그러면서 어머니와 아버지의 갈등은 더 심해지셨다고 하더라고요. 소미는 부모님이 싸우실 때마다 답답한 마음에 담배를 피우기 시작했는데, 지난주에 학교에서 담임 선생님에게 걸렸다고 하더라고요. 그 일로 부모님이 학교에 오시게 되었는데, 그날 부모님이 더 크게 싸우신 것 같아요.
> 수퍼바이저: 소미는 부모님이 본인 때문에 싸우시는 것 같아서 힘들었겠네요.
> 상담 교사: 네, 아마도 그랬던 것 같아요. 소미는 부모님이 이혼하실까 봐 걱정이 들면서도, 집에 있으면 속이 터질 것 같고 너무 답답한 마음에 가출을 했다고 하더라고요.
> 수퍼바이저: 음... 제 생각에는 부모님을 같이 상담에 참여시켜 가족 상담을 진행하면 어떨까 합니다. 소미의 문제 행동의 원인을 다른 관점에서 보면 좋을 것 같아요. 가족 상담이 활발하게 발달하기 전에는 ⊙ <u>내담자 문제는 특정한 원인의 결과라는 시각이 많았습니다.</u> 아마도 선생님이 소미 문제를 바라보는 관점과 비슷할 것 같아요. 이후, ⓒ <u>베르탈란피(L. Bertalanffy)가 제시한 일반체계 이론의 영향으로 내담자 문제의 원인을 바라보는 새로운 시각이 주목받기 시작했습니다.</u>

7 정보처리와 의사소통 📖 2007 기출

(1) 체계의 모든 과정은 정보처리(information processing)와 의사소통(communication)으로 이루어진다. 살아 있는 체계는 외부체계에서 들어오는 정보를 처리하고 외부체계에 내보낼 정보를 조절함으로써 그 고유의 구조와 기능을 유지하기 때문이다.

(2) 동일한 원리로, 가족 안에서 또는 가족과 외부체계 사이에서 이루어지는 정보의 교환의 불확실성을 감소시킨다면 가족이 제 기능을 유지하는 데 유익하다.

(3) 가족원 간의 상호작용은 정보처리와 의사소통을 통해 이루어지는데 이에는 세 가지 원칙이 있다.
   ① 사람은 행동하지 않을 수 없다.
   ② 사람은 의사소통(생각, 감정, 마음 등의 언어적, 비언어적 포함)하지 않을 수 없다.
   ③ 어떤 행동에 부여하는 의미가 곧 그 행동의 진짜 의미는 아니다. 그러나 누군가가 그 행동에 특별한 의미를 부여하면 그것은 그 사람에게 진실이 된다.

(4) 의사소통의 두 가지 양식: 특정 메시지가 어떻게 받아들여지는가를 평가할 때 디지털(digital) 언어의 영향은 약한 반면, 아날로그(analog) 메시지의 영향은 강하다.
   예 당신이 마음에 들어요.
   ① **디지털 양식**: 언어와 숫자에 해당하는 것으로 중간중간 끊어지는 대화 양식이다. 대화 속에서 실제로 전달되는 말과 내용을 뜻한다. 뉴스나 정보교환 등이 디지털 대화에 속하며, 논리적인 언어규칙에 의해서 사실 그대로 전달되며 이해하는 것이다.
   ② **아날로그 양식**: 비언어적 메시지와 맥락을 합한 것으로 연속적으로 이어지는 메시지 양식이다. 대화하는 사람과의 관계를 규정해 주며, 대화 본래의 의도와 의미 부여가 중요하다. 제스처나 말투, 억양 등의 의미가 상황에 따라서 다를 수 있고, 비언어적인 영역들(눈물, 기쁠 때와 슬플 때 등)이 여기에 속한다. 아날로그 대화는 대화에서의 관계 수준을 결정하는 요인이 된다. 메시지의 내용이 메시지의 의미를 결정할 수 있기 위해서는 비언어적 양식 및 맥락과 맞아야 한다. 더 영향력 있는 메시지는 비언어적 메시지인 아날로그 양식이다.

(5) 의사소통에서 무엇을 말하는가(전달내용)와 그것을 어떻게 전달했는가(과정과 통로) 모두에 주목을 한다. 보통 의사소통 내용에 주의를 기울이지만, 의사소통 과정(어떠한 상황에서 어떠한 방법으로 전달했는가)에 의해 메시지의 전달 효과가 달라질 수 있다.

(6) 치료적 관점: 가족치료자들은 가족 간의 아날로그 대화에 더 많은 관심을 갖고 의미부여와 해석을 한다. 가족 안에서 행동의 방식들을 이해하는 데 디지털 대화와 아날로그 대화의 일치에 의한 경우가 기능적이라면, 역기능적인 경우는 디지털 대화와 아날로그 대화가 일치하지 않는 경우이다. 언어를 통해 감정 상태는 괜찮다고 하면서 행동방식은 계속 불만투성이의 행동을 나타낸다든지, 언어표현과 비언어적인 표현이 서로 일치하지 않을 때는 상대방은 대화에 혼란을 일으키고 대처방식에서 서로 간에 더욱 큰 갈등을 일으킨다.

8 규칙 📖 2007, 2015 기출

(1) **정의**: 체계의 규칙(rule)은 체계가 허용하거나 수용하는 행동의 범위를 나타내며, 체계가 무엇을 가치 있게 여기고 어떠한 행동을 적절한 것으로 여기는가를 드러내는 일종의 규범이다. 체계는 이러한 일정한 규칙에 의해 유지되고 기능한다.

(2) **가족규칙의 정의**: 가족 역시 하나의 체계로서 규칙에 의해 움직인다. 가족규칙(family rules)은 가족의 상호작용을 지배하는 행동규범이나 기대를 뜻한다.

- **(3) 가족규칙의 내용**: 성역할, 행동규범, 의사소통 방식, 감정표현 방식 등과 연관된다. 즉 집안일은 누가 하고, 귀가시간은 몇 시고, 명절에는 어떻게 지내야 하며, 의사결정은 어떻게 이뤄지는가 등이 있다.
- **(4) 규칙의 설정 과정**: 대개 가족의 반복적인 상호작용과정을 통해서 이루어지며 명문화되어 있지 않다. 따라서 가족규칙을 위반하고 나서야 그것이 규칙이었는지를 아는 경우가 많다.
- (5) 가족의 정체성을 구분 짓는 것도 가족을 지배하는 규칙에 근거한다. 그러므로 이러한 법칙을 알게 되면 가족의 기능이 제대로 작동될 수 있도록 도울 수 있다.

[2007년 기출]

다음 가족 간의 대화에서 나타난 가족규칙 1가지를 쓰시오.

어머니: 여보, 전세 계약이 끝나 가는데 어디로 이사 가요?
현 경: 엄마, 이번에는 아파트로 이사 가요.
어머니: 넌 이사는 걱정 말고 공부나 잘 해.
아버지: 그래, 현경아. 이사는 우리가 알아서 할 테니까 너는 공부만 열심히 해라.
현 경: 예, 알았어요.

---

9 전체성

- **(1) 체계의 전체성(totality)이란**, 체계가 하나의 전체로 존재하며 하나의 전체로 운동함을 뜻한다. 체계는 부분들을 합쳐 놓은 것보다 더 크다. 이는 체계가 좀더 작은 부분의 특성으로 환원되어 이해될 수 없고, 부분의 특성은 좀더 큰 전체라는 맥락 속에서만 이해될 수 있음을 뜻한다.
- (2) 예를 들어, 두 명의 가족이 체계를 이룰 때, 각각 두 사람의 특성만을 파악해서는 가족체계의 전체 특성을 파악할 수 없다. '두 사람의 각각 특성 + 두 사람 간의 상호작용'까지 파악해야 가족 전체 특성을 파악할 수 있다.

10 상호보완성과 패턴

- **(1) 체계의 상호보완성(complementarity)이란**, 체계의 요소들을 독립적으로 이해할 수 없으며, 체계의 한 부분에서 일어난 변화는 다른 부분에도 영향을 끼치고 그 반대의 경우도 마찬가지임을 나타내는 개념이다.
- (2) 가족체계 안에서도 한 사람의 행동은 그 자체만으로는 이해하기 어려우며, 그 사람이 맺고 있는 관계나 맥락을 고려할 때 충분히 이해할 수 있다. 예를 들어, 아내의 잔소리는 무관심하거나 회피적인 남편의 행동과 상관이 있을 수 있다.
- (3) **패턴(pattern)**은 체계를 전체적으로 파악했을 때 알 수 있는 것으로서, 체계의 특성은 패턴의 특성을 뜻하며, 체계가 파괴된다는 것은 곧 패턴이 파괴된다는 것을 뜻한다. 즉, 가족체계를 이해하기 위해서는 가족원 개인의 특성보다는 가족의 상호작용 패턴을 이해해야 한다.

11 자율성(autonomy)과 자기조직(self-organization)

(1) 유기체는 환경과 상호작용할 뿐만 아니라, 기계와 달리 스스로 움직일 수 있으며 자기생성적(autopoiesis)이다. 따라서 체계의 질서와 움직임은 환경에 의해서만 부과되는 것이 아니라 체계 자체에 의해 서로 수립된다. 체계는 환경과 상호작용하지만 이러한 상호작용만이 체계의 구조를 결정하는 것은 아니다.

(2) 예를 들어, 환경의 투입(치료적 개입)이 동일하더라도 내담자 가족의 구조적 패턴에 따라 내담자의 변화는 다르게 나타날 수 있다. 이는 가족이 자율적이며 자기조직적 체계이므로 동일한 치료적 처치도 내담자나 가족에 따라 다르게 나타날 수 있음을 뜻한다.

2 사이버네틱스(Cybernetics)

1 정의

사이버네틱스란, 기계와 유기체는 통제와 자기조절 과정에서 차이가 있음을 인식하고, 유기체는 기계와 달리 인과적으로 연결된 구성요소의 순환적인 배열이라는 피드백 순환고리에 의해 움직인다는 관점의 사조이다.

비교 >> 기계는 원인과 결과, 자극과 반응, 투입과 산출의 연결이라는 선형적 인과관계에 의해 작동한다.

2 1차 사이버네틱스와 2차 사이버네틱스

(1) 1차 사이버네틱스
  ① 치료자가 체계 밖에서 체계를 객관적으로 관찰하고 중립적으로 조절하는 것이 가능하다고 보는 관점이다. 치료자를 절대 위치에 올려놓았으며 치료자의 생각과 행위에 절대적 권위를 부여한다.
  ② 유기체가 환경과 되먹임을 주고받으면서 지속적으로 상호작용한다는 관점으로 치료자가 내담자의 체계 밖에서 중립적으로 관찰하면서 제어나 조절을 할 수 있다는 관점이 반영된 것이다.
  ③ 1차 사이버네틱스는 체계가 자동적으로 움직이고, 또 자기 조직적 특성을 갖는다는 사실을 무시하였다는 비판을 받았다.

(2) 2차 사이버네틱스
  ① 피드백의 가장 높은 수준에서 볼 때 체계는 닫힌 체계이며 자기 조직하는 체계라고 본다.
  ② 어떤 체계든 정보가 외부와 교환되기 때문에 열려 있지만, 여전히 조직적으로는 자율적 메커니즘에 의해 닫혀 있는 측면이 작동하고 있다는 관점이다.
  ③ 인간의 자기준거적 특성, 자율적 특성에 주목한다. 포스트모더니즘 사조의 많은 부분을 반영하고 있으며 후기 가족치료 탄생에 기초가 되었다.

3 초기 가족치료 연구

가족치료 발전은 정신분열증 환자 가족 연구에서 시작되어, 베이트슨(Gregory Basteson) 연구진의 이중구속, 리즈(Theodore Lidz)의 부부균열과 부부불균형, 윈(Lyman Wynne)의 거짓상호성과 거짓적대성, 보웬(Murray Bowen)의 자기분화 개념이 만들어졌다.

1 이중구속 📖 2006, 2015 특시 기출

(1) 정의: 이중구속(double bind)이란, 특정 구성원이 상대방에게 언어적 메시지와 비언어적 메시지를 제시할 때 서로 모순되는 메시지(이중메세지)를 보내 상대방으로 하여금 어떤 메시지가 진짜 메시지인지 분간하지 못하게 만드는 상황을 뜻한다. 이 때 상대방은 어떠한 수준의 메시지에 반응하더라도 결코 적절한 반응이 될 수 없는 상황에 처하게 된다.

(2) 이중구속의 성립 조건
① 개인의 성장과 발달에 중요하고 지속적인 관계에서 한 사람은 희생자이다.
② 이중구속 상황에 처한 사람이 어떤 메시지에 반응하는 것이 옳은가를 파악하기 위해 상대방에게 질문하는 것이 두렵고 어려워야 한다.

〈이중구속 성립 상황의 조건〉
- 두 사람 이상의 관계, 한 사람은 희생자
- 지속적인 관계
- 희생자에게 1차 부정명령이 내려진다.
- 1차 부정명령과 불일치하는 2차 부정명령이 내려진다. 2차 부정명령은 더 처벌적이며 위협적이고, 따르지 않을 수 없다.
- 희생자가 이 상황에서 빠져나가지 못하도록 하는 3차 부정명령이 내려진다.
- 희생자가 이중구속 상황에 빠져 있음을 지각하였을 땐 이미 이 과정에서 빠져나올 수 없다. 각 과정에서 공포와 분노를 느끼고 불일치한 부정명령을 환청으로 들을 수 있다

(3) 이중구속의 결과: 희생자는 어떤 종류의 메시지가 진짜 메시지인지를 알지 못하므로 혼란 상태에 빠진다. 그리고 모든 말의 이면엔 숨겨진 의미가 있다고 생각하여 정신분열증을 겪게 된다.

[2015년 특시 기출]

다음은 경수(중2,남) 가족의 의사소통을 관찰한 내용이다. 경수네 가족의 의사소통을 베이트슨(G. Bateson)의 개념으로 볼 때, 경수 어머니는 경수에게 (㉠)을/를 보내고 있다고 볼 수 있다. ㉠에 해당하는 용어를 쓰시오.

〈경수네 가족 의사소통〉

엄마: (무표정한 얼굴로) 경수야, 엄마가 널 얼마나 사랑하는지 알지? 이리 와 보렴.
경수: (엄마에게 다가가며) 네…. 엄마.
엄마: 사랑하는 우리 아들, 이번 기말고사에는 1등 할 수 있지?
경수: 네, 노력해 볼게요.
엄마: 애, 누가 너더러 대답하래?
경수: 엄마가 물어보셔서…….
엄마: (짜증난 표정으로) 그래서 이번 1등은 자신 있다는 거야, 없다는 거야?
경수: (어쩔 줄 몰라 아무 말도 하지 못하고 서 있다)
엄마: 왜 말이 없어? 엄마 말이 말 같지 않니?

2 부부균열과 부부불균형

(1) **부부균열(marital schism)**
① **정의**: 부부가 서로 역할을 교환할 수 없고 목표를 공유하거나 보완할 수 없는 상황을 뜻한다.
② **양상**: 부부는 각자 자신의 기대와 욕구를 충족하기 위하여 상대방을 억누르고 상대방의 동기를 믿지 않으려고 할 뿐 아니라 상대방의 지위, 특히 부모로서의 지위를 손상시키려 한다.

(2) **부부불균형(marital skew)**
① **정의**: 부부 간의 권력이 지나치게 불균형을 이룬 상황으로 부부 중 한 사람은 강하고 다른 한 사람은 약한 위치에 있다.
② **양상**: 이 경우 강한 배우자가 약한 배우자를 지배함으로써 부부 간 갈등이 표면화되는 것을 막을 수 있다. 그러나 부부 간 조화로운 힘의 균형을 유지하는 데 실패할 뿐 아니라 부부 간에 허용되는 것과 실제로 느끼는 것 사이의 불일치를 공개적으로 표현할 수 없게 된다.

(3) **정신분열 유발 이유**: 부부균열이나 부부불균형의 특징이 있는 가족에서, 자녀는 부모 중 누구에게 충성심을 보여야 할지 갈등하게 되고, 깨질지도 모를 부모의 결혼생활을 붙잡아야 한다는 압박감에 시달릴 수 있다. 이로 인해 일관성 있고 논리적으로 사고하고 의사소통하는 능력의 발달에 손상을 입어 정신분열증을 보일 수도 있게 된다.

3 거짓상호성(pseudo-mutuality)과 거짓적대성(pseudo-hostility)

(1) **공통점**: 가족 간 의사소통을 왜곡시키고 현실에 대한 지각을 손상시켜 관계를 논리적으로 생각할 수 없게 만드는 유형들이다.

거짓상호성	거짓적대성
• 겉보기에 친밀한 가족 간의 상호작용이 사실은 거짓인 상태 • 가족원이 서로 친밀하게 보여야 한다는 데 지나치게 몰두 • 가족원 개인의 정체성을 인정하지 않음 • 가족원 각자의 생각이나 느낌을 표현하는 것을 허용하지 않음 • 역할에 융통성이 없으며 유머와 자발성이 부족함	• 겉으로 거리감을 두거나 적대적인 방식으로 상호작용하는 상태 • 친밀감뿐만 아니라 갈등이나 불화 역시 직접적으로 다루는 것을 어려워함

(2) **고무울타리(rubber fence)**
① **정의**: 가족 내에서 허용할 수 없는 가족원의 정보에 대해 폐쇄하고 배척하기 때문에 가족의 경계가 바뀌게 되는 것을 뜻한다.
② **양상**: 한 가족원이 개인의 정체성과 독자성을 찾으려고 시도할 경우, 가족이 함께 해야 한다는 믿음으로 가족의 담장을 확장해 가는 상황이다.
③ **정신분열증 이유**: 개인은 가족 밖의 경험에서 의미를 정확하게 추론할 수 있는 자신의 능력을 의심하게 되고 가족의 안전한 경계로 회귀하려 하면서 혼란상태에 빠져 정신분열증에 걸릴 수 있다.

4 정신역동적 가족상담

1 역사

1) 정신역동적 가족치료(Psychodynamic Family Therapy)는 상담자와 가족원 또는 다른 사람 사이의 반응 방법에 대한 통찰을 갖고 가족에 개입하는 치료이다.
2) 정신역동적 치료는 원래 프로이트에 의한 개인치료 이론으로 가족상담 및 치료가 생성되는 초기에 많은 선구자들이 이 치료이론에서 출발하고 훈련 받았다. 이들은 가족을 치료하면서 정신분석과 체계이론을 통합하려고 하였다.
3) 1960년대와 70년대 미누친(Salvador Minuchin), 사티어(Virginia Satir) 등 다수의 치료자들은 정신역동적 접근에서 완전히 벗어나 체계론에 기초한 이론들을 개발시킴으로써 정신역동적 사고와 통찰은 가족치료 주류에서 무시되었다.
4) 1980년대부터 가족치료에서 관계 속의 개인에 대한 관심이 많아지고 정신분석학이 대상관계이론으로 옮겨지면서 정신역동적 가족치료가 새롭게 생성되어갔다. 이들은, 전통적인 정신분석 접근보다는 개인적 요인과 대인관계, 사회적 맥락의 영향을 중시하는 정신역동적 접근으로 가족치료를 하였다.

2 주요이론가

1 애커만(Nathan Ackerman)

(1) 초기 정신역동적 가족치료의 개척자이다. 개인을 가족 안에서 치료할 때 더 효과적이라고 보았다.
(2) 개인의 무의식을 이해하기 위해서는 가족의 현실적 상호작용 맥락을 이해해야 한다고 주장하였다.
(3) 가족원 각자의 고유한 이성, 가족 내 역할관계, 가족의 외부 환경과의 관계를 고려하여 가족의 기능을 이해한다.
(4) 내적 갈등 → 불안에 대한 방어 → 신경증상 출현 등의 과정으로 나타나는 개인의 증상은 가족갈등이나 불안, 방어를 공유하고 있는 것이다.
(5) 가족은 하나의 심리적·사회적 유기체로, 전체로서의 가족을 진단하고 치료단위로 설정한다.
(6) **항상성**: 가족은 같은 상태에 머무르려는 경향이 있으며 동요에 의하여 균형이 깨어지면 자기조절능력을 통하여 안정된 상태를 회복하려고 노력한다.
(7) **역할이론**: 인간은 누구나 사회, 가족으로부터 기대되는 역할에 부응하려고 노력하고, 정신 내 역동적 균형을 유지하며, 내적 자아실현을 시도한다.

2 대상관계 가족치료

(1) 클라인, 말러, 페어베언, 위니컷, 컨버그 등의 이론가들이 있다.

(2) 유아의 기본 욕구가 초기 양육자인 어머니와의 애착욕구며 어머니와의 관계 경험으로 대상관계 형성, 인간관계의 기원이 된다고 보았다.

(3) **버텨주기(안아주기, holding)**: 위니컷이 제시한 개념으로, 유아와 엄마의 따뜻한 신체적 접촉과 더불어 심리적으로 접촉하는 사랑의 형태로, 부모가 배워서 행하는 행동적 기술이 아니라 사랑의 마음에서 나오는 행위를 의미한다. 즉 엄마가 유아에 대한 사랑이 부족하면 버텨주기는 기능하지 않을 수 있다.

(4) **대상전이(object transference)**: 유아는 어머니로부터 분리되는 과정에서의 불안을 줄이기 위해 어머니의 따뜻함과 돌봄을 대체할 만한 곰인형, 담요, 장난감 같은 대체물에 의존하게 된다. 이러한 과정을 대상전이라고 한다. 이는 상징적인 기능으로 유아의 자기구조를 일시적으로 유지할 수 있도록 돕는 역할을 한다. 이러한 경험으로 점차 유아는 환상의 세계와 현실의 세계를 구분할 수 있게 된다.

(5) **내사(introjection)**: 자기와 대상이 함입보다 더 분화되어 내면화된 것으로 자기상과 타인상이 융화되지는 않았다. 그러나 내사된 대상 역시 외부 대상이 유아의 내면세계로 들어와 형성된 형상, 이미지이며, 내면에서 정서적 힘을 발휘할만큼의 생생하다.

(6) **함입(incorporation)**: 가장 기초수준의 내면화로 자기와 대상 간 경계가 분명히 형성되기 전 대상의 특성과 경험이 내면화된 미분화된 심리적 기제이다. 이로 인해 자기와 대상 간 구별이 없게 되며, 융합 환상을 불러일으키고 좌절 경험은 분리하고 방출하고자 하는 소망을 일으킨다.

(7) **동일시(identification)**: 내사된 대상이미지 가운데 가치있게 여겨지는 특성을 선별적으로 자기이미지로 귀속하는 것을 말한다. 함입이나 내사보다 선택적이고 세련된 내면화 기제이며, 동일시는 생애 초기 발달과정에서뿐만 아니라 삶이 지속되는 한 계속된다. 유아는 외부 대상과 상호작용을 하면서 새로운 관계와 경험, 대상(타인)의 특성을 자신에 맞게 선별하고 변형시켜 받아들임으로써 일관된 형태의 통합을 이뤄나간다.

(8) **오토 컨버그(Otto Kernberg)의 팽창된 자기(inflated self)**: 분열 단계에서 부모가 지나치게 거부하는 모습을 보이거나 심하게 야단을 치는 등의 통제를 하면 유아는 불안감으로 인해 야단치고 거부하는 부모의 형상들을 내면화하고 힘없이 초라한 자기 모습은 보지 않으려고 한다. 즉 진짜 자기를 형성하는 대신 팽창된 자기를 내면에 형성하게 된다. 이는 일종의 가짜자기(pseudo self)로서, 내면의 통합을 이루지 못하고 자신을 극대화하거나 타인의 이상화하여 부분적인 융합관계를 갖는다.

(9) **오토 컨버그(Otto Kernberg)의 축소된 자기(deflated self)**: 엄마의 통제행동에서 유아는 자신의 욕구에 반응하기보다는 엄마의 욕구에 민감하게 되고, 한편으로 엄마의 욕구를 제대로 충족시키지 못함으로써 수치심이 발달하고 부적절감을 가지게 되면서 스스로 하는 일에 자신감이 없고 자기신뢰를 할 수 없게 된다. 부모의 잦은 비난과 야단으로 인해 자기신뢰를 할 수 없게 된 유아는 엄마를 더욱 의존하게 되고, 그로 인한 좌절경험을 또다시 내면화하게 된다. 이로 인해 자아의 모습은 초라하고 축소된다.

3 보스조르메니-내지(Ivan Boszormenyi-Nagy)의 가족출납부

1 이론 배경

가족 내의 윤리적 책임을 강조하는 개념이다. 가족 간에는 경제적, 정서적으로 서로 주고받는 관계라는 윤리 맥락을 가지고 있다. 이 관계들이 비정상적으로 이루어질 때 가족 간의 갈등이 생기고, 체제로 고착되면, 대물림의 성향을 띠게 된다. 이렇게 여러 세대 간에 형성된 자아나 관계 형태를 다루는 가족치료 이론이다.

(1) 가족을 여러 세대에 걸친 "출납부(account book)"로 비유하였다. 건설적인 관계는 두 사람 간의 의무에 균형을 이루고 있는 것이다.

(2) 어려움이 있는 가족은 근원적 채무와 만성적인 적자, 장기간의 부채상환이 특징적이며 개인의 이익은 가족을 위해 희생된다.

(3) 증상은 가족 충성심의 증거이며, 집단의 이익을 위해 개인의 성장을 희생시킨 결과이다. 여기서 분열된 충성심과 보이지 않는 충성심이 나온다.
   ① **분열된 충성심**: 부모가 갈등이나 분열이 있을 때 자녀를 개입시켜, 해결하려고 들면 자녀는 부모 중 한편에게 자연스럽게 충성하는 것을 의미한다.
   ② **보이지 않는 충성심**: 무의식에서 일어나는 보이지 않는 충성심으로 강박적 어머니 밑에서 자란 아들이 결혼 후에도 자기 집을 강박적으로 청소하는 모습에서 찾아볼 수 있다.

(4) 치료는 치료자의 도움을 받아 현재의 증상과 연결된 채무와 관련된 가족의 부정적 연쇄를 통찰함으로써 가족을 용서하고 관대해지며 채무가 청산된다.
   ① 가족관계는 금전출납부에 적자가 생기면 부채를 상환해야 하는 것처럼 오랜 시간에 걸쳐서 심리적으로 채무나 부채가 상환되는 다세대적 체계를 구성한다. 어떤 가족구성원에게 나타나는 증상(문제행동, 병리적 반응)은 가계에 가족의 이익을 위해 책임지려는 충성심에서 비롯한 부정이 누적되어 있다는 신호이다.
   ② 치료자는 현재 내담자의 증상에 연결된 다세대에 걸쳐 형성된 부정의 연쇄고리를 찾아내는 작업 과정을 통해, 가족원들이 그 부정의 채무관계를 통찰하여 이해하고 포용하게 함으로써 치료를 유도한다.

2 주요개념

(1) **맥락**: 가족 간의 일정한 상호작용을 담는 그릇, 존재들의 질서를 의미한다.

(2) **관계윤리**: 관계를 통해서 형성되는 윤리적 맥락이다. 인간은 윤리적 맥락에서 태어나며 윤리적 맥락은 일정한 질서가 있다.
   ① 부부관계의 윤리적 맥락: 양방적 돌봄의 관계를 말한다.
   ② 부모-자녀 관계의 윤리적 맥락: 일방적 돌봄인 주는 관계를 말한다. 윤리적 맥락은 실존적 질서로서의 역할을 한다.

(3) **인간의 자아**: 실존적 질서인 윤리적 맥락 속에서 형성된다.

(4) **유산(legacy)** 2009 기출: 아동이 가족 안에서 부여되는 사회적 역할을 맡으면서 획득되는 것으로, 자녀들이 부모로부터 대화를 통해서 물려받게 되는 명령이다.
   ① 긍정유산: 부모에게서 얻은 생의 자원(긍정명령의 결과로 얻게 되는 것)
   ② 부정유산: 부모가 자녀에게 넘겨준 심리적 빚(부정명령의 결과로 얻게 되는 것)

(5) **명령(imperative)**: 하지 않으면 안되는 지시로, 부정명령과 긍정명령이 있다.
   ① 부정명령: '빚'이라고 불리는 심리적 유산. 자녀들이 부모의 잘못된 기대로 인해 떠안게 되는 것
   ② 긍정명령: '자산'이라고 불리는 심리적 유산. 부모의 올바른 기대와 보살핌을 통한 것.

(6) **원장(금전출납부)**: 심리적 유산과 노력에 의한 신용을 기록하는 장부이다. 부모로부터 주어진 유산과 자신이 살아가면서 얻은 '신용'이라고 부른다.

(7) **신용**
   ① 우량신용: 다른 사람을 돌보고 베푸는 행동이다.

② **불량신용**: 다른 사람을 착취하고 위협하고 협박해서 자신의 욕구를 충족하는 행동이다.

(8) **충성심(loyalty)**: 비대칭관계인 부모-자녀 관계에서 발생되는 책임을 말한다. 자녀는 부모에게 충성심을 보임으로써 비대칭관계에 대한 책임을 지려고 한다. 즉, 부모로부터 받은 유산을 되갚으려는 노력이 충성심이다.

3 역기능적 가족현상

(1) 부모화(parentification, 부모화 경험)
① 어린 자녀가 부모의 기대대로 행동하려는 경향에 의해 부모의 욕구나 기대에 맞춰서 행동하게 되는 것. 즉 어린 자녀가 부모를 돌보는 부모 역할을 하는 것이다.
② 부모가 자녀에게 부정유산을 물려줄 때 자녀가 다음 세대를 통해 자신의 빚을 청산하고자 하는 노력을 하는 과정에서 발생한다.
③ 부모화 현상을 경험하는 자녀가 자신의 부모와 관계를 단절한 상태로 결혼 상태에 들어가게 되면 자신의 결혼관계를 다시 단절하는 현상을 경험한다.

(2) 분열된 충성심
부부갈등에서 발생된다. 부부가 갈등을 하면서 아이에게 충성심을 요구하면, 아이가 (충성심의 갈등을 경험하면서) 한 부모에 대한 충성심을 희생하면서 다른 한 부모에게 희생하는 현상이다.

(3) 보이지 않는 충성심
자기도 모르는 사이에 자신이 싫어하는 부모의 역할을 따라하는 경우를 말한다. 이는 가계를 계승하고 이어가는 행동들과 관련이 있다. 또한 역기능적 가족 관계를 시도하는 것과도 관련이 있다. 이들은 무의식적으로 이루어지기 때문에 자신의 행동을 의식하기 어렵고, 언제 끝나게 될지 예측하기 어렵다.

(4) 회전판(rotating disk)
① 윗세대의 역기능적 행동이 자녀 세대에서 그대로 드러나는 현상을 말한다. 폭력행동, 알콜 중독, 잔소리 행동 등과 같이 세대에 걸쳐 같은 행동이 되풀이되는 현상을 회전판이라고 한다.
② 즉, 사람들이 삶을 살아가면서 일정하게 계속해서 반복하는 행동을 지칭하는 개념이다. 회전판은 다음 세대에게 '파괴적 부여'를 만드는 역할을 한다.
③ 파괴적 부여란 빚을 제공하는 것, 이로 인해 다음 세대 아이들이 일정한 맥락으로 역할을 한다. 파괴적 부여가 된 아이는 부모화 역할을 담당할 가능성이 높다.
  ㉠ 예 알콜 중독, 가족 폭력, 이혼, 일탈행위 등
  ㉡ 부모 세대에서 해결되지 않은 문제를 자녀가 떠안게 되는 것이다.

4 치료 목표

성인 생활에 따르는 책임과 권리 사이에 공정한 균형을 이루고 동시에 개인의 자율성과 타인과의 상호성의 조화를 이루는 것이다.

(1) **실존적 질서 회복**: 부부는 주고받는 관계를 하도록 돕고 부모-자녀 관계는 비대칭의 관계를 하도록 돕는다.
(2) 실존적 질서란 인간의 삶을 가능하게 하는 질서로, 이를 어기면 역기능적 가족이 되고 지키면 기능적 가족이 되는 것이다. 실존적 질서를 회복하기 위해서는 여러 측면에서 관계가 공평해지도록 해야 한다.

5 상담자의 역할

현재의 증상에 연결된 부정의 연쇄 고리를 찾아내는 것이다.

5 보웬의 다세대 가족상담

1 이론 배경

1) 보웬(Murray Bowen)의 다세대 가족상담(multigenerational counseling)은 정신분석적 원리를 반영한 가족치료 모델이다. 보웬은 1963년에 그의 다세대 가족상담 이론을 구성하는 6가지 핵심 개념을 발표하고, 1975년에 '정서적 단절'과 '사회적 정서과정'의 개념을 추가하여 완성함으로써, 가족치료 이론을 정립하고 임상적으로 실천하는 데 크게 공헌했다.
2) 가족의 정서과정(emotional process)은 세대를 관통하여 지속한다. 보웬은 가족과 관련된 내담자 문제의 치료의 근원으로서 가족에 주목하고, 가족은 하나의 체계이자 정서와 인간관계 체계의 결합체라고 보았으며, 가족구성원 한 사람의 변화에 의해서 가족관계의 전체의 변화가 시작될 수 있다고 보았다.
3) 기능적 가족과 역기능적 가족을 범주화하는 것은 의미가 없다. 이들은 일련의 정서과정의 연속 선상 위에 존재한다.
4) 정서과정이 강해질수록 가족원은 서로 의존성이 높아지며 정서적 반응성이 높아진다.
5) 이전 세대에서 제대로 정리되지 않은 문제가 다음 세대에 넘어가서 문제를 일으킨다.
6) 가족원은 정서적 단위이며 가족원은 가족이라는 **정서적 장**(emotional field) 안에서 반응하는 정서적 자극의 복합체다.
7) **치료의 목표**는, 여러 세대를 관통하는 가족의 정서적 과정을 이해하고 특정 가족원의 분화를 통해 가족체계의 변화를 유도하는 것에 있다. 보웬(Bowen)의 다세대 가족치료의 핵심은, 내담자로 하여금 여러 세대를 통해 반복적으로 형성되는 가족과정과 구조를 파악하여 원가족의 자아집합체로부터 심리적인 자기분화를 높여 독립적이고 자율적으로 기능할 수 있도록 돕거나 그러한 과정을 통해 가족체계가 변화하도록 돕는 것이다.
8) 우리의 삶에는 만성불안이 항상 존재하며 이는 자연계의 필연적인 부분으로 생물학적 현상이다.
9) 개인의 자율성이 허용되지 않는 연합에 대한 압력은 만성불안을 증가시킨다.
10) 만성불안의 감소는 분화를 통해서만 가능하다.
    ① **급성불안**: 위협적인 상황에서 맥박과 혈압 상승 등의 자율신경계의 변화를 나타낸다. 이는 생존을 위한 적응 기능이며, 단기적인 경험에 해당한다.
    ② **만성불안**: 실제적 위협이 없는데도 거부나 유기에 대해 불안해하는 것을 말한다. 적응력을 감소시키는 역기능적인 기능으로, 가족 내에서 자동적으로 전달되고 흡수된다. 이러한 만성불안은 가족의 기본분화 수준과 관련되어 있다. 성장기에 학습되어 전생애를 통해 지니게 된다.

2 주요 개념

1 자아(기)분화(differentiation of self) ✎ 2009, 2011, 2013, 2015, 2016, 2017 기출

(1) 정의: 머레이 보웬(Murray Bowen)은 자아분화를 두 가지로 설명한다. 하나는 타인으로부터 자신을 분리할 수 있는 능력의 정도이며, 다른 하나는 지적 체계인 사고를 정서를 잘 통제하고 분별할 수 있는 능력의 정도이다. 즉 분화는 가족 내에서 감정적으로 상호의존 혹은 감정의 상호관계로부터 독립적이고 자율적으로 기능할 수 있는 것이다. 분화수준이 높아질수록 원가족의 정서적 혼돈에서 자유로워진다. 그러므로 개인의 성숙과 기능수준은 서로 직결되어 있다.
  ① 정신내적 차원: 사고와 감정 분화
  ② 대인관계적 차원: 자신과 타인 분화

(2) 원리: 정서체계는 충동적이어서 감정반사행동을 한다. 반면 지적 체계는 행동을 이성적, 합리적으로 변화시켜, 목표지향적 행동을 가능케 한다.

(3) 융합(fusion): 미분화된 개인은 융합의 가능성이 높다. 융합이 일어나면, 가족관계에서는 감정적으로 한 덩어리로 있어 정서적으로 상호고착되게 된다. 그 결과 정서적 반응성이 높고(감정반사를 많이 하며), 자율성이 낮다. 또한 정서적 단절의 모습을 보이기도 한다. 융합되어 있는 개인은 정신내적으로 미분화되어 있어, 정서체계와 지적 체계의 구별이 어려워 정서에 쉽게 융합된다. 또한 대인관계적으로 미분화되어 있어, 자아정체감이 약하고 의존감이 강하며 개별성이 아주 약하다.

> 참고 미분화 가족 자아군: 온 가족이 감정적으로 한 덩어리가 되어 정서적으로 고착되어 있는 상태. 자신과 다른 관점을 가진 사람을 비난하며, 관계 체계에서 정서적으로 연결을 끊는 등의 행위를 보인다.

(4) 정서적 프로그래밍
  ① 3가지 체계
    ㉠ 지적 체계(intellectual system): 사고와 이성을 반영하는 것이 가능하게 만든다. 충동(자동반응성)에 대한 의식적 통제 기능이다.
    ㉡ 정서체계(emotional system): 주관적, 본능적, 자율신경계와 관련된 기능이다.
    ㉢ 감정체계(feeling system): 지적 체계와 정서 체계를 연결하는 기능이다.
  ② 자기분화 수준은 개인의 지적 체계를 정서체계와 구분할 수 있는 능력과 상관 있다.
  ③ 분화수준에 따른 특징
    ㉠ 사고-감정 분화수준이 높은 사람: 감정적인 충동을 참을 수 있는 자제력과 객관성을 가지고 있다.
    ㉡ 사고-감정 분화수준이 낮은 사람: 주관적 감정과 객관적 사고를 분리하기 어렵기 때문에 감정에 따라 맹목적으로 추종하거나 분노에 의해 배척하는 등의 모습을 보인다.
    ㉢ 대인관계 분화수준이 높은 사람: 타인과 차별되는 자신만의 입장을 가진다. 신념에 따라 행동하며, 친밀한 접촉을 유지하면서도 융합되지 않는다. 즉 자율성과 자아정체감이 있다.
    ㉣ 대인관계 분화수준이 낮은 사람: 권위적인 인물의 지시나 가족의 의견에 반응한다. 신념보다 타인의 의견 위주이다. 즉 자율성과 자아정체감이 낮아 타인에게 쉽게 융합되고 분리가 안된다.

(5) 분화 종류
  ① 기본적 분화(basic differentiation)
    ㉠ 원가족의 분화수준(다세대 정서과정에 의해 결정되는 분화수준)으로 원가족과의 정서적 분리수준에 의해 결정된다.

ⓒ 정신 내적 측면에서 사고, 감정 분리 능력과 목표추구능력, 정체성, 자율성과 상관이 있다. 또한 기본분화 수준이 높을수록 기능수준도 일관성 있게 높아지고 긴밀한 관계에 있는 사람들의 기능 수준에 불일치가 적어진다.

② **기능적 분화(functional differentiation)**
  ㉠ 현재 맺고 있는 관계과정에 의존하는 기능을 나타내는 분화로, 개인이 원가족에게 물려받은 기본 분화수준보다 높거나 낮게 기능할 수 있다.
  ㉡ 각 개인이 시간과 장소, 상황에서 얼마나 현명하게 대처할 수 있는 능력 수준과 관련이 있으며, 자신이 원하는 목표활동을 할 수 있는가의 정도를 나타내게 한다.

(6) 자기(아)분화 척도

① 감정반사행동을 하지 않고, 이성적으로 반응하는 정도, 즉 지적체계와 정서체계의 분화 정도를 나타내는 척도이다.
② 자아정체감이 확립된 정도, 즉 다른 사람과의 관계에서 자신의 정체성을 잃지 않으면서 친밀감을 유지할 수 있는 정도를 나타내는 척도이다.
③ 자율성과 독립성이 있어 자신의 감정과 느낌에 따라 스스로 행동할 수 있으면서 동시에 가족의 한 구성원으로 머물 수 있는 정도를 나타낸다.
④ 가족들의 감정적인 관계체계에서 개인이 얼마나 의사결정을 하는지 주관적으로 느끼는 정도를 나타낸다.
⑤ 목표지향적인 활동을 할 수 있는 정도. 또한 다른 사람의 책임소재를 분명히 알며 다른 사람을 책임질 수 있는 것을 아는 정도를 나타낸다.
⑥ 스트레스 상황에서 대처할 수 있는 능력의 정도를 나타낸다.
⑦ **분화 수준 척도 내용**: 0으로 갈수록 거짓 자기(faulty self) 감정 반사적 – 100으로 갈수록 목표지향적 진정한 자기(true self, 참자기)이다.

강한 목표활동(75~100)
- 정서체계와 지적 체계 사이에 충분한 분화
- 자신에 대한 자신감, 믿음, 신념 강함
- 다른 사람의 신념, 가치를 그대로 존중, 수용
- 타인과 정서적으로 친밀감 교류, 자아정체감이 확실하다.
- 타인과의 관계에서 현실적으로 사고. 객관적으로 볼 수 있다.
- 스트레스 상황에서 역기능적이 아니라 현명하고 실제적으로 대처한다.
- 불안감정을 다룰 수 있는 능력이 있다.
- 행동이 자율적이며 책임을 진다.

약한 목표지향활동(50~75)
- 만성적 불안이 낮으며 목표지향 활동을 한다.
- 정서체계와 지적 체계의 상호작용이 가능하다.
- 타인과 융합되지 않으면서 밀접한 관계를 유지
- 신체적, 정서적, 사회적 역기능 현상을 일으키나 쉽게 회복이 가능하다.
- 어떤 상황에서나 합리적으로 대처하며 신념, 확신, 원칙에 의해 타인과 관계한다.
- 분화수준 65~75 정도에서는 심리적 역기능 현상은 쉽게 보이지 않는다.

증상회복 늦음(25~50)
- 지적 체계보다는 정서체계의 영향을 많이 받는다.
- 융합은 심하지 않으나 자아정체감이 약하다.
- 타인에게 인정받으려고 많은 에너지와 관심을 쏟는다.
- 타인의 반응에 민감하며 쉽게 유동적이며 좌절함
- 감정반사적, 행동은 충동적이다.
- 타인과 정서적으로 강한 밀착관계 형성
- 신체적, 정신적, 사회적 역기능의 문제 초래
- 불안과 두려움의 탈피로 약물, 알코올, 마약에 의존하는 경향이 있다.

만성증상(0~25)
- 사고와 감정 구분하는 능력 결핍, 대부분 감정의 지배를 받는다.
- 자아개념이 아주 약함, 자신의 욕구나 감정이 희박하다.
- 다른 사람의 말, 태도, 감정에 지나치게 반응.
- 감정적 반사행동을 주로 한다.
- 높은 수준의 불안감
- 자신을 희생하면서 강한 융합관계 갖는다.
- 자신을 희생하면서 강한 융합관계
- 스트레스 상황에서 적응 어렵고 심한 역기능 행동

[2015년 기출]

다음은 전문상담교사인 한 교사가 동료 교사인 박 교사에게 자문해주는 과정의 일부이다. 밑줄 친 ⓔ의 내용을 바탕으로 하여 경미 아버지와 어머니의 특성을 보웬(M. Bowen)이 제시한 자기분화의 관점에서 각각 평가하여 서술하시오.

박 교사: 저희 반 경미가 요즘 부쩍 성적이 떨어져서 면담을 해 보았습니다. 경미 어머니는 평소에 경미 아버지의 모든 것을 챙겨주어 사이가 좋은 것처럼 보이지만, 부부싸움을 하면 심하게 한다고 합니다. 경미 어머니는 경미 아버지가 조금이라도 늦게 퇴근하면 불안해하며 전화를 한다고 합니다. 그때마다 경미 아버지는 퇴근하기가 무섭게 경미 어머니에게 큰 소리로 화를 내며 폭력을 휘두른다고 합니다. 부부싸움을 하고 나면 경미 어머니는 경미 방에서 경미와 함께 잠을 자면서 신세한탄을 하며 운다고 합니다. 그때 경미는 엄마가 울 때 같이 울게 되고 엄마가 슬퍼하는 것이 마음이 아파서, 아버지가 너무 싫어진다고 합니다. 대학생인 경미의 언니는 다양한 체험을 위해 외국으로 가고 싶어 하는데 가족은 떨어져 살면 안 된다고 경미 부모님이 심하게 반대한다고 합니다. 경미의 언니는 부모님에게 늘 순종적인 편이지만 대학생이 되었는데도 아직까지도 변함없이 엄격하기만 한 집안 분위기 때문에 힘들어하고 있습니다.

한 교사: ⓔ 경미네 가족을 보웬의 분화의 관점에서 볼 때, 경미 아버지는 분화의 개인내적 측면에서, 경미 어머니는 분화의 관계적 측면에서 평가해 볼 수 있습니다.

2 삼각관계(triangles) 2005, 2009, 2013, 2018 기출

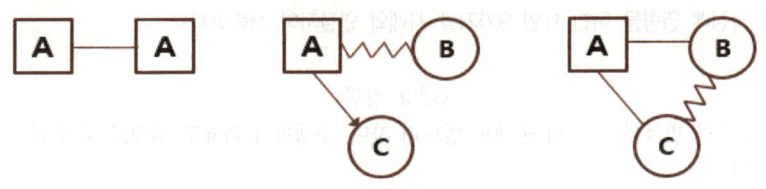

삼각관계로의 이동과정, Kerr & Bowen

(1) **정의**: 삼각관계란 가족 내 불안과 긴장을 해소하기 위해 만들어지는 삼인체계의 정서적 역동이다. 즉, 두 사람 사이에 긴장관계나 스트레스가 발생했을 때 제3자를 두 사람의 상호작용체계로 끌어들여 긴장의 수준을 낮추려는 것이다.

> 부부관계가 소원한 부인은 남편의 관심을 사기 위해 자녀의 교육과 일탈된 자녀의 행동을 남편에게 투사한다. "당신이 자녀교육에 방임하니 아이들이 일탈된 행동을 보이는 것 아닌가요?

(2) **형성요인**: 첫째로, 가족 내의 긴장과 불안이다. 즉 스트레스 상태에 있는가의 문제가 요인이다. 둘째로, 가족구성원의 낮은 분화수준이다. 셋째로, 높은 융합상태에 있는가가 요인이 된다. 넷째로, 삼각관계로 인해 가족투사가 많이 일어날 수 있다. 또는 가족투사가 세대를 넘어 일어날 경우 삼각관계에 영향을 미친다.

(3) **특징**
① 보웬은 가족의 자아분화 수준이 낮을수록 삼각관계를 형성하며 삼각관계는 긴장, 불안, 스트레스를 일시적으로 감소시킬 수는 있으나 가족의 정서체계를 더 악화시킨다고 주장하였다.
② 삼각관계에 영향을 미치는 것은 불안이다.
③ 이인관계가 불안정해지면서 긴장을 해소하는 방법으로 삼각관계가 이루어진다. 가장 작은 안정적 관계체계이다. 그래서 기본적으로 삼각관계는 이인관계보다 더 융통성이 있으며 스트레스에 더 강하다.
④ 삼각관계에서 불안이 감소하게 되면 정서적 구조는 다시 '2인+1인(아웃사이더)'의 구조로 회귀한다. 제삼자는 불편해져 방관자가 될 수 있다.
⑤ 이런 일련의 역동은 끊임없이 변화를 보일 수 있다. 만일 긴장 감소를 위해 삼각관계를 이루었음에도 관계 속에서 불안이 계속 증가할 경우 다른 아웃사이더를 개입시켜 여러 개의 삼각관계로 확장된다. 직장과 사회까지도 확산될 수 있다.
⑥ 가족의 융합 정도가 높을수록, 삼각관계를 만들려는 노력은 강렬해진다.
⑦ 분화수준이 높을수록 삼각관계를 만들지 않고도 긴장과 불안을 다룰 수 있다.
   예 형제간의 싸움에 공정하게 대처하는 엄마
⑧ 삼각관계는 가족원의 미분화에 의해 높아지며, 또한 가족 미분화를 지속시킨다.
⑨ 삼각관계는 사람 외에도 사물, 쟁점, 동물(텔레비전, 애완용 동물)등이 개입될 수 있다.

[2018년 기출]

다음은 전문상담교사가 윤아(중3, 여)의 가족에 대해 파악한 내용이다. 보웬(M. Bowen)의 다세대가족상담이론에 근거하여, 윤아 가족의 삼각관계 형성 과정에 영향을 미친 요인 3가지를 사례와 연결지어 서술하시오.

〈내방 경위〉
담임교사는 지각과 결석을 반복하고, 수업 중에도 엎드려 자며, 수행평가 과제도 제대로 하지 않는 윤아가 걱정스러워 상담을 의뢰하였다.

〈가족 관계〉
- 아버지: 46세. 회사원. 가족들에게 언어적 폭력이 심하며 신경쇠약적인 태도를 보임. 자녀들에게 가정이 우선이어야 한다는 것을 강요함. 가족들이 자신의 권위를 인정해 주지 않는다고 느낄 때 분노폭발을 함. 피해의식이 강하고, 사회적으로 위축되어 있으며, 알코올 의존도와 실직에 대한 불안이 높음.
- 어머니: 45세. 주부. 민호 출산 이후 만성 우울증으로 1년에 2~3회 병원에 입원을 하여 집안일을 거의 하지 못함. 집에서 수차례 자해 행동을 한 적이 있음. 남편의 언어 폭력에 대해 심한 불안감을 보이며 남편과 대화가 거의 없는 편임. 윤아가 항상 자기 옆에 있어 주기를 요구함.
- 첫째(윤아, 딸): 16세. 중3. 긴장과 불안 수준이 높고 과민한 편임. 아빠에게는 적대감과 공포심이 강한 반면, 엄마는 측은하게 여김. 친구들과 정서 교류가 거의 없으며, 수업에 집중하지 못함. 화가 날 때는 동생에게 심한 욕설을 퍼붓거나 때리기도 함.
- 둘째(민호, 아들): 12세. 초5. 발달장애가 있고, 산만하고 충동임. 밤새 게임에 빠져 있음. 매사에 누나에게 자주 부탁하는 등 윤아에게 많이 의지함.

3 핵가족 정서체계(nuclear family emotional system) 2017 기출

(1) **정의**: 한 세대 가족 내에서 보이는 정서적 기능으로 원가족의 정서적 장을 현재 가족 관계에서 나타내는 것이다.

〈핵가족 정서체계에 관한 설명, 김유숙〉
- 이 개념은 한 세대의 가족 내에서 보이는 정서적 기능을 설명한 것이다. 원가족과 분화가 이루어지지 못한 부모는 자신의 부모와 정서적 단절이 생기면, 현재의 가족생활에서 융합을 이루어 안정을 찾으려 한다. 즉, 자아분화가 낮은 사람의 결합일수록 두 사람의 자아가 융합되어 공동자아를 형성한다. 문제는 새롭게 형성된 이와 같은 융합은 불안정하며, 때로는 융합이 반대로 부부간 정서적 거리감을 증가시켜서 자녀에게 문제를 투사하는 등의 여러 가지 부적응을 초래할 위험성이 있다는 것이다.

〈핵가족 정서체계에 관한 설명, 이영분 등〉
- 이 개념은 핵가족 내에서 가족이 정서적으로 기능하는 패턴을 설명하는 것이다. 핵가족은 하나의 정서체계로서 긴장과 불안이 발생되면 그것을 다루는 독특한 기제를 나타내게 된다. 핵가족 정서과정이란 해소되지 못한 불안이 개인에게서 가족들에게 투사되는 것을 가리킨다. 원가족에서 미분화된 부부일수록 작은 스트레스 상황에도 불안을 심하게 느끼게 되고 그 불안을 해소하기 위해 고정된 관계방식을 사용하게 된다. 불안한 상황에서 부부는 몇 가지 감정 반사 행동을 나타내게 된다. (부부간에 드러내어 놓은 다툼, 부부간 정서적으로 거리두기, 부부 중에 과잉 기능하는 사람과 과소 기능하는 사람·자녀 중 한 명이나 그 이상의 자녀에게 문제를 투사하는 것) 등으로 나타날 수 있다. 이러한 감정 반사적 대처행동은 분화의 수준, 원가족과의 정서 단절 정도, 가족체계의 스트레스 정도에 따라 다르게 나타난다.

(2) **원리**: 사람들은 무의식적으로 자신과 비슷한 분화수준 상대를 배우자로 선택(원인은 전이)하는데 이로 인해 원가족의 정서적인 장을 다세대에 걸쳐 반복한다. 즉, 해소되지 못한 불안들이 개인에게서 가족에게로 투사되는 것이다.

(3) 특징

① 부모가 원가족에게서 이룬 분화수준에 따라 핵가족 내의 정서 분위기가 결정되고 이는 가족원의 기능에 영향을 미친다.

② 핵가족 정서체계는 세대를 통해 아주 천천히 변화하기 때문에 자녀는 부모의 분화 수준에 비해 극단적으로 높거나 낮기가 어렵다.

> **참고** 핵가족 융합으로 나타나는 증상의 3가지 유형
>
> - **배우자의 역기능**: 가족의 불안이 한 쪽 배우자에게 지나치게 치중되어 흡수되는 경우. 그 배우자는 우울증이나 두통 등 만성적인 신체적·정서적 역기능이 초래됨. 일반적으로 한 쪽이 매우 잦은 증상을 일으키고, 증상이 없는 쪽은 후에 심각한 증상을 나타내는 경우가 많다.
> - **만성적 결혼 갈등**: 가족의 불안이 남편과 아내에 의해 흡수되는 경우. 부부간의 정서적 거리와 과잉애착이 반복적으로 일어남. 만성적인 긴장과 파괴적인 다툼, 서로에 대한 부정적인 태도의 특징을 가지지만, 가끔은 열정적인 친밀감으로 갈등이 정리되기도 한다. 부부 모두 다투기를 원치 않지만 대안을 알지 못하며 부부갈등이 중독적 성격을 띰. 갈등의 원인은 각 배우자가 상대가 견딜 수 있는 것보다 더 많은 의존을 하려 하거나, 상대가 너무 많은 지배성을 가지고 있다고 느낄 때 발생한다.
> - **자녀의 역기능**: 가족 불안이 특정 자녀의 손상된 기능으로 흡수되어 발생하는 경우. 자녀에게 가출 및 비행, 학습문제, 왕따, 정서장애 등 심리적, 사회적 역기능이 나타날 수 있다. 자녀의 역기능이 발생하면 부모의 주의가 자녀에게 쏠리면서 부모 자신들의 미분화는 무시되거나 부인된다. 부모가 자녀의 기능에 과잉초점을 둘수록 자녀의 분화수준을 낮추게 된다. 불안을 전수하지 않으려는 부모의 노력은 오히려 불안을 전달하려는 매개가 된다. 가족 내 불안이 높을수록, 자녀의 분화수준이 낮을수록 자녀의 신체적, 정서적, 사회적 증상의 임상적 역기능의 위험성은 크다. 분화는 정서기능의 패턴에 의해 한 세대에서 다음 세대로 전달된다.

[2017년 기출]

다음은 철수(고1, 남)의 어머니가 전문상담교사에게 보낸 이메일 내용이다. 보웬(M. Bowen)의 다세가족상담이론에 근거하여 어머니와 철수의 관계 특성에 해당하는 개념을 쓰고, 이 관계 특성이 철수의 가족에서 발달한 과정을 '핵가족 정서체계' 개념에 근거하여 서술하시오.

> 선생님, 안녕하세요. 저는 일전에 전화로 연락드렸던 철수 엄마입니다. 철수는 친구들과 어울리고 싶은데 그게 잘 안되나 봐요. 자신감이 없고 마음이 많이 여린 것 같아요. 그래서 친구의 사소한 말에도 크게 상처를 받고요.
> …(중략)…
> 저의 가족은 시어머니와 남편, 아들과 저입니다. 시어머니는 우리 부부 사이에 갈등이 생기면 일방적으로 남편 편만 듭니다. 이에 대한 불만을 남편에게 이야기하면 들으려 하지 않고 화부터 내니까 심하게 싸우게 됩니다. 부부싸움을 하고 나면 남편은 아예 시어머니 방으로 들어가서 식사 때 외에는 나오지 않습니다. 그러면 저는 아들 철수에게 밤이 새도록 하소연을 합니다. 착한 아들인 철수는 끝까지 저의 이야기를 들어줍니다. 부부싸움 다음날은 제가 걱정이 되는지 철수가 학교에도 가지 않으려 하고, 학교에 가서도 쉬는 시간마다 전화를 해서 제 안부를 확인하곤 합니다. 철수가 화목하지 않은 집안 분위기 때문에 성적이 떨어지는 것 같아 걱정이 됩니다.

---

4 가족투사과정(family projection process) 2011, 2018 기출

(1) **정의**: 미성숙한 부모가 가족체계나 부부체계를 안정시키기 위해 무의식적으로 자녀 중 가장 유아적이고 취약한 자녀를 투사 대상으로 선택하는 것이다. 이러한 가족투사는 원가족과의 경험에 의해 세대가 대물림되어 나타난다. 이러한 가족투사 과정은 다음 세대를 희생시키면서까지 이전 세대의 미분화에서 발생한 불안을 경감시키려 한다.

> **예** "아빠, 엄마가 매일 다투는 것은 너희들이 부모님 말씀 안 듣고 공부를 안 하기 때문이야."

(2) **작동원리**: 어머니, 아버지, 자녀의 삼각관계 안에서 작동한다. 선택된 자녀는 부모의 형제순위나 기타 특수한 상황에 따라 결정될 수 있다.

(3) **특징**
① 가족 융합이 클수록 투사과정에 많이 의존하게 되고 자녀의 정서적 손상도 커질 수 있다.
② 가족투사 과정의 강도는 부모의 미숙함과 가족이 겪는 스트레스와 불안 정도에 의해 결정된다.
③ 투사가 심하면 두 명 이상의 자녀가 투사대상이 되기도 한다.
④ 이처럼 투사에 의해 동일한 가족 내에서도 부모는 각 자녀에게 다른 방식으로 대한다. 그러므로 동일한 가족 안에서도 첫째와 둘째 자녀가 느끼는 가족환경은 매우 이질적일 수 있다.
⑤ 그러므로 부모는 자녀에게 동일하게 분화를 전수하지 않는다. 어떤 자녀는 부모보다 분화수준이 높을 수 있고 어떤 자녀는 낮을 수 있다.
⑥ 부모의 미숙함에 많이 노출되는 자녀일수록 다른 자녀보다 융합의 정도가 높고 가족 내 정서적 스트레스에 더 취약하며, 결과적으로 다른 형제에 비해 감정에 지배되는 삶을 살기 쉽다.

5 정서적 단절(emotional cutoff, 감정적 단절) ✎ 2016, 2022 기출

(1) **정의**: 원가족을 접촉함으로써 생기는 불안을 줄이기 위해 부모의 집에서 먼 지역으로 이주하거나 부모와 말을 하지 않는 등 부모와의 접촉을 끊는 행위를 뜻한다.
  예 매우 피상적이고 간결한 대화만 유지하는 경우, 명절에 가족 간의 다툼을 하는 경우
(2) **원인**: 세대 간의 불안을 처리하는 방법으로 세대 간의 미분화의 결과로 나타나며 정서적 융합이 클수록 정서적 단절이 일어날 경향이 높다. 투사과정에 많이 개입된 자녀에게 주로 일어나는 현상이다.
(3) **발생 시점**: 가족이 높은 융합과 불안은 가족결속력을 요구하나 이것이 임계점을 넘을 때 단절이 발생한다.
(4) **해결방법**: 세대 간 전수가능성이 있으므로, 이를 피하기 위해서는 원가족과 접촉하고 분화를 촉진함으로써 미해결된 애착을 해소해야 한다.

[2016년 기출]

다음은 전문상담교사가 보웬(M. Bowen)의 가족상담 이론에 근거하여 영수(중1, 남) 가족에 대해 파악한 내용이다. 자아분화 수준이 낮은 영수 부모의 공통적인 특징에 대해 〈작성 방법〉에 따라 서술하시오.

(가)

• 아버지(42세)
어릴 적에 아버지가 돌아가신 후 어머니, 누나와 함께 살았다. 어머니는 남매를 키우는 데 온갖 정성을 바쳤지만, 요구가 많고 비판적이었다. 고향에서 먼 지역의 대학에 진학한 후 어머니와 왕래하지 않고 있다. 결혼 후에는 요구가 많고 비판적인 아내가 부담스러웠다. 평일에는 회사일에 집중하고 늦게 귀가하며, 주말에도 산악동호회 활동으로 집에 머무는 시간이 거의 없다.

(나)

• 어머니(40세)
어릴 때부터 사소한 것도 어머니와 언니가 하라는 대로 하였고, 서로 간에 비밀이 없어야 한다는 것이 보이지 않는 규칙이었다. 대학에 진학할 때는 자신이 원하던 전공보다는 부모님이 원하는 전공을 선택하였다. 대학을 졸업한 후 직장에서 만난 남편과 몇 번 데이트를 하고 집을 떠나고 싶어서 충동으로 결혼을 하였다. 결혼 후에는 친정 가족과 교류하지 않고 있다.

〈작성방법〉

• 보웬의 가족상담 이론의 개념 가운데 (가)와 (나)에서 공통으로 드러나는 특징을 설명하는 개념의 명칭과 의미를 쓰고, 이 개념을 선택한 근거를 (가)와 (나)에서 각각 1가지씩 찾아 제시할 것.

6 다세대 전수(전이)과정(multi-generational transmission process)

2009, 2013 기출

> **+ 다세대 전수 과정**
> - 각각 원가족 안에서 분화수준이 낮은 두 사람이 결혼 ⇨
> - 투사의 결과로 부부보다 더 낮은 분화수준의 자녀를 갖게 됨 ⇨
> - 이 과정이 여러 세대에 걸쳐 반복: 각 세대에서 점진적으로 불안과 융합에 취약한 개인 양산 ⇨
> - 3~4세대에서 8~9세대에 걸쳐 만성 알콜홀릭, 조울증, 정신분열 등 역기능 유발

(1) 정의: 세대를 통해 가족의 정서과정이 전이되는 것이다. 즉, 가족 정서과정(분화수준, 삼각관계, 융합 등)이 그 세대에서 그치는 것이 아니라 대를 이어 전개되는 것을 말한다.

(2) 특징

① 결국, 개인의 질병은 개별 환자의 경계를 넘어 그를 둘러싼 관계과정의 증상으로 볼 수 있다.
② 증상은 한 세대 이상 건너뛸 수 있어도 다세대 전수과정은 절대 건너뛰지 않는다.
③ 다세대 전수과정에서 증상의 '유형'과 '정도'는 많은 정서적 변인에 의해 영향을 받는다. 즉, 외부 스트레스나 불안에 따라 역기능 정도가 다를 수 있다.
④ 다세대 전수과정을 파악하기 위해서는 확대가족에 대한 자료를 수집해야 하며 이 과정 자체가 분화를 촉진하는 수단이 된다. 정보를 수집하는 과정에서 각 배우자의 직계 원가족에 확산된 기본 정서기능 양식을 알게 되기 때문이다.

> **[2013년 기출]**
>
> 다음은 전문상담교사인 김 교사가 민지(중1, 여)의 사례에 대해 서로 다른 관점을 가진 동료 전문상담교사들과 사례협의를 하는 내용의 일부이다. 박 교사가 제안한 보웬(M. Bowen)의 다세대 가족치료 이론의 삼각관계, 자기분화, 다세대 전수과정의 개념을 설명하고, 이를 어머니와 민지의 관계에 적용하여 각각 설명할 것.
>
> 〈상담 내용〉
> 민지는 결석이 잦아서 담임교사로부터 의뢰되어 상담실에 오게 되었다. 결석하는 날에 민지는 하루 종일 집에만 있다. 민지 아버지는 사업 때문에 주말에만 집에 오시는데 그때마다 부부 싸움을 한다. 부부 싸움을 할 때면, 어머니는 민지를 불러서 누구 말이 맞는지 물어보기도 하고 평소에는 민지 아버지에 대한 원망을 하곤 한다. 주중에는 아버지가 안 계시기 때문에 어머니가 외로우실 것 같아서 민지는 친구들이 만나자고 연락이 와도 거의 집 밖에 나가지 않는다. 어머니가 외롭고 힘들어하시는데 자기만 친구들과 재미있게 노는 것은 어머니에게 잘못하는 것 같아서 미안한 마음이 들기 때문이다. 민지 어머니는 민지가 학교에 진학한 후 부쩍 예민해지고 결석이 잦아져서 걱정을 많이 하고 있다. 민지 어머니도 성장 과정에서 부모님이 자주 싸우셨고 아버지를 비난하는 어머니의 넋두리 늘 듣고 자라왔다고 한다.
>
> 〈사례협의 대화 내용〉
> 김 교사: 민지 문제를 해결하기 위해서는 무엇보다 가족에 대한 이해가 필요할 것 같아서, 이번 주에 민지 어머니와 상담을 하려고 하는데 어떻게 하면 좋을까요?
> 박 교사: 상담 내용을 들어보니, 다세대 가족치료의 관점에서 문제를 개념화해 보는 것도 어머니와 민지의 관계를 이해하는 데 도움이 될 것 같네요.
> 윤 교사: 이번 주에 어머니를 상담하실 때 해결중심 가족치료의 척도질문을 해서 민지 문제에 대해 어머니가 어떻게 생각하고 계시는지 물어보는 것도 좋을 것 같아요.
> 최 교사: 제 생각에는 전략적 가족치료의 관점에서 민지 어머니가 민지의 결석 문제를 긍정적 시각으로 볼 수 있도록 도와주는 것도 필요할 것 같아요.

7 형제자매의 위치(sibling position, 형제순위)

(1) 토먼(Walter Toman)의 출생순위와 성격 관계에 대한 연구(1961년)를 바탕으로 보웬이 개념화: 출생순위, 형제자매 위치가 가족 정서체계 안에서 특정한 역할과 기능을 한다. 배우자의 상호작용도 원가족에서의 형제 위치와 관련이 있다.

(2) 보웬은 아동들의 특징적인 성격은 가족에서 형제순위에 의해 영향받는다고 보았다. 형제순위에 관한 개념은 특정한 자녀가 어떻게 가족 투사과정에서 대상으로 선택되느냐 하는 것을 이해하고, 개인이 결혼생활에 어떻게 적응하며, 가족치료를 할 경우 어떻게 반응할 것인가를 예측하는 데 도움이 되는 좋은 자료가 되었다.

(3) 형제자매 위치가 반드시 출생순위와 일치하는 것은 아니다. 즉, 가족 내의 기능적 위치가 영향을 미치는 것이다.

(4) 보웬은 몇째로 태어났는가 하는 생물학적 출생순위만이 아니고 몇째로 기능하였는가 하는 기능적 출생순위 개념도 고려하여야 한다고 하였다. 예로서 만일 장남이나 장녀가 막내와 같이 변한다면 그것은 삼각관계에 속한 자녀라는 것을 증명해 주는 것이다. 만일 장남이나 장녀가 지배적이라면 손상된 가족의 기능을 조절한 증거이며, 평온하고 책임 있게 기능을 하는 장남이나 장녀는 분화가 잘 된 증거를 의미한다.

〈형제자매 위치의 구체적인 경향〉

- 장남과 장녀는 더 권위적이고 규칙에 집착하는 경향이 있다. 대체로 부모의 기대수준이 높은 장남이나 장녀는 부모와 강한 감정적 융합으로 삼각관계에 포함되기 쉽다. 장남·장녀가 결혼할 경우, 갈등시 자녀를 부부갈등의 기제를 이용하여 부부관계를 유지한다.
- 막내는 혼란된 성격을 보이며, 막내나 차남은 부모의 기대수준이 낮아 부모와의 감정적 유대가 낮고 삼각관계에 적게 포함될 수 있다. 이들은 결혼은 자신의 생각과 감정에 의하여 행동하게 되므로 부부간에 갈등이 있어도 자녀를 끌어들이지 않고 독자적으로 해결하려 하며 안정된 부부관계를 유지한다.
- 장남이나 장녀는 배우자가 막내인 경우 결혼생활에서 좀더 책임감과 주도적 의사결정을 하는 경향이 있으나 배우자가 첫째인 경우는 동시에 주도적이어서 갈등을 겪을 수 있다고 하였다. 이로써 출생순위로 개인의 결혼적응을 예측할 수 있다고 본다.
- 장남이나 장녀가 사고나 병으로 사망하거나 부모의 기대를 실망시키는 경우 그 다음 순위의 자녀가 첫째 자녀처럼 부부 사이의 삼각관계에 말려들 가능성이 높다. 또 두 자녀가 있는 가족에서 첫째 자녀가 막내처럼 기능한다면 그것은 둘째 자녀와 나이차가 7~8년 이상이어서 외동의 특성이 강하고 삼각관계에 속한 자녀일 수가 있다.

8 사회적 정서과정(societal emotional process, 사회의 정서적 과정/사회정서적 과정)

(1) **정의**: 개인과 가족에 대한 정서과정 개념을 사회적 정서과정으로 확장한 개념이다. 즉 사회도 가족과 마찬가지로 연합성과 개별성의 반대적 힘의 균형에 영향을 받으며, 사회가 전쟁이나 인구증가, 성차별 등과 같은 만성적 스트레스 상황에 처할수록 사회의 불안은 커지고 그 결과로 결속에 대한 압력이 강해지며 분화수준은 감소된다는 개념을 말한다.
① 사회집단이나 가족의 분화수준이 높을수록: 좀더 협동적이며 이타적이고 타인의 복지를 고려한다. 스트레스 상황이든 아니든 타인과 접촉을 유지한다.
② 사회집단이나 가족의 분화수준이 낮을수록: 스트레스 상황에서 구성원의 이기심과 공격성, 회피성이 매우 높아진다.

+ **사회현상의 예**

현재 젊은 세대는 누적된 윗세대의 수직적 스트레스를 전수받음과 동시에 당대에 직면한 취업환경의 불안 등의 수평적 스트레스를 경험하고 있다. 이러한 스트레스의 상호작용의 결과 만성불안이 증가하여 어린 세대의 학교폭력이나 왕따, 중년 세대의 자녀에 대한 비정상적 교육열, 음주문화, 투기 등의 사회적 역기능이 발생하는 데 영향을 미쳤다.

5 보웬의 다세대 가족상담

3 치료목표 및 치료과정

1 치료목표 2022 기출

(1) 반복적으로 다세대 전이되고 있는 가족과정과 구조를 파악하여 원가족에게서 자기분화를 높여 가족체계를 변화시킨다. 여기서 가족과정이란, 정서적 충동에 속박된 반응성을 의미하며, 구조는 맞물린 가족 내 삼각관계를 의미한다.

(2) 다세대 정서체계에 퍼져 있는 만성불안 유형에서 벗어나기 위해 다음과 같이 목표를 세운다.
  ① 불안을 경감시킨다.
  ② 자기분화를 촉진한다.
  ③ 삼각관계에서 벗어나도록 하는 것(탈삼각화)

2 치료과정

(1) 가계도를 통해 정확한 가족정서체계(개인력, 핵가족력, 확대가족력)를 평가하여 현재의 문제를 다세대 체계의 맥락에서 분석한다.

(2) 주요 가족원과 관련해 불안과 정서적 반응성의 수준을 경감시킴으로써 가족 내 불안수준을 낮춘다.

(3) 맞물린 삼각관계 중에서 가장 핵심적인 삼각관계 변수를 정의한다.

4 치료자 역할 및 치료기법

1 치료자의 역할

(1) 치료자의 자기분화 수준은 항상 내담자의 자기분화 수준보다 높아야 한다.

(2) 치료자는 객관적인 태도를 지녀야 한다. 치료자는 코치(coach)다. 가족원을 보조하는 능동적인 전문가로서 가족원의 말을 경청하고 그들의 정서적 반응성을 통제하는 역할을 한다.

(3) 치료자는 가족정서체계에 융합되거나 갈등적 삼각관계에 개입되지 않도록(탈삼각 관계로 남을 수 있도록) 중립성을 유지해야 한다. 치료자가 부부 중 한쪽 편을 들지 않으면서도 양쪽과 접촉을 유지한다면 각 배우자의 분화수준은 높아진다. 이인관계가 안정화되면 치료자가 아웃사이더로 회귀하면서 탈삼각화가 이루어진다.

(4) 잘 정의된 '나의 입장(I-position)'을 시범 보이고 표현하는 모델이 되며, 내담자도 자기입장을 취할 수 있도록 돕는다.

2 치료기법

보웬 학파는 기법보다 가족체계가 어떻게 작동하는지 개념을 이해하는 것을 훨씬 중요하게 여긴다. 가계도나 과정 질문을 통해 가족과정을 파악하는 데 관심을 두며, 내담자의 정서나 행동의 변화보다는 인지적 자각을 촉진하여 삼각관계를 벗어나도록 유도한다.

(1) 가계도(Family Tree) 2005, 2007, 2010, 2012, 2013, 2016, 2021 기출

정의	• 다세대의 역동을 살펴보기 위해 개발된 기법으로, 삼세대 이상 걸친 가족원에 관한 정보와 그들 간의 관계를 도표로 기록하는 작성법
장점	• 가족에 관한 정보가 도식화되어 있어 복잡한 가족 유형의 형태를 한눈에 볼 수 있다. • 가족원 각 개인과 가족 속에서 반복되어 나타나는 유형이나 사건을 볼 수 있다.
사용 목적	• 가족이 호소하는 문제와 관련하여 가설을 세운다. • 치료자는 가계도 작성과정에서 체계적인 질문을 할 수 있다. • 내담자 스스로가 시공간을 넘나들면서 다세대적 맥락에서 가족의 정서과정을 살펴보면서 현재의 가족 문제를 볼 수 있다. • 원가족과의 융합문제, 미분화 문제, 핵가족 정서체계, 정서적 단절, 삼각관계 등이 가계도를 통해 나타나므로, 이를 평가하고 가족체계를 변화시킬 전략을 설계할 수 있다.
사용 방법	• 간단하고 무난한 질문에서 시작하여 어렵고 부담이 되는 질문으로 진행한다. • 가계도를 보면서 가족의 생각을 서로 나누도록 한다. • 새로운 정보가 나타날 때마다 가계도를 수정한다.
가계도 면접 개요	• 제시된 문제에 대한 질문 • 가족구조에 대한 질문 • 부모의 출생가족에 대한 정보 수집 • 조부모 세대에 대한 질문 • 문화적 배경(사회계층, 출신지역)이나 출신국가(국제 결혼 등)에 대한 질문 • 성역할태도에 대한 질문 • 주요 생활사건(사망, 질병, 전쟁 등)에 대한 질문 • 가족관계(단절, 연합, 지배 등)에 대한 탐색 • 가족역할에 대한 탐색 • 가족의 강점(유머, 신앙, 용기 등)에 대한 탐색 • 개인의 기능(정신적 문제, 중독, 의료적 문제, 법적 문제 등)에 대한 탐색
가계도 해석	• 가족의 구조 및 구성: 부부관계나 형제자매관계를 중심으로 가족 구성을 살펴본다. 한부모 가구는 자녀양육의 어려움이나 부모의 외로움 등이 문제가 없는지 보며, 재혼가족은 계부모 간 갈등이나 계자녀의 충성심 갈등 등의 문제를 살핀다. 형제자매의 출생순위 및 시기, 자녀에 대한 가족의 기대, 성역할에 대한 부모의 편견 등을 살펴본다. • 생활주기상 가족의 위치: 가족이 가족생활주기 중 어느 단계에 있는지 보고, 각 단계의 과업을 성공적으로 달성했는지, 전환기마다 가족의 재조직이 성공적으로 이루어졌는지 등을 본다. • 세대에 걸쳐 반복되는 유형: 다세대에 걸쳐 반복되는 기능(역할) 유형, 관계 유형, 가족 내 지위와 관련된 유형이 있는지 살펴본다. • 가족역할과 기능의 균형: 특정인이 지나친 과대역할이나 과소역할을 하지 않는지 균형 정도를 살핀다.

5 보웬의 다세대 가족상담

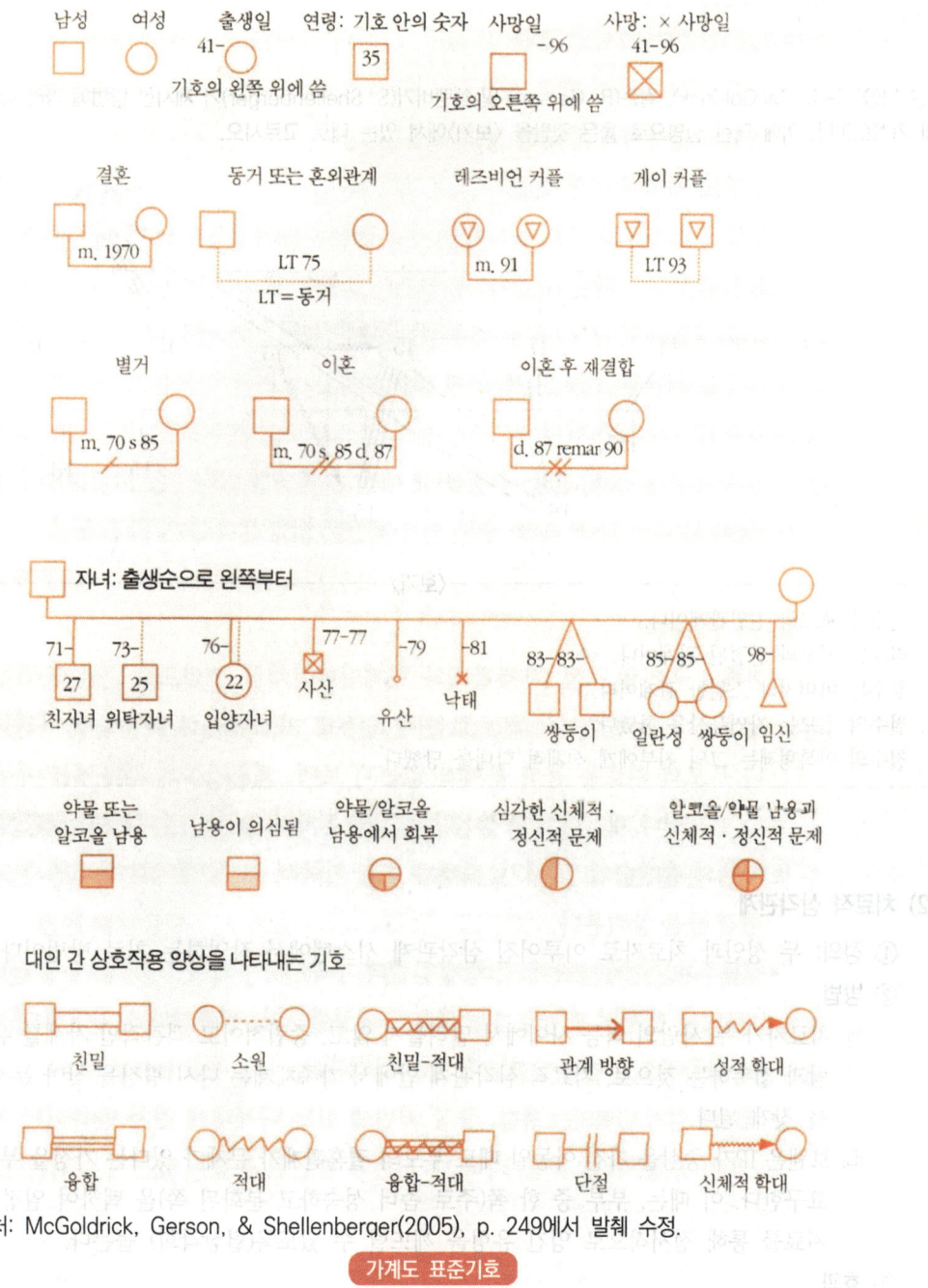

출처: McGoldrick, Gerson, & Shellenberger(2005), p. 249에서 발췌 수정.

가계도 표준기호

[2012년 기출]

다음은 맥골드릭(M. McGoldrick), 걸슨(R. Gerson) 및 쉘렌버거(S. Shellenberger)가 제시한 방법에 따라 작성한 철수(고1, 남)의 가계도이다. 이에 대한 설명으로 옳은 것만을 〈보기〉에서 있는 대로 고르시오.

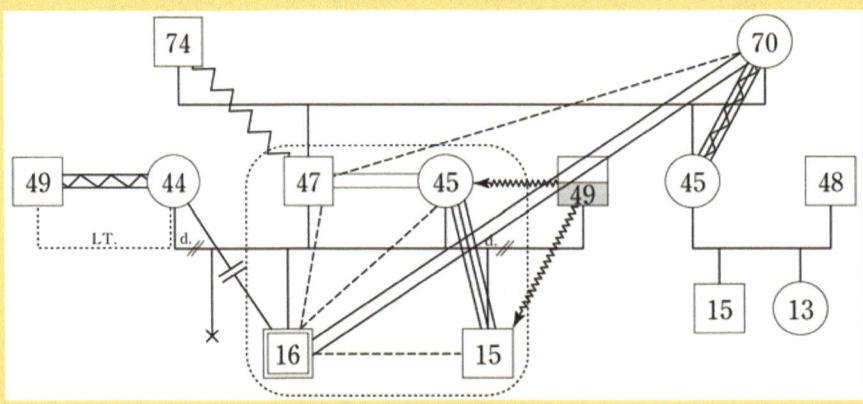

〈보기〉
ㄱ. 철수와 조모와 친밀관계이다.
ㄴ. 철수는 친모와 단절된 관계이다.
ㄷ. 철수는 아버지와 소원한 관계이다.
ㄹ. 철수의 친모는 자연유산을 하였다.
ㅁ. 철수의 이복형제는 그의 친부에게 신체적 학대를 당했다.

(2) 치료적 삼각관계

① 정의: 두 성인과 치료자로 이루어진 삼각관계 시스템에서 작업하는 치료 방법이다.

② 방법
  ㉠ 치료자가 두 사람의 역동 사이에서 말려들지 않고, 중립적이고 객관적인 자세를 유지하면서 두 사람과 접촉하는 것으로, 치료적 삼각관계 안에서 가족체계는 다시 평정을 찾아 문제를 해결할 방법을 찾게 된다.
  ㉡ 보웬은 IP가 증상을 가진 아동일 때도 부모의 결혼관계가 문제가 있다는 가정을 부모가 수용하도록 요구한다. 이 때는, 부부 중 한 쪽(주로 좀더 성숙하고 분화된 쪽)을 택하여 일정 기간 동안 개인 치료를 통해 정서적으로 엉긴 유형을 깨뜨릴 수 있도록(탈삼각화) 돕는다.

③ 효과
  ㉠ 가족 자신이 갖는 불안의 정체를 이해하게 되고, 불안을 사고와 행동으로 통제할 수 있게 된다.
  ㉡ 불안을 감소시켜 분화 수준을 높일 수 있게 되어 기능적 가족의 모습으로 변화가 가능하다.

(3) 탈삼각화(detriangulation)

① 정의: 탈삼각화란 두 성원들의 감정 영역에서 제3의 성원을 분리시키는 과정이다.
② 방법: 치료자가 의도적·일시적으로 삼각관계에 들어가기도 하고 벗어나기도 하면서 가족의 삼각관계를 깬다.

③ 예

> **탈삼각화 예**
>
> 가족 사정 관계에서 아내는 자신에게서 멀어지는 남편을 대신하여 아들(15세)에게 지나치게 관여해 왔고, 아들은 부모의 관계 회복을 위해 문제행동을 나타내는 것으로 파악되었다. 어머니는 아들의 문제행동 해결을 위해 몇 차례 자녀훈육기술 교육을 받았으나 별 효과가 없었다고 한다. 따라서 상담사는 아들의 문제행동을 주요 개입대상으로 삼는 대신 아내가 남편과의 갈등을 직접 해결하도록 돕는 노력을 하기로 했다

(4) 관계 실험

① 방법: 정서적으로 의존하려는 자에게는 의존된 상대방에게서 조금 떨어지도록 요구하고, 정서적으로 거리두기를 하려는 사람에게는 소원한 관계에 다가가서 새로운 관계를 맺도록 시도하게 한다.

② 목적: 자신과 상대방의 사이에서 어떤 정서과정이 발생되는지를 경험하도록 하는 것이다.

③ 효과: 가족은 자신들의 정서과정을 분명하게 인식할 수 있으며, 그와 관련하여 자신들의 관계에서 잠재되어 있던 맞물린 삼각관계와 자신의 역할을 발견하며 치료적 접근을 하는 데 도움이 된다.

(5) 코칭(coaching) **2010, 2013 기출**

① 정의: 치료자는 내담자가 직접 본인의 가족문제를 해결해 나가도록 조언하는 것이다.

② 목적: 코칭의 목적은 자기 이해와 가족원에게 건강한 애착을 가질 수 있도록 하는 것이다.

③ 방법: 중립적이고 객관적인 조언을 통해 개인의 분화를 도우며, 개인이 분명하게 정의된 자기 입장을 가지고 분화된 방향으로 체계에 영향을 미치게 되면, 코치해 주는 치료 횟수를 점차 줄여 나간다.

④ 효과적인 코칭을 위한 지침

> - 정확한 관찰자가 되고 감정 반사를 조절한다.
> - 가족에서 개인 대 개인의 관계를 발달시키도록 한다.
> - 가족관계에서 정서적 감정 반사를 조절할 수 있는 능력을 향상시킨다.
> - 가족들이 계속해서 중립적이고 탈삼각화된 위치를 고수하기 위해 지속적으로 노력하도록 돕는다.

(6) 과정질문(process question) **2010, 2013 기출**

① 정의: 내담자의 감정을 가라앉히고 정서적 반응에 의해 유발된 불안을 낮추며 사고를 촉진하는 질문 기법이다.

② 방법: 내담자가 어떤 방식으로 관계 유형에 관여되어 있는지 인지에 초점을 두어 질문한다.

③ 목적: 질문과정을 통해서 가족이 가족구성원 간의 과정에서 일어나는 일에 자각하도록 하고, 상황을 개선하기 위해 본인이 어떤 역할을 해야 하는지 통찰을 격려하게 된다.

> **과정질문의 예**
>
> - 당신의 아들이 귀가시간을 어길 때면, 당신의 마음속에서 무슨 일이 일어나나요?
> - 남편이 아들에게 그렇게 말했을 때, 당신은 그 상황에서 어떻게 반응하나요?
> - 시어머니와의 관계가 당신의 기대와 다르게 나타났을 때, 당신의 내면에서 일어나는 생각은 무엇인가요?

(7) '나의 입장'(I-position) 기법(자기 위치 지키기) **2010 기출**

① 정의: 핵가족 내에서 융해된 고정된 삼각관계에서 자신의 위치를 변경시켜 상대방의 행동을 비난하거나 지적하거나 혹은 회피하지 않고 자신의 입장에 초점을 맞추어 견해를 표현하도록 하는 방법이다. 즉 감정보다 이성에 기초한 자신의 입장을 갖도록 하는 기법이다.

② 예: "당신이 집에서 하는 게 뭐야?"라고 하기보다는 "당신이 나를 도와주면 좋겠어."라고 하는 것이다.

③ 효과: 감정반사 악순환에서 벗어나게 되고, 탈삼각화하게 된다. 또한 개인분화 수준을 높이게 한다.

(8) 치환 이야기(displacement stories) = 다른 이야기로 대치하기)
① 정의: 가족이 자신들의 문제에 대하여 객관적이고 현실적인 인식을 할 수 있도록 비슷한 문제를 가진 다른 가족의 이야기를 들려주는 것이다.
② 방법: 이 기법은 비슷한 문제를 가진 다른 가족의 예를 들어 이야기를 들려주거나 비디오, 테이프, 영화 등의 자료를 사용하여 개인과 가족을 교육하는 것이다.
③ 효과: 가족의 방어적 태도를 최소화시킬 수 있다. 또한 내담자가 가족 속에서 자신의 역할과 기능을 인식하도록 돕는다.

[2013년 기출]

(가), (나)는 자녀문제로 상담실을 방문한 영수 어머니를 보웬(M. Bowen)의 가족상담이론에 기초하여 상담한 내용의 일부이다. 전문상담교사가 적용한 기법을 〈보기〉에서 골라 연결하시오

(가)

상담교사: 영수가 숙제하라는 어머니의 말은 안 듣고 게임만 하고 있으면 어머니께서는 어떤 생각을 하세요?
어 머 니: 아, 정말 화나지요.
상담교사: 그렇군요. 그러면 영수가 게임만 계속하는데 어머니는 무슨 역할을 하셨나요?
어 머 니: 모르겠어요. 내가 무슨 역할을 했을까요?
상담교사: 글쎄요. 어머니는 영수가 원하는 것을 말하면 들어 주셨나요?

(나)

어 머 니: 영수 때문에 힘들 때는 친정 어머니가 우리 칠남매를 어떻게 키웠을까 하는 생각도 들고 갑자기 어머니가 보고 싶기도 하네요.
상담교사: 아, 그리시군요. 영수도 할머니를 보고 싶어 하던데, 주말에 영수가 게임에 빠져 있는 모습을 보면서 화내고 힘들어 하는 것보다는 가족이 함께 영수 할머님 댁을 방문해 보세요. 다녀오신 후 어떠셨는지 다음 시간에 이야기해 보도록 하지요.

〈보기〉
ㄱ. 코칭   ㄴ. 과정질문   ㄷ. 탈삼각화   ㄹ. 관계실험

6 사티어의 경험적 가족상담

1 이론 배경

1) 경험적 가족치료는 과거보다는 지금-여기에서의 경험을 중시하는 인본주의 심리학에 뿌리를 두고 있다.
2) 인간이 경험하고 있는 것의 질적 측면이 개인의 심리적 건강을 판단하는 근거가 되며, 치료적 개입의 대상이 된다고 본다.
3) 개인의 감정, 욕구, 행동을 존중하고 현재의 충만함을 치료의 목표로 삼으며 실존주의적 태도를 갖는다.
4) 경험적 치료는 빈 의자 기법, 가족조각이나 가족그림과 같은 표현적 기법을 많이 사용한다.
5) 경험적 가족치료의 대표적인 인물로는 상징적 경험주의 가족치료의 휘태커(C. Whitaker)와 성장모델인 사티어 가족치료가 있다.
6) 사티어 모델은 개인의 대인관계뿐만 아니라 치료자와 내담자 사이에서의 평등한 세계관과 인간의 독특성, 성장 잠재력과 전인적인 존재, 사건의 복합적인 요인과 상황적 고려 그리고 변화와 그것을 확장해 가면서 성장할 수 있는 인간의 능력을 전제한다.

2 주요 개념

사티어(V. Satir)는 자아존중감, 의사소통, 가족규칙 3가지 영역에서 개인과 가족의 역기능이 발견될 수 있다고 보았다. 버지니아 사티어(Virginia Satir)의 경험적 가족치료(experiential family therapy)는 가족체계나 가족구조보다는 가족원의 정서적 경험을 강조하며, 과거보다는 지금-여기 경험을 통해 성장이 촉진된다고 보았다.

1 자아존중감(self-esteem) 2015 기출

(1) **정의**: 사티어는 자아존중감은 인간의 기본욕구로, 자신을 신뢰하고 존중하는 것이라고 보았으며, 이것을 느꼈을 때 에너지가 생성되어 현실을 더욱 창조적으로 잘 극복할 수 있다고 보았다.

(2) **자아존중감의 세 요소**: 사티어는 자아존중감의 3대 요소로 자기, 타인, 상황을 제시했으며 이 중 어떤 것이라도 온전하지 못하면 역기능적이라고 보았다. 치료는 이 세 부분이 모두 순기능을 하여 일치되도록 돕는 것이다.
  ① 자기: 애착, 사랑, 신뢰, 존중을 통해 갖는 자신에 대한 가치와 자신의 유일성
  ② 타인: 다른 사람과의 동질성과 이질성, 상호작용
  ③ 상황: 주어진 여건과 맥락. 주로 부모나 원가족 삼인군에서의 상황을 말함

(3) **자아존중감이 높을 때와 낮을 때**
  ① 자아존중감이 높을 때: 자신의 모든 측면을 존중하며 자신과 타인을 위해 건설적으로 에너지를 사용할 수 있다.

② **자아존중감이 낮을 때**: 높은 불안을 경험하고 불확실시하고 자신에 대한 타인의 생각에 과도한 관심을 가진다.

> **참고** 자아존중감과 대처 특성

낮은 자아존중감	높은 자아존중감
나는 사랑받기를 원한다.	나는 나 자신과 다른 사람들로부터 사랑을 받는다.
대처 유형: 불일치	대처 유형: 일치
나는 무엇이든지 할 것이다(회유).	나는 적합한 것을 한다.
당신으로 하여금 죄책감을 갖게 하겠다(비난).	우리의 차이점을 존중한다.
나는 현실에 구애받지 않는다(초이성).	나는 너와 나를 모두 포용한다.
나는 현실을 부정한다(산만).	나는 상황을 받아들인다.
태도: 경직됨. 심판적임	태도: 적절함, 자신감, 능력소유
반동적	반응적
가족의 규칙과 의무감에 따라 행동한다.	선택과 책임에 관해 분명히 알고 있다.
외부로부터 규정된다.	자신과 다른 사람을 수용한다.
방어적	신뢰, 정직
감정을 억압한다.	감정, 전인성, 인간성을 수용한다.
안전하고 익숙한 것을 선택한다.	새로운 것을 시도 혹은 모험한다.
과거지향적: 현재 상태를 유지하길 원한다.	현재지향적: 변화를 시도한다.

(4) 자아존중감의 형성과 손상: 자아존중감은 삼인군 원가족체계에서 부모와의 관계를 중심으로 학습되고 발달한다.
  ① 부모-자녀 관계에서 부모가 자녀에게 적절하게 반응하지 못한 경우
  ② 자녀가 자기가치나 자아존중감을 학습하고 발전할 수 있는 기회를 갖지 못한 경우
  ③ 기회를 주고 반응은 하였으나, 자기가치나 자아존중감이 낮게 형성되는 경우
  ④ 부모가 역기능적으로 소통하거나 의사소통 내용이 부정적인 경우

(5) 개입 방식: 개입은 낮은 자아존중감과 관련하여 진행된다. 따라서 경험적 치료사는 제시된 문제를 자아존중감의 측면에서 사정하고 가족구성원의 자아존중감을 회복시키는 것을 중시한다. 이를 위해 언어 및 비언어 의사소통의 관찰 기술 사용한다.

2 의사소통 및 대처유형(생존유형) 2007, 2011, 2015, 2015 특시, 2017, 2019 기출

<의사소통 및 대처유형에 관한 일반적 내용>

- **정의**: 생존 유형(survival stance)이란, 스트레스 상황에 대처하는 역기능적 의사소통 및 대처유형으로 이러한 의사소통을 하는 사람은 자아존중감에 문제가 있는 것이다. 사람들이 다양한 긴장 상황과 스트레스 상태에 대처하는 의사소통 유형과 대처 방식을 분류한 것이다.
- **불일치한 의사소통**: 모든 의사소통은 언어적, 비언어적 두 종류의 메시지를 담고 있다. 특히 비언어적 메시지는 사람의 내면상태를 반영한다. 불일치한 의사소통은 언어적 메시지와 비언어적 메시지가 차이가 나는 것을 말한다.
- **생존유형의 발달과정**: 아동은 성장하면서 부모 및 중요한 타인과의 비언어적, 언어적 의사소통이나 암묵적인 가족규칙을 통해서 자신이 어떠한 가치를 지니는 사람인지에 대한 느낌을 발달시킨다. 우리는 알아차리거나 추측할 수 있는 언어적 또는 비언어적 위협으로부터 자기 가치를 지키기 위해 생존 유형을 사용한다.
- **생존 유형과 자아존중감**: 자아존중감의 세 가지 요소(자기, 타인, 상황)의 배제나 고려와 관련하여 설명된다.
- **자아존중감이 낮은 생존유형**: 회유형, 비난형, 초이성형, 산만형의 역기능적 의사소통 방식을 사용한다.
- **경험적 가족치료의 의사소통 문제에서의 치료적 목표**: 이와 같은 역기능적 의사소통 유형들을 일치형으로 변형시키고자 한다.

(1) 회유형(placating)

① **정의**: 생존의 위협이나 거절당하는 느낌이 있을 때, 자신의 내적 감정이나 생각을 무시하고 타인의 비위를 맞추려고 하는, 자신의 내면의 감정을 존중하지 못하는 유형이다.

② **특징**: 붙임성, 매우 겸손함, 착한 사람으로 보인다. 갈등이나 다른 사람의 불편함을 견디지 못하고 시간, 돈, 생명까지도 주어 가며 상대방의 고통을 가볍게 해 주려고 한다. 일이 잘못되면 책임을 자신에게 돌리면서 정작 자신이 필요로 할 때는 도움을 요청하지 못한다. 자아존중의 3요소 중 타인과 상황은 존중되지만, 자기(생각, 감정, 태도 등 가치)는 무시되고 있는 상태이다.

단어: 동의	정서: 구걸	행동: 의존적 순교자
• "내 잘못이다" • "네가 없으면 나는 아무것도 아니다" • "나는 너를 행복하게 하기 위해 존재한다"	• "나는 어떻게 할 수가 없다" • 변명하는 표현과 목소리 • 비굴한 신체적 자세	• '지나치게 친절하게' 행동한다. • 사죄하고, 변명하고, 우는 소리 하고, 구걸하고, 모든 것을 주려 한다.
내적 경험	심리적 영향	신체적 영향
• '아무것도 아닌 것같이 느낀다.' • '나는 아무 가치가 없다.'	• 신경과민 • 우울증 • 자살 경향, 자멸적인 성향	• 소화기관의 고통 • 위장장애, 구토, 변비 등 • 당뇨, 편두통

(2) 비난형(blaming)

① **정의**: 자신을 보호하기 위해 타인을 괴롭히거나 비난하고, 타인을 탓하는 유형이다.

② **특징**: 적대적, 독재적, 잔소리꾼, 폭력적이다. 비난형과 회유형은 대조적이다. 타인을 무시하는 성향을 갖고 있어 타인의 말이나 행동을 비난하고 통제하며 명령한다. 외면적으로는 공격성을 보이나 내면적으로는 소외되어 있다. 자아존중의 3요소 중 자기와 상황은 존중되지만, 타인은 무시되고 있는 상태이다.

단어: 논쟁, 불일치	정서: 비난	행동: 공격
• "너는 아무것도 제대로 하지 못해" • "뭐가 문제라는 거야" • "모든 것은 네 잘못이야"	• "내가 최고야." • 분노 • 무시하고 싶다.	• 심판, 명령 • 힘이 있어 보이는 자세 • 약점 발견, 경직성
내적 경험	심리적 영향	신체적 영향
• 소외됨 • '나는 외로운 실패자다'	• 편집증 • 일탈행동 • 살인할 수 있는 성향	• 근육긴장과 등의 통증 • 고혈압 등 혈액순환장애 • 관절염, 변비, 천식

다른 사람을 무시

자원: 강한 주장

(3) 초이성형(super-reasonable)
① **정의**: 자신과 타인을 모두 무시하고 상황만 지나치게 중시하는 유형이다.
② **특징**: 지나치게 이성적이며, 자료와 논리 수준에서 기능한다. 비인간적이며 객관적인 특징을 가지며 자신이 옳다는 것을 증명하고 갈등을 해결하고자 자료나 연구 결과를 인용한다. 이들은 지성인으로 오해가 되곤 하나, 실은 쉽게 상처받고 소외감을 느끼며 감정에 취약해서 감정을 상황으로 초점을 바꾸려는 것이다. 일반적인 이론이나 규칙을 절대시하며 자신의 논리로 주장하는 이유는 그것의 실제 상황에 대한 효과적인 적용성을 주장하기보다는 자신의 정서적 혼돈 상태나 상황의 설명력 부족을 감추려는 의도가 더 강할 수 있다.

단어: 극단적인 객관성	정서: 완고, 냉담	행동: 권위적
• 규칙과 '옳은' 것에 관한 자료 사용, 추상적 단어 사용, 정확한 논리적 설명을 함, "사람은 지적이어야 한다."	• "사람은 어떤 희생이 있어도 냉정하고 조용하고 침착해야 한다" • 경직된 굳은 자세, 고자세	• 경직, 원칙론적 행위 • 행동을 합리화, 조작적, 의도적, 강제적
내적 경험	심리적 영향	신체적 영향
• '나는 상처받기 쉽고 고립된 느낌이다.' • '어떤 감정도 표현할 수 없다'	• 강박적-강제적 • 반사회적 • 사회적으로 위축, 과도한 긴장	• 건조성 질병 • 점액, 임파조직에 질병 발생 • 암, 심장마비 등의 통증

자기와 다른 사람을 무시

자원: 지식

(4) 산만형(irrelevant)
① **정의**: 자신, 타인, 상황을 모두 무시하는 유형이다. 생각과 말, 행동이 자주 바뀌고 동시에 여러 가지 행동을 하려고 하는 유형으로 접촉하기가 가장 어렵다.
② **특징**: 재밌거나 익살스럽게 보인다. 말이 되지 않는 이야기를 하고, 매우 산만한 행동을 한다. 매우 혼돈된 심리 상태를 보인다. 산만형과 초이성은 대조적이다. 이들은 스트레스를 주는 주제로부터 관심을 돌릴 수 있는 한 생존할 수 있다고 믿는다. 따라서 쉬지 않고 움직이며 의논 주제로부터 관심을 분산시키고자 한다. 이들 내면은 현재가 자신이 머물기에 부적절하다고 여기는 극단적인 심리적 불균형 상태에 있다.

6 사티어의 경험적 가족상담

단어: 관계없는 단어 사용	정서: 혼돈스러움	행동: 산만함
• 뜻이 통하지 않는다. • 이야기에 요점이 없다. • 계속해서 "그냥 놔둬."라고 말한다.	• "나는 실제로 여기 있는 것이 아니다" • 계속해서 움직인다. • 비스듬히 앉는다.	• 부적절하게 조정한다. • 지나치게 활동적이다. • 끼어들어 중단시킨다.
내적 경험	심리적 영향	신체적 영향
• '아무도 상관치 않는다.' • '거긴 내게 적절한 곳이 아니다.' • 균형이 없다. • 끼어들어 주목받고자 한다.	• 혼돈됨 • 부적절한 • 정신질환	• 중추신경계 장애 • 위장장애, 메스꺼움 • 당뇨병, 편두통, 변비

자기, 타인, 상황 모두를 무시

자원: 즐거움, 자발성, 창의성

(5) 일치형(congruent)

① **정의**: 의사소통 내용과 내면의 감정이 일치하는 유형으로 높은 자아존중감을 가지고 있는, 충분히 기능하는 인간 유형이다. 일치형 대화 방식은 갈등 상황에서 타인과 자신 그리고 상황을 모두 존중하는 대화로, 다른 유형과는 달리 기능적인 유형으로 치료의 목표로 삼고 있는 의사소통 방식이다.

② 일치적 의사소통은 스스로를 방어하거나 다른 사람이나 상황을 통제하기 위해 선택하지 않는다. 그들이 선택하는 것은 자기 자신이 되기를 선택하는 것이며 다른 사람들과 만나고 관계를 맺고 상호작용하기 위해 선택하는 것이다.

단어	정서	행동
• 말의 내용이 신체 자세, 목소리의 음조, 내면의 느낌과 일치한다. 말이 감정들을 자각하고 있음을 나타낸다.	• 정서표현이 말과 일치된다. • 정서가 자유롭게 표현된다.	• 창조적이고 생동적이다. • 개성이 드러난다. • 유능하다.
내적 경험	심리적 영향	신체적 영향
• 조화/균형 • 높은 수준의 자기 가치	• 건강함	• 좋은 건강 상태

자기, 타인, 상황을 중요시

자원: 관계성, 접촉, 높은 자아존중감

[2017년 기출]

다음은 진수(고2, 남)의 가족이 주고받은 대화이다. 사티어 (V. Satir)의 경험적 가족상담이론에서 제시한 의사소통유형 중 진수에게 해당하는 유형의 내적 자원 1가지와 내적 경험 2가지를 서술하시오.

> 아버지: 너 오늘도 학원 간다고 하고 게임방에 갔지? 너는 생각이 있는 거니, 없는 거니? (아내를 향하여) 당신도 진수에게 신경 좀 써요.
> 어머니: 당신 말이 맞아요. 모든 게 다 내 잘못이에요. 내가 더 신경을 써야 했는데……. 미안해요.
> 진 수: 아빠가 자꾸 공부하라고 잔소리하니까 공부가 더 하기 싫어지잖아요. 이 모든 것이 다 아빠 때문이에요.
> 누 나: 진수가 학원도 가지 않고 게임방에 가서 아빠가 화를 내시는 것은 이해가 돼요. 실은 저도 입시를 준비할 때 아빠 공부하라고 스트레스를 주니까 공부가 더 안되더라고요. 그러니 아빠도 진수의 입장을 이해해 주셨으면 좋겠어요.

3 가족규칙(family rules) 📖 2015 기출

(1) 정의: 원가족 삼인군(primary triad)의 경험에서 획득되어 내재화된 일종의 명령으로서, 정보를 처리할 때 따르는 규준이다. 가족 규칙이란 원가족에서 가족구성원 사이에 경험한 관계적 반응, 인식 방식과 감정 양태, 행동 및 태도 등이 내면화되어 명시적인 혹은 암묵적인 규칙으로 작용하는 것을 말한다.

(2) 특징
① 가족규칙은 가족구성원의 행동을 지배하게 된다.
② 명시적이거나 암묵적이다.
  ㉠ 명시적 규칙: 귀가 시간, 취침 시간, 가사 책임 등
  ㉡ 암묵적 규칙: 부모의 재혼 사실, 어렸을 때 죽은 형제, 부모의 알코올 중독, 폭력 등

(3) 치료법
① 가족사정에서 가족체계에 적용되고 있는 규칙의 타당성을 가족들과 함께 검토한다.
② 역기능적인 의사소통과 낮은 자아존중감에 영향을 미치는 규칙에 개입한다.
③ 특히 규칙이 너무 시대에 뒤떨어졌을 때, 불공평할 때, 불명확할 때, 부적절할 때, 현재 상황에 맞지 않을 때, 치료사의 교육적인 역할이 요구된다.
④ 가족이 규칙의 타당성을 질문하고 평가하는 것을 돕고 역기능적일 때는 거부하도록 돕는다.
⑤ 가족이 치료사를 신뢰하고 안전하게 느낄 때 규칙을 다루어야 한다.

(4) 지침
① 가족규칙은 가족들이 지킬 수 있을 정도로 인간적이어야 하며, 변화하는 상황에 맞게 융통성을 띠어야 하며, 현실적이고 합리적이어야 한다. 다음은 가족규칙에 대한 지침이다.

> • 인간적으로 가능한 규칙인가.
> • 변화하는 상황에 따라 규칙은 변화하는가.
> • 차이는 어떻게 받아들여지는가.
> • 정보 공유에 관한 규칙은 어떠한가.
> • 비밀이나 금지된 화제가 있는가.
> • 경험(느끼고, 보고, 들은 것)과 감정의 표현에 관한 규칙은 어떠한가.

6 사티어의 경험적 가족상담

[2015년 기출]

다음은 전문상담교사들이 진수(중2, 남)의 가족상담 사례에 대해 논의한 내용의 일부이다. 괄호 안에 ㉠에 해당하는 개념을 쓰시오..

김 교사: 진수의 반항 행동을 '가족'이라는 맥락에서 접근해 보면 어떨까요?
강 교사: 경험적 가족치료의 관점에서 볼 때, (㉠)은/는 일종의 명령으로 원가족 삼인군(original family triangle)에서 경험한 것을 내면에 지니고 있는 것이지요. 이것이 비합리적이면 진수의 성장에 방해가 될 수 있습니다.
박 교사: 전략적 가족치료의 관점으로 볼 때, 진수네 가족은 의식적이고 명백한 것보다는 무의식적이며 암묵적인 (㉠)에 따라 움직이는 것으로 보이네요. 자주 부딪히는 문제를 중심으로 진수와 아버지의 의사소통 문제를 좀 더 살펴볼 필요가 있을 것 같습니다.

4 가족체계(family systems) 2021 기출

(1) **자존심**: 사티어는 자존심이란 가족원 한 사람 한 사람이 존엄성을 가진 개인으로 받아들여지고 이해되고 자율적으로 행동할 수 있는 권한과 자유가 주어질 때 개인이 자신에 대해 가질 수 있는 가치의 정도라고 보았다.

(2) **기능적 가족**: 기능적 가족은 가족원이 자존심이 높은 가족으로, 서로를 존중하고 통제하거나 지배하려 하지 않는 가족이다. 이들은 언어적 표현과 비언어적 표현, 내면적 감정 등과 신체 자세가 일치하는 의사소통을 하며 수평적인 의사소통을 한다.

(3) **역기능적 가족**: 역기능적 가족은 가족원이 자존심이 낮은 가족으로, 서로를 있는 그대로 수용하지 않고, 지배하고 통제하려고 하는 가족이다. 이들은 이중구속적인 메시지를 주고받으면서 의사소통을 한다.

(4) 사티어는 가족체계를 개방체계와 폐쇄체계로 나누어 그 특징을 설명하고 있다.

	개방체계	폐쇄체계
자아존중감(자존심)	• 가족구성원의 자존심이 높다.	• 가족구성원의 자존심이 낮다.
의사소통	• 직접적, 분명함, 구체적, 명확함, 수평적(성장 생산적) 의사소통	• 간접적, 불투명, 불명확함 • 비난하기, 회유하기, 혼란시키기(성장 방해적) 등 사용한다.
규칙	• 명백하고, 시대에 맞고, 인간적이고, 융통적이며 현실적인 규칙 • 규칙은 필요가 발생하면 바뀐다.	• 암시적, 시대에 뒤떨어진, 비인간적, 경직된, 비현실적 규칙이다. • 기존의 규칙을 따르는 한도 내에서만 규칙의 변화가 가능하다.
결과	• 현실에 직결되어 있고, 적절하며, 건설적 • 자기가치는 더욱 확실해지며, 믿음직스럽고 그리고 자신으로부터 점점 더 많은 것을 끄집어 낸다.	• 우연적, 무질서적, 부적절, 파괴적 • 자기가치는 날이 갈수록 더욱 의심스러워지고 낮아지며 갈수록 더 많이 외부의 지원에 의존한다.

3. 치료목표 및 치료과정

1. 치료목표　 2005, 2010, 2013 기출

(1) 내담자의 자아존중감을 높인다.
(2) 인생의 선택권을 스스로 갖도록 한다.
(3) 가족규칙을 합리적, 현실적, 인간적, 융통적으로 만든다.
(4) 내담자의 의사소통 유형을 일치적으로 만든다.
　① 사티어는 내담자에게 일치적 의사소통을 하도록 돕기 위하여 다음과 같이 시행한다.

• 자신, 타인, 상황에 대해 자각	• 신체적 메시지 자각
• 타인과 대화를 할 때 충분한 관심	• 자신의 대처방식, 가족규칙 자각

　② 일상적인 대화 속에서도 자신의 상황, 사고, 감정, 기대나 열망이 표현되게 해야 한다.

- 상황: 현재나 과거의 상황에 대해 편견과 판단 없이 객관적으로 사실 그대로를 말한다.
- 사고: 자기의 생각이나 상황에 대한 가치판단이나 해석을 주관적인 관점으로 이야기한다.
- 감정: 대화 가운데 상대방을 비난하지 않으면서 자기감정을 솔직하게 표현한다.
- 기대나 열망: 상대방에게 바라는 기대나 원함을 분명하게 표현하는 것이다. 또한 기대나 열망이 채워지면 어떻다는 자존감 수준까지도 이야기하게 한다.

2. 치료과정

(1) 로우션(Loeschen, 1998)이 제시하는 사티어의 치료적 변화과정: 초기, 중기, 말기
　① **초기**: 준비단계. 접촉하기, 인정하기, 동기와 희망갖기, 반영, 명료, 해석하기, 자각을 촉진하기, 심리내적 과정 촉진하기, 탐색하기, 조각하기.
　② **중기**: 변화단계. 치료자의 개입으로 역기능적인 지각, 해석, 신념이나 기대에 도전하기, 새로운 대안을 교육하기, 모델화, 구체화하기, 의사소통 교육하기.
　③ **말기**: 변화유지를 위한 단계. 실제를 지도하기, 긍정적인 변화를 부각하고 강화하기.

〈변화를 위해 거쳐야 할 일반적인 단계〉

1단계: 정체상태	• 폐쇄체계로, 항상성의 상태이다. 고통, 증상 등을 통해 변화의 필요성이 제기된다. • 과업: 가족체계가 원래 가지고 있던 숨겨져 있는 위기를 찾아내며 평형이 깨지려고 할 때 사용하는 다양한 보호행동 양식과 저항을 알아낸다.
2단계: 외부요인의 도입	• 가족이 치료자의 개입을 수용하는 단계로, 저항과 같은 대처방식이 일어나며, 저항을 생존을 위한 하나의 대처방식으로 이해한다. • 과업: 문제가 탐색이 되고 긍정적인 목적을 설정한다. 변화의 장애물을 살펴보고, 일치적으로 내담자와 접촉을 한다.
3단계: 혼돈	• 체계가 개방을 하게 되면서, 진실한 의사소통이 시작된다. 그 결과, 이전 행동은 마치지 않고 새로운 행동은 개발되지 않은 상황 사이에서 혼란이 발생한다. 가족은 안정감을 잃으면서 해체에 대한 두려움을 갖게 된다. • 과업: 가족구성원과 접촉을 유지하면서, 각 개인들의 내적 과정과 연결을 이루며, 조각기법 등을 활용하여 내면세계에 대한 작업을 하고, 지금-여기의 현재에 초점을 두도록 촉진한다.

4단계: 변형	• 변화하기로, 가족의 초점이 문제에서 긍정적으로 설정된 목적을 향하여 변화하기 시작한다. 치료 시간의 대부분이 소요되는 단계이다. • 과업: 빙산치료를 사용하며, 가족구성원들이 보다 책임감을 가지게 되고, 자아존중감이 높아지며, 선택을 잘하게 되며, 일치적인 사람이 될 수 있게 치료 목표들이 실현된다.
5단계: 통합	• 변화가 자신과 조화를 이루고, 변화가 자리를 잡는다. 변화가 새로운 자신의 일부가 되게 한다. • 과업: 가족구성원들이 새로운 생존유형과 새로운 지각, 새로운 피드백 등이 자신과 통합을 이루도록 돕는다.
6단계: 실습	• 자동적이고 익숙한 반응패턴에서 벗어나 새롭게 학습한 것을 연습하는 단계이다. • 과업: 변화 실행하기, 존재에 대해 새로운 감각 느껴보기
7단계: 새로운 상태	• 건강과 일치성을 획득한다. 평등, 조화, 일체감, 균형, 익숙함보다는 편안함을 가진다. • 체계가 어떻게 움직여갈지에 대한 새로운 예측들이 생겨나게 되고, 새로운 자아상과 희망이 생겨나며, 더 큰 자율성과 창조성이 발휘된다.

4 치료자 역할

1 치료자 역할 _{2012 기출}

(1) 경험적 가족치료에서는 치료자의 사람됨과 일치성을 강조한다. 반맨(J. Banmen)은 경험적 가족치료자가 갖춰야 할 3대 요소를 유능(competent), 자신감(confident), 일치(congruent)의 3C로 보았다.

5 치료기법

1 사티어의 심리내적 경험모델(빙산치료) _{2015, 2016, 2023 기출}

(1) 치료기법의 이론적 내용

① 정의: 개인 빙산(personal iceberg)은 개인 및 가족의 심리 내적 경험을 이해할 수 있는 지도이다. 바다의 빙산같이 수면 위에 떠 있는 것이 행동(action)이고, 그러한 수면 아래에 차례로 감정(feelings), 지각(perceptions), 기대(expectations), 열망(yearnings) 그리고 가장 깊은 부분에 자기(self; spirituality 영성)가 잠겨 있다는 것이다.

② 방법
  ㉠ 개인의 내적 과정을 이끌어내는 은유적인 방법이다. 사티어(V. Satir)는 빙산기법을 활용하여, 우리 경험 대부분이 '수면 아래'에서 경험된다는 것을 전달코자 한다.
  ㉡ 가족구성원들의 생존유형을 일치형으로 변화시키기 위해서는 생존유형 이면에 숨겨져 있는 충족되지 못한 기대 및 욕구에 많은 관심을 두고, 각 생존유형이 이미 변화의 씨가 될 수 있는 강점을 가지고 있다고 믿어야 한다.
  ㉢ 생존유형을 변화시키는 작업에서 중요한 것은 어떤 것을 제거하는 데 초점을 두는 것이 아니며 가족구성원들이 이미 지각하고 인식하는 내면 경험에 새로운 경험을 추가하는 것이다.

(2) 빙산치료의 과정

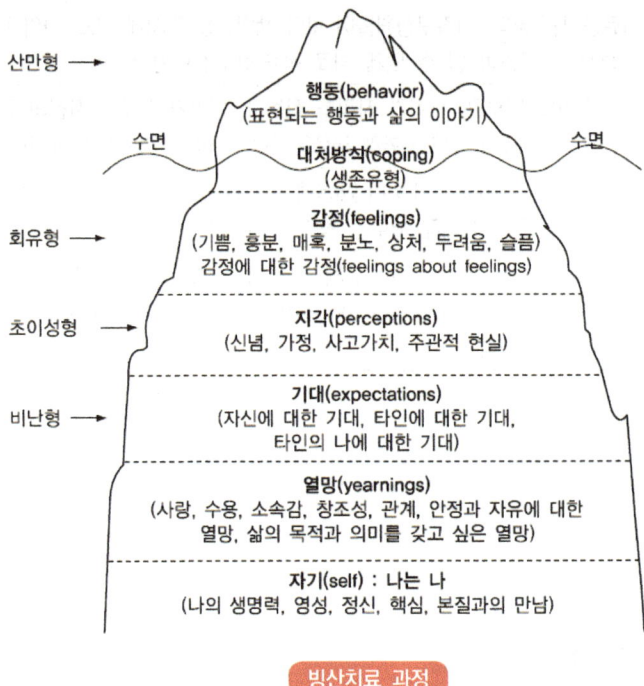

빙산치료 과정

① 빙산치료의 목표
  ㉠ 개인적 목표
   • 내담자의 내면의 감정을 진정으로 느끼고 표현하며, 자신이 품었던 기대를 자비리게 한다.
   • 기대를 표면화시키고 기대를 저버리는 단계를 통해 부모로부터 충족되지 않았던 아동기의 열망을 다른 방법으로 실현할 수 있도록 돕는다(내면 감정 자각, 열망을 건강한 방법으로 실현).
   • 내담자가 가진 내외적 자원을 잘 활용할 수 있도록 격려하고 지지함으로써 내담자가 스스로 선택하고 선택에 대한 책임을 지게 한다(자신의 내외적 자원 활용, 스스로의 선택 책임).
  ㉡ 가족적 목표
   • 부부나 가족치료에서 사용될 경우, 자신과 상대방에 대한 감정, 지각, 기대, 열망을 알아차리고 공감하는 데 유용하다.
   • 가족은 상대에 대한 지각과 열망을 앎으로써 서로에 대한 이해를 넓히고 욕구를 충족해 주려는 시도를 할 수 있다(상대방의 감정, 지각, 기대, 열망을 알아차리고 공감, 충족해 주려는 시도).
  ㉢ 유의점: 기대를 표면화하고 변형하는 과정에서 내담자가 죄의식을 느낄 수 있다.
  ㉣ 생존유형별 치료목표 및 방법

회유형	• 다른 사람을 돌보고 염려하는 자원이 있다. 자신의 유형을 인식하고 다른 사람을 돌보듯 자신을 돌보도록 이끈다.
비난형	• 자기주장이 자원이므로 비판하지 않고 주장하는 것이 중요함을 깨닫는다. • 내면에 자신에 대한 기대가 타인에 대한 기대로 확신되면서 비난한다는 것을 인식토록 촉진한다. • 역할극, 가족조각을 통하여 비난하는 사람과 비난받는 사람의 역할을 직접 경험하거나 관찰하도록 한다. 이들에게 "어떻게 느끼는가?"라고 질문함으로써 취약한 자신의 감정을 인식하도록 돕는다.
초이성형	• 내면이 지각 수준에 머물고 있음을 인식하도록 돕고, 애정, 감정과 지적인 체계 모든 것이 통합되도록 '감정에 귀 기울이기', '가족의 감정에 귀 기울이기'를 훈련하도록 한다.

산만형	• 내면 어디에도 초점이 없으므로 신체를 통해 내면으로 들어갈 수 있도록 신체활동을 권고한다. • 심호흡으로 호흡 느끼기, 산보하면서 느껴지는 감각에 접촉하기, 수시로 어머니와 자녀가 눈 맞추기 등이 도움이 된다.

(3) 경험의 여섯가지 수준 탐색과정

① 행동(action)과 대처방안(coping)에 대한 탐색
  ㉠ 과거나 현재의 행동방식, 반응양식, 대처방식들을 알아보는 단계.
  ㉡ 스트레스 상황이나 위기상황에서 무의식적으로 표출되는 행동방식들은 과거에 학습된 나의 행동 패턴들이다.

> **＋ 행동과 대처방안 탐색의 질문의 예**
> • 그때는 어떻게 하셨어요?
> • 무엇을 지금까지 해 보셨어요?
> • 상대방이 ~할 때 당신은 어떻게 하세요?
> • 어떤 행동방식을 어떻게 변화시키고 싶은가요?
> • 지금은 그 문제를 어떻게 다루시나요?
> • 힘든 상황에 어떻게 대처하시나요?
> • 상대방이 당신을 비난하거나 무시하면 어떻게 하나요?

② 감정(feelings)에 대한 탐색
  ㉠ 행동 이면의 자신의 감정을 깊이 느끼고 자각할 수 있도록 감정의 깊이와 의미에 대하여 알아보는 단계.
  ㉡ 좋은 감정인지 부정적인 감정인지, 화남, 죄책감, 슬픔, 우울함, 두려움, 비참함, 무기력감, 죽고 싶은 느낌 등 그때의 감정들이 어떻게 느껴지고 감정과 만나는 나는 어떻게 느껴지는지 탐색한다.

> **＋ 감정에 대한 탐색의 질문의 예**
> • 누가 ~할 때 어떤 감정을 느끼십니까? 그 감정을 어떻게 다루시나요?
> • 그 감정에 대한 감정은 어떻게 느낍니까?
> • 그 감정이 무어라고 말합니까? 한번 들어볼까요?
> • 그 감정의 의미는 무엇일까요? 눈물의 의미는 무엇일까요?
> • 지금 느끼는 감정과 함께 가슴속에는 무엇이 일어나고 있나요? 한번 들어가 보면 어떨까요?
> • 그 슬픔(분노, 죄책감, 미움) 이면에는 또 어떤 감정이 있는지 말씀해 주시겠어요?
> • 그 감정이 신체적으로는 어디서 어떻게 느껴지나요?
> • 지금 그 감정에 그대로 머무를 수 있겠어요?
> • 이런 감정을 과거 언제, 누구에게 느낀 적이 있습니까?
> • 그런 감정에서 벗어나기 위하여 어떤 노력을 하셨나요?

③ 지각(perceptions)에 대한 탐색
  ㉠ 상황이나 사건에 대한 개인의 사고방식, 신념, 가치체계로 상황에 대한 판단과 해석, 주관적인 관점이나 입장을 탐색한다.
  ㉡ 지각탐색 과정은 내담자의 실제에 대한 왜곡된 생각이나 감정행동을 수정하고 새롭게 하기 위하여 새로운 정보를 추가하는 것으로 실제적인 감정과 만날 수 있도록 한다.
  ㉢ 자신의 관점이나 틀이 아닌 상대방의 입장을 수용하며, 자신의 내면의 사고에도 귀 기울이며 지각체계를 재구조화하면 감정과 반응방식이 변하게 된다.

> **지각에 대한 탐색의 질문의 예**
> - 이 사건에 대하여 어떻게 생각(판단, 해석)하셨어요?
> - 어떤 가치관이 나를 힘들게 하는지요? 또는 어떻게 도움이 되는지요?
> - 상대방의 행동이나 동기에 대해 다르게 해석할 수는 없는지요?
> - 나의 잘못된 사고나 섣부른 판단은 어떤 것이 있었는지요?
> - 당신의 두려움은 궁극적으로 어떤 것에 대한 두려움이라고 생각하시나요?
> - 지금까지 살아온 당신의 삶에 대해서는 어떻게 생각하시나요?
> - 당신의 행동이 자신(다른 사람)에게 어떤 영향을 미친다고 생각하세요?

④ **기대(expectations)에 대한 탐색**
  ㉠ 자신에게 갖는 기대, 타인에게 갖는 기대, 타인이 나에게 갖는 기대 등 수용과 인정, 원하는 것들을 탐색한다.
  ㉡ 자기의 솔직한 기대를 표현하며, 기대를 충족시킬 수 있는 방법들은 무엇이며, 기대를 채우기 위하여 나는 어떤 노력을 어떻게 하였는지 알아본다.
  ㉢ 상대방이 알아서 자신의 기대를 채워주길 기대해선 안 되며 기대에 대한 의사소통 방식을 논의해야 한다. 내담자의 충족되지 못한 과거의 기대들은 실망감이나 분노와 상처로 또는 무력감으로 낮은 자아존중감을 만들어 낸다. 그래서 자기 기대에 미치지 못한다고 비난과 분노로 반응하고, 자기 기대가 무시당했다고 생각하고, 이루지 못한 비현실적인 기대에 집착하게 된다.
  ㉣ 사티어는 내담자들이 기대감을 표출하게 하며, 현실 가능한가 직면하게 하고 실제적인 대안을 선택할 수 있도록 한다.
  ㉤ 자신의 기대를 적절하게 표현하기, 기대를 다른 방법으로 채울 수 있는 방안이나, 이루지 못했던 기대를 현실에서 채울 수 있는 방안을 탐색하고 개발하기, 과거의 이루지 못했던 기대가 있었다면 더 이상 충족될 수 없다는 것을 인정하고 털어버리기 등을 다룬다.

> **기대에 대한 탐색의 질문의 예**
> - 남편(자녀, 아내)에게는 아직까지 어떤 기대감이 있나요?
> - 내 삶에서 아직도 붙잡고 있는 기대는 무엇인가요?
> - 그 기대를 채우기 위하여 무엇을 하셨나요?
> - 원하는 그 기대를 지금은 놓아버릴 수 있나요? 놓아버리지 못한다면 그 이유는?
> - 과거에 이루지 못한 기대를 채울 수 있는 현실적인 방안들은 무엇이 있을까요?
> - 이 기대를 채우는 것이 당신의 삶에서는 어떤 의미가 있나요?

⑤ **열망(yearnings)에 대한 탐색**
  ㉠ 사랑받고 싶은 마음, 사랑하고 싶은 마음, 수용과 인정받고 싶은 마음, 인생의 의미와 자유를 추구하는 마음 등 내면의 깊은 곳에는 자신의 열망들이 어떤 것들이 있는지 탐색한다.
  ㉡ 우리의 행동 이면에는 채워지지 않는 원함이나 열망들이 지각체계나 감정체계에 부정적인 영향을 미치며, 자존감에도 상당한 타격을 준다. 자기의 진짜 원함을 알아차리고 자각하고 인정하는 것은 자신의 내적 생명력과 충만감을 만나게 한다.

6 사티어의 경험적 가족상담

> **+ 열망에 대한 탐색의 질문의 예**
>
> - 당신의 삶에서 원하는 것은 어떤 것입니까?
> - 원하는 것을 채우기 위하여 당신은 어떤 노력들을 하셨나요?
> - 인정받는다는 것을 어떻게 하면 알 수 있을까요?
> - 당신의 삶의 진짜 의미는 어떤 것이라고 생각하나요?
> - 당신은 사랑의 열망을 어떻게 충족시키고 있는지요?
> - 앞으로 열망을 채우기 위해서는 어떻게 해야 한다고 생각하세요?
> - 당신의 원함이나 열망은 현실 가능하고 실행 가능한지요?

⑥ **자아(self, 자기)에 대한 탐색**
  ㉠ 자기에 대한 부정적, 긍정적인 자아상으로 자아존중감과 자아 가치, 삶의 본질과 의미 탐색
  ㉡ 다른 사람과의 관계성에서 자아 가치와 존중감은 어떠한지, 사랑받을 만한 가치가 있다고 생각하는지, 존중받을 만한 자아라고 생각하는지 탐색한다.

> **+ 자아 탐색의 질문의 예**
>
> - 자기 자신에 대하여 어떻게 생각하십니까?
> - 자기 자신을 있는 그대로 수용할 수 있나요? 그렇지 못한다면 어떤 것들을 수용하기가 힘드나요?
> - 자기 자신을 사랑하는 방법들은 어떤 것들이 있는지요?
> - 자신은 사랑받을 만한 가치가 있는 사람이라고 생각하세요?
> - 나의 자아존중감을 높일 수 있는 방안이나 대안은 어떤 것들이 있는지요?
> - 내 삶의 진짜 의미는 어떻게 사는 것입니까?

[2016년 기출]

다음은 전문상담교사가 사티어(V. Satir)의 빙산탐색기법을 적용하여 진수(고2, 남)와 상담한 축어록의 일부이다. (가)와 (나)에서 상담교사가 탐색하고 있는 것을 순서대로 쓰고, 빙산탐색기법의 목표를 개인 측면과 가족관계적 측면에서 각각 1가지씩 서술하시오

(가)

상담교사: 실직 이후 술만 마시고 계신 아버지께 진수가 화가 났구나. 그런 자신이 어떻게 느껴지니?
진　수: 아버지가 잘못해서 실직한 것도 아니고 원해서도 아니라는 것을 알지만 아버지가 무능해 보여요. 그런 아버지를 무시하는 제 자신에게도 화가 나요.
상담교사: 진수가 느끼는 화 이면에는 어떤 감정이 있을까?

(나)

상담교사: 지금까지 진수가 가지고 있는 자신에 대한 기대를 탐색해 보았어. 이제 다음으로 넘어가 보자. 공무원이라는 꿈을 이루는 것을 통해 진수가 진정으로 원하는 것은 무엇일까?
진　수: 공무원이 되어서 가족을 사랑하고 보호할 수 있는 사람이 되고 싶어요.
상담교사: 진수는 가족을 사랑하고 보호하고 싶은 욕구가 있구나.

2 원가족 삼인군(primary triad) 치료 📖 2012, 2015 기출

(1) 원가족 도표(family of origin map) 그리는 방법

구성요소	• 스타의 원가족 도표, 스타의 어머니 원가족 도표, 스타의 아버지 원가족 도표
내용	• 가족구성원의 성격, 자아존중감 정도, 의사소통 방식, 가족규칙, 가족의 역동성, 가족 내 대인관계 세대 간의 유사점과 차이점, 사회와의 연계성 수준 등
특징	• 개인의 심리 내적 과정뿐 아니라 가족과의 상호작용 및 가족역동성을 이해하고 평가하게 해준다. • 내담자가 높은 자아존중감을 갖고 일치된 의사소통을 하는 데 어떤 변화가 필요한지를 알게 해준다.
원가족 도표 그리기	• 스타의 아버지와 어머니를 각각 도형(□,○)으로 그리고 각 도형 안에 아버지와 어머니의 이름, 출생일, 연령을 적는다. 부모가 사망한 경우 사망일을 적으며, 도형에 사선(∅)을 긋는다. • 각 도형 옆에 부모의 개인 및 인구론적 정보를 적는다(ⓐ에서 ⓖ까지). • 부모의 결혼 날짜, 별거 또는 이혼 날짜를 적는다. • 스타의 형제를 출생 순으로 개인의 인구론적 정보를 적는다. (결혼 시 연령) (결혼 시 연령) ⓐ 출생장소 아버지의 이름 어머니의 이름 ⓐ 출생장소 ⓑ 인종/문화 출생 출생 ⓒ 종교 ⓓ 학력 사망일 결혼일 사망일 ⓑ 인종/문화 ⓒ 종교 출생일 출생일 ⓓ 학력 ⓔ 직업 (현재 또는 사망시연령) (현재 또는 사망시연령) ⓔ 직업 ⓕ 취미 ⓕ 취미 ⓖ 사망원인 ⓖ 사망원인
과거에 느꼈던 가족의 모습 그리기	• 성격적 특성을 형용사로 표현: 18세 이전으로 돌아가 그때 생각했던 가족 구성원 각각의 특성을 적되 긍정적 특성과 부정적 특성을 각각 세 가지씩 적는다. • 대처유형(방식): 18세 이전에 가족 구성원이 스트레스 받을 때 1차적으로 보인 대처방식(coping)을 적되, 가능하면 2차 대처방식도 적는다. 대처방식은 회유, 비난, 초이성, 산만, 일치로 표시한다. • 관계의 양상: 18세 이전에 스트레스를 경험한 특정한 상황을 생각하면서 그때의 가족관계를 표시한다. 만약 두 사람 간에 한 가지 이상의 양상이 보이면 이를 모두 표시한다. 관계의 방향이 서로 다를 때 관계선 끝에 화살표를 한다.(⇄)
과거에 느꼈던 가족의 모습 그리기	가는 선: ———————— 정상적, 수용적, 긍정적이며 갈등이 적음 굵은 선: ▬▬▬▬▬ 자주 밀착됨 물결 선: ∼∼∼∼∼ 자주 부딪히고 적대적임 점 선: ・・・・・・・・・ 소원하고 부정적이며 무심함 • 스타를 표시하기 위해 스타 주위에 별표를 그린다.

(2) 원가족 도표의 예

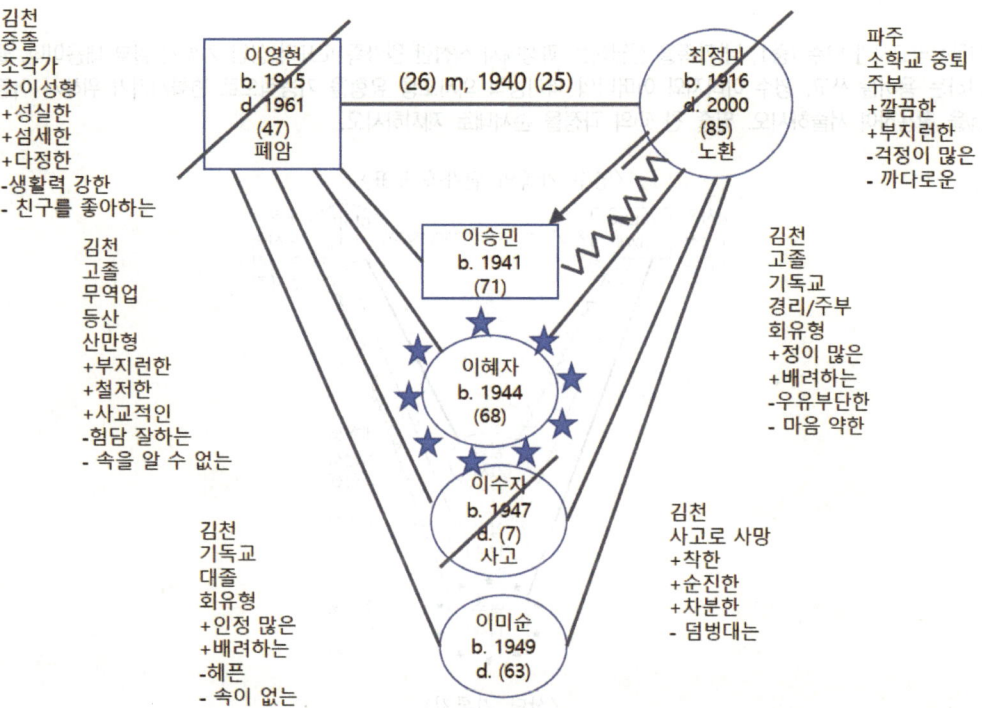

(3) 원가족 삼인군 치료과정

치료 원리	• 역기능적인 원가족 삼인군 가족 관계에서 유래된 쟁점을 현재의 상황에서 이해한다. • 이 쟁점을 현재의 삶에 대한 방해물이 아닌 긍정적인 것으로 부각시켜 원가족 삼인군을 치유한다. • 원가족 삼인군에서 갖게 된 왜곡된 지각이나 경험이 치료자의 지지와 격려를 통해 학습 삼인군 활동에서 치유될 수 있다. • 학습 삼인군(learning triad): 세 명이 하나의 팀을 이루어 학습과 활동을 통하여 자기성장을 도모하는 학습 군. 갈등이 많이 야기될 수 있는 삼인군 상황에서 각자 자신의 취약점, 대인관계와 대처유형을 파악하여 이를 이해하고 재구성하는 과정이다.
치료 목표	• 기능적인 삼인군의 특성을 갖게 한다. 내담자가 원가족 삼인군에서 배운 역기능적 대처방법에서 벗어나 개별성을 갖도록 돕는다. • 의식적인 선택을 통해 내담자가 자신의 행동에 책임을 지고 자신의 감정을 잘 관리할 수 있도록 돕는다. • 자신의 내외적 자원을 인정하고 개발하며 일치된 의사소통을 할 수 있도록 돕는다. • 자아존중감을 높이도록 한다.
치료 과정 3단계	• 1단계: 원가족 도표 작성 원가족 도표를 통하여 가족구성원의 성격, 자존감 정도, 의사소통 유형과 생존유형, 가족규칙, 가족의 역동성, 가족원들 상호관계, 세대 간의 유사점과 차이점, 그리고 사회와의 연계성 수준을 파악할 수 있다. • 2단계: 원가족 도표를 사용하는 치료과정 - 스타(내담자)가 원가족 도표를 근거로 원가족 삼인군을 기술하는 과정에서 진단과 평가가 이루어지고, 변화되어야 하는 내용과 목표가 설정된다. - 원가족 삼인군에서 발생한 쟁점이 이 치료에서 제기될 뿐만 아니라, 내담자가 그 당시의 상황에서 이해를 하게 됨으로써 이 쟁점들이 현재의 생활을 방해하기보다는 재조명시키는 과정을 통해 치료적 효과를 얻게 된다. • 3단계: 원가족 도표를 근거로 가족조각 실시 - 가족조각(family sculpture)을 실시하는 새로운 경험을 실제로 함으로써 변화를 좀 더 촉진하고, 치료의 효과를 더욱 높일 수 있다. - 가족조각 치료과정에서 새로운 발견과 지각, 감정에 대한 재평가, 재해석을 통하여 이전의 시각과 견해가 변화하게 된다.

[2015년 기출]

다음은 전문상담교사가 영수 (중1, 남)가족을 상담하는 과정에서 작성한 원가족 도표와 상담 기록지 일부 내용이다. 괄호 안의 ㉠에 해당하는 용어를 쓰고, 영수 아버지와 어머니의 역기능적 의사소통 유형을 기능적으로 변화시키기 위해서 어떻게 해야 하는지 ㉠을 활용하여 서술하시오. 밑줄 친 ㉡의 과정을 순서대로 제시하시오.

〈영수 가족의 원가족 도표〉

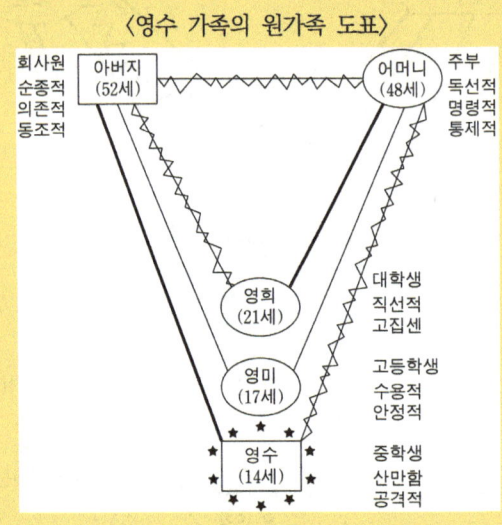

〈상담 기록지〉

- 영수 아버지와 어머니의 역기능적인 의사소통 유형은 (㉠)이/가 낮으며 불균형 상태에 있을 때 주로 나타남.
- 영수 아버지와 어머니의 의사소통 유형은 (㉠)의 3요소 중 특정 부분을 각각 무시한 결과라고 볼 수 있음.
- 영수가 공격적인 행동을 변화시킬 수 있도록 내적 경험을 표면화하고 통합하여 성장할 수 있도록 돕는 것을 목표로 설정함.
- 따라서 ㉡ 겉으로 드러나는 영수의 공격적인 행동과 대처 방식만 문제 삼을 것이 아니라 기서에 감추어져 있는 내적 경험들을 표면적 수준에서부터 점차 깊은 수준으로 탐색해 가는 과정이 필요함.

3 나의 생활 연대기

(1) 정의: 나의 생활 연대기(life chronology)는 출생 후 현재까지 나의 주요 생활사건을 연대별로 나열한 것이다.

(2) 효과: 자신의 인생 경험을 반추해 보며 자신에게 영향을 미쳤던 사건을 인식하고 재구성하는 과정을 통해 성장할 수 있는 기회를 제공한다.

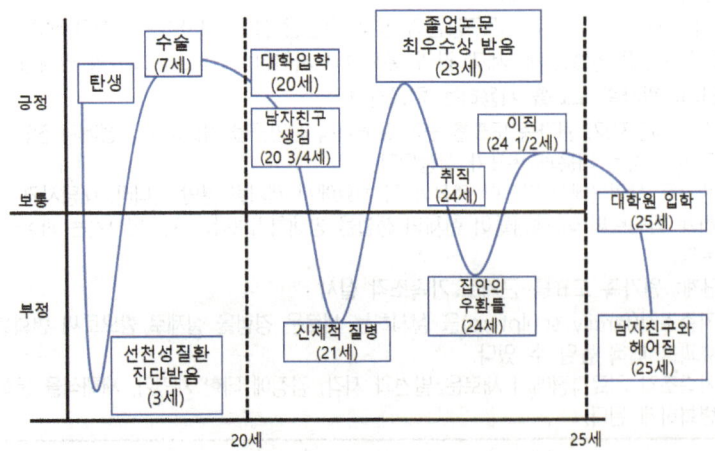

6 사티어의 경험적 가족상담

4 나의 영향권 이해

(1) 정의: 성장기 동안 우리에게 지적, 정서적, 신체적, 사회적으로 영향을 준 사람이나 사건을 바퀴 모양의 그림으로 만든다.

(2) 효과: 이 그림을 통해 미처 인식하지 못했거나 인정하고 싶지 않았던 경험과 관계를 재정리해 볼 수 있다.

5 가족조각(family sculpting/sculture, 가족 조각하기)

📖 2005, 2007, 2009, 2012, 2021 기출

경험적 가족치료에서 진단적 수단과 치료적 수단으로 함께 사용하는 기법으로 1973년 칸터(D. Kantor)와 덜(F. Duhl)이 개발한 이래 펩(p. papp)이 광범위하게 사용하였다.

정의	• 어느 시점을 선택하여 정서적인 가족관계를 언어를 사용하지 않고 신체적으로 상징화하여 사람이나 대상물들을 배열하는 비언어적 기법이다.
목표	• 과거 역기능적인 가족들의 모습으로부터 좀더 바람직하고 지지적 관계를 가진 가족이 되게 하는 것이다.
구성 요소	• 구성요소: 조각가, 모니터, 연기자가 필요. – 조각가: 보통 IP. 조각가가 가족을 어떻게 보는지에 따라 작품이 만들어진다. – 모니터: 상담자. 조각가와 그 과정에 참여하는 가족을 도와주고 지도하는 역할을 한다. – 연기자: 만들어진 조각의 역할을 하는 것으로 조각가 이외의 가족이 담당한다.
특징 및 장점	• 가족평가(사정) 도구 – 말없이 몸짓과 공간적 관계를 나타내도록 함으로써 행위와 감정을 표현하고 느끼게 한다. – 3차원적 시각적 모델을 제시함으로써 내적인 감정을 표면화하고 은밀한 생각과 느낌을 외면화한다. – 가족의 역동성이 가시화되면서 가족의 의사소통 유형, 권력구조, 경계선, 소속감, 개별화, 규칙, 가족 체계의 융통성이 어느 정도 파악될 수 있다. – 가족 간의 물리적 거리, 얼굴과 신체 표정, 자세를 통하여 가족관계, 동맹, 감정, 스트레스 상황에서의 대처방법을 알 수 있다. • 치료적 도구: 말을 많이 사용하지 않으면서 관계 유형의 변화를 촉진한다.
실시 방법(1)	① 가족의 동의를 얻는다. ② 조각가를 선정한다. ③ 조각을 만든다. ☞ 지시: "지금부터 가족은 진흙 덩어리입니다. 가족의 몸이나 얼굴을 마음대로 움직여서 당신이 생각하는 가족의 이미지를 나타내 주세요." ④ 자신들의 감정을 나눈다.
실시 방법(2)	① 준비단계: 조각 기법에 관한 설명을 한 후 조각을 실시한다. "지금부터 가족은 진흙 덩어리입니다. 가족의 몸이나 얼굴을 마음대로 움직여서 당신이 생각하는 가족의 이미지를 나타내 주세요."라고 지시한다. ② 조각완성 단계: 조각으로써 가족의 배치가 끝나면, 치료사는 그 자세를 유지하면서 1분간 정지하도록 요구한다. 이것은 가족에게 자신들이 내면에 있는 감정과 접할 수 있는 기회를 준다. 치료사는 가족 개개인에게 조각하는 동안 어떤 느낌을 가졌는지 물어본다. 이때 치료자는 감정적 차원에서 보다 많은 피드백을 나누도록 도와야 한다. ③ 성숙 및 변화 단계: 내면세계의 감정, 기대, 열망, 지각, 자아존중감에 대해 치료사는 가족과 대화를 나눈다. "조각한 장면에 어떤 제목을 붙이겠어요?", "이렇게 표현된 가족기능에 동의합니까?"라는 질문 등을 한다. ④ 종결 단계: 이상적인 상태를 재조각하고 나서 이러한 변화가 온다면 자신은 무엇을 어떻게 하겠는지를 가족 구성원 개개인에게 질문한다. 이를 통해 가족의 변화에 대한 통찰을 키운다.
대상	• 언어 능력이 제한되어 있는 가족, 어린 아동이 있는 가족, 말이 너무 많거나 없는 가족, 사고와 이성을 중시하거나 모든 것을 지성화하는 가족, 인간관계가 매우 고립되어 있거나 밀착된 가족에게 효율적이다.

6 은유(metaphor) 2005, 2012 기출

(1) 정의: 치료자가 직접적으로 지시하거나 평가하기보다는 간접적이고 비유적인 표현을 사용하는 것이다.

(2) 특징
① 내담자의 자아존중감이나 체면을 손상시키지 않기 때문에 덜 위협적이다.
② 내담자가 치료자의 지시에 저항할 때 유추하거나 은유를 사용함으로써 문제를 다룰 수 있다.
③ 은유를 통해 치료자 자신이 의미하는 것과 실제 대상과의 사이에 일정한 공간이 생기는데 그 공간은 내담자가 자기 나름대로 해석할 수 있는 여유를 제공한다.
④ 내담자가 위협으로 느낄 것 같은 경우, 내담자의 사고를 새로운 수준으로 끌어올리려 할 때, 친숙하지 않은 것을 친숙한 것으로 만들기 위해 또는 대안을 확장시키려는 목적으로 사용된다.

7 명상(meditation)

(1) 방법: 사티어가 초기에 사용한 명상은 주로 호흡, 감정, 집중에 관한 것으로 우리 자신을 통찰하게 하는 것이었다. 그러나 후기의 명상은 확인, 긍정적 지각, 올바른 선택, 새로운 가능성과 자기 수용을 강조하는 것으로 사용되었다.

(2) 효과: 명상은 감정과 직관력을 사용하여 지금-여기에 집중할 수 있게 한다. 자신의 내외적 자원을 생각하고 활용할 수 있게 하며, 새로운 에너지를 갖고 새로운 선택과 가능성을 추구할 수 있도록 함으로써 변화와 성장을 도모한다.

6 사티어의 경험적 가족상담

[2021년 기출]

다음은 전문상담교사가 사티어(V. Satir)의 경험적 가족상담 이론을 토대로 서희(중2, 여) 가족을 상담한 내용의 일부이다. 〈작성 방법〉에 따라 서술하시오.

[A]

상담교사: (가족 간의 대화를 관찰하고 있다)
어 머 니: 서희야, 요즘 도대체 왜 그러니? 집에 오면 네 방으로 문을 쾅 닫고 들어가 버리기 일쑤고, 엄마랑 눈도 안 마주치고 있잖아. 게다가 매일 스마트폰만 붙잡고 공부는 도대체 언제 하니?
서   희: 공부! 공부! 정말 지겨워 죽겠어요.
어 머 니: 다 너 잘되라고 하는 말이잖아.
아 버 지: 서희야, 여보! 이제 그만 좀 합시다.
어 머 니: 여보, 당신이 자꾸 그렇게 내 말을 막고 좋게만 해결하려고 하니까 서희가 저렇게 버릇이 없어지잖아요. 이럴 때마다 정말 힘들어요.
상담교사: 네, 잠시만요. 지금까지 가족 간의 대화를 들어보니, 서로 서운하고 속상한 점이 많은 것 같아요.
어 머 니: 말로는 다 할 수 없지요. (한숨을 쉰다) 서희 뒷바라지하느라 저희 부부는 모임 한번 제대로 나가 본 적도 없고, 세상 어떻게 돌아가는지도 모르고 살아요.
서   희: 저도 엄마가 시키는 대로 학원만 왔다 갔다 하고, 친구도 없다고요.

… (중략) …

[B]

상담교사: 서희가 주도적으로 가족의 모습을 배치하여 가족조각을 만들어 보았습니다. 서희와 엄마는 서로 손가락질을 하는 자세를 취했고, 아빠는 엄마와 서희 앞에서 한 쪽 무릎을 꿇고 가족을 바라보는 모습이었습니다. 이러한 모습을 관찰하고 이야기하면서 어떤 것을 느꼈나요?
서   희: 저와 엄마는 서로 화내고 비난하고 각자 얘기만 하고 있는 게 보였어요.
어 머 니: 그러게요. 상대방의 이야기를 전혀 듣지 않고, 내가 원하는 것만 요구하고 있었던 것 같아요.
상담교사: 네, 그 모습 속에서 그런 것들을 느꼈군요.
어 머 니: 네.

[C]

상담교사: 그러면 서로에게 듣고 싶었던 말도 있을 것 같아요. 한번 이야기해 볼까요?
어 머 니: 네, 저는 서희와 남편이 '고마워.'라고 말해 주면 좋을 것 같아요.
서   희: 저는 부모님께 '너를 믿는다'라는 말을 듣고 싶어요.
아 버 지: 아내와 서희가 예전처럼 그냥 편하게 웃을 수 있으면 좋겠습니다.
상담교사: 그렇군요, 그러면 지금부터 그 모습을 가족조각으로 만들어 보겠습니다.

〈작성 방법〉

- 사티어의 경험적 가족상담 이론에 근거하여, [A]에서 보이는 역기능적 가족 체계의 명칭을 쓰고, 그 체계의 특징을 2가지 서술할 것.
- [B]와 [C]를 비교할 때, [C]의 가족조각 활동을 통해 추가적으로 얻을 수 있는 효과를 1가지 서술할 것.

7 미누친의 구조적 가족상담

1 이론 배경

1) 미누친(Salvador Minuchin)의 구조적 가족상담(structural family counseling)에서는 가족환경이 개인의 내적 과정에 영향을 미친다고 본다. 가족환경 속에서 변화는 개인을 변화시킨다.
2) 가족은 일정한 구조(인간관계 규칙)를 가지고 있고 그 구조(structure)는 가족구성원들 사이에 일정한 방식을 만들며 각 구성원들은 그 방식에 기초하여 상호작용한다.
3) 치료자는 가족 내 상호 거래의 변화 즉 가족구조의 내용에 초점을 맞추고 가족 구성원의 행동을 변화시킨다.
4) 하위체계(subsystems), 경계선(boundaries), 위계구조(hierarchy) 등의 개념으로 가족의 구조를 설명하고 있다.
5) 구조적 가족치료의 목적은 가족의 재구조화(family reconstruction)이다.
6) 비행청소년 가족, 거식증 환자 가족, 약물이나 알코올 중독자 가족, 사회경제적 지위가 낮은 가족을 대상으로 한 가족치료에서 특히 효과가 있다.
7) 가족 내 적절한 경계와 위계를 강조하는 동양문화에서 가족문제를 사정하고 치료하는 데 효과적이며, 아프리카계 미국인 및 남미의 여러 나라 가족에게 구조적 가족치료가 특히 효과적이다.
8) 역기능적인 가족과 기능적인 가족의 특성

역기능적인 가족	기능적인 가족
가족의 규칙, 역할이 너무 완고함	가족의 규칙, 역할이 융통성 있음
폐쇄적인 의사소통	열린 의사소통, 협동적
가족의 주기 단계에 고착	가족의 주기 단계에 변화
강한 통제나 강한 의존성	자율적인 책임 강조
한 사람이 희생양	적절히 분배된 문제
가족체계가 폐쇄적	가족체계가 개방적
상호 간의 협상과 조종이 어려움	상호 간의 협상과 조정이 가능
가족들이 비현실적이며 이상적인 기대나 욕구	가족들이 현실적인 기대나 욕구
가족의 자원이 결핍, 고립	가족의 자원이 풍부, 사회관계망적임

7 미누친의 구조적 가족상담

2 주요 개념

1 가족구조(family structure)

(1) 정의: 가족구성원이 상호작용하는 방식을 조직화하는 하나의 보이지 않는 기능적 요구이자 인간관계 규칙이다. 반복적이고 체계화되어 있어서 예측할 수 있는 가족의 행동양식이다.

(2) 제한 요인
① 모든 가족은 성인이 아동보다 더 큰 권위를 행사하는 위계구조를 갖는다. 권위행사는 상호적, 보완적 기능을 해야 한다.
② 가족의 구조는 가족력에 기반을 두어 가족구성원의 역할, 규칙, 스타일을 규정한다. 즉 특정한 가족이 특정한 상호교류 패턴을 발전시켜 가족원의 행동을 규제하는 것이다. 그래서 가족성원의 행동이 지속적이고 반복적이고 예측가능하다.

(3) 특성
① 가족구조의 변형은 다른 변화를 가능하게 한다.
② 가족구조는 구성원의 지지, 규율, 보살핌, 사회화에 의해 구성된 것이므로 치료자가 직접 교육하거나 사회화시키는 것이 아니고 기능을 수정하는 것이다.
③ 가족체계는 자체 유지기능을 가지고 있어서, 한번 변화가 시작되면 계속적인 개입 없이도 변화를 유지하며 가족성원의 경험을 끊임없이 발전시킨다. 그러므로 치료자는 보다 적극적으로 가족에 개입하여 구조를 평가하고 새로운 구조로 변화시키는 기술을 가져야 한다.

2 하위체계(subsystem) 2007, 2012 기출

- 각 개인은 가족의 하위체계이자 가족 내 다양한 하위체계에 속하게 된다.
- 가족원 개인은 각 하위체계 안에서 각기 다른 권력과 역할을 갖게 되며 고유의 기능을 수행하면서 상보적인 관계를 맺는다.
- 일부 하위체계나 전체 하위체계가 제 기능을 다하지 못하면 역기능적인 가족이 된다.

(1) 부부 하위체계

형성과정	• 두 사람의 **결혼과 더불어 형성**. 남편과 아내는 각자 자신의 원가족에서 부부란 무엇인지, 결혼생활은 어떻게 하는 것인지 등의 규칙과 기대를 가지고 온다.
순기능 조건	• 각자 원가족 영향에서 적절히 분화 • 원가족과 친밀한 관계를 유지하고 원가족의 규칙, 유형, 역할을 존중하면서도 독립적인 부부체계를 발전시켜야 함
주요 과업	• 협상과 조정 예 잠자리 들기 전에 각자 어떻게 시간을 보낼 것인지, 명절을 어떻게 보낼 것인지, 식사준비 방식 등.
기능	• 성, 사랑, 친밀감 등과 연관되며 그 기능을 다하기 위해선 자녀나 시부모, 처가 등 가족 내 다른 체계에서 적절히 보호되어야 한다.

(2) 부모 하위체계

형성과정	• 부모 하위체계는 자녀가 있을 때 형성되는 하위체계다.
순기능 조건	• 부모하위체계는 부부하위체계와 동일인이지만 각각 하위체계가 건강하게 기능하기 위해서는 두 하위체계가 분리되어 존재해야 한다. • 자녀는 부모의 부부관계에 개입되거나 부부간 갈등 때문에 걱정할 필요 없이 부모의 자녀로서 독립적으로 기능하고 존재할 수 있어야 한다.
주요 과업	• 자녀양육, 지도, 통제. 자녀 발달단계에 맞게 규칙을 설정하고 부모의 권위를 적절히 사용함으로써 자녀의 성장과 발달을 도와야 한다.
기능	• 자녀의 연령이나 발달단계에 따라 달라진다. 즉, 자녀의 발달단계에 따라 가족은 적절히 재구조화되어야 한다. • 영유아기일 때는 자녀의 건강한 심신 발달을 위해, 부부가 좀더 협력적, 자녀에게 밀착적. • 사춘기 때는 자녀의 자율성을 허용하는 방향으로 가족의 상호작용을 재조정. • 자녀가 결혼을 하면 자녀의 부부체계가 건강하게 확립될 수 있도록 부모 하위체계가 기능해야 함.

(3) 부모-자녀 하위체계

형성 과정	• 부모와 자녀로 이루어지며 아버지와 아들, 어머니와 딸, 아버지와 딸, 어머니와 아들로 이루어질 수 있다.
순기능 조건	• 세대가 다른 사람으로 구성된다는 특징이 있기 때문에 위계 구조를 확립하는 것이 순기능을 위한 중요 조건이다. • 가족이 기능적이기 위해서는 부모가 자녀를 훈육하고 자녀의 성장발달을 돕기 위해 권위와 통제를 적절히 사용할 필요가 있다(가족 모두가 동등한 권리를 가져서는 안 된다).
역기능의 예	• 부모가 지나치게 통제적일 경우, 자녀가 독립적인 존재로 성장하기 어렵고, 부모와 갈등을 겪으며 역기능적이 될 수 있다. • 부모가 자녀에게 적절한 권위를 행사하지 못하거나 한 자녀와 지나치게 밀착된 관계를 형성하면서 다른 한 쪽 배우자와 소원하다면 역기능적이 될 수 있다. • 부모의 권한이 한 자녀에게 이양되는 경우(한부모 가족, 맞벌이 부부가족, 대가족 등), 그 자녀는 부모역할(부모화)을 하는 자녀가 된다. 이 때, 부모역할을 하는 자녀에게 이양한 권한이 분명하지 않거나 부모가 그 자녀에게도 지도, 통제, 결정권을 모두 일임하거나 혹은 그 자녀가 수행할 수 있는 능력 이상의 것을 요구할 경우, 자녀가 곤란에 직면할 수 있다. 이 때 부모는 자녀가 부모를 도울 수 있을 정도의 부모 자녀 간의 관계로 재정비해야 한다.

(4) 형제자매 하위체계

형성과정	• 동일한 세대에 속한 형제자매로 구성.
순기능 조건	• 부모 하위체계에 대항하여 자신들만의 세계와 흥미를 개발하고 확립할 수 있어야 한다. • 사생활이 보호되어야 한다. • 시행착오의 자유를 확립할 수 있어야 한다. • 형제간의 상호작용과 실험에 부모가 부적절하게 개입하면 더 큰 문제가 발생할 수 있다
주요 과업	• 여러 가지를 시도할 수 있는 '사회적인 실험실'로 서로 지지하고 분화하고 희생하는 법과 경쟁하고 협력하며 연합하는 법을 실험하고 배운다.
기능	• 자신과 대등하지 않은 세력과의 관계에서도 협동하고 협상하는 법 • 친구를 만들고 연합하는 법 • 서로 간의 차이와 갈등을 해결하는 법 • 상대방에 복종하고 반대하면서 자신을 보호하거나 체면을 지키는 법 • 자신들만의 욕구충족을 위해 서로 연합함으로써 부모 하위체계에 대항하는 법 등을 배우는 기능

7 미누친의 구조적 가족상담

3 경계선(boundary) 2018 기출

(1) **정의**: 눈에 보이지 않지만 가족원 개인과 하위체계의 안팎을 구분하는 선이며 가족원 사이의 허용되는 접촉의 양과 종류를 규정하는 것이다. 즉 "누가 어떻게 참여하는가를 규정하는 규칙"이다.

(2) **역할**: 개인 혹은 하위체계 간 친밀함의 정도, 정보의 상호교환 정도, 문제해결을 위해 서로 상호교류하는 정도를 파악할 수 있다.

(3) **영향**: 인간의 정체성 확립에 대한 요구와 관련되어 있다. 분리 개별화와 친밀감과 소속감에 대한 욕구 사이에서의 적절한 균형과 조화가 정체성 확립의 기초다.

(4) **범주**: 경직된 경계선으로부터 모호한 경계선에 이르기까지 연속선상의 어느 한 지점에 위치한다. 경계선에는 경직된 경계선(rigid boundary), 명확한 경계선(clear boundary), 모호한/밀착된/애매한 경계선(diffused boundary)이 있다.

(5) **특징**: 대부분의 경우 명확한 경계선이 가장 바람직하지만, 이상적인 경계선을 고려할 때 가족이 직면한 발달 상황이나 기타의 스트레스 상황을 고려해야 한다. 예를 들어, 영유아기일 때 가족원 간의 상호작용은 모호한 경계선이 이상적이라면 자녀가 독립을 준비하는 시기에는 명확하지만 독립적인 경계선이 바람직하다.

경직된 경계선	명확한 경계선	모호한(애매한)/밀착된 경계선
• '나는 나, 너는 너' 식의 지나치게 독립적인 태도로 서로를 대하는 경우 • 가족원이 서로 거리감과 소외감 • 가족원은 각자 자율적이고 독립적 • 가족에 대한 충성심과 소속감이 부족 • 원조를 주고받는 능력 부족, 반응 최소화 • 최소한의 접촉과 의사소통	• 가장 기능적인 가족 유형 • '우리'라는 집단의식과 함께 '나 자신'의 감정을 잃지 않음 • 가족원은 자율적이고 독립적이며 필요할 때 서로의 안녕과 행복을 위해 협동하고 지지하며 관여한다.	• '너의 일은 모두 나의 일'이라는 식의 태도 • 서로 지지, 협동, 관여 • 가족원 간의 거리감이 없고, 강한 소속감 때문에 자율성 방해. 문제 해결 능력 발달 부족. • 가족원이 분화하고자 하는 행동은 가족의 배신 행위로 간주된다. • 한 가족원에 어떤 일이 일어나면 가족체계 전체가 반응한다. • 자율성과 독립성이 없으며, 책임감과 자발성이 낮고, 분리에 대한 두려움과 불안이 있다. • 불안, 우울, 정신신체적 질병 등의 정서장애가 나타날 수 있다.

[2018년 기출]

다음은 전문상담교사가 윤아(중3, 여)의 가족에 대해 파악한 내용이다. 가족상담의 이론 접근에 따른 사례개념화를 〈작성 방법〉에 따라 논술하시오.

〈내방 경위〉

담임교사는 지각과 결석을 반복하고, 수업 중에도 엎드려 자며, 수행평가 과제도 제대로 하지 않는 윤아가 걱정스러워 상담을 의뢰하다.

〈호소 문제〉

윤아는 어려서부터 아빠의 언어적·정서적 폭력에 시달려왔으며, 아픈 엄마를 돌봐야 한다는 심한 부담감을 가지고 있다. 윤아는 엄마가 병원에 입원해 있는 동안 집안일을 하고, 동생 돌보는 일을 도맡아 왔다. 또한 엄마가 다시 자해를 할까 걱정스러워 학교에서도 수시로 전화를 걸어 엄마의 안부를 확인하곤 하였다. 윤아는 고교 진학을 앞두고 자신의 진로를 고민하면서 자신이 원하는 것이 무엇인지도 모르겠고, 잘하는 것도 없고, 뭘 해도 성공하지 못할 것이라는 생각에 심한 혼란을 겪고 있다. 특히 또래와는 달리, 집안 살림을 하고 발달장애가 있는 동생을 돌보게 했던 부모님에 대해 화가 치밀어 오른다고 한다. 윤아의 무력감과 분노는 갈수록 심해졌고, 학교 가는 것도 귀찮고, 친구들과 어울리지도 않고, 수업 중에도 멍하게 앉아 있는 경우가 잦아졌다고 한다.

〈작성방법〉

미누친(S. Minuchin)의 구조적 가족상담 이론에서 제시된 경계선 유형 중, 윤아 가족에게 해당하는 유형을 쓰고, 그 유형의 특징 3가지를 사례와 연결지어 서술할 것

4 위계구조(hierarchy)

(1) 효율적인 위계구조

① 효율적인 위계구조는 구성원 각자 적합한 위치에 있어야 함을 말한다.

② 이는 가족 내 권력을 기반으로 한다. 이는 권위(결정권자) 및 책임(결정에 대한 수행)과 관계가 있으며, 하위체계의 기능 및 경계선과 관계가 있다.

③ 즉, 가족이 기능적이기 위해서는 부모와 자녀가 분화된 권위를 가져야 하며, 자녀의 성장과 발달에 책임을 지는 부모 하위체계가 자녀 하위체계보다 위계구조의 위에 위치해야 한다.

(2) 제휴(alignment)에는 동맹과 연합 두 가지가 있다.

① 동맹(alliance)이란, 제3자와 다른 두 사람이 이익과 목적을 위해 제휴하는 것이다.

② 연합(coalition)이란, 제3자와 다른 두 사람이 제3자에게 대항하기 위해 제휴하는 것이다. 연합에는 안정연합과 우회연합이 있다.

(3) 삼각관계 형태로 미누친은 '연합'의 개념을 사용한다. 연합(coalition)이란, 가족들이 제삼자에 대항하기 위하여 부모가 자녀와 서로 결탁하는 것을 뜻한다.

① **안정연합(stable coalition)**: 가족 내 한 가족원을 밀어내기 위해 두 사람이 밀착된 관계를 지속하는 현상이다.

> **+ 안정연합의 예**
>
> 부부 간에 문제나 갈등이 있을 때 아내가 자녀와 연합함으로써 자기편을 만들어 심리적으로 안정감을 찾고 남편을 가족관계에서 '왕따'처럼 따돌리며 무시하는 경우. 남편을 무시하므로 대항하려는 의도로 남편을 은근히 지배하고 통제하려는 것이다. 남편이 자녀와 연합하는 반대의 상황도 가능하다

7 미누친의 구조적 가족상담

② 우회연합(detouring coalition)
  ㉠ 가족원 간 갈등이 생길 때 이를 피하기 위한 수단으로 자녀와 연합을 하는 것이다(일시적, 위로받기 위함). 즉, 두 사람의 갈등이나 문제를 제3자에게 회피하므로 근본적인 갈등 해결은 어렵지만 순간의 문제해결방식으로 가정에서 흔히 보는 경우이다.
  ㉡ 부부간에 갈등이 심한 경우 아내가 남편에게 문제에 대한 불만이나 갈등을 직접 대화로 해결하지 못하고 자녀에게 불만을 토로하여 직접적인 갈등을 우회해서 푸는 현상이다.

> **+ 우회연합의 예**
> 부부 간의 갈등이 있을 때 자녀에게 신세 한탄 등을 함으로써 위로를 받고 이를 통해 남편과의 갈등에서의 어려움을 해결하는 경우다. 자녀가 어려운 상황에 빠져 있을 때 이상행동으로 표출하든지, 우울증에 빠지든지 하면 부부는 자녀의 문제증상 때문에 다시 표면적으로 대화가 되고 부부관계의 체계를 유지한다. 자녀의 문제증상으로 인하여 이런 가족은 역기능적으로 부부체계가 유지된다고 볼 수 있다.

③ 세대 간의 안정연합(transgenerational stable coalition): 가족 간의 연합이 세대 간에 형성되는 경우다. 부부간의 갈등으로 부부가 둘 다 자녀들과 연합하는 경우는 아래세대 간의 안정연합이라고 부르며, 부부가 자신들의 부모들과 정서적으로 밀착하여 연합하는 경우는 윗세대 간의 안정연합이라고 한다.

(4) 역기능은 연합과 상관이 있다.

> 〈위계구조가 무너져서 생기는 역기능의 경우〉
> • 안정된 연합이 세대를 넘어 형성되는 경우: 부부간 갈등이 심할 경우, 배우자 중 한 사람이 자녀나 가족 밖의 누군가와 안정된 연합을 형성하면 부모로서의 권위는 위협을 받고 제 기능을 하기 어렵다. 예 고부 갈등
> • 가족원 간의 갈등을 피하기 위한 수단으로 우회연합(detouring coalition)을 하는 경우: 부부갈등이 있을 때 한 쪽 부모가 자녀 중 한 명과 밀착된 관계를 형성함으로써 자신의 슬픔을 달래려고 할 때, 한 쪽 부모가 자녀를 자기편으로 끌어들여 우위를 주장하려고 할 경우.
> • 부모 역할을 하는 자녀가 있는 경우: 자녀가 부모보다 더 큰 힘을 갖는 경우이다.

3 치료목표 및 치료과정

1 치료목표 ┗ 2014, 2015 특시, 2022, 2023 기출

(1) 역기능적 가족구조의 재구조화. 재구조화 과정에서 증상이나 문제가 제거된다고 본다.
(2) 모호(애매, 밀착)한 경계선이나 경직된 경계선은 명확한 경계선이 되게 한다.
(3) 하위체계가 역기능적이면 하위체계가 순기능(제 기능을 잘 할 수 있게)이 되도록 한다.
(4) 위계구조가 적절하게 확립되지 못했으면, 위계구조를 적절하게 확립한다.

〈가족 재구조화를 위한 지침〉

- 위계구조가 적절히 확립하도록 한다.
- 부모가 연합한다.
- 부모가 연합된 모습을 보일 때, 자녀들은 형제자매 체계로 기능한다.
- 부부 하위체계는 부모 하위체계와 분리되어 존재한다.
- 경계선이 경직되거나 분리된 가족을 대상으로 치료할 땐, 가족원 간의 상호작용 빈도를 증가시킴으로써 분명한 경계선을 갖도록 한다.
- 경계선이 밀착된 가족을 대상으로 치료를 할 땐, 개인이나 하위체계가 분화하도록 한다.

[2015 특시 기출]

다음은 전문상담교사가 미누친(S.Minuchin)의 구조적 가족치료 관점에서 진수(중1,남)의 가족을 평가한 요약서의 일부이다. 밑줄 친 ㉠에 해당하는 재구조화 목표를 2가지 측면에서 진수 가족 사례에 적용하여 서술하시오.

1. 가족 문제 및 증상

   진수는 중학교에 입학한 후 결석이 잦아져서 담임교사를 통해 상담에 의뢰되었다. 진수의 아버지(50세, 남)는 기업 임원인데 지금의 위치에 올라오기까지 회사 일에 열중했고 매일 밤늦게 귀가하면서 가정을 소홀히 하였다. 어머니(48세, 여)는 전업 주부로 자녀 교육과 집안일을 도맡아 하고 있는데, 주로 큰딸(진희, 고3)과 많은 이야기를 나누며 남편이 너무 무심하다며 원망한다. 둘째딸(진숙, 고1)도 어머니와 늘 붙어 지낸다. 진수는 어릴 때부터 아버지와 대화가 없었고, 엄마와 누나들의 대화에도 끼지 못했다. 가족들이 있어도 진수는 외톨이처럼 지내는 시간이 많았다.

2. 가족 조각

3. 재구조화 목표: _____㉠_____

2 치료과정

(1) 합류(joining)

① 정의: 치료자가 가족의 조직과 상호교류 유형을 있는 그대로 수용하고 가족의 강점을 직접 경험함으로써 가족체계와 관계를 맺는 행동이다. 치료자가 가족에 합류한다는 것은 가족 상호작용의 일원이 된다는 뜻이다.

② 특징
  ㉠ 치료자는 가족 상호작용의 핵심 주제를 파악할 수 있다.
  ㉡ 가족의 희생양이 느끼는 고통이나 슬픔을 함께 느낄 수 있고, 특정 가족원이 가족에서 받고 있는 신뢰와 사랑도 느낄 수 있다.
  ㉢ 즉 치료자가 그 문화의 구성원과 함께 생활함으로써 외부인의 관점이 아닌 그 문화의 일원으로서 그 문화를 이해한다.

③ 조건
  ㉠ 치료자에게는 적응 능력이 있어야 한다.
  ㉡ 외부인이 가족 체제 안에 개입되는 것에 대한 구성원의 불안을 감소시키기 위해 치료자는 먼저 가족의 있는 그대로 받아들이고 존중해야 한다.
  ㉢ 특히 세대 간 위계를 강조하는 문화권에서는 부모의 권위를 존중해줘야 하므로 부모에게 먼저 질문하여 합류한다.

④ 방법

> - 따뜻하고 수용적인 방식으로 말하기
> - 가족원에게 말할 기회를 동등하게 부여하기
> - 부정적인 지각을 긍정적인 인식으로 재정의하기
> - 취약점이 아니라 강점을 부각하기
> - 긍정적 행동을 강화하기
> - 내담자의 염려를 확인하기
> - 모든 사람이 다루고 싶어 하는 사안을 각각 다루기
> - 긍정적 상호작용 분위기를 이끌어내기
> - 내담자에게 익숙하거나 의미 있는 언어나 개념을 사용하기

(2) 가족 평가(family evaluation, 가족사정): 가족 구조의 확인

① 내용: 하위체계의 기능, 경계선, 위계구조의 측면에서 가족의 구조를 확인하는 것이다. 각 하위체계는 제대로 기능을 하는지, 개인 간 혹은 하위체계 간 경계선은 어떠한지 그리고 가족의 위계구조는 적합한지 등을 확인한다.

② 가족구조 확인하는 방법
  ㉠ 관찰: 가족이 치료자의 개입 없이 자발적으로 하는 행동을 관찰함으로써 확인한다.
    예 치료실에 들어올 때 보이는 상호작용. 치료과정에서 누가 먼저 말을 시작하는지, 누구의 말이 존중되고 누구의 말이 차단되는지 등.
  ㉡ 치료실에서 자리에 앉는 위치: 위치에 따라 가족원 간의 동맹과 연합, 중심과 소외가 드러날 수 있다. 또한 자리배치는 가족원 간의 대화를 조장하고 가족의 재구조화를 위한 기법이 될 수 있다.
    예 한 아이가 재빨리 어머니 옆에 앉거나 부부가 멀리 떨어져 앉을 경우, 십대가 혼자 구석진 자리에 앉을 경우.
  ㉢ 구조적 지도(family map), 실연(enactment), 합류(joining) 등의 기법을 사용하여 확인한다.

> **참고** 특정 가족구조 면담 전 확인

한부모 한자녀	• 두 사람 간 모호한 경계선을 형성하고 있어 지나치게 의존하는 경향이 높다. • 부모-자녀가 동료 관계 같기 쉬우며 자녀는 또래와 충분한 시간을 갖지 못해 조숙하다. • 한부모 다자녀일 경우엔 장자가 부모역할을 하기가 쉽다. • 맏이가 능력 밖의 책임을 맡거나, 부모가 맏이를 지원하지 못하거나, 다른 자녀가 맏이에 대해 불평을 하거나, 맏이가 적절한 발달 과정을 밟지 못할 경우 문제가 될 수 있다.
3세대 가족	• 자녀에게 어머니 역할을 하는 사람이 어머니인지 할머니인지 분명하지 않을 수 있다. • 어머니가 직장생활을 하는 경우와 안 하는 경우, 부모가 조부모 집에 사는 경우와 조부모가 부모 집에 사는 경우가 달라질 수 있다. • 세대 간의 역기능적인 연합이나 동맹이 부부 혹은 부모 하위체계의 기능을 방해할 경우 갈등이 일어날 수 있다.
혼합 가족	• 이혼이나 사별 등으로 두 가족이 합친 경우로서 부부관계 차원에서만 결합한 가족이다. • 친부모와 계부모에 대한 자녀의 충성심 갈등 및 상실감과 미해결, 부부 하위체계 확립의 어려움, 공동양육자 간의 갈등과 관련될 가능성이 크다. • 혼합가족은 무엇보다 부부 하위체계가 제 기능을 하는 것이 중요하다.

(3) 가족의 재구조화(family reconstruction)

① 구조적 치료자는 질문, 실연, 관찰, 자리배치, 스트레스 상황 등을 통해 가족구조를 확인한 다음 재구조화 작업을 시작한다.
② 가족 구조를 확인하는 작업과 가족을 재구조화하는 작업은 동시에 일어날 수도 있고, 별개로 일어날 수도 있다.
③ 가족을 재구조화한다는 것은, 가족의 경계선을 조정하고, 하위체계가 제 기능을 하도록 도우며, 위계구조를 적절히 확립하도록 돕는 것이다.
④ 가족의 재구조화가 필요한 네 가지 스트레스 상황
  ㉠ 한 가족원이 가족 외부세력과의 접촉에서 스트레스를 받는 경우
   예 남편이 실직했을 때, 자녀가 학교에서 따돌림당할 때 등.
  ㉡ 가족 전체가 가족 외부 세력과의 접촉에서 스트레스를 받은 경우
   예 이사했을 때 등
  ㉢ 가족이 가족생활 주기상의 과도기에서 스트레스를 경험할 때
   예 임신, 출산, 입학, 사춘기 등
  ㉣ 가족의 특수한 문제에서 발생되는 스트레스 상황일 때
   예 정신적 및 신체적 결함을 가진 자녀가 있는 가족, 만성질환 환자가 있는 가족 등

4 치료자 역할 및 치료기법

1 치료자 역할

(1) 가족구조의 개념에 대한 지식과 신념을 가지며 가족구조를 나타내는 가족의 상호교류와 그 패턴을 관찰한다.
(2) 현재의 가족구성원과 가족 환경을 고려하여 이 가족의 이상적인 구조가 무엇인지 명확히 한다.

7 미누친의 구조적 가족상담

(3) 치료자는 지도자의 역할을 맡는 한편, 치료목표를 달성하기 위해 가족에 합류하고 가족을 수용하며 존중하면서 가족의 상호작용에 적응한다.

(4) 치료자는 가족을 존중하지만 확고한 방법으로 개입함으로써 변화되기를 원하는 바가 치료 시 일어날 수 있도록 돕는다.

(5) 가족구성원을 지원하고 그들이 치료시간에 새로운 방법을 시도할 수 있도록 도우며, 그들의 시도와 성공을 인정하고 칭찬한다.

2 치료기법

(1) 합류를 위한 기법 2011, 2017 기출

유지	• **정의**: 유지(maintenance)는 치료자가 가족이 이미 가지고 있는 체계에 순응하는 과정으로서 가족구조를 지각하고 분석할 때 가족구조를 의도적으로 지지해 주는 기법이다. 가족의 전체 구조와 가족의 하위체계에 대한 적극적인 승인과 지지를 포함한다. • **방법**: 가족원 개인의 특성을 있는 그대로 받아들이는 것으로 흔히 가족원 개인의 장점과 가능성을 인정하고 지지하는 것, 특정 가족원의 위치를 지지하는 것, 침묵을 지키려는 자녀를 그대로 수용하고 존중하는 것, 특정 자녀가 가족의 문제에 얼마나 통찰력 있는가에 대한 치료자의 의견을 말하는 것, 가족이 사용하는 특정 의사소통 패턴이나 표현방식을 있는 그대로 사용하는 것 등이다. • **효과**: 유지는 가족을 재구조화하는 데도 사용. 치료자가 하나의 하위체계를 지지할 때, 다른 하위체계들은 그것에 적응하기 위해 재구조화의 필요성을 인식할 수 있다
추적	• **정의**: 추적(tracking)은 치료자가 가족의 의사소통과 행동의 내용을 따라가고 그것이 계속되도록 격려하면서 가족에 합류하는 기법이다. • **방법**: 치료자는 가족이 말하는 내용을 명확히 하기 위해 질문을 하고, 찬성하는 의견을 말하거나, 가족이 말한 내용을 확대시켜 문제의 핵심을 이끌어내는 작업을 한다. • **추적의 예1**: 가족의 이야기를 들으면서 단지 '음, 예, 네..', '아, 그렇군요'와 같은 말을 하면서 가족이 자신들의 이야기를 하도록 격려한다. • **추적의 예2**: 치료실에서 자녀가 마구 돌아다니는 행동을 할 때에도 치료자는 부모에게 질문을 함으로써 부모 하위체계의 기능을 추적할 수 있다. ex) "아이가 참 활발하군요. 집에서도 아이가 이렇게 행동하나요?", "그럴 때 어머니는 어떻게 하시나요?" • **효과**: 가족이 중시하는 상호작용 패턴을 추적하는 과정에서 가족은 밀착, 혹은 유리된 관계의 모습을 드러내고 재구조화의 필요성을 느낄 수 있다.
모방 2017 기출	• **정의1**: 모방(mimesis)은 치료자가 가족의 생활방식과 정서 상태에 적응하기 위해 가족이 사용하는 언어, 몸짓, 대화 방식 등을 그대로 따라 하는 기법이다. • **모방의 예1**: 느릿느릿 반응하는 가족원에게 치료자 자신도 속도를 늦춰서 반응하는 것, 말수가 적은 가족에게 치료자도 말을 아껴 반응하는 것 등 • **정의2**: 치료자가 치료과정에서 가족의 경험과 동일한 자신의 경험을 강조하여 말하는 것도 모방이다. • **모방의 예2**: "제 아내는 성격이 참 급해요."라고 말하면, 치료자가 "저도 성격이 불 같은 여자와 살고 있지요." 말하는 것 등. • **효과**: 치료자가 특정 가족원의 생활 경험을 모방할 때, 치료자와 그 가족원 간의 연합이 이루어질 수 있고 가족 상호작용은 재구조화의 필요성에 직면할 수 있다.

[2011년 기출]

다음은 전문상담교사가 구조적 가족상담 접근으로 진숙(중3, 여)의 가족을 상담한 축어록의 일부이다. 상담자가 ㉠~㉤에서 사용한 상담 기법에 대한 설명으로 옳은 것은?

어 머 니: 진숙이가 컴퓨터를 너무 많이 해서 문제예요.
상담교사: ㉠ <u>아, 그렇군요. 그럴 때 어머니는 어떻게 하시죠?</u>
어 머 니: 뭐, 혼내기도 하고, 달래기도 하지만 별 효과가 없어요.
상담교사: ㉡ <u>그래도 어머니는 진숙이를 도와주려고 애를 많이 쓰고 계시네요.</u>
진   숙: (고개를 가로저으며) 저는 엄마가 그러는 게 싫어요. 그냥 내버려 두면 제가 알아서 할 텐데.
상담교사: ㉢ <u>(진숙을 따라 고개를 가로저으며) 엄마가 내버려 두었으면 좋겠구나.</u>
어 머 니: (상담교사에게) 자식이 종일 게임만 하는데 어떻게 그냥 내버려둘 수 있겠어요?
상담교사: ㉣ <u>저도 우리 아이들이 놀고만 있으면 그냥 내버려두기 어렵더라구요.</u>
아 버 지: 제 생각에는 애 엄마가 평소에 너무 잔소리를 많이 해서 문제인 것 같아요.
상담교사: ㉤ <u>그러면 평소에 진숙이가 집에서 컴퓨터를 하고 있을 때, 가족들이 실제로 어떻게 대화를 하는지 지금 여기에서 해 보시겠어요?</u>

① ㉠은 유지(maintenance) 기법으로서 가족의 의사소통과 행동의 내용을 변화시키지 않고 가족에 합류하기 위해 사용한다.
② ㉡은 지지(support) 기법으로서 가족 중 한 사람에게 특별한 배려와 관심을 표현하기 위해 사용한다.
③ ㉢은 따라가기(tracking) 기법으로서 가족의 언어, 몸짓, 대화 방식을 그대로 따라하여 가족의 생활 방식과 정서 상태에 적응하기 위해 사용한다.
④ ㉣은 모방(mimesis) 기법으로서 가족의 경험과 동일한 상담자의 경험을 제시함으로써 가족들이 상담자를 모델링하도록 하기 위해 사용한다.
⑤ ㉤은 실연(enactment) 기법으로서 내담자의 가족 구조를 파악하기 위해 사용한다.

(2) **구조적 지도(family map)** 2005, 2008, 2009, 2013, 2015 특시, 2019, 2022 기출
① 정의: 가족의 상호작용 구조를 그림으로 나타내는 것이다.
② 목적: 가족의 상호교류유형을 파악하고, 가족의 변화과정을 평가하고, 치료목표를 설정하는 데 사용한다.

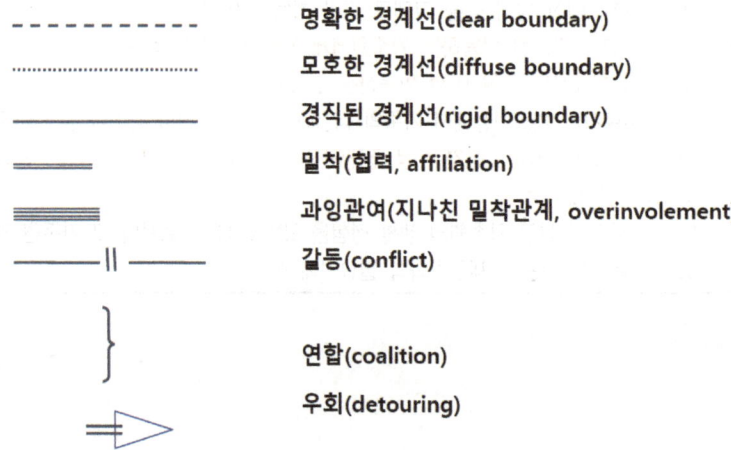

7 미누친의 구조적 가족상담

부모-자녀 하위체계 사이의 경계선이 명확하며 적절한 위계구조가 형성된 기능적인 가족

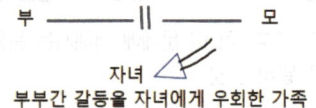
부부간 갈등을 자녀에게 우회한 가족

부 / 모
......
자녀

부부간의 갈등이 장기화되면서, 아내가 자녀와 동맹하여 모호한 경계선을 형성하고 남편은 다른 가족원과 경직된 경계선을 형성한 가족

모 / 계부
자녀

어머니의 재혼 후 계부를 받아들이는 데 실패한 가족

조부모 부
―――――
모 │ 자녀

남편이 아내보다 부모와 밀착된 관계를 형성하고 부모와 동일한 권력을 가지며, 아내는 자녀들과 같은 위치에 있는 가족

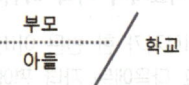

부모와 외아 간에 모호한 경계선이 형성되어 있고, 아들은 학교에 가는 것을 거부하는 가족

(3) 실연(enactment) 📖 2019 기출

① 정의: 치료자가 가족에게 요청하여 가족의 상호작용을 치료실에서 실제로 행동해 보이도록 하는 것이다.
   예 자녀의 행동문제를 부모가 어떻게 다루는지 치료실에서 직접 논의하도록 요청한다.
② 목적 및 효과: 가족평가(사정) 자료를 제공받고, 실연을 관찰하는 동안 치료자는 바로 가족의 재구조화 작업을 진행할 수 있다. 즉 가족이 상호교류를 다른 방식으로 시도하도록 제시할 수 있다.
③ 단계
   ㉠ 가족간 교류를 관찰하고 역기능적 측면에 초점을 맞춘다.
   ㉡ 역기능적 교류를 둘러싼 상호작용을 분명히 밝힌다.
   ㉢ 현재까지 가족이 사용한 방법과 다른 교류를 실연화한다.
④ 장점
   ㉠ 치료자에게 가족이 가족평가를 할 수 있는 자료를 제공해주고 치료적 관계를 형성할 수 있게 한다.
   ㉡ 가족 스스로 역기능적인 상호교류를 파악할 수 있어, 문제 중심의 종래 방법이 바람직하지 않다는 것을 스스로 인식할 수 있게 된다.
   ㉢ 가족 스스로 구조 개선을 위한 재구조화 동기가 생겨나며, 다른 방식으로 상호교류를 시도할 수 있다.

(4) 가족 재구조화 기법

① 긴장고조 기법
   ㉠ 정의: 긴장고조기법(스트레스 상승시키기)은 스트레스를 증가시켜 가족 재구조화를 돕는 기법이다.
   ㉡ 유형

> **+ 유형1: 의사소통 패턴 방해하기**
>
> 예를 들어, 최씨 가족에서 부인은 남편의 의견을 대변해주는 역할을 한다. 치료자가 남편에게 질문하자 부인이 남편의 의견을 대신 말할 때 치료자는 "부인, 잠깐만요"하고 말을 중단시킨 후 "저는 남편 분의 의견을 직접 듣고 싶군요."라고 하면서 남편이 자신의 의견을 직접 말할 수 있도록 한다.

> **유형2: 가족이 무시했던 차이점을 들춰내 갈등을 공개적으로 토론하기**
>
> 예를 들어, "부부가 이 문제에 대해서는 눈을 맞추고 이야기하지 않는 것 같은데 그에 대해 좀 의논해 주시겠어요?"라고 말하는 것

> **유형3: 내재된 갈등을 표면화시키는 것**
>
> 예를 들어, 아이의 역기능적 행동이나 증상은 사실 부모가 싸움을 하고 난 다음에 일어나거나 특히 심해진다는 사실을 부각시킨다

> **유형4: 치료자가 가족 하위체계에 일시적으로 합류하기**
>
> 예를 들어, 치료자가 한 번은 아버지 편에 서서 그가 부인에 대한 불만을 토로하도록 돕다가, 다음에는 부인 편에 서고, 그 다음에는 자녀 편에 서서 각자의 의견이나 불만을 표현하도록 돕는다.

> **유형5: 강조기법**
>
> 가족 상호작용의 흐름을 막음으로써 가족이 예전 상태로 되돌아가지 않고 평형 상태에서 벗어나도록 하는 데 사용된다. 치료자가 목소리의 크기나 높낮이, 말의 속도, 적절한 단어를 선택함으로써 효과적으로 사용할 수 있다. 또 치료자가 언제 어떻게 내담자의 정곡을 찔러 효과적으로 말해야 하는가를 아는 것도 강조기법을 사용하는 데 필요하다.

> **유형6: 능력형성(shaping competence)**
>
> 물줄기의 방향을 바꾸어 상호작용을 수정하는 또 다른 방법이다. 가족원이 이미 가지고 있는 긍정적이고 기능적인 방법을 찾아 사용하도록 함으로써 긍정적인 것을 강화하고 가족원의 능력을 충분히 활용하여 가족의 재구조화를 돕는 것이다.

② 증상활용기법
  ㉠ 목적: 치료자는 증상의 기능을 무력화시켜 가족의 교류에 증상이 더 필요없는 상태로 만들어 내려고 한다. 이러한 가족교류 개선을 시도하기 위해 MRI의 증상중심 치료 개입 방법이 사용할 수 있다.
  ㉡ 증상의 초점화(증상에 초점 맞추기): 가족이 호소하는 증상에 직접 관여하여 교류유형을 변화시키려는 기법이다. 치료자는 증상에 초점을 둔 과제를 부여하거나 증상과 관련된 상호작용을 실연하게 하거나 증상을 계속 유지하도록 하여 가족이 증상을 새로운 각도에서 바라볼 수 있게 한다.
  ㉢ 증상을 과장하기(증상 강조): 증상처방이나 역설적 방법과 유사하다. 이차적 이득이 없어지도록 증상을 과장하는 것이다.
    > **예** 불면증이 있는 부인에게 오히려 며칠 동안 잠을 자지 말라고 권고하는 것으로, 가족의 역기능적 상호작용 하에서는 이런 증상이 정상적인 것이기 때문에 오히려 과장을 해서 가족의 재구조화를 돕는 것이다.
  ㉣ 증상에 무관심하고 새로운 증상으로 이동하기(증상 축소화): 증상이 중요하다고 생각하는 가족의 생각을 경감시킨다. IP의 증상중심 교류유형을 변화시키는 것이 목적이다. 구체적으로, 증상에 의도적으로 무관심하고 증상을 둘러싼 가족의 내재된 갈등이나 다른 증상에 초점을 둔다. 이를 통해 IP의 증상의 중요성을 경감한다.
  ㉤ 증상을 재명명하기(증상 재정의): 증상에 붙이는 라벨을 바꾸는 것(relabeling)이다. 증상이 역기능적 가족구조를 표현하거나 연관이 있다고 재정의해서 말해주는 것이다. 새로운 교류 맥락으로 바꾸는 것이 목적이다.
③ 과제부여(task setting, 과제 수립)
  ㉠ 치료시간 중에 부과되는 과제: 가족원이 누구에게 어떻게 의사소통을 해야 하는지 지적하는 것이다. 자리 배치에 대한 과제이다.

ⓒ 집에서 할 수 있는 과제: 소원한 부부관계에 있는 내담자의 경우 일주일에 두 번 공통의 관심 있는 TV프로그램을 함께 보고 30분간 이야기하기 등의 과제이다.

④ 균형 깨뜨리기
   ㉠ 정의: 하위체계 간의 관계를 재조정함으로써 가족 내 하위체계들 간의 역기능적 균형을 깨뜨리는 기법이다.
   ㉡ 예를 들어, 권위적이고 지배적인 남편과 자기주장을 하기 시작한 아내 사이에서 상담자는 의도적으로 아내의 편을 들어줌으로써 역기능적 균형을 깨뜨릴 수 있다.
   ㉢ 긴장고조기법과 균형깨뜨리기 기법의 비교
   - 공통점: 가족구조를 재구조화하기 위해 실시하는 기법이다.
   - 차이점: 긴장고조기법에서 주로 사용하는 방법은 가족성원 간의 의사소통을 차단함으로써 긴장을 고조시키는 기법이다. 이 기법의 목적은 긴장을 고조시킴으로써 대안적인 갈등 해결방법을 사용하는 데 있다. 균형깨뜨리기에서는 가족 성원 중 어느 한 가족성원의 편을 들어주는 방법을 사용한다. 이 기법의 목적은 기존에 역기능적으로 유지되어 왔던 균형을 깨뜨리는 데 있다.

⑤ 경계 만들기(boundary making, 경계 설정)
   ㉠ 정의: 가족 내 하위체계 간 경계선이 모호하거나 너무 경직된 경우 이를 수정하는 개입을 하는 기법을 말한다. 가족성원 각자가 체계 내에서 적절한 위치에 있도록 가족 내 세대 간 경계를 분명히 유지하도록 원조한다.
   ㉡ 밀착된 가족: 하위체계 간 경계선을 강화하고 각 개인의 독립성을 키워준다.
   ㉢ 독립된 가족: 가족성원 간의 지지·통제 기능을 강화하여 하위체계 간 교류를 촉진하고 경직된 경계선을 완화한다.

> **＋ 경계 만들기의 예**
> - 부부, 가족 전체, 아이들을 따로 만난다. 혹은 아이들을 빼고 부부만 밖에 나가서 할 수 있는 활동을 하게 한다.
> - 본인이 없는 곳에서는 이야기하지 않기
> - 치료세션에서 다른 사람의 질문에 절대로 대신 대답해 주지 않기

[2019년 기출]

다음은 전문상담교사가 혜수(중3, 여) 가족을 대상으로 미누친(S. Minuchin)의 가족상담이론을 바탕으로 진행한 상담 내용의 일부와 상담 후 작성한 혜수 가족의 구조적 지도이다. 〈작성 방법〉에 따라 서술하시오.

상담교사: 여기에 집 안의 방들이 모두 들여다보이는 집 모형과 가족인형 모형이 있어요. 모두 한 번 살펴보세요.
혜　　수: 우리 집과 비슷하게 생겼어요. 우리 집도 2층이에요.
상담교사: 혜수 집과 비슷하다니 잘 되었네요. 여기 있는 가족 인형 중에서 혜수 어머니와 혜수 아버지, 혜수를 닮은 가족인형을 골라 이 집에 있는 어떤 방을 쓸 것인지, 집안 어디에서 무엇을 하는지 표현해 보세요.
어 머 니: 혜수야, 2층 큰 방을 나랑 같이 쓸까?
혜　　수: 그래. 난 좋아
상담교사: 그럼 혜수 아버지는 어느 방을 쓰시게 되나요?
아 버 지: 글쎄요. 저야 뭐.....
상담교사: 혹시 두 분의 관계는 어떠신가요?
어 머 니: 저희는 자주 다퉈요. 어제 저녁에도 다퉜어요.
상담교사: 그러셨군요. ㉠ <u>그러면 어제 저녁 다퉜던 그대로 다시 한 번 해보세요.</u>

〈혜수 가족의 구조적 지도〉

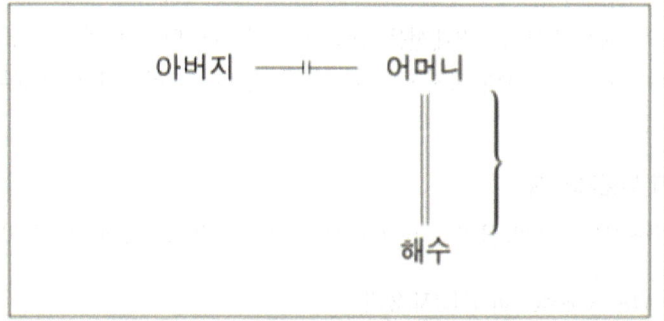

〈작성방법〉
- 밑줄 친 ㉠에서 상담교사가 사용하고 있는 기법의 명칭을 쓸 것
- 혜수 가족의 구조적 지도에 나타난 가족구조의 특징을 3가지 서술할 것

8 전략적 가족치료

1 이론 배경

1) 전략적 가족치료(strategic family therapy)는 의사소통 가족치료에서 비롯되어 그 전통을 가장 잘 이어받았다.
2) 전략적 가족치료자는 인간의 행동이 왜 일어났는지에 대한 이해에는 관심이 없으며, 단지 행동의 변화에만 관심을 가진다. 즉, 문제행동을 변화시키는 해결방법을 기술하는 데 초점을 맞추고 있다.
3) 목표를 설정할 때는 반드시 가족의 호소 문제를 해결하는 것을 포함한다. 이론보다는 문제해결을 위한 기법에 초점을 맞추며, 모든 가족에게 일률적인 기법이 적용되는 구조적 가족치료의 접근과는 달리 전략적 가족치료는 특정의 문제를 해결하기 위한 다양한 전략을 사용한다.
4) 전략적 가족치료는 치료자가 가족성원의 과거가 아닌 현재의 상호작용에 초점을 두고, '성장'보다는 '변화'에 초점을 두었다는 점에서 '변화'보다는 '성장'에 치료목표를 둔 경험적 가족치료 모델과는 치료적 접근법이 전혀 다르다고 볼 수 있다.

2 이론의 기초

1 MRI 상호작용 모델

(1) 가족들이 가지고 오는 증상들은 가족들이 지닌 상호작용의 형태를 반영하고 있다. 상호작용의 형태는 가족들의 서로에 대한 반응, 반응의 방식에 대한 것이다. 즉 의사소통의 내용이 문제가 아니라 과정이 문제라고 인식을 하였다.

(2) 가족 구성원들이 서로 피드백을 주는 방식은 곧 그 가족의 상호작용을 나타내는 방식을 의미한다. 전략 가족치료 이론가들은 가족들이 서로에 대해서 어떻게 피드백을 주는가, 즉 역기능적인 의사소통에 초점을 맞춘다.
   📗 2023 기출

(3) 즉 문제를 유지시키는 정적 피드백 고리가 있을 것이라고 보며, 이를 확인한다. 이를 통해 역기능적 상호작용을 유지하는 가족 규칙을 파악한다. 그리고 가족규칙을 변화시킬 수 있는 전략을 찾는다.

> **＋ 가족간 상호작용의 악순환의 예**
>
> 여동생이 태어남으로써 위협을 느끼게 된 J는 신경질적이 된다. J의 아버지는 J가 반항적이고 미성숙하다고 생각하여 벌을 줌으로써 J가 나이에 걸맞은 행동을 하게끔 애를 쓴다. 아버지의 가혹한 행동 때문에 J는 부모가 자기보다 여동생을 더 사랑한다고 믿었던 것을 확신하게 되고 더 어린아이처럼 행동한다. 반면 아버지는 더욱 비판적이고 처벌적이 되며 J는 더욱 가족에게서 멀어진다.

2 전략적 구조주의 모델

(1) 밀턴 에릭슨(Milton H. Erickson)은 증상이나 문제에 초점을 맞추는 변화중심의 치료에 많은 노력을 기울였다.

(2) 에릭슨은 무의식을 문제를 해결하고 증상을 치유할 수 있는 지혜의 근원으로 보고 이러한 지혜에 접근할 수 있는 한 가지 방법은 습관적인 행동과 사고의 유형을 깨뜨리는 것이라고 보고 사람들이 이전 행동의 맥락 안에서 단순히 다른 것을 하거나 혹은 새로운 맥락 안에서 단순히 다른 것을 하거나 혹은 새로운 맥락 안에서 이전의 행동을 수행하도록 하는 많은 현명한 방법들을 개발하였다.

(3) 치료자들이 지시하는 대로 행동하기를 원하나 저항이 있을 경우에는 치료의 기법을 개발하여 가족들의 저항을 다루어 나간다.

> 예 내담자에게 최면상태에 걸리기 위해 애쓰라고 지시하는 대신 자신의 눈이 참을 수 없이 무거워질 때까지 눈을 뜬 채로 있으라고 지시한다.

(4) 헤일리는 의사소통이론과 역할 모델에 관심을 가지고 송신자와 수신자가 교환하는 메시지에 내재된 통제와 권력투쟁에 주목하였다. 이를 바탕으로 에릭슨의 임상방식을 물려받아 전략적 치료 모델을 발전시켰다.

(5) 헤일리는 증상행동이 다른 가족원에 대한 부적응적 통제 전략이라고 보고, 이중구속의 개념을 치료적으로 활용하였다. 즉, 치료적 이중구속에 빠지게 함으로써 증상을 자발적으로 포기하게 유도한다.

(6) 또한 헤일리는 역기능적 가족은 위계구조가 혼란하여 세대 간 권력의 순서가 거꾸로 놓여 있거나 세대 간 연합의 특징이 존재한다고 보았다.

3 밀란 모델

(1) 이탈리아 밀란의 학파를 말하며, 대표적인 이론가로 파라졸리가 있다.

(2) 사이버네틱스의 영향을 받아 가족규칙과 항상성에 대한 체계적 모델을 발전시켰으며, 베이트슨의 순환적 인과관계와 일치한 접근을 하고 있다.

(3) 밀란모델에서는 증상의 원인을 가족게임이라고 보았으며, 가족게임을 하는 가족의 상호작용에 역설적으로 접근하는 방식으로 치료적인 전략을 세웠다.

4 가족 문제의 발달 원인과 전략치료의 치료 방향

(1) 증상은 가족의 상호작용을 반영하는 기능(function)이다.

(2) 증상은 부모의 갈등을 반영할 수도 있고, 이를 통해 가족 체제를 계속 유지하는 역할을 한다.

(3) 그러므로 증상의 원인을 아동의 내면세계나 가족의 역사에서 찾으려 하지 않고 단지 현재 가족 관계 속에서 가지고 있는 기능에만 초점을 맞춘다.

(4) 그 기능이 가족 구성원들의 상호작용을 촉진하거나 활발하게 만들면 가족 구성원들은 아무런 문제가 없이 살 수 있다. 그러나 그 기능이 가족 구성원 중의 누군가에게 문제를 일으키거나 전체 가족 구성원들의 상호작용을 방해하는 경우에는 치료를 받아야 한다.

(5) 치료 목표는 문제를 일으키는 기능을 바꾸는 것이고 이를 위해 다양한 전략을 개발한다.

3 주요 개념

1 의사소통(communication) 2007 기출

(1) **모든 행동은 어느 수준에서 의사소통이다.** 의사소통이란 가족의 상호작용이 가족구성원 간의 연속적인 메시지 교환을 통해 이루어지는 것을 말한다.

(2) **모든 의사소통은 내용(report)과 관계(명령, command)의 측면을 포함한다.** 의사소통하는 사람들 사이의 관계는 명령 메시지에 의하여 정의된다. 의사소통은 다른 사람과 의미를 이해하고 해석하는 과정이며, 메시지를 전달하는 데 사용되는 단어들은 수신자를 오해하게 하거나 잘못 전달될 수 있다. 의사소통 유형(정보가 가족 내에서 교환되는 의사소통 방식과 의사전달의 선명성 그리고 의사소통의 행동적 혹은 실질적 영향)은 의사소통 내용만큼이나 인간관계를 결정하는 데 중요하다. 따라서 의사소통이론은 실제적으로 인간관계의 통제에 관심을 가진다.

> **예** 만약 어린아이가 엄마에게 "엄마 나 배고파요!"라고 말한다면 그것은 배가 고프다는 메시지를 전달함과 동시에 "먹을 것을 해주세요"라는 지시적 제안도 하고 있는 것이다.

(3) **의사소통이 이루어지는 관계는 대칭적이거나 보완적인 관계다.**
  ① 대화의 관계가 보완적일 때는 한 사람이 주장적이면 한 사람은 복종적인 태도를 취함으로써 서로의 위치를 강화하는 것이다.
  ② 대칭적인 관계에서는 한 사람의 행동이 상대방의 행동을 반영하는 거울이라는 동등성에 기초한 것이다. 한 사람이 청소를 하면 다른 사람은 빨래를 하듯이 서로의 역할이 대칭적인 의사소통의 패턴을 보인다.
  ③ 보완적이거나 대칭적인 관계에서 어느 것이 바람직하고 기능적이다라는 결론은 불필요하다. 대칭적인 관계에서 동등하기 때문에 갈등이 더 많이 발생되기도 한다.

(4) **마침표는 의사소통의 중요한 측면이다.**

(5) **의사소통에 대한 의사소통(상위 의사소통)이 중요하다.**
  ① 일차적 수준: 현재적, 표면적 또는 내용수준의 의사소통을 말한다.
  ② 이차적 수준: 메타커뮤니케이션(metacommunication)으로 일차적 수준에서 말하여진 것을 특징짓는 것을 말한다.

2 이중구속(double bind)

발신자(권력자)가 의사전달을 할 때 의사소통 수준이 일치되지 않는 것을 말한다. 수신자는 둘 이상의 상반된 메시지를 받고 어느 것에 반응해야 할지 몰라 결국 정서적 혼란에 빠진다.

(1) **역설적 의사소통**: 이중구속이 대표적인 역설적 의사소통으로, 역설적 의사소통이란 의사소통의 두 가지 수준인 현재적, 표면적 또는 내용 수준의 언어와 잠재적 수준의 언어 또는 메타커뮤니케이션이 서로 불일치하는 경우를 말한다. 즉 입을 통하여 하는 말과 표정과 어조에서 느껴지는 의미가 서로 다른 메시지를 전달하는 경우를 말한다.

3 피드백 고리(feedback loop, 환류고리)

(1) 역기능적 가족의 피드백 고리
① 정의: 피드백 고리란 하나의 체계에서 정보가 입력, 접수되고 처리되어 출력하는 순환적인 상호작용의 과정을 말한다. MRI(Mental Reserch Institute, 정신연구소) 팀은 피드백 개념을 도입하여 자극과 반응의 반복적인 의사소통 형태를 분석하였는데, 이 분석에 따르면 부적 피드백 고리와 정적 피드백 고리가 규칙에 의해 규제된다고 하였다.
② 많은 역기능적 가족은 문제를 해결하기 위해 새로운 시도(정적 피드백)를 하지만 문제가 악화되는 것을 보고 당황하여 기존의 의사소통 방식(부적 피드백)으로 돌아간다.
③ 이는 문제를 더욱 악화시키며 결과적으로 부정적 순환을 가져온다.

(2) 가족의 변화
① 일차적 변화: 표면적 행동의 변화에 그치지만 내재된 규칙은 동일한 상태를 말한다. 즉 이는 똑같은 방식을 더하게 하도록 하는 반복적인 패턴이다. 이는 내담자 체계가 변화에 대하여 가지고 있는 규칙 혹은 가정에 따라 시도되는 변화이다. 일차적 변화에 대한 시도는 내담자 체계에 전혀 새로운 것을 소개하지 못하는 것이며, 따라서 어떠한 변화도 일으키지 못한다.
   예 늦게 귀가한 자녀에게 야단치는 부모
② 이차적 변화: 가족체계의 규칙을 검토하여 변화시키는 것이다. 즉 문제해결과 관련된 규칙(메타규칙)을 변화시키기 위한 규칙을 변화시키는 것을 말한다. 이는 진정한 변화로 가족의 행동뿐만 아니라 신념이 바뀌는 수준을 말한다. 이를 위해 문제의 상황 속에 있는 사람들은 자신들의 의사소통(메타의사소통)에 대하여 의사소통할 수 있어야 한다.
   예 늦게 귀가한 자녀에게 "혹시 평상시에 놀 시간이 부족하다고 생각하니?", "우리가 너무 엄격하게 시간을 정했니?"라고 묻는 것에 해당한다.

4 가족항상성(family homeostasis) 2015 기출

(1) 정의: 가족항상성이란 역동적인 균형이 깨어질 위험을 느낄 때 그 역동적 균형을 회복하거나 유지하려는 가족체계의 경향을 말한다. 즉 가족은 가족체계 역시 끊임없이 변화하는 가족 내외의 환경에 적응하면서 일관성을 유지하고자 한다.
(2) 이는 입력과 출력 과정에서 변화 대신 기본적인 성격을 유지하기 위해 피드백 고리를 통한 자기규제가 이루어진다.
   ① 부적 피드백(negative feedback): 체계의 일탈을 최소화하며 가족이 현재 상태를 유지하도록 하는 체계 환원적 단서를 말한다.
   ② 정적 피드백(positive feedback): 체계의 변화를 유도해 다른 수준으로 재조정하는 체계 일탈적 단서를 말한다.
(3) 병리적인 가족일수록 변화보다 안정성을 위해 가족의 엄격한 연쇄과정을 유지하며, 기존 방식에 완고하게 집착한 나머지 변화를 성장의 기회라기보다 가족에 대한 위협으로 지각한다.

5 가족규칙(family rules)

(1) 기능: 시간에 걸쳐 가족행동을 제한하는 관계상의 합의로서, 가족항상성을 지속하는 기능을 한다.

(2) 종류
    ① **명시적 규칙**: 의식적이고 명백한 규칙이다.
    ② **암묵적 규칙**: 무의식적이고 암암리에 이루어지는 것으로, 가족이 살아가는 방식의 일부가 되었기 때문에 생긴 것이다.
    ③ **상위 규칙**: 많은 일반적 규칙 위에 작용하는 '규칙을 총괄하는 규칙'. 가족 규칙을 어떻게 유지하고 변화시킬 것인가에 대한 규칙이다.
(3) **역기능적 가족의 규칙 특징**: 역기능적 가족일수록 자신들의 가족규칙을 어떻게 변화시킬 것인지에 대한 아무런 상위 규칙을 갖고 있지 않다. 경직되고 현상유지의 경향이 강한 가족일수록 가족규칙을 언급하거나 변경할 수 없다는 강력한 상위 규칙을 갖는다.

6 권력과 위계

(1) 증상의 원인
    ① 헤일리(Jay Haley)는 가족원이 가족 안에서 자신의 위치에 맞는 권력과 통제를 가질 때 위계질서가 유지되며 힘의 균형이 깨지면 위계질서에 문제가 발생한다고 보았다.
    ② 헤일리는 증상이 가족항상성을 유지하기 위해 존재한다고 보았으며 동시에 내담자(IP)가 증상을 통해 가족원을 통제한다고 믿었다.
       예 적대적이며 심한 갈등 관계에 있는 부부, 자녀의 증상에 매달림으로써 결혼 관계 유지.
    ③ 전략주의 관점에서 증상은 가족 항상성을 유지하기 위한 기제이며 증상의 이면에는 관계를 통제하기 위한 IP(Identified Patient)의 전략이 있다.
    ④ 현재의 상황에서 다른 모든 전략이 실패했을 때 개인은 마지막으로 증상을 통해 관계를 통제하려고 한다.

(2) 치료전략
    ① 헤일리는 기능이 잘되는 가족일수록 가족 내 위계질서가 제대로 서 있으며, 부모는 부모로서, 자녀는 자녀로서, 조부모는 조부모로서의 위치가 제대로 지켜져야 하며, 윗세대는 아랫세대보다 위계적으로 상위에 있어야 한다고 본다. 윗세대가 통제를 가지고 규칙을 집행할 수 있어야 한다는 것이다.
    ② 명확한 경계를 통해 가족원은 각각의 위치를 구조적으로 유지해야 하며, 이러한 구조적 질서가 잘 유지되는 가족일수록 기능적이다.
    ③ 증상을 해결하기 위해 치료자는 가족관계 이면의 권력과 통제 관계를 파악해야 하며 권력투쟁에 관한 가족관계를 파악함으로써 명확한 치료목표 설정과 구체적인 개입방식을 계획할 수 있다.
    ④ **헤일리와 마다네스(Cloe Madanes)**: 가족원은 가족 내 자신의 위치에 맞는 권력과 통제력을 가지고 이것을 타인을 보호하고 돌보는 데 사용해야 한다.

7 가족게임(family game)

(1) **정의**: 밀란 모델(Milan Model)은 역기능적 가족이 서로 힘을 얻기 위해 가족게임을 한다고 본다. 가족 안에서 진행되는 가족의 상호작용이 발전시킨 일련의 의사소통 규칙과 관계규칙을 유지하기 위한 복잡한 가족 상호작용이 가족게임이다.

(2) 특징: 정신분열증을 비롯한 역기능적 가족에서는 가족원 모두 게임의 규칙에 합의하지 않으면서 서로 힘을 얻기 위해 끝없이 게임을 한다. 이 더러운 게임(dirty game)은 순환적인 연쇄과정을 이루기 때문에 원인과 결과를 정확히 구분할 수 없다.

(3) 개입 역사: 증상은 게임을 의미하며 전략치료자들은 이 게임을 멈추기 위해 역설적인 개입을 해왔다. 그러나 후기의 밀란모델에서는 협동적인 형태로 전환되었다.

(4) 역기능 가족게임의 가족게임의 발달과정(정신분열증 가족)

- 부부관계에서 교착상태가 계속된다. → 한 배우자는 능동적이고 다른 쪽은 수동적이며 계속 싸우나 협상하지 않고 해결이 안 되는 상태에 있다.
- 자녀는 은근한 유혹이나 약속을 통하여 게임에서 수동적인 한 쪽 부모의 볼모가 된다.
- 자녀는 능동적인 부모에 반항하는 이상한 행동을 한다. → 수동적인 한 쪽 부모가 능동적인 한 쪽 부모에게 어떻게 반항해야 할지를 보여주는 수단으로 작용한다.
- 수동적인 한 쪽 부모가 능동적인 한 쪽 부모와 함께 자녀의 행동을 벌한다.
- 자녀는 수동적인 한 쪽 부모가 진실로 자신에게 관심이 없다는 것을 깨닫고 배신당하고 버려졌다는 느낌을 가지며, 증상 행동을 더 심하게 하여 정신병적 행동을 보인다.
- 이 부부 각자는 아동의 증상에 개별 전략을 세운다. 이로써 게임 진행이 지속되고 부부의 만성적인 교착 상태는 강화된다.

4 치료

1 치료목표

(1) 증상 제거(일차적 변화)

(2) 행동을 규제하는 가족체계의 변화(이차적 변화)

(3) 이차적 변화란, 잘못된 위계질서를 변화시키고, 이를 유지시키는 가족규칙 등을 변화시키는 것이다.

2 치료자 역할

'전략가'-전략주의 치료자는 다른 치료모델에 비해 변화에 대한 직접적인 책임을 진다.

전략적 기술	• 치료자는 각각 내담자 가족에게 맞는 구체적인 치료계획을 가지고 매우 지시적으로 접근하며, 내담자 가족에게 치료자의 지시를 잘 따라줄 것을 요구한다. 직접지시를 하기도 하고 역설을 통해 우회하기도 한다.
활동성과 강한 책임감	• 치료자는 재명명을 통해 가족원이 서로의 행동에 긍정적인 측면을 볼 수 있도록 돕는다. 예 아내의 잔소리-남편과 가까워지고 싶은 표현
통제와 권위의 유지	• 치료자는 치료상황에 대한 통제를 잃지 말아야 하며 내담자에게 권위를 가져야 한다. 목적을 위해 특정 가족원과 연합하기도 하지만, 가족분쟁에 개입되기 전에 재빨리 벗어나기도 한다. 또한 치료자를 통제하려는 내담자의 시도에 대해 공개적으로 언급한다

팀 접근	• 치료자가 상담하는 동안 동료나 슈퍼바이저가 일방경 뒤에서 상담과정을 보다가 관찰실과 상담실을 연결하는 인터폰을 통해 가설이나 전략적 개입을 실시간으로 전달한다. 최근에는 치료자와 관찰 팀이 가족 상호작용을 관찰한 결과에 대해 논의하는 모습을 가족들이 보게 하여, 공개적인 상호작용을 하기도 한다.
밀란 치료자의 중립성	• 밀란 체계론적 관점에선 치료자가 가족체계와 합류된 전체 체계의 일부로 작동한다고 보았기 때문에 치료자의 객관성은 있을 수 없다고 본다. 치료과정 역시 치료자와 가족원이 서로 영향을 미치면서 가족이 자신들의 인식론을 재검토하는 과정으로 본다. 치료자는 중립적인 입장에서 해결책에 대해 조력하는 역할을 한다.

3 치료기법

(1) 헤일리(J. Haley)의 치료기법

① 처방(Prescribing)
  ㉠ 정의: 역설적 개입전략 중 가장 많이 사용되는 것으로 증상을 처방하는 것이다. 증상을 없애기 위하여 증상을 지속하게 하거나, 증상을 과장하게 하고, 자의로 증상을 통제할 수 있도록 하는 역설적 개입 전략이다.
  ㉡ 개입대상: 치료를 받으러 온 개인이나 가족이 잠재적으로는 증상 행동을 유지하기를 원하고 있기 때문에 활용이 가능하다.
  ㉢ 효과: 내담자가 치료자의 지시를 거부하고 증상을 버리거나 지시대로 순종해서 증상이 본인의 통제권 아래에 있음을 인정하게 만든다.

② 제지(Restraining)
  ㉠ 정의: 치료의 효과를 증진시키기 위하여 재발을 예측하여 경고하거나, 변화의 속도가 지나치게 빠르다고 지적하여 변화의 속도를 통제하는 것을 말한다.
  ㉡ 효과: 대부분의 IP는 치료자의 재발예측에 도전하고, 치료자가 틀렸다는 것을 입증하기 위하여 변화 유지 노력을 계속하게 된다.
  ㉢ 재발을 처방하는 제지기법: 재발을 예측하는 제지기법의 연장으로, 증상을 재연하도록 처방함으로써 증상에 대해 역겹고, 지겹게 만드는 것이다.

③ 재정의(Reframing) 또는 재명명(Redefining)
  ㉠ 정의: 어떤 행동이나 사건이 지니는 부정적 의미, 고정관념, 사고, 판단의 준거틀이 변화함으로써 사실이 변화하지 않은 상태에서 의미와 가치 판단이 변화하게 되는 것이다. 이는 이미 경험한 사실에 대한 관점, 감정, 태도를 좀더 구체화하고 긍정적으로 재규정함으로써 사건과 관련된 감정, 의미, 가치판단을 변화시킨다.
  ㉡ 효과: 어떤 사건이나 문제행동에 대하여 새로운 의미를 부여하게 되면, 문제에 대한 개인의 관점뿐만 아니라 가족 전체의 견해도 점차적으로 변화하게 된다. 즉, 재정의는 변화를 일으키는 매개체가 된다.

④ 가장기법(Pretending, 위장기법) 2016 기출
  ㉠ 정의: 마다네스(Madanes)가 개발한 기법으로, IP와 치료자 사이의 관계를 방해하는 지시를 내리지 않으면서 IP에게는 증상을 가지고 있는 것처럼 행동하게 하고, 가족들에게는 IP를 보호하고 원조하는 것처럼 '~하는 척하는' 행동을 하게 하는 연극적인 기법이다.
    예 분노발작을 하는 아이가 엄마 앞에서 '헐크놀이'를 하도록 하는 것.

ⓛ 효과: 가족의 저항에 직면하면서 가족을 변화시키는 부드러운 기법으로, 긴장 상황을 조성하고 반항심을 유발하는 대신에 놀이를 하는 기분으로 저항을 우회시킨다. 또한 가족들은 통제할 수 없다고 믿는 증상에 대해 자발적으로 통제하는 상황을 연출해볼 수 있다.

⑤ **시련기법(Ordeal Technique, 고된 체험 기법)** 2019 기출
  ㄱ 정의: 시련기법이란 변화를 원하는 사람에게 증상보다 더 고된 체험을 하도록 과제를 주어 증상을 포기하도록 하는 기법이다.
  ㄴ 원리: 이때 과제에 따르는 고통은 증상으로 인한 고통보다 좀더 괴로운 것이어야 하고, 시련과제는 사람들에게 유익하거나 도움이 되는 것이거나 다른 사람을 위해 희생하는 과제이면 더욱 좋다.
  ㄷ 종류
    • 직접적인 방식: 직접적으로 시련을 경험하게 하는 것인데 치료자가 문제를 명확히 규정한 후에 증상이 발생할 때마다 구체적인 시련과제를 부여하는 방법이다.
      예 불면증이 있는 사람에게 밤을 새워 책을 읽게 하거나 청소하게 하기
    • 역설적인 방식: 역설적인 방법으로 시련과제를 부여하는 것인데, 증상 자체를 활용하여 과제를 주는 것이다. 타의에 의해 문제행동을 계속해야 할 상황에 처하면 문제행동에 대해 더 신중하게 생각하게 되므로, 문제행동이 자발적으로 소멸하게 된다.
      예 우울증이 있는 사람에게 편안하고 안정된 시간에 집중적으로 우울해지라는 과제 주기
    • 재정의와 직면기법을 활용한 방법: 재정의와 직면기법을 활용하여 시련과제를 부여하는 것인데, 치료자-환자 관계의 영향을 통하여 효과를 얻으려는 것이다.
    • 두 사람 이상을 하나의 단위로 하여 시련과제 부여하는 방법이다.
      예 야뇨증이 있는 아동의 경우: 어머니에게 아침마다 아동을 깨우고 오줌을 쌌을 경우 받아쓰기를 시키고, 오줌을 싸지 않았을 경우에 받아쓰기를 시키지 말라는 과제를 준다. 이러한 과제는 아동과 어머니 모두에게 고통스러운 체험이 되며, 이를 통해서 증상이 소멸되고 아동의 쓰기 능력이 향상하게 된다.

참고 **역설의 종류**

  • 순응적 역설(compliance-basedparadox, 순종 기반 개입): 가족이 치료자의 지시에 순응하기를 원할 때 사용되는 방법이다.
    예 아이가 우울할 때 칭찬을 하도록 지시 → 가족은 더 이상 아이의 기분을 돌이키려 비효과적인 방법을 사용하지 않아 죄책감을 느끼지 않게 되어 치료자 지시를 더욱 잘 따르게 된다.
  • 도전적 역설(defiance-basedparadox, 반항 기반 개입): 치료자의 지시에 반대되는 행동을 하는 결과를 가져오는 개입방법이다.
    예 우울한 아이에게 우울하도록 지시 → 아이는 결국 치료자에게 대항하여 우울하지 않게 된다.
  • 표출적 역설(exposure-basedparadox, 노출 기반 개입): 증상행동을 가족 모두에게 충분히 노출하여, 가족들이 증상을 유지시키는 자신의 고정화된 행동방식을 발견하고 변화하도록 하는 것이다.
    예 아이가 우울함에 따라 아이는 어머니의 주의를 끌고 아버지는 할머니에게 정서적으로 몰입되어 어머니는 더 이상 아버지의 애정에 의지하지 못하게 된다. 어머니와 아버지가 가까워지지 못한다는 사실을 노출시킨다.

⑥ 은유기법: 가족이 문제를 밝히는 것을 수치스럽게 생각하거나 토론하기 비유나 이야기를 통해 변화를 유도하는 방법이다.

8 전략적 가족치료

[2016년 기출]

다음은 전문상담교사가 철희(고1, 남) 가족을 상담한 후 슈퍼비전을 받은 축어록의 일부이다. 밑줄 친 부분에 해당하는 전략 가족상담 기법의 명칭을 쓰시오.

> 슈퍼바이저: 철희 가족이 가장 힘들어하는 문제는 무엇인가요?
> 상담교사: 어머니는 자신이 가족들과 자주 싸우는 것을 호소 문제로 제기하였습니다. 남편과 더 자주 싸우게 되고 철희에게 큰소리를 치며 화를 내는 일들이 많아져, 어머니는 우울하고 불안하다고 합니다. 아버지도 아내가 가족들과 싸우는 문제를 심각하게 생각하고 있습니다.
> 슈퍼바이저: 그렇군요. 그럼, 선생님은 어떻게 상담을 진행할 계획입니까?
> 상담교사: <u>어머니께 매일 20분씩 남편에게 화를 내고 싸우는 척하도록 지시하고, 아버지께도 함께 싸우는 척하도록 지시할 계획입니다.</u>

[2019년 기출]

다음은 전문상담교사가 정아(중2, 여)의 어머니를 상담한 내용의 일부이다. 헤일리(J. Haley)의 전략적 치료에 근거하여 전문상담교사가 밑줄 친 ㉠, ㉡에서 사용한 기법의 명칭을 쓰고, 해당 기법의 원리를 사례와 연결 지어 서술하시오.

> 어 머 니: 정아에게 험한 말을 하지 말아야지 하면서도 정아가 아침이면 학교를 안 가려고 해서 험한 말을 하게 돼요. 이혼 전에는 정아가 학교를 안 가려고 한 적이 없었어요. 정아가 변했다는 생각도 들고 험한 말을 한 것이 후회되기도 합니다. 정아가 아빠를 그리워할까 봐 아빠랑 편하게 만나도록 하고 있지만 그래도 정아가 우울해질까 봐 마음이 무거워요. 다시는 험한 말을 하지 말아야지 하면서도 집에 틀어박혀 지내는 정아를 보면 걱정이 되어 험한 말을 하게 됩니다.
> 상담교사: 험한 말을 하고 나면 정아에게 상처를 준 것 같고 죄책감도 들어 후회된다는 말씀이네요.
> 어 머 니: 네. 오늘 아침에는 정아에게 그렇게 학교 가기 싫으면 아예 학교를 다니지 말라고 또 험한 말을 했습니다. 그러지 말아야 하는데 자꾸 왜 그러는지 답답합니다.
> 상담교사: 험한 말을 안 하고 싶은데 마음먹은 대로 안 되시는군요. ㉠ <u>혹시 어머니가 가장 싫어하시는 것은 무엇인가요?</u>
> 어 머 니: 글쎄요. (침묵) 저는 친구나 지인들과 연락하기가 싫어요. 안정된 직장이 없다 보니 생계도 어렵고 별로 연락을 안 하고 지냅니다. 또 싫어하는 것이라면.... 아, 생각해 보니 저는 글쓰는 걸 정말 싫어해요.
> 상담교사: 그럼 어머니, ㉡ <u>험한 말을 했을 때마다 정아를 향한 어머니의 마음을 담아 편지를 써 보시면 어떨까요? 예쁜 편지지 2장에 빼곡하게 써 보시면 좋을 것 같은데요.</u>

5 밀란 학파의 주요 개념 및 치료과정, 치료기법

1 주요 개념

(1) **3자 결혼**: 셀비니 파나졸리(Selvini-Parazzoli)는 거식증 환자 가족들의 동맹관계를 '3자 결혼'으로 설명한다. 남편은 아내와 결혼했지만 자녀와도 파트너처럼 부부의 일부가 되는 경우다.

> **+ 3자 결혼의 예**
> 딸이 아버지의 파트너로 때로는 엄마의 파트너로 동맹관계를 이룬다. 그리고 딸은 원칙적으로 자기와는 상관없는 부모의 문제에 깊이 개입되어 있다. 부부의 외도문제나 이혼문제 등 부부의 지속적인 갈등 속에서 딸은 부부의 중재자 노릇을 하며 부부 사이를 안정시키는 역할을 한다. 딸은 대개 부모의 생각을 다른 곳으로 돌리도록 하기 위하여 자신의 증세를 거식증으로 표출하게 된다. 엄마의 감추어진 분노를 음식과 동일시하고 음식을 먹으면 분노를 느끼게 되고 굶고 토하면 기분이 좀 나아진다. 갑작스럽게 출현한 딸의 섭식장애 증세를 통해서 부부는 딸의 증세가 서로 상대방 때문이라고 비난하거나 부부가 둘 다 딸을 비난하고 야단치므로 자신들의 진짜 문제는 슬며시 물속으로 잠수하게 된다.

(2) 거부당한 자녀: 부모 중 한 사람이 딸을 파트너로 활용할 수 있는데 딸과 동맹관계를 이루지 못한 파트너는 질투를 한다. 두 사람 모두 상대방에 대한 불만이나 불평을 해소하기 위해 딸을 서로 차지하려고 한다. 그런데 딸이 두 사람 중 어느 한 사람만 공공연하게 편을 들 때 딸은 다른 사람에게 거부당하고 만다.

(3) 가족의 융합관계
① 부모와 딸의 관계에서 양면적인 경우가 많다. 딸은 대체로 아버지보다는 동성인 어머니에게 애착관계를 느끼지만 그만큼 어머니에 대한 반감이나 적대감도 크다. 딸은 한편으로는 부모를 받아들이고 싶지만 이와 동시에 거부하고 싶은 욕구를 느낀다.
② 엄마가 많은 영향력을 가지고 자신의 영역을 침범하고 간섭하기 때문에 도망가고 싶은 충동도 느낀다. 그러나 딸은 어머니가 필요하고 유일한 피난처일 때가 많기 때문에 어머니로부터 완전히 도망갈 수가 없다.
③ 그래서 딸은 한편으로는 어머니의 욕구나 감정 기대를 만족시키려고 노력한다. 어머니의 공허한 마음도 채워주려고 노력한다.
④ 그렇다고 딸이 어머니 역할에서 어머니를 완전히 자유롭게 해 줄 수는 없다. 둘은 필요에 의해서 서로가 서로를 강하게 원하면서도 또 때로는 강하게 적대적이고 회피하려고 한다.

2 치료과정

(1) 면담 전의 치료팀
① 밀란 모델은 항상 네 명의 치료자가 두 팀으로 나누어, 한 팀은 가족들과 면담을 진행하고 다른 한 팀은 일방경(one-way mirror) 뒤에서 면담과정을 관찰하면서 간접적으로 개입한다.
② 모든 치료과정은 비디오로 녹화된다.
③ 치료에 임하기 전에 치료팀은 사전에 가족들 문제와 사정에 대한 초기 가설을 세우고 임한다.
④ 치료자들이 함께 문제에 대한 검토, 치료적 개입, 치료전략에 대한 회의로 매번 치료에 임할 때마다 10분 정도 면담 전의 모임을 갖는다.

(2) 면담과정
① 면담과정은 50~90분으로 가족들과 두 명의 치료자와 일방경 뒤의 두 명의 치료팀이 함께 갖는다.
② 면담 동안 치료자들은 가족들의 구체적인 문제에 대한 정보와 상호작용 패턴을 평가하고 가설에 대한 확인작업을 한다.
③ 일방경 뒤의 치료팀은 면담을 이끄는 치료자에게 인터폰으로 좀 더 가족의 정보를 탐색하게 하고 치료의 진행을 보충하여 도와주는 역할을 한다.

(3) 휴식
① 일차적인 면담과정이 끝나면 가족들은 15~40분 정도 휴식시간을 갖는다.

② 치료자는 이때 치료팀과 협력하여 면담과정에서 이루어진 내용들을 토대로 치료적인 개입방안을 구상하여 설정한다.

(4) 개입과정
① 치료팀이 다시 가족들과 만나서 팀의 결정사항을 전달하는 것으로 5~15분이 소요된다.
② 치료자는 가족들의 문제에 대한 정의를 긍정적인 의미부여로 설명한다.
③ 치료적인 개입으로 역설적인 처방법인 과제나 가족의식 등을 가족들에게 전달한다.
④ 가족들에게 때로는 편지형식으로 과제를 전달하기도 한다.

(5) 면담 후의 치료팀
마지막으로 치료자들은 면담이 다 끝난 후 모임을 갖는다. 10~15분 정도 가족의 반응과 전체적인 치료과정에 대하여 논의하며 검토한다.

3 치료목표
(1) 역기능적 체제를 유지시키는 가족게임을 명백하게 드러냄으로써, 무력화시킨다.

4 치료기법

(1) 순환질문 📖 2015 기출
① **정의**: 각 가족원에게 돌아가면서 가족 상호작용이나 가족관계에 대해 이야기하게 하는 대화기법으로 가족은 개별 가족원의 반응을 경청하면서 가족을 새롭게 인식하는 경험을 하게 한다.
② **목적**: 문제사정에서 현재 가족들의 역기능적인 관계 패턴을 가족들이 인식하도록 하고, 사고의 자극과 변화를 주도록 돕는 것이다.
③ **순환질문 방식**: 순환질문법으로 A가 B와 C의 관계를 어떻게 보는지 질문하는 방식이다.
④ **효과**
  ㉠ 가족들이 질문을 받게 되면 반사적으로 대답하기 어려워서 한 번쯤은 상황이나 문제에 대하여 심사숙고하여 대답할 수 있도록 해 준다.
  ㉡ 가족들이 가족들의 상호관계성을 지각하게 하고 또한 치료자와 가족 간의 관계성도 지각하도록 도와준다.
  ㉢ 세 번째는 가족 개인이 어떤 특정한 상황에서 지각한 차이나 사고의 차이를 드러나게 하며, 차이에 대한 사고를 줄여줄 수 있다.
⑤ **종류**
  ㉠ 상대방에게 직접 질문하지 않고 다른 사람에게 물어보는 방식

> 남편에게: 아내가 여기에 오신 목적이 무엇이라고 생각하십니까?
> 아내에게: 남편에게 함께 여기에 오신 목적이 무엇이라고 생각하십니까?
> 아내(남편)에게: 자신이 생각하는 남편(아내)의 현재 모습을 어떻게 설명할 수 있을까요?

ⓛ 두 사람의 관계를 직접 상대방에게 묻지 않고 제삼자에게 묻는 방식. 좀더 객관적으로 두 사람의 관계나 상황에 대한 반응을 조명해 볼 수 있다.

> 자녀에게: 엄마와 아빠 사이가 어떻다고 생각하니?
>   엄마와 아빠가 여기 치료에 오신 목적이 무엇이겠니?
>   엄마가 아빠와 싸운 후에는 서로 어떻게 하시는지 말할 수 있겠니?
>   할머니와 아버지 사이가 아주 친하다고 생각하니?
> 남편에게: 아내와 시어머니 관계를 어떻게 설명할 수 있습니까?
>   아내와 아들과의 관계를 설명해 주시겠습니까?

ⓒ 가족들 간의 문제에 대한 상황이나 관계성에 대한 지각의 차이를 묻는 방식. 가족의 역기능적인 상황이 노출되도록, 가족들에게 상황에 대하여 설명하도록 질문한다. 그래서 문제증상이 고정된 어떤 것이 아니라 상호관계의 행동이나 의사소통에서 유래하는 과정으로 보도록 질문을 할 수 있다. 예를 들면, 신경성 식욕부진증 딸이 있는 가족의 아들에게 질문한 내용이다.

> 치료사: 누나가 밥을 먹지 않으려고 할 때 엄마는 어떻게 하시니?
> 아   들: 엄마가 누나에게 먹으라고 강요하며 야단을 쳐요.
> 치료사: 그러면 누나는 어떻게 반응하지?
> 아   들: 음식이 맛이 없다고 불평하며 짜증을 내요.
> 치료사: 그럼 아버지는 그때 어떻게 하시니?
> 아   들: 아버지는 부엌문을 쾅 하고 닫고 화를 내시며 나가셔요.
> 치료사: 그럼 누나는 또 어떻게 반응하니?
> 아   들: 누나는 그제야 밥을 먹기 시작해요.

ⓔ 퍼센트 질문법으로 개인의 문제에 대한 확신과 동의, 증상에 대한 개념 등 정도의 차이가 드러나게 하는 방식. 퍼센트 질문은 개인의 증상이나 문제가 고착된 상태가 아니라 변할 수 있다는 가능성을 암시한다. 또한 추상적인 사고나 행위를 더욱 구체화하여 주는 장점이 있다.

> 정신분열증 환자 가족에게: 몇 퍼센트가 뇌의 생화학적 작용에 의하고, 몇 퍼센트는 생활에서 어려운 상태에서 오는 이상행동을 한다고 봅니까?
> 부부문제가 있는 아내에게: 몇 퍼센트는 이혼을 생각하고, 몇 퍼센트는 가족이 다시 재화합해서 행복하게 살 수 있다고 생각합니까?

ⓜ 문제나 사건에 대한 전후의 차이를 인식하도록 돕는 질문의 방식. 특히 문제가 어떤 사건과 관련 있을 때 유용하다. 관계성에 대한 양적인 차이는 누구에게 문제나 증상이 많은지, 적은지, 질적인 차이는 누구에게 더 나아지고 누구에게는 더 나빠지는가, 시간적 차이에 대한 질문으로는 전에, 후에는 어떠했는지 질문할 수 있다. 이런 차이에 대한 질문은 증상이나 문제가 어떤 사건이나 상황과 연관성이 있다는 것을 지각하게 해 줄 수 있다.

> 아내에게: 남편이 실직하기 전에, 아니면 실직 후에 더 술을 마십니까?
> 아내에게: 딸이 다이어트를 시작한 것이 대학교 진학 전, 아니면 후입니까?
> 남편에게: 부인의 우울증이 친정어머니가 돌아가시기 전과 후에 어떻게 다르게 나타났습니까?

ⓗ 가상적인 질문법으로 가족들에게 미래에 대한 가상적인 일에 대해 생각하고 답하게 질문할 수 있다.

> 아내에게: 만약에 부인이 이혼을 하신다면 자녀들은 누가 양육할 것입니까?
> 남편에게: 만약에 부인이 별거를 요구하게 되면 순수하게 응하실 수 있습니까?

(2) 중립성
① 밀란 모델에서 치료자는 행동방식이나 가족들에 대한 태도에서 중립성을 취한다.
② 가족 누구도 비난하지 않으며 또한 칭찬도 하지 않고 현존하는 가족의 체계에 많은 호기심과 관심으로 이해하려는 태도를 말한다.
③ 치료자는 가능한 한 객관적인 입장에서 가족들을 사정하고 개입하지만 치료자 자신들도 치료의 한 체계라는 것을 인정하고 가족과의 상호작용을 치료에 이용한다.
④ 중립성의 내용
　㉠ 가족 개인에 대한 중립성: 가족 중 어느 누구와 합류를 한다든지 누구 편을 지지한다든지 하는 태도를 피하며 가족원들 간의 갈등에 휘말리지 않도록 내적인 거리감을 유지하는 것이다.
　㉡ 가족들의 증상이나 문제에 대한 중립성: 가족구성원 가운데 나타내는 문제나 증상에 대한 것을 치료자의 가치판단으로 언급하지 않으며 증상이 나쁘다 또는 좋다고 평가하지 않고 개방된 상태로 둔다. 치료자는 가족의 증상을 제거하려고 하지 않으며 가족들의 항상성을 계속 유지, 촉진하지도 않으며 그 상태로 둔다. 이는 가족들의 체계 유지를 위한 자기조정 능력을 키워주는 계기로 이용될 수 있다.
　㉢ 사고에 대한 중립성: 치료자는 가족들이 면담과정에서 말하는 문제에 대한 설명, 해결방안에 대한 생각, 중요한 행동방식 등에 대하여 어떤 것이 좋다, 나쁘다고 판단해서 분명하게 표현하는 태도를 취하지 않는다.

(3) 긍정적 의미부여(Positive Connotation) 2013 기출
① 정의
　㉠ 밀란 연구팀이 개발한 대표적 치료기법이다. 가족들이 가지고 있는 게임의 긍정적 측면을 부각하고 이를 역설적으로 처방하는 방법이다.
　㉡ 가족들이 가지고 오는 게임들은 한 사람에게 증상을 발달시킴으로 인해서 전체 가족의 체제를 유지하려고 한다. 이러한 긍정적 측면을 부각함으로써 가족들의 게임을 무력화시키는 방법이다.
② 목적: 문제를 지속시키는 가족의 행동을 재구성하는 방법으로 파괴적인 가족게임을 무력화한다.
③ 방법: 주로 부정적인 증상행동을 긍정적인 동기로 설명해 주는데, '증상은 가족체계의 균형을 유지하고 가족의 응집성을 촉진하기 때문에 긍정적인 것'이라는 의미를 부여한다.
④ 효과: 대다수의 가족원은 은연중에 자신들의 행동이 IP의 증상과 관련 있음을 알고 있으며, 파괴적인 가족게임의 의미를 인식하고 있다. 그럼에도 가족은 IP만 변화되기를 바라고 나머지 가족은 변화할 의지를 갖지 않는다.
　㉠ 긍정적 의미 부여는 결과적으로 가족이 가족게임에 대한 인식을 증가시키고 증상이 자발적인 것임을 알게 도와준다.
　㉡ 가족원 서로의 동기를 긍정적으로 바라보게 되면서 치료자가 자신들을 이해하고 있다고 느끼게 되고, 변화에 대한 저항도 줄게 된다.
　㉢ 무엇보다 통제될 수 없는 병리적 증상행동이 실제로는 자발적이고 좋은 의도로 생각될 수 있음을 암시하여 가족의 변화 동기를 강화하고 미래의 치료적 변화에 대한 저항을 줄일 수 있다.

> **+ 긍정적 의미부여의 예**
> 자녀의 우울증은 가족을 보호하고자 하는 긍정적 기능을 가지고 있음이 면접을 통해서 밝혀졌다. 자녀의 우울증은 어머니로 하여금 자녀를 과보호하게 하고, 아버지는 아내의 과보호에 대해서 비난한다.
> (처방) 치료자는 가족들에게 자녀의 우울증이 가족의 체제를 훌륭하게 유지하는 역할을 하고 있다고 알려준다. 즉 자녀의 희생은 가족의 체제를 유지하기 위해서 계속되어야 하며 어머니는 자녀가 자신을 희생하면서 계속 체제를 유지하고 있는 한 과보호를 해야 하며 아버지도 어머니를 계속 비난하도록 처방한다.

(4) 의식, 의례화 처방(Ritualized Prescription)
① **정의**: 의례화 처방은 게임을 반복적으로 수행하도록 하기 위해서 가족들이 일정한 의식을 만들어 게임을 하도록 한다.
② **효과**: 가족들의 게임을 더 분명하게 드러나도록 하면서 가족들이 게임을 더 과장되게 인식하도록 만들어, 자신들이 얼마나 어리석은 게임을 지속하고 있는지 인식하게 하여, 게임을 중단하도록 유도한다.

> **＋ 의식, 의례화 처방의 예**
>
> 1주일에 한 번 하루를 정해 놓고 그날 저녁에는 온 가족이 모여 앉아서 자신이 증상을 계속 가질 수 있게 한 부모에 대해서 감사를 표현하고 어머니는 자녀를 계속해서 더 과보호를 하며 아버지는 어머니를 더욱 비난하는 날로 만든다. 이러한 반복적 의식을 행하는 가족은 점차로 자신들이 얼마나 어리석은 게임을 하고 있는가 하는 점을 깨닫게 되고 게임을 중단하려는 노력을 하게 된다.

(5) 불변처방(Invariant Prescription, 보편적 처방) 📖 2019 기출

파라졸리(Palazzoli)와 프라타(Prata)는 가족들의 지속적이고 강한 결속으로 이루어진 가족게임을 변화시키기 위해 보편적 처방을 한다.

① **목적**: 밀라노 치료팀은 자녀의 정신이상이나 신경성 질환들이 부모들이 상반적이고 서로 세력다툼으로 이어지는 '유치한 게임'의 연속이라고 가정하기 때문에 치료과정을 부부관계를 개선하고, 부부와 자녀 간의 경계를 명확히 하며, 이러한 구조적·전략적 치료의 적용을 통해 역기능적인 가족의 고착 상태에 빠진 게임을 중단시키는 데에 초점을 두고 있다.
② **전제**: 가족의 지속적인 게임은 가족의 한 사람을 보호하고 한편이 되어 주므로 환자의 증상이 유용하게 이용되고 있다는 것을 전제하고 있다.
③ **효과**
   ㉠ 부모가 비밀을 지키고 시키지는 것을 시켜본 자녀들은 처음에는 두려워하고 새로운 부모의 동맹을 깨려고 하지만 부모의 냉전 싸움이 끝난 것으로 알고 안도감과 안정을 찾으면서 자기 기능이 회복될 수 있다.
   ㉡ 부모가 부부일지를 가져와서 서로의 반응을 세심하게 관찰하고 기록하고, 치료모임에서 이야기할 때마다 가족들은 동맹관계를 더 이해하고 변화과정을 더 이해하게 된다. 부모 역시 이 과정을 통해 가족의 역기능적 패턴을 더 잘 통찰할 수 있게 된다.

> **＋ 불변처방(보편적 처방)의 예**
>
> 게임을 하는 부부에게 비밀스럽게 데이트를 하도록 처방한다. 자신들이 비밀스럽게 데이트를 한다는 사실을 가족들에게 알리지 말고 부부는 비밀리에 모든 것을 진행한다. 부부간에 비밀을 간직할 뿐만 아니라 비밀리에 행동함으로써 제삼자인 아이를 부부간의 경계선으로부터 멀어지게 한다. 부부간에 만일 비밀스럽게 행동을 한다면 아이는 불안감을 느끼게 되고 부부가 비밀스러운 행동을 하지 못하도록 방해를 한다. 이러한 방해로 인해서 부부가 갈등을 갖게 되면 이는 다시 고정된 더러운 게임을 하게 된다. 이 과정에서 가족들은 모두 안도감을 느끼게 된다. 따라서 치료자는 이러한 게임으로 다시 돌아가지 못하도록 부부가 계속 비밀을 유지하도록 한다. 아이를 부부간의 비밀로부터 떼어 놓을 뿐 아니라 아이로 하여금 부부간의 경계선 밖으로 나가도록 만든다. 이러한 방식이 아이의 증상이 사라지도록 한다.

④ 처방: 보편적 처방 10단계 절차
  ㉠ 제1단계: 처음 치료를 원하는 가족들은 대부분 전화상담으로 자신의 문제나 가족의 증상을 이야기함으로써 이루어진다. 치료자는 첫 모임에 누가 반드시 와야 하는지를 전해 준다. 전화상담으로 이루어진 내용을 근거로 치료팀은 첫 번째 임의적인 가설을 세우고 치료에 임한다. 첫 번째 임의적 가설은 가족으로부터 얻은 정보나 관계성, 가족들의 질문에 대한 반응양식에 따라 수정되고 보완된다. 가족 가운데 일반적으로 문제 증상을 나타내는 사람이 문제대상으로 지목되는 경향이 있다. 치료자는 가족들의 사고에 도전하기 위하여 〈처음부터 가족 중에 누가 문제로 보았는가? 그 시점은 언제부터인가? 누가, 언제, 어떤 증세가 나타난 것을 처음 발견했는가? 증세가 나타날 때 가족들의 반응은 어떠했는지?〉 등을 가족들의 순환 질문으로, 문제 증상을 개인증상에 의한 것이 아니라 가족들의 상호관계성 측면으로 재규명하며 가족의 문제로 확대해서 전환한다.
  ㉡ 제2단계: 한 달 후 치료모임에는 부모와 자녀가 와서 문제에 대한 탐색과 관계성 문제해결에 대한 가족들의 기대, 서로가 원하는 것이 무엇인지 이야기하도록 한다. 치료자는 가족의 문제에 대한 가설 설정과 치료전략을 세우는 단계다.
  ㉢ 제3단계: 세 번째 모임에는 부모만 오고 자녀는 오지 않는다. 이때 치료자는 자녀나 조부모와의 관계반응에 대하여 그리고 부부간의 관계와 상호작용 패턴에 대해 중점적으로 탐색한다. 부모에게는 치료받는 동안 시행할 과제를 준다. "이 상담은 모든 사람에게 비밀입니다. 오늘 이 상담도 누구에게 절대로 이야기해서는 안 됩니다. 치료가 효과적이 되기 위해서는 이 과제를 해야 합니다."라고 한다.
  ㉣ 제4단계: 네 번째 모임에서 부부에게 아무도 모르게 갑자기 집에서 외출하기 전에 준비를 하게 한다. 치료자는 "가족이 모르는 상태에서 두 분이 가족에게 '우리 오늘 외출한다.'는 메모만 남겨 놓고 일주일에 한 번, 한 시간 동안 외출하세요. 절대로 행선지나 귀가시간 등을 말하지 않아야 하고 가족들이 놀라게 갑자기 사라져야 합니다. 그리고 매일 부부는 가족 중 누가 어떤 질문을 하는지 그리고 두 분이 사라지는 것에 대해 어떻게 반응하는지를 기록하세요. 그리고 다음 치료 모임에 올 때 그 기록을 가져와서 그 동안 일어난 일을 크게 읽으세요. 만일 자녀들이 질문하면 부모의 일이니 너희는 알 것이 없다고 하세요."라고 한다. 한 달 후 한 번씩 모임에서 부부가 가져온 기록을 확인하고 전 단계에서 주었던 과제를 똑같이 주되, 부부 외출시간을 일주일에 한 번, 두 시간씩으로 변경한다.
  ㉤ 제5단계: 다섯 번째 치료모임에는 매달 일주일에 한 번씩 부부의 외출시간을 한 시간에서 두 시간으로 늘려서 전 단계에 주었던 과제를 다시 이행하도록 한다. 부부일지에 가족들의 반응과 관심을 기록해서 가져오도록 한다.
  ㉥ 제6단계: 여섯 번째 치료모임에서 부부의 일지를 확인하고 외출시간을 일주일에 한 번씩 두 시간에서 네 시간으로 늘리고 과제 이행은 지난 번 단계와 동일하게 한다.
  ㉦ 제7단계: 일곱 번째 치료모임에서도 한 달 후 똑같은 과제를 부여한다. 자녀들에게는 알리지 않고 일주일에 한 번 부부가 5시간을 외출해서 이행하는 것이다. 부부가 서로 부부일지를 기록하도록 한다.
  ㉧ 제8단계: 부부에게 동일한 과제를 주되, 일주일에 한 번 외출을 하면서 8시간으로 늘려서 이행하도록 한다.
  ㉨ 제9단계: 이번 치료모임에서는 부부가 일주일에 한 번 외박을 하도록 과제를 준다.
  ㉩ 제10단계: 마지막 모임은 설명 없이 다시 오지 말라고 하고 종료한다.

[2019년 기출]

다음은 전문상담교사들이 동료 수퍼비전 중에 나눈 대화 내용이다. 밑줄 친 ㉠, ㉡에 공통으로 해당하는 기법의 명칭을 쓰시오

정교사: 제가 지금 상담하고 있는 학생의 아버지는 아들에게 어머니에 대한 험담을 너무 많이 하면서 아들을 부부 문제에 끌어들이는 것 같아요. 아버지가 어머니 흉을 실컷 보고 '어머니한테 말하지 말자.'고 해 아들과 비밀을 만들어요. '네가 어머니를 닮지 않아 정말 다행이다.'라는 말도 자주 하는 것 같아요. 부부 사이의 동맹을 강화하여 가족의 상호작용을 바꿀 수 있는 가족 상담 기법으로 무엇이 있을까요?

강교사: ㉠ 밀란(Milan)모델에서 제시한 가족의 역기능적인 게임을 중단 시키기 위한 기법이 생각납니다. 이것은 부모와 자녀의 은밀한 연합을 깨뜨리기 위해 사용 되었다고 합니다. 요즘 부모들이 자녀를 친구처럼 대하면서 자녀에게 해서는 안 될 이야기들도 가리지 않고 하는 경우가 있는데 그 경우에도 적용해 볼 수 있을 것 같습니다.

임교사: 강 선생님께서 말씀하신 기법이 저도 생각납니다. ㉡ 부모가 데이트나 외출을 계획하고 어디로 왜 가는지를 자녀에게 말하지 않는 것이지요? 그러면 부모와 자녀 사이에 비밀이 만들어져서, 부모 연합팀과 증상을 보이는 자녀 사이에 명확한 경계가 세워지니까요.

〈세 가지 전략적 치료모델 특징 비교〉

	MRI 상호작용모델	헤일리의 구조·전략적 모델	밀란의 체계론적 모델
근거이론	의사소통이론, 전략적 이론	의사소통 이론, 구조적 치료 이론	일반적 체계이론
주요 개념	의사소통, 이중구속, 가족항상성, 피드백고리, 가족규칙	권력, 통제, 역설적 지시, 위계	가족게임, 순환적 인식론, 치료원리(가설설정-중립성-순환질문)
일차적 주제	의사소통 유형, 잘못 시도된 해결책	연쇄과정 및 위계구조, 가족원 간의 통제와 보호	역기능적 가족게임, 가족원 간의 통제와 보호
행동의 지속성	단기적, 현재 연쇄적 상호작용	단기연쇄, 수개월에서 수년간 지속된 만성적 구조적 문제	과거와 현재의 장기적 연속행동
치료단위	2인 또는 3인	3인 이상 가족이나 사회 관계망 전체	3인
치료목표	증상 제거, 현재 행동의 변화, 가족체계 변화	증상 제거, 현재 행동의 변화, 가족체계 변화	가족게임의 중단, 가족의 인식 변화, 가족체계의 변화
치료과정	• 상담과정 소개 • 문제에 대한 조사와 정의 • 문제유지시키는 행동 평가 • 상담목표 설정 • 개입 선택과 실행, 과제 주기	• 사회적 단계 • 문제 정의 단계 • 상호작용과 가족구조 진단 단계 • 목표 설정 단계 • 개입선택과 과제 지시 단계	• 면접 전 정보 수집 단계 • 면접 동안 문제와 상호작용 평가 단계 • 휴지기 동안 가설 설정 및 상담목표 설정 단계 • 개입선택과 실행, 과제 부여 단계 • 면접 후 논의 단계
치료자 역할	지시적, 역설적	통제적, 능동적, 역설적	중립적, 치료동반자
치료기법	증상처방, 역설적 지시, 치료적 이중구속, 재정의	증상처방, 역설적 지시, 은유적 지시, 재정의, 고된 체험 기법, 가장기법	긍정적 의미 부여, 순환질문, 의식처방, 불변의 처방

〈가족상담 모델 비교〉

시기	모델	주제	대표인물	주요개념	치료목표	개입방법
초기	다세대	다세대에 걸친 정서과정에서 집중적인 투사의 대상이 된 가족원에게 증상이 나타남. 가족원의 자기 분화를 촉진하여 가족체계의 변화를 유도하여 문제를 해결	Bowen, kerr, Boszormenyi-Nagy	자기분화, 삼각관계, 핵가족 정서체계, 가족투사과정, 정서적 단절, 다세대 전수과정, 형제 위치, 사회정서과정	다세대 정서과정을 이해함으로써 자기분화의 촉진과 탈삼각화 촉진	가계도를 통한 가족정서체계 평가, 불안과 정서적 반응성을 낮춤, 치료적 삼각관계와 코칭을 통한 가족원의 자기분화 촉진.
초기	경험적	미해결된 주제가 문제가 되어 현재의 기능을 방해하므로 이것을 지금-여기에서 경험하고 작업하여 일치적으로 만듦.	Satir, Whitaker Kempler, Keith, Banmen	자아존중감, 가족규칙, 의사소통 및 대처 유형, 사회와의 연계성, 자기선택과 결정, 경험의 공유	자아존중감 증진, 선택 능력향상, 책임감 소유, 일치적인 존재가 되는 것.	개인의 빙산탐색, 가족규칙, 가족조각, 유머, 원가족도표, 의사소통, 나의 영향권 이해, 은유, 명상 등을 이용
초기	구조적	증상이나 문제는 가족의 역기능적 상호작용 구조에서 비롯됨. 따라서 가족의 재구조화를 통한 문제 해결에 초점.	Minuchin Montalvo Aponte, Fishman	가족구조, 경계선, 하위체계, 위계구조, 연합, 우회, 동맹, 가족적응, 재구조화, 합류	경계선 및 하위체계 기능 변화를 통한 역기능적 가족구조의 재구조화	합류와 적응, 구조적 지도를 통한 가족평가, 가족재구조화 기법 활용.
초기	전략적	헤일리, MRI, 밀란 모델을 전략적 모델로 구분하며, 문제해결을 위한 치료자의 치료전략 고안과 지도적 위츨 준시함.	Jackson, Weakland Haley, Madanes, Selvini-Parazzoli, Cecchin	의사소통, 가족규칙, 권력과 통제, 치료적 이중구속, 가설설정-순환성-중립성	증상을 지속시키는 역기능적 연쇄과정에 전략적으로 개입하여 단기간에 제시된 문제를 해결함.	구체적인 문제 정의와 가설 설정, 가족의 연쇄과정 파악, 역설적 개입(고된 체험 기법, 위장기법)을 통한 전략적 개입.
후기	해결중심	내담자는 자기 문제의 전문가며 문제해결 능력을 갖고 있다고 믿으며, 그의 장점, 자원, 성공적 경험을 활용하여 목표를 달성하도록 도움.	de Shazer, Berg, Lipchik, O'Hanlon Weiner-Davis	긍정적인 것에 관심, 강점과 자원 활용, 탈이론적, 현재와 미래에 초점, 변화의 불가피성, 단순하고 실현 가능한 해결방법을 먼저 사용, 알지 못함의 자세, 내담자에 대한 존중과 수용.	강점과 자원을 활용하고 문제가 없는 예외 상황을 찾아 문제를 협동적으로 해결함.	치료자-내담자 관계유형 파악, 해결 지향적 질문(상담 전 변화, 예외질문, 기적질문, 척도질문, 대처질문, 관계성질문, 악몽질문, 간접적인 칭찬 등)을 사용하여 목표를 설정하고 달성함.
후기	이야기	내담자 자신이나 주변인이 문제로 가득 찬 이야기를 내담자의 정체성과 동일시할 때 문제 발생. 당사자의 삶의 지식과 목적이 담긴 대안적 이야기의 구축에 초점을 둠.	White, Epston, Freedman Combs, Zimmerman, Monk	지배적 이야기, 색다른 결과, 빈약한-풍부한 서술, 대안적 이야기, 의도상태, 행동의 전망, 정체성의 전망, 재저술	문제이야기 해체, 대안적 이야기와 대안적 정체성의 구축 및 사회적 공유	외현화대화, 스캐폴딩, 말하기-다시말하기, 회원재구성대화, 치료적 문서의 활용.

〈가족치료의 이해, 정문자, 정혜정, 이선혜, 전영주 공저, 37p 발췌〉

9 후기 가족상담(2차 가족상담)의 특징

1 발달 배경

1) 1980년대 들어 초기 가족치료 모델 간의 뚜렷한 경계가 무너지면서 발달하기 시작했다.
2) 더불어 초기 가족치료에 대한 페미니스트의 비판, 포스트모더니즘 성향의 후기 구조주의와 사회구성주의의 발전은 후기 가족치료 모델이 탄생하기 위한 토양이 되었다.
3) 후기 가족치료의 모델로는 해결중심단기치료(드 세이저와 버그), 이야기치료(화이트와 엡스턴), 협동적 언어체계 모델(앤더슨과 굴리시안), 반영팀 모델(안데르센)이 있다.

2 포스트모더니즘과 2차 사이버네틱스

1 모더니즘과 포스트모더니즘 성향의 치료적 차이

모더니즘	특징: 이성중심주의, 본질주의, 보편주의, 이분법적 사고 치료 성향 • 사회적 맥락에 따른 기준과 표준에 따라 사정하고 변화시키려 한다. • 문제는 객관적으로 존재하기 때문에 외부 관찰자가 실제로 파악할 수 있는 것으로 정의한다. • 인간의 문제를 문제중심적으로 접근한다. • 인성적인 특성이나 가족상호작용이 기능적인지(혹은 역기능적인지)에 중점을 두었다.
포스트 모더니즘	특징: 다양성, 차이, 비본질주의, 탈중심적, 다원적 사고, 탈이성적 사고 치료 성향 • 가족의 기능/역기능 여부는 단일한 기준에 의해 평가될 수 없다.(민족성, 문화, 성, 성적 지향, 가족 형태, 인종 등을 고려하여 기능성 여부를 평가) • 개인적 경험이나 가족이 처한 상황에 따라 다르게 평가될 수 있다. • 사실(facts)은 관점(perspective)으로 대체, 절대적으로 옳은 기준은 없다고 가정한다. • 무엇이 기능적이고 역기능적인가는 보는 사람의 시각에 따라 달라진다는 점을 강조한다.

2 1차와 2차 사이버네틱스 비교

순환단계	지배사조	이론적 틀 / 모델	가족치료 이론	체계의 속성
1차 사이버네틱스	모더니즘	일반체계이론 블랙박스 모델 초기(1차) 가족치료	정신 역동적, 경험적, 구조적 의사소통 전략적 가족치료 등	상호의존성, 개방성, 경계선, 의사소통, 규칙 등
2차 사이버네틱스	포스트 모더니즘	구성주의, 사회구성주의, 후기구조주의 블랙박스+관찰자모델 후기(2차) 가족치료	해결중심 단기치료, 이야기치료 협력언어체계 모델, 반영팀 모델	자율성, 자기준거성, 구조적결정, 자기조직, 자기제작

3 1차와 2차 사이버네틱스

초기 가족치료 - 1차 사이버네틱스	후기 가족치료 - 2차 사이버네틱스
• 1차 사이버네틱스와 체계론적 관점을 기초로 발전	• 초기 가족치료 관점의 한계를 벗어난 인식론으로 발전(포스트모더니즘 관점과 일치)
• 치료자로 하여금 내담자를 일방적으로 조절할 수 있다는 시각(치료의 실용적 목적에 많은 기여를 했다고 봄)	• 모든 수준의 체계는 피드백 과정을 통하여 환경과 상호작용할 뿐 아니라 자기조직적임을 기술하기 위하여 발전된 시각

〈1차 사이버네틱스의 한계점〉
- 살아 있는 유기체는 환경과 상호작용할 뿐 아니라 자율성과 자기조직 능력을 가지고 있음에도 전자에만 초점을 둔 것이 문제점이다.
- 체계와 관찰자의 상호작용은 고려하지 않았다는 문제점이 있다.
- 단순한 피드백 과정에만 초점을 두고, 더 높은 수준의 피드백에 대한 주의를 소홀히 하였다는 점이 문제점이다.

3 후기 구조주의(post-structuralism)

후기 구조주의는 철학이나 사회과학에 나타난 포스트모더니즘 현상이며, 구조주의 이후에 등장한 이론 및 비평방법으로서 구조주의에서 변화된 이론으로 이해되기도 하고 구조주의를 반박하는 이론으로 이해되기도 한다.

1 구조주의와 후기 구조주의 비교

구조주의	후기 구조주의
• 사람들을 일반적인 계층이나 유형에 따라 분류한다. • 전문가의 지식이 존중된다. • 표면 현상은 내면 깊이 자리한 개인정체성의 단서일 뿐이다. 전문가만이 표면 현상을 정확히 해독할 권한을 가진다. • 개인의 삶은 규칙이나 규범에 따라 해석되고 존중된다. • 전문가는 삶의 구조 밑에 있는 공식을 해독함으로써 삶의 이야기에 의미를 부여할 권한을 가진다. • 빈약한 결론이 존중된다.	• 사람들의 정체성에 대한 상세한 기술을 추구한다. • 개인이 가지고 있는 고유의 지식이 존중된다. • 표면 현상은 우리가 실제로 알 수 있는 모든 것이다. 우리 각자 표면 현상을 해석할 권한을 가진다. • 기대나 규범에서 벗어난 예외적인 삶의 성취를 해석하는 데 초점을 둔다. • 사람들은 각자 행하고 말하고 기억하는 이야기를 통해 각자 의미 있는 삶을 구성할 권한을 가진다. • 풍부한 서술이 존중된다.

4. 구성주의(constructivism)와 사회구성주의(social constructivism)

> 2013 기출

1. 구성주의와 사회구성주의 비교

구성주의	사회구성주의
• 실재는 발견되는 것이 아니라 개인이 구성하는 것이다. • 궁극적 혹은 선호하는 실재는 매우 개인적인 문제이다. • 사람이나 현상에 관한 진실을 객관적으로 관찰할 수 없고 객관적 사실로 알 수도 없다. 다만 우리가 그것들을 구성한다는 것만 알 수 있을 뿐이다. • 진리는 내가 구성하는 것이다.	• 실재는 사회(가족, 친구, 또래, 집단, 민족, 국가 등)적으로 구성된다. • 실재는 언어를 통해 구성되고, 이야기를 통해 조직, 유지된다. • 실재/진리는 언어라는 사회적 상호작용을 통해 내가 구성하는 것이다. • 자기(self)에 대한 경험은 타인과의 지속적인 상호작용에서 이루어진다.

2. 사회구성주의의 치료적 함의

(1) 모든 진리는 사회적 구성물이라는 시각은 치료자로 하여금 내담자의 신념을 키운 문화적 뿌리를 이해하도록 도움을 주었다.

(2) 내담자가 자신의 문제를 새롭게 구성할 수 있도록 돕는 것은 언어적 상호작용을 통해서다.

(3) 누가 진실을 더 잘 알고 있는 것은 아니므로, 치료는 협동적 과정으로 이루어진다.

(4) 사람들은 현재의 관계에 가장 큰 영향을 받기 때문에 치료자가 내담자에게 중요한 사람으로 인식되고 또 문제를 새롭고 유용한 방향으로 새롭게 구성하게 되면 치료는 종결된 것으로 본다.

3. 언어의 역할

사회구성주의는 우리가 사용하는 언어란 사람이나 세상을 정의하는 하나의 틀이며, 실재는 언어의 기능으로서 언어의 변화는 경험의 변화와 같다고 간주한다.

(1) 사회구성주의는 '**언어**'가 어떻게 세계와 신념을 구성하는가에 초점을 둔다.

(2) 사람이 된다는 것은 언어 속에 존재함을 뜻하며, 사람은 언어 속에서 자신의 행동을 조정하고 언어 속에서 자신의 세계를 탄생시킨다.

(3) 치료자는 '알지 못함'의 자세를 취해야 한다.

[2013년 기출]

사회구성주의의 영향을 받은 가족상담이론에 관한 내용으로 옳은 것만을 〈보기〉에서 있는 대로 고른 것은?

〈보기〉

㉠ 개인이 자율적으로 구성하는 의미의 세계에 주목한다.
㉡ 상담의 첫 단계에서 가족구성원의 역기능적인 행동에 대한 평가의 중요성을 강조한다.
㉢ 체계는 사회적 역할이나 구조에 의해 형성된 것이 아니라 언어에 의해 구성되어 가는 것으로 본다.
㉣ 가족의 문제는 가족구성원의 개인적 관점에 의해 구성되기 때문에 객관적으로 존재하는 것이 아니라고 본다.
㉤ 상담자는 내담자보다 더 많이 알고 있는 유능한 전문가가 아니라 내담자의 경험세계를 재창조하는 과정에서 협력해야 할 동반자의 입장을 강조한다.

5 안데르센의 반영팀 접근

1) 내담자와의 관계를 평등하고 협력적인 것으로 여기며, 치료보다 보살핌의 관계에 초점을 맞춘다.
2) 반영팀(reflecting team)의 접근을 취한다.
   (1) 관찰자, 즉 치료팀이 면접실에서 가족을 보고 느낀 점을 먼저 논의한다.
   (2) 일방경을 사이에 두고 관찰자인 치료팀과 가족의 의견이 교환이 된다.
   (3) 양쪽이 일방경을 사이에 두고 관찰자가 되기도 하고, 관찰의 대상이 되기도 한다.
   (4) 치료팀은 상담과정에 대한 생각을 반영하여 이야기할 때, '확실성'보다는 '불확실성'과 잠정적인 태도로 표현한다.
   (5) 즉 치료과정이란, 가족원끼리 상대방이 한 말을 어떻게 들었으며, 어떻게 이해했는지 서로 반영하여 말하는 일종의 반영과정이다.
3) 치료에서 사용되는 언어가 전문가적 용어에서 일상적인 용어로 바뀌게 되었다.
4) 반영팀 모델의 기본가정: 하나의 상황을 보는 옳은 방법은 한 가지만 있는 것이 아니라, 수많은 방법이 있다.

10 해결중심 가족상담

1 이론적 배경: 가정과 원리

이 이론의 발달 배경은 다음과 같다. 1970년대 후반 미국 팔로알토에 소재한 정신건강연구소(MRI)의 단기치료센터에서 활동한 드 세이저(de Shazer)와 그의 동료들이 1978년 미국 위스콘신 주의 밀위키에 단기가족치료센터(BFTC)를 설립하고 1982년 해결중심단기치료 모델을 개발, 보급했다.

1 가정 2011, 2013, 2015 기출

(1) 긍정적인 측면에 초점을 둔다. 문제가 되는 상황에 초점을 맞추기보다 긍정적인 면에 초점을 맞추는 것이 훨씬 효과적이며 바람직한 방향으로 변화를 이끈다.

(2) 예외 상황은 해결의 실마리를 보여준다. 모든 문제에는 문제시되지 않았거나 문제가 적었던 예외 상황이 있는데, 이 예외 상황을 발견하여 더 자주 일어나도록 격려하는 것은 자신의 문제를 스스로 조정할 자신감과 해결책을 갖게 한다.

(3) 변하지 않고 그대로 머무는 것은 아무것도 없다. 변화는 항상 일어나고 있으므로 이 변화를 긍정적인 방향으로 설정한다.

(4) 작은 변화는 일어나기 쉬우며 생성적이다. 작은 변화는 큰 변화로 이끈다.

(5) 협동 작업은 있게 마련이나. 내담자는 항상 협조하고 있다.

(6) 사람들은 자신의 문제를 해결하기 위하여 필요한 자원을 가지고 있다. 이는 에릭슨 학파의 가정이며 정신 병리적 측면보다 건강한 측면을 강조한다.

(7) 의미와 체험은 상호작용 속에서 일어난다.

(8) 행동과 묘사는 순환적이다. 예를 들어, 자녀의 행동에 대해 부모가 '옳다', '그르다' 중 어떤 것으로 보느냐에 따라 대처방법이 다르다.

(9) 의미는 반응 속에 있다. 메시지가 전하는 의미는 관찰자에 의해 만들어지고 내담자의 자세 자체가 절대적 의미를 갖고 있는 것은 아니다. 의사소통의 책임은 내담자에게 있기보다 치료자에게 있다고 가정한다.

(10) 내담자가 전문가다. 내담자가 자기 문제에 대해 가장 많이 알고 있으며 많은 해결책을 시도했을 것으로 본다.

(11) 내담자가 어떻게 목표를 설정하고 무엇을 하는가에 따라서 내담자의 작은 변화는 다른 사람과의 상호 작용에 영향을 미친다. 그러므로 관계되는 모든 사람이 다 참여할 필요 없이 어느 한 사람이 변하면 상호작용도 변하게 마련이다.

(12) 치료팀은 치료의 목표 설정과 목표 달성을 위해 노력할 의사를 가진 사람으로 구성된다.

2 원리 [2011 기출]

위의 가정에 기초하여 해결중심단기치료는 다음과 같은 원리로 진행된다.

(1) **병리적인 것 대신에 건강한 것에 초점을 둔다.** 잘못된 것에 관심을 두기보다는 성공한 것과 성공하게 된 구체적인 방법을 발견하는 데 관심을 둔다.
(2) 내담자의 강점과 자원은 물론 증상까지도 발견하여 치료에 활용한다. 내담자가 원하는 결과를 성취하기 위해 내담자가 이미 가지고 있는 자원, 기술, 지식, 믿음, 동기, 행동, 사회관계망, 환경, 심지어 증상까지도 사용한다.
(3) 탈이론적이고 비규범적이며, 내담자의 견해를 존중한다. 인간 행동에 대한 **이론적 틀에 맞추어 내담자를 진단하거나 사정하지 않는다.**
(4) **간단하고 단순한 방법을 일차적으로 사용한다.** 해결중심접근은 치료목적을 달성하기 위해 치료방법의 경제성을 추구한다.
(5) **변화는 불가피하다.** 누구에게나 변화는 삶의 일부이기 때문에 변화를 막을 수는 없다. 문제가 발생하지 않는 예외적인 상황을 파악하고 예외를 증가시킴으로써 변화를 긍정적인 방향으로 이끈다.
(6) **현재에 초점을 맞추며 미래 지향적**이다. 과거와 문제에 대한 역사에 흥미와 관심을 두기보다는 현재의 상태와 미래의 해결방안 구축에 관심을 갖는다.
(7) **내담자와의 협력 관계를 중요시**한다. 치료자와 내담자가 함께 해결방안을 발견하고 구축하는 과정에서 협력을 중요시한다.

[2011년 기출]

해결중심 가족상담의 기본 원리로 옳은 것을 〈보기〉에서 고르시오.

─〈보기〉─
ㄱ. 간략한 해결방법을 사용한다.
ㄴ. 작은 변화보다는 근본적인 변화를 목표로 한다.
ㄷ. 병리적인 것보다는 건강한 것에 초점을 맞춘다.
ㄹ. 증상의 원인에 대한 체계적인 가설을 수립, 활용한다.
ㅁ. 문제가 발생하지 않는 예외상황을 발견하여 그것을 증가시킨다.

3 긍정적 지향

(1) **가정**: 사람들이 건강하고 유능하며 자신의 삶을 향상시킬 수 있는 해결책을 구성할 수 있는 능력이 있다.
(2) **치료의 본질**: 변화가 가능하다는 긍정적 기대를 갖도록 하여 내담자의 희망과 낙관주의를 만드는 것이다. 부족보다는 능력을 강조, 약점보다는 장점을 강조하는 비병리적 접근이다.
(3) 긍정심리학은 결함, 약점, 문제에 초점을 두지 않고 옳은 것과 효과적인 것만 집중한다. 해결중심 단기치료는 이와 유사하며, 긍정적인 것을 강조할 때 내담자들이 문제해결에 빨리 참여하게 되고 상담이 더 효과적이라고 본다.

(4) 해결중심 상담자는 과거의 문제에 초점을 두지 않고 주변에 있는 성취 가능하고 사용 가능한 목표에서의 내담자의 신념을 강조한다. 상담자는 유능한 언어를 사용하여 내담자의 문제중심적 이야기를 재구조화한다. 이를 통해 내담자의 인식을 바꾼다.

(5) 상담자는 내담자가 고정된 문제 상태에서 새로운 발전 가능성이 있는 상태로 이동하도록 돕는다.

4 효과적인 행동 찾기

(1) 내담자의 어떤 이야기들은 삶이란 변화 불가능하고 더 나빠질 것이며 자신의 목표로부터 더 멀어질 것이라는 뜻으로 사용된다. 이에 해결중심 단기 상담자들은 예외사항을 발견하는 데 도움을 주고 문제가 삶을 덜 방해하는 때가 올 것이라는 희망을 증진시킨다.

(2) 해결중심 단기치료에서는 사람들이 효과적 행동을 찾고 나서 가능한 한 짧은 시간 안에 지식을 적용하여 문제를 없애도록 돕는다.

(3) 찾은 행동을 반복하도록 하는 것이 중요하다. 효과적이라고 생각하면 더 많이 하는 것이 중요하다. 효과적이지 않은 행동은 다른 행동으로 대체한다.

(4) **방법**: 드 세이저(de Shazer)는 내담자를 발전적인 이야기를 만드는 대화에 참여시키는 것을 선호한다. 내담자가 자신의 목표를 성취할 수 있는 상황을 만든다. 이는 문제의 힘을 해체시키고 새로운 해결책이 등장하여 해결하게 하는 가치 있는 삶이 된다.

2 치료목표 및 치료과정

1 내담자 유형 파악하기 2007, 2010, 2017, 2020 기출

(1) 상담초기에 내담자의 장점, 자원, 성공적 경험을 파악하는 것은 치료적 관계를 빨리 형성하는 데 도움이 된다.

(2) 내담자는 방문형, 불평형, 고객형으로 나눌 수 있다. 이를 파악하는 것은 상담과정을 어떻게 진행할 것인가의 문제와 메시지에서 어떤 과제를 부여할 것인가에 대한 문제에서 중요한 의미가 있다. 2007, 2010, 2013 기출

(3) **베르톨리노와 오핸런(Bertolino & O'Hanlon, 2002)**: 협력적 치료관계의 형성을 강조한다. 내담자는 자신의 삶의 전문가, 상담자는 변화를 위한 맥락을 만드는 전문가이다.

(4) **내담자 유형(드 세이저)**
  ① 방문형(방관자) 관계 유형
    ㉠ 특징
      • 치료에 비자발적이다. 방문형의 내담자는 대체로 자신의 의사와는 상관없이 타의에 의해 치료자에게 온 상황에서 볼 수 있으며, 치료를 받아야 한다는 필요성이나 문제해결의 동기가 약한 비자발적인 내담자라고 한다.
      • 이러한 내담자들은 문제에 대한 책임감이 없거나, 자신의 문제를 인정하지 않는 경향이 있다.
      • 그래서 가능한 한 치료자와의 관계를 끝내려고 하므로 치료자의 의도대로 진행할 경우 더욱 어려워진다.
    ㉡ 치료적 과업: 내담자가 무엇을 찾고 있는지 분명히 한다. 실행 가능한 목표를 설정한다.

ⓒ 치료 진행방법의 지침: 내담자의 방어적 태도 배후에 깔린 내담자의 작가에 동의한다. 내담자에게 그 자신을 위한 최선의 길이 무엇인지 질문한다.
　　② 상담
　　　• 치료자는 방문형의 내담자가 다른 사람의 요구와 결정을 따르는 것이 얼마나 힘들었는지를 이해, 수용하고 내담자의 의사를 존중하며, 긍정적인 측면을 부각해 인정해 주고 칭찬해 주며, 만약에 상담받을 문제가 있는 경우에 기꺼이 도와주겠다는 의사를 표시한다.
　　　• 내담자는 치료자의 이해를 받는다고 느끼고 치료자를 신뢰하게 되고 결과적으로 방문형 역시 치료를 진행하는 과정에서 점차로 고객형으로 변화하게 된다.
　　　• 과제: 방문형은 치료센터에 오는 것 자체가 어려운 일이었으므로 다음 상담에 오게 하는 것 자체(재방문)를 과제로 준다.

> 〈드 세이저와 버그(Berg), 밀러(Miller)가 제안하는 방문형과 관계에서 유용한 접근방안〉
> 1) 가능한 한 겸손하고 성실하며 따뜻한 태도를 취한다.
> 2) 내담자가 상담을 받으러 오는 다른 사람들을 볼 수 있도록 한다.
> 3) 효과가 없는 것보다는 효과가 있는 것을 찾도록 한다.
> 4) 내담자의 의사결정을 존중하고, 자신에게 중요한 것에 관하여 판단할 수 있는 능력을 믿어준다.
> 5) 타의로 왔지만, 치료센터에 온 것은 치료를 의뢰한 사람과 잘 지내기 위한 노력이며, 갈등을 최소화하려는 긍정적인 노력임을 인정해 주고 협조적인 행동을 찾아내어 칭찬한다.
> 6) 문제를 해결하려고 노력하는 일들을 모두 부각해 주고 인정해 준다.

② **불평형(고발자) 관계 유형**
　　㉠ 특징
　　　• **문제의 해결책이 주로 다른 누군가의 변화를 통해 이루어질 수 있다고 믿는 경우이다.** 해결책을 구성할 수 없거나 하고 싶어하지 않는다.
　　　• 불평형의 내담자는 다른 사람을 위한 목표를 가지고 있을 때 발생한다.
　　　• 이러한 내담자는 자신을 희생자로 생각하지만, 한편으로는 자신은 존재가치가 있으며 다른 가족을 돌보는 역할을 하고 있다고 느끼고 있기 때문에 내담자는 치료에 좀더 협조적이 될 수도 있다.
　　　• 불평형의 내담자는 문제가 있음을 인식하고 있으며 그들의 불평이나 불만을 치료자에게 얘기함으로써 치료자에게서 이해받기 원하고 해답을 얻기 원한다.
　　㉡ 치료적 과업: 문제와 해결에 대한 내담자의 지각을 바꾸는 것, 자신만이 문제를 해결하기 위해 무엇인가를 할 수 있는 사람임을 깨닫게 한다.
　　㉢ 상담
　　　• 치료자는 치료를 위한 자원으로서 또한 투자해야 할 대상으로 생각하고, 내담자에게 이해와 공감을 표시하며 내담자가 잘 하고 있는 점에 대해 칭찬을 해 준다.
　　　• 내담자가 과거에 시도한 노력은 내담자가 원하는 성공적인 결과를 가져오지 못했으므로 과거와는 다른 방법으로 노력할 것을 격려한다.
　　　• 불평형의 내담자는 대부분 치료의 진행과정에서 변화하며, 사례에 따라 첫 회기 중에 또는 2~3회 진행하는 과정에서 점차로 고객형으로 변화하게 된다.
　　　• 불평형 내담자는 자신을 희생자 관점에서 보기 때문에 문제해결을 스스로 해야 한다는 것을 깨닫게 도와주어야 한다.
　　　• 과제: 내담자는 자신의 문제에 대해 관찰자 역할만 하기 때문에 불평형에 대한 과제는 생각하기와 관찰에 국한해야 한다.

③ 고객형(동반자) 관계 유형
  ⊙ 특징
    • 자신이 원해서 도움을 요청하는 경우로, 내담자와 상담자는 앞으로 작업해 갈 문제점과 해결책을 함께 찾는다. 내담자는 목표를 달성하기 위해 개인적인 노력이 요구된다는 것을 이해한다.
    • 고객형과의 관계는 내담자가 자기 자신과 관련되어 있는 치료 목표를 표현하고 자신의 행동을 변화하기 위한 많은 방법들을 제시하는 경우를 말한다.
    • 고객형의 내담자는 문제를 해결하기 위한 동기가 있고 문제를 시인하고, 문제해결을 위해 도움을 요청한다.
    • 매우 긍정적이고 협력적인 치료관계로 쉽게 발전할 수 있다.
  ⓒ 치료적 과업: 내담자가 제일 먼저 행하고자 하는 적극적이며 행동적인 조치가 무엇인가를 밝힌다.
  ⓒ 상담
    • 이 경우에 치료자는 내담자가 잘 하고 있는 점에 대해, 역시 많은 칭찬을 해 주고 내담자의 문제해결을 위한 의지에 대해 지지와 동의를 표시해야 한다.
    • 처음에는 내담자가 불평형, 방문형이었으나 상담의 중간이나 끝부분에서 치료자와 내담자가 일치된 해결 목표와 기대를 가질 때 고객형의 관계로 발전하게 된다.
    • 이 때 내담자는 문제해결을 하려는 의지를 갖게 되며, 치료과정에서 해결책을 찾거나 목표를 달성할 수 있는 능력이 자신에게 있는 것을 확인하게 된다.
    • 과제: 고객형 내담자는 문제해결에 적극적으로 역할을 하려고 하기 때문에 상담자는 내담자가 하고자 하는 최초의 적극적이며 행동적인 조치가 무엇인지를 밝히고 예외적인 상황을 강화할 수 있는 행동적인 과제를 제시한다.

❋ 치료자 – 내담자 관계 유형에 따른 과제와 메시지

치료자-내담자 관계 유형	기적 여부	예외여부 (방법)		과제/메시지
방문형	X	X	과제없음	• 칭찬 • 재방문 격려
불평형	X	X	생각/ 관찰과제	첫 상담 과제: "~이 원하시는 ~(행동사건 등)가 일어나면 잘 관찰하셨다가 다음 상담 시간에 알려주세요."
	○	○(우연적)		예외 행동 주시
고객형	○	X	실행과제	가정하여 행동하기
	○	○(의도적)		예외 행동을 계속 / 더 많이 할 것

2 치료목표 📖 2013 기출

(1) **목표**: 해결지향치료에서는 상황 또는 참조틀을 보는 방식을 변화시키고, 문제 상황에서의 수행 변화, 내담자 능력과 자원 풀어내기 등의 목표를 추구한다.

(2) **월터와 펠러(Walter & Peller, 1992), 머피(Murphy, 2008)가 말하는 목표를 정하는 방법**
  ① 내담자의 말에서 긍정적으로 진술되었으며(내담자의 언어 중)
  ② 과정 혹은 행동지향적이고("어떻게"로 질문): '누가, 무엇을, 언제, 어디서, 어떻게'와 같은 질문을 사용하며, '왜'란 질문은 피한다.
  ③ 지금-여기에서 만들어졌으며(즉각적 궤도에 오르면)

④ 달성할 수 있고 구체적이고 분명하고(구체적으로)
⑤ 내담자가 통제할 수 있는(내담자의 현실 속에서) 잘 정의된 목표를 만들도록 내담자를 도와주어야 한다고 강조한다.

(3) **보람질문**: "오늘 상담하신 결과로 뭐가 좀 달라지면 여기 온 것이 보람 있었다고 말할 수 있습니까?"라는 질문으로 상담을 시작할 수 있다.

(4) 목표지향적인 해결중심단기치료에서는 가족과 치료자가 첫 상담에서 목표를 명확하고 합리적으로 설정할 수 있다면 문제의 반이 이미 해결된 것으로 본다.

(5) **목표를 세울 때 원칙**

> 첫째, 내담자에게 중요한 것을 목표로 한다.
> 둘째, 작은 것을 목표로 한다.
> 셋째, 구체적이며 명확하고 행동적인 것을 목표로 한다.
> 넷째, 목표를 문제행동의 소거에 두기보다는 원하는 긍정적인 행동의 시작에 둔다.
> 다섯째, 지금-여기에서 시작하는 것을 목표로 삼는다.
> 여섯째, 내담자의 생활에서 현실적이고 성취 가능한 것을 목표로 한다.
> 일곱째, 목표 수행은 힘든 일이라고 인식한다.

3 해결중심 치료의 치료과정

(1) **해결중심 치료의 전반적인 과정**: 전체 상담은 약 50분 소요.
① 처음 40~45분: 내담자와 치료자의 상담으로 진행한다. 관찰팀이 있는 경우 관찰팀은 일방경이나 비디오 모니터를 통해 관찰하면서 필요한 경우 전화로 개입한다.
② 치료자는 상담 후 상담실을 나와 일방경 뒤에 있는 관찰팀과 함께 치료과정을 검토하고 자문 받으며 내담자에게 전달할 메시지를 만든다.
③ 메시지 작성이 끝나면 치료자는 다시 치료실로 들어가 내담자에게 메시지를 전달하고 상담을 마친다.

(2) **첫 회 상담** 2017 논술형: 해결중심단기치료는 첫 회 상담과 2회 이후의 상담과정이 약간 다르다. 첫 회 상담에서는 내담자와의 관계 형성과 목표설정이 우선시된다.

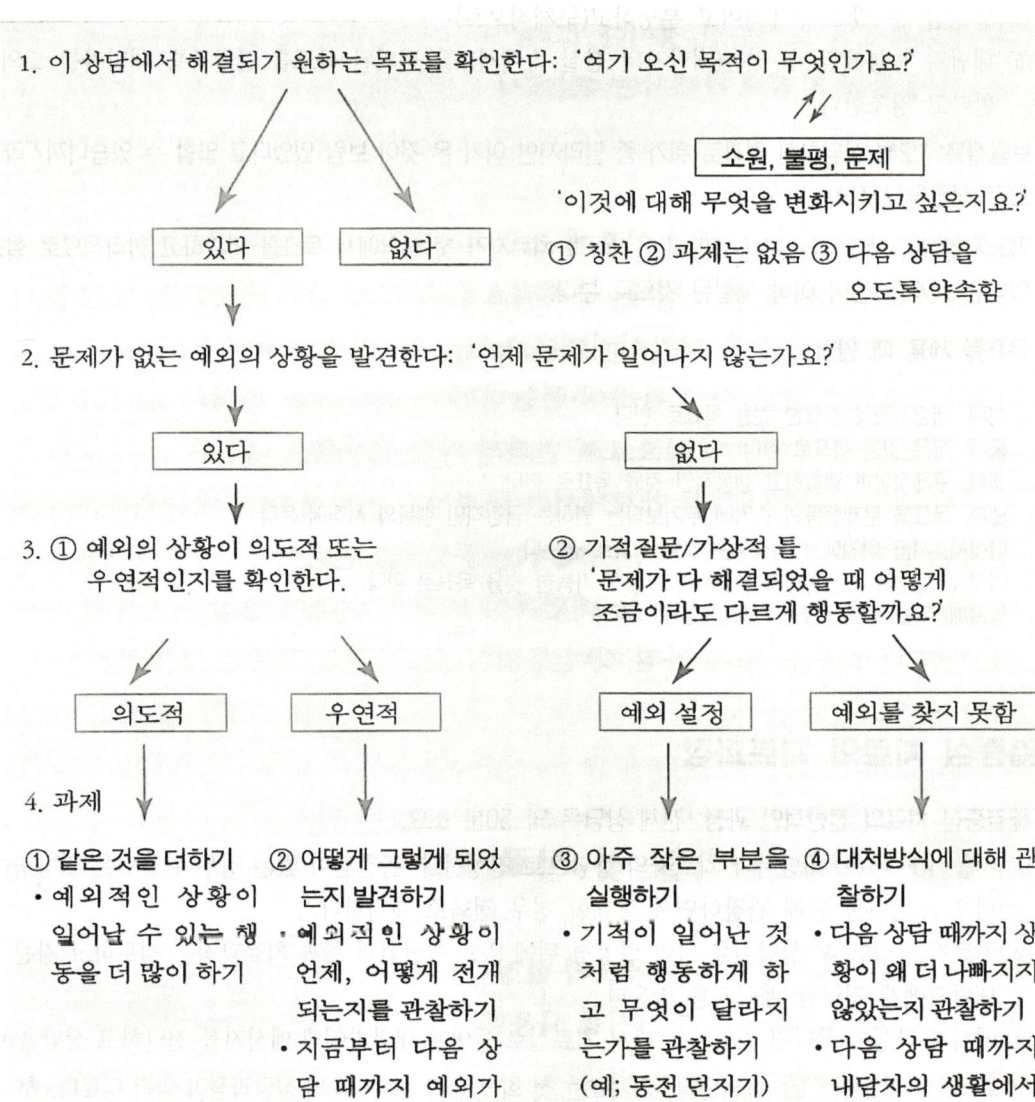

첫 회 상담과정의 도식화: 정문자 외, 2006

(3) 첫 회 이후의 상담: 2회 상담부터는 첫 상담 이후에 조금이라도 나아지거나 변화된 것에 초점을 두며 이는 EARS로 요약됨.

> E: Elicit - 구체적으로 무엇이 나아졌는지 이끌어내고(예외적인 상황 발견)
> A: Amplify - 나아진 것을 확장시키며(구체적으로 질문)
> R: Reinforce - 이를 강화하며(내담자의 변화에 관심과 가치 부여)
> S: Start again - 또다시 나아진 다른 것에 관하여 묻는다.(다시 시작)

[2017년 논술형 기출]

다음은 절충적인 상담접근을 지향하는 전문상담교사가 경수 (중2, 남)에 대해 파악한 내용이다. 경수의 문제 행동에 대한 이해와 상담개입 과정을 〈작성 방법〉에 따라 논술하시오.

- 내방 경위 및 의뢰 사유
  경수는 1학년 때까지는 성적이 상위권이었으나 2학년에 올라와서는 하위권으로 떨어졌다. 지각과 결석을 자주 하고, 수업 시간에 엎드려 자는 횟수가 많아 여러 과목의 교사에게 지적을 받고 있어 담임교사에 의해 상담에 의뢰되었다.

- 행동 관찰
  경수는 상담 약속 시간보다 일찍 도착하여 상담실을 두리번거리며 돌아다녔다. 경수는 또래에 비하여 체격이 크고 건강해 보였으나 위생 상태는 불량하였고, 교복 단추가 여러 군데 떨어져 있었다. 상담교사가 제공하는 간식을 맛있게 먹었으며, 어떤 학생들이 상담실에 오는지, 심리검사는 어떤 종류가 있는지를 질문하는 등 상담에 대한 관심을 보였다.

- 가족 관계
  경수가 중학교 1학년 겨울 방학 때 부모가 이혼하였으며, 아버지가 양육권을 가지게 되어 아버지, 친할머니와 함께 생활하고 있다. 부모의 이혼 이후 엄마와는 연락이 되지 않으며, 아버지는 자주 술을 드시고 경수의 공부에는 전혀 관심이 없다. 할머니께서는 부모의 이혼 이후부터 함께 살면서 경수를 돌봐주시지만 건강이 좋지 않아 경수에게 자주 짜증을 내신다.

- 호소 문제
  경수는 밤새 온라인 게임을 하다 보면 정말 자신이 게임을 잘한다는 생각이 들고, 기분이 좋아진다고 한다. 게임을 하다 보면 새벽까지 졸리지 않고 집중하게 되며, 게임에 이기고 레벨이 올라갈 때마다 가슴이 두근거린다고 한다. 그러나 요즘은 자신이 생각해도 게임 중독이 아닌가 걱정이 될 정도라고 한다. 경수는 자신이 게임을 많이 하는 이유를 부모의 이혼, 아버지의 술과 무관심, 할머니의 잔소리, 선생님들의 꾸중 때문이라고 한다.

〈작성 방법〉

- 해결중심상담이론에 근거할 때, 상담자와 내담자의 관계유형 중에서 경수는 어느 유형에 속하는지 쓰고, 그 근거를 사례에서 찾아 쓸 것.
- 학교에 지각하는 행동에 대해 해결중심상담이론에 근거한 예외질문을 사용하고자 할 때, 예외질문의 진행 과정을 2단계로 제시할 것.

4 치료과정: 5단계의 치료 과정

(1) 제1단계: 내담자에게 초점 맞추기
① 치료자와 내담자의 신뢰관계 형성
② 내담자의 준거 틀 내에서 작업
③ 내담자의 문제에 대한 지각과 판단이 수용되고, 이해받을 때에 해결중심적 대화 시도
④ 내담자의 관계유형 파악

(2) 제2단계 치료목표 설정
① 내담자와 치료자의 협상에 의한 구체적이고 명확한 치료목표 세우기

(3) 제3단계 해결책 안으로 들어오기
① 해결중심으로 이끄는 다양한 질문법을 활용하기(면담 전 변화에 대한 질문, 기적질문, 척도질문 대처질문, 관계성질문)

(4) 제4단계: 해결중심적 개입
① 치료자는 내담자에게 동료치료자와 함께 피드백으로 전달할 메시지를 작성하여 전달한다.
② 피드백 내용은 칭찬, 연결과정, 과제부여 내담자의 장점을 인정해 주고 강한 동기부여와 자신감을 부여한다.

(5) 제5단계: 작은 변화 유지하기
① 내담자에게 일어난 작은 변화를 계속적으로 유지하게 하기
② 무엇이 어떻게 달라졌는지, 그것이 더 좋아진 것인가요?(그때는 어떻게 가능했어요? 등의 질문으로 변화에 대한 확장 인식하기)

3 치료자 역할 및 치료기법

1 치료자 역할

(1) 해결중심적 대화: 중요 치료과제는, 그들의 삶이 어떻게 다르게 변할지 무엇이 이런 변화를 일어나게 하는지를 내담자로 하여금 상상하게 하는 것이다.

> "여기에 오면서 무엇을 얻기를 희망했습니까?", "당신이 원하는 대로 변화가 일어난다면 당신의 인생에서 어떤 차이가 있겠습니까?", "이런 변화를 위해 어떤 것을 시도할 수 있겠습니까?" 등

(2) 알지 못함의 자세(not-knowing posture)
① **방법**: 상담자는 '모르는 위치'에 선다. 상담자의 임무는 내담자에게 무엇을 변화시켜야 하는지를 지시하지 않으며 변화의 방법을 지시해 준다.
② **장점**
  ㉠ 상담자는 내담자가 자유롭게 이야기를 창의적으로 전개하고 상호 존중하고 대화하고 질문하고 확인하는 분위기를 만든다.
  ㉡ '알지 못함의 자세'에서 나오는 대화적 질문은 가족이 '아직 말하지 못한 것'을 말해도 괜찮다는 안전함을 느끼는 시작점을 만들 수 있으며 가족이 지닌 정서적·내면적 차원의 억압을 제거할 수 있다.
③ '알지 못함의 자세'에 도움이 되는 의사소통 기술

• 치료자의 비언어적 행동	• '과정'에 대한 주목
• 내담자가 사용하는 핵심용어의 반복	• 칭찬
• 침묵의 활용	• 내담자의 지각에 대한 확인
• 내담자의 비언어적 행동 주목	• 내담자의 초점 돌리기
• 치료자의 자기개방	• '해결중심적 대화'의 확대

2 치료기법: 해결지향적 질문 2006, 2008, 2009, 2012, 2013, 2014, 2015, 2015특시 2018, 2020, 2022 기출

상담 전 변화에 관한 질문	• **기본가정**: 변화란 불가피하며 계속적으로 일어난다. • **정의**: pre-session change question. 내담자가 상담을 약속한 후 상담소에 오기까지 경험한 변화에 대해 알아보는 질문 방법이다. • **효과**: 내담자가 긍정적 변화를 만들기 위해 이미 시도해 본 것들을 유도하고, 일깨울 수 있다. 상담 전 변화가 있는 경우, 내담자가 이미 보여 준 해결 능력을 인정하고 칭찬하여 확대할 수 있도록 격려한다. **질문**: (저희가 경험한 바로는) 처음 상담을 신청했을 때와 상담을 받으러 오시는 사이에 어려운 상황이 좀 나아진 사람들이 많았습니다. 혹시 그런 변화를 경험하셨습니까?
예외질문 2008, 2012, 2022 기출	• **정의**: exception-finding question. 내담자가 문제로 생각하고 있는 행동이 일어나지 않는 상황이나 행동에 대한 질문 방법을 말한다. • **기본원리**: 정상적인 것에 관심을 두며, 예외적인 것을 탐색하여 인정과 의미를 부여. 내담자가 가지고 있는 자원을 활용하여 해결책 구축에 초점을 맞춘다. • **가정**: 모든 사람들이 많은 강점과 성공적인 경험을 갖고 있다. 문제가 발생할 때가 있고 발생하지 않을 때가 있다. • **적용**: 관계를 형성할 때 내담자가 건강한 측면에 관하여 표현하도록 강점에 대하여 질문하며 진행한다. 어느 정도 파악이 되면 구체적으로 예외적인 것에 관한 탐색을 시작한다. 매회 사용. 첫 회 이후 면담부터는 성장하고 변화한 것을 탐색하는 데 초점을 둔다. 예외적인 일이 더 자주 일어나기 위해 무슨 일을 해야 하는지 질문을 한다. • **치료적 효과**: 내담자는 이를 통해 인지하지 못했던 예외를 찾아내고 그것을 계속 강조하면서 내담자의 성공을 확대하고 강화한다. 내담자가 가지고 있는 자원이 활용되게 하여 내담자의 자아존중감을 강화할 수 있다. **질문**: 최근 분쟁가 일어나지 않은 때는 언제였습니까? 문제가 해결된다면 어떻게 알 수 있겠습니까? 문제가 일어나는 때와 그렇지 않을 때의 차이점은 무엇인가요? 문제가 조금이라도 나아진 때에 대해 말씀해 주세요.
기적질문 2006, 2008, 2018 기출	• **정의**: miracle question. 문제 자체를 제거하거나 감소시키지 않고 문제와 떨어져서 해결책을 상상하게 하는 질문이다. • **목적**: 내담자가 변화의 가능성에 대해 제한없이 자유롭게 생각할 수 있게 한다. 내담자가 과거와 현재의 문제에서 벗어나 좀더 만족스러운 삶을 살 수 있는 미래로 관심을 돌리게 한다. • **사용시점**: 내담자 스스로 문제가 절대로 변화하지 않을 것으로 믿으며 희망이 없다고 볼 때, 성공적인 경험이 없고 강점이 없다고 생각하고 문제중심적인 대화가 계속될 때, 미래에 대하여 부정적으로 생각하여 목표설정이 어려운 경우. • **효과**: 변화하기 원하는 것을 스스로 발견하게 하고 문제에 대한 집착으로 벗어나게 한다. 내담자가 바꾸고 싶어 하는 것을 스스로 설명하게 하여 문제에 대한 집착에서 벗어나 해결중심 영역으로 들어가게 한다. • **주의점**: "어떻게 달라질까요?", "기적의 표시는 무엇일까요?"와 같이 미래에 관한 질문. 기적이 "일어났을 때"를 가정하고 질문한다. • **강조점**: 예외적인 것을 발견하도록 돕는 것이다. 긍정적인 장면을 상상하도록 하여 목표를 설정한다. 상담목표를 설정하기까지 상담초기에 사용한다. 상담과정에서 반복적으로 사용하지 않는다. 내담자의 기적 상황이 추상적이거나 모호하며 비현실적일 때 이를 구체적이고 행동적이며 작은 것으로 바꾸어 줄 수 있어야 한다. **질문**: "만약 기적이 일어나서 문제가 하루아침에 해결된다면 문제가 해결되었다는 것을 어떻게 알 수 있을까요? 그리고 무엇이 다를까요?" 기적이 일어나면 선생님의 기분이 나아진다고 하셨는데 부인께서는 무엇을 보면 선생님의 기분이 나아진 것을 알 수 있을까요? 기적이 일어나면 남편은 부인의 어떤 점이 달라졌다고 할까요?

척도질문 📖 2009, 2013, 2020 기출	• **정의**: scaling question. 숫자를 사용하여 내담자에게 문제의 심각성, 문제해결에 대한 희망, 자아존중감, 변화에 대한 확신, 변화하기 위한 의지, 문제가 해결된 정도 등을 표현하도록 하는 질문 방법이다. • **방법**: 1점부터 10점까지의 척도 위에 내담자가 인식하는 문제의 정도, 해결 가능성, 상담의 진전 정도를 숫자로 표시하도록 질문한다. • **목적**: 내담자가 해결책 구축과 관련된 정보를 좀더 제공하고 변화에 대한 동기를 강화하고, 다음 단계로 발전하기 위해 무엇을 해야 할지 탐색하는 것이다. 숫자를 사용하여 내담자가 현실적이며 구체적으로 생각을 정리한다. 점수의 근거를 구체적인 행동으로 제시한다. 자신이 구체적 기대와 목표, 성장과 변화의 상태를 확인할 수 있도록 돕는 것이다. 막연했던 생각을 명확하게 한다. 내담자가 자신의 성장과정을 발견하고 인정하도록 한다. 질문과 응답에 집중하고 협동하도록 이끈다. • **효과**: 정서적으로 힘든 상황에 있는 사람들이 미래를 향해 나아갈 수 있도록 한다. 현재의 상태를 유지할 수 있는 힘과 자원이 자신에게 있다는 사실을 인식하도록 한다. 이 질문을 통해 치료자는 내담자의 문제해결에 대한 태도를 더욱 정확하게 알 수 있으며, 내담자의 변화를 격려하고 강화해 주는 사람과 상황에 대한 구체적인 정보도 얻을 수 있다. • **유용하게 활용 가능한 부분**: 문제의 심각한 정도를 사정할 때, 상담목표의 성취 정도를 측정할 때, 결과를 구체적으로 평가할 때. • **주의할 점**: '오늘, 지난주, 지난달과 같이' 시간을 제한해 준다. 현재와 미래에 초점을 두고, 과거에는 관심을 적게 둔다. **질문** 1부터 10까지의 척도에서 1은 문제가 가장 심각할 때이고 10은 문제가 다 해결된 상태라고 하면 지금은 몇 점입니까? 4점에서 5점으로 올라간다면 무엇이 달라질까요? 지금의 4의 상태는 0의 상태와 무엇이 다릅니까? 무엇을 보면 '아 이제 내가 원하는 8점이구나' 하실까요?
대처질문 📖 2012, 2015 특시 기출	• **정의**: coping question. 치료자는 내담자의 문제나 증상에 대한 대처 방식을 질문함으로써 내담자로 하여금 그의 신념 체계와 무력감에 대항하는 동시에 일종의 성공을 느끼게 할 수 있는 질문 방법이다. • **사용 대상**: 자신의 미래를 매우 절망적으로 보아 아무런 희망이 없다고 하는 내담자에게 주로 사용. • **방법**: 내담자가 어려움과 위기를 어떻게 극복하고 생존해 왔는지, 희망을 버리지 않고 유지해 올 수 있었는지에 관하여 질문하는 동시에 생존능력을 인정하고 간접적으로 칭찬하는 것. • **목적**: 이 질문의 의도는 내담자 자신이 대처 방안의 기술을 갖고 있음을 깨닫게 하는 것. 대처 방안에 대한 질문을 통해 치료자는 내담자의 신념 체계와 무력감에 대항하는 동시에 내담자에게 일종의 성공을 느끼게 할 수 있다. 내담자가 어려운 상황에서 견디어 내고 더 나빠지지 않은 것을 강조한다. 위기에서 살아남기 위해 대처해 온 방법을 발견할 수 있다. • **효과**: 내담자가 의식하지 못하고 있는 생존능력, 대처능력, 의지력과 책임감 등의 강점을 발견하여 지적하고 인정하며 새로운 가치를 부여한다. 내담자가 자신감과 능력을 회복하고 긍정적인 자아상을 갖도록 돕는다. **질문** 어머님은 그 어려운 상황 속에서 어떻게 지금까지 견딜 수 있었지요? 어떻게 상황이 더 나빠지지 않을 수 있었나요? 계속 술을 마시는 것이 어떻게 도움이 되었습니까?
관계성질문 📖 2012, 2015 기출	• **정의**: relationship question 내담자와 중요한 관계에 있는 사람들이 갖고 있는 생각, 의견, 지각 등에 대해 묻는 질문 방법이다. • **효과**: 내담자는 자신의 입장에서 자신을 보다가 중요한 타인의 눈으로 보게 되면 이전에는 없었던 가능성을 만들어낼 수 있다. 사람이 자신의 희망, 힘, 한계, 가능성 등을 지각하는 방식은 자신에게 중요한 타인이 자신을 어떻게 볼 것이라는 생각과 관련이 있기 때문이다. **질문** 선생님의 부인이 지금 이 자리에 계시다고 가정하고 제가 그분에게 선생님의 문제가 해결되면 무엇이 달라지겠느냐고 묻는다면 그분은 뭐라고 말할까요? 지금 이 자리에 남편이 있다면, 남편은 결혼생활을 지속하고 싶은 정도를 몇 점이라고 할까요? 부인께서 보시기에 남편은 자신에게 가장 도움이 되는 것은 무엇이라고 말할 것 같습니까?

악몽질문 2020 기출	• 정의: nightmare question. 내담자에게 뭔가 더 나쁜 일이 일어나야만 현재와 다른 무엇을 하려고 하거나 문제에서 벗어날 수 있을 것으로 생각될 때 하는 (역설적) 질문 방법이다. 기적질문과 유사하나 유일하게 문제중심적 질문이다. • 적용시점: 목적설정을 위한 상담 전 변화에 대한 질문, 예외질문, 기적질문 등이 효과가 없을 때 이 질문을 사용할 수 있다. • 주의할 점: 역설적인 질문이므로, 상담관계가 잘 형성된 내담자에게 적용을 하는 등 보다 신중을 기하여 사용해야 한다. 질문: 오늘 밤에 잠자리에 들었다고 가정해 봅시다. 한밤중에 악몽을 꾸었어요. 오늘 여기에 가져온 모든 문제가 갑자기 더 많이 나빠진 거예요. 이것이 바로 악몽이겠죠. 그런데 이 악몽이 정말로 온 거예요. 내일 아침에 무엇을 보면 악몽 같은 인생을 살고 있다는 것을 알겠습니까?
간접적인 칭찬 '어떻게 그렇게 할 수 있었습니까?'	• 정의: 내담자의 어떤 측면이 긍정적이라는 것을 암시하는 질문 방법이다. • 효과: 내담자로 하여금 자신의 강점이나 자원을 스스로 발견하도록 하므로 직접적인 칭찬보다 더 효과적이다. 질문: 그렇게 하는 것이 부인에게 좋다는 것을 어떻게 알게 되셨나요? 만약 아이들이 여기에 있어 제가 자녀들에게 어머니가 좋은 엄마가 되기 위해 무엇을 했느냐고 묻는다면, 자녀들은 뭐라고 대답할까요?
'그 외에 또 무엇이 있습니까' 질문	• 정의: 예외를 더 발견하고, 장점, 자원, 성공적 경험 등 긍정적인 측면을 더 이끌어내려는 질문 방법이다. 질문: 뭐가 더 있을까요? 또 다른 좋은 생각이 뭘까요? 이전에 얘기한 것과 연결해 보면 또 뭐가 있을까요? 어떻게 해서 그렇게 하도록 마음먹게 됐나요?

[2018년 기출]

다음은 전문상담교사가 슬기(중1, 여)를 상담하고 나서 작성한 축어록의 일부이다. 해결중심상담이론에 근거하여 밑줄 친 부분에서 사용한 기법의 명칭을 쓰고, 이 기법의 사용 목적 3가지를 사례와 연결지어 서술하시오.

슬 기: 저는 반에서 왕따예요. 반 친구들이 전부 저를 싫어해요.
상담교사: 친구들이 널 싫어한다는 느낌을 받고 있구나. 많이 힘들고 외롭겠다. 혹시 초등학교 때 친구들과 친하게 지냈던 적이 있었니?
슬 기: 없었어요. 초등학교 때부터 저는 늘 왕따였어요.
상담교사: 친구들과 친해지기 위해 뭔가를 해봤을 것 같은데, 그동안 어떤 노력들을 해보았니?
슬 기: 노력해봤자 아무 소용없어요. 이건 제 문제가 아니고요, 배려심 없는 친구들이 문제예요.
…(중략)…
상담교사: 이번 상담의 목표를 정했으면 하는데, 오늘 상담을 통해 네가 어떻게 달라졌으면 좋겠니?
슬 기: 제가 달라질 수 있을까요? 초딩 때부터 왕따였는데요. 늘 혼자 다니는 게 힘들지만 이젠 익숙해져서 괜찮아요. 이 상태에서 벗어나기 어려울 거예요.
상담교사: 왕따 당하는 시간이 오래 지속되다 보니 친구들과 관계가 좋아질 수 있을 거라는 기대를 하지 못하는구나. <u>슬기야, 내가 조금 색다른 질문을 해 볼게. 슬기가 오늘 여기에서 상담을 끝낸 후, 보통 때처럼 시간을 보내고 잠자리에 들었지. 슬기가 잠든 사이에 신기한 일이 일어나서 네가 고민하던 문제가 해결 되었어. 슬기가 잠든 사이에 그 일이 일어났기 때문에 그 일이 일어난 줄도 몰랐어. 아침에 눈을 떴을 때 무엇을 보면 원하는 일이 일어났다는 것을 알아차릴 수 있을까?</u>
슬 기: 음…… 친구들과 함께 놀이공원에 가서 재미있게 노는 거요. 함께 수다도 떨고, 맛있는 아이스크림도 사 먹고요.

(1) 정석적인 첫 회기 과제 기법(formula first session task, FFST)
① 상담자가 내담자에게 첫 회기와 둘째 회기 사이에 해 오도록 부과하는 숙제의 형식이다.
② "지금부터 다음 번 만날 때까지 당신의 가족, 생활, 결혼생활, 인간관계에서 일어난 일 중에서 계속되었으면 하는 일을 저에게 말할 수 있도록 관찰해 오세요."
③ 두 번째 회기에서 내담자는 무엇을 관찰했으며, 미래에 어떤 일이 생겼으면 좋겠는지에 대한 질문을 받는다.
④ 변화는 발생 여부의 문제가 아니라 언제 일어나는가의 문제가 된다. 드 세이저에 따르면 이 중재는 내담자의 현재와 미래 상황에 대한 낙관과 희망을 증가시키는 경향이 있다. 이 기법은 과거의 문제보다 미래의 해결책을 강조한다.
⑤ 내담자 자신의 현재 관심사, 관점, 이야기에 관한 표현의 기회를 가진 후 사용될 수 있으며 내담자들이 변화를 지시받기 전에 이해받고 있다고 느끼는 것이 중요하다.
⑥ 내담자와 치료자 간의 관계유형에 따라 다르게 제시한다.

> - **방문형**: 내담자가 자신이 처한 어려운 상황에서도 자신에게 도움이 되기 위해 상담을 받으러 온 것에 대해 칭찬을 하고 다음 상담에 오도록 격려한다.
> - **불평형**: 관찰 또는 생각 과제를 내준다.
> - **고객형**: 행동과제

(2) 상담자의 피드백(치료적 피드백 - 메시지) 2008 기출
① **정의**: 내담자가 자신의 목표 획득의 기회를 증가시키기 위해 어떤 것을 더 하고 어떻게 달리 행동해야 하는지를 말해 주는 것이다.
② **구성**: 칭찬(compliment), 연결문(bridge), 과제(task)로 구성.
③ **방법**: 치료자는 5분 정도 휴식시간을 가지면서 상담 내용을 정리하도록 하며 칭찬과 과제를 준비하여 메시지를 전달한다.
④ 휴식시간이 갖는 이점
  ㉠ 내담자에게 전해야 할 피드백 가운데 어떤 것이 가장 유익한 것인가를 보다 정확하게 알 수 있는 시간적 여유를 가질 수 있다.
  ㉡ 치료자가 내담자와의 면담 과정에서 문제의 흐름 속에서 자신도 모르게 합류하게 되거나, 내담자의 상호작용이 바람직하지 못할 때 휴식시간을 통하여 좀더 객관적으로 생각할 수 있다.
  ㉢ 휴식시간을 통해 치료자는 자신의 치료적인 관점이나 갑자기 떠오른 생각들을 잘 정리할 수 있다. 특히 관찰실에 있는 치료자는 내담자의 감정에 직접 휘말리지 않기 때문에 객관적인 견해를 면담한 치료자와 함께 나눌 수 있다.
  ㉣ 내담자는 휴식시간에 자신이 한 말을 한 번 더 생각해 볼 수 있고, 면담 중에서 제기된 질문에 한 번 더 생각할 수 있다.
⑤ **메시지 작성**: 피드백 메시지 내용은 칭찬과 더불어 치료자가 내담자의 문제나 변화되기 원하는 것들을 기초로 작성한다.
  ㉠ 메시지 내용의 4가지 목적

> - **교육적인 것**: 치료자는 내담자에게 때로는 교육적인 메시지를 전달할 수 있다. 부모가 자녀양육으로 어려움을 겪고 있다면 바람직한 자녀양육법에 관한 정보와 지식을 전달한다. 내담자가 자신의 처지나 해결에 관한 다른 관점을 가질 수 있도록 한다.
> - **정상화시키기**: 내담자 가족이 겪고 있는 상황이나 어려움은 누구나 다 겪을 수 있는 상황이라고 정상화시키는 메시지를 줌으로써 내담자의 입장을 긍정적으로 느끼며 자신의 노력을 인정할 수 있도록 한다.

- 대안적 의미: 메시지는 현재 발생하고 있는 문제에 대하여 다른 의미를 제공해 줄 수 있는 내용이 될 수 있다. 문제에 대한 재정의나 긍정적인 관점으로 재해석해 줄 수 있다.
- 과제에 대한 이론적 근거: 내담자에게 과제를 수행할 수 있도록 과제에 대한 이론적 근거를 메시지에 전달한다. 내담자가 해결과정에서 많은 것들을 자발적으로 할 수 있다고 한다면 계속 더 잘할 수 있도록 과제와 근거를 부여한다. 해결을 위한 변화 동기가 아직 약하다면 내담자에게 관찰하고 통찰할 수 있는 기회를 줌으로써 좀더 변화된 상황에 대하여 설명하도록 한다.

ⓒ 메시지 작성의 효과

- 이미 실행한 것 가운데 성공적인 것은 지속적으로 할 수 있도록 한다.
- 내담자의 상황이나 해결에 관하여 다른 관점을 가지게 한다.
- 문제해결을 촉진하도록 내담자에게 용기와 동기를 부여한다.

⑥ 메시지 작성의 구체적인 내용

칭찬	• 방법: 내담자가 효과적인 해결을 이끌어낸 이미 한 행동에 대한 진심어린 지지. 판에 박히거나 기계적인 방식이 아닌 강점과 성공으로 목표를 성취할 수 있다는 희망을 일으키고 기대를 전달하는 격려의 형태이다. • 효과: 기분이 상승하며, 해결을 위한 동기부여가 강해지며, 좀더 적극성을 보이게 된다.	
연결문 (중개)	• 칭찬과 다음에 주어질 제안을 연결. 칭찬 다음에 나오는 제안이나 과제와 연결시켜 주는 것으로 치료자가 제안을 하게 된 근거를 제공한다.	
과제 (제안)	〈과제 유형〉	
	관찰 또는 생각과제	단순히 자기 생활의 어떤 측면에 주의를 기울여 보라고 하는 것. 내담자에게 뭔가 좋아질 때 차이점, 특히 자신의 생각, 느낌, 행동 방식의 차이에 주목하도록 도움
	행동과제	내담자가 해결책을 찾는 데 도움이 될 것으로 생각되는 어떤 것을 하도록 하는 것

(3) 종결

① 만족스러운 해결책을 세울 수 있을 때 치료관계는 종결한다.
② 내담자가 이미 만들어 낸 변화를 미래에도 지속하기 위해 해야 할 일을 확인하도록 돕는다. 내담자는 자신이 이뤄 낸 변화를 유지하는 과정에서 맞닥뜨릴 수 있는 장애물이나 지각된 장벽을 확인하도록 도움을 받을 수도 있다.

[2008년 기출]

다음은 상담교사가 해결중심 가족상담에서 한 회기를 마무리하며 어떤 기법을 적용한 사례이다. 물음에 답하시오.

㉮ 나는 두 분이 자녀와의 갈등을 해결하기 위해 열심히 노력하신 것을 높이 평가합니다. 두 분께서 자녀에게 적극적으로 공감해 주시고, 나-전달법을 실천하신 것이 좋은 효과를 나타내고 있다고 생각합니다. 특히 주말 저녁에 한 시간씩 가족 화목시간을 갖기로 한 두 분의 결정에 큰 감명을 받았습니다.
…(중략)…
이러한 노력이 자녀와의 갈등 해결에 더 도움이 되려면 이제 '결과 경험시키기'를 적용할 필요가 있다고 생각합니다. 따라서 ㉯ 다음 회기까지 자녀의 문제 행동에 대해 '자연적 결과 경험시키기'와 '논리적 결과 경험시키기'를 각각 2회씩 실시해 보고, 그 효과와 문제점을 생각해 오시기 바랍니다.

- 이 기법의 명칭을 쓰시오. _____
- ㉮, ㉯에 해당하는 이 기법의 구성 요소를 쓰시오.
  ㉮ _____ ㉯ _____

[2015년 기출]

다음은 전문상담교사인 정 교사가 민수(중1, 남)의 가족상담을 진행한 축어록의 일부이다. 전문상담교사가 사용한 질문기법을 해결중심 가족치료와 전략적 가족치료에서 각각 무엇이라고 하는지 그 명칭을 순서대로 쓰시오.

정 교사: 민수야, 어머니가 여기 오신 목적이 뭐라고 생각하니?
민　수: 학교에 잘 다니게 하려고요. 제가 자꾸 학교를 빠져서요…….
정 교사: 그럼, 네가 학교에 가지 않을 때는 어머니가 어떻게 하시니?
민　수: 걱정은 하지만 먹을 것도 챙겨 주시고 집에서 같이 놀아주세요.
정 교사: 그렇구나. 그럼 어머니, 어머니께서 그렇게 민수가 원하는 대로 해 주시는 것을 마음에 들어 하지 않는 사람은 누구죠?
어머니: 민수 아버지요…….
정 교사: 민수 아버지께서 지금 이 자리에 계신다면 뭐라고 말씀하실까요?
…(중략)…
정 교사: 민수야, 학교에 가지 않는 너를 보면 아버지의 마음이 어떠실 것 같니?
민　수: 화가 엄청 많이 나시겠죠.
…(중략)…
정 교사: 민수야, 엄마와 아빠가 싸우신 뒤에는 어떻게 하시니?
민　수: 엄마가 제 방에서 주무세요.

11 이야기 가족상담

1 이론적 배경 및 전제

- 1980년대 후반 이야기치료(narrative therapy)의 대표적인 학자인, 오스트레일리아의 마이클 화이트(Michael White)와 뉴질랜드에 있는 데이비드 엡스턴(David Epston)이 있는데 이들의 공동 노력으로 이야기 치료는 1980년 이후, 미국을 중심으로 부상하기 시작했다.
- 이야기치료는 포스트모더니즘적인 세계관을 배경으로 하는데 마이클 화이트는 자신의 사상을 후기구조주의(post-structuralism)라고 표현하기도 했다.

1 포스트모더니즘의 이야기 상담치료에의 적용

(1) 현실을 사회적 구성으로 받아들인다. 현실은 우리가 사용하는 언어로 만들어지는 것이며 이야기를 통해 확장된다. 모든 이론과 모든 사상체계는 단지 이야기라고 볼 수 있다.

(2) 절대적 진리로 주장할 수 있는 이론은 존재하지 않는다. 어떤 한 부류의 지식이 다른 지식보다 더 우월함을 주장하는 것은 용납되지 않는다. 이는 치료자의 이론이 내담자의 이야기에 비해 우위를 차지하지 못하며, 내담자가 가지고 오는 이야기를 있는 그대로 들어야 한다는 것을 의미한다. 결과적으로 치료자는 전문가로서 '알고자 하는 자세' 혹은 '알지 못한다'는 입장(a position of not-knowing)을 고수해야 한다.

(3) 이야기는 우리 삶의 각본(life script)과 같아서 우리가 자신을 바라보는 방식이나 다른 사람들과 관계하는 방식을 규정해준다. 그러나 이 각본은 한 사람이 혼자 작성하는 것이 아니라 언어와 사회, 문화, 관습, 신념들과 밀접하게 결탁되어져 있다.

2 이야기치료의 기본전제

인간은 능동적 행위자	• 인간은 자신에게 일어나는 삶의 사건을 해석하고 그에 대해 의미를 부여하는 데 적극적으로 참여하는 존재다.
이야기는 삶 자체	• 삶의 이야기는 개인의 삶을 반영하는 도구이자 개인의 삶 자체를 만들어 내고 나아가 개인의 정체성을 이룬다. 사람은 자신이 경험한 사건 가운데 자신의 논리적 가정에 근거하여 특정한 것을 선택하고 그것에 의미를 부여한다. 특정한 사건을 이야기할 때는 시간적 순서에 따라 특정한 주제를 염두에 두고 줄거리를 만들어 이야기한다.
경험은 사회문화적 산물	• 개인의 경험은 동일해 보이는 것이라도 그 개인의 사회문화적 위치(성, 인종 등)에 따라 그 의미가 달리 해석되므로, 각자의 경험은 독특한 것이 된다. 이야기치료에서는 문제의 외재화 작업을 통해 문제를 형성하는 데 기여하는 사회문화적 영향을 해체하는 데 주력한다.
삶은 복합적인 이야기	• 인생은 여러 겹으로 구성되어 있고 여러 가지 이야기로 이루어져 있으며, 복합적인 목적을 가진다. 이야기치료에서는 그 동안 망각되고 간과되어 온 개인의 삶의 지식과 기술을 찾아낸다. 나아가 내담자가 선호하는 이야기가 무엇이며 그 이야기 속에 깃든 삶의 목적이 무엇인지 질문하는 과정을 통해 긍정적인 이야기를 발전시켜 나간다.

개인과 문제는 별개	• 문제가 되는 것은 문제를 갖고 있는 개인이 아니라 문제 그 자체다. 문제는 문화와 역사의 산물이기 때문에, 문제를 갖고 있는 개인과 별개로 혹은 그 개인의 정체성과 분리하여 생각해야 한다. 이야기치료는 외재화작업을 통해 개인과 문제 사이를 분리하여 내담자가 자신과 문제 사이의 관계를 재조명하고 수정할 수 있는 기회를 준다.
지향 상태는 인간 삶의 방향	• 개인이 삶에서 지향하는 바는 그 개인의 의도, 목적, 희망, 가치, 꿈, 헌신의 대상을 살펴봄으로써 알 수 있다. 개인은 이러한 지향상태, 목적의식에 따라 행동하며 그 행동은 다시 목적의식을 강화하는 이 같은 과정을 거치면서 자신의 정체성을 만들어간다. 이야기치료는 가족으로 하여금 목적의식과 희망을 드러내고 그것을 반영하는 사건이나 행동을 밝혀내도록 도와 개인과 가족의 정체성이 재구성되는 계기를 마련토록 한다.

2 치료목표 및 치료과정

1 치료목표

내담자 가족 스스로가 자신들이 선호하는 방향으로 자기 가족 이야기를 써나갈 수 있다.

(1) 사람들이 문제에 빠져 있는 이야기를 버리고 자신에게 힘과 만족을 주는 새로운 대안적 정체성을 갖게 하며, 대안적 이야기를 지니게 하는 것이다.

(2) 문제 중심의 지배적 이야기로부터 사람들을 분리하는 것이다. 즉 빈약한 결론(이야기)에서 벗어나 독특한 결과에서 시작되는 풍부한 결론(이야기)를 서술해간다.

(3) 이야기를 바꾸어 가는 과정을 시작함으로써 자연스럽게 자신의 삶에 대한 변화를 모색하게 하는 것이다.

(4) 억압적인 문화적 장악으로부터 해방시키고 능력을 부여하여 자신의 삶에 대해 책임지는 적극적인 주체자가 되도록 돕는 것이다.

2 치료과정

(1) 문제의 경청과 해체, 부수적 이야기 구축, 대안이야기 구축, 대안정체성 구축 순으로 치료과정이 이어진다.

(2) 치료의 시작은 내담자의 정체성과 문제를 분리하고, 문제의 내력과 문제형성의 사회적 맥락을 탐색하는 데서 출발한다.

(3) 문제에 이름을 붙여 객관화한다. 그리고 문제에 그것의 영향력을 탐구하여 해체하는 작업을 한다.

(4) 독특한 결과를 발견하도록 돕는다. 문제에서 벗어난 긍정적인 사건에 초점을 맞춰 대안적 이야기 개발의 초석을 마련한다.

(5) 대안적 이야기를 찾는다. 대안적 이야기에 이름을 붙이고, 지배적 이야기와 대안적 이야기를 비교하면서 선택과 평가의 준거로 삼는다.

(6) 대안적 이야기를 굳힌다. 대안적 이야기를 굳힐 수 있도록, 편지쓰기, 정의예식, 치료적 문서 활용 등을 할 수 있다.

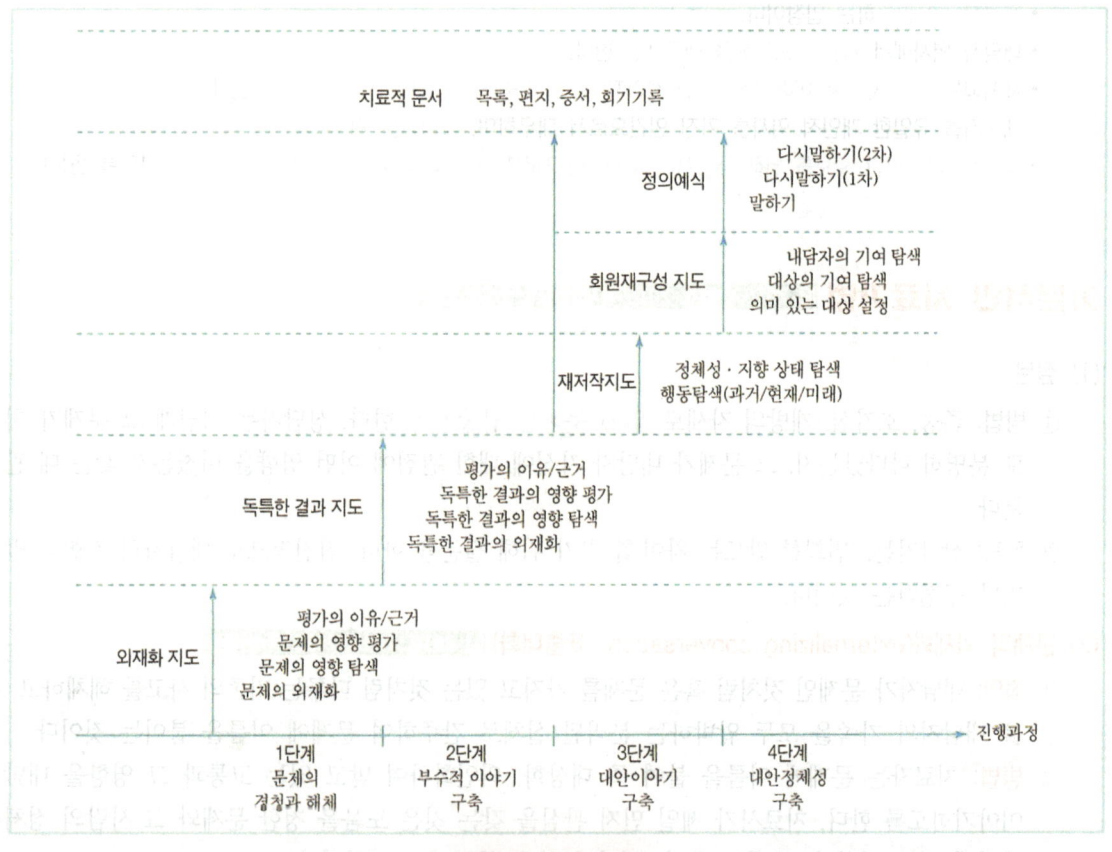

이야기치료의 과정

3 치료자 역할 및 치료기법

1 치료자의 역할

치료자는 내담자가 그들의 과거를 다시 그리고, 그들의 미래를 다시 쓰도록 돕는 역할을 한다. 화이트(White, 2201)에 의하면 치료자는 '탈중심적이고 영향력 있는(decentered and influential)' 위치를 고수해야 한다고 한다.

(1) '탈중심적': 치료자가 전문적 이론이나 지식보다는 내담 가족이 제시하는 이야기나 삶의 지식과 기술에 우선순위를 두어야 함을 뜻한다.

(2) '영향력 있는': 질문과 반영을 통해 가족이 대안적 인생이야기를 좀더 풍부하게 이야기하고, 그간 삶에서 간과되었던 영역으로 발을 들여놓고 탐색하며, 새롭게 발견한 삶의 지식과 기술 가운데 현재의 문제, 곤경, 우려를 다루는 데 적절한 것에 가족 스스로가 친숙해지도록 돕는다는 의미다.

- 협력적으로 경청하는 입장이다.
- 내담자 역사에서 자원이 풍부했을 때를 탐색한다.
- 제시되는 어떤 새로운 이야기에도 강제적이지 않고, 존중하는 접근으로 질문을 사용한다.
- 내담자를 유일한 개인적 역사를 가진 인간으로서 대우하며, 진단명을 제시하지 않는다.
- 대안적 삶의 공간 확보를 위해 내담자가 내재화한 지배적인 문화적 이야기로부터 그들을 분리하도록 돕는다.

2 기본적인 치료기법 2010, 2014, 2015 특시, 2018, 2022 기출

(1) 질문
① **방법**: 존중, 호기심, 개방의 자세로 '알지 못하는 입장에서' 한다. 상담자는 어떻게 그 문제가 처음으로 분명히 나타났는지, 그 문제가 내담자 자신에 대한 관점에 어떤 영향을 미쳤는지 찾는 데 관심을 둔다.
② **목표**: 상담자는, '변화를 만드는 차이'를 찾기 위해 질문을 한다. 점진적으로 내담자의 경험을 발견하거나 구성하는 것이다.

(2) 문제의 외재화(externalizing conversation, 표출대화) 2010, 2012, 2015 특시 기출
① **정의**: 내담자가 문제인 것처럼 혹은 문제를 가지고 있는 것처럼 다루는 기존의 사고를 해체하고, 문제를 내담자와 가족을 모두 압박하는 분리된 실체로 간주하여 문제에 이름을 붙이는 것이다.
② **방법**: 치료자는 문제에 이름을 붙여 즉 대상화, 의인화하여 받고 있는 고통과 그 영향을 내담자가 이야기하도록 한다. 치료사가 제일 먼저 관심을 갖는 것은 도움을 청한 문제와 그 사람의 정체성을 분리해 내는 것이다. 문제는 주어, 내담자 삶은 목적어로 표현된다.
③ **효과**
  ㉠ 죄의식과 비난을 줄인다. 즉 표출대화를 통해 내담자는 자신이나 가족을 더 이상 문제의 원인 제공자로 보거나 문제와 관련하여 죄의식을 가지는 것을 그치게 된다.
  ㉡ 그 동안 문제가 가리고 있어서 보이지 않았던 자신의 건강한 면을 보게 된다.
  ㉢ 가족들이 문제라고 하는 공동의 적과 싸우기 위해 연합하게 된다.

> **＋ 문제의 외재화의 예**
>
> 브랜든은 아내가 그를 부당하게 평가했을 때 매우 화가 난다고 말했다. "나는 막 열이 났어요! 나는 속이 터졌고, 피가 거꾸로 솟았고, 모두 엎어버리고 싶었어요. 이후에 후회했지만 너무 늦었어요. 나는 다시 혼란스러웠어요."
> - **외재화하는 질문**: "화를 통해서 무엇을 얻으려 했고 그것을 실제로 얻었나요?", "화는 당신에게 어떻게 작용했나요? 그리고 당신이 몹시 화를 내도록 어떻게 당신을 속였나요?", "화는 당신에게 무엇을 요구했나요? 그리고 당신이 그 요구를 들어주었을 때 당신에게 무슨 일이 일어났나요?"

(3) 독특한 결과(unique outcome) 2010, 2015 특시, 2022 기출
① **정의**: 독특한 결과는 지배적인 이야기 밖에 존재하고 있는 이전에 도외시된 삶의 경험 중에서 자신에게 매우 중요한 경험들을 일컫는 말이다. 지배적인 이야기를 해체하는 대안적인 이야기를 만드는 재료를 발굴 할 수 있다고 본다.
② **방법**: 아무리 작더라도 영웅적인 삽화들에 중점을 둠으로써 그리고 그것들을 개인이나 가족사에 관련을 지음으로써, 전경과 배경을 전도시키는 새로운 이야기가 등장하는 것이다.

③ 효과: 독특한 결과들은 대항책을, 사건들을 구성할 새롭고 더 큰 힘을 부여하는 방법들을 위한 여지를 개방해 준다.

> **+ 독특한 결과의 예**
> "분노가 당신을 점거하려 들지만 당신은 그렇게 허용하지 않았던 때를 기억할 수 있습니까? 어떻게 그렇게 하였지요?"

(4) **입장 지도의 진술서(statement of position map)**: 치료자가 상담 치료 중에 택할 수 있는 질문의 방향을 제시하기 위해 입장지도(position map)라고 이름 붙인 일종의 질문 지침을 제안한다.
  ① 1단계: 이름 붙이기. 문제, 독특한 결과, 해결 방식에 대한 이름 붙이기
  ② 2단계: 영향력 찾아보기. 문제의 영향력, 독특한 결과의 영향력, 해결 방식의 영향력 찾아보기
  ③ 3단계: 영향력 평가하기. 내담자는 이 영향력을 그의 삶에서 긍정적으로 보는가? 아니면 부정적으로 보는가? 이것은 그의 삶에서 바람직한 것인가? 아니면 원하지 않는 것인가?
  ④ 4단계: 입장 취하기(평가에 대한 정당화). 만일 영향력이 긍정적이라면 왜 긍정적으로 보는가? 부정적이라면 왜 부정적으로 보는가?

(5) **재저작(reauthoring)** 📖 2010 기출
  ① 정의: 내담자 삶의 이야기를 다시 쓰는 작업이다. 독특한 결과에서 시작이 된다.
  ② 방법: 지배적 이야기가 해체된 후에는 독특한 결과들을 둘러싸고 있는 사건들의 의미를 파악하고 그것을 가능하게 해준 과거의 조건들을 찾아간다. 그러면 새로운 자기 이야기가 구체화되기 시작하면서, 내담자 혹은 가족이 새로운 이야기에 적합할 다가올 변화들을 그려보도록 청한다. 이를 바탕으로 치료사는 초점을 미래로 옮긴다. 이 질문들은 가족구성원이 공동으로 참가하는 미래의 희뭉친 그림을 지지해 준다. 그러면 이야기는 과거, 현재, 미래를 갖게 되고 완전한 새로운 이야기가 만들어지게 된다.
  ③ 치료자의 역할
    ㉠ 독특한 사건에 대한 입장 지도: 이야기의 뼈대를 구성하게 한다.
    ㉡ 재저작 대화 지도(reauthoring conversations map): 예외(독특한 사건)를 이야기로 완성되도록 행위의 관점을 찾기 위한 질문을 한다.

(6) **새로운 이야기 강화하기** 📖 2010 기출
  ① 정의: 새로운 이야기는 치료과정에서 구축될 수 있으나 그 유지는 그것을 지지하는 공동체와 관련을 맺음으로써 가능하다. 내담자들이 새롭게 생성되기 시작하는 정체성을 양육하고 강화할 집단을 만들거나 지지자인 청중을 찾아 새로운 이야기를 지지받게 한다.
  ② 방법: 외부증인집단(청중), 회원재구성(re-membering), 정의예식(definitional ceremony), 치료적 문서활용 등

[2010 기출]

다음은 전문상담교사가 영미(중2, 여)를 면담한 내용이다. 영미에게 적용할 이야기치료(Narrative Therapy) 기법과 예시적 반응으로 적절하게 묶이지 않은 것은?

> 영미 아버지는 사업 관계로 주말에만 집에 오시는데 그 때마다 동생보다는 영미만을 간섭하고 꾸중한다고 한다. 그리고 돈 문제로 부모가 자주 싸우는데 부모가 헤어지지 않게 하려면 자신이 공부를 잘해야 한다고 생각하고 있다. 학교에서 여자 친구들과는 말이 통하지 않고 남자 친구들에게서는 돼지라는 놀림을 받고 있다. 방학 때 비만관리 프로그램에 참여하여 10kg을 줄였으나 식욕을 억제하지 못하고 있다. 이러한 문제로 영미는 요즘 우울하고 죽고 싶다는 생각이 들 때도 있다.

① 문제의 외재화: "우울한 기분과 죽고 싶다는 생각이 영미를 사로잡고 있네요."
② 독특한 결과 찾아내기: "영미의 우울한 기분과 죽고 싶다는 생각이 다 해결되면 어떤 일이 일어날까요?"
③ 새로운 이야기의 강화: "죽고 싶다는 생각이 영미를 통제한 것은 언제였고, 영미가 그 생각을 통제한 것은 언제였나요?"
④ 재진술을 통한 이야기의 풍부화: "영미가 계속 우울해하고 죽음을 생각한다면 그런 생각이 영미의 미래에 어떤 영향을 줄까요?"
⑤ 전체 이야기 다시 쓰기: "체중도 줄이고 공부도 더 잘하고 싶다는 영미의 희망에 비추어 볼 때 영미는 어떤 방식의 삶을 추구하는 사람이라고 할 수 있을까요?"

[2022년 기출]

다음은 현수(가명, 중1, 남)의 상담사례에 대한 전문상담교사들의 동료 수퍼비전 내용의 일부이다. (가)의 괄호 안의 ㉠에 해당하는 상담교사의 예외질문 내용을 쓰고, 괄호 안의 ㉡에 해당하는 기법의 명칭을 쓰시오.

(가)

현 수: 답답하니까… 그냥 게임할 때가 제일 좋아요. 게임할 땐 아무 생각도 안 나거든요. 그래서 맨날 게임만 하는 거죠 뭐.
상담교사: "(㉠   )"
현 수: 음… 생각 안 해 봤는데요. 그래도 엄마가 설거지 도와달라고 하면 어쩔 수 없이 게임을 그만두고 밖으로 나가긴 하는 거 같아요. 엄마는 맨날 나밖에 없다고 하시거든요.

(나)

김 교사: 이 축어록에서 가장 인상적인 것은 상담교사의 질문으로 보입니다. 해결중심 관점에서 볼 때, 이 질문을 통해 현수는 그동안 자기가 맨날 게임만 한다고 생각해 오다가 자신을 새롭게 보게 된 것 같거든요.
이 교사: 네, 저도 그 부분이 가장 중요하다고 생각했는데요. 그 질문을 이야기치료의 관점에서 보자면, (㉡)(이)라고도 볼 수 있을 것 같습니다. 현수는 그동안 엄마의 설거지를 도우러 잠깐 게임을 멈췄던 게 별거 아니라고 생각하고 무심코 지나쳐 버렸는데 그 질문 후에 자기 행동을 다르게 보게 된 것 같았어요.

3 치료과정에 적용된 치료기법

(1) 문제의 경청과 해체: 외재화 대화(지도)

해체하기	• 내방한 가족은 좌절, 절망, 슬픔 속에서 '문제로 가득 찬 이야기'를 시작한다. 구성원들은 잘못이 자신의 일부라고 생각하면서 스스로에게 책임을 돌린다. • 내담자의 문제는 대인관계, 나아가 더 큰 사회문화적 맥락 속에서 구성되는 것이기 때문에 문제를 해결하기 위해 문제가 발생한 맥락에 대한 이해가 선행되어야 한다. • 치료자는 문제라고 생각되는 것이 어디서 온 건지, 문제를 키우는 좀더 광범위한 문화적 신념, 생각, 관습에는 어떤 것이 있는지 질문함으로써 사람이 문제가 아니라 문제가 문제임을 인식하는 단계로 이끈다.
문제이야기를 경청하고 외재화하기 (문제의 외재화)	• 치료자는 문제를 내담자와 분리하고 객관화하기 위해 내담자와 함께 문제에 이름을 붙이고 의인화하는 작업을 수행한다. 이를 '외재화(externalization)' 혹은 '문제표출'이라 한다. • 문제의 이름은 내담자의 경험과 일치해야 하며 문제에 이름을 붙이는 과정에는 내담자가 능동적으로 참여해야 한다. 〈예1〉 내담자의 내재화된 대화: 나는 우울한 사람이에요. 일에 전혀 의욕이 없어요. → 상담자의 표출된(외재화된) 대화: 우울이 당신의 의욕을 빼앗아 가 버렸군요. 〈예2〉 내담자의 내재화된 대화: 우리는 언제나 말다툼으로 대화를 끝내게 되죠. → 상담자의 표출된(외재화된) 대화: 말다툼은 당신들의 대화를 막아버리는군요.
문제의 영향을 탐색하기 (문제의 영향 탐색)	• 문제의 맥락, 즉 문제가 내담자의 삶(부부관계, 부모자녀관계, 직장동료관계, 학교생활, 친구관계 등)에 이제까지 어떤 영향을 끼쳐 왔으며, 현재는 어떠한지 질문한다. • 문제를 키우는 좀 더 광범위한 문화적 신념, 생각, 관습에는 어떤 것이 있는지 질문한다. • 문제가 삶의 목적과 희망, 꿈, 열망, 가치에 어떤 영향을 미치고 있는지, 미래 가능성에 어떤 영향을 미치고 있는지 질문한다. 아들이 갖고 있는 '말썽'을 보면서 아버지로서 자신에 대해 어떤 생각이 드나요? 우리 눈에 보이지는 않지만 '폭력'이 존재하도록 하는 숨은 힘(문화, 관습)은 어디에서 오는 걸까요?
문제의 영향에 대한 자기 입장을 정리하기 (문제의 영향 평가)	• 문제가 끼치는 영향력에 대해 내담자가 어떻게 생각하고 있는지 내담자의 입장을 질문한다. 어떻게 느끼세요? 그에 대해 어떤 입장인가요? 그런 상황이 긍정적인가요, 부정적인가요, 아니면 둘 다인가요, 그 중간인가요?
자기 입장에 대한 이유를 설명하기 (평가의 이유/근거)	• 어떤 이유 또는 근거에서 이런 평가를 내렸는지 질문한다. • 이 질문을 통해 내담자는 삶과 자신의 정체성에 대해 원하는 바를 표현하게 된다. 이는 가족이 처음에 제시했던 부정적인 문제나 결론과는 상반된 것이다. 괜찮지 않은 이유가 뭐지요? 그런 입장을 갖고 있는 이유가 뭐지요? 당신의 인생 경험 가운데 제가 그런 입장을 이해하는 데 도움이 될 수 있는 이야기를 한 가지만 해 주시겠습니까? • 가족은 계속 지배적인 이야기에 눌려 지낼 것인지 좀더 풍부한 이야기를 전적으로 수용하게 될 것인지 결정하게 된다. • 내담자는 문제에 대해 전과는 다른 입장을 취하기는 하나 혼란스럽고 고통스럽게 여기며 시기상조라고 생각하는 경향이 있다. 치료자는 전과 다른 행동이 어떤 결과를 가져오게 될지에 관해 내담자와 함께 구체적으로 탐색한다. 어떻게 그렇게 빨리 이런 (긍정적) 결론을 내리게 되었나요? 이런 생각이 정말 맞는다는 걸 보여 줄 수 있는 일이 혹시 있나요?

(2) 독특한 결과를 조명하는 대화: 부수적 이야기 구축(독특한 결과 지도)
① 문제 해체 과정에서 도출된 독특한 결과에 가족 스스로가 의미 부여할 수 있도록 한다.
② 입장I과 동일한 논리로 진행되나, 여기서는 문제 대신 내담자가 원하는 긍정적인 삶의 모습을 담은 독특한 결과에 초점을 두게 된다.

가족의 독특한 결과를 경청하기 📝 2022 기출	• 내담자가 문제의 흥망성쇠에 어떤 영향을 끼쳐 왔는지 질문한다. • 내담자가 아주 미미하게라도 문제를 통제할 수 있었던 때, 혹은 이와 비슷한 문제를 만족할 만한 수준으로 처리할 수 있었던 때를 기억하도록 하고, 그에 관해 자세히 설명하도록 한다. • 내담자가 자신의 경험을 풍부하게 설명하는 가운데 그런 기억이 튀어나올 때를 기다려, 그때 그 기억에 좀더 구체적인 사항을 탐색한다. • 문제로 가득 찬 지배적 이야기와 상반되는 일화를 일컬어 독특한 결과라 한다. (　　　　)문제가 평소보다 나쁘지 않았던 때가 있었나요? (　　　　)문제와 직면하면서 당신이 더 강하다고 느꼈던 때는 언제입니까?
독특한 결과 외재화하기	• 독특한 결과에 이름이나 제목을 붙임으로써 독특한 결과를 재정의한다. • 독특한 결과의 대상은 행동, 가치, 목적, 사회적 관습 등 제한이 없다. 문제: 무력감과 손을 잡다 → 독특한 결과: 무력감으로부터 내 삶을 되찾다.
독특한 결과의 영향력 탐색하기	• 독특한 결과, 예외, 문제해결기술이 삶 전반에 어떤 영향을 미쳤는지 탐색한다. • 그 성격과 발생 상황은 무엇인지, 그런 상황이 어떤 점에서 문제이야기에 들어맞지 않는지에 관해 질문한다. • 치료자의 질문은 이제 과거와 현재를 비롯하여 미래에 대한 가족의 느낌, 행동, 생각으로 점점 확장된다. • 독특한 결과를 목격한 사람, 가족 주변에 있는 중요한 사람들이 이를 어떻게 생각할지 추측해 보도록 질문을 던진다. • 가족은 자신의 경험에 대해 폭넓은 시각을 가지게 되고, 좀더 풍부한 이야기를 쓰게 되며, 예상치 못했던 계기를 통해 자신들이 바라는 변화의 근거를 발전시키게 된다. 두 분 사이를 가로막고 있는 거리감이 좋아하지 않는 것은 무엇인가요? 거리감이 두 분이 함께 장 보러 가는 것을 목격했다면 어떤 느낌이 들까요? 그 일이 두 분에게 어떤 의미가 있나요? 평범한 경험인가요, 색다른 경험인가요? 자녀들이 그 일을 알게 되면 뭐라고 할까요?
독특한 결과의 영향에 대한 자기 입장을 정리하기 (독특한 결과의 영향 평가)	• 독특한 결과의 중요성을 내담자가 쉽게 인식하도록 하기 위해서는 앞 단계에서 그 사건의 배경이나 장애요인을 충분히 탐색하여 그 의미가 축소되지 않도록 해야 한다. 두 분이 함께 장 보러 가는 일이 두 분에게 괜찮은 일인가요, 별로 좋지 않은 일인가요? 이 일에 대해 어떻게 느끼세요? 어떤 입장인가요?
자기 입장에 대한 이유를 설명하기 (평가의 이유/근거)	• 어떤 이유, 근거에서 위와 같은 평가를 내렸는지 질문한다. 괜찮거나 괜찮지 않은 이유가 뭐지요? 어떻게 해서 그런 입장을 갖게 되었나요? 제가 그런 입장을 이해할 수 있도록 과거의 경험을 하나 이야기해 주겠어요?

[2015년 기출]

다음은 전문상담교사가 연희(고1,여)와 연희 어머니를 화이트와 엡스턴(M.White & D.Epston)의 이야기치료 관점에서 상담한 내용의 일부이다. 밑줄 친 ㉠, ㉡에 해당하는 기법의 명칭을 순서로 쓰시오.

〈학부모 상담〉

어 머 니: 우리 연희는 숙제를 자꾸 미루기만 하는 게으른 아이라 걱정이에요. 연희 때문에 너무 속상해요.
상담교사: 그럼, 연희와 어머니 사이를 괴롭히는 그 문제에 이름을 한번 붙여 본다면 뭐라고 할 수 있을까요?
어 머 니: 글쎄요. 아무래도 미루는 행동이 제일 큰 문제죠.
상담교사: ㉠ 네, 그러니까 '미루는 행동'이 연희와 어머니 사이에 갈등을 일으키게 만들었나 보네요. 어머니와 연희를 힘들게 하는 '미루는 행동'이 어머니의 삶에 어떤 영향을 주고 있나요?

〈학생 상담〉

연　　희: 엄마는 제가 항상 숙제를 미루니까 저 보고 게으른 아이래요.
상담교사: ㉡ 연희야, 네가 숙제를 미루지 않을 때는 어떤 경우니? 네가 숙제를 미루지 않고 했던 적이 있는지 생각해 보고 그 일에 대해 자세히 얘기해 볼래?
연　　희: 매번 같은데요 뭐. 음…. 그러니까 어쩌다가 엄마가 집에 계실 때는 좀 나은 것 같기도 하고요…….
상담교사: 그렇구나. 그럼, 그 얘기를 좀 더 해 보면 좋겠구나.

(3) 대안적 이야기의 구축: 재저작지도

① 재저작작업의 방법

- 내담자의 삶의 이야기를 다시 쓰는 작업으로 독특한 결과에서 출발한다.
- 독특한 결과와 관련 있는 과거 사건을 찾아내고 사건들이 순서에 따라 시간의 흐름 속에서 특정한 주제와 구성을 갖는 이야기로 발전시킨다.
- 이를 통해 현재 곤경의 돌파구나 미래 행보에 관해 이야기하게 한다.

② 재저작 대화(재저작 작업, reauthoring)

㉠ 정의: 내담자의 독특한 결과(관심 밖에 있던 삶의 사건이나 행동)에 의한 이야기를 과거, 현재, 미래를 넘나들면서 새로운 이야기를 구성해가는 것이다. 재저작 대화가 진행되면 빈약했던 이야기가 대안적 이야기로서 그 구성이 복잡하게 발전하며 분명한 제목을 가진 풍부한 이야기가 된다.

㉡ 효과: 독특한 결과의 사건을 새롭게 조망하고 그 행동 속에 담긴 자신이 지향하는 바를 새롭게 인식하게 한다. 빈약했던 이야기를 풍부하게 발전시킨다.

㉢ 방법: 치료자는 독특한 결과와 관련하여 행동과 정체성의 두 가지 영역에서 무슨 일이 일어났고, 그것이 어떻게 일어났으며, 또 그것이 무슨 의미를 갖고 있는지에 관해 대화를 나누고자 과거, 현재, 미래를 넘나들고 정체성 영역과 행동 영역을 오가면서 여러 가지 질문을 던지게 된다.

- 이야기의 '행동 영역': 여러 개의 사건이 특정한 주제 하에 시간순으로 배열된, 소위 이야기에 해당하는 영역이다.
- 이야기의 '정체성 영역': 개인적 자질이나 특성에서 개인의 소신이나 헌신하는 바에 이르는 다양한 형태의 목적의식 혹은 지향이 존재하는 영역이다.

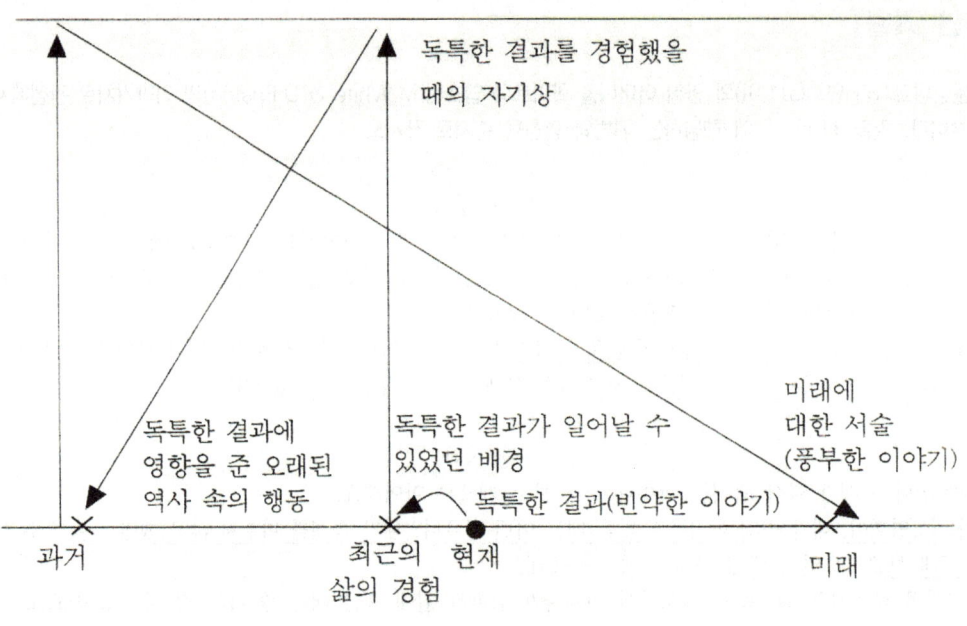

재저작 대화의 과정

행동영역의 질문	• 이야기는 주제나 줄거리에 따라 순서대로 엮인 사건이므로, 치료자는 질의하는 자세로 언제, 어디서, 누가, 무엇을 어떻게 했는가에 초점을 두고 매우 구체적으로 질문을 한다. • '왜' 질문은 정체성 영역에 해당하는 질문이다. ( )와 같은 독특한 결과를 한 것이 이번이 처음인가요, 전에도 이런 일이 있었나요? 늘 하던 일인가요, 아주 특이한 일인가요? 어떻게 된 일인지 설명해 주겠어요? 제일 먼저 어떤 일이 있었죠? 그 뒤에 어떤 일이 있었어요? 어떻게 이런 일이 생길 수 있었던 것 같아요? 당신이 앞서 한 일 가운데 결과가 이렇게 되는 데 관련이 있었던 일이 있나요?
정체성 영역의 질문	• 내담자의 삶의 지향이나 목적, 중시하는 가치나 신념, 희망이나 꿈, 삶의 원칙, 헌신하는 것 등에 대해 다음과 같은 질문을 해볼 수 있다. 그때 어떤 생각을 하고 있었지요? 그런 일(독특한 결과)을 좀더 쉽게 하는 데 도움이 되었던 생각이 있었는지요? 어떤 기대나 바람을 갖고 그런 일(독특한 결과)을 했지요? ( )와 같은 독특한 결과에 비추어 보았을 때, 당신은 삶에서 어떤 것(가치)을 중요시한다고 할 수 있을까요? 무엇을 중요시했기에 이런 행동을 하게 되었나요? 그런 희망이나 꿈에 비추어 볼 때, 당신은 어떤 삶을 중요시하는 사람이라고 할 수 있을까요?

(4) 대안적 정체성의 구축: 회원재구성 2012 논술형, 2018 기출

이 단계에서 치료자는 가족구성원이 이제 막 쓰기 시작한, 자신들의 과거, 현재, 미래에 관해 좀더 풍부한 이야기를 계속해서 써 나가고 확장시킬 수 있도록 그 과정을 촉진시킨다.

① 회원재구성(re-membering) 2012, 2018 기출
  ㉠ 정의: 화이트는 인생을 회원으로 구성된 클럽으로 보고, 인생클럽 회원과의 관계 속에서 생산된 다양한 삶의 정체성, 삶의 지식과 기술 가운데 내담자가 선호하는 버전을 풍부하게 기술하게 하여, 자신의 정체성을 갖출 수 있다고 보았다.

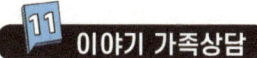

- ⓛ 목적: 회원재구성 대화는 수동적 회상이 아니라 내담자 인생에서 의미 있는 정체성이나 인물과 의도적인 만남을 갖기 위해서다.
  - 예 여기에는 이미 세상을 떠났거나 연락이 두절된 친척이나 친구는 물론, 단 한 번의 기회였으나 내담자의 삶에 중요한 긍정적인 영향을 준 낯선 사람, 애완동물이나 어린 시절 장난감 등이 모두 포함된다.
- ⓒ 방법: 회원재구성 대화는 특정 회원을 우대하거나 그 자격을 해지하는 일, 등급을 올리거나 내리는 일, 특정 의견을 존중하거나 무시하는 일 등의 방법으로 이루어진다.
  - 의미있는 대상의 기여 탐색하기

    > - (의미있는 대상)이 내담자 삶에 어떻게 기여했는지 설명한다.
    > - 내담자에게 정체성 의식이 형성되는 데 이 관계가 어떠한 역할을 했는지에 관해 풍부하게 설명한다.

  - 내담자의 기여 탐색하기

    > - 내담자가 (의미있는 대상)의 삶에 어떻게 기여했는지 설명한다.
    > - 내담자가 그 대상의 입장이 되어 (의미있는 대상)에게 정체성 의식이 형성되는 데 이 관계가 어떠한 역할을 했는지 풍부하게 설명한다.

- ⓔ 효과
  - 인생클럽의 회원을 정비할 수 있는 기회를 제공받음을 통해 선호하는 버전의 이야기로 기술할 수 있다.
  - 회원과의 관계를 기술하고 재정비하는 가운데 자신의 정체성을 구축할 수 있다.
  - 그들이 원하는 방식내로 행동할 수 있게 지지체계를 제공해준다.

[2018년 기출]

다음은 전문상담교사가 수지(중1, 여)와 엄마를 대상으로 이야기 치료이론을 적용하여 상담하고 나서 작성한 축어록의 일부이다. 밑줄 친 부분은 이 이론의 기법 중 1가지를 적용한 것이다. 이 기법의 명칭을 쓰시오.

> 수　　지: 집에 혼자 있는 게 싫어요. 엄마가 식당일 하시느라 밤 11시가 되어야 들어오시니 고민이 있어도 도움을 청할 수가 없어요.
> 엄　　마: 수지야, 미안해. 나도 혼자 있는 네가 늘 걱정스러워. (상담교사를 바라보며) 작년에 수지 아빠가 갑자기 세상을 떠난 후 혼자 아이를 키우다 보니 늦게까지 일해야 해요. 수지에게 늘 미안하지요.
> 상담교사: 어머님도 수지도 힘든 시간을 보내고 계시군요. 두 분의 마음이 전해져서 저도 마음이 뭉클해지네요.
> …(중략)…
> 상담교사: <u>어머님! 그동안 많이 힘드셨을 텐데 수지와 함께 꿋꿋하게 살아오셨군요. 그런데 이처럼 힘든 상황을 버틸 수 있게 해 주는 힘이 무엇인지요?</u>
> 엄　　마: 수지 아빠에요. 지금은 우리 곁에 없지만, 우리 부부는 수지와 함께 행복한 가정을 만들어 보자는 말을 자주 했어요. 지금도 힘들 때면 수지 아빠랑 상상 속의 대화를 나누곤 해요.
> 수　　지: (울먹거리며) 난 엄마가 슬퍼할까봐 아빠 이야기를 하지 않았는데……. 나도 아빠가 많이 보고 싶어.
> 상담교사: 수지도 아빠가 많이 그립구나. 아빠가 너에게 준 사랑을 어떤 느낌으로 기억하고 있는지 말해 보렴.
> …(중략)…
> 상담교사: 수지야, 아빠에게 수지는 어떤 딸이었을까?
> 수　　지: 귀염둥이 공주? 아빠는 절 공주라고 불렀어요. 아빠는 자기가 한 일 중에 절 낳은 게 제일 자랑스럽다고 말하셨어요.
> 상담교사: 아빠에겐 수지가 최고의 보물이었구나.
> …(중략)…
> 상담교사: 어머님과 함께했던 시간들이 아버님에게는 어떤 영향을 미쳤을까요?
> 엄　　마: 짧은 생을 행복하게 해 주었다? 생전에 저에게 결혼 해줘서 고맙다는 말을 자주 했었어요
> …(중략)…
> 상담교사: 오늘 상담에 대한 소감을 말해 보실래요?
> 수　　지: 아빠가 절 소중히 여기셨던 것처럼 저도 저 자신을 소중히 여기고 사랑해야겠어요.
> 엄　　마: 요즘 많이 힘들었는데 남편으로부터 위로를 받은 느낌이에요. 수지와 함께 행복한 가정을 만들어 보자던 그 약속, 꼭 지켜 나갈 거에요.

(5) 대안적 정체성의 구축: 정의예식과 외부증인집단

① **정의예식(Definitional Ceremony)** 2014 기출
   ㉠ **정의**: 말하기와 다시말하기를 예식의 주인공과 외부증인, 즉 청중이 교대로 실시하는 구조로 이루어져 있다.
   ㉡ **효과**: 이야기치료에서는 정체성이 사회적으로 정의된다는 입장을 갖고 있기 때문에, 치료 과정에 정의예식이라는 의식을 도입하여 내담자가 자신이 선호하는 삶의 이야기를 청중 앞에서 사회적으로 인정받는 경험을 갖도록 한다.

② **외부증인집단**
   ㉠ **구성원**: 치료자집단(반영팀)이나 내담자의 인생클럽 회원이 될 수도 있고, 경우에 따라 지역사회 관련자를 청중으로 모집하기도 한다. 그들은 치료실에서 청중의 역할을 하기도 하고, 내담자의 가정이나 직장을 방문하여 내담자 이야기의 청중이 되기도 한다.

ⓒ 역할: '외부 증인'이 된 사람은 내담자의 이야기나 내담자에 대한 자신의 경험과 관련하여 다시말하기를 하게 되는데, 여기서의 목적은 공명, 즉 내담자의 '말하기'에 나타난 대안적 이야기가 증인 자신의 삶에 어떠한 의미를 주었는가를 말해 줌으로써 내담자의 대안적 이야기를 인정해주는 데 있다.

③ 정의예식 절차

말하기	• 예식의 주인공이 자신의 삶과 관련하여 자신이 선호하는 이야기(정체성)를 외부증인에게 말한다. 그 동안 외부증인은 청중의 입장이 되어 그 이야기를 듣기만 한다.	
다시말하기 (1차 다시말하기)	• 외부증인은 내담자 이야기 가운데 특히 인상 깊었던 부분에 초점을 두고, 다음 순서에 따라 다시 말하기를 실시한다. • 이러한 과정은 치료자가 외부증인을 면접하는 방식으로 실시될 수도 있고, 외부증인이 면접자 없이 다음 지침에 따라 스스로 말하기도 한다.	
	특정 부분 주목하기	• 예식 주인공의 이야기를 듣는 가운데 당신의 관심을 끌었던 표현은 어떤 것입니까? • 방금 들은 이야기 중에 인상 깊었던 단어, 표현, 장면은 어떤 것인가요?
	이미지 설명하기	• 주인공의 삶의 목적, 가치, 신념, 희망, 꿈, 헌신의 대상 등과 관련하여 이 표현을 듣고 어떤 이미지를 떠올렸습니까? • 주인공이 무엇을 중시하거나 지향한다는 짐작을 할 수 있을까요?
	공명하기	• 그 부분이 특히 인상적이었던 이유가 있을까요? 당신의 개인적 경험과 어떤 연관이 있나요? • 당신의 삶이나 일과 관련하여 그 표현이 왜 당신의 관심을 끌었는지 설명해 줄 수 있는 부분이 있습니까?
	지점 이동을 인정하기	• 이 대화를 하면서 새롭게 든 생각이나 깨달음이 있을까요? 혹시 어떤 다른 가능성이 생겼을까요? • 삶에 대한 그 같은 표현을 현장에서 목격하면서 이전과는 다른 지점에 와 있는데 그 위치가 이전의 위치와 어떻게 다릅니까? • 이 경험으로 인해 당신은 어디에 서게 되었습니까? • 그 표현을 목격함으로써 또 그 이야기에 응답함으로써 당신이 예전의 당신과 어떻게 다른 사람이 되었습니까?
다시말하기의 다시말하기 (2차 다시말하기)	• 일반적으로 예식의 주인공이 말하게 된다. 1차 말하기의 방법에 따라 실시한다.	
다시말하기의 다시말하기의 다시말하기 (3차 다시말하기)	• 일반적으로 외부증인이 말하게 된다. 1차 말하기 방법에 따라 실시된다.	

[2014년 기출]

다음은 전문상담교사가 화이트(M. White)의 이야기치료를 적용하여 선모(고1, 남)와 어머니를 상담한 축어록의 일부이다. 지문에서 나타난 과정 전체를 포괄하는 기법의 명칭을 쓰시오.

상담교사: 선모야, 어머니가 말한 것 중에 네 관심을 끈 이야기가 있니?
선   모: (침묵) 태권도 이야기……. 중학교 때는 여러 가지 운동을 했어요.
상담교사: 엄마는 네가 운동을 많이 해서 다른 아이들보다 힘이 세다는 말씀을 하셨지. 난 네가 운동을 해서 기른 힘을 어디에 썼는지 궁금해.
선   모: (침묵)
상담교사: 선모는 운동을 하면서 얻은 힘을 좋은 일에도 나쁜 일에도 썼을 것 같은데…….
선   모: 태권도장에서 산동네에 연탄 나르기 봉사를 했어요. 우리가 자꾸 싸우니까 관장님이 힘은 좋은 일에 써야 한다며 우리에게 시켰어요. 그 때부터 걔들하고 많이 친해졌어요.
상담교사: 그렇구나, 이번 일이 학교 친구들과 많이 친해질 수 있는 계기가 될 수 있겠구나.
선   모: (어색해 하면서) 친해진 않을 것 같지만, 나는 학교에서 조용히 지내고 싶어요. 애들이 날 건드리니까 자꾸 싸우게 돼요. 참았어야 했는데…….
상담교사: 어머님, 선모와 제 이야기를 들으면서 어떤 이야기에 관심이 끌리셨나요?
어 머 니: '참아야 했는데'라는 말이에요. 선모에게 이런 마음이 있는 줄 몰랐어요.
상담교사: 이 말에 관심을 가진 특별한 이유가 있으신가요?
어 머 니: 선모가 어렸을 때부터 덩치는 컸지만 아이들에게 맞고 들어오는 적이 많아서 태권도장을 보내면서 참지 말라고 야단을 쳤어요. (침묵) 어쩌면 선모는 더 참을 수 있었는데 제가 자꾸 참지 말라고 한 것 같아요.
상담교사: 선모는 어릴 때부터 엄마의 말씀에 순종하려고 노력한 아이였군요. 선모가 어머니 말씀을 잘 듣는 게 어머니에게 어떤 영향을 주었나요?

… (중략) …

상담교사: 선모야, 지금까지 엄마와 나눈 이야기를 들으면서, 네 자신에 대해 새롭게 알게 된 부분은 어떤 게 있니?

(6) 대안적 정체성의 구축: 치료적 문서의 활용

① 편지쓰기

㉠ 정의: 치료사가 내담자가 정체성을 강화할 수 있도록 새로운 이야기를 강화하기 위한 편지를 쓰는 것.

㉡ 방법: 내담자의 독특한 결과를 강조하면서 내담자 삶에서 발견된 '반짝이는 상황'들과 탄력성, 여기까지 올 수 있게 만든 내담자의 강점 등에 집중함으로써 내담자로 하여금 그들의 삶을 다른 시각으로 보도록 돕는다.

㉢ 치료적 의미: 단순한 편지를 의미하는 것이 아니라 내담자에 대한 정보나 기록, 치료과정의 요약이다. 치료사들은 문서화 작업을 통해 치료과정에서는 집중하지 못했던 그들의 자기만족적인 작은 목소리를 찾을 수 있다.

㉣ 내담자에게 미치는 치료적 효과
- 내담자가 강점을 발견하게 하고, 자신의 삶에 대해 다른 시각을 갖게 한다.
- 이야기치료에서의 문서화는 내담자가 자신들의 이야기에 계속적으로 초점을 맞출 수 있게 돕고, 치료사가 던지는 질문을 통해서 이야기들을 서로 연결하고 풍부하게 만들어가는 작용을 한다.

- 편지쓰기를 통해 이야기가 재진술이 된다.

> 첫째, 내담자가 자신의 삶에 문제에 대해 잠재되어 있는 가능성을 발견하고 자신의 경험을 재평가하게 한다.
> 둘째, 치료자는 '나는 당신을 지켜보고 믿고 있다'는 메시지가 전달되므로 내담자는 자신의 이야기가 인정받는 경험을 한다.
> 셋째, 편지에는 내담자가 직면한 문제와 대처 전략에 대한 기록이 제공되고, 이른바 '질문'으로 불리는 치료적 대화를 촉진하게 한다. 이를 통해 편지의 내용은 단지 이미 나눈 치료적 대화에 국한되지 않고 미래까지 확장된다. 즉 이는 치료자와 내담자의 상호작용 도구가 되며, 이야기와 치료과정을 더 정교하게 보여준다.

ⓔ 치료자에게 미치는 치료적 효과
- 치료사는 한 회기의 이야기에만 집중하는 것이 아니라 연속선상에서 누적되는 이야기들에 집중하게 되고 그것을 서로 연결하고 독특한 결과나 대안적인 이야기들을 찾는 데 능숙해질 수 있다.
- 이야기치료에서의 문서화 작업 중 편지는 치료시간에 무엇에 관한 이야기를 나누었는지 정리하고 특별히 선호하는 이야기를 발전시킬 수 있게 해 준다. 즉, 내담자가 각각의 치료회기를 연결하고 자신의 스토리를 기억하며 잊지 않도록 주지시켜 준다.

② 가족 평화를 위한 문서

> **+ 가족 평화를 위한 문서의 예**
>
> 앤더슨 가의 모든 식구들은 싸움과 언쟁이 그들을 갈라놓고 너무 오랫동안 문제를 야기해 왔음에 동의한다. 앤더슨 가는 그들이 원하는 가족 평화를 지속적으로 키우기를 원한다. 이 문서에 서명한 가족들은 다음과 같은 것들에 동의한다.
> TV를 시청하는 동안에 협조와 분배를 한다. 각 구성원은 다른 가족에게 문의하여 대다수의 가족들이 시청하기 원하는 프로그램이 무엇인지 고른다. 첫 번 선택을 얻지 못하게 된 가족원은 떼를 쓰거나 울거나 하지 않고 나중에 볼 수 있도록 원하는 프로그램을 비디오로 녹화해 놓도록 협상한다.
> 집안일을 처리하는 명부를 동의한 대로 잘 따르기로 한다. 가족회의를 하기 전까지는 어느 누구도 이 명부에 대해 토론하지 않기로 한다. (중략)
> 이 문서는 매주 재심의될 것이다.
>
> 서명 .... (가족들)

③ **선언문**: 선언문은 다른 사람들과 그 내용을 나누기 위해 쓰이며, 새로운 이야기에서 보이는 그들의 입장, 헌신, 선호 등을 써넣을 수 있다.

④ **증서**: 증서는 주요한 사건들과 전환점들을 기념하기 위하여 만들어진다. 증서의 제목은 주로 문제에 붙인 이름이나 상담 중에 생겨난 대안적 이야기에 붙인 이름을 사용한다. 해당 증서를 쓰고, 이를 여러 명의 청중들이 사인을 한다.

12 통합적 모델

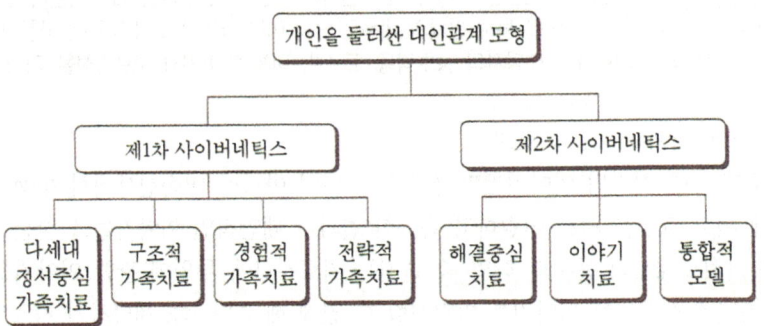

1 정서중심 부부치료

1) 정서중심 부부치료(Emotionally Focused Couples Theraphy: EFT)는 1980년대 말에 존슨(S.Johnson)과 그린버그(L.Greenberg)에 의해 개발되었는데, 1990년대에 접어들면서 정서에 대한 관심이 커지면서 더욱 발전하였다. 그들은 변화는 부부가 안전한 환경에서 서로에게 정서를 표현할 수 있을 때 일어난다고 보았다
2) 이들 접근은 개인의 애착과 연관된 정서반응을 통해 자신의 경험을 처리하는 방식에 초점을 둔 내적인 측면과 부부의 상호작용 패턴이라는 대인관계적 측면을 모두 고려한다. 즉 체계적 패턴과 자기상이 서로 어떻게 자극하고 영향을 주는지 고려하면서 부부의 경험과 상호작용을 확대시켰다.
3) 그러므로 이 접근은 성인애착 이론, 내적 경험의 변화를 추구하는 경험주의적 접근, 상호작용 패턴의 변화를 추구하는 구조적 체계 이론을 기반으로 한 통합적 접근이라고 할 수 있다.

2 내면가족체계 이론

1 이론적 배경

(1) 내면가족체계 이론(Internal Family Systems Family Theraphy: IFS) 모델은 1980년대 일리노이 대학교에서 슈어츠(R.Schwartz)가 동료들과 함께 만든 통합적 모델이다. 1996년 슈어츠가 노스웨스턴대학교로 자리를 옮기면서 내적인 작업을 배제한 채 가족치료를 하는 것은 불충분하다는 점을 깨닫고 새로운 시도를 한 것이다. 이들은 가족의 범주를 체계를 넘어선 심리 내적 과정과 가족을 둘러싼 환경적 영역까지 넓혀서 생각하였다.

(2) 내면가족체계 모델은 갈등하는 내면의 목소리를 하나의 인격체로 의인화하는 것이다. 슈어츠는 갈등이란 한 개인의 내면적 양극화가 표면으로 드러나 가족 간의 불편한 관계로 바뀌는 것이라고 생각했다. 즉, 다른 사람과 갈등이 있는 사람들은 그들 자신과도 갈등하고 있다는 것이다.

(3) 치료사는 내담자들이 자신 안에 여러 하위인격이 작용한다는 것을 이해하면 그것을 다른 모습으로 시각화하여 진정시키도록 요구하기도 한다. 예를 들어, 자신의 화난 부분을 사나운 동물로 그려내면 그 동물을 달래게 함으로써 화를 진정시킬 수 있다. 이처럼 내면가족체계 모델에서는 사람들의 양극화된 감정반사 행동을 의인화하고 시각화함으로써 두려움이나 분노하는 반사반응을 경험하는 하위인격으로부터 자유로워지도록 돕는다.

2 주요 개념

(1) 이 모델에서는 핵심적 '자기(self)'와 '부분(parts)' 혹은 하위성격으로 구성된 타고난 다차원의 마음을 개념적으로 설명하고 있다. 또한 이러한 내면적 다양성에 체계적 사고를 적용한다. 마음(mind)의 내면적 생태학 내부에는 관계의 네트워크가 있다고 보았다. 내면체계 부분들 간의 관계체계(연합, 양극화, 희생양, 고립 등)가 있으며, 이는 가족의 역동성과 유사하다. 심리 내면 '부분'들은 외부환경으로부터 흡수된 '부담(burdens)' 또는 신념과 감정을 가지고 있다. '부분' 요인들은 일시적인 정서적 상태나 습관적인 사고형태가 아니라 정서, 표현양식, 능력에 대한 태도, 욕구, 세계관을 반영하는 분리되고 독립된 정신체계다.

(2) 인간체계의 3가지 구성 요소(모듈)

'체계(system)'는 어떤 패턴에서 서로 관련되는 부분들의 존재(entity)를 말한다. 인간체계는 개인의 인격에서부터 국가에 이르기까지 모든 것을 포함하고, 신념체계(법률이나 문화적 전통 등) 역시 포함한다. 내면가족체계(IFS)에서 바라본 인간체계는 세 집단으로 구성된다.

① 관리자(managers): 무언가를 안전하게 유지시키기 위해 환경을 관리하는 보호적이고 전략적 관심을 보이는 집단 구성원들이다. 관리자 부분은 보호와 관리의 역할을 담당하는데, 안전이 확보될 때까지 저항하는 의무를 가지고 있다.

② 유배자(exiles): 상처입거나 폭행당했을 때, 관리자들은 그들 자신과 더 큰 체계를 보호하기 위해 이 집단의 구성원들을 감금시켜 유배자가 되도록 한다. 체계에서 가장 예민한 구성원을 포함한다. 유배자 부분은 과거에 상처를 받거나 수치를 당한 경험에서의 상처받은 감정적 기억을 깊이 감추어 두는 역할을 한다.

③ 소방관(firefights): 유배자들이 흥분했을 때, 감정을 막거나 달래려고 하는 집단 구성원들이다. 소방관 부분은 유배자로부터 나오는 감정의 불을 끄기 위해 행동을 취한다. 내면가족체계치료 모델에서는 내담자 자신이 제시한 문제와 연관된 부분들을 구별해 내고 그러한 부분들의 관계를 파악하도록 한다.

(3) 자기(Self): 모든 개인은 손상되지 않은 완전한 '자기' 요인을 내면에 가지고 있으며, 이러한 '자기' 요인은 추상적 개념이 아니라 신체로 충분히 경험되는 것이라고 보았다. 한 개인은 '자기' 요인을 가지고 태어났기 때문에 우리의 신체가 자연의 법칙에 따라 자가치료방법을 아는 것과 마찬가지로, 정서적으로 스스로를 치료하기 위한 고유의 성향을 자기 내면에 가지고 있다고 본다.

(4) 내면가족체계치료는 인간의 내적 갈등을 이해하기 위한 새로운 기법을 개발하고 실제 개인치료, 특히 섭식장애자를 위한 개인 임상장면에서 그 효과가 검증된 모델로서, 가족치료, 집단치료 모두에 효과적으로 적용이 가능하다.

3 인간체계의 각 구성요소별 특징과 증상

(1) 유배자(exiles)의 특징과 증상
① 유배자 부분들은 그들의 고통이나 공포를 두려워하고 숨긴다.
② 고통의 감정에 반응하는 방식은 성급함, 부인, 비난, 혐오감, 주의산만 등이다.
③ 관리자 부분들은 이러한 태도를 받아들이는 것을 배우고 더 어린 집단구성원을 돌봄으로써 '자기'를 구속한다.
④ 이는 많은 사람들이 외상으로 인한 대립에 대단히 취약하도록 만든다. 그들은 고통스러운 사건을 가능한 한 빨리 잊으려고 한다. 즉 그것은 그들의 상처받은 부분들을 의식 밖으로 밀어내는 것을 의미한다. 이런 식으로 외상은 마음의 상처를 증가시킨다. 그들은 상처받은 아이와 비슷하며, 상처받았다는 이유로 거부되고 버려졌다. 그들은 유배자가 되어서 보이지 않는 곳에 버려지고, 추함과 수치심 혹은 죄책감의 부담들로 가려진다.
⑤ 억압받는 다른 집단과 마찬가지로 이 유배자들도 점차 극단적이고 절망적으로 된다. 이들은 감옥을 탈출할 기회를 찾고 그 얘기를 나눈다. 이런 노력으로 그들은 사람들에게 회상이나 악몽 또는 갑자기 고통과 공포를 떠올리게 조장한다. 버려진 아이처럼, 유배자의 다수는 필사적으로 사랑과 관심을 원한다. 그들은 지속적으로 그들을 구제하고 속죄시켜 줄 이를 찾는다.
⑥ 게다가 유배자들은 다른 부분이 맡기를 원치 않는 감정을 수용할 수 있다. 즉 개인의 인생을 운영하는 부분들(관리자들)은 이 유배자들에게 관리적 기능을 방해하는 감정, 예를 들어 두려움, 고통, 수치심 등의 부담을 가지도록 한다.
⑦ 고통과 궁핍의 상태에서 유배자들은 그 사람을 위험에 처하게 한다. 유배자들이 과거에 묶여 내부의 벽에 갇혀 있는 동안에는 현재 일어나는 사건들에 의해 상처를 덜 받게 된다. 유배자들의 출현은 그 사람을 불쾌한 감정에 휩쓸리게 만들 뿐 아니라, 더 나약하고 쉽게 상처받게 만든다.
⑧ 이뿐만 아니라 이 유배자들이 주도권을 잡고 통제할 경우, 그 사람을 위험에 자주 빠뜨렸다. 유배자들은 거부당했던 고통을 치유하고 안전함을 느낄 수 있는 사랑과 보호를 찾기 위해 처음 그들을 거부했던 사람(또는 실제 학대자)과 닮은 속죄자를 찾는다. 종종 이러한 부분들은 실제로 적은 양의 사랑, 수용, 보호를 받기 위해 혹은 구원의 희망을 갖기 위해서 더 많은 강등과 학대를 기꺼이 참고 견딘다. 많은 내담자들이 계속해서 학대하는 관계를 시작하고 또 그 관계에서 어렵게 빠져나오기를 되풀이한다. 그들의 유배자들이 반복적으로 그들을 상처에 노출시킨다.

(2) 관리자(managers)의 특징과 증상
① 관리자들은 유배자들의 탈출을 두려워하며 산다. 그들은 유배자들의 탈출 시도를 활성화하거나 상황, 감정, 감각, 기억을 의식화할 수 있는 상호작용이나 상황을 피하려고 한다. 다른 관리자들은 다른 전략을 택한다. 관리자들은 좋아서가 아니라 그 일이 필요하다고 믿기 때문에 이러한 역할을 하게 된다는 사실을 잊지 말아야 한다.
② 모든 관리자의 주요한 목적이, 유배자를 보호하기 위해 그리고 유배자로부터 체계를 보호하기 위해 유배자를 계속 유배 상태에 놓아두는 것이라는 점이다. 즉 그 목적은 두려운 감정과 생각들이 내부에서 넘쳐 흐르는 것을 막아 체계가 안전한 상태를 유지하도록 하여, 그 개인이 기능적으로 생활할 수 있도록 하는 것이다. 관리자들의 주요 전략은, 통제하기, 위험(예측할 수 없는 상황)에서 항상 벗어나기, 의지하는 사람을 기쁘게 하기 등이며, 유배자의 활성화를 미리 피하는 것이다.

③ 이러한 내적, 외적 통제를 유지하기 위해서, 일부 관리자는 학문적, 직업적, 금전적 성취를 얻도록 동기를 부여하고 그러한 것에 초점을 맞춤으로써 개인에게 외적, 물질적 성공을 제공해 줄 수 있다. 성공은 관계와 선택을 통제할 뿐 아니라, 그 개인의 내적 수치심과 두려움, 그리고 슬픔 혹은 절망에 대해 보상해 줄 수 있다. 과격성과 경직성에 처한 관리자들은 그들의 외부세계를 위험한 것으로 인지하여 다룰 뿐만 아니라, 유배자가 제대로 유배되어 있는지 신경 쓰고, 내적 그리고 외적인 위협으로부터 '자기'를 필사적으로 보호한다.

④ 내담자가 자기 안에 존재하는 '고군분투하는' 관리자, '완벽주의적' 관리자, '찬성을 원하는' 관리자들을 알아갈 때, 그러한 부분들은 종종 자신들의 외로움과 고통을 숨겨야 했던 감정들로 표현된다. 왜냐하면 누군가가 그 개인의 인생을 억압했기 때문이다. 유배자들과 마찬가지로 그들 역시 양육되고 치유되기를 원하지만, 그들은 체계를 위해 자신의 취약성을 감추어야 하고 자신이 희생되어야 한다고 믿는다.

(3) 소방관(firefights)의 특징과 증상

① 관리자들이 최선의 노력을 기울임에도 불구하고 유배자들이 활성화되고 탈출하는 위협이 발생하는 때가 생긴다. 이런 일이 일어나면, 부분들 중 어떤 집단은 그러한 감정이나 자극, 이미지 등을 없애거나 이것들이 나오지 못하게 하려고 즉각적인 행동을 취한다. 알람이 울리면 그들은 소방관이 되어 감정의 불을 끄기 위해 미친 듯이 출동한다. 그들은 방법의 절차에는 크게 신경 쓰지 않고, 유배된 감정에서 개인을 분리시키기 위해, 즉 개인을 돕기 위해 필요한 것은 무엇이든지 한다.

② 소방관들이 쓰는 방법에는 자해, 엄청난 대식, 약물이나 알코올 중독, 지나친 자위행위, 혼잡한 성생활과 같은 정신을 마비시키는 활동들이 포함한다. 소방관은 개인을 철저히 통제하여 그 개인은 해리 혹은 자기 위안 활동에 빠지고 싶은 절박한 충동을 강하게 느끼게 된다. 이러한 소방관들은 개인을 자기 탐닉적이고 요구적(자아도취적)으로 만들고, 다른 사람들보다 자기 자신이 보다 많은 물질을 탐욕스럽게 취하도록 만든다. 때때로 소방관 활동에는 분노의 감각을 마비시켜 보호하는 것, 도벽충동과 도벽탐닉, 자살적 사고나 자살 시도로 고통을 없애려는 것 등이 포함된다.

③ 소방관들이 관리자와 동일한 목표(유배자를 계속 유배된 상태로 놓아두기)를 가지고 있지만, 그들의 역할과 전략은 상당히 다르고 종종 관리자들의 역할, 전략과 상충되기도 한다. 관리자들은 언제나 통제하고 모든 이를 즐겁게 함으로써 유배자가 활동하는 것을 막으려 애쓴다. 관리자들은 종종 아주 이성적이고 계획적이며, 유배자가 유배지에서 나와 활동하는 상황을 예상하고 미리 막는다. 관리자는 소방관들에게 의지하고 도움을 요청하기도 하지만, 소방관들이 개인을 탐욕스럽고 의지력을 약하게 만들고 위험에 빠뜨렸으며 타인에게 무신경하도록 했다는 이유로 소방관들을 경멸하고 공격하기도 한다.

④ 반면, 소방관들은 대개 유배자가 활동한 다음에 반응한다. 소방관들은 그 개인을 통제에서 벗어나게 하고 주위 사람들을 불쾌하게 만든다. 그들은 충동적이며 생각없이 반응한다. 관리자들이 활성화한 유배자들을 쫓아내려 하는 것과는 반대로, 소방관들은 불을 끄는 것처럼 유배자들을 진정시키고 달랠 무언가를 찾는다.

4 치료 원리 및 치료목표

(1) 내면가족체계치료 모델에서는 각 '부분'에 명예를 부여해 준다. 오케스트라의 구성원이 지휘자의 지도하에 전체로서 함께 연주하는 것과 같이 내면가족체계치료 모델에서는 내면체계에 균형과 조화를 가져오기 위해 각 '부분'의 역할을 정중하게 다루어 준다.

(2) 상담자는 내담자 안에 여러 하위인격이 작용한다는 것을 알아차린 후, 내담자로 하여금 자기 안에 있는 다른 모습들을 시각화하여 그려 보도록 하면서 진정시킨다. 내면가족체계치료는 사람들의 양극화된 감정반사행동을 의인화하고 시각화함으로써 두려움이나 분노의 지배에서 풀려나도록 만든다. 그렇게 되면 개인과 가족 문제를 좀 더 효과적으로 해결할 수 있다.

(3) 깊은 상처 때문에 건드릴 수 없을 것 같은 두려운 감정 또는 갈등이 그 사람의 한 부분으로 의인화됨으로써 더 이상 다룰 수 없을 만큼 무서운 것이 아니라 거리를 두면 다룰 수 있는 하나의 문제가 되고, 지금까지 제대로 기능하지 못한 자기(self)의 존재를 신뢰하면서 자기리더십을 발휘하도록 하는 과정을 통하여 갈등을 다루어 나간다.

(4) 치료 기간과 변화의 어려움은 증상의 심각함보다 개인체계 내의 '자기'에 대한 신뢰성이 어느 정도인지와 각 부분들이 얼마나 대립되어 있는지에 달려 있다. 일반적으로 상처가 심각하고 장기화될수록, 그 개인의 체계는 더욱 대립적으로 변하고 자기 리더십에 대한 신뢰는 점점 더 약화된다.

(5) 치료목표: 개인의 내면체계 '부분'들이 '자기' 요인의 지도하에 균형과 조화를 이루도록 하는 것이다.

3 그 외

1 초월적 구조주의 모델

시카고 청소년 연구소의 브루린(D. Breunlin), 슈어츠(R. Schwartz), 막쿤카러(B. Mac Kune-Karrer)가 개발한 것으로 이 접근은 심리내적 과정, 가족구조, 가족 상호작용의 연속, 진화, 문화, 성별이라는 인간 기능의 6개 핵심 영역에 적용되는 통합적 이론초월적 틀을 제공했다.

2 이야기해결모델

에론(J. Eron)과 룬드(T. Lund)가 개발한 모델로, 지나치게 조작적인 치료기법이라고 평가받은 전략적 가족치료의 취약한 부분을 보완하기 위해 가족 스스로가 선호하는 것을 선택하여 해결의 장을 만들어 가는 이야기치료를 통합시킨 것이다.

13 가족 스트레스 관련 이론

1 가족 스트레스

가족스트레스(family stress)는 생활스타일을 만들어갈 때 상황체계로서 가족에게 어떤 자극요인이 더해짐으로써 종래의 생활양식이 혼란을 초래하고 기존의 대처양식이나 문제해결 방식으로는 평형을 유지할 수 없는 위기에 도달하는 상황, 또한 그것을 극복하려는 노력과 결과까지를 포함하는 능동적인 과정을 의미하는 용어이다.

1 가족의 중요성이 약화되는 원인

(1) 사회의 변화와 함께 이전에는 가족의 기능이었던 생식, 성(性), 교육, 오락 등의 여러 기능이 점차 외부로 이양되거나 또는 가족 고유의 기능으로 존재하지 않게 되었다.

(2) 가사 노동의 경감과 함께 자녀 수효의 감소는 필연적으로 주부의 사회 진출뿐만 아니라, 자신들의 활발한 취미 활동을 가능하게 하였다.

(3) 가족은 기능면에서 축소했을 뿐 아니라, 규모에서도 3세대 가족이 줄어들고 30세 이후의 사람들은 형제가 거의 2명 정도로 가족 수가 급격하게 감소하고 있다.

2 가족 갈등의 다양성에 따른 접근법

(1) 가족의 다양한 갈등으로 인해 갖고의 문제행동이나 병리현상을 개인의 문제로 한정하지 않고 가족 전체로서 생각하고 대처하는 것이 중요하며 심리학, 문화인류학, 민속학 등의 관점과도 관련하여 가족을 바라보는 다양한 관점이 필요하게 된다.

(2) 가족의 문제를 바라볼 때는 단순히 지적으로 이해하거나 해석하지 않으면서, 실제 어떤 문제를 가지고 고민하고 있는 내담자나 그 가족이 가진 문제가 무엇이며, 현실적으로 어떻게 해결하여 가족 공동체의 생활을 유지, 회복 또는 갈등에서 벗어날 수 있는가 하는 접근을 할 필요가 있다.

3 가족 스트레스 연구동향

(1) 가족 스트레스 연구는 우선 가족을 위기적 상황을 초래하는 사건에 주목하는 데서 시작되었으며 개인과 달리 가족이 보이는 스트레스는 수직적 요인과 수평적 요인이 함께 작용하므로 더욱 복잡하다.

(2) 수직적 스트레스 요인은 가족의 태도, 기대, 규칙 등 세대에 따라 전수되는 관계와 기능 양상을 포함한다(원가족에서 파생되는 가족 이미지, 가풍, 가족신화, 가족규칙 등이 이에 속한다).

(3) 수평적 스트레스는 발달적 스트레스 요인과 외적 스트레스 요인으로 구성된다.

① 발달적 스트레스는 생활주기의 변화로서, 자녀의 출산, 입학, 결혼처럼 대부분의 가족이 발달하면서 겪게 되는 사건과 같이 가족이 예측할 수 있는 것으로 구성되어 있다.

② 외적 스트레스 요인은 실직, 사고에 의한 죽음처럼 예측할 수 없는 사건들로 이루어져 있다.

2. 스트레스 이론

1 가족 스트레스 이론(family stress theory)

(1) 일반적 적응 증후군

셀리에(Selye)는 스트레스 반응이 ㉠ 경각(경고) 반응 단계, ㉡ 저항 단계, ㉢ 소모(소진 단계의 3단계로 진행되며, 이 스트레스 단계를 일반적 적응 증후군이라고 명명하였다.

(2) 스트레스의 인지-교류이론

스트레스는 환경의 요구와 대처 자원 간의 불일치이며, 평가와 대처라는 두 가지 인지과정이 작용한다.

(3) 힐(Reuben Hill)의 연구

① 가족 위기연구는 1930년대부터 시작되어 불황이나 실업이 가족에게 미치는 영향, 가족의 사별, 부부갈등과 이혼 후의 재적응 등에 관한 연구가 진행되었다.

② 이 중에서도 1949년 발행된 힐(R. Hill)의 「스트레스 상황에 있는 가족(Families under Stress)」은 선행연구를 폭넓게 포함한 실증적 연구로 잘 알려져 있다. 힐은 제2차 세계대전에 출정한 군인의 가족에 대한 이별과 귀환에 의한 재통합 과정을 상세하게 파악하여 발표하였으며, 그것에 기초하여 가족 스트레스 이론의 원형으로서 ABC-X 모델과 청룡열차 모델(rollercoaster model)이라는 2개의 이론을 제시하였다.

③ ABC-X공식: 가족 위기 또는 스트레스 상황 발생의 요인 관련 모델이며 이는 어떤 사건(A)이 위기(X)를 생성하려면 가족의 자원(B)과 가족의 사건에 대한 정의(C, 인식, 인지)와 상호작용한다는 의미다.

④ 스트레스 요인이 되는 사건에 대하여 살펴보면, 힐(Hill)의 초기연구에서는 가속과 관련된 스트레스 요인을 가족의 증가, 가족의 이탈, 가족의 유대감 상실, 가족구조의 변화 등 내부적인 요인에서만 찾았지만, 그 후 가족 스트레스의 원천을 다음의 3가지로 정리하였다.

㉠ 가족 이외의 사건
  예 전쟁, 정치적 또는 종교적 박해, 홍수, 지진 등의 자연 재해 등

㉡ 가족 내부의 사건: 그 이전의 가족 내부의 기능이 잘 기능하지 못했다는 점을 반영하여 생기는 사건이라는 점에서 한층 해체적이다.
  예 사생아의 탄생, 부양의 기피, 정신장애 가족의 발생, 배우자의 부정, 자살, 약물남용 등

㉢ 가족 외적 사건: 결정적인 스트레스 요인으로 보지 않거나, 다른 가족도 같은 상황이나 그것에 의해 상황이 나빠질 수 있다고 생각하는 성질을 가지고 있다.
  예 전쟁으로 인한 이별이나 귀환에 의한 재통합, 화재로 인한 가옥 상실, 강제적 이주, 불황기의 수입원 상실, 조산(早産) 등

⑤ 가족의 자원: 가족의 적응력, 응집력, 과거 위기 극복 경험 등이 고려될 수 있다.

⑥ 사건에 대한 정의(인지): 가족의 스트레스 요인이 되는 사건을 위협으로 받아들이는가 도전으로 받아들이는가와 관련되어 있다.

⑦ 힐(Reuben Hill)의 청룡열차 모델(rollercoaster model)

㉠ 횡적 축으로 나타내는 시간의 진행 속에서 종적 축의 가족의 재조직의 수준이 올라갔다 내려갔다 하는 모양이 청룡열차와 비슷해서 붙여진 이름이다.

㉡ 이것은 집단으로서의 가족이 위기를 직면하면 조직해체-회복-재조직이라는 과정을 거치면서 적응해가는 과정을 나타낸 것이다.

㉢ 재조직되는 수준의 정도에 따라 위기를 겪기 이전보다 적응 수준이 높아지는 가족도 있다.

13 가족 스트레스 관련 이론

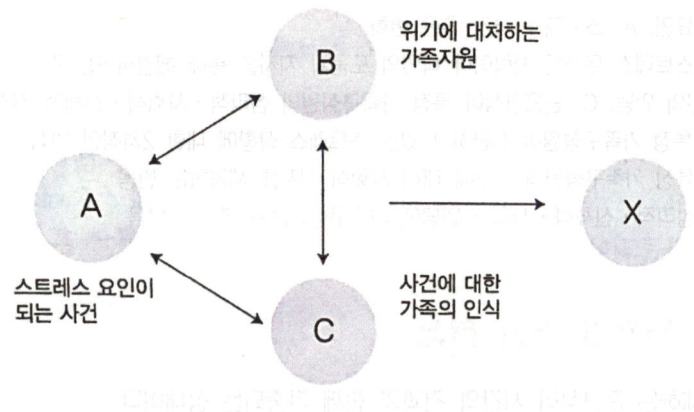

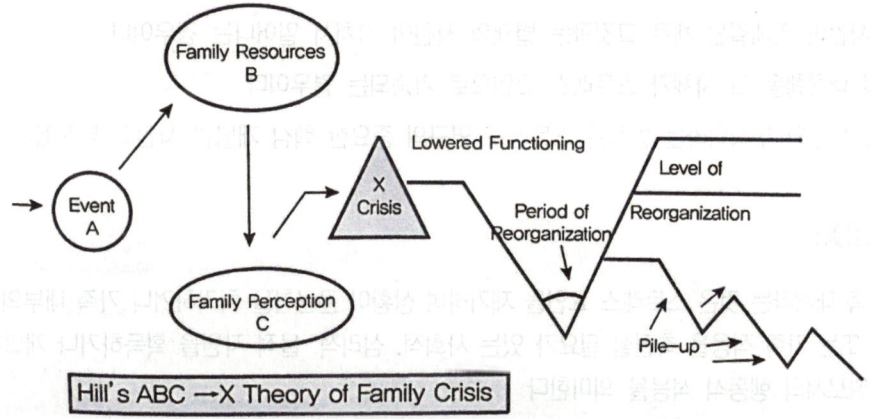

R. Hill의 ABC-X 공식

(4) 맥커빈(McCubbin)과 패터슨(Patterson)의 이중 ABC-X 모델

① **배경**: 힐(Hill)의 스트레스 이론을 보다 충실하게 계승하면서 발전시킨 것은 맥커빈(McCubbin) 등의 이중 ABC-X 모델로서, 현재는 가족 스트레스의 이론을 가장 잘 표현한 것으로 알려져 있다.

② **목표**: 힐(Hill)에 의한 ABC-X 공식과 청룡열차 모델로 표현된 조직 해체-회복-재조직화 과정을 통합하는 것이다.

③ **특징**
  ㉠ 힐(Hill)이 말한 스트레스의 결과인 조직화의 수준 대신에, 그는 적응의 개념으로 대치시켰으며 이는 가족연구에서 익숙한 개념일 뿐 아니라, 생리학, 심리학에서 말하는 스트레스 이론과 공통점을 가지고 있다.
  ㉡ 맥커빈 등은 이와 같은 재적응 과정은 대처(Coping) 과정이기도 하다는 관점에서 셀리에(Selye) 등의 심리학적 스트레스 연구의 주요 개념을 도입하였다.
  ㉢ 스트레스 상황의 가족을 보면, 거의 대부분의 가족은 어떤 단일의 스트레스 요인을 처리하는 것이 아니라, 주요한 스트레스 요인이 되는 사건이 일어난 후에 스트레스 요인의 누적을 경험함으로써 곤란이 가중되어 사건이 심각해진다는 것을 인정했다.
  ㉣ 스트레스원 + 가족자원 + 사건에 대한 인식(인지) → 위기 → 누적 → 대처 → 적응(양호한 적응 또는 부적응)

> **참고** 스티븐슨(Stephens)의 스트레스와 대처에 대한 모델 ABCDEF
> - 스트레스 요인, A: 스트레스 사건 혹은 변화
> - 반응, B: 스트레스 문제를 자력이나 타인의 도움과 지지를 통해 해결하려는 것
> - 특정가족원의 안녕, C: 반응양식이 특정 가족구성원의 심리적·사회적·신체적 건강에 미치는 영향
> - 인식, D: 특정 가족구성원이 직면하고 있는 스트레스 상황에 대한 2차적인 인식
> - 반응, E: 특정 가족구성원의 욕구에 대해 사회적 지지를 제공하는 반응
> - 안녕, F: 심리적·신체적·사회적 안녕에 가족구성원들은 영향을 받음

2 스트레스 요인 누적의 주된 현상

(1) 사건 자체에 내재하는 곤란성이 시간의 경과와 함께 가중되는 상태이다.

(2) 원래의 사건이 미해결된 채로 그것과는 별개의 사건이 겹쳐서 일어나는 경우이다.

(3) 위기로의 대처행동 그 자체가 스트레스 요인으로 가중되는 경우이다.

(4) 스트레스 요인의 누적이라는 발상은 스트레스 연구의 중요한 핵심 개념인 사건의 누적에서 유래한 것이다.

3 가족의 대처

(1) **정의**: 가족 대처라는 것은 스트레스 요인을 제거하여 상황이 곤란함을 처리하거나 가족 내부의 분쟁이나 긴장의 해결 또는 가족 적응을 촉진할 필요가 있는 사회적, 심리적, 물적 자원을 획득하거나 개발하는 개인 또는 가족 단위로서의 행동적 적응을 의미한다.

(2) **대처 내용**: 가족 대처의 견해에서는 역할의 분담, 가족집단의 유대, 적응능력과 같은 가족 내부의 자원 강화와 개발 또는 친인척의 정서적 시시, 전문적 원조와 같은 지역사회 자원을 강화하거나 개발하여 이끌어내려는 가족의 노력이 중시된다.

(3) **가족 기능 수준이 적응상태를 이루는 가족의 특징**: 가족 통합의 유지 또는 강화, 가족의 발달과 가족 단위로서의 발달의 지속적 추진, 가족의 자립성과 환경의 방향을 통제할 수 있는 감각을 얻게 된다.

(4) **가족 기능 수준이 부적응을 이루는 가족 특징**: 가족의 부적응은 가족 통합의 저하, 가족 개인적 발달 또는 가족 단위로서의 발달 저하, 가족의 독립성과 자립성의 저하 또는 상실 초래 등을 들 수 있다.

(5) **가족적응력**: 이중 ABC-X 모델의 마지막 변수로 가족이 위기를 해결하기 위해 나타내는 강점, 해결전략, 자원 등에 의한 것이다.

3 탄력성(레질리언스, Resilience) 모델 - 맥커빈

1 기본 전제

(1) 위기에 처한 개인이나 가족의 회복과정에 초점을 둔다. 가족 레질리언스(family resilience)란 파괴적인 위기나 지속적 스트레스에 직면한 부부와 가족들이 서로 유대를 강화하고, 기능을 회복하며, 생활을 향상시켜 가도록 하는 대처 과정이다.

(2) 환자의 가족은 잠재적인 회복능력과 성장을 믿으며, 많은 고통과 책임이 따르는 혼돈스러운 경험을 거쳐 원래의 위기 이전의 상태로 돌아갈 수 있도록 하는 과정을 중시한다.

(3) 위기나 스트레스의 위협은 그에 대한 대처와 적응을 수반하며 성공적인 대처와 적응은 개인과 가족에게 더 강력한 삶의 의미를 경험하도록 한다.

(4) 개인의 내구력(耐久力)은 개인, 가족, 그리고 환경적 과정의 상호작용으로서, 가족과 더 큰 사회의 맥락에서 가장 잘 이해되고 강화된다.

(5) 위기사건들과 계속되는 스트레스는 가족 전체와 그 구성원들에게 영향을 미치며 개인의 역기능뿐 아니라 갈등관계와 모든 가족해체의 위험을 일으킨다.

(6) 가족 과정은 모든 가족구성원과 그들의 관계에 미친 스트레스의 영향을 중재한다.

(7) 가족 과정은 많은 위기사건들의 과정에 영향을 줄 수 있다.

(8) 모든 가족들은 탄력성(레질리언스)에 대한 잠재력을 가지고 있으므로, 우리는 최선의 노력을 격려하고 주요 과정을 강화시킴으로써 그 잠재력을 극대화할 수 있다.

2 레질리언스(resilience) 개념

(1) 위기와 역경을 견디고 회복하는 능력으로, 역경을 회복한 후에는 더 탄력을 얻고 자원이 풍부해지는 능력이다. 레질리언스는 '잘 투쟁한다'라는 의미를 포함하며, 고통과 용기 두 가지 모두를 경험하면서 내적으로나 외적으로 어려움을 효과적으로 다루어 가는 것을 의미한다.

(2) 스트레스 상황에서 영향을 적게 받으며, 그 상황을 유연하게 대처함으로써 스트레스 수준을 낮출 수 있는 능력이다.

3 레질리언스(resilience) 접근의 세 가지 핵심요소

(1) 신념체계
① 가족 기능의 핵심이며, 레질리언스의 강력한 힘이다.
② 가족은 자신들의 경험에 의해 의미를 부여함으로써 위기와 역경에 대해 대처해 가는데, 가족이 문제와 대안을 어떻게 바라보느냐에 따라 대처와 정복 또는 역기능과 절망이 나타난다.
③ 신념체계는 역경에 대한 의미부여, 긍정적인 시각, 영성의 세 요소로 구성된다.

(2) 조직유형
① 가족의 조직유형은 가족단위의 통합을 지지하며 관계를 정의하고 행동을 규제한다.
② 조직유형에 중요한 핵심요소는 융통성, 연결성, 사회 및 경제적 자원이다.

(3) 의사소통 과정
① 가족기능에 필수적인 요소이며 가족원의 질환으로 의사소통은 복잡해지고 어려워질 수도 있으며 위기 또는 지속적인 스트레스 상황에서 깨질 수도 있다.
② 의사소통의 세 가지 중요한 핵심요소는 명료화, 개방적인 감정표현, 상호협력적 문제 해결이다.

4 레질리언스 강화를 위한 4가지 보호기제

가족자원을 확보하여 스트레스를 더 효과적으로 다루고, 강화된 개인과 관계체계로 다시 일어서도록 하는 4가지 보호기제이다.

(1) 위험요인 감소시키기
① 위협적 상황에 대해 예견하고 준비하기
② 스트레스에 대한 노출이나 그에 의한 부담 감소시키기
③ 정보를 제공하여 비극적 신념들 변화시키기

(2) 미래 위기와 지속적인 영향에 대한 위험을 고조시키는 부정적인 연속 반응 감소시키기
① 스트레스 영향 중재하여 영향을 완화하고 장애 극복하기
② 부적응적인 대처전략 변화시키기
③ 여파, 지속적 긴장을 견뎌내어 후퇴로부터 다시 회복하기

(3) 보호적 가족과정을 강화하고 취약성 감소시키기
① 가족 강점을 강화하여 성공을 위한 기회와 능력 향상시키기
② 회복과 정복을 향한 자원을 동원하고 지지하기
③ 위기의 여파 속에서 다시 세우고, 조직하며, 새로운 방향 잡기
④ 예견할 수 있는 것과 없는 것 모두에 대해 예견하고 준비하기

(4) 성공적 문제해결을 통하여 가족 및 개인 자존감에 효율성 지지하기
① 상호 협력적 노력을 통한 유능감, 자신감, 연계성 얻기
② 어려움 속에서도 유능감을 유지하도록 지속적으로 도전 과정 관리하기

14 가족생활주기 2005 기출

1 이론 배경

1) 가족생활주기는 시간이 경과함에 따라 가족 내의 발달적인 경향을 묘사하기 위해 일반적으로 사용되는 용어다. 가족생활주기(family life cycle)란 성인 두 사람의 결혼으로 형성된 가족이 자녀의 탄생과 성장으로 확대되었다가 자녀의 결혼과 분가로 축소되고, 부부가 노후 생활을 거쳐 사망에 이르게 되는 가족생활의 연속적 과정을 의미한다.
2) 이 때 가족성원은 주기에 따라 수행해야 할 발달과업이 존재하게 되고, 가족의 기능과 가족성원 간의 상호작용 역할의 내용도 변하게 되고 가족 내의 인간관계와 가족형태도 바뀌게 된다.
3) 개인의 발달은 가족의 영향을 받을 뿐 아니라 가족에게 영향을 주기 때문에 가족구성원의 발달은 가족생활주기의 관점에서 살펴보아야 한다.
4) 가족생활주기 모델은 개인의 생활과정의 모든 영역을 포함하지만 전체로서의 가족이 강조된다.
5) 가족생활에는 인간의 생애주기처럼 탄생과 죽음이 있다. 남녀가 결혼하면서 새로운 가족생활주기가 시작되고, 부부가 늙어 사망하게 되면 이 주기가 끝난다.
6) 가족구성원의 지위와 기능은 가족생활주기의 단계에 따라 변화하므로 각 단계에 맞게 각 구성원의 지위와 관계가 변화해야 가족이 잘 기능하게 된다.
7) 가족생활주기의 한 단계에서 다음 단계로 넘어갈 때 적응의 문제가 생기기 쉽다. 가족은 적응과정에서 심각한 문제가 생기면 스트레스를 많이 받게 되므로 가족생활주기 상의 위기가 가족문제의 원인이 될 수 있다.

2 듀발(Evelyn Duvall)의 가족생활주기

1) 결혼으로 인해 가족이 형성되고 자녀출산으로 가족이 확대되며 자녀의 독립과 배우자의 사망으로 가족이 축소된다.
2) 가족의 형성기-확대기-축소기를 거치면서 가족체계는 다양한 하위체계로 분화된다.
3) 가족생활주기를 8단계로 분류하면서 가족에게는 편입과 이탈, 자녀출산, 부모됨, 자녀 진수기, 은퇴와 사망이라는 사건을 강조한다.
4) 듀발의 8단계: 가족형성기, 자녀출산기, 취학전 자녀양육기, 학령기 자녀양육기, 청소년 자녀양육기, 부모만 남는 시기, 중년 부부가족 시기, 노년기 부부가족 시기로 나누어진다.

3 카터와 맥골드릭의 가족생활주기

1) 카터(Betty Cater)와 맥골드릭(Monica McGoldrick)은 3세대 이상의 가족을 가족생활주기 6단계로 나누어 설명하였다.
2) 가족은 어느 특정 순간에 작동하는 정서적 장(場)이라고 하며, 가족의 정서적 체계는 적어도 3세대나 4세대가 포함된다.

1 가족 스트레스

가족발달과정의 한 단계에서 다음 단계로 넘어가는 전환점에서 가족의 스트레스가 가장 심하고, 가족생활주기의 진행이 방해를 받거나 궤도에서 벗어날 때 증상이 발생한다고 보았다.

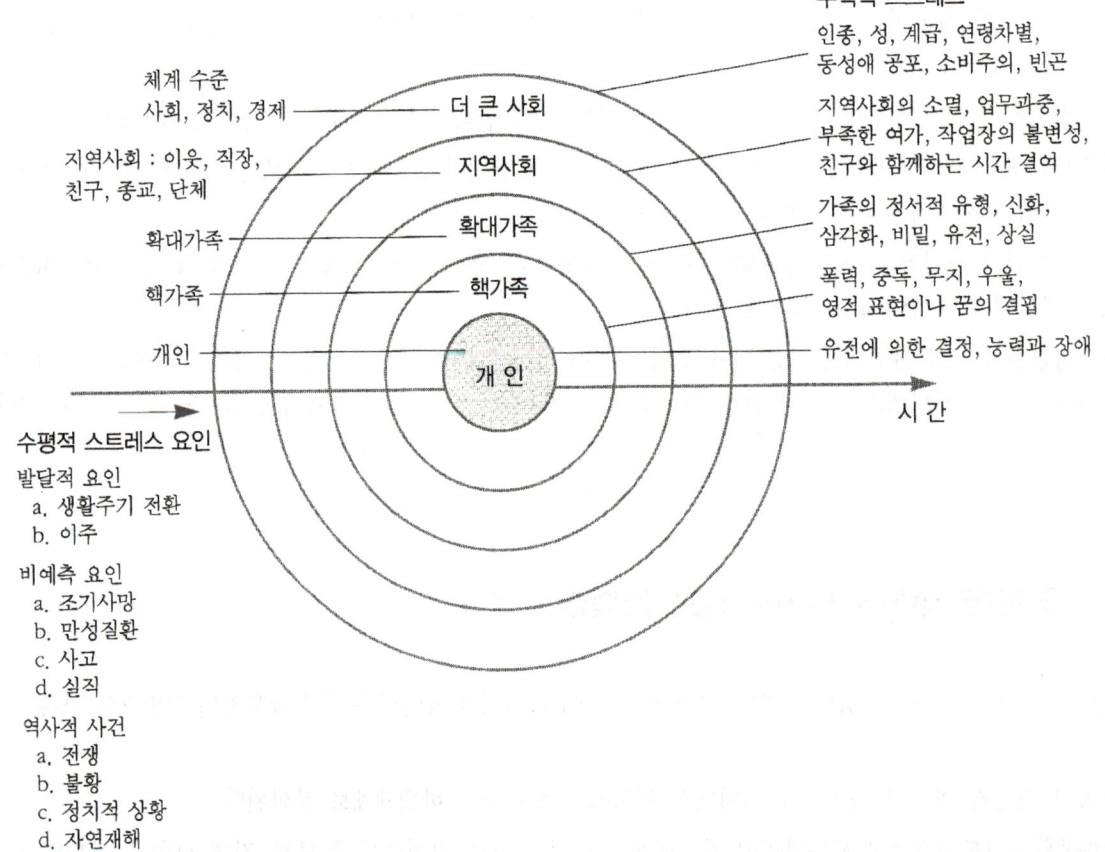

* E. A. Carter & M. McGoldrick (1998). The expended family life cycle: Individual, family and social perspectives(3rd ed). Allyn & Bacon.

가족의 스트레스 순환

2 단계변화에 따라 야기되는 긴장(스트레스)

'수직적 긴장'과 '수평적 긴장'으로 구분

① **수직적 긴장**: 정서적 삼각관계의 기제를 통해 세대 간 전수된다는 보웬의 다세대 전수 개념을 활용한 것으로 가족 형태, 가풍, 생활사, 태도, 규칙, 신화 등이 세대 간 전수에 포함되며 긴장의 요인이 된다.
② **수평적 긴장**: 한 단계에서 다음 단계로의 전환에 따라 발생하는 발달적 긴장, 즉 생활주기의 변천과 외적 긴장을 포함한다.
③ 수직적 긴장이나 수평적 긴장이 가족 내에서 잘 해소되지 못하면 가족 갈등이 생기는데, 이 두 긴장이 교차되는 시점은 가족이 견디기 어려울 정도로 치명적일 수 있다.

3 카터와 맥골드릭의 가족생활주기 6단계 [2009 기출]

가족생활 주기단계	전환기의 정서적 과제	발달을 위해 필요한 가족체계의 변화
결혼전기(중간적 존재-어떤 가족에게도 소속되지 않은 젊은 성인)	자신에 대한 정서적, 재정적 책임을 수용하고 부모-자녀 관계의 분리를 받아들임	① 원가족과의 관계에서의 분화 ② 친밀한 이성관계의 발달 ③ 일과 재정적 독립 측면에서 자신에 대한 확립
결혼적응기(결혼에 의한 가족결합-새로운 신혼부부의 탄생)	새로운 체계에 대한 수임	① 부부체계의 형성 ② 배우자가 포함되도록 확대가족, 친구와의 관계 재조비
자녀아동기	새로운 가족성원 수용	① 부부체계에 자녀를 위한 공간 만들기 ② 부모 역할 받아들이기(자녀양육, 재정, 가사일에 공통참여) ③ 부모, 조부모 역할이 포함되도록 확대가족과의 관계 형성
자녀청소년기	자녀의 독립과 조부모의 허약함을 고려하여 가족 경계의 융통성 증가	① 청소년 자녀가 가족체계에 출입이 자유롭도록 부모-자녀 관계의 변화 ② 중년기 부부의 결혼 및 진로문제에 재초점 ③ 노인세대를 돌보기 위한 준비 시작
자녀독립기	가족성원 수의 증감 수용	① 부부체계를 이인군 관계로 재조정 ② 성장한 자녀와 부모의 관계를 성인 대 성인의 관계로 발전 ③ 사돈과 며느리, 사위, 손자녀가 포함되도록 관계 재정비 ④ 부모 또는 조부모의 무기력과 죽음에 대처
노년기	역할변화 수용	① 신체적 쇠퇴에 직면하면서 자신과 부부의 기능과 관심사 유지 ② 다음 세대가 중추적 역할을 하도록 지원 ③ 연장자가 할 수 있는 일을 대신하지 않으면서 자신의 지혜와 경험이 활용될 수 있는 여지 마련 ④ 배우자, 형제, 친구의 죽음에 대처하면서 자신의 죽음을 대비하며 삶을 되돌아보고 통합

[2009년 기출]

카터와 맥골드릭의 가족생활주기 중 '청소년 자녀를 둔 가족단계'의 과업과 가장 거리가 먼 것은?

① 자녀의 자율성 허용　　② 가족 경계의 융통성 증가
③ 노인세대를 돌보기 위한 준비　　④ 부부 중심 가족관계로 재조정
⑤ 중년기 부모의 진로문제 재초점

4 이혼과 재혼으로 인한 가족생활주기의 변형

1 이혼가정의 특성

(1) 이혼을 진지하게 생각해 보는 시점에서 이혼이 성립된 시점 사이에 가족은 혼재된 감정을 느끼게 된다. 정서적 압력의 최고점은 모든 이혼 가정에서 찾아볼 수 있으며 수개월 또는 수년에 걸쳐 여러 차례 일어난다.

(3) 이혼과정 동안 분출되는 정서는 정서적 이혼에 대한 작업과 관계되는데, 이것은 결혼생활로부터 자신을 되찾는 것이다.

(4) 이혼하는 부부의 자녀는 일반 가정과 자녀와 비교해 볼 때, 권위적인 인물에게 반사회적, 과잉행동적, 충동적, 공격적, 의존적인 행동과 불안을 더 많이 보이며 덜 순종적인 것으로 보고되고 있다.

학령 전 아동 (만 3~5세)	• 부모가 집을 떠난 사실에 놀라며, 이 시기 아동의 자아중심적인 특성 때문에 죄의식을 느끼게 된다.
학령기 중 저학년 아동(만 6~8세)	• 부모의 이혼 상황을 이해하고 이혼이 자신의 잘못이 아니라는 것은 알지만, 가족의 붕괴가 자신의 삶에 미칠 충격을 걱정한다.
학령기 중 고학년 아동(만 9~12세)	• 부모의 갈등을 감지할 수 있는 능력이 있으며, 부모 상호 간에 개인적인 감정이나 풀 수 없는 어려움이 있음을 짐작한다. • 어머니나 아버지에게 상처를 주지 않으려고 자신의 슬픔이나 분노를 감출 수 있는 능력을 갖고 있다. • 사춘기의 자녀는 일반적으로 자신을 버린 한쪽 또는 양쪽 부모에 대해 크게 분노를 느낀다.

(5) 이혼 후 첫 1~2년이 스트레스와 혼란이 가장 많은 시기로, 많은 사람이 이혼 직후보다 1년 후에 스트레스를 더 많이 경험한다. 이혼은 전통적인 가족생활주기의 흐름을 방해하며 그 주기를 회복하는 데 최소 2년이 걸린다.

(6) 별거나 이혼 과정에서 각 배우자는 결혼이 실패할 때 자녀의 방문이나 후견인 문제, 경제적 문제와 같이 자신들이 해야 할 부분을 타협해야 한다.

(7) 이혼 후에는 사회관계를 재구축하고 부모-자녀 관계를 재정립하는 과제가 있다.

2 카터와 맥골드릭(2000)의 이혼 전후 가족의 정서적 과정과 발달적 쟁점

2019 기출

	양상	전환의 정서적 과정 필수적 태도	발달적 쟁점
이혼 전	1.이혼결심	결혼관계를 유지하기 위한 문제해결능력이 없음을 인정	결혼실패에 각자가 책임이 있음을 수용
	2.체제붕괴 계획	체계에 속한 모든 사람을 위해 적절한 배려	① 공동양육, 방문 및 재정지원과 같은 문제를 협동적으로 작업 ② 확대가족과 이혼에 대해 다룸
	3.별거	① 자녀에 대한 공동 부모 역할과 재정 부담의 의사를 밝힘 ② 배우자에 대한 애착을 떼기 위한 작업	① 정상가족 상실에 대한 애도 ② 부부관계, 부모자녀관계 및 재정문제의 재구조화 및 별거 생활의 적응 ③ 확대가족의 관계를 재정비, 배우자의 확대가족과 지속적 관계 유지
	4.이혼	정서적 이혼에 대해 더 열심히 작업. 즉 상처, 분노, 죄책감 등을 극복하도록 노력	① 정상가족 상실에 대한 애도: 재결합에 대한 환상을 포기 ② 결혼에 대한 희망, 꿈, 기대를 되찾음 ③ 확대가족과 지속적 관계 유지
이혼 후	1.한부모가족 (보호자 가정 또는 주기주지)	재정적 책임을 지면서, 전 배우자와 공동양육관계를 유지, 전 배우자와 그 가족이 자녀와 접촉을 유지하도록 지지	① 전 배우자 및 그의 가족이 방문할 수 있도록 방문시간을 융통성 있게 조절 ② 자신의 재정적 수단을 재정립 ③ 자신이 사회적 관계망을 재정립
	2.한부모가족 (비보호자 경우)	전 배우자와 부모관계를 위한 접촉을 유지하면서, 그와 자녀와의 관계를 지지	① 효율적인 부모관계를 지속하는 방법 찾기 ② 전 배우자와 자녀에 대한 재정적 책임을 유지 ③ 자신의 사회적 관계망을 재정립

[2019년 기출]

다음은 전문상담교사가 정아(중2, 여)의 어머니를 상담한 내용의 일부이다. 카터와 맥골드릭(B. Carter & M. McGoldrick)이 제시한 '이혼 가족의 생활주기'를 근거로, 정아 가족의 발달상의 과제 중 정아의 어머니가 수행하지 못하고 있는 과제를 2가지 서술하시오.

어 머 니: 정아에게 힘한 말을 하지 말아야지 하면서도 정아가 아침이면 학교를 안 가려고 해서 힘한 말을 하게 돼요. 이혼 전에는 정아가 학교를 안 가려고 한 적이 없었어요. 정아가 변했다는 생각도 들고 힘한 말을 한 것이 후회되기도 합니다. 정아가 아빠를 그리워 할까 봐 아빠랑 편하게 만나도록 하고 있지만 그래도 정아가 우울해질까 봐 마음이 무거워요. 다시는 힘한 말을 하지 말아야지 하면서도 집에 틀어박혀 지내는 정아를 보면 걱정이 되어 힘한 말을 하게 됩니다. 그러지 말아야 하는데 자꾸 왜 그러는지 답답합니다.
상담교사: 힘한 말을 안 하고 싶은데 마음먹은 대로 안 되시는군요. 혹시 어머니가 가장 싫어하시는 것은 무엇인가요?
어 머 니: 글쎄요. (침묵) 저는 친구나 지인들과 연락하기가 싫어요. 안정된 직장이 없다 보니 생계도 어렵고 별로 연락을 안 하고 지냅니다.

3 재혼가정의 특성

(1) 재혼가족은 전통적인 가족생활주기의 분열이면서 새로운 주기의 시작으로 재혼 전에 가졌던 가족생활주기의 형태가 일부 유지되면서 새로운 가족생활주기가 시작된다.

(2) 재혼가정의 어려움
① 재혼가족의 구성원은 부모의 죽음이나 별거와 같은 중요한 상실경험을 가지고 있는데, 서로 다른 경험, 전통, 가치, 기대를 지닌 사람이 어느 시점에 한 가족을 이루게 되므로 어려움이 있을 것으로 예상된다.
② 재혼이라는 전환기에 가족의 정서적 과정에는 새 결혼과 새 가족에 대한 투자와 이와 관련된 두려움이 있다.
③ 이 시기에는 이전의 결혼에서 생긴 자녀가 갖는 두려움과 이전 부모에 대한 충성심, 자녀와 확대가족 및 이전 배우자가 보이는 적대감과 당황스러운 반응, 가족 구조와 역할 및 관계에서 모호한 것에 대한 갈등, 부모로서 자녀의 복지에 최선을 다하지 못했다는 죄의식, 전 배우자에 대한 애착 등이 나타난다.

(3) 재혼가족은 이혼 후 새로운 가족 구조의 적응처럼 새로운 가족 구조를 효과적으로 운영하는 데에는 최소 2~3년이 걸린다.

4 카터와 맥골드릭(2000)의 재혼가정의 형성: 발달적 개요 2014, 2016 기출

단계	필수적 태도	발달적 쟁점
1. 새로운 관계의 형성	첫 결혼 상실에서의 회복 (적절한 '정서적 이혼')	복잡성과 모호성을 다룰 준비를 갖추고 새로운 결혼과 가족형성에 다시 헌신함
2. 새로운 결혼과 가족에 대한 개념화와 계획 세우기	재혼과 계가족 형성에 대한 자신과 새 배우자 및 자녀가 갖는 두려움을 수용. 다음 사항에 내재된 복잡성과 모호성에 적응하기 위해 시간과 인내심이 요구됨을 인정 ① 다양한 새로운 역할 ② 경계: 공간, 시간, 소속감 및 권위 ③ 정서적 문제: 죄책감, 충성심 갈등, 상호성에 대한 욕구, 해결되지 않은 과거의 상처	① 거짓상호성을 피하기 위해 새로운 관계에서 개방성을 갖도록 작업 ② 전 배우자와 공동 재정 및 공동 부모관계 유지를 위한 계획 ③ 자녀가 두 체계 안에서 겪는 두려움, 충성에 대한 갈등 및 소속감을 다룰 수 있도록 돕기 ④ 배우자 및 자녀를 포함하기 위해 확대가족과의 관계를 재정비 ⑤ 자녀가 전 배우자의 확대 가족과 관계를 유지하도록 계획
3. 재혼 및 가족의 재구성	전 배우자에 대한 애착 끊기와 이상적인 '정상가족'에 대한 집착에서 벗어남, 투과성 있는 경계를 가진 새로운 가족모델을 수용	① 새 배우자-계부모를 포함하도록 가족 경계선을 재구조 ② 여러 체계가 섞일 수 있도록 관계와 재정적 배려를 하위체계를 통해 재조정 ③ 자녀가 보호자의 친부모, 조부모 및 확대가족과 관계를 지속하도록 허용 ④ 계가족의 통합을 강화하는 추억과 역사의 공유

[2016년 기출]

다음은 대호(중3, 남) 가족이 전문상담교사와의 상담에서 진술한 내용의 일부이다. 이 가족의 발달 과제에 대해 〈작성 방법〉에 따라 서술하시오.

> 아버지(48세): 대호는 학교에 습관적으로 지각을 하고 학업 성적도 자꾸 하락하고 있어요. 대호의 훈육문제로 아내와 갈등이 심합니다.
>
> 어머니(39세): 남편은 대호와 사이가 좋지 않아요. 지난번에 남편과 대호 문제로 크게 다투었어요. 남편이 화를 내면서 대호가 친할머니와 연락하지 못하게 하라고 했고, 제계도 죽은 대호 아빠에 대한 기억을 모두 지우라고 소리쳤어요. 저는 너무 놀라고 충격을 받았고, 대호도 우리의 얘기를 모두 들었죠.
>
> 대 호(15세): 요즘은 제가 부모님과 자꾸 싸워서 집에 있는 게 많이 불편해요. 저는 힘든 일이 생기면 할아버지 댁에 가서 고모와 할머니께 위로를 받아요. 하지만 지금은 할머니께 전화드리려 해도 새아버지 때문에 눈치가 보여요.

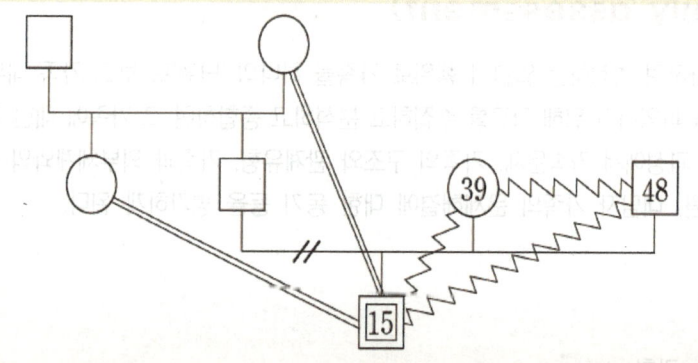

〈작성 방법〉

- 대호가족의 진술내용과 가계도를 비교하면서, 맥골드릭(M. McGoldrick), 걸슨(R. Gerson)과 페트리(S. Petry)의 기입 방식에 근거하여 가계도에 잘못 표시된 부분 1가지를 지적할 것.
- 카터(B. Carter)와 맥골드릭(M. McGoldrick)이 제시한 재혼 가족의 발달 단계와 쟁점을 바탕으로 이 가족이 계획해야 할 과제 1가지를 쓰고, 그 근거를 대호가족의 진술내용에서 찾아 쓸 것.

15 가족평가

1 가족평가의 개념

1 가족평가의 어려움

가족집단을 단위로 하여 평가하는 일은 개인을 진단, 평가하는 것보다 조금 더 복잡하다. 개별 가족원이 각각 복잡한 심리역동적 존재이고 가족원마다 가족의 문제를 바라보는 시각이 다를 수 있기 때문이다.

2 가족평가(family assessment)

가족을 진단하고 평가하여 측정하는 일련의 행위로 가족을 하나의 '단위'로 보고 가족 내부 및 외부 체계 그리고 이들 간의 상호작용을 파악하기 위해 자료를 수집하고 분석하고 종합하여 그 가족에 대한 개입을 계획하는 일련의 과정을 의미한다. 이 과정에서 가족문제, 가족의 구조와 관계유형, 가족과 외부체계와의 상호작용, 가족의 강점, 문제해결을 위한 자원, 내담자 가족의 문제해결에 대한 동기 등을 평가하게 된다.

3 가족평가 방식

(1) **질적 평가**: 면접, 관찰
양적 평가: 척도, 체크리스트

(2) **주관적 평가**: 치료자의 관점에서 이루어지는 관찰과 면접, 내담자 가족의 지각
객관적 평가: 내담자에 대한 관찰, 기록, 관련 연구문헌 등 경험적 자료

2 가족평가의 어려움

1) 가족의 복잡성을 어떻게 포착하는가의 문제가 가족평가를 어렵게 한다.
2) **평가의 단위 및 정보를 얻는 방법**: 평가의 단위가 개인, 이인, 가족 전체인가 하는 문제와 정보를 누구에게 얻는가의 문제가 가족평가를 어렵게 한다.
3) **가족치료모델에 따른 평가에 대한 관점 차이**: 구조주의자는 경계와 전반적인 상호교류 유형에 관심을 갖고 전략주의자는 위계 및 증상을 유지하는 유형의 평가에 초점, 보웬 치료자는 분화수준의 평가를 우선할 것이다. 그러나 가족을 관찰하고 그들과 상호작용을 통해 임상적 판단을 내린다는 점은 같다.

3 가족평가 과정

1) 가족평가는 특정 시기에 제한되는 것이 아니라 상담의 전 과정을 통해 이루어진다.
2) 초기평가는 개입의 전 단계에서 개입을 위한 계획의 근거를 제공하기 위해 이루어진다.
3) 치료의 개입과정에서는 새롭게 직면하는 문제를 평가하고 개입계획을 수정하기도 한다.
4) 종결단계에서는 내담자 가족의 정서적 반응을 확인하고 변화된 가족관계 유형을 확인하며 재평가하는 작업이 이루어진다.

4 가족평가방법 2011 기출

1 면접

(1) **정의**: 가족평가의 가장 기본적이며 중요한 도구로서, 언어를 매개로 내담자와의 대담관계에서 증상의 어려움이나 가족의 대처, 가족의 기능을 평가할 수 있는 방법이다.

(2) **내용**: 면접을 통해 치료자는 가족문제의 지속기간, 문제의 과거기록, 문제에 대해 가족원이 갖는 관점, 문제해결을 위해 기울였던 노력의 종류와 정도, 상황을 변화시키려는 의지의 정도 등을 평가한다.

2 관찰

(1) **정의**: 가족원의 실제 상호작용을 살펴보고 그들의 언어적, 비언어적 교류를 평가하는 방법으로, 치료의 전 과정에서 이루어지는 가장 기초적이며 질적인 진단방식이다

(2) **내용**: 치료자는 관찰을 통해 가족 내의 연합과 동맹, 삼각관계, 역할 수행, 갈등, 권력과 통제 등의 역동을 파악할 수 있으며, 다른 한편 치료적 개입이 어떤 효과를 내는지도 알 수 있다.

(3) **방법**: 가족치료실에서 가족원 간에 증상에 대한 이야기를 나누어 보도록 한 다음 교류과정 관찰 / 가족에게 게임이나 과제를 준 후, 그것을 풀어나가는 과정을 관찰 / 가족조각(경험주의) / 실연(구조주의)

3 검사

(1) **정의**: 가족원이 어떻게 상호작용하며 기능하는지에 대한 정보를 수집하기 위한 방법이다.

(2) **방법**: 검사도구는 다양한 형태이나, 가족상담에서 사용되는 검사는 크게 도식적(가계도, 생태도)인 것과 계량적 척도(MBTI, FACES 등)로 나뉜다.

5 주관적 평가도구

주관적 평가란, 면접과 관찰을 통해 가족을 사정하는 경우, 비언어적인 다양한 매체를 사용하여 가족 사정하는 경우이다.

1 역기능적 의사소통의 특성

(1) 의사소통이 비효율적이고 정확하지 않으며, 원만하게 이루어지지 않는 것이다.
(2) 서로 눈치를 보면서 표현을 주저하고 회피적인 태도를 보이는 의사소통 유형이다.
(3) 가족구성원 간 의사소통에서 불일치가 나타난다.
(4) 애정적 표현보다는 비난적인 표현을 더 많이 사용한다.

2 역기능적 사례

(1) 너-전달법(You-message)
  ① 방법: 지시나 명령 혹은 비난을 섞어서 표현하고, 상대방에 대한 평가를 담은 표현을 한다.
  ② 영향: 상대방에게 행동변화를 요구하지만 오히려 상대방이 받아들이기 어렵고 저항하게 만드는 효과를 가져온다.
    예 "너 정말 못됐구나." "너 왜 맨날 약속을 어기는 거야?", "당신 일이나 신경 쓰세요."

(2) 위장(거짓꾸밈, mystification)
  ① 정의: 가족 내에서의 갈등이나 어려움을 드러내지 못하고 오히려 모호하게 하거나 가면을 쓰고 거짓 반응을 하는 것을 말한다.
  ② 방법: 말하는 사람의 인식을 흐리게 하고, 판독하기 어려운 모호한 반응을 한다든가 비꼬는 반응을 한다.

  > **위장의 예**
  > 며느리와 같이 사는 시어머니가 며느리의 잘못된 행동에 서운해하면서도 가족이 그 사실을 알아 가족회의에서 며느리의 시어머니 모시는 행동에 대한 의견이 대립되고 다툼이 일어나자, 시어머니는 며느리를 옹호하면서 며느리가 잘한다고 거짓 표현하는 것이다.

(3) 이중구속 메시지(double-bind message)
  ① 정의: 이중구속(double-bind)은 두 개 이상의 상반된 메시지를 담고 있어(일치성의 결여) 서로를 이해하거나 자신의 분명한 뜻을 언급하는 것이 힘든 상황을 말한다.
  ② 내용: 중요한 타인으로부터 상호 모순적인 메시지를 받는 것이다.
  ③ 영향: 다른 수준의 상호 모순되는 두 가지 메시지를 동시에 받으면 듣는 사람은 두 메시지 중 어떤 메시지에도 반응할 수 없는 혼란스러운 상황에 놓이게 된다.

  > **이중구속의 예**
  > 평소에 아들에게 친구를 때리지 말고 사이좋게 지내라고 교육하는 어머니가 어느 날 아들이 친구들에게 맞고 집에 왔을 때 "너는 왜 맞고 다니니?" 앞으로는 "친구가 때리면 너도 맞지 말고 때려."라고 나무랐다. 그 뒤 친구들과 다툴 때마다 아들은 어떻게 해야 할지 혼란스러웠다

(4) 가족신화(family myth)와 인식 성향

① **정의**: 가족신화는 가족 성원이 자신을 방어하면서 가족 기능을 수행하게 하는 것으로서 가족구성원 모두에게 받아들여지고 아무런 의심 없이 공유하고 지지되는 가족의 믿음이나 신념이며 특정의 정형화된 관계가 기능을 의미한다.

> **예** "우리 가족에서는 남자가 최고다." 또는 "형은 항상 동생에게 양보해야 한다."

② **영향**
  ㉠ 가족신화에 집착하면 가족은 새로운 시도를 하기보다 관계가 변화되는 것을 저해하며 가족이 습관적으로 기능하도록 조장한다.
  ㉡ 가족 성원 간에 공유된 인식이 부적절하게 형성되고 자기 기만적이면서 잘 체계화된 신념에 의해 구성원들이 무비판적으로 받아들이는 일종의 왜곡현상이다.
  ㉢ 가족신화는 항상성 기능을 유지하는 데 기여하기도 하며, 가족관계를 파괴시킬 정도로 위협적인 긴장을 유발하기도 한다.

(5) 희생양(속죄양, scapegoat)

① **정의**: 가족 성원 중 한 명을 골라내어 특이하고 일탈적이라고 완강하게 믿는 것으로서 가족들은 가족의 역기능을 그 가족성원 개인의 문제로 전가시켜 균형을 유지하려 하고 그 사람 역시 자신을 희생하여 가족의 조화로운 관계를 유지하려고 하는 것이다.

② **방법**: 대개 아프다, 나쁘다, 미쳤다, 게으르다 등의 낙인이 붙은 구성원을 말한다.

> **+ 희생양의 예**
> - 자녀는 부모의 의견에 무조건 따라야 한다. → 자녀 중 순종적이지 못한 사람을 소외시키는 경우 병적이라거나 정신이 나갔다고 낙인을 준다.
> - 이 외에도 천재, 어린애, 엄한 부모, 귀염둥이, 쓸모없는 사람, 착한 아이, 멍청이 등의 낙인은 가족성원의 역할에 고정관념을 부여함으로써 다른 성원들로 하여금 한 가지 특징만 보게 만들어 다른 많은 특성을 간과하게 하여 그 구성원의 성장은 억눌리고 만다.
> - 막내는 귀염둥이 노릇을 해야 한다. → 성격상 그렇지 않을 경우 다른 가족원의 비난을 받는다. 이는 현실을 왜곡, 부정하는 경우이다.

(6) 부모화(parentification)

① **정의**: 자녀가 가족 내에서 부모나 배우자의 역할을 대신 수행하는 것이다.
② **특징**: 이는 맞벌이부부나 한부모가족, 대가족에선 자연스러운 현상이다.
③ **긍정적 영향**: 체계가 잘 기능하는 가족에서 부모화된 아동은 자신의 나이보다 책임감, 능력, 자율성 등을 발달시킬 이점이 있다.
④ **부정적 영향**: 아이로서의 욕구를 충족받지 못하여 발달과업을 제대로 수행하지 못함. 즉 대신 수행하는 자녀는 정서적, 지적, 신체적으로 부모의 역할을 수행할 준비가 되지 않았는데도 부모역할이나 책임감을 수행해야 하는 경우가 많다. 이러한 경우 부모로서 역할기대는 자녀가 아이로서 가진 욕구와 상충될 수 있으며, 아동이 가진 능력으로 자신의 욕구를 극복할 수 없을 때도 있다. 결과적으로 자녀는 심리적 압박감을 느끼며 아이가 달성해야 할 다른 측면의 발달과업을 제대로 해내지 못한다.

> **+ 부모화의 예**
> - 가정형편도 어렵고 부부 간의 갈등이 심한 가정에서 딸은 의사로 성공했으나 어머니는 딸에 대한 정서적인 기대와 경제적 의존과 욕구가 지나치다.
> - 어머니의 정서적인 안정, 가정생활의 경제적인 부담, 동생의 학비 마련 등
> - 부모화 사례
>   수민이는 중학교 1학년이다. 어머니는 3년 전 가출하였고 그 이후 전혀 연락이 없으며, 아버지는 잦은 음주로 집안일에 전혀 신경을 쓰지 않고 있다. 수민이는 어머니 가출 이후부터 집안일뿐 아니라 세 살 아래 남동생과 아버지까지 돌보고 있다.

(7) 삼각관계(triangulation)
① 정의: 상호관계에서 압력, 무력감, 실망을 경험한 사람이 제3자를 끌어들여 동료 혹은 상대방을 질타하는 사람으로 행동하도록 하는 것이다. 예를 들어 부부관계에서 권위적인 남편을 대항하기 위하여 부인이 아들과 밀접한 친밀감이 형성되어서 아버지의 권위적인 행동에 반항하도록 하는 것이다.

(8) 가족규칙(family rule)
① 정의: 일상생활을 영위하기 위해 가정에서 힘을 어떻게 나누며 누가 어떤 일을 할 것인가의 규칙을 가지며, 가족은 그것에 의해 행동한다. 가족의 모든 관계를 규정하며 반복적인 상호작용 유형으로 나타난다.

(9) 가족의식(family ritual)
① 정의: 가족의식은 어떤 특정한 목적에 대해 방향 지워진 행동양식이며, 계속 이어온 역사로서의 정당성을 획득하는 가족 상호작용의 과정이다.
   > 예 설날이나 추석 같은 명절이나 생일에 전형적으로 보여주는 활동이 포함된다. 역기능적 구조를 가진 가정에서는 일상적인 상호작용 패턴에서도 찾을 수 있다.
② 특징
   ㉠ 가족 문화의 핵심적 요소로 세대를 통해 전수된다. 세대 간의 연관성을 제공하고 가족의 삶의 과정에서 연결고리를 제공한다.
   ㉡ 많은 경우 가족의식은 가족신화를 유지하는 수단이 된다.
   ㉢ 가족 의식을 이해하는 것은 가족역할, 가족 네트워크, 하위체계 경계선을 판단하는 데 지름길이 될 수 있다.

(10) 격리와 밀착
① 가족 구성원과 하위체계의 경계선이 경직되거나 유착된 체계를 묘사한 것이다.
② 격리와 밀착은 가족이 서로 얼마나 관여되었는지의 여부를 파악하는 개념이다.
③ 가족의 개인적 정체감의 강도와 가족의 친밀함의 수준을 알리는 중요한 지표이다.
④ 격리된 가족: 종종 침묵하거나 위축되었으며 서로 고립. 가족이 정서적으로 연결되어 있지 않으면 의사소통의 통로를 방해하는 경우가 많다. 격리된 가족은 경계선이 경직되거나 부모와 연합하는 정도가 약해서 부모에 대한 존중감이 낮다. 부모의 밀착 정도가 낮으면 다른 연합을 추구하는 데 비행청소년들이 유사가족과 같은 깡패집단에 집착하는 것이 그 예이다.
⑤ 종류: 모호한 경계선(지나친 영향과 침입) / 경직된 경계선(거리감, 소외감) / 명확한 경계선(의견과 사생활 존중)

15 가족평가

(11) 의사소통의 장애물

- 주제를 성급하게 바꾸는 것
- 한두 사건에 의해 무리한 결론 내리기
- 많은 질문, 동정이나 거짓 안심시키기
- 진단적 자세로 해석하는 것
- 부정적인 내용이 많은 과거사건 회상하기
- 충분하지 않은 대답
- 융통성 없는 단언적 발언, 이분법적 논리, 조언을 자주 하는 것
- 부정적 평가와 문책 등 비판적 태도
- 지시와 명령 및 훈계 등의 설득적 자세, 지나친 농담 등
- 비꼬는 유머, 지나친 농담, 조르기

3 가계도(Genogram) 2005, 2007, 2010, 2012, 2013, 2014, 2016 기출 : 보웬의 다세대상담에서 제시

4 생태도(Ecomap)

(1) 정의: 가족과 가족의 생활공간 안에 있는 사람 및 기관 간의 연계를 그림으로 나타내는 방법.

(2) 장점: 생태도를 통해 환경에서 가족으로 자원의 흐름이 어떻게 이루어지는지 표시됨으로써 내담자에게 유용한 자원이 무엇인지, 가족에게 스트레스를 주는 것이 무엇인지, 가족과 환경 간의 경계가 어떠한지 등 가족 내 역동과 가족 외 역동에 대한 많은 정보를 얻을 수 있다.

(3) 작성방법

- 우선 중앙에 원을 그리고 원 안에 내담자 가족의 지도(가계도)를 그려 넣는다.
- 현재 함께 살고 있지 않은 가족원은 원 밖에 배치한다.
- 내담자 가족에 영향을 미치는 환경체계(학교, 직장, 복지관 등)를 원 밖의 주변에 배치한다.
- 환경체계를 표시하는 원 안에 관련 사항을 간략하게 기입한다.
- 내담자 가족체계와 모든 환경체계 간의 상호교류를 기호로 표기한다. (상호 교류의 성격에 따라 강하고 건강한 관계, 보통의 소원한 관계, 갈등 관계 등을 표시하는 다양한 선을 사용한다.)

(4) 예시

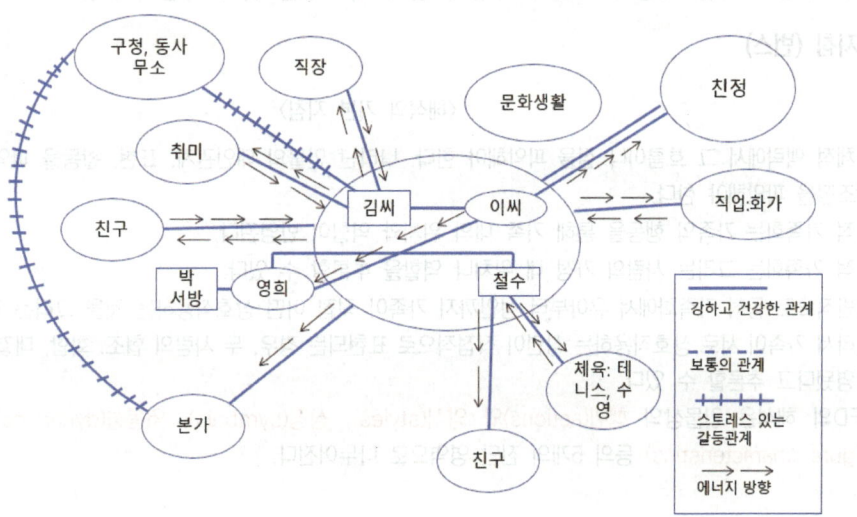

5 동적 가족화(KFD: kinetic-family-drawing) 2014, 2021 기출

번스와 카우프만(Burns & Kaufman, 1970)에 의해 개발된 기법으로 가족화에 움직임을 첨가한 투사화이다. 동적 가족화란 가족이 무엇인가를 그리는 투사적 기법으로 가족집단의 역동관계나 가족구도를 도식화하는 그림을 말한다.

(1) 목표
① 가족 내에서의 자기 자신과 다른 가족구성원에 대한 지각을 파악한다.
② 가족 간의 상호작용과 역동성을 파악한다.

(2) 실시 방법
① 준비물: A4용지, 4B 연필, 지우개
② A4용지, 연필, 지우개를 제시하고 다음과 같은 지시사항에 따라 그림을 그리게 한다.

> **+ KFD 지시문**
> "당신을 포함하여 당신 가족 모두가 무엇인가 하고 있는 그림을 그려보세요. 만화나 막대기 같은 사람이 아닌 완전한 사람을 그려주세요. 무엇이든 어떠한 행위를 하고 있는 그림을 그려야 합니다."

③ 시간제한은 하지 않아도 되지만 30분 정도 소요된다.
④ 그리는 도중 여러 가지 질문에 대해서는 "자유입니다. 그리고 싶은 대로 그리세요."라고 하고 어떠한 단서도 주지 않도록 한다.
⑤ 그림을 그린 후 치료자는 그린 순서, 인물의 나이, 하고 있는 행위, 생략한 사람, 가족 이외에 그린 사람이 있는지 물어 기재한다.
⑥ 내담자의 그림을 보면서 그림을 그린 뒤의 느낌이나 자신이 생각하는 가족의 특성, 가족 간의 관계 등에 대해 이야기하도록 한다.

(3) 동적 가족화의 특징
① 해석: • 동적 가족화가 의미하는 것 찾기 • 그림을 그리는 과정 관찰 • 그림을 그린 후 면담과정에서 정보 수집
② 내담자의 생활사, 가족 배경과 같은 면접자료 없이 해석하는 것은 불가능하다. 아동을 둘러싼 환경체계에 대한 고려를 하면서 그림의 특징에 관해 해석하는 것이 바람직하다.

(4) 해석 지침 (번스)

> 〈해석의 기본 지침〉
>
> • 전체적 맥락에서 그 흐름이나 질을 파악해야 한다. 나타난 인물의 대인관계, 표현, 활동을 파악해야 한다. 위치, 강조점을 파악해야 한다.
> • 동적 가족화는 가족의 행동을 통해 가족 내의 위치와 역할이 반영된다.
> • 동적 가족화는 그리는 사람의 가정 내 위치나 역할을 추론할 수 있다.
> • 일반적으로 동적 가족화에서 유아부터 성인까지 가족이 직접 어떤 상호작용하는 것을 그리는 경우는 많지 않다. 따라서 가족이 서로 상호작용하는 장면이 직접적으로 표현되는 경우, 두 사람의 협조, 화합, 대결, 공격, 회피 등이 반영됐다고 추론할 수 있다.
> • KFD의 해석은 인물상의 행위(actions)와 양식(styles), 상징(symbols), 역동성(dynamics), 인물상의 특성(figure characteristics) 등의 5개의 진단 영역으로 나누어진다.

① **인물상의 행위**: 인물상의 행위는 두 가지 관점에서 해석될 수 있다.

상호작용	• 가족 모두가 상호작용하고 있는가. • 일부가 상호작용하고 있는가. • 상호작용을 전혀 하고 있지 않은가.
가족 내 역할 유형	행위에 대한 해석은 그림의 양식, 상징 등을 함께 고려하여 전체적 관점에서 해석되어야 한다. 일반적 역할 유형은 다음과 같다. • 아버지상: TV, 신문보기, 일하는 모습 • 어머니상: 부엌일, 청소 등 가사일하는 모습 • 자기상: 공부, TV보기, 컴퓨터, 노는 모습

㉠ 가족 관계라는 울타리 내에서 흐르고 있는 역동은 낯선 사람과의 관계에서 일어나는 수준부터 적대적, 경쟁적, 회피적, 조화로운 애착 관계에서 일어나는 수준까지 다양한 강도로 가족 관계에서 일어난다. 그러므로 KFD에 표현된 가족 구성원의 활동은 피검자가 지각하고 있는 가족 관계와 역할, 자아상, 그리고 가족 내에 잠재해 있는 여러 가지 이슈들에 대한 임상적 의미를 제공해 준다.

㉡ 자신을 그리지 않은 경우: 자존감과 자기 가치감이 낮은 경우, 우울한 아동

애착 관계에서 나타날 수 있는 활동	• 강한 애착관계에서는 서로가 높은 강도의 에너지 흐름으로 표현이 된다.
조화로운 일반적인 관계에서 나타날 수 있는 활동	• 일반적인 조화로운 가족관계에서는 긍정적이고 온정적인 상호작용이 표현된다. 가족과 가족 사이에 벽이나 가구 등 어떠한 장애물도 놓이지 않으며 신체적으로도 친밀한 상태를 보이고 전등이나 따뜻한 빛이 표현되기도 한다.
경쟁관계에서 나타날 수 있는 활동	• 에너지의 흐름이 공과 같은 물체를 통해 상징화하여 나타난다. 공은 힘의 형태로 흔히 표현된다. 두 사람 사이의 내분하는 경쟁관계에서는 공이 두 사람 사이를 서로 왔다갔다하는 형태로 나타나는 것을 볼 수 있다.
경쟁 대상이 안 된다고 느낄 때 나타날 수 있는 활동	• 경쟁을 하고는 싶지만 그 경쟁 대상이 장애가 있거나 또는 너무 약하거나 너무 강해서 감히 경쟁대상이 안 된다고 느낄 때 피검자들은 에너지의 방향을 전혀 다른 곳으로 바꿔 버리거나 에너지 전달을 정지함으로써 감정을 통제하는 것으로 나타낸다.
갈등 관계에서 나타날 수 있는 활동	• 갈등은 간혹 금기하는 곳에 X자 등의 직접적인 표현을 하며, 접근과 회피는 에너지의 갈등을 갖고 있는 것으로 나타내기도 한다. X자형의 표현은 초자아의 억압과 충동적 감정을 통제하고자 하는 갈등 상황에서 간혹 제시되는 표현이다.
불안 상태에서 나타날 수 있는 활동	• 에너지가 흔히 자신에게 나타내거나 내면화시키는 것으로 표현된다. 즉 자신에게 음영을 주거나 자신의 주변에 음영과 선을 그어 표현하기도 한다.
힘든 상황이나 대상에 대해 회피하고 싶을 때 나타날 수 있는 활동	• 흔히 피하고 싶은 대상과 자신의 사이에 그려내거나 포위하기, 구획 나누기 등으로 회피하고 싶은 상황을 벗어나려고 한다.

② **그림의 양식**: 일반적으로 양식은 가족관계에서 자기의 감정과 상태, 신뢰감을 나타낸다.

일반적 양식	• 보통의 신뢰감에 가득 찬 가족관계를 체험하고 있는 경우 그려지는 것으로 복잡하거나 명백한 장벽을 나타내지 않고 온화하고 우호적인 상호관계를 암시하는 그림이다.
구분 (구획 나누기)	• 하나 또는 그 이상의 직선이나 곡선을 사용하여 그림에서 인물들을 의도적으로 분리하는 경우이다. 사회적으로 고립되거나 내성적인 아동이나 가족 내에서 어떠한 불만족한 경험을 하였기 때문에 적절하게 애정을 표현할 수 없는 경우에 다른 가족성원으로부터 자신과 그들의 감정을 철회하고 분리하려는 욕구를 표현한 것으로 해석된다.
종이접기	• 검사용지를 접어서 몇 개의 사각 형태를 만들고 그 안에 가족구성원을 그리는 것으로 구분의 극단적인 양식이다. 이는 가족관계 내에 존재하는 강한 불안이나 공포를 나타내는 것으로 해석된다.

포위하기	• 포위의 양식은 선으로 둘러싸거나 줄넘기, 그네, 책상 등의 사물을 통해 자신을 힘들게 하는 사람을 분리시키거나 제외시키고 싶은 욕구를 표현한다. 때로는 두 사람을 포위하는 경우도 있는데 이러한 경우는 두 사람을 동일시하는 경우에 흔히 나타나기도 한다.
가장자리, 테두리 따라 그리기	• 인물상을 용지의 주변에 그리는 경우로, 상당히 방어적이며 문제의 핵심에서 회피하려는 경향이 있다. 또한 친밀한 관계를 맺는 것에 대한 강한 저항을 나타낸다.
인물 하선(밑선), 윗선 긋기	• 자신이나 특정 가족구성원에 대해 불안감이 강한 경우에 인물상 아래 또는 머리 위에 선을 긋는 경우가 있다. 가족성원 상호 간의 인간관계의 불안정성을 시사하고 있다고 본다.
상하부의 선	• 상부의 선 - 용지의 상부에 그려진 선. 불안, 걱정, 공포를 의미 • 하부의 선 - 강한 스트레스 하에 있는 아동이 안정을 필요로 하고 구조받고 싶은 욕구가 강할 때 나타난다.

③ 역동성 차원

인물상의 순서	• 가족 내의 일상적 순서를 나타내는 경우가 많다. 특정 인물이나 자기상이 제일 먼저 그려진 경우에 내담자의 가족 내 정서적 위치에 대해서 특별히 고찰할 필요가 있다.
인물상의 위치	• 위쪽으로 그려진 인물상은 가족 내 리더로서의 역할이 주어지는 인물을 나타내며 높은 목표를 가지고 그 목표에 도달하고자 노력한다. • 가족 전원이 위쪽으로 그려진 경우는 가족 전체의 현재 상황에 대한 내담자의 불안이나 불안정감을 의미한다. • 아래쪽은 억울함이나 침체감과 관계있다. 가장자리나 아래쪽은 불안정, 낮은 자아존중감을 의미하기도 한다. • 우측은 외향성과 활동성에 관계하며, 좌측은 내향성과 침체성과 관계있다. 적절히 적응하는 사람들은 남녀 모두 자기상을 우측에 그리는 경우가 많다. • 중앙부에 그려진 인물상은 가족의 중심인물인 경우가 많다. 중앙부에 자기상을 위치시켰을 때 자기중심성이나 미성숙을 의미하기도 한다.
인물상의 크기	• 가족성원에 대한 관심의 정도가 인물의 크기를 반영한다. 부정적이든 긍정적이든 관심이 큰 인물이 크게 그려진다. • 전반적인 그림이 현저하게 큰 것은 공격적 성향이나 과장, 부적절한 보상적 방어의 감정, 과잉행동을 의미한다. • 현저하게 작은 그림은 열등감, 무능력감, 부적절한 감정, 억제적이고 소심함을 나타낸다.
인물상의 간의 거리	• 인물상의 사이의 거리는 피험자가 본 구성원들 간의 친밀성 정도나 심리적인 거리를 반영하는 것이라고 할 수 있다.
인물상의 방향	• 그려진 인물상의 방향이 '정면'일 경우 긍정적인 감정이, '측면'일 경우는 반긍정-반부정적인 감정을, '뒷면'일 경우 그 인물에 대한 부정적인 감정을 반영한다고 할 수 있다.
인물상의 생략	• 가족원의 생략은 그 가족구성원에 대한 적의나 공격성 불안 등의 부정적인 감정을 표현한 것으로 볼 수 있다. • 인물상을 지운 흔적은 지워진 개인과의 양가감정 또는 갈등이 있음을 시사하거나 강박적이거나 불안정한 심리상태일 때도 나타난다. • 가족원 일부를 용지 뒷면에 그리는 경우는 그 개인과의 간접적인 갈등을 시사한다.
타인의 묘사	• 가족구성원이 아닌 제3자를 그린 경우 가족 내의 누구에게나 마음을 터놓을 수 없는 상태에 있을 때 타인이 묘사되는데, 주로 친구가 묘사되는 경우가 많다.

④ 인물상의 특징

음영이나 갈기기	• 신체부분에 음영이 그려진 경우 그 신체 부분에의 몰두, 고착, 불안을 시사한다. 그림의 윤곽선이 진하고 그림 안의 선들이 진하지 않을 경우 성격의 평형을 유지하는 것이 곤란함을 나타낸다.
윤곽선 형태	• 강박적 사고와 관련이 있다.
신체부분의 과장	• 신체 부분의 확대 혹은 과장은 해당 부분의 기능에 대한 집착을 나타낸다. 신체 내부를 투명하게 보여주는 경우에 현실 왜곡, 빈약한 현실감각, 정신장애 가능성을 내포하며 낮은 지적 기능을 시사한다.
신체부분의 생략	• 해당 신체부분의 기능의 거부와 집착된 불안 또는 죄의식을 나타낸다.
정교한 묘사	• 그림이 극히 정교하고 정확하며 질서가 있는 경우는 환경구성에 대한 사람의 관심이나 욕구를 반영하는 것이나, 과도한 표현은 강박적이고 불안정한 심리상태를 의미한다.
필압	• 에너지 수준 • 선이 굵고 강하게 나타나는 경우는 충동이 밖으로 향하고 공격적이고 활동적이다. 자신감이 있는 사람. • 반대로 약하고 가는 선은 지능이 낮거나 억제가 많은 사람, 우울하고 소극적인 사람에게 나타난다.
얼굴 표정	• 직접적인 감정을 나타내는 것이기 때문에 해석상 확실한 지표가 된다. 인물의 표정은 가족활동 안에서 내담자가 지각하는 정서반응일 수 있다. 얼굴 표정을 생략한 경우 가족 내에서 느끼는 갈등이나 정서적 어려움을 회피하거나 거리감을 두려는 시도로 해석할 수 있다.
의복의 장식	• 나체상: 사회규범에 대해 반항적이며 성적 문제를 가지는 경향 • 의복을 통하여 신체가 보이도록 그리는 경우: 현실검증력이 낮고 심리적으로 장애가 있는 경우가 많다. • 의복의 단추 모양이나 악세사리의 강조: 의존성, 애정욕구의 불만
회전된 인물상	• 인물상이 기울기도 하고 옆으로 누워 있는 경우가 있다. 가족에 대한 인식기능이 상실되었을 때, 거절, 다른 가족성원과의 분리감정을 나타낸다. 보통 강한 불안과 정서 통제가 되지 않는 아동에게 나타난다.

⑤ **사용된 상징**: 그림에 드러난 다양한 상징적 의미를 더욱 풍요하게 하기 위해서는 역동적, 통합적 관점에서 다뤄져야 한다.

공격성, 경쟁심	• 던질 수 있는 물체와 공, 먼지떨이, 빗자루 등
애정, 온화, 희망적	• 전등이나 태양, 난로 등의 적절한 열과 빛은 애정과 희망을 나타내지만 다리미와 불과 같은 지나치게 강렬한 빛이나 열은 불만족한 애정에 대한 욕구 또는 그와 관련된 증오심과 분노를 나타내기도 한다. 예를 들어서 전등은 밝고 강한 빛을 가지면서 적절하게 통제적인 측면을 가지고 있다는 점에서 따뜻함과 사랑에 대한 욕구를 반영한다고 볼 수 있다. 그러나 불은 빛을 보낸다는 측면에서는 사랑의 욕구와 관련되지만 지나치게 강할 경우에는 파괴적일 수 있다는 점에서 사랑이 지나쳐 미움으로 바뀌는 것과 같은 측면에서 해석할 수 있다.
분노, 적대감, 거부	• 칼, 총, 방망이, 날카로운 물체, 폭발물 등 • 이외에도 진공청소기와 북과 같은 치는 것 또한 분노와 관련된다. 북을 치거나 뭔가를 두드리는 것에 분노감정을 전이하는 것 같다.
힘, 과시	• 마차, 자전거, 오토바이, 차, 기차, 비행기 등 • 인물그림에서는 힘을 사용하려는 신체부위에 음영을 칠하여 억제된 심리를 나타내기도 한다.

우울감, 억울함	• 물과 관계되는 모든 것, 비, 바다, 호수, 강 등 • 아동의 그림에서는 모성박탈이나 박탈로 인한 우울감정과 관련하여 냉장고를 표현하는 경우가 흔히 있고, 냉장고의 차가운 냉기는 따뜻한 열기와는 반대의미를 시사한다.
세부 사물	• 다리미: 어머니의 애정을 의미하나 어머니의 과잉 혹은 적절하지 못한 애정표현을 피험자가 인지하고 있는 것으로 해석한다. • 뜨개질: 어머니의 따뜻한 애정을 나타내는 것이지만 가족 상호 간의 상호작용을 나타내는 것이 아니므로 편물을 하고 있는 인물상의 위치, 크기 등의 관계를 살펴서 해석하여야 한다. • 비: 일반적으로 물은 억울함을 나타내는 경향 • 의자: 의자는 책상과 함께 그려지는 경우가 많다. 의자에 의해 해당인 물상이 교묘하게 둘러싸여 있는 경우는 고립과 소외감을, 의자에 파묻혀 후두부만 보이게 그려져 있을 경우는 그 인물에 대한 거부감을 표현 • 개나 고양이: 개나 충성심과 공격성을 의미하며, 고양이는 부드러움과 공격이라는 불균형적인 태도와 양가적인 감정을 상징 • 책상: 의자와 함께 그려지는 경우가 많고 해석도 의자와 같이한다. 책상은 부적응 아동이 적응아동의 경우보다 두 배 이상 많이 그려짐 • 텔레비전: 안식이나 오락을 의미한다. 그림에서 TV를 보고 있는 사람이 한 사람인지 두 사람인지가 중요하다. 두 사람 이상일 경우는 가족의 공통관심이나 상호작용이 시사되기 때문이다. • 전등: 밝은, 따뜻함, 애정을 원한다. • 연필: 연필을 사용하고 있는 행위, 자기 방어와 같은 합리화와 관련 • 계단, 사다리: 계단 위의 인물에 대한 불안이나 불안정감을 표현 • 가구: 가정 내의 물질이 그림으로 표현되고 가족 내의 따뜻한 마음의 연결이 부족하다고 느껴질 경우 외적 측면을 기대하려는 경향이 강함을 반영 • 쓰레기: 가족에 있어 바라지 않는 더러운 부분을 버리는 것을 의미 • 자전거: 남성적인 힘을 의미하고 그와 같은 힘의 강화, 보충을 시도하기 위한 것이라고 해석한다. • 자동차: 자동차는 심리적 물리적 격리 • 음식: 일차적인 생리적 욕구의 충족을 항상 가정에서 구하고 있는 것 • 물조리개: 해당 인물에 관계하는 불안이나 억울한 감정 • 침구: 해당인물에게 나타나는 거부감과 퇴행, 억울함 감정 • 청소기: 지배적이고 통제적이며 때로는 거부적인 태도 • 줄넘기: 해당인물에 대한 포위 양식으로 그려지며, 해당인물의 갈등, 자기고착 등의 상황을 의미 • 바늘: 어머니나 할머니의 행위에서 표현되며 억제된 공격 행동 • 공: 힘을 상징 • 모자: 만들어진 상태와 자기 방어를 의미하며 수동적인 태도와 관련 • 냉장고: 어머니에게 기대는 의존적인 요구를 시사함

15 가족평가

[2014년 기출]

다음은 전문상담교사가 찬우(중1, 남)가족을 상담하는 과정에서 작성한 가계도(genogram)와 동적 가족화(KFD)이다. 이를 토대로 정리한 전문상담교사의 견해 중에서 일치하지 않는 3곳을 찾아서 바르게 서술하시오.

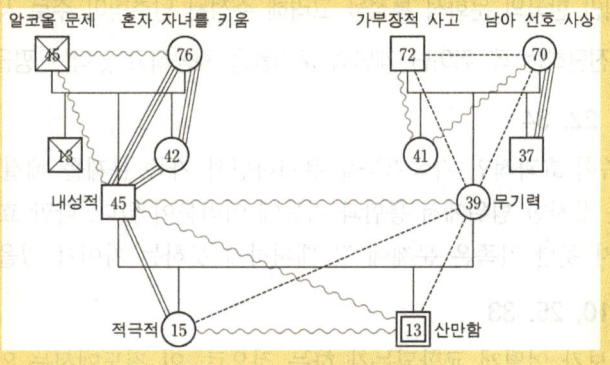

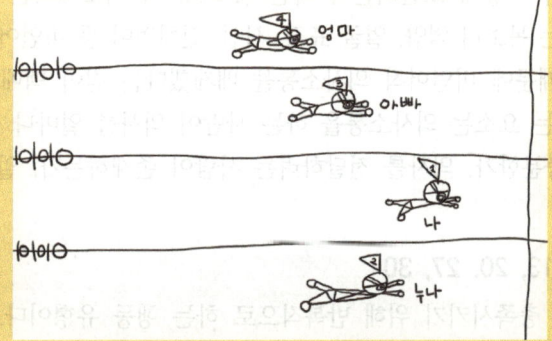

〈전문상담교사의 견해〉
찬우 아버지는 남편을 잃고 고생하신 어머니 밑에서 성장하여 자신의 원가족과 융해된 관계를 맺고 있다. 찬우 어머니는 가부장적이며 남아 선호 사상을 강조하는 가정 분위기에서 자랐지만, 반항적인 언니와는 달리 순종적이어서 부모로부터 많은 관심을 받고 자랐다. 찬우 부모님은 각각의 원가족에서 삼각관계를 경험했기 때문에 현재 가정에서도 자녀와 삼각관계의 패턴을 보이고 있다. 특히, 찬우 아버지는 자신이 겪어 온 사건들이 우연히 일치되고 있다는 점에서 현재 정서적으로 힘든 시기일 것이다. 이 같은 찬우 부모님의 서로 다른 가정환경이 현재 가족 구성원들 사이에 여러 가지 갈등으로 드러나고 있다. 한 예로 찬우가 KFD를 설명할 때, 누나를 제치고 자신이 1등을 한다는 표현에서 형제 간의 갈등을 엿볼 수 있다. 찬우의 KFD를 인물의 행동, 스타일, 상징이라는 3가지 분석 기준에서 보면, 가족들이 함께 수영을 하고 있어서 찬우는 화목한 가족을 기대하는 것 같다.

6 객관적 평가도구

- 자기보고식 질문지의 사용: 상담자가 자신이 만난 가족의 문제를 목록화하고, 사정(査定)하기 위한 객관적인 도구의 필요성에서 개발한 것이다.
- 자기보고식 질문지의 이점: ① 어떤 가족에게 다른 가족의 걱정이 무엇인지 체계적으로 이해시킬 수 있는 기회 제공 ② 가족 각자에게 자기노출을 할 수 있는 기회 제공

1 맥매스터 모델(McMaster model)

- 캐나다의 맥매스터대학 정신과에 있던 엡스턴(N. Epstein) 등에 의해 개발된 맥매스터 모델은 가족기능을 문제해결, 의사소통, 역할, 정서적 반응성, 정서적 관여, 행동통제, 가족의 일반적 기능 차원의 7가지 측면에서 파악하였다.
- 원 도구는 53문항이지만 한국의 문화적 특성을 고려해 수정된 단축형이 주로 사용된다.
- 가족기능을 평가하고 진단하는 데 뛰어난 개념적 준거틀을 제공하고 있다는 평을 받고 있다.

(1) 문제해결: 문항 14, 22, 34
① 문제해결은 가족이 효과적인 가족기능을 유지하면서 가족 문제를 해결하는 능력이다.
② 대부분의 가족은 유사한 범위에서 통합과 기능에 어려움이 있다. 다만 효과적인 가족은 문제를 해결하고, 효과적이지 못한 가족은 문제에 잘 대처하지 못하는 차이가 있을 뿐이다.

(2) 의사소통: 문항 2, 10, 25, 33
① 가족 내에서 정보가 어떻게 교환되는가 하는 것으로, 이 척도에서는 언어적인 것에 국한하였다.
② 실제 의사소통에서는 목소리 억양, 얼굴 표정, 시선, 신체언어 등 비언어적 의사소통이 중요한 부분을 차지한다. 그렇기 때문에 비언어적 의사소통을 배제했다는 점이 맥매스터 모델의 한계이다.
③ 의사소통을 결정하는 요소는 의사소통을 하는 사람이 의사를 얼마나 솔직하고 명료하게 전하는가, 의사소통의 양은 충분한가, 의사를 전달하려는 사람이 존재하는가, 얼마나 마음이 열려 있는가 등이다.

(3) 가족의 역할: 문항 8, 13, 20, 27, 30
① 개인이 가족기능을 충족시키기 위해 반복적으로 하는 행동 유형이다.
② 과제를 달성하기 위해 역할이 적절하게 분배되어야 하며, 가족은 분배된 역할을 실행하는 것이 필요하다. 건강한 가족일수록 가족기능이 각 가족을 충족시킬 수 있으며 역할분담과 책임도 명백하다.
③ 가족 간에 역할분담이 적절히 이루어지지 못하거나 이미 과중한 부담을 가진 가족들에게 또다시 어떤 역할이 부과될 때 어려움을 겪는다.
④ 가족의 역할은 필수적 기능과 그 밖의 가족기능으로 구별된다. 필수적 기능이란, 물질적인 자원을 마련하는 것, 가족을 양육하고 격려하는 것, 배우자끼리 성적으로 만족하는 것, 생활하기 위한 기본적인 기술을 획득해 가족을 유지하는 것이다. 그 밖의 가족기능이란, 특정 가족에게만 기능하는 것이다. 예) 가족 중 한 명을 이상화시키거나 반대로 희생양으로 만드는 것.

(4) 정서적 반응성: 문항 5, 11, 18, 23
① 주어진 자극에 따라 적절한 내용과 적절한 양의 감정으로 반응할 수 있는 능력이다.
② 내용에 대해
  ㉠ "가족이 일상적인 정서생활에서 다양한 느낌을 경험하거나 반응하는가?"
  ㉡ "경험된 정서는 상황적 맥락에서 자극에 부합하는가?"로 질문할 수 있다.
③ 효과적인 정서생활을 하는 가족의 경우 질적 또는 양적인 면에서 모두 적절한 정서적 경험을 할 수 있는 가능성이 있다.
④ 정서는 애정, 안정감, 즐거움 등의 안전감과 두려움, 분노, 우울과 같은 위기감으로 구분된다.
⑤ 적절한 정서적 반응이 무엇인지, 어떻게 정서를 표현하는지는 문화적인 특성에 따라 다르다.

⑥ 건강한 가족은 적절한 강도와 지속성을 가지고 다양한 정서반응을 할 수 있는 능력을 지닌다. 반대로 역기능적인 가족은 반응하는 정서의 범주가 극도로 한정되어 있거나 반응의 질이나 양적인 면에서 항상 부적절하다.

(5) 정서적 관여: 문항 7, 15, 19, 21, 24, 31

① 가족 서로에 대한 관심이나 배려의 양과 질의 문제로 가족 전체가 가족 구성원의 흥미, 활동, 가치관에 얼마나 관심을 보이는가를 의미한다.

② 5가지 정서적으로 서로 관여하는 정도

서로 전혀 관여하지 않는 수준(관여 결핍)	• 가족은 서로에게 소원하거나 무관심. 가족 구성원은 충족되지 못한다.
감정이 배제된 관여	• 가족끼리의 관여는 의무감이나 다른 가족을 통제하거나 단순한 호기심이 있을 때만 서로 관여한다.
자기도취적 관여	• 다른 사람에 대한 관여가 주로 자기중심적일 때 일어난다. 어떤 가족이 다른 사람의 일을 진심으로 걱정하거나 보살피는 마음에서보다는 자기 자신의 존재가치를 유지하기 위해 관여한다.
공감적 관여	• 어떤 문제에 관여할 때 어떤 가족에게 무엇이 필요한가를 진정으로 이해하고 그 사람에게 관여하는 바람직한 관계를 맺는다.
공생적 관여	• 가족이 지나치게 관여한 나머지 개인의 발달에 장애를 초래할 위험이 있다.

※ 가장 효과적이지 못한 관여는 양극에 해당하는 관여의 결핍이나 공생적 관여의 형태다.

(6) 행동 통제: 문항 4, 9, 17, 26, 28

① 가족은 지금 상태를 유지하거나 새로운 상황에 적응하기 위해 다른 가족 구성원에게 영향을 주게 된다. 이 과정에서 가족 구성원의 행동을 통제할 필요가 생긴다.

② 행동통제의 유형

경직된 통제	• 어떤 통제가 행해지는지를 예측하기는 쉬우나, 건설적이지 못하고 적응력도 낮다. 어떤 가족이 새로운 발달과제에 직면해 변화가 필요한 경우 바람직하지 않다.
유연한 통제	• 예측 가능하며 건설적이고 환경변화에 적절하게 적응할 수 있다. 다소 지지적이며 교육적인 성격을 가지기 때문에 가족이 그들이 이상이나 규칙을 함께 공유하기 쉽다. 과제달성이 용이하다.
방임적 통제	• 어느 정도 예측이 가능하지만 건설적이지 않다. 어떤 일을 준비하거나 실행할 때 힘은 약하고 우유부단하여 의사소통과 역할분담에 문제가 생긴다. 이러한 무질서한 가족 속에서 자란 아동은 정서적으로 불안정하며 다른 사람의 주의를 끌려고 하거나 충동을 억제하거나 통제하는 힘이 약하다.
혼돈된 통제	• 예측할 수 없으며 건설적이지 못하다. 때로는 통제하기도 하고 또 때로는 자유방임적이다. 사건의 변화는 가족을 둘러싼 상황이나 필요에 의해서가 아니라 어떤 가족의 기분이나 감정에 의해 일어나는 경우가 많다.

(7) 가족의 일반적 기능: 문항 1, 3, 6, 12, 16, 29, 32

가족의 정신건강 및 병리적인 면을 총체적으로 측정하는 것이다.

척도 내용 / 출처: 김유숙, 전영주, 김수연(2003). 가족평가핸드북

※ 다음은 귀하의 가족을 나타낸 질문입니다. 해당되는 곳에 표시하십시오.

매우 그렇다			전혀 그렇지 않다
1	2	3	4

우리 가족은
1. 서로를 잘 이해하지 못하기 때문에 우리가 해야 할 일을 계획하지 못한다.
2. 누군가가 기분이 나쁘면 왜 그런지를 안다.
3. 위기가 닥치면 서로에게 도와달라고 부탁할 수가 있다.
4. 갑자기 큰일을 맞게 되면 어떻게 할 바를 모른다.
5. 서로에 대한 애정표현을 하지 않으려고 한다.
6. 슬픈 일이 있어도 서로에게 그런 얘기를 하지 않는다.
7. 자신에게 중요한 일일 때만 서로에게 관심을 가진다.
8. 집에서 할 일이 충분히 나누어져 있지 않다.
9. 규칙을 어겨도 그냥 지나간다.
10. 빗대서 말하기보다는 직접 솔직하게 얘기한다.
11. 감정적으로 반응하지 않는 식구들이 있다.
12. 우리가 두려워하는 일이나 걱정에 대해 얘기하기를 꺼린다.
13. 각자의 역할을 다하지 못한다.
14. 집단문제를 해결하려고 애쓴 후에 그것이 잘 되었는지 아닌지에 대해 얘기하곤 한다.
15. 지나치게 자기 중심적이다.
16. 서로에게 감정을 표현할 수가 있다.
17. 화장실을 사용하는 방식이 정해져 있지 않다.
18. 서로에 대한 사랑을 표현하지 않는다.
19. 우리에게 관계있는 일에만 서로 관여하게 된다.
20. 식구들이 개인적인 관심사를 알아볼 시간이 별로 없다.
21. 개인적으로 얻는 것이 있다고 생각할 때 서로에게 관심을 보인다.
22. (나쁜) 감정 문제가 나타나면 거의 풀고 지나간다.
23. 다정다감한 편은 아니다.
24. 어떤 이득이 있을 때에만 서로에게 관심을 보인다.
25. 서로에게 솔직하다.
26. 어떤 규칙이나 기준을 고집하지 않는다.
27. 어떤 일을 부탁하고 나서 나중에 다시 일러줘야 한다.
28. 집에서 지켜야 할 약속들을 어기면 어떻게 되는 건지 잘 모른다.
29. 함께 있으면 잘 지내지 못한다.
30. 가족으로서 각자가 해야 할 일에 대해 불만을 가지고 있다.
31. 좋자고 하는 것이지만 서로의 생활에 너무 많이 개입한다.
32. 서로를 믿는다.
33. 누가 해 놓은 일이 마음에 들지 않으면 그 사람에게 말한다.
34. 문제를 해결하려고 할 때 여러 가지 방법을 생각해 본다. (정수경, 1993)

2 순환 모델(Circumplex Model) 2005, 2015, 2022 기출

- 미네소타 대학의 올슨(Olson) 등(1989)이 가족체계 이론을 바탕으로 가족기능에 관한 50여 개의 개념을 추출, 분석하여 귀납적으로 발전시킨 개념이다.
- 순환 모델은 가족기능의 핵심 영역으로 응집성과 적응성을 선택하여 가족유형을 범주화하였다.

(1) 응집력(cohesion, 응집성)

① 가족 간의 정서적 친밀감과 결속을 반영하는 개념이다. 응집성의 수준에 따라 격리, 분리, 연결, 밀착의 네 수준으로 나눈다.
② 격리된 가족은 지나친 개인주의와 제한적인 가족참여로 개인에게 필요한 가족의 지원이 부족할 수 있다. 반면, 밀착된 가족은 과도한 가족 동일시로 지나친 충성심 요구와 소속감으로 인한 개인의 자율성이 제한되는 부작용이 있을 수 있다.
③ 응집성의 개념은 직선적이라기보다 곡선적 개념이다.

응집력 수준	특징
격리	• 낮은 응집력. 가족구성원은 최대한 자율성을 즐기며 가족 안에서 자신을 동일시하려는 노력은 전혀 없다.
분리	• 개인의 자율성에 가치를 두나 가족의 통합과 정체감의 감각도 함께 지니고 있다.
연결	• 친밀감에 가치를 두고 그것을 더욱 좋아한다. 가족구성원의 자율성의 발달을 인정하고 돕는 경향이 있다.
밀착	• 무엇보다도 가족의 친밀성에 가치를 둔다. 자립을 방해한다.

(2) 적응력(adaptability, 적응성)

① 안정과 변화 간의 구조적 수준을 의미하는 개념으로 가족체계가 안정지향 대 변화지향의 맥락에서 구조를 변화시키는 능력을 살펴보는 것이다.
② 적응성의 수준은 가족이 가족 내외의 변화에 따라 지도력이나 역할관계, 관계규칙 등의 영역에서 얼마나 융통성을 발휘할 수 있는가의 문제다.
③ 순환 모델에서는 적응성의 수준에 따라 경직, 구조적, 융통적, 혼돈 네 가지 수준으로 나눈다.
④ 적응성이 매우 낮은 경직된 가족이나 너무 높은 혼돈된 가족은 역기능적인 반면, 적응성이 적절할 때 가족의 기능은 최적의 수준이 된다.

적응력 수준	특징
경직	• 역할이나 규칙의 변화를 소극적으로 받아들이며 현상유지를 위해 많은 노력을 한다.
구조화	• 유연한 가족보다는 역할이나 규칙의 변화가 덜 일어난다.
유연	• 규칙이나 역할의 변화를 인정함으로써 문제를 해결하는 능력이 있다.
혼돈	• 가족생활의 문제와 관련된 아무런 구조도 가지고 있지 않다.

(3) 순환모델 바탕으로 개발된 평가도구

① **구성**: 내부자 척도(자기보고식)인 FACES(Family Adaptability and Cohesion Scale)와 외부 관찰자 척도인 CRS(Clinical Rating Scale)가 있다.
  ㉠ FACES는 자기보고식 척도라고 하여 내부자 관점을 제공하는 척도이다.
  ㉡ CRS는 외부관찰자 척도로 외부자 관점을 제공한다. CRS는 적응성과 응집성 차원 이외에 도식되지 않는 차원으로 의사소통 척도를 평정한다. CRS는 반구조화된 면접을 통해 가족에게 특정 과제를 주고 과제 수행하는 동안 가족의 상호작용을 관찰하면서 평가를 한다. 의사소통 척도는 응집성과 적응성 두 차원을 이동시키는 촉매 역할을 한다.

- **의사소통 척도**: 가족응집성 및 적응성 수준을 변화 유지시킬뿐 아니라 응집성과 적응성의 상호작용 및 그 패턴을 형성하는 척도를 말한다.

② FACES의 특징
  ㉠ 순환모델 척도는 가족 내 기능에 초점을 둔 표준화된 검사로서 세계적으로 가장 많이 사용되어온 가족평가도구 중 하나다.
  ㉡ 홀수번호 문항은 응집성에 관한 문항이며, 짝수번호 문항은 적응성에 관한 문항이다. 문항번호 3, 9, 15, 19, 24, 25, 28, 29에 역점수를 준다.
  ㉢ 이 척도는 현재 가족에 대한 인식을 묻는 현실 가족과 원하는 가족 모습을 묻는 이상적 가족에 대해 각각 질문하도록 구성되어 있다. 이러한 두 번의 질문을 통해 현실가족과 이상가족의 차이를 파악할 수 있다.
  ㉣ 연구자는 가족이 어떤 위치에 해당하는지를 규명하는 것보다 가족이 응집력과 적응력 정도에 대해 어떻게 인식하는가에 보다 많은 관심이 있었다. 따라서 상담자는 이 도구를 가족사정의 의미보다는 치료수단으로 활용할 수 있다는 점에서 높이 평가한다.

③ 순환 모델 자기보고식 척도(FACES Ⅱ)

전혀 그렇지 않다	다소 그렇지 않다	그저 그렇다	다소 그런 편이다	정말 그렇다.
1	2	3	4	5

1. 우리 가족은 서로 돕는다.
2. 우리 가족은 누구나 쉽게 자기 생각을 가족들에게 이야기한다.
3. 고민이나 비밀이 있으면 가족이 아닌 사람과 이야기하거나 의논하는 편이다.
4. 집안의 중요한 일을 결정할 때는 모든 가족이 참여한다.
5. 우리 가족들은 집에 오면 그 날 있었던 일을 서로에게 이야기한다.
6. 우리 형제들은 부모님이나 교육이나 생활지도방법에 대해 우리들이 생각하는 것을 말씀드리곤 한다.
7. 집안에 일이 생기면 우리 가족은 함께 일을 처리한다.
8. 문제가 생기면 우리 가족은 함께 의논하고 의논을 통해 만족스러운 해결책을 찾으려고 한다.
9. 우리 가족들은 멋대로 행동하는 경향이 있다.
10. 우리 가족들은 돌아가면서 집안일을 돌본다.
11. 우리 가족은 각자의 친구를 좋은 친구로 인정한다.
12. 우리 집의 규칙은 상황에 맞게 조절된다고 본다.
13. 우리 가족들은 자신의 일을 결정하기 전에 가족들과 먼저 상의하는 편이다.
14. 우리 가족들은 하고 싶은 말이 있으면 스스럼없이 이야기하는 편이다.
15. 우리 가족은 집안을 위해서 무엇을 해야 할지를 모르는 것 같다.
16. 우리 부모님은 우리 형제들의 의견을 존중해 주시는 편이다.
17. 나는 부모님과 형제들에 대해 깊은 애정과 친밀감을 느낀다.
18. 우리 부모님은 상이나 벌을 공정하게 주시는 편이다.
19. 가족이 아닌 사람에게서 더 깊은 친밀감과 편안함을 느낀다.
20. 우리 가족은 문제나 고민거리가 생기면 새로운 해결방법을 찾아보려고 한다.
21. 우리 가족은 가족이 내린 결정을 잘 다룬다.
22. 우리 가족은 집안일을 나누어서 하며, 자기가 맡은 일에 대해 책임감을 갖고 있는 편이다.
23. 우리 가족은 함께 여가시간을 보내는 것을 좋아한다.
24. 우리 가족의 규칙은 바꾸기가 힘들다.
25. 우리 가족은 집에서 서로 대하기 싫어한다.
26. 우리 가족은 어떤 문제가 생기면 그 문제에 대해 서로 상의하는 편이다.
27. 우리 가족은 서로의 친구에 대해 잘 알고 있다.
28. 우리 가족은 마음속에 있는 생각을 이야기하는 것을 서로 꺼리는 것 같다.
29. 가족 전체가 합심하여 행동하기보다는 몇몇 가족원끼리만 짝을 지어 행동하는 편이다.
30. 우리 가족은 취미활동을 같이 하는 편이다.

④ 순환 모델 외부관찰자 척도(CRS)

응집성	유리		분리		연결		밀착	
	1	2	3	4	5	6	7	8
정서애착								
가족관여								
결혼관계								
부모-자녀 관계								
내적 경계(시간, 공간)								
외적 경계(친구, 관심, 여가)								
전체평가								

적응성	경직		구조적		융통적		혼돈	
	1	2	3	4	5	6	7	8
지도력								
훈육								
협상								
역할								
규칙								
전체평가								

의사소통	낮은 ←		용이성 높은		→	높은
	1	2	3	4	5	6
듣는 기술 　공감 　경청						
말하는 기술 　자신을 위해 말하기 　타인을 위해 말하기 　(역점수화)						
표현의 자유로움						
명료성						
따라 가기						
배려/존중						
전체평가						

⑤ 해석

　㉠ FACES나 CRS를 활용하여 가족의 응집성과 적응성에 대한 종합적인 평가가 나오면 이 결과에 대해 다음 모델 지도상에 가족유형을 표시한다.

　㉡ 순환모델에서는 중간 점수의 가족이 적응성이나 응집력에서 적절한 점수를 가지면 건강한 기능을 한다고 보았다. 이와 달리 일반적으로 두 차원의 극단적인 점수를 나타내는 가족은 역기능의 특징이 있다고 보았다.

　㉢ 적응성과 응집력은 각각 4개의 수준으로 구성해 총 16개의 가족유형으로 나누어진다.

⑥ 순환모델 가족 평가 16가지 유형

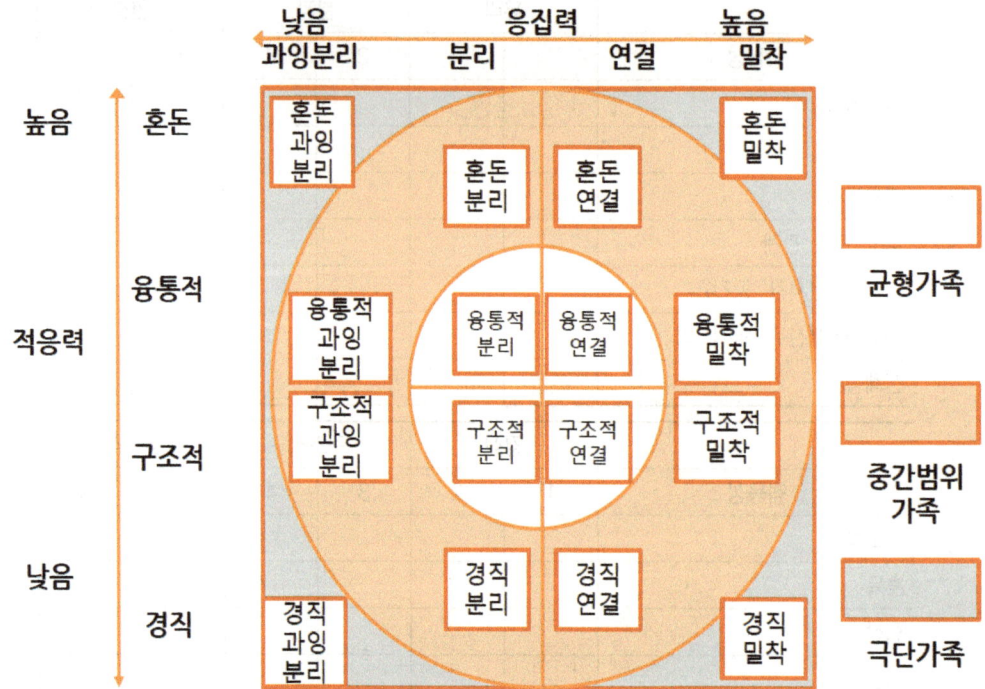

⑦ 순환모델에 따른 역기능 가족의 예

> **+ 경직-밀착된 가족의 예**
>
> 아버지는 해병대 대령으로 자기가족이 군인가족이길 바람. 아버지는 특히 장남에게 경직밀착되어 있는데, 아들이 자신과 같은 길을 걷길 바람. 아버지는 아들뿐 아니라 딸에게도 무시하는 행동을 곧잘 하였으며, 아내에게도 이중 속박적인 방식으로 행동을 하였다. 아내는 남편에게 변명을 대기 일쑤이고 아이들을 남편으로부터 방어하는 데 전전 긍긍하였고, 특히 남편을 거역할 수 없었다. 아버지는 이 가족의 핵심이다. 이것은 협박에 기본을 둔 밀착이지 애정에 근본을 둔 것은 아니다. 이 가족은 매우 경직되었는데 아버지의 명령은 절대적인 것이며 거역하거나 불평은 용납되지 않았다

⑧ 순환모델에서의 부부와 가족치료 목표
  ㉠ 증상에 대한 목표: 가장 일차적인 목표는 문제와 증상을 감소시키는 것
  ㉡ 체계에 대한 목표: 균형을 이룬 상태로 응집성과 적응성 수준을 변화시키는 것
  ㉢ 체계에 대한 메타(meta) 목표: 현재 문제를 다루는 것뿐 아니라 궁극적으로 시간이 지남에 따라 체계변화를 협상할 수 있는 능력을 키우는 것

[2015년 기출]

다음은 전문상담교사인 한 교사가 동료 교사인 박 교사에게 자문해주는 과정의 일부이다. 괄호 안의 ㉠~㉢에 들어갈 용어를 쓰시오.

박 교사: 저희 반 경미가 요즘 부쩍 성적이 떨어져서 면담을 해 보았습니다. 경미 어머니는 평소에 경미 아버지의 모든 것을 챙겨주어 사이가 좋은 것처럼 보이지만, 부부싸움을 하면 심하게 한다고 합니다. 경미 어머니는 경미 아버지가 조금이라도 늦게 퇴근하면 불안해하며 전화를 한다고 합니다. 그때마다 경미 아버지는 퇴근하기가 무섭게 경미 어머니에게 큰 소리로 화를 내며 폭력을 휘두른다고 합니다. 부부싸움을 하고 나면 경미 어머니는 경미 방에서 경미와 함께 잠을 자면서 신세한탄을 하며 운다고 합니다. 그때 경미는 엄마가 울 때 같이 울게 되고 엄마가 슬퍼하는 것이 마음이 아파서, 아버지가 너무 싫어진다고 합니다. 대학생인 경미의 언니는 다양한 체험을 위해 외국으로 가고 싶어 하는데 가족은 떨어져 살면 안 된다고 경미 부모님이 심하게 반대한다고 합니다. 경미의 언니는 부모님에게 늘 순종적인 편이지만 대학생이 되었는데도 아직까지도 변함없이 엄격하기만 한 집안 분위기 때문에 힘들어하고 있습니다.

한 교사: 순환모델을 적용하여 경미네 가족을 (㉠)와/과 (㉡)의 차원에서 평가할 수 있는데, 이러한 평가 결과 경미네 가족은 16가지 유형 중 (㉢) 유형에 속한다고 볼 수 있습니다.

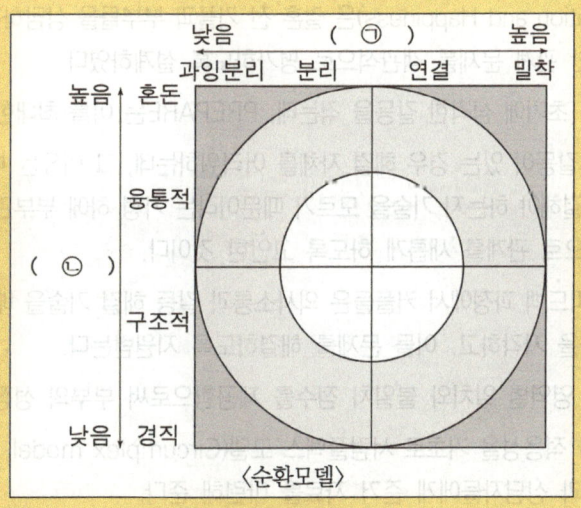

〈순환모델〉

3 달링톤 모델(Darlington Model)

(1) DFAS(Darlington Family Assessment System): 1983년부터 1993년까지 달링톤의 마리온 가족센터에서 개발된 가족 사정용 통합 패키지로 구성되어 있다.

(2) 이 척도는 아동과 가족에 관한 기초 자료 확보 및 포괄적인 사정을 위해 이용되고, 문제와 관련된 가족 배경을 이해하기 위한 훈련 도구로 활용할 뿐 아니라, 임상에서 가족 면접기술의 개발을 장려하기 위해 주로 사용한다.

(3) DFAS에는 문제의 역사에 대한 평가, 가족의 소시오그램, 가족 성원으로서 문제에 대한 인식하기, 가족의 동기화와 장점, 주요 문제 영역, 치료 전략 등이 포함되어 있다.

(4) 크게 4가지 영역으로 분류함(아동 중심 문제, 부모 중심 문제, 부모-자녀관계, 총체적 가족 기능)

(5) 4가지 영역

① **아동 중심 문제**: 아동의 신체적 건강상태 파악, 아동발달(자기관리, 의사소통, 독립성, 언어발달 등), 정서장애(불안, 우울, 두려움, 공포 등), 가족 내외의 관계(형제, 친구 등 대인관계를 어떻게 맺는지, 어떤 상태인지 탐색), 행동(아동의 행동장애가 상황적인지, 반복적인지 파악, 사회성 여부, 내향성 및 외향성 등), 부정적 삶의 경험

② **부모 중심 문제**: 부모의 신체적 건강, 심리적 건강, 부부생활(대화시간, 심리적 관계, 긍정적 신체의 접촉, 갈등 해결 등), 부모의 생활사(부모 자신의 어린 시절 양육 환경 파악), 부모의 사회적 지지(부모의 사회적 관계망이 제한적인지, 자녀에게 어떤 사회적 모델이 되는지 파악)

③ **부모-자녀 관계(자녀양육)**: 보편적으로 '애정과 통제'의 틀로 기본적 평가 실시-돌봄, 기대, 존중, 경청, 공감적 이해, 통제

④ **총체적 가족 기능**

4 가족사정 방법(PREPARE ENRICH) - 커플관계 검사

(1) Olson, Fournier와 Druckman(1982)에 의해 개발된 PREPARE ENRICH 프로그램(Enriching Relationship Issues, Communication and Happiness)은 결혼 전 커플과 부부들을 상담하는 상담자들이 보다 효율적으로 커플들을 돕고 중요한 관계 문제를 객관적으로 평가하도록 설계하였다.

(2) 상당수의 부부가 결혼 초기에 심각한 갈등을 겪는데, PREPARE는 이를 최대한 예방하기 위한 프로그램이다.

(3) 부부들이 결혼생활에 갈등이 있는 경우 해결 자체를 어려워하는데, 그 이유는 부부들은 갈등의 핵심이 무엇이고, 어떻게 갈등을 해결해야 하는지 기술을 모르기 때문이라는 가정 하에 부부관계의 강점 영역과 성장 영역을 파악하고, 이를 바탕으로 관계를 새롭게 하도록 고안한 것이다.

(4) 질문지 결과에 대한 피드백 과정에서 커플들은 의사소통과 갈등 해결 기술을 배우며, 자신들에게 특정한 문제의 소지가 될 논제들을 자각하고, 이들 문제를 해결하도록 지원받는다.

(5) 부부별로 11개 하위 영역별 일치와 불일치 점수를 제공함으로써 부부의 성장 영역과 강점을 제공해 준다.

(6) 또한 가족의 응집성과 적응성을 기초로 서컴플렉스 모델(Circumplex model, 순환모델)에 부부의 위치를 표시해줌으로써 부부들과 상담자들에게 준거 자료를 마련해 준다.

(7) 이를 통해 결혼과 자신의 파트너에 대한 기대와 자신의 원가족의 중요성을 지각하고 결혼 후 직면하게 될 많은 일반적인 문제들(재정 예산, 역할 책임 등)도 구체적으로 다룬다.

(8) 평가도구는 결혼관계 진단 및 치료에 필수적인 도움의 수단으로 상담자에 의해 사용된다.

(9) ENRICH는 치료와 부부 제반 관계의 질적 향상 모두에 도움이 될 수 있다.

(10) ENRICH는 상담자에게 다음과 같은 유용성이 있다.

① 광범위한 문제들에 대한 다양한 시각을 갖춘 관계 기능의 포괄적인 개관을 제공한다.
② 광범위한 규준(Norm)을 토대로 한 관계역동의 거시적인 전망과 부부의 의견일치 정도를 반영하는 미시적인 전망 모두를 제공한다.
③ 가치 있는 진단자료를 효율적인 방법으로 공급한다.
④ 상담을 통해 해결해야 할 특별한 문제들과 생각들을 알게 한다.
⑤ 상담 진행 중이거나 또 상담 후에 상담의 효과를 평가하는 데 도움이 된다.

16 가족상담의 과정

1 상담 구조화

1 상담 구조화(counseling structurering)의 개념 📖 2005 기출

(1) 상담자가 내담자와 만나기 전에 상담과정을 어떻게 운영할 것인가에 대한 나름대로의 지침을 가지고 있는 것을 말한다.

(2) 상담에 누구를 참석시킬 것인가, 어떤 형태의 상담계약을 할 것인가, 가족의 특별한 요구에 어떻게 대응할 것인가에 대해 가족을 만나기 전에 구체적으로 자신의 생각을 정리하는 것이 바람직하다. 이는 상담과정에서의 불안을 감소시키고 바람직한 상담관계를 형성하는 데 도움이 된다.

(3) 이렇듯 '상담의 구조화'란 상담자와 내담자가 서로의 기대를 맞추어 가는 것으로, 상담자가 내담자에게 상담의 목표와 성격, 상담자와 내담자의 역할 및 책임, 상담의 절차와 수단, 상담 시간과 장소, 상담비용 등을 설명하면서 소통하는 작업이다.

> **[2005년 기출]**
>
> 다음은 수련감독자와 상담교사의 대화이다. ㉠의 내용에 해당하는, ㉡에 들어갈 내용이 무엇인지 쓰시오.
>
> 수련감독자: 선생님. 초기 상담 과정에서 가족사정을 하고 나면, ㉠ <u>상담에 누구를 참여시킬 것인가, 어떤 형태의 상담 계약을 할 것인가, 가족 구성원의 특수한 요구에 어떻게 대응할 것인가에 대하여 구체적인 계획을 내담자 가족과 함께 마련해야 합니다.</u>
> 상담 교사: 초기 상담에서 해야 할 다른 과제들은 무엇인가요?
> 수련감독자: 그 외에도 초기 상담에서는 문제의 명료화, 가족과의 관계 형성, ㉡_____, 가설설정, 면담을 통한 가족 이해가 이루어져야 하지요.

2 구조화의 내용

(1) 가족체계의 명료화

① 대부분의 가족들은 가족상담에 대한 분명한 생각 없이 상담에 임하게 되어 어떻게 행동해야 할지 몰라 불안해하거나 방어적이다. 이때 상담자는 상담을 구조화하고, 가족체계에 대한 개념을 설명하게 된다.
　㉠ 초기단계에서 가족체계: 가족상담과 개인상담의 차이를 이해시키는 용어로 활용.
　㉡ 중기단계에서 가족체계: 증상이나 가족문제를 재명료화하기 위해 활용.
　㉢ 종결단계에서 가족체계: 가족 내에서 무엇이 변했는지 명료화하는 도구로 활용.

② 가족체계는 모빌로 비유할 수 있으며 하나가 흔들리면 다른 구성원도 흔들린다고 설명할 수 있다. 가족이 서로 연결되어 있다는 것을 의미하는 항상성의 개념을 포함하여 설명한다.

(2) 상담에 참가하는 가족 범위 📖 2011 기출
① 가족평가를 위해선 첫 상담에서 가족 전원이 참석해야 하는데, 이를 위해 가족참여의 이점을 설명할 필요성이 있다.
② 부모처럼 가족 중 중요한 위치를 차지하는 가족이 자신들은 서로 연결되었다는 것을 이해한다면 가족 전원이 상담과정에 참여하는 것에 대한 저항은 사라진다.
③ 가족에게 정신적으로 건강하고 잘 기능하는 가족이 앞으로 진행될 상담과정에 도움을 줄 수 있으며, 그로 인해 상담이 성공적으로 끝날 수 있다는 사실을 이해시키는 것도 필요하다.
④ 한 사람 또는 그 이상의 가족이 소극적으로 참여하거나 참가를 거부하는 것은 초기에 자주 볼 수 있으며, 상담 중반부에 탈락으로 이어질 수 있다. 참여를 원치 않는 가족 구성원의 거부는 어떤 형태로든 가족 문제와 연결되어 있다.
⑤ 어린 자녀를 상담과정에 참여시킬지의 여부를 결정하는 것도 중요하다. 어린 자녀는 모든 것을 솔직하게 말하기 때문에 가족 구조를 파악할 수 있는 뜻하지 않은 정보를 제공한다. 그러나 의사소통에 제약이 있기 때문에 어린 자녀와 의사소통을 하기 위해 상담자는 모래상자, 페펫, 인형 집과 같은 보조기구들을 갖춰야 한다.

(3) 상담계약(counseling contract) 📖 2011 기출
① 계약은 상담자가 선택한 다양한 개입방법의 효율성과 가족에게 일어나는 변화를 정확하게 사정할 수 있는 기회를 제공한다.
② 목표 달성 여부를 사정하기 위한 기준설정은 그것 자체만으로도 가족에게 치료적 의미를 지닐 수 있다.
③ 가족은 계약을 협상하는 과정에서 상담자의 다양한 질문에 대답해야 하는데, 상담자에게 이런 과정은 가족의 상호작용을 관찰할 수 있는 기회이다.
④ 상담기간과 빈도, 상담에 대한 가족의 기대는 계약을 협상하는 동안 결정되어야 한다. 이것은 가족들에게 앞으로 일어나는 모든 것은 자신들이 계획한 범위에서 이루어진다는 자각을 하는 데 도움이 된다.
⑤ 이처럼 계약은 분명한 목적을 제공하고 상담에 기여하는 정보를 늘려준다. 즉, 계약 속에서 작업하는 것은 한정되었다는 느낌보다 자유가 늘어났다는 느낌을 제공하는 셈이다.
⑥ 계약에는 예정된 상담 횟수와 간격, 상담시간, 누가 참석할 것인가, 상담목표, 상담비용 등을 포함한다.
⑦ 상담목표를 통해 앞으로 언급될 문제를 구체화함으로써 상담과정에서 상담자가 그들의 문제를 해결해 줄 것이라는 수동적인 생각에서 벗어나야 한다.
⑧ 또한 비밀보장, 상담에 불참할 경우 예외적인 상황에서도 합의하는 것에 대하여 언급하여 준다.

(4) 개인면담 수락 여부
① 가족 중 한 명이 개인상담을 요청할 경우 먼저 그러한 제의를 하는 개인의 의도와 그에 대한 나머지 가족의 의견을 확인한다.
② 개인상담에 대한 의도에 다른 가족원들이 동의한다면 다음과 같은 사항을 고려하여 개인상담을 진행한다.

> • 개인상담이 가족상담에 미칠 영향을 고려한다.
> • 상담자가 개인상담의 목적과 의도를 모든 가족과 나눌 수 있는지의 여부를 확인한다.
> • 가족이 가족상담과 개인상담의 비용을 함께 책임질 수 있는지 여부를 확인한다.

③ 개인상담을 반대하는 가족이 있을 때, 그 해결은 상담자가 아닌 가족에게 맡기는 것이 바람직하다. 상담자는 이와 같은 문제해결 과정을 관찰하면서 가족관계의 구조와 상호작용에 관한 다양한 정보를 얻을 수 있다.

④ 개인상담은 어디까지나 전체 가족상담의 효율성을 높이기 위한 수단으로 이루어져야 한다.

(5) 비밀유지

① 가족상담의 중요한 특징은 **개방성을 촉진하는 것**이다. 일반적으로 상담자는 스스로 바람직한 의사소통의 모델을 보이면서 가족끼리의 정보가 공유될 때 긍정적인 의미를 부여함으로써 자유롭고 솔직한 의사소통을 장려한다.

② 때로는 어떤 가족은 상담자가 자신에게 보다 많은 관심을 가지길 원해서 상담 과정 이외의 형태로 정보를 주려고 한다. 전화를 하거나 상담이 끝난 후 상담자를 밖으로 끌고 가 개인적으로 이야기를 하는 경우다. 이 때 대처전략을 상담자는 가지고 있어야 하며, 이러한 문제를 가족 상담 과정에서 다룰 수 있다면 이상적이다.

③ 때로는 상담자가 가족 하위체계와 시간을 갖거나 상담시간의 일부가 그들과 만나는 경우가 있다. 그 때 가족이 자신들과 나눈 상담내용을 다른 가족 구성원에게 알리지 않도록 요구할 수 있다. 이를 대비해 상담 계약시 상담자는 특정 가족과 비밀을 가질 수 있으며, 그 내용은 다른 가족에게 말하지 않을 수 있다는 점에 대해 미리 가족의 동의를 얻을 필요가 있다.

(6) 이익의 상충

우리는 여러 유형의 경계 속에 살고 있다. 경계의 개방성, 유연성뿐만 아니라 명료성과 혼란성의 차원에서도 경계의 역동성을 볼 수 있으나 경계가 혼란스러울 때, 지나치게 개방적일 때, 충분히 개방적이지 못할 때, 지나치게 유연하거나 충분히 유연하지 못할 때 경계의 역기능이 발생한다.

① 상담자가 내담자와 전문적 관계 이외에 하나 이상의 또 다른 관계를 맺을 때, 중립을 유지하는 능력 또는 내담자에게 최상의 이익이 돌아가도록 행동하는 능력은 손상된다.

② 상담자가 전문적 및 상담적 관계 이외에 또 다른 관계를 맺지 못하도록 금지하는 것은 상담자나 내담자 모두를 보호하기 위해 설정된 경계이다.

③ 그러나 모두 다중관계를 금지하여 상담자가 두 가지 이상의 역할을 수행하지 못하게 한다는 것은 불가능하다.

④ 다중관계에 대해 너무 경직된 경계를 유지하는 것과 내담자의 착취 가능성에 주의를 기울이지 않는 것은 둘 다 위험하다.

⑤ 윤리적 차원에서 착취적인 다중 관계(성적 관계를 포함)는 바람직한 것이 아니며 신뢰할 수 없다는 것에 주목해야 한다.

⑥ 이러한 관계들은 내담자와 상담자 모두에게 좋지 않은 결과를 초래하며, 내담자에게 자유로운 선택을 할 수 있는 능력이 있음을 부정한다.

⑦ 이중관계는 바람직하지 않은데, '가족 상담사이기도 한 A교수는 이번 학기 수업을 듣고 있는 B군이 개인적으로 가족 상담을 요청하자 다른 상담사를 소개해 주는 경우'를 들 수 있다.

2. 가족상담 초기

1. 전화에 의한 사전 상담

(1) 가족상담에서 전화상담은 훈련된 전문가에 의해 접수면담이 진행되어야 한다. 왜냐하면 전화상담을 통해 상담자는 첫 회기의 상담에 누가 참석해야 하는지를 명확히 전달하여 상담의 방향과 구조를 확립해야 하기 때문이다.

(2) 상담자는 일단 첫 상담에 가족이 모두 참석하면 전화를 나눈 가족 구성원에게 "일전에 전화로 나누었던 이야기를 여기서 다시 한 번 해주시겠어요?"라고 부탁하면서 상담을 시작한다.

2. 문제의 명료화

(1) 가족문제를 명료화하는 것은 가족이 경험하는 혼란에 자신이 어떤 기여를 했는지 이해하며, 그것은 치료적으로 도움이 된다. "난 아이들과 좀더 잘 지내기를 원해요."라는 진술은 문제를 보다 특정한 행동적인 용어로 정의할 때 해결에 좀더 다가갈 수 있다. 예를 들어, "나는 아이들을 포함한 가족 모두가 1주일에 3번은 저녁식사를 같이 하길 원해요."라고 표현하는 것이다.

(2) 문제를 명료화하는 과정은 가족에게 상담자의 능력과 가족들의 파괴적인 과정을 적절히 조율할 수 있다는 기대를 제공한다.

(3) 문제를 명확히 할 때 '왜, 지금'은 중요하다. 대부분의 경우 제시된 문제는 정확하지 않으면서 상당히 오랜 기간 지속된 것이다. 그런데 가족들이 이 시점에서 상담을 원하는 것은 지금 문제를 해결하려는 의도를 가졌다는 점에서 중요한 정보이다. 이런 과정에서 가족 각자가 생각하는 문제는 무엇이며, 어떻게 변해야 하는지를 표현하도록 한다.

3. 가족과 관계 형성

(1) 미누친에 의하면 수용, 공감적 이해, 진실성은 가족상담의 초기 단계에서 더욱 필요하다. 가족이 자신들의 문제를 노출하도록 돕고 안전하도록 느끼게 만들기 때문이다.

(2) 가족들은 명확한 안내와 충고를 기대하기 때문에 상담자는 이들에게 자신들의 문제 해결에 도움을 줄 수 있는 전문가로 인식될 필요가 있다. 상담자의 자기 확신은 가족이 상담자를 신뢰하는 데 결정적인 역할을 할 수 있다.

(3) 라포 확립은 중요하기 때문에 최초 면담 2, 3회까지 면담의 목적은 라포 형성이어야 하며 상담과정 전체를 통해 지속되어야 한다. 그러기 위해 상담자는 언어적, 비언어적, 물리적 환경을 모두 활용할 필요가 있다.

(4) 상담자는 가족 체계에 합류하기 위해 가족의 조직과 유형을 받아들이고 거기에 융해될 수 있어야 한다. 예를 들어 권위적인 아버지가 있는 가족의 경우에 먼저 아버지에게 질문을 하거나 또는 다른 가족에게 질문을 할 때도 아버지의 동의를 얻어서 질문을 하는 등 상담자가 가족이 가진 기존 질서 속으로 들어가야 한다.

4 상담 목표의 설정

(1) 모든 상담기법은 목표를 명확히 할 때 진전이 빠르다. 어떤 결과를 추구하는가를 명확히 정리하지 못하면 결과의 성공 여부를 판단하기 어려울 것이다. 또한 목표를 구체화함으로써 가족이 상담에 대해 가질 수 있는 마술적인 기대로부터 벗어날 수 있다.

(2) 또한 상담 목표는 상담이 진행되면서 계속 수정될 수 있다.

(3) 목표는 상황에 따라서 단기목표와 장기목표로 구분하는 것이 가능하다.

5 면담을 통한 가족 이해

(1) 상담자는 최소한 가족이 어떤 과정을 거쳐 현재에 이르렀는지 파악하는 것이 필요하다. 일반적으로 부모의 출생과 그들의 어린 시절의 이야기부터 가족 역사를 파악한다. 이 질문은 자녀의 출생과 지금까지의 발달에 대해서도 계속 이어진다.

(2) 대부분 상담자는 상담 초기에 가족사와 가족에 대한 많은 정보를 얻기 위해 가계도를 활용한다.

(3) 가족사정의 주요 목적은 가족의 현재 기능을 이해하는 것이다. 이를 알기 위해 가족 간의 상호작용을 직접 관찰하거나, 가족에게 서로의 관계에 대해 질문한 후 언어적, 비언어적 반응을 관찰하는 것이 필요하다.

(4) 밀란학파는 가족을 만나기 전에 상담자가 접수상담 등으로 수집한 정보를 토대로 먼저 가설을 세운 후 상담을 한다. 이때 가설이란 입증 또는 반증을 얻기 위한 탐색의 기초로서 일시적으로 가지는 추론이다. 따라서 상담 과정은 이러한 추론을 검증해 나간다.

(5) 상담자는 이렇게 얻은 정보를 체계적으로 평가해야 한다. 이때 가족은 어떻게 기능하는가, 호소하는 문제는 그러한 기능과 관련이 있는가, 관련 있다면 어떻게 관련 있는가를 검토한다. 어떤 사례를 정형화하여 판단할 때, 중요한 문제는 가족이 호소하는 문제가 가족의 기능장애에 나타내는 정도와 개인의 신체적 요인과 같은 다른 요인에 기인하는 정도이다. 증상을 평가할 때는 그 사람의 성격의 특성과 가족이나 보다 넓은 사회적 맥락을 염두에 두는 것이 필요하다.

6 초기상담의 종료

(1) 초기 상담이 종료될 때, 가족은 다음에 무엇이 일어날지 아는 것이 중요하다. 상담자는 상담을 계속하고 싶은지에 대한 의향을 가족들에게 묻고, 원한다면 다음 상담 일정을 정한다. 그리고 앞으로 상담에 어떤 가족이 참가할 것인가를 논의한다.

[2011년 기출]

다음 민수(중2, 남)의 사례를 가족상담으로 접근하는 전문상담교사의 활동으로 옳은 것은?

> 민수는 학교폭력 문제로 담임교사에 의해 Wee 센터로 상담 의뢰되었다. 전문상담교사가 상담 일정을 정하기 위해 민수의 어머니와 전화통화를 하니, 어머니만 민수와 함께 Wee 센터에 올 수 있고 아버지는 오지 못한다고 하였다.

① 관찰을 통한 가족 평가는 실시하지 않는다.
② 아버지가 참여하지 않아도 가족상담을 진행한다.
③ 가족생활주기에서 자녀 독립기의 가족 특성을 고려하여 상담한다.
④ 미성년자인 민수에게는 사전동의(informed consent)를 받지 않는다.
⑤ 가계도를 작성하기 위해 가족에게 가장 중요한 관심사부터 질문한다.

3. 면담과정의 실제적 문제 📖 2012 기출

1 상담과정에서 의사소통 문제

잡담을 하는 경우	• 일상적인 대화는 상담자와 내담자가 친숙해질 수 있는 수단이지만(상담 초기 가족의 불안을 완화하기 위해 사용되는 경우가 많음) 지나치게 사용할 경우 오히려 상담을 방해할 수도 있다.
	• 이 때 적절한 시점에 일상적인 대화의 종료를 알려주는 것이 필요하다.
	  – 언어적: "그런데 이번 한 주는 어떻게 지내셨나요?"
	  – 비언어적: 상담자는 가족이 일상적인 대화를 할 때 서 있다가 상담이 시작되는 것을 알리기 위해 자리에 앉는 행동을 할 수 있다.

모든 가족이 동시에 말하는 경우
📖 2012 기출
	• 저마다 자신들의 의견을 말하려고 상담과정에서 동시에 자신의 이야기를 하는 가족이 있다. 이때 상담자는 가족 각자의 의견을 존중하면서 체계적으로 듣기 위한 나름의 방안을 갖추어야 한다.
	  – 첫째, 상담자가 특정 가족 구성원을 지정해서 질문한다.
	  – 둘째, 상담자가 가족을 대변해서 이야기한다.
	  – 셋째, 어린 자녀가 있는 경우 모자나 막대기 같은 소도구를 사용해 발언할 사람을 정하는 규칙을 만든다.
	  – 넷째, 모든 시도가 아무런 효력이 없다면 상담을 잠시 중단한다.
	• 상담자가 제시한 새로운 규칙은 가족들의 의사소통의 향상, 문제를 다룰 수 있는 자원을 개발하는 데 도움이 된다는 것을 가족에게 알린다.

아무도 발언하지 않는 경우	• 원인: 가족상호작용이 원만하지 못할 경우, 자신의 생각이나 감정을 억압하는 경우. • 상담자는 가족의 침묵이 무엇을 해야 할지 모르기 때문에 생기는 것인지, 대화기술이 부족해서인지, 항상성 유지를 위한 것인지를 파악해야 한다. • 상담 경험이 없어서가 원인이라면, 상담과정이란 기대하는 감정이나 생각을 나누는 곳이라고 이해시켜 자신들의 감정과 생각을 이야기하도록 격려한다. • 부모의 기능 수준이 낮아서 자녀들의 대화기술의 부족이 원인이라면, 구체적인 대인관계 기술을 가르친다. • 첫 상담과정에서 가족의 생활에 대한 정보, 상담에 참가하게 된 결정적인 사건 등에 대한 정보를 얻을 수 있다. 이를 통해 상담자는 가족의 생각과 감정을 추론해 공개적으로 표현함으로써 침묵이라는 가족규칙을 깨뜨린다. 예 "제가 보기에 지금 남편이 아무 말도 하지 않는 건 부인이 한 말에 동의하지 않는다는 표현으로 생각되는데요." • 지금까지 가졌던 염려와 달리 가족들의 표현이 반드시 위기를 초래하지 않는다는 것을 경험하면 그동안 상담자가 하던 대변자의 역할은 점차 사라지게 된다.
두서없이 떠드는 경우 📖 2012 기출	• 섣불리 말을 가로채지 않으면서 발언권을 얻는 방법을 상담자는 찾아야 한다. • 방법: 상담자가 합법적으로 끼어들어 가족에 대한 관심과 이해를 전달한다. 상담자가 선택한 화제로 대화를 재조정한다.
어떤 가족이 다른 가족을 대신해서 말하는 경우 📖 2012 기출	• 다른 사람을 대신해서 이야기하는 사람의 입장에서는 모든 것을 잘하는 것처럼 느낄 수 있으나, 대변당한 당사자는 무시 또는 억압당한다고 느껴서 좌절하기 쉽다. • 가족 중 어느 누구도 다른 사람을 대신해서 이야기해서는 안 된다는 규칙을 만드는 것이 효과적이다. • 이는 상담자가 가족들이 이미 가진 일상적인 의사소통 유형에 익숙해지는 것을 거부하는 것으로 가족의 안정성을 흔들어놓는 전략이다.
가족이 상담자에게만 말하는 경우 📖 2012 기출	• 가족이 다른 가족과의 상호작용은 무시한 채 상담자에게만 말을 하는 경우는 초기상담과정에서 자주 보이는 현상이다. 상담자가 청취자의 역할을 계속 맡으면 어느새 삼각관계에 휘말리게 된다. • 이러한 어려움은 가족의 발언 중 언급된 가족 구성원에게 직접 이야기하도록 요구함으로써 해결할 수 있다. • 그리고 가족상담에서는 가족 간의 상호작용이 중요하다고 설명을 해준다.

다른 가족을 비난하는 경우 2012 기출	• 가족이 하는 상호작용에는 비난, 직면, 공격, 방어 등도 있는데, 상담자는 초기에 이와 같은 행동에 대응하는 것이 필요하다. 만약 이러한 것에 어떤 조치가 없다면 가족들은 상담 과정에서 이와 같은 행동을 해도 괜찮다고 여길 수 있다. • 이를 다루는 방법: 제지하는 표정이나 손을 흔들거나 일어서는 등의 상호작용을 멈추게 할 만한 행동을 한다. 어떤 가족을 비난하는 사람에게 건설적인 방법으로 자신의 감정과 생각을 다시 이야기하도록 요구하면서, 공격적인 행동이 의사소통 과정에서 어떻게 해로운지에 대해 설명해준다.
문제를 분명하게 정의하지 못할 때	• 가족이 혼란을 느끼거나 무엇을 의미하는지 알지 못하는 경우에 용어나 증상을 명확히 정의할 기회를 준다. • 용어나 증상을 정확히 이해할 때 가족이 가질 수 있는 이점을 깨닫도록 돕는다.

2 행동 변화에 도움이 되는 기법

문제의 재정의	• 자녀의 증상을 재명명하거나 재구성하기도 한다. 이를 재정의 혹은 재명명화 혹은 긍정적 의미 부여라고 한다.
칭찬	• 전문가에게 칭찬을 들을 때 내담자는 자존감이 높아지고 변화동기가 높아진다.
경험적 기법을 사용한 상담	• 가족조각이나 역할극 등 경험적 접근
직면	• 직면은 가족을 변화시키는 효과적인 공헌을 할 수 있지만 적절한 충격과 완충상태를 제공할 관계로 발전한 후에 사용하는 것이 바람직하다. 직면이 부적절할 경우 은유를 사용할 수 있다.
과제	• 과제를 제공할 경우 가속의 과제 수행 여부를 파악해야 한다. 가족에게 과제가 어떻게 중요하며, 과제를 수행하여 얻을 수 있는 점은 무엇인지를 설명한다. 과제를 수행하는 방법에 대해 구체적인 설명을 한다. 가족은 구체적 시행방법이 제시될 때 과제를 실천할 확률이 높다.

3 상담과정에서 다루어야 할 특별한 가족 문제

가족이 임의로 상담실을 떠날 때	• 상담자는 이 같은 상황에서 당황하기보다는 가족역동을 관찰하는 것이 중요하며 관찰된 것을 새로운 자료로 사용해야 한다. • 즉 그와 같은 돌발적인 행동에 누가 가장 영향을 받는가? 남아 있는 가족들이 어떤 반응을 보이는가? 누가 심리적인 불안을 느끼는가? 다른 가족은 이것에 어떻게 대처하는가? 등을 관찰할 수 있다. • 예상치 못한 반응에 가족들이 가족구성원이 상담실을 떠나지 못하도록 어떤 행동을 하는지 파악하는 계기가 된다. 때로 상담자는 가족의 기존 대응방식을 수정하여 변화의 효과를 얻을 수도 있다. • 상담자는 남아 있는 가족들과 상담실을 떠난 가족 구성원을 누가 데려오며, 편안한 분위기 조성에 대해 의논하기도 한다.
상담 동기의 저하	• 상담자가 낙관적인 태도를 보이면서 상담을 성공리에 마치면 상황이 어떻게 될 것인가를 설명하거나 상담 중에 그것을 확신하는 언어를 언급하는 것이 효과적이다. • 직접적인 방법이 설득력이 없을 경우 은유적인 방법을 사용하기도 한다. • 역설적인 방법을 사용하기도 한다. 가족이 희망하는 변화는 가능성이 있지만, 가족이 그러한 변화를 원하는지에 대한 확신이 없기 때문에 상담을 지속해야 할지 망설이게 되므로, 당분간은 현재 상태를 유지하는 것이 좋겠다는 상담자의 의견을 제시한다.

4 예상하지 못한 문제 처리

가족 슬픔에 대한 처리	• 해결되지 않은 슬픔은 가족생활주기나 가족 각각의 발달에 정서적 제동을 걸어 성장의 저해요소가 되기도 한다. • 이러한 상실에는 물리적인 죽음, 자녀의 실패, 이혼, 승진 실패, 인간관계의 상실 등 다양하다. • 이 때 가족이 상실 경험을 한 시기를 탐색하는 것이 중요하다. 따라서 접수상담을 할 때 지난 1년간 경험한 중요한 상실이나 실망을 파악하면 도움이 된다. 가족의 현재 문제가 특정 시기의 상실과 관련될 수도 있다. • 해결하지 못한 상실을 해결하는 방법 　- 상실에 대한 반복적이며 직접적인 질문에서 집착하는 감정을 표현하도록 한다. 　- 상담자는 가족들에게 자기노출이나 감정이입을 통해 상실이라는 민감한 주제를 어떻게 이야기하는지를 보여준다. 　- 가족들에게 상실을 공유할 기회를 준다.
불안의 유발	• 상담자가 불안을 다루는 방법은 다양하다. 치료적 변화를 얻도록 가족들의 불안을 의도적으로 자극하는 경우도 있다. 반대로 파괴적인 행동을 일으킬 만한 불안심리에 대해서는 불안을 감소시키는 방향으로 정보를 재구성한다. • 위기를 유발하는 방법은 예를 들어 부모가 청소년기의 자녀에게 한 개인으로 인정하지 않는 내용이나 말투를 사용할 때 상담자가 "너는 엄마가 한 말에 대해서 어떻게 느꼈니? 내가 만약 네 입장이라면 난 마음이 상해서 화가 났을 것 같은데…"라고 자녀의 입장을 지지하는 발언을 하여 상호작용에 긴장을 조성하는 것이다.
위기의 처리	• 상담자는 위기가 치료적 변화에 도움이 되지 못한 경우에는 갈등하는 가족 사이에 개입해 삼각관계를 만들거나 과거의 위기를 언급하여 현재의 위기를 분산시킨다.
부모역할에 조언	• 가족생활주기의 관점에서, 사춘기의 자녀가 집 밖으로 떠돌 때 부모가 그 자녀를 이해하지 못한다면 상담자는 이 시기에 자녀가 부모의 권위나 부모에 대한 충성심을 부정하고 싶은 것은 발달과제라고 조언한다. • 부모가 자녀를 체벌하거나 무시하는 것은 잘못된 부모 역할에 대한 지각 때문이다. 이럴 때 상담자는 가족에게 올바른 부모역할에 대한 정보를 제공해야 한다. • 건강한 가족을 유지하기 위해서 부모의 하위체계 상태가 중요하다. 훈육 방식에 대한 부모의 제휴를 형성하기 위해서 부모가 함께 의논해 어떤 기준을 마련할 수 있는 친밀감이 필요하다.

[2012 기출]

전문상담교사가 학생의 가족과 상담하는 과정에서 발생한 문제에 대해 적절하게 대처한 것만을 〈보기〉에서 있는 대로 고른 것은?

〈보기〉

ㄱ. 어머니와 아버지가 상담 중에 서로 비난하고 싸워서 비난을 멈출 것을 요구하는 말이나 행동을 하였다.
ㄴ. 가족구성원들이 동시에 자신의 의견을 말해서 막대볼펜을 가진 사람만이 말할 수 있다는 규칙을 만들었다.
ㄷ. 어머니가 두서없이 말을 많이 하였지만, 수용능력이 부족한 상담교사로 인식될 수 있으므로 말이 끝날 때까지 기다렸다.
ㄹ. 학생이 말할 때마다 어머니가 대신 말을 해서 어느 누구도 다른 사람을 대신해서 이야기 해선 안된다는 규칙을 만들었다.
ㅁ. 학생이 상담교사에게만 말을 하고 다른 가족구성원에게는 직접 말하지 않아서, 다른 가족구성원들도 상담교사를 통해서 말을 하도록 규칙을 만들었다.

4 부모교육 이론(parent education theory)

1 정의

부모교육(parent education)이란, 부모로서 역할을 원활히 수행할 수 있도록 부모에게 정보나 지식을 전달하거나 기술을 가르치는 것이다. 즉, 부모가 자녀에 대하여 올바른 이해와 지식을 증진시켜 사고와 감정 그리고 행동에서 습관적인 방법을 돌이켜 검토해 보도록 함과 동시에 자녀를 양육하는 새로운 방법을 습득하도록 도와주는 다양한 교육적 경험을 말한다.

2 목적

파인(Fine, 1988)은 부모교육의 목적을 정보 나누기, 자기 인식 증진, 기술 훈련의 기회 제공, 문제 해결로 나누어 제시한다.

3 부모교육 이론

(1) 루돌프 드리커스(R. Dreikurs)의 민주적 부모교육 이론

① 드리커스 이론의 특징

㉠ 아들러 이론에 기초하여 부모교육, 결혼상담, 가족상담 및 정신치료 등의 활동을 전개하였다. 아들러의 열등감과 보상, 우월성의 추구, 사회적 관심, 생활양식이라는 네 가지 심리학적 기본 개념하에 드리커스는 부모와 자녀 간의 평등관계로서 민주적 양육방식을 강조하고 존중받는 아동과 존중받는 부모로서 서로 존중해주는 수평적 관계를 제시하였다.

㉡ 드리커스는 아동의 잘못된 심리적 행동으로 관심 끌기, 힘 겨루기, 보복하기, 무능함 보이기라는 네 가지 범주를 제시하였고 이런 행동의 기본적인 목적은 아동이 가족 내에서 소속감을 얻으려는 것에 있다고 보았다. 그러므로 이러한 아동의 궁극적 목적을 잘 이해하고 적절히 대처하는 것을 중요하게 보았다.

② 부모교육의 원리: 4가지 적절한 대처의 내용 2011 기출

유아가 잘못 세우는 심리적 목표	자녀의 잘못된 생각	부모의 느낌과 반응	부모의 행동에 대한 자녀의 반응	부모를 위한 대안
관심끌기 (인정받기)	관심을 끌 때만 소속감을 느낌→ 열등감 느낌	귀찮다는 느낌을 가짐. 관심을 보이고 달래려는 반응	일시적으로 잘못된 행동을 중단한 이후 같은 행동을 되풀이 하거나 다른 방법으로 방해	가능한 한 잘못된 행동을 무시. 고의적으로 관심을 얻으려 하지 않을 때 긍정적인 행동에 대해 관심을 보임
힘 행사하기 (권력행사)	내가 모든 것을 마음대로 할 수 있다고 느낌. 다른 사람이 나를 지배하지 못할 때만 소속감을 느낌→ 혼자 할 수 없을 때 열등감 느낌	부모는 자신의 권위가 위협받는 것처럼 느낌. 자녀와 힘 겨루거나 포기함	보다 적극적 공격이 되거나 이와는 반대로 반항적인 순종을 함	힘겨루기에서 한걸음 물러나기. 자녀에게 도움을 청하거나 협조하게 함으로써 힘을 긍정적으로 사용하는 방법을 가르쳐 줌

유아가 잘못 세우는 심리적 목표	자녀의 잘못된 생각	부모의 느낌과 반응	부모의 행동에 대한 자녀의 반응	부모를 위한 대안
앙갚음하기 (보복)	나는 사랑받지 못하고 내가 상처받은 만큼 다른 사람에게 상처를 주어야 소속감을 느낌	부모는 깊이 상처를 받고 보복하려는 경향을 보임	더욱 심하게 잘못된 행동을 함으로써 복수심을 표현 함	자녀가 사랑받고 있다는 확신을 가지게 하고 신뢰로운 관계를 형성함. 벌을 주거나 앙갚음을 하지 않게 함
무능력감 보이기 (부적절성 나타내기)	나는 무기력하고 무능력하다고 느낌. 다른 사람이 나에게 아무것도 기대하지 않게 함으로써 소속감을 느낌	부모는 절망하고 포기하고 무기력해짐. 어떤 일도 할 수 없다고 인정하는 경향을 보임	무슨 일에나 수동적으로 반응하거나 거의 반응을 보이지 않음	절대 어린이를 비난하지 않기. 어떤 긍정적인 시도라도 격려해주기. 작은 일이라도 관심 갖기. 동정하거나 포기하지 않음

③ 부모 교육의 목적
  ㉠ 부모가 자녀의 행동에 관한 동기를 이해하고 평등한 부모-자녀 관계를 유지하면서 문제해결책을 찾도록 돕는 것이다.
  ㉡ 부모로 하여금 자녀에게 안정된 소속감을 제공해주고 자녀가 사용하는 잘못된 행동 목표를 수정해 나갈 수 있는 능력을 갖게 한다.
  ㉢ 부모로 하여금 자녀를 한 사람의 인격체로 존중하는 민주적 양육 태도를 갖게 한다.
  ㉣ 부모로 하여금 자녀 스스로 자신의 일을 결정하고 책임질 수 있도록 가르치는 것을 돕는다.

③ 아동의 부적절한 목표행동에 대한 드리커스의 해결방안 4가지
  ㉠ 인식반응: 부모가 자녀의 이야기를 적극적으로 듣고 있다는 표시로 언어적 또는 비언어적으로 표현한다.
  ㉡ 자연적 귀결(natural consequences)
    • 아동이 자연적인 상황에서 자신이 한 행동의 결과에 따라 자신이 보상을 받는다고 느낄 수도 있고 벌을 받는다고 느낄 수도 있는 방법으로, 경험 자체가 훌륭한 스승이 되어 아동은 이에 대해 스스로 통제하거나 변화시키는 것이다.
  ㉢ 논리적 귀결(logical consequences)
    • 어떤 행동의 결과에 대해 부모와 성인, 자녀와 합의해서 논리적으로 정하는 것이다. 사회적 규칙을 위반하는 행동을 하는 경우에 취득하게 되는 부정적인 결과같은 것이다.
    • 이 때 자녀는 자연적 결과를 적용하는 것이 불가능하므로 아동이 바람직한 행동을 하지 않았을 때 경험하는 결과는 벌과 유사하지만 과거에 초점을 두는 벌과 다르게 논리적 귀결은 미래 행동에 초점을 둔다.
    • 또한 자녀의 행동 결과에 대해 부모와 자녀가 합의하여 결정을 따르도록 하는 것으로 논리적 귀결은 책임을 수용하는 법을 배울 수 있도록 도와준다.
    • 유의점
      > • 논리적 결과를 적용하기 전에 자연적 결과를 먼저 찾아본다.
      > • 논리적 결과가 효율적으로 이루어지기 위해서는 부모가 우호적인 태도를 유지한다.
      > • 논리적 결과 적용시 자녀에게 선택 기회를 제공한다.
      > • 자연적, 논리적 결과가 효율적으로 이뤄지기 위해서는 말로 지적하기보다는 행동으로 보여준다.
      > • 논리적 결과를 적용하기 전 규칙에 대해 의논하고 새로 정한 규칙을 모든이에게 적용한다.

  ㉣ 가족모임: 가족 구성원 간의 경청과 감정 및 사고의 표현을 통하여 인간관계를 학습하는 장이 될 수 있으며, 이를 통하여 부모와 자녀 간의 상호 입장을 이해할 수 있다.

④ 드리커스의 부모와 자녀 간의 상호작용을 이끌어 나가기 위한 지침

> - 행동에는 목적이나 원인이 있다.
> - 행동은 사회적 배경 내에서 이해할 필요가 있다.
> - 심리적 목표 및 행위의 목적은 행동을 설명해준다.
> - 아동의 행동을 이해하려면 아동이 경험한 사건에 대해 스스로 설명하게 하고 경청할 필요가 있다.
> - 사람은 누구나 사회집단에 소속되고자 하는 욕구가 있다.
> - 아동을 포함하여 인간은 누구나 자신의 행동에 대한 지침으로 인생을 설계한다.

(2) 토머스 고든(T. Gordon)의 부모 효율성 훈련(Parent Effectiveness Training: PET)

① 이론적 배경
  ㉠ 고든의 부모 효율성 훈련은 인간은 근본적으로 선하며 기본적으로 타인과 친밀한 관계를 필요로 한다는 로저스의 이론에 입각한 부모 교육이다.
  ㉡ 고든은 부모와 자녀의 관계를 애정과 존중에 바탕을 두어 따뜻하고 절친한 온정적 관계로 보고, 부모에게 보다 효율적으로 자녀를 양육하는 데 필요한 기술을 가르치는 것을 강조한다.

② 목적: 고든은 부모가 자녀의 행동의 의미를 파악하고, 자신의 감정을 솔직하게 표현하는 기술을 습득하게 하며, 자녀와의 관계에서 발생하는 문제에 대한 적절한 의사소통 기술을 익히게 하는 것을 목적으로 하고 있다.

③ 기본원리
  ㉠ 비일관성의 원리: 부모는 기분에 따라 개개 아동에 따라 상황에 따라 아동행동에 대한 수용 여부나 수용 정도가 달라진다.
  ㉡ 문제의 소유자 원리(PET 모델의 중심개념): 아동의 행동 중에는 자녀의 욕구가 충족되지 않아 자녀에게 문제가 되는 경우가 있고, 자녀의 행동 때문에 부모의 욕구가 충족되지 않아 부모가 문제가 되는 경우가 있다. 이렇게 행동을 구분하여 문제가 누구의 소유인가에 따라 문제에 대한 대처기술은 달라진다.

④ 양육기술
  ㉠ 수용성 수준 파악하기
  - 부모 특성: 부모의 욕구나 기분에 의해 수용여부나 정도는 달라진다. 부모 각자의 지각에 따라서도 다르다.
  - 자녀 특성: 아동의 인성이나 발달연령에 따라 수용여부나 정도는 달라진다.
  - 환경적 특성: 시간과 장소에 따라 수용여부나 정도는 달라진다.
  ㉡ 문제의 소유자 파악하기

자녀에게 문제가 되는 경우 (자녀가 문제 소지자)	• 자녀의 욕구가 충족되지 않아 생기는 문제로 부모에게는 문제가 없다. • 친구가 나를 놀려서 속이 상함. 자녀가 스스로 문제를 해결할 수 있도록 도와주는 기술을 사용 예 이야기 들어주기, 반영적 경청
부모 자녀 모두에게 문제가 되지 않는 경우(문제 소지자가 부모 자녀 모두 아닌 경우)	• 자녀의 욕구가 충족되어 문제가 없는 상황으로 부모와 자녀 관계가 평화롭다. • 예방적 차원에서 관계를 보다 증진할 수 있는 말과 기술을 사용 예 긍정적인 나-전달법
부모에게 문제가 되는 경우 (부모가 문제의 소지자인 경우)	• 자녀의 행동 때문에 부모의 욕구가 충족되지 않아 부모가 문제를 갖게 되는 경우 • 아이가 자기 방을 정리하지 않고 어질러 놓아 부모가 치우게 되는 것, 그 상황을 해결하는 기술 예 나-전달법, 대안찾기, 가치관 대립에 직면하는 기술

ⓒ **반영적 경청(reflective listening)**: 유아가 문제 소지자인 경우 적용. 가치판단 없이 적극적인 경청을 함으로써 내면적인 의미를 파악하고 있다는 것을 상대방에게 알려주고, 숨은 의미를 표면화시켜 인식시켜 준다. 유의할 점은 상대방의 감정을 부인하지 말고, 그대로 들어주는 것이며, 성급한 판단이나 해결책을 주는 대신 주의 깊게 들어주며, 메시지가 의미하는 바를 이해하려고 노력하는 것이다.

ⓓ **나 전달법(I-message)**: 부모가 문제 소지자인 경우 적용. 누구도 상처받는 사람 없이 문제를 해결하기 위해 부모의 생각과 감정을 효과적으로 자녀에게 전달한다.

ⓔ **무승부법(no-lose method)**: 민주적 갈등해결 방법으로, 나와 상대방 모두에게 만족스러운 결과를 가져다주는 것이다.

개념	• 어른들이 아동이나 청소년을 대하는 방법은
	  첫째 어른이 승리하는 방법,
	  둘째, 아동이나 청소년이 승리하는 방법,
	  셋째, 무승부법으로 나누어진다.
	• 첫째 둘째 방법은 권력 싸움이 되고 한 쪽에 적대감을 갖게 할 뿐만 아니라 바람직한 행동을 학습할 수 없게 한다.
	• 어느 한쪽이 승리하거나 패배하지 않는 상황으로 나도 이기고 상대도 이기는(Win-Win) 전략이다. 부모와 자녀의 욕구를 동시에 만족하는 해결책을 찾는 민주적 방법이다.

단계	• **갈등의 확인**: 갈등을 일으키는 문제를 함께 찾으며, 자녀가 부모와 자녀 모두가 만족스러운 해결방안을 찾고 있음을 이해해야 한다. • **가능한 해결책의 탐색**: 해결방법을 다양하게 모색하며, 열거된 것들을 정리한다. 단, 자녀에게 우선적으로 해결방법을 제시할 수 있는 기회를 제공하며, 이에 대해 평가하지 않는다. • **모색된 해결책의 평가**: 해결책에 대해 결과를 예측하면서 하나하나 검토하며, 부모는 이에 대해 솔직하고 정직하게 나타내야 한다. • **최선의 해결책 결정**: 부모와 자녀 모두가 동의하는 방법으로 결정하며, 같이 결정했음을 이해시키고 질문을 통해 최선의 해결책을 선정한다. • **결정된 해결책의 실천**: 해결책의 구체적인 방법을 결정하며, 이를 시행해본다. (이 때 구체적인 해결책을 기록해 두는 것이 좋으며 공동 서명을 하는 것도 좋은 방법이다.) • **실천에 대한 평가**: 단순히 이 과정으로 끝나지 않고 시간을 두고 지켜보며 아동의 피드백을 받아본다. 약속이 이행되지 않을 경우 문제를 찾고 다시 해결책을 찾아본다.

(3) 하임 기노트(H. Ginott)의 인본주의 이론

① 이론적 배경: 기노트는 매슬로우, 로저스 등의 인본주의 심리학 이론과 진보주의적 유아교육 이론의 영향을 받아 부모와 자녀 관계에서 애정적 경험을 하는 것이 중요하기 때문에 부모가 성실한 반응을 보여주어야 한다고 강조하는 이론이다.

② 원리

　㉠ 자녀와의 대화: 자녀의 인격을 존중하고 자녀의 말을 이해하는 기술이 필요하다.

　㉡ 칭찬과 비판의 방법: 칭찬이나 긍정적인 강화를 과용하지 말기, 칭찬과 건설적인 비판을 적절히 사용하기, 노력한 만큼의 결과를 인정하는 격려 사용하기

　㉢ 책임감과 독립심: 자기 행동에 대한 책임을 질 수 있도록 한계를 설정하고 선택과 성취의 기회를 제공한다.

　㉣ 행동의 한계설정: 자녀가 이해할 수 있는 한계가 합리적으로 주어질 것

　㉤ 어린이와 눈높이를 맞추기, 체벌은 효과가 없다.

③ 기노트 부모교육 집단 프로그램의 4단계

이야기 단계 (불평 늘어놓기)	• 구성원간의 신뢰감을 형성하는 단계 • 자녀문제 이야기를 하고 불평, 죄책감, 분노, 혼란을 털어놓을 때 상담자는 경청, 수용, 공감의 태도를 보인다. 이를 통해 자녀 이야기로 공감대가 형성되며 부모 마음이 정화되는 효과가 있다.
감수성단계 (민감성 향상시키기)	• 문제해결의 단계 • 문제의 핵심을 발견하고 문제행동에 대한 자녀의 입장을 느끼고 이해한다. 즉 자녀에 대한 정확한 감정파악과 공감능력을 향상시킨다. • 문제 핵심을 정확히 짚어주기, 느낌이나 감정에 대한 정확한 인식
개념형성 단계	• 이론 적용의 단계 • 문제 해결의 실패 원인 파악, 자녀에게 심리발달 이론 적용 • 새로운 지식과 기술을 갖게 되고 새롭게 형성한 부모역할 개념을 중심으로 부모자녀관계 개선과 해결을 위한 양육기술의 역량 및 통찰력을 배양한다.
기술습득 단계	• 기술 적용의 단계 • 자녀에게 알맞은 방법을 찾아 사용 • 가정에서 실습, 훈련 과정에서의 피드백을 하고 더 알맞은 방법을 찾고 사용하도록 돕는다.

5 가족상담 종결

1 종결에 대한 계약

(1) 한정된 상담관계는 가족에게 상담이 일정 기간 가능하며 그 후에는 상담자의 원조 없이 자신의 생활을 계속해야 한다는 불안감을 조성할 수 있다. 그러므로 이 같은 계약은 유연성을 가져야 한다. 즉 상담의 빈도는 가족에게 변화가 일어나 문제의 강도가 소멸되어 감소할 수 있는 것이다. 어떤 상담자는 상담을 시작할 때 계약이 만료되는 시점에서 재계약이 가능하다는 점을 알리는 경우도 있다.

(2) 종결방법은 가족에게 그 이상의 계약연장은 필요하지 않다는 확신을 주는 경우와 몇 회의 상담을 추가로 실시하는 경우를 생각할 수 있다. 또는 다른 상담을 제안할 수도 있다. 만일 상담계약 기간이 만료되었는데도 계속하고 싶어하면 그 시점에서 상담에 대한 평가를 하는 것은 중요하다.

2 상담을 종결시키는 지표

(1) 상담 초기에 설정한 목표가 달성되었을 경우
(2) 최초에 설정한 목표에는 충분히 달성하지 못했지만, 상담이 더 이상 필요하지 않다고 판단될 정도로 가족기능에 변화가 있는 경우
(3) 외부에서 자원이 더 이상 필요하지 않다고 판단되는 경우
(4) 상담자가 여러 가지 노력을 했는데도 상담효과가 없다고 판단했을 경우
(5) 가족이 상담에 대한 동기를 상실했을 때 종결을 결정하는 것
(6) 가족이 상담을 그만하겠다는 의사를 밝힌 경우

3 상담 종결방식

도입단계	• 상담자가 종결을 고려하는 이유를 설명한다.
요약단계	• 상담 중에 일어난 것을 정리하여 상담에 관여된 모든 사람에게 성취된 성장과 가족 현상을 정리할 기회를 준다.
목표나누기단계	• 장기적 목표에 대한 탐색으로 가족의 목표도달 여부를 어떻게 아는지 이야기한다.
추후상담	• 추후상담은 상담기관 방침으로 정하는 것이 바람직하다. 상담이 종료되면 미리 정해진 시기에 따라 추후상담이 있을 것이라고 언급하는 것이다.

MEMO

콕콕!! 적중! 정혜영의 전문상담이론 II

PART II. 특수아상담

1. 특수교육의 대상과 정의
2. 특수교육의 목표와 필요성
3. 특수교육의 과제
4. 통합교육
5. 개별화 교육
6. 전환교육
7. 특수아상담의 기본개념
8. 특수아 상담자의 역할과 유의할 점
9. 특수아 부모상담
10. 특수아 발생 원인
11. 특수아 상담 대상
12. 지적 장애(정신지체)
13. 학습 장애
14. 정서 및 행동장애
15. ADHD(주의력결핍-과잉행동장애)
16. 자폐성 장애
17. 영재아

1 특수교육의 대상과 정의

1 특수교육의 대상

장애아동, 영재아동. 그 외에 준장애아동도 특수교육이 필요하다.

1 특수아동(exceptional children)이란?

(1) 커크와 갤러거(Kirk & Gallagher, 1996): 정신적 특성, 감각 능력, 신경의 운동이나 신체적 특성, 사회적 행동, 의사소통 능력, 중복 장애 등에서 장애를 지니지 않은 아동에 비해 편향되어 있는 아동이라 정의한다. 이 개념 속에는 영재아동이 포함되지 않는다.

(2) 할라한과 카우프만(Hallahan & Kauffman, 1995): 자기의 소질을 최대로 개발하기 위해 특수한 교육적 조치나 그와 관련된 서비스를 필요로 하는 아동이라 정의한다. 이러한 정의는 장애의 개념을 disability(무능, 무력)라는 개념보다는 disorder(기능의 특수한 불편상태) 또는 deviance(평균일탈, 편차치)라는 개념으로 사용하고 있으며 특수아라는 개념 자체를 확대하고 있다.

(3) 김영숙·윤여홍(2001): 특수아동이란 일반교실 현장에서는 채워질 수 없는 특별한 욕구를 가진 아동으로, 특별한 교육적 조치를 필요로 하는 아동이라고 정리하였다. 여기에는 영재아동을 포함할 뿐만 아니라 심한 장애아동 및 경미한 장애아동은 주로 법이 정한 법적 장애아동과 법에서 정하지 않았으나 특수교육적 조치와 그와 관련한 서비스를 필요로 하는 준장애아동을 모두 포함한다.

2 장애(disorders)의 범주와 정의

(1) 장애아동은 영재아가 법적, 진단적 기준에 포함되지 않는다. 또한 특수교육이 필요한 경도의 장애아동(준장애아동)을 포함하지 않으므로 특수아동보다는 좁은 의미의 용어이다.

(2) 장애의 개념을 설명하는 요소

신체손상 (impairment)	• 의학적인 개념으로, 해부학적 구조나 신체기능이 일시적 혹은 영구적으로 손상된 상태를 의미한다. • 뇌 기능 상실이나 시각, 청각과 같은 감각장애, 심장·정신질환, 정신지체 모두 이에 해당한다. • 기능장애.
능력장애 (disability)	• 능력부족의 개념으로 일상생활의 불능 상태를 의미한다. • 학습장애와 같이 능력을 사용하는 데 제한이 되는 것을 말한다. • 앞서 설명된 신체손상 즉 기능상실이 곧 능력장애로 이어지는 것은 아니다. 여기에서 교육, 재활, 그리고 사회적 역할의 중요성이 대두된다.
사회적 장애 (handicap)	• 사회적 측면에서 인간에게 주어지는 주관적 차원의 장애의 개념이다. • 사회환경의 열악함이나 사회전반의 이해 또는 원조 부족 등으로 불편, 부자유, 불이익을 겪는 것을 의미한다. • 장애인들이 그 장애로 인해 사회로부터 편견 등을 겪게 되는 사회적 결과가 여기에 해당. 따라서 사회, 문화적 배경, 사회적 책임감 증가가 요구된다.

3 개별 장애의 정의 - 미국 장애인교육법(IDEA)

(1) **자폐증(autism)**: 언어 및 비언어적 의사소통과 사회적 상호작용에 심각한 영향을 미치는 발달장애로 아동의 교육수행에 부정적인 영향을 미치며, 일반적으로 3세 이전에 나타난다. 자폐증과 관련된 기타 특성으로는 반복적인 활동과 상동행동, 환경 및 일상의 변화에 대한 거부나 독특한 감각반응이 있다. 중증 정서장애로 인하여 아동의 교육수행에 불리하게 영향을 미치는 경우는 해당하지 않는다.

(2) **농-맹(deaf-blindness)**: 청각장애와 시각장애가 동시에 수반되어 나타나는 것으로 농이나 맹 아동 각각을 위해 설계된 특수교육 프로그램으로는 충족시킬 수 없는 심각한 의사소통과 발달 및 교육상의 문제가 결합된 장애를 일컫는다.

(3) **농(deafness)**: 청각을 통한 언어 정보처리과정의 심각한 손상으로 보청기를 착용하거나 착용하지 않은 상태에서 교육 수행에 불리한 영향을 미치는 매우 심각한 청각손상을 의미한다.

(4) **청각손상(hearing impaired)**: 영구적이거나 일시적으로 아동의 교육 수행에 불리한 영향을 미치는 청력손상을 일컫는다.

(5) **정신지체(mental retardation)**: 적응행동의 결여와 함께 나타나고 평균 이하의 지능을 특징으로 하는 장애로 발달기 아동의 교육수행에 불리하게 영향을 미친다.

(6) **중복장애(multiple disabilities)**: 여러 가지 장애가 중복되어 나타나는 것으로(정신지체-맹, 정신지체-지체장애 등) 한 가지 장애만을 가지고 있는 아동을 위한 특수교육 프로그램에 참여하기 어려운 심각한 교육상의 문제를 안고 있다. 중복장애는 농-맹을 포함하지 않는다.

(7) **지체장애(orthopedic impairment)** 2009 기출: 아동의 학습에 불리하게 영향을 미치는 심각한 지체의 장애로 선천적 기형에 의한 손상(내반족, 일부 사지 결손 등), 질병에 의한 손상(회백수염, 골결핵 등) 및 기타 원인에 의한 손상(뇌성마비, 절단장애, 골절 등)에 기인하여 체력, 활력 혹은 기민성에 제한이 발생하는 것으로 아동의 교육수행에 불리하게 작용한다.

(8) **기타 건강장애(other health impairment)**: 만성 또는 급성의 건강 문제(예 결핵, 심장질환, 류머티스성 열, 신장염, 천식, 겸상 적혈구성 빈혈, 혈우병, 간질, 납 중독, 백혈병, 당뇨병 등)로 인하여 체력이나 활동에 제한이 발생하는 것으로 아동의 학습에 불리하게 작용한다.

(9) **중증 정서장애(serious emotional disturbance)**: 장기간 동안 학습에 뚜렷하게 불리한 영향을 주며, 다음 중 하나 또는 그 이상의 특성을 나타낸다. (지적, 감각적 혹은 건강요인에 의하여 설명할 수 없는 학습장애 / 또래나 교사와의 만족스러운 상호관계를 형성·유지하지 못하는 상태 / 일상생활에서 부적절한 행동과 감정 발현 / 일반적으로 만연되어 있는 불행이나 억압의 정서 / 대인관계나 학교문제와 관련된 신체적 증상이나 두려움 발현) 이 용어는 정신분열증을 포함한다. 그러나 심한 정서장애가 있음이 확인되지 않은 사회적 부적응 아동에게는 적용하지 않는다.

(10) **특정 학습장애(specific learning disability)**: 구어와 문어 등 언어의 이해나 사용과 관련된 한 가지 이상의 기초 심리학적 정보처리과정에 장애가 발생하는 것으로 듣기, 생각하기, 말하기, 읽기, 쓰기, 산수 등에서 불완전한 능력을 보인다. 이 용어는 지각장애, 뇌손상, 미세 뇌기능장애, 실독증 및 발달적 실어증을 포함한다. 그러나 시각장애, 청각장애, 운동장애, 정신지체, 정서장애 또는 환경적·문화적·경제적 박탈의 원인으로 학습에 문제를 보이는 아동의 경우에는 적용되지 않는다.

(11) **담화 및 언어장애(speech or language impairment)**: 아동의 학습에 불리하게 작용하는 말더듬, 조음장애, 언어장애, 발성장애와 같은 의사소통장애를 말한다.

(12) 외상성 뇌손상(traumatic brain injury): 외력에 의해 야기된 후천성 뇌손상으로 완전 또는 부분적 기능장애나 사회·심리적 장애 혹은 이 두 가지가 결합되어 나타나며, 교육수행에 불리한 영향을 미친다. 이 용어는 인지, 언어, 기억, 주의집중, 추상적 사고, 판단, 문제해결, 감각, 지각 및 운동능력, 사회·심리적 행동, 신체적 기능, 정보처리, 담화 같은 영역에서 한 가지 이상의 손상을 가져오는 개방 및 폐쇄성 두부 손상에 적용한다. 선천성 또는 퇴행성 뇌손상이나 출생 시의 외상에 의한 뇌손상은 포함하지 않는다.

(13) 시각장애(맹 포함)(visual impairment): 교정 후에도 아동의 학습에 불리한 영향을 미치는 시각손상을 의미하며, 저시력과 맹을 모두 포함한다.

4 일반아동과 특수아동

(1) 일반아동: 신체, 인지, 정서, 사회성이 나이에 따라 정상적 발달과정을 거치는 아동. 특수아 개개인 발달 특성은 바로 그 나이의 정상발달 규준을 근거로 비교할 수 있다.

(2) 특수아동의 발달 평가
① **양적 자료**: 생활연령과 성별에 따른 규준에 기초한 발달특성과 한 개인의 발달특성을 비교하여 평가되는 행동이나 정서 및 사고의 표현에 있어서 빈도, 강도, 심각성 및 지속기간 등에서 차이를 의미한다.
② **질적 자료**: 정상발달에서 보여주는 모습과는 질적으로 다른 특성의 행동이나 정서, 언어 양식 등을 평가하여 얻는다.

2 특수교육의 정의

1) 특수아동의 개별적인 필요를 충족시키기 위해서 특별히 고안된 교수 방법을 가지고 특별히 고안된 교재와 도구나 시설을 이용하여 특수교사에 의해 이루어지는 특별한 교육을 말한다.
2) 장애인 등에 대한 특수교육법(2008) 제2조 제1항: 특수교육대상자의 교육적 요구를 충족시키기 위하여 특성에 적합한 교육과정 및 제2호에 따른 특수교육 관련서비스 제공을 통하여 이루어지는 교육을 말한다.
3) **특수교육**: 특수아동을 대상으로 교육내용, 교육과정이나 교수학습 방법 등 교육적 서비스에 초점을 맞춘다.
4) **특수아 상담**: 생활지도를 포함하여 특수아동의 성장 발달을 위한 서비스에 초점을 둔다.

2 특수교육의 목표와 필요성

1 특수교육의 목표

1) 특수교육은 특수아동의 보편성과 특수성을 감안하여 특수교육을 요구하는 아동의 잠재성과 가능성을 최대한으로 신장하는 것을 목표로 한다.
2) 또한, 심신을 건강하게 하여 행복한 생활 기초를 마련하고 배양하는 것을 목적으로 하는 교육활동이다.

2 특수교육의 필요성

1) 특수교육 성과의 평가기준: 특수교육을 받은 사람들이 얼마나 만족스러운 삶을 살고 있느냐가 기준.

> 〈특수교육의 성과를 평가하는 기준 - 신현기 등, 2010〉
> ① 독립된 삶을 살 수 있도록 한다. 즉 장애를 가진 사람들도 자신의 생활을 선택하고 조절할 수 있어야 한다.
> ② 생산적인 삶을 살 수 있도록 한다. 즉 장애를 가진 사람들도 수입을 가질 수 있는 생산적인 일을 할 수 있게 하여 그들의 가계 생활이나 지역사회에 기여할 수 있도록 하여야 한다.
> ③ 통합된 생활을 할 수 있도록 한다. 즉, 장애를 가진 사람들도 지역사회의 일원으로서 지역사회 주민과 일상적인 접촉을 할 수 있도록 하여야 한다.

3 특수교육의 과제

1 조기중재

조기 중재와 학령 전 특수교육이 더욱 보편화되어야 하며, 강도 면에서도 보다 집중적이어야 한다.

2 전환교육(transition education) 2020 기출

1) 학교에서 성인 사회로 원활한 전환을 성공시키기 위한 중등교육이 충실하게 이루어지도록 직업교육, 성인서비스, 주거생활 훈련, 지역사회훈련 등 필요한 활동들을 제공해야 한다.
2) 미국 장애인교육법은 전환교육을 위한 내용이 늦어도 16세 이전에는 반드시 IEP(Individualized Education Plan; 개별화교육계획)에 포함되어야 한다고 규정한다.
3) 우리나라 장애인 등에 대한 특수교육법 제2조에 의하면 기존의 진로 및 직업교육의 범위를 확대 규정하여, 학교에서 사회로의 이동을 원만히 준비할 수 있도록 전환서비스 지원체계를 확립해야 한다고 명시하고 있다.

3 통합교육(inclusive education)의 질적 향상

1) 통합교육은 그 누구도 배제하지 않으며, 다양한 능력과 다양한 요구를 가진 이질적인 아동들이 모두 동등하게 환영받고 수용되는 학교교육을 하겠다는 것을 의미한다.
2) 이러한 통합교육의 실시로 인하여 장애아동의 교육 장소가 특수학교나 특수학급에서 일반 학급으로 그 위치가 바뀌고 있다.
3) 따라서 일반 교육 프로그램으로는 성공적으로 학습할 수 없는 대상자를 위해서 일반 교사와 특수교사는 서로 협력할 수 있는 전략을 개발하고, 그들의 수행 능력을 효율적으로 향상해야 한다.

4 통합교육

1 통합교육(inclusive education)의 정의

1 법적 정의[특수교육법 제 2조 제 6항]

특수교육 대상자가 일반 학교에서 장애 유형 및 장애 정도에 따라 차별을 받지 아니하고 또래와 함께 개개인의 교육적 요구에 적합한 교육을 받는 것이다.

(1) 특수교육법 제2조 1항 특수교육이란, 특수교육대상자의 특성에 적합한 교육과정, 교육방법 및 교육 매체 등을 통하여 교과교육, 치료교육 및 직업교육을 실시하는 것이다.

(2) 특수교육법 제2조 4항 특수학급이란, 특수교육대상자에게 통합교육을 실시하기 위하여 고등학교 이하의 각급 학교에 설치된 학급으로서, 그들의 능력에 따라 전일제, 시간제, 특별지도, 순회교육 등으로 운영되는 학급을 말한다.

2 학문적 정의

(1) 미국을 중심으로 통합교육의 의미를 포함하고 있는 용어는 integration, mainstreaming, REI, inclusion, full inclusion 등이 있다.

(2) 이러한 용어들은 결과적으로는 비슷한 의미를 가지지만, 정상화(normalization), 탈시설화(deinstitutionalization), 최소 제한 환경(least restrictive environment)이라는 철학적 주장들이 얼마나 더 강조되느냐의 정도를 반영하면서 변화된 용어이다.

(3) **통합교육의 역사적 발전과정** 2008 기출

시기	용어	의미
1900~1960년대	정상화	• 장애를 가진 사람들에게도 장애가 없는 사람들과 동일한 삶의 환경과 기회를 선택할 수 있는 자유를 부여한다. • 장애인들도 가능한 한 정상적인 사회로 통합되어야 한다. • 좀 더 큰 사회에 적응하고 생활할 수 있게 하는 것이 교육목적이다. • 장애인들도 가능한 한 비장애인들의 교육환경과 비슷한 환경에서 교육하고, 비장애인들의 교육방법과 비슷한 교육방법을 사용한다.
1950~1960년대	탈시설화와 지역사회 통합	• 장애를 가진 사람들을 대단위 시설이 아닌 그들의 가족이나 지역사회의 소규모 시설이나 지역사회로 거주하게 한다. • 장애인들을 시설에 수용하자 이에 대한 강한 비판이 일어나 생겨난 현상. • 이러한 비판은 수용시설에서 적절한 교육과 양육을 제공하지 못함으로 인해 생겨났다.
1970년대	최소제한환경	• 장애를 가진 아동들이 비장애 또래들과 최대한 상호작용을 할 수 있는 최소로 제한적인 환경에서 교육을 제공해야 한다. • 미국 장애인교육법에 명시되어 있다. • 장애아동을 위한 교육이 아동의 개별적인 필요에 의해 이루어져야 하지만 절대적인 필요 이상으로 개인의 자유를 침해해서는 안 된다는 뜻이다.

시기	용어	의 미
1980년대	주류화와 REI (일반교육주도)	• 최소제한환경의 원리에 기초한 개념. 학교의 교육 프로그램을 재구조화하여 장애를 가진 아동들이 가능한 한 비장애 또래와 함께 일반 학교와 학급에서 교육을 받아야 한다. • 모든 유형의 특수아동을 완전히 일반교육체제에 포함한다. 대규모의 전일제로 주류화된 교실에 장애아동의 배치 수를 증대한다.
1990년대 초반	통합	• 주류화와 비슷한 개념이지만, 구체적으로 장애를 가진 아동을 일반 학급에 통합하는 것을 의미한다.
1990년대 중반 이후	완전통합	• 장애의 유형이나 정도에 관계없이 모든 아동을 일반 학급에 배치해야 한다. • 모든 장애 학생들은 자신이 속한 지역사회에 다닌다. • 특수교육이 아닌 일반교육이 장애 학생을 위한 주된 책임을 진다. • 장애아동을 통합된 환경인 일반학교에서 교육함으로써 지역사회에서 독립적인 삶을 영위할 수 있도록 해야 한다.
2000년대 이후	완전참여와 의미있는 혜택	• 장애를 가진 아동의 물리적, 사회적, 교수적 통합과 더불어 모든 아동의 학교교육에의 완전한 참여와 이를 통한 의미 있는 혜택에 관심을 둔다.

[2008년 기출]

다음을 읽고 물음에 답하시오.

> 초임 상담교사인 김 선생님은 특수교사와 함께 학습장애를 겪고 있는 승호의 지도 방안에 대해 협의를 하는 과정에서 ㉮ 정상화(normalization), 최소제한환경(least restrictive environment), 주류화(mainstreaming), 일반교육주도(general educationinitiative)라는 말을 많이 들었다. 그리고 승호에게 적합한 교육계획을 수립하여 실행하는 것이 중요함을 알게 되었다. 이에 ㉯ 김 선생님은 특수교사와 함께 승호를 위한 교육계획을 수립하였다. 이 계획에는 승호의 인적 사항, 현재의 교육 수행 수준, 장단기 목표, 참여 인력, 제공할 교육 및 관련 서비스의 내용, 목표 달성 평가방안 등이 포함되었다.

• ㉮의 개념들이 공통으로 지향하는 교육이 무엇인지 쓰시오.
• ㉯와 같이 장애학생 개개인의 특성을 고려하여 수립한 교육계획을 무엇이라고 하는지 그 명칭을 쓰시오.

3 부분통합과 완전통합

(1) 부분통합(integration, 분리상태)
① 특수학교의 아동을 일반 학교와 학급으로 통합하여 학교생활의 일부를 동일 연령대의 또래와 같이 지내도록 하는 접근 방법이다.
② 다양한 능력을 가진 아동을 기존의 일반 학급에 포함하여 기존의 학교교육 체제에 맞추어 가도록 도와주는 데 목적이 있다.

(2) 완전통합(inclusion, 포함상태)
① 일반 학교가 아동들의 다양성을 수용할 수 있도록 그 체제를 개선하려는 접근법이다.
② 모든 아동이 처음부터 일반 학교의 구성원이라고 가정한다.
③ 모든 아동이 이미 일반 학교 체제의 일부분이기 때문에 아동을 학교에 맞추려 하기보다는 학교를 아동에 맞게 변화시키는 데 관심을 둔다.
④ 다양한 능력을 가진 아동이 모두 교육받을 수 있는 일반 학교를 구축하는 데 목적이 있다.

2 통합교육의 목적

1 통합교육의 ABC

(1) **수용(Acceptance)**: 차이 또는 다름의 수용
(2) **소속(Belonging)**: 집단이나 사회에 소속됨
(3) **공동체(Community)**

2 구체적인 목표

(1) 보다 우수한 교수(better instruction)를 제공한다.
(2) 학습 시간의 낭비를 줄인다(more time on task).
(3) 서비스 전달에 방해를 최소화한다(fewer interruptions).
(4) 보다 밀착된 점검을 한다(closer monitoring).
(5) 보다 높은 자긍심을 갖도록 한다(higher self-esteem).
(6) 소속감을 가지게 한다(sense of belonging).
(7) 보다 많은 위험을 제거한다(more risk taking).
(8) 명칭 붙임의 부정적인 영향이 보다 적어진다(fewer labels).
(9) 교사의 팀워크를 강화한다(teacher teamwork).
(10) "우리"라는 공동체적 주인의식을 갖게 한다(ownership by all).

5 개별화 교육

1 개별화 교육(individualized education)의 개념 [2008 기출]

1 정의

(1) 법적 정의 [장애인 등에 대한 특수교육법 제2조 7항]

"개별화 교육"이란 각급 학교의 장이 특수교육대상자 개인의 능력을 계발하기 위하여 장애유형 및 장애특성에 적합한 교육목표·교육방법·교육내용·특수교육 관련서비스 등이 포함된 계획을 수립하여 실시하는 교육을 말한다.

(2) 학문적 정의

Abeson & Weintraub(아베슨과 웨인트라우브 1997)	• 개별화(individualized): 한 학생의 교육적 요구 • 교육(education): 특수교육 및 관련 서비스 • 프로그램(program): 학생에게 실제로 무엇을 제공할 것인가에 대한 진술
한국장애아 통합실천연구회(2004)	• 각 아동이 지니는 개인차와 장애로 인한 발달상의 개인차로 인해 단일 교육과정으로는 대상 아동의 필요를 충족시킬 수 없으므로, 교육을 계획하고 실천함에 있어서 아동의 발달에 적절한 프로그램을 계획하고 시행하는 것을 말한다.
미국의 [전장애아동교육법]	• 개개 학생의 요구에 부응한 특별한 교육 계획서를 의미하는 것으로 학교의 전체 교육 계획이 아닌 특별한 교육 계획을 개별적으로 문서화한 것이다.

2 성격: 미국장애인교육법(Individual with Disability Education Act: IDEA)

(1) IEP는 아동에게 무상의 적절한 공교육을 제공하기 위해 개별화 교육과정과 결과를 진술하는 문서다.
(2) IEP는 아동의 독특한 교육적 요구를 충족시키고, 아동의 미래를 준비하는 프로그램이다.
(3) IEP는 특수교육 관련 서비스를 제공할 아동에게 최소제한환경이 어디에 있는지 명시해야 한다.
(4) IEP는 여러 분야의 전문가가 협력하여 개발한다.
(5) IEP는 일반 교육과정과 관련지어 개발한다.

3 우리나라 개별화 교육의 법적 근거

1994년 [특수교육진흥법]을 개정하면서 처음으로 장애아동을 위한 개별화 교육의 의무규정을 만듦

	제22조(개별화 교육)	
[장애인 등에 대한 특수 교육법]	개별화교육지원팀의 구성	• 각급 학교의 장은 특수교육 대상자의 교육적 요구에 적합한 교육을 제공하기 위하여 보호자, 특수교육 교원, 일반교육 교원, 진로 및 직업교육 담당 교원, 특수교육 관련 서비스 담당 인력 등으로 개별화교육지원팀을 구성한다.
	개별화교육 계획의 작성 시기	• 개별화교육지원팀은 매 학기마다 특수교육 대상자에 대한 개별화 교육 계획을 작성하여야 한다.
	전학 시 송부	• 특수교육 대상자가 다른 학교로 전학할 경우 또는 상급 학교로 진학할 경우에는 전출학교는 전입학교에 개별화 교육 계획을 14일 이내에 송부하여야 한다.
	특수교육 교원의 업무 지원	• 특수교육 교원은 제1항부터 제3항까지의 규정에 따른 업무를 수행하기 위하여 각 업무를 지원하고 조정한다.
	기타	• 제1항에 따른 개별화교육지원팀의 구성, 제2항에 따른 개별화 교육 계획의 수립, 실시 등에 관하여 필요한 사항은 교육부령으로 전한다.
	제4조(개별화교육지원팀의 구성 등)	
[장애인 등에 대한 특수 교육법] 시행규칙 2008 기출	개별화교육지원팀 구성 시기	• 각급 학교의 장은 법 제22조 제1항에 따라 매 학년의 시작일부터 2주 이내에 각각의 특수교육 대상자에 대한 개별화교육지원팀을 구성하여야 한다.
	개별화교육 계획 작성 시기	• 개별화교육지원팀은 매 학기의 시작일부터 30일 이내에 개별화 교육 계획을 작성하여야 한다.
	개별화 교육 계획의 내용	• 개별화교육 계획에는 특수교육 대상자의 인적 사항과 특별한 교육 지원이 필요한 영역의 현재 학습 수행 수준, 교육 목표, 교육 내용, 교육 방법, 평가 계획 및 제공한 특수교육 관련 서비스의 내용과 방법 등이 포함되어야 한다.
	개별화 교육 계획 평가 및 결과 통보	• 각급 학교의 장은 매 학기 개별화 교육 계획에 따른 각각의 특수교육 계획에 따른 각각의 특수교육 대상자의 학업성취도 평가를 실시하고, 그 결과를 특수교육 대상자 또는 그 보호자에게 통보하여야 한다.

4 미국의 [전장애아동교육법]의 원칙

완전수용(zero-reject)	• 장애 종류와 정도에 관계없이 모든 장애아는 무상 의무교육을 받는다.
공평한 평가 (non discriminatory)	• 모든 장애아는 공교육에 적절히 배치될 수 있고, 교육될 수 있도록 공평하게 평가될 것이며, 충분히 개별적 평가가 이루어져야 한다.
개별화 교육 (individual education program)	• 장애아 개개인의 독특한 욕구에 맞는 교육 프로그램의 구성으로 적절한 교육을 행해야 한다.
최소제한환경 (least restricted environment)	• 장애아는 정상 아동과 부당하게 분리시킬 수 없으며, 통합교육의 기회를 확대해야 한다.
합당한 절차 (due process)	• 정당한 교육 배치의 결정에 대한 전문가와 부모 양자의 합의를 위한 절차를 보장하는 것으로서 부당한 판정에 대해 아동의 부모와 후견인은 거부권을 지닌다.
부모의 참여 (parental participation)	• 교육에 관한 기록과 정보 그리고 교육정책 등에 부모가 참여할 권리와 책임이 있다고 규정하고 있다.

5 개별화 교육 계획의 교육적 가치 1996년 국립특수교육원에서 발표한 '개별화 교육의 효율적인 운영 방안'에 따른 장애 영역별 6개 연구 협력 학교의 지정 운영 결과

(1) 아동의 현재 수행 능력 수준의 진단을 바탕으로 아동 개개인에 대한 객관적이고 구체적인 평가가 이루어졌으며, 각 교육활동별 교육적 배치가 적절히 이루어졌다.
(2) 개별화 교육 계획을 적용함으로써 아동이 지닌 장애의 특성, 정도, 흥미, 소질 등을 고려한 교육 계획이 수립 및 실시되었다.
(3) 학교 수준 교육과정의 계열화와 지도 요소의 추출로 인하여 위계 분석과 계열화가 이루어져 아동의 성취 수준이 객관적으로 평가되었다.
(4) 소집단 활동을 통하여 아동과 교사와의 상호작용이 증가했으며, 학습에 대한 동기 유발과 흥미를 지속했다.
(5) 교과의 특성에 따른 다양한 개별화 교수-학습 모형을 통해 융통성 있는 학습 시간의 계획 및 학습의 심화 지도가 용이해졌으며, 각 교육활동에 알맞은 다양한 교수-학습의 지도 기술이 향상되었다.

2 개별화 교육 계획의 작성

1 개별화교육지원팀의 구성 및 회의

(1) **개별화교육지원팀의 구성**: 매 학년의 시작일로부터 14일 이내에 각각 특수교육 대상자에 대한 개별화교육지원팀을 구성하여야 한다. 개별화교육지원팀은 학교장, 보호자, 특수교육 교원, 일반교육 교원, 진로 및 직업교육 담당 교원, 특수교육 관련 서비스 담당 인력 등 각 학생을 잘 알고 있거나 각 학생의 교육적 요구가 있는 영역의 전문성을 지닌 자로 구성된다.
(2) **개별화 교육 계획의 작성 시기**: 매 학기마다 매 학기의 시작일로부터 30일 이내에 작성한다.
(3) **개별화교육지원팀의 회의**: 학교장은 개별화교육지원팀의 구성에 책임을 지며, 의장 역할을 수행할 수 있다. 회의 주관 교사는 회의 일정 조정, 회의 장소 섭외 및 연락을 담당한다. 그리고 보호자를 포함한 모든 구성원에게 회의의 목적, 시간, 장소, 참석자를 알려준다.

2 개별화교육 계획의 구성요소

(1) **특수교육 대상자의 인적 사항**: 특수교육 대상자의 개인 정보, 개별화 교육 계획의 시작일과 종료일, 진단·평가를 포함한 장애 전반과 관련된 정보, 특수교육 대상자의 흥미 및 강점, 약점, 보호자의 희망 사항 등
(2) **특별한 교육 지원이 필요한 영역의 현재 학습 수행 수준**: 교육 목표 설정에 필요한 평가 관련 정보, 교육 목표와 관련된 출발점 행동 수준, 사회성 기술, 부적절한 행동, 신체활동(건강상태, 보장구 사용 등)과 같은 적응행동의 특성을 나탄낸다.
(3) **교육목표(장기목표 및 단기목표)**: 연간 목표와 학기별 교육 목표 제시. 교육 목표를 설정할 때는 특수교육 대상자에게 적용하고 있는 교육과정을 고려해야 한다. 또한 교육 목표의 진술 방법은 '학생 중심'으로 '무엇을 학습할 것인가'의 시각에서 기술하여야 하며, 관찰 가능하고 측정 가능한 교육 목표를 진술하기 위해서는 행동이 수행될 만한 조건, 수업의 결과로서 학생들이 성취해야 할 행동, 학습활동의 성취 여부를 결정할 기준 이 세 가지 조건이 포함되어야 한다.

- **(4) 교육 내용**: 특수교육 대상자의 수준과 참여하는 수업의 특성에 따라 기본교육과정 중심과 국민공통기본교육과정 중심으로 구성될 수 있다. 교육 내용을 선정할 때는 교과목 간의 연관성, 교수 방법, 생활연령 등을 고려하여야 한다.
- **(5) 교육 방법**: 영역별로 특수교육 대상자의 개별적 요구에 부응할 수 있는 교육 방법 기술이다.
- **(6) 평가 계획**: 평가 담당자, 평가 시기와 같은 일반 사항과 교육 목표 달성 여부를 어떻게 판단할 것인가에 관한 평가 준거를 포함한다. 평가 결과를 보고하고 평가 결과에 대한 최종 진술이 필요하다.
- **(7) 특수교육 관련 서비스**: 가족지원(가족상담, 양육상담, 보호자 교육, 가족 지원 프로그램 운영 등), 치료 지원(물리치료, 작업 치료 등), 보조인력, 각종 교구 및 학습보조기 지원(각종 교구, 학습보조기, 보조공학기기 등), 통학 지원(통학 차량, 통학비), 기숙사의 설치·운영, 기타 특수교육 관련 서비스(보행훈련, 심리·행동 적응 훈련 등) 등에 관한 지원.

3 개별화 교육 계획의 작성 절차

개별화교육지원팀의 구성 → 이전 학기 개별화 교육 계획의 분석 → 개별화교육지원팀의 협의 → 개별화 교육 계획의 작성 → 교육과정 진행 및 평가 → 학기 말 개별화 교육 계획 평가 → 평가 결과를 보호자에게 통보

4 개별화 교육 계획의 실행

개별화 교육 계획은 매일의 수업 목표가 성취되고, 이것이 누적되면 개별화 교육 계획의 교육 목표가 달성될 수 있도록 작성해야 한다.

5 개별화 교육 계획의 평가 및 검토

각급 학교의 장은 매 학기마다 개별화 교육 계획에 따른 특수교육 대상자의 학업 성취도 평가를 실시해야 한다. 특수교육 대상자의 교육 목표 달성 여부를 평가하고, 개별화 교육 계획에 기재한다. 평가 결과는 특수교육 대상자 또는 보호자에게 통보되어야 한다.

6 전환교육 2020 기출

1 미국 장애인교육법(IDEA)에서 제시하는 전환의 정의와 목적

1 IDEA의 전환의 목적

(1) 모든 장애아동의 고용과 독립생활을 위한 준비와 그들의 독특한 욕구를 충족시키기 위해 설계된 특수교육과 관련된 서비스를 강조하는 무상으로 적절한 공교육을 활용할 수 있도록 보장하는 것이다.

(2) 장애아동과 그들 부모의 권리를 보장하는 것, 고용과 독립생활을 위해 아동을 준비시키기로 의도된 특수교육과 관련 서비스의 분명한 진술서에 교육자, 부모, 아동은 아동의 학교경험을 위해 계획을 할 때 성인 결과를 고려해야만 확실히 성공할 수 있다.

2 IDEA의 전환의 정의

(1) 전환서비스는 장애아동을 위한 일련의 통합된 활동의 수단으로 다음과 같이 정의한다.
① 전환은 중등학교 이후 교육, 직업훈련, 통합고용(지원고용 포함), 계속적인 성인교육, 성인서비스, 독립생활이나 지역사회 참여를 포함하는 학교에서 학교 이후의 활동으로 이동을 촉진하는 결과중심 과정 내에서 고안된 장애아동을 위한 일련의 통합된 활동이다.
② 이것은 아동의 기호나 관심을 고려한 아동의 욕구를 기초로 하며,
③ 다음 사항을 포함한다.

- 교수
- 관련된 서비스
- 지역사회 경험
- 고용과 다른 학교 이후의 성인생활 목표개발
- 만약 적절하다면, 일상생활 기술과 기능적 직업평가의 습득

2 브롤린(D. E. Brolin)의 생활중심진로교육 모형

1) 생활중심진로교육(LCCE: Life-Centered Career Education) 커리큘럼은 일상생활 기능, 개인-사회적 기능, 직업적 기능 이 세 가지를 보조하는 학문적 기능을 중요시한다.

2) 이것은 진로교육이 단순히 직업교육을 지칭하는 또 다른 용어가 아니라 삶의 모든 역할과 환경, 사건들에 대해 인간을 성장시키고 개발하는 데 초점을 맞춘 교육이라는 것이다.

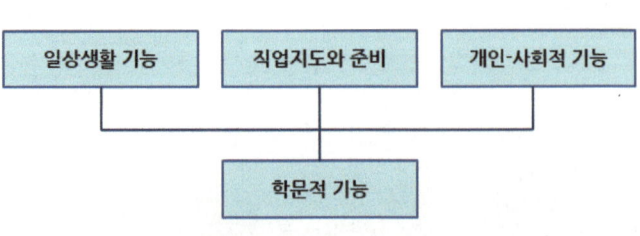

3. 윌(Will)의 교량모형(가교모형)

1 가정

(1) 특수교육 및 재활서비스국은 전환교육 프로그램에 대해 적절한 지역사회 기회와 서비스 협력이 개인적 환경과 욕구에 부합되도록 개발되어야 한다.
(2) 전환교육 프로그램은 장애아동들에게 초점을 두어야 한다.
(3) 전환교육 프로그램의 목적을 지속적인 것에 두어야 한다.

2 정의

(1) 고등학교와 고용 사이의 다리 역할로서의 전환교육을 강조한다. 전환의 초점을 과정보다는 결과인 '고용'에 둔다.

3 전환프로그램의 구성요소

(1) **일반적인 서비스**: 특별한 전환서비스가 필요하지 않은 경도장애학생 대상으로, 특수한 서비스 없이 고용으로 전환하는 것이다. 비장애인들에게 제공되고 있는 일반적인 직업서비스를 장애학생들이 이용한다.(대학교 과정 =고등교육)
(2) **시간제한적 서비스**: 직업재활기관이나 성인서비스기관에서 장애인 대상으로 지역사회 직업적응을 위해 만든 특별한 서비스를 제한된 시간 동안에 제공 받는 것이다.(직업재활)
(3) **지속적 서비스**: 중도장애인들이 직업적응을 하는 데 필요한 계속적인 직업재활 서비스를 제공받는 것이다.(보호고용)

4 4가지 관점에서의 목적 설정

(1) 윌은 전환의 과정적, 결과적 측면에서 선행연구를 참조하여 다음 4가지 관점에서 목적을 설정하였다.
① 고용(취업)
② 주거
③ 여가
④ 이동(사회생활)

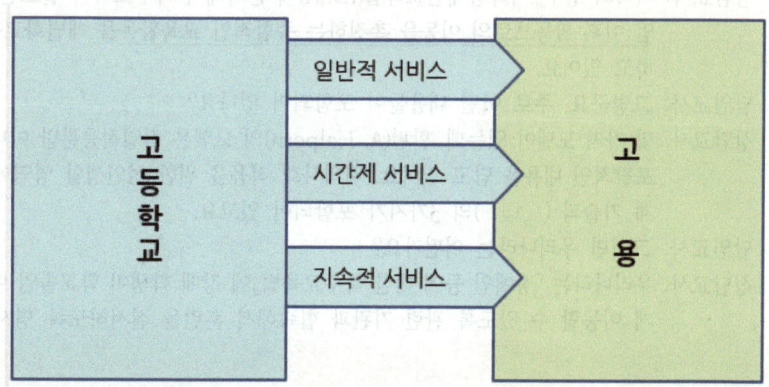

4 할펀(A. Halpern)의 독립생활과 지역사회 모형 [2020 기출]

1) 할펀은 윌의 고용에만 중점을 두었던 것을 변화시켜 성과중심의 교육효과를 극대화하기 위하여 지역사회의 적응을 통한 성인생활 자립을 강조하였다.
2) 또한 이 모형은 전환교육의 일차적인 목표인 취업을 위하여 직업교육과 훈련에 중점을 둔 것이다.
3) 장애인이 학교에서 성인사회로의 전환에 성공하기 위해서는 취업을 위한 준비, 질적인 주거환경, 사회 및 대인관계 기술이 함께 갖추어지는 것이 중요함을 제시함으로써, 전환교육의 범위를 확대하였다.

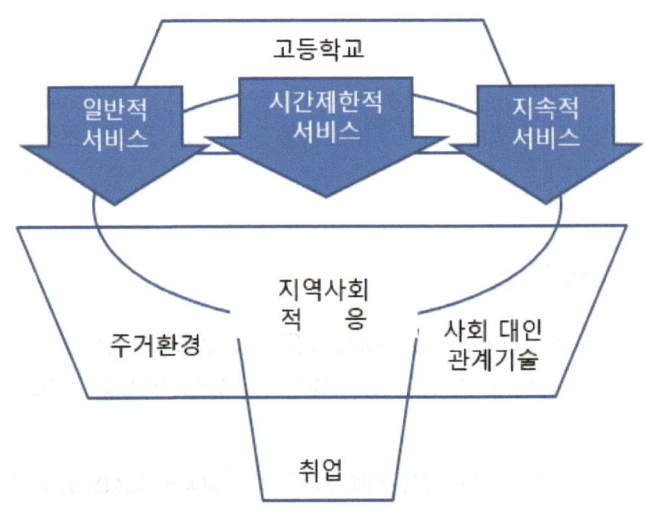

[2020년 기출]

다음은 통합학급 담임교사와 전문상담교사가 나눈 대화 내용의 일부이다. 밑줄 친 ㉠과 괄호 안의 ㉡에 해당하는 명칭을 쓰시오.

담임교사: 장애 학생의 학교졸업 이후 적응을 위해서는 어떤 교육이 이루어지고 있나요?
상담교사: 미국의 경우, 미국장애인교육법(IDEA)에 근거해서 특수교육이 필요한 학생을 위해 ㉠학교로부터 학교 졸업 이후 활동으로의 이동을 촉진하는 종합적인 교육활동을 개별화교육계획(IEP)에 포함해서 교육활동을 하고 있어요.
담임교사: 그렇군요. 주로 어떤 내용들이 포함되어 있나요?
상담교사: 몇 가지 모델이 있는데, 할펀(A. Halpern)의 모델은 직업적응뿐만 아니라 지역사회 적응까지 돕도록 하는 포괄적인 내용을 담고 있어요. 지역사회 적응을 위한 성인생활 영역에는 주거환경, 적절한 사회·대인관계 기술과 (㉡)의 3가지가 포함되어 있고요.
담임교사: 그러면 우리나라는 어떤가요?
상담교사: 우리나라는 「장애인 등에 대한 특수교육법」에 장애 학생이 학교졸업 이후에 학교에서 사회 등으로 원활하게 이동할 수 있도록 관련 기관과 협력해서 훈련을 실시하도록 명시하고 있어요.

7 특수아상담의 기본개념

1 정의

신체, 인지, 정서, 사회, 행동상의 특수한 문제를 지닌 내담자와 전문적인 훈련을 받은 상담자 간의 관계에서, 상담자가 내담자의 문제를 이해하고 2차적 문제 발생을 예방하기 위해 내담자와 함께 교육, 적응, 진로 및 의사결정, 문제해결, 치료교육, 자기 발전을 위한 노력을 기울이도록 전문적으로 도와주는 교육과정이다.

2 특수아 상담의 목적

1) 특수아가 지닌 여러 분야의 문제를 다루어줌으로써 특수아가 지닌 정당한 가치를 발견시키고 문제해결에 조력해주는 일이다.
2) 현재의 문제 해결뿐만 아니라 상담의 과정을 통하여 장래에 있어서 일어날 수 있는 문제를 자신이 해결할 수 있도록 능력을 최대한 발달시키는 것이다.
3) 세부적인 목표
   - 사회에서 살아갈 수 있도록 성격의 특이성을 교정하여 **원만한 인격형성**을 목표로 한다.
   - 자립할 수 있는 기능을 갖추게 하여 사회적으로 자립할 수 있고 나아가 사회에 공헌하도록 육성한다.
   - 직업적 기능과 태도를 기른다.
   - 신체적·정신적 기능의 결함을 보충하고 수정한다.
   - 신체발달과 건강 증진을 위하여 의료 서비스를 받도록 돕는다.

3 특수아 상담의 유형

1 목적에 따른 분류 2012 기출

발달상담과 예방상담, 치료 상담은 뚜렷하게 구분되기보다는 연속선상으로 보아야 한다. 치료상담으로 갈수록 상담자의 시간과 에너지 및 전문성이 더 많이 요구되며 더 적극적으로 더 직접적으로 문제 상황에 개입해야 한다.

치료 상담	• 특수아가 직면한 문제 상황에 적극 개입해서 특수아가 만나는 여러 가지의 문제를 해결하거나 어려움을 줄여주고 도움을 주는 상담이다. • 목표: 특수아의 문제해결, 증상해소, 고통의 감소 및 현실상황에 적응하도록 하는 것.

예방 상담	• 앞으로 발생 가능한 문제들을 고려하여 내담자에게 이루어지는 상담이다. • **목표**: 앞으로의 스트레스나 갈등을 해결해 나갈 수 있는 내적인 힘이나 문제해결능력 등을 기르는 것. 사회성 훈련, 도덕발달, 자아개념 및 자아존중감 향상, 의사소통 및 자기주장 훈련, 리더십 향상, 학습동기 및 진로탐색 등이 포함.
발달 상담	• 특수아의 교육적 성장을 도와줄 수 있는 학교 환경을 형성하는 일로서 특수아의 정서적, 인지적 욕구의 이해를 기반으로 이루어지며, 부모와 연계하여 상담활동을 하는 것을 포함 • **목표**: 인간의 기본적인 성장 발달을 촉진하여 자아실현을 위한 발달과 적응능력을 향상하는 것.

4 특수아 상담의 원리 2005, 2012, 2013 기출

1) 일반상담의 원리와 방법을 기본으로 한다.
2) 특수아동은 이질적 집단이므로, 특수아동 개인의 문제의 종류와 심각성에 따라 개별적인 방법으로 접근해야 한다.
3) 특수아 상담은 여러 영역의 전문가에 의한 종합적인 평가 결과에 기초한 상담이어야 한다.
4) 특수아 상담은 특수교육과 병행하고 통합해서 이루어져야 한다.
5) 특수아 상담은 과학적이고 전문적인 일로서, 특수아 상담의 목적에 따라 다양하면서도 특수하게 체계화된 프로그램이 실시되고 활용되어야 한다.
6) 특수아 상담은 아동과 가정 및 학교, 지역사회와의 연계를 필요로 한다.
7) 특수아 상담은 특수한 영역에서 담당하는 전문가에 의해 이루어져야 한다.

5 특수아 상담의 특성 2005, 2012, 2013 기출

1) 특수아 상담은 다측면적인 통합 서비스로 이루어진다.
2) 특수아 상담은 크게 치료와 유지 및 예방적 조치라는 3가지 방향을 가지고 진행된다.
3) 특수아 상담은 치료 교육적 접근을 지니고 있다.
4) 특수아 상담은 여러 가지 방법을 사용한다.
   예 언어 외에 음악, 미술, 놀이, 모래놀이, 독서, 영화 등
5) 특수아 상담은 특수아 부모상담이 병행된다.
6) 특수아 상담은 아동의 개인적인 기능과 관계된 내용과 가족의 기능과 관계된 내용과 사회적 기능과 관계된 내용을 포괄적으로 다룬다.

8 특수아 상담자의 역할과 유의할 점

1 특수아 상담자의 자질

1 인지적 자질

(1) 일반 아동에 대한 심리학적, 교육적, 배경지식을 필요로 한다.
(2) 상담에 대한 전문 지식을 갖추어야 한다.
(3) 특수아에 대한 전문 지식을 갖추어야 한다.
(4) 특수아 상담전문인이 되기 위해서는 적절한 수련과 감독 및 평가를 통한 체계적인 훈련 과정이 필요하다.
(5) 특수아나 특수아 부모가 관심을 갖는 내용이나 지원서비스에 관한 정보를 알고 있어야 한다.

2 심리적 자질

(1) 특수아를 편견 없이 긍정적으로 이해하고 수용할 수 있는 인성의 소유자여야 한다.
(2) 생활방식이나 문화적 배경을 이해할 수 있는 보통 가정의 사람이어야 한다.
(3) 상담자로서 적합한 성격 패턴-내담자의 반응에 대한 예민성, 객관성, 성숙, 자기 일에 대한 만족감, 책임감 등을 지니고 있어야 한다.
(4) 정신건강 상태가 건강하고 미래에 낙관적인 시각을 지닌 사람으로 정서적으로 안정되어야 한다.
(5) 특수아를 도와줄 수 있는 적극성과 열성을 지닌 사람이어야 한다.
(6) 특수아 부모와 가정의 어려움과 힘든 점을 이해하고, 부모의 정서를 존중하는 온유한 마음을 지녀야 한다.
(7) 특수아 상담을 지속해 나갈 수 있는 인내심이 있어야 한다.
(8) 권위적이지 않으면서도 이성적으로 판단할 수 있어야 한다.

2 특수아 상담자의 태도

1 관계

상담자 - 특수아동, 상담자 - 특수아 부모는 좋은 조력관계를 맺어야 한다. 그러기 위해서는 신뢰와 수용을 바탕으로 애정, 열정, 성장과 변화, 비밀보장, 지지, 정직성 등의 태도가 필요하다.

2 특수아 상담자의 기본적인 태도

로저스(Rogers)가 제시하는 긍정적 존중, 공감적 이해, 일치, 수용, 솔직성, 성실성 등의 태도가 필요하다.

3 특수아 상담자에 대한 특수아동과 특수아 부모의 요구

(1) 타인으로부터 사랑을 받고자 하는 욕구가 있다.
(2) 자기가 가치 있고 능력 있는 인간임을 인정받고자 한다.
(3) 각종 두려움에 직면하기를 두려워하거나 회피하고 싶어 한다.
(4) 특정 사건이나 인간관계에 수반된 부정적인 자기 개념이나 감정이 노출되기를 두려워한다.
(5) 불안은 과거의 것이 아니고 장차 일어날 사태에서의 실패 가능성에 대한 두려움, 불확실한 미래에 대한 두려움과 공포를 가지고 있다.
(6) 자기 능력을 향상하여 열악한 환경적 여건에서 벗어나 사회의 한 사람으로 성장하고 싶은 욕구를 가지고 있다.
(7) 자기가 한 행동이 문제이긴 하지만 나름대로의 최선의 방법으로 선택했다고 믿으며 사람들이 이를 이해해주기를 바란다.
(8) 자율성과 책임감을 가지고 문제를 해결하고 싶어 한다.
(9) 특수아나 장애라는 특별한 주목과 취급을 원치 않고, 남들과 동등한 인간으로 취급받길 원한다.

3 | 특수아 상담자의 역할

1) 아동의 특수성을 이해하고 이런 특수성에 관련된 사회적, 학습적, 행동적 문제들을 이해하는 데에 노력한다.
2) 긍정적 자아개념을 증진할 수 있는 상담을 한다.
3) 특수성에 대한 적응을 촉진한다.
4) 아동과 함께 일하는 다른 전문가들이나 기관들의 서비스를 조정한다.
5) 부모나 교사와 같은 사람들에게 아동의 특수성과 아동의 장점과 한계, 그리고 아동의 특수한 문제들에 대하여 이해하도록 한다.
6) 효과적이고 독립적인 생활력을 증진하는 데에 도움을 준다.
7) 오락이나 취미를 가지게 한다.
8) 대인관계 및 사회적 기술을 가르친다.
9) 교육계획을 세우며 가능하면 필요한 교육적 도움과 기구를 확보할 수 있도록 도움을 준다.
10) 특수아 부모와 상담한다.
11) 특수아와 관련한 여러 영역의 전문가들과 그 외에 도움을 줄 수 있는 기관에 대한 지식을 갖추고 관계를 유지한다.

4 특수아 상담의 유의점

1 아동의 측면에서 유의점

(1) 아동들은 상담에 대한 기초 지식이 확립되어 있지 않다.

(2) 아동은 인지발달 단계상 논리적인 사고가 제한되어 있기 때문에 분명하게 자기가 생각하고 느끼는 점이 있어도 자신의 생각이나 감정, 행동을 확실하게 인식하기가 어렵다.

(3) 아동은 자신이 처한 주변 환경을 인식하고 문제점을 파악하기 어려울 뿐만 아니라, 자기 생활 주위의 여건을 개선한다거나 통제하는 등 환경적인 요소를 극복할 능력과 기회가 훨씬 제한되어 있다.

(4) 아동은 보통 성인에 비해 주의집중을 어느 정도 지속시키는 일이 어렵다. 또한 욕구 좌절 인내력이 부족하고, 미성숙하고, 주위의 환경에 영향을 많이 받는다.

(5) 아동은 상담에 대한 동기를 스스로 갖는 경우도 있기는 하지만 거의 부모가 요구하거나 교사의 선도에 의해 상담이 이루어지는 경우가 더 많기 때문에 아동 스스로 상담에 대한 동기부여를 갖고 있기가 어렵다.

(6) 아동의 의사소통에는 나름의 특징이 있다. 즉, 교사나 전문 상담가가 아동과 상담하는 경우, 아동은 어른과 의사소통을 하게 된다. 그러나 아동은 언어를 통한 의사소통보다는 몸짓, 행동, 얼굴표정 등 비언어적 의사소통을 많이 사용한다.

2 특수아 측면에서 유의점

(1) 지적으로나 정서적, 행동적으로 상담을 이끌어가기에는 역부족인 부분이 많다.

(2) 성인처럼 자유스러운 대화가 쉽지 않기 때문에 대화식 상담만으로는 일정 시간 상담을 유지하기가 어렵다.

(3) 조직화된 상담 프로그램 필요성이 절실히 요구된다.

(4) 의사소통에 있어 아동의 몸짓이나 행동을 어떻게 해석해야 하는가도 중요하지만 상담자의 몸짓이나 행동이 아동에게 어떻게 받아들여지고 해석되는지를 세심하게 신경써야 한다.

(5) 학습과 관련된 계획을 하거나 의사결정을 내리거나 자기를 평가하거나 특정한 상황에서 문제를 해결하거나 진로를 결정하거나 생활 환경에서의 행동방향을 결정할 때는 상담자 쪽에서 좀 더 직접적이고 적극적으로 도움을 줄 필요가 있다.

(6) 부모와 교사의 협조가 중요하다.

(7) 상담자는 내담자인 특수아동에 대해 긍정적인 견해를 가져야 한다. 아동이 앞으로 많은 발전 가능성이 있으며, 좋은 환경을 제공해준다면 충분히 자신의 문제를 극복하거나 새롭게 변화할 수 있다고 믿어야 한다.

(8) 특수아 상담이 보다 더 많은 노력과 시간이 투자되어야 함을 인식해야 한다. 상담자는 한 아이의 인생 문제에 대해 책임감, 더불어 살아가는 자세, 특수아로부터 도움을 받을 수 있다는 시각을 가지고 상담에 임해야 한다.

5. 특수아동 상담의 전략

1) 내담자에게 일어났던 최근의 의미 있는 자료에 초점을 둔다.
2) 일반적이고 모호한 내용보다는 구체적이고 실제적인 내용으로 주목한다.
3) 사건이나 생활사의 나열보다는 주요 인간관계에 관련된 내담자의 감정에 초점을 둔다. 즉 사건 자체보다 그에 수반되는 개인의 정서에 좀 더 주목한다.
4) 장래와 과거에 관련된 의미 없는 내용을 조사하거나 이해하기보다는 상담 장면에서 벌어지는 "현재와 이곳"에서의 내담자 감정과 행동에 주목한다.
5) 상담자는 바람직한 내담자의 언행과 자기 탐색 노력을 적극적으로 강화한다.
6) 필요에 따라서는 자기표현 훈련, 긴장, 이완훈련, 정서 안정 훈련을 필요에 따라 내담자와 합의하에 실시한다.
7) 상담의 결과를 상담 초기에 상호 협의한 목표를 두고 비교하고 검토한다.
8) 상담관계와 일상생활 장면 간의 차이를 검토하고, 현실적인 행동 전략을 협의한다.

[2012년 기출]

특수아 상담에 관한 설명으로 가장 적절하지 않은 것은?

① 특수아 상담은 개인의 문제 종류와 심각성에 따라 개별적인 방법으로 접근해야 한다.
② 특수아 상담은 상담의 목적에 따라 크게 치료적 상담과 발달적 상담으로 구분할 수 있다.
③ 특수아 상담은 특수아 개인의 문제와 학교생활을 전반적으로 자문해주는 생활지도를 포함하고 있다.
④ 특수아 상담의 원리와 방법은 일반 상담과 다르지만 특수아의 사회·심리적 경험이나 요구는 일반 학생과 같다.
⑤ 특수아 상담은 교사나 부모들이 상담을 의뢰하는 경우가 많으므로, 특수아 부모의 심리 상태와 심리적 변화를 이해하는 것이 중요하다.

[2013년 기출]

특수아상담에 관한 설명 중 옳은 것만을 〈보기〉에서 있는 대로 고르시오.

〈보기〉
ㄱ. 특수아상담은 장애의 정도와 심각성에 따라 개별적인 방법으로 접근해야 한다.
ㄴ. 효율적인 상담을 위해 특수아동의 특성과 욕구 및 교육 지원방법을 알고 있어야 한다.
ㄷ. 특수교사와의 긴밀한 협조 하에 특수아동에게 필요한 교육적 지원이 함께 이루어져야 한다.
ㄹ. 특수아상담은 여러 영역의 전문가에 의한 종합적인 평가 결과에 기초해서 진행해야 한다.

9 특수아 부모상담

1 특수아 부모들이 겪게 되는 심리적 정서적 문제(Seligman, 1985)

1) 가족 내에 장애아동이 있음으로써 육체적, 심리적, 재정적 부담에서 오는 스트레스
2) 장애 아동 형제가 가족 내에 있다는 것에서 오는 형제, 자매들의 심리적 문제
3) 아동의 문제에 대한 아버지, 어머니의 차별화된 역할과 반응
4) 가족 내에 깊은 상처를 주는 부모-전문가의 무성의한 상담
5) 아동 주위의 모든 가족, 친지들의 차갑거나 편견을 가진 따가운 시선과 반응

2 장애 아동에 대한 부모의 심리 변화 단계

1 자녀의 특정 장애 진단 후 부모가 겪게 되는 감정 변화의 단계 ✐ 2005, 2009, 2010 기출

1단계- 충격의 단계	• 특수아 진단의 결과를 믿지 않고 부정한다. • 다른 곳이나 다른 전문가를 찾아가서 다시 진단을 받으려고 시도하기도 하지만, 때론 전문가를 찾아가지도 않고 '정상일 거야'라고 생각하여 적절한 치료나 교육 시기를 놓치는 결과를 낳기도 한다. • 상담: 수용과 이해
2단계- 거부의 단계	• 부모는 상당한 혼란에 빠진다. 그리고 분노와 원망의 감정을 표현한다. • "왜 하필 우리 아이가?"란 생각으로 감정 폭발과 함께 주변 다른 사람이나 아동을 진단한 의사나 배우자에게 화를 내거나 비난하게 된다. • 상담: 격려가 핵심. 상담이 가장 힘든 시기로 분노와 원망의 감정 표현하도록 돕는다. 또한 주변 사람이 분노의 대상이 아니기 때문에 각자 개인적으로 상대방에게 상처주지 않도록 조심하도록 돕는다. 장애아동이나 그 부모 모두가 가치 있는 인간임을 인식시킨다.
3단계- 죄의식의 단계	• 더 이상 아동의 일을 부정할 수 없는 상태가 되면 충격과 격한 감정이 가라앉으면서 자녀가 가진 장애를 받아들이는 타협을 하게 된다. • 죄책감에 빠져든다. 부모로서 자녀에게 소홀했던 것, 야단쳤던 것 등을 후회하고 슬픔과 무력감에 휩싸이며 희망이 없음에 낙심한다. • 부모는 우울증을 앓을 수 있다. • 상담: 슬픈 감정 허용, 용기, 격려. 우울감과 죄책감에 벗어나도록 돕는다. 장애의 원인에 대해 객관적인 시각을 갖도록 돕는다. 자녀의 긍정적인 면에 초점을 둔다.
4단계- 수용의 단계	• 자신이 떠안아야 할 문제를 수용하게 된다. 외부 지향적으로 문제에 대처하려고 노력한다. • 정보를 수집하고 여러 대안들을 생각하고 아동을 치료하거나 도와줄 계획을 세우게 된다. • 상담: 구체적이고 실제적인 정보제공, 문제해결을 위한 계획을 의논함. 기적 같은 정보가 아닌 객관적인 정보를 받아들이도록 돕는다.

[2010년 기출]

전문상담교사가 자녀의 장애 발생 또는 진단 결과로 위기에 처한 부모를 상담한 내용으로 적절한 것을 〈보기〉에서 모두 고르시오.

〈보기〉
ㄱ. 자녀의 장애를 빨리 수용할 수 있도록 도왔다.
ㄴ. 자녀가 장애아라는 사실에 충격을 받고 그 사실을 부인하는 부모를 적극적으로 경청하고 공감적으로 이해하였다.
ㄷ. 장애의 원인이 자신 때문이라고 생각하여 죄책감을 가진 부모에게 자녀의 장애 원인에 대한 객관적인 시각을 갖도록 도왔다.
ㄹ. 자녀를 위해 최선을 다했지만 자녀의 장애가 크게 나아지지 않아 좌절하고 실망하는 부모에게 그들의 열의를 칭찬해주고, 자녀의 긍정적인 측면을 볼 수 있도록 도왔다.
ㅁ. 최선을 다하면 자녀의 장애가 없어진다고 생각하여 자녀에게 다양한 치료를 받게 하며 큰 기대를 하고 있는 부모에게 그 치료 결과에 대해 현실적인 기대를 하도록 도왔다.

2 클라우스와 켄넬(Klaus & Kennell)의 장애 아동에 대한 부모의 변화 단계

2008 기출

(1) 1단계 충격: 세상이 무너지는 것 같은 혼란을 경험한다.
(2) 2단계 부인: 인정하지 않으려는 방어기제가 작동한다.
(3) 3단계 슬픔과 분노: 왜 이런 일이 일어났는지 이 아이를 잘 돌볼 수 있을지에 대한 분노, 불안을 경험한다.
(4) 4단계 적응: 감정이 정리되고, 현실을 수용하게 된다.
(5) 5단계 재조직: 부모로서 책임을 다하기 시작한다.

[2008년 기출]

다음 그림은 클라우스(Klaus)와 켄넬(Kennell)이 장애아동의 부모가 자녀의 장애를 수용하는 과정을 다섯 단계로 도식화한 것이다. 물음에 답하시오.

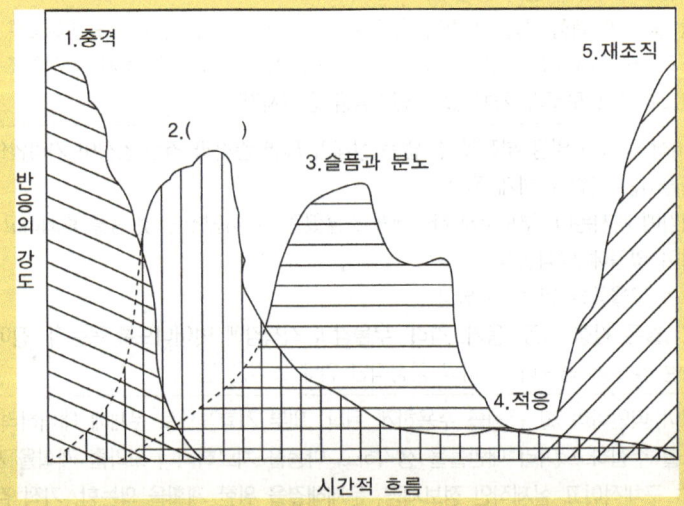

- 그림에서 2.( )에 들어갈 단계의 명칭을 쓰시오.
- 그림에 나타난 단계들 중에서 부모가 자녀의 장애를 현실적으로 수용하기 시작하는 단계의 명칭을 쓰시오.

3 특수아 부모의 상담의 지원

1 전문 프로그램을 통한 지원

(1) 부모교육 세미나 및 프로그램을 운영한다.
  ① 자녀의 성장발달의 원리와 성격을 이해하고 아동발달의 특성, 발달과업 등 자녀의 심리를 파악토록 한다.
  ② 특수아동이 겪는 심리적 고통을 이해하고 극복하려는 '심력'을 길러주는 환경을 마련해 주어야 한다.
  ③ 부모 자신에 대한 자존감, 자녀 양육에 대한 기술과 방법과 더불어 특수 아동의 형제나 조부모와의 관계와 적응을 위한 교육을 실시한다.
(2) 복지관이나 상담기관 및 소집단 부모교육에 참여한다: 자폐아동 부모회, 발달 장애아 부모회, 영재아 부모회, 등등 자녀의 교육문제를 논의하고 이해하기 위해 지지모임을 조직하고 참여한다.
(3) 전문상담가의 상담지원을 받는다: 다양한 부모회 모임에서 나온 문제들이나 개인 문제들을 전문상담자의 조언과 지도, 상담을 받는다.

2 특수아 부모상담에서 다룰 점

(1) 부모의 역할, 그 중에서도 부모의 조기 중재가 매우 중요하다. 먼저 상담자는 특수아 부모의 현재 상태를 이해하는 것이 선행되어야 하며, 점차 특수아의 가정에서의 위치, 가족관계, 생활태도, 특이체질 여부, 적응문제, 정신건강 장애의 정도나 부적응 행동의 정도, 원인, 지도방법 및 협력체제 등을 파악해야 한다.
(2) 이 때 부모도 전문가와의 상담을 통하여 특수 아동의 학교, 놀이 활동, 친구관계, 학교생활 적응 여부, 학업성취 정도, 흥미와 관심 영역, 발달과업의 수행 정도 등을 이해하고 부모로서 자녀에게 도움을 줄 수 있는 방법을 모색해야 한다.
(3) 특수아 부모상담에서 상담자는 부모에게 자녀에 대한 현실적인 기대를 가질 수 있도록 도와줘야 한다. 특수아동의 최적의 발달 조건과 함께 가능한 교육이나 생활, 사회적 적응, 일이나 직업 등의 범위를 파악할 수 있도록 하되, 너무 쉽게 많은 것을 기대하거나 반대로 너무 쉽게 모든 것을 포기하지 않도록 한다.
(4) 특수아는 작은 변화를 일으키기 위해서도 오랜 기간의 교육과 상담 및 지도가 필요한 만큼 부모는 지치기 쉽다. 지치지 않고 꾸준히 지도할 수 있도록 노력해야 한다.

10 특수아 발생 원인

1 장애발생 요인과 대처 요인

1 이춘재 외(1998)

위험요인, 취약요인, 보호요인의 상호작용은 장애 발생 영향을 증가시키기도 감소시키기도 한다.

생물학적 변인	개인내 변인	개인간 변인	상위집단 변인
위험요인			
유전, 염색체 이상 출생전, 출산과정의 영향 신경학적 손상 부적절한 건강과 영양 까다로운 기질	낮은 지능 낮은 자기-존중감 낮은 자기-효능감 낮은 자기-통제 불안정 애착	결혼 혹은 가족의 불화 학대, 방치 나쁜 또래 관계	가난
취약요인			
까다로운 기질	성별 계획력 부족	나쁜 부모와의 관계 애정적 양육의 결핍 긍정적 학교 경험의 결핍	
보호요인			
순한 기질	평균 혹은 그 이상의 지능 유능함 사회적으로 어울림	긍정적 안정적 양육 유능한 성인 역할 모델	
보호기제			
위험 영향을 줄임 부정적 연쇄반응을 줄임 자기 존중감과 자기-효능감을 촉진시킴 기회의 개방			

2 위험요인과 보호요인

(1) **위험요인**이란 정신병리가 발생할 가능성을 높여주는 모든 조건이나 상황을 말하며 장애를 직접 결정할 수 있는 가능성이 있는 요인이다.

(2) **보호요인**이란 건강한 발달을 유지시키고 촉진시키는 요인을 말한다.

3 취약성과 탄력성

(1) **취약성**이란 위험에 대한 반응을 강하게 하는 요인이다.

(2) **탄력성**은 높은 위험상태에 처해 있거나 만성적 스트레스와 이에 기인된 심각한 외상적 경험에도 불구하고 성공적으로 적응할 수 있는 개인의 능력으로, 적응패턴과 회복과정이다. 탄력성의 요인으로는 지능이나 재능, 사회적 유능감, 사회성, 자아존중감, 기질성에서 쉬운 기질, 신앙 등의 개인적 속성에서 찾을 수 있으며 가족의 애정과 격려, 부모와의 밀접한 관계, 어느 정도 높은 사회경제적 수준 등 가정적 속성, 학교 교사와의 밀접한 관계, 또래와의 사회적 관계, 지역사회나 환경으로부터의 지지 등 지역사회 속성에서 찾을 수 있다.

11 특수아 상담 대상

1 특수교육대상자 선정 기준(제10조 관련)

1 시각장애를 지닌 특수교육대상자

시각계의 손상이 심하여 시각기능을 전혀 이용하지 못하거나 보조공학기기의 지원을 받아야 시각적 과제를 수행할 수 있는 사람으로서 시각에 의한 학습이 곤란하여 특정의 광학기구·학습매체 등을 통하여 학습하거나 촉각 또는 청각을 학습의 주요 수단으로 사용하는 사람

2 청각장애를 지닌 특수교육대상자

청력 손실이 심하여 보청기를 착용해도 청각을 통한 의사소통이 불가능 또는 곤란한 상태이거나, 청력이 남아 있어도 보청기를 착용해야 청각을 통한 의사소통이 가능하여 청각으로 교육 성취가 어려움

3 정신지체를 지닌 특수교육대상자

지적 기능과 적응행동상의 어려움이 함께 존재하여 교육적 성취에 어려움이 있는 사람

4 지체장애를 지닌 특수교육대상

기능·형태상 장애를 가지고 있거나 몸통을 지탱하거나 팔다리의 움직임 등에 어려움을 겪는 신체적 조건이나 상태로 인해 교육적 성취에 어려움이 있는 사람

5 정서·행동장애를 지닌 특수교육대상자 📖 2020 기출

장기간에 걸쳐 다음 각 항목의 어느 하나에 해당하여, 특별한 교육적 조치가 필요한 사람

6 자폐성장애를 지닌 특수교육대상자

사회적 상호작용과 의사소통에 결함이 있고, 제한적이고 반복적인 관심과 활동을 보임으로써 교육적 성취 및 일상생활 적응에 도움이 필요한 사람

7 의사소통장애를 지닌 특수교육대상자

다음 각 항목의 어느 하나에 해당하여 특별한 교육적 조치가 필요한 사람.
가. 언어의 수용 및 표현 능력이 인지능력에 비하여 현저하게 부족한 사람
나. 조음능력이 현저히 부족하여 의사소통이 어려운 사람
다. 말 유창성이 현저히 부족하여 의사소통이 어려운 사람
라. 기능적 음성장애가 있어 의사소통이 어려운 사람

8 학습장애를 지닌 특수교육대상자

개인의 내적 요인으로 인하여 듣기, 말하기, 주의집중, 지각(知覺), 기억, 문제 해결 등의 학습기능이나 읽기, 쓰기, 수학 등 학업성취 영역에서 현저하게 어려움이 있는 사람

9 건강장애를 지닌 특수교육대상자

만성질환으로 인하여 3개월 이상의 장기입원 또는 통원치료 등 계속적인 의료적 지원이 필요하여 학교생활 및 학업 수행에 어려움이 있는 사람

10 발달지체를 보이는 특수교육대상자

신체, 인지, 의사소통, 사회·정서, 적응행동 중 하나 이상의 발달이 또래에 비하여 현저하게 지체되어 특별한 교육적 조치가 필요한 영아 및 9세 미만의 아동

2 DSM-5의 신경발달 장애 분류

지적장애	• 지능이 비정상적으로 낮아서 학습 및 사회적 적응에 어려움을 나타내는 경우 • 표준화된 지능검사로 측정된 지능지수(IQ)가 70미만으로 현저하게 낮은 지능
의사소통 장애	• 의사소통에 필요한 말이나 언어의 사용에 결함이 있는 경우 • 지능수준은 정상적이지만 언어사용에 문제가 나타나게 되는데 하위장애로는 언어장애, 발음장애, 아동기-발생 유창성 장애(말더듬), 사회적 소통장애가 있다.
자폐 스펙트럼 장애	• 사회적 상호작용과 의사소통에서 장애를 나타낼 뿐만 아니라 제한된 관심과 흥미를 지니며 상동적인 행동을 반복적으로 나타내는 장애 • 증상의 심각도가 다양한 수준에서 나타날 수 있으며 DSM-5에서는 세 수준으로 심각도를 평가
주의력 결핍/과잉행동 장애	• 주의집중의 어려움과 더불어 매우 산만하고 부주의한 행동을 나타낼 뿐만 아니라 자신의 행동을 적절히 통제하지 못하고 충동적인 과잉행동을 나타내는 경우 • 장애를 지닌 아동은 주의력 결핍형, 과잉행동형, 두 가지 혼합형 이렇게 세 하위유형으로 구분.
특정 학습장애	• 정상적인 지능을 갖추고 있고 정서적인 문제가 없음에도 불구하고, 지능수준에 비하여 현저한 학습부진을 보이는 경우 • 읽기, 쓰기, 산술적 또는 수리적 계산과 관련된 기술을 학습하는 데 어려움을 나타낸다.
운동장애	• 나이나 지능수준에 비해서 움직임 및 운동능력이 현저하게 미숙하거나 부적응적인 움직임을 반복적으로 나타내는 경우 • 발달성 운동조정 장애는 앉기, 기어 다니기, 걷기, 뛰기 등의 운동발달이 늦고 동작이 서툴러서 물건을 자주 떨어뜨리고 깨드리거나 운동을 잘 하지 못하는 경우 • 정형적 동작장애는 특정한 패턴의 행동을 아무런 목적 없이 반복적으로 지속하여 정상적인 적응에 문제를 야기하는 경우 • 틱장애는 얼굴 근육이나 신체 일부를 갑작스럽게 불수의적으로 움직이는 행동을 반복하거나 소리를 내는 부적응적 행동. 틱장애는 다양한 운동 틱과 음성 틱이 1년 이상 지속적으로 나타나는 투렛장애, 운동 틱이나 음성 틱이 1년 이상 나타나는 만성 운동 또는 음성 틱장애, 운동 틱이나 음성 틱이 1개월 이상 1년 이내 지속되는 일시적 틱장애가 있다.

12 지적 장애(정신지체)

1 지적 장애의 정의

1 미국정신지체학회(AAMR)의 정의

(1) "정신지체(mental retardation)는 현재 기능에 실질적으로 제한성이 있는 것을 지칭한다. 정신지체는 유의하게 평균 이하인 지적 기능과 동시에 그와 연관된 적응적 제한성 이 두 가지 혹은 그 이상의 실제 적응 기술 영역들, 즉 의사소통, 자기관리, 가정생활, 사회적 기술, 지역사회 활용, 자기지시, 건강과 안정, 기능적 학업교과, 여가, 직업 기술의 영역에서 정상적으로 발달하지 못하고 지체되는 경우를 말한다. 정신지체는 18세 이전에 나타난다." 2006, 2013 기출

(2) 네 가지 측면과 의미
① 현재 학습과 일상생활 기능에 실질적으로 수행이 어렵다는 것을 의미한다.
② 표준화된 검사에서 지능지수(IQ)가 대략 70~75 혹은 그 이하인 표준점수로 정의됨을 의미한다.
③ 지적 제한성과 적응 기술에서의 제한성이 동시에 일어남은 지적 기능은 물론 적어도 두 가지 적응 기술 영역을 포함할 만큼 충분히 제한성이 종합적이어야 한다는 것을 의미한다. 의사소통, 자기관리, 가정생활, 사회성 기술, 지역사회 활용, 자기지시, 건강과 안정, 기능적 학업교과, 여가, 직업 기술 등은 성공적인 생활 기능에 핵심적이며, 지적 장애인을 위한 지원의 필요성과 자주 관련된다.
④ 미국사회에서 성인의 역할이 기대되는 나이에 근접하는 만 18세 이전으로 규정하고 있다.

2 지적 장애의 진단

1 DSM-5의 지적장애(지적발달장애) 진단기준

지적 장애(intellectual disability)의 진단은 과거 발달기록, 아동의 검사, 평가, 중재계획, 정보를 나누는 모임, 추후 등의 절차를 통해 종합적으로 평가하여 내린다.

> 지적장애(지적발달장애)는 발달 시기에 시작되며, 개념, 사회, 실행 영역에서 지적 기능과 적응 기능 모두에 결함이 있는 상태를 말한다. 다음의 3가지 진단기준을 충족해야 한다.
> A. 임상적 평가와 개별적으로 실시된 표준화된 지능 검사로 확인된 지적 기능(추론, 문제해결, 계획, 추상적 사고, 판단, 학업, 경험 학습)의 결함이 있다.
> B. 적응 기능의 결함으로 인해 독립성과 사회적 책임 의식에 필요한 발달학적·사회문화적 표준을 충족하지 못한다. 지속적인 지원 없이는 적응 결함으로 인해 다양한 환경(가정, 학교, 일터, 공동체)에서 한 가지 이상의 일상 활동(의사소통, 사회적 참여, 독립적 생활) 기능에 제한을 받는다.
> C. 지적 결함과 적응 기능의 결함은 발달 시기 동안에 시작된다.
>   현재의 심각도를 명시할 것(아래 표를 참조하시오)

2 DSM-5 지적장애(지적발달장애)의 심각도 수준 📖 2018 기출

심각도	개념적 영역	사회적 영역	실행적 영역
경도 (mild)	• 학령전기 아동에서는 개념적 영역의 차이가 뚜렷하지 않을 수 있다. • 학령기 아동과 성인에서는 읽기, 쓰기, 계산, 시간이나 돈에 대한 개념과 같은 학업 기술을 배우는 데 어려움이 있으며, 연령에 적합한 기능을 하기 위해서는 하나 이상의 영역에서 도움이 필요하다. • 성인에서는 학습된 기술의 기능적 사용(예: 읽기, 금전 관리)뿐 아니라 추상적 사고, 집행 기능(예: 계획, 전략 수립, 우선순위 정하기, 인지적 유연성), 단기기억도 손상되어 있다. • 문제나 해결에 대한 접근이 또래에 비해 다소 융통성이 없다.	• 전형적인 발달을 보이는 또래에 비해 사회적 상호작용이 미숙하다. 예를 들어, 또래들의 사회적 신호를 정확하게 인지하는 데 어려움이 있을 수 있다. • 의사소통, 대화, 언어가 연령 기대 수준에 비해 좀 더 구체적인 수준에 머물러 있거나 미숙하다. • 연령에 적합한 방식으로 감정이나 행동을 조절하는 데 어려움이 있을 수 있다. 이러한 어려움은 사회적 상황에서 또래들에게 눈에 띄게 된다. • 사회적 상황에서의 위험에 대해 제한적인 이해를 한다. • 사회적 판단이 연령에 비해 미숙하여 다른 이들에게 속거나 조종당할 위험이 있다.	• 자기관리는 연령에 적합하게 수행할 수 있다. 복잡한 일상생활 영역에서는 또래에 비해 약간의 도움이 필요하다. • 성인에서는 장보기, 교통수단 이용하기, 가사 및 아이 돌보기, 영양을 갖춘 음식 준비, 가사 및 아이 돌보기, 은행 업무와 금전 관리와 같은 영역에서의 도움이 필요하다. • 여가 기술은 또래와 유사하나, 웰빙과 여가 계획과 관련된 판단에는 도움이 필요하다. • 성인기에는 개념적 기술이 강조되지 않는 일자리에 종종 취업하기도 한다. • 건강관리나 법률과 관련된 결정을 내리고 직업 활동을 능숙하게 수행하기 위해서는 도움이 필요하다. • 가족을 부양하는 데는 도움이 필요하다.
중등도 (moderate)	• 전 발달 영역에 걸쳐, 개념적 기술이 또래에 비해 현저히 뒤처진다. • 학령전기 아동에서는 언어와 학습 준비 기술이 느리게 발달한다. • 학령기 아동에서는 읽기, 쓰기, 수학, 시간과 돈에 대한 이해가 전 학령기에 걸쳐 더딘 진행을 보이며, 또래에 비해 매우 제한적이다. • 성인기에도 학업 기술은 초등학생 수준에 머무르며 개인 생활이나 직업에서 학업 기술을 사용하기 위해서는 도움이 필요하다. • 일상생활에서의 개념적 업무를 완수하기 위해서는 지속적인 도움이 필요하며, 다른 사람이 이러한 책임을 전적으로 대신하기도 한다.	• 전 발달 과정에 걸쳐 사회적 행동과 의사소통 행동에서 또래들과 확연한 차이를 보인다. • 표현언어가 사회적 의사소통의 주요 수단이지만 단어나 문장이 또래 비해 단조롭다. • 대인관계를 맺는 능력이 있어 가족과 친구와 유대 관계를 가지며, 성공적으로 우정을 나눌 수도 있고, 성인기에 연애를 할 수도 있다. • 그러나 사회적 신호를 정확하게 감지하거나 해석하지 못할 수도 있다. • 사회적 판단과 결정 능력에 제한이 있어 중요한 결정을 내릴 때에는 보호자가 반드시 도와주어야 한다. • 의사소통이나 사회성의 제약이 정상발달을 하는 또래들과의 우정에 영향을 끼친다. • 직업적 영역에서 성공하기 위해서는 많은 사회적·의사소통적 도움이 요구된다.	• 식사, 옷 입기, 배설, 위생 관리는 가능하나, 이러한 영역을 독립적으로 수행하기 위해서는 장기간에 걸친 교육과 시간이 필요하며, 할 일을 상기시켜 주는 것도 필요하다. • 성인기에 모든 집안일에 참여할 수 있으나 장기간의 교육이 필요하며, 대체로 성인 수준을 수행하기 위해서는 지속적인 도움이 필요하다. • 제한된 개념적 기술과 의사소통 기술이 요구되는 직업에 독립적인 취업이 가능하나 사회적 기대, 업무의 복잡성 및 일정 관리, 교통수단 이용하기, 의료보험, 금전 관리와 같은 부수적인 책임을 해내기 위해서는 동료나 감독자, 다른 사람의 상당한 도움이 필요하다. • 다양한 여가 활용 기술을 발달시킬 수 있다. 이를 위해서는 일반적으로 오랜 기간에 걸친 부수적인 도움과 학습 기회가 필요하다. • 극히 일부에서는 부적응적인 행동을 보이며 사회적 문제를 야기하기도 한다.

심각도	개념적 영역	사회적 영역	실행적 영역
고도 (severe)	• 개념적 기술을 제한적으로 습득할 수 있다. 글이나 수, 양, 시간, 금전에 대한 개념 이해가 거의 없다. • 보호자들은 인생 전반에 걸쳐 문제 해결에 광범위한 도움을 제공한다.	• 말 표현 시 어휘나 문법에 상당한 제한이 있다. 한 단어나 구로 말을 하거나 다른 보완적 방법으로 내용을 보충하게 된다. • 말이나 의사소통은 현재의 일상생활에 관한 내용에 치중되어 있다. • 언어는 설명이나 해석보다는 사회적 의사소통을 위해 사용하며, 간단한 말이나 몸짓을 이해할 수 있다. • 가족 구성원과의 관계나 친밀한 이들과의 관계에서 즐거움을 얻고 도움을 받는다.	• 식사, 옷 입기, 목욕, 배설과 같은 일상생활 영역 전반에 대한 지원과 감독이 항시 필요하다. • 자신이나 타인의 안녕에 대한 책임 있는 결정을 내릴 수 없다. • 성인기에 가사, 여가 활동이나 작업에 참여하기 위해서는 지속적인 도움과 지원이 필요하며, 모든 영역의 기술 습득을 위해서는 장기간의 교육과 지속적인 도움이 필요하다. • 소수의 경우에서는 자해와 같은 부적응적 행동이 문제가 될 수 있다.
최고도 (profound)	• 개념적 기술은 주로 상징적 과정보다는 물리적 세계와 연관이 있다. • 자기관리, 작업, 여가를 위해 목표 지향적 방식으로 사물을 이용할 수 있다. • 짝 짓기, 분류하기와 같은 단순한 시각 · 공간적 기능을 습득할 수도 있으나 동반된 운동, 감각 손상이 사물의 기능적 사용을 방해할 수 있다.	• 말이나 몸짓의 상징적 의사소통에 대한 이해가 매우 제한적이다. • 일부 간단한 지시나 몸짓을 이해할 수 있다. • 자신의 욕구나 감정은 주로 비언어적, 비상징적 의사소통 방식을 통해 표현한다. • 친숙한 가족 구성원이나 보호자와의 관계를 즐기며, 몸짓이나 감정적 신호를 통해 사회적 의사소통을 맺는다. • 동반된 감각적 · 신체적 손상으로 인해 다양한 사회적 활동에 제한이 생길 수 있다.	• 일부 일상 활동에는 참여할 수도 있으나, 일상적인 신체 관리, 건강, 안전의 전 영역에 걸쳐 타인에게 의존적인 생활을 하게 된다. 심각한 신체적 손상이 없는 경우에는 접시 나르기와 같은 간단한 가사를 보조할 수 있다. • 고도의 지속적인 도움을 통해 물건을 이용한 간단한 활동을 함으로써 일부 직업적 활동의 기초를 마련할 수 있다. • 다른 사람의 도움 하에 음악 듣기, 영화 보기, 산책하기, 물놀이와 같은 여가 활동에 참여할 수 있다. • 동반된 신체적 · 감각적 손상이 집안일이나 여가, 직업적 활동에 참여하는 데 종종 방해가 된다. • 소수의 경우에서는 부적응적 행동이 나타날 수 있다.

3 명시자

심각도는 적응 기능에 기초하여 정의. 지능지수(IQ)에 기초하지 않는 이유는 필요한 지원 정도가 적응 기능에 의해 결정되고, 더욱 하위 지능 범위에서는 지능지수 측정의 타당도가 낮기 때문이다.

4 진단적 특징

(1) **진단기준 A**는 추론, 문제해결, 계획, 추상적 사고, 판단, 가르침과 경험을 통한 학습, 실질적인 이해와 같은 지적 기능과 연관된다.
　① 언어 이해, 작업 기억력, 인지적 추론, 양적 추론, 추상적 사고, 인지적 효율성 등이 중요 요소
　② 타당도가 입증되었으며, 포괄적이고 문화적으로 적절하며, 심리 평가 상 믿을 만한 지능검사를 통해 측정한다.
　③ 지적장애 개인 지능지수는 오차 범위(일반적으로 +5)를 포함해서 대략 평균에서 2표준편차 이하로 평가. 이는 15의 표준편차와 평균이 100인 검사에서 65~75(70±5점)을 의미한다.

④ 지능검사는 개념적 기능의 근사치이지만 실제 생활에서의 추론과 실제적 과제의 숙달을 평가하기에는 불충분할 수 있다. 예를 들어, 지능지수가 70 이상인 사람이 자신보다 더 낮은 지능지수를 가진 사람과 비슷한 수준의 사회적 판단, 사회적 이해, 기타 적응 기능에서의 심각한 문제를 가질 수도 있다. 따라서 지능 검사의 결과를 해석하는 데 임상적 판단이 요구된다.

(2) 적응 기능의 결함(진단기준 B)은 비슷한 연령과 사회문화적 배경을 지닌 다른 사람과 비교하여 독립성과 사회적 책임에 대한 공동체 기준에 얼마나 잘 부합하느냐와 연관이 있다. 적응 기능은 개념적 영역, 사회적 영역, 실행적 영역의 세 영역에서의 적응적 추론을 포함한다.

① **개념적(학습) 영역**: 기억, 언어, 읽기, 쓰기, 수학적 추론, 실질적인 지식의 획득, 문제 해결, 새로운 상황에서의 판단이 포함된다.

② **사회적 영역**: 타인의 생각이나 감정, 경험 등을 인지하는 능력, 공감, 의사소통 기술, 친선 능력, 사회적 판단 등이 포함된다.

③ **실행적 영역**: 학습과 개인적 관리, 직업적 책임의식, 금전 관리, 오락, 자기 행동 관리, 학교나 직장에서의 업무 관리 등과 같은 삶에서의 자기관리를 포함한다.

④ 지적 능력, 교육, 동기, 사회화, 성격 특성, 직업적 기회, 문화적 경험, 그리고 동반된 일반적인 의학적 상태 또는 정신질환이 적응 기능에 영향을 미칠 수 있다.

⑤ 개념적 영역, 사회적 영역, 실행적 영역 중 적어도 한 가지 이상의 영역에서 충분한 손상. 학교, 직장, 가정, 지역사회 등의 환경에서 적절한 기능을 수행하기 위해서는 지속적 지원이 필요한 경우 충족

⑥ 적응 기능의 결핍은 진단기준 A에 기술된 지적 손상과 직접적 연관이 있어야 한다.

(3) **진단기준 C**는 발달 시기 중에 발병해야 한다는 내용으로, 지적 결함과 적응 결함이 아동·청소년기 동안에 존재하는 것과 연관이 있다.

5 감별진단

진단기준 A, B, C를 모두 만족시킬 때 내릴 수 있다. 특정 유전적 상태나 의학적 상태로 인해 지적장애가 진단되어서는 안 된다. 지적장애와 연관이 있는 유전적 증후군은 지적장애와 함께 공존하는 진단으로 기재해야 한다.

(1) 주요 및 경도 신경인지장애

① 지적장애는 신경발달장애로 분류한다. 인지기능 소실이 특징적인 신경인지장애와는 구별된다.

② 주요신경인지장애는 지적장애와 동반 가능하다. 즉 지적장애와 신경인지장애 모두 진단할 수 있다.

  예) 다운증후군인 환자가 알츠하이머병으로 진행한 경우, 지적장애가 있는 두부 손상 후 후천적으로 인지 기능을 소실한 경우

(2) 의사소통장애와 특정학습장애

① 이 신경발달장애는 의사소통과 학습 영역에 특이적인 장애로, 지적 영역이나 적응 행동의 결함은 보이지 않는다.

② 지적장애와 동반되어 나타날 수 있다. 모두 만족할 때 2가지 진단 모두 가능하다.

(3) 자폐 스펙트럼 장애

① 지적장애는 자폐스펙트럼장애가 있는 개인에게 흔하다.

② 자폐스펙트럼장애에서 지적 능력에 대한 적절한 평가는 필수적인데, 이 경우 특히 아동기 초기 때의 지능 지수가 불안정할 수 있기 때문에 발달단계에 따른 재평가가 필요하다.

(4) 동반이환: ADHD, 우울장애와 양극성장애, 불안장애, 자폐스펙트럼장애, 상동증적 운동장애(자해 여부와 관계없이), 충동조절장애, 주요신경인지장애

[2018년 기출]

다음은 전문상담교사와 통합학급 담임교사가 민지(중1, 여)에 대해 나눈 대화 내용이다. 『정신질환의 진단 및 통계편람 제5판』 (DSM-5)에 근거하여 (   ) 안에 들어갈 장애의 명칭을 쓰시오. 그리고 이 장애의 진단기준이 되는 적응기능 영역 3가지를 쓰고, 각 영역을 밑줄 친 민지의 특성과 연결지어 서술하시오.

> 담임교사: 선생님, 우리 반에 정신지체가 있는 민지라는 아이가 있어요. 오랜만에 특수반 아이를 맡게 되어 모르는 게 많네요.
> 상담교사: 그 아이를 위해 미리 준비하시는 모습이 보기 좋네요. 그런데 정신지체는 (   )(이)라는 명칭으로 바뀌었어요.
> 담임교사: 아, 그렇군요. 부정적인 어감이 사라져서 좋네요. 지능지수(IQ) 70 이하이면 이 장애로 진단받는 것으로 알고 있는데요. 제가 알고 있는 게 맞나요?
> 상담교사: 이 장애는 지능지수만으로 진단하는 것이 아니라 지적기능과 적응기능, 발달시기를 모두 고려하여 진단을 내려요. 그래서 전문가의 종합적인 진단이 매우 중요해요.
> 담임교사: 그런 변화가 있었군요. 민지 어머니의 말을 종합해보면, "<u>민지는 읽기와 쓰기, 수학을 공부하는 데 어려움이 있어요. 또래에 비해서는 사회 상호 작용이 미숙하여 친구들과 의사소통이 안 될 때가 많고요. 자기관리는 제법 하는 편인데, 복잡한 일상생활을 할 때는 도움이 필요해요.</u>"

3 지적 장애의 분류

1 DSM-IV에 따른 지적 장애의 수준과 지능의 범위와 교육 기능 [2013 기출]

단계	지능	발달 특징
경도의 지적 장애	지능 50/55~70이하	• 적응행동의 제한 범위는 두 개 이상의 영역으로 지적 장애인들의 약 85%를 차지한다. • 언어의 이해와 사용이 지체되는데, 그 정도가 경미하고 다양하며 '교육 가능한 아동들'이다. 자립성의 발달을 저해하는 실무적인 언어상의 문제점들이 성인기까지 지속될 수 있다. • 10대 후반기에 대략 6학년까지의 학업기술을 습득할 수 있다.
중등도 지적 장애	지능 35/40~50/55	• 적응행동의 제한 범위는 두 개 이상의 영역으로 약 10% 정도의 지적 장애인들로서 '훈련 가능한 아이들'로 자기관리기술이나 사회적 기술과 직업적 기술을 훈련할 수 있다. • 능력 면에서 편차가 크다. 언어발달수준은 간단한 대화의 정도를 하거나 기본적인 요구를 전달하는 정도의 의사소통의 기술을 습득할 수 있다. 중간 정도의 지도감독으로 자기관리를 할 수 있다. • 사회적 기술과 직업적 기술의 훈련에 의해 도움을 받을 수 있지만 초등학교 2학년 수준 정도의 학업기술을 습득한다.
중증 지적 장애	지능 20/25~35/40	• 적응행동의 제한 범위는 모든 영역으로 거의 보호급의 아이들로서 전체집단의 3~4%로, 언어를 조금 배우거나 때로는 전혀 배우지 못한다. • 상당한 운동장애나 기타 결손이 있다. 기초적인 자기보살핌의 기술을 훈련받을 수 있다. 아주 제한된 정도로 기술을 습득하거나 생존에 필요한 단어에 대해 읽는 기술 습득이 가능하다.
최중증 지적 장애	지능 20/25 이하	• 적응행동의 제한 범위는 모든 영역으로 거의 보호급의 아이들로서 지적 장애자들 가운데 대략 1~2%를 차지한다. • 대부분 기질적 원인을 밝힐 수 있으며, 간질, 시각 및 청각장애 등 심한 신경학적 장애나 신체 장애가 빈번하다. 지속적인 지도감독과 보호자의 도움으로 생활이 가능하다.
지적 장애 측정불능		• 지적 장애의 가능성은 강하게 의심되나 표준화된 지능검사에 의해 검사 시행이 어려운 경우

> **[2013년 기출]**
>
> 정신지체(mental retardation)에 관한 내용 중 옳지 않은 것은?
>
> ① 정신장애진단통계편람에 의하면, 만 18세 이전에 발생한다.
> ② 정신지체 진단을 위해서는 지능검사와 적응행동에 대한 평가를 실시해야 한다.
> ③ 경도(mild) 정신지체학생들은 수준에 맞게 변형된 일반교육과정을 학습할 수 있다.
> ④ 문제행동이 발생했을 때 학생의 입장에서 문제행동의 원인을 체계적으로 분석하여 대체행동을 가르칠 수 있다.
> ⑤ 정신장애진단통계편람에 의하면, '경도(mild)', '중등도(moderate)', '최도(profound)', '심각도가 세분되지 않는(severity unspecified)' 정신지체로 분류된다.

4 지적 장애의 원인

1 원인별 특성

(1) 경도 정신지체

① 장애의 정도가 경한 경우나 중도인 경우 특수학급에 배치되는 경우가 많다.
② 보통 특수학급에 주로 배치되어 있는 경도 정신지체 학생들을 보면 겉으로 보기에는 일반 학생들과 크게 다를 것이 없다.
③ 경도 정신지체 아동은 생리학적인 원인 또는 염색체 문제 등의 유전적 요인에 의해서 장애가 발생하기보다는 심리·사회학적인 원인이나 이러한 요인들이 시발점이 되어 발생하는 생의학적 요인의 복합 작용에 의해 위기아동이 장애를 가진 아동으로 발전하는 경우가 많다.

(2) 중도(중등도, 중도 최중도 포함) 정신지체

① 중도 정신지체의 경우 생물학적으로 장애를 가지고 태어난 경우가 많다고 할 수 있다.
② 물론 이러한 생물학적인 요인의 경우에도 유전적 요인, 염색체 자체의 이상 등의 문제가 있는 반면, 사회적, 교육적, 행동적 원인들에 의한 이차적인 결과가 발생하는 경우도 있다.
  예) 낮은 사회적 지위와 가난으로 인한 빈곤으로 산모의 영향상태가 불균형하여, 자녀가 기형적인 문제를 가지고 태어난 경우 등

5 지적 장애아의 특성

1 인지적 특성

(1) 표준지능검사로 IQ. 70 이하로 인지 기능이 열등하다.

(2) 지적 장애아는 집중력, 기억, 운동기능 및 정보처리 영역에 장애가 있다. 인지와 학습을 포함하는 개념적 지능에 어려움이 있으며 다양한 자극에 주의하기 힘들고 주의가 쉽게 산만해지며 주의집중 지속시간이 짧다.

(3) 특히 단기기억이 제한적이고 결함이 있어서 암기가 어려우며, 많은 것을 기억해내지 못한다. 그러나 장기기억은 비교적 결함이 없거나 적다.

(4) 추상능력이나 개념화가 곤란하며, 사물의 연관관계를 생각하지 못할 뿐만 아니라 주의의 범위가 매우 좁고 산만하다. 변별, 순서, 유추 등의 사고에도 어려움을 보이며, 일반화하는 데도 느리다.

2 학업 특성

(1) 같은 또래에 비해 학습속도가 느리고 전반적인 발달영역에서의 지체가 뚜렷하게 나타난다.

(2) 학업성취 정도가 같은 생활연령의 일반 아동에 비해 지체된다.

(3) 읽기 수준이 낮으며, 기초 연산은 훈련으로 획득될 수 있으나 다른 수학적 능력 획득에는 결함이 있다.

(4) 지적 장애와 학습장애의 차이점
   ① 지적 장애아들과 달리 학습장애 학생들은 지능검사 점수와 성취도 검사 점수 간에 불일치를 보인다.
   ② 결핍된 수행의 폭이 서로 다르다. 지적 장애 학생은 대부분의 교과목에서 낮은 성취도를 보이지만, 학습장애 학생은 특정학습 영역에서만 어려움을 보인다.

3 신체적 특성

(1) 지적 장애아들은 대부분 외관상 정상아동과 크게 달라 보이지는 않으나, 어떤 신체적 능력은 지체되어 있다.

(2) 신체적으로 다른 모습을 보이는 지적 장애 학생들은 유전적 요인에 의한 특별한 신체적 증후군으로 연결되는 경우가 많다.

(3) 중증 지적 장애 학생들 대부분은 신체적으로 이동하는 데 한계가 있다. 신체적 움직임을 수행하는 속도가 느리다.

4 행동 및 심리적 특성

(1) 사회적 지능이 떨어짐과 함께, 사회적 기술, 의사소통, 작업, 여가, 가정생활, 사회생활 등 적응기술의 기초가 되는 기본 능력에 제한이 있다.

(2) 사회적으로나 정서적으로나 미성숙하다. 다른 사람들과 어울리는 시간은 짧고 다른 또래들이 이끌 때 어울릴 수 있다. 그러나 이들의 부적절한 행동, 반사회적인 행동 및 기이한 매너리즘이 다른 사람들로 하여금 이들을 거부하게 만드는 요인이 될 수 있다.

(3) 심리 및 정서적 특성으로는 성취능력의 부족과 낮은 수행 때문에 자신감이 부족하고, 의존적이며, 자신에 대해서 부정적인 감정과 낮은 자아존중감을 갖고 있다.

5 의사소통적 특성

(1) 언어와 인지의 관련성 때문에 인지 기능이 지체된 사람은 전형적으로 언어와 의사소통 기술의 발달에서 지체를 보인다.

(2) 지적 장애 학생들은 장애 정도에 비례하여 남들이 이해할 수 있도록 자신의 생각을 표현하는 것이 어렵고, 타인의 의사소통에도 반응하기 어렵다.

(3) 이해력에서의 지체가 수용언어와 표현언어 문제를 더욱 악화시킨다.

참고 지적장애 학생들의 주요 특성과 잠재된 문제점

영역	주요 특성	잠재된 문제점
인지적 영역	제한된 기억력 제한된 일반적 지식과 정보 추상적이기보다는 구체적인 사고 느린 학습속도	산만 비효율적인 학습양식 의사소통의 어려움 실패하기 쉬움 표준 교수법의 비효과성
학업적 영역	대부분의 교과영역 학습이 곤란 대부분의 교과내용에 대한 제한된 수행 제한된 수행 제한된 문제해결 능력 내용 숙달면에서 제한적	제한된 집중력 제한된 조직 기술 제한된 발문 행동 제한된 지시 따르기 제한된 시간관리 및 제한된 기타 학교에서의 대처 기술
신체적 영역	신체능력과 정신능력 간의 불일치	외관상 보이는 신체를 기준으로 보았을 때, 기대보다 낮은 수행
행동적 영역	제한된 사회적 및 개인적 유능성 제한된 대처 기술 제한된 개인 생활 기술과 유능성	행동이 느림, 병에 대한 불평, 교실 분위기의 혼란, 사회적 고립, 부적절한 행동
의사소통적 영역	낮은 수준의 언어발달, 원활한 청취와 회화에 필요한 어휘의 제한	지시 사항을 따라하고, 요구하고, 상호작용하거나 의사소통하는 데 곤란함

6 지적 장애아의 상담과 지도

1 통합교육과 상담

(1) 다양한 정도의 지적 장애아들을 치료하는 일반화된 방법은 아직 없지만, 전문가들은 모든 지적 장애의 50% 정도는 어린 시절의 환경과 교육에 관심도를 높임으로써 막을 수 있다고 보고 있다.

(2) 지적 장애아의 기능 향상과 시간 경과에 따른 퇴행의 감소를 위해서는 지속적이 지원이 필요하다. 지적 장애아에게는 지적 기능과 적응기술을 향상시키기 위한 프로그램을 제공해야 하며, 정신의학적 지원 및 행동적 지원도 요구된다.

(3) 지적 장애아에게 통합교육 환경이 중요하다. 또래들과의 사회적 상호작용과 언어적 요구를 통해서 사회성을 발달시킬 뿐 아니라 언어능력, 운동능력, 도덕성, 가치 및 자신의 감정을 적절하게 표현하고 통제하는 방법을 발달시키게 된다. 따라서 지적 장애 아동이 정상 아동과 함께 언어 및 사회적 상호작용을 할 수 있으므로 통합교육이 훨씬 유리하다.

(4) 지적 장애 아동의 정서적 특성은 도전적인 과제에 접근하기 어렵고 실패경험을 정상인보다 많이 갖고, 성취능력의 부족 때문에 자기 자신에 대해서 부정적인 감정을 가지게 된다. 그러므로 그들을 격려하고 인정해 주며 수용해 주고, 가치감을 가질 수 있도록 상담을 해줄 필요가 있다.

2 지적 장애아동을 위한 기본 상담 방법

(1) 지적 능력에 기초해 상담은 구체적 상황과 요소로 구성되어야 하며, 상담 기간도 짧게 구성한다. 다만, 학습이 늦게 이루어지므로 상담의 횟수를 늘릴 수도 있다.
(2) 상담에 앞서서 언어능력의 형식적 평가를 통해 지적 장애 아동의 언어능력에 맞춰 상담자가 사용할 언어의 수준을 결정해야 한다.
(3) 동등한 지적 수준을 가진 지적 장애아동과 집단 상담을 활용할 수 있다.
(4) 아동에게 필요한 교육환경을 성공적으로 경험하도록 하기 위해서는 해당 아동에게 맞는 체계적인 지원이 제공되어야 한다.

3 상담에서의 유의사항

(1) 부모가 어떤 전문가보다 자녀의 문제, 요구, 습관, 극복기제, 장애의 본질과 결과 등을 잘 알기 때문에 부모와 협력하고 상담을 해야 장애아동을 효과적으로 지도할 수 있다.
(2) 장애에 따른 요구 및 관심사(장애 적응과정, 미래설계 등)로 인하여 특수아동 부모들에게 상담, 훈련, 부모교육 등을 해줄 것을 요청한다.
(3) 학교에서 일어나는 것과 교실에서 교육활동, 친구관계, 적응 등을 이야기하도록 하고 이야기한 내용을 공감하며 감정을 토로하도록 하여 도움을 준다.

4 학교 적응행동과 생활지도

(1) 자립기능(신변처리, 주변정리, 환경 적응 등)을 도와야 한다.
(2) 아동기와 초기 청년기에는 매일의 생활활동에서 수나 언어의 기본 학문기능을 익힐 수 있도록 한다.
(3) 행동수정요법을 활용하여 잘된 행동에 토큰강화나 사회적 강화를 주어 좋은 행동을 증진한다. 다른 사람들과 상호작용하는 능력, 즉 사회화를 도모한다. 그룹 활동에 참여하고 대인관계를 원만히 하도록 지도한다.
(4) 사회적 행동을 습득하고 향상시키는 기술을 익히는 방법 네 가지
① **사회적 기술 향상시키기**: 실제 연습 기회를 제공한다. 생활극을 만들어 그 안에 일상적인 사회 활동에 활용되는 적절한 사회 기술을 포함한다(예컨대, 친구와 인사 나누기, 단체활동에 참여하기 등).
② **사회적 고립현상 감소하기**: 짝을 지어 함께 움직이도록 한다.
③ **관리능력 향상시키기**: 도움이 필요할 때 작은 신호를 주어 필요할 때 다른 사람을 방해하지 않고 교사의 주의를 받도록 할 수 있다.
④ **자기능력 향상시키기**: 바람직한 행동을 증가시키기 위해 학생들의 책상 한쪽 구석에 색인 카드를 놓아 학생이 과제를 완성하고 필요할 때 도움을 요청하는 것과 같은 적절한 행동을 했을 때 기록하도록 한다.

7. 지적 장애아의 영역별 개입 내용

1 개인 영역

(1) 지적 장애 학생은 사회적 고립, 우울, 놀림, 괴롭힘의 위험이 있다. 학교상담자는 사회적 상호작용, 자존감 발달, 학교 차원의 학교폭력 방지 지원을 촉진하기 위해 보다 효과적인 중재를 제공할 수 있다.

(2) 지적 장애 아동은 아동학대와 성적 학대의 위험이 크다. 학교관계자들은 학대의 증상들에 주의를 기울이고 특별히 약자를 보호하기 위한 조치를 취할 필요가 있다.

2 사회 영역

(1) 지적 장애 학생은 감정에 대한 인지와 표현, 감정이입, 사회적 경계에 대한 존중, 의사소통 기술, 순서 지키기, 자기관리 기술 등에 대한 지원과 같은 지속적인 사회성 발달 중재를 필요로 한다.

3 학업 영역

(1) 지적 기능이 떨어지는 학생은 교육과정에 접근하기 위해 서비스와 교실 조정을 필요로 한다. 여기에는 학생이 교재를 이해하는 것을 돕기 위한 교수법 및 교수적 수정이 포함된다. 정보를 단순히 구두로만 전달하는 것에 의존하기보다는 시각적 단서를 함께 제공하는 것과 같은 구체적인 설명이 새로운 정보를 제시하고 지시사항을 전달하는 데 중요하다. 복잡한 절차를 작은 과제나 단계로 나누는 것도 필요하고 추가적인 지원이 요구될 수도 있다.

(2) 지적 상애 학생은 거리 표지판이나 메뉴 읽기, 용돈 관리하기, 일정을 세우고 지키고 등과 같은 생활 경험과 관계가 있는 교육과정적 경험을 통해 많은 혜택을 받는다.

4 진로 영역

(1) 지적 기능이 부족한 학생은 연령이 올라갈수록 복잡해지는 일상생활 과제들(독립적으로 옷을 입고, 식사하고, 마트에서 장을 보고, 개인의 돈을 관리하는 것)과 같은 생활기술과 진로 탐색에서 지원을 필요로 한다. 학생은 이러한 기술들을 개발할 수 있는 그룹 활동과 경험에 적절하게 참여해야 한다.

(2) 지적 장애 학생은 취업을 위해 지원을 하고 인터뷰를 하는 데 높은 수준의 지원을 필요로 한다. 그들은 직무 코치와 실제 직업환경에서 이루어지는 직업훈련을 통해 혜택을 받을 수 있다.

13 학습 장애

1. 학습장애(learning disorder)의 정의

1 학습장애, 학습부진, 학습지체

지능이나 생활연령, 교육받은 경험에 비해 읽기와 쓰기 및 말하기나 셈하기에서 어려움을 보이는 현상으로서 진단, 평가 및 치료를 필요로 하는 발달장애의 한 종류이다. 📖 2011 기출

용어	정의	지능 수준	원인
학습장애 (Learning Disorder)	• 아동기에 읽기나 쓰기, 셈하기와 같은 특정 기능을 맡은 뇌 기능상에 문제가 있어 정상적인 학습 성취를 이루지 못하는 현상	정상 이상	생물학적 요인
학습부진 (Learning Problems)	• 정상적인 지적 능력을 갖고 있지만, 전학이나 가정불화와 같은 사회환경적 요인과 불안이나 우울과 같은 정서적 요인에 의해 학업이 떨어지는 현상	정상 이상	심리 환경적 요인
학습지체/학습지진 (Learning Difficulties)	• 평균 이하의 지적 수준을 지닌 아동이 지적 잠재력이 부족하여 학습의 어려움을 겪는 현상	평균 이하~ 경계선 지능	지적 잠재력 부족

> **[2011년 기출]**
>
> 학습부진, 학습장애, 정신지체를 비교한 내용으로 옳지 않은 것은?
>
> ① 학습부진은 정신지체와 달리 일반 지능(IQ)이 정상 범위에 있다.
> ② 학습장애는 학습부진과 달리 학업 성취의 어려움이 중추 신경계의 기능장애에 기인한다.
> ③ 학습부진은 학습장애와 달리 학업 성취의 어려움이 개인의 정서적·환경적 요인에 기인한다.
> ④ 학습장애는 일반 지능(IQ)이 정상 범위에 있으나, 학습부진과 달리 적응행동에 결함을 보인다.
> ⑤ 정신지체는 학습장애와 달리 일반 지능(IQ)이 유의미하게 낮으며, 동시에 적응행동에 결함을 보인다.

2 특수교육 진흥법(1994)의 정의

우리나라 1994년 특수교육 진흥법 법률 제4716호 제7항에 따라서 학습장애가 특수교육 대상자에 최초로 포함되었다. 그 시행령에 따르면, 특수교육 대상자를 '셈하기, 말하기, 읽기, 쓰기 등 특정한 분야에서 학습상 장애를 지니는 자'로 정하고 그 평가도구로 웩슬러 아동용 지능검사, 시지각 검사 등의 검사들을 제안하고 있다.

2. 학습장애의 진단

1 DSM-5 특정학습장애 진단기준 *2007 기출*

(1) DSM-IV의 학습장애 진단기준(American Psychiatric Association, 1994): 학습장애는 읽기, 산수, 쓰기를 평가하기 위해 개별적으로 시행된 표준화검사에서 나이, 학교 교육, 그리고 지능에 비해 기대되는 수준보다 성적이 현저하게 낮게 나올 때 진단되며, 이러한 학습의 문제는 읽고, 계산하고, 쓰기를 요구하는 학업의 성취나 일상생활의 활동을 현저하게 방해한다.

(2) "현저하게 낮다"는 것은 표준화 검사 성적과 지능지수 사이에 2표준편차 이상 차이가 날 때로 보통 정의한다.

(3) 만약 감각 결함이 있다면 학습장애는 통상적으로 감각 결함에 동반되는 정도를 초과해서 심한 정도로 나타나야 한다.

> A. 학습 기술을 배우고 사용하는 데 있어서의 어려움. 이러한 어려움에 대한 적절한 개입을 제공함에도 불구하고 아래에 열거된 증상 중 적어도 한 가지 이상이 최소 6개월 이상 지속된다.
>
> 1. 부정확하거나 느리고 힘겨운 단어 읽기
>   - 예 단어를 부정확하거나 느리며 더듬더듬 소리 내어 읽기, 자주 추측하며 읽기, 단어를 소리 내어 읽는 데 어려움이 있음
>
> 2. 읽은 것의 의미를 이해하기 어려움
>   - 예 본문을 정확하게 읽을 수 있으나 읽은 내용의 순서, 관계, 추론 또는 깊은 의미를 이해하지 못함
>
> 3. 철자법의 어려움
>   - 예 자음이나 모음을 추가하거나 생략 또는 대치하기도 함
>
> 4. 쓰기의 어려움
>   - 예 한 문장 안에서 다양한 문법적·구두점 오류, 문단 구성이 엉성함, 생각을 글로 표현하는 데 있어 명료성이 부족함
>
> 5. 수 감각, 단순 연산값 암기 또는 연산 절차의 어려움
>   - 예 숫자의 의미, 수의 크기나 관계에 대한 빈약한 이해, 한 자리 수 덧셈을 할 때 또래들처럼 단순 연산값에 대한 기억력을 이용하지 않고 손가락을 사용함. 연산을 하다가 진행이 안 되거나 연산 과정을 바꿔 버리기도 함
>
> 6. 수학적 추론의 어려움
>   - 예 양적 문제를 풀기 위해 수학적 개념, 암기된 연산값 또는 수식을 적용하는 데 심각한 어려움이 있음
>
> B. 보유한 학습 기술이 개별적으로 실시한 표준된 성취도 검사와 종합적인 임상 평가를 통해 생활연령에 기대되는 수준보다 현저하게 양적으로 낮으며, 학업적·직업적 수행이나 일상생활의 활동을 현저하게 방해한다는 것이 확인되어야 한다. 17세 이상인 경우 학습의 어려움에 대한 과거 병력이 표준화된 평가를 대신할 수 있다.
>
> C. 학습의 어려움은 학령기에 시작되나 해당 학습 기술을 요구하는 정도가 개인의 능력을 넘어서는 시기가 되어야 분명히 드러날 수도 있다.
>   - 예 주어진 시간 안에 시험 보기, 길고 복잡한 리포트를 촉박한 마감 기한 내에 읽고 쓰기, 과중한 학업 부담
>
> D. 학습의 어려움은 지적장애, 교정되지 않은 시력이나 청력 문제, 다른 정신적 또는 신경학적 장애, 정신사회적 불행, 학습 지도사가 해당 언어에 능숙하지 못한 경우, 불충분한 교육적 지도로 더 잘 설명되지 않는다.

- 주의점: 4가지 진단 항목은 개인의 과거력(발달력, 의학적 병력, 가족력, 교육력), 학교의 보고와 심리교육적 평가 결과를 임상적으로 통합하여 판단한다.
- 부호화 시 주의점: 손상된 모든 학업 영역과 보조 기술에 대해 세부화할 것. 한 가지 이상의 영역에 손상이 있는 경우 다음의 세부 진단에 따라 개별적으로 부호화할 것

- 다음의 경우 명시할 것
  - 읽기 손상 동반
  - 단어 읽기 정확도
  - 읽기 속도 또는 유창성
  - 독해력

- 주의점: 난독증(dyslexia)은 정확하거나 유창한 단어 인지의 어려움, 해독 및 철자 능력의 부진을 특징으로 하는 학습장애의 한 종류를 일컫는 또 다른 용어. 이러한 특정한 패턴의 어려움을 난독증이라고 명명한다면, 독해나 수학적 추론과 같은 부수적인 어려움이 동반되었는지 살펴보고 명시하는 것이 중요하다.

- 다음의 경우 명시할 것
  - 쓰기 손상 동반
  - 철자 정확도
  - 문법과 구두점 정확도
  - 작문의 명료도와 구조화
  - 수학 손상 동반
  - 수 감각
  - 단순 연산값의 암기
  - 계산의 정확도 또는 유창성
  - 수학적 추론의 정확도

- 주의점: 난산증(dyscalculia)은 숫자 정보 처리, 단순 연산값의 암기와 계산의 정확도와 유창도 문제의 어려움을 특징으로 하는 또 다른 용어. 만일 이러한 특수한 패턴의 수학적 어려움을 난산증으로 명명한다면, 수학적 추론이나 단어 추론의 정확성과 같은 부수적인 어려움이 동반되었는지 살펴보고 명시하는 것이 중요하다.

- 현재의 심각도를 명시할 것:
  - 경도: 한 가지 또는 2가지 학업 영역의 학습 기술에서 약간의 어려움이 있으나 적절한 편의나 지지 서비스가 제공된다면(특히 학업 기간 동안), 개인이 이를 보상할 수 있고 적절히 기능할 수 있을 정도로 경미한 수준이다.
  - 중등도: 한 가지 또는 2가지 학업 영역의 학습 기술에 있어 뚜렷한 어려움이 있으며, 그로 인해 학업 기간 동안 일정한 간격을 두고 제공되는 집중적이고 특수화된 교육 없이는 능숙해지기 어렵다. 활동을 정확하고 효율적으로 완수하기 위해서는 적어도 학교나 직장, 집에서 보내는 시간의 일부 동안이라도 편의와 지지 서비스가 제공되어야 한다.
  - 고도: 여러 학업 영역에 영향을 끼치는 학습 기술의 심각한 어려움이 있으며, 그로 인해 대부분의 학업 기간 동안 집중적이고 개별적이며 특수화된 교육이 지속되지 않는다면 이러한 기술을 습득하기 어렵다. 가정, 학교, 직장에서 일련의 적절한 편의와 서비스를 제공받았음에도 불구하고 모든 활동을 효율적으로 수행하지 못할 수도 있다.

[2007년 기출]

다음을 읽고 답하시오.

- 낮은 자존감, 학습된 무기력, 또는 사회기술의 결함을 보일 수 있다.
- 읽기, 산술, 쓰기를 개별적으로 평가하는 표준화된 학력검사 점수가 나이, 학업 연한, 지능에 비해 기대되는 수준보다 현저하게 낮게 나올 때 진단된다.

- 어떤 장애에 대한 설명인지 쓰시오.
  _____

- '현저하게 낮게 나올 때'란 위의 표준화된 학력검사 점수와 지능지수 간에 어느 정도 차이가 날 때를 의미하는지 쓰시오.
  _____

2 진단적 특징

(1) **특정학습장애의 필수적인 특징 한 가지는 핵심적 학업 기술을 학습하는 데 지속적인 어려움(진단기준 A)**을 경험하는 것으로, 정규 학교교육 기간(즉 발달기) 중 시작된다. 핵심적 학업 기술에는 단어를 정확하고 유창하게 읽기, 독해력, 쓰기와 철자, 산술적 계산, 수학적 추론(수학적 문제 풀기)이 포함된다.
   ① 특정학습장애는 정상적 학업 기술의 습득을 방해한다. 단순히 학습 기회 부족이나 부적합한 교육에 따른 결과가 아니라 기저의 학업 기술 습득의 어려움으로부터 기인하는 것이다.
   ② 학습의 어려움은 지속적이며, 일시적인 것이 아니다. 아동·청소년에서 '지속적'이라는 것의 의미는 가정이나 학교에서 추가적인 지원을 제공했음에도 최소 6개월 이상 학습 경과에 제약이 있는 것을 말한다.

(2) **보유한 학습 기술에 대한 개인의 수행이 연령 평균보다 낮다(진단기준 B)**
   ① 아동의 경우, 학업적 성취가 매우 높은 수준의 노력과 지지에 의해서만 평균 수준이 가능하다.
   ② 성인기에는 학업 기술이 요구되는 활동 회피 및 관련 학업과 직결되는 직업 성취 어려움
   ③ 한 가지 혹은 그 이상의 표준화된 검사나 학업 영역에 대한 소검사에서 낮은 성취도(연령 평균에서 적어도 1.5 표준편차 이하, 표준점수상 78점 이하, 7번째 백분위수 이하) 요구를 나타낸다.

(3) **대부분의 경우 학습 문제가 저학년 때 분명(진단기준 C)**

(4) **학습의 어려움이 다음 4가지 이유에서 특징지어져야 한다.**
   ① 학습의 어려움은 지적장애(지적발달장애), 전반적 발달지연, 청각장애나 시각장애 또는 신경학적 장애나 운동장애에 의한 것이 아니어야 한다.(진단기준 D) 특정학습장애는 학습의 어려움이 없었더라면 정상 수준의 지적 기능(일반적으로 지능지수는 70[측정 오류에 따라 ±5]점 이상으로 측정)을 보여줬을 것이다.
   ② 학습의 어려움은 경제적, 환경적으로 불리한 조건이나 만성적인 무단결석, 교육의 부족과 같은 일반적인 외부 요인에 의한 것이 아니어야 한다.
   ③ 학습의 어려움은 신경학적 장애(예 소아 뇌졸중)나 운동장애 또는 시각장애나 청각장애에 의한 것이 아니어야 한다.
   ④ 학습의 어려움은 한 가지 학업 기술이나 학업 영역에 국한되어 있을 수 있다.(예 단어읽기, 단순 연산값의 재인이나 계산)

3 감별진단

(1) 학업적 성취의 정상 변이: 특정학습장애는 외부적 요인(예 교육기회 부족, 서투른 가르침의 지속, 제 2의 언어로 학습)에 의한 학업적 성취에서의 정상 변이와 구별된다. 왜냐하면 특정학습장애는 적절한 교육적 기회를 제공받고 또래 집단과 동일한 지도에 노출되고 가르침을 받아 해당 언어를 능숙하게 사용할 수 있는 경우에도 학습문제가 지속되기 때문이다.

(2) 지적장애: 정상수준의 지적 기능(적어도 지능지수가 70±5)을 가진 경우에 나타나기 때문에 지적 손상과 관련이 있는 전반적인 학습의 어려움과는 다르다. 만약 지적장애가 있는 경우, 특정학습장애는 학습 문제가 지적 손상과 연관된 수준보다 과도할 때에만 진단할 수 있다.

(3) 신경학적 또는 감각 장애로 인한 학습문제: 신경학적 또는 감각 장애(예 소아 뇌졸중, 외상성 뇌손상, 청각 손상, 시각 손상)에 의한 학습 문제가 있는 경우에는 신경학적 검사상 이상 소견이 있다는 점에서 특정학습장애와 구별된다.

(4) 신경인지장애: 특정학습장애에서 나타나는 학습문제의 임상적 양상은 발달 주기 동안에 나타나며, 이전과 비교하여 학습 문제와 뚜렷한 저하가 나타나지 않는다는 점에서 신경인지장애와 연관된 학습 문제와 구별될 수 있다.

(5) 주의력결핍 과잉행동장애: 특정학습장애는 ADHD와 연관된 저조한 학업적 수행과 구별되는데, 후자의 경우에는 특정 학업 기술을 학습하는 데 특징적 어려움이 있다기보다는 이러한 기술을 수행하는 데 어려움이 있다. 그러나 특정학습장애와 ADHD가 동반된 경우는 예상보다 더 흔하다.

(6) 정신병적 장애: 특정학습장애는 조현병이나 정신병과 연관된 학업적 어려움 및 인지 과정의 어려움과 구별해야 한다. 후자의 경우 이러한 기능적 영역이 대개 빠른 저하를 보인다.

(7) 동반이환: 특정학습장애는 신경발달장애(예 ADHD, 의사소통장애, 발달성 협응장애, 자폐스펙트럼장애)나 다른 정신질환(예 불안장애, 우울장애, 양극성장애)과 흔히 동반된다.

4 학습장애 판별 기준 📖 2016 기출

(1) 학업성취 수준의 저하

(2) **능력과 성취 간의 불일치 준거(학년차이에 의한 진단과 능력-성취수준 차이에 의한 진단)**: 이 모델에 의하면, 학습 능력과 구어, 읽기, 수학, 추론 등의 영역 성취 간에 심각한 불일치가 존재하면 학습장애로 진단된다.

① 불일치 기법을 적용한 선별 절차

㉠ 지적 능력 산출을 위해 지능검사를 실시한다.

㉡ 학업성취 수준을 산출한다. 국어와 수학 영역에서의 기초학습검사, 기초학력검사, 표준화된 학업성취검사, 국가 수준 학업성취도 검사이다.

㉢ 불일치 수준을 산출한다. 지적 잠재능력에 해당하는 또래들의 평균 학업성취 수준과 학생의 학업성취 수준의 차이를 산출한다.

㉣ 배제요인을 확인한다. 낮은 지능(75이하), 감각적 결손, 정서적 문제(학습 동기 등), 환경적 결손, 사회·문화적 결손, 수업의 질 등을 확인한다.

㉤ 잠정적 판별 후 정밀진단 및 최종 판결을 위해 추가 검사를 한다.

(3) 중재반응 모델(Response To Intervention Model: RTI)

① 유형
  ㉠ 이중 불일치 모델: 중재반응 모델에서 주로 사용되는 모델로서 반응속도와 학업성취 수준을 고려하여 학습장애를 판별한다.
  ㉡ 3단계 중재반응 모델: 미국에서 가장 일반적으로 사용되고 있는 모델이다. 1단계는 전체학생을 대상으로 실시하는 일반교육, 2단계는 학습장애 위험군 학생을 대상으로 실시하는 지원교수, 3단계는 특수교육의 성격을 띨 수 있으며, 이는 3단계 학습의 대상자를 학습장애로 진단한다는 것을 의미한다. 즉 학습장애 학생을 대상으로 실시하는 집중적인 개별화 중재가 제공된다.

단계	선별 및 진단 활동	결정 기준
1단계	평상시의 통합교육에 각 학생이 어떻게 반응하는지 확인하기 위하여 교육과정 중심측정(CBM) 또는 표준화된 학력평가를 실시하여 또래에 비하여 낮은 성적소지자를 선별한다.	또래에 비해 심각하게 낮은 반응을 보이는가?
2단계	소집단 중심의 효과적인 수업을 일정 기간 체계적이고 집중적으로 투입하면서 역시 그 반응도를 CBM방법을 사용하여 추적한다.	또래에 비하여 심각하게 낮은 반응을 보이는가?
3단계	1~2 단계를 통과한 학생들이 잠재적 학습장애로 규정하고, 다학문적 평가 팀에 장애 정도와 특수교육대상자 여부를 확인하기 위한 정밀 판별 절차를 의뢰한다.	배제 요인 제외

② 장점
  ㉠ 장애의 위험이 포착되는 시점에서 학생의 장애를 조기 판별하고 조기 중재할 수 있다.
  ㉡ 불일치 모델과는 다르게 실패를 기다리지 않아도 된다.
  ㉢ 불일치 모델과는 다르게 진단 자체보다는 중재, 및 교육에 초점을 맞춘다.
  ㉣ 위험군 학생들에게 먼저 중재를 제공하고 중재에 대한 학생의 반응에 따라 학습장애 적격성을 결정하기 때문에 외적인 요인에 의한 학습부진과 내적 원인에 의한 학습장애의 변별이 가능하다. 따라서 외적 요인이 원인이었던 학생은 조기 중재를 통해 학업성취가 향상될 것이고, 내적 요인이 원인인 학생은 동일한 조기 중재를 받았음에도 불구하고 학업성취도가 더디게 향상될 것이다.
  ㉤ 학습장애를 잘못 판별할 가능성을 줄일 수 있다.
  ㉥ 평가와 교수 계획, 성취도 점검 등을 상호 유기적으로 연결할 수 있다.

③ 단점
  ㉠ 효과적인 중재에 대한 기준이 모호하다. 또한 읽기를 제외한 나머지 영역에서의 과학적인 교수 프로그램에 대한 연구가 부족하다.
  ㉡ 비언어적 학습장애를 판별하는 데 어려움을 가진다.
  ㉢ 예방적 모델로 활용되고 있으나 실제로 학습장애를 진단하기 위한 형식적인 절차는 명확하게 제시하지 못하고 있다.

5 다차원적 학습장애 진단평가

(1) 신체검사 및 의학검사
(2) 면담
(3) 심리검사
(4) 행동특성 및 오류분석

13 학습 장애

[2016년 기출]

다음은 담임교사와 전문상담교사가 성우(중1, 남)에 대해 나눈 대화이다. 상담교사가 적용하고 있는 학습장애 선별 및 진단에 대한 접근방법이 무엇인지 쓰고, 대화에서 나타난 학습장애 선별 및 진단 절차 2가지를 상담교사의 질문내용에서 찾아 서술하시오.

담임교사: 저희 반에 성우라는 아이가 있는데, 아이의 상태를 파악할 수 없어요.
상담교사: 성우에 대해 구체적으로 말씀해 주시겠어요?
담임교사: 평소에 이해도 빠르고 성실한 아이인데, 제 수업 시간에 교과서를 읽어 보라고 했는데 제대로 못 읽는 거예요.
상담교사: 성우의 성적은 어떤지요?
담임교사: 이번에 교육청에서 실시한 성취도평가 결과가 내일 나온다고 했어요.
상담교사: 지난 3월에 1학년 학생 전체를 대상으로 실시했던 지능검사에서 성우의 지능은 어땠나요?
담임교사: 잘 기억이 나지는 않지만 그게 높거나 낮은 쪽은 아니었던 것 같아요.
상담교사: 그럼, 지능검사 결과와 교육청 성취도평가 결과 두 가지를 저에게 주실 수 있으신가요?
담임교사: 네, 그러겠습니다.
상담교사: 그리고 성우가 다문화 학생은 아니지요?
담임교사: 아닙니다. 별다른 어려움은 없어 보이는 아이예요. 친구들이랑도 잘 지내고, 수업 시간에도 열심이고. 다만, 열심히 해도 안 된다는 얘기는 한 적이 있어요.
상담교사: 지난주에 나온 정신건강검사 결과에서도 성우는 위험군 명단에 들어 있지 않네요.
담임교사: 그럼 뭐가 문제일까요?
상담교사: 아직 확실하지는 않지만 학습장애를 의심해 볼 필요가 있습니다. 선생님께서 가지고 계신 자료를 확인해 보고, 성우도 직접 만나 보도록 하겠습니다. 학습장애 가능성이 확인되면 부모님께도 의논드리고 정확한 진단을 위한 단계로 넘어가도록 할게요.

3 학습장애의 분류

① 발달상 학습장애와 학업상 학습장애: 발현시점에 따른 분류

(1) 발달상 학습장애(developmental LD)

이에 해당하는 아동들은 학습에 필요한 인지적 처리과정상의 문제를 지닌 경우들에 해당된다. 즉, 읽기나 쓰기, 산수를 학습하기 위해서는 주의집중, 지각, 기억, 사고, 언어와 같은 인지적 처리 과정이 요구되는데, 그에 따른 적절한 기능과 활동이 발달되지 못한 경우에 발생하는 것이다. 이들은 구어장애, 주의력결핍장애, 지각장애에 해당한다.

(2) 학업상 학습장애(academic LD)

직접적으로 학습에 어려움을 보이는 경우로서 읽기장애, 쓰기장애, 수학장애의 경우가 해당한다. 학업상 학습장애는 주로 취학 아동들에게서 더 두드러진다.

2 언어성 학습장애와 비언어성 학습장애

발달적 학습장애와 학업적 학습장애로 분류되지 않는 학습장애를 비언어성 학습장애라고 한다.

(1) 언어성 학습장애(verbal LD): 언어가 관여된 영역(읽기, 쓰기, 수학 등 주요 학업영역)에서의 심각한 문제를 보이는 학습장애의 한 유형

(2) 비언어성 학습장애(nonverbal LD): 언어능력에는 강점을 보이지만 언어가 관여되지 않는 영역인 공간지각능력, 운동능력, 사회성 기술과 같은 비언어적 능력에서 결함을 보이는 것

① 일반적 특징
  ㉠ 정보처리와 조직화 기술 결핍
  ㉡ 약한 시공간적 기능과 감각통합능력
  ㉢ 작업기억력의 결핍
  ㉣ 느린 처리속도
  ㉤ 사회적 상호작용의 심각한 손상
  ㉥ (자기 나이의 수준을 넘어서는) 구어 산출 / 어휘력
  ㉦ 사실의 기억

② 영역별 문제점

영역	일반적 문제
지각적 문제	• 시각, 청각, 촉각 자극의 과민감성이 있으면서도, 시각적 기민성이 부족하여 시각적 주의 폭이 좁다. • 시각-운동 협응력, 소근육 및 대근육 운동, 눈과 손의 협응 문제로 운동과 과제수행이 미숙하고 서투르다. • 시간, 거리, 공간, 방향의 개념을 이해하는 것과 부분과 전체의 관계에 대한 이해, 조직화 기술이 부족하다. • 2차원, 3차원에서 공간의 관계를 이해하거나 다루지 못한다. • 실행기능에 문제가 있어 계획, 모니터링, 자기규제, 주의력, 조직화기술이 부족하다.
정서적 문제	• 사회적 단서와 사건을 잘못 이해하는 경험이 반복되어 불안이 높아진다. • 불안을 야기하는 자극에 대한 주의편향이 나타나 더 불안해진다. • 과제수행, 문제해결, 사회적 상황에서의 반복적인 좌절로 심리적으로 위축되어 있다. • 자신감이 없어지고 자존감의 저하를 보이며 우울해지며 드물게 분노발작이 나타난다. • 학업거부, 사회적 상황을 피함, 지쳐서 자려고 하는 등의 회피행동이 나타난다.
사회적 문제	• 개인적인 영역과 경계를 인지하는 데 어려움이 있다. • 다양한 청자에게 적합한 대화수준을 조정하는데 어려움이 있다. • 언어의 미묘한 부분(유머, 유추, 상징 언어)을 어려워 한다. • 시각적, 사회적 단서를 오해한다. • 사회적 언어 사용과 사회적 상호작용이 부족하다. • 친구를 사귀거나 관계를 유지하는 것에 어려움이 있다. • 학업보다는 행동, 사회 및 감정 부분에서의 우려가 크다. • 일단 확립된 일상생활의 변화에 저항을 나타낸다.

③ 감별진단
  ㉠ 아스퍼거 증후군: 좌뇌 기능이 우뇌 기능에 비해 우수하다는 점에서 NVLD와 같지만, 자폐성 장애라는 점에서 NVLD와 차이가 있다.
  ㉡ 사회적 의사소통 장애: 사회적 의사소통 장애는 사회성 문제가 있다는 점에서 NVLD와 유사하지만, 우뇌기능 저하에 따른 시지각 발달의 어려움은 아니라는 점에서 차이가 있다.

ⓒ ADHD: NVLD 아동 중 많은 수가 ADHD를 동반하고 있으나 ADHD 아동 모두가 NVLD는 아니다. 즉 ADHD아동은 우뇌기능저하가 주 증상이 아니다.
ⓔ 불안/우울장애: 정서적 문제로 뇌의 긴장수준이 높아져 정신운동속도가 느려질 수 있으나, 정서 문제가 해결되면 우뇌기능은 다시 정상적으로 작동한다. NVLD면서 ADHD인 경우는 과잉행동이나 충동성이 동반되지 않으면서 주의집중력이 떨어지는 경우가 많다.

> 참고 DSM-4에서는 아스퍼거 증후군이라는 명칭을 명기하여 사용하나 DSM-5에서는 아스퍼거 증후군이라는 직접적 진단명이 삭제되고 자폐 스펙트럼 장애에 아스퍼거 증후군을 포함시킨다. 그러나 DSM-5 진단기준이 이전 버전의 자폐장애보다 협소하여 APA는 사회의사소통장애라는 진단분류를 새로 만들어 아스퍼거 증후군을 지칭하고 있으나, 이에 속한 환자군을 수렴하지 못한다는 비판을 받고 있다.

4 학습장애의 원인

1 신경생물학적 원인

(1) **유전적 소인**: 어떤 방식으로 유전되는지 밝혀진 것은 없지만 학습장애의 소인이 상당 부분 유전된다는 것이다. 즉, 읽는 데 요구되는 기술이 부족한 부모의 아이는 이와 관련된 문제를 가졌을 가능성이 크다고 여기기 쉽다.

(2) **태아의 뇌 발달에서의 이상**: 수정된 태아의 세포분열과 이동의 과정에서 손상을 입었을 때 일어나거나 뇌의 발달이 이루어지는 임신 초기시 세분화되고 신경세포와 연결되는 과정에서 뉴런의 형태나 연결이 바뀌거나 잘못 연결되어 나타날 수도 있다.

(3) **태내 환경**: 임신기간 동안 흡연은 저체중아를 낳는다는 연구결과가 있고 이는 학습장애를 포함한 다른 여러 문제를 보일 가능성이 높기 때문에 중요하다. 술 또한 태아의 뇌발달에 위험을 준다.

> 참고 학습장애의 발생과정(Adelman & Taylor, 1986)

발생원인	중추신경계의 부조화	장애	학습문제
유전적 요인 →			
중추신경계의 손상 →	발달지체 기능이상	→ 특수영역에서의 학습장애	→ 특별과제수행의 문제
생화학적 이상 ↗			↓
발달의 중요시기에 ↗ 특수자극의 결핍			심리적 반응 (정서적 문제)
영양결핍 및 기타 ↗			

2 인지적 결함

(1) **청각적 변별력**: 정확하고 분명하게 듣지 못하기 때문에 쓰여져 있는 글자와 소리내는 음운 간의 연합 학습이 제대로 안 되어서 읽기 능력이 떨어지는 것이다.

(2) **규칙 학습 능력**: 정상아동에 비해 규칙을 학습하는 능력이 부족하다. 예를 들어 '감', '봄', '탐'의 글자들 모두 'ㅁ'소리가 있다는 것을 깨달음으로써 받침의 음가를 배우게 되지만, 규칙을 깨닫지 못하면 글자별로 습득되어야 하기에 글 읽는 기술의 발달이 자연히 느려질 것이다.

(3) **기억력**: 학습장애 아동은 작업기억의 용량이 크지 않아서 들어온 정보를 처리하는 능력이 부족하고, 장기기억에 정보를 저장하는 것이 어렵다.

(4) **인지적 방략 사용 능력**: 학년이 올라갈수록 제한된 기억용량을 효율적으로 사용하는 방략이 필요한데, 학습장애 아동들은 비효율적 방략 사용, 또한 기억을 해도 활용을 못한다.

3 환경의 영향

(1) **가족환경**: 자기 개념, 자존감, 교육에 대한 흥미 그리고 학습에 대한 호기심의 발달은 모두 가정 안에서 제공되는 부모의 지지와 격려에 그 뿌리를 두고 있다.

(2) **부모의 교육수준**: 아동에게 최초의 선생님이 대개 어머니인데, 어머니의 교육수준이 낮을 경우 자녀에게 적절한 교육을 제공하지 못하기 때문일 것이다.

(3) **교육방법**: 교육대상인 아동의 나이, 지능수준, 흥미에 따라 적절한 교육방법이 다르나, 이런 변수를 무시하고 획일적인 교육방법을 적용하게 되면 학습에 대한 흥미를 잃는다든지 무기력감에 빠진다든지, 학습내용을 제대로 이해하지 못하는 문제들이 발생한다.

5 학습장애의 특성 2013 기출

1 학습장애의 공통적인 특징

(1) **고르지 못한 인지 발달 패턴**: 정신능력을 구성하는 다양한 요소들이 고르게 발달하지 못하거나 불규칙한 발달을 보인다. 이러한 지적 성장의 불균형 문제가 특정한 교과목의 학습에서 성취부족으로 표현될 수 있다.

(2) **학습에서의 어려움**: 아동은 학습에서 말하기, 읽기, 산수, 필기, 운동기술, 쓰기 표현, 사고 혹은 심리 사회적 기술의 습득에서 어려움을 나타낼 수 있으며, 이러한 어려움들 중 한 가지라도 갖고 있다면 학교생활뿐만 아니라 일상생활에서도 어려움을 겪게 된다.

(3) **잠재력과 성취 수준의 격차**: 학습장애 아이들은 똑같은 지능을 가진 다른 정상적인 아이들이 보이는 성취수준과 커다란 차이를 보여 학업성취도 역시 현저히 낮다.

(4) **중추신경계의 기능 이상**: 중추신경계의 기능이 부분적으로 잘못되어서 생길 수도 있다.

2 인지과정에서의 특성

(1) **주의집중의 특성**: 주의가 산만하며 중요한 자극을 선정하여 주의를 기울이는 선택적 주의집중에 어려워한다.

(2) **지각의 특성**: 지각이란 시각, 청각 정보를 재인하고 해석하는 과정을 의미하는데, 학습장애 아동에게 나타나는 지각장애는 좌우와 상하를 구분하지 못하고 혼동하는 방향의 혼동이 있다. 또한 '아'를 '어'로, 'ㄱ'을 'ㄴ'으로, 숫자 '6'을 '9'로 읽는 등 글자를 읽을 때에 역으로 좌-우를 역전시키는 반전현상의 특징을 보이기도 한다.

(3) **기억의 특성**: 학습장애의 경우, 대부분 기억력에 뚜렷한 문제가 없다. 다만, 장기기억으로의 저장법, 점검 기능 등 학습과정에 능동적으로 참여하고 기억을 잘하기 위한 전략에 결함이 있다.

(4) 언어의 특성: 많은 수를 차지하는 읽기 장애 아동은 초기 언어발달이 늦거나 언어능력에 결함을 보이는 경우가 많다. 이에는 수용언어 장애와 표현언어 장애가 있다.

(5) 사고의 특성: 학습장애 아동들은 조직적으로 또한 논리적으로 사고하는 능력이 결핍되어 있다. 이들은 개념형성, 관계파악, 일의 순서, 사물의 계열화, 시간 개념 등에서 어려움이 있다.

(6) 운동성의 특성: 학습장애 아동은 손을 사용하여 무슨 일을 할 때 주로 어느 쪽 손을 쓰는가의 좌우 편측성의 문제를 지니고 있어서 연령이 증가해도 양손의 사용이 정립되어 있지 못하여 부자유스럽다. 운동통제 능력에서 어려움이 있어 운동할 때 미숙하거나 어색함이 자주 나타난다.

3 학업 특성

(1) 읽기의 곤란: 60~70%를 차지하는 읽기장애에는 단어재인과 이해의 문제가 있다.

(2) 철자 학습의 곤란: 철자 장애는 문자와 단어를 시각적으로 또한 청각적으로 변별하고 기억하는 능력에 문제가 있어서 발생한다.

(3) 쓰기의 곤란: 쓰기 장애는 손-눈의 협응력, 시공간 지각력, 방향, 변별과 기억, 왼손-오른손 선택능력, 운동통제 능력 등에서 어려움이 있을 때 생긴다. 발달과정상 읽기장애는 철자장애를 거쳐서 쓰기장애로 진행되는 경향이 있다.

(4) 셈하기 곤란: 산수장애에서는 크기의 분류, 대응, 연산기능, 측정, 분수, 비율, 자릿수이해, 십진법이해 등에서 어려움을 보인다.

4 상위 인지적 특성

(1) 학습장애 아동은 상위인지능력에 결함을 가지고 있어서 주로 수동적인 학습자로서 학습 환경을 조직하고 능동적으로 대처하지 못하며 과제를 완수해내지 못한다.

(2) 상위인지란 크게 두 가지 기능을 의미한다. 하나는 과제를 효과적으로 수행하기 위한 기능으로서 학습자 자신과 학습전략 및 학습과제에 대한 인식이며, 다른 하나는 과제를 수행하는 과정에서 필요한 조정과정으로서 계획하고 점검하는 과정이다.

5 정서적 특성

(1) 학습장애 아동들은 친구나 교사들과의 관계를 형성하고 유지하는 능력이 떨어지거나 결여되어 있거나, 상대방의 감정을 지각하고 이에 적절하게 반응하는 사회적 인지능력과 상호작용능력이 결여되어 있거나 떨어진다.

(2) 이들은 여러 번의 학업 실패를 경험하기 때문에 학습된 무력감과 무능감을 갖게 되고 과제를 회피하는 성향이 있으며, 결국 부모와 자녀관계 또는 교사와 학생 관계가 원만하지 않을 수 있다.

(3) 이런 아동은 정서적으로 학교에 대한 두려움과 우울, 열등감, 불안과 위축에 빠지기 쉬우며, 자아개념과 자존감도 부정적으로 되기 쉽다.

[2013년 기출]

학습장애에 관한 설명으로 옳은 것만을 〈보기〉에서 있는 대로 고르시오.

―〈보기〉―
ㄱ. 지능지수가 70 이하인 경우 학습장애로 진단된다.
ㄴ. 학습장애 학생들은 인지전략 및 초인지 전략의 활용에 있어서 한 결함을 보인다.
ㄷ. 학습장애 학생들은 누적된 실패경험을 통한 심리적 좌절로서 학습된 무기력을 경험한다.
ㄹ. 학습장애 학생들은 중요한 타인으로부터 소외되는 경우가 많기 때문에 이들이 경험하는 심리적 문제에 대한 도움을 필요로 한다.

6 학습장애아의 상담과 지도 2009 기출

1 기초인지과정 지도

(1) **주의집중, 지각, 기억, 언어, 사고**의 5과정을 절차 중심으로 다룬다.
(2) 이 다섯 가지 기능 간의 통합적 상호작용이 요구되므로, 적절한 기능의 통합과 이를 활용할 수 있는 지도가 요구된다.

2 학업기술 지도

(1) 차별화된 학습: 가정과 학교에서의 학업기술 지도는 모두 아동의 수행에서의 어려운 영역과 수행 수준에 따라 차별화가 필요하다. 따라갈 수 있는 것을 제시하고, 점차 양과 수준을 증가시키면서 학습에 흥미와 자신감, 동기를 가질 수 있도록 한다.
(2) 위계적 학습: 아동에게 제시되는 도구나 자료도 위계적인 학습으로 접근하며, 소학습 내용으로 하위 분류하여 한 단계 성취하도록 한다.
(3) 학습지도에 필요한 요소로는 충분학습, 개별지도, 참가학습 등이며, 학습 속도, 기초 교과영역의 교수-읽기, 읽기 이해, 쓰기, 수학의 영역을 다루어준다.

3 정서 및 생활 지도

(1) 교사와 학생 간의 인간관계를 긍정적으로 바꾸어준다.
(2) 친밀감을 형성하기 위해 대화의 시간을 자주 갖고, 성공 경험을 통해 인정받고 자신감을 길러주도록 한다. 아동의 특기나 장점이 무엇인지를 살펴서 이를 권장하고 발표하게 한다. 부정적인 말보다는 긍정적인 말과 칭찬과 격려를 해준다. 학습양도 조절하거나 우수아와 짝을 지어 교우 관계를 조성해주고, 동시에 부족한 학습이나 학습 습관을 바로잡아준다.

(3) 개인상담에서는 학습장애 아동에게 학습동기를 부여하며 목적한 바를 지속적으로 수행할 수 있도록 돕는다. 특정한 문제가 있는 경우에는 실제 사회적 환경에서 해결할 수 있도록 구체적인 방법을 모색한다. 학습의 문제를 도와주면서 심리적 전환이 병행되도록 한다.

(4) 교우 관계를 조절하며, 학생이 할 수 있는 역할을 부여한다.

4 상위인지 프로그램

(1) 학습장애 치료 프로그램에 학습장애 주의결함의 교정, 과잉행동이나 충동성의 조절, 깊이 있는 사고를 통한 자기 조절, 읽기, 쓰기, 셈하기에서의 학습전략 인식과 활용, 자기점검법 등을 사용한다.

5 학습장애를 극복하기 위한 부모의 역할

(1) 학습장애에 대하여 공부한다.

(2) 실패의 고리를 끊어준다. 실패는 낮은 자존감과 동기부족 및 학습에 관한 부정적인 감정이 어우러져 악순환을 거듭하므로, 이를 분리시켜 실패의 고리를 끊어주는 일이 중요하다.

(3) 아동의 지적 능력과 재능을 올바로 인식한다. 부모는 아동의 장단점을 파악하고 이를 잘 다루어야 한다. 아동에게 무리한 요구나 기대를 하지 않고 아동 스스로 자신의 한계를 용이하게 극복할 수 있게 도와주어야 한다.

(4) 아동의 주변 학습 환경을 정리해주고, 아동에게 맞는 학습습관을 형성하도록 도와준다.

(5) 부모와 자녀 관계를 개선하는 데에 노력한다. 부모와 지지와 격려, 관계 개선 노력이 필요하다. 아이에게 학업과 관련한 스트레스 해소 방법을 모색하게 하고, 부모와 대화의 창구를 만들어 정서적인 안정감을 획득하게 해주어야 한다. 부모는 아이를 학교 성적이나 학업성취만으로 평가하지 않고 아이를 이해하고 지지해주면 신뢰로운 관계를 재형성할 수 있다.

7 | 학습장애의 영역별 개입 내용

1 개인 영역

(1) 학습장애 학생은 자주 정서적 지원이 필요하기 때문에 정신건강 전문가가 개별화 교육지원팀의 일부가 되어야 한다.

2 사회 영역

(1) 빈약한 사회성 기술을 가진 학생은 친구를 사귀는 데 어려움이 있고, 이러한 이유로 사회적으로 고립될 수 있다. 학생장애 학생은 자주 다른 친구들이 하는 말과 하는 일을 정확하게 인식하지 못한다.

(2) 학생들은 학교에서의 생활양식, 교실에서의 행동, 분노, 조절, 논쟁 해결방법을 배우기 위해 과외 교수가 필요할 수 있다.

③ 학업 영역

(1) 학교는 평가와 사정(부모의 동의와 함께)을 실시해야 하고 학생의 강점과 약점을 확인해야 한다.

(2) 수학 학습장애 학생은 기본 사항과 암기를 지나치게 강조할 때 저학년 시기에 낮은 수준의 수학수업에 배치되거나 수업에 참여하지 않게 될 위험에 처한다. 학생의 강점과 약점이 평가되어야 하고, 그럼으로써 전반적인 수학수업에의 접근이 가능할 것이다. 복잡한 응용문제를 풀 때 학생의 참여를 제지하는 것 대신에 휴대용 수학표(예 구구단표, 중요 계산 공식표 등) 등의 조정이 사용되어야 한다.

(3) 시험을 위한 조정에는 학생이 시험을 치를 때 시험시간 연장하기, 연장된 시간 이외에 시험 제공하기, 다른 순서로 시험 치르기, 특별한 시험 준비를 제공하기, 가능한 한 산만하지 않은 환경에서 시험 치르기가 포함된다.

(4) 보충학습 자료에는 게임, 잦은 학업적 연습 회기, 큰 소리로 읽기, 수업 녹화하기, 타이머와 알람이 있는 시계 제공하기와 같은 상호적 자료가 포함된다.

(5) 쓰기장애 학생은 특별한 인체공학적 펜과 연필, 쓰기 과제를 위한 추가 시간, 녹음기, 쓰기 프로젝트를 대체할 구어적/시각적 과제를 필요로 할 수 있다. 교사는 학생이 필기체와 인쇄체를 섞어서 사용하도록 허락하고 깔끔한 글씨에 기초하여 성적을 매기지 않는다.

(6) 학생은 개별화 교육지원팀의 한 구성원으로서 개인교사나 특별한 치료사를 필요로 할 수 있다.

④ 진로 영역

(1) 많은 학생장애 학생은 2~4년제 대학 진학을 생각하지 않는다. 그렇게 하도록 격려되지 않거나 준비되지 않기 때문이다. 학습장애가 있는 학생은 대학의 학생 구성원 중에서 대표적으로 가장 많은 장애 분야다. 고등학교 이후의 성공적인 전환은 진로 흥미, 강점, 대학 혹은 직업훈련 옵션과 필수적인 전제조건이 되는 기술, 수정, 테스트 자격에 초점을 둘 것을 요구한다.

(2) 학교상담자는 개별화교육지원팀의 한 구성원이 되어야 하고 14세에 이르면 진로 계획을 논의하기 시작하여야 한다. 대학으로의 전환은 진로계획과 개별화교육계획을 위한 회의에 적극적으로 참여한 학생의 경우가 더 쉽다.

(3) 고등학교 이후 대학으로의 전환을 준비하는 학생에게 개별적인 심리교육적 훈련이 제공되어야 한다. 훈련의 예에는 시간 관리방법과 어떻게 필요한 지원을 찾는지가 포함된다.

14 정서 및 행동장애 2020 기출

1 정서 및 행동장애(emotional and behavior disorder)의 정의

1 「특수교육진흥법」의 정서·행동 장애 정의 2007, 2020 기출

> 다음 특성 중 한 가지 이상의 증상을 지니며 장기간 심하게 그 증상을 나타내는 자
> 가. 지적, 신체적 또는 지각적 면에 이상이 없음에도 학습 성적이 극히 부진한 자
> 나. 친구나 교사들의 대인관계에 부정적 문제를 지닌 자
> 다. 정상적인 환경에서 부적절한 행동이나 감정을 나타내는 자
> 라. 늘 불안해하고 우울한 기분으로 생활하는 자
> 마. 학교나 개인 문제에 관련된 정서적인 장애로 인하여 신체적인 통증이나 공포를 느끼는 자
> 바. 감각적 자극에 대한 반응, 언어, 인지능력 또는 대인관계에 결함이 있는 자

2 「장애인 등에 대한 특수교육법」의 정서·행동 장애 정의 2020 기출

> 장기간에 걸쳐 다음 각 항목의 어느 하나에 해당하여, 특별한 교육적 조치가 필요한 사람
> 가. 지적, 감각적, 건강상의 이유로 설명할 수 없는 학습상의 어려움을 지닌 사람
> 나. 또래나 교사와의 대인관계에 어려움이 있어 학습에 어려움을 겪는 사람
> 다. 일반적인 상황에서 부적절한 행동이나 감정을 나타내어 학습에 어려움이 있는 사람
> 라. 전반적인 불행감이나 우울증을 나타내어 학습에 어려움이 있는 사람
> 마. 학교나 개인 문제에 관련된 신체적인 통증이나 공포를 나타내어 학습에 어려움이 있는 사람

[2007년 기출]

다음은 특수교육진흥법에서 명시하고 있는 한 장애의 정의이다. 어떤 장애인지 쓰시오.

- 지적, 신체적 또는 지각적인 면에 이상이 없음에도 학업성적이 극히 부진한 자
- 친구나 교사들과의 대인관계에 부정적 문제를 지닌 자
- 정상적인 환경 하에서 부적절한 행동이나 감정을 나타내는 자
- 늘 불안해하고 우울한 기분으로 생활하는 자
- 학교나 개인 문제에 관련된 정서적인 장애로 신체적인 통증이나 공포를 느끼는 자
- 지적 능력과 상관없이 생후 30개월 이전에 나타나는 발달장애 증후군에 속하는 자로서 감각적 자극에 대한 반응, 언어, 인지능력 또는 대인관계에 결함이 있는 자

2 퀘이(Quay)의 양적 분류

퀘이(Quay)의 양적 분류체계는 미국정신의학협회의 DSM과는 달리 통계적인 분석에 근거하여 상관관계가 있는 행동들을 행동군의 범주로 제시한 것. 이 분류체계는 질적 분류체계보다 신뢰성과 타당성이 있기 때문에 행동치료의 목적으로 교육을 시도하는 교사들에게 더 도움이 된다.

장애범주	행동특성

품행장애	• 정도가 심한 공격적 행동
	• 사회화되지 않은 신체적 또는 언어적 공격성
	• 어린 연령에도 나타나고, 사회화된 공격성보다 더 흔함
	• 외향적인 반사회적 행동
	• 품행장애에 대한 퀘이의 행동 증후
	   - 신체적·언어적 공격: 다른 사람들과 싸움, 난폭함, 버릇없고 무례함
	   - 불순종: 반항, 부정적, 비협조적, 불복종
	   - 방해: 관심 끌기, 떠들썩함, 산만함
	   - 자기통제 부족: 울화 터트리기, 쉽게 흥분, 화를 잘 냄, 무책임
	   - 대인관계 손상: 불성실, 거짓말을 잘함, 냉담함

사회화된 공격성	• 심한 정도의 공격적 행동을 보이나 사회화된 공격 행동임 • 또래에게 인기가 있고, 비행 하위문화의 규준과 규칙을 준수 • 품행장애보다 덜 흔함 • 아동기나 성년기 이후 더 빈번하게 발생 • 내향적인 반사회적 행동(비폭력적, 직접적으로 대적하지 않음)
주의력 결함·미성숙	• 학습장애 범주에 속하는 아동과 비슷한 문제를 경험 • 인지적, 통합적인 것에 문제를 보임 • 충동 통제, 좌절에 대한 인내심, 사고과정, 기억에서의 어려움 • 시청각 자극을 조직하고 해석하는데 어려움 • 감정기복이 심하고, 종종 무기력감을 나타냄
불안·위축	• 자기 의식적, 과잉 반응, 사회기술에 결함을 가짐 • 환상에 빠져들고, 사회적으로 고립, 우울과 공포를 느낌 • 실패의 두려움으로 새로운 일을 꺼림 • 사랑받지 못한다는 감정 • 정상 활동 참여를 잘 하지 못하며 신체적으로 고통을 호소
정신증적 행동	• 병리학적으로 심한 중증 현상 • 자신과 현실에 대한 태도가 손상됨 • 정신분열증이 포함됨 • 자폐증과 정신분열증의 차이 <table><tr><th>자폐증</th><th>정신분열증</th></tr><tr><td>• 친족 간에 거의 발생하지 않음 • 망상과 환각이 나타나지 않음 • 증상이 지속됨 • 25%가 간질을 일으킴</td><td>• 흔히 친족 간에 발생 • 망상과 환각이 자주 나타남 • 정신병적 행동이 정상 행동을 방해 • 대부분 간질을 일으키지 않음</td></tr></table>
과잉행동	• 과잉행동, 주의력결핍장애, 과잉행동을 동반한 주의력결핍장애라고 명명됨 • 불안정, 예측불가, 주의산만, 충동적, 성급함, 파괴적 행동을 보임

3 정서 및 행동장애의 원인

1 생물학적 요인

(1) 대체로 정서·행동장애 아동들은 신체적으로 약하며 자율신경계나 내분비의 기능이 과민하거나 불안정한 경우가 많다.

(2) 기질 이외에도 질병, 영양 부족, 뇌손상, 약물 등의 독극물 남용 등의 요인들이 정서·행동장애를 일으킬 수 있다. 그러나 이러한 요인이 직접적인 원인이라고 볼 수 없다.

2 성격적 요인

(1) 정서·행동장애는 성격과 관련이 깊다. 비행청소년은 정서적으로 매우 불안정하다.

(2) 평소에 불안감과 불만, 신경과민, 신경증 혹은 정신병을 지니고 사는 부모는 아동의 정서 발달과 성격 형성에 직접적인 영향을 준다.

(3) 이런 어머니의 양육행동은 특수아동의 정서와 관련이 있으며 이들은 유아기에 난폭하거나, 함묵증이 있거나, 야뇨증이 있는 등의 문제행동을 나타내기도 한다.

3 환경적 요인

(1) **가정환경**
   ① 정서적인 문제는 주로 부모와 자식 관계에서 발생한다. 적대적이거나 거부적이며, 비일관적인 태도로 양육하는 부모는 공격적이고 비행을 저지르는 아동을 기르기 쉽다.
   ② 정서·행동장애를 유발할 수 있는 부모의 행동목록 거부하거나 거절하는 행동, 얕보는 행동, 위협하는 행동, 소외시키는 행동, 파멸시키는 행동, 착취하는 행동, 부인하는 행동

(2) **학교환경**
   ① 아동의 기질이나 사회적 능력 등이 또래 및 교사의 행동과 상호작용하여 정서·행동장애의 문제를 일으킬 수 있다.
   ② 학교에서 부적응으로 인해 아동은 정서적으로 혼란되고 공격적 행동, 도벽행동, 혹은 퇴행 행동이 야기되는 경우가 많다. 이런 현상은 흔히 부모의 과보호 행동과 그에 따른 아동의 의존적 태도와 관련 있다.
   ③ 신체가 허약한 아동이나 사회적으로 미성숙한 아동들은 또래와 만족스러운 교우관계를 형성하지 못하고 심한 불만이나 불안감을 형성하기도 한다.
   ④ 정서·행동장애는 부모의 잦은 직장 이동으로 인해 아동이 새로운 학교환경에 적응하기 어려운 경우에도 발생한다.

4. 정서 및 행동장애 선별 검사 📖 2020 기출

1 검사 개발 배경

(1) "2009년 국립특수교육원은 '특수교육대상 아동 선별 검사'를 개발하고 표준화하였다.

(2) 이 도구는 특수교육대상자로 선정, 배치되지는 않았지만 특수교육의 필요가 있다고 여겨지는 유치원부터 고등학교 3학년까지의 학생을 선별하기 위해 개발되었는데, '정서·행동장애 선별 검사'는 이 중 정서·행동장애 영역의 검사를 말한다.

(3) 유아용과 초·중·고등학생용의 두 가지가 있는데, 두 척도 모두 「장애인 등에 대한 특수교육법」에서 제시된 진단기준에 따라 4개 영역에서 16개 문항을 포함하고 있으며, 초·중·고등학생용의 경우 학업성취를 묻는 1개의 문항이 더 있다.

(4) 장점
① 문항 수가 많지 않아 응답하는 데 시간이 많이 소요되지 않기 때문에 학부모나 일반교사의 거부감을 줄일 수 있다는 점
② 문항 내용이 「장애인 등에 대한 특수교육법 시행령」 별표에 제시된 정서·행동장애 진단기준에 충실하게 작성되었다는 점

2 초·중·고등학생용 정서·행동장애 선별 검사 📖 2020 기출

정서·행동장애를 지닌 특수교육 대상자

정서·행동장애를 지닌 특수교육대상자는 다음과 같은 행동을 나타낼 수 있습니다. 문항별로 학생에게 해당되는 모든 문항에 V표를 해 주시기 바랍니다.

I. 대인관계 형성

검사문항	자주 나타남	가끔 나타남	나타나지 않음
① 혼자 있거나 혼자서 논다.	2	1	0
② 또래와 상호작용을 적절하게 유지하지 못한다.	2	1	0
③ 또래 또는 교사와 이야기하는 것을 회피한다.	2	1	0
④ 단체 활동에 참가하는 것을 회피한다.	2	1	0
합계			
총점			

II. 부적절한 행동이나 감정

검사문항	자주 나타남	가끔 나타남	나타나지 않음
① 부주의로 인해 학업 및 놀이 활동에서 실수를 저지른다.	2	1	0
② 수업시간에 손발을 가만히 두지 못하거나 의자에 앉아서도 몸을 움직거린다.	2	1	0
③ 학교 규칙을 위반하는 행동을 한다.	2	1	0
④ 사람 및 동물에게 공격행동을 한다.	2	1	0
합계			
총점			

Ⅲ. 불행감이나 우울감

검사문항	자주 나타남	가끔 나타남	나타나지 않음
① 슬프거나 공허한 표정 등의 우울한 기분을 보인다.	2	1	0
② 일상 활동에 대한 흥미나 즐거움을 느끼지 못한다.	2	1	0
③ 집중력이 떨어지거나 결정 내리기를 어려워한다.	2	1	0
④ 자존감이 낮거나 지나친 죄책감을 보인다.	2	1	0
합계			
총점			

Ⅳ. 신체적인 통증이나 공포

검사문항	자주 나타남	가끔 나타남	나타나지 않음
① 새로운 환경이나 낯선 사람과 있을 때 무서워한다.	2	1	0
② 특정 동물, 사물, 장소 등을 지나치게 무서워한다.	2	1	0
③ 친구들 앞에서 발표하는 것을 불안해하거나 고통스러워한다.	2	1	0
④ 특별한 질병이 없는데도 신체적 고통을 호소한다.	2	1	0
합계			
총점			

Ⅴ. 학업성취 수준

※ 학생의 학급에서의 학업성취 수준	상	중	하

진단검사 의뢰 대상: 다음 ①, ②의 두 조건을 모두 만족하는 경우
① Ⅰ, Ⅱ, Ⅲ, Ⅳ 중 최소한 어느 한 영역에서 4점 이상
② Ⅴ 학업성취 수준이 하인 학생
※ 예 1: Ⅰ영역이 2점, Ⅱ영역이 1점, Ⅲ영역이 0점, Ⅳ영역이 1점으로 총점이 4점인 경우는 진단검사 의뢰대상이 아님
※ 예 2: Ⅱ영역의 총점이 4점이고, 학업성취 수준이 상인 경우는 진단검사 의뢰대상이 아님

[2020년 기출]

다음은 은미(중3, 여)의 통합학급 담임교사와 전문상담교사가 나눈 대화의 일부이다. 괄호 안의 ㉠에 해당하는 '정서·행동장애 선별 검사'의 영역 명칭을 쓰시오.

상담교사: 국립특수교육원의 '특수교육대상아동 선별 검사' 결과가 나왔어요. 은미는 그중에서 '정서·행동장애 선별 검사' 결과, '대인관계 형성' 영역과 '부적절한 행동이나 감정' 영역은 괜찮은데, '불행감이나 우울감' 영역과 '(㉠)' 영역에서 모두 4점 이상이 나왔네요.

15 ADHD(주의력결핍-과잉행동장애)

📗 2005, 2008, 2009, 2015, 2018, 2019, 2022 기출

1 ADHD의 정의 📗 2005 기출

1) 집중성, 지속성, 선택성, 통제성의 4가지 측면이 결합되어 작용하는 주의집중이라는 정보처리 과정에서의 결함을 의미한다(신민섭, 2000).
2) **주의력 결핍 과잉행동장애**(Attention Deficit - Hyperactivity Disorder): 잠시도 가만히 있질 못하거나 물건을 잃어버리거나 떨어뜨리거나 흘리거나 뛰어다니면서 위험한 행동을 마구 하고 가만히 앉아있질 못하는 모습을 지닌 아동의 특성을 말한다.
3) **3가지 요인**: 부주의성, 충동성, 과잉행동성 📗 2008 기출 의 양상을 보인다.
4) **진단의 하위형태**: 복합형(combined type) / 부주의형(주의력결핍형, perdominantly inattentive type) / 과잉행동-충동형(predominantly hyperactive-impulsive type)

2 ADHD의 진단 📗 2008, 2018, 2019 기출

1 ADHD의 DSM-5 진단기준

<주의력 결핍/과잉행동 장애의 DSM-5의 진단기준>

A. 부주의 및 과잉행동-충동성의 지속적 패턴이 나타난다. 이러한 패턴은 개인의 기능과 발달을 저해하며 아래의 1항과 2항 중 한 가지 이상에 해당되어야 한다.

1. **부주의**: 다음 9개 증상 중 6개 이상의 증상이 6개월 이상 지속적으로 나타난다. 이러한 증상은 발달수준에 맞지 않으며 사회적, 학업적/직업적 활동에 직접적으로 부정적인 영향을 미친다.
   • 주의점: 이러한 증상은 단지 반항적 행동, 적대감 또는 과제나 지시 이해의 실패로 인한 양상이 아니어야 한다. 후기 청소년이나 성인(17세 이상)의 경우에는 적어도 5가지의 증상을 만족해야 한다.
   ⓐ 흔히 세부적인 면에 대해 면밀한 주의를 기울이지 못하거나 학업, 직업 또는 다른 활동에서 부주의한 실수를 저지른다.
      예 세부적인 것을 못 보고 넘어가거나 놓침, 작업이 부정확함
   ⓑ 흔히 일을 하거나 놀이를 할 때 지속적으로 주의를 집중할 수 없다.
      예 강의, 대화 또는 긴 글을 읽을 때 계속해서 집중하기가 어려움
   ⓒ 흔히 다른 사람이 직접 말을 할 때 경청하지 않는 것으로 보인다.
      예 명백하게 주의집중을 방해하는 것이 없는데도 마음이 다른 곳에 있는 것처럼 보임
   ⓓ 흔히 지시를 완수하지 못하고 학업, 잡일, 작업장에서의 임무를 수행하지 못한다(반항적 행동이나 지시를 이해하지 못해서가 아님)
      예 과제를 시작하지만 빨리 주의를 잃고 쉽게 곁길로 샘
   ⓔ 흔히 과업과 활동을 체계화하지 못한다.
      예 순차적인 과제를 처리하는 데 어려움, 물건이나 소지품을 정리하는 데 어려움, 지저분하고 체계적이지 못한 작업, 시간 관리를 잘 하지 못함, 마감 시간을 맞추지 못함

ⓕ 흔히 지속적인 정신적 노력을 요구하는 과업(학업 또는 숙제 같은)에 참여하기를 피하고, 싫어하며, 저항한다.
예 학업 또는 숙제, 후기청소년이나 성인의 경우에는 보고서 준비하기, 서류 작성하기, 긴 서류 검토하기
ⓖ 흔히 활동하거나 숙제하는 데 필요한 물건들을 잃어버린다.
예 장난감, 학습 과제, 연필, 책, 도구, 지갑, 열쇠, 서류 작업, 안경 휴대폰 등
ⓗ 흔히 외부의 자극(후기 청소년과 성인의 경우에는 관련이 없는 생각들이 포함될 수 있음)에 의해 쉽게 산만해진다.
ⓘ 흔히 일상적인 활동을 잊어버린다.
예 잡일하기, 심부름하기, 후기 청소년과 성인의 경우에는 전화 회답하기, 청구서 지불하기, 약속하기

2. **과잉행동-충동성**: 다음 9개 증상 중 6개 이상의 증상이 6개월 이상 지속적으로 나타난다. 이러한 증상은 발달 수준에 맞지 않으며 사회적, 학업적/직업적 활동에 직접적으로 부정적인 영향을 미친다.
   - 주의점: 이러한 증상은 단지 반항적 행동, 적대감 또는 과제나 지시 이해의 실패로 인한 양상이 아니어야 한다. 후기 청소년이나 성인(17세 이상)의 경우, 적어도 5가지의 증상을 만족해야 한다.
   ⓐ 흔히 손발을 가만히 두지 못하거나 의자에 앉아서도 몸을 옴지락거린다.
   ⓑ 흔히 앉아 있도록 요구되는 교실이나 다른 상황에서 자리를 떠난다.
   예 교실이나 사무실 또는 다른 업무 현장, 또는 자리를 지키는 게 요구되는 상황에서 자리를 이탈
   ⓒ 흔히 부적절한 상황에서 지나치게 뛰어다니거나 기어오른다(주의점: 청소년 또는 성인에서는 주관적인 좌불안석으로 제한될 수 있다.)
   ⓓ 흔히 조용히 여가 활동에 참여하거나 놀지 못한다.
   ⓔ 흔히 "끊임없이 활동하거나" 마치 "태엽 풀린 자동차"처럼 행동한다.
   예 음식점이나 회의실에 장시간 동안 가만히 있을 수 없거나 불편해함, 다른 사람에게 가만히 있지 못하는 것처럼 보이거나 가만히 있기가 어려워 보일 수 있음.
   ⓕ 흔히 지나치게 수다스럽게 말을 한다.
   ⓖ 흔히 질문이 채 끝나기 전에 성급하게 대답한다.
   예 다른 사람의 말을 가로챔, 대화 시 자신의 차례를 기다리지 못함.
   ⓗ 흔히 차례를 기다리지 못한다.
   예 줄 서 있는 동안
   ⓘ 흔히 다른 사람의 활동을 방해하고 간섭한다.
   예 대화나 게임, 활동에 참여한다. 다른 사람에게 묻거나 허락을 받지 않고 다른 사람의 물건을 사용하기도 함, 청소년이나 성인의 경우 다른 사람이 하는 일을 침해하거나 꿰찰 수 있다.

B. 심각한 부주의나 과잉행동-충동성의 증상이 12세 이전에 나타났다.
C. 심각한 부주의나 과잉행동-충동성의 증상이 2가지 이상의 장면(학교, 작업장, 가정)에서 나타난다.
D. 이러한 증상들이 사회적, 학업적 또는 직업적 기능을 방해하거나 그 질을 저하시킨다는 명백한 증거가 존재한다.
E. 이러한 증상들은 정신분열증이나 다른 정신증적 장애(예, 기분장애, 불안장애, 해리장애, 성격장애, 물질 중독 또는 금단)의 경과 중에서만 나타나는 것이 아니며 다른 정신장애에 의해 더 잘 설명되지 않는다.

다음 중 하나를 명시할 것
- **복합형**: 지난 6개월 동안 진단기준 A1(부주의)과 진단기준 A2(과잉행동-충동성)를 모두 충족한다.
- **주의력결핍 우세형**: 지난 6개월 동안 진단기준 A1(부주의)은 충족하지만 A2(과잉행동-충동성)는 충족하지 않는다.
- **과잉행동/충동 우세형**: 지난 6개월 동안 진단기준 A2(과잉행동-충동성)는 충족하지만 A1(부주의)은 충족하지 않는다.

다음의 경우 명시할 것
- 부분 관해 상태: 과거에 완전한 진단기준을 충족하였고, 지난 6개월 동안에는 완전한 진단기준을 충족하지는 않지만 여전히 증상이 사회적, 학업적 또는 직업적 기능에 손상을 일으키는 상태다.

현재의 심각도를 명시할 것
- **경도**: 현재 진단을 충족하는 수준을 초과하는 증상은 거의 없으며, 증상으로 인한 사회적, 학업적 또는 직업적 기능의 손상은 경미한 수준을 넘지 않는다.
- **중등도**: 증상 또는 기능적 손상이 "경도"와 "고도" 사이에 있다.
- **고도**: 진단을 충족하는 수준을 초과하는 다양한 증상 또는 특히 심각한 몇 가지 증상이 있다. 혹은 증상이 사회적 또는 직업적 기능에 뚜렷한 손상을 야기한다.

2 진단적 특징

(1) **부주의**: 행동적 측면에서 과제를 수행하지 않고 돌아다니기, 인내심 부족, 지속적인 집중의 어려움, 무질서함과 같은 모습으로 발현. 이는 반항이나 이행의 부족에 기인한 것이 아니다.

(2) **과잉행동**: 적절하지 않은 상황에서 과도한 운동 활동(예 아이들이 여기 저기 뛰어다니는 것과 같은)이나 과도하게 꼼지락거리거나 두드리는 행동 또는 수다스러운 말과 연관이 있다.

(3) **성인에서 과잉행동**: 과도한 좌불안석이나 다른 사람을 지치게 하는 식으로 나타날 수 있다.

(4) **충동성**: 심사숙고 없이 순간적으로 일어나는 성급한 행동과 연관이 있으며, 이러한 행동은 타인에게 해를 끼칠 가능성이 높다(예 주위를 둘러보지 않고 차도에 뛰어들기).
   ① 충동성은 즉각적인 보상 욕구나 만족을 지연시키지 못하는 것에 영향을 준다.
   ② 충동적 행동: 사회적 참견(예 타인에 대한 지나친 방해)과 장기적 결과를 고려하지 않고 중요한 결정을 내리는 것(예 적절한 정보 없이 취직하기)과 같은 양상으로 나타난다.

3 감별진단

(1) **적대적 반항장애**: 적대적 반항장애인 사람들은 부정적, 적대적, 반항적인 특징이 있다. ADHD의 아동은 정신적 노력을 지속적으로 유지하기 어렵고, 지시 사항을 잊어버리고, 충동성을 보임으로 인해 생기는 학교 과제에 대한 혐오와는 구별. 그러나 ADHD 아동도 과제에 대해 이차적으로 반항적 태도를 보이며, 과제 중요성을 평가절하하기 때문에 감별진단이 복잡하다.

(2) **간헐적 폭발장애**: ADHD는 높은 수준의 충동적 행동이 나타난다는 점에서 간헐적 폭발장애와 특징이 유사하다. 그러나 간헐적 폭발장애는 타인에 대한 심각한 공격성을 보이지만, ADHD의 특징적 증상은 아니다. 또한 간헐적 폭발장애는 지속적인 주의력 문제를 경험하시 않는다.

(3) **특정학습장애**: 특정학습장애 아동은 좌절, 흥미 감소 또는 능력의 제한으로 인해 부주의가 나타날 수 있다. 그러나 특정학습장애 아동의 부주의는 학업 성적 이외 영역에서 손상을 초래하지 않는다.

(4) **지적장애**: ADHD 증상은 지적 수준에 부적합한 학습 환경에 놓인 아동에서 흔하게 나타난다. 이러한 경우 비학습적 과제를 하는 동안에는 증상이 눈에 띄지 않는다. 지적장애가 있는 경우에 ADHD 진단을 내리기 위해서는 부주의 또는 과잉행동이 정신연령에 비해 과도해야 한다.

(5) **불안장애**: ADHD와 불안장애는 부주의라는 증상을 공유한다. ADHD가 있는 경우 외부 자극과 새로운 활동에 대한 흥미 또는 즐거운 활동에 대한 집착 때문에 부주의하다. 불안장애는 걱정과 반추 때문에 부주의가 나타나는 것이므로 ADHD와 구별된다. 불안장애에서도 좌불안석이 나타날 수 있다. 그러나 ADHD의 좌불안석은 걱정이나 반추와는 연관이 없다.

(6) **우울장애**: 집중력 문제를 보인다. 그러나 우울장애에서의 집중력 문제는 우울 삽화 기간에만 뚜렷하게 나타난다.

(7) **양극성장애**: 양극성장애의 경우 활동 증가, 집중력 문제, 충동성 증가를 보일 수 있으나, 이러한 증상은 삽화적이며, 며칠 동안만 나타난다. 양극성장애에서 충동성 증가나 부주의는 고양된 기분, 심하게 과장된 자신감, 그리고 기타 양극성장애의 특징과 동반된다. ADHD 아동에서도 뚜렷한 기분 변화를 보일 수 있지만 이러한 불안정성은 조증 삽화와는 구별된다. 아동의 경우에도 증상이 4일 혹은 그 이상의 기간 동안 지속되어야 양극성장애이다. 또한 ADHD는 과도한 분노와 과민성이 아동 청소년기에 흔하게 나타나나 양극성장애는 청소년기 이전에는 드물다.

(8) **파괴적 기분조절부전장애**: 파괴적 기분조절부전장애는 전반적인 과민성과 좌절에 대한 참을성 결여가 특징이지만, 충동성과 와해된 주의력은 필수적 특징이 아니다.

(9) **성격장애**: 청소년과 성인에서는 ADHD와 경계성 성격장애, 자기애성 성격장애, 기타 성격장애를 구별하기가 어려울 수 있다. 이러한 장애들은 분열, 사회적 참견, 정서적 및 인지적 조절곤란의 특징을 공유하는 경향이 있다. 그러나 ADHD에서는 버림받을 것에 대한 두려움, 자해, 극심한 양가감정이나 성격장애의 다른 특징이 나타나지 않는다.

(10) **동반이환**: ADHD는 동반질환이 흔하다. 적대적 반항장애, 품행장애, 파괴적 기분조절부전장애, 특정학습장애, 반사회성 성격장애가 동반되는 경우가 많으며 소수의 경우 불안장애, 주요우울장애, 간헐적 폭발장애, 물질사용장애, 강박장애, 틱장애, 자폐스펙트럼장애가 동반될 때도 있다.

[2008년 기출]

다음 영수의 증상을 '정신장애의 진단 및 통계편람 제4판(DSM-IV)'에 근거하여 진단하고자 한다. 물음에 답하시오.

영수는 ㉮ 공부나 놀이를 할 때 지속적으로 주의를 집중할 수 없으며, 학습에 필요한 물건들을 자주 잃어버린다. 또 ㉯ 선생님께서 자리에 앉아 있으라고 해도 가만히 앉아 있지 못하고 교실 안을 이리저리 돌아다니고, 지나치게 수다스럽게 말을 한다. 그런가 하면 ㉰ 선생님의 질문이 채 끝나기도 전에 성급하게 대답하고, 친구들의 놀이와 공부를 방해하고 간섭한다. 영수에게 이러한 증상들이 처음 나타난 시기는 5세 전후였으며, 그 후 영수는 가정과 학교에서 여러 가지 사회적, 학업적 기능상의 문제를 겪고 있다.

- 영수에게 적합한 진단명을 쓰시오.
  _____
- ㉮, ㉯, ㉰는 이 장애의 주요 증상들이다. 각 증상을 대표하는 용어를 쓰시오.
  ㉮_____, ㉯_____, ㉰_____

---

3 ADHD의 분류

혼합형 ADHD	부주의형(주의력결핍) ADHD	과잉행동-충동성형 ADHD
• 증상의 종류가 다양하고 많다. • 파괴적인 행동과 내재화장애를 동시에 갖고 있다. • 학업 및 과제 수행에서의 성취도가 낮다. • 부모의 양육환경이 열악하다.	• 사회적으로 위축되는 경향이 있다. • 자신감 없고 동기가 부족하다. • 행동이 느리고 과제 수행속도도 느리다. • 학습부진 또는 학습장애의 가능성이 높다.	• 행동의 문제를 더 많이 가지고 있다. • 부모나 교사가 힘들다고 보고한다. • 또래나 형제들로부터 인기가 적다. • 싸움이 잦고 품행장애로의 이전율이 높다.

4. 다차원적 ADHD 진단평가

1. 면담 및 평정척도

코너스 단축형 부모평정척도(Conners' Parent Rating Scale), 가정상황질문지(Home Situation Questionaire), 개정판 코너스 교사평정척도(CTRS-R, 1998), 학교상황질문지(School Situation Questionaire), 아동용 행동특성 체크리스트(부모용 K-CBCL:Children's Behavior Checklist), 교사용(K-TRF) 등이 있다. 부모나 교사를 통해 아동의 발달, 학습이나 행동상의 특징에 관한 정보를 얻는다. 주의력 결핍, 기억력, 충동성, 무기력함, 불안이나 우울, 공격성, 사회성 결여 등 정서, 사회 행동적 특성 등이 있다.

2. 행동특성의 관찰

직접 관찰을 통해 아동이 보여주는 행동특성을 파악한다.

3. 신경 및 심리검사 📗 2022 기출

아동용 웩슬러지능검사, 선로잇기검사(Trail Making Test), 스트룹 검사(Stroop test), 위스콘신 카드분류검사(Wisconsin Card Sorting Test)와 같은 실행기능검사, 연속수행검사(CPT), ADHD진단검사 등

(1) 연속수행검사(CPT, Continuous Performance Test)
① 정의: 컴퓨터를 이용해 연속적으로 제시되는 자극에 대한 수행능력을 평가하는 검사이다.
② 측정: 선택적 주의, 주의의 억제와 여과, 주의집중, 지속적 주의, 반응선택과 통제를 평가한다.
③ TOVA(Test of Variables of Attention): 대표적인 CPT로 세모, 네모, 원과 같은 매우 단순한 자극에 대한 연속적인 반응을 통해 주의력을 평가한다.
④ ADS(ADHD Diagnostic System): ADS는 정밀주의력검사로 ATA라고도 한다. 국내에서 개발된 것으로 5~15세 아동 및 청소년을 대상으로 하며, 시각자극과 청각자극으로 구분하여 단순자극에 대한 반응을 산출하여 주의력을 평가한다.
⑤ CAT(Comprehensive Attention Test): 국내에서 개발된 것으로, 종합주의력 검사이다. 4~15세 아동을 대상으로 단순 선택 주의력(시각, 청각), 억제 지속 주의력, 간섭, 선택 주의력, 분할 주의력, 작업 기억력 등을 측정한다.

(2) 전두엽 실행기능 검사
① 실행기능(executive function): 특정 자극에 대한 가장 적절한 반응을 산출하기 위해 주의, 언어, 기억 등의 하위 인지기능을 조절하며, 일반적으로 뇌의 전두엽에서 관장하는 것으로 알려져 있다.
② 실행기능의 하위 요소 중 억제력을 주로 측정한다.
③ 종류: 그림찾기검사(MFFT), 위스콘신 카드분류검사(WCST), 스트롱 색상 단어검사(strppo color word test), 색 선로검사(color trails test)

4. 기타 의학검사: EEG, CT, MRI, PET

5 ADHD의 원인

1 유전적 요인

(1) ADHD 아동의 약 20~30%가 부모나 형제 중에 ADHD를 가지고 있다고 보고된다.

(2) 일란성 쌍생아의 공동 유병률은 51%, 이란성 쌍생아 33%로 일란성 쌍생아의 유병률이 더 높다.

(3) 행동장애가 동반된 ADHD인 경우에 가족력에서 알코올중독, 인격장애, 불안장애, 정서장애, 약물남용 등의 위험성이 증가한다.

2 생물학적 요인

(1) 주의력 결핍이나 과잉행동장애는 초기부터 **뇌손상**이나 **미세뇌기능장애**와 관련 있는 것으로 추측된다. 뇌손상이나 미세뇌기능장애를 일으키는 요인으로 산모의 영양부족, 임신기간 중의 흡연, 지나친 스트레스, 감염, 분만시 조산, 저체중아, 난산 등으로 보고하고 있으나 뚜렷한 증거는 없다. 그러나 일반인을 대상으로 하여 출산 전후의 요인을 조사한 결과 임신 중의 음주와 흡연과 높은 연관을 보였다.

(2) MRI, SPECT, PET 등의 신경학 검사기제는 ADHD가 **전전두엽의 기능장애** 가능성을 제시하고 있다. 전두엽은 정보의 유지, 주의집중, 동기, 사고 등을 관장하는 대뇌피질이다.

(3) ADHD 아동은 **자극에 대한 역치가 높아서 평소의 자극 수준이 저 각성상태**가 되므로, 이로 인하여 최적의 자극을 얻기 위해 아동이 과활동적이 된다는 가설도 유력하다.

3 생화학적 요인

(1) 주의집중 부족은 뇌신경전달물질인 **도파민과 노어에피네프린의 결핍**에 의한 것으로 본다. 도파민은 정상적인 운동과 주의집중 통제에 관여하는 물질이며, 노어에피네프린은 각성상태를 유지해 주는 물질로서 과다분비가 되면 지나치게 각성상태가 고양되게 된다.

4 환경적 요인

(1) 부모의 부적절한 양육태도는 아동의 각성수준을 적정의 수준으로 유지하도록 하는 데 어려움을 갖게 하거나, 주의를 지속적으로 집중시키지 못하고 산만함과 불안함을 유발하게 만든다. 불안정한 가정환경은 생물학적, 생화학적 요인과 결합하여 복합작용으로 ADHD 아동을 만든다.

6. ADHD의 치료(중재전략) 2009, 2015, 2022 기출

1. 주의집중 증진 프로그램 2022 기출: 주의집중의 4가지 분류

(1) **선택적 주의집중**: 여러 자극들 중에서 관련된 중요 자극에 초점을 맞추고 관련이 없는 자극을 선별하는 일이다.

(2) **주의집중 행동의 지속**: 과제를 완성하기 위하여 주어진 시간 동안 주의집중을 계속 지속시켜야 하는 일이다.

(3) **주의집중의 이동**: 과제 수행 시 한 종류에서 다른 종류로 주의를 이동해야 하는 일이다. 눈과 귀로 주의 이동, 공간적 위치 이동(책상↔칠판), 여러 과제의 이동이 포함된다.

(4) **주의집중 할당**: 과제수행에 필요한 적절한 양의 주의집중력을 할당하는 문제를 다룬다.

> - 선택적 주의력 (Selective Attention): 방해자극에 의해 쉽게 주의가 분산되지 않는 능력이다. 두 가지 이상의 자극에서 현재 필요한 자극에만 초점을 기울일 수 있는 능력이다.
> - 지속적 주의력 (Sustatined Attention): 과제를 수행하는 동안 주의를 유지하는 능력이다.
> - 주의력 변경 (Alternating Attention): 주의의 초점을 변경시킬 수 있는 능력이다.
> - 분할 주의력 (Divided Attention): 두 개 이상의 과제에 동시에 반응하는 능력이다.
> - 초점 주의력 (Focused Attention): 특정 자극에만 반응하는 선천적인 능력이다. 주변 환경의 시청각적 자극에 초점을 기울일 수 있는 능력이다.

2. 인지행동 훈련 2022 기출

(1) 인지훈련은 아동이 스스로 언어적 중재 전략을 사용하여 좀더 사려깊은 문제해결 행동과 자기 통제력을 증진시키는 훈련으로서, 언어적 중재란 일종의 제3자의 시각에서 말하는 것을 의미한다.

(2) 문제해결훈련으로서 10단계 문제해결 기술과정 등과 같이 단계별로 문제해결 과정들이 제시가 된다. 마이켄바움(Donald H. Meichenbaum, 1977)의 언어적 자기 지시훈련이 효과적으로 사용된다.

> 〈8단계 문제해결 사고과정〉
> 1단계: 문제가 무엇이지?
> 2단계: 문제가 무엇인지 머릿속으로 정리하고 종이에 글이나 그림으로 그려보자
> 3단계: 이 문제를 해결하려면 어떤 방법을 쓸 수 있을까? 각각의 장단점은? 그래서 가장 좋은 방법은?
> 4단계: 내가 지금 이 문제를 제대로 해결하고는 있는가? 이 방법대로 하면 좋은 결과가 생길까?
> 5단계: 단서가 될 만한 것은 무엇인가?
> 6단계: 계획을 짜보자
> 7단계: 실제로 계획대로 실행에 옮기자
> 8단계: 해결한 방법은 효과적이었나?

(3) 이 기법들은 문제해결과정에서 사용하는 생각과 행동에 대하여 구체적인 언어로, 밖으로 표현하여 적절한 방법으로 문제를 해결하도록 하는 것이다. 무엇을 생각하느냐가 아니라 어떻게 생각하고 행동할 수 있도록 자기 자신의 행동을 언어로 조절할 수 있는 능력을 기르게 한다.

3 사고력 및 상위인지전략 훈련

(1) ADHD 아동들은 부주의하고 충동적인 특성 때문에 중요한 정보를 놓치거나 깊이 있는 학습을 하지 못한다. 이들은 전두엽의 활동인 추상적인 사고기능과 정교한 사고기능을 원활하게 하지 못한다. 능동적으로 문제 해결에 필요한 전략을 계획하고 선택하고 점검하는 자기 조정 능력, 상위인지능력이 부족하다. 따라서, 일상생활이나 과제학습에서 잦은 실패와 부정적인 피드백을 받게 되므로 자기조정감과 자기효능감이 저하된다.

(2) 사고력 훈련, 특히 상위인지적 접근은 일상생활이나 과제 학습에서 자기의 감정 및 인지행동을 조정하는 능력과 고등정신기능을 길러줌으로써 주의 통제력을 증가시키고 충동적인 행동을 감소시키며 나아가 능동적인 자기 주도적 학습자로 변화시킬 수 있다.

(3) **브레인스토밍(brainstorming)**

> 문제를 정의 → 정의된 문제를 해결하기 위한 여러 가지 방안 생각 → 생각해낸 방안을 하나씩 점검하고 장, 단점 평가 → 평가된 내용을 토대로 생각해낸 방안의 적용 가능성을 우선순위를 매김 → 우선순위에 따라 구체적인 행동으로 옮기는 방법 생각 → 실천에 옮기기 → 실천에 옮긴 후의 결과를 평가 → 실천의 결과가 만족스럽지 않으면 우선순위에 따라 그 다음 순위의 방법으로 다시 실천에 옮긴다.

4 정서적 안정을 위한 상담 및 행동지도

(1) 우울이나 불안, 공격, 화, 짜증, 위축 등을 없애기 위한 놀이치료나 개인상담, 심리치료가 필요하다.

(2) ADHD 아동들의 문제행동은 불순종과 반항이 아니라 주의집중력 자체가 부족하다는 점을 이해하는 것이 중요하다.

(3) 낮은 자존감이나 부정적인 자아 개념을 향상시키며, 내적인 우울감과 좌절, 무기력 등을 극복하도록 도와준다.

5 약물치료: 리탈린, 메칠페니데이트, 덱스트로암페타민, 페몰린

[2022년 기출]

다음은 종화(중1, 남)에 대한 박 교사와 전문상담교사가 나눈 대화의 일부이다. 〈작성방법〉에 따라 서술하시오.

박 교사: 종화는 초등학생 때 ADHD로 진단받았다고 합니다. 수업 시간에 종화를 살펴보면 한 주제에서 다른 주제로 주의집중력을 이동하는 일은 잘 하는데 한두 가지 과제에 초점을 맞추거나 오랫동안 한 과제에 끈기 있게 집중하는 것은 못하는 것 같아요.
상담교사: 주의집중력 중에서도 종화는 선택적 주의집중력과 (㉠)에 문제를 지닌 것 같네요.
박 교사: 그것은 어떻게 확인할 수 있나요?
상담교사: ㉡ 시각적 자극과 청각적 자극을 이용해 주의집중력을 측정하는 컴퓨터 프로그램 검사를 실시하면 부주의와 충동성의 정도를 객관적으로 평가할 수 있어 주의집중력의 문제를 확인할 수 있습니다.

… (중략) …

박 교사: 종화에게 도움이 되는 훈련은 무엇이 있을까요
상담교사: ADHD 청소년의 경우 인지행동 훈련이 도움이 된다고 합니다. 대표적인 훈련 방법으로 마이켄바움(D. Meichenbaum)의 (㉢)이/가 있습니다. 이것은 문제해결과정에서 사용하는 생각과 행동에 대하여 구체적인 언어로 소리 내어 밖으로 표현하게 하는 훈련 방법입니다.

〈작성 방법〉

- 괄호 안의 ㉠에 해당하는 개념의 명칭을 쓸 것.
- 밑줄 친 ㉡에 해당하는 검사 명칭 1가지를 쓸 것.
- 괄호 안의 ㉢에 해당하는 훈련 방법의 명칭을 쓰고, 그것의 상담 효과를 서술할 것.

7 주의력결핍 과잉행동장애의 영역별 개입 내용   2009, 2015 기출

1 개인 영역

(1) 정서적 문제

ADHD 학생과 일대일 방식으로 상담을 할 때, 학교상담자는 숨겨진 장애의 본질 및 그와 관련된 학생의 자아정체성 문제, 즉 학교에서 특별한 서비스를 받고 있는 것 혹은 장애 진단을 받았다는 것에 대해 잠재적으로 가질 수 있는 창피함이나 학업적으로 불충분하다는 감정, 남들에게 게으르거나 의욕이 없는 사람으로 보이는 것에 대한 감정 등의 정서적 문제에 민감해야 하며, 이를 다루어야 한다.

(2) 조직화 전략

ADHD 학생들은 나이가 들어감에 따라 더 많은 책임감을 가지고 더 나아가 학교에서 좀더 성장할 수 있도록 자신의 시간과 책임을 체계적으로 조절하기 위한 보충 전략을 배워야 한다. 이때 학생들이 고등학교를 졸업하기 전에 조직화 전략을 사용해 가능한 한 독립적이 되도록 하는 것이 목표다.

2 사회 영역

(1) 사회 및 행동 문제

① 학생과 부모가 학생의 사회 및 행동 문제(예 자신의 순서를 기다리지 않기, 남들이 말할 때 끼어들기, 다른 사람이 말할 때 듣지 않기, 안절부절못하고 충동적인 행동하기)는 장애와 직접적인 관계가 있으며 통제하기 어렵다는 것을 알아야 한다.

② 이는 그 학생이 '나쁜' 아이라는 의미가 아니다. 그러나 해당 학생이 성공적이고 만족스러운 학업과 직업 및 사회적 미래를 갖기 위해서는 이러한 행동에 대해 점차 책임을 져야 하며 그 행동을 바꾸도록 배워야 한다는 것을 이해해야 한다.

③ 학교상담자는 해당 학생을 직접 도울 수 있고, 교실 안팎에서 긍정적인 사회적 행동을 증진하기 위한 전략 개발을 위해 교사에게 자문을 할 수도 있다.

3 학업 영역 2015 기출

(1) 교실에서의 자리 배치

① 가능하다면 ADHD 학생들은 일반적으로 교사와 가까운 자리에 앉는다.

② 주의를 산만하게 하지 않는 자리에 앉는다. 즉 방해 행동을 하거나 말이 많은 다른 학생, 가지고 놀거나 주의를 끌 수 있는 교실 내 물건 등과 떨어진 곳에 앉아야 한다.

(2) 상호적 교수법

① 특히 ADHD 학생이 교실에 있을 때 교사들은 수업 전체를 통해 학생이 가능한 한 많이 참여할 수 있는 상호작용 교수법(수동적으로 듣고 열중하는 전통적인 강의와 반대되는)을 사용하도록 해야 한다.

(3) 노트 필기 지원

① 중등학교 기간 동안 학생들이 수업시간에 노트 필기를 하기 시작할 때, ADHD 학생의 경우 스스로 필기를 하도록 격려해야 하지만 그 수업에서 학업이 뛰어난 다른 학생들의 노트를 복사해 보충하도록 하면 도움이 될 수 있다.

(4) 시험 치르기

① ADHD 학생이 시험이나 퀴즈에서 자신의 능력을 최대한 발휘하기 위해서는 시간을 연장해주거나 교실에서 다른 학생들에게서 떨어진 조용하고 독립된 공간을 주는 것이 좋다.

(5) 환경 및 일정상의 안정성과 일과

① 가능하면 전반적인 교실의 물리적 배치가 그대로 계속해서 변하지 않고 유지되어만 한다.

② 예측 가능한 학교 일과와 수업시간을 정하고 가능한 한 그대로 유지해야 한다. 일과가 ADHD 학생들에게 강화되면, 그들은 자신이 무엇을 해야 할지 예측하게 되고 자신과 자신의 일정을 더 잘 조절할 수 있다.

(6) 지시사항 및 숙제

① 교사가 교실에서 지시하는 방식은 과제마다 동일해야 한다.

② 과제는 목록 형태(가능하면 단계별로)로 주어져야 하며, 과제의 단계 및 제출 마감일을 포함해 기대하는 바를 가능한 한 명확하고 모호하지 않게 진술해야 한다.

③ 학급에 ADHD 학생이 있는 교사들은 학급을 상대로 지시사항 및 기대하는 바를 한 번 이상 다시 이야기해 주고 모두가 이해했는지 확인해야 한다.

④ 또한 지시사항을 명확히 하기 위해 자유롭게 질문할 수 있는 분위기가 조성되어야 한다. ADHD 학생에게 따로 지시사항을 적어서 준다면 유익할 수 있다.

(7) 숙제 끝마치기

① 만일 ADHD 학생이 만족스럽게 숙제를 마치기는 하지만 제시간에 마치는 데 지속적인 문제를 보인다면 숙제의 양을 조정해 주고, 학생이 그것을 조절할 수 있는 수준까지 천천히 양을 증가시키는 것이 좋을 것이다.
② 학교상담자나 교사는 학생의 진도와 수행을 정기적으로 감독해야 하며, 학생이 많은 과제를 개념적으로 더 작게 쪼갤 수 있도록 도와주고, 좀더 쉽게 다룰 수 있는 덩어리로 자랄 각 덩어리의 마감일을 두도록 하면 도움이 될 수 있다.

4 진로 영역

(1) 적절한 환경 및 직업 요구 적합성

① 진로 상담 및 개발을 통해 ADHD 학생을 지도할 때 특히 중요한 것은 그들이 가장 잘 기능하는 환경과 과제의 유형을 고려하면서 자신의 ADHD 증상의 관여에 대해 스스로 인식하도록 돕는 것이다.
② ADHD가 있는 사람들에게 보다 적합한 직업환경 및 직장은 다음과 같다. 장시간 한 가지에 조용히 집중하지 않아도 되는 일, 일정이나 직업 관련 요구가 예측 가능하면서도 규칙적인 활동을 할 수 있는 일, 훨씬 집중을 잘하도록 개인적인 흥미를 이용하는 일 등이다.

[2015년 기출]

다음은 전문상담교사인 심 교사가 단비(중1, 여)에 대하여 단비어머니와 면담한 축어록의 일부이다. 단비의 진단명을 쓰고, 진단명에 따른 증상을 감소시기기 위해 단비의 교실 내 지리 배치, 그리고 숙제를 명료하게 부여하는 깃과 관련하여 심 교사가 단비의 담임교사에게 제안할 내용을 각각 2가지씩만 쓰시오.

어머니: 최근에 단비 성적이 많이 떨어졌어요. 집에서 숙제하라고 계속 야단을 쳐도 숙제를 끝내지 못해요. 학교에서는 어떤지 궁금해서 찾아뵈었어요.
심 교사: 잘 오셨어요. 단비가 수업 시간에도 선생님들의 질문을 잘 이해하지 못하고 엉뚱한 대답을 한다고 하네요. 그리고 활동을 제대로 끝내지 못하는 경우도 많다고 하고요.
어머니: 그런가요? 단비가 점점 참을성이 없어지는 것 같아요. 아무 생각도 없이 행동부터 하고 보는 것 같아요. 물건도 자주 잃어버리고……. 너무 답답해서 얼마 전에 단비를 병원에 데려가 검사를 받게 했는데 지능은 정상이라고 해서 한시름 놓았어요. 그때 병원에서 처방해 준 리탈린(Ritalin)을 지금도 먹고 있어요. 그랬더니 조금 나아지는 것 같긴 한데……. 단비가 학교 수업만큼은 잘 따라갈 수 있도록 선생님께서 도와주세요.
심 교사: 정말 걱정이 되시겠어요. 단비가 학교 수업에 잘 참여하고 숙제를 잘 끝낼 수 있도록 단비의 담임선생님과 상의해서 도움이 되는 조치를 취해 보겠습니다.

참고 주의력 결핍 과잉행동장애에 관한 상담자의 접근 지침

1) ADHD의 주요 특성을 이해한다.
2) 청소년기 ADHD는 품행장애, 반항장애, 학습장애의 문제를 동반한다.
   (1) 청소년기 ADHD는 아동기와 달리 주의력 결핍, 과잉행동, 충동성의 문제가 어른들에게 적대적인 반항행동 문제와 함께 나타난다. 예 오토바이 사고사
   (2) 술이나 담배, 본드 등에 손을 대고 이성교제에서 성적인 문제를 일으킨다.
   (3) ADHD의 주 증상인 과잉활동은 연령이 증가하면서 줄어들지만 주의산만과 부주의는 사라지지 않는다.
   (4) 주의집중의 어려움으로 수학, 읽기, 쓰기 등에서 낮은 학습수행을 한다.
   (5) 과잉활동으로 인해 부정적인 사회적 지위를 얻게 된다. 또래가 싫어하는 행동을 자주 함으로써 인기가 없고, 교사나 또래에게 부적응 행동을 이끌어내 지속적인 문제를 강화한다.
   (6) 학습결손과 사회적 결손이 지속적으로 반복됨에 따라 학교생활에 적응하지 못하고 학업을 중단할 가능성이 크다.
3) 교사 및 상담자는 ADHD 청소년을 면접하여 양육사, 가정환경, 부모의 성격, 학교생활 적응도 등을 체계적으로 질문하고 적합한 측정도구로 객관적인 평가를 한 후에 적절한 지도활동과 상담으로 접근을 시도한다.
4) 부모, 교사, 정신건강 전문가의 협력적 노력이 필요하다.
   (1) ADHD의 경우, 과잉행동과 충동성에 대한 약물복용이 장기적으로 이루어지지만 청소년기에 약물복용은 흔치 않다. 아동기 때부터 약물복용을 해 왔을 경우, 또래보다 신체적 발육상태(키가 작고 마르며 왜소하다)가 늦을 수 있다.
   (2) ADHD 청소년에 대한 객관적인 진단 및 평가(지능검사, ADHD증상 평정척도, 투사 및 객관적 성격검사)와 신경심리평가(연속수행검사, 카드분류검사, 선추적검사 등)가 이루어져야 한다.
   (3) 약물로는 리탈린, 덱스드린 등의 중추신경계 자극제가 효과적인 것으로 알려졌으며 약물의 지속적 효과는 2~4시간이다. 약물치료를 받는 ADHD청소년의 경우 시간을 잘 지켜 약물을 복용하는 것은 매우 중요하며 교사와 부모의 지속적인 관심과 관리가 필요하다.
5) ADHD는 심리치료와 부모교육으로 호전될 수 있다.
   (1) 심리치료는 행동치료와 인지치료가 있다.
   - 행동치료는 토큰경제, 타임아웃 등을 사용하여 부정적인 행동을 감소시키고 긍정적 행동을 강화시킬 수 있도록 한다.
   - 인지치료는 문제해결방식으로 행동변화를 이끌면 체계적으로 생각하는 습관을 교육한다. 가령, 문제가 무엇인가, 어떻게 해야 하는가, 계획한 대로 잘 되는가, 계획대로 끝났는가를 생각할 수 있도록 지도한다.
   (2) 부적절한 행동으로 인해 강한 처벌과 비난을 받을 가능성이 높으므로 가정에서 부정적으로 강화되지 않기 위해 부모교육 훈련이 필요하다. 부모들은 ADHD 청소년에게 과도한 자극과 스트레스 상황을 제공하지 않아야 한다. 부모는 자녀를 효과적으로 다룰 수 있는 올바른 의사소통 방법과 긍정적, 부정적 감정의 표현 등을 훈련해야 한다.
   (3) 학습결손으로 인해 학습장애, 학습부진을 보일 수 있으므로, 학습보완을 위한 교육이 필요하다. 또한 학급에서 ADHD 학생의 과잉활동, 주의산만 때문에 사회적 결손이 심각하므로 이에 따른 사회적 기술능력을 향상시키는 데 주력해야 한다.
6) 상담자는 일관성 있는 보상과 처벌의 규칙을 만들어 행동을 긍정적으로 강화시킨다.

16 자폐성 장애
2007, 2013, 2015 특시, 2023 기출

1 자폐성 장애(Autistic Disorder)의 정의

1 미국장애교육법의 정의(강창욱 외)

(1) 일반적으로 3세 이전에 나타나며, 구어 및 비구어 의사소통과 사회적 상호작용에 심각한 영향을 미침으로써 아동의 교육적 성취에 부정적인 영향을 미치는 발달장애이다.

(2) 자폐와 자주 관련되는 기타 특성들은 반복적인 활동 및 상동적인 움직임, 환경적인 변화와 일과의 변화에 대한 저항, 감각적 경험에 대한 비전형적인 반응 등이 있다.

(3) 이 용어는 아동이 정서장애로 인하여 교육적 성취에 중요한 부정적인 영향을 받게 되는 경우에는 적용되지 않는다.

(4) 3세 이후에 자폐의 특성을 보이는 아동들도 앞에서 서술한 진단기준에 해당된다면 '자폐'를 지닌 것으로 진단될 수 있다.

2 장애인 등에 대한 특수교육법 시행령(제10조, 2008. 5. 26)

사회적 상호작용과 의사소통에 결함이 있고, 제한적이고 반복적인 관심과 활동을 보임으로써 교육적 성취 및 일상생활 적응에 도움이 필요한 사람이다.

2 자폐 스펙트럼 장애의 진단
2007, 2013, 2015 특시 기출

1 자폐 스펙트럼장애(autism spectrum disorder: ASD)의 DSM-5의 진단 기준

〈자폐 스펙트럼 장애의 DSM-5의 진단기준〉

A. 다양한 맥락에 걸쳐 사회적 의사소통과 상호작용에 지속적인 결함이 나타난다. 이러한 결함은 현재 또는 과거에 다음과 같은 방식으로 나타난다.(예시들은 실례이며 증상을 총망라한 것이 아님)

1. 사회적-정서적 상호작용의 결함을 나타낸다.
   - 예 다른 사람에게 비정상적인 방식으로 사회적 접근을 시도, 정상적으로 번갈아가며 대화하지 못하며, 다른 사람과 관심사나 감정을 공유하지 못하고, 심한 경우에는 사회적 상호작용을 시작 및 반응 실패

2. 사회적 상호작용을 위해 사용되는 비언어적 의사소통 행동에 결함을 나타낸다.
   - 예 언어적·비언어적 의사소통을 불완전한 통합, 눈 맞춤과 몸동작에서 비정상성을 나타내며 심한 경우에는 표정이나 비언어적 의사소통을 전혀 사용하지 못한다.

3. 대인관계를 발전시키고 유지하며 이해하는 데 결함을 나타낸다.
   - 예 다양한 사회적 상황에 적합한 적응적 행동의 어려움, 다른 사람과 상상적 놀이를 함께 하거나 친구를 사귀는 데 어려움, 심한 경우에는 또래친구에 대해서 전혀 관심을 나타내지 않는다.

B. 현재 또는 과거력상, 행동, 흥미 또는 활동에 있어서 제한적이고 반복적인 패턴이 다음 4가지 중 2개 이상의 증상으로 나타난다(예시들은 실례이며 증상을 총망라한 것이 아님).

1. 상동증적이거나 혹은 반복적인 운동 동작, 물체 사용이나 언어 사용
   예 단순한 운동 상동증, 장난감을 한 줄로 정렬하거나 물체를 뒤집는 행동, 반향어, 기이한 어구의 사용
2. 동일성에 대한 고집, 일상적인 것에 대한 완고한 집착 또는 언어적·비언어적 행동의 의식화된 패턴을 나타낸다.
   예 작은 변화에 대한 심한 불쾌감, 경직된 사고패턴, 변화의 어려움, 의식화된 인사법, 같은 길로만 다니기, 매일 동일한 일상 활동을 하거나 동일한 음식을 먹으려는 욕구
3. 매우 제한적이고 고정된 흥미를 지니는데 그 강도나 초점이 비정상적이다.
   예 특이한 물건에 대한 강한 애착 또는 집착, 과도하게 제한되어 있거나 고집스러운 흥미
4. 감각적 자극에 대한 과도한 혹은 과소한 반응성을 나타내거나 환경의 감각적 측면에 대해서 비정상적인 관심을 나타낸다.
   예 고통이나 온도에 대한 현저한 무감각, 특정한 소리나 재질에 대한 혐오 반응, 특정한 물건을 만지거나 냄새를 맡는 데 집착함, 빛이나 물건의 움직임에 매료됨

현재의 심각도를 명시할 것: 심각도는 사회적 의사소통 손상과 제한적이고 반복적인 행동 양상에 기초하여 평가한다(아래 표 참조).

C. 이러한 증상들은 어린 아동기에 나타난다(그러나 사회적 요구가 개인의 제한된 능력을 넘어서기 전까지는 증상이 완전히 나타나지 않을 수 있고, 나중에는 학습된 전략에 의해 증상이 감춰질 수 있다).
D. 이러한 증상들은 사회적, 직업적 또는 다른 중요한 기능 영역에 심각한 손상을 초래한다.
E. 이러한 장해는 지적 장애나 전반적 발달 지연에 의해 더 잘 설명되지 않는다. 지적장애와 자폐스펙트럼장애는 자주 동반된다. 자폐스펙트럼장애와 지적장애를 함께 진단하기 위해서는 사회적 의사소통이 전반적인 발달 수준에 기대되는 것보다 저하되어야 한다.

• 주의점: DSM-Ⅳ의 진단기준상 자폐성장애, 아스퍼거 장애 또는 달리 분류되지 않는 광범위성 발달장애로 진단된 경우에서는 자폐스펙트럼장애의 진단이 내려져야 한다. 사회적 의사소통에 뚜렷한 결함이 있으나 자폐스펙트럼장애의 다른 진단 항목을 만족하지 않는 경우에는 사회적(실용적) 의사소통장애로 평가해야 한다.

다음의 경우 명시할 것
• 지적 손상을 동반하는 경우 또는 동반하지 않는 경우
• 언어 손상을 동반하는 경우 또는 동반하지 않는 경우
• 알려진 의학적, 유전적 상태 또는 환경적 요인과 연관된 경우
• 다른 신경발달, 정신 또는 행동 장애와 연관된 경우
• 긴장증 동반

2 자폐스펙트럼장애의 심각도 수준

심각도 수준	사회적 의사소통	제한적, 반복적 행동
3단계 "상당히 많은 지원을 필요로 하는 수준"	• 언어적·비언어적 사회적 의사소통 기술에 심각한 결함이 있고, 이로 인해 심각한 기능상의 손상이 야기된다. • 사회적 상호작용을 맺는 데 극도로 제한적, 사회적 접근에 대해 최소한의 반응을 보인다. • 예를 들어, 이해할 수 있는 말이 극소수의 단어뿐인 사람으로서 좀처럼 상호작용을 시작하지 않으며, 만일 상호작용을 하더라도 오직 필요를 충족하기 위해 이상한 방식으로 접근을 하며, 매우 직접적인 사회적 접근에만 반응.	• 융통성 없는 행동, 변화에 대처하는 데 극심한 어려움, 다른 제한적이고 반복적인 행동이 모든 분야에서 기능을 하는 데 뚜렷한 방해를 한다. • 집중 또는 행동 변화에 극심한 고통과 어려움이 있다.

심각도 수준	사회적 의사소통	제한적, 반복적 행동
2단계 "많은 지원을 필요로 하는 수준"	• 언어적・비언어적 사회적 의사소통 기술의 뚜렷한 결함, 지원을 해도 명백한 사회적 손상이 있으며, 사회적 의사소통의 시작이 제한되어 있고, 사회적 접근에 대해 감소된 혹은 비정상적인 반응을 보인다. • 예를 들어, 단순한 문장 정도만 말할 수 있는 사람으로서, 상호작용이 편협한 특정 관심사에만 제한되어 있고, 기이한 비언어적 의사소통이 뚜렷하게 나타난다.	• 융통성 없는 행동, 변화에 대처하는 데 극심한 어려움, 다른 제한적이고 반복적인 행동이 우연히 관찰한 사람도 알 수 있을 정도로 자주 나타나며, 다양한 분야의 기능을 방해한다. • 집중 또는 행동 변화에 고통과 어려움이 있다.
1단계 "지원이 필요한 수준"	• 지원이 없을 때에는 사회적 의사소통의 결함이 분명한 손상을 야기한다. • 사회적 상호작용을 시작하는 데 어려움이 있으며, 사회적 접근에 대한 비전형적인 반응이나 성공적이지 않은 반응을 보인다. • 사회적 상호작용에 대한 흥미가 감소된 것처럼 보일 수 있다. • 예를 들어, 완전한 문장을 말할 수 있는 사람으로서 의사소통에 참여하지만, 다른 사람들과 대화를 주고받는 데에는 실패할 수 있으며, 친구를 만들기 위한 시도는 괴상하고 대개 실패한다.	• 융통성 없는 행동이 한 가지 또는 그 이상의 분야의 기능을 확연히 방해한다. • 활동 전환이 어렵다. • 조직력과 계획력의 문제는 독립을 방해한다.

3 명시자

(1) "알려진 의학적 또는 유전적 상태 또는 환경적 요인과 연관된 경우"라는 명시자는 알려진 유전 장애(예 레트증후군, 다운증후군), 의학적 장애(예 뇌전증) 또는 환경적 노출의 과거력(예 발프로에이트, 태아 알코올 증후군, 극소 저체중 출생)이 있는 경우를 말한다.

(2) 추가적인 신경발달, 정신 또는 행동적 상태에 대해서도 언급한다.
> 예 ADHD, 발달성 협응장애, 파괴적 행동, 충동조절 또는 품행 장애, 불안장애, 우울 또는 양극성 장애, 틱장애 또는 투렛장애, 자해, 섭식장애, 배설장애 또는 수면장애

4 진단적 특징

(1) **사회적-감정적 상호성의 결핍**: 사회적 상호작용 거의 또는 전혀 시작하지 않으며, 감정을 공유하지 않고, 타인의 행동을 모방하는 행동도 저하되어 있거나 나타나지 않는다.
   ① 언어는 대개 일방적, 사회적 상호성 결여, 견해를 밝히거나 감정을 공유하거나 대화를 나누기보다는 요구를 하는 용도로 사용한다.
   ② 지적 손상이나 언어 지연이 없는 성인의 경우, 사회적-감정적 상호성의 결함은 복잡한 사회적 신호(예 대화에 언제 어떻게 참여할지, 무엇을 말해서는 안 되는지)를 처리하고 반응하는 문제에서 극명하게 나타난다.

(2) **사회적 상호작용을 위한 비언어적 의사소통 행동의 결함**: 눈 마주침이 없거나 적고 이상하며(문화 규범에 관련된) 몸짓, 얼굴표정, 신체 정위, 말하는 억양의 특이함으로 나타난다.
   ① 초기 양상은 합동 주시의 손상으로 타인과 관심사를 공유하기 위해 물건을 가리키거나 보여주고 가져오는 행동, 또는 다른 사람이 손가락으로 가리키거나 바라보고 있는 것을 함께 바라보는 행동이 나타나지 않는다.
   ② 몇 가지 기능적 몸짓을 학습할 수는 있으나 레퍼토리가 적고, 의사소통을 하는 데 있어 표현적 몸짓을 자발적으로 사용하지 못한다.

③ 유창한 언어를 구사하는 성인 중에는 말과 함께 조화로운 비언어적 의사소통을 사용하는 데 어려움이 있어 이상하고 경직되거나 과장된 '몸짓 언어'를 사용하는 인상을 준다.

④ 손상은 개인적 방식에 따라 상대적으로 미묘하게 나타날 수 있으나(예 어떤 사람은 말할 때 상대적으로 원활한 눈 마주침을 보일 수 있다) 사회적 의사소통을 위해 눈 마주침, 몸짓, 자세, 운율, 표정 등을 통합하는 능력은 매우 빈약하다.

(3) 관계를 발전, 지속시키고 이해하는 능력의 결함: 연령, 성별, 문화적 기준에 근거하여 평가해야 한다. 사회적 흥미가 부재, 감소되어 있거나 비전형적 양상으로 나타날 수 있으며, 타인에 대한 거부, 수동성, 공격적이거나 파괴적으로 보일 수 있는 부적절한 접근을 보일 수 있다.

① 아동의 경우: 종종 사회적 놀이나 모방(예 가상놀이) 공유가 결여, 이후에는 매우 고정된 규칙을 따르는 놀이를 고집한다.

② 성인의 경우: 어떤 행동이 한 가지 상황에서는 적절하지만 다른 상황에서는 그렇지 않다는 것을 이해하는 데 어려움(예 구직 면접 시 격식 없는 행동), 의사소통을 위해 언어를 다른 방식으로 사용하는 것(예 역설, 악의 없는 거짓말)을 이해하는 데 어려움을 겪을 수 있다.

5 감별진단

(1) 선택적 함구증: 선택적 함구증은 초기 발달 시기에 장애를 보이지 않는다. 이러한 아동은 대개 특정 상황에서는 적절한 의사소통 기술을 보인다. 아동이 함구증을 보이는 상황에서도 사회적 상호성의 손상과 제한되거나 반복적인 행동양상은 나타나지 않는다.

(2) 언어장애: 특정 언어장애에서는 대개 비정상적인 비언어적 의사소통과는 연관이 없으며, 제한적이고 반복적인 행동, 관심, 활동 양상도 나타나지 않는다.

(3) 자폐스펙트럼장애를 동반하지 않는 지적장애: 언어나 상징적 기술이 발달하지 않은 지적 장애의 경우 반복적인 행동이 자주 나타나기 때문에 감별진단이 어렵다. 지적 지적장애가 있는 경우에 사회적 의사소통과 상호작용이 개인의 비언어적 기술(예 미세 운동 기술, 비언어적 문제 해결)의 발달 수준에 비해 상당한 손상이 있을 때 자폐스펙트럼장애의 진단이 적절할 수 있다. 반대로 사회적 의사소통 기술과 다른 지적 기술 사이에 눈에 띄는 차이가 없을 때에는 지적장애로 진단하는 것이 적절하다.

(4) 조현병: 전구기에는 사회성의 손상, 비특이적인 흥미와 믿음이 나타나며, 이러한 증상은 자폐스펙트럼장애에서 나타나는 사회적 결핍과 혼동될 수 있다. 조현병을 정의하는 특징인 환각과 망상은 자폐스펙트럼장애의 특징이 아니다. 그러나 임상의는 자폐스펙트럼장애 환자가 조현병의 핵심적 특징에 대한 질문을 구체적으로 해석할 가능성을 반드시 고려해야 한다.(예 "아무도 없는데 어떤 소리가 들린 적이 있나요?" → "네, 라디오에서요.")

(5) 동반이환: 자폐스펙트럼장애를 겪는 많은 수의 사람은 이 장애의 진단기준의 일부에 포함되지 않는 정신과적 증상을 가지고 있다(약 70%가 한 가지의 동반된 정신질환을 가지고 있으며, 40%에서는 2가지 이상의 동반된 정신질환을 갖는다). 회피적/제한적 음식장애, ADHD, 불안장애, 우울장애, 발달성 협응장애, 특정 학습 어려움, 뇌전증 등이 동반될 수 있다.

[2015년 특시 기출]

다음은 자폐스펙트럼 장애 진단을 받은 수희(중1,여)에 대한 사례 요약서의 일부이다. 사례 요약서에는 정신장애의 진단 및 통계 편람(DSM-5)에 제시된 자폐스펙트럼 장애의 5가지 진단 기준 중 4가지만 제시되어 있다. 추가해야 할 진단 기준 1가지를 쓰고, 그 기준에 부합되는 행동 증상 2가지를 서술하시오.

사례 요약

수희는 어린 시절부터 부모나 또래와의 관계에서 의사소통과 상호작용의 문제를 지속적으로 보여 왔다. 초등학교 시절, 수희는 수업 시간에 담임교사가 이름을 불러도 못 들은 척하면서 눈을 마주치지 않았고, 공부에도 별다른 흥미를 보이지 않았다. 중학생이 되어서도 수희는 말이 없고 또래 관계에 관심을 보이지 않았으며, 친구들과의 의사소통이 거의 이루어지지 않았다. 어쩌다 친구들이 다가와도 무표정으로 대하면서 가끔은 상황에 어울리지 않는 엉뚱한 행동을 하여 친구들을 당황스럽게 만들기도 하였다. 수희는 수학을 제외한 대부분의 과목에서 친구들에 비해 성적이 매우 저조하였다. 그런데, 지능검사 관련 심리 검사 결과상에는 지적 발달장애나 전반적인 발달지연은 관찰 되지 않았다.

3. 자폐성 장애의 특성 [2007, 2013, 2015 특시 기출]

1. 사회적 특성

(1) 사회적 상호작용을 조절하기 위한 눈맞춤, 얼굴표정, 몸자세, 몸짓과 같은 다양한 비언어적 행동의 사용에서 현저한 손상이 있다. 자폐성 장애 아동은 눈맞춤을 하는 것과 얼굴 표정으로 인한 상호작용, 비언어적인 의사소통에 어려움이 있다.

(2) 발달수준에 적합한 또래관계 형성에서 어려움이 있다.

(3) 자발적으로 다른 사람들과 기쁨, 관심, 성취감을 나누지 못한다. (관심의 대상을 보여주거나, 가져오거나, 지적하지 못함) 자폐성장애아동은 관심 있는 사물을 다른 사람과 공유하기보다는 사물에만 관심을 보이는 경향이 있다.

(4) 사회적으로나 감정적으로 서로 반응을 주고받는 상호교류에 어려움을 보인다. 이는 자폐성장애아동들의 정서 표현 및 정서이행의 어려움과 연관된다.

2. 의사소통적 특성

(1) 자폐성 장애아동은 언어 및 의사소통에 있어 비구어 및 구어 모두에 결함을 가지고 있다.
   ① 비구어의 결함: 몸짓, 손짓 등과 같은 비구어적 단서에 대한 이해 및 표현의 어려움이 있다는 것이다.
   ② 구어 결함: 자폐성장애아동은 전혀 소리를 내지 않는 것으로부터 약간의 소리를 동반하는 형태로 나타나는 함묵증적 특성을 보이는 아동이 약 28%~61%를 나타낸다.

(2) 반향어를 사용한다. 반향어란 이미 들었던 단어나 문장을 똑같이 반복하는 것으로 즉각 반향어와 지연반향어로 나타난다.
   ① 즉각 반향어: 바로 전에 들은 단어나 문장을 의도나 의미 없이 반복하는 현상으로 선생님이 "너 이름이 뭐니?"라고 질문하면 똑같이 "너 이름이 뭐니?"라고 대답하는 경우이다.

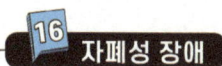

② 지연 반향어: 들었던 말을 일정 시간이 지난 후에 반복하는 것으로 예를 들어, 영화나 텔레비전 프로그램에서 들었던 말들을 시간이 지난 후에 반향하는 것이다.

(3) 의미론적 측면에서의 어려움. 관계어 사용에 심한 어려움이 있다.
  예 '나-너'의 구분을 어려워한다.
(4) 감정과 관련된 동사의 사용에서도 제한된 능력을 나타낸다.
  예 음식물이나 비생동적 사물을 명명하는 명사를 많이 사용하며 다음으로 색깔, 숫자, 철자 등이 많다.
(5) 사물의 기능보다는 주로 물리적 유사점에 근거하여 범주화한다.
  예 못을 핀으로 표현하거나 칠면조를 새로 대치한다.
(6) 문장을 이해하는 전략이 단어의 의미적인 결합보다 순서 또는 배열에 의존해서 문자의 뜻을 파악하는 경향을 보인다.
(7) 자폐성장애 아동의 가장 큰 결함은 의사소통의 도구로 사용하는 화용론적 결함이다. 의사소통적 의도가 부족하고 의사소통에 대한 규칙을 이해하지 못하며 의사소통의 기능 및 대화기능에서 문제가 있다.

3 행동적 특성 및 흥미와 관심

(1) 제한적인 특정한 물건 및 활동에 대한 지나친 관심 및 집착을 나타낸다.
  예 시간표나 달력, 버스나 전철노선, 상표에 그려진 그림이나 글자, 특정한 열차, 영어단어 등에 대해 지나친 관심을 보이며 자동차 바퀴를 계속 굴리거나 자동문 및 자판기 등을 열심히 그리는 활동에 집착한다.
(2) 특정한 비효율적인 틀에 박힌 의례적인 행동들을 보인다. 자폐성장애 아동들은 동일성을 유지하려는 강한 고집성을 나타낸다.
  예 신발장의 신발들을 반듯하게 정리하거나, 카드들을 일렬로 배열하는 등 틀에 박힌 의례적 행동으로 나타나며 이런 것에 안정감을 느낀다.
(3) 상동행동을 하는 경향이 있다. 상동행동이란 기능적인 목적 없이 동일한 행동을 반복적으로 하는 것을 말한다.
  예 몸을 앞뒤로 흔들거나 발끝으로 걷는다거나 빙글빙글 돈다거나 손가락을 눈앞에서 지속적으로 흔드는 행동끈을 지속적으로 돌리는 행동 등이 있다.
(4) 자폐성장애아동은 어떤 대상에 대해 전체보다는 부분에 지속적으로 몰두하는 경향을 보인다.

4 감각적 특성

(1) 주요한 감각에 대하여 과민반응과 과소반응으로 나뉘어 나타난다. 예를 들어 청각적 특성에서 청각적 과민반응과 청각적 과소반응을 보인다. 이는 시각, 촉각에서도 마찬가지이다.
  ① 청각적 과민반응의 예 청소기 소리나 학교버스 엔진 소리 등에 대한 반응들
  ② 청각적 과소반응의 예 청각에 문제가 없는데도 불러도 대답 없이 행동하는 것 등을 보인다.

5 인지적 특성

(1) 자폐성 장애아동의 지능은 다양하게 분포되어 있다. 자폐성 장애아동의 약 75%는 IQ가 35~50으로 지적장애를 겸하고 있으며 약 25%는 정상지능 혹은 그 이상의 지능을 보인다. 자폐성장애인 중 지적 결함을 수반하지 않는 평균이상의 지능을 가진 고기능자폐인이 있다.
(2) 자폐성 장애아동의 주의력의 주요 특성은 과잉선택적 주의집중 경향, 주의력 이동 및 사고의 유연성 결함으로 나타난다.

① 과잉선택적 주의집중: 외부에서 주어지는 여러 가지 자극들 가운데 특정한 부분에만 지나치게 집중하거나 과다하게 반응하는 성향을 말한다.
② 주의이동 능력: 한 자극으로부터 다른 자극으로 이동하는 것
③ 사고의 유연성: 새로운 규칙이나 상태를 전환하고 계획하는 능력

(3) 자폐성장애아동들은 중앙통합능력이 빈약하다.
① 중앙통합: 조각난 정보들을 함께 엮어 전체적인 의미를 이끌어내기 위한 맥락을 활용하는 능력

6 시각적 기억의 특이성
자폐성장애아동들은 자주 들었던 것보다 보았던 것에 의해 환경으로부터 정보를 해석하고 학습한다.

[2013년 기출]

정신장애진단통계편람(DSM-IV-TR)에 의해 기하(중1, 남)에게 진단된 장애에 관한 설명으로 옳지 않은 것은?

기하는 통합교육을 받고 있는 장애학생이다. 기하는 모둠 활동이나 친구들과 함께 하는 활동을 싫어하고, 혼자만의 세계에 있기를 좋아한다. 기하는 또박또박 단어를 끊어서 발음하는 등 독특한 말투로 말을 하였고, 자신이 읽은 책의 문구를 그대로 옮겨와 말을 하곤 하는데, 맥락에 맞지 않을 때가 종종 있었다. 기하는 자신이 관심 있는 우주기술자에 대해서만 계속 이야기하려고 하고, 다른 사람의 이야기에는 관심을 기울이지 않았다. 때론 기하의 이야기를 듣고 있던 친구가 시계를 자주 힐끔힐끔 보면서 급히 다른 데로 가보아야 할 일이 있음을 표현하는 것을 알아차리지 못하였다. 또한 흥분하거나 긴장될 때 의자를 앞뒤로 강하게 흔들거나 얼굴 앞에서 손가락을 흔들곤 하였다. 기하가 좋아하는 영어 성적은 괜찮은 편이지만, 수학과 과학 성적은 저조하였다.

① 상동증적이고 반복적인 신체 매너리즘이 나타난다.
② 특정 비기능적인 일과나 의식에 융통성 없이 집착하기도 한다.
③ 대화 주제를 공유하지 못하거나 다른 사람들의 이야기를 들으려 하지 않는다.
④ 언어발달은 임상적으로 유의한 지체를 보이지 않지만, 인지발달에서는 유의한 지체를 나타낸다.
⑤ 다른 사람들과 상호작용할 때 상대방의 비언어적 단서를 이해하지 못하는 경우가 많다.

4 자폐증 평가 도구

1 자폐증 진단 면담지(ADI-R)

루터(Rutter) 등이 2003년 개발. 유희정(2006)이 한국어로 번역되었으며, 반구조화된 부모 면담 도구이다. 아동이 보이는 현재 행동에 초점을 두고 평가함. 90분 정도 소요된다. 언어 및 의사소통, 사회적 상호작용, 한정되고 반복적이며 상동적인 흥미 및 활동 영역에서 93개 문항으로 구성되어 있다.

2 자폐증 진단 관찰 스케줄(ADOS)

로드(Lord) 등이 1999년 개발하였다. 유희정과 곽영숙(2006)이 한국어로 표준화하였다. 구어발달이 이뤄진 아동 뿐 아니라 구어발달을 보이지 않거나 지체되어 있는 아동을 대상으로도 실시가 가능하다. 아동의 언어 수준 및 생활연령에 따라, 4가지 수준으로 나눠진다. 45분~1시간 정도 상호작용 관찰 기록하며 이뤄진다.

3 사회적 의사소통 질문지(SCQ)

루터(Rutter) 등이 2003년 자폐증 진단 면담지에 근거하여 개발한 선별 질문지이다. 유희정(2006)이 한국판으로 표준화하였다. ASD의 주된 증후군을 중심으로 구성되었다. 부모 보고에 따라 이뤄짐. 40개 항목으로 구성되어 있으며, 진단 의뢰를 목적으로 전반적인 발달을 평정하는 것과 중재 효과의 평가를 목적으로 진보를 평정하는 것, 두 가지 양식이 있다. 시행이 매우 간편하고 연령, 언어 및 지능에 관계없이 사용 가능하다.

4 아동기 자폐증 평정 척도(CARS)

샤플러(Schopler) 등이 1988년에 제작하였다. 김태련과 박량규(1996)가 한국어로 번역하였다. 만 2세 이상의 아동 대상으로 자폐성 장애와 기타 발달장애를 구별하고 자폐성 장애의 정도를 판별하는 선별도구이다. 사람과의 관계, 모방, 정서반응, 신체사용, 물체사용, 두려움 또는 신경과민, 언어적 의사소통, 활동수준, 지적반응의 수준과 항상성, 일반적 인상의 내용 등 15개 항목으로 구성되어 있다. CARS 점수가 높을수록 자폐 성향이 더 많이 나타난다.

5 자폐성 장애의 원인

1 심리적 원인

(1) 자폐 발생 원인으로 예를 들면, 아동의 감각 발달과정에서 정서적으로 큰 충격을 받아 정서불안이 심화되어 자폐증이 발생할 수 있다. 20개월 전후한 유아기에 심한 외상적, 정서적 충격을 입으면 언어장애와 대인관계 장애를 동반하고 괴이한 행동을 나타내며 자폐증이 될 수 있다.

(2) 반응성애착장애와 자폐증은 구분되고 있다. 반응성애착장애는 외부적 자극의 부족으로 인해 아동에게 대인접촉이나 자연과 사물과의 경험들이 박탈된 경우이다. 이러한 결핍은 아동의 가정환경 및 부모의 애정과 양육태도의 문제로 발생하며 마치 자폐아동처럼 정서발달과 인지발달이 저해되는 양상을 띤다.

(3) 오늘날, 자폐증의 원인은 양육과정보다 생물학적 원인에 있다고 본다.

2 생물학적 원인

(1) 루터(Rutter, 1978)는 대뇌의 언어영역이 손상되어 언어장애와 다른 부수적인 증상이 나타나는 것과 같이 아동 출생 시에 일어나는 뇌손상으로 인해 중추신경체계가 비정상적인 기능을 하기 때문에 자폐증이 된다고 보았다.

(2) 자폐의 경우 혈중 세로토닌 수준이 높기 때문에 높은 수준의 정상 수준으로 감소할 때 자폐적 증상에 많은 호전을 보인다.

6 자폐성장애의 영역별 개입 내용

1 개인 영역

(1) 자폐성 장애가 있는 아동은 학업환경에서 많은 어려움에 직면한다. 많은 아동이 인간관계를 맺는 데 어려움뿐 아니라 적응을 어렵게 하는 기타 건강상의 문제나 약물치료와 관련된 문제를 함께 갖고 있다.

(2) 일과의 변화는 자폐성 장애 아동에게는 좌절의 요인이 될 수 있다. 전형적으로 학교환경은 정규 일정이 있지만 학교 모임, 특별수업, 소방훈련, 날씨 문제 등으로 인해 일정이 자주 변경된다. 자폐성 장애가 있는 학생들이 일정상의 변화에 대처할 수 있는 전략을 배우는 것은 중요한 일이지만, 많은 학생이 예기치 않은 변화에 의미 있는 일대일 지원이 필요할 것이다. 일정에서 예상되는 변경사항들은 그 변화를 사전에 이야기해 줄 수 있으며 상황 이야기와 그림 일정표를 사용해 아동을 준비시킬 수 있다.

(3) 또 다른 주요 문제는 행동 수정이다. 독특한 많은 행동이 중재를 요할 만큼 심각하지 않을 수 있지만, 자해나 신체적 공격과 같은 행동은 다루어져야만 한다. 행동 분석은 대개 주어진 행동의 선행 사건과 후속 결과를 결정하는 데 사용된다. 그런 다음 바람직한 행동을 증가시키고 문제 해동을 감소 혹은 제거하기 위해 행동중재 계획을 실행할 수 있다. 또한 응용행동분석과 특수교육 프로그램은 반응적이며 전향적으로 행동과 학습 기술을 다룰 수 있다.

2 사회 영역 2009 기출

(1) 자폐성 장애의 본질은 자폐성 장애 아동이 또래와 일반적으로 상호작용하는 데 어려움을 준다는 것이다. 자폐성 장애 아동에게 주는 영향에 대해서는 전문가와 자폐성 장애인 간에 약간의 논쟁이 있기는 하지만, 대체로 비장애 또래와 가능한 한 많이 상호작용할 기회를 갖게 하는 것이 도움이 된다고 믿는다. 사회적 관계 발달을 촉진하는 것 외에도 이러한 상호작용은 사회적 화용론을 가르치고 부적절한 행동을 다루는 데 소중한 기회를 제공한다.

(2) 자폐 범주에 있는 아동들은 사회적으로 고립되거나 또래로부터 따돌림을 당하거나 거부될 위험에 처해 있다.

(3) 또한 그들은 의사소통을 하는 데 정말 문자 그대로 이해하려고 하거나 또래의 의도나 동기에 대해 의문을 갖지 못하기 때문에 또래에게 이용을 당하거나 속임을 당할 위험에 처할 수도 있다.

3 학업 영역

(1) 자폐성 장애 아동들은 일반적으로 자신들의 감각 욕구를 조정해 주는 환경에서 혜택을 보게 된다. 산만함을 줄 수 있는 것들(창문, 벽에 붙은 포스터, 시끄러운 소음, 빈번한 방해)이 없는 교실은 자폐성 장애 아동이 자신의 에너지를 좀더 수행할 과제에 쏟을 수 있도록 한다.

(2) 자폐성 장애 아동의 특별한 감각 및 학습 요구는 교실에서 자리 배치를 하고, 교수방법(청각적, 시각적, 촉각 및 운동 감각적)을 선택하고, 과제나 지시사항을 주고, 시험방법을 설계하고, 학급 일정을 개발할 때 고려되어야 한다.

(3) 자폐성 장애 아동을 위한 학업적 조정에는 대개 시험기간 연장, 대안적 시험형식, 환경 수정, 일정 조정, 특정 교수방법 사용, 쉬는 기간, 감각치료실 등이 포함된다.

(4) 자폐성 장애 아동은 예측 가능한 구조를 제공하는 환경에서 더 잘 반응하는 경향이 있으며, 그래서 일정, 사람, 상호작용의 유형과 질의 일관성은 매우 중요하다. 자폐성 장애 아동이 개별화교육 프로그램 과정에 참여할 때 구조와 감각 자극에 대한 동일한 고려가 회의의 장소 및 형태에도 안내되어야 한다.

4 진로 영역

(1) 자폐성 장애가 있는 아동들 간의 능력의 범위는 굉장히 크다. 따라서 어느 아이는 성공적인 과학자가 되기도 하는 반면, 또 어느 아이는 직무 코치나 정부 혹은 지역사회의 지원고용이 필요할 수도 있다.

(2) 전환계획을 하거나 최대한으로 독립성을 촉진하기 위해서는 세심한 고려를 해야 한다. 진로 탐색의 경우 가능한 한 폭넓은 직업 기회를 제공하기 위해 아동의 독특한 능력과 어려움을 조정해 주어야만 한다.

7 자폐성 장애의 치료(중재전략)

1 행동수정

시선 붙잡기, 다른 사람을 느끼게 하기, 흥미 유도하기, 자신감 심어주기, 자신의 존재 인식시키기, 담력 길러주기, 반복 칭찬과 보상해주기, 성취감 일깨우기, 자율성 길러주기 등이 있다. 껴안아 주기와 같은 신체 접촉은 자폐 증세를 소거하는 지름길이다.

2 구조화된 교수

특정 공간 및 학습활동과 연계된 물리적 환경 구성, 시각적 일과표의 활용, 자연적인 상황에서의 다양한 기능적 기술의 개별화된 학습 기회 제공, 일관되고 체계적인 접근 등의 특성을 가지고 있다. ASD를 위한 구조화에 근거한 효과적인 교수 맥락으로는 물리적 환경 배열, 시간구조 확립, 시각 및 구체적 체제 활용, 체계적 교수 제공, 감각적 요구 조절, 참여 촉진, 자극통제 확립, 정보 사전 제시를 들 수 있다. 교수는 아래와 같은 사항에 대해 예측할 수 있도록 체계적으로 과제를 구성하는 것이다.

(1) **공간**: 활동이 이루어지는 장소
(2) **선택**: 사용되는 교재 및 교구가 무엇인지
(3) **소유**: 자신의 것과 함께 공유해야 하는 것이 무엇인지
(4) **기대**: 해야 하는 행동이 무엇인지
(5) **사회적 상황**: 누구와 함께 해야 하는지
(6) **시간**: 얼마나 오랫동안 해야 하는지
(7) **자아**: 차분히 있고 주의를 두는 방법
(8) **전이**: 언제 끝내는지

3 TEACCH(Treatment and Education of Autistic and related Communication handicapped Children) 프로그램

구조화된 교수 프로그램 중 하나로서, ASD 학생의 요구에 맞게 환경을 체계적으로 조절하는 것에 주안점을 둔다. 프로그램의 구성 요소는 물리적 구성, 시각적 일과표, 작업 시스템, 과제구성이다.

(1) 미국의 북 캐롤라이나 주립대학의 에릭 샤플러(Eric Schopler)와 그의 동료들이 개발했다.
(2) 발달장애인이 가정, 학교 및 지역 사회에서 효과적으로 일하고 자립생활을 할 수 있도록 도와주는 것이 목적이다.
(3) TEACCH는 자폐증과 관련 의사소통 장애아동의 치료와 교육을 의미한다.
(4) 가정에서의 적응, 교육, 그리고 지역사회에서의 적응이라는 세 가지 영역에서 초점을 두고 부모훈련이나 상담 활동을 도와주거나 부모지원단체를 격려해 준다.

(5) **구성 내용**
   ① **물리적 구성**: 학생이 특정 활동을 어디서 해야 하는지에 관한 시각적 정보를 제공한다.
   ② **시각적 일과표**: 학생이 어떤 활동을 어떤 순서로 해야 하는지를 알 수 있도록 일과표를 제공한다. 학생이 활동 또는 교과 시간의 전이를 지원하는 전략 중 하나로서 활동 간 일과표, 활동 내 일과표가 있다.
   ③ **작업 시스템**: 학생에게 독립적으로 작업하는 것을 지도하기 위해 학생이 수행해야 하는 작업이 무엇인지, 어느 정도의 많은 작업을 해야 하는지, 그리고 개별 작업은 각각 언제 끝나는지에 대한 시각적 정보를 제공한다.
   ④ **과제 구성**: 과제를 수행하기 위해 학생이 무엇을 해야 하는지, 얼마나 많은 항목을 수행해야 하는지, 최종 결과물은 어떠한 것인지에 대해 시각적으로 명확한 정보를 제공하는 것이다.

4 비연속 개별시행 훈련(DTT)

학생의 학습을 향상하기 위해 개별화하고 단순화한 교수 방법으로 특정기술을 지도하기 위해 구조화된 환경에서 응용행동분석 원리를 집중적으로 적용하는 방법 중 하나이다. 이는 교사가 시행하는 5~20초 정도 걸리는 작은 단위의 교수를 의미한다.

(1) **주의집중**: 개별 시행을 시작하기 위해 학생의 주의집중을 이끈다.
(2) **자극제시**: 변별 자극 제시. "이것 해라.", "이게 뭐지?"와 같은 간략하고 분명한 지시 또는 질문. 자극 제시할 때는 해야 할 행동을 구체적이고 분명하게 표현한다.
(3) **촉진**: 자극의 제공과 동시에 또는 자극 제공 후 바로 교사는 학생이 변별 자극에 올바르게 반응하도록 지원한다.
(4) **반응**: 교사의 자극에 대해 학생이 정확한 또는 틀린 반응을 한다.
(5) **후속자극/ 피드백**: 학생이 정확한 반응을 하면 교사는 즉시 칭찬, 안아주기, 음식물, 장난감, 활동 등의 강화제를 제공한다. 학생의 반응이 틀리면 교사는 "아니야"라고 말하거나 다른 곳을 보거나 교재를 치우거나 틀렸다는 신호를 준다.
(6) **시행 간 간격**: 후속자극을 제시한 후 교사는 대략 1~5초 정도의 간격을 두고 다음 개별시행의 단서를 제공한다.

5 그림교환 의사소통체계(PECS)

본디와 프로스트(Bondy & Frost, 1994)가 개발했다. 학생이 어떤 사물이나 활동을 얻기 위해 그러한 의미를 나타내는 그림을 교환하도록 지도하는 방법이다. 궁극적으로 구어 획득의 가교 역할을 할 수 있는 가능성을 내포하고 있다.

(1) **1단계**: 학생이 선호하는 사물의 그림카드로 교환(의사소통 기능: 요구하기)의 개념을 지도
(2) **2단계**: 학생이 자신의 의사소통판으로 가서 그림카드를 가져와 교사에게 건네고 교사는 해당 사물을 주어 자발적으로 교환하는 것을 지도
(3) **3단계**: 선호 사물과 비선호 사물이 함께 있는 그림카드에서 선호 사물 그림 카드를 변별하는 것을 지도
(4) **4단계**: 그림카드로 별도의 문장판에 문장을 만들어 교사에게 제시하는 것을 지도
(5) **5단계**: 그림카드로 다양한 문장을 사용할 수 있도록 지도
(6) **6단계**: 습득한 의사소통 기술을 종합적으로 사용할 수 있도록 지도

6 환경중심 언어중재

학생의 자발성과 기능성을 높이기 위해 자연적인 학습이 이루어지도록 하고 학생이 가장 필요를 느끼는 상황을 우연적이고 자연스러운 학습상황(실제 일어날 수 있는 상황)으로 만들어 지도하는 것이다. 학생의 주도에 성인이 반응하여 지도하는 절차이다.

(1) **시범**: 학생이 관심을 보인 것에 대해 언어적 시범을 보여 학생이 모방할 수 있도록 한다. 이 절차는 학생이 언어 습득의 결함을 보일 때 적용한다.
(2) **요구-시범**: 학생이 관심을 보인 것에 대해 언어적 요구 또는 지도를 한다. 이 절차는 학생이 해당 언어를 획득하였으나 수행에 결함을 보일 때 적용한다.
(3) **시간 지연**: 환경조성 전략을 활용하여 의사소통 기회를 만든 후에, 학생에게 시범 또는 요구-시범 절차를 적용하기 전에 자발적으로 반응할 수 있는 시간을 준다. 이 절차는 학생이 유창성 결함을 보일 때 적용한다.
(4) **우발교수**: 학생이 특정한 사물이나 도움을 필요로 하도록 환경을 조성하고, 학생이 언어 및 비언어적 방법으로 자신의 요구를 자발적으로 표현하거나 적절하게 표현하면 칭찬과 강화를 하고, 다시 한번 같은 내용으로 언어 및 비언어적 확장으로 답을 해주며, 앞으로 지속적인 사용을 위해 시범을 보여 주고 해당 사물이나 도움을 제공한다.

> **+ 의사소통 촉진을 위해 환경을 조성하는 전략의 예**
> - 흥미 있는 사물 활용하기: 학생이 좋아하는 블록을 교실 내 교사 책상 위에 놓는다.
> - 손에 닿지 않는 곳에 두기: 학생이 좋아하는 인형을 학생이 볼 수 있지만 손을 뻗어도 닿지 않는 높이의 책상에 둔다.
> - 조금 부족하게 주기: 컵에 우유를 조금만 따라 주고 학생이 더 줄 것을 요구하기를 기다린다.
> - 선택해야 하는 상황 만들기: 장난감을 가지고 놀려고 할 때 블록과 공을 동시에 보여주고 선택하기를 기다린다.
> - 중요한 요소가 빠진 상황 만들기: 식사 후 양치질을 해야 할 때 치약을 빼고 칫솔과 컵만 준다.
> - 도움이 필요한 상황 만들기: 소리 나는 장난감을 학생이 쉽게 열 수 없는 가방에 넣어 흔든 다음 학생 가까이에 놓아 둔다.
> - 엉뚱한 상황 만들기: 양말을 손에 끼운다. 등에 메는 가방을 앞으로 멘다.

7 상황이야기(social story)

캐롤 그레이(Carol Gray)가 개발했다. 자연스러운 일상적인 상황들 중 학생의 혼란을 초래하는 사회적 상황에 대한 설명과 적절한 행동을 기술한 짧은 이야기이다. ASD 학생이 직면하게 될 다양한 상황에서 어떻게 반응해야 하는지에 대한 단서와 적절한 반응을 기술해 사회적 인지의 기본적인 이해가 가능하도록 도와주는 인지적 접근 방법이다.

(1) **1단계**: 사회적 이야기의 주제를 정한다. 현재 학생이 혼란스러워하거나 부적응하고 있는 구체적 사회적 상황 혹은 학생 기능이나 생활연령에 교육될 필요가 있는 사회적 기술이나 상황이다.

(2) **2단계**: 관련 정보를 수집한다. 객관적, 현실적으로 기술한 관찰 가능한 내용들이다. 문제 상황이 언제, 어디서 발생하였고 누가 이 상황과 관련되어 있으며 일상적인 예외 규칙들, 사회적 단서, 활동의 시작과 끝에 대한 신호 등을 수집한다.

(3) **3단계**: 수집된 정보를 분석하여 ASD 학생이 어려움이나 문제를 보이는 상황을 선정한다. 학생의 입장과 사고체계 및 시각을 살피는 것이 중요하다.

(4) **4단계**: 관찰을 통해 설정된 사회적 상황과 타인에 대한 인식, 그리고 ASD 학생이 어떻게 반응을 해야 하는지에 대한 상황이야기를 문장으로 구성한다. 기본적으로는 설명문, 지시문, 조망문 중심으로 구성한다. 보다 높은 수준에서는 협조문, 통제문, 미완성문이 포함된다.

8 짧은 만화대화

그레이(Gray, 1994)가 개발했다. 대화 시 다른 사람이 생각하고 느끼는 것이 무엇인지 설명하기 위해 4~8개의 네모 칸에 만화를 통해 말풍선과 생각풍선 속에 대화자의 말, 생각, 정서를 표시할 수 있도록 구성되어 있다. 상황이야기와 마찬가지로 학생에게 타인의 생각과 느낌에 대한 정보를 사전에 알려주고 적절하게 대처할 수 있는 기술을 지도하는 데 효과적이다. 구성요소는 다음과 같다.

(1) 문제를 일으키는 사건에 대한 기술
(2) 사건에 포함된 모든 사람의 생각과 감정
(3) 문제에 대한 해결방안
(4) 미래에 이러한 사건을 피할 수 있는 방법에 관한 생각
(5) 강화
(6) 적절한 상징(인물선화, 웃는 얼굴, 말풍선, 생각풍선)
(7) 감정을 표현하기 위해 사용되는 색깔(예 초록-행복, 파랑-슬픔, 검정-화남)

9 파워카드

적절한 행동이나 사회적 기술을 아동의 관심영역과 연결시키는 시각적 자극을 기초로 하는 방법이다. 자폐성 장애 아동에게 문제가 되는 사건을 아동이 관심을 가지는 다양한 그림들, 특히 영웅의 그림을 주고 그 영웅이 어떻게 해결을 하는지를 묘사하도록 한 다음 그 내용을 파워카드에 적어 갖고 다닌다. 이는 개인용 스크립트와 휴대용 파워카드 두 부분으로 구성된다.

(1) 스크립트(script): 학생이 좋아하는 특별한 관심(대상)이 학생이 경험하고 있는 문제 상황과 유사한 상황에서 어떻게 사회적 과제(목표행동)를 수행하여 해결하는지를 시간대별로 설명하는 것이다.

엘사는 요리시간에 원하는 것이 많아요. 그럴 때면 엘사는 선생님이나 친구에게 원하는 것을 말해요. 왜냐하면 그렇게 해야 자기가 원하는 것을 얻을 수 있으니까요. 엘사는 이렇게 한 이후로 작업시간에 더 맛좋은 쿠키를 만들 수 있게 되었고 친구와 선생님도 엘사를 더 좋아하게 되었답니다.
① 필요한 것을 생각한다.
② 선생님께 말할지 친구에게 말할지 결정한다.
③ "필요한 것 OO을 주세요. OO줘.", "OO하고 싶어요. OO하고 싶어."라고 말한다.
엘사처럼 원하는 것을 자신 있게 말해 보세요. 작업시간이 훨씬 즐거워질 것입니다.

(2) 파워카드(Power Card): 스크립트 내 기술된 내용의 요약된 해결책과 학생의 특별한 관심에 대한 그림이 포함된 명함 크기의 카드이다. 이는 휴대할 수 있도록 제작되어 해당 상황에 직면했을 때 해결책을 상기할 수 있는 시각적 촉구가 될 수 있다.

① 필요한 것을 생각한다.
② 선생님께 말할지 친구에게 말할지 결정한다.
③ 필요한 것을 "OO 주세요. OO줘." "OO하고 싶어요. OO하고 싶어."라고 말한다.

10 마루놀이

개인차, 아동중심의 선호도, 아동과 양육자 간의 애정적인 상호작용을 강조하는 놀이중심의 상호작용적 중재 방법으로 헌신적인 양육자의 참여와 즐거움과 의도적인 놀이는 아동으로 하여금 자아감을 발달시키도록 도와준다.

11 비디오 모델링

학생이 수행해야 하는 바람직한 행동을 비디오를 통해 시범을 보이는 기법이다. 대상자는 비디오 시범을 보고 난 뒤 비디오에서 제시된 시범행동을 모방한다.

17 영재아
2005, 2009, 2014, 2017, 2021 기출

1 영재아(gifted children)의 정의

1 한국 「영재교육진흥법」의 영재 정의

(1) 제2조(정의)

> 1. '영재'라 함은 재능이 뛰어난 사람으로 타고난 잠재력을 계발하기 위하여 특별한 교육을 필요로 하는 자를 말한다.
> 2. '영재교육'이라 함은 영재를 대상으로 각 개인의 능력과 소질에 맞는 교육 내용과 방법으로 실시하는 교육을 말한다.

(2) 제5조(영재교육 대상자의 선정).

> 고등학교 과정 이하의 각급 학교에 취학한 자 중에서 다음 각 호의 1의 사항에 대하여 뛰어나거나 잠재력이 우수한 사람 중 영재 판별 기준에 의해 판별된 사람을 영재교육 대상자로 선정한다.
>
> 1. 일반지능 2. 특수학문 적성 3. 창의적 사고능력 4. 예술적 재능 5. 신체적 재능 6. 기타 특별한 재능

2 스턴버그(Robert J. Sternberg)의 성공지능 이론에 기초한 영재성의 정의

스턴버그는 여러 지능이 어떻게 조합되는가에 따라 다양한 형태의 영재성이 나타날 수 있으며, 영재성이란 여러 지능이 잘 조화를 이룬 상태라고 보았다.

(1) **분석적 영재성(analytic giftedness)**: 문제를 이해하고 정의하며, 그것들 간의 관계를 이해하여 해결책을 찾는 과정을 포함하고, 전통적인 지능검사를 통하여 측정된다.

(2) **종합적 영재성(synthetic giftedness)**: 통찰력, 직관력, 창조성 혹은 새로운 상황에서의 적응능력을 포함하며, 전통적으로 예술이나 과학과 같은 영역에서의 높은 성취와 관련되는 기술이다.

(3) **현실적 영재성(practical giftedness)**: 실생활에서 분석적 능력과 종합적 능력을 활용하여 문제를 해결하는 활동을 포함하며, 성공한 경력을 가진 사람들의 특성으로 종합할 수 있다.

3 가네(Robert M. Gagne)의 영재성 개념

(1) 영재성은 적성이나 잠재력과 관련이 높고 재능은 수행과 관계가 있다고 보았다.
  ① 영재성이란 지적, 창의적, 사회적·정서적, 감각운동적 능력을 포함하는 선천적으로 타고난 능력을 말한다.
  ② 재능이란 영재성이 학습과 훈련을 통해 표출된 형태로 학문적 재능, 사업적 재능, 예술적 재능, 사회적 재능, 공학적 재능 등 다양한 형태로 나타난다고 보았다.

(2) 영재성이란 학습과 훈련을 통해 재능으로 표출된다. 이 과정에 영향을 주는 촉매는 개인내적 촉매와 환경적 촉매가 있다. 이 두 가지는 영재성이 재능으로 전이되는 과정에서 중요한 역할을 한다.
  ① 개인내적 촉매: 영재 자신의 성격, 동기, 신체, 자기관리 등
  ② 환경적 촉매: 부모, 교사, 기회 등

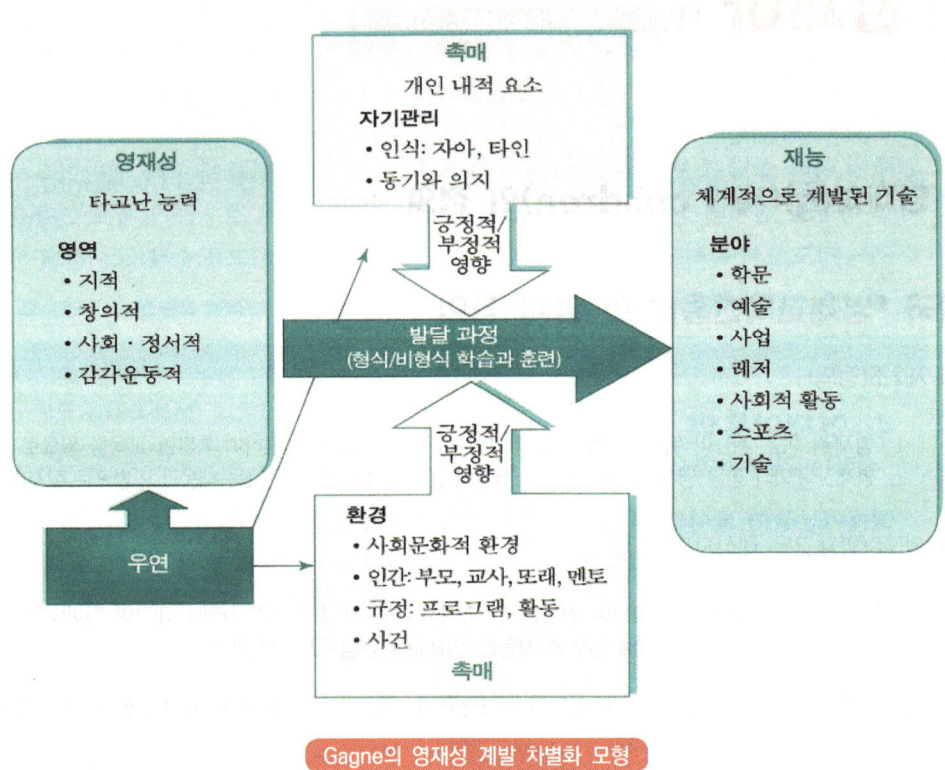

[Gagne의 영재성 계발 차별화 모형]

4 렌줄리(Renzulli, 1998)의 모형(학교상황에 적용할 수 있는 영재성에 대한 정의) 2017, 2021 기출

(1) 렌줄리(Joseph S. Renzulli)는 영재학생을 판별하거나 선발하고자 할 때 유용하게 사용할 수 있는 '세 고리(three-ring) 요소'라는 새로운 영재성의 정의를 제기하였다.

(2) 평균 이상의 지적 능력: 표준화 검사에서 평균 이상의 결과를 얻는 사람을 말한다. 학업성취는 영재 판별에 타당도가 부족하다.

(3) 과제집착력: 어떤 한 가지 문제 또는 영역에 자신이 에너지를 집중시키는 힘이다.

(4) 창의성

(5) 이 세 요소가 동시에 나타나고 어떤 수행영역이 매우 높은 수행 능력을 보여야 한다.

(6) 세 가지 특성 요소가 모두 상위 15% 이내에 들면서 그 중 한 가지 요소는 상위 2% 안에 들면 영재로 볼 수 있으며, 세 요소 간의 공통부분이 클수록 영재성도 크다고 하였다.

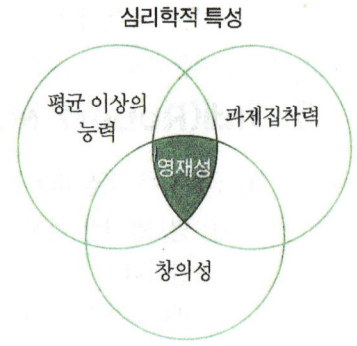

[2017년 기출]

다음은 영재학생인 채연(중2, 여)에 관한 전문상담교사들 간의 동료수퍼비전 내용이다. 영재학생에 대한 잘못된 진술 2가지를 찾아 각각을 바르게 고쳐 서술하시오.

김 교사: 랜줄리(J. Renzulli)는 IQ 145 이상의 지적 능력과 창의성, 그리고 과제집착력을 영재성의 주요 특성으로 정의하는데, 채연이는 이 기준을 모두 충족했기 때문에 영재학생이라고 볼 수 있어요.
유 교사: 채연이와 같은 영재학생은 월반이나 조기졸업과 같은 심화학습이 필요할 수 있어요.
최 교사: 채연이에게는 학습적 지원뿐만 아니라 영재상담이라는 심리적 지원도 필요할 수 있어요.
홍 교사: 영재학생의 특성이 부모에 의해 잘못 이해되거나 수용될 경우 영재들은 과도한 완벽주의, 과흥분성, 지나친 민감성 등의 문제를 겪을 수도 있어서 영재학생의 부모상담도 필요합니다.

2 영재아의 특성   2009, 2021 기출

1 영재아의 특성과 잠재적인 문제들, 에이셀다이크와 알고진(Ysseldyke & Algozzine, 2006)

영역	특성	잠재적인 문제들
인지적 영역	• 탁월한 기억력 • 풍부한 상식 • 높은 수준의 추상적 사고능력 • 복잡하고도 도전적인 과제에 대한 선호도 • 사고의 동시성 • 탁월한 정보처리 능력	• 수업에 대한 권태 • 성격이 조급함 • 다른 아동들 앞에서 잘난 척함 • 질문이 너무 많음 • 전통적인 수업에 대한 저항
학습 영역	• 높은 성취도 • 복잡한 내용에 대한 이해가 빠름 • 높은 수준의 문제해결 능력 • 높은 수준의 과제 완성도	• 또래들과의 관계가 소홀해짐 • 모든 영역에 대한 부모들의 과잉 기대 • 반복적인 과제에 대한 거부 • 협동과제 시 협력의 문제
신체적 영역	• 신체와 정신 능력 간의 불일치	• 다른 능력 발달의 한계
행동적 영역	• 타인의 요구에 대한 극도의 민감성 • 날카로운 유머 • 뛰어난 집중력 • 목표를 향한 강한 집념	• 특히 비판에 약하다. • 성공에 대한 지나친 욕구 • 완벽주의 • 지나치게 완고함 • 동료들에게 거부당함
의사소통 영역	• 높은 수준의 언어발달 • 뛰어난 단어듣기 및 말하기 능력	• 또래들에게 소외당함 • 잘난 척하는 것으로 오해함

[2009년 기출]

영재학생에 대한 설명 중 옳은 것을 〈보기〉에서 모두 고른 것은?

〈보기〉
ㄱ. 영재학생은 나새나능하여 진로 및 직업선택에 어려움이 없다.
ㄴ. 영재학생의 지적, 정서적, 사회적 발달은 동시적으로 이루어진다.
ㄷ. 영재학생의 경우 교육적 지원뿐만 아니라 심리적 지원이 아울러 필요하다.
ㄹ. 장애 영재학생의 경우 장애로 인해 영재성이 부모나 교사에게 발견되지 않을 수 있다.
ㅁ. 일부 영재학생의 경우 특정한 영역에서의 성차별로 미성취 영재학생이 되기도 한다.

3. 문제 소지가 되는 영재아의 특성 2021 기출

1 비동시적 성장

발달의 불균형 상태를 보인다. 지적 성장, 정서적 성장, 및 신체적 성장이 동시에 이루어지지 않고 서로 다른 빠르기로 발달한다. 한 개인 안에 내적 불일치를 일으키는 비동시성 장애가 있다.

(1) **지적-정신운동성 불일치**: 지적능력 발달에 비해 소근육 발달이 지연되는 것으로, 대표적인 현상이 영재의 읽기와 쓰기의 차이이다. 영재의 2/3 정도가 5세 이전에 이미 읽기능력을 터득했음에도 그 중 많은 수의 아이들이 글씨 쓰기에 어려움을 갖는다.

(2) **지적-정서발달의 불일치**: 영재의 정서적 성숙도가 지적 능력에 비해 떨어지는 것으로, 두려움, 불안과 같은 정서적 미성숙함을 갖고 있을 가능성이 높으며, 이를 감추기 위해 주지화 등의 방어기제를 사용할 수 있다.

(3) **또래와의 사회적 발달의 불일치**: 영재 아동의 정신적 발달 속도가 비교 집단인 또래와 다름으로 인해 생기는 사회적 불일치로 인하여, 영재의 사회적 적응을 어렵게 한다.

2 내향성과 사회성 부족

독립적으로 혼자 일하기를 좋아하는 내성적인 경향이 있다. 주변 사람들을 자기 뜻대로 조직화하려고 시도하면서 타인의 생각이나 입장을 충분히 고려하지 못하기 때문에, 영재 아이들과 또래 아이들 사이에 긴장이 일어날 가능성이 높다. 영재는 또래를 사귀기 어렵다. 왜냐하면 지적 수준이나 흥미, 관심이 서로 맞지 않을 가능성이 높기 때문이다.

3 과흥분성

강한 집중력이나 힘 또는 에너지로서 재능 및 각자의 정신운동성, 감각, 지적, 상상, 정서영역에서 보통 또래 보다 훨씬 더 높은 수준에서 훨씬 더 강하고 강렬한 정신활동을 경험한다. 정서적으로 민감하고 예민한 반응을 보인다.

(1) **감각적 과흥분성**: 시각, 청각, 촉각 등 자극에 지나치게 예민하여 과민한 반응을 한다.

(2) **지적 과흥분성**: 호기심과 집중력, 광범위한 독서, 탐구와 질문, 사고가 특징으로 지적 영재성과 관련이 높다.
(3) **상상적 과흥분성**: 꿈과 발명, 적극적 공상활동 등 창의성과 밀접하게 관련되어 있다.
(4) **정서적 과흥분성**: 깊은 정서적 능력, 강렬함과 민감성, 두려움과 걱정, 친밀감 등이 그 특징이다.

4 완벽주의와 자기 비판

영재는 뛰어난 능력으로 자기 수행의 정도를 평가하며, 우수한 수준에서 성공하기를 추구한다. 적응적 완벽주의는 성취를 향한 힘과 에너지, 동기를 공급해준다.

(1) **역기능적인 완벽주의**: 자기 능력 이상의 비현실적 목표를 설정하고 시간과 에너지를 비생산적으로 과다하게 소모하는 역기능적 완벽주의는 목표달성에 실패하고 과도한 비판으로 이어진다. 이상적 자아와 실제적 자아 사이의 불일치를 높게 만들며, 실패를 한 자신에 대한 분노, 실망감으로 낮은 자아존중감과 우울증을 앓게 된다.

5 위험회피 욕구

위험회피 욕구란 실패에 대한 두려움에 의해 발생하는 욕구로, 영재아는 완벽주의와 타인 기대 등에 대한 부담감으로 이러한 욕구에 시달릴 수 있다.

6 다재다능함

다재다능함으로 인해 하나에 집중하기 힘들다. 그 결과 진로를 결정하는 것이 어렵다.

7 교육 과정과 학교 환경

전통적인 교수방법과 학습능력에서 차이가 있는 다양한 학생들과 수업이 진행되는 교육환경이 영재아의 지적, 창의적 욕구 등을 충족시키는 데 어렵다.

8 타인의 기대

부모나 교사 등의 기대가 심리적 부담감으로 작용할 수 있다.

9 부모의 이해와 양육

자녀에게 높은 성취 기대를 하면서도 교육과 지도 방법을 몰라 불안하다. 부모 자격이 부족하다고 느끼거나 남과 다른 영재 아이의 욕구에 정서적으로 지지해 주지 못하거나, 지적인 자극이나 교육 경험을 제공해주는 데 스스로 부적합하다고 느끼기도 한다.

4 영재아 판별절차

1 렌줄리(Renzulli, 1996)의 영재아 판별절차

렌줄리의 판별 절차는 크게 1차 판별 단계와 2차 판별단계로 나누어진다. 1차 판별은 다분히 공식적인 것이고, 2차 판별은 학생 스스로 3부 심화학습이라 불리는 프로젝트 수행 과정을 수행해 가는 동안 이루어진다.

(1) 제1차 판별
① 재능풀의 약 1/2은 표준화 검사에서 우수한 성취를 보인 학생을 선정한다.
② 나머지 약 1/2은 교사의 추천에 의해서 선정된 학생으로 선정한다.
③ 이 밖에 자신이 영재라고 추천한 학생, 그리고 교사가 추천한 학생들 중 판별 위원회의 심의를 거친 학생들을 선정한다.

> • 재능풀(talent pool): 상위 3~5% 이내의 극소수의 학생이 아니라, 15~29%의 보다 많은 학생들이 영재교육의 대상자가 되어야 한다는 것.

(2) 제2차 판별
① 1부 심화학습 활동과 2부 심화학습 활동에 참여한 후, 학생 스스로 자신의 영재성을 판정한다.
② 2부 심화학습 활동을 마친 후, 3부 심화학습에 더 참여하기를 원하는 학생들은 더 높은 수준의 심화 활동에 참여하고 있다.
③ 대체로 전체 학생의 5% 정도가 3부 심화학습의 마지막 단계까지 참여한다고 보고된다.

(3) 제1차 판별과정의 구체적 제시
① 1단계: 표준화된 검사 결과로 약 50%를 선발한다. 여기서 선발된 학생들은 자동적으로 재능풀에 포함된다.
② 2단계: 지난해에 학생을 지도한 교사가 약 50%를 선발한다. 여기서 선발된 학생들은 자동적으로 재능풀에 포함된다.
③ 3단계: 학부모 지명, 친구 지명, 창의성 검사, 자기 지명, 산출물 평가, 기타 다른 방법들을 사용하여 선발한다.
④ 4단계: 학교 교사들에 의하여 1~3단계에서 선발된 학생들을 알려주고 포함되지 않은 영재성을 지닌 학생들을 다시 확인한다.
⑤ 5단계: 학부모들에게 선발된 학생들을 알려주고 오리엔테이션을 시킨다.
⑥ 6단계: 교사가 수업 중 어떤 학생이 지닌 특수한 재능을 발견하면 행동정보메시지라는 소정의 양식에 학생의 명단과 특성을 기록하여 영재 담당 교사에게 제출하면 이를 심의하여 재능풀에 포함시킨다.

2 데이비슨(Davidson, 1986)이 제시하는 영재아 판별 3단계 절차

(1) **1단계**: 렌줄리의 '재능자원(talent pool)'의 개념을 도입하여 전체 아동 중 15~20%의 아동을 선발한다.
(2) **2단계**: 지능검사, 성취도 검사, 창의성 검사 등을 이용하여 상위 10%의 아동을 선발한다.
(3) **3단계**: 비판적 사고, 문제 해결력, 동기 등의 관찰에 근거한 부모, 교사의 지명과 같은 비형식적 방법을 사용하여 최종 선발한다.

5 영재아 교육 ✏️ 2017 기출

1 영재아동을 위한 일반적인 교육지침

영재아동은 일반아동에 비해 좀 더 도전적인 과제를 제시할 필요가 있으며 특별한 영재성을 가진 아동들의 인지적인 요구와 사회-정서적인 요구를 반영한 수정된 교수 프로그램이 필요하다.

〈일반학급 교사들이 영재아동을 지도할 때 고려해야 할 일반적인 지침〉
- 아동들의 요구와 선호도, 다양성을 고려한 대안적 교육 프로그램을 제공하라.
- 초청강사, 현장학습, 실습 등 다양한 활동을 제공하라.
- 높은 수준의 사고 과정과 창의적인 문제해결에 관한 모델을 제공하라.
- 다양한 유형의 사고와 문제해결 방법이 요구되는 과제를 제시할 수 있는 교수활동을 개발하라.
- 아동들이 자신의 학습 속도에 따라서 교육과정을 조정할 수 있도록 하라.
- 심화학습 내용을 제시하고, 독립적인 읽기과제나 프로젝트, 학습지, 보고서 등 다양한 활동 과제를 제공하라.
- 실제적인 문제를 해결하기 위한 우수한 아이디어를 서로 공유할 수 있도록 기회와 환경을 제공하라.
- 영재 아동들이 학급의 수업시간을 조정할 수 있도록 허용하라.
- 독립적인 학습 기회를 제공하고 권장하라.
- 아동들이 이미 학습한 내용들을 교육과정에서 제거하라.

2 속진학습 프로그램(accelerated learning program)

(1) 속진학습은 아동의 학습 속도에 맞추어 교육과정의 진도를 조정한다는 의미로 일반아동의 학습속도 보다 더 빠르게 진행하는 것을 의미한다. 예 월반

(2) 속진 프로그램은 학급의 교사에 의해 시행되는 교수적 측면보다는 관리적인 측면에서 차별화된 프로그램이다.

(3) 속진학습 프로그램은 조기입학, 월반, 자기 진도조절 교수, 같은 또래들과 함께 학습하면서 한두 과목을 속진하는 방법, 같은 능력이나 흥미를 가진 아동들끼리 통합하는 방법, 교육과정 압축하기, 멘토 제도, 고등학교와 대학교 동시 등록하기, 대학 조기 입학 등 아동들의 요구에 따라 다양한 유형을 적용할 수 있다.
   ① 상급학교 조기입학 제도
   ② 월반 제도
   ③ 수업연한 단축 제도: 특정 학교가 수업연한을 정규학교의 수업연한보다 짧게 운영하는 것
   ④ 대학교과정 조기이수 제도: 우수 학생에게 대학교 과목을 수강하도록 허가
   ⑤ 학점인정 시험 제도: 시험에 합격하면 학점을 취득하는 제도

(4) 속진교육 프로그램의 세 가지 중요한 요소
   ① 연령과 학년 배치에 관한 융통성 있는 철학
   ② 진단-처방적 검사 실시
   ③ 교사와 행정기관에의 강력한 위임

(5) 영재들의 발달을 촉진할 수 있는 방법
   ① 높은 수준의 개념, 기술, 아이디어를 강조하는 국가 및 주의 내용 표준을 포함할 것
   ② 실제 교수 내용과 밀접한 사항을 검사할 것
   ③ 내용에 관한 전문성 있는 교사의 교육을 보장할 것
   ④ 학습 준비가 갖추어진 연령 수준의 선행 교육과정에 접근할 수 있도록 할 것

⑤ 다양한 학문분야에서 대학 조기입학을 허용할 것
⑥ 다양한 속진학습의 선택 기회를 제공할 것

3 심화학습 프로그램(enrichment learning program)

(1) 아동의 교육 내용 수용 정도나 깊이 등을 고려하여 교육과정의 수준을 조정한다는 것으로 일반아동들의 교육과정을 더 넓고 깊게 학습하여 사고력이나 탐구력, 창의력을 길러주는 방법이다.

(2) 심화학습 프로그램에서는 영재아동들도 동년배의 또래들과 같은 학급에 배치되고 동일한 학년으로 입학하지만 이 프로그램을 통해 영재아동들은 자신의 학년 국가수준 교육과정 이외의 부가적인 내용을 경험하게 하거나 활동하도록 한다.

(3) 다른 학교의 특별 프로그램에 참여한다거나 그들의 학습을 더욱 심화시킬 수 있도록 대학 프로그램에 참여하기도 하는 등 다양한 형태로 진행될 수 있다.

(4) 심화학습 프로그램은 속진학습 프로그램에서 영재아동들이 느낄 수 있는 또래들과의 문제나 같은 학급의 상급생들과의 문제로 인한 사회-정서적인 문제가 덜 발생할 수 있으며 속진과 비교해 볼 때 더 많은 영재아동들을 대상으로 할 수 있다는 장점이 있다.

(5) 심화교육과정 대표적 형태: 개별 탐구학습, 학습센터, 현장견학, 토요특강 프로그램, 여름학교, 사사학습, 미래 문제 해결 경연대회, 정신능력 개발 올림픽, 자유독서, 전문가 초청 강연 등.

4 특수집단의 편성

아동의 능력에 따라 집단을 편성하는 능력집단의 편성을 의미한다.

> **+ 특수집단의 예**
> - 지역공동 영재학교(마그넷 학교)
> - 영재학교(과학고등학교 등)
> - 영재 특수학급(각 학년 수준에서 영재학급 배치)
> - 풀아웃(pull-out) 프로그램(일주일에 2,3시간 정규학급에서 나와 특별 심화학습 받는 특별반)

5 영재아동을 위한 교수-학습 모형

(1) **재능탐색 모형**: 스탠리(Stanley)의 SMPY(the Study of Mathematically Precocious Youth)
  ① 재능 탐색 과정에서 선택된 아동들은 속진학습을 이용하거나 융통성 있는 교육과정을 활용하여 학습의 수월성을 촉진하였으며, 속진학습을 할 수 있는 교육 프로그램을 개발하여 영재들의 요구에 맞춰 교육을 실시한다.
  ② 이 모형의 목적은 일생에 걸쳐 개인의 발달을 촉진하는 것이다.
  ③ 주요 원리

> - 영재들의 높은 언어 능력과 수 추리 능력을 확인할 수 있는 타당한 도구를 사용한다.
> - 진단검사 및 처방적 교수 접근(DT-PI)을 활용한다. 이 접근은 적절한 수준의 도전을 허용하는 특별한 교실에서 영재를 가르치는 방법을 말한다.
> - 핵심적인 학문 영역에서는 교과의 속진학습을 실시한다.
> - 모든 수업에서 교육과정을 융통성있게 운용한다.

④ 초등학교 3학년~고등학교 3학년까지가 대상
⑤ 미국 SAT 검사를 통해 영재를 판별
⑥ 언어와 수학 영재 중심으로 운영
⑦ 방과 후 프로그램과 여름캠프과 성공적 적용 사례

(2) 렌줄리(Renzulli)의 3단계 심화학습 모형: 영재를 위해 '무엇을 해야 할 것인가?'를 안내하는 가장 폭넓은 모형이다. 주로 초등학생에게 실시한다.

① 1단계 심화학습: 일반적인 탐색활동으로 아동들이 다양한 주제와 영역을 경험할 수 있게 설계된다.

〈3가지 주요 목적〉
- 아동들이 정규 학교 교육과정과는 다른 내용을 경험하도록 한다.
- 관심 있는 아동들이 활용할 수 있는 일반적인 심화학습 활동을 제공한다.
- 다음에 오는 3단계에서 독립적인 프로젝트를 수행할 수 있도록 아동을 동기화한다.

② 2단계 심화학습: 집단훈련 활동으로서 연구를 위한 기술이나 창의성과 같은 인지적·정의적 과정의 발달 과정을 말한다.

- 목적: 사고와 감정의 폭넓은 발달을 촉진한다.
- 연극 대본 쓰기 기법이나 실험도구 사용과 같은 영재의 독립적인 프로젝트 수행과 직접적으로 관련된 기술을 다루는 내용을 포함한다.
- Renzulli와 Reis가 이 단계에서 영재아들이 발달시켜야 한다고 제시하는 능력: 창의적 사고, 문제해결력, 비판적 사고, 의사결정, 정의적(지각, 판단, 가치화) 활동 / 듣기, 관찰, 노트정리, 요약, 조사와 면접, 분류, 자료의 분석과 조직, 결론 추출 등과 같은 학습 방법의 학습 / 목록집, 요약, 정보검색 시스템과 같은 참고문헌이나 자료의 사용 / 자신의 연구 결과를 감상하게 될 잠재적인 칭중을 감동시킬 수 있는 자문, 언어적 시각적 의사소통 기술

③ 3단계 심화학습: 특정 분야의 연구자나 예술가가 수행하는 것과 같이 실제 문제에 대해 탐구하는 활동이다. 이 단계의 아동들은 정보의 단순한 소비자가 아니라 지식과 예술의 생산자로서 역할을 해야 한다.

(4) 렌줄리의 다중메뉴 모형(Dfferentiated Model of Giftedness and Talent: DMGT)

① 지식메뉴: 특정 영역에서 가르칠 지식에 대한 타당한 계열성을 제시한다.

- 분야, 정의, 조직에 관한 지식: 학습자가 특정한 영역의 일반적 특성과 구체적인 특성을 파악할 수 있도록 안내하는 지식이다.
- 기본 원리와 기능적 개념에 관한 지식: 해당 영역에서 보편적으로 합의된 진리이며, 기능적 개념이다.
- 특수성에 관한 지식: 해당 분야의 중요한 사실, 관습, 경향, 분류, 준거, 원리와 일반화, 이론, 구조에 관련된 지식이다.
- 방법론에 대한 지식: 특정 영역의 표준적인 연구 절차와 관련된 지식으로 문제를 발견하는 방법, 가설 진술, 자료의 확인, 자료수집 도구의 구성, 자료의 분석과 요약, 결론 도출 그리고 결과 보고법 등에 관한 지식이다.

② 수업 목표 메뉴

- 동화와 파지: 듣기, 관찰, 읽기, 조작, 노트 정리 등과 같은 정보 투입 과정이다.
- 정보분석: 분류, 서열, 자료수집, 해석, 대안 탐색, 결론, 설명 등 상위 수준의 이해
- 정보의 종합과 응용: 쓰기, 말하기, 구성하기, 수행하기와 같은 사고 과정의 산출물
- 평가: 개인의 가치관이나 전통적 표준에 따라서 정보를 재고하고 판단한다.

③ 수업 전략 메뉴: 연습과 암기, 강의, 토의, 동료 지도, 학습센터 활동, 모의 수업과 역할놀이, 학습게임

④ 수업 계열 메뉴: 주의 집중 유도, 목표제시, 선수학습과 관련시키기, 자료 제시, 수행평가, 피드백 제공, 전이와 적용을 위한 기회 제공
⑤ 예술적 수정메뉴: 교사의 개인적 지식, 경험과 신념, 회원의 정보, 해석, 논쟁, 편견

(5) 퍼듀(Purdue)의 3단계 심화학습 모형: 3단계 수준의 기술 개발을 목적으로 한다. 즉, 창의성 신장에 초점을 두면서 다양한 사고 기술, 수렴적 문제 해결, 연구 기술 그리고 독립적 학습 능력이 향상을 목표로 한다.

① 1단계 수렴적·발산적 사고력 개발: 이 단계는 기본적인 수렴적·발산적 사고력 개발에 중점을 둔다. 수업활동은 주로 창의력과 그 밖의 다른 언어적·비언어적 분야의 사고 기술을 향상시키기 위하여 단기간에 교사가 주도하는 연습으로 이루어진다.

② 2단계 창의적 문제 해결력 개발: 브레인스토밍, 시네틱스와 같은 창의적 사고 기법, 창의적 문제해결 모형, 미래 문제의 해결, 정신 오디세이아 등이 포함된 복합적이고 실질적인 전략과 체제에 중점을 둔다.

③ 3단계 독립적 연구 기술의 개발: 펠듀즌(John Feldhusen)은 3단계 프로젝트는 문제의 명확한 정의, 자료 수집, 결과 해석, 창의적인 결과 전달법 고안 등에 영재들이 도전감을 갖고 참여하도록 유도해야 한다고 하였다. 3단계 프로젝트로는 짧은 글쓰기, 연극 연출, 대안적인 쓰레기 처리 시스템 연구하기 등을 예로 들 수 있다.

(6) 자율학습자 모형(Autonnomous Learner Model: ALM)

① 베트(Betts, 1985)는 영재들의 다양한 인지적·정서적·사회적 요구에 맞추기 위해 이 모형을 개발하였으며 이 모형은 유아부터 고등학교 3학년까지 전 학년을 대상으로 한다.

② 초등학교 과정에서는 약 2시간 30분씩 일주일에 2회 정도의 풀아웃 방법으로 운영할 수 있으며 중등학교에서는 선택과목으로 운영할 수 있다.

③ 베트에 의하면 자율학습자 모형의 목적은 영재들의 긍정적인 자아개념을 발달시키고, 자신의 영재성을 이해하며, 사회적 기술을 발달시키는 것이다.

④ 또한 영재들로 하여금 다양한 영역에서의 지식을 증가시키고, 사고력을 계발할 뿐만 아니라 학습에 대한 책임감을 형성하고 창의적이고 독립적인 학습자가 되도록 하는 데 있다.

⑤ 다음은 자율학습자 모형의 다섯 가지 주요 차원이다.

> - 오리엔테이션 차원: 아동, 교사, 학교행정가와 부모에게 영재교육의 주요 개념과 자율학습자 모형의 특수성을 알리는 것을 목적으로 한다. 아동들은 자기 자신에 대한 이해와 프로그램을 통해서 무엇을 얻을 수 있을지에 관해 배운다.
> - 자기계발 차원: 독립적이고 자율적인 학습을 촉진하는 기술, 개념, 태도를 개발하는 것에 중점을 둔다. 즉, 학습 기술(사고 기술과 연구 기술), 자신의 이해(강점과 약점), 대인관계 기술(의사소통과 리더십) 그리고 진로탐색 등을 다룬다.
> - 심화학습 활동 차원: 아동들 스스로가 연구하기를 원하는 바를 결정하는 '아동 중심 교육과정'과 관계가 있다. 여기서 아동은 스스로 열정을 가지고 연구하게 될 주제를 발견하게 된다. 아동은 주제와 관련된 영역을 탐색하고, 집단활동을 통해 발표할 것이다. 연구의 유형을 조사하고, 박물관, 연극, 콘서트, 전시회 관람과 같은 문화활동에 참여하며, 우리 국토의 지질, 역사 및 고고학 연구와 같은 모험적인 계획을 세울 수 있다.
> - 세미나 차원: 아동에게 3~5명의 소집단활동을 통하여 하나의 주제에 대해 연구할 수 있는 기회를 제공하며, 세미나 형식으로 그것을 발표한 후, 집단에서 선정한 준거에 따라 세미나를 평가한다. 아동들은 일반적인 정보를 발표하고, 청중의 토론 참여를 촉진하며, 토론과 활동의 종결을 통하여 학습하게 된다.
> - 심층연구 차원: 아동이 개별적인 활동을 통해 미래에 관심을 가질 영역에 대해 조사하는 것으로, 렌줄리의 심화학습 모형 중 3단계 프로젝트와 유사하다. 아동들은 자신이 무엇을 배우게 될 것인지, 무엇이 필요할 것인지, 최종의 산출물은 무엇이 될 것인지, 그것을 어떻게 제시할 것인지, 전체적인 학습 과정이 어떻게 평가될 것인지를 결정한다. 자율학습 모형은 미국과 캐나다의 여러 학교 구에 설치되어 있는 매우 합리적인 프로그램 설계의 지침이다.

6 영재아 상담 2005, 2014 기출

1 영재아 상담(gifted children counseling)

(1) 영재 상담의 목표: 문제해결, 사고방식의 변화, 행동의 변화, 증상의 해소. 궁극적으로 자기 인식을 통해 영재의 재능과 장점을 계발하고 성장 발달하여 더 나은 자기 발전을 위해 영재 스스로 합리적인 의사결정과 문제해결을 위해 노력을 기울일 수 있는 능력을 기르는 데 있다.

(2) 상담 내용

① 영재교육 제반 정보: 영재 정의, 판별, 영재교육 방법, 교과과정, 심화와 속진, 월반제, 조기입학제 등
② 영재학생의 지적, 정서적, 사회적, 신체적, 행동적 특성과 표현 형태
③ 학습방법, 학업성취, 학교생활, 상급학교 진학, 각종 대회에 관한 정보
④ 슈미츠와 갈페이스(Schmitz와 Galbfaith, 1985)가 제시하는 영재 상담에서 다루어야 할 내용

> - 자신의 강점과 욕구를 이해하는 것
> - 다른 사람들과 어떻게 유사하고 다른지를 아는 것
> - 자신의 능력에 대하여 자존감을 갖는 것
> - 자신보다 못한 사람들을 수용하고 가치를 두는 것을 배우는 것
> - 자신의 재능을 사회의 요구에 어떻게 가장 적합하게 맞출 것인지를 결정하는 것
> - 그룹이나 학교 공동체에 속하고 함께 생활하는 것

2 학부모 상담(parent counseling) 2014 기출

(1) 브리지스(Bridges, 1973)는 다음과 같은 이유에서 영재아 부모는 영재자녀 양육에 스스로가 부적합하다고 느낀다는 연구결과를 제시하였다.

> - 영재에 대해 잘못된 견해와 정보 부족 때문
> - 지적으로 우수함에 심하게 또는 내면적으로 적의적임
> - 영재를 판별하고 교육하는 데 사회적인 지지가 부족하기 때문
> - 영재와 관련된 정보의 부족
> - 부모의 재정적 지원의 제한
> - 자녀의 불균형적 발달
> - 자녀에 대한 불분명하고 갈등적인 기대
> - 가족 내에서의 자녀의 역할에 관한 혼돈
> - 영재가 가진 특정의 행동과 성격적인 특성 때문

(2) 더크(Dirks, 1979)는 영재아 부모가 갖는 11개의 남다른 관심과 질문에 대해 보고.

- 자녀의 능력과 재능을 객관적으로 정확히 평가하고 싶어함
- 특수아를 양육하는 데에 부모 스스로 부적합하다고 느낌
- 학교 및 진로를 결정하기
- 교사와 학교 관계자의 도움을 요청하기
- 가정에서 적절한 자극을 선택하여 자녀의 특별한 재능을 발달시키기
- 영재교육과 관련한 정보를 얻기
- 학업부진과 성취 동기 부족의 문제에 대응하기
- 완벽주의, 민감함, 고집, 내성적 성향, 우울감 등 자녀의 정서상태 다루기
- 자녀의 친구 관계를 촉진시키기
- 영재 자녀의 특별한 욕구로 인해 가족 내에서 증가된 긴장 다루기
- 자녀가 가진 영재성의 장, 단점을 이해하고 극복하기

(3) 상담자가 영재 부모를 상담할 때 갖추어야 할 요건

- 영재교육 및 프로그램에 관한 제반 정보: 영재 정의, 판별, 영재교육 방법, 교과과정, 심화와 속진, 월반제, 조기입학제, 프로그램의 조율, 특성, 내용, 운영체계, 중요성
- 영재 학생의 지적, 정서적, 사회적, 신체적, 행동적 특성에 대한 이해
- 학습 및 학업 성취, 학교 적응에 관한 지도
- 가정에서의 영재교육 방법 지도
- 적성과 진로 지도
- 영재 학생의 부적응 행동 및 정신 건강에 관한 지도
- 영재 학생의 사회성 증진을 위한 지도
- 부모-자녀와의 관계 및 가족관계 이해하기
- 부모와 학교와의 관계를 협조적으로 지도하기
- 영재아 부모의 양육 어려움에 대한 이해와 공감 및 격려
- 영재아 부모들을 위한 자조모임에 대한 정보

[2014년 기출]

다음은 전문상담교사가 영재아 진호(중2, 남)의 어머니와 면담한 축어록의 일부이다. 진호 어머니에게 실시할 수 있는 개입 방법 3가지를 지문에 나타난 근거와 함께 제시하시오.

어머니: 사실 저는 진호를 어떻게 키워야 할지 모르겠어요. 진호 동생은 평범하게 크는데, 진호는 어려서부터 너무 달랐어요. 진호에게는 어떻게 해야 할지 물어볼 만한 사람도 없고……. 부모 자격이 없는 것은 아닐까 걱정이 돼요. 주변 사람들에게는 말하기 힘들어서 혼자 삭힐 때가 많아요. 다른 부모들은 영재를 키우니 얼마나 좋을까 부러워하지만 제가 오히려 진호의 장래에 도움이 안 되는 것 같아 저 나름의 고민이 있어요.
상담교사: 진호가 우수한 아이이다 보니 많이 힘드실 것 같아요. 그리고 주변에 비슷한 경험을 갖고 계시는 다른 부모님이 없어서 상의할 데도 없으니 막막하기도 하실 것 같고요.

MEMO

콕콕!! 적중! 정혜영의 전문상담이론 II

PART III. 이상심리학

1. 이상행동의 분류와 평가
2. DSM-5와 DSM-IV의 비교
3. DSM-5의 범주 및 내용
4. 조현병 스펙트럼 및 기타 정신병적 장애
5. 양극성 장애
6. 우울장애
7. 불안장애
8. 강박 및 관련 장애
9. 외상 및 스트레스 관련 장애
10. 해리장애
11. 신체증상 및 관련 장애
12. 파괴적, 충동조절 및 품행장애
13. 성격장애

1 이상행동의 분류와 평가

1 이상행동(abnormal behavior)의 분류

1 장점

다양한 이상행동을 체계적으로 분류함으로써 이상행동에 관한 효과적인 의사소통이 이루어지고 체계적인 과학적 연구가 가능하며 이상행동의 원인과 치료에 대한 정보가 축적될 수 있다.

2 단점

개인적 정보가 유실되고 환자에 대한 고정관념이 형성될 수 있으며 환자에 대한 선입견과 낙인이라는 부정적 효과가 나타날 수 있다.

3 범주적 분류 📖 2020 기출

(1) **가정**: 이상행동이 정상행동과는 질적으로 구분되며 흔히 독특한 원인에 의한 것이기 때문에 정상행동과는 명료한 차이점을 지닌다고 가정한다.
(2) **장점**: 증상이 명확한 사람들에 대해 진단을 내려 유목화할 수 있다. 이로 인해 진단과 처방에 실용적이다.
(3) **단점**: 개인차 및 심각도 반영이 안 되며 낙인의 가능성이 있다.

4 차원적 분류 📖 2020 기출

(1) **가정**: 정상행동과 이상행동의 구분이 부적응성의 정도 문제일 뿐 질적 차이는 없다고 가정한다.
(2) **장점**: 심각도 및 개인차를 반영하여 진단을 할 수가 있다.

5 DSM-Ⅳ까지는 범주적 분류를 하였으나, DSM-5부터는 일부 차원적 분류를 사용

1 이상행동의 분류와 평가

[2020년 기출]

다음은 전문상담교사가 교육실습생과 나눈 대화의 일부이다. 밑줄 친 ㉠, ㉡에 해당하는 분류체계의 명칭을 순서대로 쓰고, 밑줄 친 ㉠의 장점과 단점을 1가지씩 서술하시오.

상담 교사: 진단은 심리 증상이나 행동을 분류체계에 따라 특정한 기준에 할당하는 분류작업이라고 할 수 있어요.
교육실습생: 분류체계요?
상담 교사: 다양하고 복잡한 심리 증상과 행동을 공통점이나 유사성에 근거해서 좀 더 이해하기 쉬운 형태로 체계화한 표준적인 틀이지요.
교육실습생: 아하! 체계화한 표준적인 틀을 사용하면 심리 증상과 행동의 유형을 쉽게 파악할 수 있겠군요.
상담 교사: 그렇지요. 이런 목적으로 만들어진 분류체계에는 개인의 ㉠ <u>증상이나 행동이 진단기준에 따라 나누어 놓은 특정 정신장애에 해당하는지 아닌지에 초점을 두는 접근방식</u>과 ㉡ <u>증상이나 행동이 정신장애의 심각도의 연속선상에서 어느 범위에 있는지에 초점을 두는 접근방식</u>이 있어요.

2 DSM-Ⅳ

1 특징

심리적 증상과 증후군을 위주로 정신장애를 분류한 것이다. 즉, 장애의 원인이 아니라 증상의 기술적 특징에 근거하여 정신장애와 관련된 5가지 종류의 정보를 수집해 진단하도록 되어 있는 다축적 진단체계이다.

(1) **축1**: 임상적 증후군. 개인이 현재 나타내고 있는 임상적 증상의 내용에 근거한 진단차원이다.
   예 불안장애, 기분장애, 섭식장애, 정신분열증 등

(2) **축2**: 성격장애. 오랫동안 지속되어 온 성격적인 특성으로 인해 적응상의 어려움을 나타내는 경우. 정신지체 포함. 지속적으로 나타나는 성격적 문제를 진단한다는 점에서 어떤 계기로 인해 생겨나 일정 기간 지속되는 임상적 증후군과는 다른 정보를 제공한다.

(3) **축3**: 일반적인 의학적 상태. 비정신적인 신체적 장애나 신체증상을 진단. 정신장애와 신체장애는 서로를 유발시킬 수 있으므로 정신장애를 충분히 이해하기 위해 이에 대한 정보가 필요하다.

(4) **축4**: 심리사회적 및 환경적 문제. 정신장애가 생겨나는 데 기여했다고 보이는 심리사회적 스트레스 요인을 기술한다. **예** 가족, 직업, 교육, 경제적 문제, 주택문제 등

(5) **축5**: 현재의 적응적 기능 수준. 현재 환자가 사회적, 직업적, 기타 삶의 영역에서 어느 정도의 적응상태를 나타내고 있는지를 0-100점으로 평가한다. 현재의 적응수준뿐만 아니라 정신장애를 나타내기 전의 적응수준을 평가하여 환자가 정신장애로 인해 얼마나 적응수준이 저하되어 있는지를 알 수 있게 한다.

> **+ DSM-IV의 5개 축 적용 예**
>
> | 축 | 내용 | 환자A | 환자B |
> |---|---|---|---|
> | 축1 | 임상적 증후군 | 사회공포증 | 알코올의존 |
> | 축2 | 성격장애 | 회피성 성격장애 | 반사회성 성격특성 |
> | 축3 | 일반적인 의학적 상태 | 없음 | 간경화증 |
> | 축4 | 심리사회적 및 환경적 문제 | 새로운 직장 | 법적 구속, 자녀의 사망 |
> | 축5 | 현재의 적응적 기능수준 | 60 | 45 |

3 신경증과 정신증의 구분

1 신경증

(1) 현실적 판단력에 문제가 없지만 생활적응에 여러 가지 주관적임 불편함을 나타내는 심리적 장애이다.

(2) 예컨대, 불안장애는 초조, 긴장, 불안감 등으로 인해 고통스럽지만, 환각이나 망상과 같이 현저한 현실왜곡은 나타나지 않는다.

(3) 또한 신경증을 지닌 사람들은 병식이 있어 치료 동기를 지니게 되며 스스로 치료기관을 찾게 된다. 이들은 사회적 적응에 어려움을 지니기는 하나 정도가 미약하여 직업이나 학업을 지속할 수 있다. 따라서 치료기관을 정기적으로 방문하여 치료하는 방식으로 치료가 가능하다.

2 정신증

(1) 부적응의 정도가 매우 심각하며 환각이나 망상과 같은 현실왜곡 증상이 두드러진다.

(2) 대부분은 병식이 없어 보호자나 주변사람들에 의해 비정상성이 발견돼 강제적으로 치료기관을 찾는다.

(3) 현실 판단력에 현저한 장애가 있어 직업이나 학업과 같은 사회적 적응이 불가능한 경우가 대부분이다. 따라서 입원하여 집중치료 받는 것이 일반적이다. 대표적 예는 정신분열증이다.

특성	신경증	정신증
현실 판단력(검증력)	정상적임	뚜렷한 손상이 있음
주요한 장애나 문제	불안장애, 우울증	조현병
자기 상태에 대한 이해(병식)	있음	없음
사회적 적응상태	경미한 문제가 있음	심각한 문제가 있음
주요한 치료방식	외래치료, 방문치료	입원치료

2 DSM-5와 DSM-IV의 비교

1 DSM 체계의 일반적인 장점과 단점

1 장점
전문직들이 진단을 내릴 때 구체적인 기준을 가지고 문제를 체계적으로 부호화할 수 있다는 점이다.

2 단점
DSM체계는 기술적이어서 질병의 원인과 과정, 적절한 치료에 대한 신뢰성 있는 정보를 제공하는 데 한계가 있다. 집단현상을 염두에 두어 일반화에 의지하고 유사성을 부각하고 있어서 구체적인 차별성은 간과하거나 맥락을 무시하는 경향이 강하다. 2020 기출 특히 환경 속의 인간 틀에 포함되는 역사, 개성, 문화, 지지 체계, 사회경제적 지위 요인들이 제외되어서 내담자의 문제를 충분히 이해하기 부족하다는 비판을 받아왔다.

2 DSM-IV에서 DSM-5로 변경된 내용

1) DSM-IV에서 사용했던 다축진단체계가 임상적 유용성과 타당성이 부족하다는 이유로 폐기 되었다.
2) DSM-IV에서의 17가지 정신장애 범주가 DSM-5에서 20개의 정신장애 범주로 확장 되었다.

<변경되거나 세분화된 정신장애 범주 명칭>
(1) 아동기, 유아기, 청소년기에 흔히 처음으로 진단되는 장애(DSM-IV) → 신경발달장애(DSM-5)
(2) 불안장애(DSM-IV) → 불안장애, 강박 및 관련 장애, 외상-및 스트레스 사건-관련 장애로 세분화
(3) 신체형장애 → 신체증상 및 관련 장애(이는 세부사항이 몇몇 변경됨)
(5) 정신분열증과 기타 정신증적 장애 → 조현병 스펙트럼 및 기타 정신병적 장애
(7) 성 장애 및 성정체감 장애 → 성기능 부전, 변태성욕장애, 성별불쾌감으로 세분화
(8) 물질관련장애 → 물질관련 및 중독장애
(9) 섭식장애 → 급식 및 섭식장애
(10) 수면장애 → 수면-각성 장애
(11) 충동 조절 장애 → 파괴적, 충동 조절 및 품행장애 명명
(12) 섬망, 치매, 기억상실 장애 및 기타 인지장애 → 신경인지장애

3) 사회적 인식 변화에 따라 정신장애 명칭 변화 및 세분화되거나 삭제되었다.
(1) 노년기에 대한 정신장애의 내용이 삭제됐다. 이는 노년기에 대한 긍정적 시간 반영을 의미한다.
(2) 불안장애가 보다 세분화되었다. 이는 현대사회가 스트레스에 대한 노출이 증가됨을 의미한다.
(3) 성 장애 및 성정체감 장애가 성기능장애, 성도착 장애, 성불편증으로 세분화되었다.
(4) 물질 관련 장애에서 물질 관련 및 중독장애로 명명되었다.

4) 정신장애를 평가하는 범주적 모델의 한계를 극복하기 위해 차원모델을 일부 도입한 혼합모델이 적용되었다. 모든 환자의 주된 증상과 다양한 공병증상을 심각도 차원에서 평가하도록 되어 있다. 2020 기출

5) DSM-5는 정신장애 분류체계에 있어서 곧 출간될 예정인 ICD-11과 조화를 이루도록 많은 부분이 개정되었다.

6) DSM-5에서는 장애가 흔히 발생하는 발달단계를 고려하여 이른 시기의 발달과정에 나타나는 정신장애 범주부터 제시하고 있다. 즉, 유아나 초기 아동기에 흔히 진단되는 신경발달장애로 시작하여 주로 성인기에 진단되는 장애를 뒷부분에 제시하고 있다.

3 DSM-5의 범주 및 내용

1 DSM-5에 포함되어 있는 정신장애 범주들

(1) 신경발달장애(Neurodevelopmental Disorders)
(2) 조현병 스펙트럼 및 기타 정신증적 장애(Schizophrenia Spectrum and Other Psychotic Disorders)
(3) 양극성 및 관련 장애(Bipolar and Related Disorders)
(4) 우울장애(Depressive Disorders)
(5) 불안장애(Anxiety Disorders)
(6) 강박 및 관련 장애(Obsessive-Compulsive and Related Disorders)
(7) 외상 및 스트레스- 관련 장애(Trauma- and Stress-Related Disorders)
(8) 해리장애(Dissociative Disorders)
(9) 신체증상 및 관련장애(Somatic Symptom and Related Disorders)
(10) 급식 및 섭식장애(Feeding and Eating Disorders)
(11) 배설장애(Elimination Disorders)
(12) 수면-각성 장애(Sleep-Wake Disorders)
(13) 성기능 부전(Sexual Dysfunctions)
(14) 성별불쾌감(Gender Dysfunctions)
(15) 파괴적, 충동조절 및 품행장애(Disruptive, Impulse Control, and Conduct Disorders)
(16) 물질-관련 및 중독 장애(Substance -Related and Addictive Disorders)
(17) 신경인지장애(Neurocognitive Disorders)
(18) 성격장애(Personality Disorders)
(19) 변태 성욕장애(Paraphilic Disorders)
(20) 기타 정신장애(Other Mental Disorders)

2 하위 정신장애의 구체적인 내용

1 신경발달장애(Neurodevelopmental Disorders)

중추신경계, 즉 뇌의 발달 지연 또는 뇌 손상과 관련된 것으로 알려진 정신장애를 포함하고 있다. 심리사회적 문제보다는 뇌의 발달장애로 인해 흔히 생의 초기부터 나타나는 아동기 및 청소년기의 정신장애를 포함하고 있다.

(1) 6가지 하위장애: 지적 장애(intellectual disability), 의사소통 장애(communication disorder), 자폐 스펙트럼 장애(autism spectrum disorder), 주의력 결핍/과잉행동 장애(attention-deficit/hyperactivity disorder), 특정 학습장애(specific learning disorder), 운동 장애(motor disorder)

① **지적장애**: 지능이 비정상적으로 낮아서 학습 및 사회적 적응에 어려움을 나타내는 경우. 표준화된 지능검사로 측정된 지능지수(IQ)가 70미만으로 현저하게 낮은 지능

② 의사소통장애: 의사소통에 필요한 말이나 언어의 사용에 결함이 있는 경우. 지능수준은 정상적이지만 언어사용에 문제가 나타나게 되는데 하위장애로는 언어장애, 발음장애, 아동기-발생 유창성 장애(말더듬), 사회적 소통장애가 있다.
③ **자폐스펙트럼장애**: 사회적 상호작용과 의사소통에서 장애를 나타낼 뿐만 아니라 제한된 관심과 흥미를 지니며 상동적인 행동을 반복적으로 나타내는 장애. 증상의 심각도가 다양한 수준에서 나타날 수 있으며 DSM-5에서는 세 수준으로 심각도를 평가한다.
④ **주의력결핍-과잉행동장애**: 주의집중의 어려움과 더불어 매우 산만하고 부주의한 행동을 나타낼 뿐만 아니라 자신의 행동을 적절히 통제하지 못하고 충동적인 과잉행동을 나타내는 경우. 장애를 지닌 아동은 주의력 결핍형, 과잉행동형, 두 가지 혼합형 이렇게 세 하위유형으로 구분한다.
⑤ **특정 학습장애**: 정상적인 지능을 갖추고 있고 정서적인 문제가 없음에도 불구하고, 지능수준에 비하여 현저한 학습부진을 보이는 경우. 읽기, 쓰기, 산술적 도는 수리적 계산과 관련된 기술을 학습하는 데 어려움을 나타낸다.
⑥ 운동장애: 나이나 지능수준에 비해서 움직임 및 운동능력이 현저하게 미숙하거나 부적응적인 움직임을 반복적으로 나타내는 경우
  ㉠ 발달성 운동조정 장애는 앉기, 기어 다니기, 걷기, 뛰기 등의 운동발달이 늦고 동작이 서툴러서 물건을 자주 떨어뜨리고 깨드리거나 운동을 잘 하지 못하는 경우
  ㉡ 정형적 동작장애는 특정한 패턴의 행동을 아무런 목적 없이 반복적으로 지속하여 정상적인 적응에 문제를 야기하는 경우
  ㉢ 틱장애는 얼굴 근육이나 신체 일부를 갑작스럽게 불수의적으로 움직이는 행동을 반복하거나 소리를 내는 부적응적 행동. 틱장애는 다양한 운동 틱과 음성 틱이 1년 이상 지속적으로 나타나는 투렛장애, 운동 틱이나 음성 틱이 1년 이상 나타나는 만성 운동 또는 음성 틱장애, 운동 틱이나 음성 틱이 1개월 이상 1년 이내 지속되는 일시적 틱장애가 있다.

2 조현병 스펙트럼 및 기타 정신병적 장애
(Schizophrenia Spectrum and Other Psychotic Disorders)

정신분열증을 비롯하여 그와 유사한 증상을 나타내는 심각한 정신장애를 포함하고 있다. 정신분열 스펙트럼 장애는 망상, 환각, 혼란스러운 언어, 부적절한 행동, 둔마된 감정이나 사회적 고립을 특징적으로 나타내는 일련의 정신장애를 의미한다.

(1) **조현형 성격장애(schizotypal personality disorder)**: 경미한 정신분열 증상이 성격의 일부처럼 지속적으로 나타난다.
(2) **망상장애(delusional disorder)**: 다른 기능은 비교적 온전하나, 망상을 특징적으로 나타낸다.
(3) **단기 정신병적 장애(brief psychotic disorder)**: 정신분열 증상이 1개월 이내로 짧게 나타난다.
(4) **조현양상장애(schizophreniform disorder)**: 정신분열 증상이 1개월 이상 6개월 이내로 나타난다.
(5) **조현병(schizophrenia)**: 정신분열 증상이 6개월 이상 지속된다.
(6) **조현정동장애(schizoaffective disorder)**: 정신분열 증상과 양극성 증상이 함께 나타난다.

3 양극성 및 관련 장애(Bipolar and Related Disorders)

기분의 변화가 매우 심하여 기분이 고양된 상태와 침체된 상태가 주기적으로 나타나는 일련의 장애이다. 양극성 장애는 조증 증상과 더불어 우울증 증상이 주기적으로 교차되면서 나타나는 장애로서 조울증으로 불리기도 한다. 조증 증상이 나타나는 경우는 그 심각도에 따라 조증 삽화와 경조증 삽화로 구분된다. 조증 삽화는 과도하게 들뜬 고양된 기분을 나타내며 자존감이 팽창되어 말과 활동이 많아지고 주의가 산만해져서 일상적인 생활이 불가능한 경우를 뜻한다. 반면 경조증 삽화는 조증 증상이 경미하게 나타나는 경우를 의미한다.

(1) 제1형 양극성 장애(bipolar I disorder): 조증 삽화가 특징적으로 나타난다.
(2) 제2형 양극성 장애(bipolar II disorder): 우울증과 더불어 경조증 삽화만 나타난다.
(3) 순환성장애(cyclothymic disorder): 조증 상태와 우울증 상태가 경미한 형태로 2년 이상 지속적으로 나타난다.

4 우울장애(Depressive Disorders)

우울하고 슬픈 기분을 주된 증상으로 하는 다양한 장애를 의미한다. 우울상태에서는 일상생활에 대한 의욕과 즐거움이 감퇴하고, 주의집중력과 판단력이 저하되며, 체중과 수면패턴이 변화할 뿐만 아니라 무가치감과 죄책감, 그리고 죽음이나 자살에 대한 사고가 증가한다.

(1) 주요 우울장애(major depressive disorder): 심각한 우울증상
(2) 지속성 우울장애(persistent depressive disorder): 경미한 우울증상이 장기적으로 나타난다.
(3) 월경전불쾌감장애(premenstrual dysphoric disorder): 월경 전에 우울증상이 나타난다.
(4) 파괴적 기분조절부전장애(disruptive mood dysregulation disorder): 불쾌한 기분을 조절하지 못한다.

5 불안장애(Anxiety Disorders)

불안과 공포를 주된 증상으로 하는 장애로서 불안이 나타나는 다양한 양상에 따라 여러 가지 하위유형으로 구분된다.

(1) 범불안장애(generalized anxiety disorder): 미래에 경험하게 될 다양한 상황에 대해서 과도한 불안과 걱정을 한다.
(2) 특정공포증(specific phobia): 특정한 대상(뱀, 개, 거미)이나 상황(높은 곳, 폭풍)에 대한 공포를 지는 것. 동물형, 자연환경형, 혈액-주사-손상형, 상황형, 기타형 등.
(3) 광장공포증(agoraphobia): 특정한 장소(쇼핑센터, 극장, 운동장, 엘리베이터, 지하철)에 대한 공포를 지닌 것이다.
(4) 사회불안장애(social anxiety disorder): 다른 사람 앞에서 어떤 일을 해야 할 때 심한 불안과 공포를 느낀다.
(5) 공황장애(panic disorder): 갑작스럽게 엄습하는 강렬한 불안과 공포가 주된 증상이다.
(6) 분리불안장애(separation anxiety disorder): 중요한 애착 대상과 떨어지는 것에 대한 심한 불안
(7) 선택적 함구증(selective mutism): 특수한 사회적 상황에서 지속적으로 말을 하지 않는다.

6 강박 및 관련 장애(Obsessive-Compulsive and Related Disorders)

강박적인 집착과 반복적인 행동을 특징적으로 나타내는 일련의 장애를 포함하며 DSM-5에서 처음으로 독립된 장애범주로 제시된다.

(1) **강박장애(obsessive-compulsive disorder)**: 불안을 유발하는 부적절한 강박사고(성적이거나 불경스러운 생각, 더러운 것에 오염될 것에 대한 생각)에 집착하면서 불안을 완화시키기 위한 강박행동(손 씻기, 확인하기, 정돈하기, 숫자세기)을 반복적으로 나타내는 장애이다.

(2) **신체이형 장애(body dysmorphic disorder)**: 신체 일부가 기형적으로 이상하게 생겼다는 생각(코가 삐뚤어짐, 턱이 너무 긺)에 집착한다.

(3) **수집광(hoarding disorder)**: 불필요한 물건을 과도하게 수집하여 보관한다.

(4) **발모광(털뽑기장애)(trichotillomania 또는 hair-pulling disorder)**: 자신의 머리털을 반복적으로 뽑는다.

(5) **피부 뜯기장애(excoriation disorder 또는 skin-picking disorder)**: 자신의 피부를 반복적으로 벗긴다.

7 외상 및 스트레스 관련 장애(Trauma- and Stressor-Related Disorders)

충격적인 외상사건(교통사고, 전쟁, 건물 부오기, 지진, 강간, 납치)이나 스트레스 사건을 경험한 이후에 부적응 증상을 나타내는 다양한 경우를 포함하여 DSM-5에서 처음으로 독립된 장애범주로 제시되었다.

(1) **외상후 스트레스 장애(posttraumatic stress disorder: PTSD)**: 외상사건을 경험하고 나서 그러한 사건에 대한 기억의 침투 증상과 더불어 회피적 행동이 1개월 이상 나타나는 경우, 6세 이하 아동의 외상후 스트레스 장애 포함한다.

(2) **급성 스트레스 장애(acute stress disorder)**: 유사한 증상이 1개월 이내로 나타나는 경우

  DSM-5에서는 아동이 부적절한 양육환경(애착형성을 어렵게 하는 양육자의 잦은 변경, 정서적 욕구를 좌절시키는 사회적 방치와 결핍)에서 성장한 경우에 나타나는 부적응 문제의 두 가지 유형, 즉 반응성 애착장애와 탈억제 사회관여 장애를 이 장애범주에 포함시키고 있다.

(3) **반응성 애착장애(reactive attachment disorder)**: 5세 이전의 아동이 정서적으로 위축된 상태에서 다른 사람과 접촉하는 것을 두려워하고 회피하는 경우를 지칭한다.

(4) **탈억제성 사회적 유대감장애(disinhibited social engagement disorder)**: 아동이 처음 본 어른에게 부적절하게 과도한 친밀함을 나타내거나 낯선 사람을 아무런 주저 없이 따라가려 하는 경우.

(5) **적응 장애(adjustment disorder)**: 분명하게 확인될 수 있는 심리사회적 스트레스 사건(실연, 사업의 위기, 가족갈등, 새로운 학교로의 진학, 결혼, 직장에서의 좌절, 은퇴 등)에 대한 반응으로 부적응적인 감정과 행동을 나타낸다.

8 해리 장애(Dissociative Disorders)

의식, 기억, 자기정체감 및 환경지각 등이 평소와 달리 급격하게 변화하는 장애. 충격적인 사건을 경험한 후에 갑자기 나타나는 경우가 많다.

(1) **해리성 기억상실(dissociative amnesia)**: 자기의 과거를 전부 잊어버리거나 특정 기간 동안 기억을 망각한다.

(2) **해리성 정체성 장애(dissociative identity disorder)**: 한 사람의 내부에 두 개 이상의 독립적인 정체감과 성격을 지니는 것이다.

(3) 이인성/비현실감 장애(depersonalization/dereallization disorder): 평소와 달리 자신과 주변 현실에 대해서 매우 낯설거나 이상한 느낌을 받게 되는 것이다.

9 신체증상 및 관련 장애(Somatic Symptom and Related Disorders)

원인이 불분명한 신체증상을 호소하거나 그에 대한 과도한 염려를 나타내는 부적응 문제를 의미한다. 생물학적, 심리적, 사회적 요인의 복합적 영향에 의해서 시작되고 악화될 수 있다.

(1) **신체증상장애(somatic symptom disorder)**: 한 개 이상의 신체적 증상에 과도하게 집착함으로써 심각한 고통과 일상생활의 부적응을 초래하는 경우를 의미하며 증상의 심각도에 따라 세 수준으로 구분된다.

(2) **질병불안장애(illness anxiety disorder)**: 실제로 건강에 큰 문제가 없음에도 자신의 몸에 심각한 질병이 있다는 생각에 집착하며 과도한 불안을 나타내는 경우로서 건강염려증으로 불리기도 한다.

(3) **전환장애(conversion disorder)**: 신경학적 손상을 암시하는 운동기능과 감각기능의 이상을 나타내는 경우

(4) **인위성장애(factitious disorder)**: 신체적 또는 심리적 증상을 의도적으로 만들어 내거나 위장하여 병원에서 환자로 치료받기를 원하는 경우로서 이러한 증상으로 인하여 아무런 현실적인 이득(경제적 보상, 법적 책임의 회피 등)이 없음이 분명하며 다만 환자 역할을 하려는 심리적 욕구에 기인한 것으로 추정될 때 이러한 진단이 내려진다.

(5) **치료불순응, 심각한 신체장애의 무시**: 신체적 질병에 부정적인 영향을 미칠 수 있는 다양한 심리적 요인들도 이 장애범주에 포함된다.

10 급식 및 섭식장애(Feeding and Eating Disorders)

개인의 건강과 심리사회적 기능을 현저하게 방해하는 부적응적인 섭식행동과 섭식-관련 행동을 의미하며 다양한 하위장애를 포함하고 있다.

(1) **신경성 식욕부진증(anorexia nervosa)**

체중증가와 비만에 대한 극심한 두려움을 지니고 있어서 음식섭취를 현저하게 감소시키거나 거부함으로써 체중이 비정상적으로 저하되는 경우. 이 장애는 여자 청소년에게서 흔히 나타나며 체중이 현저하게 감소하여 건강에 심각한 문제가 발생해도 이를 인정하지 않고 음식섭취를 거부하여 결국 사망하는 경우도 있다.

(2) **신경성 폭식증(bulimia nervosa)**

짧은 시간 내에 많은 양을 먹는 폭식행동과 이로 인한 체중증가를 막기 위한 구토 등의 보상행동이 반복되는 경우. 이러한 장애를 지닌 사람들은 보통 사람들이 먹는 것보다 훨씬 많은 양의 음식을 단기간(2시간 이내)에 먹어 치우는 폭식행동을 나타내며 이럴 때는 음식섭취를 스스로 조절할 수 없게 된다. 이렇게 폭식을 하고 나면 체중증가에 대한 두려움으로 인해 심한 자책을 하게 되고 스스로 구토를 하거나 이뇨제, 설사제, 관장약 등을 사용하는 등 부적절한 보상행동을 하게 된다.

(3) **폭식장애(binge eating disorder)**

신경성 폭식증과 마찬가지로 폭식행동을 나타내지만 보상행동은 하지 않으며 흔히 과체중이나 비만을 나타낸다.

(4) 아동기에 흔히 나타나는 부적응적 급식 장애

① 이식증(pica): 먹으면 안 되는 것(종이, 천, 머리카락, 흙, 벌레)을 습관적으로 먹는 경우

② 되새김장애(rumination disorder): 음식물을 반복적으로 되씹거나 토해내는 행동
③ 회피적/제한적 음식섭취 장애(avoidant/restrictive food intake disorder): 지속적으로 먹지 않아 심각한 체중감소가 나타나는 경우

11 배설장애(Elimination Disorders)

아동기나 청소년기에 흔히 진단되는 장애로서 대소변을 가릴 충분한 연령이 되었음에도 불구하고 이를 가리지 못하고 옷이나 적절치 않은 장소에서 배설하는 것이다.

(1) **유뇨증(enuresis)**: 5세 이상의 아동이 신체적인 이상이 없음에도 옷이나 침구에 반복적으로 소변을 보는 것.
(2) **유분증(encopresis)**: 4세 이상의 아동이 대변을 적절치 않은 곳(옷이나 마루)에 반복적으로 배설하는 것.

12 수면-각성 장애(Sleep-Wake Disorders)

수면의 양이나 질의 문제로 인해서 수면-각성에 대한 불만과 불평을 나타내는 다양한 경우로서 10가지의 하위장애로 구분된다.

(1) **불면장애(insomnia disorder)**: 자고자 하는 시간에 잠을 이루지 못하거나 밤중에 자주 깨어 1개월 이상 수면 부족상태가 지속되는 것.
(2) **과다수면 장애(hypersomnolence disorder)**: 충분히 수면을 취했음에도 졸린 상태가 지속되거나 지나치게 많은 잠을 자게 되는 것.
(3) **기면증(narcolepsy)**: 주간에 갑자기 근육이 풀리고 힘이 빠지면 참을 수 없는 졸림으로 인해 부적절한 상황에서 수면상태에 빠지게 되는 것.
(4) **호흡 관련 수면장애(breathing-related sleep disorder)**: 수면 중 자주 호흡곤란이 나타나 수면에 방해를 받게 되는 것.
(5) **일주기 리듬 수면-각성 장애(circadian rhythm sleep-wake disorder)**: 야간근무로 인해 낮에 수면을 취해야 하는 경우처럼 평소의 수면주기와 맞지 않는 수면상황에서 수면에 곤란을 경험하게 되는 것.
(6) **NREM 수면-각성 장애(non-REM sleep arousal disorder)**: 수면 중에 잠자리에서 일어나 걸어 다니거나 자율신경계의 흥분과 더불어 강렬한 공포를 느껴 자주 잠에서 깨어나는 것.
(7) **악몽장애(nightmare disorder)**: 수면 중에 무서운 악몽을 꾸게 되어 자주 깨어나게 되는 것.
(8) **REM 수면 행동장애(REM sleep behavior disorder)**: REM 수면 기간에 소리를 내거나 옆 사람을 다치게 할 수 있는 움직임을 반복적으로 나타내는 것.
(9) **하지불안증후군(restless legs syndrome)**: 다리에 불쾌한 감각을 느껴 다리를 움직이고자 하는 충동을 반복적으로 느끼는 것.
(10) **물질/치료약물로 유발된 수면 장애(substance/medication-induced sleep disorder)**: 약물의 중독이나 금단증상으로 인해 심각한 수면장해가 나타나는 것.

13 성기능 부전(Sexual Dysfunctions):

원활한 성행위를 방해하는 다양한 기능장애를 포함하고 있다.

(1) **남성 성욕감퇴 장애(male hypoactive sexual desire disorder)**: 남성에게 나타나는 성기능 장애로는 최소한 6개월 이상 성적인 욕구를 지속적으로 느끼지 못하는 것.

(2) **발기장애(erectile disorder)**: 성적 활동을 하는 동안에 발기에 어려움을 겪게 되는 것.

(3) **조기사정(premature ejaculation)**: 성행위 시에 너무 일찍 또는 자신이 원하기 전에 사정을 하게 되는 것.

(4) **사정지연(delayed ejaculation)**: 성행위 시에 사정이 되지 않거나 현저하게 지연되는 것.

(5) **여성 성적 관심/흥분 장애(female sexual interest/arousal disorder)**: 여성에게 나타나는 성기능 장애로 성적 활동에 대한 관심이 현저하게 저하될 뿐만 아니라 성행위 시에 성적인 흥분이 적절하게 일어나지 않는 것.

(6) **여성 극치감 장애(female orgasmic disorder)**: 여성이 성행위 시에 절정감을 경험하지 못하는 것.

(7) **성기-골반 통증/삽입 장애(genito-pelvic pain/penetration disorder)**: 성행위 시에 생식기나 골반에 현저한 통증을 경험하는 것.

14 성별 불쾌감(Gender Dysfunctions)

(1) 자신에게 주어진 생물학적 성과 자신이 경험하고 표현하는 성 행동 간의 현저한 괴리로 인해서 심한 고통과 사회적 적응곤란을 나타내는 경우를 의미한다.

(2) 성 불편증을 지닌 사람은 다른 성이 되고자 하는 강렬한 열망을 지니거나 반대 성의 의복을 선호하거나 반대 성의 역할을 하고자 하는 등의 다양한 행동을 나타낼 수 있다. 예를 들어, 신체적으로는 남성임에도 남자라는 것과 남자의 역할을 싫어하여 여성의 옷을 입고 여성적인 놀이나 오락을 좋아하는 등 여자가 되기를 소망하며 이들 대부분은 성전환수술을 원한다.

(3) 이러한 장애는 아동에서부터 성인에 이르기까지 다양한 연령대에서 나타날 수 있다. 성 불편증은 아동의 경우와 청소년 및 성인의 경우로 나누어 각기 다른 기준에 의해 평가된다.

15 파괴적, 충동조절 및 품행장애(Disruptive, Impulse Control, and Conduct Disorders)

정서와 행동에 대한 자기통제의 문제를 나타내는 다양한 장애를 포함한다. 특히 다른 사람의 권리를 침해하거나 사회적 규범을 위반하는 부적응적 행동들이 이에 해당된다.

(1) **적대적 반항장애(oppositional defiant disorder)**: 어떤 사람과의 상호작용에서 화를 잘 내고 논쟁적이거나 도전적이며 앙심을 품고 악의에 찬 행동을 나타내는 경우에 진단한다.

(2) **품행장애(conduct disorder)**: 난폭하고 잔인한 행동, 기물파괴, 도둑질, 거짓말, 가출 등 타인의 권리를 침해하거나 사회적 규범을 위반하는 행동을 지속적으로 나타내는 경우로 청소년들이 흔히 나타내는 비행행동이 이러한 품행장애에 해당한다.

(3) **반사회적 성격장애(antisocial personality disorder)**: 성인의 경우에 나타나는 장애로, 사회적 규범이나 타인의 권리를 무시하는 행동양상을 반복적으로 나타내는 것이다.

(4) **간헐적 폭발장애(intermittent explosive disorder)**: 공격적 충동이 조절되지 않아 심각한 파괴적 행동을 나타나게 되는 것이다.

(5) **병적 도벽(kleptomania)**: 남의 물건을 훔치고 싶은 충동을 참지 못해 반복적으로 도둑질을 하게 되는 것이다.

(6) **병적 방화(pyromania)**: 불을 지르고 싶은 충동을 조절하지 못해 반복적으로 방화를 하게 되는 것이다.

16 물질-관련 및 중독 장애(Substance-Related and Addictive Disorders)

술, 담배, 마약 등과 같은 중독성 물질을 사용하거나 중독성 행위에 몰두함으로써 생겨나는 다양한 부적응적 증상을 포함한다.

물질-관련 장애 (substance-related disorders)	• 물질 사용 장애(substance use disorders)	
	• 물질 유도성 장애 (substance-induced disorders)	• 물질 중독: 특정한 물질의 과도한 복용으로 인해 일시적으로 나타나는 부적응적 증상군 • 물질 금단: 물질복용의 중단으로 인해 일시적으로 나타나는 부적응적 증상군 • 물질/약물 유도성 정신장애: 물질 남용으로 인해 일시적인 심각한 중추 신경장애를 나타냄

- 물질 관련 장애는 어떤 물질에 의해 장애가 생기느냐에 따라 10가지 유목으로 구분된다.
- 알코올, 카페인, 대마계의 칸나비스, 환각제, 흡입제, 아편류, 진정제·수면제 또는 항불안제, 흥분제, 타바코, 기타 물질(스테로이드, 코르티솔, 카바 등).
- 물질별로 구체적 진단이 가능하며 예컨대, 알코올 관련 장애는 알코올 사용 장애, 알코올 중독, 알코올 금단, 알코올 유도성 정신장애 등으로 구분되어 진단될 수 있다.

비물질-관련 장애 (non-substance-related disorders)	• 도박장애(gambling disorder): 12개월 이상의 지속적인 도박행동으로 인해 심각한 적응문제와 고통을 경험하는 경우에 진단된다. 도박 장애의 주된 증상으로 쾌락을 얻기 위해 점점 더 많은 돈을 거는 도박의 욕구, 도박에 집착하며 몰두함, 도박을 하지 못하면 안절부절못함, 도박을 숨기기 위한 반복적인 거짓말 등이 있다.

17 신경인지장애(Neurocognitive Disorders)

뇌의 손상으로 인해 의식, 기억, 언어, 판단 등의 인지적 기능에 심각한 결손이 나타나는 경우에 진단되며 주요 신경인지장애, 경도 신경인지장애, 섬망으로 구분된다. 주요 신경인지장애와 경도 신경인지장애는 알츠하이머 질환, 뇌혈관 질환, 충격에 의한 뇌 손상, HIV 감염, 파킨슨 질환 등에 의해 유발될 수 있다.

(1) **주요 신경인지장애(major neurocognitive disorder)**: 주의, 실행기능, 학습 및 기억, 언어, 지각-운동, 사회적 인지를 포함하여 인지기능이 과거에 비해 현저하게 저하되는 경우

(2) **경도 신경인지장애(minor neurocognitive disorder)**: 유사한 인지 기능의 저하가 경미하게 나타나는 경우.

(3) **섬망(delirium)**: 의식이 혼미해지고 주의집중 및 전환능력이 현저하게 감소하게 될 뿐만 아니라 기억, 언어, 현실판단 등의 인지기능에 일시적인 장애가 나타나는 경우. 물질 사용이나 신체적 질병과 같은 다양한 원인에 의해 나타난다.

18 성격장애(Personality Disorders)

성격 자체가 부적응적이어서 사회적 기대에 어긋난 이상행동을 지속적으로 나타내는 경우. 특정한 계기로 인해 발생하는 임상적 증후군과 달리 성격장애는 어린 시절부터 점진적으로 형성되며 이러한 성격특성이 굳어지게 되는 성인기(보통 18세 이후)에 진단. DSM-5는 A, B, C의 세 군집으로 분류되는 10가지 유형의 성격장애를 제시한다.

	– 기이하고 괴상한 행동특성을 나타내는 성격장애
A군	• 편집성 성격장애(paranoid personality disorder): 타인의 의도를 적대적인 것으로 해석하는 불신과 의심이 주된 특징이다. 다른 사람이 자신을 부당하게 이용하고 피해를 주고 있다고 왜곡하여 생각하고 친구의 우정이나 배우자의 정숙성을 자주 의심하며 자신에 대한 비난이나 모욕을 잊지 않고 가슴에 담아두어 상대방에게 보복하는 경향이 있다. • 조현성 성격장애(schizoid personality disorder): 감정표현이 없고 대인관계를 기피하여 고립된 생활을 하는 경우. 이런 성격의 소유자는 사람을 사귀려는 욕구가 없으며 생활 속에서 거의 즐거움을 느끼지 못하고 타인의 칭찬이나 비난에 무관심하며 주로 혼자 하는 활동에 종사하는 경우가 많다. • 조현형 성격장애(schizotypal personality disorder): 친밀한 인간관계를 불편해하고 인지적 또는 지각적 왜곡과 더불어 기괴한 행동을 나타내는 경우. 심한 사회적 불안을 느끼며 마술적 사고나 기이한 신념에 집착하고 언어적 표현이 상당히 비논리적이고 비현실적일 뿐만 아니라 기괴한 외모나 행동을 나타내는 경향.
	– 극적이고 감정적이며 변화가 많은 행동이 주된 특징
B군	• 반사회성 성격장애(antisocial personality disorder): 사회적 규범이나 타인의 권리를 무시하는 행동양상을 뜻하며 거짓말, 사기, 무책임한 행동, 폭력적 행동, 범법행위를 나타내고 이러한 행동에 대해서 후회나 죄책감을 느끼지 않는 경향이 강하다. • 연극성 성격장애(histrionic personality disorder): 과도하고 극적인 감정표현을 하고 지나치게 타인의 관심과 주의를 끄는 행동이 주된 특징. 이런 성격을 지닌 사람들은 항상 사람들 사이에서 주목받는 위치에 서고자 노력하고 외모에 신경을 많이 쓰며 자기 자신을 과장된 언어로 나타내는 경향이 강하다. • 경계성 성격장애(borderline personality disorder): 대인관계, 자기상, 감정 등이 매우 불안정한 것이 특징이고 남들로부터 버림받지 않으려는 처절한 노력을 하며 대인관계가 강렬하지만 불안정한 양상을 나타낸다. 이런 성격의 소유자는 자기 자신이 어떤 사람인지에 대한 분명한 개념이 없으며 만성적으로 공허감과 분노감을 경험하고 매우 충동적인 행동을 나타내며 자살이나 자해적 행동을 하기도 한다. • 자기애성 성격장애(narcissistic personality disorder): 자신이 대단히 중요한 사람이라는 웅대한 자기상을 지니고 있어서 다른 사람으로부터 찬탄을 받고자 하는 욕구가 강한 반면, 자신을 위해 타인을 이용하며 타인의 감정을 이해하는 공감능력이 결여되어 있는 특성이 있다.
	– 불안과 두려움을 지속적으로 경험하는 특징을 지니고 있다.
C군	• 회피성 성격장애(avoidant personality disorder): 타인으로부터 부정적 평가를 받는 것에 대해 과도하게 예민하며 사회적 상황에서 지나치게 감정을 억제하고 부적절감을 많이 느껴 대인관계를 회피하는 성격특성을 보인다. • 의존성 성격장애(dependent personality disorder): 타인으로부터 보살핌을 받고자 하는 과도한 욕구를 지니고 있어서 이를 위해 타인에게 지나치게 순종적이고 굴종적인 행동을 통해 의존하는 성격특성을 보인다. • 강박성 성격장애(obsessive-compulsive personality disorder): 질서정연함, 완벽함, 자기통제, 절약에 과도하게 집착하며 지나치게 꼼꼼하고 완고하며 사소한 것에 집착하는 성격특성을 보인다.

19 변태성욕장애(Paraphilic Disorders)

성행위 대상이나 성행위 방식에서 비정상성을 나타내는 장애로서 변태성욕증이라고 하기도 한다. 인간이 아닌 대상(동물, 물건)을 성행위 대상으로 삼거나, 아동을 비롯하여 동의하지 않은 사람을 대상으로 성행위를 하거나, 자신이나 상대방이 고통이나 굴욕감을 느끼게 하는 성행위 방식이 이에 포함된다.

(1) **관음장애(voyeuristic disorder)**: 다른 사람이 옷을 벗고 있거나 성행위를 하고 있는 모습을 몰래 훔쳐봄으로써 성적 흥분을 느끼는 것.

(2) **노출장애(exhibitionistic disorder)**: 자신의 성기를 낯선 사람에게 노출시킴으로써 성적 흥분을 느끼는 것.

(3) **마찰도착장애(frotteuristic disorder)**: 원하지 않는 상대방에게 몸을 접촉하여 문지름으로써 성적 흥분을 느끼는 것.

(4) **성적 피학장애(sexual masochism disorder)**: 상대방으로부터 고통이나 굴욕감을 받음으로써 성적 흥분을 느끼는 것.

(5) **성적 가학장애(sexual sadism disorder)**: 상대방에게 고통이나 굴욕감을 느끼게 함으로써 성적 흥분을 느끼는 것.

(6) **소아성애장애(pedophilic disorder)**: 사춘기 이전의 아동(보통 13세 이하)을 상대로 한 성행위를 통해 성적 흥분을 느끼는 것.

(7) **물품음란장애(fetishistic disorder)**: 무생물인 것(여성의 속옷)에 대해서 성적 흥분을 느끼는 것.

(8) **복장도착장애(transvestic disorder)**: 이성의 옷으로 바꿔 입음으로써 성적 흥분을 하는 것

(9) **달리 명시된 변태성욕장애**: 동물성애증, 음란전화증, 분뇨성애증, 방뇨성애증, 시체성애증

20 기타 정신질환(Other Mental Disorders)

개인에게 현저한 고통과 더불어 사회적, 직업적 기능의 저하를 초래하는 심리적 문제이지만 앞에서 제시한 정신장애의 진단기준을 충족시키지 못하는 다양한 경우.

4 조현병 스펙트럼 및 기타 정신병적 장애
(정신분열 스펙트럼 및 기타 정신증적 장애)

조현병 스펙트럼 장애는 현실을 왜곡하는 기괴한 사고와 혼란스러운 언어를 특징으로 하는 다양한 장애들을 의미하며 증상의 심각도에 따라서 스펙트럼 상에 배열할 수 있다. DSM-5에서는 이러한 견해를 받아들여 조현병 스펙트럼 및 기타 정신병적 장애(Schizophrenia Spectrum and Other Psychotic Disorders)라는 장애범주에 다양한 장애를 포함시키고 있다.

1 조현병(Schizophrenia)

1 진단기준

〈조현병의 DSM-5의 진단기준〉

A. 다음 증상 중 둘(혹은 그 이상)이 1개월의 기간(성공적으로 치료가 되면 그 이하) 동안의 상당 부분의 시간에 존재하고, 이들 중 최소한 하나는 (1) 내지 (2) 혹은 (3)이어야 한다.
   1. 망상
   2. 환각
   3. 와해된 언어(예 빈번한 탈선 혹은 지리멸렬)
   4. 극도로 와해된 또는 긴장성 행동
   5. 음성 증상(예 감퇴된 감정 표현 혹은 무의욕증)
B. 장애의 발병 이래 상당 부분의 시간 동안 일, 대인관계 혹은 자기관리 같은 주요 영역의 한 가지 이상에서 기능 수준이 발병 전 성취된 수준 이하로 현저하게 저하된다(혹은 아동기 또는 청소년기에 발병하는 경우, 기대 수준의 대인관계적·학문적·직업적 기능을 성취하지 못함).
C. 장애의 지속적 징후가 최소 6개월 동안 계속된다. 이러한 6개월의 기간은 진단기준 A에 해당하는 증상(예 활성기 증상)이 있는 최소 1개월(성공적으로 치료되면 그 이하)을 포함해야 하고, 전구 증상이나 잔류 증상의 기간을 포함할 수 있다. 이러한 전구기나 잔류기 동안 장애의 징후는 단지 음성 증상으로 나타나거나, 진단기준 A에 열거된 증상의 2가지 이상이 약화된 형태(예 이상한 믿음, 흔치 않은 지각 경험)로 나타날 수 있다.
D. 조현정동장애와 정신병적 양상을 동반한 우울 또는 양극성 장애는 배제된다. 왜냐하면 ① 주요우울 또는 조증 삽화가 활성기 증상과 동시에 일어나지 않기 때문이거나, ② 기분 삽화가 활성기 증상 동안 일어난다고 해도 병의 활성기 및 잔류기 전체 지속 기간의 일부에만 존재하기 때문이다.
E. 장애가 물질(예, 남용약물, 치료약물)의 생리적 효과나 다른 의학적 상태로 인한 것이 아니다.
F. 자폐스펙트럼장애나 아동기 발병 의사소통장애의 병력이 있는 경우, 조현병의 추가 진단은 조현병의 다른 필요 증상에 더하여 뚜렷한 망상이나 환각이 최소 1개월(성공적으로 치료되면 그 이하) 동안 있을 때에만 내려진다.

다음의 경우 명시할 것
다음의 경과 명시자들은 장애 지속 기간이 1년이 지난 후에, 그리고 진단적 경과 기준에 반대되지 않을 경우에만 사용되는 것이다.
- 첫 삽화, 현재 급성 삽화 상태: 정의된 진단적 증상과 시간 기준에 합당한 장애의 첫 발현. 급성 삽화란 증상 기준이 충족되는 시간적 기간을 일컫는다.
- 첫 삽화, 현재 부분 관해 상태: 부분 관해란 앞 삽화 이후 호전이 유지되고 정의된 장애 기준이 부분적으로만 충족되는 시간적 기간을 일컫는다.

> - 첫 삽화, 현재 완전 관해 상태: 완전 관해란 앞 삽화 이후 더 이상 장애 특이적 증상이 존재하지 않는 시간적 기간을 일컫는다.
> - 다중 삽화, 현재 급성 삽화 상태: 다중 삽화는 최소 2회의 삽화(예 첫 삽화 이후 관해와 최소 1회의 재발)이후에 결정될 수 있다.
> - 다중 삽화, 현재 부분 관해 상태
> - 다중 삽화, 현재 완전 관해 상태
> - 지속적인 상태: 장애의 진단적 증상 기준을 충족하는 증상들이 질병 경과의 대부분에서 그대로 남아 있고, 역치 아래의 증상 기간은 전체 경과에 비해 매우 짧다.
> - 명시되지 않는 경우
>
> 다음의 경우 명시할 것
> - 긴장증 동반
>
> 현재의 심각도를 명시할 것
> 심각도는 망상, 환각, 와해된 언어, 비정상적 정신운동 행동, 음성 증상 등과 같은 정신병의 일차 증상에 대한 양적 평가를 통해 등급화된다. 이러한 증상 각각은 현재 심각도(지난 7일 중 가장 심한)에 대하여 0(증상 없음)부터 4(고도의 증상이 있음)까지의 5점 척도를 이용해 등급화될 수 있다("평가 도구" 장의 정신병 증상 심각도에 대한 임상의 평정 차원을 참조하시오).
> 주의점: 조현병의 진단은 이러한 심각도 명시자의 사용 없이 내려질 수 있다.

2 조현병을 설명하는 용어

(1) **망상(delusion)**: 자신과 세상에 대한 잘못된 강한 믿음으로, 분명한 반증에도 불구하고 견고하게 지속되는 신념이다.

(2) **환각(hallucination)**: 외부 자극이 없음에도 불구하고 어떤 소리나 형상을 지각하거나 또는 외부 자극에 대해서 현저하게 왜곡된 지각을 하는 경우이다. 감각의 종류에 따라 환청, 환시, 환후, 환촉, 환미로 구분된다.

(3) **와해된 언어(disorganized speech)**: 비논리적이고 지리멸렬한 와해된 언어를 말한다.

(4) **긴장증적 행동(catatonic behavior)**: 마치 근육이 굳은 것처럼 어떤 특정한 자세를 유지하는 경우를 말한다.

(5) **양성 증상(positive symptom)**: 정상인들에게는 나타나지 않지만 조현병 환자에게서는 나타나는 증상으로, 망상, 환각, 와해된 언어나 행동이 이에 속한다.

(6) **음성 증상(negative symptom)**: 정상인들이 나타내는 적응적 기능이 결여된 상태로, 정서적 둔마, 언어의 빈곤, 의욕의 저하, 쾌락의 감소, 대인관계의 무관심 등이 해당한다.

3 발달과 경과

(1) 조현병의 정신병적 양상은 전형적으로 10대 말에서 30대 중반 사이에 출현한다.
   ① 청소년기 이전의 발병은 드물다. 첫 정신병적 삽화 발병의 정점 연령은 남성의 경우 20대 초·중반, 여성의 경우 20대 후반에 있다.
   ② 인지 손상이 흔하다. 인지 변화가 발생 중에 나타나고 정신병의 출현에 선행하며, 성인기 동안에 안정된 인지 손상의 형태를 갖춘다. 인지 손상은 다른 증상들이 관해되었을 때에도 지속되어 병의 후유증에 기여한다.

(2) 정신병적 증상은 나이가 들면서 감소하는 경향을 나타내는데, 이는 아마도 도파민 활성의 정상적 연령 관련 감소와 연관된다.

4 원인

(1) 생물학적 요인

① 유전적 요인

 가계연구: 조현병 환자의 부모나 형제자매는 일반인의 10배, 조현병 환자의 자녀는 일반인의 15배까지 조현병에 걸리는 비율이 높다.

㉠ 쌍둥이 연구: 일란성 쌍둥이의 공병률이 57% 정도로 보고된다.
㉡ 결과: 조현병에 대한 유전적 요인의 강력한 영향을 시사하는 것이다.

② 뇌의 구조적 이상에 의한 요인
㉠ 조현병 환자는 정상인보다 뇌실의 크기가 크다. 뇌 피질의 양이 적으며 전두엽, 변연계, 기저 신경질, 시상, 뇌간, 소뇌에서 이상을 나타낸다는 다양한 연구결과가 보고되고 있다.
㉡ 뇌의 기능적 이상이 조현병과 관련된다는 주장도 제기되고 있다. 조현병 환자는 전두엽 피질의 신진대사가 저하되어 있다는 것이 발견되었으며, 뇌반구의 비대칭성을 보이며 좌반구에서 과도한 활동이 나타나는 것으로 주장되었다.

③ 신경전달물질로 인한 요인: 도파민(dopamine) 가설. 뇌의 도파민 활동이 과다할 때 야기된다.
㉠ 주로 양성 증상을 나타내는 조현병 환자에게만 도파민 수용기가 증가되었으며, 도파민에 영향을 주는 항정신병 약물의 효과는 약 6주에 걸쳐 점진적으로 나타난다.
㉡ 이러한 사실로 보아 도파민이 조현병에 직접적이 아닌 간접적인 영향을 미치는 것으로 이해되고 있다.
㉢ 세로토닌-도파민 가설: 최근에는 세로토닌(serotonin)이 주목을 받고 있는데, 이 두 가지 신경전달물질의 수준이 높으면 조현병 증상이 나타난다.

(2) 심리적 요인

① 인지적 입장: 조현병은 기본적으로 사고장애이며 사고장애는 주의 기능의 손상에 기인한다고 주장한다.
㉠ 조현병 환자들은 장애의 초기 단계에 주의집중의 곤란과 시공간 지각의 변화를 호소하며 심리적 혼란을 경험하는 경향이 있다.
㉡ 주의 기능이 손상되면, 부적절한 정보를 억제하지 못하므로 정보의 홍수에 의해 심한 심리적 혼란을 경험하게 된다.
㉢ 이러한 심리적 혼란을 감소시키기 위해서 조현병 환자들은 지나치게 단순한 논리로 혼란스러운 경험을 설명하려 하면서 망상을 발달시키거나, 외부 자극에 대해 무감각한 태도를 취하며 사회적 관계를 회피하고 고립된 생활을 하게 된다.
㉣ 그러나 조현병의 하위유형에 따라서 상당히 다른 주의패턴을 나타낸다.
• 망상형 또는 급성 조현병 환자는 주의 폭이 확대되어 외부 자극에 지나치게 예민한 반응을 나타내는 반면,
• 비망상형 또는 만성 조현병 환자는 반대로 주의 폭이 협소해져서 외부 자극을 잘 포착하지 못하며 대부분의 인지적 과제에서 현저한 수행저하를 나타냈다.

② 정신분석적 입장: 프로이트(Freud)는 조현병을 오이디푸스 단계 이전의 심리적 갈등과 결손에 의해 생겨나는 장애로 보았다.

㉠ 프로이트의 갈등모델(conflict model): 조현병은 갈등과 방어에 의해 형성되는데 갈등은 매우 강력하고 적용되는 방어 기제도 부정, 투사와 같은 원시적인 방어 기제가 사용된다. 따라서 조현병 환자의 자아기능은 발달적으로 초기 단계로 퇴행한다고 보았다.

㉡ 이후, 프로이트는 결손모델(deficiency model)을 제시: 처음에는 갈등으로 시작하지만 외부세계로 향해졌던 리비도 에너지가 점차 내부로 철수된다. 그 정도가 심해지면 외부세계와의 관계가 단절될 뿐만 아니라 내부의 대상 표상과의 관계도 소원해지고 자폐적 세계로 철수하게 되며 심리적 적응 기능이 손상되게 된다.

㉢ 페데른(Paul Federn)의 자아경계 붕괴모델: 페데른은 조현병을 자아경계에 투여되는 에너지의 감소로 인해 나타나는 장애로 보았다. 외부적 자아경계가 손상되어 외부 현실과 심리적 현실을 구분하지 못하는 환각과 망상 등의 증상이 나타나고, 내부적 자아경계가 약화되어 초기의 미숙한 자아상태가 다시 출현하게 된다고 주장했다.

㉣ 대상관계이론에서는 조현병의 기원을 생애 초기의 발달과정에 두고 있다. 멜라니 클라인(Melanie Klein)이 주장한 바에 따르면, 조현병 잠재가능성을 가진 아동은 엄마에 대해 공격적 충동을 지니며 이를 엄마에게 투사하여 피해의식적 불안을 갖게 됨으로써 외부세계로부터의 철수, 분리, 투사적 동일시 등의 방어기제를 사용하며 피해의식적 입장에 고착된다. 청소년기 이후에 심한 스트레스에 직면하게 되면, 이러한 피해의식적 입장으로 퇴행하여 조현병 증상이 나타나게 된다는 것이다.

㉤ 말러(Margaret S. Mahler)는 초기의 발달 경험이 성장 후의 심리적 기능에 영향을 미친다고 주장하였다. 조현병 환자는 어린 시절 엄마와 안정된 공생관계를 형성하는 데 실패함으로써 분리-개별화의 단계로 성장하는 과정에 어려움을 나타내게 된다. 즉 이후 발달과정에서 독립된 개체로서 수행해야 하는 개인화 과제에 직면했을 때 자폐적 단계로 퇴행하여 조현병적 상태가 나타난다는 것이다.

(3) 가족관계 및 사회환경적 요인

① 정신분열증 유발적 모친(schizophrenogenic mother): 어머니의 성격이 지배적, 냉담, 갈등이 많음으로 인해 자녀에게 정신분열증을 유발한다는 이론이다.

② 이중구속이론(double-bind theory): 베이트슨(Gregory Bateson)과 그의 동료들(1965)이 주장에 따르면, 부모의 상반된 의사전달이 조현병 유발에 영향을 준다. 이는 부모 가운데 한 사람이 동일한 사안에 대해서 서로 다른 시기에 상반된 의사를 전달하거나, 동일한 사안에 대해 부모가 서로 상반된 지시나 설명을 하는 경우를 말한다.

③ 표현된 정서(expressed model): 조현병 환자의 가족은 갈등이 많고 강렬한 부정적 감정을 표출하는 경향이 있다.

④ 부모의 부부관계가 조현병 발생에 영향을 준다는 주장이 제기되었다.
㉠ 한 유형은 편향적 부부관계로서 수동적인 배우자가 정신적으로 건강하지 못한 배우자에게 가족에 대한 통제권을 양보한 채 자녀에게 집착하는 경우이다.
㉡ 다른 유형은 분열적 부부관계로서, 부부가 만성적인 갈등상태에서 서로의 요구를 무시하고 자녀를 자기편으로 만들기 위해 치열하게 경쟁하는 경우이다.

(4) 사회문화적 환경

① 사회적 유발설(sociogenic hypothesis): 낮은 사회계층에 속하는 사람은 타인으로부터의 부당한 대우, 낮은 교육수준, 낮은 취업기회 및 취업조건 등으로 많은 스트레스와 좌절경험을 하게 되며, 그 결과 조현병으로 발전할 수 있다는 주장이다.

② 사회적 선택설(social selection hypothesis): 조현병 환자들이 부적응적인 증상으로 인하여 사회의 하류계층으로 옮겨가게 된 것이라고 주장한다.

4 조현병 스펙트럼 및 기타 정신병적 장애

(5) 취약성-스트레스 모델: 주빈과 스프링(Zubin & Spring, 1977)은 조현병의 발병과정과 임상적 경과를 설명하기 위해 취약성-스트레스 모델을 제시하였다. 이들에 따르면, 조현병은 장애 자체가 만성화되는 것이 아니라 장애에 대한 취약성이 지속되는 장애이다.

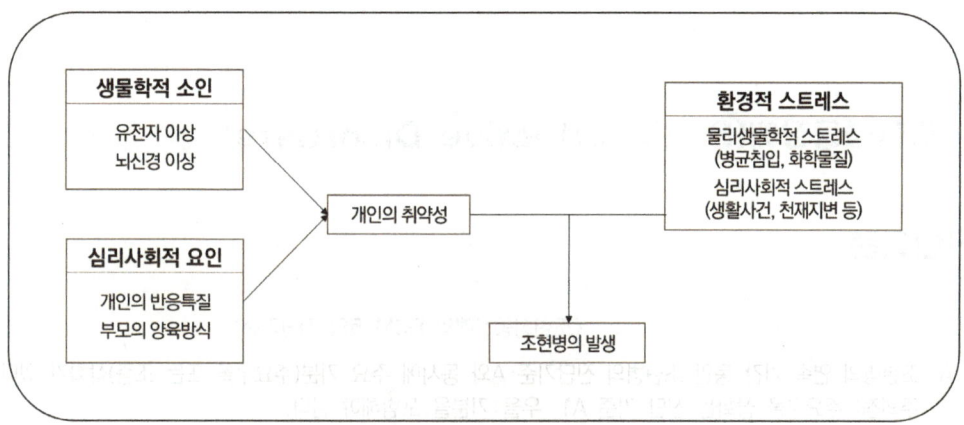

조현병에 관한 취약성 스트레스 모델

① 그 취약성의 정도는 개인마다 다르며 유전적 요인과 출생 전후의 신체적-심리적 요인에 의해 결정된다. 이러한 취약성을 지닌 사람에게 스트레스 사건이 발생하여 그 적응부담이 일정한 수준을 넘게 되면 조현병이 발병한다는 것이다.
② 유전적 취약성을 가진 사람도 과중한 환경적 스트레스가 주어지지 않으면 발병 없이 살아갈 수 있다고 본다. 또한 조현병이 발생해도 스트레스가 줄어들면 증상이 감소되고, 기능수준이 회복될 수 있다고 본다.

5 치료

- 조현병 환자는 현실검증력에 손상이 있고 현저한 부적응 증세를 나타낼 뿐만 아니라 자신과 타인을 해칠 가능성이 있기 때문에 입원치료를 받는 것이 바람직하다.
- 양성 증상의 완화를 위해서는 항정신병 약물이 흔히 처방되며, 최근에는 음성 증상의 개선에 도움이 되는 약물이 개발되어 사용되고 있다.

(1) 항정신병 약물은 3가지 종류

① **진정성 항정신병 약물**: 흥분과 초조감 등의 흥분성 증상을 진정시키는 효과를 지닌다.
② **항결핍성 항정신병 약물**: 흥미결여나 자폐적 위축 등의 결핍성 증상을 호전시키는 효과를 지닌다.
③ **항생산성 항정신병 약물**: 환각이나 망상 등의 양성 증상을 억제하는 효과를 지닌다.

(2) 심리치료

① **정신역동적 치료**: 세부적인 이론적 입장에 따라 다르지만 대체로 조현병 환자와의 지지적 관계형성을 통해 자아기능을 강화시키는 데에 초점을 두고 있다.
② **행동치료적 기법**: 조현병 환자들의 적응적 행동을 증가시키고 부적응적 행동을 감소시키기 위해 활용되고 있다. 환표이용법(token economy, 토큰 경제)이나 체계적 둔감법을 이용할 수 있다. 또한 사회적 기술훈련을 통해 다양한 사회적 상황에 대처하는 기술을 가르치고 이러한 상황에서 발생하는 불안을 극복하도록 도움으로써 타인과의 상호작용을 증진할 수 있다.

③ **인지치료적 기법**: 부적응적인 사고내용을 변화시키고 인지적 적응능력을 향상시키기 위해 '자기지시훈련'과 같은 다양한 인지치료적 기법이 시행되고 있다.
④ **집단상담**: 사회화훈련, 가족치료를 통한 감정표현 훈련 등도 도움이 된다.

2 조현정동장애(Schizoaffective Disorders)

1 진단기준

〈조현정동장애의 DSM-5의 진단기준〉

A. 조현병의 연속 기간 동안 조현병의 진단기준 A와 동시에 주요 기분(주요우울 또는 조증)삽화가 있다.
   주의점: 주요우울 삽화는 진단 기준 A1: 우울 기분을 포함해야 한다.
B. 평생의 유병 기간 동안 주요 기분(주요우울 또는 조증) 삽화 없이 존재하는 2주 이상의 망상이나 환각이 있다.
C. 주요 기분 삽화의 기준에 맞는 증상이 병의 활성기 및 잔류기 부분의 전체 지속 기간의 대부분 동안 존재한다.
D. 장애가 물질(예 남용약물, 치료약물)의 효과나 다른 의학적 상태로 인한 것이 아니다.

다음 중 하나를 명시할 것
• **양극형**: 이 아형은 조증 삽화가 발현 부분일 경우 적용됨. 주요우울 삽화도 일어날 수 있다.
• **우울형**: 이 아형은 단지 주요우울 삽화만이 발현 부분일 경우 적용된다.

다음의 경우 명시할 것
• 긴장증 동반

다음의 경우 명시할 것
다음의 경과 명시자들은 장애 지속 기간이 1년이 지난 후에, 그리고 진단적 경과 기준에 반대되지 않을 경우에만 사용되는 것이다.
• 첫 삽화, 현재 급성 삽화 상태
• 첫 삽화, 현재 부분 관해 상태
• 첫 삽화, 현재 완전 관해 상태
• 다중 삽화, 현재 급성 삽화 상태
• 다중 삽화, 현재 부분 관해 상태
• 다중 삽화, 현재 완전 관해 상태
• 지속적인 상태
• 명시되지 않는 경우

현재의 심각도를 명시할 것
심각도는 망상, 환각, 와해된 언어, 비정상적 정신운동 행동, 음성 증상 등과 같은 정신병의 일차 증상에 대한 양적 평가를 통해 등급화된다. 이러한 증상 각각은 현재 심각도(지난 7일 중 가장 심한)에 대하여 0(증상 없음)부터 4(고도의 증상이 있음)까지의 5점 척도를 이용해 등급화될 수 있다("평가 도구" 장의 정신병 증상 심각도에 대한 임상의 평정 차원을 참조하시오).
주의점: 조현정동장애의 진단은 이러한 심각도 명시자의 사용 없이 내려질 수 있다.

3 조현양상장애(Schizophreniform Disorders)

1 진단기준

〈조현양상장애의 DSM-5의 진단기준〉

A. 다음 증상 중 둘(혹은 그 이상)이 1개월의 기간(성공적으로 치료가 되면 그 이하) 동안의 상당 부분의 시간에 존재하고, 이들 중 최소한 하나는 (1) 내지 (2) 혹은 (3)이어야 한다.
   1. 망상
   2. 환각
   3. 와해된 언어(예 빈번한 탈선 혹은 지리멸렬)
   4. 극도로 와해된 또는 긴장성 행동
   5. 음성 증상(예 감퇴된 감정 표현 무의욕증)
B. 장애의 삽화가 1개월 이상, 6개월 이내로 지속된다. 진단이 회복까지 기다릴 수 없이 내려져야 할 경우에는 "잠정적"을 붙여 조건부 진단이 되어야 한다.
C. 조현정동장애와 정신병적 양상을 동반한 우울 또는 양극성 장애는 배제된다. 왜냐하면 ① 주요우울 또는 조증 삽화가 활성기 증상과 동시에 일어나지 않기 때문이거나, ② 기분 삽화가 활성기 증상 동안 일어난다고 해도 병의 활성기 및 잔류기 전체 지속 기간의 일부에만 존재하기 때문이다.
D. 장애가 물질(예 남용약물, 치료약물)의 생리적 효과나 다른 의학적 상태로 인한 것이 아니다.

다음의 경우 명시할 것
- 양호한 예후 특징을 동반하는 경우: 이 명시자는 다음의 4가지 특징 중 최소 둘이 있어야 한다. 그 특징은 통상적 행동이나 기능에서 처음 눈에 띄는 변화가 생긴 지 4주 이내에 뚜렷한 정신병적 증상의 발병, 혼돈 혹은 당혹감, 양호한 병전 사회 및 직업 기능, 둔마 혹은 평탄 정동의 부재 등이다.
- 양호한 예후 특징을 동반하지 않는 경우: 이 명시자는 위 특징 중 둘 이상이 존재하지 않는 경우 적용된다.

다음의 경우 명시할 것
- 긴장증 동반

현재의 심각도를 명시할 것
심각도는 망상, 환각, 와해된 언어, 비정상적 정신운동 행동, 음성 증상 등과 같은 정신병의 일차 증상에 대한 양적 평가를 통해 등급화된다. 이러한 증상 각각은 현재 심각도(지난 7일 중 가장 심한)에 대하여 0(증상 없음)부터 4(고도의 증상이 있음)까지의 5점 척도를 이용해 등급화될 수 있다("평가 도구" 장의 정신병 증상 심각도에 대한 임상의 평정 차원을 참조하시오).
주의점: 조현양상장애의 진단은 이러한 심각도 명시자의 사용 없이 내려질 수 있다.

4. 단기 정신병적 장애(Brief Psychotic Disorders)

1 진단기준

<단기 정신병적 장애의 DSM-5의 진단기준>

A. 다음 증상 중 하나(혹은 그 이상)가 존재하고, 이들 중 최소한 하나는 (1) 내지 (2) 혹은 (3)이어야 한다.
  1. 망상
  2. 환각
  3. 와해된 언어(예, 빈번한 탈선 혹은 지리멸렬)
  4. 극도로 와해된 또는 긴장성 행동
     주의점: 문화적으로 인정되는 반응이면 증상에 포함하지 마시오.
B. 장애 삽화의 지속 기간이 최소 1일 이상 1개월 이내이며, 결국 병전 수준의 기능으로 완전히 복귀한다.
C. 장애가 정신병적 양상을 동반한 주요우울장애나 양극성장애, 혹은 조현병이나 긴장증 같은 다른 정신병적 장애로 더 잘 설명되지 않으며, 물질(예 남용약물, 치료약물)의 생리적 효과나 다른 의학적 상태로 인한 것이 아니다.

다음의 경우 명시할 것
- **현저한 스트레스 요인을 동반하는 경우**: (단기 반응성 정신병): 개인의 문화권에서 비슷한 상황이 되면 대개 어떤 사람에게든 현저하게 스트레스를 주는 단일 사건 혹은 중복 사건에 반응하여 증상이 일어나는 경우
- **현저한 스트레스 요인을 동반하지 않는 경우**: 개인의 문화권에서 비슷한 상황이 되면 대개 어떤 사람에게든 현저하게 스트레스를 주는 단일 사건 혹은 중복 사건에 반응하여 증상이 일어난 경우가 아닐 때
- **산후 발병**: 임신 기간 혹은 산후 4주 내에 발병한 경우

다음의 경우 명시할 것
- 긴장증 동반

현재의 심각도를 명시할 것
심각도는 망상, 환각, 와해된 언어, 비정상적 정신운동 행동, 음성 증상 등과 같은 정신병의 일차 증상에 대한 양적 평가를 통해 등급화된다. 이러한 증상 각각은 현재 심각도(지난 7일 중 가장 심한)에 대하여 0(증상 없음)부터 4(고도의 증상이 있음)까지의 5점 척도를 이용해 등급화될 수 있다("평가 도구" 장의 정신병 증상 심각도에 대한 임상의 평정 차원을 참조하시오).
주의점: 단기 정신병적 장애의 진단은 이러한 심각도 명시자의 사용 없이 내려질 수 있다.

4 조현병 스펙트럼 및 기타 정신병적 장애

5 망상장애(Delusional Disorders)

1 진단기준

<망상장애의 DSM-5의 진단기준>

A. 1개월 이상의 지속 기간을 가진 한 가지(혹은 그 이상) 망상이 존재한다.
B. 조현병의 진단기준 A에 맞지 않는다.
　주의점: 환각이 있다면 뚜렷하지 않고, 망상 주제와 연관된다(예 벌레가 우글거린다는 망상과 연관된 벌레가 꼬이는 감각).
C. 망상의 영향이나 파생 결과를 제외하면 기능이 현저하게 손상되지 않고 행동이 명백하게 기이하거나 이상하지 않다.
D. 조증이나 주요우울 삽화가 일어나는 경우, 이들은 망상기의 지속 기간에 비해 상대적으로 짧다.
E. 장애가 물질의 생리적 효과나 다른 의학적 상태로 인한 것이 아니고, 신체이형장애나 강박장애와 같은 다른 정신질환으로 더 잘 설명되지 않는다.

다음 중 하나를 명시할 것
- **색정형**: 이 아형은 망상의 중심 주제가 또 다른 사람이 자신을 사랑하고 있다는 것일 경우 적용된다.
- **과대형**: 이 아형은 망상의 중심 주제가 어떤 굉장한(그러나 확인되지 않은) 재능이나 통찰력을 갖고 있다거나 어떤 중요한 발견을 하였다는 확신일 경우 적용된다.
- **질투형**: 이 아형은 망상의 중심 주제가 자신의 배우자나 연인이 외도를 하고 있다는 것일 경우 적용된다.
- **피해형**: 이 아형은 망상의 중심 주제가 자신이 음모, 속임수, 염탐, 추적, 독극물이나 약물 주입, 악의적 비방, 희롱, 장기 목표 추구에 대한 방해 등을 당하고 있다는 믿음을 수반한 경우 적용된다.
- **신체형**: 이 아형은 망상의 중심 주제가 신체적 기능이나 감각을 수반한 경우 적용된다.
- **혼합형**: 이 아형은 어느 한 가지 망상적 주제도 두드러지지 않은 경우 적용된다.
- **명시되지 않는 유형**: 이 아형은 지배적 망상적 믿음이 분명히 결정될 수 없는 경우 혹은 특정 유형에 기술되지 않은 경우(예 뚜렷한 피해 혹은 과대요소가 없는 관계망상) 적용된다.

다음의 경우 명시할 것
- **괴이한 내용 동반**: 망상이 분명히 타당해 보이지 않고, 이해 불가하며, 보통의 일상 경험에서 유래되지 않으면 기이한 것으로 간주된다(예 낯선 이가 자신의 장기는 꺼내가고, 대신 누군가의 장기를 상처나 흉터를 남기지 않은 채 집어넣었다는 믿음).

현재의 심각도를 명시할 것
주의점: 망상장애의 진단은 이러한 심각도 명시자의 사용 없이 내려질 수 있다.

2 원인

(1) **말러(Maher)**: 비정상적인 경험이 망상형성에 중요하다고 제안하였다.
① 망상을 지닌 환자들은 환각이나 착각에 의해 비정상적인 지각경험을 하게 되고 이러한 당혹스러운 경험에 대한 강한 의문과 이를 나름대로 설명하고자 한다.
② 그 과정에서 비정상적 경험이 가시적인 요인으로 설명될 수 없기 때문에 망상적 내용이 등장하게 된다.
③ 말러(Maher)의 주장에 대해서는 그 증거가 혼재되어 있다.

(2) 캐니와 벤탈(Kaney & Bentall)
① 망상의 형성과정이 사회적 귀인과정에 의해 이해될 수 있다고 주장하였다.
② 벤탈(Bentall) 등은 현실적 자기와 이상적 자기 간의 괴리를 최소화시키기 위한 노력으로 부정적인 생활사건에 대해 극단적인 외부귀인을 하게 됨으로써 망상이 형성된다고 하였다.
③ 또한 정보처리과정에서의 인지적 편향도 망상의 형성과 유지에 중요한 역할을 한다. 즉 망상을 입증하는 정보에 선택적 주의를 하고, 망상과 반대되는 증거에 선택적 부주의를 함으로써 망상이 지속된다는 것이다.

(3) 생물학적 입장
① 망상이 뇌의 구조적 손상이나 신경전달물질과 관련되어 있다고 가정한다.
② 커팅(Cutting)은 환각과 망상과 관련 있는 좌반구의 측두엽과 비정상적 신념을 유발하는 우반구의 두정엽이 망상의 발달과 유지에 중요하다고 주장하였다.
③ 커밍즈(Cummings)는 기분과 동기를 매개하는 통합적 체계를 형성하는 변연계와 기저핵이 망상의 발달에 중요하다고 제언하였다.
④ 도파민이 망상과 관련되어 있다는 주장도 제기되었다.

3 치료

(1) 망상장애는 환자의 현실적 생활과 밀접하게 연결되어 있기 때문에 지속되는 경향이 강해, 다른 정신장애에 비해서 치료가 어렵다.
(2) 따라서 망상장애 환자의 치료를 위해서는 신뢰로운 치료관계를 형성하는 것이 가장 중요하고, 이러한 관계가 형성된 후에 약물치료나 심리치료를 하는 것이 바람직하다.
(3) 환자의 망상에 직접 도전하는 것은 금물이며, 중립적 입장을 취하는 것이 중요하다.
(4) 망상을 직접 다루기보다는 수반되는 불안과 과민성을 극복하도록 도와줌으로써 치료동기를 자극하는 것이 바람직하다.
(5) 임상가는 환자가 흔히 사용하는 투사 방어의 대상이 될 수 있다는 점을 명심하고, 치료적 관계를 손상시키는 행동을 자제하면서 환자의 투사를 받아내야 한다.
(6) 지지적 치료가 효과적인 것으로 알려져 있다.

5 양극성 장애

- 기분의 변화가 매우 심하여 기분이 고양된 상태와 침체된 상태가 주기적으로 나타나는 일련의 장애. 양극성 장애는 조증 증상과 더불어 우울증 증상이 주기적으로 교차되면서 나타나는 장애로서 조울증이라고 불리기도 한다.
- 조증 증상이 나타나는 경우는 그 심각도에 따라 조증 삽화와 경조증 삽화로 구분된다.
- **조증 삽화**: 과도하게 들뜬 고양된 기분을 나타내며 자존감이 팽창되어 말과 활동이 많아지고 주의가 산만해져서 일상적인 생활이 불가능한 경우를 뜻한다.
- 반면 경조증 삽화는 조증 증상이 경미하게 나타나는 경우를 의미한다.
- 양극성 관련 장애는 양극성 I 장애, 양극성 II장애, 순환성장애, 약물에 기인한 양극성 관련 장애, 다른 의학적 상태에 기인한 양극성 관련 장애, 다른 특정 양극성장애, 달리 분류되지 않는 양극성 관련 장애를 포함한다.

1 양극성 관련 장애 진단 기준

1 제1형 양극성 장애(bipolar I disorder)
최소한 한 번 이상의 조증 삽화가 아래에 제시된 조증 진단기준 A~D에 부합해야 한다.

> **〈조증 삽화의 주요 증상들에 대한 DSM-5의 진단기준〉**
>
> A. 비정상적으로 고조되거나 과대하거나 과민한 기분과 비정상적으로 증가된 목표 지향적 활동이나 에너지가 최소한 1주일 이상 거의 매일, 하루 종일 지속되는 기간이 분명하다(입원이 필요한 정도의 증상이 나타날 경우에는 기간에 상관없음).
> B. 기분장애와 증가된 에너지와 활동이 나타나는 기간 동안 다음 증상들 중 세 가지(기분이 과민하기만 하다면 네 가지)가 심각할 정도로 나타나며, 평상시의 행동과는 눈에 띄게 다른 행동이 나타난다.
>   1. 팽창된 자존심 또는 심하게 과장된 자신감
>   2. 수면에 대한 욕구 감소(예 단 3시간의 수면으로도 충분하다고 느낌)
>   3. 평소보다 말이 많아지거나 계속 말을 하게 됨
>   4. 사고의 비약 또는 사고가 연달아 일어나는 주관적인 경험
>   5. 주의 산만(예 중요하지 않거나 관계없는 외적 자극에 너무 쉽게 주의가 이끌림)
>   6. 목표 지향적 활동(예 직장이나 학교에서의 사회적 또는 성적활동)이나 흥분된 운동성 활동의 증가
>   7. 고통스러운 결과를 초래할 쾌락적인 활동에 지나치게 몰두함(예 흥청망청 물건 사기, 무분별한 성행위, 어리석은 사업 투자)
> C. 사회적 또는 직업적 기능에 현저한 손상을 초래하거나 자신이나 타인에게 해를 입히는 것을 방지하기 위해 입원을 시켜야 할 만큼 기분장애가 충분히 심각하거나 정신증적 양상이 동반된다.
> D. 이러한 삽화가 어떤 약물(예 약물남용, 투약, 기타치료)이나 다른 의학적 상태의 생리적 효과에 기인하지 않는다.
>   **주의점**: 우울증 치료(예 약물치료, 전기경련 요법) 중 나타난 조증 삽화라 할지라도 그 치료의 직접적인 생리적 효과가 나타날 수 있는 기간 이후까지 명백한 조증 증상이 지속된다면, 제 I 형 양극성으로 진단할 수 있다.

> **주의점**: 조증 삽화로 진단되기 위해서는 진단기준 A~D를 충족해야 하며, 양극성 I 장애로 진단되기 위해서는 최소한 한 번 이상의 조증 삽화가 있어야 한다.
>
> 제I형 양극성장애
> A. 적어도 1회의 조증 삽화를 만족한다("조증 삽화" 하단의 진단기준 A부터 D까지).
> B. 조증 및 주요우울 삽화는 조현정동장애, 조현병, 조현양상장애, 망상장애, 달리 명시된, 또는 명시되지 않는 조현병 스펙트럼 및 기타 정신병적 장애로 더 잘 설명되지 않는다.

2 제II형 양극성장애(bipolar II disorder)

최소한 한 번 이상 발생한 경조증 삽화가 아래 표에 제시된 경조증 진단기준 A~F에 부합하고, 최소한 한 번 이상 발생한 주요 우울장애가 주요 우울장애 진단기준 A~C에 부합해야 하며 조증 삽화를 경험한 적이 없어야 한다.

> **〈경조증 삽화의 주요 증상들에 대한 DSM-5의 진단기준〉**
>
> A. 비정상적으로 고조되거나 과대하거나 과민한 기분과 비정상적으로 증가된 활동이나 에너지가 최소한 4일 연속 거의 매일, 하루 종일 지속되는 기간이 분명하다.
> B. 기분장해와 증가된 에너지와 활동이 나타나는 기간 동안 다음 증상들 중 세 가지(기분이 과민하기만 하다면 네 가지)가 심각할 정도로 나타나며, 평상시의 행동과는 눈에 띄게 다른 행동이 나타난다.
> 1. 팽창된 자존심 또는 심하게 과장된 자신감
> 2. 수면에 대한 욕구 감소(예 단 3시간의 수면으로도 충분하다고 느낌)
> 3. 평소보다 말이 많아지거나 계속 말을 하게 됨
> 4. 사고의 비약 또는 사고가 연달아 일어나는 주관적인 경험
> 5. 주의 산만(예 중요하지 않거나 관계없는 외적 자극에 너무 쉽게 주의가 이끌림)
> 6. 목표 지향적 활동(예 직장이나 학교에서의 사회적 또는 성적활동)이나 흥분된 운동성 활동의 증가
> 7. 고통스러운 결과를 초래할 쾌락적인 활동에 지나치게 몰두함(예 흥청망청 물건 사기, 무분별한 성행위, 어리석은 사업 투자)
> C. 삽화는 증상이 없을 때의 개인의 특성과는 다른 명백한 기능 변화를 동반한다.
> D. 기분의 장애와 기능의 변화가 타인들에 의해 관찰될 수 있다.
> E. 삽화가 사회적·직업적 기능의 현저한 손상을 일으키거나 입원이 필요할 정도로 심각하지는 않다. 만약 정신병적 양상이 있다면 이는 조증 삽화다.
> F. 삽화가 물질(예 약물남용, 투약, 기타치료)의 생리적 효과로 인한 것이 아니다.
> 주의점: 우울증 치료(예 약물치료, 전기경련 요법) 중 나타난 경조증 삽화라 할지라도 그 치료의 직접적인 생리적 효과가 나타날 수 있는 기간 이후까지 지속된다면 이는 경조증 삽화로 진단할 수 있는 근거가 된다. 하지만 진단 시 주의가 필요하고 한두 가지 증상(증가된 과민성, 불안 또는 항우울제 사용 이후 초조)만으로 경조증 삽화를 진단하지는 못하며, 이는 양극성 경향에 대해서도 마찬가지이다.
>
> 제II형 양극성장애
> A. 적어도 1회의 경조증 삽화(앞의 "경조증 삽화"의 진단기준 A~F)와 적어도 1회의 주요우울 삽화(앞의 "주요우울 삽화"의 진단기준 A~C)의 진단기준을 만족시킨다.
> B. 조증 삽화는 1회도 없어야 한다.
> C. 경조증 삽화와 주요우울 삽화의 발생이 조현정동장애, 조현병, 조현양상장애, 망상장애, 달리 명시된, 또는 명시되지 않는 조현병 스펙트럼 및 기타 정신병적 장애로 더 잘 설명되지 않는다.
> D. 우울증의 증상 또는 우울증과 경조증의 잦은 순환으로 인한 예측 불가능성이 사회적, 직업적, 또는 다른 중요한 기능 영역에서 임상적으로 현저한 고통이나 손상을 초래한다.

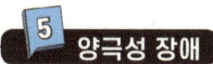

3 순환성장애(cyclothymic disorder)

(1) 기분 삽화에 해당되지 않는 경미한 우울 증상과 경조증 증상이 번갈아 가며 2년 이상(아동과 청소년의 경우 1년 이상) 장기적으로 나타나는 경우를 말한다.

(2) 2년의 기간(아동과 청소년의 경우 1년 이상) 중 적어도 반 이상의 기간에 우울이나 경조증 증상을 나타내야 하며, 아무런 증상이 없는 기간이 2개월 이하여야 한다.

(3) 하지만 주기적인 우울 및 경조증 증상으로 인해서 현저한 고통을 겪거나 일상생활의 기능에 상당한 지장이 초래되어야 한다.

〈 순환성장애에 대한 DSM-5의 진단기준 〉

A. 적어도 2년 동안(아동·청소년에서는 1년) 다수의 경조증 기간(경조증 삽화의 진단기준을 충족하지 않는)과 우울증 기간(주요우울 삽화의 진단기준을 충족하지 않는)이 있어야 한다.
B. 2년 이상의 기간 동안(아동·청소년에서는 1년), 경조증 기간과 우울증 기간이 절반 이상 차지해야 하고, 증상이 없는 기간이 2개월 이상 지속되어서는 안 된다.
C. 주요우울 삽화, 조증 삽화 또는 경조증 삽화가 존재하지 않는다.
D. 진단기준 A의 증상이 조현정동장애, 조현병, 조현양상장애, 망상장애, 달리 명시된, 또는 명시되지 않는 조현병 스펙트럼 및 기타 정신병적 장애로 더 잘 설명되지 않는다.
E. 증상이 물질(예 약물남용, 투약, 기타치료)의 생리적 효과나 다른 의학적 상태(예 갑상선 기능 항진증)로 인한 것이 아니어야 한다.
F. 증상이 사회적, 직업적, 또는 다른 중요한 기능 영역에서 임상적으로 현저한 고통이나 손상을 초래한다.

4 양극성 장애의 하위유형들의 주요 진단특징 요약

하위유형	주요 진단특징
제Ⅰ형 양극성 장애	• 조증 삽화가 1번 또는 그 이상 나타나는 경우 • 조증 삽화와 주요 우울 삽화가 교대로 나타나는 경우 • 조증 삽화의 기간은 1주일 이상이어야 한다.
제Ⅱ형 양극성 장애	• 경조증 삽화와 함께 최소 1번 이상의 주요 우울 삽화가 나타나는 경우 • 경조증 삽화의 기간은 최소한 4일간 연이어 지속되어야 한다.
순환성 장애	• 경조증과 경우울증이 2년(아동과 청소년의 경우 1년) 이상 장기적으로 순환하면서 나타나는 경우

2 양극성 장애의 원인

1 생물학적 입장

(1) 유전적 경향이 강하다.

(2) 제Ⅰ형 양극성 장애의 경우 환자의 약 50%가 부모 중 적어도 한 사람이 기분장애를 겪은 병력이 있다.

(3) 그 외에도 신경전달물질, 신경내분비 기능, 수면생리 등과 관련이 있다.

2 정신분석적 입장

(1) 무의식적 상실이나 자존감 손상에 대한 방어나 보상이다.
(2) 프로이트(Freud)는 조증이 우울장애와 핵심적 갈등은 동일하지만 에너지가 외부로 방출된 것, 즉 무의식적 대상의 상실로 인한 분노와 책망의 에너지가 외부로 방출된 것으로 설명한다.
(3) 카메론(Cameron)은 조증은 개인이 직면하기에 너무 고통스러운 현실을 부정한 결과로 나타나는 정신병리 현상으로 본다.
(4) 주요 우울장애의 촉발요인은 다르지 않으나 이에 대한 방어로 부정, 과대망상을 사용한다.

3 대상관계 이론

(1) 클라인(Klein)은 양극성 장애란 아동기에 선한 내적 대상을 자기 마음 속에 표상하는 데 실패했음을 반영하는 것으로 본다.
(2) 조증적 방어들은 상실된 사랑의 대상을 연모함으로써 생겨나는 고통스러운 감정들에 대한 반응이다.

4 인지적 입장

(1) 우울장애를 가진 사람들과 마찬가지로 현실의 해석에 인지적 왜곡이 일어난다고 보았다. 우울장애를 지닌 사람은 자동적 사고의 주제가 상실과 실패인 반면, 조증환자는 자동적 사고의 주제가 획득과 성공을 주제로 나타나며, 생활경험을 해석하는 과정에서 인지적 왜곡이 일어난다.

> **+ 인지적 입장의 양극성 장애 원인의 예**
>
> 한 두 번의 성공으로 무슨 일이든 확실히 성공할 것이라는 과잉일반화의 오류, 잠재적인 부정적 결과를 주목하지 못하는 선택적 추상화의 왜곡을 보임. 또한 일상생활에 일어난 일이 자신의 특별한 능력 때문이라는 개인화 오류를 나타냄

3 양극성 장애 치료(중재전략)

1 약물치료 우선 고려

대표적인 항조증 약물은 리튬(lithium). 그 외에 카바마제핀(Cabamazepine), 발프로에이트(Valproate), 클로나제핀(Clonazepine) 등.

2 심리교육을 통해 양극성 장애에 대한 지식을 증가시키고, 약물치료의 중요성을 인식시킨다.

3 수면을 비롯한 규칙적인 일상생활을 유지한다. 감정조절 및 의사소통 기술을 습득한다. 조증 삽화의 전구기 증상을 알아차리고 효과적으로 대처한다.

4 인지행동치료

부정적 경험을 인지적으로 재구성한다. 전구기 증상을 감지하여 완전한 기분 삽화로 발전하지 않도록 인지와 행동을 수정한다.

5 대인관계 및 사회적 리듬 치료

(1) 치료 초기: 현재 대인관계 수준과 문제 영역을 확인한다. 양극성 장애에 대한 심리교육을 실시한다. 사회적 리듬 차트 도입하여 환자의 일상생활을 요일과 시간대 별로 기록한다.

(2) 치료 중기: 사회적 리듬 차트를 사용하여 생활리듬을 불규칙하게 만드는 활동을 찾아내어 변화시킨다. 하루에 몇 시간 수면을 취하고 일상생활을 어떻게 영위하는 것이 환자에게 가장 정서적인 안정감을 주는지 탐색한다. 대인관계 치료 병행하여 사회적 관계의 갈등과 문제 해결에 도움을 준다.

(3) 예방기: 치료회기를 월 1회로 줄인다. 2년 이상 지속적으로 해나간다. 환자가 일상생활에서 대인관계 및 사회적 리듬 치료의 기법을 적용한다.

(4) 종결기: 치료회기의 간격을 늘이면서 재발 상황에 대처할 수 있는 방법과 활용 가능한 자원을 알려준다.

6 우울장애 📖 2009 논술형, 2011, 2016 기출

1 우울장애의 일반적인 특징 📖 2016 기출

1) 일반적으로 기분이 저하되거나 활동력이 줄어드는 기분장애이지만, 지나치게 되면 현재 생활에 적응력을 떨어뜨리고 개인의 능력과 의욕을 저하시킨다. 우울장애는 심각한 장애를 일으키기도 하고 자살이라는 극단적인 상황으로까지 갈 수 있는 정신건강의 적신호다.
2) 우울상태에서는 슬픈 감정을 비롯하여 좌절감, 죄책감, 고독감, 무가치감, 허무감, 절망감과 같은 고통스러운 정서적 상태가 지속된다.
3) 우울증의 증상: 우울한 기분, 흥미나 즐거움의 상실, 체중이나 식욕의 변화, 수면장애, 운동성 흥분 또는 지체, 피로감 또는 활력 상실, 무가치한 느낌 또는 죄책감, 정신집중이나 의사결정의 어려움, 죽음에 대한 생각 또는 자살행동을 보이기도 한다.

2 우울장애의 진단 기준

- DSM-5의 우울장애는 파괴적 기분조절부전장애(disruptive mood dysregulation), 주요 우울장애(major depressive disorder), 기분부전장애로 명명되었던 지속적 우울장애(persistent depressive disorder), 월경 전 불쾌감장애(premenstrual dysphoric disorder), 약물에 기인한 우울장애(substance/medicine-induced depressive disorder), 다른 의학적 조건에 기인한 우울장애(depressive disorder due to another medical condition), 다른 특정 우울장애(other specified depressive disorder), 달리 분류되지 않은 우울장애(unspecified depressive disorder)을 포함한다.
- 새로이 추가된 진단 분류인 파괴적 기분조절부전장애는 12세 이전의 아동이 지속적으로 초조해하거나 극단적으로 행동을 조절하지 못하는 삽화를 자주 나타내는 것이다.
- 파괴적 기분조절부전장애의 증상 유형을 나타내는 아동들은 청소년기와 성인기에 양극성장애를 나타내기보다 단극성 우울장애 또는 불안장애를 나타내게 된다.
- 우울장애에 포함되는 모든 하위 유형의 공통적 특징은 슬픔, 공허함, 초조함이며, 개인의 기능할 수 있는 능력에 영향을 미칠 수 있는 신체적 및 인지적 변화를 수반한다.
- 각 하위 유형은 우울 정서가 얼마나 지속되는가, 우울 정서가 언제 나타나는가, 우울 정서의 원인이 무엇인가에 따라 차이가 있다.

1 주요 우울장애(major depressive disorder): 심각한 우울증상

<주요 우울장애의 DSM-5의 진단기준>

A. 다음 증상 가운데 다섯 가지(또는 그 이상) 증상이 연속 2주 기간 동안 지속되며, 이러한 상태가 이전 기능으로부터의 변화를 나타내는 경우; 위의 증상 가운데 적어도 하나는 (1)우울 기분이거나, (2) 흥미나 즐거움의 상실이어야 한다.
  주의: 분명히 다른 의학적 상태에 기인한 증상들은 포함하지 않는다.
  1. 하루에 대부분, 그리고 거의 매일 지속되는 우울한 기분이 주관적 보고(예 슬프거나 공허하게 느낀다)나 객관적 관찰 (예 울 것처럼 보인다)을 통해 나타난다.
      주의: 소아와 청소년의 경우는 초조하거나 과민한 기분으로 나타나기도 한다.
  2. 거의 모든 일상활동에 대한 흥미나 즐거움이 하루의 대부분 또는 거의 매일같이 뚜렷하게 저하되어 있을 경우(주관적인 설명이나 타인에 의한 관찰에서 드러난다)
  3. 체중조절을 하고 있지 않은 상태에서 현저한 체중감소나 체중증가가 나타난다. 또한 현저한 식욕감소나 증가가 거의 매일 나타난다.
      주의: 소아의 경우 체중 증가가 기대치에 미달되는 경우 주의할 것
  4. 거의 매일 불면이나 과다수면이 나타난다.
  5. 거의 매일 정신운동성 초조나 지체를 나타낸다. 즉, 안절부절못하거나 축 처져 있는 느낌이 주관적으로 경험될 뿐만 아니라 다른 사람에 의해서도 관찰된다.
  6. 거의 매일 피로감이나 활력상실을 나타낸다.
  7. 거의 매일 무가치감이나 과도하고 부적절한 죄책감(망상적일 수도 있으며 단순히 병이 있다는 데 대한 자책이나 죄책감이 아님)을 느낀다.
  8. 거의 매일 사고력이나 집중력의 감소, 또는 우유부단함이 주관적 호소나 관찰에서 나타난다.
  9. 죽음에 대한 반복적인 생각이나 특정한 계획 없이 반복적으로 자살에 대한 생각이나 자살 기도를 하거나 자살하기 위한 구체적 계획을 세운다.
B. 이러한 증상들이 사회적, 직업적 및 다른 중요한 기능 영역에서 임상적으로 심각한 고통이나 손상을 초래한다.
C. 우울증 삽화가 어떤 약물이나 다른 의학적 상태의 생리적 효과에 기인하지 않는다.
  주의: 진단기준 A~C가 주요 우울증 삽화를 나타낸다.
  주의: 중대한 상실(예: 가족의 사망, 재정적 파산, 자연재해, 심각한 질병이나 장애)에 대한 반응은 우울 삽화의 진단기준 A에 기술된 강렬한 슬픔, 상실에 대한 반추증, 불면, 식욕부진, 체중 감소 등을 포함한다. 이러한 증상들을 보이는 것을 이해할 수 있고 상실에 대해 적절하다고 간주되지만, 중대한 상실에 대한 이러한 증상들과 주요 우울증 삽화가 동시에 존재할 경우 주의를 요한다. 이 경우 개인사와 상실에 대한 고통의 표현에 대한 문화적 규준에 근거하여 임상적인 판단을 내려야 한다.
D. 주요 우울증 삽화는 조현정동장애, 조현병, 조현양상장애, 망상장애, 달리 명시된, 또는 명시되지 않는 조현병 스펙트럼 및 기타 정신병적 장애로 더 잘 설명되지 않는다.
E. 조증 삽화나 경조증 삽화가 없었다.
  주의: 만약 조증이나 경조증 같은 삽화 모두가 약물이나 다른 의학적 상태의 생리적 효과에 기인한 경우는 제외한다.

2 지속성 우울장애(persistent depressive disorder): 우울증상이 장기적으로 나타남.

<지속성 우울장애의 DSM-5의 진단기준>

지속적 우울장애는 DSM-IV의 만성적 주요 우울장애와 기분부전장애를 통합한 것이다.
A. 적어도 2년 동안, 하루의 대부분 우울 기분이 있고, 우울 기분이 없는 날보다 있는 날이 더 많으며, 이는 주관적으로 보고하거나 객관적으로 관찰된다.
  주의: 아동이나 청소년의 경우, 기분이 과민한 상태(짜증)로 나타나기도 하며, 기간은 적어도 1년이 되어야 한다.

B. 우울할 때 다음 여섯 가지 중 두 가지 이상의 증상을 나타낸다.
   1. 식욕 저하 또는 과식
   2. 불면증 또는 수면 과다
   3. 활기 저하와 피곤
   4. 낮은 자존감
   5. 집중력과 의사결정 능력 저하
   6. 절망감
C. 우울장애를 나타낸 2년(아동과 청소년은 1년) 동안 한 번에 2개월 이상 진단기준 A와 B의 증상을 나타내지 않은 기간이 없다.
D. 주요 우울장애의 진단기준을 2년 동안 지속적으로 나타날 수 있다.
E. 조증이나 경조증 삽화가 나타난 적이 없으며, 순환성 장애(cyclothymic disorder)의 진단기준에 부합하지 않는다.
F. 장애가 지속적인 조현정동장애, 조현병, 조현양상장애, 망상장애, 달리 명시된, 또는 명시되지 않는 조현병 스펙트럼 및 기타 정신병적 장애로 더 잘 설명되지 않는다.
G. 증상이 물질(예 약물남용, 치료약물)의 생리적 효과나 다른 의학적 상태(예 갑상선 기능 저하증)로 인한 것이 아니다.
H. 증상이 사회적, 직업적, 또는 다른 중요한 기능 영역에서 임상적으로 현저한 고통이나 손상을 초래한다.

3 파괴적 기분조절 부전장애(disruptive mood dysregulation disorder):

불쾌한 기분을 조절하지 못함.

〈파괴적 기분조절 부전장애의 DSM-5의 진단기준〉

A. 언어적 또는 행동적(예 사람이나 사물에 대한 신체적 공격)으로 표현되는 심한 분노 폭발을 반복적으로 나타낸다. 이러한 분노는 상황이나 촉발자극의 강도나 기간에 비해서 현저하게 과도한 것이어야 한다.
B. 분노 폭발은 발달수준에 부적절한 것이어야 한다.
C. 분노 폭발은 평균적으로 매주 3회 이상 나타나야 한다.
D. 분노 폭발 사이에도 거의 매일 하루 대부분 짜증이나 화를 내며 이러한 행동은 다른 사람(부모, 교사, 동료)에 의해서 관찰될 수 있다.
E. 이상의 증상(A~D)이 12개월 이상 지속적으로 나타나야 한다.
F. 이상의 증상(A~D)이 3가지 상황(가정, 학교, 또래와 함께 있는 상황) 중 2개 이상에서 나타나야 하며 한 개 이상에서 심하게 나타나야 한다.
G. 이 진단은 6세 이상부터 18세 이전에만 부여될 수 있다.
H. 이러한 기준들(A~E)이 10세 이전에 시작되어야 한다.
I. 조증삽화나 경조증삽화의 진단기준(기간 제외)에 맞는 기간이 하루 이상 지속되지 않는다.
   주의: 행복한 일이 있거나 기대하는 상황에서 일어나는 발달적으로 적절한 기분 상승을 조증 삽화나 경조증 삽화로 간주해서는 안 된다.
J. 진단기준에 맞는 행동들이 주요 우울장애 삽화 기간에만 일어나는 것이 아니며, 자폐스펙트럼장애, 외상후 스트레스 장애, 분리불안장애, 지속적 우울장애 등의 다른 정신 장애에 의해 더 잘 설명되지 않는다.
   주의: 파괴적 기분조절부전장애의 진단이 적대적 반항장애, 간헐적 폭발성 장애의 진단과 공존할 수 없으나, 주요 우울장애, 주의집중결핍/과잉행동장애, 품행장애, 약물사용장애 등의 진단과는 공존할 수 있다. 파괴적 기분조절부전장애와 적대적 반항장애의 진단 기준을 둘 다 충족하는 사람은 파괴적 기분조절부전장애로 진단되어야 한다. 조증 삽화나 경도 조증 삽화를 경험한 사람은 파괴적 기분조절부전장애로 진단되어서는 안 된다.
K. 진단기준에 제시된 증상들이 약물이나 다른 의학적 또는 신경학적 상태의 생리학적 효과에 기인한 경우는 제외한다.

4 월경전 불쾌감장애(premenstrual dysphoric disorder): 월경 전 우울증상이 나타남.

> **〈월경전 불쾌감장애의 DSM-5의 진단기준의 핵심 증상〉**
> A. 대부분의 월경주기마다 월경이 시작되기 전 주에 아래 두 집단의 증상들 중 5가지 이상이 나타난다. 이러한 증상들은 월경이 시작되면 며칠 이내로 감소하기 시작하고 월경이 끝나면 대부분 사라진다.
> B. 다음의 증상 중 한 가지 이상이 존재해야 한다.
>   1. 현저한 정서적 불안정성(예 기분동요, 갑자기 슬퍼지거나 눈물이 남, 거절에 대한 민감성 증가 등)
>   2. 현저한 과민성이나 분노 또는 대인관계 갈등의 증가
>   3. 현저한 우울 기분, 무기력감 또는 자기비하적 사고
>   4. 현저한 불안, 긴장 또는 안절부절못한 느낌
> C. 다음의 증상 중 한 가지 이상이 존재해야 한다. B와 C의 증상을 모두 합해서 5개 이상의 증상을 나타내야 한다.
>   1. 일상적 활동(일, 학교, 친구, 취미)에 대한 흥미의 감소
>   2. 주의집중의 곤란
>   3. 무기력감, 쉽게 피곤해짐 또는 현저한 에너지 부족
>   4. 식욕의 현저한 변화(과식 또는 특정한 음식에 대한 갈망)
>   5. 과다수면증 또는 불면증
>   6. 압도되거나 통제력을 상실할 것 같은 느낌
>   7. 신체적 증상(유방 압통 또는 팽만감, 관절 또는 근육의 통증, 더부룩한 느낌, 체중 증가)
>   주의점: 진단기준 A~C에 해당하는 증상이 전년도 대부분의 월경 중기에 있어야 한다.
> D. 증상이 직업이나 학교, 일상적인 사회 활동과 대인관계를 현저하게 저해한다(예, 사회 활동의 회피, 직장이나 학교에서의 생산성과 효율성의 감소).
> E. 증상은 주요우울장애나 공황장애, 지속성 우울장애(기분저하증) 혹은 성격장애와 같은 다른 장애로 인해 증상이 단순히 악화된 것이 아니다(이러한 장애 중 어느 것에도 중첩되어 나타날 수는 있다).
> F. 진단기준 A는 적어도 연속적인 2회의 주기 동안 전향적인 일일 평가에 의해 확인되어야 한다.
>   주의점: 진단은 이러한 확인이 있기 이전에는 잠정적으로 내려질 수 있다.
> G. 증상은 물질의 생리적 효과나 다른 의학적 상태로 인한 것이 아니다.

3 우울장애의 원인 2009 논술형, 2011 기출

1 생물학적 원인

(1) 유전적 요인, 신경전달물질의 불균형(카테콜라민의 결핍, 세로토닌의 저하), 뇌구조의 기능장애(전두엽 활동의 기능저하, 시상하부의 기능장애), 내분비계통인 호르몬의 이상(코티솔의 과잉분비), 생물학적인 생체리듬(계절성 우울증) 등이 관여된다.
   ① 카테콜라민(Catecholamone) 가설: 신경전달물질인 노르에피네프린, 에피네프린, 도파민을 포함한 호르몬이다. 카테콜라민이 결핍되면 우울증이 생기고, 반대로 과다하면 조증이 생긴다.

2 환경적 요인

(1) **주요한 생활사건**: 커다란 좌절감 주는 충격적인 사건 예 가족사망, 심각한 질병, 가정불화, 실직
(2) **미세한 생활사건**: 일상에서 자주 경험하는 사소한 부정적 생활사건들이 오래 누적이 되면 우울증이 유발된다.

(3) 사회적 지지: 개인이 삶을 지탱하도록 돕는 심리적 또는 물질적 자원을 의미한다. 촉발배우자, 친구, 가족, 동료, 교사 등이 원천이다. 이러한 사회적 지지가 부족하고 결여되면, 정서적 안정감과 자존감을 서서히 잠식하게 되어 우울증이 발생한다.

(4) 그러나 우울증은 환경적 요인만으로 설명될 수 없으며 개인의 심리적 요인이 고려되어야 한다.

3 정신분석이론

(1) 프로이트(Freud): 분노가 무의식적으로 자기에게 향해진 현상이다. 사랑하던 대상의 무의식적 상실에 대한 반응이다.

(2) 어머니로 대표되는 사랑의 대상을 실제로 또는 상징적으로 상실한 경우, 무의식적으로 사랑의 감정을 지녔던 대상으로부터 버림받았다는 생각이 들어 분노감정이 증폭되는 한편 상실한 대상에게 미운 감정을 지니고 나쁜 행동을 해서 그 대상을 잃었다는 죄책감과 후회감을 느낀다.
   ① 분노감정을 발산할 대상의 부재와 죄책감으로 인해 분노감정은 외부로 발산되지 못하고 결국 자기 자신에게 향하게 된다.
   ② 또한 어린아이는 성장하면서 부모를 자신과 동일시하고 내면화하여 자신의 심리적 일부로 지니게 되므로, 자기 내면에 남아 있는 대상, 즉 자신을 미워함으로써 분노를 표출한다.
   ③ 이런 과정을 통해 자신에게 분노가 향해져 자기책망, 자기비난, 자기실망을 유발하게 되어 우울증으로 발전한다.

(3) 초기에 가장 중요한 존재를 실제로 또는 상상 속에서 상실하여 무력감을 느꼈던 외상적 경험이 우울증을 일으키는 취약성으로 작용한다. 우울증은 어린 시절 상실로 인한 상처의 반영 또는 재발이다.

4 행동주의이론

(1) 조작적 조건형성 이론에 기초하여 긍정적 강화의 상실, 강화유발 행동의 감소, 우울행동의 강화에 의해 발생하고 유지된다고 설명한다.
   ① 우울증을 유발하는 사건은 긍정적 강화의 원천을 상실하는 것이기 때문에 즐거운 경험이 감소하고 불쾌한 경험이 증가한다.
   ② 이런 경우, 개인이 강화를 얻을 수 있는 사회적 기술이 부족하거나 불쾌한 상황에 대처하는 기술이 부족하면, 긍정적 결핍상태가 지속되고 그 결과 우울증상이 나타난다.
   ③ 우울증상이 때로 다른 사람으로부터 강화를 얻어내는 기능을 할 수 있다. 이로 인해 일시적으로 우울감을 완화시킬 수 있으나, 우울증상을 지속시키는 역효과를 나타낼 수도 있다.

(2) 레빈손(P. A. Lewinsohn)
   ① 우울한 사람들의 특징: 생활 속에서 더 많은 부정적 사건을 경험하며, 부정적 사건을 더 부정적인 것으로 평가하며, 혐오자극에 대해서 더 민감한 반응을 보이고, 긍정적 강화를 덜 받았다. 그 결과 우울장애란, 긍정적 강화의 결핍과 혐오적 불쾌경험의 증가가 원인이라고 보았다.
   ② 긍정적 강화의 감소와 혐오적 불쾌경험의 증가의 3가지 원인적 유형
      ㉠ 첫째, 환경적 문제가 있는 경우이다. 또는 환경으로부터 주어지는 긍정적 강화가 없거나 처벌적 요인이 많은 경우이다.

ⓒ 적절한 사회적 기술과 대처능력이 부족한 경우이다. 사회적 기술이란, 대인관계에서 긍정적으로 강화될 행동은 행하고 처벌될 행동은 하지 않는 능력이다. 타인으로부터 칭찬과 인정을 받을 행동을 못하거나 불쾌한 기분을 유발시켜 거부당하게 된다.
  ⓒ 긍정적 경험을 즐기는 능력이 부족한 반면 부정적 경험에 대한 민감성이 높은 경우이다. 이들은 긍정적 강화는 덜 긍정적으로 받아들이는 반면, 부정적 처벌은 더 부정적으로 받아들인다. 이는 활동을 축소하게 만들고, 긍정적 강화를 더욱 감소시켜 결국엔 활동의 결여 상태인 우울상태에 이르게 만든다.

(3) 셀리그만(Martin E. P. Seligman)의 학습된 무기력 이론
① 개의 전기충격 실험에서 발견한 개념이다.
② 좌절경험을 많이 한 사람은 자신이 어떻게 해도 좌절하는 결과가 돌아올 것이라는 무력감을 학습해 변화를 위한 아무런 노력을 하지 않게 된다.
③ 한계
  ⓒ 무기력의 이유는 수동적인 학습에 의한 것이 아니라 상황을 통제하지 못할 것이라는 미래에 대한 부정적 기대 때문이라는 반론이 제기되었다.
  ⓒ 우울증의 발생 과정에 대해서는 설명하나 우울증상의 강도나 만성화 정도가 어떻게 결정되는지에 대해서는 설명할 수 없다.

5 인지적 이론

(1) 우울증의 귀인이론: 아브람슨(Lyn Y. Abramson), 셀리그만(Martin Seligman), 티즈데일(John D. Teasdale)이 공동연구로 발표했다. 학습된 무기력이론의 문제점을 해결하기 위해 사회심리학의 귀인이론을 적용하여 발전시킨 이론이다.
① 통제불능 상황의 원인을 어떻게 귀인하느냐에 따라 우울양상이 달라지며, 귀인방식은 개인차가 있다.
② **우울유발적 귀인**: 우울증에 취약한 사람들은 실패경험에 대해 내부적, 안정적, 전반적 귀인을 하는 경향, 성공경험에 대해 외부적, 불안정적, 특수적 귀인을 하는 경향이 있다.

> **+ 우울유발적 귀인의 예**
> 부정적 사건에 대해 자신에게 책임을 돌리고(내부적), 사건의 원인이 시간이 지나도 변화하지 않고 고정되어 있으며(안정적), 여러 상황에 적용될 수 있다고(전반적) 믿는다. 반대로 긍정적 사건은 그 원인이 외적이고(외부적), 불안정하며(불안정적), 특정한 상황(특수적)에만 해당된다고 귀인하는 경향이 있다.

③ 내부적-외부적: 행위자 내부 혹은 외부 요인. 실패경험을 내부 귀인하여, 자존감에 손상을 입혀, 우울증 발생에 영향을 미친다.
④ 안정적-불안정적: 변화가 어려운 혹은 쉬운 요인. 우울증의 만성화와 장기화 정도와 관련이 된다. 실패경험을 능력 등 안정적 요인에 귀인을 하면, 지속적 요인이기 때문에 부정적 결과가 지속적일 것이라고 기대하기 때문에 장기화될 수 있다.
⑤ 전반적-특수적: 귀인요인의 구체적 한정 정도. 우울증의 일반화 정도를 결정하게 된다. 즉 실패경험을 성격전체 문제, 전반적 능력부족 등의 전반적 요인에 귀인을 하면 우울증이 전반적 상황으로 일반화될 수 있다.
⑥ 한계: 귀인양식만으로는 우울증 정도를 설명하기 어려울 뿐 아니라 귀인양식이 적용될 수 있는 부정적인 생활스트레스가 우울증의 유발의 중요한 요인으로 포함되어야 한다는 주장이다.

(2) 절망감 이론

① 아브람슨(Abramson)이 1988년에 우울증의 귀인이론의 한계 극복을 위해 스트레스-취약성 모델을 수용하여 절망감 이론으로 발전시켰다.
② 절망감
  ㉠ 높은 가치를 부여하는 결과의 발생에 대한 부정적인 기대와 무력감을 의미한다.
  ㉡ 가장 중요한 우울증 유발 요인으로 본다.
  ㉢ 구체적인 부정적 생활사건에 대한 내부적, 안정적, 전반적 귀인에 의해 생겨난다.
③ 우울유발적 귀인양식(취약성) + 부정적 생활사건(스트레스) → 절망감 ⇒ 우울증.

(3) 아론 벡(Aaron T. Beck)의 우울증에 대한 인지이론

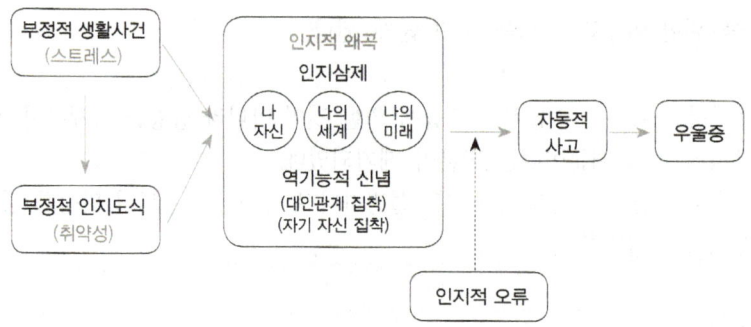

① **취약성-스트레스 모델에 기초**: 역기능적 신념(취약성) + 부정적인 생활사건(스트레스) → 우울증 유발.
② **왜곡된 인지 특성**: 인지삼제(나 자신, 나의 세계(타인을 포함한 주변환경), 나의 미래에 대한 부정적 사고)
  ㉠ 부정적인 자기개념: 나 자신은 결함이 있고 부족하며 가치가 없고 아무도 원치 않았던 존재라고 생각한다.
  ㉡ 현재 경험하고 있는 것에 대한 부정적 해석: 나의 세계는 나를 패배시키고 실패하게 하고 처벌하는 장소로 생각한다.
  ㉢ 미래에 대한 부정적 시각: 나의 미래도 고생, 고통, 결핍, 실패가 계속 반복되리라 예상한다.
③ **자동적 사고**: 인지삼제는 자동적 사고를 매개한다. 자동적 사고란, 습관화되어 의식적 자각 없이 자동적으로 진행되어 흘러가는 생각이다.
④ **부정적 인지도식**: 인지적 오류를 많이 범하는 사람은 부정적 인지도식을 가지고 있다. 부정적 인지도식은 타고난 어떤 취약성을 기반으로 어린 시절의 경험에 의해 형성되며, 부정적인 생활사건에 직면하게 되면 활성화되어 그 사건의 의미를 부정적으로 왜곡하는 독특한 인지도식을 말한다.
⑤ **역기능적 신념**: '~해야만 한다, ~을 해서는 안 된다' 식의 내용이다. 이러한 생각은 현실적으로 실현되기 어렵기 때문에 흔히 좌절과 실패를 초래하게 만들고, 그 결과 우울증이 오기 쉽다. 역기능적 신념은 크게 사회적 의존성과 자율성이라는 두 가지 주제로 구성된다.
  ㉠ 벡의 특수상호작용 모델(specific interaction model)
    • 사회적 의존성(대인관계 집착형): 타인의 인정과 애정에 과도하게 집착하는 경향성으로, '나는 주변의 모든 사람들로부터 사랑과 인정을 받아야 해', '다른 사람으로부터 결코 미움을 받아선 안 돼' 등의 역기능적인 신념을 가지고 있다. 사회적 의존성이 높은 사람은 대인관계와 관련된 부정적인 사건에 의해 우울증이 유발된다. 예를 들어, 이별, 실연, 별거, 이혼, 사랑하는 사람들의 죽음 등이다.

• **자율성(자기 자신 집착형)**: 개인의 독립성과 성취에 과도하게 집착하는 경향성으로, '모든 일에 완벽해야 한다. 절대로 실수해서는 안된다.', '다른 사람에게 종속되거나 지배당해서는 안된다.' 등의 역기능적 신념을 가지고 있다. 자율성이 높은 사람은 독립성과 성취지향적 행동이 위협받는 부정적 사건에 의해 우울증이 유발된다. 예를 들어, 사업실패, 실직, 중대한 실수, 업무부진, 신체적 질병에 의해 우울증이 유발된다.

[2012년 기출]

청소년기 우울증의 원인에 대한 설명으로 옳은 것만을 〈보기〉에서 있는 대로 고른 것은?

ㄱ. 인지적 오류와 왜곡, 역기능적 인지도식과 신념에 의해 발생한다.
ㄴ. 내인성인 경우 환경요인과 무관하게 내적·생물학적 요인에 의해 발생한다.
ㄷ. 사회 환경으로부터 긍정적 강화의 결핍과 반복된 부정적 경험의 결과로 인한 학습된 무력감에 의해 발생한다.
ㄹ. 사랑하던 대상을 상실한 슬픔과 분노가 자신에게 내향화되면서 자책과 죄책감을 느끼게 되고 이로 인해 자존감이 저하되면서 발생한다.

4 우울장애 치료(중재전략)

1 약물치료

삼환계 항우울제(TCAs), 모노아민 산화효소 반응 억제제, 세로토닌 재흡수 억제제(SSRIs), 선택적 노르에피네프린 재흡수 억제제

2 인지행동치료

(1) 목표
① 인지: 부적응적 인지(부정적 자기인식, 자기비난, 지나치게 높은 목표 등)를 수정한다.
② 행동: 즐거운 활동 참여. 긍정적 경험 증가. 사회성 기술, 의사소통 기술, 문제해결 기술, 갈등해결 기술 등을 교수한다.

(2) 치료
① 인지치료(CT): 부정적이고 비합리적 사고를 긍정적이고 합리적 사고로 전환한다.
② 행동치료: 우울장애의 일차적 특성들의 출현 빈도를 감소시킨다. 레빈손(Lewinsohn) 등(1998)은 우울장애 가지고 있는 사람과 환경 간의 상호작용의 질과 양을 향상한다. 이완훈련, 인지적 재구조화, 즐거운 활동 참여 및 사회적 상호작용의 향상 등.
③ 상황 대처 기술 및 사회성 기술 향상: 의사소통 기술, 사회적 상호작용, 자기주장, 의사결정 기술, 문제해결 기술, 인지적 자기통제, 생산적인 행동 등을 포함한 프로그램 등.

④ 자기조절 기술(자기점검, 자기평가, 자기강화 등) 및 자기통제 기술 향상: 긍정적 경험과 그와 관련된 기분 매일 기록, 긍정적 활동에 대해 관찰 가능하고 측정 가능하며 성취할 수 있는 목표 정하기, 목표 성취했을 때 강화 등.

⑤ 문제해결 기술 향상: 문제의 인식, 문제의 정의, 대안적 해결방법, 의사결정, 문제해결 및 평가 각각 하위 영역에서 스트레스 상황 대처 기술에 결함이 있어서 우울이 유발된다. 이를 향상시킨다.

⑥ 대인 간 심리치료

⑦ 이완훈련

⑧ 크라우스와 카라맨(Kraus and Karaman, 2014)의 일차적 및 이차적 통제강화 훈련: 자신을 가치 있게 느낄 수 있게 하는 활동, 기분을 좋아지게 하는 활동과 인지적 전략, 부적응적 생각을 수정하는 활동, 이완활동, 긍정적 상상하기 등을 포함한다.

⑨ 클라크 등(Clarke, DeBar and Lewinsohn, 2003)의 청소년용 우울대처 프로그램: 8주 16회기. 이완훈련, 즐거운 생활사건 늘리기, 초조하고 부정적인 생각 통제하기, 사회성 기술, 의사소통 기술, 문제해결 기술 및 갈등해결 기술 등을 포함한다.

> **참고** 우울장애에 관한 상담자의 접근 지침
>
> 1) 우울장애의 주요 특성을 이해한다.
> 2) 청소년기 우울장애는 일상적 활동(학습, 또래관계, 생활적응)을 곤란하게 만든다.
>   (1) 우울감은 슬픔으로 인한 무기력감, 좌절감, 의기소침 등으로 활동력이 저하되어 있기도 하며 우울한 기분 때문에 타인에게 짜증, 분노를 표현하는 특징을 가지고 있다.
>   (2) 갑작스러운 기분 저하나 정서적 분노 감정을 반복적으로 표현하고 활동력이 저하될 수 있다.
>   (3) 우울한 아이들은 일상생활이나 학교생활에서 수동적이며 또래와의 관계가 매우 좁고 한두 명의 아이들과 상호교류하지만 친밀도가 낮다.
>   (4) 지나치게 말이 없거나 우울한 얼굴을 보임으로써 또래와의 관계에서도 왕따가 되기도 한다. 또래가 자신을 이용하거나 공격적으로 가해하여도 별 반응을 보이지 않을 수 있으며 지나치게 울거나 무기력한 행동을 보이기도 한다.
>   (5) 자신이 무엇을 하든 잘 되지 않을 것이라는 부정적 생각과 부정적 가치감으로 인해 학업을 열심히 하지만 학습능률이 오르지 않는다.
>   (6) 교실장면에서 멍하게 앉아 있거나, 자주 울거나, 아무 생각이 없다는 말을 자주 한다.
> 3) 우울장애는 심리치료로 호전될 수 있다.
>   (1) 우울장애는 CBT(인지-행동) 치료방법을 사용한다. CBT는 우울한 기분과 인지, 행동을 어떻게 바꿀지에 대한 기술을 다루는 치료법이다.
>   (2) 우울장애는 외부자극으로 즐겁고 긍정적인 자극을 제시하는 것이 매우 중요하다. 즐거운 활동을 확인하고 그러한 활동에 대해 일정을 잡고 실행해 보도록 하는 것이 매우 중요하므로 교사 및 상담자는 즐거운 계획을 실행해 보는 훈련을 시도해야 한다.
>   (3) 부정적인 생각이 떠올랐을 때 그런 생각을 알아차리는 것과 그런 생각이 현실적인지에 대한 합리적인 대안방법 등을 배움으로써 우울함에 대한 느낌과 생각을 재구성할 수 있도록 도와야 한다.

7 불안장애 2020, 2021 기출

- DSM-5는 불안장애(anxiety disorders)의 하위 유형으로 분리불안장애, 범불안장애, 공황장애, 특정 공포증, 사회적 불안장애, 선택적 함구증, 광장공포증 등을 포함하고 있다.
- 외상 및 스트레스 관련 장애와 강박충동 관련 장애는 불안장애의 하위유형이 아닌 별도의 장애 범주로 다루고 있다.

1 불안장애의 전반적 특징

1 정상적인 불안과 병적인 불안

(1) 정상적인 불안: 위험하거나 위협적인 상황에서 자신을 보호하기 위해 경계태세를 보이는 적응적 반응으로, 자율신경계의 교감반응이 활성화되어 긴장하고, 주의하는 반응을 나타낸다. 정상적 불안은 위협적인 상황을 회피하거나 위험요인을 제거함으로써 불안이 감소된다.

(2) 병적인 불안
① 현실적인 위험이 없는 상황이나 대상에 대해서 불안을 느끼는 경우이다. 즉 불안해하지 않아도 될 상황에서 불안을 느끼는 것이다.
② 현실적인 위험의 정도에 비해 과도하게 심한 불안을 느끼는 경우이다.
③ 불안을 느끼게 한 위협적인 요인이 사라졌음에도 불구하고 불안이 과도하게 지속되는 경우이다.
④ 병적인 불안으로 인해 과도한 심리적 고통을 느끼거나 현실적인 적응에 심각한 어려움을 겪는 경우를 불안장애라고 한다.

> 참고 청소년의 불안장애는 환경부적응(예 등교거부, 또래관계 기피, 특정 대상이나 상황에 대한 공포, 비합리적인 생각과 행동 등) 형태로 나타난다.

2 각 불안장애별 진단 기준(DSM-5)

1 범불안장애(generalized anxiety disorders) 2020 기출

미래에 경험하게 될 다양한 상황에 대해서 과도한 불안과 걱정을 한다. 매사에 잔걱정이 많고, 늘 불안하고 초조해 하며 사소한 일에도 잘 놀라고 긴장을 한다. 이들의 불안은 생활 전반에 관한 주제로 이리저리 옮겨다니기 때문에 부동불안(浮動不安, free-floating anxiety)이라고 불리기도 한다.

<범불안장애의 DSM-5의 진단기준>

A. 다양한 사건이나 활동(직업이나 학업수행)에 대한 과도한 불안과 걱정이 나타난다. 이러한 불안과 걱정이 적어도 6개월 동안 50% 이상의 날에 나타나야 한다.
B. 개인은 이러한 걱정을 통제하기가 어렵다고 느낀다.
C. 불안과 걱정은 다음의 6개 증상 중 3개 이상과 관련된다(아동은 1개 이상).
   1. 안절부절못함 또는 벼랑 끝에 선 듯한 아슬아슬한 느낌
   2. 쉽게 피로해짐
   3. 주의집중의 곤란이나 정신이 멍해지는 느낌
   4. 과민
   5. 근육의 긴장
   6. 수면 장애(수면의 시작과 지속의 곤란 또는 초조하거나 불만족스러운 수면)
D. 불안, 걱정 또는 신체적 증상이 심각한 고통을 유발하거나 사회적, 직업적 또는 다른 중요한 영역의 활동에 현저한 손상을 초래한다.
E. 이러한 장애는 물질(예 약물남용, 치료약물)이나 다른 의학적 상태(예 부신피질호르몬 과다증)의 생리적 효과에 기인한 것이 아니다.
F. 이러한 장애는 다른 정신장애에 의해서 더 잘 설명되지 않는다. 공황장애의 공황발작에 대한 불안과 염려, 사회적 불안장애의 부정적 평가, 강박-충동장애의 강박, 분리불안장애의 애착대상으로부터의 분리, 외상후스트레스 장애의 외상성 사건의 회상, 거식증의 체중 증가에 대한 염려, 신체증상장애의 신체적 고통 호소, 신체변형장애의 자각된 외모 결함, 질병 불안장애의 심각한 질병에 대한 걱정, 또는 조현병이나 망상장애의 망상적 신념 등 다른 정신장애로 더 잘 설명되지 않는다.

[2020년 기출]

다음은 은미(중3, 여)의 통합학급 담임교사와 전문상담교사가 나눈 대화의 일부이다. DSM-5의 진단기준에 따라 괄호 안의 ⓒ에 해당하는 기간을 쓸 것

담임교사: 제가 보기에도 은미는 늘 기운이 없어 보이고, 수업시간에도 통 집중을 못하고 있어요. 자꾸 배가 아프고 머리도 아프다고 조퇴를 하기도 하고요.
상담교사: 얼마나 자주 그런가요?
담임교사: 거의 매일 그러다시피 해서 보건실에 안 가는 날보다 가는 날이 더 많은 것 같아요. 얼마 전 어머니를 면담했더니 은미가 병원에서 '범불안장애'라는 진단을 받았다고 하더라고요.
상담교사: 그랬군요. 그럼 최소 (ⓒ) 이상은 그런 행동을 보였겠네요.

(1) 원인

① 정신분석적 입장
   ㉠ 부동불안은 무의식적으로 억압된 원초아의 충동이 강해져서 자아가 이를 통제하기 어려운 상태에서 나타나는 심리적 현상이라고 보았다.
   ㉡ 과거에 처벌받은 적이 있었던 충동들이 자아의 통제를 넘어 계속적으로 표출되고자 하기 때문에 불안을 경험하며, 이러한 불안을 감소시키기 위한 특정 방어기제를 사용하게 되면 다른 형태의 장애로 발전하는 것으로 보았다.

② 행동주의적 입장
   ㉠ 공포증은 한두 가지 특수한 대상이나 상황에만 강한 공포반응이 조건형성이 된 경우인 반면, 범불안장애는 일상생활의 여러 가지 사소한 자극에 대해서 경미한 불안반응이 조건형성되었거나 다양한 자극으로 일반화됨으로써 여러 상황에서 만연화된 불안증상을 나타내는 것이다.

ⓒ 일종의 다중 공포증으로, 범불안장애 환자들이 불안의 이유를 자각하지 못하는 것은 불안반응을 유발하는 조건자극이 매우 사소하고 다양하여, 촉발요인으로 자각되지 못하기 때문이다.

③ 인지적 입장
㉠ 위험에 관한 인지도식이 발달되었다. 즉, 과거경험의 축적에 의해 형성된 기억체계인 인지도식이 특정 환경 자극에 선택적으로 주의를 할당하여 자극의 의미를 특정 방향으로 해석하게 한다.
㉡ 불확실성에 대한 인내력이 부족하여 '만일~하면 어떡하지?(What if~)'라는 내면적 질문을 계속 던지는 경향이 있다. 이러한 질문과 대답을 반복하는 연쇄적 사고과정에서 점점 더 부정적인 결과를 예상하게 되는데, 이를 파국화라고 한다.

2 분리불안장애(separation anxiety disorders)

중요한 애착 대상과 떨어지는 것에 대한 심한 불안.

〈분리불안장애의 DSM-5의 진단기준〉

A. 집이나 애착대상으로부터의 분리에 대해 발달적으로 부적절하게 과도한 불안을 느끼는 것으로 다음 여덟 가지 특성 중 세 가지 이상을 나타내야 한다.
1. 집이나 주요 애착대상으로부터 분리되거나 분리를 예측할 때 극도의 불안을 반복적으로 나타낸다.
2. 주요 애착대상을 잃거나 주요 애착대상이 해를 입을 거라는 걱정을 과도하게 지속적으로 한다.
3. 곧 다가올 사건이 주요 애착대상으로부터 분리를 초래할 것이라는 걱정을 과도하게 지속적으로 한다.
4. 분리불안 때문에 학교나 다른 곳에 가기를 지속적으로 꺼려하거나 거부한다.
5. 집에 혼자 있거나 주요 애착대상 없이 집이나 다른 환경에 있는 것을 꺼려하며, 그에 대해 지속적으로 과도하게 두려움을 느낀다.
6. 주요 애착대상 없이 잠을 자거나 집 이외의 장소에서 잠을 자는 것에 대해 지속적으로 꺼려하거나 거부한다.
7. 주요 애착대상으로부터 분리되는 악몽을 반복해서 꾼다.
8. 주요 애착대상으로부터 분리되거나 분리를 예측하는 경우에 신체적 증상들(예 두통, 복통, 구역질, 구토 등)을 반복해서 나타낸다.

B. 두려움, 불안, 또는 회피가 아동이나 청소년은 최소한 4주 이상, 성인은 6개월 이상 지속되어야 한다.
C. 이 장애가 사회적, 학업적, 직업적 및 다른 중요한 기능 영역에 임상적으로 중요한 손상 또는 결함을 초래한다.
D. 이러한 증상들이 자폐스펙트럼장애의 집 떠나기를 거부하는 저항, 정신장애의 분리에 대한 망상이나 환각, 광장 공포증의 신뢰하는 사람을 동반하지 않는 외출 거부, 범불안장애의 건강에 대한 염려, 질병 불안장애의 질병에 대한 걱정 등 다른 정신장애로 더 잘 설명되지 않는다.

(1) 원인

① 유전적 요인 - 행동억제 기질
㉠ 분리불안장애를 나타내는 아동의 부모는 어린 시절에 그와 유사한 장애를 나타낸 경우가 많으며, 쌍둥이 연구에서는 어머니와 딸 사이에 유전적인 영향이 더 강하게 나타나는 것으로 보고되었다.
㉡ 행동억제 기질을 타고난 아동에게 분리불안장애가 나타나기 쉬우며, 특히 이러한 기질의 아동이 부모와 불안한 애착관계를 맺게 되면 역기능적 신념과 미숙한 사회적 능력을 갖게 되어 분리불안장애를 나타낼 가능성이 높아진다.

② 부모의 부적절한 양육행동
㉠ 부모의 부적절한 양육행동은 분리불안장애를 유발하는 중요한 요인으로 알려져 있다. 부모와 불안한 애착유형을 지닌 아동은 부모와 떨어져 혼자 있는 것에 대한 두려움을 지닐 뿐만 아니라, 스스로 나약하다는 인식과 만성적인 불안을 나타낸다.

ⓒ 부모의 과잉보호적인 양육행동은 아동의 독립성을 약화시키고 부모에 대한 의존성을 강화함으로써 분리불안을 증가시키게 된다. 이처럼 분리불안장애는 지나치게 밀착된 가족, 과잉보호적인 양육태도의 부모, 의존적인 성향의 아이에게서 나타날 수 있다.
ⓒ 또한 부모가 무의식적으로 아이와 떨어지는 것을 두려워하거나 불안장애를 지닌 경우에도 발생 가능성이 높다.
ⓔ 부모의 질병, 동생의 출생, 어머니의 직장 출근, 이사, 전학, 부모 다툼 등과 같은 불안유발사건이 아동의 분리불안을 증가시킬 수 있다.

③ **인지행동적 요인들 - 애착대상에 대한 지나친 이별과 상실 가능성의 인지적 왜곡**
㉠ 인지행동적 입장의 연구자들은 분리불안장애가 애착대상에 대한 인지적 왜곡에 의해서 유발될 수 있다고 주장한다.
㉡ 벨-돌란, 리븐과 피터슨(Bell-Dolan, Reaven and Peterson, 1993)의 연구: 분리불안장애를 지니는 아동들은 주요한 애착대상을 갑자기 상실하게 될지 모른다거나 그러한 애착대상과 떨어져 헤어지게 될지 모른다는 기본적인 인지적 왜곡을 나타냈으며, 이러한 인지적 왜곡이 강한 불안을 유발했다.
㉢ 또한 분리불안장애를 가진 아동들은 건강한 아동들에 비해 모호한 상황을 더 위험한 것으로 해석하였으며, 그러한 위험에 대처할 수 있는 자신들의 능력은 더 낮게 평가했다.

(2) 치료법: 분리불안장애는 행동치료, 인지행동치료, 놀이치료 등을 통해서 호전될 수 있다.
① **행동치료**: 체계적 둔감법, 감정적 심상기법, 모델링, 행동강화법 등.
② **인지행동치료**: 불안을 유발한 생각의 비현실성을 인식시키는 동시에 불안유발 상황을 효과적으로 대처할 수 있는 방법으로 주의전환 기법, 이완 기법, 칭찬법 등.
③ **놀이치료**: 언어적 표현능력이 미숙한 아동에게 각종 놀이치료, 가족놀이치료 등.

3 특정공포증(specific phobia)

아형으로 **동물형**(예 뱀, 거미, 개, 바퀴벌레 등 동물, 곤충), **상황형**(예 비행기, 엘리베이터, 폐쇄공간 등 상황), **자연환경형**(예 천둥, 번개, 강, 바다 등 자연), **혈액-주사-상처형**(예 피, 주사, 상처 등 신체적 상해 및 고통)이 있다.

<특정공포증의 DSM-5의 진단기준>

A. 특정 사물이나 상황(예 비행기 여행, 동물, 주사)이 존재하거나 예상될 때 상황에 맞지 않을 만큼의 심한 두려움이나 불안을 지속적으로 나타낸다.
   주의: 아동의 경우 울거나, 심술을 부리거나, 성인에게 달라붙는 반응을 보일 수도 있다.
B. 공포의 대상인 사물이나 상황에 노출될 때마다 거의 매번 즉각적으로 두려움이나 불안을 나타낸다.
C. 특정 공포증을 가지고 있는 사람은 공포 대상인 사물이나 상황을 회피하거나 또는 과도한 불안과 두려움을 느끼면서도 견딘다.
D. 두려움이나 불안은 공포 대상인 특정 사물이나 상황이 야기하는 실제적인 위험이나 사회문화적 상황에 맞지 않을 정도로 심하게 나타난다.
E. 두려움, 불안, 또는 회피가 최소한 6개월 이상 지속된다.
F. 두려움, 불안, 또는 회피가 사회적, 학업적, 직업적 및 다른 중요한 기능 영역에 임상적으로 중요한 손상 또는 결함을 초래한다.
G. 이러한 두려움, 불안, 또는 회피 증상들은 공황장애와 연관된 두려움, 불안, 또는 회피, 광장공포증의 무능력 상태, 강박-충동장애와 연관된 사물이나 상황, 분리불안장애의 애착대상으로부터의 분리, 외상후 스트레스 장애의 외상성 사건의 회상, 사회적 불안장애의 사회적 상황 등의 다른 정신장애에 의해 더 잘 설명되지 않는다.

(1) 원인

① **공포증유발 조건형성(고전적 조건형성)**
  ㉠ 특정공포증의 이해와 치료에 가장 기여한 이론은 행동주의적 학습이론이다. 중성적 조건자극이 공포를 유발하는 무조건 자극과 반복적으로 짝지어 제시되면 공포반응을 유발할 수 있다.
  ㉡ 이러한 현상에 근거하여 셀리그만(Seligman, 1971)은 공포학습에 '준비성(preparedness)'이라는 개념을 도입하였다. 즉, 인간은 오랜 진화과정을 통해서 생존을 위협하는 특정한 자극에 대해서는 공포반응을 더 쉽게 학습하는 생물학적인 성향을 지니고 있다는 것이다. 즉, 생존에 위협적인 자극(예 뱀, 높은 곳)은 그렇지 않은 자극(예 빵, 책상)보다 더 쉽게 공포반응이 학습될 뿐만 아니라, 이러한 위협적 자극에 일단 공포반응이 형성되면 소거도 잘 되지 않는 경향이 있다.

② **대리학습과 정보전이**
  ㉠ 특정공포증은 조건형성뿐만 아니라 대리학습과 정보전이에 의해서 형성될 수 있다(Rachman, 1977).
  ㉡ 공포증은 다른 사람이 특정한 대상을 두려워하며 회피하는 것을 관찰함으로써 그에 대한 두려움을 학습하는 관찰학습에 의해서도 습득될 수 있다.

> **+ 공포증의 대리학습과 정보전이의 예**
> - 대리학습: 개를 무서워하는 어머니의 자녀는 어머니의 공포반응을 관찰하면서 개에 대한 두려움을 학습하게 된다.
> - 정보전이: 어머니는 자녀에게 "개는 위험하다, 가까이 하면 물린다, 피해라"라는 정보를 언어적 또는 비언어적 소통수단을 통해 전달하게 되고, 그 결과 자녀는 개에 대한 공포를 지니게 된다.

③ **회피반응에 의한 유지와 강화(조작적 조건형성)** 2022 기출
  ㉠ 이러한 다양한 경로를 통해 형성된 공포증은 회피반응에 의해서 유지되고 강화된다. 공포증이 형성되면 공포자극을 회피하게 되는데, 회피행동은 두려움을 피하게 하는 부적 강화 효과를 지니기 때문에 지속된다.
  ㉡ 또한 이러한 회피행동으로 인하여 공포자극이 유해하지 않다는 것을 학습할 기회를 얻지 못하므로 공포반응은 소거되지 않은 채 지속된다.
  ㉢ 모우러(Mowrer, 1939, 1950)의 2요인 이론: 즉 공포증이 형성되는 과정에는 고전적 조건형성의 학습원리가 관여하는 반면, 일단 형성된 공포증은 조작적 조건형성의 원리에 의해서 유지되고 강화된다.

(2) 치료법
특정공포증에 대한 치료법으로는 체계적 둔감법, 노출치료, 참여적 모방학습법, 정신분석적 입장에서 무의식적 갈등의 해소 등이 있다.

① **참여적 모방학습법(participant modeling)**: 다른 사람이 공포자극을 불안 없이 대하는 것을 관찰함으로써 공포증을 치료하는 방법이다. 예를 들어, 뱀에 대한 공포증을 지닌 사람은 뱀을 만지고 목에 두르며 가지고 노는 사람을 관찰함으로써 뱀에 대한 접근행동을 학습하여 공포증을 극복하게 된다.

[2022년 기출]

다음은 전문상담교사가 예림(중3, 여)의 어머니와 나눈 대화 내용의 일부이다. 밑줄 친 ⓒ의 형성과 유지 과정을 모우러(O. Mowrer)의 2요인 모형에 근거하여 서술하시오.

> 상담교사: 예림이가 수학여행은 가고 싶은데 버스를 못 탄다며 상담실을 찾아왔어요.
> 어 머 니: 네, 맞아요. 중학교 1학년 등굣길에 버스 사고가 났었지요. 그 후로 버스만 보면 소스라치게 놀라고 공포스러워하며 피했어요. 시간이 지나면 괜찮아지겠지 했는데 벌써 2년이 지났네요. 처음에는 버스만 공포스러워하더니 이제는 자동차, 기차, 자전거까지도 무서워해서 멀리 가지를 못해요.
> 상담교사: 그럼 지금껏 학교는 어떻게 다녔나요?
> 어 머 니: ⓒ 버스나 차는 공포스러워해서 못 타니까 40분이나 걸어서 등교를 하고 있지요. 가방도 무거운데 매일 그렇게 다니고 있어서 고등학교는 가까운 곳으로 보내려고 해요.

4 공황장애(panic disorders) 2021 기출

갑작스럽게 엄습하는 강렬한 불안과 공포가 주된 증상이다.

<공황장애의 DSM-5의 진단기준>

A. 예기치 않은 공황발작이 반복된다. 몇 분 내에 두려움이나 불쾌감이 급등하여 절정에 달하는 동안에 다음 증상들 중 네 가지 이상이 나타난다.
  주의: 두려움이나 불쾌감의 급등은 차분한 상태에서 나타날 수도 있고 걱정하는 상태에서 나타날 수도 있다.
  1. 심장박동 수가 빨라지고 심장이 두근거린다.
  2. 땀이 많이 난다.
  3. 몸이 심하게 떨린다.
  4. 숨이 가빠지고 숨을 못 쉴 것 같은 느낌이 든다.
  5. 질식할 것 같은 느낌이 든다.
  6. 가슴에 통증이 있거나 압박감이 있다.
  7. 구토증이 나고 배 속이 불편하다.
  8. 어지럽거나 기절할 것 같은 느낌이 든다.
  9. 오한이 오거나 몸에서 열이 오른다.
  10. 마비된 것 같거나 따끔거리는 느낌이 드는 등 지각에 이상이 있다.
  11. 비현실감이나 이인증(자신으로부터 분리된 느낌)이 나타난다.
  12. 통제력을 잃어버리거나 미쳐 버릴지도 모른다는 두려움이 있다.
  13. 죽어가고 있다는 두려움이 엄습한다.
      주의: 귀 울림, 목의 통증, 두통, 통제할 수 없는 비명, 또는 울음 등의 증상들이 나타날 수도 있다. 그러나 이러한 증상들을 네 가지 진단기준의 한 가지로 간주해서는 안 된다.
B. 최소한 한 번 이상의 공황발작 후 한 달 이상 다음 두 가지 중 한 가지 또는 둘 다 발생한다.
  (1) 공황발작과 결과(예 통제력 상실, 심장마비, 정신 이상)에 대해 지속적으로 걱정하고 염려한다.
  (2) 공황발작과 관련하여 심각한 부적응적인 행동의 변화가 있다.(예 공황발작을 피하기 위하여 운동이나 친숙하지 않는 상황을 회피하는 행동)
C. 이 증상들은 약물이나 다른 의학적 상태의 생리적인 효과에 기인한 것이 아니다.
D. 이 증상들은 사회적 불안장애처럼 두려운 사회적 상황, 특정 공포증처럼 공포를 유발하는 물건이나 상황, 강박-충동장애의 강박, 분리불안장애의 애착대상으로부터의 분리, 외상후 스트레스 장애의 외상성 사건의 회상 등의 다른 정신장애에 의해 더 잘 설명되지 않는다.

(1) 원인

① **생물학적 원인 – 과잉호흡이론**
  ㉠ 과잉호흡이론(hyperventilation theory)에 따르면, 공황장애 환자들은 호흡기능과 관련된 자율신경계의 생물학적 결함으로 인해 혈액 속의 CO_2 수준을 낮게 유지해야 하며 그 결과 깊은 호흡을 빨리 하는 경향이 있는데, 이러한 과잉호흡이 공황발작의 유발에 영향을 미친다.

② **생물학적 원인 – 질식오경보 이론**
  ㉠ 클라인(Klein, 1981, 1983)은 공황장애가 다른 불안장애와 구분되는 독특한 생화학적 기제에 의해 유발된다는 질식오경보 이론(suffocation false alarm theory)을 제안하였다. 즉, 공황장애 환자는 혈액 속의 CO_2수준에 과도하게 예민한 생화학적 취약성을 지니고 있으며 락테이트, 요힘빈, 카페인, 이산화탄소의 흡입, 과잉호흡 등과 같은 생화학적 변화가 공황장애를 일으킬 수 있다는 주장이다.
  ㉡ 뇌중추에는 혈액 내의 CO_2수준이 높아지면 질식할 수 있다는 경보를 내려 과잉호흡을 하게 만드는 생리적 기제인 **질식감찰기(suffocation monitor)** 가 있는데, 이 질식감찰기가 CO_2수준의 변화에 대해서 잘못된 질식경보를 내림으로써 환자들이 순간적으로 호흡곤란을 느끼고 과잉호흡과 공황발작을 경험하게 된다는 것이다.

③ **정신분석적 입장 – 분리와 상실 스트레스 관련설**
  정신분석적 입장에서는 공황발작이 스트레스가 많은 시기에 발생한다는 점에 주목하며 그 원인에 대해서 크게 3가지의 견해를 제시하고 있다.
  ㉠ 첫째, 공황발작은 불안을 야기하는 충동에 대한 방어기제가 성공하지 못했기 때문에 나타난다는 견해이다. 따라서 억압되어 있던 두려운 충동이 마구 방출될 것에 대한 극심한 불안을 경험하게 된다는 것이다.
  ㉡ 둘째, 공황발작의 증상을 어린아이가 어머니와 이별할 때 나타내는 분리불안(seperation anxiety)과 관련된 것으로 해석하는 견해이다. 광장공포증과 함께 나타나는 공황장애는 사람이 많은 넓은 장소에 혼자 있는 상황이 부모로부터 버림받았다는 유아기의 분리불안을 재현하는 것이라는 설명이다.
  ㉢ 셋째, 공황발작이 무의식적인 상실 경험과 관련되어 있다는 견해이다. 부시(Bush) 등(1991)의 연구에 따르면, 공황장애 환자는 대부분 공황발작을 경험하기 전에 '상실'과 관련된 심한 사회적 스트레스를 겪는다고 한다. 연구에 포함된 32명의 공황장애 환자 중 50%가 의미 있는 타인을 상실한 후에 공황발작을 경험했으며, 특히 17세 이전에 부모를 상실한 경우 공황장애가 생길 가능성이 상대적으로 높다고 한다.

④ **인지적 입장 – 신체감각의 파국적 오해석** 2021 기출
  ㉠ 클라크(Clark, 1986)의 인지이론에 따르면, 공황발작은 신체감각을 위험한 것으로 잘못 해석하는 **파국적 오해석(catastrophic misinterpretation)** 에 의해 유발된다. 공황장애 환자들은 평소보다 강하거나 불규칙한 심장박동이나 흉부 통증을 심장마비의 전조로, 호흡곤란을 질식 가능성으로, 현기증과 몸 떨림을 자신이 미치거나 통제불능상태로 빠지는 것으로 파국적인 해석을 하는 경향이 있다.

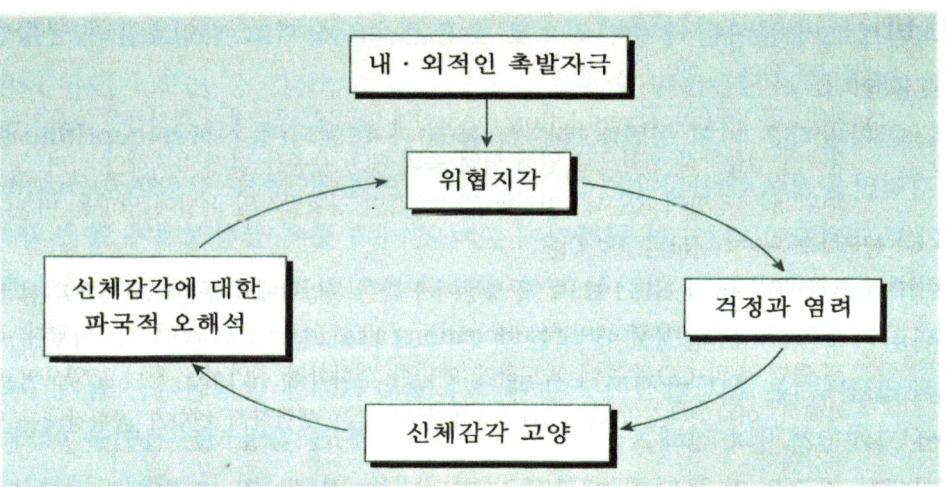

공황장애에 대한 클라크의 인지적 모델, 권석만「현대이상심리학 2판」

ⓒ 공황 촉발 외적 자극: 특정한 유형의 장소(예 광장공포증과 관련된 다양한 장소)
ⓒ 공황 촉발 내적 자극: 불쾌한 기분, 생각이나 심상, 신체감각 등이 있다.

> **+ 파국적 해석의 악순환 과정과 그 예**
> - 자극들이 위협적인 것으로 지각되면 경미한 걱정과 염려를 하게 되고 이러한 상태는 다양한 신체감각을 유발 →
> - 신체감각(예 평소보다 다소 불규칙하고 강하다고 느껴지는 심장박동)을 파국적으로 해석(예 혹시 심장마비는 아닐까) →
> - 이러한 해석으로 인해 염려와 불안이 강화되어 신체감각이 더욱 증폭(예 더욱 강해진 심장박동과 흉부통증) →
> - 이에 대해 더 파국적인 해석(예 심장마비가 틀림없어, 이러다가 죽는 것 아니야?)을 하게 됨

ⓔ 파국적 해석과정은 반드시 의식적이지는 않다. 반복적으로 공황발작을 경험하는 경우, 이러한 해석과정은 빠르고 자동화되어 자각되지 않을 수 있다.
  예 특별한 단서없이 갑자기 나타나는 공황발작이나 수면 중에 나타나는 공황발작은 환자가 인식하지 못하는 사이에 자동적으로 이루어진 파국적 해석의 결과

ⓜ 신체감각의 자기초점적 주의로 인한 파국적 해석으로 회피행동이 일어나고, 그 결과 부정적 신념이 강화된다.
- 공황장애 환자들은 특정한 신체감각과 함께 공황발작을 한 번 경험하고 나면, 매우 예민해져서 자신의 신체감각을 계속 관찰하게 된다. 주의초점이 내부로 향해지면 다른 사람들이 자각하지 못하는 신체감각을 느끼게 되고, 이러한 감각을 신체적, 심리적 질병의 증거로 생각한다.
- 또한 회피행동으로 인해서 파국적 해석과 관련된 부정적 신념을 강화하게 된다.

> **+ 회피행동에 의한 부정적 신념의 강화 예**
> 심장마비에 대한 걱정으로 공황발작을 경험한 사람이 심한 운동을 피하거나 스트레스가 많은 직장을 그만두는 회피행동을 할 경우, 그 사람은 이러한 회피행동으로 인해 공황발작, 즉 심장마비의 가능성을 방지했다고 생각함으로써 부정적 신념("나는 심장에 문제가 있다")을 지속하게 된다.

(2) 치료법: 공황장애는 크게 약물치료와 심리치료가 적용되고 있다.
① 약물치료는 비교적 효과가 빠르나, 심리적 의존이나 부작용이 나타난다.
② 공황장애에 대한 인지행동치료는 매우 효과적인 것으로 보고되고 있다. 이는 일반적으로 불안을 조절하는 복식호흡 훈련과 긴장이완훈련, 신체적 감각에 대한 파국적 오해에 대한 인지적 수정, 광장공포증과 관련된 공포상황에의 점진적 노출 등과 같은 치료적 요소로 구성된다.

7 불안장애

[2021년 기출]

다음 (가)는 클락(D. Clark)의 공황장애 인지 모델이고, (나)는 전문상담교사가 재서(고2, 남)와 상담한 내용의 일부이다. 〈작성 방법〉에 따라 서술하시오.

(가)

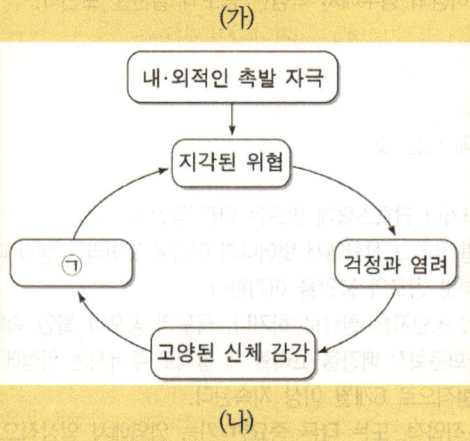

(나)

상담교사: 최근에 또 공황발작이 일어난 적이 있었어요?
재　서: 네, 한 달 전에 집에서요.
상담교사: 좀 더 자세하게 그때 상황을 설명해줄 수 있겠어요? 정확히 어떤 상황이었나요?
재　서: 평소처럼 밤에 제 방에서 공부하고 있었는데, 갑자기 심장이 너무 빨리 뛴다고 느껴졌어요.
상담교사: 심장이 빨리 뛴다고 느껴지고 나서는 어땠어요?
재　서: '왜 이러지?' 하면서 갑자기 제 주변이 굉장히 낯설게 느껴졌어요.
상담교사: 그렇군요. 더 얘기해 볼래요?
재　서: 걱정이 되면서 심장이 점점 더 빨리 뛰고 식은땀이 나기 시작하는 거예요.
상담교사: 그 다음은 어떻게 되었어요?
재　서: 급속도로 숨이 막히고 너무 어지러웠어요.
상담교사: 정말 힘든 순간이었겠네요. 숨이 막히고 어지럽고…
재　서: 네, 너무 무섭고 '이러다 숨이 막혀서 죽겠구나!'라는 생각이 들었어요.
상담교사: 혹시 병원에는 가 보았나요?
재　서: 그럼요. 혹시 정말 심장에 문제가 있는 건 아닐까 해서 엄마와 병원에 가 봤는데 아무 이상이 없다고 해요. 이런 증상을 일으킬 만한 어떤 물질이나 약물을 복용하고 있지 않고요.

〈작성 방법〉

• (가)의 ㉠에 들어갈 개념을 쓰고, ㉠에 해당하는 재서의 반응을 (나)에서 찾아 서술할 것.
• 재서의 증상이 『정신질환의 진단 및 통계 편람 제5판』(DSM-5)의 공황장애 진단 기준을 충족하는지 확인하고자 할 때, 상담교사가 추가적으로 할 수 있는 질문을 2가지 서술할 것.

5 광장공포증(agoraphobia)

특정한 장소(예 쇼핑센터, 극장, 운동장, 엘리베이터, 지하철)에 대한 공포

<광장공포증의 DSM-5의 진단기준>

A. 다음 5가지 상황 중 2가지 이상의 경우에서 극심한 공포와 불안을 느낀다.
  1. 대중교통을 이용하는 것(예 자동차, 버스, 기차, 배, 비행기)
  2. 열린 공간에 있는 것(예 주차장, 시장, 다리)
  3. 밀폐된 공간에 있는 것(예 상점, 공연장, 영화관)
  4. 줄을 서 있거나 군중 속에 있는 것
  5. 집 밖에 혼자 있는 것
B. 공황 유사 증상이나 무능력하거나 당혹스럽게 만드는 다른 증상(예 노인에서 낙상에 대한 공포, 실금에 대한 공포)이 발생했을 때 도움을 받기 어렵거나 그 상황에서 벗어나기 어려울 것이라는 생각 때문에 그런 상황을 두려워하고 피한다.
C. 광장공포증 상황은 거의 대부분 공포와 불안을 야기한다.
D. 광장공포증 상황을 피하거나, 동반자를 필요로 하거나, 극도의 공포와 불안 속에서 견딘다.
E. 광장공포증 상황과 그것의 사회문화적 배경을 고려할 때 실제로 주어지는 위험에 비해 공포와 불안의 정도가 극심하다.
F. 공포, 불안, 회피 반응은 전형적으로 6개월 이상 지속된다.
G. 공포, 불안, 회피가 사회적, 직업적, 또는 다른 중요한 기능 영역에서 임상적으로 현저한 고통이나 손상을 초래한다.
H. 만약 다른 의학적 상태(예 염증성 장 질환, 파킨슨병)가 동반된다면 공포, 불안, 회피 반응이 명백히 과도해야만 한다.
I. 공포, 불안, 회피가 다른 정신질환으로 더 잘 설명되지 않는다. 예를 들어, 증상이 특정공포증의 상황 유형에 국한되어서는 안 된다. (사회불안장애에서처럼) 사회적 상황에서만 나타나서는 안 된다. (강박장애에서처럼) 강박 사고에만 연관되거나 (신체이형장애에서처럼) 신체 외형의 손상이나 훼손에만 연관되거나, (외상후스트레스장애에서처럼) 외상 사건을 기억하게 할 만한 사건에만 국한되거나, (분리불안장애에서처럼) 분리에 대한 공포에만 국한되어서는 안 된다.
주의점: 광장공포증은 공황장애 유무와 관계없이 진단된다. 만약 공황장애와 광장공포증의 진단기준을 모두 만족한다면 2가지 진단이 모두 내려져야 한다.

(1) 원인

골드스테인과 챔블레스(Goldstein & Chambless, 1978)의 인지행동적 입장의 공포에 대한 공포 이론(fear of fear theory)

① 광장공포증을 유발하는 두 가지 심리적 요인을 제시한다.
  ㉠ 공포에 대한 공포: 공포의 결과로 유발되는 당혹감과 혼란감, 통제상실, 졸도, 심장발작, 정신이상에 대한 두려움을 뜻한다. 이들은 특정 장소 자체를 두려워하는 것이 아니라, 그러한 장소에서 경험하게 될 여러 가지 당혹스러운 경험에 대해 두려워하는 것이다.
    • 구성: 공포와 관련된 신체감각에 대한 두려움과 공포의 결과에 대한 부적응적인 사고로 구성되어 있다.
  ㉡ 불안을 유발한 선행사건에 대한 잘못된 해석 경향성: 예를 들어 대인관계 갈등으로 어떤 사람과 심하게 다투고 난 뒤 넓은 길거리에 혼자 서 있을 때 불안을 경험한 사람은 자신의 불안이 대인관계 갈등 때문이 아니라 넓은 길거리라는 상황 때문이라고 잘못 해석해 넓은 길거리를 두려워할 수 있다.

6 사회불안장애(social anxiety disorders: 사회공포증)

다른 사람 앞에서 어떤 일을 해야 할 때 심한 불안과 공포를 느끼는 것.

<사회불안장애(사회공포증)의 DSM-5의 진단기준>

A. 사회적 상황(예 대화 또는 친숙하지 않은 사람과의 만남), 관찰되는 상황(예 먹거나 마시는 것), 다른 사람 앞에서의 수행(예 발표) 등 타인으로부터 세심하게 관찰당할 가능성이 있는 한 가지 이상의 사회적 상황에 대해 현저한 두려움이나 불안을 나타낸다.
  주의: 아동의 경우, 사회적 불안장애로 진단받기 위해서는 성인과의 상호작용뿐만 아니라, 또래와의 상호작용에서도 불안 반응을 나타내야 한다.
B. 자신의 불안 증상을 보임으로써 부정적인 평가(예 굴욕을 당하거나 당황스럽게 되거나 거절당하거나 다른 사람을 기분 상하게 하는 등)를 받게 될 것을 두려워한다.
C. 두려워하는 사회적 상황에 노출되면 거의 예외 없이 두려움이나 불안 반응을 일으킨다.
  주의: 아동의 경우, 낯선 사람과의 사회적 상황에 노출될 때 울거나, 심술을 내거나, 몸을 움직이지 못하거나 위축되거나 말을 못하는 것으로 두려움이나 불안을 나타낼 수도 있다.
D. 두려워하는 사회적 상황을 회피하거나, 또는 심한 불안이나 두려움을 느끼면서도 인내한다.
E. 두려움이나 불안은 사회적 상황이 야기하는 실제적인 위협이나 사회문화적 상황에 맞지 않을 정도로 심하게 나타낸다.
F. 두려움, 불안, 또는 회피가 최소한 6개월 이상 지속된다.
G. 두려움, 불안, 또는 회피가 사회적, 학업적, 직업적 및 다른 중요한 기능 영역에 임상적으로 중요한 손상 또는 결함을 초래한다.
H. 이 증상들은 약물이나 다른 의학적 상태의 생리적인 효과에 기인한 것이 아니다.
I. 이러한 두려움, 불안, 또는 회피 증상들은 공황장애, 신체변형장애, 또는 자폐스펙트럼장애 등의 다른 정신장애에 의해 더 잘 설명되지 않는다.
J. 다른 의학적 상태(예 파킨슨병, 비만, 화상이나 상해에 의한 손상)가 있는 경우에 두려움, 불안, 또는 회피가 이러한 의학적 상태와 관련된 것이 아니어야 사회적 불안장애로 진단받을 수 있다.

다음의 경우 명시할 것
- 수행형 단독: 만약 공포가 대중 앞에서 말하거나 수행하는 것에 국한될 때

(1) 원인

① 유전적 요인 - 자율신경계 활동의 불안정으로 인한 민감성
  ㉠ 사회공포증을 지닌 사람들은 자율신경계 활동이 불안정하여 다양한 자극에 쉽게 흥분하는 경향이 있다는 주장이 제기되고 있다. 이들은 수줍음, 사회적 불편감, 사회적 위축과 회피, 낯선 사람에 대한 두려움과 같은 기질적 특성을 지니는 경향이 있다(Bruch, 1989; Plomin & Daniels, 1986).
  ㉡ 또한 사회공포증을 지닌 사람의 친척 중에는 유사하나 증상으로 나타내는 사람들이 많았다(Rwich & Yates, 1988). 쌍둥이 연구에서 두 명 모두 사회공포증을 나타낼 일치율이 일란성 쌍둥이 경우는 24.4%였으며 이란성 쌍둥이의 경우는 15%였다(Torgersen, 1979). 이러한 연구결과들은 사회공포증에 유전적 요인이 관여함을 시사한다.

② 정신분석적 입장 - 무의식적 갈등의 사회적 투사
  ㉠ 정신분석적 입장에서는 사회공포증 역시 무의식적 갈등이 사회적 상황에 투사된 것으로 본다. 의식적인 수용이 불가능한 공격적 충동을 타인에게 투사하여 타인이 자신에게 공격적이거나 비판적일 것이라고 느끼게 됨으로써, 타인 앞에 나서기가 두려워지는 것이다.
  ㉡ 대상관계이론적 관점: 대상관계이론에서는 아동이 생의 초기에 어머니와 상호작용하는 경험을 통해 자신과 주요한 타인에 대한 내면적 표상을 형성하게 되며 이는 성장 후의 대인관계에 영향을 미치게 된다. 어린 시절에 어머니와 불안정하거나 거부적인 관계를 경험하게 되면, 부적절한 자기상과 비판적인 타인상을 형성하여 성인이 된 후의 대인관계에서도 과도한 불안을 경험하는 사회공포증을 나타낼 수 있다는 주장이다.

③ 인지적 입장 - 역기능적 신념과 부정적 해석에 의한 불안 강화

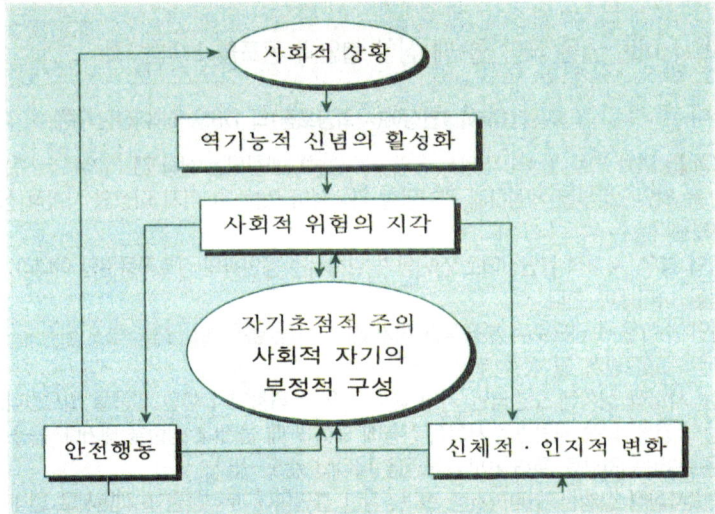

사회공포증에 대한 클라크와 웰스의 인지적 모델, 권석만 「현대이상심리학 2판」

㉠ 역기능적 신념의 활성화: 사회공포증을 지닌 사람들이 공통적인 인지적 특성

- 사회공포증을 지닌 사람들은 자신이 다른 사람에게 호감을 주지 못하는 사람이라는 뿌리깊은 믿음을 지니고 있다. 즉, 사회적 자기에 대한 부정적 개념을 가지고 있다.
- 다른 사람에게 자신에 관한 좋은 인상을 심어 주어야 한다는 강한 동기가 있다. 이들은 다른 사람의 평가를 중요하게 여기며 그들로부터 호감과 인정을 받기 위해 완벽한 모습을 보여 주려고 하는 동시에 부정적 평가를 받는 것을 재난적인 것으로 여기는 경향이 있다.
- 이들은 다른 사람들이 비판적이어서 자신이 사소한 실수라도 하면 자신을 싫어하고 멀리할 것으로 믿는다.
- 이들은 사회적 상황에서 자신이 한 행동을 부정적으로 평가하는 경향이 있다. 따라서 사회적 상황에서 반복적으로 불안과 좌절감을 경험하게 되며 결국 사회적 상황을 회피하는 것이 최선이라는 회피적 대처방식을 선택하게 된다.

㉡ 사회공포증을 지닌 사람들은 과거경험에 근거한 3가지 주체의 역기능적 신념, 클라크와 웰스(Clark & Wells, 1995)의 인지이론

- 사회적 수행에 대한 과도한 기준의 신념
  예 "나는 모든 사람으로부터 인정과 칭찬을 받아야 한다.", "약한 모습을 조금이라도 드러내서는 안 된다.", "내가 불안해하는 모습을 다른 사람이 눈치채서는 안 된다."
- 사회적 평가에 대한 조건적 신념
  예 "내가 실수를 하면, 다른 사람들은 나를 무시할 것이다.", "나의 진짜 모습을 알면, 다른 사람들은 나를 싫어할 것이다."
- 자기와 관련된 부정적 신념
  예 "나는 다른 사람보다 열등하다.", "나는 매력이 없다."

ⓒ **사회적 위험의 지각**: 어떤 사회적 상황(예 여러 사람 앞에서 발표를 하는 상황)에 처하게 되면, 이러한 역기능적 신념이 활성화되어 그 상황을 부정적으로 해석하여 사회적 위험을 지각하게 된다.

> **+ 사회적 위험 지각과 위험지각으로 인한 불안 강화 메커니즘의 예**
>
> - 상황: 다른 사람이 하품을 하면 자신의 이야기가 지루해서 하품하는 것으로 생각한다. 이렇게 사회적 위험을 지각하면, 서로 연결된 3가지 변화가 거의 자동적으로 일어나며 불안을 강화하게 된다.
> - 불안을 강화시키는 3단계 변화 메커니즘
>   - 신체적 또는 인지적 변화(예 얼굴 붉어짐, 가슴 두근거림, 목소리 떨림 등) →
>   - 남에게 부정적 평가를 받지 않기 위한 방어적 행동으로서의 안전 행동(예 손떨림 막기 위한 마이크 꽉 붙잡기, 타인의 시선 피하거나 말 중단 막기 위한 빨리 말하기 등) →
>   - 이러한 안전 행동의 타인에게 부정적 인상을 주거나 불안을 증가시키는 역효과

ⓓ **자기초점적 주의 - 사회적 자기의 부정적 구성**

> **+ 자기초점적 주의로 인하여 사회적 자기의 부정적 구성을 하게 되는 메커니즘의 예**
>
> - 자기초점적 주의(self-focused attention)가 나타나서 불안해하는 자신을 관찰(예 진땀을 흘리고 손을 떨며 말을 더듬고 있는 모습) →
> - 다른 사람들이 자신을 부정적으로 볼 것으로 예상(타인의 눈에 비치게 될 사회적 자기(social self)의 모습을 부정적으로 구성) →
> - 현실의 왜곡(예 자신의 손이 미세하게 떨린다고 느끼면 다른 사람들도 이러한 사실을 자신처럼 알고 자신을 부정적으로 평가할 것이라는 잘못된 판단)
> - 이러한 3가지 변화가 악순환적 과정을 통해 불안을 강화하게 됨으로써 심한 사회적 공포를 느끼게 된다는 것

ⓔ **사후 반추사고(post-event rumination)의 경향**
- 면접이나 발표와 같은 사회적 수행을 하고 난 후에 자신의 수행을 부정적인 것으로 곱씹는 것이다.
- 사회공포증을 지닌 사람들은 일반인보다 더 부정적인 반추에 몰두했으며 자신의 사회적 수행을 부정적으로 평가했다.
- 이러한 사후 반추사고는 자꾸 반복되고 의식에 침투하는 특성을 지니고 있어서 수치심을 유발하며 사회적 상황에 대한 공포를 강화한다.
- 사회적 상황에 대한 부정적인 사후 반추사고는 미래의 수행에 대한 예기불안을 증가시키고 사회적 자기효능감을 떨어뜨림으로써 사회불안을 유지시키는 역할을 하게 된다.

ⓕ **자신의 긍정적 사회적 수행의 긍정적 평가와 사건에 대한 부정적 해석 편향**
- 최근의 연구(Weeks et al, 2000)에 따르면, 사회불안이 높은 사람들은 다른 사람들에게서 긍정적 평가를 받는 것에 대해서도 두려움을 지닌 것으로 보고되었다.
- 이들은 사회적 상황에서 자신의 긍정적인 능력이 드러나거나 다른 사람들의 주목을 끌게 될까봐 걱정하며 긍정적인 평가를 받는 것을 불편해하는 경향을 지니는 것으로 나타났다.
- 또한 긍정적 사건에 대해서도 부정적으로 해석하는 편향성을 지닌 것으로 보고되었다. 긍정적인 사건으로 인하여 자신에 대한 타인의 기대가 커지겠지만, 자신은 그러한 기대에 부응하지 못할 것이며, 결과적으로 현재의 긍정적인 사건이 미래의 부정적인 사건으로 귀결될 것이라는 예기불안을 지닌다.
- 또한 이들은 자신의 사회적 수행에 대한 상대방의 긍정적인 평가를 있는 그대로 받아들이지 못하고 긍정적인 경험도 부정적인 것으로 평가절하하는 경향을 나타냈다.

(2) 치료법: 사회공포증은 인지적 재구성, 두려운 상황에의 반복적 노출, 역할을 번갈아 하는 역할 연습, 긴장이완 훈련 등 인지행동적 치료가 가장 효과적인 것으로 알려지고 있다. 약물을 중단하면 증상이 재발되는 경향이 있기는 하지만 사회공포증에는 약물치료가 적용되기도 한다.

7 선택적 함구증(selective mutism)

특수한 사회적 상황에서 지속적으로 말을 하지 않는다.

(1) 진단기준

〈선택적 함구증의 DSM-5의 진단기준〉

A. 다른 상황에서는 말을 할 수 있음에도 불구하고 말을 해야 하는 특정 사회적 상황(예 학교)에서 일관되게 말을 하지 않는다.
B. 장애가 학습이나 직업상의 성취 혹은 사회적 소통을 방해한다.
C. 이러한 증상이 최소 1개월 이상 지속된다(학교생활의 첫 1개월에만 국한되지 않는 경우).
D. 사회적 상황에서 필요한 말에 대한 지식이 부족하거나, 언어가 익숙하지 않은 것으로 인해 말을 하지 않는 것이 아니다.
E. 장애가 의사소통장애(예 아동기 발병 유창성장애)로 더 잘 설명되지 않고, 자폐스펙트럼장애, 조현병 또는 다른 정신병적 장애의 경과 중에만 발생되지는 않는다.

(2) 원인: 유전적 원인 외에 정신적 충격, 가족 내 갈등의 결과, 불안증 때문에 생기는 것이다.

① 자녀가 성장하면서 자연스럽게 없어지기도 한다.
② 언어발달 시작 시기의 충격적 경험(형제출생, 가족 죽음, 엄마와의 분리)과 관련 있을 수 있다.
③ 한 번 증상이 나타나면 학습된 행동패턴으로 사회적 강화에 의해 유지된다. 때로는 언어의 비유창성으로 인해 놀림 받으면서 증상이 증가할 수 있다.
④ 발달초기 낯선 사람에 대한 반응이 고착 또는 퇴행되어 선택적 함구증이 나타날 수 있다. 낯선 사람에 의해 고통받고 불안정한 엄마는 아동을 과보호하게 되면서 부모와 아동 사이에 강한 밀착관계가 형성되고, 아동은 이를 유지하기 위해 침묵을 이용한다. 이러한 역동은 아동의 건강한 자아발달을 방해하며 더욱 회피적으로 만들며, 사회불안 증상으로 발전하기도 한다.

(3) 치료(중재): 행동치료, 놀이치료, 가족치료, 약물치료 등.

① **약물치료**: 사회공포증의 하위유형으로 보고, 사회공포증 치료약물을 사용한다.
② **행동치료**: 말하는 행동에 긍정적 강화. 녹음기와 전화 등을 통한 간접적 대화를 시도한다.
③ **가정과 학교에서의 전략**
  ㉠ 벌을 주거나 말하도록 하여 보상을 주는 것은 오히려 침묵을 유지시킨다.
  ㉡ 아동을 모든 규칙적인 집단활동에 참여, 아동이 편하게 느끼는 상황에서 독서 및 이야기 꾸미기 등의 활동을 격려한다.
  ㉢ 부모는 집에 아는 사람을 많이 데려오도록 하며 아동이 위협적이라고 느끼지 않는 상황에서 타인과 대화를 돕는다.
  ㉣ 집과 학교에서 성인과의 비언어적 활동이 점진적으로 증가하도록 격려, 녹음기나 카드, 책을 활용하여 소통한다.
  ㉤ 교사는 사적인 관계에서 언어가 늘어나면 그 과정을 교실로 옮기거나 교실의 소집단 활동에서 시도한다.

3 불안장애의 원인

1 신체생리 모델

유전적 요인, 신경생물학적 요인, 기질적 요인을 포함한다.

(1) 유전적 요인: 부모가 불안장애를 경험하고 있으면 자녀가 불안장애를 경험할 가능성이 높다. 강박-충동장애는 유전적 가능성이 높다. 불안장애 자체의 유전이라기보다 특정 자극에 대한 정서적, 행동적 반응에 관련된 유전이다.

(2) 신경생물학적 요인: 자율신경계 반응 높음, 세로토닌과 같은 신경전달물질의 결함

(3) 기질적 요인: 낯선 상황에 예민, 위축. 행동억제체계(BIS)가 새롭고 두려운 상황에서 행동을 억제하는 것.

2 행동주의적 이론

수동적 조건화, 조작적 조건화 및 사회학습 원리.

(1) 수동적 조건화: 예를 들어, 개에 물려 본 아동은 개와 신체적 고통이 조건화되어 있어 개만 보아도 두려움을 느낀다.

(2) 조작적 조건화: 개를 두려운 행동을 보일 때 후속결과에 대한 보상(관심 or 싫은 과제 회피)

(3) 사회학습 원리: 개를 보고 두려워하는 어른이나 또래 행동 모델링

3 인지적 모델

위험에 대한 비현실적인 지각으로부터 초래된다. 이것이 인지적 오류와 관련된다.

4 생태학적 모델

부정적 생활사건 등과 같은 환경적 스트레스 요인과 상관. 가족요인이 가장 중요하다.

(1) 부모요인: 자녀의 말에 잘 귀 기울이지 않고, 자녀의 적응행동에 정적 강화를 제공하지 않으며 자녀의 회피행동을 부적절하게 강화한다. 자녀에게 지나치게 간섭. 자녀의 불안반응 모델링의 대상이자 불안반응을 강화하고 촉진한다. 번스타인(Bernstein) 등은 모자간 불안전한 이해관계를 불안장애 위험요인으로 본다.

4 불안장애 치료(중재전략)

1 인지행동중재

모델링, 체계적 둔감법, 실생활홍수법, 인지적 재구조화, 자기통제 기술, 이완훈련 등을 포함.

(1) 모델링: 모델이 대상이 두려움을 야기하는 상황에서 불안, 두려움 느끼지 않고 바람직하게 행동한다. 예를 들어 개를 두려워하는 아동 앞에서 개와 친숙하게 노는 것이다.

(2) **체계적 둔감법**: 분리불안장애, 공포증 아동에게 불안위계목록을 작성하여, 이완훈련과 함께 둔감화 절차를 진행한다.

(3) **실생활홍수법**: 중재 초기에 불안을 일으키는 자극에 아동을 오랫동안 노출시키는 것이다.

> **＋ 실생활홍수법의 예**
> 학교공포증을 가신 아동에게 하루종일 학교에 있게 하는 것

(4) **인지적 재구조화**: 아동이나 청소년의 불안 또는 공포가 비현실적, 비합리적인 인지적 왜곡에 근거한 것이므로 아동으로 하여금 현실적, 합리적 사고를 할 수 있도록 돕는 것이다.

> **＋ 인지 재구조화의 예**
> 개 공포증이 있는 아동이 쇠사슬에 묶여 있는 개를 보더라도 개가 갑자기 자신을 달려들고, 부모는 도망치고, 자신은 개에게 물려 죽을 것이라고 상상한다고 해보자. 이 아동에게 개는 쇠사슬을 풀 수 없고, 부모는 개가 달려들더라도 도망가지 않을 것이며, 개에게 물리더라도 아동이 즉시 병원 가서 치료 받는다면 죽지 않는다는 것을 인식케 한다.

(5) **자기통제 기술**: 병리적인 불안, 두려움을 가지고 있는 아동으로 하여금 스스로 자기점검법, 자기강화법, 자기교수법, 긍정적 자기 말, 거울기법, 문제해결 기술, 사회성 기술 등을 적용하여 불안이나 두려움을 감소시키도록 하는 것이다.

> **＋ 자기통제 기술의 예**
> 분리불안 장애로 학교 가기를 거부하는 아동으로 하여금 "내가 학교에 가 있는 동안 엄마는 안전할 거야.", "나는 용감해서 학교에 혼자 갈 수 있어." 등의 긍정적 자기 말을 연습시킨다. 처음에는 큰 소리로 아동이 말하도록 하고, 목소리를 점차 줄여나가도록 하며, 실제 사회적 상황에서 자신만이 들을 수 있는 작은 소리로 혹은 머릿속으로 자기 말을 하도록 훈련시킨다.

(6) **이완훈련**: 깊고 느린 호흡기법, 근육이완, 심상 등을 통해 불안장애를 가지고 있는 아동이나 청소년의 긴장수준을 낮추는 것이다. 사람은 스트레스를 받을 때 숨을 적게 쉬고 짧고 얕은 호흡을 한다. 아동에게 바닥에 편안하게 눕게 하고, 한 손은 배 위에, 한 손은 가슴 위에 놓도록 한다. 복식호흡을 바르게 하면 배가 움직이지만 가슴은 움직이지 않음을 알려줘 깊고 느린 호흡을 하도록 돕는다. 또한 호흡을 느리게 하기 위해 들숨을 쉬면서 열까지 세고, 숨을 참으면서 열까지 세고, 다시 날숨을 쉬면서 열까지 세고, 숨을 참으면서 열까지 세게 한다.

2 약물치료

삼환계 항우울제, 선택적 세로토닌 재흡수 억제제, 항불안제를 사용한다. 선택적 세로토닌 재흡수 억제제가 사회적 공포증, 분리불안 장애, 강박-충동장애 및 범불안장애를 치료하는 데 효과적이다.

8 강박 및 관련 장애

- 강박적인 집착과 반복적인 행동을 특징적으로 나타내는 일련의 장애를 포함하며 DSM-5에서 처음으로 독립된 장애범주로 제시된다.
- 강박 및 관련 장애의 하위 범주로 강박장애(OCD), 신체이형장애(body dysmorphic disorders), 수집광(hoarding disorders), 발모광(trichotillomania or hair-pulling disorders), 피부 뜯기장애(excoriation or skin-picking disorders) 등을 포함한다.

1 강박 및 관련 장애별 진단 기준(DSM-5)

1 강박 장애(obsessive-compulsive disorders) 2017, 2021 기출

(1) 특징
① 정의: 불안을 유발하는 부적절한 강박사고(성적이거나 불경스러운 생각, 더러운 것에 오염될 것에 대한 생각)에 집착하면서 불안을 완화시키기 위한 강박행동(손 씻기, 확인하기, 정돈하기, 숫자세기)을 반복적으로 나타내는 장애이다.
② 성인은 자신의 생각이 비합리적이라는 것을 인식하나, 아동은 깨닫지 못하거나 비합리적인 생각을 반복적으로 할 필요성을 강하게 느낀다.
③ 강박 행동(충동적 증상)의 가장 전형적인 행동들은 다음과 같다.

> - 씻는 행동: 씻은 손을 반복하여 씻기
> - 점검: 전기 기구 모두 꺼졌는지 반복적으로 확인하기
> - 순서: 침대 위에 인형들의 순서가 정확한지 반복하여 확인하기
> - 반복: 완벽해 보일 때까지 글씨를 다시 쓰기
> - 정리정돈: 방 안의 모든 물건을 정확한 위치에 배치하기 등이다.

(2) 유형
① 순수한 강박사고형: 외현적인 강박행동은 나타나지 않고 내면적인 강박사고만 지니는 경우
② 내현적 강박행동형: 강박사고와 함께 관찰되지 않는 내면적 강박행동만 지니는 경우
③ 외현적 강박행동형: 강박사고와 함께 겉으로 관찰되는 강박행동을 지니는 경우

(3) 진단기준

<강박장애의 DSM-5의 진단기준>

A. 강박사고, 강박행동 또는 둘 다의 존재
  * 강박사고는 (1)과 (2)로 정의된다.
   1. 반복적이고 지속적인 사고, 충동 또는 심상으로서 이러한 증상은 장애가 진행되는 어느 시점에서 침투적이고 원치 않는 것이라고 경험되며 대부분의 개인에게 현저한 불안과 고통을 초래한다

2. 개인은 이러한 사고, 충동, 심상을 무시하고 억압하려 하거나 다른 생각이나 행동(즉, 강박행동의 수행)을 통해서 이를 약화시키려고 노력한다.
* **강박행동은 (1)과 (2)로 정의된다.**
1. 반복적인 행동(예 손 씻기, 정돈하기, 확인하기) 또는 정신적인 활동(예 기도하기, 숫자 세기, 마음 속으로 단어 반복하기)으로서 개인은 이러한 행동이 강박사고에 대한 반응으로 해야만 하거나 또는 엄격하게 적용되어야 하는 규칙에 따라서 어쩔 수 없이 행해야만 하는 것으로 느낌
2. 이러한 행동이나 정신적 활동은 불안과 고통을 예방하거나 감소하고, 두려운 사건이나 상황을 방지하기 위한 것이다. 그러나 이러한 행동이나 정신적 활동이 완화하거나 방지하려고 하는 것과 실제적으로 연결되어 있지 않거나 명백하게 지나친 것이어야 한다.
   주의점: 어린 아동의 경우 이런 행동이나 심리 내적인 행위들에 대해 인식하지 못할 수도 있다.
B. 강박사고나 강박행동이 많은 시간(하루에 1시간 이상)을 소모하게 하거나 현저한 고통을 유발하거나 사회적, 직업적 기능 또는 다른 중요한 영역의 기능에 심각한 손상을 초래한다.
C. 강박 증상은 물질(예 남용하는 물질, 약물)이나 일반적인 의학적 상태의 생리적 효과로 인한 것은 아니다.
D. 이 장애는 다른 정신장애의 증상에 의해서 더 잘 설명되지 않는다. 이러한 강박사고 및 행동 증상들은 범불안장애, 신체추형장애, 저장 강박장애, 모발 뽑기 장애, 피부 벗기기 장애, 섭식장애, 질병 불안장애, 중독장애, 품행장애, 주요 우울장애, 망상장애, 조현병 스펙트럼장애, 또는 자폐스펙트럼장애 등의 다른 정신장애에 의해 더 잘 설명되지 않는다.

다음의 경우 명시할 것
- **좋거나 양호한 병식**: 강박적 믿음이 진실이 아니라고 확신하거나 진실 여부를 확실하게 인지하지 못한다.
- **좋지 않은 병식**: 강박적 믿음이 아마 사실일 것으로 생각한다.
- **병식 없음/망상적 믿음**: 강박적 믿음이 사실이라고 완전하게 확신한다.

다음의 경우 명시할 것
- **틱관련**: 현재 또는 과거 틱장애 병력이 있다.

(4) 강박 장애의 원인

① 인지행동적 입장의 살코프스키스(Salkovskis)
  ㉠ 강박장애가 발생하는 세부적인 과정을 분석하여 침투적 사고(intrusive thoughts)와 자동적 사고(automatic thoughts)로 구분하였다.
  ㉡ 침투적 사고는 우연히 의식 속에 떠오르는 원치 않는 불쾌한 생각을 의미하며 대부분의 사람들이 흔히 경험하는 것이다. 이러한 침투적 사고는 일종의 내면적 자극으로서 그에 대한 의미를 부여하는 자동적 사고를 유발한다.
  ㉢ 자동적 사고란, 침투적 사고에 대한 사고를 말하는데, 거의 자동적으로 일어나고 매우 빨리 지나가며 잘 의식되지 않기 때문에 자동적 사고라고 부른다. 침투적 사고와 달리 불편감을 느끼지 않는 자아동조적(자아동질적) 속성을 지니고 있어 별다른 저항을 일으키지 않게 되며, 결과적으로 강박사고가 지속되는 원동력으로 작용한다.
  ㉣ 살코프스키스는 침투적 사고 자체가 강박행동을 유발하는 것이 아니라 침투적 사고의 속성을 왜곡하는 자동적 사고가 불안과 강박행동을 유발한다고 주장했다.
② 인지행동적 입장의 강박인지 연구그룹(Obsessive Compulsive Cognition Working Group, 1997)
  ㉠ 강박장애의 기저에 존재하는 인지적 특성을 제시하였다.
  ㉡ 첫째, 강박장애 환자는 침투적 사고에 대한 위험을 과대평가할 뿐만 아니라 자신의 책임감을 과도하게 평가한다.

ⓒ 둘째, 강박장애 환자는 침투적 사고를 과도하게 중요한 것으로 인식하는데 그 과정에 사고-행위 융합이라는 인지적 오류가 개입한다. 사고-행위 융합(thought-action fusion)이란 생각한 것이 곧 행위한 것과 다르지 않다는 믿음을 뜻한다. 이러한 사고-행위 융합이라는 인지적 특성은 침투적 사고에 대해 과도한 책임감을 느끼게 해 사고억제를 시도하게 만든다. 사고-행위 융합의 2가지 종류는 다음과 같다.
- 도덕적 융합(moral fusion): 비윤리적 생각을 하는 것은 그러한 행위를 한 것과 도덕적으로 다르지 않다.
- 발생가능성 융합(likelihood fusion): 비윤리적 생각을 하게 되면 실제로 그러한 행위를 하게 될 가능성이 높아진다.

ⓓ 강박장애 환자들은 불확실성이나 불완전함(예: 실수나 오류)을 참지 못하며 완벽함과 완전함을 추구하는 특성을 지닌다. 이들은 절대적 확신을 갖는 것이 중요한데, 그러한 절대적 확신을 갖는 것이 가능하다는 잘못된 신념을 갖고 있다.

③ 인지행동적 입장의 오코너(O'Connor, 2009) 등이 제시한 추론 융합(inferential confusion)

㉠ 라흐만(Rachman)은 강박장애를 유발하는 핵심적인 인지적 요인이 침투적 사고에 대한 평가과정에 나타나는 파국적 해석이라고 보았다. 그는 처음에는 중립적인 자극이던 침투적 사고에 대해 파국적 해석을 하게 되면 침투사고는 개인에게 중요한 의미를 지니는 동시에 더욱 빈번하게 나타나고 통제하기도 어렵다는 것이다.

㉡ 오코너 등은 이러한 라흐만의 생각을 발전시켜, 추론융합이 강박장애 유발에 중요한 영향을 미친다고 주장한다. 추론융합이란, 추론과정에서 상상한 가능성과 현실적 가능성을 혼동할 뿐만 아니라 상상한 가능성에 근거해 행동하는 것을 의미한다. 이러한 추론융합은 두 가지 특징을 지닌다.
- 첫째, 현실의 직접적 증거보다는 잠재적 가능성에 의해서 상상적인 추론을 한다.
- 둘째, 일반적인 상식이나 자신의 감각을 믿지 않고 자신의 추론에 의존을 한다.

㉢ 침투적 사고는 일종의 추론이다. 즉 내적 또는 외적 자극에 근거한 일차적 추론이 침투적 사고의 형태로 의식에 나타나게 된다. 이러한 침투적 사고에 대한 파국적인 이차적 추론이 이루어지고 그에 따라 심한 불안과 강박행동이 나타나게 된다.

④ 인지행동적 입장의 웨그너(Wegner)와 동료들의 사고억제의 역설적 효과(ironic effect of thought suppression) 2023 기출

㉠ 사고억제 역설적 효과(반동적 효과)란, 어떤 생각을 억제할수록 그 생각을 더 잘 떠오르게 되는 현상을 말한다.

⑤ 인지행동적 입장의 불완전감(feeling of imperfection): 어떤 행위를 했을 때 100% 만족스러움을 얻지 못했다는 불충분함의 느낌 또는 기대에 딱 맞아 떨어지지 않는 미흡함의 경험을 말한다. 이러한 연구를 바탕으로, 섬머펠트의 강박장애 2차원적 모델이 제시되었다.

⑥ 인지행동적 입장의 섬머펠트(Summerfeldt)의 강박장애의 2차원적 모델: 강박장애는 강박행동을 하게 만드는 동기에 따라 두 개의 차원, 즉 '위험회피'와 '불완전감' 차원으로 구분할 수 있다.

장애특성	위험회피 차원	불완전감 차원
강박증상	불쾌한 강박사고, 위험회피를 위한 확인행동	대칭, 정렬을 위한 강박행동, 우유부단한 행동
발병연령	비교적 늦은 편(20대 이후)	비교적 빠른 편(아동기 혹은 청소년기)
성격특징	다양한 성격특질	강박적 성격특질
공병장애	불안장애 한정	틱 장애 비롯 다양
치료방법	인지적 재구성	행동적 둔감화 치료

⑦ 강박장애에 대한 인지행동적 모델

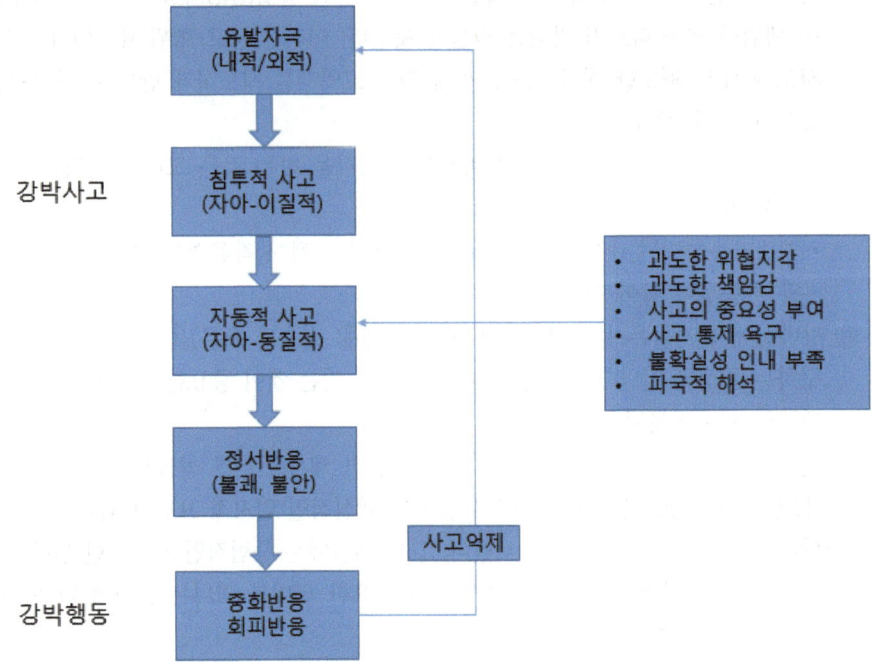

⑧ **정신분석적 입장** 📘 2018 기출: 프로이트(Freud)는 항문기에 억압된 욕구, 충동이 재활성화되어 나타난 것으로 간주한다. 이러한 충동이 의식에 떠오르면 불안을 유발한다는 것이다. 이를 통제하기 위해 격리, 대치, 취소의 방어기제를 사용한다고 보았다.
  ㉠ 격리: 사고와 그에 수반되는 감정을 단절시키는 방어기제로서 공격적인 강박사고를 지닌 사람은 사고내용에만 집착함으로써 그에 수반되는 분노감정을 경험하지 않게 된다.
  ㉡ 대치: 본래의 욕구를 다른 것으로 대체하여 위장함으로써 불안을 감소시키는데, 자물쇠를 잠그는 일에 집착함으로써 부부갈등이라는 위협을 피할 수 있게 된다.
  ㉢ 반동형성: 자신의 실제 욕구에 반대되는 방식으로 행동하는 것으로서 난폭한 강박사고에서 상징적으로 나타나는 공격적 충동과 달리 평소에 매우 친절한 행동으로 일관하는 것을 말한다.
  ㉣ 취소: 이미 벌어진 일을 어떤 행위로 무효화하려는 시도로서 죄의식이나 불안을 감소시킬 수 있다.
⑨ **생물학적 입장**: 전두엽의 기능손상 혹은 기저핵의 기능손상. 세로토닌과의 관련성을 제기한다.

(5) 강박 장애 치료(중재전략)
① **노출 및 반응방지법(ERP: exposure and response prevention)** 📘 2021 기출
  ㉠ 강박장애 환자들이 두려워하는 자극(예 더러운 물질)이나 사고(예 손에 병균이 묻었다는 생각)에 노출시키되 강박행동(예 손 씻는 행동)을 하지 못하게 하는 방법이다.
  ㉡ 노출에는 실제의 불안 상황에 직접 맞닥뜨리는 실제적 노출(예 공중화장실 문손잡이를 실제로 만지는 것)과 불안상황을 상상하게 하는 심상적 노출(예 화장실 손잡이나 변기를 만지는 상상)이 있다. 이를 체계적 둔감화 기법으로 진행한다.
② **사고중지(thought stopping) 기법** 📘 2023 기출: 강박사고가 떠오를 때마다 환자 자신이 "그만(stop)!" 하고 소리침으로써 강박사고에 집착하는 것을 완화시키는 방법이다. 이러한 방법을 통해서 환자는 자신을 괴롭히는 생각과 집착을 차단할 수 있을 뿐만 아니라 자신의 주의를 보다 적응적인 생각에 기울일 수 있게 된다.

③ **역설적 의도**: 강박행동을 하지 않으려고 투쟁하지 말고 오히려 강박행동을 과장된 방식으로 행동하는 것이다. 역설적 의도는 강박사고에 의한 불안을 완화시키고, 강박행동을 해야 한다는 심리적 압박감에서 벗어나도록 돕는다.
④ **자기주장 훈련**: 지나친 자기 억제를 줄이고 상대방을 공격하지 않으면서 자신의 감정과 의견을 솔직하게 표현하도록 돕는 것이다.
⑤ **인지치료기법**: 자동적 사고를 찾아내어 변화시킴으로써 강박적 사고와 행동을 감소시킨다. 또한 사고에 대해 과도한 중요성을 부여하고 사고를 통제하려는 욕구, 불확실성을 견디지 못하는 완벽주의와 같은 역기능적 신념 변화시킨다.
⑥ **침투적 사고에 대한 책임감을 감소시키는 기법**
  ㉠ **파이기법(pie-chart technique)**: 환자가 두려워하는 재앙적 결과를 유발할 수 있는 요인들의 중요성 정도를 크기가 다른 파이 조각들로 분할하여 표시한다.
  ㉡ **이중기준 기법(double standard technique)**: 환자가 두려워하는 동일한 사건이 다른 사람들에 발생한다면 그들에게 얼마나 책임을 물을 수 있는지를 생각하여 자신에게 일어났을 경우와 비교한다.
  ㉢ **법정 절차(courtroom procedure)기법**: 일종의 역할연기로서 마치 법정에서처럼 환자의 유죄 여부를 가리는 토론을 하는 방법이다. 처음에는 치료자가 변호사의 역할을 맡아 환자의 입장을 옹호하도록 하고, 이후에는 치료자가 검사 역할을 하고 환자가 변호사 역할을 맡아서 자신의 무죄를 직접 증명하도록 한다.
  ㉣ **행동실험법(behavioral experiments)** 2023 기출: 환자가 두려워하는 행동을 치료시간이나 생활장면에서 실제로 해보고 그 결과를 실증적으로 확인함으로써 책임져야 하는 결과들에 대해 구체적으로 논의해 보는 것이다.
  ㉤ **수용전념치료(ACT)**: 불편한 감정이나 생각을 제거하려고 노력하기보다 마음챙김을 통해 있는 그대로 바라보게 함으로써 감정과 생각이 사라지도록 하는 기법이다.
⑦ **약물치료**: 세로토닌 재흡수 억제제

[2021년 기출]

다음은 전문상담교사가 강박장애로 진단한 현서(중1, 여)에게 동적가족화검사(KFD)를 실시한 과정과 이후 상담한 내용의 일부이다. 밑줄 친 ⓒ에 해당하는 강박장애 치료 기법의 명칭을 쓰고, 그 기법의 치료 원리를 강박장애의 2가지 증상의 명칭을 사용하여 서술하시오.

현　　서: 제가 가족들에게 해를 끼치고 안 좋은 일이 생길 것 같아요.(다시 머리를 좌우로 4번 흔듦)
상담교사: 방금 그 얘기를 하면서 머리를 양옆으로 흔드는 걸 봤는데 현서도 알고 있어요?
현　　서: 네...
상담교사: 그렇게 행동하는 이유가 있을 것 같네요.
현　　서: 그렇게 안 하면 진짜 끔찍한 일이 생길 것 같아서 너무 불안해요.
상담교사: 현서가 겪고 있는 어려움을 해결하는 데 효과적인 방법이 있어요. (구체적인 실시 절차를 설명한 후) 방금 설명한 것처럼 이 방법은 현서가 ⓒ 반복적으로 떠오르는 끔찍하고 잔인한 생각을 하는 동안 머리를 좌우로 흔드는 행동은 하지 않도록 하는 거예요.

2 신체이형 장애(body dysmorphic disorders)

(1) 신체 일부가 기형적으로 이상하게 생겼다는 생각(코가 삐뚤어짐, 턱이 너무 김)에 집착한다.

(2) 신체변형장애 일종인 근육추형은 자신의 체형이 너무 작고 근육이 불충분하다고 믿는 것인데 주로 남성에게 나타난다.

(3) 신체변형 장애를 가지고 있는 성인, 청소년, 아동은 자살 관념화와 자살 시도율이 높다. 이 장애자들은 주요우울장애를 가지고 있을 가능성이 있다.

〈신체이형 장애의 DSM-5의 진단기준〉

A. 다른 사람들이 관찰할 수 없거나 대수롭지 않은 자신의 외모에서 한 가지 이상의 결함에 집착한다.
B. 장애가 진행되는 어떤 시점에 자신의 외모에 대한 걱정 때문에 반복적 행동(예 계속 거울 보기, 지나치게 머리 빗기, 피부 벗기기, 지속적으로 재확인하기) 또는 정신적 활동(예 자신의 외모와 다른 사람의 외모 비교하기)을 한다.
C. 이러한 외모에 대한 집착은 사회적, 학업적, 직업적 및 다른 중요한 기능 영역에 임상적으로 중요한 손상 또는 결함을 초래한다.
D. 이러한 외모에 대한 집착은 섭식장애를 가지고 있는 사람의 피하지방이나 체중에 대한 염려로는 설명될 수 없다.

다음의 경우 명시할 것
- **근육이형증 동반**: 자신의 체격이 너무 왜소하거나 근육질이 부족하다는 믿음에 사로잡혀 있다. 흔히 있는 경우지만 다른 신체 부위에 사로잡혀 있을 때도 역시 추가 서술될 수도 있다.

다음의 경우 명시할 것
"나는 못생겼다"거나 "나는 기형이다"는 등의 신체이형장애의 믿음과 관련된 병식의 정도를 나타낸다.
- **좋거나 양호한 병식**: 신체이형장애의 믿음이 진실이 아니라고 확신하거나 진실 여부를 확실하게 인지하지 못한다.
- **좋지 않은 병식**: 신체이형장애의 믿음이 아마 사실일 것으로 생각한다.
- **병식 없음/망상적 믿음**: 신체이형장애의 믿음이 사실이라고 완전히 확신한다.

 # 외상 및 스트레스 관련 장애

- 충격적인 외상사건(교통사고, 전쟁, 건물 붕괴, 지진, 강간, 납치)이나 스트레스 사건을 경험한 이후에 부적응 증상을 나타내는 다양한 경우를 포함하여 DSM-5에서 처음으로 독립된 장애범주로 제시된다.
- 하위 범주로는 외상후 스트레스 장애(PTSD), 반응성 애착장애(reactive attachment disorders), 탈억제성 사회적 유대감 장애(disinhibited social engagement disorders), 급성 스트레스 장애(acute stress disorders), 적응장애(adjustment disorders) 등을 포함하고 있다.
- DSM-5에서는 아동이 부적절한 양육환경(애착형성을 어렵게 하는 양육자의 잦은 변경, 정서적 욕구를 좌절시키는 사회적 방치와 결핍)에서 성장한 경우에 나타나는 부적응 문제의 두 가지 유형, 즉 반응성 애착장애와 탈억제 사회관여 장애를 이 장애범주에 포함하고 있다.

1 외상 및 스트레스 관련 장애별 진단 기준(DSM-5) 2015 논술형 기출

1 외상후 스트레스 장애(posttraumatic stress disorders: PTSD)

(1) 진단기준: 침습, 회피, 인지와 기분의 부정적 변화, 과각성

〈외상후 스트레스장애의 DSM-5의 진단기준〉

A. 실제적인 것이든 위협을 당한 것이든 죽음, 심각한 상해 또는 성적인 폭력을 다음 중 한 가지 이상의 방식으로 경험한다.
  1. 외상 사건을 직접 경험하는 것.
  2. 외상 사건이 다른 사람에게 일어나는 것을 직접 목격하는 것.
  3. 외상 사건이 가까운 가족이나 친구에게 일어났음을 알게 되는 것.
     주의점: 가족, 친척 또는 친구에게 생긴 실제적이거나 위협적인 죽음은 그 사건(들)이 폭력적이거나 돌발적으로 발생한 것이어야만 한다.
  4. 외상 사건(들)의 혐오스러운 세부내용에 반복적으로 또는 극단적으로 노출되는 경험(예 변사체 처리의 최초 대처자, 아동 학대의 세부사항에 반복적으로 노출된 경찰관)
     주의점: 진단기준 A4는 노출이 일과 관계된 것이 아닌 한 전자매체, TV, 영화, 사진을 통해 노출된 경우는 적용되지 않는다.

B. 외상 사건이 일어난 후에 외상 사건과 관련된 침습(침투) 증상이 다음 중 한 가지 이상 나타난다.
  1. 외상 사건에 대한 고통스러운 기억의 반복적이고 불수의적이며 침투적인 경험.
     주의점: 7세 이상의 아동에게서는 외상성 사건(들)의 주제 또는 양상이 표현되는 반복적인 놀이로 나타날 수 있다.
  2. 외상 사건과 관련된 고통스러운 꿈의 반복적인 경험.
     주의점: 아동에게서는 내용을 알 수 없는 악몽으로 나타나기도 한다.
  3. 외상 사건이 실제로 일어난 것처럼 느끼고 행동하는 해리성 반응(예 플래시백)
     주의점: 아동에게서는 외상의 특정한 재현의 놀이로 나타날 수 있다.

4. 외상 사건과 유사하거나 그러한 사건을 상징하는 내적 또는 외적 단서에 노출될 때마다 극심하거나 장기적인 심리적 고통의 경험.
5. 외상 사건을 상징하거나 그와 유사한 내적 또는 외적 단서에 대한 뚜렷한 생리적 반응.

C. 외상 사건과 관련된 자극 회피가 다음 중 한 가지 이상의 방식으로 지속적으로 나타난다. 이러한 변화는 외상 사건이 일어난 후에 시작된다.
 1. 외상 사건과 밀접히 관련된 고통스러운 기억, 생각, 감성을 회피하거나 회피하려는 노력.
 2. 외상 사건과 밀접히 관련된 고통스러운 기억, 생각, 감정을 유발하는 외적인 단서들(예 사람, 장소, 대화, 활동, 대상, 상황)을 회피하거나 회피하려는 노력.

D. 외상 사건에 대한 인지와 감정의 부정적 변화가 다음 중 두 가지 이상 나타난다. 이러한 변화는 외상 사건이 일어난 후에 시작되거나 악화될 수 있다.
 1. 외상 사건의 중요한 측면을 기억하지 못한다(두부 외상, 알코올 또는 약물 등의 이유가 아니며 전형적으로 해리성 기억상실에 기인).
 2. 자신, 타인, 세상에 대한 과장된 부정적 신념이나 기대를 지속적으로 지닌다(예 "나는 나쁘다", "누구도 믿을 수 없다", "이 세계는 전적으로 위험하다", "나의 전체 신경계는 영구적으로 파괴되었다.").
 3. 외상 사건의 원인이나 결과에 대한 왜곡된 인지를 지니며 이러한 인지로 인해 자신이나 타인을 비난한다.
 4. 지속적으로 부정적인 감정 상태(예 공포, 경악, 분노, 죄책감이나 수치심)를 나타낸다.
 5. 중요한 활동에 대한 관심이나 참여가 현저하게 감소한다.
 6. 다른 사람에 대해서 거리감이나 소외감을 느낀다.
 7. 긍정적 감정(예 행복감, 만족, 사랑의 감정)를 지속적으로 느끼지 못한다.

E. 외상 사건과 관련하여 각성과 반응성의 현저한 변화가 다음 중 두 가지 이상 나타난다. 이러한 변화는 외상 사건이 일어난 후에 시작되거나 악화될 수 있다.
 1. (자극이 없는 상태이거나 사소한 자극에도) 짜증스러운 언행이나 분노 폭발
 2. 무모하거나 자기파괴적인 행동
 3. 과도한 경계
 4. 과도한 놀람 반응
 5. 집중의 곤란
 6. 수면 장애(수면의 취함이나 유지의 어려움 또는 불안정한 수면)

F. 위에서 제시된(B, C, D, E의 기준을 모두 충족시키는) 장애가 1개월 이상 나타난다.

G. 이러한 장애로 인해서 심각한 고통이 유발되거나 사회적, 직업적 또는 중요한 기능에 현저한 손상이 나타난다.

H. 이러한 장애는 약물(예 치료약물이나 알코올)이나 신체적 질병에 의한 것이 아니어야 한다.

다음 중 하나를 명시할 것:
• 해리 증상 동반: 개인의 증상이 외상후 스트레스장애의 기준에 해당하고, 또한 스트레스에 반응하여 그 개인이 다음에 해당하는 증상을 지속적이거나 반복적으로 경험한다.
 1. 이인증: 스스로의 정신 과정 또는 신체로부터 떨어져서 마치 외부 관찰자가 된 것 같은 지속적 또는 반복적 경험(예 꿈속에 있는 느낌, 자신 또는 신체의 비현실감 또는 시간이 느리게 가는 감각을 느낌)
 2. 비현실감: 주위 환경의 비현실성에 대한 지속적 또는 반복적 경험(예 개인을 둘러싼 세계를 비현실적, 꿈속에 있는 듯한, 멀리 떨어져 있는, 또는 왜곡된 것처럼 경험)
  주의점: 이 아형을 쓰려면 해리 증상은 물질의 생리적 효과(예 알코올 중독 상태에서의 일시적 기억상실, 행동)나 다른 의학적 상태(예 복합 부분 발작)로 인한 것이 아니어야 한다.

다음의 경우 명시할 것:
• 지연되어 표현되는 경우: (어떤 증상의 시작과 표현은 사건 직후 나타날 수 있더라도) 사건 이후 최소 6개월이 지난 후에 모든 진단기준을 만족할 때

> **참고** 6세 이하 아동의 외상후 스트레스 장애 진단기준

A. 6세 또는 그보다 더 어린 아동에게서는 실제적이거나 위협적인 죽음, 심각한 부상 또는 성폭력에의 노출이 다음과 같은 방식 가운데 한 가지 이상 나타난다.
  1. 외상성 사건에 대한 직접적인 경험
  2. 그 사건(들)이 다른 사람들, 특히 주 보호자에게 일어난 것을 생생하게 목격함
  주의점: 목격이 전자매체, 텔레비전, 영화 또는 사진을 통한 경우는 포함되지 않는다.
  3. 외상성 사건(들)이 부모 또는 보호자에게 일어난 것을 알게 됨
B. 외상성 사건(들)이 일어난 후에 시작된 외상성 사건(들)과 관련이 있는 침습 증상의 존재가 다음 중 한 가지 이상에서 나타난다.
  1. 외상성 사건(들)의 반복적, 불수의적이고, 침습적인 고통스러운 기억
  주의점: 자연발생적이고 침습적인 기억이 고통스럽게 나타나야만 하는 것은 아니며 놀이를 통한 재현으로 나타날 수 있다.
  2. 꿈의 내용과 정동이 외상성 사건(들)과 관련되는 반복적으로 나타나는 고통스러운 꿈
  주의점: 꿈의 무서운 내용이 외상성 사건과 연관이 있는지 아닌지 확신하는 것이 가능하지 않을 수 있다.
  3. 외상성 사건(들)이 재생되는 것처럼 그 아동이 느끼고 행동하게 되는 해리성 반응(예 플래시백) (그러한 반응은 연속선상에서 나타나며, 가장 극한 표현은 현재 주변 상황에 대한 인식의 완전한 소실일 수 있음) 그러한 외상의 특정한 재현은 놀이로 나타날 수 있다.
  4. 외상성 사건(들)을 상징하거나 닮은 내부 또는 외부의 단서에 노출되었을 때 나타나는 극심하거나 장기적인 심리적 고통
  5. 외상성 사건(들)을 상기하는 것에 대한 현저한 생리적 반응
C. 외상성 사건(들)이 일어난 후에 시작되거나 악화된, 외상성 사건(들)과 관련이 있는 자극의 지속적인 회피 또는 외상성 사건(들)과 관련이 있는 인지와 감정의 부정적 변화를 대변하는 다음 중 한 가지 이상의 증상이 있다.
  • 자극의 지속적 회피
  1. 외상성 사건(들)을 상기시키는 활동, 장소 또는 물리적 암시 등을 회피 또는 회피하려는 노력
  2. 외상성 사건(들)을 상기시키는 사람, 대화 또는 대인관계 상황 등을 회피 또는 회피하려는 노력
  • 인지의 부정적 변화
  3. 부정적 감정 상태의 뚜렷한 빈도 증가(예 공포, 죄책감, 슬픔, 수치심, 혼란)
  4. 놀이의 축소를 포함하는, 주요 활동에 대해 현저하게 저하된 흥미 또는 참여
  5. 사회적으로 위축된 행동
  6. 긍정적인 감정 표현의 지속적인 감소
D. 외상성 사건(들)이 일어난 후에 시작되거나 악화된, 외상성 사건(들)과 관련이 있는 각성과 반응성의 변화가 다음 중 2가지 이상 명백하다.
  1. 전형적으로 사람 또는 사물에 대한 언어적 또는 신체적 공격성으로(극도의 분노 발작 포함) 표현되는 민감한 행동과 분노 폭발(자극이 거의 없거나 아예 없이)
  2. 과각성
  3. 과장된 놀람 반응
  4. 집중력의 문제
  5. 수면 교란(예 수면을 취하거나 유지하는 데 어려움 또는 불안정한 수면)
E. 장애의 기간이 1개월 이상이어야 한다.
F. 장애가 부모, 형제, 또래 또는 다른 보호자와의 관계 또는 학교생활에서 임상적으로 현저한 고통이나 손상을 초래한다.
G. 장애가 물질(예 치료약물이나 알코올)의 생리적 효과나 다른 의학적 상태로 인한 것이 아니다.

(2) 발달과 경과

① 외상후 스트레스 장애는 생후 1년 이후를 시작으로 어떤 나이에도 나타날 수 있다.
  ㉠ 증상은 대개 외상 후 첫 3개월 내에 시작하는데, 진단기준을 충족하기 전 수개월에서 수년 정도의 지연이 있을 수도 있다.
  ㉡ DSM-Ⅳ에서는 "지연된 시작"으로 불렸으나 현재에는 "지연된 표출"로 바뀌게 된 것에는, 몇몇 증상은 대개 즉시 시작되지만 모든 진단기준을 만족시키는 데는 시간이 걸린다는 사실이 여러 증거를 통해 밝혀졌기 때문이다.

② 재경험의 임상적 표현은 발달 과정에 걸쳐 다양할 수 있다.
  ㉠ 어린 아동은 외상성 사건에 대한 특징적인 내용이 없는 무서운 꿈을 처음으로 꾸는 것으로 보고할 수 있다. 6세 이전의(학령전기 아형의 기준에 합당하는) 아동은 외상을 직접적으로 또는 상징적으로 언급하는 놀이를 통하여 재경험 증상을 표현하는 경우가 많다.
  ㉡ 그들은 노출 순간 또는 재경험을 하는 동안에는 공포 반응을 보이지 않을 수도 있다.
  ㉢ 부모는 넓은 영역에서의 아동의 감정적 또는 행동적 변화에 대해 보고할 수 있다. 아동은 그들의 놀이 또는 이야기 안의 상상적 개입에 초점을 맞출 수 있다.
  ㉣ 회피에 더하여 아동은 암시에 집착하게 될 수도 있다. 아동의 생각 또는 감정 표현의 한계 때문에 기분 또는 인지의 부정적 변화는 우선적으로 기분 변화를 수반하는 경향이 있다.
  ㉤ 아동은 함께 나타나는 외상(예, 신체적 학대, 가정 폭력 목격)을 경험할 가능성이 있고 만성적 상황은 증상의 시작을 구분하는 데 어려움이 있을 수 있다.
  ㉥ 회피 행동은 아동의 제한된 놀이나 탐험적 행동, 학령기의 아동에서 새로운 활동에 대한 참여의 감소, 또는 청소년에서의 발달적 기회를 추구하는 것(예 데이트하기, 운전하기)에 대한 저항과 관련이 있을 수 있다.
  ㉦ 연령이 높은 아동과 청소년은 자기 스스로를 겁쟁이로 판단할 수도 있다.
  ㉧ 청소년은 스스로가 사회적으로 바람직하지 않고 또래로부터 멀어지는 방식으로 달라졌다는 믿음을 품을 수도 있고(예 "이제 난 다시는 어울릴 수 없을 거야.") 미래에 대한 열망을 잃을 수도 있다.
  ㉨ 아동과 청소년의 경우에 과민하거나 공격적인 행동이 또래 관계와 학교생활에서 지장을 일으킬 수 있다. 무모한 행동은 자신 또는 다른 사람에게 돌발적인 부상을 일으키거나, 스릴을 찾아 다니거나 또는 위험성이 큰 행동을 하게 할 수도 있다.

(3) 위험 및 예후 요인: 위험(보호) 요인은 일반적으로 외상 전, 외상 중, 외상 후 요인으로 나뉜다.
  ① 외상 전 요인(인자)
    ㉠ 기질적: 이것은 6세까지의 아동기의 감정적 문제(예 이전의 외상성 노출, 외현화 또는 불안 문제)와 이전의 정신질환(예 공황장애, 우울장애, 외상후 스트레스장애 또는 강박장애)을 포함한다.
    ㉡ 환경적: 이것은 낮은 사회경제적 상태, 낮은 교육, 이전의 외상에 대한 노출(특히 아동기 동안), 아동기의 역경(예 경제적 박탈, 가족 역기능, 부모의 분리 또는 죽음), 문화적 특징(예 숙명론적 또는 자기비난적 대처 기술), 낮은 지능, 소수 인종/민족 상태, 그리고 정신과적 가족력을 포함한다. 사건 노출 이전의 사회적 지지가 보호적 요인이다.
    ㉢ 유전적, 생리적: 이것은 외상에 대한 노출 당시(성인에 있어서) 여성과 젊은 연령을 포함한다. 어떠한 유전형은 외상성 사건에 노출된 후 외상후 스트레스장애에 보호적이거나 위험을 증가시킨다.
  ② 외상 중 요인(인자)
    ㉠ 환경적: 이것은 외상의 심각도(양) (외상의 규모가 클수록, 외상후 스트레스장애의 가능성이 커짐), 생명위협으로 인지됨, 개인적 부상, 대인관계적 폭력(아동에서 특히 보호자가 저지른 외상 또는 보호자에 대한 위협의 목격), 군인의 경우 가해자가 되는 것, 잔혹 행위의 목격 또는 적군 살해를 포함한다. 마지막으로, 외상 도중에 나타나고 후에도 지속되는 해리는 위험 요인이다.
  ③ 외상 후 요인(인자)
    ㉠ 기질적: 이것은 부정적 평가, 부적절한 대처 기술 그리고 급성 스트레스장애의 발전을 포함한다.
    ㉡ 환경적: 이것은 반복적으로 속상하게 하는 암시, 차후의 부정적인 생활 사건, 그리고 경제적이거나 다른 외상 관련 손실에 차후에 노출되는 것을 포함한다. 사회적 지지가 (특히 아동에 대한 가족의 안정감을 포함하여) 외상 후의 결과를 조정하는 보호 요인이다.

(4) 분류

① **외상사건의 Big T(trauma) / Small T(trauma)**: Big T는 전쟁, 가정·사회의 폭력, 강간, 재난, 각종 사고(예 대구지하철, 세월호, 교통사고 등)와 이혼 등을 포함하고, Small T는 대인관계(예 왕따, 은따, 스트레스 질병 등) 관련 외상사건으로 분류한다.

② **테르(Terr, 1991)의 분류법**: TypeⅠ / TypeⅡ. TypeⅡ의 외상사건의 경우 치료기간이 길고 예후가 나쁜 편이다.

TypeⅠ	TypeⅡ
• 1회성(강도, 자연재해, 자동차 사고) • 강간 • 전형적인 PTSD 발달을 일으키는 외상사건	• 장기간 / 만성적 • 정서/신체/영적 손상 • 가정폭력 생존자, 성매매, 전쟁포로 • 애착외상: 아동학대, 방임, 가정폭력 목격 • 관계외상

(5) 원인

① 변연계와 대뇌피질 사이의 연결성이 끊어지고 변연계(편도체)가 과다 활성화한다.
② 스트레스 상황에서 교감신경계는 비상사태와 위협에 대비하여 각성상태를 유지하는데, 이것이 과각성반응을 이끌어낸다.
③ 외상수준에는 회복탄력성, 발달단계, 외상사건의 종류 및 심각성, 사건의 반복성과 지속성 여부, 사회적 지지체제의 유무, 애착유형, 외상경험 중에 느낀 통제감 등이 관련된다.
④ PTSD에 취약한 환경적 요인. 사건의 물리직 근접성, 외상반응의 심각수준, 사건후 받은 외부의 도움과 지지, 여성, 낮은 교육수준, 낮은 연령층, 이전의 충격적 사건 경험 유무, 정신의학적 문제, 가족과 친구의 지지, 일상생활의 스트레스 유무 등

(6) 검사도구: 외상후 진단척도(PDS, 포아(Foa) 등에 의해 만들어짐)

(7) 치료(중재)

① 안전단계
　㉠ 정확한 정보 제공과 심리교육을 통해 안전과 치료동맹을 구축한다.
　㉡ 정서적 안전감을 스스로 획득하고 통제하는 기초적 방법을 가르치는 게 중요하다. 호흡, 이완훈련, 나비포옹법, 그라운딩(grounding)기법을 사용한다.
　㉢ 심리교육을 통해, 외상반응이 생존회로에 기초한 정상반응임을 알려준다. 이 반응이 오래갈 때, 급성스트레스반응으로 발전하다가 PTSD로 발전한다는 정상화 교육을 제공한다.

② 기억과 애도작업 단계
　㉠ 신체자각과 마음챙김: 인지보다 신체에서 보내는 다양한 신호를 상담자가 관찰한다. 외상자가 자각할 수 있을 만큼 반영이 필요하다. 마음챙김을 활용한다.
　㉡ 안정화 각성상태의 조절
　　• 안전한 수준 안에서 각성수준을 유지한다. 너무 각성하여 과각성으로 재외상화가 일어나기 때문이다. 반면 저각성으로 떨어져 해리적 반응이 일어나지 않도록 상담자가 휴식, 중단, 회복을 조절하는 역할을 해야 한다.
　　• 변증법적 행동치료(DBT), 안전기반치료, 정서 및 대인관계조절치료, 내러티브스토리텔링에서 제안하는 기법 활용.

© 인지재구조화: 노출치료 사용. 즉 상상노출, 점진적 노출, 소크라테스기법 활용하여 인지재구성. MBCT, ACT, DBT, 브레인스토밍, EMDR 등 사용.
② 애도반응: 슬픔은 트라우마 치료의 가장 마지막 단계이다. 공포와 기억처리, 욕구표현, 분노, 죄책감, 수치심의 감정이 허용되고 인정받은 후, 자신이 겪은 사건과 상실감에 대한 애도적인 슬픔이 올라오는 것이 마지막 3단계로 진입할 수 있는 신호이다.

③ 일상으로 복귀 단계
㉠ 조언 및 과제주기
- 창의적 태도로 조언하기: 프랭클(Viktor E. Frankl, 1962)이 제시한 방법으로, 외상심리 치료자는 외상자가 일상생활에서 주체적으로 문제를 해결하고 기술을 습득할 수 있도록 창의적인 조언과 지지를 제공해야 한다. 외상자는 축소된 미래에 대한 감각을 가지고 있다. 어떻게 꿈을 꾸고 상상해야 하는지 무기력하며 삶에 대해 무망감을 가지고 있다. 그러므로 일상으로 복귀와 연결을 도와주어야 한다.
㉡ 사회적 의식: 사회적으로 함께하는 장례식이나 추모행사에 참여하는 것만으로도 외상반응이 완화된다. 자신만이 경험하는 사건이 아니며, 일어난 재난사건에 대해 많은 사람들이 안타까워한다는 걸 알게 되므로 의식에 참여하는 것만으로 외상반응이 병리화되는 것을 예방한다.
㉢ 의미체계 구축과 외상후 성장: 외상사건 이후 기존 세상에 대한 외상자의 기본 가정, 신념, 세상이 작동하는 방식 및 세상에 대한 신뢰가 바뀌게 된다. 상담회기 내에 외상후 성장이 일어나지 않더라도, 개인의 일상적인 삶을 지속하면서 꾸준히 외상후 성장을 추구할 동기가 지속되도록 의미체계에 대한 강화가 필요하다.

(8) 포아(R. L. Foa) 등의 정서적 처리이론
① 이 이론은 특히 성폭행과 관련된 외상을 설명하기 위한 것으로, 외상 사건의 정서적 정보들이 기존의 기억구조와 통합되기 위한 조건을 제시하고 있다.
② **외상후 스트레스 장애의 부적응적 증상의 원인**: 외상 피해자는 외상 경험과 관련된 부정적 정보들의 연결망으로 이루어진 공포 기억구조를 형성하게 된다. 외상 경험과 관련된 사소한 단서들은 이러한 공포 기억구조의 연결망을 활성화시켜 침투증상을 유발하게 된다. 그러한 공포 기억구조의 활성화를 회피하고 억압하려는 시도 역시 회피 증상을 형성하여 부적응 상태를 초래하게 된다.
③ **치료원리**: 반복적 노출을 통해 공포 기억구조의 정보들을 기존의 기억구조와 통합한다.
④ **구체적 방법**: 통합을 위해서는 공포 기억구조가 반복적으로 활성화되도록 하되, 그와 불일치하는 정보를 제공함으로써 공포 기억구조가 수정되도록 유도해야 한다.
⑤ **치료효과**: 외상 경험의 반복적 노출을 통해서 외상과 관련된 공포가 둔감화되어 피해자는 자신을 위험의 도전 앞에서 꿋꿋하게 견뎌내는 유능하고 용기있는 존재로 경험하게 한다. 외상 피해자들은 이러한 치료적 경험을 통해서 자기 유능감을 회복하는 동시에 세상은 예측가능하고 통제 역시 가능하다는 기존 신념체계로의 통합이 가능해진다.

9 외상 및 스트레스 관련 장애

[2015년 기출]

다음은 '외상후 스트레스장애(PTSD)'로 진단받은 현아(고1, 여)에 대한 접수면접 개요와 심리검사 결과 자료의 일부이다. 이 장애에 대한 DSM-5 진단기준을 4개 범주의 핵심어를 사용하여 간략히 쓰고, 각 범주에 해당하는 현아의 증상 1가지씩을 〈접수면접개요〉에서 찾아 쓰시오.

〈접수면접 개요〉

- 의뢰 사유: 3개월 전 현아는 교통사고를 당한 후, PTSD 진단을 받음. 사고 이후 자동차를 보거나 자동차 소리를 듣기만 해도 당시의 사고 장면이 떠오른다며 괴로워함. 부모가 직접 승용차로 등교시키려고 해도 차타기를 거부함. 최근 정밀검진 결과, 아무런 이상이 없는 것으로 나타났음에도 불구하고 지속적인 신체적 불편감과 통증을 호소함. 학교에서는 보건실을 자주 방문하여 누워있다고 함.
- 행동관찰: 면담 중 눈을 마주치지 못하고 긴장된 상태로 안절부절하지 못함. 면담 도중에도 밖에서 나는 조그마한 소리에도 소스라치게 놀라는 반응을 보임.

… (중략) …

- 면담 내용: 교통사고를 당하는 끔찍한 꿈을 반복적으로 꾼다고 함. 가슴이 두근거려서 밤에도 잠을 자기 어렵다고 함. 이러다가 대학도 못 가고 자신의 인생이 엉망이 될 것 같다고 호소함.

… (하략) …

2 급성 스트레스 장애(acute stress disorder)

생명을 위협하는 신체적, 정신적 충격을 겪은 후 유사한 증상이 1개월 이내로 나타나는 경우, 대체로 4주 이내 자연치유 및 회복된다.

〈급성 스트레스장애의 DSM-5의 진단기준〉

A. 실제적이거나 위협적인 죽음, 심각한 부상, 또는 성폭력에의 노출이 다음과 같은 방식 가운데 한 가지 이상에서 나타난다.
  1. 외상성 사건(들)에 대한 직접적인 경험
  2. 외상성 사건(들)이 다른 사람들에게 일어난 것을 생생하게 목격함
  3. 외상성 사건(들)이 가족, 가까운 친척 또는 친한 친구에게 일어난 것을 알게 됨
     주의점: 가족, 친척 또는 친구에게 생긴 실제적이거나 위협적인 죽음의 경우에는 그 사건(들)이 폭력적이거나 돌발적으로 발생한 것이어야 한다.
  4. 외상성 사건(들)의 혐오스러운 세부사항에 대한 반복적이거나 지나친 노출의 경험(예 변사체 처리의 최초 대처자, 아동 학대의 세부사항에 반복적으로 노출된 경찰관)
     주의점: 진단기준 A4는 노출이 일고 관계된 것이 아닌 한, 전자매체, 텔레비전, 영화 또는 사진을 통해 노출된 경우는 적용되지 않는다.
B. 외상성 사건이 일어난 후에 시작되거나 악화된 침습, 부정적 기분, 해리, 회피와 각성의 5개 범주 중에서 어디서라도 다음 증상 중 9가지 이상에서 존재한다.

침습 증상
1. 외상성 사건(들)의 반복적, 불수의적이고, 침습적인 고통스러운 기억
   주의점: 아동에게서는 외상성 사건의 주제 또는 양상이 표현되는 반복적인 놀이가 나타날 수 있다.
2. 꿈의 내용과 정동이 외상성 사건(들)과 관련되는 반복적으로 나타나는 고통스러운 꿈
   주의점: 아동에게서는 내용을 알 수 없는 악몽으로 나타나기도 한다.
3. 외상성 사건(들)이 재생되는 것처럼 그 개인이 느끼고 행동하게 되는 해리성 반응(예 플래시백) (그러한 반응은 연속선상에서 나타나며, 가장 극한 표현은 현재 주변 상황에 대한 인식의 완전한 소실일 수 있음)
   주의점: 아동에게서는 외상의 특정한 재현이 놀이로 나타날 수 있다.

4. 외상성 사건(들)을 상징하거나 닮은 내부 또는 외부의 단서에 노출되었을 때 나타나는 극심하거나 장기적인 심리적인 고통 또는 현저한 생리적 반응

부정적 기분
5. 긍정적 감정을 경험할 수 없는 지속적인 무능력(예 행복, 만족 또는 사랑의 느낌을 경험할 수 없는 무능력)

해리 증상
6. 주위 환경 또는 자기 자신에의 현실에 대한 변화된 감각(예 스스로를 다른 사람의 시각에서 관찰, 혼란스러운 상태에 있는 것, 시간이 느리게 가는 것)
7. 외상성 사건(들)의 중요한 부분을 기억하는 데의 장애(두부 외상, 알코올 또는 약물 들의 이유가 아니며 전형적으로 해리성 기억상실에 기인)

회피 증상
8. 외상성 사건(들)에 대한 또는 밀접한 관련이 있는 고통스러운 기억, 생각 또는 감정을 회피하려는 노력
9. 외상성 사건(들)에 대한 또는 밀접한 관련이 있는 고통스러운 기억, 생각 또는 감정을 불러일으키는 외부적 암시(사람, 장소, 대화, 행동, 사물, 상황)를 회피하려는 노력

각성 증상
10. 수면 교란(예, 수면을 취하거나 유지하는 데 어려움 또는 불안한 수면)
11. 전형적으로 사람 또는 사물에 대한 언어적 또는 신체적 공격성으로 표현되는 민감한 행동과 분노폭발(자극이 거의 없거나 아예 없이)
12. 과각성
13. 집중력의 문제
14. 과장된 놀람 반응

C. 장애(진단기준 B의 증상)의 기간은 외상 노출 후 3일에서 1개월까지다.
주의점: 증상은 전형적으로 외상 후 즉시 시작하지만, 장애 기준을 만족하려면 최소 3일에서 1개월까지 증상이 지속되어야 한다.
D. 장애가 사회적, 직업적, 또는 다른 중요한 기능 영역에서 임상적으로 현저한 고통이나 손상을 초래
E. 장애가 물질(예 치료약물이나 알코올)의 생리적 효과나 다른 의학적 상태(예 경도 외상성 뇌손상)로 인한 것이 아니며 단기 정신병적 장애로 더 잘 설명되지 않는다.

3 애착외상과 관련된 외상 및 스트레스 사건 관련 장애

(1) 애착외상
① **정의**: 부모나 양육자와의 관계에서 아동이 입은 심리적 상처. 그 결과 심각하게 애착이 결핍된 상태가 된다.
② **부적응 양상**: 애착외상은 아동의 정서적 위축을 초래하고, 타인과의 접촉을 두려워하게 만들며, 회피 반응을 유발시킨다. 정서적으로 우울한 상태에 빠지게 한다.
③ **원인**: 애착 외상 또는 애착 결핍의 유발 요인은 학대와 방임이다.

(2) 피학대아동증후군(Battered Child Syndrome, Paperback)
① **정의**: 학대와 방임 등으로 인하여 아동의 기초적인 신경생물학적 발달과정에 혼란을 초래하고 정서·인지·심리사회적 손상과 제약을 입게 되어 그 후유증으로 각종 부적응적 증상들이 발현되거나 발현될 위험성이 높아지게 되는 것이다.
② **부적응 양상**: 반응성 애착장애나 향후 아동의 발달 경로에서 우울장애, 자살행동, 외상후스트레스 장애, 해리장애, 물질-관련 및 중독장애 등 부적응적 양상이 나타날 수 있다.

9 외상 및 스트레스 관련 장애

(3) 애착외상에 의한 애착장애 유형
① 억제형: 타인과의 접촉을 두려워하고 회피하는 양상을 나타내는 경우로, 이를 반응성 애착장애라고 진단한다.
② 탈억제형: 낯선 사람을 포함하여 누구에게나 부적절하게 친밀감을 나타내는 경우로, 이를 탈억제 사회적 유대감 장애라고 진단한다.

(4) 반응성 애착장애(reactive attachment disorders)
유아기 또는 초기 아동기에 발달적으로 부적절한 애착행동 양상을 나타내는 것으로 아동은 위안, 지원, 보호, 돌봄과 배려를 얻기 위해 애착대상에게 거의 가지 않는다. 즉 선택적인 애착 관계를 발달시킬 능력이 있다고 간주되는 아동과 주양육자로 추정되는 성인의 애착관계가 형성되지 않았다는 것이다.

> **〈반응성 애착 장애의 DSM-5의 진단기준〉**
>
> A. 성인 양육자에 대해 정서적으로 억제되고 위축된 행동을 일관성 있는 양상으로 보이며 다음 두 가지로 나타난다.
>   1. 괴로울 때도 거의 위안을 구하지 않는다.
>   2. 괴로울 때 제공되는 위안에 거의 반응하지 않는다.
> B. 지속적인 사회적 및 정서적 장해를 다음 중 두 가지 이상에서 나타난다.
>   1. 다른 사람에 대한 최소의 사회적 및 정서적 반응
>   2. 제한된 긍정적 정서
>   3. 성인 양육자와 비위협적인 상호작용을 할 때에도 나타나는 설명할 수 없는 과민함, 슬픔, 또는 두려움의 삽화
> C. 아동이 다음 중 한 가지 이상의 극단적으로 불충분한 양육 양상을 경험하였다.
>   1. 성인 양육자에 의해 제공되어야 하는 위안, 자극, 사랑 등 기본적인 정서적 필요가 지속적으로 제공되지 않는 사회적 방치 또는 사회적 박탈
>   2. 주양육자가 반복적으로 교체됨으로써 안정적인 애착관계를 형성할 기회 제한(예 대리부모의 빈번한 교체)
>   3. 선택적 애착관계를 형성할 기회가 극도로 제한적인 비정상적 양육환경(예 아동 대 양육자 비율이 높은 시설)
> D. 진단기준 C에 제시된 바와 같이 적절한 돌봄과 배려를 받지 못한 채 양육되어 진단기준 A에 제시된 행동양상을 보인다.
> E. 진단기준이 자폐스펙트럼장애에 맞지 않는다.
> F. 이 증상들이 만 5세 이전에 나타난다.
> G. 아동의 발달연령이 최소 9개월 이상이어야 한다.
>
> 다음의 경우 명시할 것
> • 지속성: 장애가 현재까지 12개월 이상 지속되어 왔다.
>
> 현재의 심각도를 명시할 것
> 반응성 애착장애에서 아동이 장애의 모든 증상을 드러내며, 각각의 증상이 상대적으로 높은 수준을 나타낼 때 고도로 명시한다.

(5) 탈억제성 사회적 유대감 장애(disinhibited social engagement disorder)
- 상대적으로 낯선 사람에 대해 문화적으로 부적절하고 과도하게 친숙한 행동을 보이는 행동 양식이다. 이러한 과도하게 친숙한 행동은 그 문화의 사회적 허용을 벗어난다.
- 탈억제성 사회적 유대감 장애의 진단은 아동이 발달적으로 선택적 애착을 형성할 수 있게 되기 전에 내려져서는 안 된다. 그러한 이유로 아동의 발달 연령은 최소 9개월 이상이 되어야 한다.

<탈억제성 사회적 유대감 장애의 DSM-5의 진단기준>

A. 아동이 낯선 성인에게 활발하게 접근하고 소통하면서 다음 중 2가지 이상으로 드러나는 행동 양식이 있다.
  1. 낯선 성인에게 접근하고 소통하는 데 주의가 약하거나 없음
  2. 과도하게 친숙한 언어적 또는 신체적 행동(문화적으로 허용되고 나이에 합당한 수준이 아님)
  3. 낯선 환경에서 성인 보호자와 모험을 감행하는 데 경계하는 정도가 떨어지거나 부재함
  4. 낯선 성인을 따라가는 데 주저함이 적거나 없음
B. 진단기준 A의 행동은 (주의력결핍 과잉행동장애의) 충동성에 국한되지 않고, 사회적으로 탈억제된 행동을 포함한다.
C. 아동이 불충분한 양육의 극단적인 양식을 경험했다는 것이 다음 중 최소 한 가지 이상에서 분명하게 드러난다.
  1. 성인 보호자에 의해 충족되는 안락과 자극, 애정 등의 기본적인 잠정적 요구에 대한 지속적인 결핍이 사회적 방임 또는 박탈의 형태로 나타남
  2. 안정된 애착을 형성하는 기회를 제한하는 주 보호자의 반복적인 교체(예 위탁 보육에서의 잦은 교체)
  3. 선택적 애착을 형성하는 기회를 고도로(심각하게) 제한하는 독특한 구조의 양육(예 아동이 많고 보호자가 적은 기관)
D. 진단기준 C의 양육이 진단기준 A의 장애 행동에 대한 원인이 되는 것으로 추정된다(예 진단기준 A의 장애는 진단기준 C의 적절한 양육 결핍 후에 시작했음)
E. 아동의 발달 연령이 최소 9개월 이상이어야 한다.

다음의 경우 명시할 것
• 지속성: 장애가 현재까지 12개월 이상 지속되어 왔다.

현재의 심각도를 명시할 것
탈억제성 사회적 유대감 장애에서 아동이 장애의 모든 증상을 드러내며, 각각의 증상이 상대적으로 높은 수준을 나타낼 때 고도로 명시한다.

4 적응장애(adjustment disorder)

(1) 인식 가능한 스트레스 요인에 대한 반응으로 감정적 또는 행동적 증상이 존재하는 것이 적응장애의 필수적인 특성이다(진단기준 A).

(2) 스트레스 요인은 단일의 사건(예 연인 관계의 종결)일 수도 있고, 다양한 스트레스 요인(예 현저한 직업적 어려움과 결혼생활 문제)이 있을 수도 있다.

(3) 스트레스 요인은 반복적일 수도 있고(예 계절적인 업무상 위기, 성취감을 주지 못하는 성적 관계), 지속적일 수도 있다(예 장애를 증가시키는 지속적으로 고통스러운 질병, 우범지대 거주).

(4) 스트레스 요인은 한 사람에게 영향을 줄 수도 있고, 가족 전체 또는 더 큰 집단 또는 사회에 영향을 미칠 수도 있다(예 자연적인 대재앙).

(5) 어떤 스트레스 요인은 특정한 발달적 사건에 동반할 수 있다(예 등교, 부모와 떨어지기, 부모에게 다시 들어가기, 결혼하기, 부모되기, 직업적 목표를 이루는 것의 실패, 은퇴).

(6) 적응장애는 사랑했던 사람의 사망에 따라 애도 반응의 강도, 질 또는 지속의 정도가 문화적, 종교적 또는 연령에 적절한 정상을 고려할 때, 정상적으로 기대되는 정도보다 지나칠 때 진단될 수 있다. 더 특정한 애도와 관련된 증상의 모음은 지속성 복합 애도장애로 지정된다.

(7) 적응장애는 자살 시도와 자살 완수의 위험성 증가와 연관이 있다.

〈적응 장애의 DSM-5의 진단기준〉

A. 인식 가능한 스트레스 요인에 대한 반응으로 감정적 또는 행동적 증상이 스트레스 요인이 시작한 지 3개월 이내에 발달
B. 이러한 증상 또는 행동은 임상적으로 현저하며, 다음 중 한 가지 또는 모두에서 명백하다.
　1. 증상의 심각도와 발현에 영향을 미치는 외적 맥락과 문화적 요인을 고려할 때 스트레스 요인의 심각도 또는 강도와 균형이 맞지 않는 현저한 고통
　2. 사회적, 직업적 또는 다른 중요한 기능 영역에서 현저한 손상
C. 스트레스와 관련된 장애는 다른 정신질환의 기준을 만족하지 않으며 이미 존재하는 정신질환의 단순한 악화가 아니다.
D. 증상은 정상 애도 반응을 나타내는 것이 아니다.
E. 스트레스 요인 또는 그 결과가 종료된 후에 증상이 추가 6개월 이상 지속하지 않는다.

다음 중 하나를 명시할 것:
- **우울 기분 동반**: 저하된 기분, 눈물이 남 또는 무망감이 두드러진다.
- **불안 동반**: 신경과민, 걱정, 안절부절못함 또는 분리불안이 두드러진다.
- **불안 및 우울 기분 함께 동반**: 우울과 불안의 조합이 두드러진다.
- **품행 장애 동반**: 품행 장애가 두드러진다.
- **정서 및 품행 장애 함께 동반**: 정서 증상(예, 우울, 불안)과 품행의 장애가 모두 두드러진다.
- **명시되지 않는 경우**: 적응장애의 특정한 아형의 하나로 분류할 수 없는 부적응 반응이 있는 것

다음의 경우 명시할 것:
- **급성**: 장애가 6개월 미만일 경우
- **지속성(만성)**: 장애가 6개월 이상 지속될 경우

10 해리장애 2018, 2022 기출

- 해리장애는 의식, 기억, 행동 및 자기정체감의 통합적 기능에 갑작스러운 이상을 나타내는 장애이다. 2022 기출
- 해리(dissociation)란 자기 자신, 시간, 주위환경에 대한 연속적인 의식이 단절되는 현상을 말한다.
- 해리는 감당하기 어려운 충격적 경험으로부터 자신을 보호하는 기능을 지니고 있으며 진화론적으로 적응적 가치가 있는 기능으로 여겨지고 있다.
- 그러나 이러한 해리 현상이 지나치거나 부적응적인 양상으로 나타날 경우를 해리장애라고 한다.

1 해리성 정체성 장애(Dissociative Identity Disorders)

1 진단기준

〈해리 정체성 장애의 DSM-5의 진단기준〉

A. 둘 또는 그 이상의 별개의 성격 상태로 특징되는 정체성의 붕괴로, 어떤 문화권에서는 빙의 경험으로 설명된다. 정체성의 붕괴는 자기감과 행위 주체감에 현저한 비연속성을 포함하는데, 관련된 변화가 정동, 행동, 의식, 기억, 지각, 인지, 그리고/또는 감각-운동 기능에 동반된다. 이러한 징후와 증상들은 다른 사람들의 관찰이나 개인의 보고에 의해 알 수 있다.
B. 매일의 사건이니 중요한 개인적 정보, 그리고/또는 외상적 사건의 회상에 반복적인 공백으로 통상적인 망각과는 일치하지 않는다.
C. 증상은 사회적, 직업적, 또는 다른 중요한 기능 영역에서 임상적으로 현저한 고통이나 손상을 초래한다.
D. 장애는 널리 받아들여지는 문화나 종교적 관례의 정상적인 요소가 아니다.
  주의점: 아동에서 증상은 상상의 놀이 친구, 또는 다른 환상극으로 더 잘 설명되지 않는다.
E. 증상은 물질의 생리적 효과(예 알코올 중독 상태에서의 일시적 기억상실 또는 혼돈된 행동)나 다른 의학적 상태(예 복합 부분 발작)로 인한 것이 아니다.

2 발달과 경과

(1) 해리성 정체성장애는 압도적인 경험, 외상성 사건, 그리고/또는 아동기에 일어난 학대와 관련이 있다. 전체 장애는 거의 모든 연령(가장 이른 아동기 초기에서 생의 후기까지)에서 처음으로 나타날 수 있다.
  ① 아동에서의 해리는 기억, 집중, 애착 그리고 외상성 놀이에 문제를 야기한다. 그럼에도 불구하고, 아동들은 보통 정체성 변화로 나타나지 않는다. 대신 그들은 경험의 비연속성과 관련된 증상들로, 여러 정신상태 간의 중첩과 간섭으로 주로 나타난다(진단기준 A).
  ② 청소년기의 갑작스러운 정체성 변화는 단지 사춘기 혼란이나 다른 정신질환의 초기 단계로 보일 수 있다.
  ③ 나이 많은 개인들은 해리성 기억상실로 인한 생애 후기의 기분장애, 강박장애, 편집증, 정신병적 기분 장애 또는 인지장애로 보여 치료 장면에 올 수도 있다. 어떤 경우에는 파괴적 정동이나 기억이 나이의 증가에 따라 더욱 인식 영역으로 침습될 수도 있다.

(2) 심리적 보상 기제의 상실과 정체성의 명백한 변화하게 되는 과정

> • 외상적인 상황으로부터의 철수(예 집을 떠남) →
> • 개인의 아이가 이전에 개인이 학대 또는 외상을 겪은 것과 같은 연령에 도달 →
> • 이후의 가벼운 자동차 사고와 같은, 외견상 심하지 않은 외상성 사건의 경험, 또는 그들을 학대한 사람(들)이 죽음이나 치명적 질병의 발병으로 촉발될 수도 있다.

3 원인

(1) 외상모델(trauma model)
① 외상모델은 주로 아동기의 외상 경험과 해리적 방어에 초점을 맞추고 있다. 아동기의 고통스러운 외상 경험을 피하기 회피하기 위한 방어로서 나타난 해리현상이 아동의 발달과정을 통해서 점차 정교해지면서 해리성 정체성 장애로 발전하게 된다는 설명이다.
② 슈피겔(Spiegel, 1991)에 따르면, 해리적 방어 책략은 고통스러운 외상 경험을 한 사람들에게 외상의 충격으로부터 분리되고, 고통에서 벗어날 수 있는 이득을 제공한다. 어린 시절 많은 외상 경험을 하게 된 아동들은 통합적 자기정체감을 확립하지 못한 채 해리적 방어 책략을 통해서 인격을 형성하게 된다.
③ 그리고 청소년기와 성인기로 성장해 감에 따라 대체 인격의 수, 복잡성, 분리된 정도가 변화하게 된다. 즉 삶의 초기에 나타나는 해리는 심각한 정신적 붕괴를 방지하는 자기보호적 기능을 가지고 있으나 이후의 성장과정에서 통합된 자기정체감을 형성하지 못할 경우 해리성 정체성 장애로 발전할 수 있다.

(2) 4요인 모델(four factors model)
클루프트(Kluft, 1984)는 해리성 정체성 장애를 유발하는 네 가지 요인을 제시했다.
① 첫째는 해리능력으로서 외상에 직면했을 때 현실로부터 해리될 수 있는 내적 능력이 있어야 한다.
② 둘째는 외상 경험으로서 아동의 일상적 방어능력을 넘어서는 압도적인 외상 경험들이 있어야 한다.
③ 셋째는 응집력 있는 자아의 획득 실패이다.
④ 넷째, 진정 경험의 결핍이다. 외상 경험은 타인이 위로해주고 진정시켜 줌으로써 회복될 수 있으나, 이러한 타인의 부재는 해리 방어를 강화시킨다.
⑤ 클루프트에 따르면, 위 네 가지의 조건을 모두 갖췄을 때 해리성 정체성 장애가 발생할 수 있다. 이러한 4요인 모델은 최근에도 해리성 정체성 장애의 발달과정을 이해하고 심리치료를 시행하는 데 널리 사용되고 있다.

(3) 신해리이론(neodissociation theory)
힐가드(Hilgard, 1977)는 해리현상이 발생하는 심리적 구조를 설명하기 위해서 신해리이론을 제시하였다.

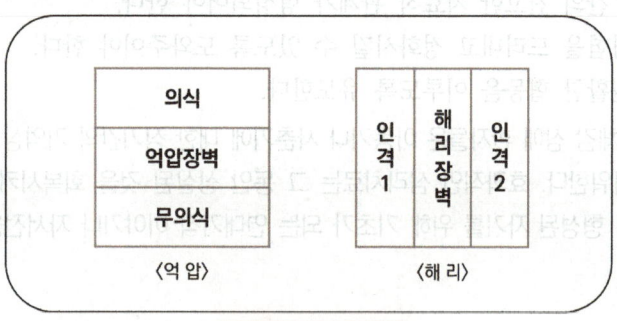

억압과 해리의 차이

① 그는 해리를 억압과 구별되는 다른 유형의 방어기제라고 주장한다.
② 억압과 해리는 모두 불쾌한 경험을 의식에서 밀어내는 방어적 기능을 한다. 그러나 억압은 억압장벽에 의해 기존의 내용들이 무의식으로 눌려 내려가게 되지만, 해리에서는 사고의 내용들이 수평적 의식 속에 머물러 있게 된다고 한다.
③ 힐가드(Hilgard)에 따르면, 인간의 심리적 구조에는 독자적 기능을 하는 여러 인지체계가 존재하는데, 이들은 위계적 관계를 지니고 있고 서로 경쟁 및 상호작용을 한다.
④ 중앙통제체계의 집행적 자아는 여러 인지체계를 종합적으로 통제하며, 개인이 적절하게 생각하고 행동할 수 있도록 관리하는 기능을 한다.
⑤ 만약 개인이 외상적 경험을 할 경우 일부 하위 인지체계가 다른 인지체계와 연결이 두절되어 고립된 상태에서 집행적 자아에 의해 통제되던 기존의 현실 경험과는 다른 독자적인 자기의식, 기억 행동이 나타나게 된다. 이러한 해리상태에서는 다른 인지체계는 의식 밖으로 밀려난다.
⑥ 해리성 정체성 장애는 독립적인 정체성을 가진 여러 인지체계가 분리된 상태에서 번갈아 의식에 나타나는 현상이라고 할 수 있다.

(4) 행동주의적 입장: 행동주의적 입장에서 해리장애는 학습에 의해서 습득된다고 본다.
① 특히 해리성 정체성 장애는 개인이 스트레스가 심할 때 평소와 다른 사회적 역할을 선택하여 행동하고 그 결과가 보상적이면 유사한 스트레스 상황에서 새로운 역할의 행동을 하게 되는 것으로 본다. 이런 역할 연기의 학습은 의도적인 것은 아니며, 특정한 상황에서 그런 역할에 몰두하게 되는 것으로 보고 있다.
② 스파노스(Spanos, 1994)는 해리증상은 사회적 강화의 산물이라고 주장한다. 해리성 정체성 장애는 호기심과 동정심을 유발하고 자신의 행동에 대한 책임을 회피하기 위한 전략이다. 상상력이 풍부하고 최면에 취약한 특징을 지니고 있는 사람들이 매우 어려운 처지에 놓이고 만약 해리성 정체성 장애를 보이는 것이 이러한 상황을 회피하는 데 도움이 되는 경우, 치료자가 진단적 확인을 위해 던지는 질문 속에서 암시를 받아 새로운 성격과 정체감을 만들어 내고 스스로 그 존재를 믿게 된다는 것이다.

4 치료

(1) 해리성 정체성 장애의 주된 치료목적은 여러 인격 간의 통합을 통한 적응기능의 향상이다. 여러 인격의 통합은 가장 중심적이고 적응적인 인격을 중심으로 이루어가는 것이 바람직하다. 이것이 어려울 경우, 여러 인격의 적응적 기능을 향상시키고 이들 간의 조화로운 협력을 추진해야 한다.

(2) 클러프트(Kluft, 1991)는 **해리성 정체성 장애의 심리치료를 성공적으로 이끌기 위한 세 가지 지침을** 다음과 같이 제시하고 있다.
① 환자와 치료자 간의 견고한 치료적 관계가 형성되어야 한다.
② 과거의 외상 경험을 드러내고 정화시킬 수 있도록 도와주어야 한다.
③ 인격들 간의 원활한 협동을 이루도록 유도한다.

(3) 대부분의 해리성 정체감 장애 환자들은 아동기나 사춘기에 대한 장기간의 기억상실 때문에 통합된 자기의식을 갖지 못해 고통스러워한다. 효과적인 심리치료는 그 동안 상실된 것을 회복시켜 주며 환자로 하여금 조각난 것을 모아서 새롭게 형성된 자기를 위해 기초가 되는 연대기적 이야기나 자서전을 만들어 낼 수 있도록 도와주어야 한다.

2 해리성 기억상실(Dissociative Amnesia)

1 진단기준

<해리성 기억상실의 DSM-5의 진단기준>

A. 통상적인 망각과는 일치하지 않는, 보통 외상성 또는 스트레스성의, 중요한 자전적 정보를 회상하는 능력의 상실이다. 주의점: 해리성 기억상실에는 주로 특별한 사건이나 사건들에 대한 국소적 또는 선택적 기억상실이 있다. 또한 정체성과 생활사에 대한 전반적 기억상실도 있다.
B. 증상은 사회적, 직업적, 또는 다른 중요한 기능 영역에서 임상적으로 현저한 고통이나 손상을 초래한다.
C. 장애는 물질(예 알코올이나 다른 남용 약물, 치료약물)의 생리적 효과나 신경학적 상태 또는 기타 의학적 상태(예 복합 부분 발작, 일과성 전기억상실, 두부 손상에 의한 후유증/외상성 뇌손상, 다른 신경학적 상태)로 인한 것이 아니다.
D. 장애는 해리성 정체성장애, 외상후 스트레스장애, 급성 스트레스장애, 신체증상장애, 주요 또는 경도 신경인지장애로 더 잘 설명되지 않는다.

다음의 경우 명시할 것
- 해리성 둔주 동반: 정체성 또는 다른 중요한 자전적 정보에 대한 기억상실과 연관된 외관상으로는 목적성이 있는 여행 또는 어리둥절한 방랑

2 원인

(1) 정신분석적 입장
① 정신분석적 입장에서는 해리현상을 능동적인 정신과정으로 본다. 즉, 불안을 일으키는 심리적 내용을 능동적으로 방어하고 억압함으로써 이러한 심리적 내용이 의식되지 못하게 할 뿐 아니라 행동에 영향을 주지 못하게 한다.
② 해리성 기억상실증은 억압과 부인의 방어기제를 통해 경험내용이 의식에 이르지 못하게 된 상태이다.

(2) 행동주의적 입장 2022 기출
① 행동주의적 입장에서는 기억상실행동이 학습에 의해 습득된다고 본다. 불안이나 죄책감을 유발하는 행동이나 생각을 잊어버림으로써 고통스러운 환경 자극으로부터 회피하는 것이 자신을 보호할 수 있는 것이 보상으로 작용하고, 이것이 강화되어 해리 증상이 지속된다고 본다.
② 해리성 기억상실은 상태의존적 학습이론에 의해서 설명되기도 한다. 특별한 정서적 또는 신체적 상태에서 학습되고 경험된 정보는 동일한 상태를 재경험할 때 더 잘 회상된다는 것이다. 고통스러운 사건 당시의 감정 상태는 너무나 예상 밖이어서 그러한 상태에서 학습되었던 정보들을 기억하기가 어렵다. 즉, 해리성 기억상실 환자들은 고통스럽고 상처받은 사건의 기억을 회상하지 못하게 되는 것이다. 이러한 망각은 유사한 각성이나 정서상태에서는 부분적인 기억이 의식에 침투되어 회상될 수도 있다.

(3) 정보처리 모델
① 해리장애는 대부분 충격적인 스트레스 사건이 계기가 되어 나타나기 때문에 해리장애를 외상후 스트레스 장애의 한 형태로 간주하고, 이 장애와의 관련성 속에서 설명하려는 학자들이 있다.

② 최근 연구들은 정보처리모델을 강조하고 있는데, 외상 사건을 경험한 후에 사람들은 외상 경험을 기존의 자기와 세계에 대한 인지도식에 통합시키고 동화시키려 한다. 이러한 통합과정은 외상 경험에 대해서 재경험과 둔감화의 현상이 교차되어 나타나면서 점진적으로 진행된다.

③ 정서적 둔감화나 기억상실과 같은 해리 증상은 외상 사건의 재경험으로 인한 심리적 고통을 줄이고 새로운 평형상태를 유지하기 위한 심리적, 신경생리학적 기제에 의해 생겨나는 것이라고 주장되고 있다.

(4) 생물학적 입장

① 생물학적 입장에서는 해리장애를 내현적 기억과 외현적 기억에 대한 신경심리학적 결과에 근거하여 설명하는 이론이 제기되고 있다.

② 의식되는 정신활동은 지각, 기억, 언어 기능을 담당하는 시스템과 상호작용하는 의식적 자각시스템에 의해 이루어지는데, 시스템 자체 또는 다른 시스템과의 연결에 손상이 생길 경우 각각의 기능에는 영향이 없지만 해리 증상을 일으킬 수 있다는 것이다.

3 치료

(1) 해리성 기억상실의 치료를 위해서는 우선 상실된 기억을 회복시키는 것이 중요하다.

(2) 이를 위해서 약물치료를 할 경우, 빨리 효과가 나타나는 바르비투르산염(barbiturate) 계열의 약물을 정맥주사로 투여한다. 또는 최면치료가 적용되기도 하며 심리치료를 통해 환자의 정신적 충격과 정서적 갈등을 완화시켜 주면 기억이 회복되는 경우가 많다.

3 이인성/비현실감 장애(Depersonalization/Derealization Disorders)

2018 기출

1 진단기준

<이인성/비현실감 장애의 DSM-5의 진단기준>

A. 이인증, 비현실감 또는 2가지 모두에 대한 지속적이고 반복적인 경험이 존재한다.
  1. 이인증: 비현실감, 분리감 또는 자신의 사고, 느낌, 감각, 신체나 행동에 관하여 외부의 관찰자가 되는 경험(예 인지적 변화, 왜곡된 시간 감각, 비현실적이거나 결핍된 자기, 감정적 또는 신체적 마비)
  2. 비현실감: 비현실적이거나 자신의 주변 환경과 분리된 것 같은 경험(예 개인 또는 사물이 비현실적이거나, 꿈속에 있는 것 같거나, 안개가 낀 것 같거나, 죽을 것 같거나 시각적으로 왜곡된 것 같은 경험을 한다)
B. 이인증이나 비현실감을 경험하는 중에 현실 검증력은 본래대로 유지된다.
C. 증상은 사회적, 직업적 또는 다른 중요한 기능 영역에서 임상적으로 현저한 고통이나 손상을 초래함
D. 증상은 물질(예 남용약물, 치료약물)의 생리적 효과나 다른 의학적 상태(예 발작)로 인한 것이 아니다.
E. 장애는 조현병, 공황장애, 주요우울장애, 급성 스트레스장애, 외상후 스트레스장애 또는 다른 해리장애와 같은 다른 정신질환으로 더 잘 설명되지 않는다.

2 원인

(1) 정신분석적 입장

① **정신분석적 입장**: 이인증/비현실감의 경험을 일종의 방어기제로 간주하고 있다. 이는 자신과 현실을 실제가 아닌 낯선 것으로 느낌으로써 불안을 유발하는 소망이 의식에 들어오는 것을 막는 방어적 기능을 한다고 본다.

② 이인증은 자기정체감의 갈등을 반영한다는 주장
  ㉠ 제이콥슨(Jacobson, 1959)은 자기의 바람직하지 않은 부분을 부인함으로써 수용할 수 없는 자기정체감을 방어하는 노력이라고 보았다.
  ㉡ 사를린(Sarlin, 1962)은 갈등적인 부모의 심리적 특성이 아동의 자기정체성의 통합에 갈등을 초래한다고 보았다.
  ㉢ 알로우(Arlow, 1966)에 따르면, 본래 통합적으로 기능하던 '행동하는 자기'와 '관찰하는 자기'가 불안하고 공포스러운 상황에서 별개로 기능하게 되는데 이때 이인증 경험이 유발된다고 보았다.

③ **자아심리학**: 이인증을 자기통합의 어려움에 대한 공포를 반영하는 것으로 본다.

④ **자기애와 관련된 문제로 보는 관점**: 이인증은 자존감에 대한 자기애적 조절(narcissistic regulation of self-esteem)의 실패에 의한 것이라는 설명이다. 정서적 학대와 중요 타인과 신뢰로운 관계를 경험하지 못한 개인이 자기애를 유지하기 위해 외부 인정에 과도하게 의존하게 되고, 이로 인해 3인칭 관점에서 자신을 평가 대상으로 인식하는 반면 1인칭의 주관적 경험은 지속적으로 부정하게 된다는 것이다. 그 결과 부적절함과 통제상실감을 경험하고 자신을 낯설게 느끼거나 기계가 되어 행동하는 것처럼 느끼게 되어 이인증이 촉발되게 된다고 본다.

(2) 인지행동 모델

① 헌터(Hunter)와 동료들(2003)은 이인증/비현실감 장애를 불안장애와 관련되어 설명하는 인지행동 모델을 제안하였다.

② 사람들은 다양한 원인에 의해서 누구나 정상적인 이인증/비현실감 증상을 일시적으로 경험할 수 있다. 그러나 이를 어떻게 평가하고 귀인하느냐에 의해서 병리적 증상으로 발전할 수 있다.

③ 이러한 증상의 원인을 정신이상, 통제 상실 또는 뇌기능장애로 잘못 귀인하여 파국적으로 평가하게 되면 불안 수준이 증가되고, 이는 이인증/비현실감 증상을 강화하게 되면서 악순환의 고리가 형성된다. 즉 정상적인 일시적 이인증과 비현실감의 경험에 대한 **파국적 귀인(catastrophic attribution)**이 증상을 악화시켜 장애로 발전하게 된다는 것이다.

3 치료

(1) 정신역동적 치료(psychodynamic therapy)

① 정신역동적 심리치료는 이인증을 지닌 사람들이 증상에 대한 통제를 할 수 있도록 돕기 위해 외상적 기억들을 정화시키는 데에 중점을 둔다.

② 어떤 무의식적 갈등이 이인증을 일으키는지에 대한 이해가 증가하면 그에 대한 통제감과 통제능력도 향상된다.

③ 흔히 보이는 낮은 자존감과 과잉 보상의 노력은 부모의 과도한 요구를 충족시키지 못한 것일 수 있으므로 자존감의 문제를 우선적으로 다루고, 이를 지니게 만든 부모와의 아픈 경험을 재경험하는 동시에 감정들을 표출하여 정화하도록 돕는다.

(2) 헌터(Hunter) 등이 제시한 인지행동적 치료: 심리적 교육을 통해서 증상에 관한 정확한 정보 제공과 동시에 파국적 귀인을 하지 않도록 돕는다. 또한 일기쓰기를 통하여 증상 관찰과 예측을 돕고, 이인증 증상이 흔히 나타나는 사회적 상황에 대한 불안과 회피행동을 줄이고 자기초점적 주의 성향을 변화시킨다.

(3) 약물치료(medication therapy)
  ① 이인증의 증상은 대부분 간헐적으로 나타나며 주로 급성 기분장애와 관련되어 나타나는 경우가 많다.
  ② 따라서 우울증이나 불안 증상을 완화시키는 약물치료가 도움이 될 수 있으며, 항우울제나 항불안제나 이인증/비현실감 증상을 완화하는 데 도움이 된다는 보고가 있다.

[2018년 기출]

다음은 전문상담교사가 수퍼비전에서 동하(가명, 고2, 남)의 해리증상에 대해 설명한 내용이다. 『정신질환의 진단 및 통계편람 제5판』(DSM-5)에 근거하여 동하에게 나타난 증상의 명칭을 쓰시오.

"동하는 자신의 몸과 마음이 분리된 것 같은 느낌, 마치 자신의 몸 밖에서 자신이 스스로를 지켜보고 있는 것 같은 느낌이 든다고 합니다. 스스로가 매우 낯설게 느껴지고, 마치 자신이 없어진 것 같은, 죽은 것 같은 느낌, 손과 발이 마비된 것 같고, 기계가 된 느낌을 호소합니다. 잘은 모르겠지만, 일종의 자기지각 장해(disturbance)인가 의심해 보았습니다. 동하는 이러한 느낌을 경험할 때 그것이 단지 느낌이지, 자신이 기계가 아니라는 점을 잘 인식하고 있는 듯합니다. 이러한 경험을 할 때면 아무것도 집중할 수 없고 스스로를 주체할 수 없어서 너무 고통스럽다고 합니다. 이런 증상은 주로 혼자 있을 때 나타나지만, 학교에서 수업 중일 때도 나타난다고 합니다."

[2022년 기출]

다음은 채원(고2, 여)에 대한 변 교사와 전문상담교사가 대화한 내용의 일부이다. 괄호 안의 ㉠, ㉡에 해당하는 명칭을 순서대로 쓰고, 밑줄 친 ㉢의 원인을 기억의 구조와 과정에 대한 개념을 사용하여 서술하시오.

변 교사: 우리반 채원이는 반에서 늘 1등을 하는 아이인데 며칠 전 시험 중 부정행위를 했다는 의심을 받았어요. 그날 채원이는 억울하고 수치스럽다며 심하게 울다가 현기증을 느껴 보건실에 잠시 있었죠. 다행히 오후에는 교실로 돌아왔지만 평소와 달리 멍한 표정으로 앉아 있다가 여기가 어디냐, 자기가 왜 교복을 입고 있냐, 지금이 몇 시냐는 등 이상한 말들을 했어요. 결국 채원이는 조퇴를 했어요. 이제 이틀이 지났는데 채원이는 평소와 다름없이 지내고 있지만 그 사건에 대해서는 기억을 못하는 것 같습니다.
상담교사: 아마도 채원이는 해리현상을 경험했던 것 같습니다. 일시적으로 자기 자신에 대해서 낯설게 느끼는 이인증과 주변 환경이 생소하게 느껴지고 사물들이 작게 보이거나 꿈속에 있는 듯한 (㉠)을/를 경험한 것 같네요. 해리현상은 의식, 기억, 행동 및 자아 정체감, 외부환경에 대한 인식의 (㉡)에 갑작스러운 이상을 나타내는 현상입니다. 예를 들어 우리가 책에 몰두하며 주변을 완전히 잊는 것이나 잠을 못 자면 멍하면서 감각이 무뎌지는 것, 최면 등도 비슷한 것이지요.
변 교사: 그런데 ㉢ 그날 일만 기억하지 못하는 것은 어떻게 이해할 수 있나요?
상담교사: 인지심리학자들은 이것을 기억장애의 일종으로 설명하기도 합니다.

11 신체증상 및 관련 장애

- 신체증상 및 관련 장애(Somatic Symptom and Related Disorders)는 신체적인 질환이 있을 것으로 생각되는 증상을 나타내지만, 의학적으로는 명백한 병리적 소견이나 신체적 이상이 발견되지 않으며, 심리적 요인이 증상을 야기했다고 판단되는 일련의 정신장애를 말한다.
- 꾀병(malingering)과는 달리 신체증상 및 관련 장애 증상은 의도적인 조절로 나타나는 않는다.
- 또한 이 장애의 환자들은 증상에 실제적인 신체적 원인이 있을 것으로 믿는다. 그러나 증상을 통해 심리적이거나 실제적인 이차적 이득을 얻으려는 무의식적 동기를 볼 수 있다.
- 신체증상 및 관련 장애는 증상이 발현되는 특징에 따라 신체증상장애, 질병불안장애, 전환장애, 인위성장애로 분류된다.

1. 신체증상장애(Somatic Symptom Disorders)

1. 진단기준

〈신체증상장애의 DSM-5 진단기준〉

A. 한 개 이상의 신체적 증상의 고통을 겪거나 그로 인해 일상생활이 현저하게 방해받는다.
B. 신체증상에 대한 과도한 생각, 감정 또는 행동을 보이거나 증상과 관련된 과도한 건강염려를 다음 중 하나 이상의 방식으로 나타낸다.
  1. 자신이 지닌 증상의 심각성에 대해서 과도하게 몰두한다.
  2. 건강이나 증상에 대해서 지속적으로 높은 수준의 불안을 나타낸다.
  3. 이러한 증상과 건강염려에 대해서 과도한 시간과 에너지를 투여한다.
C. 신체증상에 대한 이러한 걱정과 염려가 6개월 이상 지속된다.

2. 특징

(1) 다양한 신체증상을 호소하며, 때로는 한 가지 심각한 증상을 호소한다. 이러한 신체증상은 실제로 신체적 질병과 관련될 수도 있고 그렇지 않을 수도 있다.

(2) 가장 두드러진 특징 중 하나는 신체증상에 대한 과도한 걱정이다. 이들은 자신의 신체증상을 위협적인 것으로 지각하고 건강에 관한 최악의 상황을 상상한다. 그와 반대되는 증거를 가지고 있더라도, 자신의 증상이 심각함을 이야기하며 과도하게 염려한다.

(3) 신체증상장애는 사회경제적 지위와 교육수준이 낮은 계층에서 흔히 나타나는 경향이 있다.

(4) 어린 시절 신체적(성적), 정서적 학대의 경험이나 만성적인 질병, 우울, 불안 등의 정신과적 장애와 연관되어 있다고 본다.

(5) 신체증상장애를 가지고 있는 사람들의 인지적 요인을 살펴보면, 이들은 일상적으로 경험하는 사소한 신체적 감각에 예민하고, 생활 속에서 스트레스가 있을 때 경험할 수 있는 신체적 현상을 심각한 질병으로 인지하는 경향이 있다.

3 원인

신체증상장애는 진단기준이 DSM-5에서 처음 제안되었기 때문에 임상적 연구가 거의 없다. 진단기준은 다소 다르지만 증상이 비슷한 DSM-Ⅳ의 신체화장애에 관한 연구문헌에 근거하여 원인과 치료를 살펴보기로 한다.

(1) 이차적 이득을 학습: 건강염려증 환자에서처럼 신체화장애 환자들은 성장기에 가족 구성원이 병을 앓거나 상해를 입었을 때, 즉 아팠을 때 관심을 얻을 수 있고 어려운 책임을 회피하는 것 같은 이득을 얻을 수 있다는 것을 학습한다.

(2) 유전적 영향 및 반사회성 성격장애와 관련성
① 이 장애는 가계를 따라 전이되며 유전적 기초를 가지고 있다는 증거가 제시되었다. 또한 이 장애가 가계 연구와 유전 연구에서 반사회성 성격장애와 강한 연관이 있다는 것이 새롭게 발견되었다.
② 반사회성 성격장애는 주로 남자에게서 일어나고, 신체화장애는 보통 여자에게서 일어난다.
③ 그러나 이들은 공통된 특징들을 가지고 있는데 둘 다 발병시기가 이르고 보통 만성적으로 진행되며, 사회경제적으로 낮은 계층에서 주로 나타난다. 또한 치료되기가 어렵고, 특히 결혼생활의 불화, 약물과 알코올 남용, 자살시도의 문제를 자주 드러낸다.

(3) 행동억제체계(behavioral inhibition system: BIS)의 취약성
① 행동억제체계는 신체증상장애와 반사회성성격장애의 공통점이다.
② 행동억제체계는 위협이나 위험에 대해 감지하여 이런 위험이 가까이 접근해 있다는 것을 암시하는 신호를 알아차리고 상황을 피하게 해 주는 체계이다.
③ 반면 또 다른 체계는 행동활성화 체계(BAS)인데, 이는 충동성, 자극 추구, 흥분성에 관련된 특성들을 관장하는 체계이다.
④ 반사회성 성격장애와 신체화장애는 이러한 행동활성화 체계를 제대로 통제하지 못하는 약한 행동억제체계를 가지고 있다고 추정된다.
⑤ 반사회성 성격장애자들은 위협이나 위험의 신호를 만날 때 보통 사람들이 느끼게 되는 불안을 잘 느끼지 못한다. 대신 결과는 생각하지 않고 일시적으로 주어지는 보상에 더 잘 반응(충동성), 결국 법적 처벌 같은 부정적 결과를 가져오게 된다.
⑥ 신체화장애의 경우에도 비슷한 특성이 나타나는데, 여러 가지 신체적 증상을 호소함으로써 일시적으로는 동정과 관심을 받게 되지만, 결국엔 사회적으로 소외되는 결과를 초래한다.

4 치료

(1) 치료되기가 극히 어려우며 아직까지 치료효과가 있다고 증명된 방법은 없다.
(2) 치료 목적은 증상을 낫게 하는 것보다는 증상을 다루면서 살 수 있는 방법을 알려 주고 도와주는 것이 바람직하다.
(3) 치료자는 환자가 자신의 신체증상을 매개로 하여 얻게 되는 강화적 이득을 줄여나가고 도움을 구하러 다니는 행동을 줄이도록 도와야 한다. 즉, 이들 환자가 새로운 증상이 생길 때마다 여러 병원을 찾지 못하도록 한 명의 의사가 일차적 관리자로 환자를 전담하여 이들 모든 신체적 호소를 처리해야 한다.

2 질병불안장애(illness anxiety disorders)

1 진단기준

〈질병불안장애의 DSM-5 진단기준〉

A. 심각한 질병을 지녔다는 생각에 과도하게 집착한다.
B. 신체적 증상이 존재하지 않거나, 존재한다 하더라도 그 강도가 경미해야 한다. 다른 질병을 지니고 있는 경우에도 이러한 질병집착은 명백히 과도한 것이어야 한다.
C. 건강에 대한 불안수준이 높으면 개인적 건강 상태에 대해서 매우 예민하다.
D. 과도한 건강 관련 행동(예: 질병의 증거를 찾기 위한 반복적인 검사)이나 부적응적 회피행동(예: 의사와의 면담약속을 회피함)을 나타낸다.
E. 이러한 질병집착은 적어도 6개월 이상 지속되어야 하며, 두려워하는 질병이 이 기간 동안에 바뀔 수 있다.
F. 질병불안장애는 신체증상장애, 공황장애, 범불안장애, 신체변형장애, 강박장애 또는 망상장애의 신체형으로 더 잘 설명되지 않는다.

질병불안장애는 의학적 진료를 추구하는 유형과 회피하는 유형으로 세분될 수 있다.

2 특징: DSM-Ⅳ의 건강염려증(hypochodriasis)

(1) 자신의 신체증상이나 신체감각에 대해 비현실적이거나 부정확한 해석을 내리고 자신이 심각한 질병에 걸려 있을지 모른다는 두려움을 느낀다. 사소한 신체증상에 매우 집착한다. 항상 자신이 병에 걸렸을까 두려워하여 여러 병원을 찾아다니지만(의사 쇼핑), 아무런 의학적 근거도 발견하지 못한다.

(2) 자신의 증상에 신체적 원인이 있을 것이라 믿기 때문에 정신과적 진료를 받아 볼 것을 권하면 불쾌해한다. 그럴 만한 신체적 원인이 발견되지 않았다거나 증상이 그렇게 심각한 것은 아니라고 말하여 안심시켜 주면 오히려 증상이 더 심해지는 경향을 보인다. 반대로 증상을 가볍게 보지 않고 지속적으로 의학적 평가를 해 보겠다고 하는 말에 증상이 안정되거나 완화된다.

3 원인

(1) **인지적 오류**: 신체증상을 잘못 해석한다. 사람들이 흔히 경험하는 정상적인 신체감각에 대해 지나치게 신경을 쓰고, 사소한 증상에 대해서도 큰 병이 걸린 것처럼 지각한다. 즉 불안장애 환자들처럼 스트레스에 대해 과잉반응 하는 생물학적 취약성을 유전적 소인으로 가지고 있다.

(2) **심리적 취약성을 초기 아동기에 발전시킴**: 부정적인 사건은 어떻게 해도 통제할 수 없다는 것을 인생 초기에 배운 결과 이에 대해 항상 경계하면서 살아야 한다는 것을 학습했을 가능성이 높다. 즉 불안장애처럼 스트레스 자극에 대해 쉽게 불안반응을 나타내는 취약성을 가지고 있을 것이다.

(3) **환경적 요인**
① 질병불안장애 환자들 가족 중에 질병을 앓는 사람이 아동기에 있었던 경우가 많았는데 부모나 다른 가족 구성원이 경험했던 것과 동일한 증상이나 병을 호소하는 경향이 많다. 이런 가정에서는 질병이 중요한 관심거리였을 것이고, 병이라는 부정적 자극에 대한 불안 역치가 특히 낮을 것이다.
② 어떤 아동은 병을 앓는 사람에게는 특별한 관심이 주어진다는 것을 배우게 되고, 이차적 이득을 얻고 싶은 마음에서 생겼을 가능성이 있다.

4 치료

켈너(Kellner, 1986)에 따르면 대부분의 질병불안장애 치료는 질병에 대한 집착이나 불안을 직접적으로 공략한다.

(1) **약물치료**: 불안이나 주요우울장애에서 적용되는 약물에 반응할 수 있는 조건을 가지고 있을 때에만 증상이 경감한다.

(2) **환자를 안심시키고 격려하는 방법**: 의사가 환자에게 충분한 시간을 할애하여 그가 경험하고 있는 증상의 속성과 생각할 수 있는 원인들에 대해서 충분히 설명해 주었을 때 환자의 불안과 병원 방문이 크게 줄었다고 보고되었다. 또한 정신과 의사나 심리학자 등 정신건강 전문가들은 보다 효과적인 방법으로 증상의 의미를 다루는 것이 효과적이라고 말한다.

(3) **집단치료**: 집단구성원들이 격려를 해주고 불안을 경감시켜 주고 사회적 지지 및 관계를 제공해 줄 때 치료적 효과가 있다.

(4) **인지행동적 치료와 스트레스 관리훈련도 효과적이다.** 인지행동치료에서는 이들 환자가 갖고 있는 신체적 감각과 증상을 연결 지어 해석할 수 있도록 하고, 핵심신념을 바탕으로 자신의 증상에 도전하도록 하며, 치료실에서 어떤 신체적 부위에 집중하여서 실제로 증상과 연결되는 신체감각을 만들어 보이고, 의사를 찾는 행동을 감소시키는 데 초점을 둔다.

3 전환장애(conversion disorder)

1 진단기준

〈전환장애의 DSM-5의 진단기준〉
A. 의도적으로 운동기능이나 감각기능의 변화를 나타내는 한 가지 이상의 증상이 있어야 한다.
B. 이러한 증상과 확인된 신경학적 또는 의학적 상태 간의 불일치를 보여 주는 임상적 증거가 있어야 한다.
C. 이러한 증상 또는 결함이 다른 신체적 질병이나 정신장애로 더 잘 설명되지 않는다.
D. 이러한 증상이나 결함으로 인해서 현저한 고통을 겪거나 사회적, 직업적 또는 다른 기능의 중요한 영역이나 의학적 평가에서 현저한 손상이 나타난다.

2 특징

- 운동이나 감각 기능에 장애가 일어나나 이러한 기능장애를 설명할 수 있는 신체적, 기질적 이상이 발견되지 않는 장애이다.
- 신체화장애와는 달리 한두 가지 정도의 비교적 분명한 신체적 증상을 나타내는데, 주로 운동기능의 이상, 신체 일부의 마비나 감각이상과 같이 신경학적 손상으로 받아들여질 수 있는 증상을 보인다.
- 그 중 가장 흔하게 나타나는 증상은 마비, 실명, 실성증 등이다. 그 외 다음과 같은 범주로 증상들을 묶을 수 있다.

(1) **감각증상에 속하는 것**: 무감각증 형태. 손, 발, 팔, 다리가 가장 빈번하다. 그 외 청각상실, 실명, 시야협착증 등의 증상을 나타낸다. 실제적인 신경학적 이상은 없기 때문에 앞을 보지 못하면서도 걸을 때 부딪히거나 상처를 입지 않는 모습을 보인다.

- **(2) 운동증상**: 비정상적인 움직임과 걸음걸이, 마비, 국소적 쇠약, 삼키는 것의 어려움 등. 기립보행 불능증(astasia-abasia)은 불규칙적으로 움직이면서 팔을 크게 휘두르고 비틀거리며 걷는 비정상적 걸음이다. 그런데도 좀처럼 넘어지지 않으며 간혹 넘어지더라도 잘 다치지 않는다.
- **(3) 발작증상**: 자신에게 상처를 입히거나 더럽히지 않으면서 발작증상을 보인다.
- **(4) 질병증상 모방**: 예를 들어 가까운 사람이 죽은 후 그 사람의 증상을 그대로 나타낸다. 또는 전형적으로 이미 알려진 해부학적 경로나 생리학적 기전과 일치하지 않고 환자가 가지고 있는 병에 대한 지식에 따라 나타난다.
- **(5) 만족스러운 무관심(labelle indifference)**: 자신의 장애에 대해, 즉 마비나 실명 같은 심각한 장애가 일어난 증상에도 부적절하게 초연한 태도를 보인다. 이는 이차적 이득 때문이다.

3 원인

(1) 정신분석학적 관점

- 프로이트는 전환장애의 증상은 무의식적 갈등이나 표현되지 못하거나 방출되지 못한 정서가 신체적으로 표현된 것으로 본다. 즉 어떤 외상적 사건과 관련된 정서가 표현되지 못하면 이 정서는 억압되고, 대신 신체 히스테리성 증상으로 전환한다는 것이다.
- 이 증상들은 원래의 외상을 상징적으로 표현하고 있는데, 예를 들어 팔이 마비되는 것은 미워하는 대상을 치려는 공격적 충동과 이에 대한 초자아의 처벌이라는 무의식적 과정이 상징화된 것이다. 억압된 사고, 정서, 갈등은 흔히 성적, 공격적 내용과 관련되어 있다.
  ① 고전적 프로이트: 오이디푸스기에 전형적으로 일어나는 수동적인 성적 유혹과 관련 있다.
    ㉠ 사춘기에 이르러 강한 성적 충동을 느끼게 된 아동은 초기 아동기의 성적 외상과 관련되어 있는 두려운 정서와 기억의 잔재들을 다시 떠올리게 되면서 용납할 수 없는 성적 갈등과 불안을 느끼게 되는데, 이를 신체증상으로 전환하여 처리하고자 하는 것이다.
    ㉡ 이를 통해 불안은 감소한다. 이것이 일차적 이득이자 계속 전환증상을 유지시키는 일차 강화가 된다.
    ㉢ 또한 이런 신체적 증상은 주변 사람들에게 더 많은 관심과 동정을 받을 수 있게 하며, 아울러 처리하기 어려운 상황이나 과제를 회피할 수 있게 하는 이차적 이득을 얻게 한다.
  ② 라자르(Lazare): 전환반응이 성적 충동 외에도 공격성이나 의존적 욕구에 의해서도 나타날 수 있다고 설명한다. 여러 가지 이유로 발전할 수 있다고 본다.
    ㉠ 금지된 욕구나 충동을 표현하게 해준다.
    ㉡ 금지된 욕구에 대한 처벌의 형태로 나타난다.
    ㉢ 위협적인 상황에서 빠져나올 수 있게 해준다.
    ㉣ 병자의 역할을 취함으로써 의존 욕구를 만족시킬 수 있다.

(2) 사회 문화적 관점

① 교육수준이 낮고 사회 경제적으로 하위계층에서 발생하는 경향이 있다. 심리적으로 세련되지 못한 집단에서 자주 나타난다.
② 이들은 대체로 질병에 대한 의학적 지식이 많지 않은 사람들로, 이들에게서 나타나는 증상은 더 괴상하며 극적이다.
③ 반면 높은 교육수준과 심리학적 지식이 있는 사람들은 실제 질병을 좀더 잘 흉내낸 전환증상을 나타내는 경향이 있다. 또 환자가 발달시키는 특정 전환증상은 이전 질병이나 어떤 신체적 문제를 겪은 가족의 영향을 받는다. 자신들에게 익숙한 증상을 선택하는 것이다.

4 치료

(1) 현재까지 어떤 방법도 큰 효과를 가져왔다는 보고는 없다.

(2) 다만 정서적 외상사건을 재경험하는 과정에서 카타르시스를 느끼는 것이다. 통찰 지향적 심리치료에서는 환자의 내적 갈등과 전환증상이 상징하는 바가 무엇인지 탐색하게 되는 것이다. 또는 이차적 이득 즉 중요한 인물로부터의 관심이나 책임 회피 등을 제거하는 것 등의 방법을 취할 수 있다.

4 인위성장애(허위성 장애, factitious disorder)

1 진단기준

<인위성장애의 DSM-5의 진단기준>
A. 신체적 또는 심리적 증상을 의도적으로 만들어 내거나 위장한다.
B. 개인은 다른 사람들에게 스스로를 아프거나 손상을 입었다고 표현한다.
C. 의도적 행동은 명백한 외적 보상 없이도 나타난다.
D. 행동은 다른 정신장애, 망상장애 또는 다른 정신증장애로 더 잘 설명되지 않는다.

12 파괴적, 충동조절 및 품행장애

- DSM-5에 파괴적, 충동통제, 품행장애(Disruptive, Impulse-Control, and Conduct Disorders)라는 범주가 새로이 추가되었다.
- 이들의 공통점은 타인의 권익을 침해하고 사회에 갈등과 분열을 조장한다.
- 이러한 취지하에 발생연령이나 원인과는 관계없이 품행장애, 반사회적 장애가 도벽, 방화벽, 기타 충동장애와 함께 묶이게 되었다.
- 파괴적, 충동통제 및 품행장애는 정서와 행동의 자기통제에 문제가 있는 장애다. DSM-5에 따르면, 적대적 반항장애(Oppositional Defiant Disorder), 품행장애(Conduct Disorder), 간헐적 폭발장애(Intermittent Explosive Disorder), 반사회적 성격장애(Antisocial Personality Disorder), 병적 방화(Pyromania), 병적 도벽(Kleptomania), 달리 분류되지 않은 파괴적, 충동통제 및 품행장애를 포함한다.
- 이들은 모두 문제가 행동으로 드러나는데, 구체적으로 신체적·언어적 공격성을 드러내거나 재산 파괴 등 타인의 권리를 위반하는 행동을 하거나 사회적 규범 혹은 권한에 위배되는 행동으로 나타난다.
- 한편, 정신장애 진단 및 통계 편람 제4판(DSM-IV)에서는 충동통제 장애의 행동이 어떤 행동인가에 따라서 크게 방화광(pyromania), 도박(또는 병적 도박, pathological gambling), 절도광(kleptomania), 발모광(trichotillomania), 간헐적 폭발 장애(intermittent explosive disorder) 등으로 나뉘었다. 하지만 2013년에 출판된 DSM-5에서 충동조절장애는 파괴적, 충동조절 및 품행장애로 명칭이 바뀌었고 DSM-IV에서 분류에서 포함되었던 도박광은 DSM-5에서 물질 관련 및 중독 장애에 포함되고, 발모광은 강박 및 관련장애로 재분류되었다.

1 품행장애(conduct disorder) 2010, 2012, 2017, 2018 기출

1 특성과 진단 기준

(1) 공격적인 행동범주로 종종 타인의 권리를 침해하고 적대시한다. 타인에게 싸움이나 시비를 잘 걸고 타인의 신체를 상해하는 흉기를 사용하기도 한다. 공격적인 협박과 도둑질이나 성폭력 등 흔히 사회적 일탈행동을 일삼는 것이 특징이다.

(2) 자신이 지켜야 할 사회적 규칙을 위반하는 문제행동을 보이고도 이에 대한 갈등이나 죄책감은 거의 보이지 않는다. 사회적, 학습적, 직업적 영역에서 기능의 손상을 초래하며, 인지적 기능이 떨어지거나 충동통제가 이루어지지 않아 자주 지루함을 참지 못하고 끊임없이 새로운 외부자극을 찾아다닌다.

(3) 품행장애 청소년의 가장 큰 특성은 타인의 감정을 이해하거나 받아들이는 데 어려움을 겪는다는 점이다. 또한 자신의 잘못에 대한 반성 기능이 떨어진다.

(4) 때때로 품행장애로 보이나, 가면적 우울감을 외현적인 행동문제로 나타내는 경우가 있을 수 있다.

(5) 진단기준

<품행장애의 DSM-5의 진단기준>

A. 다른 사람의 기본적 권리나 사회적 규범을 위배하는 행동패턴이 지난 12개월 동안에 다음의 15개 기준 중 3개 이상으로 나타나야 한다. 그중 1개 이상의 기준은 지난 6개월 이내에 나타나야 한다.

사람과 동물에 대한 공격성
1. 자주 다른 사람을 못살게 굴거나, 협박하거나 겁먹게 한다.
2. 자주 싸움을 건다.
3. 다른 사람에게 심한 신체손상을 줄 수 있는 무기를 사용한다.
4. 사람에게 신체적으로 잔인하게 대한다.
5. 동물에게 잔인하게 대한다.
6. 피해자가 보는 앞에서 도둑질을 한다(예 노상강탈, 지갑 날치기, 강도, 무장강도).
7. 다른 사람으로 하여금 강제로 성행위를 하게 한다.

재산파괴
8. 심각한 파괴를 일으킬 작정으로 고의로 불을 지른다.
9. 다른 사람의 재산을 고의로 파괴한다(방화에 의한 것은 제외).

사기 또는 절도
10. 다른 사람의 집, 건물 또는 자동차를 파괴한다.
11. 물품이나 호의를 취득하거나 의무를 피하려고 자주 거짓말을 한다.
12. 피해자와 마주치지 않고 사소한 것이 아닌 물건을 훔친다.(예 파괴하거나 침입하지 않고 물건을 사는 체하고 훔치기, 문서위조)

중대한 규칙위반
13. 부모가 금지하는데도 자주 외박을 하며, 이는 13세 이전부터 시작되었다.
14. 부모나 대리부모와 집에서 같이 살면서 최소한 두 번 이상 가출, 외박을 한다. (또는 한 번 가출했으나 장기간 귀가하지 않음)
15. 무단 결석을 자주 하며, 이는 13세 이전부터 시작하였다.
B. 행동 장애가 사회적, 학업적, 도는 직업적 기능 영역에서 임상적으로 현저한 손상을 초래한다.

C. 18세 이상일 경우, 반사회성 성격장애의 기준에 부합되지 않는다.

다음 중 하나를 명시할 것
- **아동기 발병형**: 10세 이전에 품행장애의 특징적인 증상 중 적어도 1개 이상을 보이는 경우
- **청소년기 발병형**: 10세 이전에는 품행장애의 특징적인 증상을 전혀 충족하지 않는 경우
- 명시되지 않는 발병 품행장애의 진단기준을 충족하지만, 첫 증상을 10세 이전에 보였는지 또는 10세 이후에 보였는지에 대한 정보가 없어서 확실히 결정하기 어려운 경우

다음의 경우 명시할 것
- **제한된 친사회적 정서 동반**: 이 명시자를 진단하려면 적어도 12개월 이상 다양한 대인관계나 사회적 장면에서 다음 중 적어도 2개 이상의 특징을 보여야 한다. 이러한 특성은 해당기간 동안 그 개인의 대인관계적, 정서적 기능의 전형적인 형태를 반영해 주며, 몇몇 상황에서만 가끔 발생하는 것이 아니다. 따라서 명시자를 평가하기 위해서는 다양한 출처에서 정보를 얻는 것이 필수적이다. 자기보고뿐만 아니라 그 개인을 장기간 동안 알고 있는 사람들(예: 부모, 교사, 동료, 친척, 또래)의 보고를 반드시 고려해야 한다.
  - 후회나 죄책감 결여: 본인이 잘못을 저질러도 나쁜 기분이나 죄책감을 느끼지 않는다(붙잡히거나 처벌을 받는 상황에서만 양심의 가책을 표현하는 경우는 배제해야 한다). 자신의 행동으로 인한 부정적인 결과에 대해 일반적인 염려가 결여되어 있다. 예를 들면, 다른 사람을 다치게 하고도 자책하지 않거나 규칙을 어겨 발생하는 결과에 대해 신경을 쓰지 않는다.

- **냉담, 즉 공감의 결여**: 다른 사람의 감정을 무시하거나 신경 쓰지 않는다. 다른 사람들은 이들을 차갑고 무정한 사람으로 묘사한다. 심지어 자신이 다른 사람에게 상당한 피해를 주는 경우에도, 자신이 타인에게 미치는 영향보다는 자기 자신에게 미치는 영향에 더 신경을 쓴다.
- **수행에 대한 무관심**: 학교나 직장 또는 다른 중요한 활동에서 자신이 저조한 수행을 보이는 것을 개의치 않는다. 심지어 충분히 예상 가능한 상황에서도 좋은 성과를 보이기 위해 필요한 노력을 기울이지 않으며 전형적으로 자신의 저조한 수행을 다른 사람의 탓으로 돌린다.
- **피상적이거나 결여된 정서**: 피상적이거나 가식적이고, 깊이가 없는(행동과 상반되는 정서표현, 빠른 정서 전환)를 제외하고는 다른 사람에게 자신의 기분이나 정서를 드러내지 않는다. 또는 얻고자 하는 것이 있을 때만 정서를 표현한다(다른 사람을 조종하거나 위험하고자 할 때 보이는 정서 표현)

현재의 심각도를 명시할 것
- **경도**: 진단을 충족하는 품행 문제가 있더라도, 품행 문제의 수가 적고, 다른 사람에게 가벼운 해를 끼치는 경우(거짓말, 무단결석, 허락 없이 밤늦게까지 집에 들어가지 않는 것, 기타 규칙 위반)다.
- **중등도**: 품행 문제의 수와 다른 사람에게 끼치는 영향의 정도가 "경도"와 "고도"의 중간에 해당되는 경우(피해자와 대면하지 않는 상황에서 도둑질하기, 공공기물 파손)다.
- **고도**: 진단을 충족하는 품행 문제가 많거나, 또는 다른 사람에게 심각한 해를 끼치는 경우(성적 강요, 신체적 잔인함, 무기 사용, 피해자가 보는 앞에서 도둑질 파괴와 침입)다.

(6) 아형(subtypes) 2018 기출

① 품행장애의 아형은 발병 연령에 입각한 것이다. 발병은 개인과 보호자 모두에게서 얻은 정보를 통해 정확히 측정되어야 하며, 측정 시기는 실제 발병보다 2년 정도 이후인 경우가 흔하다.
  ㉠ 2가지 아형 모두 경도, 중등도, 고도로 보일 수 있다.
  ㉡ 명시되지 않은 발병은 발병 연령으로 결정하기 위한 충분한 정보가 없을 때 내려질 수 있다.

② **아동기 발병형의 품행장애가 있는 경우**, 대개는 남아이고, 타인에 대한 신체적 공격성을 빈번히 보인다.
  ㉠ 또한 또래 관계에 어려움이 있으며, 아동기 초기 동안 적대적 반항장애가 있었고, 흔히 사춘기 이전에 품행장애의 진단기준을 충족하는 증상이 있다.
  ㉡ 또한 이 아형에 속하는 아동들은 주의력결핍 과잉행동장애(ADHD)나 기타 신경발달학적 어려움이 있는 경우가 많다.
  ㉢ 아동기 발병형은 청소년기 발병형에 비해 품행장애가 성인기까지 지속되는 경향이 있다.

③ **청소년기 발병형**은 아동기 발병형과 비교할 때, 공격적 행동이 적고 정상적인 또래 관계를 맺는 경향이 있다(그러나 다른 관계에서는 종종 품행 문제를 보이기도 한다). 청소년기 발병형에서는 품행장애가 성인기까지 지속되는 경우가 더 적다. 아동기 발병형 품행장애에서보다 청소년기 발병형에서 성비가 더 비슷하다.

(7) 명시자(specifiers)

① 품행장애가 있는 사람들 중 소수만이 "제한된 친사회적 정서" 명시자를 충족하는 특성을 보인다. 연구에서는 이 명시자 지표를 냉담하고 감정이 없는 특질로 명명해 왔다.
  ㉠ 이외 다른 성격 특질인 자극 추구, 대담성 및 처벌에 대한 둔감성은 이 명시자에서 설명되는 특성과는 다르다.
  ㉡ 품행장애가 있는 다른 사람들과 비교할 때, 이 명시자에 속하는 사람들은 이득을 얻기 위한 도구적인 계획으로 공격을 하는 경향이 있다.

ⓒ 품행장애의 어느 아형이나 심각도 수준에서 모두 "제한된 친사회적 정서" 명시자가 해당될 수 있지만, 아동기 발병형과 고도 수준의 심각도를 보이는 경우에 이 명시자를 진단받을 가능성이 더욱 높아진다.

2 위험 및 예후 인자

(1) 기질적: 까다롭고 통제하기 어려운 유아 기질, 보통 수준 이하의 인지 기능, 특히 언어성 IQ의 저하가 기질적 위험 요인에 포함된다.

(2) 환경적: 가족 수준에서의 위험 요인에는 부모의 거부와 방임, 비일관적 양육 방식, 엄격한 훈육, 신체적 또는 성적 학대, 감독의 부족, 초기에 보육시설에 거주한 경우, 보호자가 자주 바뀌는 경우, 대가족, 부모의 범죄, 가족 내 특정 정신병리(예, 물질관련장애)가 포함된다.
① 지역사회 수준에서의 위험 요인에는 또래의 거부, 비행 집단에 연루된 경우, 이웃의 폭력에 노출된 경우가 포함된다.
② 이 2가지 위험 요인은 모두 아동기 발병형에서 더욱 심각하고 흔한 경향이 있다.

(3) 유전적, 생리적: 유전 및 환경적 요인이 모두 품행장애에 영향을 준다. 친부모나 양부모 또는 형제자매에서 품행장애가 있는 아동의 경우에 품행장애 발병 위험이 증가한다.
① 친부모가 심한 알코올사용장애, 우울장애나 양극성장애, 조현병이 있거나 친부모가 이전에 ADHD나 품행장애 과거력이 있었던 아동의 경우 이 장애의 발병이 더 흔한 경향이 있다. 휴지기에 느린 심박률이 품행장애가 없는 사람에 비해 장애가 있는 사람들에게서 더 신뢰롭게 관찰되었는데, 다른 정신 질환에서는 이러한 표지자를 특징적으로 보이지 않는다.
② 그러나 이러한 심리생리적 결과로는 이 장애를 진단할 수 없다. 품행장애가 없는 사람들과 비교해서, 정서 조절이나 정서 처리와 관련된 뇌 영역, 특히 뇌의 복측전전두피질과 편도체를 포함하는 전두측두엽-변연계 회로에서 구조적이고 기능적인 차이가 있다는 것이 품행장애가 있는 사람들에게서 일관되게 언급되고 있다. 그러나 뇌영상 결과들이 이 장애의 진단적인 지표가 되지는 않는다.

(4) 경과의 변경 인자: 아동기 발병형이나 "제한된 친사회적 정서" 명시자에 해당된 사람에게서 품행장애가 더 오래 지속되는 경향이 있다. 또한 품행장애의 위험성이 지속된다면 물질 남용이나 ADHD의 동반이환도 증가한다.

12 파괴적, 충동조절 및 품행장애

[2017년 기출]

다음은 전문상담교사가 민철(중3, 16세, 남)을 상담한 내용이다. 정신질환의 진단 및 통계편람(DSM-5)에 근거할 때 민철에게 해당하는 진단명을 쓰고, 진단 기준을 충족하는 문제 행동을 3가지 서술하시오.

상담교사: 가출한 적이 있다고 하던데, 좀 더 자세히 이야기 해 줄 수 있어요?
민　　철: 처음 나간 건 1개월 전이고 지난주에도 1번 나갔어요. 집에 있는 것도 싫고, 부모님도 보기 싫고, 돈을 벌고 싶었어요. 나가서 이것저것 닥치는 대로 아르바이트를 해서 돈도 좀 벌었죠.
상담교사: 친구들의 돈을 뺏었다고 하던데, 언제 처음 그랬는지 기억해 보겠어요?
민　　철: 그러기 시작한 지 1년은 넘었죠. 1주일에 1~2번은 친구들 돈을 빼앗아 제 용돈으로 썼어요.
상담교사: 수업 시간에 교실에서 돌아다닌다고 하던데 좀 더 자세히 말해 줄래요?
민　　철: 수업이 너무 길고 지루하잖아요. 한자리에 앉아 있는 건 정말 힘들거든요. 앉아서 이것저것 딴 짓도 해 보다가 필요한 물건이 있으면 사물함에 가서 찾아오기도 하고 화장실도 다녀오고…….
상담교사: 친구들을 때린 게 이번이 처음은 아니라고 하던데, 언제부터 그랬나요?
민　　철: 중1 때부터 마음에 들지 않는 애가 있으면 두고 보다가 한 번씩 손봐 준 거죠. 거의 1달에 1번 몸 좀 푸는 거죠.
상담교사: 지난주에 경찰서에는 무슨 일로 갔는지 말해 줄 수 있어요?
민　　철: 골목에 있는 자동차 문을 부쉈거든요. 이번에 재수 없이 들키는 바람에 이전 사건들도 다 드러나게 된 거예요.
상담교사: 이전이라면?
민　　철: 작년 내 생일 다음날인가? 여하튼 1년 반 전부터 자동차를 부순 10건 정도의 사건들이 이번에 다 드러난 거죠.

3 품행장애의 원인

(1) 부모의 양육태도와 가정환경으로 추정. 부모의 양육태도가 불안정하고 혼란스러운 경우는 부부불화, 이혼, 가정폭력, 학대, 결손가정, 부모의 정신장애나 알코올 중독, 도박중독 등과 밀접한 관련이 있다.

(2) 사회경제적 수준이 낮은 가정에서 발병되는데 이때는 부모의 경제적 곤란, 가족생활의 파탄, 가정교육의 부재 등을 이유로 들 수 있다.

(3) 품행 문제가 세대에 걸쳐 가족 내에서 지속적으로 나타난다는 연구결과는 유전적 영향의 잠재적 중요성을 시사한다. 유전적 특징에는 충동성, 주의력결핍, 과잉행동 등이 영향을 미친다.

(4) 생리학적 각성수준이 낮다. 즉 심장박동률과 피부전도성과 같은 다양한 생리적 측정치에서 자율신경 반응수준이 낮은 것으로 나타난다. 또한 전전두엽의 포도당 대사가 정상 대조군에 비해 낮은 것으로 나타났다.

(5) 품행장애를 가진 청소년들은 사회적 상호작용을 공격적으로 생각하는 경향이 있다.
① 다른 사람의 행위를 적대적인 것으로 귀인한다. 다른 사람의 관점을 보지 못하며 사회적 문제해결 기술을 사용하지 않고 행동하기 전에 사고하지 않는 면이 있다. 또한 일반적인 아동보다 더 적은 사회적 책략을 사용하며 또래의 중성적 행위의 의도를 적대적인 것으로 잘못 귀인한다.
② 또한 공격적인 아동은 효율적인 해결책보다 공격적인 해결책을 선택한다. 그리고 이러한 해결책이 긍정적 결과를 가져올 것으로 기대한다.

4 품행장애의 치료(중재전략)

(1) 워커 등(Walker, Colvin and Rasmey)의 공격행동을 보이는 학생을 다루는 열 두 가지 중재기법
① 규칙 ② 교사의 칭찬 ③ 정적 강화 ④ 언어적 피드백 ⑤ 자극 변화 ⑥ 유관 계약 ⑦ 모방에 대한 강화와 시범 ⑧ 행동 형성 ⑨ 체계적 사회적 기술 훈련 ⑩ 자기 점검 및 조절 훈련 ⑪ 타임아웃 ⑫ 반응 대가

(2) 부모훈련: 카츠딘(Kazdin)의 효과적인 부모훈련 프로그램의 특징
① 부모에게 자녀와의 상호작용 방법 지도
② 문제행동을 판별, 정의하며 관찰하는 방법 지도
③ 사회적 강화, 토큰 강화, 타임아웃 등 사회학습 원리와 절차를 지도
④ 부모로 하여금 획득한 기법을 연습할 수 있는 기회 제공
⑤ 부모가 적용하는 강화 프로그램이 학교에서 행동 지도 프로그램에 통합될 수 있도록. 교사는 학교에서 이뤄지는 행동 지도 결과를 부모에게 정기적으로 알려준다.

(3) 기능적 가족중재(Functional family therapy: FFT): Aleander, Holtzworth-Munroe 등이 개발했다. 자신의 생각과 느낌을 정확하고 분명하게 전달하는 방법, 문제에 대한 해결책을 효과적으로 조정하는 방법, 자녀를 위한 일관된 가정환경을 제공하기 위해 행동기법을 활용하는 방법을 배우게 한다.
① 사회학습 원리를 쉽게 설명하는 읽기 과제를 제공한다.
② 가족 관찰 및 면담을 통해 아동의 품행장애 행동과 관련 있는 가족 상호작용이 무엇인지 판별한다.
③ 첫 회기부터 가족 구성원들은 아동의 품행장애 행동과 관련하여 중재자가 제시하는 가상의 가족문제를 해결하는 과정에 참여한다. 적응적, 효율적 의사소통 기술 모델링. 가족구성원들이 이를 사용하도록 강화한다. 가족구성원들이 사용하는 다양한 언어 및 비언어적 의사소통의 수단과 목적에 대한 가정을 자주 진술하다, 가족 구성원들은 이러한 해석을 수정하고 명확하게 하다.
④ 문제해결 조정 기회를 지속적으로 가진다. 중재자는 가족 구성원들에게 구성원 간 의사소통 기능 및 명확성을 향상시키는 다양한 방법을 지도한다.

(4) 다중체계중재(multisystemic treatment: MST)
① 중재자가 대상자의 집을 방문하여 첫 만남을 갖는다. 모든 가족 구성원이 관련 문제에 관해 토론하며, 중재자는 가족이 문제를 명확히 알고 합리적인 장단기 목표를 설정하는 것을 돕고 문제를 감소시키는 데 도움이 되는 가족의 장점을 파악한다. 단기 목표 달성을 위해 활동 중심의 계획을 세운다.
② 가족 구성원들이 계획을 실행하는 동안 중재자는 아동의 학교 교사와 또래 등 관련인을 만나 아동의 추가적인 문제가 있는지 살펴보고 문제해결을 위해 활용할 수 있는 방안을 모색한다.
③ 기본적인 요구가 판별되면, 중재자는 부모훈련, 아동의 문제해결 기술 훈련, 지역사회 및 학교 기반 중재 등 적절한 심리적 중재를 적용한다. MST의 일차적 목적은 가족의 현재 문제의 초점을 두는 것이지만, 과거 사건과 관련된 문제도 필요한 경우 다룰 수 있다.
④ 가족 구성원들이 함께 만나는 시간을 중재 기간 중 정기적으로 갖는다. 중재자는 회기마다 가족 구성원들이 할당 과제를 수행하려 노력했는지를 평가하고 과제를 수행했으면 충분한 칭찬이나 보상을 제공한다.
⑤ 중재자는 각 체계(가정, 학교, 또래) 내 그리고 체계 간의 적절한 중재를 개발하고 각 체계 내에서 아동의 행동을 지속적으로 사정 및 점검한다.

(5) 인재행동중재 2009 기출

① **문제해결 훈련**: 갈등, 선택, 문제 상황에 직면했을 때 효과적으로 대처하고 해결하는 능력을 지도하는 것이다. • 문제 인식하기 • 문제 정의하기 • 문제해결 방안 만들기 • 해결 방안 검토하기 • 해결 방안 실행하기 • 결과 점검하기

② **분노조절 훈련**: 자기교수를 통해 분노와 공격행동을 자제하거나 조절하는 것을 지도하는 것이다.
  ㉠ 인지 준비 단계: 학생의 분노 각성과 분노 결정 요인, 분노를 유발하는 상황의 판별, 분노의 긍정 및 부정적 기능, 대처 전략으로 분노조절 기법에 관해 학습한다.
  ㉡ 기술 습득 단계: 인지 및 행동 대처 기술을 학습한다.
  ㉢ 적용 훈련단계로 구성: 역할놀이, 숙제. 분노조절 훈련은 시범, 역할놀이, 수행 피드백으로 구성된다. 특히 역할놀이에서 분노가 언제 일어났고 어떤 일이 벌어졌으며 그 상황에 어떤 사람들이 있었고 그 사람들은 무엇을 했으며 자신의 감정을 어떻게 다루었는지 등에 관한 분노 일지를 활용한다. 이 때 이완훈련(깊은 숨쉬기, 기분 좋은 상상하기, 거꾸로 숫자 세기, 생각 멈추기 등)도 함께 적용한다.

③ **자기관리 훈련(self-management training)**: 학생이 자신의 행동을 관리하도록 가르치는 것으로 자주 사용되는 절차로는 자기점검, 자기평가, 자기강화가 있다.
  ㉠ 자기점검(자기기록): 학생이 자신의 특정한 행동의 빈도 등을 기록하는 것이다. 자기점검을 통해 학생은 자신의 수행과 외적 준거 간의 차이를 알고 행동의 변화를 보인다.
  ㉡ 자기평가: 학생이 자신의 수행을 특정 기준과 비교하여 이에 부합하는지를 결정하는 것.
  ㉢ 자기강화: 학생이 강화물을 선정하고 자신의 적절한 행동에 대해 직접 강화를 제공하는 것.

④ **자기교수**: 과잉 및 충동 행동을 보이는 품행장애 학생은 내적 언어와 언어조절 능력의 결함 때문에 자신의 행동을 조절하기 위해 자신에게 말하는 방법을 사용하지 않는다. 이들에게 자신의 행동을 조절할 수 있도록 자기교수 훈련을 한다.

1단계	인지적 모델링	교사는 과제 수행의 시범을 보인다. 이 단계에서 교사는 큰 소리로 과제 수행의 단계를 말하면서 시범을 보이고 학생은 이를 관찰한다.
2단계	외적 안내	학생은 교사의 지시에 따라 같은 과제를 수행한다. 교사는 학생이 과제를 수행하는 동안 큰 소리로 과제 수행 단계를 말한다.
3단계	외적 자기교수	학생은 큰 소리로 과제 수행 단계를 말하면서 같은 과제를 수행한다. 교사는 관찰하며 피드백을 제공한다.
4단계	자기교수 용암	학생은 작은 목소리로 과제 수행 단계를 속삭이면서 과제를 수행한다. 교사는 관찰하고 피드백을 제공한다.
5단계	내적 자기교수	학생은 소리 내지 않고 내적 언어를 사용하며 과제를 수행한다.

⑤ **대안반응 훈련**: 바람직하지 않은 반응을 보일 수 있는 기회를 차단하는 대안적 반응을 지도하는 것이다. 심호흡, 숫자 세기, 화난 상황 피해있기, 기분 좋은 상상하기, 음악 듣기 등의 이완훈련을 한다.

⑥ **귀인 재훈련**: 부정적 귀인을 긍정적 귀인(자신의 성공과 실패에 대한 노력 중심의 진술)으로 대체하여 과제 수행의 지속성을 높이고자 하는 것이다.

⑦ **합리적 정서행동치료**: 비합리적 신념에 대한 논박을 통해 인지적 재구조화를 한다.

(6) 사회적 기술훈련

> **참고** 품행장애에 관한 상담자의 접근 지침 📖 **2009 기출**
>
> 1) 품행장애의 주요 특성을 이해한다.
> 2) 다른 장애가 품행장애로 오인된 경우가 많으므로 주의해야 한다(예 지능 문제, ADHD, 가면성 우울증).
> 3) 상담자는 품행장애 청소년을 면접하여 양육사, 가정환경, 부모의 성격, 학교생활 적응도 등을 체계적으로 질문하고 적합한 측정도구로 객관적인 평가를 한 후에 적절한 지도활동과 상담으로 접근한다.
> 4) 부모, 교사, 정신건강 전문가의 협력적 노력이 필요하다: 성인의 강력한 비난과 처벌에 대한 저항과 반발 때문에 문제행동이 재발되거나 강화되는 경우가 높으므로 이에 따른 부모교육 훈련이 반드시 필요하다
> 5) 품행장애의 경우, 음주, 흡연, 기분장애와 우울장애 등을 동반하므로 정신과 약물이 필요하거나 특별훈련 프로그램이 요구되기도 한다. 이전에 객관적인 진단과 평가(지능검사, 투사 및 객관적 성격검사, 부모면담 등)가 이루어져야 한다.
> 6) 상담자는 인지행동적 접근으로 상담하는 것이 도움이 되며, 자기조절 훈련, 분노와 스트레스 방지, 사회적 기술 훈련을 담당한다.
> 7) 상담자는 일관성 있는 보상과 처벌의 규칙을 만들어 행동을 긍정적으로 강화시킨다.

[2010년 기출]

미국 정신 의학회 진단기준(DSM-Ⅳ)에 의해 영수(중2, 남)에게 진단된 장애에 관한 설명으로 옳은 것을 〈보기〉에서 고르시오.

엄마의 말에 의하면 영수는 어릴 때부터 강아지나 고양이를 괴롭히는 일이 잦았고, 초등학교 5학년 때에는 짝꿍을 연필로 찔러 친구가 수술을 받기도 했지만 전혀 잘못을 인정하지 않았다고 한다. 중학교에 입학한 후에도 거짓말, 가출, 흡연, 약물 남용, 절도, 폭력 등의 문제가 지속되어 부모가 자주 학교에 불려갔고, 영수는 담임교사로부터 "학교에서는 도저히 감당할 수 없다"는 말을 들었다. 영수는 무단 결석을 자주하고 무리지어 다니며 반복적으로 친구들에게 심한 폭력을 행사하고도 죄책감과 후회가 없어 학교에서 징계를 받을 상황에 놓여 있다.

〈보기〉
ㄱ. 인지행동치료가 증상 감소에 효과적이다.
ㄴ. 동반된 질환에 따라 약물 치료를 고려해야 한다.
ㄷ. 18세 이후에는 반사회성 성격장애의 진단기준에 맞지 않아야 한다.
ㄹ. 거부적이고 적대적이며 반항적인 행동 양상이 6개월간 지속적으로 나타날 때 진단된다.
ㅁ. 사람과 동물에 대한 공격, 재산파괴, 사기 또는 절도, 중대한 규칙 위반 항목 중에서 3개 이상이 지난 6개월간 지속되며 최소한 한 항목은 지난 3개월 동안에 나타난다.

---

2 적대적 반항장애(oppositional defiant disorder)

1 적대적 반항장애의 특성과 진단

(1) 상당할 정도로 주변사람들을 괴롭히고, 못살게 굴고, 공격하고, 희생시키는 등의 반항심을 드러낸다. 일반적으로 발달과정상 많은 청소년들은 논쟁하고, 불복종하고 화내고 싸우고 거짓말하고 언어적, 신체적으로 공격하는 행동을 한다.

(2) 반항장애와 품행장애 간에는 상당한 공통점이 있지만, 반항장애는 품행장애에 비해 잔혹한 행동이나 범죄 행동이 법적 결과를 가져오지 않는 것이 특징이다. 특정 대상에 대한 반항만을 나타내는 경우가 높은 편이다.

(3) 진단을 내리기 위해선 어른들에게 부정적이고 반항적이며 적대적인 행동을 나타내야 한다. 어른들의 일에 끼어들고 논쟁하며 실수를 찾아내려 하거나 타인의 기분을 의도적으로 상하게 하거나 귀찮게 하며 타인의 실수에 공격적이고 자신의 실수나 좌절에 대해 과도한 분노감을 나타내고 타인을 괴롭히는 행동 등 부정적, 적대적, 반항적 행동양식이 적어도 6개월간 지속되어야 한다.

<적대적 반항장애의 DSM-5의 진단기준>

A. 분노/과민한 기분, 논쟁적/반항적 행동 또는 보복적인 양상이 적어도 6개월 이상 지속되고 다음 중 적어도 4가지 이상의 증상이 존재한다. 이러한 증상은 형제나 자매가 아닌 적어도 한 명 이상의 다른 사람과의 상호작용에서 나타나야 한다.

분노/과민한 기분
1. 자주 욱하고 화를 냄
2. 자주 과민하고 쉽게 짜증을 냄
3. 자주 화를 내고 크게 분개함

논쟁적/반항적 행동
4. 권위자와의 잦은 논쟁, 아동이나 청소년의 경우는 성인과는 논쟁함
5. 자주 적극적으로 권위자의 요구나 규칙을 무시하거나 거절
6. 자주 고의적으로 타인을 귀찮게 함
7. 자주 자신의 실수나 잘못된 행동을 남의 탓으로 돌림

보복적 특성
8. 지난 6개월 안에 적어도 두 차례 이상 악의에 차 있거나 앙심을 품음
   주의점: 진단에 부합하는 행동의 지속성 및 빈도는 정상 범위 내에 있는 행동과 구별되어야 한다. 다른 언급이 없다면, 5세 이하의 아동인 경우에는 최소한 6개월 동안 거의 매일 상기 행동이 나타나야 한다. 이런 빈도에 대한 기준은 증상을 기술하기 위한 최소 기준을 제공한 것일 뿐이며, 반항적 행동이 동일한 발달 수준에 있고 성별이나 문화적 배경이 같은 다른 사람들에게서 전형적으로 관찰되는 것보다 더 빈번하고 강도가 높은지와 같은 다른 요인들도 고려해야 한다.

B. 행동의 장애가 개인 자신에게, 또는 자신에게 직접적으로 관련 있는 사회적 맥락(가족, 또래 집단, 동료) 내에 있는 상대방에게 고통을 주며, 그 결과 사회적, 학업적, 직업적, 또는 다른 중요한 기능 영역에서 부정적인 영향을 준다.

C. 행동은 정신병적 장애, 물질사용장애, 우울장애 또는 양극성장애의 경과 중에만 국한해서 나타나지 않는다. 또한 파괴적 기분조절부전장애의 진단기준을 충족하지 않아야 한다.

현재의 심각도 명시할 것:
- 경도: 증상이 한 가지 상황(집, 학교, 직장, 또래 집단)에서만 나타나는 경우다.
- 중등도: 증상이 적어도 2가지 상황에서 나타나는 경우다.
- 고도: 증상이 3가지 이상의 상황에서 나타나는 경우다.

2 적대적 반항장애의 원인

(1) 가정적 요인: 주양육자가 계속해서 바뀌거나 부모가 자녀 양육에 소홀하거나 지나치게 엄격하거나 모순적일 때 흔하게 발병하는 것으로 알려져 있다. 또한 부모 중 물질사용장애, 기분장애, ADHD, 품행장애가 있을 경우 발병률이 높다.

(2) 반항과 같은 행동은 어린 아동의 경우 특히 가족과의 관계에서 자신의 욕구가 좌절될 때 흔히 나타나며, 이 장애에 해당되려면 비슷한 나이 또래에서 나타나는 행동의 빈도나 강도보다 빈번하고 지속적이어야 한다.

(3) 이러한 행동은 사회적, 학업적 기능장애를 초래한다.
(4) 적대적 반항장애는 주의력결핍/과잉행동 장애와 공존하는 경우가 많다. 또한 적대적 반항장애는 품행장애의 발달적 전조인 것처럼 보인다.
(5) 정상 아동보다 중립적 자극에 대해 적대적으로 평가하는 경향이 있고 적대적 자극에 대해 더 예민하다. 또한 적절한 사회적 정보를 활용하는 능력, 대안을 생각하는 능력 등의 문제해결 능력이 부족하다. 공격적으로 반응하는 것에 강화를 받았던 측면이 있다.

> **참고** 적대적 반항장애에 관한 상담자의 접근지침
> 1) 적대적 반항장애의 주요 특성을 이해한다.
> 2) 다른 장애가 반항장애로 오인된 경우가 많으므로 주의해야 한다.(예 우울감)
> 3) 교사 및 상담자는 반항장애 청소년을 면접하여 양육사, 가정환경, 부모의 성격, 학교생활 적응도 등을 체계적으로 질문하고 적합한 측정도구로 객관적인 평가를 한 후에 적절한 지도활동과 상담으로 접근을 시도한다.
> 4) 부모, 교사, 정신건강 전문가의 협력적 노력이 필요하다.
> 5) 상담자는 분노와 스트레스 방지, 사회적 기술에 대한 교육을 담당한다: 학급에서 충동성과 분노로 인한 공격적인 행동을 통제하고 조절할 수 있는 훈련을 하는 것이 중요하다. 가령, 화가 났던 사건을 모니터해서 '분노위계표'를 작성하여 언제, 어떤 순간에 가장 화를 많이 내는가를 각성할 수 있도록 한다.
> 6) 이후 화를 줄이는 방법으로 이완하기, 폭발하지 말라는 자기지시를 반복하기, 주장훈련하기 등을 사용하고, 교사가 반항장애아를 위해 역할훈련의 형태로 기술을 보여준다. 가장 효과적인 대처방법은 예방적인 치료이므로 학교생활과 가정생활에서 습득할 수 있는 사회적 기술을 가르칠 필요가 있다.
> 7) 상담자는 일관성 있는 보상과 처벌의 규칙을 만들어 행동을 긍정적으로 강화시킨다.

3 간헐적 폭발장애(intermittent explosive disorder)

1 진단기준

〈간헐적 폭발장애의 DSM-5의 진단기준〉

A. 아래 명시되는 공격적인 충동통제의 실패로 반복적인 행동폭발이 나타난다.
  1. 언어 공격성(예 성격울화증, 비난, 언어논쟁 또는 다툼) 또는 재산, 동물, 다른 개인을 향한 물리적 공격성은 3개월 동안 평균 1주에 두 번 발생한다. 물리적 공격성은 재산의 파괴 혹은 손상의 결과를 불러오지는 않으며, 동물이나 타인에 대한 물리적 상해의 결과가 아니다.
  2. 재산의 파괴 혹은 손상과 관련 있거나 동물 또는 타인에 반하여 물리적 상해와 관련된 물리적 폭행인 세 번의 행동적 폭발이 12개월 안에 발생하여야 한다.
B. 반복적인 폭발 동안 표현되는 공격성의 규모는 극도로 도발의 범위 밖이거나 정신적 스트레스를 촉발하여야 한다.
C. 반복적 공격폭발은 미리 예측이 되지 않는다(즉, 그들은 충동적이고 분노가 깔려 있다). 그리고 유형의 물질에 연결되어 있지 않다(예 돈, 권력, 협박).
D. 반복적 공격폭발은 개인의 고통 또는 직업적 또는 대인관계 손상, 또는 재정/법적 결과와 연결된다.
E. 시기적으로는 최소 6세다.
F. 반복적 공격폭발은 또 다른 정신적 장애에 의해 더 잘 설명되지 않는다(예 우울장애, 조울장애, 파괴적 기분조절곤란장애, 정신병적 장애, 반사회성 성격장애, 경계성 성격장애). 그리고 다른 의학적 상태(예 뇌외상, 알츠하이머) 또는 약물 오남용 등의 생리학적 영향에 기인하지 않는다. 6~18세 아동들이 적응장애의 일환으로 나타내는 공격 행동은 이 진단기준에 해당하지 않는다.
  주의점: 반복적이고 충동적인 공격적 행동폭발이 주의력결핍 과잉행동장애, 품행장애, 적대적 반항장애, 자폐스펙트럼장애들에서 보일 수 있는 정도를 초과하고 독립적인 임상적 주의가 요구될 때 상기 진단에 더해서 간헐적 폭발장애를 추가적으로 진단내릴 수 있다.

2 원인

(1) 스트레스나 부모의 양육방식 등 심리사회적 영향과 신경생리학적 영향의 상호작용에 의한 것으로 여겨지고 있다.

(2) 또한 20세 이전에 신체적 또는 정서적 외상을 겪은 사람에게서 간헐적 폭발장애의 위험성이 증가하는 것으로 알려져 있다. 아동기에 알코올 중독이나 폭력에의 노출 등이 많았던 환경에서 성장한 경우 간헐적 폭발장애가 더 많이 발생할 수 있는 것으로 보인다.

(3) 세로토닌계 역기능과 관련성이 있기도 하며(낮은 세로토닌 수치는 충동적 공격성과 상호 연관이 있다), 뇌영역 중 대뇌 변연계의 전측대상회 영역과 안와전두피질 영역에서의 세로토닌 이상이 간헐적 폭발장애와 관련되어 있는 것으로 보인다.

(4) 또한 분노자극에 대해 편도체가 더 많이 반응하였다.

3 치료: 치료 연구가 거의 없다.

과거에 쌓였던 분노나 적개심을 비공격적인 방법으로 표출하도록 도와주고 스트레스에 대한 인내심을 기르도록 하는 방법이 있을 수 있다.

13 성격장애

1 성격장애의 정의

1) **성격장애**(Personality Disorders)란 내적 경험과 행동의 지속적인 유형이 개인이 속한 문화에서 기대되는 바로부터 현저하게 편향되어 있는 지속적인 유형을 의미한다.
2) 어린 시절부터 서서히 발전, 성인기에 개인의 성격으로 굳어진 심리적 특성이 부적응적 양상을 나타낸다. (성격 특질의 부적응적 변형)
3) 특정 계기로 인해 발생하는 임상적 증후군과는 달리, 어린 시절부터 점진적으로 형성, 지속된다.
4) 만연하고 경직되어 있고, 청소년기나 성인기 초기에 발병하며, 시간이 지나도 변함이 없이 유지되며 고통이나 손상을 초래하는 특징을 보인다.
5) 각종 성격장애의 유형과 특징

증상의 유사성	성격장애의 유형	특징
A형: 괴상 편벽	편집성 성격장애	다른 사람의 동기를 악의가 있는 것으로 해석하는 등 타인에 대한 전반적인 불신과 의심 양상
	조현성 성격장애	사회적 유대로부터 유리되고, 제한된 범위의 감정 표현 양상
	조현형 성격장애	친분 관계를 급작스럽게 불편해하고 그럴 능력의 감퇴 및 인지 및 지각의 왜곡, 행동의 괴이성 양상
B형: 극적 감정적 변덕	반사회성 성격장애	다른 사람들의 권리를 무시하거나 침해하는 영속적인 행동 양상
	경계성 성격장애	대인관계, 자아상 및 정동 불안정성과 현저한 충동성 양상
	연극성 성격장애	과도한 감정성과 주의를 끄는 행동 양상
	자기애성 성격장애	과대성(공상 또는 행동상), 숭배에의 요구, 공감의 부족 양상
C형: 불안 겁많음	회피성 성격장애	사회관계의 억제, 부적절감, 그리고 부정적 평가에 대한 예민함
	의존성 성격장애	돌봄을 받고자 하는 지나친 욕구가 복종적이고 매달리는 행동 유발 양상
	강박성 성격장애	정돈, 완벽, 그리고 조절에 지나치게 집착

- 다른 의학적 상태로 인한 성격 변화: 의학적 상태(예 전두엽 병변)의 직접적인 생리적 효과로 인한 것으로 판단되는 지속적인 성격 변화
- 달리 명시된 성격장애와 명시되지 않는 성격장애: 2가지 상황을 위해 마련된 범주이다. 첫째는 개인의 성격 특징이 성격장애의 일반적 진단 범주를 충족하고 동시에 다수의 다른 성격장애의 특질이 혼재되어 있지만 하나의 특정 성격장애의 진단 범주에는 해당되지 않을 때 적용할 수 있다. 둘째는 개인의 성격 특징이 성격장애의 일반적 진단 범주를 충족하지만, 그 개인이 DSM-5 진단 분류에는 해당되지 않는 성격장애를 가진 것으로 판단될 때 사용할 수 있다(예 수동-공격성 성격장애).

2 진단기준

1) 개인의 지속적인 내적 경험과 행동 양식이 그가 속한 사회의 문화적 기대에서 심하게 벗어나야 한다. 인지, 정동, 대인관계, 충동조절의 4개 영역 중 2개 이상의 영역에서 나타나야 한다.
2) 고정된 행동양식이 융통성이 없고 개인생활과 사회생활 전반에 넓게 퍼져 있어야 한다.
3) 고정된 행동양식이 사회적, 직업적, 다른 중요 영역에서 임상적으로 심각한 고통이나 기능장애를 초래한다.
4) 양식이 변하지 않고 오랜 기간 지속, 발병 시기는 적어도 청소년기나 성인기 초기이다.

3 진단시 주의

1) 개인의 인종적, 문화적, 사회적 배경을 고려한다. 예 새로운 지역이나 문화권에 이주했을 때
2) 임상가의 성역할 고정관념에 의해 특정 성격장애를 남자 또는 여자에게 과도하게 진단하는 경향

4 A군 성격장애 괴상, 편벽, 사회적으로 고립, 기이한 성격특성

1 편집성 성격장애(Paranoid Personality Disorders)

- 타인에 대한 강한 불신과 의심을 지니고 적대적인 태도를 나타내 사회적 부적응을 낳는 성격 특성.
- 다른 사람을 믿지 못하기 때문에 자기통제력 상실할 수도 있다고 생각하는 밀접한 관계는 맺지 않으려고 한다.
- 편집성 성격장애는 자기애성, 반사회성 또는 강박성 성격장애가 악화된 유형으로서 타인에 대한 근거 없는 의심과 불신, 지나친 과민성이 특징이다. 이들은 화를 잘 내고 타인에게 적대적이며 조소나 기만, 배신 같은 것에 지나치게 분노하는 경향이 있다.

(1) 진단기준

〈편집성 성격장애의 DSM-5의 진단기준〉

A. 타인의 동기를 악의에 찬 것으로 해석하는 등 광범위한 불신과 의심이 성인기 초기에 시작되어 여러 가지 상황에서 나타나며 다음 7가지 특성 중 4개 이상 항목을 충족한다.
 1. 충분한 근거 없이 타인이 자신을 착취하고 해를 주거나 속인다고 의심한다.
 2. 친구나 동료의 성실성이나 신용에 대한 부당한 의심을 한다.
 3. 정보가 자신에게 악의적으로 사용될 것이라는 부당한 공포 때문에 터놓고 얘기하기 꺼린다.
 4. 타인의 말이나 사건 속에서 자신을 비하하거나 위협하는 숨겨진 의미를 찾으려 한다.
 5. 원한을 오랫동안 풀지 않는다. 예컨대, 자신에 대한 모욕, 손상, 경멸을 용서하지 않는다.
 6. 타인은 그렇지 않지만 자신의 인격이나 명성이 공격당했다고 인식, 즉시 화를 내거나 반격
 7. 이유 없이 배우자나 성적 상대자의 정절에 대해 반복적으로 의심한다.

> B. 조현병, 정신병적 양상을 동반한 양극성장애 또는 우울장애, 다른 정신병적 장애의 경과 중 발생한 것은 여기에 포함시키지 않으며, 다른 의학적 상태의 생리적 효과로 인한 것이 아니다.
> 주의점: 진단기준이 조현병의 발병에 앞서 만족했다면 "병전"을 추가해야 한다. 즉, '편집성 성격장애(병전)".

(2) 편집성 성격장애의 주요 방어기제: 투사

① 투사는 바람직하지 못한 특성과 동기를 억압하거나 자신과는 관계없는 것이라고 단정한다. 그러한 특성이나 동기를 타인에게 전가한다.
② 투사는 자신의 바람직하지 못한 행동을 부인할 뿐만 아니라 방출하게도 한다. 더욱이 적대적인 동기를 타인에게 전가함으로써 타인을 학대할 권리를 주장한다. 즉 투사는 바람직하지 못한 행동을 부인하고 방출시키는 도구인 동시에, 타인을 향한 공격성 또는 보복성을 정당화하는 도구로 작용한다.

(3) 원인

① 정신분석적 입장
  ㉠ 프로이트(Freud)는 편집성 성격장애가 무의식적인 동성애적 욕구에 기인한다고 본다. 이를 제거하기 위해 부인, 투사, 반동형성의 방어기제를 사용함으로써 편집성 성격특성이 나타난다는 것이다.
  ㉡ 카메론(Cameron)은 편집성 성격장애가 기본적 신뢰의 결여에서 기인한다고 본다. 어린 시절에 가학적 양육을 받은 경험이 있으며, 이러한 과정에서 자신과 타인에 대한 가학적 태도를 내면화한다. 따라서 자신을 보호하기 위해 타인의 공격과 속임을 경계하고, 믿지 못할 악한 존재라는 생각을 강화하게 된다는 것이다.

② 인지적 입장
  ㉠ 벡과 프리만(Beck & Freeman)은 편집성 성격장애자들이 다음 3가지 기본적 신념을 가지고 있는데, 이러한 신념으로 인해 이들은 타인의 행동 속에서 비난, 기만, 적의를 예상하고 그러한 부정적 측면을 선택적으로 발견한다고 보았다. 이러한 악순환이 편집성을 지속시킨다.

> 첫째, 사람들은 악의적이고 기만적이다.
> 둘째, 그들은 기회가 있으면 나를 공격할 것이다.
> 셋째, 긴장하고 경계해야만 나에게 피해가 없을 것이다.

(4) 치료

① 편집성 성격장애자들은 대부분 우울증이나 불안장애와 같은 문제로 치료를 원하게 된다. 이에 대한 치료는 매우 어려운 것으로 알려져 있으며 경험적 연구도 부족한 상태이다.
② 편집성 성격장애자에 대한 심리치료에서는 치료자와 내담자 간의 신뢰로운 관계 형성이 매우 어렵지만 그만큼 중요하기도 하다. 왜냐하면 이들의 불신적이고 적대적인 경향으로 치료적 관계형성이 어렵기 때문이다.
③ 견고한 신뢰관계의 바탕 위에서 내담자가 자신의 내면적 갈등을 솔직하게 열어 보이고 이에 대해 치료자가 공감적으로 수용함으로써 내담자는 현재 직면하고 있는 문제를 좀더 객관적으로 바라보고 해결하려는 시도를 하게 된다.
④ 이들에 대한 주요 치료목표는 이들이 겪고 있는 문제와 갈등의 근본적 원인이 자기 자신에게 있음을 자각하고 자신을 변화시키기 위한 실제적인 노력을 하게 되는 것이다.

2 조현성 성격장애(Schizoid Personality Disorders)

- 타인과 친밀한 관계형성에 관심이 없다.
- 감정표현 부족하여 사회적 적응에 현저한 어려움 나타내는 성격장애이다.
- 우표수집과 같은 취미생활이나 동물사육, 기계조립 등에 몰두하는 경우가 많다.
- 이들의 주된 특징은 비사교성으로 대인관계에 무관심하고 정서적으로 냉담하며 외부 자극에 잘 반응하지 않는다는 것이다.

(1) 진단기준

<조현성 성격장애의 DSM-5의 진단기준>

A. 사회적 관계에서 고립되어 있고 대인관계 상황에서 감정표현이 제한되어 있는 특성이 성인기 초기부터 생활 전반에 나타나며, 다음 특성 중 4개 이상의 항목을 충족한다.
  1. 가족의 일원이 되는 것을 포함하여, 친밀한 관계를 원하지도 즐기지도 않는다.
  2. 거의 항상 혼자서 하는 활동을 선택한다.
  3. 다른 사람과 성 경험을 갖는 일에 거의 흥미가 없다.
  4. 만약 있다고 하더라도, 소수의 활동에서만 즐거움을 얻는다.
  5. 직계가족 이외에는 가까운 친구나 마음을 털어놓는 친구가 없다.
  6. 타인의 칭찬이나 비평에 무관심하다.
  7. 정서적인 냉담, 무관심 또는 둔마된 감정반응을 보인다.
B. 단, 조현병, 정신병적 양상을 동반한 양극성장애 또는 우울장애. 다른 정신병적 장애 혹은 자폐스펙트럼장애의 경과 중 발생한 것은 조현성 성격장애로 진단하지 않으며, 다른 의학적 상태의 생리적 효과로 인한 것이 아니다.
주의점: 진단기준이 조현병의 발병에 앞서 만족했다면 "병전"을 추가해야 한다. 즉, "조현성 성격장애(병전)".

(2) 조현성 성격장애의 주요 방어기제: 이지화

① 자신의 정서와 대인경험을 지극히 사실적인 용어로 기술하려는 경향을 나타낸다. 이지화를 사용하는 사람은 사회적, 정서적 사건들에 대해 형식적이고 객관적인 면에만 관심을 두며, 정서적 표현을 유치하고 미성숙한 것으로 보는 경향이 있다.
② 이지화는 조현성 성격장애 환자에게 환경과 정서적으로 관련되지 않고 초연하게 지낼 수 있는 도구가 된다.

(3) 원인

① 정신분석적 입장
  ㉠ 조현성 성격장애를 기본적 신뢰의 결여에 기인한 것으로 본다. 어려서 부모로부터 충분히 수용되지 못하거나 거부당하는 경험을 지니는 경향이 있는데, 조용하고 수줍으며 순종적인 모습을 나타낸다.
  ㉡ 발리안트(Baliant, 1979)는 조현성 성격장애자들이 기본적으로 타인과 관계를 맺는 능력에 결함이 있으며, 이는 유아기에 부모로부터 양육되는 과정에서 경험하는 부적절감에 기인한다고 주장한다.
  ㉢ 악타르(Akhtar, 1987)는 조현성 성격장애의 외현적 상태와 내현적 상태를 구분하였는데, 이러한 사람들이 겉으로는 대인관계에 무관심하고 정서가 메마른 듯이 보이지만 내현적으로는 아주 예민하고 경계적이며 고집스럽고 창조적인 면이 있다고 주장한다. 이러한 괴리로 인해 혼란된 정체감을 지니며, 타인과의 관계형성에 어려움을 초래한다는 주장이다.

② 인지적 입장
  ㉠ 부정적 자기개념과 대인관계 회피에 관한 사고가 조현성 성격장애의 특성을 초래한다고 본다.

ⓒ 이들의 주된 신념은 타인과 그들의 반응이 중요하지 않으며 무시해도 된다는 것인데, 적대적 형태가 아니라 "상관하지 마라. 내버려 두라"는 것으로서 다른 사람들과 거리를 유지하려는 행동으로 나타나게 된다.

③ 치료
㉠ 조현성 성격장애를 지닌 사람들이 자신의 성격적 문제로 인해 자발적으로 전문가의 도움을 요청하는 경우는 드물며, 대부분 주위 사람의 강한 권유나 다른 문제로 인해 치료를 받게 된다.
㉡ 이들은 대인관계에 매우 소극적이기 때문에 치료적 관계를 형성하는 데 어려우므로, 치료자는 인내심을 지니고 서서히 관계형성에 노력해야 한다.
㉢ 조현성 성격장애의 치료목표는 사회적 고립에서 벗어나고 사회적 상황에 효과적으로 적응하도록 돕는 것이다.
㉣ 이를 위해 치료자는 내담자가 사회적 상황에서 철수하려는 경향을 줄이고, 생활 속에서 즐거움을 경험하도록 도우며, 정서적 경험의 폭과 깊이를 서서히 확대·심화시키고, 인간관계를 형성하고 유지하는 기술을 습득하도록 노력해야 한다.

3 조현형 성격장애(Schizotypal Personality Disorders)

- 사회적으로 고립되어 있으며 기이한 생각이나 행동을 나타내어 사회적 부적응을 초래하는 성격장애이다.
- 조현형 성격장애는 조현성 또는 회피성 성격장애가 악화된 형태이다.
- 조현성이나 회피성보다 더 심각하고 퇴화된 증후군을 보인다. 따라서 조현성과 회피성의 동일한 특성을 포함하면서 그 강도와 심각성이 더함. 조현성 성격장애에 비해 경미한 사고장애가 있고 다소 기괴한 언행을 한다는 점에서 구분이 된다.
- 이 장애의 명칭(schizotypal)은 조현병을 유발하기 쉬운 성격이라는 의미에서 나온 것으로, 조현병과 유사하게 보일 수 있는 가벼운 정신증적 증상(예 망상, 환각)을 보이기도 한다.
- 그러나 그 정도가 상대적으로 약하고 일시적이며 현실에서 완전히 유리되어 있지는 않다. 또한 이러한 특성이 성인기 초기에 시작되며 다양한 상황에서 장기간에 걸친 부적응적 양상으로 나타난다.

(1) 진단기준

<조현형 성격장애의 DSM-5의 진단기준>

A. 친밀한 대인관계에 대한 고통, 그러한 관계를 맺는 제한된 능력에서 드러나는 사회적 대인관계에서의 손상, 인지적·지각적 왜곡, 기이한 행동 등 광범위한 양상이 성인기 초기에 시작되며, 여러 가지 상황에서 나타나는데, 다음 중 5개(또는 그 이상) 항목을 충족한다.
1. 관계망상과 유사한 사고.(분명한 관계망상은 제외)
2. 행동에 영향 미치는, 하위문화의 기준에 맞지 않는 괴이한 믿음이나 마술적 사고(예 미신, 천리안, 텔레파시나 육감, 아동·청소년의 기괴한 환상이나 집착).
3. 신체적 착각을 포함한 유별난 지각 경험.
4. 괴이한 사고와 언어(예 애매하고 우회적이며 은유적이고 지나치게 자세하게 묘사되거나 또는 상동증적인 사고와 언어).
5. 의심이나 편집증적인 사고
6. 부적절하거나 메마른 정동
7. 괴이하고 엉뚱하거나 특이한 행동이나 외모
8. 직계가족 외에는 가까운 친구나 마음을 털어놓을 수 있는 사람이 없다.
9. 과도한 사회적 불안. (친밀해져도 줄어들지 않으며 자신에 대한 부정적인 판단보다는 편집증적 공포와 연관 있음)

B. 조현병, 정신병적 양상을 동반한 양극성장애 또는 우울장애, 다른 정신병적 장애 혹은 자폐스펙트럼장애의 경과 중 발생한 것은 여기에 포함시키지 않는다.
　주의점: 진단기준이 조현병의 발병에 앞서 만족했다면 "병전"을 추가해야 한다. 즉, "조현형 성격장애(병전)".

(2) 조현형 성격장애의 주요 방어기제: 취소
① 자기정화적 기제로서 바람직하지 않은 행동이나 악한 동기를 참회하려는 시도이다. 실제로 취소는 보상의 한 형태인데, 심각하게 병리적일 때는 복잡하고 기이한 의식이나 마술적 행위의 형태를 취하기도 한다.

(3) 원인
① 생물학적 입장
　㉠ 조현형 성격장애는 유전적 요인과 관련되어 있다는 주장이 제기되고 있다. 조현병 환자의 직계가족에서 유병률이 높으며, 이 장애를 지닌 사람의 가족에는 조현병의 유병률이 높다.
　㉡ 또한 조현형 성격장애는 이러한 유전적 소인과 관련하여 조현형 성격 성향(schizotypy)의 연속선상에서 이해되어야 한다는 주장도 있다. 즉, 조현형 성격 성향이 경미한 형태로 나타난 것이 조현성 성격장애이고 그 다음이 조현형 성격장애, 가장 부적응적인 형태로 나타난 것이 조현병이라는 주장이다.

② 정신분석적 입장
　㉠ 조현형 성격장애는 유아기에 경험한 부모와의 불안정한 애착관계에 기인한다는 주장도 있다. 이들은 기질적으로 수동적이어서 부모의 애정과 관심을 유인하지 못하고 그 결과 인간관계에 필요한 기본적인 애착행동을 학습하지 못했다는 주장이다.
　㉡ 또한 조현형 성격장애자가 성장한 가족의 분위기는 가족 간 정서적 교류가 적고 냉담하여 타인과의 관계형성에 대한 강화를 받지 못하고 의사소통 기술도 제대로 학습하지 못했기 때문이라는 주장도 있다.

③ 인지적 입장
　㉠ 조현형 성격장애자들이 독특한 사고와 다양한 인지적 왜곡을 보인다고 주장한다. 이들은 "나는 결함이 많은 사람이다", "사람들과 관계를 맺는 것은 매우 위험하다"와 같은 사고를 지닌다.
　㉡ 아울러 개인화, 정서적 추론, 임의적 추론 등의 인지적 오류를 통해서 관계망상적 사고, 마술적 사고, 괴이한 믿음 등을 지니게 된다는 것이다.

(4) 치료
① 조현형 성격장애자들의 치료결과에 대한 경험적 연구는 매우 드문 상태이나, 약물치료와 인지행동적 치료가 도움이 된다는 보고가 있다.
② 또한 스톤(Stone, 1986)에 따르면, 조현형 성격장애자는 정신분석적 치료보다 구체적인 사회적 기술 훈련에 의해서 적응상태가 개선되었다고 보고하였다.
③ 벡과 프리만(Beck & Freeman, 1990)은 **조현형 성격장애자를 치료하는 4가지의 주요 전략**을 제시하였다.
　㉠ 사회적 고립을 줄이는 건전한 치료적 관계를 수립한다.
　㉡ 사회적 기술 훈련과 적절한 언행의 모방학습을 통해 사회적으로 적절한 행동을 증가시킨다.
　㉢ 내담자의 두서없는 사고양식에 의해 방해받지 않도록 치료회기를 구조화하여 체계적으로 진행한다.
　㉣ 내담자가 정서적 느낌보다는 객관적 증거에 의거하여 자신의 사고를 평가하도록 가르친다.

5 | B군 성격장애 극적, 감정적, 변화가 많은 행동

1 반사회성 성격장애(Antisocial Personality Disorders) 📖 2018 기출

- 사회의 규범이나 법을 지키지 않으며 무책임하고 폭력적인 행동을 반복적으로 나타내 사회적 부적응을 초래하는 경우이다.
- 절도, 사기, 폭력과 같은 범죄에 흔히 연루. 이 장애는 "물질관련 및 중독 장애"뿐만 아니라 "외현화된" 품행장애의 스펙트럼과 밀접하게 연관되어 있기 때문에 여기서는 "성격장애" 장과 함께 이중으로 분류된다.

(1) 진단기준

〈반사회성 성격장애의 DSM-5의 진단기준〉

A. 15세 이후에 시작되고, 다음에 열거하는 타인의 권리를 무시하거나 침해하는 광범위한 행동양식이 있으며, 다음 중 3개(또는 그 이상) 항목을 충족한다.
  1. 법에서 정한 사회적 규범을 준수하지 않으며 구속당할 행동을 반복한다.
  2. 개인의 이익이나 쾌락을 위한 반복적인 거짓말, 가명 사용 또는 타인을 속이는 사기행동.
  3. 충동성 또는 미리 계획을 세우지 못함.
  4. 호전성과 공격성: 빈번한 육체적 싸움이나 폭력에서 드러남.
  5. 무모성: 자신이나 타인의 안전을 무시.
  6. 지속적 무책임성: 꾸준하게 직업활동 수행이나 채무 이행을 하지 못해 나타남.
  7. 자책의 결여: 타인을 상처 입히거나 학대하거나 절도행위를 하고도 무관심하거나 합리화하는 행동.
B. 연령이 적어도 18세 이상이어야 한다.
C. 15세 이전에 품행장애를 나타낸 증거가 있어야 한다.
D. 반사회적 행동이 조현병이나 조증 삽화 경과 중에만 나타나는 것이 아니어야 한다.

(2) 반사회성 성격장애의 주요 방어기제: 행동화

① 공격적인 사고와 감정 및 외현적 행동들을 충동적으로 표출하려는 경향이 있다.
② 사회적으로 용납되지 않는 행동을 바람직한 형태로 바꾸어 표현하지 않고 결과에 대한 고려없이 직접적으로 방출한다.

(3) 원인

① 생물학적 입장
  ⊙ 반사회성 성격장애에는 유전적 요인이 관여함을 시사하는 연구들이 보고되고 있다.
  ⓒ 쌍둥이 연구, 입양아 연구 등의 연구결과들을 통하여, 반사회성 성격장애는 유전적 요인과 환경적 요인 모두의 영향을 받으며, 특히 여성의 반사회성 성격은 유전적 요인에 의해 더 강한 영향을 받는 것 같다.
  ⓒ 반사회성 성격장애자들은 뇌의 활동에 이상을 나타낸다는 연구보고도 있다. 연구에 따르면, 이들 중 30~58%가 비정상적으로 느린 뇌파를 보이는 뇌파 이상을 나타냈다.
  ⓔ 또한 반사회성 성격장애자는 자율신경계와 중추신경계의 각성이 저하되어 있는 경향이 있으며, 이러한 특성이 범죄성향이나 난폭한 행동과 관련된다는 주장이 제기되었다.

② 어린 시절의 양육경험
  ⊙ 올베우스(Olweus, 1978)는 거칠고 거절을 잘하며 지배적인 부모의 태도가 아동에게 영향을 미친다고 주장하였다.

ⓒ 로빈(Robins, 1981)는 남성, 도시 빈민가 출신, 많은 형제, 사생아나 입양아, 부모의 방임적 양육태도가 반사회성 성격과 밀접한 관계에 있다고 주장하였다.

ⓒ 이 밖에 신체적 학대 경험, 낙인 경험, 대가족, 거칠고 엄격한 부모나 수동적이고 무관심한 부모, 부모 간의 갈등이 반사회적 성격특성을 증가시킨다고 주장되고 있다.

③ 정신분석적 입장

㉠ 반사회성 성격이 어머니와 유아 간의 관계형성의 문제에 기인한다고 본다. 기본적 신뢰가 형성되지 못하여 폭력적이고 파괴적인 방법으로 타인과 관계를 맺으려는 시도가 반사회성 성격으로 나타난다는 것이다.

㉡ 또한 초자아가 발달하지 못해 도덕성이 부족하고 타인에 대한 배려의식이 결여되어 있다.

④ 인지적 입장

㉠ 반사회성 성격장애자들은 독특한 신념체계를 지니고 있다. 즉, "힘과 주먹이 내가 원하는 것을 얻는 최선의 방법이다", "다른 사람들은 약한 자들이며 당해도 되는 존재들이다", "내가 먼저 공격하지 않으면 다른 사람이 먼저 나를 공격할 것이다"와 같은 신념을 지니고 있다.

(4) 치료

① 반사회성 성격장애자들은 대부분 법원의 명령이나 중요한 사람에 의해 강제로 의뢰되는 경우가 많다. 즉 내담자가 치료에 대한 진정한 동기를 지니고 있지 않기 때문에 치료가 어렵다.

② 반사회성 성격장애자는 권위적 인물에 대해 저항하는 경향이 있으므로, 치료자는 중립적이고 수용적인 태도를 유지해야 하며, 치료적 관계를 형성하는 것이 중요하다.

③ 때로는 법적 면책이나 현시적 이득을 위해 적극적인 태도로 위장하는 경우가 있으므로 주의해야 한다.

④ 구체적인 부적응적 행동을 변화시키는 행동치료적 접근이 효과적이라고 알려져 있다.

[2018년 기출]

다음은 전문상담교사가 민규(고3, 남)의 진단과 관련하여 민규 어머니와 나눈 대화 내용이다. 〈작성 방법〉에 따라 서술하시오.

어 머 니: 올해 민규가 ㉠ 만 18세인데 이번에 ADHD와 함께 품행장애, 반사회성 성격장애 이렇게 3가지 진단을 받았어요.

상담교사: 아, 그래요? 민규가 그동안 어떤 진단을 받았는지 좀 더 자세히 말해 보시겠어요? 진단에 대한 정보가 민규를 상담하는 데 도움이 되거든요.

어 머 니: 네, 말씀드리죠. 민규가 ㉡ 만 5세 때 처음 ADHD라는 진단을 받았어요. 너무 놀랐고, 민규 때문에 눈물도 참 많이 흘렸죠.

상담교사: 많이 힘드셨겠네요.

어 머 니: 네. 민규는 ㉢ 만 9세 때 ADHD와 함께 품행장애 진단을 받았어요. ㉣ 만 15세 이전에 품행장애의 증상을 보이는 경우 아동기 발병형 품행장애라고 하더군요. 그리고 ㉤ 만 16세 때 처음 반사회성 성격장애 진단을 받았지요.

상담교사: 네, 그런데 어머니께서 말하신 내용 중에 확인이 필요한 부분이 있어요. 좀 더 질문을 드려 볼게요.

〈작성 방법〉

- 밑줄 친 ㉠~㉤ 중 『정신질환의 진단 및 통계편람 제5판』 (DSM-5)의 연령 중 중복진단 기준에 부합하지 않는 내용 3가지를 찾아 그 이유를 각각 설명할 것.
- 장애의 지속성 및 공격성 측면에서 아동기 발병형 품행 장애의 발달 특징을 청소년기 발병형 품행장애와 비교하여 각각 서술할 것.

2 연극성(히스테리성) 성격장애(Histrionic Personality Disorders)

- 타인의 애정과 관심을 끌기 위한 지나친 노력과 과도한 감정표현이 주된 특징이다.
- 정서적으로 불안정하며 대인관계의 갈등을 초래하는 경향이 있어 사회적 부적응을 나타내게 된다.
- 타인에게서 강화를 적극적으로 찾으며 이를 얻기 위해 매력적, 사교적, 유혹적으로 행동한다. 심한 경우 연극적인 행동과 과장되고 변덕스러운 정서를 보이며, 공공연히 남을 이용하는 행동을 보여 대인관계에서 장애가 나타난다.

(1) 진단기준

〈연극성 성격장애의 DSM-5의 진단기준〉

광범위하고 지나친 감정표현과 관심 끌기의 행동이 성인기 초기에 시작하여 생활전반에 나타나는데, 다음 중 5개 이상 항목을 충족한다.
1. 자신이 관심의 초점이 되지 못하는 상황에서는 불편감을 느낀다.
2. 흔히 상황에 어울리지 않게 성적으로 유혹적이거나 도발적인 행동을 특징적으로 나타낸다.
3. 감정의 빠른 변화와 피상적 감정 표현을 보인다.
4. 자신에게 관심을 끌기 위해서 지속적으로 육체적 외모를 활용한다.
5. 지나치게 인상적으로 말하지만 구체적 내용이 없는 대화 양식을 가지고 있다.
6. 자기 연극화, 연극조, 과장된 감정표현을 나타낸다.
7. 타인이나 환경에 의해 쉽게 영향을 받는 피암시성이 높다.
8. 대인관계를 실제보다 더 친밀한 것으로 생각한다.

(2) 연극성(히스테리성) 성격장애의 주요 방어기제: 억압, 해리

① 다른 사람들이 자신의 실제 모습을 보지 못하게 하는 기제로 불유쾌한 사고와 감정을 드러내거나 발산하지 못하게 하는 자기 분산적 과정이다. 따라서 이들은 실제 자신이 지니고 있는 단점을 보지 못하게 된다.

(3) 원인

① 정신분석적 입장
  ㉠ 연극성 성격장애를 어린 시절의 오이디푸스 갈등에 기인한 것으로 본다.
  ㉡ 연극성 성격장애를 지닌 여성의 경우, 엄마의 애정부족에 실망을 느끼고 아빠에게 집착하며 주의를 얻기 위해 애교스럽고 유혹적이며 과장된 감정표현양식을 습득하게 된다. 그러나 이들이 궁극적으로 추구하는 것은 어머니의 따뜻한 보살핌인데, 여성들이 성장한 후에 성적으로 문란한 행위를 해도 실제로 성적인 즐거움을 잘 느끼지 못하는 경우가 많다.
  ㉢ 연극성 성격장애를 지닌 남성의 경우, 어린 시절 어머니로부터 사랑을 받지 못하고 대신 아버지에게 애정을 구하게 된다. 그러나 아버지로부터 애정을 얻지 못하면, 어머니와의 동일시를 통해 수동적이고 여성적인 정체감을 발달시키거나 여성성에 대한 불안을 회피하기 위해 과도한 남성성을 나타낼 수 있다. 남성은 이러한 두 가지 양상의 연극성 성격장애를 나타내는 경향이 있다.
  ㉣ 아브라함(Abraham)은 성격특성이 심리성적 발달단계의 고착현상과 밀접한 관련을 맺고 있다고 주장한다. 남근기의 고착은 연극성 성격을 유발할 수 있는데 남근기에 고착된 사람은 성적으로 유혹적이며 노출증적이고 감정이 풍부하며 자기중심적인 성향이 있다고 한다.

② 인지적 입장
  ㉠ 연극성 성격장애자의 독특한 신념과 사고방식에 주목한다.

ⓒ 연극성 성격장애자는 기본적으로 "나는 부적절한 존재이며 혼자서 삶을 영위하는 것은 너무 힘들다"는 핵심적 믿음을 가지고 있다. 따라서 나를 돌보아 줄 사람들을 찾아야 한다는 생각으로 적극적으로 관심과 애정을 추구하고, 이를 위한 방법으로 외모, 애교나 유혹, 과장된 표현, 재미있는 행동을 주로 사용하게 된다는 것이다.

(4) 치료

① 연극성 성격장애의 치료에 대해서는 알려진 바가 별로 없다.
② 치료자는 치료적 관계 형성에 주력해야 한다.
③ 연극성 성격장애는 치료자에게 의존 혹은 지나치게 협조적 태도를 취할 수 있으며, 치료자를 조정하려 들거나 때로는 성적인 연인으로 대하려는 경향이 있다. 이러한 태도의 이면에는 인정받으려는 욕구와 거부당하는 것에 대한 두려움이 깔려 있다.
④ 대부분의 심리치료는 연극성 성격장애자의 대인관계 문제에 초점을 맞추고 있다. 이들의 대인관계 방식이 장기적으로는 타인의 애정을 잃는 결과를 초래한다는 것을 인식시키고, 애정을 얻을 수 있는 적절한 현실적인 방법을 습득시킨다.
⑤ 인지치료에서는 전반적 인상에 근거하여 모호하게 생각하는 내담자의 사고방식을 좀 더 구체적이고 체계적인 문제중심적 사고로 바꾸어 주는 노력을 하게 된다. 마지막 단계에서는 연극성 성격장애자의 기본적 신념, 즉 "나는 부적절한 존재이고, 혼자서는 삶을 영위하기 힘들다", "모든 사람에게 사랑을 받아야 한다"라는 신념에 도전하여 이를 변화시키는 작업이 이루어진다.

3 자기애성 성격장애(Narcissistic Personality Disorders)

자신에 대한 과장된 평가로 인한 특권의식을 지니고 타인에게 착취적이거나 오만한 행동을 나타내 사회적인 부적응을 초래하는 성격이다.

(1) 진단기준

<자기애성 성격장애의 DSM-5의 진단기준>

과장성(공상 또는 행동의 웅대성), 칭찬에 대한 욕구, 공감 결여 등 생활전반에 나타나며 성인기 초기에 시작된다. 다양한 상황에 나타남. 다음 중 5개 이상 항목을 충족한다.
1. 자신의 중요성에 대한 과장된 지각.(예 자기 성취나 재능 과장, 타당한 성취 없이 우월한 존재로 인정 기대)
2. 무한한 성공, 권력, 탁월함, 아름다움 또는 이상적 사랑에 대한 공상에 집착.
3. 자신이 특별하고 독특한 존재라고 믿음. 특별하거나 상류층 사람들만 자신을 이해 가능, 그들하고만 어울려야 한다고 믿음.
4. 과도한 찬사를 요구.
5. 특권의식을 가진다. 예컨대, 특별대우를 받을 만한 이유가 없는데도 특별대우나 복종을 바라는 불합리한 기대감을 가진다.
6. 대인관계가 착취적이다. 예컨대, 자기 자신의 목적을 달성하기 위해 타인들을 이용한다.
7. 감정이입 능력이 결여되어 있다. 타인들의 감정이나 욕구를 인식하거나 확인하려 하지 않는다.
8. 흔히 타인을 질투하거나 타인들이 자신에 대해 질투하고 있다고 믿는다.
9. 거만하고 방자한 행동이나 태도를 보인다.

(2) 자기애성 성격장애의 주요 방어기제: 합리화

① 현실왜곡을 위해 사용한다. 실패나 실망, 사회적으로 용납되기 어려운 행동 등을 정당하기 위한 자기기만적인 무의식적 과정이다.
② 그 결과 자신의 자존감을 손상시키는 단점을 희석하고 자신의 가치와 우월감을 유지한다.

(3) 원인

① 정신분석적 입장

  ㉠ 프로이트(Freud)는 유아기적 자기애에 고착되어 성인이 되어서도 여전히 사랑의 대상이 자기 자신에게 집중되는 경우는 병적인 자기애라고 보았다.

  > - 유아기적 또는 일치적 자기애: 신생아가 부모의 전폭적 애정과 보살핌을 받으면서 자신이 매우 중요한 존재라고 느끼는 것
  > - 이차적 자기애: 자신과 외부 세계를 분명하게 구분하게 되면서 심리적 에너지를 부모에게 향하게 되고, 애정을 교환하는 경험을 통해 자신의 존재가치와 소중함을 느끼게 되는 것. 즉, 다른 사람에게 관심과 사랑을 베풀고 그들로부터 받아 온 사랑과 애정에 근거하여 자신의 가치감을 느끼는 상호적인 성숙한 형태의 자기애이다.

  ㉡ 코헛(Heinz Kohut)에 따르면, 신생아는 부모의 전폭적 애정과 보살핌을 받는 정상적 발달과정에서 웅대한 자기상을 형성하며 유아기적 자기애를 나타내게 되지만 성장과정에서 필연적으로 좌절과 상처를 경험하게 된다. 규제, 질책, 자신의 한계 등 좌절경험을 통한 깨달음은 성숙하고 현실적인 자기애로 발전하는 필수요소이다. 그러나 유아기에 대한 웅대한 자기상에 대한 좌절경험이 없거나 또는 좌절경험이 너무 심하면 자기애성 성격장애로 발전한다.

  ㉢ 컨버그(Otto F. Kernburg)는 대상관계이론에 근거하고 있는데, 자기애적 성격장애자들이 어린 시절 어머니와의 상호작용 속에서 형성한 이상적 자기상과 어머니상이 혼합된 웅대한 자기상을 통해 자신에 대한 과장된 생각을 갖게 된다고 설명한다. 자기애성 성격으로 발전할 가능성이 있는 아이는 흔히 특별한 재능을 지니고 있거나 가족 내에서 중요한 위치에 있는 경우가 많다. 엄마가 칭찬이나 특별대우를 해주게 되면, 아이는 이를 중시하고 엄마로부터 칭찬받는 것과 그렇지 못한 것에 예민해진다. 어린아이는 엄마가 칭찬해 주는 자신의 모습, 이상적인 자신의 모습, 이상적인 엄마의 모습에 대한 상상을 자주 하며 즐기게 되지만 어린아이는 이러한 내적 상상내용을 변별하는 능력이 부족하기 때문에, 실제의 자기보다 현저하게 과장된 자기상을 지니게 된다. 나아가 이상적인 어머니상이 혼합되어, 자신은 이러한 사랑을 받는 대단하고 특별한 존재라는 생각을 하게 된다. 이러한 병리적 융합과정을 거쳐 자기애성 성격장애자는 웅대한 자기상을 형성하게 된다.

② **인지적 입장**: 자기애성 성격장애자의 부적응적 행동을 유발하는 독특한 신념과 사고과정에 초점을 두고 있다.

  ㉠ 벡과 프리만(Beck & Freeman)에 따르면, 자기애성 성격장애자는 "나는 매우 특별한 사람이다", "나는 너무나 우월하기 때문에 특별한 대우를 받고 특권을 누릴 자격이 있다" 등의 신념을 가지고 있다. 이러한 신념체계는 흔히 어린 시절 부모나 형제, 중요한 타인들로부터의 직간접적 메시지에 의해 발전된다. 자기애적 신념이 구성되면, 자신의 신념에 일치하는 긍정적 정보에 선택적으로 주의를 기울이고 그에 중요성을 부여하여 긍정적 자기상을 강화하는 반면, 자신의 신념에 상치되는 부정적 정보는 무시하거나 왜곡된다. 이러한 과정을 통해서 자기애적 신념은 더욱 강화되어 성격장애의 형태로 발전하게 된다.

(4) 치료

① 코헛(Kohut)은 치료자가 내담자와의 관계 속에서 나타나는 전이현상을 잘 활용하는 것이 중요하다고 보았다. 내담자는 과거 실패했던 부모와의 관계를 재현하며 좌절된 욕구를 충족시켜 달라는 무언의 압력을 가한다. 이때 치료자는 **내담자의 욕구를 충분히 공감하고 이해해 주어야 어린 시절 받은 자존감의 상처를 회복**할 수 있으므로 자기애성 성격특성이 완화된다는 것이다.

② 컨버그(Kernberg) 역시 전이관계를 중요시하였으나, 전이과정에서 나타나는 방어기제에 대한 해석을 강조하였다. 자기애성 성격장애자들은 자신의 부정적이고 열등하며 수치스러운 점들을 받아들일 수 없기 때문에 이를 무의식 속에 묻어 두고, 대신 자신의 긍정적이고 우월한 점들을 자꾸 생각하고 과시하려는 경향이 있다고 보았다. 자기애성 성격장애자는 치료자를 이상화하는 경향을 나타내는데, 이는 무의식 속의 모욕감, 시기심, 분노 감정에 대한 방어이므로 내담자의 욕구를 수용해 주기보다 이를 해석해 주고 직면시켜야 한다는 것이다. 따라서 이러한 두 가지 양극화된 자신의 측면을 스스로 통합할 수 있도록 하는 것이 최종적인 치료목표라고 보았다.

③ 인지행동치료는 자기애성 성격자들의 독특한 신념체계와 행동방식을 찾아내고 수정하는 데에 초점을 두고 있다.

㉠ 벡과 프리만(Beck & Freeman)은 자기애성 성격장애의 가장 핵심적인 세 가지 특성을 웅대한 자기상, 평가에 대한 과도한 예민성, 공감의 결여라고 보고 이에 대한 치료적 개입을 강조하고 있다.

- 웅대한 자기상과 관련된 비현실적인 생각을 구체적 경험 속에서 찾아내고 내담자가 그 부적응성을 스스로 인식하여 좀 더 유연하고 현실적인 자기신념으로 대체하도록 유도한다.
- 자신에 대한 타인의 평가에 적당한 관심을 기울이고 그에 대한 감정반응을 조절할 수 있도록 유도한다.
- 타인의 생각과 감정에 대한 공감능력을 향상시킬 수 있도록 역할 바꾸기나 역할 연기 등을 통해 타인의 감정에 대한 자각을 증진시키고 공감적 감정을 활성화시키며 이기적인 착취 행동을 수정하도록 유도한다.

4 경계성 성격장애(Borderline Personality Disorders)

- 의존성 또는 히스테리성 성격장애가 악화된 유형이다.
- 대인관계, 행동, 기분, 자아상을 포함하여 여러 영역에서 불안정성을 보이며 심한 충동성을 나타낸다.

(1) 진단기준

<경계성 성격장애의 DSM-5의 진단기준>

A. 대인관계, 자아상 및 정동에서의 불안정성, 심한 충동성이 광범위하게 나타나며, 이러한 특징적 양상은 성인기 초기에 시작하여 여러 가지 상황에서 일어난다. 다음 중 5개(또는 그 이상) 항목을 충족한다.
  1. 실제적이나 가상적인 유기를 피하기 위한 필사적인 노력
     주의: 진단기준 (5)에 열거한 자살 또는 자해행위는 포함되지 않는다.
  2. 극적인 이상화와 평가절하가 반복되는, 불안정하고 강렬한 대인관계 양식
  3. 정체감 혼란: 심각하고 지속적인, 불안정한 자아상 또는 자아 지각
  4. 자신에게 손상을 줄 수 있는 충동성이 적어도 두 가지 영역에서 나타난다(예 낭비, 성관계, 물질남용, 무모한 운전, 폭식)
     주의: 진단기준 (5)에 열거한 자살 또는 자해행위는 포함되지 않는다.
  5. 반복적인 자살행동, 자살시늉, 자살위협, 자해행위
  6. 현저한 기분의 변화에 따른 정동의 불안정성(예 간헐적인 심한 불쾌감, 과민성, 불안 등이 수 시간 정도 지속되지만 수일은 넘지 않음)
  7. 만성적인 공허감
  8. 부적절하고 심한 분노 또는 분노를 조절하기 어려움(예 자주 울화통을 터뜨림, 항상 화를 내고 있음, 자주 몸싸움을 함)
  9. 일과성으로 스트레스에 의한 망상적 사고 또는 심한 해리 증상

(2) 경계성 성격장애의 주요 방어기제: 퇴행

① 스트레스에 취약하다. 스트레스 하에서 이전 발달단계로 돌아감. 성인기 불안과 스트레스 대처할 수 없는 사람들이 이전 단계, 즉 삶이 그다지 복잡하지도 힘겹지도 않았을 때의 보다 미성숙한 기능수준으로 돌아가는 것을 말한다.

② 퇴행의 초기 단계에서는 충동통제가 약화되고 타인에게 많은 보살핌을 요구하지만, 보다 심해지면 손가락 빨기, 아기 같은 말투, 요실금, 태아자세와 같은 현상이 나타난다.

(3) 원인

① 정신분석적 입장

㉠ 경계성 성격장애의 기원을 오이디푸스 갈등 이전의 어린 시절에 어머니와 맺었던 독특한 관계경험에 두고 있다.

㉡ 컨버그(Kernberg)는 성격장애자들이 유아기의 분리-개별화 단계에서 심한 갈등을 경험하여 이 단계에 고착되어 있다고 설명한다. 엄마가 사라지고 자신이 버림받게 되는 것에 대한 강렬한 두려움을 경험하는 위기를 반복적으로 재경험하는 것이 경계선 성격장애라는 것이다. 이들은 어른이 되어서도 혼자 있는 것을 참지 못하고 중요한 타인으로부터 버려지는 것을 두려워하게 된다. 분리-개별화 단계에 고착되는 이유는 이 시기에 엄마와 아이 간에 불안정한 정서적 관계가 형성되었기 때문으로 본다. 이러한 관계 속에서 아이는 안정되고 통합된 자아상과 엄마상을 내면화하지 못한다. 따라서 때로는 좋은 엄마로 느껴지다가 나쁜 엄마로 느껴지는 불안정하고 극단적인 감정이 교차되어 나타나게 된다. 이러한 불안정한 엄마상은 결국 불안정한 자기상을 초래하게 된다.

㉢ 경계성 성격장애자들은 흔히 어린 시절에 언어적, 신체적, 성적 아동학대, 부모의 상실이나 이별 등 충격적인 외상을 경험한 것으로 보고되고 있다. 이러한 경험이 부모나 자신에 대한 긍정적, 부정적 경험을 통합시키지 못한 채 분리, 부인, 투사적 동일시와 같은 방어기제를 사용하게 했을 것이라는 주장이 제기되고 있다.

② 인지적 입장

㉠ 경계성 성격장애자들이 3가지의 독특한 내면적 믿음을 지니고 있다고 본다.

- "세상은 위험하며 악의에 가득 차 있다."는 세상에 대한 부정적인 믿음이다.
- 자신에 대한 것으로서 "나는 힘없고 상처받기 쉬운 존재이다."라는 믿음이다. 이처럼 힘없고 무기력한 자신이 위험한 세상에 놓여 있다는 생각은 삶에 대한 불안과 두려움을 초래하게 하여 항상 주위를 경계하고, 자신을 약한 존재로 보기 때문에 타인에게 의존하고 매달리려 한다.
- 믿음인 "나는 원래부터 환영받지 못할 존재이다."라는 생각으로 인해 상대방에게 충분히 의지하지 못하고 불안정한 관계 속에서 거부와 버림을 받을지 모른다는 두려움을 지니게 된다.

㉡ 이러한 기저신념과 더불어 인지적 오류를 통해 자신의 경험과 외부사건을 왜곡하여 받아들이는 경향이 있다. 가장 흔하게 범하는 인지적 오류는 흑백논리적 사고인데, 이러한 잘못된 사고방식으로 인해 극단적이고 강렬한 감정과 행동을 나타나게 된다.

③ 생물학적 입장

㉠ 경계성 성격장애자들이 선천적으로 충동적이고 공격적인 기질을 지닌다는 다양한 주장이 제기되고 있다.

㉡ 경계성 성격장애자의 가족은 매우 감정적이고 충동적인 성격특질을 공통적으로 나타낸다는 보고가 있다.

㉢ 또한 이러한 성격장애를 지닌 사람은 행동억제와 관련된 세로토닌 활동 수준이 낮으며, 이것이 충동적 행동과 관련된다는 주장도 있다.

ⓔ 다른 주장으로는 어린 시절의 부모상실이나 외상경험이 특정 신경경로에 기능적 변화를 초래하여, 성인이 된 후에도 중요한 타인의 상실에 대해 강한 정서적 반응과 충동적, 자기파괴적 행동을 나타내게 된다는 주장이 있다.

(4) 치료

① 가장 일반적인 치료방법은 개인 심리치료나, 경계성 성격장애자들은 매우 힘든 치료대상으로 알려져 있다.
② 경계성 성격장애자들의 강렬하고 불안정한 대인관계 양상이 비협조적 행동, 공격적 반응, 자해나 자살의 위협, 다양한 요구 등으로 치료자를 매우 힘들게 하기 때문이다.
③ 치료자는 우선 솔직하고 분명한 태도를 나타냄으로써 내담자가 치료자의 의도를 오해하는 일이 없도록 하는 것이 중요하다.
④ 아울러 일관성 있고 안정된 지지적 태도를 견지함으로써 치료적 관계형성에 주력해야 한다. 그러나 내담자의 자아강도에 따라 약한 경우에는 지지적 또는 표현적 치료, 강한 경우에는 통찰지향적 치료를 적용할 수 있다.
⑤ 일반적으로 정신역동적 치료에서는 크게 세 가지 치료목표를 설정한다.

- 내담자의 자아를 강화하여 불안을 잘 인내하고 충동에 대한 통제력을 향상시키도록 한다.
- 분리되어 있는 내담자의 자기표상과 대상표상을 통합시킴으로써 안정된 자기인식과 대인관계를 유도한다.
- 긍정적이고 지지적인 내면적 표상을 보다 확고하게 강화시킴으로써 중요한 사람과의 분리나 이별을 참아낼 수 있도록 한다.

⑥ 인지행동치료

- 치료 초기에는 치료적 관계형성에 주력하며, 내담자가 직면하고 있는 구체적 문제의 해결에 초점을 맞추면서 내담자와의 신뢰형성에 노력한다.
- 다음 단계에서는 점차적으로 내담자의 흑백논리적 사고를 다루면서, 대안적인 사고방식과 비교하며 어떤 것이 더 현실적이고 적응적인지 평가해 보도록 돕는다.
- 또한 정서적 조절능력을 향상시키기 위한 치료적 작업으로, 구체적 문제상황에서 자신의 정서적 반응을 살펴보게 하고 보다 더 적응적인 정서표현 방식을 습득하게 한다. 치료자는 내담자가 표현하고 싶어 하는 감정을 수용해줌과 동시에 감정을 적절하게 표현하는 방식을 제시하고 피드백을 제공한다.
- 마지막 단계에서는 경계성 성격장애자가 지니고 있는 자신과 세상에 대한 부정적인 믿음을 자각하고 보다 긍정적인 믿음으로 변화시키도록 돕는다.

⑦ 경계성 성격장애자가 정신증적 증상, 자기파괴적 행동 또는 자살 충동을 나타낼 경우에는 단기적인 입원치료가 필요하다. 또한 증상이나 동반되는 장애에 따라 약물치료가 적용되기도 한다.

6. C군 성격장애 불안, 두려움을 많이 느낌

1 강박성 성격장애(Obsessive-Compulsive Personality Disorders)

- 지나치게 완벽주의적이고 세부적인 사항에 집착하며 과도한 성취지향성과 인색함을 특징적으로 나타내는 성격장애이다. 이로 인해 비효율적 일처리, 자신과 타인을 고통스럽게 하는 경우가 대부분이다. 정상적인 공손한 성격의 병리적인 형태이다.
- 사고와 감정이 일치되지 않아 한편으로는 주장적·자율적으로 행동하고자 하고, 다른 한편으로는 지지와 편안함을 얻고자 순응하는 행동을 보인다.
- 이러한 성격은 규율이나 원칙을 고수하는 것이 필요한 군조직이나 기초과학 연구분야, 회계, 금융, 컴퓨터와 같은 분야에서는 어느 정도 필요하지만, 지나치면 질서, 규칙, 정확성, 완벽함에 과도하게 집착한 나머지 전체적인 조망을 할 줄 모르며 결단력이 부족하게 된다.
- 어떤 일을 먼저 해야 할지, 최선의 방법은 무엇인지와 같은 생각을 하다가 결국은 결정을 하지 못해 어떤 일도 시작하지 못하는 경우도 많다.
- 따뜻하고 부드러운 감정을 표시하는 데 인색하고, 매사가 형식적, 메마르며 지나치게 양심적, 도덕적. 충동적인 행동을 하는 사람들을 혐오한다.
- 또 닳아빠지고 무가치한 물건들을 감상적인 가치조차 없을 때에도 버리지 못한다. 그것이 언제 필요할지 모르기 때문이다. 인색하고 궁색하게 살며, 누릴 수 있는 것보다 훨씬 낮은 생활수준을 영위한다. 미래의 재난에 대비해 소비를 철저히 억제해야 한다고 생각하기 때문이다. 이 때문에 주변 사람들이 고통스러워한다. 남자에게 2배 정도 많이 진단된다.

(1) 진단기준

> <강박성 성격장애의 DSM-5의 진단기준>
>
> 정리정돈, 완벽주의, 마음의 통제와 대인관계의 통제에 집착하는 행동특성이 생활전반에 나타나며 이로 인해 융통성, 개방성, 효율성을 상실하는 대가를 치른다. 성인기 초기에 시작되며, 4개 이상의 기준을 충족해야 한다.
> 1. 사소한 세부사항, 규칙, 목록, 순서, 시간계획이나 형식에 집착하여 큰 흐름을 잃게 된다.
> 2. 과제의 완수를 저해하는 완벽주의. 예: 지나치게 엄격한 기준에 맞지 않기 때문에 과제를 끝내지 못함
> 3. 일과 생산성에만 과도하게 몰두하여 여가 활동과 우정을 희생한다. 분명한 경제적 필요성에 의한 경우가 아님.
> 4. 도덕, 윤리 혹은 가치문제에 있어 지나치게 양심적, 고지식, 융통성 없음. 문화적 혹은 종교적 배경에 의해 설명 안 됨.
> 5. 닳아빠지고 무가치한 물건을, 감상적 가치조차 없는 경우에도 버리지 못한다.
> 6. 자신이 일하는 방식을 그대로 따르지 않으면 타인에게 일을 맡기거나 같이 일하려 하지 않는다.
> 7. 자신과 타인 모두에게 구두쇠처럼 인색함. 돈은 미래의 재난에 대비해 저축해 둬야 하는 것으로 생각한다.
> 8. 경직성과 완고함.

(2) 원인

① 정신분석적 입장
  ㉠ 강박성 성격장애를 심리성적 발달단계에서 항문기의 경험과 관련된 것으로 본다.
  ㉡ 항문기적 성격의 특성으로는 규칙성, 완고성, 인색함, 정서적 억제, 자기회의, 강한 도덕의식을 들 수 있다.
  ㉢ 이런 성격장애자들은 주지화, 격리, 반동형성, 취소, 대치 등의 방어기제를 흔히 사용한다.

ⓔ 항문기적 성격은 배변훈련과정에서 엄격한 양육방식과도 관련되어, 이러한 경험이 정리정돈, 시간 엄수, 청결, 자기통제, 완벽주의와 같은 강박성 성격의 형성에 영향을 미치게 된다.
ⓜ 또한 배변과정에서 아이와 어머니는 힘겨루기 갈등을 경험할 수 있는데 강박성 성격장애자가 나타내는 감정표현의 어려움이나 완고함, 고집스러움은 이와 관련되어 있다고 본다.
ⓗ 부모가 처벌을 통해 아이를 통제하는 강압적인 훈육방법인 과잉통제적 양육방식이 강박성 성격장애를 초래한다는 주장이 제기되고 있다.
ⓢ 이러한 양육방식은 강박성 성격장애자의 여러 가지 특징을 설명한다. 내면으로는 부모의 애정에 대한 갈망과 의존 욕구를 지니는 한편, 이를 제공해 주지 않은 부모에 대한 분노를 지니고 있다. 따라서 부모에게 처벌당하지 않고 인정받기 위해 완벽주의를 추구하게 된다.
ⓞ 그러나 부모에 대한 분노와 거부의 두려움으로 인해 의존성보다는 독립성과 자율성을 과장하며, 감정표현을 억제한다.
ⓩ 또한 좀처럼 만족하지 않는 부모의 모습이 초자아로 내면화되어, 성취지향성과 더불어 도덕적 고지식함을 나타나게 된다. 이처럼 엄격한 초자아는 완벽을 지속적으로 강요하며 이러한 기대가 충족되지 않을 경우 우울증을 초래하기도 한다.

② 인지적 입장
㉠ 독특한 신념체계가 강박성 성격장애를 지속시킨다고 본다.
㉡ 벡과 프리만(Beck & Freeman)에 따르면, 강박성 성격장애자는 "나는 나 자신뿐만 아니라 내 주변 환경을 완벽하게 통제해야 한다", "실수는 곧 실패이다"와 같은 믿음을 지니고 있다. 또한 흑백논리적 사고, 재난적 사고, 의미확대 및 의미축소 등의 인지적 오류를 자주 범한다. '완벽 아니면 실패'라는 흑백논리적 사고로 인해 어떤 일을 시작하는 데 꾸물거리고 사소한 결점이 생기면 실패한 것으로 간주하고 포기하게 된다.
㉢ 또한 파국화로 인해서 실패에 대한 강한 두려움을 갖게 된다.
㉣ 의미확대나 의미축소는 세부적 사항에는 과도하게 중요성을 부여하고, 실제적으로 중요한 일은 그 의미를 축소하게 하여 전반적인 판단에 어려움을 겪게 한다.

(3) 치료

① 강박성 성격장애의 치료를 위해서는 신뢰로운 치료적 관계를 형성하는 것이 중요하다.
② 그러나 이들은 정서적 표현을 잘 하지 않고 경직되어 있으며 대인관계를 중요하게 생각하지 않는 경향이 있기 때문에 치료적 동맹관계를 형성하기가 어렵다.
③ 따라서 성급하게 정서적 유대 관계를 형성하려는 것은 오히려 부정적 결과를 낳을 수 있다.
④ 그러나 일단 치료적 관계가 형성되면, 모범적인 내담자의 모습을 나타내는 경향이 있다.
⑤ 정신역동적 치료의 목표는 지나치게 엄격한 초자아를 수정하는 것이다.
㉠ 부모의 엄격한 통제에 대해 지녔던 부정적 감정들과 이러한 감정이 표출되는 것에 대한 두려움, 죄책감, 그리고 이러한 감정을 통제하려는 과도한 노력을 자각하게 하는 것이 중요하다.
㉡ 그리고 이러한 감정을 자신의 일부로 통합하고 자신이 불완전한 인간임을 수용하도록 유도한다.
⑥ 인지행동치료에서는 내담자가 호소하는 현재 문제에 초점을 맞추어 구체적인 목표를 세우고 하나씩 해결해 나간다. 이러한 과정을 통해 치료적 관계를 증진해 나가면서, 내담자로 하여금 자신의 부적응적 신념을 탐색하고 좀 더 유연하고 현실적인 신념으로 대체하게 한다.

2 의존성 성격장애(Dependent Personality Disorders)

- 스스로 독립적인 생활을 하지 못하고 다른 사람에게 과도하게 의존하거나 보호받으려는 행동을 특징적으로 나타내는 성격장애이다.
- '수동적-의존적' 성격유형이다.
- 유순함과 무력감, 지지와 인정에 대한 추구 등을 특징으로 갖고 있다. 자기비하적, 열등하다고 느낌. 자기책임, 자기통제를 기꺼이 다른 사람에게 맡긴다.

(1) 진단기준

〈의존성 성격장애의 DSM-5의 진단기준〉

보호받고 싶은 과도한 욕구로 인해 복종적이고 매달리는 행동과 이별에 대한 두려움을 나타낸다. 이러한 특성은 생활전반의 다양한 상황에서 나타남, 성인기 초기 시작, 5개 이상을 충족한다.
1. 타인으로부터의 많은 충고와 보장이 없이는 일상적인 일도 결정 내리지 못한다.
2. 자기 인생의 매우 중요한 영역까지도 떠맡길 수 있는 타인을 필요로 한다.
3. 지지와 칭찬을 상실하는 것에 대한 두려움 때문에 타인에게 반대의견을 말하기 어렵다.
4. 자신의 일을 혼자 시작하거나 수행하기가 어렵다. 동기나 활력 부족보다는 판단과 능력에 대한 자신감 부족 때문.
5. 타인의 보살핌과 지지 얻기 위해 무슨 일이든 할 수 있다. 심지어 불쾌한 일을 자원해서 하기도 한다.
6. 혼자 있으면 불안하거나 무기력해짐. 이유는 혼자 일을 감당할 수 없다는 과장된 두려움 때문.
7. 친밀한 관계가 끝났을 때, 필요한 지지와 보호를 얻기 위해 또 다른 사람을 급하게 찾는다.
8. 스스로를 돌봐야 하는 상황에 버려지는 것에 대한 두려움에 비현실적으로 집착한다.

(2) 원인

① 신체적 및 생물학적 원인
　㉠ 선천적으로 특정 신체 조건을 타고난 사람은 부모나 보호자로 하여금 보호반응을 유발하여 의존적 성향이 강화될 수 있다.
　㉡ 의존적 성격장애자는 어린 시절에 만성적인 신체질환을 경험한 경우가 많다는 점이 이러한 주장을 뒷받침하고 있다.
　㉢ 의존성 성격장애는 변연계의 이상과 관련이 있다는 주장이 있다. 변연계는 정서 조절, 동기 및 기억에 관여하는 뇌의 영역으로서 의존성 성격장애자들은 작은 스트레스에도 변연계가 예민하게 반응하여 지나친 긴장감이나 공포를 경험하게 된다는 것이다.

② 부모의 양육방식
　㉠ 부모의 과잉보호는 의존성 성격장애의 중요한 요인이 된다.
　㉡ 부모에 대한 의존행동은 보상이 주어지고 독립 및 분리에 대해서는 거부당하는 경험이 축적될 경우, 자녀는 타인에 대해 의존적인 반응양식을 발달시키게 된다.

③ 정신분석적 입장
　㉠ 정신분석학자인 아브라함(Abraham)은 성격장애를 심리성적 발달단계의 고착현상으로 설명하였으며, 의존성 성격장애는 구강기에 고착된 결과라고 보았다.
　㉡ 구강기 성격은 의존성, 혼자됨에 대한 불안, 비관주의, 수동성, 인내심 부족, 언어적 공격성 등의 특성을 나타낸다.

④ 인지적 입장
  ㉠ 의존성 성격장애가 "나는 근본적으로 무력하고 부적절한 사람이다"와 같은 기본적 신념을 지니고 있다고 본다. 이러한 신념은 타인에게 의존하게 만들며 보살핌을 얻는 대가로 자신의 권리나 주장을 포기하게 한다. 따라서 독립적 삶을 영위할 수 있는 능력을 배우지 못하고 의존성이 강화되어, 의존대상을 만족시키는 데 주의를 기울이고 관계를 악화시킬 수 있는 갈등은 회피하게 된다.
  ㉡ 의존성 성격장애자는 의존과 독립에 대해서 흑백논리적 사고를 지니고 있다. 이들에게 삶의 방식은 완전히 의존적 혹은 완전히 독립적인 것 중의 하나이며, 혼자 살아가는 것에 대한 두려움은 극단적인 의존적 삶을 선택하게 한다. 자신의 능력에 대해서도 흑백논리적으로 생각하는데, 어떤 일을 매우 잘하지 못하면 전적으로 잘못한 것으로 판단하여 자신을 무능하고 무력한 존재로 평가하는 경향이 있다. 그 결과 다른 사람에게 의존하거나 보살핌을 받을 수밖에 없다는 생각을 하게 된다.

(3) 치료

① 의존성 성격장애에 대한 가장 일반적인 치료는 개인 심리치료이다. 내담자는 심리치료에서 자신의 의존성을 치료자에게 나타내게 되는데, 치료자는 내담자가 점차로 치료자의 도움을 필요로 하지 않는 독립적인 사람이 되도록 도와야 한다.
② 흔히 의존성 성격장애를 지닌 내담자들은 치료자에게 깊이 의존하여 치료 종결을 두려워하거나 종결이 다가오면 오히려 문제가 악화되는 경향을 나타내기도 한다. 따라서 이러한 특성을 잘 인식하고 바람직한 치료관계를 맺어가야 한다.
③ 정신역동적 치료의 목표는 내담자의 의존적 소망을 좌절시키고 내담자가 독립적으로 생각하고 행동할 수 있도록 돕는 것이다.
  ㉠ 이를 위해서는 내담자가 지니고 있는 상실과 독립에 대한 불안을 직면할 수 있도록 해야 한다.
  ㉡ 특히 치료자는 전이와 역전이를 유의하여 이를 극복하는 동시에 내담자의 의존적 소망을 좌절시킴으로써 유발되는 내담자의 분노와 공격을 적절하게 잘 다룰 수 있어야 한다.
④ 인지행동치료에서는 의존성 성격장애자에 대한 치료목표를 독립에 두기보다는 자율에 둔다. 독립적인 삶을 지향하는 것은 이러한 성격장애자들에게 매우 힘들고 부담스러운 일이지만, 자율은 타인으로부터 독립적으로 행동하는 동시에 친밀하고 밀접한 인간관계를 유지할 수 있음을 의미한다.
  ㉠ 이를 위해서는 문제해결기술, 의사결정기술, 자기주장훈련, 의사소통훈련 등을 통해 자기신뢰와 자기효능감을 증진하는 것이 필수적이다.
  ㉡ 아울러 치료자에 대한 내담자의 의존성을 극복할 수 있도록 점진적으로 내담자가 치료시간을 주도하여 이끌어나가도록 유도한다.

3 회피성 성격장애(Avoidant Personality Disorders)

- 다른 사람과의 만남에 대한 불안과 두려움 때문에 사회적 상황을 회피해 적응에 어려움을 나타낸다.
- 자존감이 매우 낮아 대인관계를 맺고 싶은 소망은 있으나 거부당할 것이라는 두려움 때문에 피해버리는 것이 특징이다.
- 이들은 사회불안장애, 특히 일반형의 사회불안장애와 매우 유사한 증상을 보인다. 이 때문에 두 장애가 동일하거나 유사한 상태에 있는 다른 개념일 수 있다는 주장도 있다. 그러나 회피성 성격장애에서의 회피는 보다 어린 시절부터 일찍 시작되며, 분명한 유발인자가 없고, 일정한 경과를 보인다는 점에서 구분된다.

(1) 진단기준

> **〈회피성 성격장애의 DSM-5의 진단기준〉**
>
> 사회적 억제, 부적절감, 부정적 평가에 대한 과민성이 성인기 초기에 시작되고 여러 가지 상황에서 나타나며, 다음 중 4개 이상 항목을 충족한다.
> 1. 비난, 꾸중 또는 거절이 두려워 대인관계가 요구되는 직업활동을 회피한다.
> 2. 호감을 주고 있다는 확신이 서지 않으면 사람과의 만남을 피한다.
> 3. 창피와 조롱을 당할까 두려워서 대인관계를 친밀한 관계에만 제한한다.
> 4. 사회적 상황에서 비난당하거나 거부당하는 것에 사로잡혀 있다.
> 5. 부적절감 때문에 새로운 대인관계 상황에서는 위축된다.
> 6. 자신을 사회적으로 무능하고 개인적인 매력이 없으며 열등하다고 생각한다.
> 7. 당황하는 모습을 보일까 두려워서 개인적 위험이 따르는 일이나 새로운 활동에 관여하지 않으려 한다.

(2) 원인

① **생물학적 입장**
  ㉠ 회피성 성격장애자는 기질적으로 수줍고 억제적인 경향이 있으며 위험에 대한 과도한 생리적 민감성을 지니고 있다는 주장이 있다.
  ㉡ 미래의 위험이나 처벌 같은 부정적 결과가 예상될 때 교감신경계의 흥분이 유발된다. 교감신경계의 생리적 민감성이 과도한 경우로서 변연계나 자율신경계 이상에 기인할 수 있다는 주장도 있다.

② **정신분석적 입장**
  ㉠ 정신역동적 입장에서는 회피성 성격장애자의 주된 감정은 수치심이라고 본다. 이러한 수치심은 자신에 대한 부정적 자아상과 관련되는데, 수치심이라는 불쾌한 감정으로부터 숨고자 하는 소망 때문에 대인관계나 자신이 노출되는 상황을 회피하게 되는 것이다.
  ㉡ 회피성 성격장애자들은 자신의 부모를 수치심과 죄의식을 유발하는 비판적이고 거부적인 인물로 기억하며 자기보다 다른 형제를 더 좋아한 것으로 여기는 경향이 있다.

③ **인지적 입장**
  ㉠ 회피성 성격장애가 아동기 경험에 의한 자신에 대한 부정적 신념과 관련되어 있다고 본다.
  ㉡ 회피성 성격장애자들은 자신이 부적절하고 무가치한 사람이며 타인과의 관계에서 거부당하거나 비난당할 것이라는 믿음을 지닌다. 이들은 자기비판적 경향이 강하며 특히 사회적 상황에서 "사람들이 나를 바보로 생각할 거야", "다른 사람이 나를 비판할지 몰라"라는 자동적 사고를 떠올리게 되는데 이를 타당한 것으로 인정하고 그 사회적 상황을 회피하게 된다.
  ㉢ 또한 사회적 상황에서 다른 사람의 반응을 해석하고 평가할 때 의미확대 및 의미축소, 정신적 여과 등 여러 가지 인지적 왜곡을 나타낸다. 이러한 인지적 왜곡으로 인해 사회적 상황에서 항상 부적절감과 불쾌감을 느끼게 되고 그 결과 사회적 상황을 회피하게 된다.
  ㉣ 따라서 자신에 대한 부정적 신념과 인지적 왜곡을 수정할 수 있는 기회를 갖지 못한 채 회피적 행동이 영속화된다.

(3) 치료

① 가장 주된 치료는 개인 심리치료로 알려져 있다.
② 이들은 치료자의 거부를 두려워하여 매우 소극적, 수동적 자세를 나타냄과 동시에 자신을 좋게 생각하는지 아닌지 끊임없이 시험하는 경향이 있으므로 치료자는 인내심을 지니고 기다리며 내담자가 위축되지 않도록 노력해야 한다.
③ 회피성 성격장애자가 치료자를 편안히 대하면서 자신의 문제를 공개할 수 있는 관계를 맺는 것 자체가 상당한 치료적 성과라고 할 수 있다.

④ 정신역동적 치료에서는 수치심의 기저에 깔려 있는 심리적 원인을 살펴보고 과거 발달과정에서 경험한 일들과의 관련성을 탐색한다.
  ㉠ 그러나 자신의 가족을 보호하려는 내적 소망과 그들을 미워하고 원망하고 싶은 욕구 사이에서 갈등을 경험하기 때문에 내담자는 저항을 나타낼 수 있다.
  ㉡ 치료자는 변함없는 지지와 수용적인 자세를 유지함으로써 내담자의 저항을 극복하는 것이 중요하다.
⑤ 인지행동치료에서는 회피성 성격장애자가 자신의 불안을 조절하고 회피행동을 극복할 수 있도록 구체적 방법을 제시하고 있다.
  ㉠ 불안과 긴장을 스스로 조절할 수 있는 긴장이완이나 복식호흡 훈련 등을 실시하고 사회적 상황에 대한 점진적 노출을 시도한다.
  ㉡ 이들이 사회적 상황에서 자연스럽게 대처할 수 있는 대인관계 기술을 훈련시킨다.
  ㉢ 회피성 성격장애자들이 나타내는 역기능적 신념과 인지적 왜곡을 수정시키는 작업이 중요하다. 타인의 반응을 부정적으로 평가하고 예상하는 인지적 왜곡을 자각시키고 구체적 대인관계 경험의 분석과 행동실험을 통해 좀 더 적응적 사고를 지닐 수 있도록 유도한다.
  ㉣ 나아가 타인의 부정적 평가가 현실적으로 자신에게 어떤 결과를 미치는지에 대해 검토함으로써 타인의 거부와 비판을 견딜 수 있는 능력을 증대시킨다.
  ㉤ 근본적으로는 내담자가 지니고 있는 자신에 대한 부정적 신념에 도전하여 균형 있는 자기상을 형성할 수 있도록 돕는다.

콕콕!! 적중! 정혜영의 전문상담이론 II

PART IV. 심리검사

1. 심리검사의 개요
2. 심리검사 도구의 제작 과정과 조건
3. 연구 설계법
4. 심리검사의 시행절차와 유의점
5. 심리검사 해석
6. 심리검사의 윤리
7. 웩슬러 지능검사
8. MMPI 다면적 인성검사
9. MBTI 성격유형검사
10. 행동평가 척도 검사
11. BGT 검사
12. SCT 문장완성검사
13. HTP(집-나무-사람) 검사
14. 로르샤흐 검사
15. 주제통각검사
16. 기타 지능검사
17. 기타 성격검사
18. 기타 진단용 검사
19. 학습 검사

1 심리검사의 개요

1 심리검사(psychological test)의 정의

1 정의

심리검사란, "심리적 현상에서의 개인차를 비교하고 개인의 전체적 인격적, 행동적 측면을 이해하기 위한 심리학적 측정과정"이다. 즉, 심리검사란, 측정하고자 하는 특정적 행동을 체계적으로 표준화된 방식에 따라 양적으로 측정하여, 개인 간 비교가 가능할 수 있고 또한 개인내 비교도 가능할 수 있도록 해주는 심리측정법이다.

2 심리학적 측정 과정의 정의

개인행동을 특징짓는 성질을 측정하는 과정으로 심리적 특성을 수량화 하는 작업이다. 추상적인 구성개념을 통해 심리적 특성을 간접 측정한다.

3 측정 과정의 내용

구성개념 조작적 정의 → 검사도구 제작 → 심리검사(측정) → 결과 해석으로 이루어진다. 정확한 결과를 위해 객관적인 측정이 이뤄져야 한다.

4 심리검사의 특성

(1) 심리검사는 개인의 대표적인 행동표본을 심리학적 방식으로 측정한다. 즉, 소수의 표본 행동을 통해 측정하며 이 결과를 바탕으로 개인 전체 행동을 예견한다.
(2) 심리학적 측정은 표준화된 방식에 따른다.
　① 표준화(standardization)란, 검사를 시행하고 채점하는 과정이 일정한 방식으로 진행된다는 의미이다. 검사의 표준화는 심리검사 반응이 실시조건이나 채점방식의 차이에 따라 다르게 나타나는 것을 방지하고 검사반응이 순수한 개인차를 나타낼 수 있도록 보장한다.
(3) 심리검사는 체계적 과정이다. 일정 내용을 평가하기 위한 하나의 검사가 제작되면, 하나의 심리검사가 여러 개인에게 실시될 때 동일한 종류의 정보 수집할 수 있다.

2 심리검사의 장점

1) 개인에 관한 자료 수집과정에서 주관적 판단을 방지한다.
2) 개인간 비교가 가능하다.

3) 피검자의 검사반응을 비교함으로써 개인내 비교도 가능하다.
4) 일회적이거나 횡단적인(cross-sectional) 시행을 통하여 개인의 행동을 부분적으로나 전체적으로 평가가 가능하다.
5) 임상 실제에서 가장 큰 장점은, 장기적 면담이나 행동관찰 통해 발견할 수 있는 내용을 일회의 심리검사 시행으로 평가 가능하다는 점이다.

심리검사	=	행동표본	+	체계화	+	표준화	+	횡단적 시행
psychological test		behavior sample		systematization		standardization		cross-sectional

3 심리검사의 목적

1 개인 내, 개인 간 비교를 통해 개인의 행동이나 성격을 이해하여, 개인의 문제해결에 도움을 주고자 하는 것이다.

2 심리적 장애 해결을 위한 치료개입과 전략계획, 수행하는 기초과정으로써 개인에 관한 다양한 정보를 제공해 주려는 것이다.

3 세분화된 심리검사 목적(Talbort, 1988)

(1) 임상진단
① 진단의 명료화·세분화
② 증상과 문제의 심각도 구체화

(2) 자아기능평가
① 피검자의 자아 강도 평가
② 인지적 기능을 측정

(3) 치료전략평가
① 적절한 치료 유형을 제시
② 치료 전략을 기술
③ 피검자와 주요 주변 관계를 치료적 관계로 유도.
④ 피검자 자신도 자아강도와 문제영역을 인식

4 심리검사의 필요성

1 상담 초기 단계
(1) 심리검사를 거치면, 치료 기간이 상당히 진행된 후 얻을 수 있는 자료를 미리 파악 가능하므로 시간적으로 효율적이다.
(2) 면접만으로 드러나기 어려운 내적 욕구, 충동, 방어들의 위계적 배열 파악이 가능하다.
(3) 적절한 치료 시기를 결정과 적합한 치료 종류를 선택, 효과적인 치료자 유형 결정 등에 유용하다.

2 치료 중기나 후기
(1) 치료 과정에서 특정한 문제 생겨 자문 필요할 때 실시하는 것으로서, 심리검사를 통해 피검자 현재 상태와 치료 효과에 대해 평가하고 그간 관찰자료 통합함으로써 통찰적 이해를 얻는 데 도움이 된다.

3 심리검사가 가장 유용한 상황은 여러 출처에서 얻은 자료들이 불일치할 때
(1) 임상 관찰만으로는 적절한 판단이 어려울 때, 피검자에 대한 통합적 해석의 틀을 제공한다.
(2) 증상이 매우 복잡해 피검자에 대해 전체적 통찰이 되지 않을 때 피검자에 대한 통합적 해석의 틀을 제공한다.

4 심리검사 결과가 임상적 인상과 일치할 때
임상가가 자신의 진단적 인상에 자신을 갖고 치료에 임하는 근거가 된다.

5 심리검사의 유형 및 종류 📖 2005, 2006, 2007, 2008, 2010, 2011, 2020 기출

지능검사 (개인용)	① 스탠포드 - 비네(Binet)검사 ② 고대 - 비네검사(Kodae-Binet Scale/K-BINET검사) ③ 웩슬러(Wechsler) 검사 ④ K-WISC ⑤ 카우프만(Kaufman) 검사
학습관련 검사	① 기초학습기능검사(KEDI-Individual Basic Learning Skills Test) ② 학습흥미검사 ③ 학업동기검사(AMT) ④ 학습방법진단검사 ⑤ U & I 학습유형검사 ⑥ 학습능력검사(LAT-Learning Ability Test) ⑦ 한국판학습장애평가척도(K-LDES) ⑧ MLST 학습전략검사 ⑨ 청소년 학습전략검사(ALSA-Assessment of Learning Strategies for Adolescents)

진로 및 직업영역 검사	① 진로신념검사(CBI-Career Beliefs Inventory) ② 진로미결정검사(CDS-Career Decision Scale) ③ 진로정체감검사(MVS-My Vocational Situation) ④ 의사결정유형검사(ACDM-Assessment of Career Decision Making) ⑤ 진로발달검사(CDI-Career Development Inventory) ⑥ 진로성숙도검사(CMI-Career Maturity Inventory) ⑦ 진로성숙도검사(한국형) ⑧ Holland 진로탐색검사 ⑨ Strong 진로탐색검사 / Strong 직업흥미검사 ⑩ 직업가치관 검사
자기보고식 성격검사	① 성격유형검사(MBTI-Myers-Briggs Type Indicator) ② CPI-California Psychological Inventory(캘리포니아 심리목록 검사) ③ KPI ④ 16성격요인검사(16 Personality Factors: 16PF) ⑤ NEO 인성검사(NEO-PI) ⑥ 기질 및 성격검사(TCI: Temperament and Character Inventory) ⑦ PAI(성격평가검사: Personality Assessment Inventory)
투사적 성격검사	① 로르샤흐 잉크반점검사(Rorschach Test) ② 주제통각검사(TAT: Thematic Apperception Test) ③ 한국판 아동용 투사적 성격검사(K-CAT - Korea Child Apperception Test) ④ 동작성 학교 그림검사(KSD-Kinetic School Drawing) ⑤ 문장완성검사(SCT) ⑥ 집-나무-사람 검사(HTP) ⑦ 통적 가속화 검사(KFD)
정신건강 검사	① 미네소타 다면적 인성검사-2 ② 미네소타 다면적 인성검사-청소년용 ③ 한국판 아동 청소년 행동평가척도(K-CBCL) ④ 청소년 자기행동평가척도(K-YSR) ⑤ 한국 아동인성 평정척도(KPRC) ⑥ 아동기 자폐증 평정 척도(CARS) ⑦ 아동용 우울척도(CDI) ⑧ 주의력결핍과 과잉행동장애(ADHD)

1 분류 기준

(1) 검사내용: 지능, 성격, 불안, 적성, 흥미, 학습, 창의력, 자아개념 등

(2) 검사내용의 성격: 인지적 검사, 정서적 검사

(3) 실시방법: 개인검사, 집단검사

(4) 검사형식: 지필검사, 동작성검사

(5) 평가기법: 객관적 검사, 투사적 검사

2 인지적 검사, 정서적 검사 2006 기출

인지적 검사	• 인지적 능력 평가. 문항에 정답이 있고 시간제한이 있다. • 수검자의 능력이 발휘되도록 요구하기 때문에 극대수행검사라고도 하며, 능력을 검사하기 때문에 능력검사라고도 한다. 예 지능검사, 적성검사, 성취도검사 등
정서적 검사	• 정서, 동기, 흥미, 태도, 가치 등을 측정하는 검사 • 정답이 없고 시간제한이 없다. • 습관적으로 하는 행동을 측정하기 때문에 습관적 수행검사라고도 한다.

3 개인검사, 집단검사

개인검사	• 한 사람씩 하는 검사 • 피검자의 특수한 성질을 고려하여 보다 타당하게 실시 가능. • 피검자의 행동을 임상가가 관찰할 수 있다. • 임상가의 보다 더 많은 훈련과 전문적 지식이 필요하다. 예 K-WAIS, 로르샤흐, HTP, TAT 등
집단검사	• 한 번에 여러 명에게 하는 검사 • 군대에서 장교에 적합한 군인, 정신적 능력이 떨어지는 군인을 가리기 위해 시작된 검사(Army-α, Army-β) • 선다형 검사, 컴퓨터를 사용하여 채점하는 검사 예 MMPI, CPI, MBTI 등

4 지필검사, 동작성검사

지필검사	• 인쇄된 문항에 연필이나 사인펜으로 응답하는 검사. • 물리적 조건이나 신체 행동이 필요하지 않다. 예 SCT, MMPI, MBTI 등
동작성검사	• 피검자가 도구나 대상을 직접 다뤄야 하는 검사 • 어떤 상황을 제시하고 직접 행동을 보이도록 한다. 예 운전면허 주행시험, K-WAIS 토막짜기, 차례맞추기, 모양맞추기 등

5 실시시간, 사용목적, 측정내용 기준에 따른 검사 종류 2020 기출

실시 시간 기준	속도검사	• 시간제한을 두는 검사. 보통 쉬운 문제로 구성되며, 문제해결능력보다는 숙련도를 측정하는 검사이다. • 주어진 시간 내에 공부를 하면 다 풀수 있는 문제인 쉬운 문제를 제시한다. 예 손가락 및 손동작 검사, 계산 속도 및 정확도 검사
	역량검사	• 시간제한이 있기는 하나, 문제를 푸는 속도보다는 문제를 푸는 능력이 점수를 결정하는 요소인 검사. 즉 숙련도보다는 문제해결능력을 측정하는 검사이다. • 어려운 문제로 구성되거나 다양한 난이도의 문제들로 구성된다. • 수학경시대회와 같이 시간이 부족해서 못 푸는 것이 아니라 문제의 답을 몰라서 못 푸는 문제들로 구성되기도 하는 것 예 지능검사, 수학능력검사, 성취도검사

사용 목적 기준	규준-참조검사	• 수검자의 점수를 다른 사람들의 점수와 비교하여 상대적으로 어떤 수준인지를 알아보는 검사. 광범위한 비교를 가능하게 한다. 예 선발시험이나 대입수능시험. 대부분의 심리검사
	준거-참조검사	• 수검자의 점수를 어떤 기준 점수와 비교해서 이보다 높은지 낮은지를 알아보는 검사. 합격-불합격, 상중하와 같이 일반적인 용어를 사용한다. • 구체적인 목표달성에 관한 정보를 제공한다. 기준검사는 검사, 조직의 특성, 시기 등에 따라 달라질 수 있다. 예 대부분의 국가자격시험, 운전면허시험
측정 내용 기준	극대 수행검사	• 일반적으로 문항의 정답이 있고 시간제한이 있다. 따라서 수검자가 자신의 능력을 최대한 발휘하는 것이 중요하다. • 다양한 인지능력을 평가하기 위한 검사이다. 예 웩슬러지능검사나 적성검사, 토익 등과 같은 성취도 검사
	습관적 수행검사	• 일반적으로 문항의 정답이 없고 시간제한도 없다. 따라서 수검자의 정직한 응답이 요구된다. • 인간의 인지적 능력 이외의 정서, 동기, 흥미, 태도, 가치 등을 재는 정서적 검사(비인지적 검사)이다. 전형적인 행동을 선택하도록 한다. 예 성격검사, 흥미검사, 태도 검사

[2020년 기출]

다음은 전문상담교사와 담임교사의 대화 내용이다. 〈작성 방법〉에 따라 서술하시오.

담임교사: Wee 클래스에서 학업성취도처럼 인지적 특성을 측정할 수 있는 검사가 있나요?
상담교사: 지능검사나 적성검사와 같은 수행검사가 있습니다. 수행을 평가할 때, 일정한 시간 내에 얼마나 빠르고 정확하게 답을 할 수 있는지를 측정하는 (㉠) 검사와 충분한 검사 시간 내에 최대한으로 발휘한 능력 수준을 측정하는 (㉡) 검사로 구분되지요.

〈작성 방법〉

• 괄호 안의 ㉠, ㉡에 해당하는 명칭을 순서대로 쓸 것.

6 객관적 검사, 투사적 검사 　2007, 2008, 2010 기출

	1) 투사적 검사	2) 객관적 검사
특징	• 비구조적 검사(unstructured test) • 개체특징기술적 검사(idiographic test)	• 구조적 검사(structured test): 표준화, 규준화 • 발견법칙적 검사(nomothetic test)
장점	1. 반응의 독특성 2. 방어의 어려움 3. 반응의 풍부함(독창적 반응) 4. 무의식적 내용의 반응	1. 검사 실시와 해석의 간편성 2. 검사의 신뢰도 및 타당도 검증 3. 객관성의 증대(상황변인에 따른 영향 적음)
단점	1. 검사의 신뢰도 검증 어려움 2. 검사의 타당도 검증 어려움 3. 반응에 대한 상황적 요인의 영향력 4. 검사 해석이 어려움	1. 사회적 바람직성(방어 가능) 2. 반응 경향성(일관성)이 있음 3. 문항 내용의 제한성 4. 무의식적 자료 찾기 어려움

1) + 2) = 행동관찰을 통한 객관적 방법

1. 실제 임상장면에서 적절하게 사용가능하다.
2. 질문지법에서와 같은 피검자의 반응 경향성이 방지될 수 있다.
3. 특히 신체반응 측정과 같은 방법은 성격의 횡문화적 연구에 널리 사용될 수 있다.

[2007년 기출]

〈보기〉에 제시된 심리검사들을 보고 답하시오.

〈보기〉
㉠ 웩슬러(Wechsler) 검사　㉡ 일반종합적성검사(GATB)　㉢ 카우프만(Kaufman) 검사
㉣ 집-나무-사람(HTP) 검사　㉤ 로르샤흐(Rorschach) 검사　㉥ 주제통각검사(TAT)
㉦ 비네(Binet) 검사　㉧ 문장완성검사(SCT)　㉨ 성격유형검사(MBTI)

• 측정내용(심리적 구성개념)에 따라 심리검사를 두 종류로 구분할 때 ㉠과 ㉡은 어떤 종류의 검사로 분류되는지를 쓰고, 이와 같은 종류에 속하는 검사의 예 2가지를 보기에서 찾아 쓰시오.
　검사의 종류 : ＿＿＿＿＿＿＿＿＿＿＿＿＿　검사의 예 : ＿＿＿＿＿＿＿＿＿＿, ＿＿＿＿＿＿＿＿＿＿

• 검사자극의 구체성 정도에 따라 심리검사를 두 종류로 구분할 때 ㉣과 ㉤은 어떤 종류의 검사로 분류되는지를 쓰고, 이와 같은 종류에 속하는 검사의 예 2가지를 보기에서 찾아 쓰시오.
　검사의 종류 : ＿＿＿＿＿＿＿＿＿＿＿＿＿　검사의 예 : ＿＿＿＿＿＿＿＿＿＿, ＿＿＿＿＿＿＿＿＿＿

7 검사 도구 활용 시 유의점

(1) 보다 효율적인 심리평가를 위해서 무엇보다 각 사례에 적절하고 유용한 심리검사를 선정할 수 있어야 한다.
(2) 심리검사 선정을 위해서는 각 심리검사가 지니고 있는 검사로서의 기본 조건과 특징, 장단점을 이해하는 것이 요구된다.
(3) 적절한 시행을 위해 검사 표준절차에 따라야 하며 피검사자의 정서적 안정에 주의 깊은 노력을 기울여야 한다.
(4) 측정 내용과 검사 제작방법에 따라 투사적 검사(Projective tests)와 객관적 검사(Objective tests)로 구별하며, 검사도구나 시행방법, 반응의 채점방식에 있어 일정한 표준절차를 따른다.

6 객관적 검사와 투사적 검사

1 객관적 검사

(1) 검사 과제가 구조화: 검사 평가 내용이 검사 목적에 따라 일정하게 준비돼 있고 일정한 형식에 따라 반응해야 한다.

(2) 채점 과정이 표준화, 해석의 규준 제시된다.

(3) 개인의 독특성보다는 개인마다 공통적으로 지니고 있는 특성이나 차원을 기준으로 하여 개인들을 상대적으로 비교하려는 목적을 지닌, **구조적 검사**(structured test)이자 **발견 법칙적 검사**(nomothetic test).

(4) 대표적 검사: 지능검사-WISC, WAIS, WPPSI/ 성격검사-MMPI, MBTI/ 흥미검사-직업흥미, 학습흥미, 적성검사 등

(5) **객관적 검사의 장점과 단점**

장점	• **검사 실시의 간편성**: 시행과 채점, 해석의 간편성으로 인해 선호되는 경향. 일반적으로 시행시간이 비교적 짧다. • **검사의 신뢰도 및 타당도**: 투사적 검사에 비해 검사 제작과정에서 신뢰도와 타당도검증이 이루어지고 신뢰도와 타당도가 충분한 검사가 표준화되기 때문에 검사 신뢰도와 타당도가 높다. • **객관성의 증대**: 투사적 검사에 비해 검사자 변인이나 검사 상황변인에 따라 영향을 적게 받고, 개인간 비교가 객관적으로 제시될 수 있기 때문에 객관성이 보장될 수 있다.
단점	• **사회적 바람직성**: 문항 내용이 사회적으로 바람직한가에 따라 응답 결과에 영향을 미친다. 문항 내용이 표면적으로 드러나는 객관적 검사에서 바람직한 문항에 대해 긍정적으로 반응하는 경향. 말하자면 내용에 따라 방어가 쉽게 일어날 수 있다. • **반응 경향성**: 개인이 응답하는 방식에 일정한 흐름이 있어서 이에 따라 결과가 영향 받음. 즉, 긍정적으로 일관되게 응답하거나 아니면 부정적으로 일관되게 응답하는 경향. 이러한 경향성은 피검자의 순수한 반응에 오염변인으로 작용한다.
단점	• **문항 내용의 제한성**: 특성 중심의 문항일 경우, 특성-상황의 상호작용 입장에서 성격기술이 어렵고, 사태 변인 고려에 실패하기 때문에 검사 결과가 단순화되는 경향이 있다. 또한 행동을 주로 다루는 한편 감정이나 신념을 문항으로 다루지 않는 경향이 있다. • 검사가 재고자 하는 특성의 양적 측면에 치우쳐 개인의 질적인 독특성에 대한 정보를 무시한다.

2 투사적 검사

(1) 개인의 독특한 심리적 특성에 관심을 가지고 개인의 독특성을 측정하기 위한 비구조적 검사 과제를 제공한다.

(2) 무제한으로 개인의 다양한 반응을 허용해 주기 위해 검사 지시 방법이 간단하고 일반적, 검사 자극이 불분명하고 모호하다.

(3) 비구조적 검사 혹은 개체특징기술적 검사라고 불릴 수 있다.

(4) 투사적 검사는 표준화 조건을 갖추고는 있으나 비구조적 검사라는 특징 때문에 때로 투사적 기법이라고도 불림. 이러한 명칭은 투사적 검사가 구조화된 검사에 비해 검사로서의 조건을 충분히 갖추고 있지 않다는 의미를 함축한다.

(5) 투사적 검사는 심각한 비판에도 불구 임상장면에서의 실제적 가치와 효율성으로 인해 존속되고 있는 소중한 검사이다.

(6) 대표적 검사: Rorschach 검사, TAT, CAT, DAP, HTP, BGT, SCT 등

(7) 투사적 검사의 장점과 단점

장점	• **반응의 독특성**: 면담, 행동관찰, 객관적 검사반응과 다르게 매우 독특한 반응 제시. 개인을 이해하는 데 매우 유용하다. • **방어의 어려움**: 자극 내용 모호·불분명하여, 피검사가 자신의 반응내용 검토하고 의도에 맞게 방어적으로 반응하기 어렵다. • **반응의 풍부함**: 검사자극이 모호하여, 검사지시 방법이 제한이 없다. 그 결과, 개인의 반응이 다양하게 표현하고 독특한 심리적 특성을 반영할 수 있다. • **무의식적 내용의 반응**: 자극적 성질이 매우 강렬해 평소에 의식화되지 않던 사고나 감정이 자극되기 때문이다.
단점	• **신뢰도**: 검사자간 신뢰도, 반분신뢰도, 검사-재검사 신뢰도 등 전반적으로 신뢰도가 부족하다. 특히 재검사 신뢰도가 매우 낮게 평가된다. • **타당도**: 대부분의 투사적 검사는 타당도 검증이 매우 빈약하다. 다시 말하자면 투사적 검사를 통해서 내려진 해석의 타당성은 대부분 객관적으로 입증되는 자료가 아닌 임상적인 증거를 근거로 한다. • **반응에 대한 상황적 요인의 영향력**: 투사적 검사는 여러 상황적 요인에 의해 강한 영향을 받음. 예컨대 검사자의 인종, 성, 검사자의 태도, 검사자에 대한 피검사의 선입견 등이 검사반응에 강한 영향을 미친다.

7 행동관찰법

1 정의

성격에 관한 정보제공 출처(Cattell)를 면담을 통한 생활사, 질문지를 통한 검사 결과, 실제적인 행동관찰을 통한 자료 등을 사용하는 평가법이다.

2 심리검사 도구의 제작 과정과 조건

1 검사의 척도 구성 접근 방식

1 이론적 접근
문항선정과 측정절차, 평가준거가 이론 기초로 결정된다. 측정할 이론적 구성개념을 어떻게 다루는가가 문항선정 기준이다.

2 경험적 접근
측정할 구성개념의 조작적 지표를 경험적 방식으로 결정한다. 경험적으로 드러나는 준거와의 관계를 근거로 문항을 선정한다.

3 절충식
이론 따라 문항을 작성한다. 그리고 심리측정적 속성과 경험적 관계에 따라 문항을 선정한다. 이러한 방법이 융통성·응용성이 있어서 가장 널리 사용된다.

2 심리적 구성개념 측정의 문제점

1 **상이한 조작적 정의를 내리게 될 경우**, 상이한 측정절차를 갖게 되고 그 결과 측정내용에 대한 상이한 결론이 가능할 수 있다.

2 **심리측정은 제한된 표본행동 근거**: 어떤 심리적 영역의 적절한 표본에 필요문항 수와 내용 다양성을 결정짓는 문제. 과연 그 표본이 전체를 대변한다고 볼 수 있을 것인가의 문제이다.

3 **측정은 항상 오차 가능성 있다.** 내용이나 시간상 차이로 발생하는 점수의 비일관성은 오차로 간주를 한다.

4 **측정 척도 상에 잘 정의된 단위 없다.** 측정 척도의 특성, 단위를 명명하는 일, 도출된 수치를 해석하는 일이 고려될 문제이다.

5 심리적 구성개념: 측정을 위해 관찰 가능한 행동으로 정의하고, 해석을 위해 이론적 체계 내의 여타 구성개념들과의 논리적 혹은 수학적 관계에서 정의한다. 현실적으로 심리측정치와 타 구성개념 혹은 사상의 측정치의 관계에 대한 증거수집이 과제이다.

3 검사제작 절차

검사의 주요 용도 결정 → 측정될 구성개념을 대표하거나 검사영역 정의하는 행동 찾기 → 검사의 규격 마련(행동의 각 유형을 측정하는 문항의 구성 비율을 구체적으로 결정) → 문항 작성→ 작성된 문항 검토 및 수정 → 예비적 문항 분석, 문항 수정 → 현장연구(모집단의 대표적 집단을 표집해서 검사 실시) → 문항점수들의 통계적 특성을 결정하고 미리 결정한 기준에 부합되지 않는 문항 제거 → 최종 결정된 검사의 신뢰도와 타당도 추정 → 검사시행과 채점과 검사점수의 해석을 위한 사용설명서(표준절차) 마련

1 초기 문항 선정

(1) 타당도 검증 과정에서 많은 문항 탈락되므로 처음부터 많은 문항으로 시작하는 것이 바람직하다.
(2) 일반적으로 최종 검사 문항수의 두 배 내지 네 배가 바람직하나 현실적으로 실시 가능한 범위 내에서 조절하게 된다.
(3) 예비문항은 대체로 안면타당도 바탕으로 선정되나 포괄적 이론을 근거로 선정되는 것이 가장 좋은 방법이다.

2 실시 과정의 표준화 _2015 특시 기출_

(1) 검사 실시 조건의 표준화: 표준 실시 방식 + 표준 채점방식이 이루어질 수 있는 문항으로 구성되어야 한다.
(2) 표준실시는 검사자가 동일 방식으로 지시 내리고, 가능한 표준 지시방식에 따라 기본사항만을 말하도록 요구하는 것이다.

3 척도의 표준화 _2006 기출_

(1) **명명척도(nominal scale, 명목척도)**: 검사반응을 인위적으로 정의한 범주에 따라 분류하는 척도이다. 범주는 수량화하는 특징이 아닌 사물을 구분하는 특징을 지닌다.
   예) 로르샤흐검사의 채점체계: 각 반응은 "형태", "위치", "음영" 등 인위적 범주로 재분류, 이 범주는 검사에서만 유의미.
(2) **서열척도(ordinal scale, 순위척도)**: 어떤 기저의 반응을 서열화하는 척도. 각 숫자간 거리가 동일하다고 가정되지 않으며 단지 서열만 의미 있다. 심리측정 자료에서 점수 변화 정도와 행동상 변화 정도가 동등하다는 경험적 지지가 부족하므로 대부분 성질상 서열척도이다.
   예) 0정상, 1경계선, 2가벼운 손상, 3중간 손상, 4심한 손상: 0과1의 거리는 3과4의 거리와 동등하다고 가정하진 않는다.
(3) **등간척도(interval scale, 구간척도)**: 서열화될 뿐 아니라 각 측정단위 차이가 동등한 경우이다. 점수 간 거리가 의미가 있다.

- 심리학이나 교육학 등 여러 영역에서의 평가도구: 실제로 심리학적 변량이 엄밀한 의미에서 언제나 등간격의 척도로 측정된다고 말하는 것은 무리지만, 일반적으로 심리학적 평가도구는 등간척도로 취급한다.
- 절대 영점(zero point) 없고 절대 영점을 인위적으로 결정한다. 0점은 능력이 전혀 없음을 의미하지 않으며 척도 단위에 등간성이 존재한다.
  예) 심리생리적 측정치, 학업성취 점수

(4) 비율척도(ratio scale): 절대영점을 가지고 있으며 비율이 반영된다. 길이, 시간, 질량 등과 같이 자연과학에서 사용하는 대부분의 척도는 비율척도이다.

	크기	간격	절대영점	예
명명척도(nominal scale)	×	×	×	버스의 노선번호, 학번 등
서열척도(ordinal scale)	○	×	×	키순서대로 번호를 매기는 것, 석차 등
등간(구간)척도(interval scale)	○	○	×	온도계 등
비율척도(ratio scale)	○	○	○	cm(centimeter), g(gram) 등

4 문항분석(item analysis)

(1) 일부 정상성인들에게 검사 시행하여 검사 시행상의 문제를 검토하고 문제를 수정한 뒤, 예비검사를 시행하고 나면 문항분석을 한다.

(2) **문항분석 방식** 2019 기출

문항 난이도	• 문항의 답을 맞힌 피검자 수를 문항에 응답한 전체 피검자 수로 나누어 문항 난이도 지수를 구한다. 그러므로, 0.0~1.0의 범위로 난이도가 나타나며 1.0은 모든 피검자가 답을 맞힌 쉬운 문항, 0.0은 모든 피검자가 틀린 어려운 문항이다. 너무 어렵거나 쉬운 문항은 피검자를 변별하지 못하므로 제외시키고 .5에 가까운 문항난이도를 선정하여 집단간 변별력이 높아질 수 있도록 한다. 예를 들어 문항이 우울증이 있을 경우 그렇다고 응답하도록 만들어졌다면, 우울 집단 난이도는 1.0, 비우울집단 난이도는 0.0이 나와야 한다.
문항 변별도	• 피검자의 문항A 점수와 전체검사점수의 상관계수를 낸 것이 문항 변별도 지수이다. 한 문항이 피검자를 얼마나 잘 변별해주는가를 나타내는 것으로, 문항A가 정상이면 상관계수는 반드시 정적 상관을 나타내게 된다. 상관계수가 낮으면 문항점수는 개인의 전체 검사점수와 관련이 없다고 해석하게 되고 그 문항 점수로 인해 개인의 전반적인 점수를 예측하는 것이 어렵게 된다. 그러므로 문항 변별도는 높을수록 좋다.
문항 반응분포	• 선다형 검사에서 피검자가 정답을 가려야 하는 문항선지의 응답비율을 분석하는 방식이다. 답을 알면 반드시 정답을 고를 수 있으나 모르면 무작위로 응답하여 나머지 선지의 응답비율이 비슷해지게 만드는 것이 좋은 문항이다.
검사점수 분포	• 자연상태의 피검자들이 보이는 속성은 정규분포를 따를 것을 기대하게 된다. 그러므로 피검자의 검사점수 분포가 정규분포일 땐 문제가 없으나 그것에서 벗어났을 때는 그 검사에 문제가 있음을 보여주는 것이다.
요인분석	• 하나의 검사가 단일한 구성개념과 속성을 평가하려 했던 목적이 달성되었는지 검토하는 방법이다. 문항들간 상관계수를 통하여 주성분을 분석한 뒤, 주성분이 전체 변량 중 얼마를 설명하는지를 본다. 이런 주성분에 의해 설명되는 변량의 백분율이 높아질수록 그 검사가 측정하고자 하는 대상에 대한 측정 수준이 높아질 가능성이 높다.
문항 편파성	• 두 집단의 개인들이 동일 속성수준에 있지만 집단 특성 때문에 어떤 문항에 정답할 확률이 다르면 그 문항은 편의된 것으로 본다. 문항들이 어떤 특정 집단에 불리하거나 유리하게 편포가 될 경우, 결국 검사 결과 역시 편포된다.

5 척도 개발(scale development)

(1) **안면타당도에 의한 척도구성**: 척도구성을 위한 가장 직관적 방법이다. 단일 차원을 설명하는 검사 문항을 선정한다. 예 BGT검사

(2) **문항의 경험적 속성을 이용한 척도 구성**
   ① 두 집단을 최대로 변별해주는 일련의 문항들을 척도로 구성
      - 예 MMPI 우울증 척도: 환자집단과 통제집단의 반응 비교→변별력 가장 높은 문항을 척도로 구성. 집단선정 적절해야.
   ② 준거와 높은 상관을 보이는 일련의 문항들을 척도로 구성
      - 예 우울증 환자에 대한 임상가의 평정척도나 우울증의 생리적 지표를 외적 준거로 사용, 이와 상관관계 높은 문항 구성. 외적 준거의 적절성 정도에 따라 문항구성의 타당도 결정.
   ③ 요인분석 결과 하나의 요인으로 밝혀진 일련의 문항들을 척도로 구성: 문항들 간 상관관계를 근거로 추출된 요인에 따라 척도를 구성한다. 동일 요인으로 부하된 문항들은 요인점수에 의해 나타날 수 있는 기저의 특성과 관련된다고 여겨진다.

4 검사도구(test tool)의 조건

1 신뢰도(reliability) 2005, 2009, 2012, 2015, 2019 기출

(1) **정의**: 신뢰도=신뢰가능성=안정성=일관성=예언가능성
   ① 특정 도구의 정확성에 대한 평성이다. 검사가 얼마나 정확하게 오차 없이 측정하며 일관성 있는가를 밝히는 것.
   ② 같은 피검자에게 같은 검사를 다시 받게 했을 경우 그 점수의 항상성을 뜻한다.
   ③ 물론 이 두 경우의 점수가 똑같을 수는 없으나 피검사자의 능력 변화나 기타 변인들 제외하면 비슷한 결과를 얻게 된다.
   ④ 신뢰도는 측정의 일관성과 안정성을 보장하는 것이므로 문항수가 많을수록 검사의 신뢰도는 높아진다. 신뢰도는 타당도의 필요조건이다.

(2) **신뢰도에 영향을 주는 요인** 2019 기출
   ① 피검사자 요인
      ㉠ 능력 요인: 지능 우수집단이 낮은 집단에 비하여 신뢰도가 낮게 나타난다. 즉, 집단의 능력 범위가 넓을 때 능력의 범위가 좁을 때보다 신뢰도가 올라간다.
      ㉡ 집단의 동질성: 집단이 동질성이 있을수록 신뢰도가 낮아지게 되는데 집단의 능력이 비슷비슷한 경우 신뢰도가 높아지기 힘들며 집단 동질성이 높아지면 변별도가 낮아지게 되고, 그에 따라 신뢰도가 낮아지기 때문이다.
   ② 검사자 요인
      ㉠ 후광효과(halo effect): 피평정자에 관한 다른 정보가 평정에 긍정적으로 영향을 미칠 수 있으며, 한 평정요소에 대한 평정자의 판단이 피평정자의 다른 요소의 평정에도 영향을 미치는 현상이다. 이러한 후광효과를 방지하는 방법으로, 강제배분법, 체크리스트법을 활용하거나 여러 명의 평정자가 상호 독립적으로 평가를 하거나, 하나의 평정요소에 관하여 피평정자 전원을 평정하고 다음 요소에 관하여 전원을 평정하는 방법이 있다.

2 심리검사 도구의 제작 과정과 조건

〈평정자의 측정의 오류〉

- **혼 효과(horns effect)**: 피평가자의 어느 특정 요소가 '부족하다'는 인상을 갖게 되면 다른 요소도 막연하게 '부족하다'라고 평가해버리는 경향을 말하는 것으로, 후광효과와는 반대로 피평정자의 부정적 인상에 기초해 평정을 하게 되는 것이다. 즉 피평정자의 실제 능력보다 과소평가되는 것을 말한다. 이러한 혼 효과를 방지하는 방법으로, 후광효과와 동일하게 강제배분법, 체크리스트법, 집단평정법(다원평가)를 실시할 수 있다.
- **관용의 오류(leniency tendency)**: 관찰 대상들이 관찰되는 변인에서 현저하게 다름에도 불구하고, 관찰자가 대부분의 관찰 대상들을 지나치게 좋게 평가하려는 경향은 측정의 오류 중 관용의 오류이다.
- **엄격성의 오류(harsh tendency, 가혹화 경향)**: 어떤 평정자는 평가기준을 높게 잡아서 부정적인 척도 부분만을 사용하는 경향이 있을 수 있는데 이를 인색의 오차라고 한다. 즉 관용의 오류나 엄격성의 오류는 피평정자의 실제 능력과는 상관없이 평정자의 성향이 관대하거나 엄격해서, 평정결과 점수의 분포가 실제보다 높거나 낮은 쪽에 집중되는 것을 말한다. 관용의 오류나 엄격성의 오류를 방지하려면 강제배분법을 활용하거나 평정요소의 정의를 명확하게 하거나, 평정자의 사전 훈련을 통해 방지할 수 있다.
- **집중경향의 오류(central tendency error, 중심화 경향)**: 아주 높은 점수나 낮은 점수는 피하고 평정이 중간 부분에 지나치게 자주 모이는 경향을 말한다. 이는 평정자가 평정시 극단적인 평가를 기피하는 심리적 경향에 의해 발생한다. 이러한 오류를 방지하려면 강제배분법이 효과적이다.
- **근접의 오류(proximity error)**: 시간적 혹은 공간적으로 가깝게 평정된 특성들에 대한 평정결과는 서로 높은 상관을 갖게 되는 경향을 의미한다.
- **시간적 오류(recency error, 근접 착오, 근시 오류)**: 최근 사건들이 과거 사건보다 평가에 영향을 많이 주는 오류이다.
- **상동적 오차(전형화 오류, sterotyping)**: 피평가자의 소속집단을 기준으로 평가하려고 하는 오류로 피평정자에 대한 편향적인 견해나 선입견, 고정관념에 의한 오차이다. 이러한 오차를 방지하기 위해 평가자에게 선입견을 줄 수 있는, 피평가자의 신상정보 등에 대한 접근을 사전에 차단한다.
- **논리적 오차(논리적 착오)**: 두 가지 평정요소 간에 존재하는 논리적 상관관계에 의해 생기는 오류로, 어느 한 요소가 우수하면 상관관계에 있는 다른 요소도 우수할 것이라고 판단(속단)하는 경향을 말한다. 이를 막기 위해서는 유사한 평정 요소에 대해서는 시간적인 간격을 두고 평정하는 방법을 활용할 수 있다.

③ 검사 요인
  ㉠ 문항 수: 적은 수의 문항보다 많은 수의 문항으로 검사를 실시할 때 측정 오차를 줄인다.
  ㉡ 문항 난이도: 문항의 난이도가 적절할 때, 즉 지각이나 느낌을 묻는 질문의 경우 극단으로 치우치지 않는 수준의 문항들이 신뢰도를 증가시킨다. 문항이 응답자의 수준과 상이하면 일관성 있는 응답을 하지 못하므로 신뢰도가 저하된다.
  ㉢ 문항의 편파성: 두 집단의 개인들이 동일 속성 수준에 있지만 집단 특성 때문에 어떤 문항에 정답할 확률이 다르면 그 문항은 편향된 것으로 보는 것이다. 즉 문항들이 어떤 특정 집단에 불리하거나 유리하게 편포되는 것을 말한다.
  ㉣ 문항변별도: 문항변별도가 높을 때 검사 신뢰도는 증가한다. 즉, 문항이 피험자를 능력에 따라 혹은 피험자의 정의적 특성에 따라 구분할 수 있는 변별력이 있어야 검사 신뢰도가 높아진다.
  ㉤ 측정 내용의 범위: 측정 내용이 보다 좁은 범위일 때 검사 신뢰도는 증가한다. 예를 들어, 어떤 현상에 대하여 질문할 때 광범위한 현상보다는 구체화되고 세부적인 현상에 대하여 질문할 때 신뢰도가 높아진다. 이는 검사 내용의 범위를 좁힐 때 문항 간 동질성을 유지하기가 용이하기 때문이다.

④ 검사 환경 요인
  ㉠ 검사 시간: 검사 시간이 충분해야 한다. 이는 문항 수와 관계되는 문제이기도 하다. 충분한 시간이 부여될 때 응답의 안전성을 보장받을 수 있다. 그러므로 속도검사보다는 역량검사가 신뢰도 측면에서 바람직하다.

(3) 신뢰도를 높이는 방법 📖 2019 기출: 검사가 중간정도 난이도를 가지며, 변별도가 높은 문항이 많고, 검사 길이가 길 때 신뢰도는 증가한다.

① 측정도구, 측정 방식, 측정 태도, 검사의 실시와 채점과정이 표준화되어야 한다.
② 문항수가 많아야 측정오차를 줄인다.
③ 문항의 난이도-적절해야 한다(너무 쉽거나 어려우면 검사불안과 부주의 발생).
④ 문항변별도-변별력 있어야 신뢰도 높다.
⑤ 검사 도구의 측정 내용-보다 좁은 범위 내용(문항 간 동질성 유지가 어렵기 때문)
⑥ 동질집단의 신뢰도는 이질집단(검사대상의 개인차를 크게 함)보다 낮다. 비슷한 학생집단에서보다는 넓은 학력점수의 범위가 원인이 된 넓은 능력범위를 가지고 있는 수험자 집단으로부터의 일련의 점수 즉 이질집단의 점수 신뢰도가 높다. 그리고 검사대상의 개인차를 크게 하면 검사점수 변량이 커져 신뢰도 계수가 커진다.
⑦ 검사 실시 상황이 적합해야 한다. 즉 부정행위 방지, 검사환경의 부적절성으로 인한 오답 가능성의 배제가 있어야 한다.
⑧ 편견이 담긴 언어, 응답자 이해할 수 없는 언어는 사용이 불가하다. 조사자는 이에 대해 사전에 철저히 훈련돼야 한다. 즉 응답자가 질문의 뜻을 잘 이해할 수 있게 도와야 한다.
⑨ 이질적 내용보다는 동질적 내용의 검사를 실시하는 것이 신뢰도가 높다.
⑩ 검사시간이 충분히 주어져야 한다. 충분한 시간이 부여될 때 응답의 안정성을 보장받을 수 있다. 그러므로 속도검사보다는 역량검사가 신뢰도 측면에서 바람직하다.

[2019년 기출]

다음은 심리검사의 제작과 활용에 관해 전문상담교사가 수퍼바이저로부터 자문 받은 내용의 일부이다. 밑줄 친 ㉠, ㉡의 개념을 각각 설명하고, ㉢에 제시된 요인들과 관련하여 신뢰도를 높이는 방안을 2가지 서술하시오.

- 피검자의 능력을 측정하는 심리검사를 제작할 때 ㉠ 편파성 문항(biased item)이 없도록 유의해야 한다.
- 서답형 문항으로 구성된 지필검사나 평정이 요구되는 관찰과 면접에는 ㉡ 후광효과(Halo effect)에 의한 오차, 관용의 오차, 집중경향의 오차, 논리적 오차 등이 작용하여 채점자로 인한 오차가 생기므로 채점자 신뢰도를 추정할 필요가 있다.
- 신뢰도가 높은 심리검사를 제작하기 위해서는 ㉢ 문항 수, 문항의 난이도, 측정내용의 범위 등과 같은 신뢰도에 영향을 미치는 요인을 고려해야 한다. 검사자는 이러한 요인을 고려하여 제작된 검사를 사용해야 한다.

(4) 신뢰도의 종류

① 검사-재검사 신뢰도(test-retest reliability, 안정성 계수)

정의	• 초기 검사 후 일정 기간이 지난 후에 동일한 검사에서 얻은 두 점수의 상관관계를 알아보는 것이다.
가정	• '검사에서 측정하는 특성이 시간적 안정성을 갖는다.'가 기본 가정이다. 그러므로 상태 불안, 뇌손상 정도를 측정하는 도구에는 부적절하다.
목적	• 가장 전형적인 신뢰도로 시간 경과에 따른 검사의 안정성을 재는 것이다.
가외 변인	• 전후검사 실시 간격에 따른 오차가능성. 예를 들어 실시한 간격이 짧으면 신뢰도가 높아지고 간격이 길면 낮아질 수 있다. 그러므로 2-4주간이 보통 적당하며 이러한 시간 간격을 명시해야 한다. • 피로, 환경조건(실내온도, 소음, 검사 사이의 개인적 경험), 검사자의 검사 실시 방법 등.

2 심리검사 도구의 제작 과정과 조건

단점	• 이월효과=연습효과=시행효과: 1차 검사 경험이 2차 검사에 영향을 줄 수 있다. • 시간 길이는 측정 특성에 따라 다른 효과를 가진다. 시간간격 짧으면 기억, 연습, 기분이 영향을 주게 되며 간격이 길면 새로운 정보 획득 가능성, 기분변화가 영향을 주게 된다. • 시간간격은 성장 변인에 영향을 받는다. 따라서 시간 간격에 따라 신뢰도 계수 달라진다. 그러므로 시간의 영향이 적은 심리적 특성에 관한 검사에 사용이 가능하다. 성취동기나 인성보다 감각이나 지각능력처럼 안정된 능력 측정하는 검사에 보다 적합하다.

② 동형검사 신뢰도(parallel-form reliability, 동형성 계수)

정의	• 시행효과 배제를 위해 문항의 형식·내용·난이도 등 모든 측면에서 동일하면서 문항이 다른 검사를 만들고 두 검사에 대해 얻은 점수 비교하는 것이다.
전제	• 두 가지 형태의 검사문항이 모두 동일 전집의 문항에서 추출된 표본이다.
목적	• 검사형태상 중복의 정도와 시간상의 안정성을 갖추고 있다.
결과	• 동형검사 신뢰도가 낮게 나오게 될 경우, 두 검사의 동일한 특성이나 기술을 측정하지 못하고 있음을 뜻한다. • 반면 높을 경우, 두 검사가 동등한 신뢰도를 보여줌을 뜻한다.
단점	• 문항이 다르더라도 형식, 내용, 난이도가 유사하기 때문에 연습효과가 있을 수 있다. • 현실적으로 형식, 내용, 난이도가 유사한 다른 검사를 만드는 것이 어렵다.

③ 반분 신뢰도(split-half reliability, 동질성 계수)

정의	• 단일 척도를 두 검사로 나누어 실시하는 것으로 일종의 동형 검사 신뢰도이다. • 한 개의 검사를 하나의 피검자 집단에게 실시한 후, 그것을 적절한 방법으로 두 부분의 점수로 분할한다. 그리고 그것을 독립된 검사로 여기고 두 검사상의 상관을 계산한다.
전제	• 모든 문항이 중심적 구성개념을 측정하는 데 동일한 영향을 준다.
목적	• 문항간 일치도를 알아보기 위한 것이다.
결과	• 검사의 반으로 신뢰도 구하므로 보통 다른 신뢰도 계수보다 낮게 측정된다. 일반적으로 검사 길이가 길수록 내용표집에 기인한 오차가 감소해 신뢰도가 증가한다.
장점	• 시간상의 안정성을 측정해 주지는 못하지만 일회만 실시한다는 장점이 있다. • 검사-재검사(2회에 걸쳐 피검자들을 만나는 것)가 불가능할 때, 동형검사를 만들기가 어려울 때 쉽게 사용할 수 있는 방법이다.

④ 문항내적 합치도(internal consistency, 내적 일관도/일관성, 동질성 계수)

정의	• 한 검사와 문항 각각의 반응의 일치도이다. 이 신뢰도 계수는 검사의 모든 문항 간의 내적상관 평균으로부터 얻어진다.
특성	• 문항내적합치도 계수는 검사의 각 문항들이 그 검사의 전체 점수와의 관련 정도, 검사의 다른 문항들과의 관련 정도를 의미한다. • 문항 내적합치도를 높이려면 문항간의 상호 상관도가 높아야 하기 때문에 한 검사가 한 가지 특성이나 능력을 재는 동질적 검사여야 한다.
방식	• 검사도구의 반응유형에 따라 두 개의 반응 질문(O×형)에는 KR-20(Kuder-Richardson Formula 20)을 쓰고, 두 개 이상의 반응 질문에는 크론바흐 알파계수(Cronbach's α)를 사용한다.
장점	• 한 번의 검사로 간단히 신뢰도를 계산할 수 있다.

2 타당도(validity) 📖 2005, 2009, 2012, 2014, 2018, 2020, 2022 기출

(1) 정의: "검사가 측정하고자 하는 것을 제대로 측정하고 있는지?"와 "검사에서 임상가가 필요로 하는 정보를 얻을 수 있는지?"를 측정하는 것으로 무엇을, 얼마나 충실하게 측정하고 있는지를 평가하는 정도를 말한다.

(2) 캠벨과 스탠리(D. Campbell & J. Stanley)의 내적 타당도 📖 2020 기출

① 개념: 연구과정 중 종속변수에서 나타나는 변화가 독립변수의 변화에 의한 것임을 확신할 수 있는 정도. 즉 인과성에 대한 검증 능력이 강하면 내적 타당도가 높다.

② 내적 타당도 저해 요인 📖 2020 기출

㉠ 성장요인(성숙요인): 시간의 흐름(시간 연속설계) 때문에 발생하는 조사대상의 집단의 신체적·심리적 특성의 변화를 말한다. 즉 실험이 진행되는 기간으로 인해 실험집단이 성숙하게 되어 독립변수의 순수한 영향 이외의 변화가 종속변수에 미치게 되는 경우이다.

㉡ 역사요인(우연한 사건): 연구기간 중에 연구자의 의도와는 관계없이 실험적인 처치 이외의 통제 불가능한 사건이 발생해 결과변수에 영향을 미치는 것을 말한다. 사전검사와 사후검사의 시간간격이 넓을수록 심각해지기 때문에 시간차이 조절이 중요하다.

㉢ 선발요인: 정책이나 프로그램 집행 후에 실험집단과 통제집단(비교집단) 간의 결과변수에 대한 측정값의 차이가 프로그램 집행의 차이라기보다는 단순히 두 집단구성원들이 다르기 때문에 나타나는 경우이다.

㉣ 상실요인(대상자 탈락): 정책집행 기간 중 관찰대상 집단의 일부의 탈락 또는 상실로 남아있는 대상이 처음의 관찰대상 집단과 다른 특성을 갖게 되는 현상이다. 즉, 연구과정에서 실험대상자의 이사, 사망, 질병 등으로 실험결과에 다른 영향을 미치게 되는 것을 말한다.

㉤ 통계적 회귀요인: 극단적 측정값을 갖는 사례들을 재측정할 때 평균값으로 회귀하여 처음과 같은 극단적 측정값을 나타낼 확률이 줄어드는 현상이다. 즉 종속변수의 값이 극단적으로 높거나 낮은 경우 프로그램 실행 이후 검사에서는 독립변수의 효과가 없더라도 높은 집단은 낮아지고 낮은 집단은 높아지는 현상을 말한다.

㉥ 검사요인(테스트 요인): 프로그램의 실시 전과 실시 후에 유사한 검사를 반복하는 경우 프로그램 참여자들이 시험에 친숙도가 높아져서 측정값에 영향을 미치는 현상이다.

㉦ (측정) 도구요인: 프로그램 집행 전과 집행 후에 측정자의 측정기준이 달라지거나, 측정수단이 변화함에 따라서 정책 효과가 왜곡되는 현상이다. 예를 들어, 처음 사용한 측정도구나 측정자가 다음에 사용하는 측정도구나 측정자와 다른 경우나 측정대상자에게 적합하지 못한 도구를 사용하는 경우 등을 말한다.

㉧ 모방(개입확산): 분리된 집단들을 비교하는 조사연구에서 적절한 통제가 안 되어, 실험집단에서 실시되었던 프로그램이나 특정한 자극들에 의해서 실험집단의 사람들이 효과를 얻게 되고, 그 효과들이 통제집단에게 영향을 미치는 것을 말한다.

㉨ 인과적 시간-순서: 시간적 우선성을 경험적으로 보여줄 수 없는 설계의 형태인 비실험설계에서는 원인변수와 결과변수 사이의 인과관계의 방향을 결정하기가 곤란하다.

③ 내적 타당도 위협요소의 방지

㉠ 무선적 할당을 시도한다.

㉡ 내담자를 상담자에게 할당하는 과정에서 아무런 평가, 판단, 편견이 작용하지 않는 것으로 다시 말해 각 내담자는 각 상담자에게 할당될 확률이 모두 같도록 하는 것이다.

(3) 외적 타당도 📖 2020 기출

① 개념: 표본에서 얻어진 연구의 결과로 인해 연구조건을 넘어선 다른 환경이나 다른 집단들에게까지 적용할 수 있는, 즉 일반화를 할 수 있는 정도를 말한다.

② 외적타당도 저해 요인

　⊙ 연구표본의 대표성 결여(일반화가 안되는 경우): 표본이 모집단을 대표할 수 있어야 일반화의 정도가 높다. 그런데 연구결과가 그 표본에만 적용되고, 다른 표본에 적용할 경우 다른 결과가 나오는 경우에는 일반화가 안된다. 즉 대표성의 결여는 일반화의 한계가 된다.

　ⓒ 조사반응성(반응효과): 호손효과라고도 한다. 대상자가 실험에 참여한다는 것을 의식하여 연구자가 관찰하는 동안에는 연구자가 원하는 방향으로 반응을 보인다면 일반화의 정도가 낮다.

　ⓒ 플라시보 효과(위약효과): 대상자가 어떤 특별한 치료나 특별한 관심을 받고 있다고 인식하게 되면 대상자 스스로 심리적으로 반응해서 변화를 불러일으키는 것으로 이러한 경우 일반화의 정도가 낮다.

　② 피험자 선발과 실험처치 간의 상호작용: 실험처치의 효과가 특정 피험자에게 나타난 경우와 같이, 피험자 유형에 따라 실험처치의 영향이 다름으로 인하여 일반화의 한계를 보인다.

　⑩ 사전검사와 실험처치 간의 상호작용: 사전검사를 실시했을 때에만 실험처치의 효과가 있는 경우와 같이, 사전검사 실시로 인하여 실험처치에 대한 관심이 증가 또는 감소함에 따른 일반화의 한계가 나타난다.

> **1) 모집단에 대한 타당도**
> (1) 연구에 사용되는 표본이 모집단의 특성을 충분히 반영하고 있는지를 평가하는 것이다.
> (2) 이는 표집과 관련된 것으로 적절한 표집방법을 선택하면 연구결과를 모집단에 일반화할 수 있다.
> (3) 나아가 실제 수집된 자료가 연구자가 처음에 의도했던 모집단을 잘 대표하고 있는지에 대한 검토가 이루어져야 한다.
>
> **2) 생태학적 타당도**: 생태학적 타당도(ecological validity)는 표본자료에서 발견된 사실들이 다른 일반적인 환경들에도 적용될 수 있는지의 여부를 검토하는 것이다.
> ☞ 실험집단이나 통제집단에 속한 연구대상들이 처치변수의 도입과 상관없이 스스로 어떠한 의미를 부여하여 종속변수의 변화를 발생시킬 수 있다. 아래에서 제시한 호손 효과, 존 헨리 효과, 연구자 효과 등은 인간이 관찰대상이 되는 연구에서 연구대상자들이 갖는 심리적 반응성의 문제가 실험결과의 일반화에 지장을 초래함을 나타내는 것이다. 실험 환경에서 연구대상자들은 연구자의 의도를 파악하려고 하고, 그에 적절한 반응을 보이려 한다. 그러나 이러한 반응은 자연스러운 상태에서의 반응이 아니므로 연구결과를 일반화하는 데 문제가 발생할 수 있다.
> (1) 호손(Hawthone) 효과: 호손 효과는 연구대상이 연구의 목적을 알고 있거나 알게 될 때 평상시와는 다르게 행동함으로써 연구결과에 영향을 미치는 것을 의미한다.
> (2) 존 헨리(John Henry) 효과: 존 헨리 효과란 호손 효과와 반대되는 현상으로 통제집단에 있는 연구대상들이 실험집단에 있는 연구대상들보다 더 나은 결과가 나타나도록 노력하는 현상을 의미한다. 존 헨리는 증기의 힘으로 움직이는 기계보다 자신이 더 우수함을 보이기 위해 무리하게 경쟁하다 죽었다는 미국 전설에 나오는 흑인 노동자의 이름이다. 만약 통제집단에 속한 연구대상들이 연구결과로부터 어떤 불이익을 받게 된다는 것을 알게 되면 실험집단에 속한 연구대상들보다 더 많은 노력을 하게 되므로, 기대와 다른 결과가 나타나게 된다. 이러한 결과는 처치변수의 효과가 아니라 통제집단에 있는 연구대상의 노력에 의한 것이므로 연구의 외적 타당도에 영향을 미치게 된다.
> (3) 연구자 효과(=실험자 효과) 📖 2022 기출: 연구자 효과는 연구자가 가지고 있는 사회심리적 특성이 연구에 영향을 미친다는 개념이다. 또한 연구자가 연구결과에 영향을 미치는 말이나 행동을 함으로써 연구대상이 평상시와 다르게 행동하는 것을 의미한다(Rosenthal, 1966). 연구자 효과를 줄이기 위해서는 실험을 담당하는 사람이나 실험 대상자 모두에게 연구의 목적에 대해 알리지 않고 연구를 진행시키는 방법을 제시하는데, 이를 이중눈가림설계라고 한다.

③ 외적 타당도 위협요소의 방지
  ㉠ 피험자 수를 늘린다.
  ㉡ 모집단의 특성을 미리 상정하는 것이 좋은데, 피험자의 호소문제, 연령, 학력, 성별 등을 구체적으로 기술한다.
  ㉢ 표집(표본추출 과정)에서 피험사는 그 연구결과를 일반화시키고자 하는 전집(모집단)을 대표하는 집단이면 좋다.
  ㉣ 시간과 공간의 유사한 적용을 하는 것이 바람직하다.

(4) 통계적 결론 타당도
① 개념: 통계검증을 근거로 한 연구자의 결론이 가지는 확신 정도이다. 통계적 결론이라는 것은 추리통계에 관한 것으로 통계적 검증에는 몇 가지 필수적 요소들이 있다.
  ㉠ 표집의 자료를 가지고 전집의 내용을 추정하는 것
  ㉡ 영가설을 세우는 것. 영가설을 부정하는 방식으로 검증절차가 이뤄진다.
② 통계적 결론 타당도 저해 요인
  ㉠ 낮은 통계적 검증력: 대안가설이 참(眞)이면 영가설이 기각이 되고, 이렇게 될 확률을 통계적 검증력이라 한다. 통계적 검증력이 낮다는 것은 대안가설이 진임에도 불구하고 영가설을 기각하지 못하는 경우다. 이는 그릇된 결론을 내릴 가능성이 높인다. 통계적 검증력을 높이려면, 표집의 크기를 크게 하거나, 실험 절차 혹은 측정 신뢰도를 높여 오차변량을 줄이거나, 양방검증보다 일방검증을 사용하거나, 1종 오류의 한계 즉 알파 수준을 높여서 베타 수준을 감소시키는 것이다.
  ㉡ 통계적 가정의 위반: 어떤 통계분석 절차가 유효하기 위한 선행조건들이 통계적 가정이다. 모수적 통계의 경우 표집분포의 정상성, 피험자 선발과정이 무선적이고 독립적일 것, 집단 간 변량의 동질성 등이 가정인데 이를 지나치게 위반하면 1종 오류를 증가시킨다.
  ㉢ 투망질식 검증: 한 세트의 자료를 가지고 여러 번 통계검증을 하여서 의의 있는 결과만을 뽑아내려는 전략이다. 이와 같은 방법으로 얻은 결론은 오류를 범할 확률을 증가시킨다.
  ㉣ 신뢰도 낮은 측정: 연구에 사용된 측정의 신뢰도가 낮으면 오차변량이 커진다.
  ㉤ 신뢰롭지 못한 처치
  ㉥ 반응의 무작위성 다양성: 불안증상에 대한 상담에서 행동연습을 처방하는 데 행동연습의 장소가 통제되어 있지 않고 어떤 피험자는 술집에서, 어떤 피험자는 직장에서 연습을 하였다. 이러한 연습상황의 다양성은 오차변량을 증가시킨다.
  ㉦ 피험자의 무작위성 이질성

2 심리검사 도구의 제작 과정과 조건

[2020년 기출]

다음은 청소년 우울증에 대한 실험연구를 준비하고 있는 전문상담교사가 수퍼바이저와 나눈 대화 내용의 일부이다. 〈작성 방법〉에 따라 서술하시오.

> 상담 교사: 실험 설계를 할 때 어떤 점을 고려해야 하나요?
> 수퍼바이저: 실험 설계에서 중요한 것은 독립변인 이외의 다른 조건이나 요인들이 종속변인에 영향을 미치지 못하도록 철저히 통제하여, ㉠ 오직 독립변인만이 원인이 되어 종속변인이 나타났다고 확신할 수 있는 정도를 최대화하도록 실험을 설계하는 거예요. 또한 ㉡ 실험 결과를 다른 대상, 다른 시기, 다른 상황에 일반화할 수 있는 정도도 고려해야 해요.
> 상담 교사: 실험과정에서 실험 처치 이외에 다른 변인들이 실험 결과에 영향을 주지 않도록 해야 하는군요.
> 수퍼바이저: 그렇지요. 이와 관련하여 캠벨과 스탠리(D. Campbell & J. Stanley)가 실험결과에 영향을 주는 혼재(가외) 변인으로 ㉢ 역사(history), 성숙, 검사측정도구, ㉣ 검사(testing), 실험참여자 탈락 등을 제시했는데, 이런 변인들이 실험결과에 영향을 주지 않도록 해야 해요.
> 상담 교사: 예를 들어서 설명해주시면 좋겠어요.
> 수퍼바이저: 예컨대, 주의력 훈련이 우울증 환자의 문제해결 능력 향상에 미치는 영향을 알아보기 위한 실험을 한다고 가정해 보지요. 이때 주의력 훈련을 받은 집단에는 가벼운 정도의 우울증 환자들이 참여하고, 주의력 훈련을 받지 않은 집단에는 심각한 우울증 환자들이 참여했다면, 우울증 환자의 문제해결 능력 향상이 주의력 훈련으로 인한 결과라고 확실하게 말할 수는 없을 거예요. 왜냐하면 ㉤ 주의력 훈련 이외에 우울증의 심각도가 문제해결 능력에 영향을 미쳤을 수도 있으니까요.

〈작성 방법〉

- 밑줄 친 ㉠, ㉡에 해당하는 개념을 캠벨과 스탠리가 제시한 용어로 순서대로 쓸 것.
- 밑줄 친 ㉢, ㉣에 해당하는 개념의 의미를 순서대로 서술할 것.
- 밑줄 친 ㉤의 문제를 해결하기 위해서 실험 전에 사용해야 하는 실험집단과 통제집단을 구성하는 방법의 명칭을 쓸 것.

(5) 타당도의 종류

① 내용타당도(content validity)

정의	• 검사가 재고자 하는 구성 개념의 영역을 문항들이 얼마나 잘 대표하는가에 대한 타당도를 전문가가 측정해주는 타당도이다.
방식	• 내용타당도의 결정은 수량적이지 못하고 전문가의 논리나 검사 제작자에 의존한다. • 예비문항 선정과정부터 시작한다. 후기 연구자가 초기와 다른 이론적 배경 제시할 경우, 초기와 후기의 내용타당도가 달라질 수 있다.
결과	• 내용타당도가 낮은 것은 기초 이론에 대한 불완전한 이해와 이론의 부족 혹은 문항제작에서 과잉일반화의 결과를 낳는다.
적용	• 성격검사나 적성검사보다 성적검사처럼 능력이나 숙달정도에 관한 검사에서 중요하다. • 성격이나 적성의 전체 내용이 무엇인지 기술하기 어려운 반면, 능력이나 숙달정도는 그렇지 않기 때문에 내용타당도가 비교적 의미 있다.
장점	• 문항에 대한 면밀한 검토에 따른 주관적 판단에 의존한다. 그렇기 때문에 적용이 쉽고 시간이 절약된다.
한계	• 연구자나 전문가의 주관적 판단에 의존하므로 오류의 가능성이 있다. 해결하기 위해 다양한 외부의 관점을 포함하여 주관성 소지를 최소화해야 한다.

② 안면타당도(face validity)

정의	• 그 검사가 실제로 측정하려고 하는 것이 그럴 듯하게 측정되고 있는지를 피검자가 파악할 수 있는 타당도이다. 실제로 측정하는 내용과 표면상 측정한다고 여겨지는 내용의 차이를 측정하는 것이다.
방식	• 검사 제목, 지시사항, 문항, 용어사용, 외관 등이 그럴듯하게 보이는지에 대해서 피검자가 보기에 검사가 검사답게 보이는 정도를 측정하는 타당도이다.
적용	• 안면타당도를 통해 피검자는 검사가 무엇을 측정하려는지 판단할 수 있다. 그러므로 피검자 반응에 영향을 받는다. • 검사가 너무 쉽거나 어렵거나 혹은 부적절하거나 불필요하게 보인다면 이러한 안면타당도가 검사태도에 영향 미쳐서 피검자의 협조적이고 솔직한 응답태도를 결정하는 데 역할하기 때문에 검사구성에서 중요한 고려 사항이기도 하다.

③ 준거 타당도(criterion validity)
  ㉠ 개념: 하나의 측정도구를 사용하여 측정한 결과를 이미 타당성이 경험적으로 입증된 독립된 기준을 적용하여 특정한 결과와 비교하여 나타난 관련성의 정도를 의미한다.
  ㉡ 공인타당도(concurrent validity, 공존 타당도)와 예언타당도(predictive validity)로 나누어진다.
  ㉢ 검사점수와 어떤 준거점수와의 상관에 의하여 검사의 타당도를 검증하는 방법으로, 준거 점수는 미래의 행동이나 다른 검사의 점수를 의미한다.
  ㉣ 새로이 개발된 측정도구에 의해 산출된 측정 결과들이 비교의 기준이 되는 다른 측정 결과들과 상관성이 높을 때 기준타당도는 높다.
  ㉤ 측정값과 비교의 기준 사이의 상관관계 계수를 가지고 타당도 계수로 많이 사용한다.
  ㉥ 장점: 타당도 계수를 계산해 냄으로써 내용타당도에 비해 훨씬 객관적이고 비교가 가능하다.
  ㉦ 한계: 기본적으로 비교기준을 이용하기 때문에 비교기준이 있는가를 알아야 하고 그 비교기준이 타당한 것인가를 먼저 고려해야 하는 등 추가비용이 든다.

	공인 타당도	예언타당도
정의	관심 있는 동일 특성을 측정하는 검사와 다른 대안적 방법에서 측정된 내용과의 관계를 보는 것으로 그 검사가 정말로 의도하는 특성을 재고 있는가를 본다.	검사결과가 피검자의 미래 행동과의 관계를 보는 것으로, 어느 정도로 정확하게 예언 하느냐를 두고 예언능률로 표시된다.
특성	• 검사점수와 준거점수가 동일 시점에서 수집된다. • 비용과 시간 절약되므로 준거변인과 심리검사 결과 간의 공인적 관계는 심리검사의 중요한 장점이다.	• 검사점수와 예측행동 자료가 일정 시간 두고 수집하는 것 • 예를 들면, 대입당시 불안검사의 높은 점수가 대학생활의 불안신경증 예측하는지를 보는 것이다.
예	새로 개발된 심리검사 점수와 기존 검사 점수간 상관관계, MMPI, KWAIS	지능 검사의 성적과 학업 성적간의 비교.

◎ 타당도 사례

+ **예언타당도의 예**

어떤 회사에서 신입사원 선발을 위해 개발한 적성검사의 예언타당도를 분석하려 한다. 이를 위해 타당도계수를 구해야 하는데 그 과정은 먼저 그 적성검사를 응시자 집단에게 실시하여 각 개인의 점수를 얻는 데서 시작한다. 다음은 현재 그 회사에서 실시하고 있는 검사를 통해 사람들을 선발하고 이들이 회사에 들어온 후 일정시간(약 6개월~1년 정도)이 지난 다음에 이들의 직무수행 점수를 얻는다. 직무수행점수는 주로 회사에서 6개월 또는 1년에 한 번씩 실시하는 인사고과점수이다. 세일즈맨과 같이 직무수행량을 객관적 수치로 계산 가능한 경우에는 판매량을 직무수행량을 객관적 수치로 계산 가능한 경우에는 판매량을 직무수행점수로 계산해도 상관없다. 마지막으로 이들의 입사시 적성검사점수와 직무수행점수 사이의 상관계수를 얻으면 그 값이 바로 타당도계수가 된다. 타당도계수가 높게 나오면 이는 적성검사의 예언타당도가 높음을 의미한다. 이 말은 적성검사에서 높은 점수를 받은 사람이 직무수행에서도 높은 점수를, 적성검사에서 낮은 점수를 받은 사람은 직무수행에서도 낮은 점수를 받는 경향이 강함을 뜻한다.

2 심리검사 도구의 제작 과정과 조건

> **+ 공인타당도의 예**
>
> 적성검사를 현재 회사에 근무하는 조직구성원들에게 실시하고 바로 이어서 인사부서로부터 이들의 직무수행점수를 얻은 다음 적성검사점수와 수행점수 간의 상관계수를 구하면 된다. 이 상관계수가 적성검사의 타당도계수가 된다. 이 타당도계수의 값이 크면 검사의 공인타당도가 높음을 의미한다. 이 방법은 응시자가 아닌 이미 선발된 사람을 대상으로 자료를 모은다는 단점이 있다. 즉 자료를 얻은 표집이 모집단을 잘 대표한다고 보기 어렵기 때문이다.

④ 구인 타당도(construct validity, 구성타당도)
  ㉠ 검사가 재고자 하는 이론적 개념이 검사에서 측정되고 있는지 확인하는 타당도이다.
  ㉡ 인간의 심리적 특성을 있을 것이라고 가정하고(이해력, 성취욕, 창의력 등) 그러한 심리적 요인을 조작적으로 정의를 한다. 그리고 나서 결과로 나온 검사점수가 심리적 구인(있을 것이라고 가정한 인간 특성)으로 구성되어 있는가를 검증하는 것이다.

수렴타당도 (집중적타당도) (convergent-)	• 유사한 특성을 측정하는 다른 유형의 검사들 간에 상관성을 검증하는 타당도로 상관성이 높게 측정이 되어야 타당도가 입증된다. 예 수학에 대한 적성, 흥미 검사가 수학에 대한 학업 성적 간의 상관
판별타당도 (차별적타당도) (discriminant-)	• 다른 특성을 측정하는 동일 유형의 검사들 간에 상관성이 낮은 것을 검증하는 타당도로 상관성이 낮게 측정이 되어야 타당도가 입증된다. 예 수학능력 검사와 예술 지능 검사와의 상관성, 사회성 검사와 정신분열 척도와의 상관성은 낮아야 한다.
요인타당도 (이해타당도) (factorial validity)	• 측정하고자 하는 개념을 이해하는 데 있어 정확한가를 의미하는 것으로, 두 검사 사이에 공동으로 존재하는 어떤 요소가 작용해서 나타난 결과를 요인타당도라고 한다. 요인타당도는 개념늘에 대한 요인분석에 의해 일아볼 수 있다. • 요인분석: 일련의 변수들에서 그 상관성을 분석하고 변수들을 몇 개의 요인으로 수렴 및 분류하여 상호관계를 설명하려는 수리적 절차를 말한다. 　- 요인분석의 목적: 다수의 변수들의 정보손실을 최소화하면서 소수의 요인으로 축약하는 것이다. 또한 요인분석을 통해 관련된 변수들이 묶이면 요인들의 상호 독립적인 특성들이 파악이 된다.

  ㉢ 다른 타당도보다 복잡하며 장기간의 자료수집이 요구된다. 검사점수와 검사에서 측정하려는 변인과의 관계 또는 검사가 측정하려는 영역과 직접적인 관계없는 변인과의 관계 검토를 모두 검토해야 하기 때문이다.
  ㉣ 측정하고 있는 특성과 유사한 특성 추정한다고 가정되는 검사(수렴타당도로 검증할 경우)와는 중간 정도 이상의 높은 상관관계 보여야 지지된다.
  ㉤ 관련 없는 특성 측정하고 있는 검사(변별타당도로 검증할 경우)와는 매우 낮은 상관관계 보이거나 전혀 상관 보이지 않을 경우 지지된다.
  ㉥ 내적 일관성이 높을수록 구인타당도도 높다.
  ㉦ 문제점: 행복이나 만족과 같이 조사자가 측정하고자 하는 추상적인 개념이 측정도구에 의해서 제대로 측정되었는가에 관한 문제로서 측정하고자 하는 개념이 추상적일수록 구인타당도(개념타당도)를 확보하기가 어렵다.

3 신뢰도와 타당도의 관계

(1) 신뢰도가 있어도 타당도는 없을 수 있다.
(2) 타당도가 없어도 신뢰도를 가질 수 있다.

(3) 타당도가 높으면 반드시 신뢰도가 높다.
  ☞ 타당도가 높은 측정은 반드시 신뢰도가 높지만, 신뢰도가 높다고 해서 반드시 타당도가 높은 것은 아니다.
(4) 신뢰도가 높고 타당도가 낮은 측정은 있다.
(5) 타당도는 신뢰도에 대한 충분조건, 신뢰도는 타당도의 필요조건이다.
(6) 타당도와 신뢰도는 비대칭적 관계이다.

[2018년 기출]

다음은 전문상담교사가 A 검사를 개발하는 과정에서 타당도를 검토한 자료이다. 수렴타당도(convergent validity)와 변별타당도(discriminant validity)의 정의를 쓰고, A 검사의 수렴타당도와 변별타당도의 근거를 (가)를 참조하여 (나)에서 찾아 각각 1가지씩 제시하시오.

(가) 검사정보

검사명	구인	측정방법	신뢰도, 타당도 정보
A 검사	사회적 효능감	자기보고식	• 내적합치도(Cronbach's α)가 높음
B 검사	사회적 효능감	자기보고식	• 내적합치도(Cronbach's α)가 높음 • 구인타당도가 확인됨
C 검사	사회적 효능감	교사평정	• 검사-재검사 신뢰도 높음 • 구인타당도가 확인됨
D 검사	사회적 바람직성	자기보고식	• 내적합치도(Cronbach's α)가 높음

(나) 검사들 간의 상관관계

	B 검사	C 검사	D 검사
A 검사	.76***	.54***	.07

***p<.001

4 측정학적 개념 2007, 2016 기출

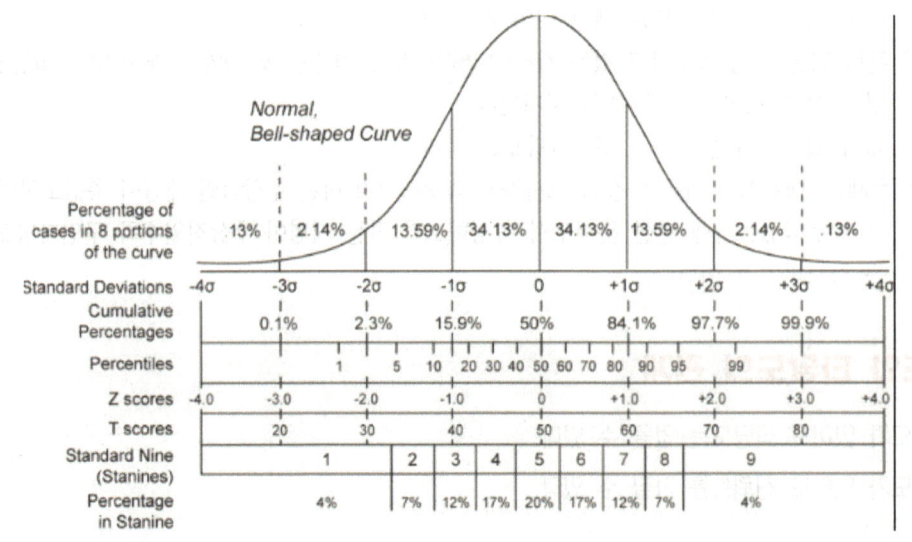

(1) 규준(norm)
① 정의: 원점수의 상대적 위치를 설명하기 위해 쓰이는 일종의 자(scale)로서, 규준집단으로부터 얻어지는 것이다.
② 개인의 원점수는 규준집단에서 개인이 상대적 위치를 보여 주는 교정점수로 변환되며, 이것은 검사도구가 측정하는 특성에서 보인 개인 수행의 상대적 측정치를 제공해 준다.
③ 예를 들어, 웩슬러 지능검사의 경우, 아동의 수행수준을 채점한 원점수를 연령별 '규준'에 비추어 표준점수를 산출하게 되는데, 이때 사용하는 연령별 아동들의 원점수 분포를 정리해 놓은 것이 바로 규준이다.

(2) 서열(rank)
집단 내 개인의 서열은, 집단크기와 구성에 기초해서 해석되는 가장 간단한 규준참조 측정치이다. 가장 많이 사용하는 경우는 학교 성적을 설명할 때로, "철수는 반에서 5등이다"라고 말할 때이다.

(3) 백분위점수(percentile rank) 📖 2016 기출
① 정의: 특정한 피검자의 백분위 (또는 백분위서열)란 규준집단 내에서 그 피검자보다 낮은 점수를 받는 사람의 비율을 말한다.
② 주의할 점: 백분위 서열은 선형적(Linear) 관계가 아니라는 점이다. 비교집단의 크기에 의존하지 않기 때문에 자주 사용된다.
③ 나타나는 방식: 백분위점수는 어떤 점수가 서열순위 내에 위치할 때 그 밑에 있는 비교집단의 사람비율로 나타낸다. 예를 들어 백분위 점수가 65라면, 비교집단에서 65%의 사람이 그 점수보다 더 밑에 있다는 의미이다. 한 집단 내에서 개인의 상대적인 위치를 살펴보는 데 적합하다.
④ 백분위점수는 비교집단에서 100명의 사람을 서열화한 것으로 해석될 수도 있다. 따라서 점수가 높을수록 백분위점수도 높게 되며, 반대로 백분위점수가 낮을수록 분포상에서 그 사람의 상대적 위치도 낮은 것이다.
⑤ 백분위점수 50은 중앙값과 일치한다.
⑥ 장점: 많은 사람들이 쉽게 이해할 수 있다는 점이다.

(4) 학년점수(학령점수)
① 정의: 학년점수는 흔히 학업성취도 검사에서 특정 학생이 학년수준으로 볼 때 얼마나 향상되었는지를 해석하는 데에 사용된다.
② 내용: 학년점수는 3월부터 12월까지의 한 학년 10개월을 1로 표현한다. 등급의 범위는 초등학교 1학년(1)부터 고등학교 3학년(12)까지이고, 종종 12 이상의 숫자가 쓰이기도 하지만 큰 의미를 갖지는 않는다.
③ 장점: 측정학적 개념이 없이도 해석이 용이하다는 점이다.

> **＋ 학년점수의 예**
> 산수에서 5.3학년점수를 얻은 3학년 학생에 대해 부모와 교사는 그의 산수실력이 동일 시기의 5학년 학생들의 평균수준이라고 쉽게 이해할 수 있다. 더 정확하게 해석하자면, 산수에서 5학년점수를 얻은 3학년 학생은, 5학년 학생이 3학년 산수 문제를 풀었을 때 성취한 수준만큼 보인 것이다. 하지만 이것이 3학년 학생이 5학년 학생들이 푸는 5학년 수준의 문제에서 평균점수를 받는 수준임을 의미하는 것은 아니다.

(5) 표준편차(Standard Deviation, SD) 📖 2007 기출
① 정의: 표준편차는 다양한 사물의 흩어진 정도, 즉 다양성의 정도를 나타낸 것이다.

② 특징
　㉠ 표준점수에 기초
　㉡ 개인 점수의 신뢰도를 표현하는 방법
　㉢ 연구에서 통계적 검사의 유의도를 나타내는 데에 두루 사용
　㉣ 상담이나 인간발달 분야에 사용되는 대부분의 심리검사 결과는 표준점수로 제시되기 때문에 숙지할 필요가 있다.

③ 내용
　㉠ 정상분포에서 흔히 표준편차 값은, 평균을 기준으로 상위 3부분과 하위 3부분, 즉 6개의 부분으로 구분된다. ±3 표준편차 바깥의 사례는 거의 없다.
　㉡ 그림에서 보는 바와 같이 정상분포에서는 평균과 상위 1표준편차 사이에 약 34%의 사례가 존재하고, 마찬가지로 평균과 하위 1표준편차 사이에 약 34%의 사례가 있다.
　㉢ -1표준편차부터 +1표준편차 사이에는 약 68%의 사례가 있게 된다.
　㉣ 평균으로부터 2표준편차까지는 양방향으로 각각 14%의 사례가 더 추가된다.
　㉤ 3표준편차까지 양방향 각각 2%의 사례가 추가된다.
　㉥ 중앙값 또는 평균값의 점수를 받은 사람은 백분위점수 50에 해당한다.

(6) 표준점수(standard score) 2007, 2016 기출

① 표준점수 사용 이유: 백분위점수가 실제 분포 모습을 그대로 반영하지 못하기 때문이다.
② 정의: 표준점수는 원점수와 평균 간의 거리를 점수화한 것이다.
③ 내용: 표준편차 및 평균에 기초하여 점수를 정의된다.
④ Z점수: Z점수는 평균을 0, 표준편차를 1로 정한 표준점수
　㉠ 예를 들어, -1.5라는 Z점수는 원점수가 참조집단의 평균으로부터 하위 1.5표준편차만큼 떨어져 있다는 의미다.
　㉡ 단점: Z점수가 소수점과 음의 값으로 나타날 수 있기 때문에 계산과 해석이 다소 어렵다.
⑤ T점수: T점수는 평균을 50, 표준편차를 10으로 임의로 정한 등간점수
　㉠ 개인검사와 흥미검사에 주로 활용
　㉡ T점수는 거의 모든 점수에 걸쳐 있으며 대부분의 원점수가 평균 ~ ±3표준편차 사이에 있기 때문에 T점수는 20~80 사이에 대부분 분포한다.
　㉢ MMPI의 정상 사례 수준을 30(하한)~70(상한)으로 잡고 있는 이유 역시, T점수를 사용하는 MMPI에서 약 95%의 사람들이 30~70 사이의 점수를 받으므로, 나머지 5%의 극단점수를 받은 사람들(30점 이하와 70점 이상)에 대해 정신병리적 진단을 내리는 것이다.
⑥ IQ 표준점수
　㉠ 처음 지능검사가 개발되었을 때, 지능지수는 (정신연령/생활연령×100)으로 나타내었다. 이러한 비율 IQ는 청소년기 이후에는 타당성이 떨어진다는 점을 포함하여 많은 문제점을 안고 있어서, 비율 IQ를 대신하여 개정된 IQ 표준점수가 개발되었다.
　㉡ 지금까지도 비율 IQ와 마찬가지로 평균 100이 사용되지만 이것은 표준편차에 기초한 표준점수이다. 이러한 표준점수에서의 위치는 정상분포를 전제로 한다.
　㉢ 정상분포에 이러한 값들이 어디에 위치하는지를 이해하고 있는 것이 검사 결과를 해석하는 데 매우 중요하다.

⑦ 상관(correlation)
  ㉠ 정의: 상관계수(Correlation Coefficient)는 두 종류의 측정치 간의 관련 정도를 나타낸다.

  > **＋ 상관의 예**
  >
  > 학습동기가 높은 학생일수록 학교성적이 좋고 반대로 학습동기가 낮은 학생일수록 학교성적이 나쁘다면, 즉 학습동기와 학교성적에 대한 학생들의 서열이 유사하다면, 이 두 변인 간에 어떤 관련성이 있다는 결론에 도달하게 될 것이다. 이러한 관련성이 상관계수로 표현된다.

  ㉡ 내용
    • 우선 상관부호(+ 또는 -)는 두 변인에서의 서열이 같은 순서인지 또는 역순서인지를 보여준다.
    • **상관의 크기**: 이 관련성의 강도를 보여준다.
    • 두 변인 간의 상관이 있다고 하여 한 변인이 다른 변인의 원인이 된다는 의미를 내포하는 것은 아니다.

  ㉢ 피어슨 상관계수(r): (Pearson Correlation Coefficient: PCC)
    • 범위: +1.0(완전한 정적 상관) ~ 0.0(무상관) ~ -1.0(완전한 부적상관)까지.

  > **＋ 피어슨 상관계수의 예**
  >
  > 대학입학성적과 대학 1학년 평점과의 상관은 상관계수 .4이다. 학생들의 집~학교 간의 거리와 학년등급과는 상관계수 .0으로 전혀 관련성이 없게 나타났고, 학생들이 텔레비전을 보는 시간과 학년등급 간의 상관계수는 -.2로 낮은 부적상관을 보였다.

3 연구 설계법

1 연구유형과 실험연구설계의 개념

1 인식론적 접근방법과 연구방법에 따른 연구유형 분류

문항선정과 측정절차, 평가준거가 이론 기초로 결정된다. 측정할 이론적 구성개념을 어떻게 다루는가가 문항선정 기준이다.

(1) 질적연구(Qualitative Research)
① 정의: 질적 연구란 의견이나 태도 등을 포함하는 사람에 대한 기술적(descriptive) 자료와 사건이나 환경에 대한 기술적 자료를 사용하는 연구를 말한다. 질적 연구목적은 특정 현상에 대한 해석이나 의미의 차이를 이해하는 것이다.
② 유형: 주관적 접근방법, 문화기술적 접근방법으로도 불린다. 질적 연구의 유형으로는 현상학적 연구, 근거이론 연구, 사례 연구, 문화기술지(민속지학적) 연구, 참여행동 연구, 내러티브 연구 등이 있다.

(2) 양적 연구(Quantitative Research)
① 정의: 양적 연구란 어떤 사물이나 현상에 잠재된 양적 속성에 대한 측정을 토대로 데이터를 마련하고 그 데이터를 통계적으로 분석하는 연구, 즉 '수에 의해 표현되고 통계적으로 분석하는 연구'를 말한다.
② 목적: 양적 연구목적은 변수들 간의 인과관계나 상관관계에 대한 분석을 통해 관계변화의 일반적 원리와 법칙을 발견하는 것이다.
③ 유형: 양적 연구는 크게 실험법(experimental methods)과 상관법(correlational methods)으로 나눌 수 있다. 그리고 실험법은 아래의 세 가지 연구유형(순수실험연구, 유사실험연구, 원시실험연구)으로 분류된다.
④ 실험연구(Experimental Research, 순수실험연구, 진실험연구)
  ㉠ 정의: 실험설계란 처치(개입), 통제집단(대조군)의 설정, 무작위 할당의 3가지 실험설계의 조건을 모두 갖춘 설계이다.
  ㉡ 특징
    • 실험연구는 행동의 원인 혹은 현상의 인과관계를 확인하기 위해 사용하는 방법이다.
    • 실험실이 아닌 집이나 학교와 같은 일상의 상황에서 자연스럽게 이루어지는 현장 실험연구일 경우에는 연구 결과의 일반화는 더 유리하지만, 처치 변수 외에 결과에 영향을 줄 수 있는 다른 변수를 철저하게 통제하기는 더 어렵다.
  ㉢ 단점
    • 실험 연구가 변수 사이에 존재하는 인과관계를 밝혀 줄 수 있는 유일하고 가장 강력한 방법이기는 하지만, 너무 인위적인 실험실의 상황이 실제 생활과 관련이 적을 수 있다.
    • 실험방법은 상황을 엄격하게 통제할 수 있지만, 통제를 많이 할수록 연구 상황은 점점 더 인위적이고 자연스럽지 못하게 되어 연구 결과를 실제상황에 일반화하기가 어렵게 된다.

- 또한 피험자들을 무선으로 배정하거나 실제 세계에서 조건들을 조작할 수 없는 경우가 많다. 발달의 분야는 임산부의 음주 습관과 태아 기아 발생의 경우처럼 윤리적 혹은 실행의 이유로 변수 조작이 매우 어렵거나 불가능한 경우도 많다.

② 준실험연구(Quasi-Experimental Research, 유사실험연구) 2023 기출
  ㉠ 정의: 준실험설계란 실험설계의 3가지 조건 중 처치(개입)가 이루어지고 무작위 할당(무선 배정)이나 통제집단의 설정의 2가지 조건 중 한 가지가 갖추어지지 않았을 때의 설계를 말한다. 이 설계를 사용할 때에는 내적 타당도를 위협할 수 있는 요인들의 효과를 최소화해야 한다.
  ㉡ 특징
    - 집단이나 피험자가 무작위로 할당되지 않는다.
    - 성별이나 직업, 언어 능력 등과 같은 어떤 특성을 기반으로 피험자들을 나눈다.
  ㉢ 단점: 관찰된 어떤 효과는 알 수 없는 다른 요인에 의해 일어난 것일지도 모른다는 사실을 배제할 수 없다.

③ 전실험설계(Pre-Experimental Designs, 원시실험설계/선실험설계)
  ㉠ 정의: 순수실험적인 연구 방법을 사용할 수 없는 상황에서 실시되는 설계(독립변수의 조작도 불가능하고 대상 선정도 불가능할 경우)이다. 실험설계의 3가지 조건 중 처치만 있으며, 통제집단(비교집단)이 없고 연구자가 실험변수를 조작하기 어렵고, 실험대상을 무작위화할 수 없으므로 본격적인 실험설계라고 할 수 없다.
  ㉡ 장점: 현실적인 한계와 용이성 때문에 사회과학 전반에서 실제로 비실험 연구가 많이 이용되고 있다.
  ㉢ 단점: 독립변수를 조작할 수 없다. 연구대상을 무선 할당할 수 없다. 실험연구에 비해 연구관련 상황이나 조건을 통제할 수 있는 능력이 약하거나 없어서 연구결과로부터 인과관계를 추정하는 것은 위험하므로, 부적절한 해석을 할 위험이 있다. 내적 타당도에 위협이 되는 요인들을 평가할 방법이 없다.

④ 상관관계 설계(correlational design)
  ㉠ 정의: 교차분석 설계(cross-sectional design)라고도 하는데, 독립변수로 간주될 수 있는 하나의 변수와 종속변수로 간주될 수 있는 하나의 변수의 속성을 분류하거나 교차시켜 통계적 기법을 통하여 상관관계를 추정하는 상관연구(Correlational Research)의 방법이다. 설문조사(survey)나 질문지법(questionnaire)은 상관연구에 해당한다.
  ㉡ 상관관계 설계를 하는 경우
    - 상관법(correlational methods)은 행동의 연구에 관심이 있는 변인들 사이의 관련성, 가장 간단하게 두 변인 사이의 관련성을 살펴볼 수 있는 연구 방법이다.
    - 두 변인 사이의 인과관계가 존재한다고 가정하더라도 여러 가지 이유로 현실적으로 인과관계를 밝히는 실험을 시도하기가 어려운 경우, 예를 들면 윤리적인 문제가 될 수 있는 경우 상관법에 의존할 수밖에 없다.
    - 두 변인의 인과관계를 언급하기가 애매할 경우에도 상관법을 이용한다. 구체적으로 키와 몸무게의 관계를 살펴보면, 두 변인이 관련돼 있어도 어느 쪽이 원인이고 어느 쪽이 결과인지를 명확하게 할 수 없는 경우에는 상관법을 이용하게 된다.
    - 상관법은 둘 혹은 그 이상의 변수들에 대한 관계를 조사하는 연구 방법이다. 연구 대상의 상황적 조건들을 나열하거나 통제하기가 어려워서 그것들이 드러나는 바를 그대로 연구해야 할 경우에 사용하는 방법이다.
    - 또한 상관 연구는 윤리적, 실제적 이유로 변수를 직접적으로 연구할 수 없을 때 적절하게 사용할 수 있다.

- 이처럼 상관 연구는 연구자가 인위적인 상황을 만들지 않고 변수를 있는 그대로 연구할 수 있는 편리함이 있다.
ⓒ 통계적 방법
- 상관법에서의 변인 사이의 관련성이 어느 정도인가는 상관계수(correlation coefficient, 'r'이라는 부호로 표기됨)라는 통계치를 이용하여 나타낸다. 상관계수의 범위는 +1.00에서 -1.00까지이며, 절대치가 클수록 관련성이 높음을 의미한다. 즉, 상관계수는 두 변수 사이의 관계의 방향과 강도를 1.0에서 -1.0 사이의 수로 표시한 것이다.
- 변수 간의 관계를 뜻하는 '상관(correlation)'은 그 (정적 혹은 부적) 방향과 강도로 표현된다.
- 정적 상관(positive correlation)이란 한 변수의 값이 증가할 때 다른 변수의 값도 같이 증가하는 것을 말한다. 예를 들어, 텔레비전 폭력물의 시청과 공격성은 정적 상관으로 밝혀졌다. 즉, 텔레비전 폭력물을 더 많이 시청할수록 공격성도 더 많이 나타났다.
- 부적 상관(negative correlation)은 한 변수의 값이 증가하면 다른 변수의 값은 감소하는 것으로, 예를 들어, 교육경력과 치매 발생의 위험 수준에 관한 연구에서 학교 교육을 받은 기간이 증가할수록 치매 발생 위험 정도는 감소하였다.
ⓔ 단점: 변수들 간의 상관관계는 확실한 인과관계를 의미하지는 않아서, 원인과 결과를 추론할 수 없다는 것이다. 어떤 두 행동이 서로 관계가 있다고 하더라도 그 두 행동 모두 서로를 유발한 직접적인 원인 아니고 어떤 제3의 변수가 이들 행동을 모두 유발할 수도 있는 것이다.

2 실험연구설계의 개념

(1) 정의
① 실험연구설계는 독립변수(independent variable, 독립변인)와 종속변수(dependent variable, 종속변인) 사이의 인과성을 확인하기 위한 것이다.
② 실험에서 관심 있는 사건과 행동은 독립변수와 종속변수 두 가지 형태로 나누어진다. 연구자가 다른 변수에 영향을 주는 원인이라고 생각하는 변수, 조작하여 처치하는 변수를 독립변수라 하고, 독립변수에 의해 영향을 받는 변수를 종속변수라 한다.
③ 처치조건에 피험자를 노출시킬 때, 독립변수의 변화를 직접 통제하고 조작하기 때문에 원인과 결과의 관계를 발견할 수 있다.

(2) 실험연구설계의 3가지 조건(요소)
① 변수의 조작(manipulation): 처치(treatment, 개입/중재)
실험집단은 개입을 하고 통제집단은 개입을 하지 않았을 때, 실험집단에 가하는 개입을 '독립변수의 조작'이라고 한다. 실험집단과 통제집단 간의 종속변수를 비교하거나, 실험 전후의 검사를 통해 종속변수에 어떤 차이가 얼마나 있는지를 알아보아, 이를 근거로 종속변수에 대한 독립변수의 영향력인 '효과'를 추정하게 된다.
㉠ 독립변수(독립변인)의 설정: 연구자가 실험집단(실험군)에 실험처치나 상담중재를 주는 것, 관심을 두는 사건이나 행동의 변수를 인위적으로 변화시키거나 조작하는 것이다.
㉡ 종속변수(종속변인)의 설정: 독립변수의 변화와 맞물려 잇달아 변화를 일으키는 변수, 즉 연구로 알고자 하는 것이다.

② 통제집단의 설정과 외생변수의 통제 **2023 기출**
- ㉠ **통제집단의 설정**: 종속변수가 독립변수에 의해 변화되었는지를 명확히 하기 위해서는 비교를 목적으로 하는 통제집단이 설정되어야 한다. 동일한 상황에서 실험집단은 처치 개입을 하고 통제집단은 아무런 변화를 주지 않는 상태(무처치)를 유지하여 종속변수의 결과를 비교하였을 때만 처치의 효과를 측정할 수 있기 때문이다.
- ㉡ **외생변수(exogenous variable, 외생변인)의 통제**: 독립변수(실험적 처치) 이외의 어떠한 변수도 종속변수에 영향을 미치지 않도록 하는 것이다. 연구자가 준 처치나 조작만이 종속변수에 영향을 미치도록 하는 것이다. 통제집단(대조군)을 두는 것이 외생변수의 통제방법이다.

③ 실험대상의 무작위화와 짝짓기: 무작위 할당(무선 배정) **2020 기출**
- ㉠ 실험집단과 통제집단(대조군, 비교집단) 간 비교를 위해서는 두 집단이 처음부터 동일하거나 비슷해야 한다. 두 집단의 동질성을 확보하기 위해서 연구자(실험자)는 연구 대상자들이 실험집단과 통제집단에 배치될 동일한 확률을 지니도록 하는 무작위 할당(무선 배정)을 해야 한다. 이렇게 해야 두 집단이 동질적이게 되고, 순수한 개입효과에 방해가 되는 외부영향을 배제할 수 있어서 외생변수의 통제가 가능하다.
- ㉡ **무작위화(randomization)**: 확률표집방법으로 모집단을 대표할 수 있는 표본을 선정하여 실험하기 위하여 전체 집단에서 각 대상들이 실험대상(실험집단)으로 뽑힐 확률이 모두 동일하도록 배정하는 것이 무작위 배정(random assignment, 무선 할당) 방법이다.
- ㉢ **짝짓기(matching)**: 두 집단을 선정할 때 참가자들을 전부 일정한 방식으로 일대일 대응시키되, 대응된 참가자들이 문제가 되는 외생변수에서 유사한 특징을 갖도록 짝을 지어 배정하는 방법이다. 종속변수와 관련이 높은 변수를 기준으로 비슷한 사람을 선정한 후 각 집단에 무선적으로 할당하는 방법이다.

(3) 상담과 심리치료에서 통제집단(control group)의 종류 4가지

① **무처치(No-Treatment) 통제집단**
- ㉠ 실험집단에 대해서는 일정한 상담 처치(개입)를 하는 반면, 통제집단(대조군)에 대해서는 그와 같은 처치를 수행하지 않는 방법이다.
- ㉡ 피험자의 절반은 무작위로 표집하여 처치 집단에 넣고, 나머지 반은 무처치 집단에 넣는다.
- ㉢ 무처치 집단의 일부도 나름대로 다른 곳에서 모종의 처치를 받을 수 있어서 이 방식은 무처치(비개입) 집단에 대한 완전한 통제가 어렵다.
- ㉣ 연구목적으로 처치(치료 개입)를 해주지 않는다는 윤리적 문제점의 단점도 있다.

② **대기자(Waiting-List) 통제집단** **2023 기출**
- ㉠ 무처치 집단의 설정으로 나타날 수 있는, 무개입의 윤리적인 문제점을 보완하기 위한 방법이다.
- ㉡ 피험자의 일부를 무작위로 표집하되 일단 대기자 명단에 넣고, 실험이 끝난 직후 처치를 받도록 한다. 실험이 끝날 때까지 측정만 받고 처치를 받지 않는다.
- ㉢ 이 방식은 처치 후 장기적으로 추수평가를 해야 하는 경우에는 적합하지 않다.

③ **플라시보(Placebo) 통제집단**
- ㉠ '플라시보(Placebo, 위약僞藥)'는 어떤 약의 효과가 그 약의 약리적 작용 때문인지, 아니면 단지 약을 먹어서 좋아지리라는 심리적 믿음의 효과 때문인지를 분별하기 위한 수단으로, 통제집단에 투여시킨 약 효과가 없는 처치를 의미한다. 진짜 약이 아닌 위약인 '플라시보' 개념은 치료제로 작용하는/활동하는 성분이 들어 있지 않음(이론적으로 불활성), 발견하지 못한/명명하지 못한 요소(불특정 요소), 어떤 상담이나 치료법이든 공통적으로 나타나는 요소(공통적인 요소)의 3가지 의미를 지닌다.

ⓒ 플라시보 효과(placebo effect)란 사람들이 위약, 의사, 교사 등 특정 상황에 대한 믿음으로 인해 나타나는 심리적 반응성을 의미한다. 즉 실험 조작이나 처치가 없었음에도 불구하고 실험 참가자들의 행동 변화가 마치 실험 효과처럼 나타나는 현상을 말한다.
ⓓ 상담 및 심리치료 연구에서 플라시보는 처치(상담치료의 개입)의 특정 요소를 뺀 '처치 아닌 처치'를 주는 방식을 말한다. 플라시보 통제집단은 처치(개입)의 특정 요소를 뺀 '처치 아닌 처치'를 주는 집단을 말한다.
ⓔ 플라시보를 통해 어떤 처치가 그것에 내재된 치료적 요소에 의해 효과가 나타난 것인지, 아니면 처치를 받았다는 사실만으로 효과가 나타난 것인지를 파악할 수 있다.

④ 짝지은(Matched) 통제집단
ⓐ 특정 변수에서 실험집단과 짝을 맞춘 집단(예 상담의 종결회기)을 뜻한다.
ⓑ 짝지은 통제집단은 실험집단의 사례들과 통제집단의 사례들의 처치 길이를 최대한 같도록 하여 짝이 맞기를 기대한다.
ⓒ 예컨대, A1 사례가 7회기에 종결되는 경우 B1 사례도 7회기에 종결하며, A2 사례가 14회기에 종결되는 경우 B2 사례도 14회기에 종결함으로써 실험집단과 통제집단의 짝을 맞춘다.
ⓓ 처치에 소요된 회기 수는 매우 영향력 있는 변인이므로 이렇게 연구의 각 사례마다 처치의 길이를 되도록 동일하게 맞추주는 것이 긍정적 효과를 낸다.

[2023년 기출]

다음은 전문상담교사 협의회에서 김 교사의 연구 계획에 대해 전문상담교사들 간에 이루어진 대화의 일부이다. 〈작성 방법〉에 따라 서술하시오.

> 김 교사: 학생들에게 모래 놀이 치료를 종종 하는데, 효과가 있는 것 같아서 한번 제대로 검증해 보고 싶어요.
> 이 교사: 어떤 주제인지 궁금하네요.
> 김 교사: 모래 놀이 치료가 중학생의 자해 행동의 감소에 미치는 효과에 대한 것이에요.
> 이 교사: 꼭 필요한 연구네요. 어떤 방법으로 검증할 것인지 정했나요?
> 김 교사: [A: 네. 최근에 자해 행동을 한 중학생 10명을 대상으로 모래 놀이 치료 전과 이후의 자해 행동의 변화를 보려구요.
> 이 교사: 다른 비교 집단이나 ㉠ 통제 집단은 없나요?
> 김 교사: 네, 현재로서는 생각하지 않고 있어요.]
> 이 교사: 통제 집단이 없으면 모래 놀이 치료와 자해 행동간 인과관계를 추론하기 어렵지 않을까요?
> 김 교사: 맞아요. 그런 이유로 저도 통제 집단을 활용해 보고 싶은데 ㉡ 윤리적으로 문제가 되지 않을까 마음에 걸려요.
> 이 교사: 선생님께서 걱정하시는 문제가 그렇다면, 해결할 수 있는 방법이 있는 것 같아요. 대안으로 ㉢ 대기자 통제 집단을 활용해 보는 건 어떨까요?
> 김 교사: 아, 그런 방법이 있었군요. 선생님, 좋은 정보 감사드려요!

〈작성 방법〉

- [A]에서 김교사가 계획한 준실험 설계의 명칭을 쓸 것.
- 밑줄 친 ㉠의 설계 방법을 사례와 연결 지어 서술할 것.
- 밑줄 친 ㉡에서 김교사가 염두에 둔 윤리적인 문제와 밑줄 친 ㉢의 설계 방법을 서술할 것.

2 단일사례 설계(Single-Case Designs) 종류

1 AB 설계

(1) 정의
처치개입의 전과 후에 종속변수를 반복 관찰하여 기초선 상태와 개입상태를 비교한 결과에 기초해서 개입의 효과성을 평가한다. 하나의 기초선 단계(A)와 개입 단계(B)로 구성된다.
① A단계: 단순히 목표행동의 빈도 등에 관한 관찰만 이루어진다.
② B단계: 목표행동에 대한 개입활동이 이뤄지고 변화에 대한 관찰이 이루어진다.

(2) 그래프

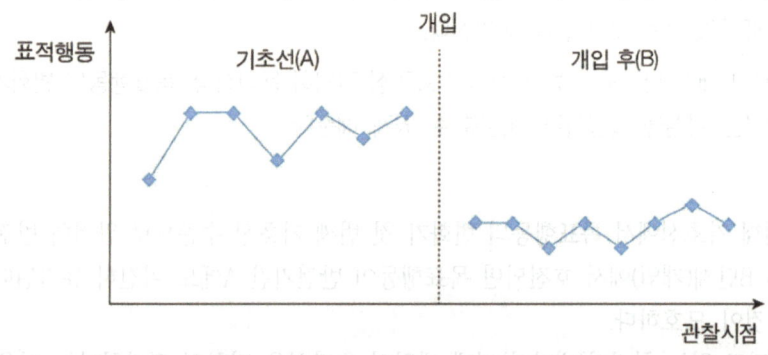

(3) 특징
① AB설계는 단일사례 설계 중에서 가장 간단하다.
② 연구자는 피험자를 선발하여 대상 행동을 측정하고 실험처치를 하며, 대상 행동은 기초선 주기(A) 동안에 반복측정 된다. 마지막으로 실험처치(B)는 연구자가 계속 대상행동을 측정하는 동안에 실시된다.
③ AB설계는 내적 타당도가 낮기 때문에 적당한 대안이 없어서 유용할 때만 사용하거나 연구자가 보다 엄격한 설계를 하기 위해 예비조사를 의도할 때만 사용해야 한다.

(4) 단점
① AB설계는 처치가 2번 실행되지 않으므로 기능적 관계를 밝히지 못해 연구 문헌에서 발견되지 않는다.
② 행동 변화의 원인을 증명하기보다는 단지 행동변화가 일어났음을 밝히는 데 관심이 있는 비연구 상황에서 적용이 가능하다. 즉, 기능적 관계에 대한 가설 검증을 하는 데는 사용할 수가 없다.

2 ABA설계

(1) 정의
ABA설계는 AB설계에 개입을 중단(철회)하는 제3의 국면 A(반전 기간)를 추가한 설계 방법이다. [기초선(A1) → 개입 단계(B) → 제2기초선(A2)]

(2) 그래프

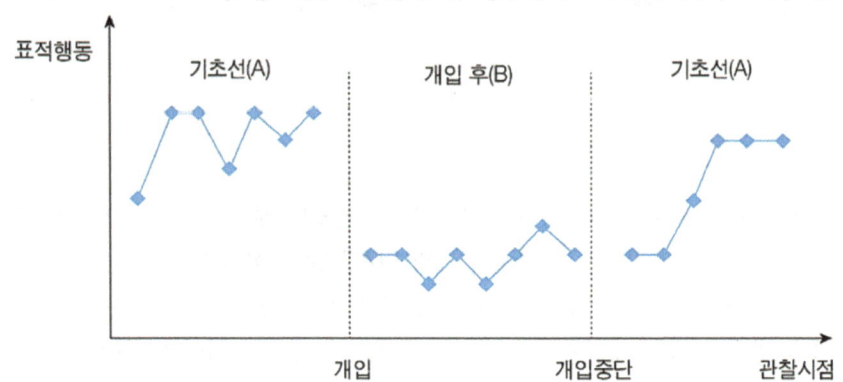

(3) **특징**: 만일 B단계에서 호전된 변화가 개입이 제거된 반전기간 A에서 약화되는 경향을 나타낸다면, B에서의 변화가 개입 때문이었다는 확신이 더 높아진다.

(4) **장점**: AB설계보다 내적 타당도가 높아 개입의 효과성 파악이 용이하다. 목표행동의 변화가 처치개입(중재)에 의해서 발생했다는 사실을 확실하게 결론낼 수 있게 해준다.

(5) **단점**
① 우선 두 번째 기초선에서 목표행동의 변화가 첫 번째 기초선 수준으로 완전히 반전되지 않는 경우가 있다. 만일 B단계(개입)에서 호전되던 목표행동이 반전기간 A에도 여전히 유지된다면 개입의 효과를 판단하는 것이 모호하다.
② 또한 호전되고 있는 참가자(내담자)에게 개입의 효과성을 명확히 평가한다는 이유로 개입을 중단한다는 점에서 윤리적 문제가 야기될 수 있다.

3 ABAB설계(반전설계) 2011 기출

(1) **정의**: ABAB설계(반전설계, 철회설계)는 ABA에 개입을 재개하는 B국면을 추가한 설계 방법이다.
(2) **절차**: [기초선(A1) 측정 → 일정기간 동안 개입(B1) 단계 → 일정기간 개입중단의 제2기초선(A2) → 다시 개입의 제2개입(B2) 단계]의 순서로 설계의 절차를 진행한다.
(3) 그래프

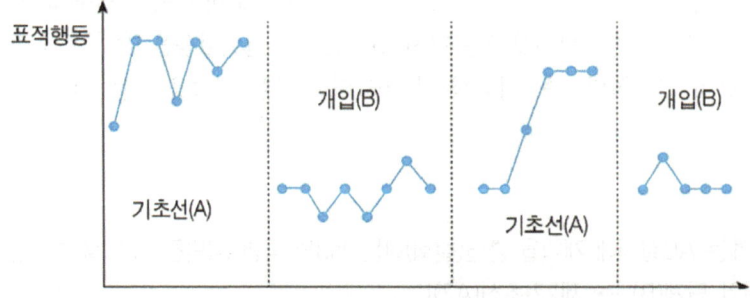

(4) **특징**
① AB설계의 확장으로 기초선과 처치단계가 두 번씩 실행된다. 첫 번째 처치단계 후 처치를 제거하고 기초선으로 되돌아가기 때문에 반전설계라고 부르며, 이 두 번째 기초선 뒤에는 처치의 반복이 뒤따른다.

② 단일 독립변인의 효과를 분석하는 데 사용되며 종속변인과 독립변인 간에 기능적 관계가 존재하는지의 여부를 결정할 수 있다.

(5) 장점
① AB설계, ABA설계보다 내적 타당도가 높아서 개입의 효과성 파악이 용이하다. 간편함과 실험통제라는 장점이 있으며 효과를 명쾌하게 분석해준다.
② 또한 두 번째 기초선 설정이 되고 다시 개입이 시작되므로 지속적 관찰이 가능하다.

(6) 단점
① ABA설계와 마찬가지로 윤리적인 문제가 있고, 시간이 오래 걸린다. 효과적인 중재의 철회가 필요하다는 단점을 가지고 있다.
② 또한 반전 기간(두번째 A)동안에도 개입단계에서 나타난 목표행동상태가 유지되는 경우 개입효과를 판단하기 어렵다.
③ 윤리적인 문제가 있을 수 있다. 그러므로 다음과 같은 경우 반전 설계를 사용해선 안 된다.
　㉠ 만일 행동이 위험한 것이라면(자해, 공격적 행동) 두 번째 기초선 단계에서 철회를 처치하는 것은 윤리적이지 못하다.
　㉡ 처치가 철회되었을 때 행동수준이 반전이 될 것이라는 확신이 있어야 한다. 처치 철회 후 행동 변화가 없으면 기능적 관계는 입증될 수 없다.
　㉢ 처치가 실행된 이후 실제로 처치를 제거할 수 있는 것인지에 대해 고려해야 한다.

4 BAB설계

(1) 정의: BAB설계는 (위급한 상황인 경우) 기초선(A) 없이 일단 개입부터 실시한 후에 개입을 중단하는 반전기간 기초선 단계(A)를 도입한 후 다시 개입을 재개(B2)하는 설계 방법이다.
　[개입 단계(B1) → 기초선(A) → 개입 단계(B2)]의 절차로 진행된다.

(2) 그래프

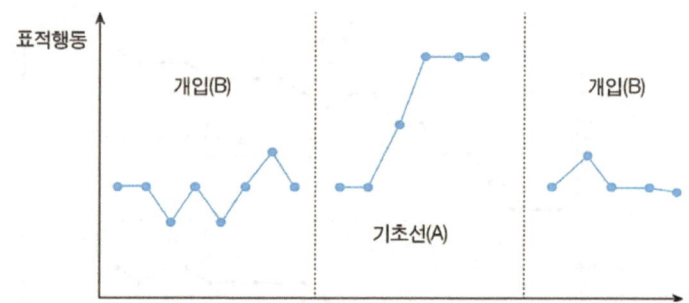

(3) 장점: 신속한 개입을 요구하는 사례에 적합하며, ABAB설계만큼은 아니지만 꽤 높은 내적 타당도를 지닌다.

(4) 단점: 개입효과가 개입 이외의 다른 요인에 의해 유발된 변화였을 가능성을 배제할 수 없다. 또한 개입단계에서 나타났던 변화가 반전 기간 동안에도 줄어들지 않고 지속되는 경우 개입의 효과를 판단하기 어렵다.

5 ABCD(다중요소)설계

(1) 정의: 다중요소설계는 '개입이 효과가 없다고 판단되면 내담자와 합의하여 개입방법을 변경할 수 있다'는 단일사례설계의 특성을 반영한 설계방법이다. 내담자에게 도움이 되지 않는 개입을 수정하거나 실제로 목표문제에 변화를 가져오는지를 설명하고자 할 때 유용하다.

(2) **절차**: [기초선 단계 → 서로 다른 개입방법 사용 단계]의 과정 순서로 진행되는데, 하나의 기초선 자료에 대해서 여러 개의 각기 다른 방법(BCD)으로 개입하는 방법이다. 강도변화 설계(개입의 강도를 더 변화)와 개입대치 설계(개입방법을 변경)가 있다.

(3) **그래프**

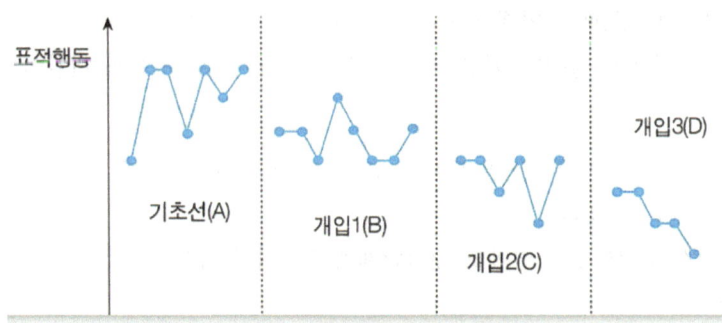

(4) **장점**: 내담자에게 적합한 새로운 개입방법을 적용할 수 있다.

(5) **단점**: 여러 가지 개입을 검증할 수 있지만, 어떤 개입 때문에 효과가 난 것인지 명확하지 않아서 우연한 사건의 개입가능성을 배제할 수 없다. 즉, D단계에서 나타난 변화가 B와 C단계에서 실시한 개입의 효과(이월효과)일 가능성을 배제할 수 없다. D단계에서 나타난 변화가 B단계와 C단계 개입한 후 D단계의 개입을 실시했기 때문에 나타난 효과(순서효과)일 수도 있다.

6 중다기초선 설계(Multiple-Baseline Designs, 다중기초선 설계) 2011 기출

(1) **정의**: 다중기초선 설계는 개입중단으로 야기되는 문제점을 개선하면서 개입과 목표행동 사이의 인과관계를 명확히 추정하기 위해 개발된 설계 방법이다. 인과관계가 분명하고 단순 AB설계로 단일대상 연구를 확장하기 어려운 경우에 중다기초선 설계를 고려해야 한다.

(2) **그래프**

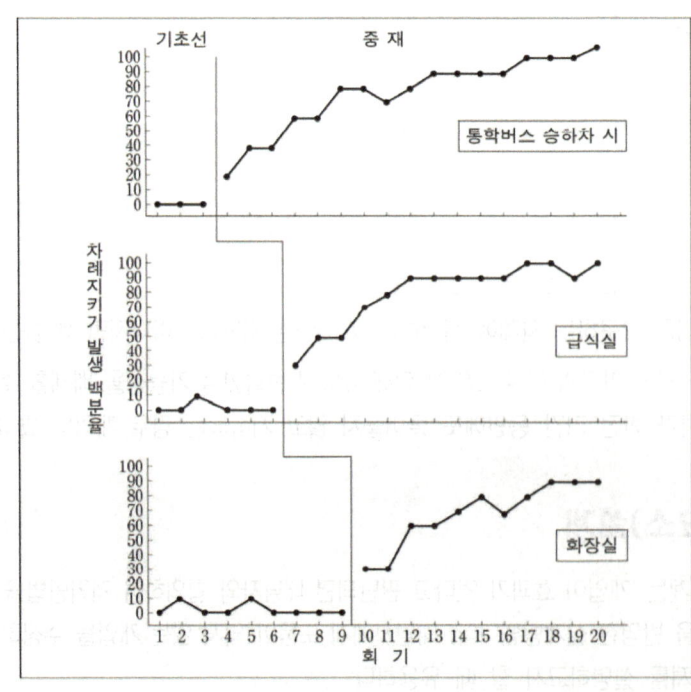

(3) 특징

① 각 기초선의 설정 기간이 다르다. 다중기초선을 문제행동마다, 대상자마다, 상황마다 기초선 측정 후 개입을 도입하는 시점에 차이를 다르게 설정하여 우연한 사건으로 인한 효과를 통제할 수 있다.

② 1개 이상의 종속변인을 동시에 분석할 수 있다. 즉 소집단의 대상자, 행동, 또는 상황 간에도 적용할 수 있다. 이러한 접근을 통해 중재와 행동변화 간의 인과관계를 증명해 낸다. 여러 다른 행동에 대해 기초선 기간을 달리하는 방법으로, 한 목표행동에 대해 여러 다른 피험자를 사용하면서 기초선 기간을 달리하는 방법이다.

③ 중다 기초선 설계를 사용하는 교사는 종속변인에 대한 자료를 동시에 수집한다. 첫번째 변인에 대해 안정적인 기초선이 확립된 후에 그 변인에 대한 중재가 시작될 수 있다. 중재 기간 동안 남아 있는 변인에 대한 기초선 자료 수집은 계속된다.

④ AB설계는 처치의 효과인지에 대한 내적 타당도가 약하고, ABAB설계는 효과가 있다고 보여지는 처치를 연구목적에서 철회한다는 것은 비윤리적이라는 비판을 받을 수 있다. 두 설계의 이러한 약점을 보완하기 위한 설계이다.

⑤ 이 설계는 ABA 유형의 설계에서 기초선 조건의 회복이 불가능할 때 사용되며, 이 문제는 연구자가 윤리적 이유로 철회나 반전을 할 수 없을 때 발생할 수 있다. 일반적으로 사용되는 중다기저선 설계 중 하나는 둘 이상의 개인이 측정하고 있는 처치효과에서 외생변수(extraneous variables, 외적 변인)을 통제하기 위해 사용된다.

(4) 종류

① 문제 간 특정개입이 같은 상황에서 같은 대상자의 서로 다른 문제행동(예 동생을 때리는 분세, 욕하는 문제, 취침이 늦는 문제)을 해결하는 데 효과 있는지를 평가할 수 있다.

② 상황 간 특정 개입이 같은 대상자의 같은 문제를 서로 다른 몇가지 상황(예 등교상황에서의 지각, 가정학습 상황에서 지각)에서 해결하는 데 효과가 있는지를 평가할 수 있다.

③ 대상자 간 특정개입이 같은 상황에서 같은 문제를 가진 두 명 이상의 다른 대상자(예 아동1, 아동2, 아동3)에게 적용될 때 효과가 있는지를 평가할 수 있다.

(5) 장점

① 중다기초선설계는 반전설계처럼 중재의 철회 없이도 기능적 관계를 확립할 수 있다. 실험통제를 입증하기 위해서 중재를 제거하거나 반전하지 않아도 된다.

② 목표행동, 상황 또는 대상자에게 동시에 실시되므로 일반적인 교육환경에서의 교육목표와 유사한 특성을 지녀서 실제 교육현장에서 사용하기에 용이하다.

(6) 단점

① 연구자가 중재를 몇 명의 학생, 행동 혹은 상황에 적용해야 하는데 그것이 현실적이지 못할 수 있다.

② 두 번째와 그 다음의 종속변인에 대해 오랜 기간에 걸쳐 기초선 자료를 수집할 필요가 있다는 점이 단점이다.

[2011년 기출]

다음 그래프는 정신지체 학생의 수업방해 행동을 감소시키기 위해 실시한 중재 프로그램의 결과를 나타낸 것이다. 이 그래프에 대한 설명으로 옳지 않은 것은?

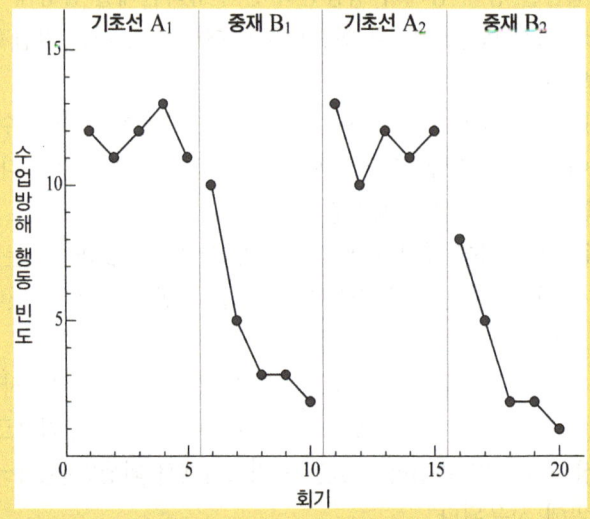

① 중다기초선 설계가 사용되었다.
② 기초선이 안정된 경향을 보이자 중재를 실시하다.
③ 수업방해 행동과 중재 프로그램 간의 기능적 관계가 입증되었다.
④ 기초선 A_2의 자료가 기초선 A_1 자료의 평균에 근접한 수준으로 반전하였다.
⑤ 중재 구간에서는 표적행동(수업방해 행동)의 발생빈도가 목표 수준에 도달할 때까지 중재를 실시하였다.

4 심리검사의 시행절차와 유의점

1 심리평가(psychological evaluation)란?

1) 개인의 심리적 특성을 이해하기 위한 일련의 전문적인 과정으로서 심리검사, 면담, 행동관찰 등 여러 다른 방법에 의해 이루어진다.
2) 즉, 심리평가는 심리검사가 기본요소이지만 이 외에도 면담, 자연적인 상황이나 체계적 상황에서의 행동관찰, 기록 및 기타 다양한 지식을 포함한다.
3) 따라서 심리평가는 다양한 평가결과를 종합하여 최종적으로 해석을 내리는 보다 복잡하고 전문적인 과정이다.
4) 심리평가 = 심리검사 + 행동관찰 + 면담 + 전문지식

> **참고** 임상적 면담의 절차
>
> - 정의: 내담자의 문제를 파악하고 해결하려는 목적으로, 임상적 면담을 통해 임상가가 전문적 지식과 기술을 발휘하여, 1) 내담자와 치료적 관계를 형성하고, 2) 내담자의 문제와 관련된 다양한 정보를 수집하고, 3) 정신상태 및 기능수준을 평가한 후, 4) 내담자에 대한 진단 및 전체적인 이해의 틀을 얻는 과정이다.
> - 절차
>   1) 내담자와의 교류를 통해 치료적 관계를 형성한다.
>   (1) 가벼운 대화를 통한 편안한 분위기
>   (2) 내담자의 고통에 대한 공감 표현
>   (3) 내담자의 인지능력 등의 수준에 맞게 면담과 치료 진행
>   (4) 상담자의 전문성을 보임. 이를 통해 내담자가 안심하고 확신할 수 있도록 도움
>   (5) 리더십 발휘
>   2) 적절한 면담 기법을 사용, 진단과 치료를 위한 정보를 수집한다.
>   (1) 기본정보
>   (2) 주호소문제: "어떻게 오시게 되었나요?", "어떤 점이 힘드신가요?"
>   (3) 현재 병력: 증상의 변화 양상, 발병시기, 발병시기 당시의 주변상황 등
>   (4) 가족력: 유전적 소인파악, 가족간의 상호작용을 통해 형성된 성격 파악
>   (5) 개인력, 의학적 질병
>   (6) 현재의 사회적 상황 및 기능 수준
>   3) 면담 과정에서 내담자의 정신상태를 평가하고 현재 기능 수준을 파악한다.
>   (1) 전반적인 내담자 상태: 체격, 옷차림, 인상, 태도, 행동 등
>   (2) 언어사용 및 대화의 양상: 말의 속도, 리듬, 말투, 억양, 화제 전환 등
>   (3) 기분(mood) 상태와 감정(affect)
>   (4) 지각: 자기 자신, 외부 세계, 대인 관계에 대한 인식
>   (5) 사고: 사고흐름, 사고내용, 사고형태 등
>   (6) 인지: 의식상태, 지남력, 주의력, 판단력, 병식 등
>   4) 내담자의 문제에 대한 가설을 세우고 이를 검토, 수정하는 과정을 거쳐 임상적 진단을 내린다.

2. 심리검사(psychological test)의 선정 [2010 기출]

1) **심리검사의 목적을 분명히 하고 그러한 목적 달성에 적절한 검사를 선정해야 한다.**

+ 목적에 맞게 검사를 선정하는 예
전반적 지능평가나 단순형 지능검사를 할 때는 특정 기능의 효율성 발휘 여부, 즉 인지능력의 장애에 관심을 두고 검사를 해야 한다. 또한 뇌손상 환자의 신경심리학적 기능을 확인하고자 할 때, 검사의 목적은 특수한 기능손상 평가하는 것이며 이를 평가하는 특정 신경심리검사를 추가로 한다

2) **검사의 신뢰도를 검토한다.** 이상적으로는 신뢰도 계수가 <.80이상이 요구되고, 특히 재검사신뢰도가 신중하게 검토되어야 할 것. 그러나 현실적으로는 <.70이상인 경우라도 검사 선정하는 데 큰 무리는 없다.

3) **검사의 타당도를 검증한다.** 그러나 타당도 검증이 쉽지 않아 이를 거치지 않고 표준화 검사로 사용되는 경우도 있다. 타당도는 타당도 계수로 단순하게 평가되는 것이 아니라 검사 결과를 다각적으로 검토함으로써 검증이 가능하다. 그러므로 타당도의 조건이 충족되는 심리검사가 드물다. 따라서 신뢰도 보다 더 중요한 조건은 타당도라고 볼 수 있다.

4) **심리검사의 실용성을 고려해야 한다.** 즉 검사 시행과 채점의 간편성, 시행시간, 심리검사지의 경제성 등이 검토되어 가능하면 시행과 채점이 간편하고 시행시간도 적절하고 검사지 비용도 지나치게 부담이 되지 않는 검사가 선정돼야 한다. 그리고 검사요강에 제시되어 있다면 검사로서의 특징과 한계점 등을 유의하고 이를 해석 과정에서 충분히 고려해야 한다.

[2010년 기출]

전문상담 교사가 심리검사를 선정하고자 할 때 고려해야 할 사항으로 옳은 것을 〈보기〉에서 고른 것은?

〈보기〉
ㄱ. 검사 불안이 있는 학생을 알아본다.
ㄴ. 학생들이 검사받을 준비가 되어 있는지를 알아본다.
ㄷ. 검사도구가 측정하려고 하는 것을 제대로 측정하고 있는지를 알아본다.
ㄹ. 검사도구가 측정하고자 하는 내용을 일관성 있게 측정하고 있는지를 알아본다.
ㅁ. 학교에서 실시하고자 하는 목적에 맞게 사용할 수 있는 검사인지를 알아본다.

---

3. 심리검사의 시행 [2009, 2010, 2013 기출]

심리검사에 대한 반응은 피검자의 특성에 따라서만 결정되어야 하겠지만 실제적으로는 검사실시조건, 검사의 시행방법, 검사자의 제반 특징, 검사자의 태도, 검사자의 피검사자 간의 상호관계, 피검사자의 신체적, 심리적 상태, 동기 등에 따라 영향을 받는다. 이러한 영향을 적게 받게 하고, 신뢰로운 결과 산출 위해서는 무엇보다 검사 실시의 **표준 조건에 절대적으로 따라야 한다.**

4 심리검사의 시행절차와 유의점

1 라포(rapport)형성

(1) 치료관계와 마찬가지로 심리검사 시행에서도 검사자와 피검자간 적절한 관계형성, 라포(rapport) 형성이 이뤄져야 한다.

(2) 심리검사 시행과정에서 라포형성은 심리검사에 대한 피검사자의 관심을 불러일으킨다.
   ① 능력검사: 주어진 과제에 피검사자가 최대로 집중하면서 수행하는 노력을 기울이도록 지시해주어야 한다.
   ② 성격검사: 피검사자가 일상적인 행동을 있는 그대로 솔직하게 응답하도록 요구한다.
   ③ 투사적 검사: 피검자가 반응을 검열하거나 삭제함이 없이 연상되는 반응을 그대로 충분히 반응하도록 동기를 부여한다.

(3) 임상가는 나름대로 피검자의 동기를 부여하고 심리검사 시행에 대한 참여도를 높이는 라포형성의 기술을 터득해야 한다.

> **〈일반적인 라포형성에서 도움이 되는 절차나 태도〉**
> - 피검사자의 동기 수준 파악: 치료에 대한 동기 수준이 심리검사에 대한 동기 수준으로 일반화될 수 있으므로 우선 피검사자에게 치료받는 이유 즉, 주요 문제가 무엇인지를 질문한다. 이러한 질문은, 당면 주요 문제를 알려줄 수 있으며 응답 태도를 관찰해 내담자의 동기 수준을 파악하는 것을 가능케 해준다.
> - 동기 수준이 적절하다면 심리검사의 필요성, 이득을 설명한다.
> - 심리검사에 대해 성격 또는 과거나 현재의 생활환경을 알기 위한 검사라고 일반적으로 다소 모호하게 설명. 이는 심리검사에 대한 편견이나 상상, 불필요한 방어적 태도를 갖는 것을 방지하려는 목적이다.
> - 보다 원활한 라포형성을 위해 무엇보다 피검자가 검사과정에서 경험할 정서를 이해하고 이에 적절하게 대처해야 한다.
> - 라포형성 과정에서 피검자에게 동기 부여하는 검사자의 개입행동이 검사시행의 표준지시를 위반해서는 안 된다. 만약 나이 어린 아동, 학습장애 어린이나 정서적 문제가 있는 성인을 대상으로 하여 표준 절차를 벗어나서 라포형성에 노력을 기울였다면, 이러한 점을 고려하여 검사결과를 해석해야 한다. 즉 표준검사 절차에 대한 반응과 격려해주는 개입에 대한 반응의 차이를 인지하고 이러한 차이의 의미를 해석해 주어야 한다는 것이다.

2 피검사자 변인

(1) 환자나 내담자의 심리적 상태
   ① 피검자의 정서는 검사에 반영되어 반응을 왜곡할 수 있다. 검사 시 피검사자의 심리 상태를 인식·이해하고 적절히 대처해야 한다.
   ② 검사가 피검자의 정신상태를 나쁘게 평가해 정신이상 판정 받게 될 것 우려할 수 있다. 그래서 피검자는 강한 저항과 두려움을 갖고 무의식적으로 검사 거부할 수 있다.
   ③ 권위자에 대한 저항이 검사자에게 전이될 수 있다. 양가감정이나 저항과 적대적인 감정을 만들 수 있다.
   ④ 자발적 피검자라도 자신의 내면이 완전히 노출된다는 왜곡된 기대로 인한 두려움과 양가감정을 지니게 될 수 있다.
   ⑤ 일반적으로 검사에 갈등 없이 참여하긴 어렵다. 검사자는 피검자의 심리상태를 이해하고 검사의 목적과 이득을 설명해야 한다.

(2) 능력검사 시행시 피검자가 느낄 자존심에의 위협 또는 시험불안과 같은 불안감 인식하고 대처하는 것이 중요하다. 검사 시작 시 집중적으로 격려하고, 누구도 모든 문제에 정답을 응답하는 것은 불가능함을 알려준다. 응답하지 못한 데 대한 강한 좌절감과 불안으로 인해 반응에 지장을 초래하지 않도록 돕는다.

(3) 검사를 강요된 과제나 일종의 놀이로 여기는 경우: 특히 지능검사의 경우 진지한 태도가 결여되고 열심히 응답하지 않는 경우에는 신뢰로운 검사 결과는 결국 피검자에게 도움이 되고 이득이 된다는 것을 인식시켜 줌으로써 동기를 부여해야 한다.

(4) 피검자들이 검사가 정확한 진단과 치료적 선택을 가능하게 하여 결국 자신에게 도움 된다는 점을 이해하면 능력검사에서는 최대한 열심히, 성격검사에서는 솔직하게 있는 그대로 응답하게 된다.

(5) 만약 검사자의 적절한 개입에도 계속 피검사자가 지나치게 긴장 또는 저항을 느끼는 상태일 때, 피검자의 일반적인 행동을 표집하여 검사결과를 일반화한다는 원칙에 따라서 심리검사 결과를 해석하는 것은 무리라고 판단해야 한다. 이 경우는 피검사자 변인에 의한 측정오류가 해결되지 않는 상태이므로 결과의 신뢰도가 충분하지 않다는 점을 인식하고 해석과정에서 이 점을 고려해야 한다.

(6) 경험적으로 피검자의 저항이 매우 강한 경우: 무리하게 검사를 진행하는 것보다 검사를 중단하거나 보류하는 것이 현명하다. 그러나 이 같은 경우라도 심리검사의 필요성을 설명하면서 재검사 실시될 것을 알려주고 중단하는 것이 바람직하다.

3 검사자 변인

연구결과에 따르면 검사 과제가 잘 구조화되고 학습된 기능을 다룰 때, 그러한 검사 경우보다 비구조화되고 모호하거나 어렵고 새로운 과제일 경우 검사자 변인의 영향 크다. 특히 정서적으로 불안정하고 혼란된 개인일수록 이러한 영향을 크게 받는다.

(1) 검사자 변인: 검사자의 연령, 성, 인종, 직업적 지위, 수련과 경험정도, 성격 특징, 외모 등이 영향을 준다.
(2) 검사시행 전이나 중간에서의 검사자의 행동이 피검자에게 영향을 준다.
  > 예 지능검사 수행 시 검사자의 "부드러운" 혹은 "냉정한" 태도, 엄격하고 딱딱한 혹은 자연스러운 태도가 검사결과에 영향.
(3) 검사자와 피검사자의 의미 있는 상호작용: 동일한 검사자의 성격이나 태도라도 피검자의 성격에 따라 다른 효과가 나타난다.
(4) 검사자 자신의 기대가 반응결과에 영향을 미친다.
  > 예 로르샤흐검사 시행하는 대학원생들에게 검사자 능력이 숙련될수록 동물반응이나 인간반응이 높다는 언급 → 검사자는 보다 바람직한 반응에 대한 기대를 가짐 → 바람직한 방향으로 반응이 증가하는 결과
(5) 검사자의 성격 특징이나 검사태도뿐 아니라 연령이나 성과 같은 일반적 조건 역시 검사결과에 영향을 미친다.

> **참고** 심리검사 시행과정에서 검사자의 바람직한 태도
> - 검사자 변인이 검사결과에 영향을 미친다는 점을 인식하고, 어떤 피검사자에게나 일관성 있게 라포형성에 도움이 되는 태도를 취한다.
> - 바람직한 태도를 자연스럽게 익히도록 노력. 경험이 늘수록 자연스럽게 습관화되겠지만 수련과정에서도 익히려는 노력이 중요하다.
> - 말로 피검사자 동기 부여하는 것도 중요하지만 검사자가 직접 행동으로 진지하게 검사를 수행하는 태도를 보이고 잘 훈련된 전문가다운 능숙한 방식으로 검사를 수행할 때 피검자에게 안정을 주고 진지한 검사분위기를 형성하는 데 도움이 된다. 즉 검사자 스스로 검사가 매우 중요한 진단적·치료적 과정임을 인식하고 검사를 통해 피검자를 도울 수 있다는 확신을 가져야 한다.
> - 바람직한 태도는 많은 시간과 노력이 투자된다. 임상·연구경험을 통한 검사의 타당성에 대한 충분한 신뢰감 있을 때 형성된다.
> - 전문가로서 적절하고 진지하게 검사 시행하려면 그 기능을 깨닫고 충분히 활용할 수 있게 되는 연마하는 과정이 요구된다.

4 검사상황 변인

(1) 검사상황이나 검사의 시행조건 역시 검사결과에 영향을 미치므로 이에 적절하게 대처하려고 노력해야 한다.

(2) 표준화된 심리검사들은 검사시행 표준조건을 제시하고 이에 엄격히 따를 것을 요구한다. 표준화된 시행과정은 언어적 지시, 시간, 검사 자료뿐만 아니라 검사환경도 포함된다.

(3) 적절한 검사 환경: 지나친 소음과 자극으로부터 보호되어야 하며 적절한 채광과 통풍, 안정된 좌석과 공간이 요구된다. 심리검사가 시행되는 동안 "심리평가 시행중"이라는 팻말을 붙임으로써 외부간섭을 차단하도록 시도하는 것이 바람직하다.

(4) 세부적인 검사 조건 역시 피검사자의 반응에 영향을 미친다.
   예) 응답지의 종류, 응답 방법의 차이(말로 응답/ 종이에 쓰는 경우) 등.

(5) 검사시행시간과 피검사자의 정서적 안정도나 피로감 등이 고려. 특히 인지적 및 지적인 특성, 신경심리적 평가를 위해 시행되는 경우라면 피검자가 피로하지 않고 정서적으로 특별히 불안정하지 않은 시간과 상황에서 시행되어야 한다. 매우 세부적인 점까지 표준절차 따라 시행하여 검사상황 변인에 의한 효과를 통제해야 한다. 따라서 심리검사제작자는 검사요강에 이러한 절차를 명료하고 자세하게 제시해야 한다.

(6) 만약 표준절차에서 벗어나서 심리검사가 시행되는 경우는 아무리 사소한 경우라 할지라도 이를 기록해 두어야 한다.

(7) 때로 경험 많은 임상가는 사례에 따라 피검자의 독특한 반응을 알아보기 위해 표준절차를 벗어나서 시행하는 경우 있다.
   예) 로르샤흐검사에서 매우 독특한 반응 나타날 때 그 의미를 알아보기 위해 자유연상 시도해 양적인 해석보다는 질적인 분석을 시도한다.

5 심리검사 시행 준비

(1) 가능한 한 심리검사를 자연스럽게 시행할 수 있도록 시행방법을 익히고 지시내용이나 시행지침 등을 암기해야 한다.

(2) 심리검사 시행 전 반드시 검사 도구가 잘 챙겨져 있는지를 점검하고 부족한 도구가 없도록 주의한다. 심리검사 시행 중 부족한 심리검사 도구가 발견된다면 검사자는 당황하게 되고 이러한 사태는 검사에 부정적 영향을 미치게 될 것이다.

(3) 가능하면 검사 시행 전 환자나 내담자의 심리평가 의뢰된 목적이 무엇인지를 파악하고, 필요한 심리검사 종류를 먼저 선정한다.

6 심리검사의 시행

(1) 배터리(battery)검사 시행의 합리적 근거
   ① 여러 검사를 사용해 피검자의 다양한 차원과 기능에 관심을 기울일 수 있고 전체를 평가할 폭넓은 자료를 제공해 준다.
   ② 다양한 검사를 하면, 평가영역이 중첩되기 때문에 배터리 검사 실시는 측정 오차를 최소화하고 결과의 정확도를 최대화한다는 것이 장점이다. 또한 행동의 다측면적 표집이 가능하다. 단일 검사로 얻은 자료는 추론의 여지가 많은 반면 다양한 검사로 얻은 자료는 보다 근거가 확실하다.

(2) 배터리(battery) 검사 실시를 반대하는 근거
① battery 검사 시행하는 임상가들이 자료를 모두 사용하는 것 아니며, 일부 검사결과를 선택적으로 중요시한다.
② 심리검사의 예견적 능력은 배터리 검사의 자료를 합친다고 증가되는 것은 아니다. 시간과 노력의 투자에 비해 배터리 검사의 실질적인 효용성이 충분하지 못하다는 것이다.

＋ 현재 임상장면에서 완전한 배터리검사를 시행하는 경우 검사실시 순서 예
BGT, 인물화 검사 등 간단하고 검사자, 피검자 거리 유지되는 검사 → 최대 능력 요구되는 지능검사나 신경심리학적 검사 → 로르샤흐검사나 주제통각검사 등 투사 검사 → 자기보고식검사나 문장완성검사는 배터리검사 시행 전이나 시행 후에

[2009년 기출]

전문상담교사가 심리검사를 실시하고 활용할 때의 유의사항으로 옳은 것만을 〈보기〉에서 있는 대로 고른 것은?.

ㄱ. 실시요강의 표준절차를 준수하는 것이 기본원칙이다.
ㄴ. 담임교사는 집단용 심리검사의 검사자가 될 수 없다.
ㄷ. 상담을 신청한 모든 학생들에게 심리검사를 실시한다.
ㄹ. 검사의 지시사항에 대해 학생으로부터 3회까지 질문을 받는다.
ㅁ. 학생이 검사를 받고 싶은 마음이 없거나 동의하지 않으면 검사를 실시하지 않는다.

5 심리검사 해석

1 심리검사가 제공하는 정보(J. Allison)

현실검증력 수준, 충동통제 정도, 주된 방어기제와 그 경직성, 두드러진 갈등영역 등.

2 정보의 출처

(1) 검사 점수: 검사점수는 각 검사가 재고자 하는 영역에서 피검자가 어느 위치를 차지하고 있는가에 대해 구체적이고 상세한 정보를 준다.

(2) 반응의 내용과 주제: 주로 투사적 검사에서 얻는 정보이다. 투사적 검사는 질적 측면에 관심을 두므로 피검자가 실제 한 반응이 무엇이냐가 중요하다. 양적 접근에서 간과될 수 있는 개인 고유의 특성에 대해 해석적 정보 얻을 수 있다.

(3) 검사반응에 대한 태도: 검사 중 피검자의 사담, 덧붙인 말, 몸짓, 자세 등이 해석의 중요한 단서이다.

(4) 검사자와 피검자간의 대인관계: 검사자의 특성이 피검자의 반응을 끌어내는 데 많은 영향을 준다.

3 검사 해석의 원칙과 주의점 2010, 2013 기출

심리검사 해석의 원칙	심리검사 해석의 주의점
• 심리검사 결과가 모든 사실을 다 증명하는 것은 아닐 수 있다는 것을 유의해야 한다. • 그러나 검사 결과 자료의 중요성에 대해선 인식해야 한다. • 검사 자료와 임상 면접을 통한 행동 관찰의 공통점을 통해 해석 결과를 도출한다. • 검사 결과는 진단 선고를 내리기 위한 것이 아니라 내담자 이해를 위한 것이 우선적 목적이다.	• 매뉴얼을 이해하고 이를 통해 검사의 한계와 해석을 위한 제안들을 파악하고 있어야 한다. • 내담자가 받은 검사의 장단점을 검토해 볼 것. • 백분위나 표준점수 확인하고 채점하는 과정을 주의깊게 한다. • 검사 결과는 확고한 결론이 아니라 가설이다. • 내담자가 스스로 검사 결과를 통해 자기 이해가 되어야 한다. • 검사 결과와 내담자의 생활사, 주호소 문제, 성격, 대인관계, 상담자가 관찰한 사항 등과 연결돼서 해석이 되어야 한다. • 내담자의 검사 결과에 대한 이해수준과 반응 확인한다.

[2013년 기출]

전문상담교사가 심리검사를 실시하고 활용할 때의 유의사항으로 옳은 것만을 〈보기〉에서 있는 대로 고른 것은?.

〈보기〉
ㄱ. 자신이 훈련받은 심리검사를 사용해야 하며, 검사 사용의 자격요건 및 해석에 관한 지침을 분명히 이해하고 있어야 한다.
ㄴ. 피검자에게 심리검사 결과의 수치만을 알리거나 본인의 동의 없이 제삼자에게 알리는 등 검사 결과를 잘못 제공하는 일이 없도록 해야 한다.
ㄷ. 심리검사 결과를 상담 장면에서 활용하는 경우, 상담자와 내담자 간의 작업동맹보다는 상담자의 주도적인 해석과 활용방안 제시를 더 중시해야 한다.
ㄹ. 피검자와의 충분한 라포가 형성되지 않으면 능력검사의 경우 과소평가되고, 성향검사의 경우 반응이 실제와 다르게 나타날 수 있음을 유의해야 한다.

6 심리검사의 윤리
2009, 2010, 2012, 2013, 2016 기출

1 한국심리학회(KPA) 검사사용 규정

1 기본 사항

(1) 교육 및 심리 평가의 주된 목적은, 객관적이면서 해석이 용이한 평가도구를 제공하는 데 있다.
(2) 상담심리사는 교육 및 심리 평가 방법을 활용하여, 내담자의 복리와 이익을 추구하여야 한다.
(3) 상담심리사는 평가결과와 해석을 오용해서는 안 되고, 다른 사람들이 평가도구를 개발하고, 출판 또는 사용하는 데 정보를 오용하지 않도록 적절한 조치를 한다.
(4) 상담심리사는, 검사결과에 따른 상담심리사들의 해석 및 권유의 근거에 대한, 내담자들의 알 권리를 존중한다.
(5) 상담심리사는 규정된 전문적 관계 안에서만 평가, 진단, 서비스, 혹은 개입을 한다.
(6) 상담심리사의 평가, 추천, 보고, 그리고 심리적 진단이나 평가 진술은 적절한 증거 제공이 가능한 정보와 기술에 바탕을 둔다.

2 검사를 사용하고 해석하는 능력

(1) 상담심리사는 자신의 능력의 한계를 알고, 훈련받은 검사와 평가만을 수행해야 한다. 또한 상담심리사는 지도 감독자로부터, 적합한 심리검사 도구를 제대로 이용하는지의 여부를 평가받아야 한다.
(2) 컴퓨터를 이용한 검사를 활용하는 상담심리사는, 원 평가도구에 대해 훈련받아야 한다.
(3) 수기로 하든지, 컴퓨터를 사용하든지, 상담심리사는 평가도구의 채점, 해석과 사용, 응용에 대한 책임이 있다.
(4) 상담심리사는 타당도와 신뢰도, 검사에 대한 연구 및 검사지의 개발과 사용에 관한 지침 등 교육 및 심리적 측정에 대해 철저하게 이해하고 있어야 한다.
(5) 상담심리사는 평가도구나 방법에 대해 언급할 때, 정확한 정보를 제공하고 오해가 없도록 해야 한다. 지능지수나 점수 등이 근거 없는 의미를 내포하지 않도록 특별한 노력을 기울여야 한다.
(6) 상담심리사는 심리평가를 무자격자에게 맡겨서는 안 된다.

3 사전 동의

(1) 평가 전에 내담자의 동의를 미리 얻지 않았다면, 상담심리사는 그 평가의 특성과 목적, 그리고 결과의 구체적인 사용에 대해 내담자가 이해할 수 있는 말로 설명해야 한다. 채점이나 해석이 상담심리사나 보조원에 의해서 되든, 아니면 컴퓨터나 기타 외부 서비스 기관에 의해서 이루어지든지, 상담심리사는 내담자에게 적절한 설명을 하도록 조치를 취해야 한다.
(2) 내담자의 복지, 이해 능력, 그리고 사전 동의에 따라 검사결과의 수령인을 결정짓는다. 상담심리사는 어떤 개인 혹은 집단 검사결과를 제공할 때 정확하고 적절한 해석을 함께 제공하여야 한다.

4 유능한 전문가에게 정보 공개하기

(1) 상담심리사는 검사결과나 해석을 포함한 평가결과를 오용해서는 안 되며, 다른 사람들의 오용을 막기 위한 적절한 조치를 취한다.

(2) 상담심리사는 특별한 경우를 제외하고는, 내담자나 내담자가 위임한 법적 대리인의 동의가 있을 경우에만 그 내담자의 신분이 드러날 만한 자료(예 계약서, 상담이나 인터뷰 기록, 혹은 설문지)를 공개한다. 그와 같은 자료는 그 자료를 해석할 만한 능력이 있다고 상담심리사가 인정하는 전문가에게만 공개되어야 한다.

5 검사의 선택

(1) 상담심리사는 심리검사를 선택할 때 타당도, 신뢰도, 검사의 적절성, 제한점 등을 신중히 고려한다.

(2) 상담심리사는 다문화 집단을 위한 검사를 선택할 때, 사회화된 행동과 인지 양식을 고려하지 않은 부적절한 검사를 피할 수 있도록 주의한다.

6 검사 시행의 조건

(1) 상담심리사는 표준화된 조건과 동일한 조건에서 검사를 시행한다. 검사가 표준화된 조건에서 시행되지 않거나, 검사 시간에 비정상적인 행동이 발생할 경우, 그러한 내용을 기록해야 하고, 그 검사결과는 무효 처리하거나 타당성을 의심할 수 있다.

(2) 상담심리사는 컴퓨터나 다른 전자식 방법을 사용하였을 때, 시행 프로그램이 내담자에게 정확한 결과를 적절히 제공하도록 보장할 책임이 있다.

(3) 인사, 생활지도, 상담활동에 주로 활용되는 검사결과가 유의미하기 위해서는 검사내용에 대한 선수지도나 내용을 언급하면 안 된다. 그러므로 검사지를 안전하게 보호하는 것도 상담심리사의 책임이다.

7 검사 점수화와 해석, 진단

(1) 상담심리사는 검사 시행과 해석에 있어서 나이, 인종, 문화, 장애, 민족, 성, 종교, 성적 기호, 사회경제적 지위의 영향을 고려하고 다른 관련 요인들과 통합 비교하여 검사 결과를 해석한다.

(2) 상담심리사는 기술적 자료가 불충분한 평가도구의 경우 그 결과를 해석할 때 신중해야 한다. 그러한 도구를 사용하는 특정한 목적을 내담자에게 명백히 알려 주어야 한다.

(3) 정신 장애를 진단하기 위해서 상담심리사는 특별한 관심을 가져야 한다. 내담자에 대한 치료 장소, 치료 유형, 또는 후속조치를 결정하기 위한 개인 면담 및 평가방법을 주의 깊게 선택하고 사용한다.

(4) 상담심리사는 내담자의 문제를 정의할 때, 내담자가 속한 문화의 영향을 받는다는 것을 인지한다. 내담자의 정신 장애를 진단할 때 사회경제적 및 문화적 경험을 고려해야 한다.

8 검사의 안전성

(1) 상담심리사는 공인된 검사 또는 일부를 발행자의 허가 없이 사용, 재발행, 수정하지 않는다.

(2) 상담심리사는 시대에 뒤진 자료나 검사결과를 사용하지 않는다. 다른 사람이 쓸모없는 측정이나 검사 자료를 사용하지 않도록 상담심리사는 도와준다.

2. 한국상담학회(KCA) 윤리강령

1. 일반 사항

(1) 상담자는 내담자의 환경(사회적, 문화적, 상황적 특성 등)과 개별적 특성을 고려한 후, 내담자를 조력하기 위한 목적에 적합한 심리검사를 선택해야 한다.

(2) 심리검사를 실시할 때에는 자격이 있는 사람이 표준화된 절차에 따라 실시해야 하며, 그 과정을 경시해서는 안 된다.

(3) 상담자는 검사 채점과 해석을 수기로 하건, 컴퓨터를 사용하건, 혹은 다른 서비스를 사용하건 상관없이 내담자의 요구에 적합한 검사 도구를 적용, 채점, 해석, 활용한다.

(4) 상담자는 검사 전에 검사의 특성과 목적, 잠재적인 결과를 수령자의 구체적인 결과의 사용에 대해 설명한다. 이 때 상담자는 내담자의 개인적·문화적 상황, 내담자의 결과 이해 정도, 결과가 내담자에게 미치는 영향을 고려한다.

(5) 상담자는 피검자의 복지, 명확한 이해, 검사결과를 누가 수령할 것인지에 대한 결정에서 사전 합의를 고려한다.

2. 검사 도구 선정과 실시 조건

(1) 상담자가 검사 도구를 선정할 때 도구의 타당도, 신뢰도, 실용도, 객관도, 심리측정의 한계를 신중하게 고려한다.

(2) 상담자는 제삼자에게 내담자에 대한 검사를 의뢰할 때, 적절한 검사도구가 사용될 수 있도록 내담자에 대한 구체적인 의뢰 문제와 충분한 객관적인 자료를 제공한다.

(3) 상담자는 문화적으로 다양한 집단을 위한 검사 도구를 선정할 경우, 그러한 내담자 집단에게 적절한 심리측정 특성이 결여된 검사 도구를 사용하지 않도록 합당한 노력을 한다.

(4) 상담자는 검사도구의 표준화 과정에서 설정된 동일한 조건하에서 검사를 실시한다.

(5) 상담자는 기술적 또는 다른 전자적 방법들이 검사 실시에 사용될 때, 실시 프로그램이 잘 기능하고 있는지 그리고 정확한 결과를 제공하는지에 대해 점검한다.

3. 검사 채점 및 해석

(1) 상담자는 개인 또는 집단검사 결과 발표에 정확하고 적절한 해석을 포함시킨다.

(2) 상담자는 검사 결과를 보고할 때, 검사 상황이나 피검사자의 규준 부적합으로 인한 타당도 및 신뢰도와 관련하여 발생하는 제한점을 명확히 한다.

(3) 상담자는 연령, 피부색, 문화, 장애, 민족, 성, 인종, 언어 선호, 종교, 영성, 성적 지향, 사회경제적 지위가 검사 실시와 해석에 영향을 미친다는 것을 인식하고, 내담자와 관련된 다른 요인들을 고려하여 적절하게 검사 결과를 해석한다.

(4) 상담자는 기술적인 자료가 불충분한 검사 도구의 경우 그 결과를 해석할 때 주의해야 한다. 그러한 도구를 사용하는 특정한 목적을 내담자에게 명확히 알린다.

(5) 상담자는 내담자에게 심리검사 결과의 수치만을 알리거나 제삼자에게 알리는 등 검사 결과가 잘못 통지되지 않도록 해야 한다.

4 정신장애 진단

(1) 상담자는 정신장애에 대해 적절한 진단을 하도록 특별하고 세심한 주의를 기울인다.

(2) 상담자는 치료의 초점, 치료 유형, 추수상담 권유 등의 내담자 보살핌을 결정하기 위해 사용되는 개인 상담을 포함한 검사 기술을 신중하게 선택하고 합당하게 사용한다.

(3) 상담자는 정신장애를 진단할 때는 내담자의 문제를 규정하는 방식에 문화가 영향을 미친다는 것을 인식하고 내담자의 사회경제적·문화적 경험을 고려한다.

(4) 상담자는 어떤 개인이나 집단들에 대해 오진을 내리고 정신병리화하는 역사적·사회적 편견과 오류에 대해 충분히 이해하고 이러한 편견과 오류가 발생하지 않도록 특별한 주의를 기울인다.

(5) 상담자는 심리검사의 결과가 내담자나 다른 사람들에게 해를 끼칠 수 있다고 판단되면 진단이나 보고를 해서는 안 된다.

[2012년 기출]

심리검사를 사용하는 전문상담교사의 행동 중 적절한 것만을 〈보기〉에서 있는 대로 고르시오.

〈보기〉
ㄱ. 진로상담에 활용하기 위해, 신뢰도 및 타당도가 검증되고 전국규준이 작성되어 있는 적성검사를 선정하였다.
ㄴ. 주제통각검사(TAT)에 관한 교육과 임상 훈련을 받은 적이 없지만 동료 전문상담교사의 설명을 듣고 학생에게 주제통각검사를 실시하였다.
ㄷ. 현장연구에 적합한 심리검사를 찾을 수 없어서, 가장 유사하다고 판단된 표준화 검사의 문항수를 줄여서 신뢰도와 타당도를 확보한 후 사용하였다.
ㄹ. 학생들의 읽기 능력이 충분하다고 판단되어, 지필검사의 지시문을 학생들에게 직접 설명하지 않고 학생들이 각자 지시문을 읽어본 후 응답지에 답하도록 하였다.

[2016년 기출]

다음은 전문상담교사가 자신이 근무하는 고등학교에서 올해 2학년 학생들을 대상으로 심리검사를 실시한 내용이다. 심리검사 실시 과정에서 상담교사가 취한 비윤리 행동 2가지를 찾아 쓰고, 각각에 대한 윤리적 대안 행동을 서술하시오.

상담교사는 심리검사 실시에 대한 계획을 앞두고 동료교사로부터 인근 학교에서 실시한 새로운 검사에 대해 들었다. 상담교사는 정확한 검사명을 알아보았는데 자신이 잘 모르는 검사다. 해당 학교에서 전화번호를 받아 검사지를 구매하여 실시하고 결과를 받았다. 검사결과지에 해석내용이 비교 상세히 기술되어 있어, 담임교사들에게 검사결과지를 학생들에게 나눠줄 것을 부탁하였다.

7. 웩슬러 지능검사

1 지능검사(intelligence test)의 정의 및 역사

1) 임상적(심리측정적) 입장

1905년, 프랑스 심리학자인 비네(Alfred Binet)에 의해 정신박약아 판정을 위해 개발되었다. 지능은 단일한 능력으로 말한다. 비네는 지능을 새로운 상황에 대한 전체적인 적응능력으로 보고 판단력, 이해력, 논리력, 추리력, 기억력을 지능의 요소로 보았다. 비네 지능검사는 미국의 심리학자 터만(S. Terman)에 의해 1916년, 스탠포드-비네(Stanford-Binet) 검사로 변용하여 처음으로 IQ개념을 사용했다. 생활연령에 대한 정신연령의 비율을 지능검사 점수로 채택했다. 이로써 연령이 다른 아동끼리 서로 비교할 수 있게 하였다.

2) 지능검사의 시행 목적

(1) 개인의 지적 능력 수준 또는 잠재적 지적 능력을 평가하기 위해서이다. 그리고 지적 적응 또는 성취도를 예견하기 위해서이다.
(2) 개인의 인지적, 지적 기능의 특성 파악: 개인에게 보다 적절한 지적 활동영역 탐색 또는 충분한 지적 성취계획 도움이 된다.
(3) 임상적 진단의 명료화: 지능은 지적 능력뿐 아니라 인격특성이나 적응행동과 깊은 관계가 있다. 질적 분석을 통해 이러한 해석이 가능하다.
(4) 기질적 뇌손상 유무, 뇌손상으로 인한 인지적 손상을 평가한다.
(5) 치료계획 세우는 과정에서 합리적 치료 목표 설정: 특히 통찰적 치료를 시행하려는 경우

3) 지능검사의 의의

(1) 인지적, 신경심리학적 평가영역에서 유용한 정보를 제공한다.
(2) 어떤 심리검사보다 진단과 치료를 위한 더 전문적인 정보를 다각적으로 제공한다.

2 웩슬러(David Wechsler) 지능검사 개발과정

1) 비네와 웩슬러의 지능관의 차이

지능의 본질에 대한 비네와 웩슬러의 공통된 견해는 지능을 자기 자신과 상황에 대한 이해능력과 환경에 대한 적응력, 유연성, 또는 훈련가능성으로 본다는 점이다(Wechsler, 1967). 다른 한편 둘의 차이점은 비네가 지능을 단일 요인으로 본 것에 비해 웩슬러는 지능을 단일 요인이 아닌 다요인적이며 중다결정적이며, 특정한 능력이 아닌 환경과 자기에 대한 전체적이고 종합적인 능력으로 본다는 것이다.

2 성인용 지능검사

만 16세 이상 성인에게 사용한다. 2012년에 K-WAIS-IV가 출판되었다.

3 아동용 지능검사

2019년에 만 6세~16세까지 사용하는 K-WISC-V가 나왔다.

4 유아용 지능검사

만 3세~7세 유아에게 사용가능하며, 일반적으로 의사소통능력이 평균 이하인 아동들에게는 K-WISC-Ⅲ보다 K-WIPPSI가 더 적합하다고 본다.

⟨K-WAIS와 K-WAIS-IV의 차이점⟩

	K-WAIS-IV	K-WAIS
개발자	황순택, 김지혜, 박광배, 최진영, 홍상황	염태호, 박영숙, 오경자, 김정규, 이영호
발행일	2012	1992
측정영역	언어이해, 지각추론, 작업기억, 처리속도, 일반지능	언어성, 동작성, 일반지능
연령범위	16세 0개월~69세 11개월	16~64세
소요시간	10개의 핵심 소검사: 70~80분 15개의 모든 소검사: 80~100분	11개의 소검사 60~90분
검사자 자격	심리평가 분야의 대학원생 혹은 전문가 수준의 훈련을 받은 평가자	심리평가 분야의 대학원생 혹은 전문가 수준의 훈련을 받은 평가자

5 개정 목표

(1) 언어성, 동작성 지능지수는 제공되지 않고 전체지능지수만 제공된다.

(2) 차례 맞추기, 모양 맞추기 소검사가 사라지고 행렬추론, 동형찾기, 퍼즐, 순서화, 무게비교 소검사가 추가되었다.

(3) 유동적 지능, 작업기억, 처리속도를 안정적으로 측정할 수 있게 되었다.

(4) 산출되는 지능지수의 범위를 IQ40~160으로 확장하였다.

(5) 시범문항, 연습문항을 도입하였다.

(6) 시각적 자극 크기를 확대하였다. 언어지시를 단순화하였다.

(7) 시간보너스의 비중을 줄이고 검사수행과정에서 운동 요구를 감소시켜 실시를 간편화하고 실시시간을 단축시켰다. 나이 든 집단의 과제 수행을 용이하게 하였다.

3. 특성 및 장점

1 지능
효율적인 적응을 성취할 수 있는 잠재적 능력으로 보고, 합목적적으로 행동하고, 합리적으로 사고하며, 능률적으로 환경을 처리하는 개인의 총합적, 전체적 능력이라 본다.

2 Wechsler 지능검사 및 편차지능지수(DIQ)의 장점 2020 기출
(1) 원점수를 환산점수로 전환하였기에 소검사 통해 지능수준을 표준편차, 단위에 따라 명백하게 정의가 가능하다.
(2) 개인 잠재력 평가 위한 표준화된 과제로 구성된 정신기능 측정 검사이다.
(3) 발달과정에서 정신연령과 생활연령과의 직선적 관계에 대한 가정으로 인해 생겨나는 문제점이 없어졌다.
(4) 아동기 이후의 성인 지능지수(16세 이상~69세 이하)는 연령에 관계없이 동등하게 해석 가능하다.
(5) 모든 연령층에서 똑같이 평균은 100, 표준편차 15이다.

4. WAIS-Ⅳ의 검사의 구성

1 소검사 구성
(1) **언어이해 지수 척도**: 공통성, 어휘, 상식, (이해)
(2) **지각추론 지수 척도**: 토막짜기, 행렬추론, 퍼즐, (무게비교), (빠진 곳 찾기)
(3) **작업기억 지수 척도**: 숫자, 산수, (순서화)
(4) **처리속도 지수 척도**: 동형찾기, 기호쓰기, (지우기)

2 전체지능지수(FSIQ)
(1) 현재 개인이 보유한 인지능력의 수준에 대한 전체적인 측정치이다.
(2) 개인의 지적 능력에 대한 가장 신뢰롭고 타당한 측정치이다.
(3) 규준집단을 통해 일반 인구에서의 상대적 순위에 대한 정보를 제공한다.
(4) 학업적 성취와 직업적 성공의 유용한 예측 변인이다.

3 기본 지표점수 해석 2015, 2016 특시, 2018, 2020 기출

언어이해지수 (VCI: Verbal Comprehension Index)	① 측정요인: 언어적 이해능력, 언어적 기술과 정보를 새로운 문제해결에 적용하기, 언어적 정보처리 능력, 어휘를 사용한 사고능력, 결정적 지식, 인지적 유연성(심적 수행을 바꿀 수 있는 능력 포함), 자기감찰 능력 ② 소검사에서 요구되는 능력: 개인의 축적된 경험
지각추론지수 (PRI: Perceptual Reasoning Index)	① 측정요인: 지각적 추론능력, 시각적 이미지에 대한 사고능력, 시각적 이미지를 유창하게 다룰 수 있는 능력, 인지적 유연성(심적 수행을 바꿀 수 있는 능력 포함), 상대적인 인지적 속도, 제한된 시간 내에 시각적으로 인식된 자료를 해석 혹은 조직화하는 능력, 비언어적 능력, 언어를 사용하지 않고 추상적 개념과 관련성을 형성할 수 있는 능력, 유동적 추론능력, 자기점검능력
작업기억지수 (WMI: Working Memory Index)	① 측정요인: 작업기억, 청각적 단기기억, 주의지속능력, 수리능력, 부호화능력, 청각적 처리기술, 인지적 유연성(심적 수행을 바꿀 수 있는 능력 포함), 자기감찰능력 ② 소검사에서 요구되는 능력 • 숫자(핵심소검사), 순서화(보충소검사): 검사자에 의해 제시되는 정보에 주의를 기울이고 나서 반복 및 기억으로부터 정보를 재조직화하는 능력 • 산수(핵심소검사): 산수 문제를 마음속으로 해결할 수 있는 능력
처리속도지수 (PSI: Processing Speed Index)	① 측정요인: 처리속도, 과제수행속도, 시지각적 변별능력, 심적 수행 속도, 정신운동 속도, 주의력, 집중력, 단기 시각기억, 시각-운도 협응능력, 수능력, 인지적 유연성(심적 수행을 바꿀 수 있는 능력 포함), 자기점검능력

4 선택적으로 사용 가능한 지수

일반능력 지수 (GAI: General Ability Index)	① 일반능력지수(GAI)=언어이해 핵심 소검사(공통성, 어휘, 상식) + 지각추론 핵심 소검사(토막짜기, 행렬추론, 퍼즐) ② FSIQ가 전반적인 인지적 능력에 대한 가장 타당한 측정치로 고려되어야 한다. ③ 작업기억과 처리속도 측면에서 덜 민감한 인지적 능력을 측정하기 원할 때 산출할 것을 제안한다. 하지만 GAI를 이루는 소검사 6개 역시 작업기억과 처리속도를 필요로 한다는 점을 염두에 둘 것. ④ 병리가 있는 사람의 경우 GAI 점수를 통해 잠재지능을 파악한다.
인지효능 지수 (CPI: Cognitive Proficiency Index)	① 인지효능 지수(CPI)=작업기억의 핵심 소검사(숫자, 산수)+처리속도의 핵심 소검사(동형찾기, 기호쓰기) ② 언어이해와 지각추론에 덜 민감한 인지적 능력에 대한 측정이 필요할 때 산출할 것을 제안한다. 하지만 CPI를 이루는 소검사 4개 또한 어느 정도의 언어이해와 지각추론을 필요로 한다.

5 과정점수(Process Score)

(1) 속도를 배제했을 때의 수행능력을 나타낸다.
(2) 검사 수행의 질적 해석이 중요하다는 관점으로부터 도출이 된다.
(3) 토막짜기 1개, 숫자 6개, 순서화 1개의 과정점수를 제시한다.
(4) 추가적 실시 절차 없이 본 수행의 결과에서 도출한다.
(5) 과정점수가 소검사 점수나 조합점수를 대체할 수는 없다.

6 소검사 실시의 표준적 순서

(1) 가능한 한 검사지의 순서대로 소검사를 실시한다.
(2) 만약 수검자가 특정 소검사를 거부할 경우, 일시적으로 보류한 뒤 검사에 더욱 몰입하게 한 뒤 시행할 수 있다. 그러나 검사자의 선호가 아닌 임상적 필요성이 있을 경우에만 한한다.

7 소검사 선택

(1) 기본적으로 10개의 핵심 소검사는 조합점수의 FSIQ 산출에 사용한다.
(2) 보충 소검사는 임상적 정보를 제공하기 위해 사용할 수 있다.
(3) 보충 소검사의 핵심 소검사를 대체하는 것은 특정한 임상적 상황(예 수검자의 신체적 조건 문제)에 있어 수행에 영향을 주는 경우, 핵심 소검사의 점수가 타당하지 않은 경우에 가능하다. 그러나 조합점수를 바꾸기 위한 목적으로 타당한 핵심 소검사를 보충 소검사로 대체하는 것은 적절하지 않다.
(4) 소검사를 대체할 때는 각각의 지표점수(VCI, PRI, WMI, PSI)에 대해서 단 하나씩만 허용된다. FSIQ를 도출할 때는 2개의 지표까지만 대체가 가능하며 3개 이상의 서로 다른 지표들에서 대체하는 것은 허용되지 않는다.

8 소검사 설명

구분	소검사	약어	내용
언어 이해	공통성 (Similarity)	SI	공통적인 사물이나 개념을 나타내는 두 개의 단어가 제시되면 어떠한 유사점이 있는지를 기술해야 한다.
	어휘 (Vocabulary)	VC	그림 문항의 경우 시각적으로 제시되는 물체의 이름을 말해야 함. 언어적 문항의 경우 인쇄된 글자와 동시에 구두로 제시되는 단어의 뜻을 말해야 한다.
	상식/기본지식 (information)	IN	폭넓은 영역의 일반 지식에 관한 질문에 대답해야 한다.
	이해 (Comprehension)	CO	일반적 원리와 사회적 상황에 대한 이해에 근거해서 질문에 답해야 한다.
지각 추론	토막짜기 (Block Design)	BD	정해진 제한시간 내에 제시된 모형과 그림, 또는 그림만 보고 빨간색 흰색을 이루어진 토막을 사용하여 자극과 똑같은 모양을 만들어야 한다.
	행렬추론 (Matrix Reasoning)	MR	일부가 빠져있는 행렬을 보고 이를 완성할 수 있는 반응 선택지를 골라야 한다.
	퍼즐 2022 기출 (Visual Puzzles)	VP	완성된 퍼즐을 보고 제한시간 내에 그 퍼즐을 만들 수 있는 세 개의 반응을 찾아야 한다.
	무게비교 (Figure Weights)	FW	정해진 제한시간 내에 양쪽 무게가 달라 균형이 맞지 않는 저울을 보고 균형을 맞추는데 필요한 반응을 찾아야 한다.
	빠진곳찾기 (Picture Completion)	PC	정해진 제한시간 내에 중요한 부분이 빠져있는 그림을 보고 빠진 부분을 찾아야 한다.
작업 기억	숫자 (Digit Span)	DS	검사자가 읽어준 일련의 숫자를 동일한 순서로 기억해야 함. 숫자 거꾸로 따라하기에서는 검사자가 읽어준 일련의 숫자를 역순으로 기억해야 함. 숫자 순서대로 배열하기에서는 검사자가 읽어준 일련의 숫자를 작은 숫자부터 차례로 기억해내야 한다.
	산수 (Arithmetic)	AR	정해진 제한시간 내에 일련의 산수 문제를 암산으로 풀어야 한다.
	순서화(Letter-Number Sequencing)	LN	일련의 숫자와 글자를 읽어주면 숫자와 글자를 순서대로 회상해야 한다.
처리 속도	동형찾기 (Sybol Search)	SS	정해진 제한시간 내에 탐색 집단에서 표적 기호와 동일한 것을 찾아 표시해야 한다.
	기호쓰기 (Coding)	CD	제한 시간 내에 숫자와 짝지어진 기호를 옮겨 적어야 한다.
	지우기 (Cancellation)	CA	정해진 제한시간 내에 조직적으로 배열되어 있는 도형들 속에서 표적모양을 찾아 표시해야 한다.

9 실시 과정에서 검사자가 주의해야 할 점

(1) 표준 지시에서와 같이 수검자에게 "어떤 문제는 쉽고 어떤 문제는 어려우므로 모든 문제를 다 잘 해결하지 못해도 괜찮다."는 격려를 해줄 필요가 있다.

(2) 검사시행과정에서 미리 채점의 원칙을 잘 알고 있어야 한다. 채점 원칙에 비추어 볼 때 검사반응이 불분명한 경우 반드시 다시 질문하여 분명한 대답을 들을 수 있어야 한다.

(3) 특별한 이유가 없는 한 1회에 전체 소검사를 완성하는 것이 바람직하다.

(4) 시간제한이 있는 소검사에서 수검자가 과제에 열중하고 있다면 시간이 다 되었더라도 몇 초의 시간을 더 주는 것이 좋다.

(5) 전문가의 감독하에 철저하게 훈련 받는 과정이 필요하다.

5 K-WISC-Ⅳ의 검사의 구성

목적	아동의 종합적인 인지능력 평가
대상	만 6세 0개월~만 16세 11개월
실시형태	개별검사
소요시간	65~80분

1 요인구성 2014 기출

(1) **언어이해**: 공통성, 어휘, 이해, (상식), (단어추리)

(2) **지각추론**: 토막짜기, 공통그림찾기, 행렬추리, (빠진곳찾기)

(3) **작업기억**: 숫자, 순차연결, (산수)

(4) **처리속도**: 기호쓰기, 동형찾기, (선택)

(5) **전체 IQ**: 토막짜기, 공통성, 숫자, 공통그림찾기, 기호쓰기, 어휘, 순차연결, 행렬추리, 이해, 동형찾기

(6) **언어이해지표, 지각추론지표, 작업기억지표, 처리속도지표** K-WAIS-Ⅳ와 유사

(7) **인지효능지수**: 작업기억 지표와 처리속도 지표의 표준 소검사를 단일 표준 점수로 조합한 특수한 4개의 소검사(숫자, 순차 연결, 기호쓰기, 동형찾기) 지표다. 어떤 유형의 정보를 능숙하게 처리하는 능력을 반영하는데, 신속한 시각 속도와 정신적 통제를 통해 숙달된 정보처리를 함으로써 새로운 과제에 요구되는 인지적 노력을 줄이고 유동적 추론과 새로운 학습을 촉진시킨다.

(8) 소검사

소검사	약호	설명
토막짜기	BD	아동이 제한시간 내에 흰색과 빨간색으로 이루어진 토막을 사용하여 제시된 모형이나 그림과 똑같은 모양을 만든다.
공통성	SI	아동이 공통적인 사물이나 개념을 나타내는 두 개의 단어를 듣고, 두 단어가 어떻게 유사한지를 말한다.
숫자	DS	숫자 바로 따라하기에서는 검사자가 큰소리로 읽어 준 것과 같은 순서로 아동이 따라한다. 숫자 거꾸로 따라하기에서는 검사자가 읽어준 것과 반대 방향으로 아동이 따라한다.
공통그림찾기	PCn	아동에게 두 줄 또는 세 줄로 이루어진 그림들을 제시하며, 아동은 공통된 특성으로 묶일 수 있는 그림을 각 줄에서 한 가지씩 고른다.
기호쓰기	CD	아동은 간단한 기하학적 모양이나 숫자에 대응하는 기호를 그린다. 기호표를 이용하여 아동은 해당하는 모양이나 빈칸 안에 각각의 기호를 주어진 시간 안에 그린다.
어휘	VC	그림문항에서 아동은 소책자에 있는 그림들의 이름을 말한다. 말하기 문항에서는, 아동은 검사자가 크게 읽어주는 단어의 정의를 말한다.
순차연결	LN	아동에게 연속되는 숫자와 글자를 읽어주고, 숫자가 많아지는 순서와 한글의 가나다 순서대로 암기하도록 한다.
행렬추리	MR	아동은 불완전한 행렬을 보고, 다섯 개의 반응 선택지에서 제시된 행렬의 빠진 부분을 찾아낸다.
이해	CO	아동은 일반적인 원칙과 사회적 상황에 대한 이해에 기초하여 질문에 대답한다.
동형찾기	SS	아동은 반응 부분을 훑어보고 반응 부분의 모양 중 표적 모양과 일치하는 것이 있는지를 제한 시간 내에 표시한다.
빠진 곳 찾기	PCm	아동이 그림을 보고 제한시간 내에 빠져있는 중요한 부분을 가리키거나 말한다.
선택	CA	아동이 무선으로 배열된 그림과 일렬로 배열된 그림을 훑어본다. 그리고 제한 시간 안에 표적 그림들에 표시한다.
상식	IN	아동이 일반적 지식에 관한 광범위한 주제를 다루는 질문에 대답을 한다.
산수	AR	아동이 구두로 주어지는 일련의 산수 문제를 제한 시간 내에 암산으로 푼다.
단어추리	WR	아동이 일련의 단서에서 공통된 개념을 찾아내어 단어로 말한다.

6 K-WAIS 프로파일 해석 *2015, 2016 특시, 2018, 2020 기출*

1 프로파일 유형

(1) **모든 소검사 환산점수가 평균 이상으로 평평한 프로파일**: 개인이 검사에서 측정된 모든 영역에서 지적으로 우수하다는 것을 의미한다.

(2) **모든 소검사 환산점수가 평균 이하인 평평한 프로파일**: 개인이 검사에서 측정된 모든 영역에서 지적으로 한계가 있다는 것을 의미한다.

(3) **소검사 환산점수가 정상범위 내에 있는 프로파일**: 검사에서 측정된 모든 영역에 걸쳐 평균적인 능력을 의미한다.

(4) **환산점수의 변동 폭이 매우 심한 프로파일**: 개인 고유의 강점과 약점을 가지고 있다는 것을 의미한다.

2 개인간 비교

소검사 환산점수를 규준집단과 비교하여 평가하는 것.

<평가기준점>
- 13 – 19: 항상 강점(84-99%ile)
- 8 – 12: 항상 평균(25-75%ile)
- 1 – 7: 항상 약점(1-16%ile)

3 개인내 비교

개인내 비교 시 개인의 소검사 환산점수의 평균을 산출하고 각각의 소검사와 평균을 비교하는 작업을 한다.

4 K-WAIS-Ⅳ 프로파일 분석과 해석: 조합점수

(1) 조합점수 간의 통계적으로 유의한 차이에 관한 합리적인 가설을 세우기 위해서는 검사결과, 병력, 학력, 이력, 사회생활력, 가족력을 포함하여 개인에 관한 모든 정보를 평가해야 한다.

(2) 개인의 장애, 교육수준, 문화적 적응을 포함하여 문화적/가족적/언어적 배경과 같은 요소들은 조합점수 차이에 영향을 미칠 수 있다.

(3) 조합점수들 간의 차이는 개인의 인지적 기능에 관한 가설을 설정하는데 사용되어야만 하고, 결코 진단을 내리는 단독 기준으로 사용되어서는 안 된다.

5 처리점수(과정점수)

(1) K-WAIS-Ⅳ에는 총 8종류의 과정환산점수가 포함. 과정환산점수 간 차이 값이 유의미한 경우, 아래와 같이 몇 가지 가설을 설정해볼 수 있다.

(2) 토막짜기와 시간제한이 없는 토막짜기의 비교는 시간 압박 하 수행 정도를 비교할 수 있다.

(3) 숫자 바로 따라외우기와 거꾸로 따라외우기의 비교는 단순한 반복이나 단기적 청각 주의력과 복잡한 자극에 대한 주의력, 정보를 변환하여 처리하는 능력 등에 대한 비교를 제공한다.

(4) 숫자 바로 따라외우기와 순서대로 따라외우기는 단기적 청각 주의력과 순서로 의미있는 방식으로 재변환하는 능력 간의 비교를 제공한다.

(5) 숫자 거꾸로 따라외우기와 순서대로 따라외우기는 모두 정보를 보유하고 조직하는 능력과 관련되어 있다. 거꾸로 따라외우기의 경우에는 무의미한 방식으로 재배열하는 것이나, 순서대로 따라 외우기는 의미있는 방식으로 재배열한다는 차이가 있다.

(6) 다만, 과정점수 간의 유의한 차이의 임상적 의미에 대한 연구는 거의 이루어지지 않은 상황이므로 해석에는 신중을 기할 필요가 있다.

〈K-WISC-Ⅳ〉의 과정점수

1) 토막짜기(BD), 시간 보너스가 없는 토막짜기(BDN)
   (1) BDN 처리 점수는 문항을 빨리 완성하는 것에 대한 추가적 시간 보너스 점수가 없는 토막짜기에서 보이는 아동의 수행에 기반을 둔다.
   (2) 수행 속도에 대한 강조를 줄인 것은 아동의 신체적 한계, 문제해결 전략, 개인적 특성이 시간을 요하는 과제의 수행에 영향을 미친다고 판단될 때 특히 유용하다.
   (3) BD와 BDN 점수 간 차이는 토막짜기 수행에 대한 속도와 정확성의 상대적 기여에 관해서 정보를 제공. 대부분의 아동은 BD와 BDN 간에 큰 차이가 없다.

2) 숫자(DS), 숫자 바로 따라하기(DSF), 숫자 거꾸로 따라하기(DSB), 가장 긴 숫자 바로 따라하기(LDSF), 가장 긴 숫자 거꾸로 따라하기(LDSB)
   (1) DSF와 DSB 처리 점수는 두 가지 숫자 과제에서 보이는 아동의 수행을 반영한다.
   (2) 두 가지 과제 모두 즉각적인 청각적 회상을 통해 정보를 저장하고 인출하는 능력을 요구하지만, '숫자 거꾸로 따라하기' 과제는 아동의 주의력 및 작업기억 능력을 추가적으로 요구한다.
   (3) DSF와 DSB 간 차이는 비교적 쉬운 과제와 좀 더 어려운 기억 과제에서의 차별적 수행능력을 나타낸다.
   (4) LDSF와 LDSB 처리점수는 각각 '숫자 바로 따라하기'와 '숫자 거꾸로 따라하기'에서 마지막으로 정확히 수행한 시행에서 회상한 숫자의 개수를 나타낸다.

3) 선택(CA), 무선배열(CAR), 일렬배열(CAS)
   (1) CAR과 CAS 처리점수는 선택 소검사에서 두 가지 방식(무선배열, 일렬배열)으로 제시된 시각적 자극에 대한 선택적인 시각적 주의와 처리속도를 측정한다.
   (2) 선택과제는 신경 심리학적 장면에서 시각적 무시, 반응 억제, 운동 보속증을 측정하기 위해 널리 사용되어 왔다.
   (3) CAR과 CAS는 각각 선택 문항 1과 문항 2에서의 원점수로부터 도출된 환산점수이다. 이 두 점수를 비교하는 것은 무선적으로 배열된 시각자극과 비슷한 과제이지만 조직적으로 배열되어 있는 시각자극을 살펴볼 때 요구되는 차별적인 수행 능력에 대한 정보를 제공해준다.

6 K-WAIS-Ⅳ 프로파일의 10단계 분석

(1) 1단계: FSIQ와 4개의 조합점수 및 소검사 환산점수

〈각 환산점수의 규준집단 백분위〉

백분위	환산점수	IQ
99.9	19	145
99.6	18	140
99	17	135
98	16	130

백분위	환산점수	IQ
95	15	125
91	14	120
84	13	115
75	12	110
63	11	105
50	10	100
37	9	95
25	8	90
16	7	85
9	6	80
5	5	75
2	4	70
1	3	65
0.4	2	60
0.1	1	55

<FSIQ와 4개의 조합점수에 대한 신뢰수준, 백분위, 수행수준>

조합점수 범위	소검사 환산점수 범위	전통적인 기술적 분류	조합점수의 대안적 기술적 분류
130-140 이상	16-19	최우수	최상/규준적 강점(131이상)
120-129	14-15	우수	평균상/규준적 강점(116-130)
110-119	12-13	평균 상	
90-109	8-11	평균	평균/정상수준(85-115)
80-89	6-7	평균 하	
70-79	4-5	경계선	평균하/규준적 약점(70-84)
69이하	1-3	매우 저조	최하/규준적 약점(69이하)

(2) 2단계: 전반적인 지적 능력을 요약하는 최선의 방법을 결정한다. 2020 기출

① FSIQ가 활용 가능한 점수인지 판단하기

② 4개의 조합점수 간 차이값이 1.5표준편차(23점) 미만이면 해석이 타당하나 23점 이상이라면 FSIQ이 타당성이 떨어지므로 GAI를 활용하여 지능을 설명한다(GAI는 VCI+PRI의 핵심 소검사의 환산점수의 합으로 도출이 된다).

③ PRI와 VCI의 차이값이 23점 이상이면 GAI의 타당성이 떨어지므로 해석이 어렵다.

④ FSIQ와 GAI가 모두 해석이 불가능하더라도 임상가의 판단에 따라 개인의 전반적인 지능을 더 잘 나타내준다고 생각하는 조합점수를 선택하여 기술한다(예 충동적이고 주의가 산만한 내담자는 WMI, PSI가 포함되지 않은 GAI를 선택해야 한다).

(3) 3단계: 개인의 일반능력지수(GAI)와 인지효능지수(CPI) 간의 차이가 특별히 큰가를 결정한다.

① CPI = 두 개의 작업기억 핵심소검사 + 두 개의 처리속도 핵심소검사

② CPI는 개인의 특정한 유형의 정보를 처리하는 효율성을 뜻하는 것으로 정신적 통제 능력과 정보처리 속도 능력을 측정한다. 이는 새로운 과제에서 자료습득 능력과 유동적 추론을 촉진한다.

③ CPI 역시 WMI와 PSI 점수 차이가 23점 이상이면 CPI의 타당성이 떨어져 해석이 어렵다.

④ CPI-GAI의 점수 차이가 21점 이상일 경우 드물게 차이가 나는 경우에 해당하므로 유의미하게 해석을 해야 한다.

(4) 4단계: 해석의 두 가지 경로 중에 한 가지를 선택한다.
  ① K-WAIS에서 산출된 4개의 지수에 대한 해석
  ② WAIS-Ⅳ의 5요인 모델 해석

(5) 5단계: Wechsler의 4개의 조합점수 모델에 따른 해석
  ① 지표점수가 단일점수로 해석이 가능한지, 소검사 간의 점수 차가 5점 이상인지를 확인한다.
  ② 4개의 지표점수가 단일점수로 해석이 가능하면, 각 지표점수를 규준적 강점, 약점을 확인한다.
  ③ 4개 지표점수간 차이 점수 중 임계치를 넘는 점수가 있는지를 확인함으로써 유의미한 점수차이를 확인한다.
  ④ 4개의 지표점수의 평균에서 각 지표점수가 임계치를 넘어 평균에서 높은지, 낮은지를 확인함으로써 개인내적 강약점을 확인한다.

(6) 6단계: Keith의 5요인 모델에 따른 해석(선택적)

(7) 7단계: 규준적 강점과 약점 판단

(8) 8단계: 소검사 환산 점수를 통해 개인의 강점과 약점을 판단한다.
  ① 각 소검사의 규준적 강점 약점을 확인한다.
  ② 각 소검사가 소검사 평균 값에 비해 점수가 임계치를 넘어 높은지 낮은지를 확인함으로써, 강점과 약점이 있는지를 확인한다.

(9) 9단계: 조합점수 / 요인의 프로파일을 해석한다.

(10) 10단계: 임상군집을 비교한다.

7 K-WISC-Ⅳ의 5단계 해석

1단계	• 아동의 전반적인 지적 능력 수준을 알아본다. 1-1. 전체지능지수(FSIQ)를 고려한다. 1-2. 지표들 간 심한 편차(23점 이상)를 보일 경우, 전체IQ 대신 일반능력지표(GAI)를 사용하여 전반적인 지적 능력을 추정할 수 있다. 1-3. 일반능력지표(GAI)와 인지숙달지표(CPI)의 차이가 특별히 큰지 살펴본다.

2단계	• 지표점수의 차이를 해석한다.
	2-1. 지표점수가 단일하여 해석 가능한지 살펴본다.
	2-2. 지표 간 인지적 강점과 약점을 결정한다.
	   - 지표 프로파일에서 규준적 강/약점을 결정한다.
	   - 지표 프로파일에서 개인적 강/약점을 결정한다.
	   - 개인적 강/약점이 10% 기저율을 기준으로 드문 경우인지 결정한다.
	   - 진단적/교육적으로 중요한 주 강점(Key Assets)과 최우선시되는 약점(High-Priority Concerns)을 판별한다.

3단계	• 임상군집 간 비교를 한다. 3-1. 임상군집의 해석 가능 여부를 살펴본다. 3-2. 군집 내 소검사 환산점수의 합을 구한 뒤, 부록의 환산표를 참조하여 임상군집의 환산점수를 구한다. 3-3. 임상군집 간 비교를 통해 점수 차이가 특별히 크거나 드물게 발생하는지 여부를 판단한다.
4단계	• 소검사 간에 변산을 해석한다. 4-1. '소검사 수준'에서의 비교를 한다. 4-2. 개인 내 강점 및 약점을 결정한다.
5단계	• 처리점수, 소검사 내 패턴이나 검사태도에 대한 질적 분석을 통해 아동의 지적 능력에 대한 가설을 검토한다.

<해석의 요약>

- **1단계: 전반적인 지적 능력 수준 확인**
  전체지능지수(FSIQ) 고려: 규준적 강점/약점 기술
  지표점수 간 점수차 23점 이상→ 일반능력지표(GAI)로 전반적 지적 능력 추정(단, GAI는 VCI-PRI 점수차가 23점 이상이면 X)
  일반능력지표(GAI)와 인지숙달지표(CPI)의 점수간 차이 확인: 21점 이상인지 확인(단, CPI는 WMI-PSI 점수차가 23점 이상이면 X)
- **2단계: 지표점수 차이 해석**
  지표점수 단일 해석 가능한지 확인(소검사 점수간 차이가 5점 이상이면 지표점수 해석X)
  규준적 강점 약점 결정(규준 기준 점수 기준)
  개인내적 강점 약점 결정(차이의 임계치 기준 / 평균 합산에서 차이 임계치 기준)
  개인적 강점 약점이 10% 기저율 기준으로 드문 경우인지 결정
- **3단계: 임상군집 간 비교**
- **4단계: 소검사 간 변산 해석**
  소검사의 규준적 강점 약점 결정(규준 기준 점수 기준)
  소검사의 개인 내 강점 약점 결정(소검사 평균 값에서 임계치 기준 차이 확인)
- **5단계: 처리점수, 소검사 내 패턴, 검사태도 질적 분석 → 아동 지적 능력 가설 검토**

7 K-WISC-V 2022 기출

1 검사체계(Test Framework)

K-WISC-V는 전체(Full)척도, 기본지표(Primary Index)척도, 추가지표(Ancillary Index)척도 등 의 3가지 수준으로 구분된다. 각 척도(예, 전체, 언어이해, 비언어)별로 지표점수를 산출하는데 사용되는 소검사가 제시되어 있다.

전체척도

언어이해	시공간	유동추론	작업기억	처리속도
공통성 어휘 상식 이해	토막짜기 퍼즐	행렬추리 무게비교 공통그림찾기 산수	숫자 그림기억 순차연결	기호쓰기 동형찾기 선택

기본지표척도

언어이해	시공간	유동추론	작업기억	처리속도
공통성 어휘	토막짜기 퍼즐	행렬추리 무게비교	숫자 그림기억	기호쓰기 동형찾기

추가지표척도

양적추론	청각작업기억	비언어	일반능력	인지효율
무게비교 산수	숫자 순차연결	토막짜기 퍼즐 행렬추리 무게비교 그림기억 기호쓰기	공통성 어휘 토막짜기 행렬추리 무게비교	숫자 그림기억 기호쓰기 동형찾기

2 표준 소검사 실시 순서

1. 토막짜기
2. 공통성
3. 행렬추리
4. 숫자
5. 기호쓰기
6. 어휘
7. 무게비교
8. 퍼즐
9. 그림기억
10. 동형찾기
11. 상식
12. 공통그림찾기
13. 순차연결
14. 선택
15. 이해
16. 산수

3 기본지표척도

(1) 각 기본지표척도들은 2개의 소검사로 이루어진다.

(2) 각 기본지표척도 해석

기본지표척도	소검사	해석
언어이해 (VCI)	공통성	• 언어적 자극을 이해
	어휘	• 단어를 이용하여 생각과 아이디어를 전달하는 개인 능력 반영 • 높은 언어이해 지표 점수는 결정 지능이 우수하여 단어지식, 정보 재인, 언어문제 추리 및 해결, 지식소통 능력이 뛰어난 것을 의미한다.
시공간 (VSI)	토막짜기	• 시각적 정보 평가 • 시공간 관계를 이해하여 기하학적 구성을 할 수 있는 능력 측정
	퍼즐	• 그림과 시각적 개념을 통해 생각하는 능력 측정 • 높은 시공간 지표점수는 시공간 추리, 부분과 전체 관계 통합, 시각적 디테일에 대한 주의, 시각-운동협응 능력이 우수함을 의미한다.
유동추론 (FRI)	행렬추리	• 사전 지식이나 문화적 기대, 결정 지식으로는 풀 수 없는 새로운 문제를 해결할 수 있는 능력
	무게비교	• 시각적 대상들의 근본적인 개념적 관계를 파악하고, 규칙을 찾아내고 적용하는 추론을 하는 능력 측정 • 높은 유동추론 지표 점수는 귀납적양적 추론 능력, 전반적인 시각적 지능, 동시처리 능력, 추상적 사고능력이 우수함을 의미한다.

기본지표척도	소검사	해석
작업기억 (WMI)	숫자	• 짧은 시간 동안 의식적으로 시청각정보를 입력하고, 유지하고, 조작하여 결과를 산출하고 반응하는 능력을 측정
	그림기억	• 작업기억의 과정은 다양한 학업적 노력으로 학습을 용이하게 해주므로 성취 및 학습과 관련성이 높음 • 높은 작업기억 지표 점수는 주의, 집중, 인지적 조절, 시각 및 청각 능력이 우수 • 작업기억 VS 유동추론: 유동추론을 위해서는 작업기억이 항상 요구되지만, 작업기억만으로 유동추론을 할 수 있는 것은 아니다.
처리속도 (PSI)	기호쓰기	• 의사결정을 위해 시각적 정보를 빠르고 정확하게 오류없이 파악하고 처리하는 능력과 함께 소근육 처리속도를 측정함
	동형찾기	• 시각적 훑어보기와 같은 비교적 간단한 일을 처리하는 게 능숙하지 않다면, 더 복잡하고 새로운 과제를 위해서 아동이 사용할 수 있는 시간과 정신적인 에너지는 부족해짐. 따라서 처리속도 지표는 작업기억 지표와 같이 인지효율 지표로 언급됨. • 높은 처리속도 지표점수는 단기 시각 기억, 시각 운동 협응, 시각 분별, 시각주사, 집중, 인지 유연성, 시험수행속도가 우수한 것을 의미함

4 추가지표 척도

(1) 추가지표척도는 전체척도와 기본지표척도 분석 후, 아동의 인지 능력에 대한 추가적인 정보를 얻기 위해 선택적으로 시행한다.

(2) 추가지표 분석은 특히 FSIQ가 놓칠 수 있는 아동에 대한 임상적, 실용적 단서를 제공한다는 점에서 중요한 의미를 지닌다.

(3) 추기지표척도 해석

추가지표척도	소검사	해석
양적추론 (QRI)	무게비교	• 양적추론 지표는 암산수행능력, 양적 관계를 이해하고 적용하는 능력, 언어적 문제 해결, 추상적 개념 추론, 작업기억 능력을 측정.
	산수	• 소검사인 무게비교와 산수를 비교하면, 시각적 추상적 자극과 언어적 자극, 언어적 반응과 비언어적 반응이 각각 양적추론 능력에 미치는 영향을 파악할 수 있다.
청각작업기억 (AWMI)	숫자	• 청각작업기억 지표는 기억력, 암기, 주의집중, 즉각적 청각 기억, 작업기억, 수리 능력, 청각적 순차 처리, 계획 능력, 정신적 조작 능력을 측정
	순차연결	• 소검사인 숫자와 순차연결을 비교하면, 단일자극과 이중자극 과제가 각각 작업기억 능력에 미치는 영향을 파악할 수 있다. • 작업기억은 음운고리 및 시공간 잡기장의 두 가지 구체적 영역의 저장 시스템을 가지고 있다. 반면, 청각작업기억은 음운고리와 시공간 잡기장 영역 중 청각적 작업기억만을 고려하는 지표이다. 즉 작업기억지표와 청각작업기억지표를 비교할 경우, 작업기억 및 단기기억을 저장하고 구성하는 데 있어 시공간적 요소와 청각적 요소가 영향을 미치는 부분을 구분지어 비교가 가능하다.
비언어 (NVI)	토막짜기	• 언어적 요구를 최소화한 전반적 지능 척도 • 비언어 지표는 언어적 반응을 요구하지 않는 6개의 소검사 환산점수의 합으로 언어진 것.
	퍼즐	
	행렬추리	
	무게비교	
	그림기억	
	기호쓰기	

추가지표척도	소검사	해석
일반능력 (GAI)	공통성 어휘 토막짜기 행렬추리 무게비교	• 인지적 효율성의 영향을 적게 받는 전반적 지능 척도 • VCI + VSI + FRI를 측정한 것 • GAI > FSIQ: 작업기억이나 처리속도에 국한된 약점이 있을 수 있다. • FSIQ > GAI: 작업기억과 처리속도가 피험자 아동의 전체적 지적 능력을 강화하고 있다는 것을 유추할 수 있다. • GAI는 CPI의 소검사인 WMI와 PSI의 영향을 최소화한 지표이므로 GAI와 FSIQ를 비교하면 CPI의 아동의 전반적인 지적 기능에 미치는 영향을 평가할 수 있다.
인지효율 (CPI)	숫자 그림기억 기호쓰기 동형찾기	• 학습, 문제해결, 고수준의 추론 과정에서 이루어지는 정보 처리의 효율성을 측정 • WMI + PSI를 측정한 것 • GAI > CPI: 상위인지능력(언어이해, 시공간처리, 유동적 추리)이 인지처리의 효율성과 관련된 능력(작업기억, 처리속도)에 비해 상대적으로 뛰어나다. • CPI > GAI: 인지처리 효율성을 촉진하는 능력이 상위인지능력(언어이해, 시공간처리, 유동추론)에 비해 뛰어나다.

[2018년 기출]

다음은 전문상담교사가 학업 스트레스를 호소하는 희라(중2, 여, 만 14세 6개월)의 인지적 특성을 이해하기 위해 수집한 배경정보와 K-WISC-IV 검사 결과의 일부이다. 〈작성 방법〉에 따라 서술하시오.

〈배경 정보〉

어머니의 보고에 따르면, 희라는 자주 초조해 하고 걱정이 많은 편이며, 말수가 적고 조용한 성격이다. 요즘은 짜증도 부쩍 늘었다고 한다. 희라는 자신이 좋아하는 일에는 열심이지만, 학교 공부에는 대체로 관심이 없다. 또래들에 비해 방향감각이 좋아 낯선 곳에서도 길을 잘 찾는 편이다. 담임교사에 의하면, 희라는 교칙을 잘 따르지만, 수업에 부과되는 과제를 싫어하며 언어이해력이 떨어진다고 한다. 수업을 방해하는 일은 없지만, 수업 중 쉽게 산만해지고 주의 집중하기가 어렵다. 또래관계에 소극이고 소수의 친구하고만 어울리는 편이다.

〈검사태도 및 행동관찰〉

전반적으로 협조적이었으나, 언어 과제에서는 자신의 반응이 맞는지 확인하고자 하였으며, 연속되는 숫자와 글자를 읽어준 후, 숫자가 커지는 순서와 한글의 가나다 순서대로 암기하는 과제를 수행할 때 과제에 압도되는 듯한 반응을 보였다.

〈검사결과〉

지표	지표점수	백분위	기술적 분류
VCI	100	50	평균
PRI	95	37	평균
WMI	80	9	평균하
PSI	85	16	평균하

단, 각 지표점수에 포함되는 핵심 소검사들 간의 차이가 1.5SD보다 작음. 만 14세~만 14세 11개월 연령집단에서 VCI-WMI, PRI-WMI 지표점수 차이가 .05 수준에서 유의하며, 그 외의 다른 지표 쌍의 차이는 통계적으로 유의하지 않음.

〈작성방법〉

• 밑줄 친 내용에 해당하는 K-WISC-IV의 소검사 명칭을 쓸 것.
• 검사결과와 일치하는 희라의 인지 특성 1가지를 배경정보에서 찾아 쓰고, 그 근거를 설명하되, 규준집단과 비교한 결과 2가지, 지표점수 간 차이분석 결과 2가지를 포함할 것.

[2022년 기출]

다음은 한국판 아동용 웩슬러 지능검사(K-WISC-V)에 대한 전문상담교사 교육 연수 내용의 일부이다. 〈작성 방법〉에 따라 서술하시오.

> 지능검사 결과를 제대로 해석하여 상담에 효과적으로 활용하는 것은 전문상담교사에게 필요한 역량입니다. 그래서 오늘은 우리나라에서 사용되고 있는 한국판 아동용 웩슬러 지능검사를 함께 정리해 보려고 합니다.
> ㉠ 우선 5판의 검사체계는 전체척도, 기본지표척도, 추가지표척도, 보충지표척도로 구성되어 있어요. ㉡ 전체척도는 전체 IQ를 제공하는데, 전체 IQ를 통해 아동의 전반적인 지적 능력 수준을 또래 집단과 비교할 수 있을 뿐 아니라 이후 학업 성취를 예측할 수도 있습니다. ㉢ 기본지표의 경우에는 4판은 4개로 구성되어 있었지만, 5판에서는 5개가 되면서 전반적인 인지 능력을 더 폭넓게 측정하고 있어요. ㉣ 기존의 지각추론지표는 시공간지표와 작업기억지표로 세분화되었지요. ㉤ 또한 5판에서는 추가지표척도를 산출하는데, 그중 (ⓐ)은/는 작업기억 지표와 처리속도지표를 합한 것이고 (ⓑ), (ⓒ), 그림 기억, 동형찾기 소검사로 구성되어 있습니다.

〈작성 방법〉

- 밑줄 친 ㉠~㉣ 중 잘못된 내용 2가지를 찾아 기호를 쓰고 각각 바르게 고쳐 서술할 것
- 밑줄 친 ㉤에서 괄호 안의 ⓐ에 해당하는 지표명과 괄호 안의 ⓑ, ⓒ에 해당하는 소검사명을 각각 쓸 것

8 MMPI 다면적 인성검사

1 개관

1 MMPI(Minnesota Multiphasic Personality Inventory)는 세계적으로 가장 널리 쓰이고 연구되어 있는 객관적 성격검사이다.

2 목적

(1) 원래 임상진단용이었다. 정신과적 진단분류가 일차적 목적이다. 그러나 정상과 정신병리 차이가 질적이기보다 양적이라는 전제하에서 오늘날 정신병리에 대한 평가뿐 아니라 임상과 정상인 집단 모두에 대해 성격경향성 평가하는 데도 널리 사용한다.
(2) 개인 인성 특징의 비정상성 혹은 징후를 평가하고, 상담·정신치료에 기여하며, 비정상적·불건전한 방향의 진전을 예방·지도책으로 삼는 것을 도모한다.

3 장점

검사실시·채점의 용이성, 시간·노력의 절약, 객관적 규준에 의한 비교적 간편한 해석방식 등으로 인해 대표적 자기보고식 검사가 되었다.

2 검사의 제작

1 MMPI의 개발

(1) 1940년 해서웨이와 맥킨리(Hathaway & Mckinley)가 정신의학 분야와 일반의료 분야 환자들의 임상진단에 관한 정보제공을 목적으로 제작되었다.
(2) **경험적 접근방식**: 이론적 배경에 따른 문항 선택이 아님. 정신장애군과 정상성인군을 변별해주는 문항들을 통계적으로 분석하였다. 그러나 원문항들은 정신의학적 진단과 관련되는 기존의 내용영역과 주제를 고려하여 선택되었다.
(3) **척도 5와 0은 다른 임상척도들과 다른 방식으로 제작했다.**
① 척도 5는 원래 동성애와 이성애 남자 구별 의도에서 제작. 이 기능을 효과적으로 수행할 문항 거의 없음 발견되었다. 이후 이 척도는 사회적으로 남성이 지닌 것, 또는 여성이 지닌 것으로 여겨지는 특징 구별하는 문항들로 확장되었다.
② 척도 0은, 사회적 내향성-외향성 영역에만 한정해 상위 65% 이상의 학생과 하위 35% 이하의 학생들 구별해주는 문항으로 선별하였다.

2 한국판 MMPI

1960년대 초부터 사용하였다. 05년 MMPI-2/MMPI-A 출판되었다.

3 MMPI-A 2012, 2013 기출

(1) 문항수는 478문항이다.
(2) 중복문항, 채점되지 않는 문항, 청소년에게 부적절한 내용의 문항을 삭제하였다.
(3) 청소년에게 적합한 내용 및 표현으로 수정하였다.
(4) 청소년을 위한 새로운 문항을 추가하였다. 즉 정체감 형성, 또래집단의 부정적 영향, 학교 및 교사와의 문제, 부모, 가족과의 관계, 성과 관련된 문제 영역에서 청소년들의 문제와 행동 등 청소년에게 고유한 문항을 포함한다.

	MMPI	MMPI-2	MMPI-A
문항 수	566문항	567문항	478문항
중복문항	16개	없음	없음
부적절한 문항	부적절한 문항(성차별적, 종교적 편향 등)과 어색하거나 구식 표현의 문항 포함.	부적절한 문항 삭제. 14% 문항의 단어나 표현이 수정됨.	부적절한 문항 삭제. 단어나 표현의 수정은 물론 청소년의 시각에 맞는 표현으로 기술.
문항의 채점	채점에 사용되지 않는 문항 존재	채점에 사용되지 않는 문항 삭제/자살, 약물 및 알콜남용, Type A행동, 대인관계, 치료순응 등의 중요 내용 영역의 문항 추가	채점에 사용되지 않는 문항 삭제, 청소년에게 중요한 내용 영역의 문항 추가
규준연령	(미국) 16~65 (한국) 13세 ~	(미국) 18~84 (한국) 19~78	(미국) 14~18 (한국) 13~18
타당도 척도	4개(?, L, F, K)	10개(?, VRIN, TRIN, F, F(B), F(P), FBS, L, K, S	8개(?, VRIN, TRIN, F, F1, F2: L, K)
임상척도	10개	10개	MMPI-2와 동일한 10개의 임상척도

3 MMPI-2의 검사의 구성

1 문항구성

'그렇다', '아니다'의 두 가지 답변 중 하나로 택해 반응반응하도록 되어 있다. 경험적 제작방식으로 문항이 구성되었다.

2 척도구성

(1) 타당도 척도

원래의 타당도 척도	?(Can not say)	무응답
	L(Lie)	타인의식→부정
	F(Infrequency)	특이반응→비전형
	K(Correction)	방어성→교정
보강된 타당도 척도	VRIN(Variable Response Inconsistency)	무선반응 비일관성
	TRIN(True Response Inconsistency)	고정반응 비일관성
	F(B) (Back Infrequency)	비전형-후반부
	F(P) (Infrequency-Psychopathology)	비전형-정신병리
	FBS	증상 타당도 척도
	S	과장된 자기 제시 척도

① 반응하지 않은 문항들: 무응답 척도 (Cannot Say, ?)

무응답 (?) 척도: 점수별 의미

원점수	프로파일 타당성	점수 상승의 가능한 이유들	가능한 해석
30 이상	• 전체 결과가 무효일 수 있음	• 독해능력부족 • 심각한 정신병리 • 통찰력 부족 • 비협조적 태도 • 강박적 태도	• 무응답 문항의 위치를 검토할 것. • 무응답이 대개 370번 이후라면 L,F,K척도와 임상 척도는 해석 가능. • 각 척도별로 응답 문항이 퍼센트 비율을 살펴볼 것.
11-29	• 일부 척도들이 무효일 수 있음	• 선택적 문항 무응답	• 무응답 문항들의 내용과 무응답 문항이 속한 척도를 검토할 것. • 무응답 문항이 전체의 10% 이상인 척도는 해석하지 말 것.
0-10	• 유효함	• 특정 피검자에게 적용되지 않는 문항	• 무응답 문항의 내용을 검토할 것.

② 비일관적 반응에 대한 판단 2013 기출: 무선반응 비일관성 척도(Variable Response Inconsistency, VRIN)

무선반응 비일관성 척도 (VRIN): 점수별 의미

T점수	프로파일 타당성	점수 상승의 가능한 이유들	가능한 해석
80 이상	• 무효	• 독해능력 부족 • 혼란 • 의도적 무선 반응 • 반응 표기상 실수	• 프로파일 해석 불가능
65-79	• 유효함. • 단, 일부 비일관적 반응이 개입되어 있음.	• 부주의 • 집중력의 일시적 상실	• 해석 가능함. • 단, 일부 비일관적 반응 경향이 있음을 주의할 것. • VRIN 점수가 79점에 가깝다면 보다 세심한 주의가 필요함.

T점수	프로파일 타당성	점수 상승의 가능한 이유들	가능한 해석
40-64	• 유효함		• 피검자는 검사 문항들을 일관성 있게 이해하고 반응할 수 있었음.
30-39	• 유효함		• 피검자는 매우 주의깊고 신중하게 문항에 응답하였음.

③ 고정반응 비일관성 척도 (True Response Inconsistency, TRIN)

고정반응 비일관성 척도 (TRIN): 점수별 의미

T점수	프로파일 타당성	점수 상승의 가능한 이유들	가능한 해석
80T 이상	• 무효	• "그렇다" 반응 경향 강함.	• 프로파일 해석 불가능
65T-79T	• 유효함. • 단, 프로파일이 부분적으로 "그렇다" 반응 경향에 영향 받음.	• 부분적으로 "그렇다" 반응 경향 있음.	• 해석에 주의 요망. • 반응 경향상 L,K,S 척도 낮아질 수 있음에 주의 요망.
50-64T 또는 50-64F	• 유효함		
65F-79F	• 유효함. • 단, 프로파일이 부분적으로 "아니다" 반응 경향에 영향 받음.	• 부분적으로 "아니다" 반응 경향 있음.	• 해석에 주의 요망. • 반응 경향상 L,K,S 척도 높아질 수 있음에 주의 요망.
80F 이상	• 무효	• "아니다" 반응 경향 강함.	• 프로파일 해석 불가능

④ 비전형 반응에 대한 판단: 비전형 척도 (Infrequency, F)

비전형 척도 (F): 비임상적 장면에서의 점수별 의미

T점수	프로파일 타당성	점수 상승의 가능한 이유들	가능한 해석
80 이상	• 무효일 수 있음	• 무작위/고정 반응 • 심각한 정신병리	• VRIN이나 TRIN의 T점수가 79보다 크다면, 프로파일은 무효로서 해석 불가능함. • 만약 VRIN과 TRIN의 T점수가 정상 범위에 있다면, F(P)를 검토해야 함. • 만약 F(P) 역시 정상범위에 있다면, 이 프로파일은 타당한 것이며, 심각한 정신병적 증상을 반영하는 것임. • 100이상이면, 피검자는 실제보다 정신병리를 의도적으로 과장해서 표현하려는 것임.
65-79	• 과장된 것일 수 있음. 그러나 유효할 것임.	• 문제를 과장하여 표현함.	• "도움을 청하는" 의도로써 증상을 과장하는 것임.
40-64	• 유효할 것임		• 피검자가 심리적 문제들을 정확하게 보고함.
39 이하	• 방어적일 수 있음		• 피검자가 심리적 문제들을 부인하거나 축소하고 있는지 판단하는 것이 필요함. • 방어성 척도를 검토할 것.

⑤ **비전형-후반부 척도 (Back F, F(B))** 📖 2013, 2022 기출

비전형-후반부 척도 F(B): 비임상적 장면에서의 점수별 의미

T점수	프로파일 타당성	점수 상승의 가능한 이유들	가능한 해석
90 이상	• 무효일 수 있음	• 무작위/고정 반응 • 심각한 정신병리 • 증상 과장 응답(나쁘게 보이려고 함) • 응답태도의 변화	• F(B)의 T점수를 F의 T점수와 비교해야 함. • 만약 F(B)의 T점수가 최소 30점 이상 더 높다면, 검사 후반부에서 피검자의 태도에 유의미한 변화가 있었다는 것을 의미함. 검사 후반부에 문항들이 위치한 척도들(즉, 내용척도들)은 해석하지 말아야 함. • MMPI-A의 경우, F1에 비해 F2의 T점수가 최소 20점 이상 더 높다면, 검사 후반부의 피검자 태도가 유의미한 변화가 있었다고 보고, 후반부 문항들이 위치한 척도들(내용척도들)은 해석하지 않는다. • F(B)척도가 F척도에 비해 유의미하게 높다면 검사 후반부에 문항들이 위치한 척도들(내용 척도 등)은 해석하지 말아야 한다.

⑥ **비전형-정신병리 척도 (Infrequency-Psychopathology, F(P))**

비전형-정신병리 척도 F(P): 점수별 의미

T점수	프로파일 타당성	점수 상승의 가능한 이유들	가능한 해석
100 이상	• 무효일 것임.	• 무작위 반응 • 부정 가장(faking bad)	• VRIN이나 TRIN의 T점수가 79보다 크다면, 프로파일은 무효로서 해석 불가능함. • 만약 VRIN과 TRIN의 T점수가 정상 범위에 있다면, 피검자는 실제보다 정신병리를 의도적으로 과장하여 표현하는 것임.
70-99	• 과장된 것일 수 있음 그러나 유효할 것임.	• 문제를 과장하여 표현함.	• "도움을 청하는" 의도로써 증상을 과장하는 것임.
69 이하	• 유효할 것임.		• 피검사자가 현재 정신건강상태를 정확하게 보고함.

⑦ **증상 타당도(FBS: SYmtom Validity) 척도**

신체장애 신청이나 상해관련 소송 장면에서 개인적 이득을 위해 보이는 다양한 방식의 증상 가장을 탐지할 목적으로 개발된 척도. 꾀병으로 판정받은 사람과 꾀병이 아닌 것으로 판정받은 사람들 간의 반응을 비교하여 문항을 구성하였다.

증상타당도 척도 FBS: 점수별 의미

T점수	프로파일 타당성	가능한 해석
100 이상	• 타당성 의심	• 객관적으로 심각한 의학적 문제가 명백한 사람들에게도 흔히 나타나지 않는 높은 점수로 신체적·인지적 증상의 심각도를 과장되게 보고했을 가능성이 높다.
80 이상		• VRIN, TRIN의 점수가 80이상이라면 무선반응 가능성을 우선적으로 고려하여 FBS 척도를 해석하지 않는다.
70~99		• 심각한 의학적 문제를 갖고 있는 사람에게서 나타날 수 있지만, 주요 프로파일 상승이 신체적·인지적 증상의 과대 보고를 반영할 가능성이 있다.
69 이하	• 유효할 것임	• 과대 보고의 증거가 없다.

⑧ 방어성에 대한 판단: 부인 척도 (Lie, L)

부인 척도 (L): 비임상 장면에서의 점수별 의미

T점수	프로파일 타당성	점수 상승의 가능한 이유들	가능한 해석
80 이상	• 무효일 것임	• 긍정 가장 (faking good) • 주로 '아니다'로 응답하는 경향	• 만약 TRIN이 79보다 크다면, 전반적으로 '아니다'라고 응답하는 경향이 강하며, 프로토콜은 무효이다라고 해석 불가능함. • 만약 TRIN 정상 범위라면, 높은 L점수는 자신을 좋게 보이려고 노력하는 긍정 가장을 반영하여, 프로토콜은 무효일 것임.
70-79	• 무효일 수 있음	• 긍정 가장 (faking good) • 전통적인 성장배경 • '아니다'로 응답하는 경향이 중간 정도	• 만약 TRIN이 65F-79F 범위라면, L의 상승은 왜곡하려는 것 보다 '아니다' 패턴으로 응답한 것을 반영함. • 만약 TRIN 정상 범위라면, 상승된 L은 단순한 방식으로 좋게 보이려는 태도가 반영된 것임. • L점수가 높을수록 MMPI-2 척도들이 실제 정신병리를 정확하게 나타내지 못할 것임.
65-69	• 타당도가 의심스러움	• 지나친 긍정적인 자기 표현	• 피검사자가 심리적/행동적 문제를 최소화하였을 가능성이 높음. • 문제를 과소평가하게 될 수 있음.
60-64	• 유효할 것임	• 세련되지 못한 방어	• 대부분 사람들이 쉽게 인정하는 사소한 실수와 결점을 부인하는 응답임. 아마도 그렇게 하는 것이 더 좋다고 믿기 때문인 것으로 보임.
59 이하	• 유효할 것임		

⑨ 교정 척도 (Correction, K)

교정 척도 (K): 비임상 장면의 점수별 의미

T점수	프로파일 타당성	점수 상승의 가능한 이유들	가능한 해석
75 이상	• 무효일 것임	• 긍정 가장(faking good) • 주로 '아니다'로 응답하는 경향	• 만약 TRIN이 79보다 크다면, 전반적으로 '아니다' 패턴으로 응답한 것으로, 프로토콜은 무효이고 해석 불가능함. • 만약 TRIN 정상 범위라면, 높은 K점수는 피검자의 방어적인 태도를 반영하는 것이고, 타당하지 않은 프로파일일 수 있음.
65-74	• 무효일 수 있음	• 중간 수준의 방어성 • '아니다'로 응답하는 경향이 중간 정도	• 만약 TRIN이 65F-79F 범위라면, K의 상승은 좋게 보이려는 것보다 '아니다' 패턴으로 응답한 것을 반영함. • 만약 TRIN 정상 범위라면, K의 상승은 중간 수준의 방어적인 태도를 반영된 것임. • K점수가 높을수록 MMPI-2 척도들이 실제 정신병리를 정확하게 나타내지 못할 것임.
40-64	• 유효함		
40 미만	• 무효일 수 있음	• 부정 가장(faking bad) • 주로 '그렇다'로 응답하는 경향	• 만약 TRIN이 79보다 크다면, 전반적으로 '그렇다' 패턴으로 응답한 것으로, 프로토콜은 무효임. • 만약 TRIN 정상 범위라면, 낮은 K점수는 피검자가 나쁘게 보이려고 가장한 결과일 수 있음. 그러나 이러한 해석은 비전형 척도가 상승하였을 때만 적용됨.

⑩ S(과장된 자기 제시 척도)

T점수	프로파일 타당성	점수 상승의 가능한 이유들	가능한 해석
75 이상	무효일 수 있음	• 긍정 왜곡 • 주로 '아니다'로 응답하는 경향	• 만약 TRIN이 79F보다 크다면, 전반적으로 '아니다' 패턴으로 응답한 것으로 프로파일은 무효이고 해석 불가능 • 만약 TRIN이 정상 범위라면 높은 S점수는 피검자의 방어적인 태도를 반영하는 것이고 타당하지 않은 프로파일일 수 있음. • 방어성이 구체적인 영역을 확인하기 위해 하위 척도를 검토할 것.
70-74	무효일 수 있음	• 중간 수준의 방어성 • '아니다'로 응답하는 경향이 중간정도	• 만약 TRIN이 65F~79F 범위라면 S의 상승은 좋게 보이려는 것보다 '아니다' 패턴으로 응답한 것을 반영함. • 만약 TRIN이 정상 범위라면 상승된 S는 중간 수준의 방어적인 태도를 반영하는 것임. • S점수가 높을수록 MMPI-2 척도들이 실제 정신병리를 정확하게 나타내지 못할 것임.
69 이하	유효함		

(2) 임상척도(clinical scale)

1	Hs(Hypochondriasis)	건강염려증
2	D(Depression)	우울증
3	Hy(Hysteria)	히스테리
4	Pd(Psychopathic-Deviate)	반사회성
5	Mf(Masculinity-Femininity)	여성-남성성
6	Pa(Paranoia)	편집증
7	Pt(Psychasthenia)	강박증
8	Sc(Schizophrenia)	정신분열증
9	Ma(Hypomenia)	경조증
0	Si(Social Introversion)	내향성

※ 임상소척도

D	Hy	Pd	Pa	Sc	Ma	Si
D1: 주관적 우울감 D2: 정신운동 지체 D3: 신체적 기능장애 D4: 둔감성 D5: 깊은 근심	Hy1: 사회적 불안의 부인 Hy2: 애정 욕구 Hy3: 권태-무기력 Hy4: 신체증상 호소 Hy5: 공격성의 억제	Pd1: 가정불화 Pd2: 권위불화 Pd3: 사회적 침착성 Pd4: 사회적소외 Pd5: 내적 소외	Pa1: 피해의식 Pa2: 예민성 Pa3: 순진성	Sc1: 사회적 소외 Sc2: 정서적 소외 Sc3: 자아통합 결여, 인지적 Sc4: 자아통합 결여, 동기적 Sc5: 자아통합 결여, 억제부전 Sc6: 기태적 감각 경험	Ma1: 비도덕성 Ma2: 심신운동 항진 Ma3: 냉정함 Ma4: 자아팽창	Si1: 수줍음/자의식 Si2: 사회적 회피 Si3: 내적/외적 소외

(3) 내용척도(MMPI-A 해당)

척도명	T70점 이상의 사람들의 특정(65도 유의미 점수에 포함)
A-anx(불안)	긴장, 잦은 걱정, 수면장애가 포함된 많은 불안 증상
A-obs(강박성)	이치에 맞지 않는 걱정, 하찮은 일에 대한 걱정
A-dep(우울)	피로, 울음 등 우울증상
A-hea(건강염려)	신체적 진단이 내려지지 않은 수많은 신체적 호소
A-aln(소외)	타인과의 정서적 거리감
A-biz(기태적 정신상태)	기괴한 사고와 경험 보고
A-ang(분노)	분노 통제 문제
A-cyn(냉소적 태도)	염세적 태도
A-con(품행문제)	절도, 거짓말, 기물 파손, 욕설, 반항, 무례한 행동 등
A-lse(낮은 자존감)	자신감 부족, 쓸모없다는 느낌, 무능력 등 부정적 자기상
A-las(낮은 포부)	성공에 대해 기대하지 않거나 무관심
A-sod(사회적 불편감)	다른 사람과 함께 있는 것에 대한 불편감
A-fam(가정문제)	부모 및 다른 가족구성원들과의 문제
A-sch(학교문제)	낮은 성적, 무단결석, 정학, 교사와의 갈등, 학교에 대한 불편감 등
A-trt(부정적 치료 지표)	치료에 대한 부정적 태도

(4) 보충척도와 성격병리 5요인 척도(PSY-5: Personality Psychopathology Five, MMPI-A에 해당)

보충척도	성격병리 5요인 척도
A(anxiety): 불안	AGGR: 공격성
R(repression): 억압	PSYC: 정신증
MAC-R(MacAndrew Alcoholism Scale-Revised): 알코올 중독	DISC: 통제결여
ACK(Alcohol/Drug Problem Acknowledgement): 알코올/약물문제 인정	NEGE: 부정적 정서성/신경증
PRO(Alcohol/Drug Problem Proneness): 알코올/약물문제 가능성	INTR: 내향성/낮은 긍정적 정서성
IMM(immaturity): 미성숙	

(5) **결정적 문항**: 82문항이 포함되어 있으며 공격, 불안, 인지적 문제, 품행문제, 우울/자살사고, 섭식문제, 가족문제, 환각경험, 편집증적 사고, 학교문제, 자기폄하, 성적인 걱정, 신체적 호소, 물질이용/남용, 기이한 사고 이렇게 15가지 범주로 나눠진다.

4 실시

1 피검자에 대한 고려 사항

(1) 독해력이 가장 중요한 요소이다. 적어도 초등학교 6학년 수준 이상의 독해력이 필요하다.
(2) 피검자 정신상태가 심하게 혼란 혹은 동요된 경우 제외된다.
(3) 피검자의 상태 따라 수행 시간 달라질 수 있어 소요시간 기록할 필요가 있다.

2 검사자

(1) 진지하고 성실한 태도로 검사 목적과 결과의 비밀보장 설명하고, 이 검사가 환자와 치료자에게 매우 중요한 자료를 줄 것을 강조한다.
(2) 채점 전 피검자가 질문지의 답변을 어떤 기준으로 해야 하는지를 묻는다면, 현재를 기준으로 조금더 최근의 경험을 기준으로 답변하라고 제시한다.
(3) 특정 문항의 내용에 대해 질문한다면, 본인이 어떻게 생각하는가를 물은 다음, 본인이 이해한 대로 답변을 하면 된다고 말해준다.

3 검사환경

(1) 조용하고 밝고 쾌적하며, 충분히 큰 책상 또는 받침대, 연필이 있어야 한다.
(2) 개인 또는 집단으로 실시가 가능하며, 보통은 60-90분 정도 소요된다.
(3) 검사자가 실시과정에서 있어야 하며, 독해력 낮은 경우 문항 불러주거나 설명해 주면서 실시가 가능하다. 또한, 환자 상태 따라 나누어 실시 가능하다.

5 해석

1 해석방법

형태해석, 내용에 근거한 해석, 특수척도의 해석

(1) **형태해석(Configurational Interpretation)**
    ① MMPI결과는 몇 개의 척도가 동시에 하나의 형태를 이루면서 상승하는 경향이 있다. 그러므로 T점수 70이상(준임상 범위 65T)으로 상승된 임상척도들을 하나의 프로파일로 간주하여 해석하는 2코드, 3코드 방식과 타당도 척도와 임상척도 가운데 의미 있게 점수가 상승하는 척도들을 묶어서 전체 형태로 보는 방식이 있다.
    ② 단계적 해석: 2코드 → 3코드 → 타당도척도와 임상척도의 형태적 분석→ 전체 임상 척도 프로파일 형태적 분석

③ **기울기에 대한 해석**: 신경증 세 척도(1,2,3)와 정신병 네 척도(6,7,8,9)간의 관계가 근거

> - 정적 기울기란 정신병 네 척도가 신경증 척도보다 더 높이 상승한 상태이며, 부적 기울기란 그 반대의 경우이다
> - 정적 기울기: 대개 충동억제력 제한·현실과의 관계 손상·지남력 상실 및 혼란상태 수반하는 심리적 장애 있을 때, 정신병적 장애와 관련된다.
> - 부적 기울기: 불안증, 우울증, 사기저하 및 여러 신체증상을 보이면서 정신병적 왜곡 현상 없는 급성 심리적 장애의 경우에 나타난다.
> - 굴곡이 많을수록 불안정하고, 적응 수준이 떨어지는 것으로 볼 수 있고, 평평할수록 안정적이거나 정신병이 만성화된 사람일 수 있다.

(2) 내용에 근거한 해석(Content-based interpretation)

① 피검자가 검사문항에 응답하는 과정에서 문항의 의미와 내용에 솔직하고 직접적으로 반응한다는 가정을 전제로 한다.
② **요인분석적 접근**: 전체 문항들이나 특정 척도내의 요인을 밝히기 위한 연구의 결과로서, 웰시(Welsh) 등이 개발한 '불안', '억압' 요인 척도가 있는데, 이 연구자들의 MMPI의 표준 임상척도간 상관관계를 분석하여 요인 척도 "A"(불안)와 "R"(억압)을 개발하였다.
③ **해리스-링고스(Harris-Lingoes) 하위척도**: D, Hy, Pd, Pa, Sc, Ma척도의 문항들을 동질내용 하위집단으로 분류하여 내용척도 제작하였다.

(3) 특수척도의 해석(Special scale interpretation)
임상척도 및 내용척도 외 다양한 특수척도들이 MMPI 보충 척도로 개별, 연구. 그 중 널리 활용되고 있는 특수 척도는, 스트레스에 대한 인내와 자아강도를 측정하는 자아강도척도(ES), 일반적인 부적응이나 불안을 측정하는 요인척도 Welsh Anxiety Scale(A), 과잉통제를 측정하는 요인척도 Welsh Repression Scale(R), 알코올 척도(MAC) 등이다.

2 해석전략 2006, 2007, 2008, 2011, 2012, 2013, 2015, 2017, 2019, 2020, 2021, 2022, 2023 기출

(1) 타당도 척도 해석

척도	특성
?	• 무응답 척도. 우유부단하거나 양가적이거나 자신에 대한 부정적인 점을 감추고자 하는 경우. • 30점 이상이면 임상척도 점수를 저하시킴. 방어적이거나 신뢰할 수 없다.
L	• 학력이나 사회 경제적 수준, 사회적 세련도와 관련 있다. 이 점수가 높을수록 사회 경제적 수준이나 학력이 낮고, 세련되지 못하다. • 단순하게 의식적이고 모범적으로 자신을 좋은 모양으로 나타내려는 모습으로 순박하고 선악 양면으로 사고하는 면이 있다. • 점수 높을수록 관습적, 독창성이지 못하고, 문제해결의 유연성 부족, 약점 부정, 심리적으로 부인의 기제 많이 사용한다.
F	• 비전형 척도로 심리적 고통의 심한 정도에 대한 지표. 일반대중의 생각이나 경험과 다른 정도를 측정한다. • 아주 높은 경우 문제 정도가 심한 것으로 증상 과장한 것이거나 실질적인 정신장애에 의한 혼란일 수 있다. • 점수가 높은 경우는 사회 적응을 잘 못하고, 어려움을 호소하며, 자신의 문제를 해결할 수 없다고 여길 수 있다.

척도	특성
K	• 방어와 경계심. L에 비해 은밀하고 세련된 형태의 방어양상. • 정상인의 경우 자아강도를 나타낸다. 대학생은 다소 상승된다. 지능, 교육수준과 정적상관 보이므로 해석 시 유의한다. • 보통 K점수가 낮으면 임상 5.6.7.8이 높아지고 K척도가 높으면 1.2.3이 높아지는 경향이 있음. • 높은 점수는 아주 방어적이고 저항적·비협조적인 태도를, 낮은 점수는 솔직한 문제의 공개를 시사하며 상처 받기 쉽다.

(2) 타당도 척도 형태 해석

① **LFK 타당도 척도가 V형**: 긍정 인상을 주려는 경향성이 강하다. 방어적이며, 임상척도 점수가 낮을 가능성이 높다.

② **LFK 타당도 척도가 ∧형**: 자신의 문제를 과장하며, 스스로를 부정적이고, 비판적으로 바라볼 가능성이 높다. 자신이 문제해결능력이 없으며, 도움을 요청하고 있는 상태일 수 있다. 임상척도가 점수가 높을 가능성이 높다.

③ **LFK 타당도 척도가 정적 기울기 (/)**: 정상인의 전형, 문제해결능력이 있고 스트레스가 없는 경우이다. 교육적 수준이 높을 가능성이 높다. 세련된 방어를 할 가능성이 높다.

④ **LFK 타당도 척도가 부적 기울기 (\)**: 순박하고 좋게 보이려고 애쓰는 사람으로 긍정인상을 주려고 한다. 교육수준이나 경제여건 낮을 가능성이 높다. 세련되지 못한 방어를 할 가능성이 높다.

참고 K 교정점수

> k척도가 높은 경우처럼 방어적인 수검태도는 임상 척도의 점수를 낮추는 경향이 있기 때문에 보다 정확한 해석을 위해 임상 척도 점수를 적절히 조절하는 것이 필요하다. 이러한 조절을 K교정이라고 한다. 이를 위해 K척도 점수 가중치가 생겨났다. K교정 원점수는 원점수 + K교정치를 통해 구하는 것으로서, K척도 비율은 프로파일 양식지에 표시되어 있다. 일부 임상척도들은 K교정을 하지 않은 원점수가 가장 진단적 예언력이 있는 것으로 나왔기 때문에 K교정을 하지 않고, 척도1(Hs), 4(Pd), 7(Pt), 8(Sc), 9(Ma)는 0.2~1.0까지 가중치를 준다. MMPI 척도들 간의 비교를 가능하게 하기 위해서 각 척도들의 원점수 및 K교정 원점수를 평균 50, 표준편차 10인 T점수로 변환시킨다. 평균에서 2표준편차 이상인 70점을 임상적 의미있는 점수로 간주한다.

[2013년 기출]

세 명의 여자 중학생에게 실시한 MMPI-A의 타당도 척도 결과 해석으로 옳은 것만을 〈보기〉에서 있는 대로 고르시오.

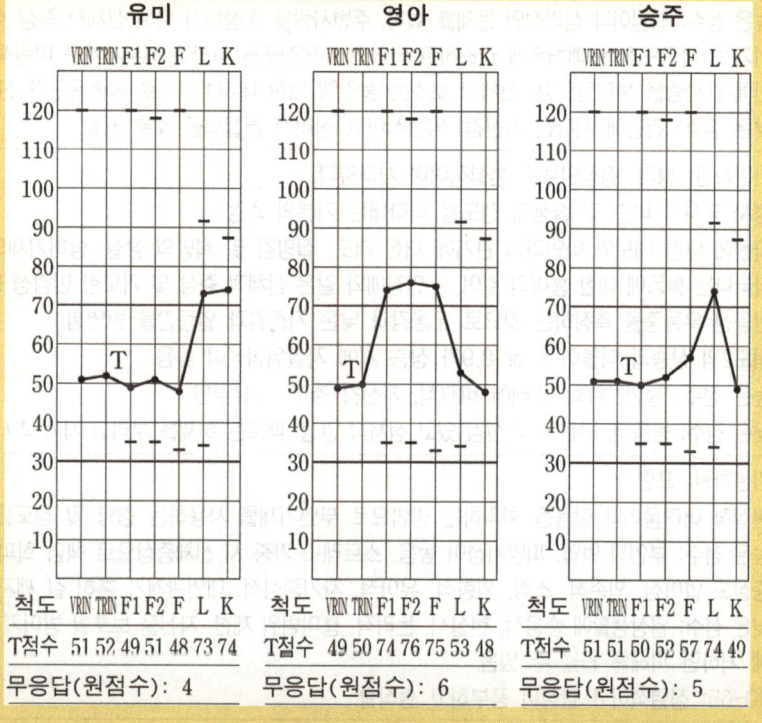

〈보기〉
ㄱ. 유미는 자신의 문제에 대해 심각하게 생각하고 불안해한다.
ㄴ. 유미는 바람직하지 않은 감정, 충동, 문제들을 부인하거나 회피하는 경향이 있다.
ㄷ. 영아는 전문상담교사가 상담을 권할 경우 이를 받아들일 가능성이 높다.
ㄹ. 영아는 심리적 고통이 심하거나 일반 사람들과는 다른 독특한 사고와 태도를 지니고 있을 가능성이 있다.
ㅁ. 승주는 자신의 사소한 결함이나 단점을 부인하고 정직한 사람처럼 보이고 싶어 한다.
ㅂ. 승주는 타인에게 공격적인 반응을 많이 보여 대인관계에서 어려움을 경험할 가능성이 높다.

(3) 임상척도 해석

척도	특성
Hs	• 기본차원: 신중성 • 신체기능에 대한 과도한 집착 및 이와 관련된 질환이나 비정상적인 상태에 대한 불안의 정도를 측정. • 높은 점수: 책임이나 심리적인 문제를 회피. 주변사람들 조정하기 위해 신체적 증상 호소. 대체로 자기중심적, 이기적, 자기도취적. 애처롭게 호소하고 타인의 주의집중을 바라고 외부세계를 비관적이고 냉소적으로 봄. 타인에게 짜증을 불러일으킴. 신체적 호소는 불안에 대한 대처방식으로 의존욕구가 신체적 문제로 전치된 것. • 낮은 점수: 건강에 지나친 자신감, 낙관적이고 심리적 통찰력을 갖춘 사람
D	• 기본차원: 평가. 정상인들은 현실적이며 사려깊다. • 검사 당시의 비관 및 슬픔의 정도를 나타내는 기분의 측정. • 자신에 대한 태도와 타인과의 관계에 대한 태도, 절망감 및 희망의 상실, 방어기제의 붕괴정도, 무력감으로 나타나는 활동에 대한 흥미의 결여, 수면장애와 같은 신체적 증상 및 과도한 민감성 등이 주요영역으로 포함. • 반응성 우울증을 측정하는 것으로 우울감과 낮은 자존감과 열등감을 반영함. • 척도2의 상승과 더불어 4 or 8,9가 상승 시에 자살위험성이 높음. • 높은 점수: 불안, 위축, 미래에 비관적, 자신감 결여, 우유부단 • 낮은 점수: 능동적, 낙관적, 자신감 있고 정서적 안정. 때로는 허세를 부리고 자기 과시적이고 대인관계를 해침
Hy	• 기본차원: 표현. • 현실적 어려움이나 갈등을 회피하는 방법으로 부인기제를 사용하는 경향 및 정도를 측정 • 높은 점수: 부인과 억압, 피암시성이 높음. 스트레스 가중 시 신체증상으로 책임 회피하고 스트레스 사라지면 증상도 없어짐. 의존적, 소박, 외향적, 유아적, 자기중심적, 대인관계가 흔히 잘 깨지고 자기 통찰력이 결여. • 낮은 점수: 일상생활에 순응적, 현실적, 논리적. 흥미범위 제한. 자신을 보호할 방어기제가 부족해 어려운 상황에 처하면 피해를 입을 수 있음 • 60-65: 정열적이고 감정이 풍부하고 솔직함
Pd	• 기본차원: 주장성. 행동화를 하며 싸우고 있는 상태. • 가정이나 권위적 대상 일반에 대한 불만, 자신 및 사회와의 괴리와 권태 등이 주요 측정대상임. • 높은 점수: 분노감, 충동성, 정서적 피상성, 예측불허, 인내부족, 모험적, 권위나 규범에 대해 거부감, 분노, 저항감이 심함. 사회적으로 비순응적, 거짓말을 잘함, 권위적 대상에 대한 적개심. 공감이나 정서적 친밀감 형성의 곤란. 자기중심적, 과시적, 첫인상은 정열적이고 외향적이나 오래 사귀면 무책임성. 신뢰성 결여 등을 알게 됨. • 낮은 점수: 순응적이고 권위에 수용적, 복종적인 사람, 비주장적. 욕망수준이 낮고 경쟁심이 강하지 못함. • 정상인 60-65: 자기주장적, 솔직, 모험적, 진취적. 좌절을 경험하면 공격적 부적응적인 사회적 행동으로 변모함. • 척도 2 낮고 4 높으면 예후가 나쁨. 척도 4.8.9가 상승하면 비행률 높고 반대로 1,2,7이 상승하면 비행율 저하.
Mf	• 기본차원: 역할유연성 • 직업 및 취미에 대한 관심, 심미적 및 종교적 취향, 능동성-수동성, 대인감수성 등 〈 남자 〉 • 높은 점수: 정형화된 남성적 흥미 부족, 광범위한 취미, 심미적이고 예술적인 관심이 높음. 참을성 많고 통찰력 높음. 지능 높고 인지적 추구를 높이 평가. 논리적이어서 4,6,7의 외현적 공격성을 무력화시킴. • 지능·교육수준·사회적 지위 높을수록 높아지는 경향. 때로는 성정체감에 갈등, 여성적 역할 동일시하는 경향 많음. 대학생은 60-70점이 보편적. • 낮은 점수: 거의 강박적으로 남성적 특성을 과시. 공격적, 모험적, 거칠고 부주의하며 남성적 흥미를 강조. 정력, 힘을 강조, 거칠고 부주의함. 때로는 남성적 특성에 대한 근본적인 의심을 은폐하려는 시도일 수 있음. 〈 여성 〉 • 높은 점수: 전통적 여성역할 거부. 공격적, 경쟁적, 자유분방, 자신만만, 자발적. (특히 4가 동반 상승시에) • 낮은 점수: 전통적 여성역할과 강하게 동일시. 수동적, 복종적, 유순. 극단적으로 낮을 경우 위축되고 자기연민에 빠져 있고 자기비하적, 가까운 사람에게 의존적.

척도	특성
Pa	• 기본차원: 호기심 • 대인관계에서의 민감성, 의심, 집착증, 피해의식, 자기정당성 등. • 피해의식과 예민성과 긴장, 순박성 또는 도덕적 경직성의 내용 • 높은 점수: 명백한 정신병적 증상. 의심·적대적·경계심 많고, 지나치게 민감하고 논쟁적, 남의 탓, 대인관계의 접촉 어려움. 망상적 피해의식으로 타인에 대한 분노와 비난이 강함. 실제로 정신병적 사고장애를 보이지 않아도 편집성 성격구조는 분명히 있음. 투사와 외향화를 주된 방어기제로 사용. • 낮은 점수: 고집 세고 회피적, 지나치게 조심스럽고 자기중심적, 문제해결의 유연성이 부족. • Scarlett O'Hara V: 여자에게 많음. 척도 4,6이 65 이상, 5가 35점 이하. 수동공격형. 다른 사람을 약올려 공격하게 하고 과도하게 요구가 많고 지나칠 정도로 애정에 대한 욕구를 보임. 동시에 3이 높으면 사교적으로 보이지만 피상적이고 다른 사람을 조종, 자신의 감정을 더욱 억압하는 경향 두드러짐.
Pt	• 기본차원: 조직화 • 오래 지속된 심리적 고통이나 만성 불안 측정. 때로 스트레스 상황에서 상승 가능하나 걱정 많은 성격형 측정. • 높은 점수: 불안, 긴장, 사소한 일에 걱정 많음. 내성적, 강박적 사고 많음. 불안정감과 열등감으로 발전. 대인관계에서 서투르고 타인 반응에 민감, 수줍음 많음. 단정하고 꼼꼼하며 신뢰성 있으나 문제해결에서 창의력이 부족. • 다른 척도들은 70이하, 척도 7만 70이상으로 상승: 강박적인 사람. • 척도 2 상승 시에 우울감과 우유부단이 두드러지고, 8이 상승 시에는 혼란과 사고장애가 나타날 수 있음. • 낮은 점수: 잘 적응하고 있고 공포나 불안이 없이 안정되고 자신만만한 사람. 꾸준하고 성공 지향적. 예전에 높았던 사람이 낮다면, 과거 불안이 너무 괴로워 이제는 걱정 안 하기로 작정하여 과잉 보상한 결과임.
Sc	• 기본차원: 상상력 • 정신적 혼란 측정. 기괴한 사고방식·행동양식 지닌 사람 판별. • 높은 점수: 냉담하고 무감함, 사고와 의사소통에 곤란. 정신병직 사고방식. 실제적 대인관계보다 배일몽, 합상을 즐김. 고립감, 열등감, 자기 불만, 소외감. 자아정체감의 혼란, 괴팍하고 혼자 있기 좋아함. 스트레스에 대한 전형적인 반응은 공상이나 환상에로 도피. 현실과 환상을 구별하지 못함. • 정상인이 경미하게 높으면 자기불만이 많고 화를 잘 내고, 오히려 창조적, 상상력이 풍부한 사람일 경우가 많음. • 70~89:환경으로부터 소외감과 유리감. 대개 정신분열증. 때로 환경적 스트레스에 의한 것일 수 있음. 비논리적. 주의집중, 판단력 장애. 사고장애. 때로 항정신성 약물 필요. • 90이상: 급성 자아 통합상실로 정신분열증과는 다소 다름. • 낮은 점수: 순응적, 권위에 지나치게 수용적, 복종적. 실용적 현실주의자. 규칙적이고 짜여져 있는 것을 좋아함.
Ma	• 기본차원: 열의 • 정신적 에너지 측정. • 인지영역: 사고의 다양성, 비약 및 과장성. 행동영역: 불안정성, 흥분성, 정서적 흥분성, 민감성 및 기분의 고양. • 높은 점수: 정력적, 과잉활동성, 정서적 흥분성 및 사고의 비약. 충동적, 경쟁적, 자기도취적, 피상적 사회 관계. 행동통제에 문제 있고 대체로 기분이 좋으나 화를 잘 냄. 척도 4와 함께 상승하면 과격행동이 더욱 현저해짐. • 정상인 경미하게 상승: 열성적, 적극적, 타인도 적극적이게 만들고 다재다능. 스트레스 상황에서 피상적, 신뢰성 결여되어 일을 끝맺지 못함. • 정상범위: 우호적, 사교적, 정력적 • 낮은 점수: 합리적, 신뢰성 있고 성숙되며 진지하고 겸손, 하지만 자신감이 부족하고 기운이 없고 만성적 공허, 피로감, 감정 억제가 심함.
Si	• 기본차원: 자율성 • 내향성 높음, 외향성 낮음을 측정. 사회적 접촉 회피, 대인관계의 기피, 비사회성 등의 인성요인을 측정. • 높은 점수: 사회적으로 내향적, 수줍음, 현실 회피적. 자기 억제가 심하고 소수의 사람과 대인관계, 자신감 부족. • 극단적으로 높으면(75이상), 타인과의 관계형성이 부적절하고 냉담, 자기 비하적. • 척도 0과 함께 상승한 척도들은 사회적 적응상의 문제의 형태와 심각성을 나타냄. • 낮은 점수: 외향적, 사교적, 과시적, 적극적, 정력적. 극단적으로 낮으면 피상적, 진실·친근함이 없고 변덕스럽고 다른 사람을 조종하고 기회주의자. 3,4동반 상승 시 더욱 현저하다.

(4) MMPI 2-코드

1-2코드 2-1코드	• 신체 증상 호소가 두드러진다. 사소한 신체적 이상에도 지나치게 민감한 반응을 보인다. • 두통, 흉통, 소화기 계통 불편감, 쇠약감, 피로감, 불면증, 현기증 등 다양한 증상이 나타난다. • 심인성에 대한 거부감이 있다. • 불행감, 우울감, 의욕상실이 나타난다. • 자의식이 강하여 다른 사람들이 자신을 어떻게 생각하는지에 매우 예민하며, 타인을 잘 믿지 않는 편이다.
1-3코드 3-1코드	• 남성보다 여성에게 더 흔하다. • 신체형 장애 진단 가능성, 특히 전환장애일 가능성이 많다. • 1-3: 신체적 증상에 대해 더 많이 얘기하고 비관적이다. • 3-1: 신체적 증상에 대해 이야기는 하나 비관적이지 않다. • 두통, 흉통뿐만 아니라 사지 마비 혹은 경련을 호소할 수 있다. • 신체증상은 스트레스 상황에서 증가한다. • 자신을 심리적 문제가 없는 사람으로 생각하기 쉽다. • 부인, 투사 같은 방어기제를 주로 사용하여 자신이 겪는 곤란의 원인을 남에게 전가한다. • 다소 미성숙하고, 자기중심적이고, 불안정하며, 의존적이다. • 남들로부터 관심과 애정을 끌려는 강한 욕구를 나타낸다. 겉으로는 사교적인 것처럼 행동하나 피상적이고 자신의 욕구에 대해 만족시켜 주지 않는 사람에게 적대감과 분노를 느낀다. 대인관계를 자신의 욕구 만족 수단으로 이용한다.
1-4코드 4-1코드	• 드물게 나타나지만 이러한 프로파일을 보이는 사람들은 심각한 건강염려증을 지닌다. • 자기중심적이고, 타인의 주의를 요구하며 신체적인 불편감과 관련된 염려를 표현한다. • 척도 4의 상승은 척도 1이 나타내는 비관적이고 잔소리 많은 성질을 강조한다. • 사회적 규칙들에 대한 불만이 많고 부모를 비롯한 권위적 대상에 반항적이나 이를 직접적으로 표현하지 못하여 우유부단하고, 자기연민이 많다. 다른 사람에게 요구적이고, 불만족스러워 보이며 화난 사람 같다는 평가를 받는다. • 정신과 환자의 경우 알코올 남용, 대인관계 문제를 보이며 실직, 범법 행위 등의 과거력을 가지고 있을 수 있다. • 흔히 내려지는 진단은 건강염려증, 성격장애, 특히 반사회성 성격장애이다. • 치료에 저항적이며 자신의 심리적 문제를 부인하므로 심리치료에 잘 반응하지 않는다.
1-6코드 6-1코드	• 누적된 스트레스에서 비롯된 신체화 증상과 적대감이 특징적으로 나타난다. • 완고하고 융통성이 부족하며 쉽게 화를 잘 내고 타인의 비판에 예민하다. 그러나 이들은 자기가 가지고 있는 적개심을 부인하고 다른 사람 때문이라고 생각하므로 대인관계에 갈등이 많다.
1-7코드 7-1코드	• 만성적인 긴장 및 불안, 신체화 증상을 보이며 우울감과 감정 억제가 심하고 강박적인 사고를 수반한다. • 대인관계를 회피하려는 경향이 있고 죄책감, 열등감, 자기주장의 어려움이 내재되어 있다.
1-8코드 8-1코드	• 모호하고 의학적으로 흔하지 않은 기괴한 신체적 증상을 호소한다. 때로는 신체장애에 대한 집착이 강하여 망상을 나타내기도 한다. • 사고상의 혼란과 지남력 상실, 주의집중 곤란 등 정신증적 장애를 경험하고 있을 가능성이 있으나 신체적 증상에 초점을 맞춤으로써 정신증적 증상의 발현을 억제하거나 혼란된 사고를 통제하려고 한다. • 타인에 대한 신뢰감이 부족하여 사람들을 멀리하며 사회적 관계에서 부적절감이나 소외감을 느낀다. 사교술이 서툴고 대인관계가 빈약하며 사회적 적응 수준이 낮다.
1-9코드 9-1코드	• 급성적인 정신적 스트레스에서 나타는 긴장과 불안과 관련된다. • 신체기능의 저하나 역기능에 대해서 과도하게 염려하며 주로 소화기 장애, 두통, 피로감을 호소한다. 때로는 중추신경계나 내분비계의 기능 이상과 관련된 기질적 문제를 시사할 수 있다. • 기질적 원인일 경우, 신체적 고통을 회피하고자 과도한 에너지를 사용한다. • 비기질적 원인일 경우 신체적 증상이나 증가된 에너지 수준은 우울을 숨기려는 시도일 수 있다. 이들의 우울은 강한 의존 욕구에서 비롯된 것이며, 표면적으로는 외향적이고 공격적이지만 근본적으로는 수동 의존적이다. • 심리적인 특성은 부인하고, 야심차고 높은 목표를 설정하고는 하지만 확고한 목표를 설정하지 못하여 결과적으로는 좌절에 이르게 된다.

2-3코드 3-2코드	• 주요 특징은 만성적인 피로감과 무력감, 위장 계통의 신체적 증상 호소이다. 실제로 많은 우울인 불안을 느끼지만, 이런 정서가 모두 신체적 증상 때문으로 생각한다. • 정서는 과도하게 억제되어 있는데, 이들에게는 감정을 표현한다는 것이 익숙하지 않다. 일상활동에 대한 흥미나 참여도가 낮고 일을 시작하고 몰두한다는 것이 어려우며, 종종 무력감을 느끼기도 한다. • 사회적 상황에서 부적절감을 느끼고 자신의 정서가 타인에게 잘 수용되지 못할 경우 불안을 느끼며 사소한 비판에도 상처를 받게 된다. • 성격 특징은 수동적, 순응적이며 의존적이기 때문에 타인으로부터 관심과 수용, 보호를 받기도 한다. • 일과 관련해서는 성공이나 성취에 대한 욕구를 강하게 느끼고 있지만 경쟁상황에 대한 부담감과 실패에 대한 두려움으로 이런 상황에 직면하는 것을 회피하게 된다. • 주요 방어기제는 부인과 억압이다. 상담이나 치료하는 장면은 이들의 방어기제에 위협이 될 수 있기 때문에 효과적인 개입이 쉽지 않다.
2-4코드 4-2코드	• 분노, 적대감을 품고 있는 것처럼 보인다. • 충동을 즉각적으로 만족시키기를 원하여 만족 지연이 어렵다. • 가족 문제나 법적 문제로 인해 곤란한 상황에서 내원하기 쉽다. • 규칙에 위배되는 일탈 행동을 하여 가정 불화를 겪을 수 있다. • 척도 2의 상승이 내부적(정신적, 만성적) 원인에 의한 것인지 아니면 외부적(환경적, 반응성) 원인에 의한 것인지 알아보아야 한다. • 외부적 원인: 불법행위 적발에 잡혀온 경우 • 내부적 원인: 결혼생활의 갈등이나 가정적 문제, 아무런 희망도 느낄 수 없게 하는 환경조건 때문에 적개심과 울분으로 가득 차 있다. 미성숙하고 의존적, 자기중심적이며, 곧잘 자기연민에 빠지거나 타인을 원망한다. • 두 척도가 다 높을 때 자살생각이나 자살기도가 있기도 하나. • 청소년의 경우: 주의집중 곤란, 권위적 대상에 대한 분노, 논쟁적이며, 타인과 깊은 관계 형성을 어려워한다. • 이들이 나타내는 우울감, 불안감, 무가치감은 행동에 대한 진정한 뉘우침이나 반성이기보다는 자신이 현재 처한 상황에 대한 불만족감일 가능성이 높아 행동 문제가 반복될 소지가 있다.
2-6코드 6-2코드	• 화나고 우울한 상태로 분노를 타인뿐 아니라 자신에게 향하여 있는 경우도 많다. • 이들은 다른 사람에게 노골적으로 화를 내고 적대적이다.
2-7코드 7-2코드	• 불안하고, 초조하고, 긴장된 모습, 우울하다. • 신체적 증상을 호소한다. • 걱정을 지나치게 많이 하며, 어떤 일이 벌어지기 전에 미리 염려하는 경향이 있다. • 사소한 스트레스에 취약하다. • 강박사고와 강박행동 가능성이 있다. • 피로감, 불면증, 활력 감퇴를 호소한다. • 자살사고 가능성이 있다. • 세상과 자신에 대해 비관적이고 희망이 없다고 여긴다. • 문제에 대한 깊은 생각에 빠져 반복적으로 생각한다. • 우유부단, 실패에 대해 자기비난, 죄책감, 부적절감, 불안정감, 열등감 등을 나타낸다. • 꼼꼼하고 완벽주의를 추구한다. • 대인관계에서 자기주장이 힘들고, 수동적이며 의존적이다. • 성취동기가 강하고 자신이 성취한 일을 사소한 것까지 인정받길 원한다. 설정한 목표에 미달하거나 자신에게 결함이 발견됐을 때 강박적으로 집착, 죄책감을 느낀다.

코드	특징
2-8코드 8-2코드	• 다른 사람의 반응에 예민하며, 사람들의 동기를 의심하므로 친밀한 관계 형성을 꺼리며 거리감을 유지한다. • 의미 있는 대인관계가 결여되어 있어서 절망감과 무가치감이 증가한다. • 사고의 혼란을 보인다. • 주의집중의 어렵다. • 불안, 초조, 우울감을 나타낸다. • 쉽게 화가 나지만 자신의 생각이나 감정을 직접적으로 표현하지 않는다. • 통세력 상실에 대한 두려움을 보인다. • 대인관계 회피, 사회적 활동 회피, 고립하는 경향을 나타낸다.
2-9코드 9-2코드	• 우울증과 경조증적 성향을 동시에 나타낸다. • 내면의 부적절감과 무가치감을 부인하기 쉽다. • 검사 당시 우울감을 표현하지는 않으나 과거에 우울삽화 가능성 있다. • 과도한 활동을 통해 우울감을 방어할 가능성이 있다. • 부적절감이나 무가치감을 부인하기 위한 활동증가, 피로감이 교차하여 나타나기도 함. • 자기중심적이고 자기도취적인 경향이 있다.
2-0코드 0-2코드	• 성격적인 우울증, 부적절감, 수줍음 및 사회적 상황에서 고립되는 경향이 있다. • 수동적이고 겁이 많고 감정억제가 심하고 공격성이나 비행성 같은 행동은 나타낼 줄 모른다. • 우울한 상태에 적응되어 있는 사람들이다.
3-4코드 4-3코드	• 만성적이고 강렬한 분노를 나타낸다. 공격성과 적개심을 통제하는가 못하는가의 지표다. • 적대적이고 공격적 충동을 품고 있으나 이를 적절히 표현하기 어렵다. • 3-4유형: 불안감 및 관련 신체적인 증상을 호소한다. 외견상 조용하고 순종적이지만, 공격행위를 나타내는 사람과 관계를 가짐으로써 공격성 대리만족을 한다. 자기 역할에 대한 이해 부족. • 4-3유형: 자신의 감정을 과잉억제하나 주기적으로 분노감과 적개심을 폭발적으로 나타낸다. 평상시 말이 없다가 사소한 자극에도 격렬하게 화를 낸다. • 자신의 행동 동기나 결과에 대한 통찰이 어려워 불편감에 대해 타인을 비난하고 원망한다. • 불안이나 우울을 잘 호소하지 않으며, 신체적 불편감을 호소할 수 있다. • 타인으로부터 인정과 관심받기를 원하지만 남들에게 냉소적이고 의심하는 편이다. • 거절에 예민하며 지적이나 비난을 받으면 적대감이 증가한다. • 순응적인 사람처럼 보일 수 있으나 내면으로는 매우 반항적이다. • 가족원에 대한 만성적 적개심이 있다. 강하고 거부적인 태도에 민감하며 비판에 적대적이다.
3-6코드 6-3코드	• 만성적인 적대감. 이를 직접적으로 표현하지 않으며 그 자체를 인식하지 못할 가능성이 있다. • 만약 자신의 분노를 인식하게 되면 남탓을 하며 자신을 정당화한다. • 자기 중심적이다. • 타인에 대한 의심과 분노를 한다. 그러나 이를 부인한다. • 자기중심적이고 비협조적이며 사귀기 힘든 사람이나 자신의 심리적 요인이 대인관계를 어렵게 한다고 생각하지는 않는다. • 긴장과 불안 호소. 두통이나 소화기 장애를 포함한 신체적 증상을 호소할 가능성이 있다.
3-8코드 8-3코드	• 이러한 프로파일을 보이는 사람들은 불안, 공포, 우울, 긴장과 같은 다양한 정서적 고통을 경험하며 두통, 마비와 같은 신체증상을 호소한다. • 특이한 사고와 행동, 망상이나 기괴한 연상과 같은 사고장애를 보일 수 있으며, 주의집중 곤란, 기억력 장애를 지닌다. • 겉으로 보기에는 철수되어 있는 것처럼 보이나 성격적으로 히스테리적인 요소를 지니고 있어서 강한 애정 욕구가 내재되어 있고 정서적으로 취약하고 미성숙하다. • 의존 욕구에도 불구하고 거절의 두려움으로 인해 타인과의 밀접한 관계를 회피함으로써 사회적 이질감이나 소외감을 느낀다. • 척도 3이 척도 8보다 상대적으로 높고, 척도 8과 F 척도가 T 점수 70보다 낮을 경우에는 신체화 장애나 해리장애를 고려할 수 있고, 반대로 척도 8과 F 척도가 높게 상승되어 있다면 정신분열증을 의심해 볼 수 있다. • 정신증적 요소가 잠재되어 있으므로 통찰치료는 부적절하고, 히스테리적 방어기제를 강화시켜 주는 지지치료가 도움이 된다.

코드	특징
4-5코드 5-4코드	• 사회적 가치에 비순응적이며 공격적인 특징을 보인다. • 여자: 자기상을 수동적인 것과 결부하는 것을 거부하며 전통적인 여성상에 반발한다. 능동적이고 자기주장적이며 실제적이다. • 남자: 자신의 비순응적 측면을 별다른 갈등 없이 공공연하게 나타내는 경향이 있으며, 특히 교육 수준이 높을 경우에는 자신의 불만족을 사회적인 원인으로 돌리고 주류 문화에 대한 조직화된 분노를 표현하는 경우가 많다.
4-6코드 6-4코드	• 미성숙하고, 자기중심적이며, 제멋대로 행동하는 경향이 있다. • 화 잘 내고 원망하며 말다툼 잘 하는 사람들이다. • 다른 사람들에게 관심을 요구하면서도 남들이 자신에게 사소한 것이라도 요구하면 싫어한다. • 타인의 동기를 의심하고, 자신이 상당히 힘들게 살고 있다고 느끼며 깊은 관계를 맺지 않으려고 한다. 깊은 정서적 관계를 회피한다. • 4-5-6(V 모양): 척도 4와 6이 상승, 척도 5가 10점 이상 낮거나 T점수가 50 이하로 하락되어 있는 형태이다. 이런 여자들은 매우 수동적이고 공격적이며 전통적인 여성적 역할에 과도하게 동일시한다. 표면적으로는 사교적이고 자신만만해 보이지만 내면에는 분노감과 적개심이 가득 차 있으며 강한 애정 욕구가 숨어 있다. 지나칠 정도로 애정을 요구하면서 만족할 줄 모르고 남성에 의지한다. • 억압된 적대감과 분노가 있다. • 권위대상을 싫어하며, 관습과 규범에 반감을 보인다. • 자기 합리화를 통해 행동에 대한 책임을 지지 않으려 한다. • 수동-공격성 성격장애 또는 편집형 정신분열병 진단 가능성이 있다.
4-7코드 7-4코드	• 충동적으로 행동하고 자신의 행동에 대해 금세 후회하고 자책하는 패턴을 반복한다. • 긴장감, 피로감, 소진감이 보고된다. • 자신의 가치를 다른 사람들을 통해 확인하려는 의존적이고 불안정한 사람이다. • 심리치료에서 지지와 위안을 받으면 증상이 완화되나 성격의 장기적 변화를 기대하기 어렵다. • 의존적이고 불안정한 사람들로 다른 사람의 지지 속에서 가치를 확인받고자 한다.
4-8코드 8-4코드	• 주변 환경에 적응이 어려워 보인다. • 기이하고, 특이하고 괴짜로 비춰진다. • 행동이 유별나 예측하기 어려우며, 충동 통제가 어렵다. 사회적 판단력이 부족한 것으로 보인다. • 자살감에 강박적으로 집착, 자살기도도 빈번하다. • 실수나 경험을 통해 교훈을 얻기 어렵다. • 판단력 부족과 논리 및 사고 결함을 나타낸다. 쉽게 화를 내고 분노를 표현하며 범죄와 같은 반사회적 행동으로 표출할 가능성이 있다. • 타인에 대해 의심하며, 친밀한 인간관계가 어렵다. • 공감 능력 결여, 욕구 충족을 위해 타인을 이용할 가능성이 있다. 사회적으로 고립된다. • 환각, 편집증적 의심, 기이한 사고(8)4)를 보인다. 정신분열증 망상형이 흔하고 분열성 성격장애나 편집성 성격장애, 반사회성 성격장애를 진단 받기도 한다.
4-9코드 9-4코드	• 사회적 기준이나 가치를 무시한다. 척도 9의 상승이 척도 4가 나타내는 반항적 및 충동적 행동을 활성화시키는 역할을 한다. • 과잉활동적, 충동적, 무책임하며, 사회적 기준이나 가치 무시, 양심 부족, 이기적, 자기중심적이다. • 반사회적 성격 및 행동으로 권위인물들과 자주 마찰을 빚는다. • 알코올 중독, 폭행, 부부 문제, 성적으로 문란한 행동 등 다양한 일탈 행동에 연루된다. • 행동이 초래할 결과를 생각하지 않은 채 행동하며, 결과에 무책임하다. • 변덕스럽고 화를 잘 내며 강한 분노가 감정 폭발로 나타낼 가능성이 있다. • 야망과 활력이 있으며 정서적 자극과 흥분을 추구한다. • 외향적이며 유창한 언변으로 첫인상에서는 호감을 준다. • 대인관계 피상적, 깊은 정서적 유대를 형성하기 어렵고 타인과 정서적 거리를 갖는다. • 타인 불신과 자기 중심성으로 쌍방향적인 관계 맺기가 어렵다. • 반사회성 성격장애, 양극성 장애 진단 가능성이 있다.

코드	
6-7코드 7-6코드	• 대개 불안하고 걱정이 많으며 의심이 많은 사람들이다. • 고집불통, 자신 및 타인의 행동에 대하여 깊게 생각하고 적대적인 감정을 간접적으로 표현한다. • 겉으로 편집증을 잘 나타내 보이지 않는다.
6-8코드 8-6코드	• 심각한 정신병리 가능성을 시사한다. 보통 F가 함께 상승한다. • 강한 열등감과 불안정감을 품고 있다. • 자신감, 자존감 부족, 비관주의를 보인다. • 사폐적, 산만, 우회적 사고 경향, 기괴한 사고내용. 주의집중 곤란, 지속적 주의력 곤란, 기억력 저하, 판단력 장애를 나타낸다. • 비현실감 호소, 많은 시간을 백일몽과 환상 속에서 보낸다. • 심한 스트레스 받으면 긴장, 불안, 우울, 위축, 둔화되고 부적절한 감정 반응이 나타난다. • 타인을 불신해 친구가 매우 적거나 없다. • 혼자 있을 때 가장 편안하다. • 기이하고 이상한 사람이라는 첫인상을 준다. • 성취 동기가 낮고 열심히 하지 않는다. • 정서 반응이 제한된다(둔마된 정서). • 스트레스를 받으면 현실적으로 대처하기보다는 공상이나 백일몽으로 도피한다. • 비현실감, 자폐적 사고, 피해망상, 환각, 판단력 손상 가능성이 있다. • 편집형 정신분열병, 분열성 성격장애 진단 가능성이 있다.
6-9코드 9-6코드	• 말이 많으며 공격적이며, 화를 잘 내고 흥분하기 쉽고 충동적이며, 정서적 불안정을 보인다. • 감정을 조절하여 적응적 표현이 어렵다. • 사소한 스트레스에도 과도한 반응을 보이고 심하면 공상세계로 도피한다. • 판단력 장애, 주의집중 사고 곤란, 사고장애를 보인다. • 타인과의 관계에서 의심이 많고 화를 잘 내고 타인과의 정서적 관계형성을 두려워하여 일정한 거리를 유지하려는 경향이 있다.
7-8코드 8-7코드	• 혼란스러운 정서를 보인다. • 자신의 심리적 문제를 인정한다. 그러나 적절한 해결방안 강구에 매우 무능력하다. • 만성적으로 걱정이 많고 긴장되고 예민하며 안절부절, 우울하다. • 심한 주의집중 곤란, 판단력 장애, 사고장애를 나타낸다. • 8-7형: 비교적 심한 정신증적 증상에 적응된 상태 • 7-8형: 8-7에 비해 자신의 문제를 가지고 능동적으로 싸움을 하고 있으며 심각한 사고장애나 행동장애 정착에 저항한다. 과도한 불안과 초조함에 의한 심리적 불편감을 호소한다. • 우울하고 비관적인 느낌. 자살사고를 보인다. • 문제에 대해 반추한다. • 우유부단, 부적절감, 열등감을 나타낸다. • 사회적 상황에서 위축되며 고립되고, 주도적 역할을 잘 하지 못한다. 특히 이성관계 형성이 어렵다. • 분열성 성격장애 진단 가능성이 있다.
7-9코드 9-7코드	• 만성적으로 불안하고 걱정이 많고 긴장되어 있고 높은 에너지 수준은 오히려 강박적 명상을 더 악화시킨다. • 서로 관계없는 말을 쉴틈없이 해대고 무엇을 말하려 하는지 이해할 수 없다. • 때로 충동적인 과격행동이나 과대망상적 생각을 하는 시기와 죄책감과 자기비난에 빠지는 시기가 번갈아 나타나는 경우가 있다.
8-9코드 9-8코드	• 자기 중심적으로 자신의 욕구가 충족되지 않으면 화를 내면서 적대적으로 행동한다. • 친밀한 관계 맺기를 두려워하여 사회적으로 고립된다. • 과잉활동, 정서 불안을 보인다. • 자신에 대해 과장된 평가를 한다. 허풍이 있고 변덕스럽다는 인상을 심어 준다. • 그러나 열등감과 부적절감을 느껴 경쟁적인 상황에 선뜻 나서지 못하며, 지나친 공상에 몰두한다. • 사고장애, 비현실감 (사고가 기이하고 유별나고 자폐적이고 우월적임)을 보인다. • 주의집중이 곤란하다. • 망상 및 환각 가능성이 있다.

(5) MMPI 3-코드

코드	내용
132/312	• 척도1과 3의 점수가 척도 2보다 높기 때문에 '전환 V'로 불린다. • 부인과 억압 기제를 지나치게 구사하며, 증상의 원인에 대한 통찰이 결여되어 있으며, 자신들의 문제를 심리적 요인으로 설명하는 것에 저항한다. • 사교적이기는 하지만, 대인관계에서 수동-의존적이다.
123/321/231	• 신체형 장애, 불안장애, 우울증 진단을 받는 경우들이 많다. • 신체적 불편감, 소화기 계통의 불편감을 호소하며, 증상을 통해 명백한 2차 이득을 얻는 경우가 많다. • 우울증상과 관련하여 수면곤란, 낙심, 무망감, 비관주의 등의 징후를 보인다. • 의존성과 자기주장 사이를 갈등하고 있는 것처럼 보이며, 다른 사람들과 정서적으로 거리를 두고, 피로감을 많이 느끼고, 활력 수준이 낮다.
139	• 다양한 신체적 불편감을 호소하며 신체형 장애를 보인다. • 낮은 좌절 인내력: 쉽게 짜증내고 흥분이나 분노폭발을 자주 보인다. • 기질적인 문제가 있는 경우 예기치 않은 공격행동이나 파괴행동을 보일 수 있다.
247/274/472	• 만성적인 우울, 불안을 가지고 있으며 수동공격적인 성격패턴을 보인다. • 분노감정을 가지고 있지만 이를 적절히 표현하지 못하고 이에 대한 죄책감을 동반한다. • 스스로에 대한 열등감이나 부적절감이 많고 우울을 경감시키기 위해 약물이나 알코올에 의존한다. 실패에 대한 두려움이 있으며, 매우 의존적이고 미성숙하다. 자살에 대한 생각을 하며, 수동-공격적인 성격장애가 공존한다. • 4번 척도가 가장 상승되어 있는 4-7-2인 경우 보다 충동적이고 쉽게 화내는 양상을 보인다.
278/728	• 만성적이고 다양한 신경증적 증상을 보인다. • 우울 현상, 신경과민성, 강박적 사고를 나타내며, 긴장되어 있고, 초조해하고, 두려워하며, 주의집중 곤란을 보인다. • 슬프고, 우울한 기분을 느끼며, 미래를 비관하고, 무망감을 느끼며, 자살에 대한 생각을 곰곰이 반추하여 자살에 집착한다. • 완벽주의적인 성향을 가지며 자신과 타인에 높은 기준을 부과한다. 친밀한 대인관계 형성이 곤란하다. 독신으로 지내는 경우가 많으며 내향적, 회피적이다. • 이러한 상승쌍을 보이는 환자들은 과거에 성적 학대를 당했을 가능성이 크며, 기본적인 사회적 기술이 결여되어 있고, 수줍음이 많고 위축되어 있다.
456 수동공격V	• 4와 6이 상승되어 있고 이들 척도보다 5척도가 10점 이상 낮거나 T50 이하로 하락되어 있는 형태이다. '수동-공격형 V' 또는 '스칼렛 오하라 V(Scarlett O'Hara V)'라고도 부르며 여성에게 흔하다. • 수동적이고 의존적이며 전통적 역할에 과도하게 동일시: 표면은 사교적이고 자신만만해 보이지만, 내면은 분노감과 적대감 그리고 애정에 대한 강한 욕구가 있다. • 타인을 조정하려는 태도가 크고 원하는 것을 얻기 위해 요구적이고 도발적인 태도를 보이며 결국 타인을 짜증나게 만들고 중요한 타인을 떠나게 만든다. • 타인에게 지나칠 정도로 애정을 요구하면서 만족할 줄 모르고, 특히 남자에게 의지하는 경향이 있다. • 척도 6은 여기선 편집증적 증상보다 타인을 비난하고 자신의 결점이나 실패를 외부환경으로 돌리는 경향성이나 만성적인 분노감을 반영한다. 자신의 책임을 인정하지 않는다.
468	• 만성적인 정서적 문제가 존재한다. 성격장애나 정신분열증 편집형을 시사한다. • 심리적 갈등에 대해 회피적, 방어적이다. • 대인관계가 적대적이며, 화를 잘 내고 의심이 많다. • 자기도취적, 자기중심적이고, 대인관계나 부부간 문제가 많다. • 합리화를 잘 하고, 논쟁적이며, 권위대상에 대한 뿌리 깊은 분노가 내재한다.
496/946	• 분노나 공격성의 폭발을 보이며, 판단력이 부족하고, 낮은 정서 통제력을 나타낸다. • 파괴적, 공격적, 살인행동에 대한 각별한 주의를 요한다. 특히 8번 척도가 상승되었을 때 이와같은 특징들이 두드러지게 나타날 수 있다.
687/867 정신증V	• 심각한 정신병리, 편집형 정신분열증 진단이 많다. • 환각, 망상, 극도의 의심성을 나타내며 정서는 둔마, 부적절한 정서이다. • 타인에 대한 의심이나 분노감이 많고 사회적으로 철수한다.

[2022년 기출]

다음은 (가)는 정민(고2, 여)에 대한 접수면접 일지이고, (나)는 MMPI-A 결과 자료의 일부이다. 〈작성방법〉에 따라 서술하시오

(가)

- 의뢰 사유: 최근 남자 친구와 헤어진 후 심리적 어려움을 호소하며 방문하였음.
- 행동 관찰: 비교적 밝은 모습으로 인사를 하며 입실하였음. 눈맞춤은 적절하게 이루어졌으나 지속 시간이 길지는 않았음. 검사지를 건네주자 관심을 보이고 집중하여 답을 하기 시작하였음. 전반적으로 협조적이었으나 남자 친구와 관련된 질문에는 금방 답하지 못하고 머뭇거리는 모습이 관찰되었음. 한편, 검사 후반으로 갈수록 지루한 듯 한숨을 한 번씩 쉬는 모습을 보였음.
- 실시 검사: MMPI-A

(나)

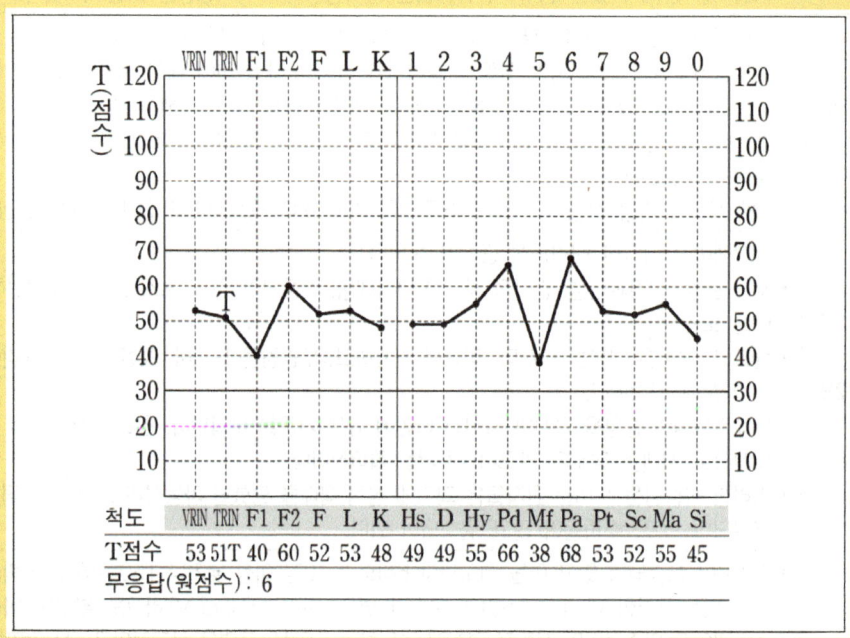

〈작성 방법〉

- MMPI-A의 척도 F1과 F2의 결과에 상응하는 정민의 행동을 행동 관찰에서 찾아 2가지 서술할 것
- MMPI-A의 프로파일 4-5-6 형태에 근거하여 대인 관계에서 정민에게 현저한 정서가 무엇인지 쓰고, 대인 갈등 상황에서 정민이가 취할 것으로 예측할 수 있는 행동 특성을 1가지 서술할 것.

9 MBTI 성격유형검사 2013 기출

1 MBTI의 역사

1) 1920년 캐서린 브릭스(Katherine Briggs)가 문헌과 관찰한 것을 개념화하면서 심리유형체계를 개발했다. 칼 융(Carl Jung)과의 유사점을 발견하고 그 이론을 차용하였다. 딸 이사벨 마이어스(Isable Myers)와 함께 MBTI(Myers-Briggs Type Indicator)를 개발하였다. 사람들 간 차이점, 갈등을 이해하기 위해 우선 자서전 연구를 통한 성격분류를 시작했다.

2) 1990년 6월에 한국에 도입되어 MBTI 사용자를 위한 '초급교육', '보수교육', '중급교육', '어린이 및 청소년용 (MMTIC) 교육', '적용프로그램 교육', '일반강사교육' 등을 개발했다. 특히 최근에는 4가지 선호경향의 하위 구성요인에 대한 세부적인 측정이 가능한 Form K를 들여와 한국판으로 표준화하여 실시하고 있다.

2 MBTI의 구성 2013 기출

- 융의 이론은 무작위로 보이는 인간행동을 개인의 인식과 판단에 대한 선호방식에 따라 체계적으로 설명한 것이다.
- 4개의 양극단 영역을 제공하는 8개척도(4쌍)로 채점. 자기보고식 검사는 이러한 선호를 판별하고자 고안된 것이다.
- 4가지 선호 방향

주요활동	선호경향	지표
주의초점	에너지의 방향	외향(Extraversion)-내향(Introversion)
인식기능	사물의 인식방식	감각(Sensing)-직관(iNtuition)
판단기능	판단의 근거	사고(Thinking)-감정(Feeling)
생활양식	선호하는 삶의 패턴	판단(Judging)-인식(Perceiving)

1 내향(I)과 외향(E)

개인의 주의집중과 에너지의 방향이 인간의 외부로 향하는지 내부로 향하는지를 나타내는 지표이다.

외향성	• 외부세계를 지향하고 인식과 판단에서도 외부의 사람이나 사물에 초점을 맞춘다. • 바깥에 나가 활동을 해야 활력을 얻는다. • 행동 지향적이고, 때로는 충동적으로 사람들을 만나며, 솔직하고 사교성이 많아 대화를 즐긴다.
내향성	• 내적 세계를 지향하므로 바깥 세계보다는 자기 내부의 개념, 생각 또는 이념에 더 관심을 둔다. • 관념적 사고를 좋아한다. • 자기 내면에서 일어나는 것에 의해 에너지를 얻으며 주로 생각을 하는 활동을 좋아한다.

② 감각(S)과 직관(N)

정보의 인식방법에 대한 선호로 측정한다. '감각'은 개인이 인식의 주된 방법으로 오감을 선호하는 경향이고, '직관'은 내적 마음에 의한 간접적인 인식에 의존하는 경향을 말한다.

감각형	• 감각기능을 선호하는 사람들은 모든 정보를 자신의 오감에 의존하여 받아들이는 경향이 있다. • 현재 이 상황에 주어져 있는 것을 수용하고 처리하는 경향이 있으며 실제적이고 현실적이다. • 자신이 직접 경험하고 있는 일을 중시하며 관찰능력이 뛰어나고 세세한 것까지 기억을 잘하며 구체적이다. • 감각형의 사람은 순서에 입각해서 차근차근 업무를 수행해 나가는 성실근면형이나, 세부적이고 구체적인 사실을 중시하는 경향으로 인해 전체를 보지 못할 위험이 있다. • 감각형의 사람은 사물, 사건, 사람을 눈에 보이는 그대로 시작하려는 경향이 있으며, 사실적 묘사에 뛰어나다.
직관형	• 오감보다는 통찰, 소위 말하는 육감이나 영감에 의존하여, 구체적인 사실이나 사건보다는 이면에 감추어져 있는 의미, 관계 가능성 또는 비전을 보고자 한다. • 세부적이고 구체적인 사실보다는 전체를 파악하고 본질적인 패턴을 이해하려고 애쓰며 미래의 성취와 변화, 다양성을 즐긴다. • 상상력이 풍부하고, 이론적이고, 추상적이고, 미래지향적이며 창조적이다. • 구체적인 것을 떠나 전체를 보려고 하기 때문에 세부적인 것은 간과하기 쉽고, 실제적, 현실적인 면을 고려하지 않고 새로운 일 또는 복잡한 일에 뛰어들기도 한다.

③ 사고(T)와 감정(F)

인식된 정보를 가지고 판단을 내릴 때 쓰는 기능을 말한다.

사고형	• 객관적인 기준을 바탕으로 정보를 비교 분석하고 논리적 결과를 바탕으로 판단을 한다. • 인정에 얽매이기보다 원칙에 입각하여 판단하며 정의와 공정성, 무엇이 옳고 그른가에 따라 판단하며 진실에 관심이 있다. • 인간미가 적다는 얘기를 들을 수 있으며, 객관적 기준을 중시하는 과정에서 타인의 마음이나 기분을 간과할 수 있다.
감정형	• 친화적이며, 따뜻한 조화로운 인간관계를 중시한다. • 객관적인 기준보다는 자기 자신과 다른 사람들이 부여하는 가치를 중시하여 판단을 한다. • 논리 분석보다는 자기 자신이나 타인에게 어떤 영향을 줄 것인가 하는 점을 더 중시하며, 원리원칙보다는 사람의 마음을 다치지 않게 하는 데 더 신경을 쓴다. • 사람과 관계된 일을 결정해야 할 때 우유부단하게 되거나 어려움을 겪을 수 있다.

④ 판단(J)과 인식(P)

외부세계에 대한 태도나 적응에서 무엇을 선호하는가를 뜻한다. 이는 융이 정의한 것이 아니고, 브릭스와 마이어스가 추가한 개념이다.

판단형	• 의사를 결정하고 종결을 짓고 활동을 계획하고 어떤 일이든 조직적 체계적으로 진행하기를 좋아한다. • 계획을 짜서 일을 추진하고 미리 준비하는 편이며, 정한 시간 내에 마무리를 해야 직성이 풀린다. • 외부행동을 보아도 빈틈없고 단호하며 목적의식이 뚜렷하다. • 한 가지 일을 끝내지 않고는 잠을 못 이루는 사람들. • 인식형을 굼뜨고 답답하게 본다.
인식형	• 삶을 통제하고 조절하기보다는 상황에 맞추어 자율적으로 살아가기를 원한다. • 자발적이고 호기심이 많고 적응력이 높으며, 융통성이 있다. • 목적과 방향은 변화할 수 있다는 개방성이 있어 새로운 사건이나 변화를 추구한다. • 재량에 따라 처리될 수 있는 포용성이 있다. • 한꺼번에 여러 가지 일을 벌이지만 뒷마무리가 약하다. • 인식형은 판단형을 보고 성급하고 여유가 없고 조급하다고 보는 경향이 있다.

3 각 유형별 주기능, 부기능, 3차 기능, 열등 기능

1 주기능과 부기능, 3차 기능, 열등기능의 정의

(1) **주기능**: 가운데 두 개의 선호도(SN, TF)를 MBTI 용어로 '기능(function)'이라 한다. 각각의 유형에서 이러한 네 가지 기능 중 하나가 우세하거나 가장 선호하는 것이 되는데, 이 기능을 '주기능'이라고 부른다. 사람들은 자신들이 좋아하는 세계에서 주기능을 가장 잘 이용한다.

(2) **부기능**: 유형코드에서 또 다른 기능을 '부기능'이라 부른다. 이는 주기능을 도와주고 지지하는 역할을 한다. 만일 주기능이 인식기능(S 또는 N)이라면 부기능은 반대로 판단기능(T 또는 F)의 하나가 된다.

(3) **3차 기능**: 3차 기능은 부기능 지표의 반대 극을 의미한다.

(4) **열등기능**: 주기능 지표의 반대극이 그 유형의 열등기능이 된다. 이는 스트레스 상황에서 나타나기 쉬운 모습으로, 평소의 자기 모습과는 다른 양상을 보이게 된다.

2 주기능이 나타낼 수 있는 강점

주기능 S(ISTJ, ISFJ, ESTP, ESFP)	주기능 N(INTJ, INFJ, ENTP, ENFP)
• 타당한 사실을 인정한다.	• 새로운 가능성을 인정한다.
• 문제에 경험을 적용한다.	• 문제에 독창성을 발휘한다.
• 주의를 요하는 것을 알아차린다.	• 미래를 준비하는 방법을 안다.
• 구체적인 단서를 간직한다.	• 새로운 핵심에 대해 관찰한다.
• 문제를 현실적으로 다룬다.	• 새로운 문제에 흥미를 가지고 접근한다.
주기능 T(ISTP, INTP, ESTJ, ENTJ)	주기능 F(ISFP, INFP, ESFJ, ENFJ)
• 분석을 잘한다.	• 공감을 잘한다.
• 진행의 흐름을 찾는다.	• 다른 사람이 어떻게 느낄지에 대해 예견한다.
• 어떤 정책에 대해 일관성을 유지한다.	• 정상참작이 가능한 상황을 허용한다.
• 법적 증거에 비중을 둔다.	• 가치를 중시한다.
• 반대편에 대항하여 확고한 입장을 취한다.	• 각 사람의 기여를 인정한다.

3 열등기능이 나타낼 수 있는 약점

열등기능 N(ISTJ, ISFJ, ESTP, ESFP)	열등기능 S(INTJ, INFJ, ENTP, ENFP)
• 부정적인 관점에서 미래를 본다.	• 중요하지 않은 세부사항에 대해 강박적이다.
• 매우 비관적이다.	• 비관여적인 사실에 열중한다.
• 외곬로 빠져 다른 가능한 방법을 못 본다.	• 감각적으로 추구하는 데 열중한다.
• 판에 박힌 행동을 한다.	• 먹고, 마시고, 운동하는 것을 지나치게 좋아한다.
열등기능 F(ISTP, INTP, ESTJ, ENTJ)	열등기능 T(ISFP, INFP, ESFJ, ENFJ)
• 과민하다.	• 과도하게 비판적이다.
• 화를 내거나 기대치 않은 감정을 보인다.	• 모든 것에서 대부분 결점을 발견한다.
• 매우 개인적으로 비판을 한다.	• 지나치게 오만하다.
• 감정을 조절하지 못하고 폭발적인 반응을 보인다.	• 다른 사람들의 말에 귀를 기울이지 않으며 꼬치꼬치 따지고 고집을 부린다.(비합리적인 논리성)

4 기능 및 기질별 특성

1 기능

	ST	SF	NF	NT
주의집중	사실	사실	가능성	가능성
잘 적응할 수 있는 상황	사실과 경험을 적용하는 상황	날마다 사람들의 관심사를 접하는 상황	사람들의 열망을 이해하는 상황	이론적 개념을 발달시키는 상황
이에 따라 기울어지는 경향	실질적, 분석적	동정적, 친절	열성적, 통찰적	논리적 분석적
능력있는 영역 찾기	일상의 과업과 관련된 객관성을 가진 기술	사람들의 일상적인 관심사를 위해 봉사하며 실제적으로 도움	사람들과 의사소통 하고 이해하기	모델을 가지고 이론적, 기술적으로 발달시키기
문제해결	원인과 결과에 대한 단계적이고 객관적 분석	결과가 지닌 사실의 가치를 단계적이고 개인적으로 고려	결과가 지닌 가치의 가능성에 대해 통찰하는 개인적 고려	원인과 결과가 지닌 가능성에 대해 통찰하는 객관적 분석
직업적 적성	사업, 행정, 회계, 법, 생산직, 건축, 응용학과	의료, 지역봉사, 교직, 감독, 종교봉사, 사무직, 판매	사회과학, 연구, 문학, 음악, 예술, 종교봉사, 의료, 심리치료, 교직	순수과학, 연구, 관리직, 컴퓨터, 법, 엔지니어, 기술직

5 채점 및 해석

1) 각 선호들에 대해 채점한 후 각 척도별 쌍에서 점수가 높은 것을 유형으로 잡는다.
2) 척도 점수가 높을수록 해당 유형에 대한 선호가 뚜렷한 것이며, 낮은 점수는 그 유형에 대한 선호가 덜 강하거나 덜 명확한 것이다.
3) 점수 차이 작더라도 둘 중 하나가 4개 문자 코드 유형에 속하게 된다. 이렇게 평가된 변인이 반드시 이분법적으로 되고 이러한 이분법에 대한 이론적 배경은 없다는 점이 MBTI의 주된 한계이다.

6 활용

1) 다양한 상담상황에서, 대인관계 문제, 가족 구성원 간의 관계 탐색, 진로와 직업상담을 위해 사용된다.
2) 상담자는 내담자의 욕구가 무엇인지 점검해 보고, 내담자와 함께 상담의 목표를 선정한 후 다음과 같은 사항의 문제점이나 관심사들이 나타날 때 MBTI를 실시한다.

(1) 자기탐색의 욕구
(2) 발달과정상의 삶의 변화로 겪는 어려움
(3) 대학생활에서 학업과 관련한 적응상의 문제
(4) 진로를 탐색하고 인생계획을 설계하고자 하는 욕구
(5) 대인관계나 의사소통상의 문제
(6) 부부, 가족과 관련한 제반 문제
(7) 지도력, 조직과 관련한 제반 문제

7 유의점

1) MBTI 검사의 대중성과 결과해석의 단순성 때문에 종종 MBTI를 과신하는 사람들, 심리검사에 대한 전문적 지식이 부족한 사람들에 의해 MBTI가 실시, 해석되는 경우가 종종 있다.
2) MBTI는 사람을 협소하게 범주화하거나 명명하기 위해 사용되어서는 안 된다.
3) 그들의 장점을 사용하도록 격려하면서 반대성향의 성격양식을 표현하는 것도 배울 수 있도록 해야 한다. 상담자는 MBTI 해석을 통해 내담자가 다양한 상황에서 융통성 있게 행동할 수 있도록 가르칠 필요가 있다.

10 행동평가 척도 검사

- 행동평가 척도는 표준화된 형태의 척도를 통해 아동 및 청소년을 잘 알고 있는 정보제공자(부모, 교사 등)로부터 그들의 행동 특성에 대한 종합적인 판단 및 정보를 얻을 수 있는 도구이다.
- 평가방법 면에서 행동평가 척도는 특정 행동에 대한 정보제공자의 지각을 측정하는 것이기 때문에 직접적인 행동관찰이나 구조화된 면접 방법에 비해서는 덜 직접적이다.
- 비구조화된 진단적 면접이나 투사적 기법에 비해서는 더 신뢰성 있는 정보 제공이 가능하다.

1 한국판 아동 청소년 행동평가척도(CBCL 6-18) 2010, 2011, 2014, 2015 특시 기출

1 특징

(1) 아동 청소년 행동평가 척도(Child Behavior Checklist:CBCL)는 아동의 문제행동과 사회적응능력을 포괄적으로 평가하기 위해 아헨바흐와 에델브록(Achenbach & Edelbrock, 1983)이 개발하였으며, 사회 능력 척도와 문제행동증후군 척도로 구성되어 있다.

(2) 이를 오경자, 이혜련, 홍강의와 하은혜(1997)가 번역하여 표준화한 한국판 아동 청소년 행동평가척도(K-CBCL)가 널리 사용되고 있는데, 2001년에 개정된 미국판을 기초로 CBCL 6-18 아동 청소년 행동평가척도 부모용(오경자, 김영아, 하은혜, 이혜련, 홍강의 2010)이 출판되었다.

(3) 아동청소년 행동평가 척도는 실제 임상장면이나 학교 등 아동 개인의 평가를 필요로 하는 상황에서뿐만 아니라 역학조사, 병인론 연구, 치료효과 연구 등 여러 연구에서 다양하게 활용될 수 있는 유용한 평가 도구이다.

(4) 아동청소년 행동평가 척도를 통해 아동이 준거집단에 비해 얼마나 일탈되어 있는지를 평가하고, 그 정도가 정상범위 내에 있는지 혹은 임상범위에 있는지를 판별하여 하나의 진단자료로 활용할 수 있다.

(5) 진단 이외에도 치료의 계획을 결정하고 그 효과를 확인하는 정보를 제공할 수 있다.

(6) 평가자간의 불일치 여부를 확인하는 과정을 통해 평가자인 부모가 부모 자신의 문제로 아동에 대해 객관적인 평가를 할 수 없었는지, 관찰시간이 충분하지 않았는지, 한쪽 부모만이 아동의 문제를 심각하게 보고 있는지 등에 관한 다양한 원인을 고려하여 진단에 활용할 수 있다.

2 검사대상 및 목적

만 6~18세까지의 아동 청소년 대상(초등학교 1학년~고등학교 3학년). 아동 청소년의 부모가 대상 아동 및 청소년의 문제행동 영역과 적응 영역을 평가한다.

3 CBCL 6-18의 구성 및 내용

(1) CBCL 6-18은 크게 **문제행동 척도와 적응 척도로 구성**되어 있다.

(2) **문제행동 척도**: 모두 119개 문항이며, 불안/우울, 위축/우울, 신체증상, 사회적 미성숙, 사고문제, 주의집중 문제, 규칙위반, 공격행동과 내재화 문제, 외현화 문제 등 10개의 하위척도와 문제행동 총점 등 모두 12개 척도로 구성되어 있다.

척도	하위척도	합산척도	소척도
문제행동 척도	문제행동 증후군 척도	내재화	불안/우울, 위축/우울, 신체증상
		외현화	규칙위반, 공격행동
			사회적미성숙, 사고문제, 주의집중 문제, 기타 문제
		총문제행동점수	위의 9개 척도를 모두 더한 점수
	DSM 진단 척도		정서문제, 불안문제, 신체화문제, ADHD, 반항행동문제, 품행문제
	문제행동 특수척도		강박증상, 외상후스트레스문제, 인지속도부진

(3) **적응 척도**
① 사회성 척도: 친구나 또래와 어울리는 정도, 속해 있는 모임과 단체의 개수, 참가활동의 활발한 정도, 부모나 형제자매와의 관계 등의 사회성을 평가하는 사회성 척도
② 학업수행 척도: 국어, 영어, 사회, 과학, 영어 등 5개 과목별 교과목 수행정도, 학업수행상의 문제 여부, 특수학급에 있었는지 유무, 휴학 유무 등을 평가하는 학업수행 척도
③ 적응척도 총점: 2개 하위척도의 합

(4) **소척도 항목별 내용**

	척도명	비고
적응 척도	사회성	아동·청소년의 사회적 적응 수준을 평가하는 문항으로 구성, 6세부터 적용
	학업수행	아동·청소년의 학업수행 정도를 평가하는 문항으로 구성, 초등학교 이상에만 적용
	적응척도 총점	영역별 적응 점수의 합으로 전체적인 적응 수준을 평가. 사회성과 학업 수행의 합
문제 행동 증후군 척도	불안/우울	정서적으로 우울하고 지나치게 걱정이 많거나 불안해하는 것과 관련된 문항들로 구성
	위축/우울	위축되고 소극적인 태도, 주변에 대한 흥미를 보이지 않은 것 등과 관련된 문항들로 구성
	신체증상	의학적으로 확인된 질병이 없음에도 불구하고 다양한 신체증상을 호소하는 것과 관련된 문항으로 구성
	규칙위반	규칙을 잘 지키지 못하거나 사회적 규범에 어긋나는 문제 행동들을 충동적으로 하는 것과 관련된 문항들로 구성
	공격행동	언어적, 신체적으로 파괴적이고 공격적인 행동이나 적대적인 태도와 관련된 문항들로 구성
	사회적 미성숙	나이에 비해 어리고 미성숙한 면, 비사교적인 측면 등 사회적 발달과 관련된 문항들로 구성
	사고문제	어떤 특정한 행동이나 생각을 지나치게 반복하거나, 실제로는 존재하지 않는 현상을 보거나 소리를 듣는 등의 비현실적이고 기이한 사고 및 행동과 관련된 문항들로 구성
	주의집중 문제	주의력 부족이나 과다한 행동 양상, 계획을 수립하는 것에 곤란을 겪는 것 등과 관련된 문항들로 구성.
	기타문제	위에 제시된 8개의 증후군에는 포함되지 않지만 유의미한 수준의 빈도로 나타나는 문제행동과 관련된 문항들로 구성

척도명	비고
내재화 총점	지나치게 통제된 행동 문제로 불안/우울, 위축/우울, 신체증상 척도의 합으로 구성
외재화 총점	통제가 부족한 행동 문제로 규칙위반과 공격행동 척도의 합으로 구성
문제행동총점	전체 문제행동 문항을 합한 것으로 전반적인 문제행동의 정도를 평가

4 검사방법

(1) 부모가 대상 아동이나 청소년을 평가한다. 부모가 없는 경우에는 대상 아동 및 청소년과 함께 거주하고 있는 양육자가 평가한다.

(2) 검사 시간: 약 15분-20분 정도 소요, 3점 리커트 척도

(3) 검사자는 수검자에게 검사 시작 전 검사를 하는 목적, 결과의 용도 및 검사결과를 누가 보게 되는지, 비밀보장 여부에 관해 설명해 주어야 한다.

5 채점 및 해석

(1) 반응용지를 검토하여 누락문항이나 이중문항 답변을 체크하고, 컴퓨터로 웹사이트에 가면 채점을 할 수 있으며 그 결과 원점수, 백분위 점수, T점수, 각 하위척도에 해당하는 문항별 점수를 산출한 표를 얻을 수 있다.

(2) 임상적 장애 진단과 연관되어 있는 문제행동 증후군 척도의 경우, 전체 상위 98%에 해당하는 T점수 70을 기준으로 그 미만은 정상, 그 이상은 임상적으로 유의미한 수준으로 해석. 65~69는 준임상 범위이다.

(3) 내재화, 외현화 척도, 총 문제행동 척도와 같이 포괄적인 영역을 평가하는 척도는 절단점을 낮추어 84%+ 위인 64T 점을 기준으로 한다. 64점 이상은 임상 범위이고, 60~63점은 준임상범위이다.

(4) 해석 기준

척도		척도명	준임상범위	임상범위
적응 척도		사회성, 학업수행	31(30초과)~35 이하 백분위 7%	30이하 백분위 2%
		적응척도 총점	37(36초과)~40 이하 백분위 16%	36이하 백분위 8%
문제 행동 척도	문제행동 증후군 척도	외현화, 내재화, 총문제행동	60~63(64미만) 백분위 84%	64이상 백분위 92%
		문제행동 소척도	65~69(70미만) 백분위 93%	70이상 백분위 98%
	DSM 진단척도	6개 소척도	65~69(70미만) 백분위 93%	70이상 백분위 98%
	문제행동특수 척도	3개 소척도	65~69(70미만) 백분위 93%	70이상 백분위 98%

[2015년 기출]

다음의 면담 내용과 아동·청소년 행동평가 척도(K-CBCL6-18) 검사 결과에서 공통으로 나타난 준수(중1, 남)의 임상적 특징 2가지를 쓰고, 각 특징과 일치하는 내용을 문장완성검사(SCT) 결과에서 찾아 서술하시오.

1. 면담 내용

준수는 학생이 되면서부터 말이 없어지고 친구들과 함께 어울리지 못한 채 혼자 있는 시간이 많아졌다. 수업시간에는 자주 산만한 행동을 해서 선생님에게 지적을 받는다. 집에서 준수는 게임을 하거나 TV를 보는 데 대부분의 시간을 보내고 있어서 엄마는 제발 1시간만이라도 공부하라고 한다. 엄마의 말처럼 준수도 1시간만이라도 공부하고 싶지만 책상 앞에만 앉으면 다른 생각이 들어서 공부를 끝까지 할 수가 없다.

2. K-CBCL 6-18 검사결과

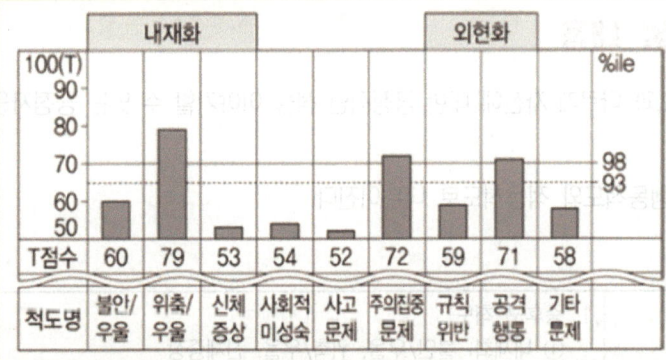

3. SCT 반응의 일부

- 엄마와 나는 <u>사이가 좋지 않다.</u>
- 집에 있을 때 나는 <u>가만히 있지 못한다.</u>
- 우리 엄마는 <u>항상 잘난 척한다.</u>
- 언젠가 나는 <u>내가 하고 싶은 것을 할 것이다.</u>
- 요즘 나는 <u>시작한 일을 끝내지 못한다.</u>
- 내가 잊고 싶은 두려움은 <u>나는 항상 혼자라는 것이다.</u>

2 청소년 자기행동평가척도(YSR: Youth Self Report)

1 특징

(1) 청소년 자기행동평가척도는 아헨바흐(Achenbach, 1991)에 의해 개발되었으며 문항내용이나 형식면에서 CBCL과 매우 유사하다.

(2) YSR은 만 11~18세 청소년(중학교 1학년~고등학교 3학년)을 대상으로 실시하며, 적응척도와 문제행동척도로 구성되어 있다.

(3) 적응 척도는 사회성과 성적에서의 적응적 측면을 평가하며, 문제행동증후군 척도는 임상적으로 문제되는 부적응 행동을 평가하는 것으로 총 119개의 문항, 3점 리커트 척도로 구성되어 있다.

(4) CBCL과 마찬가지로 YSR도 **문제행동의 사전판별과 임상적 진단의 두 가지 목적을 위해 실시되는 평가도구**라는 점에서 가치가 있다.

(5) 청소년을 대상으로 한 교사평가와 부모평가 간의 불일치에서 오는 문제를 청소년 자기보고형의 평가결과와 비교하여, 청소년 문제에 대해 보다 객관적으로 접근할 수 있다.

2 검사대상 및 목적

YSR은 만 11~18세 청소년을 대상으로 하며 청소년이 자신의 적응과 정서 및 행동문제를 평가하는 검사도구이다.

3 YSR의 구성 및 내용

(1) YSR에서는 CBCL과 다르게 자신에 대한 긍정적인 점을 이야기할 수 있는 긍정자원 척도가 추가되어 구성되었다.

(2) **YSR**: 크게 문제행동척도와 적응척도로 나누어진다.

(3) 척도

문제행동척도	1. 증후군 척도 ① 내재화: 불안/우울, 위축/우울, 신체증상 ② 외현화: 규칙위반, 공격행동 ③ 사회적 미성숙 ④ 사고문제 ⑤ 주의집중문제 ⑥ 기타 문제 2. DSM 진단척도: 정서문제, 불안문제, 신체화문제, ADHD, 반항행동문제, 품행문제 3. 문제행동특수척도: 강박증상, 외상후스트레스문제 4. 긍정자원척도
적응척도	사회성, 성적

4 결과 해석

(1) 내재화, 외현화, 문제행동총점 척도: T점수 64점 이상(백분위 92%)이면 임상범위이며, T점수 60이상(백분위 84%) 64미만이면 준임상범위이다.

(2) 증후군 소척도, DSM 진단척도, 문제행동특수척도: T점수 70이상(백분위 98%)이면 임상범위이며, T점수 65이상(백분위 93%)이상 70미만이면 준임상범위이다.

(3) 적응척도 총점: T점수 36점 이하(백분위 8%)이면 임상범위이고 T점수 36점 초과 40점 이하(백분위 16%)이면 준임상범위이다.

(4) 사회성, 성적 척도: T점수 30점 이하(백분위 2%)이면 임상범위이고 T점수 30점 초과 35점 이하(백분위 7%)이면 준임상범위이다.

3 한국 아동인성평정척도(KPRC) 2011 기출

1 특징

(1) 한국 아동인성검사(Korean Personality Rating Scale for Children: KPRC)는 임상장면에서 아동의 정신과적 문제를 선별 진단하고 학교장면에서 심리적인 도움을 필요로 하는 아동을 조기에 발견하여 도움을 주는 것을 목적으로 고안된 검사이다.

(2) 4개의 타당성 척도와 자아탄력성 척도 및 11개의 임상 척도 등 총 255문항으로 구성되어 있다.

(3) KPI-C는 개발된 이래 여러 장면에서 사용되었고, 아동의 정신과적 장애를 선별 및 진단하고 인지와 정서 및 행동 특성을 다차원적으로 평가할 수 있는 검사로 알려져 널리 활용되었다.

(4) 그러나 다양한 장면에서 사용되는 과정에서 KPI-C의 여러 가지 문제점이 지적되었다.
   ① 검사의 문항 수가 너무 많아 작성하는 데 많은 시간이 소요된다.
   ② '예-아니오'로만 판단하기에 어려운 내용들이 많았다.
   ③ 자폐증 척도(AUT)의 경우 척도가 측정하고자 하는 부적응 영역을 효과적으로 반영하지 못한다.
   ④ 일부 문항에서는 의미가 불분명한 질문이 있다.
   ⑤ 둘 이상의 척도에서 중복 채점되는 문항이 많아 척도의 고유한 가치를 인정하기 어려운 부분이 있다.

(5) 이러한 문제점을 보완하여 검사의 임상적 타당도와 유용성을 높이기 위해 KPI-C를 부분적으로 수정하여 한국 아동인성평정 척도(KPRC)가 개발되었다.

〈KPI-C와 KPRC의 비교〉

구분		KPI-C 2011 기출	KPRC
척도 수		16개	15개
문항 수		255문항	177문항
대상 연령		4~15세	3~17세
응답 방법		2점 척도	4점 척도
개선점		자폐증 척도(AUT)는 자폐증을 진단하고 감별하는 척도라기보다는 사회적 관계에서 소외된 정도를 측정하는 척도로 나타남	자폐증 척도를 제외시킨 대신 사회관계척도를 보완, 수정
		임상척도 변별 문항 부족	중복문항을 줄이고, 변별력 있는 문항을 추가함. 구체적인 의미표현
		실시 시간이 길었음	문항 단축으로 실시 시간을 줄임
		해석적 의미가 불분명하거나 중의적 문항이 존재	문항 삭제 또는 수정하여 척도 해석의 명료화
		2점 척도의 단순성	4점 척도의 평가로 명료화. 원점수 폭 감소효과 상쇄

(6) KPRC는 아동들이 심리적 문제를 의미하는 문항을 충분히 이해하지 못하고 부모가 아동을 정확하게 보고할 수 있다는 입장에서 **부모가 응답하도록 되어 있는** 검사이다.

(7) KPRC는 아동에게서 나타날 수 있는 **여러 가지 병리적 측면을 측정하기 위한 11개의 임상척도뿐만 아니라 정신병리에 대한 저항력과 스트레스에 대한 적응잠재력을 측정하기 위한 자아탄력성 척도(ERS)가 구성되어** 있어서 치료 장면에서의 선별 진단뿐만 아니라 학교장면에서 심리적 도움을 필요로 하는 아동을 조기에 발견하여 1차적 예방을 위한 프로그램을 수립하는 데 도움이 된다.

(8) KPRC 프로파일은 발달, 정서, 행동, 대인관계 및 현실접촉의 영역에서 아동의 현재 위치를 표준점수로 나타내므로 아동의 문제를 포괄적으로 평가할 수 있다.

2 검사대상 및 목적

KPRC는 3~17세 아동 청소년을 대상으로 인지와 정서 및 행동 특성을 포괄적으로 평가할 수 있는 검사도구이다.

3 KPRC의 구성 및 내용

척도명		내용
타당성 척도	허구(L)	일반적으로 아동에게 흔히 나타나는 문제행동을 부정하고 아주 바람직한 방향으로 기술하려는 보호자의 방어적인 태도를 측정
	빈도(F)	의도적이거나 비의도적인 증상의 과장이나 무선반응과 같은 일탈된 반응태세를 가려내기 위한 척도
자아탄력성척도(ERS)		여러 가지 심리적 문제에 대한 아동의 대처능력이나 적응잠재력을 측정
임상 척도	언어발달(VDL)	언어적 능력에서 발달의 지체나 기능상의 손상을 측정
	운동발달(PDL)	정신운동기능이나 동작성 능력에서 발달의 지체나 기능상의 손상을 측정
	불안(ANX)	자연현상이나 동물, 대인관계, 사회관계에서의 두려움이나 불안, 긴장을 측정
	우울(DEP)	우울한 기분, 자신감의 결여, 활동성의 저하, 가정불화, 흥미감소, 사회적 철회 등 우울과 관련된 특징을 측정
	신체화(SOM)	심리적인 문제를 신체증상으로 나타내는 신체화의 경향을 측정
	비행(DLQ)	반항과 불복종, 공격성과 적대감, 거짓말, 도벽 등 비행이나 품행의 문제를 측정
	과잉행동(HPR)	주의산만, 과잉행동, 충동성과 이에 수반되는 문제 등을 측정하는 문항으로 구성되어 있으며 ADHD 아동을 가려내기 위한 척도
	가족관계(FAM)	가족 내의 역동이 아동의 부적응이나 정신병리에 영향을 미치는 정도를 평가하기 위해 가정불화와 가정 내의 긴장, 부모와 자녀의 관계, 부부관계의 위기, 자녀에 대한 무관심 등을 측정
	사회관계(SOC)	또래관계나 어른들과의 관계 등 아동의 사회관계에서의 어려움을 측정하기 위해 또래관계에서의 소외, 리더십과 자신감의 부재, 제한된 인내력과 포용력 등을 측정
	정신증(PSY)	상동적 행동, 부적절하고 특이한 언행, 망상과 환각, 비현실감 등 언어, 사고, 행동에서의 특이함이나 현실접촉의 어려움을 측정하는 문항으로 구성되어 있으며, 정신병적 증상이 있는 아동을 가려내기 위한 척도

11 BGT 검사

1 BGT의 역사적 배경

1) BGT(Bender-Gestalt Test, 벤더도형검사)는 독일의 형태주의 심리학자인 베르트하이머(Max Wertheimer)와 형태의 인식과 성격의 내적 관계를 연구했던 쉬들러(Schidler)로부터 출발한다.
2) 이에 관심을 가졌던 그의 아내 로레타 벤더(Lauretta A. Bender)는 베르트하이머(Wertheimer)가 연구에 사용하였던 원래 자극도형 중에서 일부를 응용하여 이 도형과 정신병리와의 관계를 연구했다.
3) BGT검사가 진단검사로서 인정을 받게 된 계기는 제2차 세계대전이 발발하면서 다양한 문화배경에서 징집된 군인들을 진단할 필요가 생기면서부터이다. BGT는 이 검사 하나만으로 진단하기는 어려우며 여러 검사를 종합적으로 실시하는 가운데 하나의 검사로서 쓰여져야 한다.
4) 벤더가 선택한 도형은 9개이며 처음 도형을 만들 때는 손으로 그려진 것이었으나 허트(Hutt)는 의학적으로 적용하기 위해 이를 인쇄하게 되었다.

2 BGT 검사의 목적 및 특징 📖 2010, 2011 기출

1) BGT가 처음에 많이 사용되고 소개되었던 것은 시각-운동적 성숙과 기질적 장애를 판별하려는 목적이다.
2) 9매의 간단한 기하학적 도형으로 구성되어 있으며 이 도형을 피검자에게 한 장씩 보여주고(시각적), 그것을 종이 위에 그리도록 한 다음(운동기능), 그 결과에 대해 형태 심리학의 이론에 기초하여 개인의 심리적 과정을 분석하고 해석한다.
3) 뇌손상 이외에 정신증이나 정신지체 그 밖에 성격적인 문제를 진단하는 데에도 적용될 수 있다. 이러한 목적이라면 검사를 모사하는 단계만으로 충분하다. 이 단계만 실시한다면 10분 정도만 소요되고 기질성 장애(OBS)에 80~85%는 정확하게 진단할 수 있다.
4) 정신병리 17개 요인들을 통해 현실검증력, 충동성 여부, 정신적 특징과 같은 개인의 성격적인 부분들을 알아낼 수 있다.
5) 행동상의 미성숙을 검사하며, 비교적 쉬운 투사검사이다.
6) 대상지각의 통일성과 전체성 및 역동성을 강조하는 형태심리학과 역동심리학의 이론을 근거로 하여 개인의 심리적 과정 분석한다.
7) 최근에는 기질적 뇌손상, 정신병리 혹은 인성기능으로서 반응상의 체계적인 차이에 보다 강조를 두면서 해석한다.

3 BGT의 역할

1) 시지각-운동검사인 BGT는 시지각-운동의 성숙수준, 정서적인 상태, 갈등의 영역, 행동통제의 특성 등이 드러난다.
2) 어떤 경우에는 지각-운동적 행동 특성들은 언어로는 방어할지도 모르는 대응특성을 드러낸다는 점에서 언어로 표현해야 하는 검사에서 발견하지 못하는 면들을 평가하는 데 도움이 될 수 있다.

4 도판의 내용

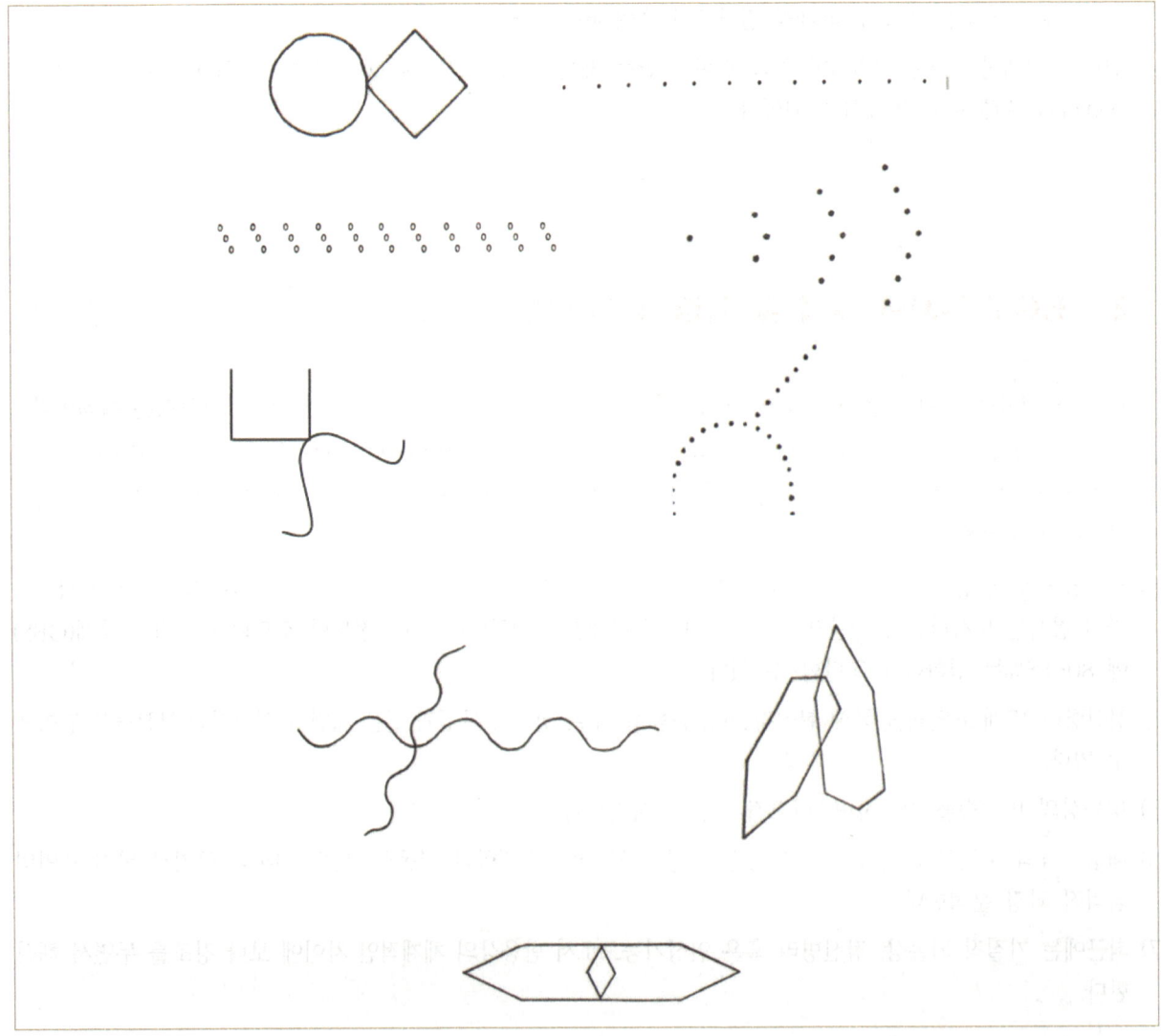

5 검사실시 방법

1 준비물

BGT카드(9), 모사할 A4용지 여러 장, 지우개, HB연필

2 실시지침

(1) 자극카드가 보이지 않게 차례로 엎어두고 A도형부터 차례로 도형 8까지 제시한다.
(2) 모사용지는 여러 장을 준비해 피검자가 원하면 더 사용할 수 있다.
(3) 모사용지는 세로로 제시한다.
(4) 모사 시 보조도구 사용은 금한다.
(5) "여기에 몇 장의 카드가 있습니다. 당신이 보이는 대로 이것을 그리세요."라고 말을 하고, 제시 내용에 외의 질문에는 "마음대로 해도 됩니다"라고 반응한다.
(6) 전체 반응을 측정할 수 있으며 이를 임상적 평가에 활용한다.

3 일반적인 실시 방법

(1) 이하 제시되는 6가지 방법들은 필요에 따라서 임의로 채택되어 쓰이게 된다.
(2) 일반적으로 심리적인 문제를 가진 피검자에게는 '모사' 단계를 기본으로 하면서 변용묘사 단계, 연상 단계를 조합하여 사용한다. 변용 묘사 단계(정교화 단계)와 연상 단계에서 피검자의 성격적 특성과 역동적인 면에 대해서 많은 정보를 얻을 수 있다.
(3) 기질적인 손상이 의심되는 피검자들에게는 순간노출 단계를 먼저 실시한 뒤 모사 단계, 회상 단계의 순으로 실시한다.
(4) 모사단계(copy phase)
  ① 피검자에게 모사할 용지, 연필, 지우개를 주고 9매의 BGT 카드를 책상 위에 엎어둔 뒤 다음과 같이 지시한다.

> **+ 모사단계의 지시문**
>
> "(카드를 가리키면서) 지금부터 이 카드를 한 번에 한 장씩 보여드리겠습니다. 각 카드에는 간단한 그림이 있습니다. 그림을 보고 종이에 그대로 따라서 그리십시오. 빨리 그리든 천천히 그리든 상관없습니다. 이 검사는 미술능력의 검사는 아니지만 될 수 있는 대로 정확하게 그리십시오."

  ② 검사자는 기본적 지시 후, 어떤 질문이 나오든 이상의 지시 범위 내에서 답변하여야 하고 검사 방법에 대한 어떤 시사도 주어서는 안 된다. 질문이 나오면 "좋을 대로 하십시오."라고만 대답한다.

③ 검사 실시과정에서 피검자의 주목해야 할 행동

〈허트(Hutt)가 제시하는 피검자의 주목해야 할 행동〉
- 사전 계획을 하는가? 또는 충동적으로 빨리 그리는가?
- 점 등을 세는가, 아니면 되는 대로 그리는가?
- 자주 지우는가? 만약 지운다면 어느 도형 또는 어떤 부분에서 가장 곤란을 느끼고 있는가?
- 도형의 어느 부분을 먼저 그리기 시작하는가?
- 도형을 어떤 방향으로 그려 나가는가? 위에서 아래로 그리는가? 안에서 밖으로 그려 나가는가?
- 스케치하는 식으로 그리는가?

④ 허트(Hutt)의 채점체계에서는 시간요인이 중요하지 않으나, 지나치게 길거나 짧은 반응시간에 대해 주의깊게 검토해 보아야 한다고 보았다.

- 지나치게 긴 반응시간: 정신 운동 속도의 지연, 여러 가지 정신적 문제 반영
- 지나치게 빠른 반응시간: 불안, 회피, 강한 반항적 경향

(5) 변용묘사단계(Elaboration phase)
① 내담자가 원하는 방식으로 고쳐서 마음에 들도록 그린다.
② 변용묘사단계는 BGT를 투사적 검사로 활용할 수 있는 단계다. 원자극 도형을 변형시키는 과정을 통해 피검자의 내부적인 욕구나 갈등, 정서 등을 투사하게 한다. 이를 통해 피검자의 독특한 심리적 특성이 드러난다.
③ 모사 단계가 끝나면 피검자가 그린 그림을 치운 뒤, 새 용지를 피검자 앞에 놓고 다음과 같이 지시한다.

+ 변용모사단계의 지시문
"이제 이 카드의 그림들에 대해서 다른 것을 해보도록 합시다. 이번에는 이 그림들을 어떤 방식으로든 하고 싶은 대로 고쳐서 그려 보세요. 그림 모양은 어떤 모양으로 바꾸든 상관없고, 단지 당신의 마음에 들도록 그리면 됩니다. 무슨 말인지 이해하시겠죠?"

④ 이러한 지시를 한 다음 각 도형을 순서대로 다시 제시하면서 "이것을 당신 마음에 들도록 마음대로 고쳐 그려 보세요."라고 다시 말한다. 만일 피검자가 그대로 좋다고 하면 "좋습니다. 그러면 있는 그대로 다시 한 번 그려 보세요."라고 말한다.

(6) 연합(상)단계(Association phase)
: 변용 묘사 단계에서 그린 그림에 대해 연상을 해보도록 하는 것이다. 이는 피검자의 성격적 특성과 역동적인 면에 대해 많은 정보를 얻을 수 있다.

+ 연상단계의 지시문
"자, 당신이 다시 그린 도형을 보십시오. 이 그림이 무엇처럼 보입니까? 그리고 무슨 생각이 듭니까?"

(7) 순간 노출법
① 뇌장애가 의심스러울 때 자극 도형을 노출하는 데 시간차를 두는 것을 제외하고는 모사 단계와 별 차이가 없다.
② 아래와 같이 지시한 다음, 도형 A를 5초 동안 보여주고 치운 뒤 피검자에게 이를 그려 보게 한다. 이러한 방식으로 9장의 도형을 다 그리게 하면 된다.
③ 이 방법은 주로 기질적인 환자를 감별하는 기능을 하나, 이 방법만으로는 완전하지 못하므로 보충적인 자료로만 활용해야 할 것이다.

> **+ 순간노출법의 지시문**
> "당신에게 몇 장의 카드를 보여드리겠습니다. 그 카드에는 어떤 그림이 그려져 있습니다. 그런데 이 카드들을 몇 초 동안만 보여드리고 치울 테니 그림을 잘 기억해 두었다가 그리시면 됩니다. 아시겠습니까?"

(8) 한계음미(testing the limits phase)
① 모사단계에서 얻어지는 정보가 모호하여 확증을 얻기 어려울 때 관련 도형을 재모사하도록 하여 정확한 정보를 얻으려는 목적에서 시행한다.

> **+ 한계음미의 예**
> 모사 단계에서 도형의 일탈이 나타나서 뇌기능 장애가 의심되는 경우에, 여기서 나타난 단서가 어느 정도로 신뢰로운지, 일반적인 실수로 나타난 것은 아닌지에 대한 의문이 제기된다. 이때 한계 음미를 해보면, 기질적 장애가 있는 경우에는 도형의 일탈을 수정하지 못하며, 정서 장애를 가지고 있는 경우에는 약간의 주의를 두면 수정이 가능하다. 만약 피검자가 자발적으로 수정을 할 수 있었다면 뇌기능 장애의 가능성은 일단 약화시켜 생각할 수 있다. 아동의 경우에는 각각 운동 기능의 미성숙으로 인해서 묘사에 일탈이 일어날 수 있다.

(9) 회상법(Recall phase)
① 기질성환자와 그렇지 않은 환자 변별. 이것은 모사 단계에서 그린 그림을 기억해서 다시 그리게 하는 것이다.
② 즉 기억과 관련된 손상을 보는 것으로, 카드는 보여주지 않고 지금까지 보았던 도형을 기억해서 기억나는 것을 모두 그리라고 한다.

4 채점항목(scoring item)

(1) 배열순서, 도형A의 위치, 공간사용, 중첩, 용지회전, 폐쇄곤란, 교차곤란, 곡선곤란, 각의 변화, 지각적 회전, 퇴영, 단순화, 단편화, 중복곤란, 정교화, 고집화, 재묘사.
(2) 오류 수준에 따라 1.0~10.0의 점수를 매김.

6 BGT는 어떤 사람에게 유용한가

1) 언어적 방어가 심한 사람
2) 문화나 언어적 배경을 넘어 사용
3) 뇌손상 여부가 의심스러운 사람
4) 정신지체를 좀더 정확히 진단할 때
5) 완충검사로 피검사와 검사자 간 라포형성

7. 검사 진행자가 알아두어야 할 사항

1) 종이사용은 자유롭게 놓아둠 → 1장을 사용하든 여러 장을 사용하든 용지의 어떤 부분을 사용하든 전체를 사용하든 전적으로 피검자가 선택하도록 하여야 한다.
2) "카드는 이 정도입니다."라고 말하면서 보여줌 → 징 수를 말하지 말고 손에 쥐고 있거나 놓아둔 카드더미를 보여 주기만 해야 한다.
3) 종이는 세로로 제시. → 세로로 제시한 종이를 가로로 놓고 그리려 한다면 한번은 세로로 놓아주고 "이렇게 놓고 그려라"라고 하나 그 이상은 고쳐 주지 않는다.
4) 연필과 지우개 사용에 관한 것 → 연필심은 중간 정도의 부드러운 것으로 택하여 필압이 어떤지를 잘 관찰하여 나중에 검사를 해석할 때 자료로 사용해야 할 것이다. 지우개를 사용하는 것은 피검자의 자유이며 이에 대한 것도 관찰하여 기록해 둠으로써 검사 해석에 보조적 자료로 사용할 수 있다.
5) 검사 진행시 피검사의 검사 행동은 상당히 중요한 정보이므로 피검자의 검사 행동을 주의 깊게 관찰하여 잘 기록해 놓고 중간중간 피검자의 질문이나 말도 기록해 놓아 검사 해석시에 적용한다.

8. 피검자의 관찰해야할 사항들

1) 계획을 세워 그리는지 충동적으로 그리는지
2) 그림의 점, 곡선 수, 각의 수를 세는지 아무렇게나 하는지
3) 종종 지우는지 그렇지 않은지, 어떤 도형을 그리기 어려워하는지
4) 도형을 처음 그리기 시작하는 부분이 어디인지
5) 도형을 그리는 방향이 위에서 아래로인지 혹은 반대로인지
6) 시간은 너무 지연될 때만 기록, 뇌손상이나 강박적일 경우가 많이 지연된다.

9 BGT의 해석

1 조직화

배열순서	도형A의 위치	공간사용	그림의 중첩	가장자리의 사용
• 조직적, 계획적 태도와 기능을 반영 • 대체로 왼쪽에서 오른쪽, 위에서 아래로 배열, 왼손잡이가 아닌지 확인 • 아주 정확한 순서로 도형 배열 : 강박적 • 아주 혼란: 불안신경증이 강한 사람, 흥분성 정신분열증 환자 • 줄을 질서있게 그리다가 갑자기 한 여백에 집중적으로 혼란된 순서로 그림: 욕구좌절에 대한 인내심이 약하거나 잠재적인 불안, 우유부단, 과도한 엄격성, 깅빅직인 의심 • 오른쪽에서 왼쪽으로: 소극적 또는 반항적인 인성 • 2매 이상의 용지 사용: 일단 정상 아님, 충동적, 정신병환자, 자기중심적인 사람, 조증환자, 과대망상적 분열성 환자	• 검사상황과 생활공간에 대한 개인의 방향을 의미 • 용지의 가장자리에서 2.54cm 이내에 있는 경우 정상 • 용지의 좌측이나 우측하단 모서리에 작게 그림: 비정상적인 인성적응, 정신분열증, 심한 불안신경증적 상태, 극단적인 편집증 • 극단적으로 상단좌측 모서리에 작게 그림. 소심하거나 겁이 많은 사람. • 중앙에 배치하며 크게 그리고 도형 하나에 1매 용지: 자기애적, 자기중심적인 성격	• 연속적인 도형 간의 공간이 앞 도형의 크기보다 1/2 이상 떨어져 있거나 1/4이내 좁으면 비정상임 • 연속적인 도형 간의 공간이 지나치게 큼: 적대적, 과장적, 독단적인 성격 • 그림 사이 공간이 아주 좁으면: 수동적, 퇴영적 행동 및 분열성적인 경향 • 활동성편집증 성인은 작게 그리며 공간사용이 크고 일부 위치만 사용한다고 언급, 정신병자는 그림 사이에 공간이 많다.	• 개인의 현재 자아강도의 지표, 자아통제의 결핍 • 이 현상은 뇌손상이 없더라도 사전계획의 빈약성과 도형-바탕 관계의 곤란 및 극단적인 충동성을 반영한다고 가정, 임상적 의미가 크다. • 중첩경향: 7세 이하의 어린 아동에서 비교적 쉽게 관찰, 말초신경계장애와 근육장애, 사전계획의 빈약성, 극단적인 충동성	• 비정상은 가장자리의 1.27cm이내 7개 이상 도형배치 • 내재적 불안, 편집증적 상태, 외부의 도움을 받아 자아통제를 유지해 보려는 시도, 기질적 뇌장애
				용지회전
				• 수직위치에서 수평위치로 검사용지 회전 • 환자의 제멋대로 하려는 성향, 심술궂음, 잠재적 또는 외현적인 소극적 저항성질 • 심한 불안이나 경조병인 경우 각 도형을 그릴 때마다 용지 위치 바꿈.

2 크기

전체적으로 그림이 크거나 작은 그림	점진적으로 커지는 그림과 작아지는 그림	고립된 큰 그림과 작은 그림
• 그림의 크기가 극단적으로 크면: 독단적이며, 반항적이며, 자아 중심적 행동 • 그림의 크기가 극단적으로 작으면: 두려워하고 내현적인 적대적 행동양식, 수동적이며 금지적 양상	• 6개 이상의 도형 • 점진적으로 커짐: 성급한 자아통제 결여, 충동적인 행동표출 • 점진적으로 작아짐: 금지적이며, 억압된 반응	• 한 도형의 일부가 상대적으로 아주 크거나 작은 것(1/3) 또는 다른 도형에 비해 한 도형이 아주 크거나 작은 것(1/4) • 크기의 감소: 억압적 책략

3 형태변화

폐쇄곤란	교차곤란	곡선모사곤란	각의 변화
• 한 도형 내 부분을 접촉시키는 네 곤란한 경우 • 적절한 인간관계 유지 곤란 • 접촉점의 한 부분이 다른 부분 안으로 침입하여 중첩되면 상당히 수동적, 의존적 욕구 • 심한 정신 병리나 대인관계의 문제와 관련 있는 정서적 문제	• 도형 6,7에서의 교차곤란(교차점에서 다시 그린다든지 스케치한다든지, 지운다든지, 지나치게 꼭 눌러 그린다든지) • 심리적 차단의 지표, 우유부단성 강박적 의심과 공포 등과 관련 • 대인관계 곤란	• 도형 4, 5, 6에서 곡선 성질 변화된 것 • 정서적 혼란 밝혀주는 데 예민한 지표 • 곡선의 진폭이 커졌을 때: 정서적으로 지나치게 능동적, 정서적으로 민감 • 곡선의 진폭이 작을 때: 정서적으로 수동적 반응, 우울성향 • 곡선의 불규칙성: 정서적 행동의 불규칙성 • 곡선 왜곡은 충동성과 관련 • 곡선을 축소하거나 단조롭게 그림: 욕구좌절인내심이 낮고 충동적으로 급히 서둘러 묘사한 사람들	• 도형 2, 3, 4, 5, 6, 7의 각도가 15도 이상 커지거나 작음 • 정서적 통제나 충동성의 통제와 관련 • 각을 부정확하게 그리면, 기질적인 뇌장애, 정신박약

4 형태의 왜곡과 관련된 요인: 심한 정신병리의 지표

지각상 회전	• 도형의 주된 축이 회전된 것 • 심한 회전: 다른 명백한 요인이 없으면 자아기능수행에 심한 장애, 반항적 경향성 • 성인의 경우, 시계방향으로의 경미한 회전은 우울반응, 시계반대 방향의 회전은 반항적 경향 • 회전의 오류를 알고 있는 자는 지각영역에서 전환곤란을 나타내는 것이며, 알지 못하는 자는 퇴행적 정신병 환자와 기질적 환자
퇴영 (retrogression)	• 도형을 아주 유치한 형태로 묘사, 점 대신 봉선을 그리거나, 원을 고리모양으로 그리거나 충동적으로 그림. • 외상에 대한 비교적 심하고도 만성적인 방어 상태, 자아통합과 자아기능수행의 실패 • 성격의 와해나 만성적인 갈등의 부적절한 보상, 심한 불안
단순화	• 점의 수를 감소하거나, 곡선의 수 감소 • 과제를 완수하거나 사태를 다루는데 필요한 에너지 소비의 감소를 나타내며, 충동통제의 곤란과 관련. 외적 대상이나 사물에 대한 주의집중력 감소 • 충분히 사용하지 않으려는 경향일수도 있음(꾀부림)
단편화	• 도형을 분명히 완성치 못함. 형태가 결합되어 있고 부분 부분이 떨어져 있음. • 지각-운동기능수행에 심한 장애가 있음을 반영 • 추상능력과 통합능력의 저하와 관련이 있음
중복의 곤란	• 도형 A, 4, 6, 7의 두 부분을 겹치는 것이 잘 안 됨 • 기질적 장애, 산만한 뇌장애와 관련
정교화 또는 조합	• 너무 정교(선이나 곡선을 더 그림으로서 형태 변화)하거나 낙서하듯 되는 대로 그림. • 흥분된 환자, 충동통제의 문제나 강한 외현적 불안과 관련 • 정박아나 기질적 환자
고집화	• 앞도형의 요소가 뒷도형에 이용되는 고집경향(도형 1에서 사용된 점이 도형 2에서 원 대신 점으로 그대로 사용) 한 도형에서 원하는 이상으로 그려 나가는 고집경향(도형1에서 12개 점 대신 14개) • 장면 변화 능력의 부족, 이미 설정된 장면을 유지하려는 경향 • 자발적인 자아통제 내지 적응적 자아통제가 상당히 저하 • 현실 검증력의 저하 • 경미한 고착화: 도형묘사의 부주의성의 정도 • 심한 고착화: 기질적 환자와 악성정신분열증 환자
도형의 재모사	• 첫 모사시도도 완전히 지워지지 않고 그대로 있거나 줄을 그어 지워 버리거나 한 도형을 다시 그리는 것 • 적절한 사전 계획력의 부족, 자기 비판적 태도 • 한 번 발생은 현재의 높은 불안도만 나타냄

5 선의 질

(1) **선이 떨리는 것**: 운동통제가 어렵고, 높은 불안이나 신경증적 문제
(2) **굵은 선**: 외부로 향한 불안의 표현
(3) **가는 선**: 내재된 불안, 금지된 표현을 시사
(4) **스케치**: 부적절감을 갖고 어떤 보상을 하려는 시도

[2011년 기출]

〈보기〉에서 BGT, 로르샤흐검사(Rorschach Test), TAT의 특징을 골라 바르게 연결하시오.

─────────〈보기〉─────────
ㄱ. 피검자에게 9매의 카드를 정해진 순서대로 한 장씩 제시한다.
ㄴ. 피검자에게 10매의 카드를 카드에 새겨진 순서에 따라 한 장씩 제시한다.
ㄷ. 피검자의 성과 연령에 따라 선정된 20매의 카드를 10매씩 2회로 나누어 실시한다.
ㄹ. 이야기 속에 투사된 주인공의 욕구와 환경자극 압력의 관계를 파악함으로써 피검자 성격의 내용과 구조를 분석, 진단한다.
ㅁ. 지적능력 수준, 정서안정성, 환경적응성, 욕구·충동 억제 및 통제력, 대인관계, 내향-외향성, 비행·일탈 가능성 등을 종합적으로 해석, 진단한다.
ㅂ. 모사된 각 도형의 채점 항목에 따라 총점을 산출하여 피검자의 발달 수준을 알아보고, 도형의 배치와 형태를 중심으로 정서적 지표를 분석, 진단한다.

• BGT: _____
• 로르샤흐: _____
• TAT: _____

10 BGT-Ⅱ

1 검사 개관

(1) 벤더-게슈탈트 검사 2판(Bender Visual-Moter Gestalt Test 2nd ED.; Bender-Gestalt Ⅱ; BGT-Ⅱ)은 4세 아동부터 85세 이상까지 성인의 시각-운동 통합 기술을 측정한다. BGT-Ⅱ은 초판 벤더-게슈탈트 검사(Bender Gestalt Test; Bender, 1938)가 개발된 이후로 지난 60년간 동시대의 검사 구성 방법(예를 들어 Rasch modeling)과 교육 및 심리검사의 최신 규준을 반영하여 개발되었다.
(2) BGT-Ⅱ는 BGT의 9개 도형을 그대로 활용하였다. 이 9개 도형은 교육학적, 심리학적, 신경심리학적 평가에서 유용성이 입증되어 왔다.
  ① BGT-Ⅱ에서는 보다 넓은 범위의 대상자에 대한 평가를 위해 새로 7개 도형이 추가되었다.
  ② 새로운 7개 도형 중 4개는 4-7세 11개월에서만 사용하고, 나머지 3개의 도형은 8-85세(및 그 이상의 연령)에서 사용한다.

(3) 검사의 임상적 가치를 확장하기 위해 회상단계와 보충검사인 운동 검사(Moter Test)와 지각검사(Perception Test)가 추가되었다.

2 BGT-II의 새로운 특징

(1) 개정판에서 가장 중요한 특성은 회상 절차(recall proccdure)가 포함된 점이다.
(2) 또한, 많은 BGT 사용자들이 관련 정보 및 행동관찰을 기록하는 양식을 필요로 했기 때문에 관찰 양식(observation form)이 개발되었다.
(3) 단순 운동 능력과 지각 능력을 보다 정교하게 측정하고 보다 통제된 상태에서 수검자를 관찰하며 운동 및 지각 수행을 추가적으로 평가하기 위해 두 가지의 보충검사(운동검사와 지각검사)가 새롭게 개발되었다.
(4) 마지막으로 BGT-II에서 모사된 도형의 전체적 질을 평가하기 위해 양적 채점체계가 개발되었다.

(5) 회상 단계
Tolor와 Brannigan(1980)의 연구에서 수검자가 도형을 기억해서 그리도록 하는 회상 단계는 임상적으로 매우 유용한 것으로 밝혀졌다. 이러한 이유로 BGT-II의 표준화에 회상 단계가 포함되었다.

(6) 관찰 양식
검사를 실시하는 동안 기록된 관련 정보와 행동 관찰은 검사를 해석하고 보고서를 기술하는 데 유용한 정보를 제공한다. 관찰 양식은 이러한 특성을 통합하고 BGT-II 사용의 범위를 확장하기 위해 고안된 것이다.

(7) 운동검사와 지각검사
보충검사를 표준화하기에 앞서 여러 가지 문제를 고려하여 몇 가지 목표를 설정했다.
① 첫째, 검사는 주로 운동 요인과 지각 요인으로 구성되어야 하며, 다른 능력 요인(예를 들어 기억, 추론 등)은 최소화되어야 한다.
② 둘째, 검사는 유아기에는 정체되어 있지만 초기 아동기에는 빠르게 증가하는 능력을 측정해야 한다.
③ 셋째, 검사는 BGT-II의 그림 과제(drawing task)보다 더 쉽고 좁은 능력을 평가해야 한다.
④ 개발 과정에서 지각 및 운동 능력에 관한 전문가가 보충검사들을 재검토하였다. 본질적으로 운동검사와 지각검사는 운동 기술과 지각 기술의 결함을 탐지하기 위해 고안되었으며, 이러한 영역에서의 결함은 BGT-II의 수행에 부정적인 영향을 미친다. 보충검사로부터 얻어진 정보는 운동, 지각, 통합 기술과 관련된 문제를 감별 진단하는 데 도움을 준다.

(8) 양적 채점체계
① BGT-II의 양적 채점체계(Global Scoring System)는 질적 채점체계를 사용하기 위해 만든 것이다.
② 이 채점체계는 각 문항에 대해 5점 평정척도(0-4점)로 채점하고, 각 문항의 점수를 산출하여 검사의 총점을 구한다(총점의 범위는 8세 미만에서 0-52점이며, 8세 이상에서는 0-48점이다).
③ 자세한 채점 기준은 다음과 같다.

```
0 = 전혀 유사하지 않음, 마구잡이로 그림, 낙서, 알아볼 수 없는 도형
1 = 약간-애매하게 유사함
2 = 보통-중간 정도로 유사함
3 = 상당히-아주 비슷함, 정확하게 재생함
4 = 거의 완벽함
```

3 검사 구성 및 실시절차

(1) 개요

① 벤더-게슈탈트 Ⅱ(Bender Visual-Moter Gestalt Test 2판; Bender-Gestalt Ⅱ; BGT-Ⅱ)는 16개의 자극 카드와 관찰 양식으로 구성된다. 운동검사와 지각검사의 수행을 평가하기 위해 BGT-Ⅱ에 추가된 보충검사이다.

② BGT-Ⅱ의 실시는 두 단계(모사 단계, 회상 단계)로 구성된다.
  ㉠ 수검자는 각기 다른 도형으로 구성된 자극 카드를 보게 된다.
  ㉡ 모사 단계에서 수검자는 빈 종이에 각 도형을 모사하도록 요청받는다.
  ㉢ 회상 단계에서는 수검자는 기억을 더듬어 앞서 그렸던 도형을 다시 그리도록 요청받는다.
  ㉣ 검사에서 시간 제한은 없지만 검사자는 수검자가 도형을 재생하는 데 얼마의 시간이 걸렸는지 시간을 측정한다.
  ㉤ 아래 표에 연령별 표준적 시작 및 종료 문항이 제시되어 있다.

4세-성인의 시작 및 종료 문항		
연령	시작 문항	종료 문항
4-7세 11개월	1	13
8세 이상	5	16

③ 관찰 양식은 수검자의 수행시간과 검사 수행 시 보이는 다양한 유형의 태도를 기록하도록 되어 있다.

④ 보충검사(운동검사와 지각검사)는 특정한 운동 능력과 지각 능력을 간단하게 선별하기(screening) 위해 제공된다. 이 보충검사는 운동이나 지각 결함을 발견하여 이로 인해 BGT-Ⅱ 모사 단계와 회상 단계에서 보이는 낮은 수행에 대한 이해를 위해 실시한다. 보충검사는 반드시 회상 단계 이후에 실시해야 한다.

(2) 검사 도구

① BGT-Ⅱ를 실시하기 위해서는 검사자 지침서, 자극 카드 세트, 관찰 양식, 운동검사, 보충검사가 필요하다.

② 지우개가 있는 연필 2개와 각 검사를 실시할 수 있게 최소 10장의 빈 종이(검사용지), 초시계가 필요하다. 이는 검사키트(test kit)에 포함되지 않는다.

(3) 관찰 양식 개요

BGT-Ⅱ 관찰 양식은 검사를 실시하고 수행하는 동안 사용된다. 양식에는 수검자 정보와 5개의 관찰 영역이 있다. "요약" 부분은 검사가 끝나고 원점수와 수검자의 수행에 관한 평가 등을 종합하여 작성한다. 관찰 양식에 관한 간단한 설명이 아래에 제시되어 있다.

[수검자 정보]

이 영역은 관찰 양식의 첫 번째 장의 제일 상단에 위치해 있다. 여기에는 수검자 및 검사자의 이름을 기록하고 수검자의 손잡이와 성별을 체크하며, 검사를 실시하는 동안 검사용지(자극을 그리는 종이)를 어느 방향으로 두었는지를 표시한다.

I. 신체적 관찰

이 영역은 BGT-II 실시과정에서 수검자의 수행에 방해가 될 수 있는 관찰 가능한 요인을 기록한다. 이러한 요인에는 감각적 및 운동적 경험이나 제한 등이 주로 포함될 수 있다.

II. 검사 수행(test-taking) 중 관찰

부주의, 무관심, 주의산만은 BGT-II 수행에 영향을 미칠 수 있다. "검사수행 중 관찰" 영역에서는 수검자가 그린 도형만 보아서는 알 수 없는 검사수행에 대한 정보를 행동 목록으로 제공한다. 이 행동들은 어떤 문항에서든 적용이 가능하다. 만일 수검자가 적어도 2개의 문항에서 이 목록에 있는 행동을 보인다면, 해당 행동목록 앞에 있는 체크박스에 체크한다. 제시된 행동 목록에는 없지만 검사수행에 영향을 미칠 수 있는 특이하고 독특한 행동이 있다면 기타 영역에 기술한다.

III. 모사의 관찰

이 영역에서는 각 문항에서 과제에 대한 수검자의 접근에 대해 주의깊게 기록한다. 잠재적으로 임상적인 관련이 있다면 어떤 것이든 명시한다. 아래 그림은 5번 문항에서 수검자가 그린 그림을 어떻게 기록하는지의 예시이다. 먼저 원을 시계방향으로 그리고 나서 사각형을 두 부분으로 나누어 그렸다. 사각형의 위쪽 두 면을 먼저 그리고 아래쪽 두 면을 나중에 그렸으며, 각 면은 원과 맞닿은 지점에서 대각선으로 그렸다. 도형을 그리는 과정을 기록하는 것은 검사를 수행한 후 해석할 때 도움이 된다. 수검자의 수행과 관련된 어떤 행동이라고 각 도형 아래에 있는 "의견(comments)" 영역에 기록한다.

IV. 회상

이 영역은 수검자가 이전에 그렸던 도형을 다시 기억해내는 동안 걸린 시간과 회상해낸 도형의 순서를 기록한다. 시간은 분과 초 단위로 기록한다. 수검자가 회상 단계를 수행하는 동안 수행에 영향을 줄 수 있는 행동들은 "의견" 영역에 기록한다.

V. 요약

"요약" 영역은 검사를 실시하는 동안 수집된 정보들을 전체적으로 고려하여 작성한다. 이 영역에는 수검자의 연령, 모사 및 회상 소요 시간, 원점수, 표준점수, 백분위, 기타 점수들이 기재된다. 또한 보충검사의 점수 및 백분위가 기재되며, 수검자가 검사를 실시하는 동안 보인 의미있는 관찰 사항들도 이 영역에 포함된다. 수검자가 검사를 수행하는 동안 보인 행동뿐만 아니라 전반적인 임상적 인상도 이 영역에 기록된다.

(4) BGT-II 실시 절차

① 검사를 시작하기에 앞서 자극 카드가 올바른 실시순서로 정리되어 있는지 확인한다.
   ㉠ 첫 번째로 실시할 카드가 카드들의 가장 상단에 올라오도록 하며, 가장 마지막에 실시할 카드는 카드들의 맨 아래쪽에 둔다.
   ㉡ 카드들은 도형이 인쇄되어 있는 쪽을 책상 위에 엎어두고, 도형의 번호가 있는 쪽을 보이도록 한다.
   ㉢ 해당 카드를 실시할 때까지 도형이 수검자에게 보이지 않도록 한다.
② 검사 장소는 조명이 밝아야 하며, 책상과 두 개의 의자를 준비해야 한다. 책상은 표면이 부드럽고 수검자가 느끼기에 편안한 높이여야 한다. 의자는 수검자의 발이 편안하게 바닥에 닿는 정도의 높이여야 한다. 검사자는 가급적 수검자와 마주 보는 위치에 앉는다.
③ 연필과 검사용지는 하나씩만 제공하고, 검사용지는 수검자의 앞에 세로로 놓아둔다.
   ㉠ 자극카드는 한 장씩 차례로 보여주며, 각 카드는 검사용지의 상단에 맞추어 놓는다. 각 카드의 제시는 실시순서에 따른다.
   ㉡ 8세 미만의 수검자는 1번 카드부터 13번 카드까지 순서대로 실시하고, 8세 이상의 수검자는 5번 카드부터 16번 카드까지 순서대로 실시한다.

ⓒ 검사자는 항상 자극 카드를 올바른 순서대로 제시해야 한다. 한 카드의 실시가 끝나고 나면, 해당 카드는 카드번호가 위로 향하게 하여 카드들의 제일 아래에 놓는다.

④ 검사를 실시하는 동안 수검자가 지우개 혹은 하나 이상의 검사용지를 사용할 수 있다. 수검자가 자극 카드를 돌려보거나 조작하는 것을 허용해서는 안 되며, 검사용지의 뒷면에 낙서나 자극 도형이 아닌 다른 도형을 그리는 것은 제지해야 한다.

⑤ 검사를 수행하는 동안 수검자가 낙심하는 경우 다음과 같이 말해줄 수 있다. "당신이 할 수 있는 최선을 다하시면 됩니다." 수검자가 검사 시작 시 도형을 어디에 그려야 하냐고 물으면 다음과 같이 말해준다: "어디든지 당신이 원하는 곳에 그리면 됩니다."

⑥ BGT-Ⅱ 과제를 수행하는 동안 시간을 측정하고 행동을 관찰해야 하기 때문에 검사자는 수검자와 정식으로 검사를 하기 전에 충분한 연습을 해둘 필요가 있다. 이러한 연습을 통해 검사자는 BGT-Ⅱ의 여러 측면에 대해 수검자와 협력하는 것을 배우게 되며, 검사자 자신의 진행 방식을 개발할 수 있다.

(5) 모사 단계의 실시 지시

시간 제한은 없지만 수검자가 각 문항을 완성하는 데 걸린 시간을 초시계로 측정하여 기록한다. 초시계는 수검자의 시야 밖(예를 들어, 검사자의 무릎)에서 사용하는 것이 권장된다.

① 검사용지는 수검자의 앞에 세로로 제시한다.

지시문: 여기에 몇 장의 카드가 있습니다. 각 카드에는 각기 다른 그림이 그려져 있습니다. 이 카드를 하나씩 보여드릴 것입니다.

(수검자에게 연필을 제공하고, 검사용지를 가리키며) 이 연필을 사용하여 카드에 있는 그림을 이 종이에 그리세요. 카드에 있는 그림과 최대한 똑같이 그려보세요. 시간 제한은 없으니 필요한 만큼 충분히 시간을 사용하세요. 다른 질문이 있나요? 없다면, 첫 번째 카드를 보여드리겠습니다.

② 첫 번째 자극카드를 검사용지 위쪽에 도형이 보이도록 제시하고, 시간을 재기 시작한다.

검사자는 수검자의 연령에 적합한 카드로 시작해야 한다. 필요한 경우 추가로 검사용지를 제공한다(예를 들어, 수검자가 요청한 경우 혹은 검사용지에 더 이상의 공백이 없을 경우).

③ 관찰 양식에는 각 도형에 대한 수검자의 접근 방법에 대해 주의깊게 관찰하고 기록한다. 수검자가 검사용지를 왼쪽 혹은 오른쪽으로 기울였다면, 기록용지 상단 우측에 있는 "기록용지 관찰" 란 세 가지(왼쪽, 가운데, 오른쪽) 중 하나에 체크한다. 모사 단계를 진행하는 동안 수검자의 수행과 관련되지만 "검사수행 중 관찰" 영역의 행동목록에는 없는 경우 이 영역의 "기타(Other)" 란에 기록한다(예를 들어, 점이나 물결선을 세기).

④ 수검자는 모든 카드의 도형을 다 그리고 나면, 시간 측정을 멈추고 "모사 시간(copy time)" 란에 총 소요 시간을 분과 초 단위로 기록한다.

⑤ 검사가 끝나고 나면 수검자의 검사용지에 "모사 용지(copy sheet)"라고 쓰고 용지 상단에 화살표로 용지의 상단을 표시한다. 그렇게 표시해 놓고 책상에서 검사용지를 치운다.

(6) 회상 단계의 실시 지시

회상 단계는 모사 단계에 이어 즉시 실시한다.

① 수검자에게 새로운 용지를 주고 다음과 같이 지시한다.

"지금부터는 좀 전에 보여주었던 도형들을 기억나는 대로 다시 그려보세요. 자, 이 새 종이에 최대한 그려보세요. 가급적이면 좀 전에 본 카드의 그림과 최대한 똑같이 그려보세요. 시간 제한은 없으니 충분히 그려보세요. 다른 질문이 있나요? 없으면 시작하세요."

② 시작하면서 시간을 재고, 수검자가 도형을 다 그리거나 약 2분이 지나도록 더 이상 도형을 회상하지 못하면 시간 측정을 멈춘다. "회상 시간(recall time)"란에 총 소요 시간을 분과 초 단위로 기록한다. 검사가 끝나고 나면 수검자의 검사용지에 "회상 용지(recall sheet)"라고 쓰고 용지 상단에 화살표로 용지의 상단을 표시한다. 그렇게 표시해 놓고 책상에서 검사용지를 치운다.

③ 관찰 양식의 "회상 순서(Order of Recall)"란에 수검자가 도형을 회상해낸 순서대로 각 도형에 번호를 매긴다. 검사자의 관찰 내용을 "의견(comment)"린에 기록한다.

(7) BGT-II 운동검사의 실시 지시

① 운동검사(Moter Test)는 연습문항과 4개의 검사문항으로 이루어져 있으며, 각 검사문항은 3개의 도형으로 구성되어 있다. 이 검사는 약 2분 가량 소요되며, 반드시 회상 단계 이후에 실시해야 한다. 이 검사의 제한 시간은 4분이다. 수검자가 모든 문항을 다 수행했거나 4분이 지나면 중지한다.

② 운동검사 용지의 상단에 제시된 지시문을 수검자에게 소리내어 읽어준다.
"제일 큰 그림부터 하세요. 각 그림에서 선을 그어 점을 연결하세요. 연필이 테두리 선에 닿거나 선을 넘어가면 안 됩니다. 그리는 동안 연필을 용지에서 떼면 안 됩니다. 지우개를 쓰면 안 됩니다. 그리고 용지를 기울이지 말고 똑바로 놓고 그려야 됩니다."

③ 수검자는 각 문항에서 점과 점을 선으로 잇는데, 테두리 선에 닿아서는 안 된다. 수검자가 과제에 대해 이해를 못한 것으로 판단되면 지시를 추가적으로 줄 수 있다.

④ 수검자에게 연습문항을 해보도록 지시한다. 필요한 경우 연습문항으로 시범을 보여주면서 수검자에게 과제를 설명한다. 연습문항 실시 후 1번 문항 중 가장 큰 도형(첫 번째 제시된 도형)을 가리키면서 다음과 같이 지시한다. "지금부터 시작하세요."

⑤ 점과 점을 연결하면서 수검자는 연필을 떼거나 지워서는 안 되며, 종이를 기울여서는 안 된다. 1번 문항의 도형들을 다 수행하고 나면 다음 문항으로 넘어간다.

⑥ 필요하면 다음 문항(2번 문항)을 가리키면서 지시를 반복한다. 수검자가 모든 문항을 완성할 때까지 실시하거나 제한시간이 되면 중지한다.

(8) BGT-II 지각검사의 실시 지시

① 지각검사(Perception Test)는 10개의 문항으로 구성되어 있으며 평균적인 소요 시간은 약 2분이다. 제한시간은 4분이며, 수검자는 모든 문항을 완성하거나 제한시간이 되면 중지한다. 이 검사는 반드시 운동검사 이후에 실시한다.

② 수검자는 각 문항마다 가장 왼쪽에 제시된, 문항번호가 표시된 표적도형과 같은 모양의 도형을 그 줄의 오른쪽 4개 도형 중에서 찾아야 한다.

③ 지시문: "(첫 번째 박스의 도형을 가리키며) 여기 그림을 보세요. (첫 번째 줄을 가리키며) 이 줄에는 비슷한 모양의 각기 다른 그림들이 있습니다. (박스 안에 있는 표적도형을 가리킨다.) 이 그림과 가장 유사한 그림에 연필로 동그라미를 치거나 손가락으로 가리켜 보세요."

④ 필요하다면 1번 문항은 검사자가 도와줄 수 있다. 각 열에 제시된 문항을 손으로 가리키면서 다음과 같이 지시한다. "(다시 박스에 있는 도형을 가리키며) 여기 있는 그림들 중 어떤 것이 이 그림과 가장 비슷한가요?"

⑤ 수검자가 연필을 잡는 데 어려움이 있다면, 손가락으로 문항을 가리키도록 지시한다. 검사자는 수검자가 가리킨 도형에 펜으로 동그라미를 치거나 빗금을 그어 표시한다.

⑥ 수검자가 각 문항에서 30초 이상 반응이 없다면, 다음과 같이 지시한다. "자, 다음 문항을 해보겠습니다." 그렇게 하고 나서 해당 문항에 "skip"의 약자인 "s"로 표기하고 다음 문항으로 넘어간다.

12 SCT 문장완성검사

1 SCT 검사의 개요

1) 로르샤흐나 TAT가 모호한 형태의 시각적 자극을 제공하여 투사를 유도한다면 SCT는 다수의 미완성 문장을 피검자가 자기 생각대로 완성하도록 하는 검사이다.
2) 로르샤흐(Rorschach), TAT에 비해 검사의 체계화가 구비되어 있어서 검사자극이 보다 분명하여 응답자가 검사 자극 내용을 지각할 수 있도록 구성한다.
3) 대부분의 문장완성 검사는 4~15가지의 주제를 담고 있다. 예 아버지에 대한 태도, 어머니에 대한 태도 등

2 SCT의 역사

1) 에빙하우스(Ebbinghaus)나 비네(Binet)에 의해 처음에 이 검사는 지적 능력(통합하는 능력)을 측정하기 위해 사용하였지만 이후부터 성격과 태도를 평가하는 검사로 자리잡기 시작했다.
2) 시초는 융(jung)의 단어연상 검사가 시초라 할 수 있다.
3) 현재와 같은 문장완성검사를 처음으로 사용한 것은 페인(Payne, 1928)이다.
4) 제2차 세계대전이 시작되면서 병사선발의 실제적 목적을 가지고 실시했다.
5) 제2차 세계대전 이후 심리검사의 배터리로 포함되었고, 각 연구자마다 그 목적에 걸맞은 다양한 문장완성검사를 제작하여 사용하기도 했다.

3 SCT의 특징 2009 기출

1) SCT는 다른 투사적 검사들에 비해 피검자가 검사가 알아보고자 하는 바를 알 수 있기 때문에 상대적으로 무의식적 자료의 제공 정도가 높지 않다.
2) 그러나 문장완성검사의 가지고 있는 모호함의 특성으로 인해 무의식적 자료를 제공해줄 수 있다.
3) 겉보기에는 비슷한 내용이라도 그 표현에 미묘한 뉘앙스의 차이가 있을 수 있고, 사람마다 똑같은 뜻을 가진 문장도 표현법이나 수사법 등이 다르기 때문에 피검자마다 독특한 심리적 특성을 알 수 있다.
4) 피검사자의 비교적 단기적인 대상에의 관심, 감정, 태도, 가치평가 등 상황 규정적인 면에 대하여는 상당히 확실성이 높은 정보를 주며, 설사 시간의 경과에 따라 이들이 변화한 경우에도 전체 반응에 투사되고 있는 방어기제에 대해 주의깊게 보면 피검사자에게 고유한 성격특성을 어느 정도 파악할 수 있게 된다.
5) 결국 문장완성검사는 의식적, 전의식적, 무의식적 생각과 감정을 드러내 준다.

4. SCT의 장점

1) 반응의 자유(자기가 원하는 대로 답할 수 있다.)
2) 자기의 대답이 갖는 의미를 예상할 수 없으므로 의식하지 않고 진짜 자기 모습을 드러내게 된다.
3) 직접적인 대화를 통한 질문은 방어적이 되게 만들며, 반응 영역이 통제될 수 있으나 미완성 문장은 표현하기 꺼려지는 잠재된 욕구, 감정, 태도 등이 보다 잘 드러난다.
4) 검사를 실시하고 그 결과를 해석함에 다른 투사법 보다 비교적 특별한 훈련이 필요하지 않다.
5) 검사가 보다 경제적이며, 시행. 채점. 해석에 소요되는 시간이 적다.
6) 단어연상 검사에 비해 문장에 나타난 감정적 색채나 문장의 맥락 등을 통해 피검자의 태도, 피검자가 주의를 쏟고 있는 특정 대상이나 영역이 보다 잘 제시된다.

5. SCT의 단점

1) 결과를 표준화 검사에서와 같이 완전히 객관적으로 채점할 수 없다.
2) 다른 투사법처럼 검사의 목적이 완전히 은폐되어 있지 않으므로 약은 피검사자는 자신에게 불리한 답을 안 할 수도 있다.
3) 피검사자가 언어 표현력이 부족하거나, 비협조적이면 결과가 만족할 만한 것이 못될 우려가 있다.

6. SCT 실시 방법 2009, 2019 기출

1) 검사지를 주면서 피검자에게 지시문을 읽어보도록 하고 질문이 있으면 하도록 한다.
2) 용지에 간단한 신상정보(이름, 연령, 성별, 실시일)을 기록하도록 한다.
3) 지시문

> **+ SCT 지시문**
> "다음에 기술된 문항들은 뒷부분이 빠져있습니다. 각 문장을 읽으면서 맨 먼저 떠오르는 생각을 뒷부분에 기록하여 문장이 되도록 완성하여 주십시오. 시간제한은 없으나 가능한 한 빨리 하여 주십시오. 만약 이 문장을 완성할 수 없으면 표시를 해두었다가 나중에 완성하도록 하십시오."

4) 개인과 집단 모두에게 실시될 수 있으며, 약 20분에서 40분 정도 시간이 소요된다.
5) 피검사자가 "천천히 좋은 대답을 생각하면 안돼요?"라고 묻는다면 "각 문항을 읽고 맨 먼저 떠오르는 것을 써야하며 논리적 구성을 위해 지체하면 안된다."라고 답변한다.

6) 피검사자가 "단어 하나만 적어도 되나요?"라고 묻는다면 "한 단어든 여러 문장이든 상관이 없고, 단지 자극문장을 읽고 떠오르는 생각을 쓰세요."라고 답변을 한다.

7) 피검사자가 "문장 전체를 설명해주세요."라고 묻는다면 "어떤 뜻으로 생각되는지" 물어보고 "그렇게 생각한대로 하면 된다"라고 답변을 한다.

7 SCT 주의사항 2019 기출

1) 답에는 정답, 오답이 없으며 생각나는 것을 쓰도록 할 것.
2) 글씨나 글짓기 시험이 아니므로 글씨나 문장의 좋고 나쁨을 걱정하지 말 것.
3) 주어진 어구를 보고 제일 먼저 생각나는 것을 쓸 것.
4) 시간에 제한은 없으나 너무 오래 생각지 말고 빨리 쓰도록 할 것.

8 SCT 실시 시 검사자가 체크할 사항

1) 피검사자가 검사를 시작한 시간과 끝낸 시간을 기록해 두도록 한다.
2) 피검사자가 검사를 완성한 후, 가능하면 질문단계를 실시하도록 한다. 반응에서 중요하거나 숨겨진 의도가 있다고 보이는 문항들에 대해 "이것에 대해 좀 더 이야기해 주십시오"라고 부탁한다.
3) 이런 단계를 통해 피검자들은 말하기 힘든 문제에 대해서 치료자에게 이야기할 수 있는 계기를 제공받게 되기도 한다.
4) 심하게 불안한 피검사자는 표준 절차에서 벗어나 문항을 읽어주고 피검사자가 답한 것만을 받아쓸 수도 있다. 이처럼 구술시행을 할 때는 피검사자의 반응시간, 표정, 목소리 변화 등 행동관찰을 한다.

9 SCT의 종류

1 조셉 삭스(Joseph M. Sacks)의 문장완성검사(SSCT: Sacks Sentence Completion Test)

가족영역	• 가족(12문항): 아버지, 어머니, 가족에 대한 태도를 담고 있는 문항으로 구성	예 "나의 아버지는 좀처럼 _____" 예 "나의 어머니를 좋아했지만 _____" 예 "대부분의 다른 가족에 비해 나의 가족은 _____"
성적영역	• 성(9문항): 여성, 결혼, 성 관계에 관한 태도를 표현할 수 있는 문항	예 "내가 생각하기에 대부분의 여자들은 _____" 예 "남녀가 함께 있는 것을 볼 때면 _____" 예 "나의 성생활은 _____"
대인관계 영역	• 대인관계(6문항): 친구, 지인, 직장동료, 직장상사에 관한 태도	예 "내 생각에 진정한 친구란 _____" 예 "윗사람이 오는 것을 보면 _____" 예 "내가 함께 일하는 사람들은 _____"
자기개념 영역	• 자기개념(23문항): 두려움, 죄의식, 목표, 자신의 능력, 과거와 미래에 관한 태도	예 "어리석게도 내가 두려워하는 것은 _____" 예 "나의 가장 큰 실수는 _____" 예 "내가 어렸을 때는 _____" 예 "언젠가 나는 _____" 예 "내 인생에서 가장 원하는 것은 _____"
평가	• X: 확인불능. 충분한 증거가 부족함. • 0: 해당 영역에 있어 유의한 손상이 발견되지 않음. • 1: 경미한 손상. 이 영역에서 정서적 갈등이 있지만 치료자의 도움 없이도 다루어 나갈 수 있을 것으로 보임. • 2: 심한 손상. 이 영역에서 보이는 정서적 갈등을 다루기 위해 치료자의 도움이 필요할 것으로 보임.	

2 로데(Rohde)의 문장완성검사(RSCM: Rohde Sentence Completion Method)

(1) 다른 문장완성검사에 비해서는 제시되는 문장이 모호하며, 개방형 질문을 포함하는 65개의 문항으로 구성되어 있다.

(2) 지시문: "다음의 문장을 가능하면 빨리 완성시키십시오. 당신의 진정한 느낌과 견해를 표현할 수 있도록 노력해 주십시오."

(3) 의식적 조절이 개입되지 않게 하면서도 중요한 느낌들이 노출될 수 있도록 유도한다.

(4) 예문

• "미래는 _____"	• "나는 _____ 을 느낀다."
• "나는 _____ 을 기억한다."	• "나의 가장 나쁜 _____"

(5) 반응을 해석하는 세 가지 접근법: 겉으로 드러난 내용, 반응의 형식적 측면, 표면적 혹은 잠재적 내용을 통해 추론된 성격의 역동

10 SCT의 해석 2010, 2013, 2014, 2015 특시, 2016 기출

1 SSCT 해석과 평점

(1) 네 개의 반응들을 통합적으로 고려하여 이 영역에서 드러나는 피검자 태도에 대한 임상적인 인상을 구체화해 해석적 요약이 이루어진다.

(2) 각 영역에서 피검자의 손상 정도에 따라 0, 1, 2로 채점이 된다. 이를 통해 피검자에 대한 최종 평가를 내린다.

(3) 이런 과정을 통해 가장 많이 손상된 태도를 보이는 영역에 대한 기술과 반응 내용에서 드러나는 태도들 간의 상호 관련성에 대한 기술이 가능해진다. 전자는 피검자의 현재 상태에 대한 정보를, 후자는 역동적인 면에 대한 정보를 제공해 준다.

(4) SSCT 자체의 반응을 단독으로 분석하는 것도 유용하지만, 다른 투사적 검사에서 얻어진 자료와의 비교를 통해서 피검자에 대한 더욱 풍부한 이해를 얻을 수 있다. (SCT 기본적으로 직관적 해석이 많기 때문)

(5) 투사적 검사에서는 자극의 구조화 정도에 따라 투사되는 의식수준에 차이가 나타난다. 문장완성 검사는 의식적, 전의식적, 또는 무의식적인 생각과 감정을 드러내 준다.

2 SCT 해석 시 참고 사항

- 내적인 충동에 주로 반응하는가 또는 외부환경 자극에 주로 반응하는가?
- 스트레스 상황에서의 정서적 반응이 충동적인가 아니면 잘 통제되는가? (갈등표현 방법)
- 자신의 책임이나 타인의 관심을 적절히 고려하는 등, 사고가 성숙된 편인가 아니면 미성숙하고 자기중심적인가? (성숙도)
- 사고가 현실적인가 아니면 자폐적이고 공상적인가? (현실검증의 수준)
- 태도 간의 상호관계는 어떠한가?
- 주된 갈등과 혼란 영역 어디인가?

[2010년 기출]

다음은 영희(중2, 여)와의 면담 내용과 삭스(J. Sacks)의 문장완성검사(SCT) 결과의 일부이다. 면담 내용과 검사 결과에 기초하여 해석한 것으로 적절하지 않은 것은?

• 면담내용
영희는 초등학생 때에는 성적도 높게 나오고 친구들과도 잘 지냈으며, 고민이 있으면 어머니와 자주 이야기를 나누었으나 아버지와는 그렇게 해 본 적이 없었다고 하였다.
그런데 중학교 1학년 말부터 성적이 내려가고 부모로부터 꾸중도 많이 들었으며, 여름 방학 때에는 가출을 한 번 한 적이 있다고 하였다. 요즘은 자기를 알아주는 새로 사귄 친구들과 함께 늦은 밤까지 어울려 돌아다니는 일이 잦아졌으며, 특히 자기에게 잘 대해 주는 남자 친구들과 자주 돌아다닌다고 하였다. 아버지가 혼내면서 상담을 받으라고 해서 어쩔 수 없이 받는 거라고 하였으며, 검사 결과를 아버지께 가져가야 한다고 하였다. 면담 중에는 자기가 하고 싶은 이야기만 하고 나머지는 "모르겠어요", "잘모르겠어요"라고 하면서 수동적인 태도를 보였다.

• 문장완성검사 결과
2. 대개 아버지들이란 <u>무섭다.</u>
8. 내 생각에 참다운 친구는 <u>항상 나에게 잘 대해주어야 한다.</u>
13. 나의 어머니는 <u>잔소리가 심하다.</u>
20. 내 생각에 남자들이란 <u>잘 모르겠다.</u>
22. 내가 싫어하는 사람은 <u>앞에서는 좋아한다고 하지만 뒤에서는 비난하는 사람이다.</u>
26. 나와 어머니는 <u>예전에는 좋았지만 지금은 모르겠다.</u>
29. 내가 바라기에 아버지는 <u>잘 대해주는 것이다.</u>
39. 대개 어머니들이란 <u>자녀들에게 따뜻하다.</u>
50. 아버지와 나는 <u>잘 모르겠다.</u>
53. 내가 없을 때 친구들은 <u>항상 나를 생각해 줄 것이다.</u>

① 대인관계에서 자기중심적일 가능성이 있다.
② 친구들에게 비합리적인 사고나 신념을 가지고 있을 가능성이 있다.
③ 이성에 대한 이해가 부족하며 사람들에게 기대나 희망이 없을 가능성이 있다.
④ 비자발적인 검사 동기로 인하여 무성의하거나 간단하게 반응했을 가능성이 있다.
⑤ 아버지와의 부적응적인 관계가 어머니와의 부적응적인 관계보다 더 오래되었을 가능성이 있다.

SSCT 평점 기록지

피험자 이름: _____ 성별: _____ 나이: _____ 날짜: _____ 시간: _____

* 일러두기: 부적절한 반응이나 발현된 갈등 등의 요소를 고려하고 검사자의 판단에 근거하여, 다음 척도에 따라 아래의 범주들에 대해서 평정한다.

---

2. 심한 손상. 이 영역의 정서적 갈등을 다루기 위해서 치료적 도움이 필요하다고 보임.
1. 경미한 손상. 이 영역에 대한 정서적 갈등이 있는 것으로 보이지만 치료적 도움 없이 이를 다룰 수 있을 것으로 보임.
0. 이 영역에서 유의한 손상이 발견되지 않음.
X. 확인불능. 충분한 증거가 부족함.

◆ <u>어머니에 대한 태도</u>　　　　　　　　　　　　평점 :
13. 나의 어머니는
26. 어머니와 나
39. 대개 어머니들이란
49. 나는 어머니를 좋아했지만
- 해석적 요약 :

◆ <u>아버지에 대한 태도</u>　　　　　　　　　　　　평점 :
 2. 내 생각에 가끔 아버지는
19. 대개 아버지들이란
29. 내가 바라기에 아버지는
50. 아버지와 나는
- 해석적 요약 :

◆ <u>가족에 대한 태도</u>　　　　　　　　　　　　평점 :
12. 다른 가정과 비교해서 우리 집안은
24. 우리 가족이 나에 대해서
35. 내가 아는 대부분의 집안은
48. 내가 어렸을 때 우리 가족은
- 해석적 요약 :

◆ <u>여성에 대한 태도</u>　　　　　　　　　　　　평점 :
 9. 내가 바라는 여인상은
25. 내 생각에 여자들이란
- 해석적 요약 :

◆ <u>남성에 대한 태도</u>　　　　　　　　　　　　평점 :
 8. 남자에 대해서 무엇보다 좋지 않게 생각하는 것은
20. 내 생각에 남자들이란
36. 완전한 남성상은
- 해석적 요약 :

◆ 이성 관계 및 결혼 생활에 대한 태도					평점 :
10. 남녀가 같이 있는 것을 볼 때
23. 결혼 생활에 대한 나의 생각은
37. 내가 성교를 했다면
47. 나의 성생활은
- 해석적 요약 :

◆ 친구나 친지에 대한 태도(대인 지각)					평점 :
 6. 내 생각에 참다운 친구는
22. 내가 싫어하는 사람은
32. 내가 제일 좋아하는 사람은
44. 내가 없을 때 친구들은
- 해석적 요약 :

◆ 권위자에 대한 태도					평점 :
 3. 우리 윗사람들은
31. 윗사람이 오는 것을 보면 나는
- 해석적 요약 :

◆ 두려움에 대한 태도					평점 :
 5. 어리석게도 내가 두려워하는 것은
21. 다른 친구들이 모르는 나만의 두려움은
40. 내가 잊고 싶은 두려움은
43. 때때로 두려운 생각이 나를 휩싸일 때
- 해석적 요약 :

◆ 죄책감에 대한 태도					평점 :
14. 무슨 일을 해서라도 잊고 싶은 것은
17. 어렸을 때 잘못했다고 느끼는 것은
27. 내가 저지른 가장 큰 잘못은
46. 무엇보다도 좋지 않게 여기는 것은
- 해석적 요약 :

◆ 자신의 능력에 대한 태도					평점 :
 1. 나에게 이상한 일이 생겼을 때
15. 내가 믿고 있는 내 능력은
34. 나의 가장 큰 결점은
38. 행운이 나를 외면했을 때
- 해석적 요약 :

◆ 과거에 대한 태도					평점 :
 7. 내가 어렸을 때는
33. 내가 다시 젊어진다면
45. 생생한 어린 시절의 기억은
- 해석적 요약 :

◆ **미래에 대한 태도** 평점:
 4. 나의 장래는
11. 내가 늘 원하기는
16. 내가 정말 행복할 수 있으려면
18. 내가 보는 나의 앞날은
28. 언젠가 나는
- 해석적 요약 :

◆ **목표에 대한 태도** 평점:
30. 나의 야망은
41. 나의 평생 가장 하고 싶은 일은
42. 내가 늙으면
- 해석적 요약 :

일반적 요약

1. 주된 갈등과 혼란 영역
2. 태도 간의 상호관계
3. 성격구조
   a) 내적 충동과 외적 자극에 대한 피검자의 반응 정도
   b) 정서적 적응
   c) 성숙도
   d) 현실검증 수준
   e) 갈등을 표현하는 방법

13 HTP(집-나무-사람) 검사

1 H-T-P 검사의 역사적 배경

1) 벅(Buck, 1948)과 함머(Hammer, 1969)에 의해 개발되었다.
2) 초기의 HTP 검사는 정신분석학적인 관점에서 해석이 많이 되었으나, 최근에는 인본주의적 관점이나 융(Jung)의 입장을 더 강조한다.
3) 표준화된 검사는 아니지만 내담자를 이해하는 데 직관적이고 상호작용적이다.

2 H-T-P 의 특징

1 H, T, P 선택의 이유

(1) 나이가 어린 피검자들에게도 친숙. 피검자의 입장에서 볼 때 모든 연령이 그릴 수 있는 주제이다.
(2) 집, 나무, 사람은 다른 대상보다 솔직하고 자유롭게 이야기할 수 있고, 개인의 무의식과 관련하여 풍부한 상징을 나타낸다.

2 H-T-P 의 투사적 측면

(1) 로르샤흐(Rorschach), TAT와 마찬가지로 피검자들의 현재 모습뿐 아니라 내면의 모습과 욕구가 투사된다는 점에서 서로 유사하다.
(2) 집: 피검자의 집에서의 생활, 가족들과의 상호작용과 관련된다. 어린 아동의 경우 집의 상황과 부모형제 관계 연관된다.
(3) 나무: 피검자의 좀 더 깊고 무의식적인 수준에서 느끼는 자신의 모습과 감정을 반영한다. 기본적이고 오래 지속된 감정을 반영하는 그림으로 피검자의 재검사 결과에서도 거의 같은 양상을 보인다. 임상적으로 사람 그림보다 나무 그림에서 자기 방어도 덜 하게 되고 자신을 드러내는 데 대한 두려움도 적기 때문에 깊이 숨겨진 감정을 표현한다.
(4) 사람: 피검자 자신의 모습에 대한 지각과 환경과 관계를 나타낸다. 대인관계 방식, 타인에 대해서 느끼는 감정들을 반영한다.

3 H-T-P 의 특징

(1) 장점
① 실시가 쉽고 시간이 많이 걸리지 않는다. 완충검사로 활용하기가 좋다.
② 채점 절차를 거치지 않고 즉시 해석이 가능하며, 피검자의 투사를 직접적으로 목격할 수 있다.
③ 연령, 지능, 예술적 재능이 제한이 받지 않는다.
④ TAT나 로르샤흐 검사는 언어로 표현되는 검사이지만, HTP는 비언어적으로 표현되는 검사여서, 수줍음이 많거나 문맹자이거나 언어표현이 어려운 사람들에게도 쉽게 실시할 수 있는 검사이다.
⑤ 내적 감정 또는 욕구를 더 깊이 반영하며, 보다 원시적인 심상을 드러낼 수 있다.

(2) 단점
① 로르샤흐 검사나 TAT 검사에 비해 반응성이 적어 정보량이 부족하다.
② 폐쇄적인 사람이나 내적 상상력이 적은 사람들은 다른 투사 검사보다 투사가 유발되기 어렵다.
③ 신체적 제약이 있는 사람은 검사를 실시하기가 어렵거나 충분한 표현이 어렵다.

3 실시 방법 2009, 2017 기출

- 배터리(battery) 중 초반에 실시: 완충검사로서 검사자와 피검사자의 관계형성에 도움된다. 또한 피검사자가 긴장이 완화되는 데 도움이 된다.

1 그림 단계

(1) 도구: B또는 2B 연필, 지우개, 백지 네 장(21×27cm), 초시계

(2) 검사에 대한 지시

> **+ HTP 지시문**
> "지금부터 그림을 그려봅시다. 잘 그리고 못 그리는 것과는 상관없으니 자유롭게 그려 보세요."

(3) 피검사자가 도구 이용을 원하면 "그냥 손으로만 그려야만 합니다."라고 답변한다.
(4) 피검자가 얼굴만 그릴 경우, "전신으로 그림을 그리도록" 지시한다.
(5) 피검자가 사람을 만화처럼 그리거나 막대기형으로 그린다면 "온전한 사람으로 그리도록" 다시 한 번 그리도록 지시한다.
(6) 피검자가 그림을 잘 못 그린다고 말하면 "당신의 그림 솜씨를 보려고 하는 것이 아니라 당신이 어떻게 그리는지에 집중하는 것이니 편안하게 그려 보세요."라고 답변한다.
(7) 그리고 싶은 대로 자유롭게 그리도록 한다. 그림의 모양, 크기, 위치, 방법 등에 대한 어떠한 단서도 제공하지 않는다. 피검자가 여러 가지 질문을 하면 "당신이 생각한대로 그리십시오."라고 대답한다.
(8) 사람을 다 그리면 그림의 성별을 묻고 피검자가 응답한 성별과 함께 첫 번째 사람 그림이라는 점을 완성된 종이에 표시를 해 둔다. 다음에는 네 번째 종이를 세로로 제시하면서 방금 그린 그림의 반대 성을 그리도록 지시하고 시간을 측정한다.

(9) 지우개 사용 또는 소요 시간 등은 피검자가 원하는 대로 한다. 검사 수행시 피검자의 말과 행동을 관찰하고 기록해둔다. 모호한 상황에서 피검자가 어떻게 대처를 하는지 등에 대한 단서를 제공한다.

(10) 전체 그리는 순서

순서	그림	종이상태	작도 후 질문 내용
1	집	가로	• 지붕의 재질, 거주하는 사람, 집안 분위기
2	나무	세로	• 나무의 종류, 나이, 건강상태
3	사람1	세로	• 성별, 나이, 직업, 지금 무엇을 하고 있는가, 현재의 기분, 성격, 미래의 꿈이나 소망
4	사람2	세로	

2 질문 단계

(1) 그림 단계가 끝난 후 각각 그림에 대해 여러 가지 질문을 하는 단계이다. 정해져 있는 일정한 형식은 없고, "이 그림에 대한 느낌을 자유롭게 말씀해보세요.", "이 그림에 대한 이야기를 만들어보세요." 등과 같이 각각의 피검자에게 맞는 질문을 하는 것이 좋다.

참고 질문의 구체적인 예

집	누가 살까? 사는 사람은 어떤 사람? 집안 분위기? 살고 싶은 집인가? 그림에 첨가하고 싶은 것? 그리고 싶은 대로 잘 그려졌나? 그리기 어렵거나 잘 안 그려진 부분? (이해하기 힘든 부분) 이것은 무엇? 어떤 이유로 그렸나?
나무	어떤 나무? 몇 살? 계절은? 나무의 건강? 어디에 있나? 주변에 무엇이 있나? 나무가 감정 있다면 지금 이 나무의 기분? 나무에게 소원이 있다면 무엇? 앞으로 이 나무는 어떻게 될까? 그림에 첨가하고 싶은 것? 잘 그려졌나? 그리기 어렵거나 잘 안 그려진 부분? (이해 힘든 부분에 대해) 이것은 무엇? 어떤 이유로 그렸습니까?
사람	(각각의 그림에 대하여) 무엇을 하고 있나? 몇 살쯤? 직업은? 지금 기분? 무슨 생각 할까? 이 사람의 일생에서 가장 좋았던 일? 가장 힘들었던 일? 성격은 어떨까? 장점과 단점은 무엇? 이 사람이 좋은가? 이런 사람이 되고 싶나? 이 사람과 친구 되어 생활하고 싶은가? 누군가 생각하며 그렸나? 이 사람을 닮았나? 첨가하고 싶은 것? 잘 그려졌나? 그리기 어렵거나 잘 안 그려진 부분? (이해 힘든 부분에 대해) 이것은 무엇? 그린 이유?

3 검사 시 피검자의 행동관찰

(1) 그림을 꼼꼼하게 그리고, 지우고 다시 그리는 등 완벽하게 그리려는 사람: 만족하지 못하는 사람들의 특징은 완벽주의적이다. 자신감이 부족한 사람도 이런 성향을 보인다. 주관적으로 평가하기에는 그림이 모자란 것처럼 느껴지기 때문이다. 즉 자기 평가가 부정적일 수도 있다.

(2) 질문을 많이 하는 사람: 특징은 불안. 확인을 하고 싶어 하는 것이다.

(3) 노래 부르는 사람은 그리기가 즐거워서, 긴장 해소를 위해 등의 이유이다. 심하게 손을 떨리거나 제대로 그리지 못하는 사람도 있다.

(4) 시간이 큰 의미는 없다. 하지만 5분 이내에 그리는 것이 보통이다.

4 해석 📖 2013, 2014 기출

1 해석의 주의점 및 해석 방법

(1) 지시가 애매모호하기 때문에 그림 크기나 형태, 사람 자세, 표정 등 통해 자기도 모르게 자유롭게 표현하게 된다. 그래서 이를 통해 욕구나 소망을 추정하는 것이 가능하다.

(2) 로르샤흐나 TAT만큼 해석이 체계적이지 못하다. 그러나 단순하고 쉽다고 해서 해석을 손쉽게 생각하면 위험하다.

(3) 절대적인 지침이 없다. 내담자의 증상, 주호소, 성장력 등 자료를 토대로 질적 해석이 추가로 필요하다. 따라서 그림자료로만 평가, 진단을 해서는 안된다. 면접이 반드시 필요하며 이를 바탕으로 함께 해석을 해야 한다.

(4) 또한 HTP는 다른 검사의 결과를 보충 또는 지지 또는 확인해 주는 용도로 사용한다. 독립적 사용은 위험하다. 해석과 관련된 많은 사례보고가 있지만, 타 검사 결과 통해 추정이 확증되므로 객관화되지 않는 검사이다. 그러므로 가능하면 조심스럽게 평가해야 한다.

(5) 임상가의 인상적 판단: 자기 성향에 의해 객관성 배제 가능할 수 있으므로 슈퍼비전이 필요하다.

(6) 형태적 분석

(7) 임상적 분석(질적 분석)

2 공통적 해석

(1) 검사 시의 태도와 소요시간
① 소요시간이 지나치게 짧거나 길 때, 지시를 하고 나서 한참 동안 그리지 않은 경우 피검자에게 특별한 의미가 있을 수 있다.

(2) 순서: 욕구나 방어, 적응 등이 어떤 순서로 나타나는가를 볼 수 있다.
① 남성상/여성상을 그린 순서와 그려진 모습을 비교
② 그림을 그려나가는 일반적인 순서에서 이탈된 경우 중요한 신호(sign)
③ 그려나가는 양상에서 에너지의 양, 이를 통제하는 양상 시사

(3) 지우개 사용
① 알맞은 지우개 사용과 그에 따른 그림의 질적 향상: 유연성/만족감
② 과도한 지우개 사용: 불안정/초조, 자신에 대한 불만, 불안/조력에 대한 욕구

(4) 위치
① 용지의 중앙: 정상, 안정된 사람. 용지의 가장자리: 의존, 자신감 결여.
② 왼쪽: 충동, 외향, 자기중심적. 오른쪽: 비교적 안정·통제된 행동, 정서 만족보다 지적 만족 선호, 내향성, 환경 변화에 민감하다.
③ 위쪽: 욕구수준 높음, 과잉보상 방어, 공상 즐김, 야심 높음. 성취 위한 투쟁, 냉담, 초연, 낙천주의.
④ 아래쪽: 불안정감, 우울경향, 구체적, 현실적 사고 경향, 조용하고 나서지 않는 성격, 아동의 경우 신경증 가능성.
⑤ 위쪽의 왼쪽 모퉁이: 퇴행, 미성숙, 불안정감, 철수와 공상, 아동의 경우 초등학교 저학년 수준의 경우에는 정상.

⑥ 위쪽의 오른쪽 모퉁이: 불쾌한 과거를 억제하고 싶은 욕구, 미래에 대한 과도한 낙관성.
⑦ 아래쪽 또는 가장자리: 불안정감·낮은 자기 확신과 관련된 지지욕구, 불안, 의존경향, 새로운 경험 거부 경향, 환상에 심취함.
⑧ 아래쪽에 작고 희미하게 그린 경우: 우울
⑨ 종이 모자라 그림 완성되지 못한 경우: 뇌손상, 위쪽 모자라면 환상의 과용. 아래쪽 모자라면 과도한 억압 또는 폭발적 행동 가능성. 왼쪽 모자라면 미래에 대한 두려움에 고착, 강박적 행동 가능성. 오른쪽 모자라면 불쾌한 과거에서 탈출하고 싶은 욕망.

(5) 선의 질
① 강한 선: 자신감이 있는 피검자, 주장적·독단적·공격성·분노감정.
② 흐린 선: 우유부단, 억제된 성격, 에너지 수준 낮음, 감정표현 억제·억압, 위축, 지능 낮음, 신경증, 우울증, 만성 정신분열증.
③ 흐린 선의 아동: 에너지 수준이 낮음, 억제된 성격, 강한 억압, 박탈이나 거부의 경험.
④ 깔끔한가, 스케치하듯 그리는가. 스케치(덧칠)은 심리적 불안, 긴장, 초조감 나타냄.

(6) 크기: 20cm 정도의 크기에 용지의 2/3 정도를 활용하여 그리는 것이 일반적
① 지나치게 큰 그림: 공격적, 행동화 경향, 낙천적, 과장 경향, 부적절감 보상 또는 억압 방어, 조증, 뇌손상 또는 정신지체, 반사회적 성격, 신체화. 아동일 경우는 정상이나 만약 25cm를 넘는다면 정서 문제가 있을 가능성.
② 지나치게 작은 그림: 열등감, 낮은 자존감, 불안, 수줍음, 위축, 과도한 자기 억제, 낮은 자아 강도, 강박적 경향, 우울증, 아동이나 노인의 경우 정상이나 만약 5cm 미만인 경우 정서적 문제가 있을 가능성.

(7) 왜곡: 대상을 일반적인 형태로 그리지 않고 왜곡된 형태로 그리는 것.
① 심하지 않은 왜곡은 불안. 전반적 왜곡은 정신증, 정신지체, 기질적 뇌손상.

(8) 대칭
① 대칭의 결여: 불안정, 부적절, 부주의, 통제력 약화.
② 엄격한 양측 대칭: 강박적인 정서 통제, 불안정감, 경직성.

(9) 투명화: 현실적으로 볼 수 없는 대상의 내부를 보이는 것처럼 그리는 경우.
① 특히 사람의 경우 내장기관이나 뼈 등을 그려 넣는 경우 임상적으로 주목해야 함.

(10) 정신증적 지표: 통합이 안 되는 붕괴된 그림, 극히 지저분한 음영. 환상적·기묘·괴이·무엇을 그렸는지 알 수 없음, 보상적 시도로서 그림과 글씨 섞인 것, 같은 주제의 반복.

3 내용적 해석

(1) 집(House)
① 집 그림은 피검자의 자기 지각, 가정생활의 질, 혹은 가족 내에서의 자신에 대한 지각을 반영함.
② 집 그림에서는 그림의 전체적인 모습 평가와 더불어 필수적 요소인 지붕, 벽, 문, 창 등을 어떻게 그렸는가에 유의하여 해석해야 함.
③ 지붕: 정신생활, 특히 공상 영역 상징.
④ 벽: 피검자의 자아 강도에 대한 정보. 성인이 투명한 벽을 그렸다면 현실 검증력 저하됨.

⑤ **창문·문**: 환경과의 직접적인 상호작용을 나타내는 부분. 문을 그리지 않았거나 창문을 그리지 않았다는 것은 외부와의 단절, 폐쇄적인 욕구, 외부로부터 자신을 막고 있는 상태. 창문이나 문이 집에 비해서 과도하게 클 때에는 외부와의 관계를 절실히 요구하고 갈망하는 욕구 과도함.

⑥ **굴뚝**: 친밀한 관계의 따뜻함 또는 남성성기 상징. 검은 연기는 심리적 긴장 많음 또는 가족 내 불화 혹은 정서적 혼란을 나타낸다.

⑦ **조망**: 한쪽에서 바라본 것이 정상. 양쪽에서 동시에 바라본 것은 정신분열증 환자에게서 나타난다. 위에서 아래로 내려다보는 경우 전통적 가치에 대한 반감 반영. 밑에서 올려다보는 경우 집에 대한 열등감·부적절한 감정, 낮은 자존감이 혼합. 속이 들여다보이는 그림, 설계도면을 그리는 경우에는 편집증적 사람들일 수 있음.

⑧ **기타 구조물**: 집의 외장에 관심 많이 두고 그리는 사람들은 주변 사람들의 관심이나 주목받고 싶은 욕구 많다는 것. 집 그림에 울타리 친 것은 창문과 반대되는 것으로 울타리가 강한 것은 경계심이 강하다는 의미.

(2) 나무(Tree): 기본적인 세 가지 구조는 기둥, 가지, 잎이다.

① **기둥**: 자아강도를 표현. 얼마나 튼튼하고, 곧고, 건강해 보이는지가 중요함. 몸통이 가늘고 휘어진 경우 자아강도와 연결해 해석함.

② **가지**: 집 그림의 창과 문. 외부와의 통로. 자신의 욕구를 표현하고, 상대방에게 손을 내밀면서, 대인관계의 욕구와 기대를 나타내는 것. 얼마나 외부로 잘 뻗어 있는지를 보아야. 가지가 적은 것은 외부에 대한 관심의 폭이 적다는 것이다.

③ **잎**: 잎이 풍성한 것은 대인관계 욕구가 만족스럽고 풍성하고 통합되어 있다는 의미. 가지는 많은데 잎이 몇 개밖에 없다면 욕구가 현실적으로 충족이 안 된다는 의미. 잎사귀 없이 가지만 있는 그림은 욕구가 많지만 충족이 안 되는 상태에서 느끼는 고독감, 외로움, 쓸쓸함의 표현. 우울증 환자들은 잎이 축축 늘어진 버드나무를 그리기도 한다.

④ **건강상태에 대한 질문**: 죽어 있는 나무 또는 썩은 부분이나 벌레 먹은 부분이 있다는 것은 심각한 정신 병리의 가능성 높다.

⑤ **열매**: 아이들 유실수 많다. 의존욕구. 성인인 경우 의존욕구가 강한지 살펴보아야 함. 집 그림의 외장에 치중하는 것과 관련됨.

⑥ **뿌리**: 성격적 안정성, 안전에 대한 욕구, 현실과의 접촉 정도. 임상장면에서 뿌리가 드러나는 그림이 정상집단보다 많다.

⑦ 몇 그루를 그리든지 상관은 없다.

(3) 사람(Person): 머리, 얼굴, 몸통, 팔, 다리, 눈, 코, 잎, 머리카락, 옷이 기본적인 요소이다.

① **옷**: 옷을 입긴 입었는데, 속이 다 비치는 경우는 병리적인 측면이 있다.

② **눈, 코, 입**: 눈동자 없다거나, 눈 감은 것은 중요한 의미. 눈이나 눈동자를 그리지 않은 사람은 편집증적일 수도 있음.

③ **세밀한 묘사**: 신체의 특징적인 부분을 세밀하게 묘사할 수도 있다. 털까지 세밀하게 그렸다면 강박적임을 시사한다.

④ **손**: 집의 문과 창문, 나무의 가지와 같은 역할. 손이 정확하게 묘사되어 있는지, 주머니에 손을 넣었는지 등이 대인관계 관련 정보를 나타냄. 뒷짐진 것은 대인관계에서의 위축을 뜻한다. 임상에서 알코올 중독자들은 손 그리기 어려워한다. 이는 금단증상으로 손이 떨려 불안함을 의미한다.

⑤ **액세서리**: 집 그림의 외장과 여자 그림의 액세서리는 일맥상통. 옷의 레이스, 목걸이, 가방, 귀걸이 등.

⑥ **성별 확인: 보통 자신과 동성 먼저 그린다.** 이성을 먼저 그리는 경우 가장 대표적으로 성적 정체감과 연관 지어서 생각 가능하다. 사춘기의 아이들은 성역할 정체감이 확고하지 않고, 중성적이라서 그럴 수도 있다. 하지만 성인은 성정체감과 관련된 혼란이나 갈등, 성적 역할에 대한 좌절감이 두드러진다고도 볼 수 있다. 여자인 경우 남자를 먼저 그리면 자신의 성에 만족 못하고, 남성처럼 독립적·자립적으로 행동하고 싶다는 의미이다. 남자와 여자를 별다르게 그리지 않는 경우도 있다. 남성의 성향을 강조해서 근육질의 그림을 그린 경우에는 자신의 욕구의 표현이나 갈망, 기대일 수도 있다.

⑦ **나이: 보통 자신의 나이 연배.** 성인의 경우, 자신의 아이나 부모 생각한 것이라면 별문제 없지만 자기 연령과 큰 차이가 나면 유의미함. 자신의 미래나 과거를 그린 경우도 있다. 현재 모습이 중요한지, 미래나 과거에 집중해 있는지 알 수 있다.

⑧ **자세: 일반적으로는 정면으로 서 있는 모습.** 뒷모습은 대인관계에서 문제 추정, 상대방을 바라보지 못하는 것, 여러 가지 피해의식에 사로잡혀서 대인관계가 잘 안 되는 것. 옆모습은 대인관계에서 정면으로 자신을 내보이기가 힘든 사람들이거나 대인관계에서 불편감을 느끼는 경우. 앉아 있는 모습이나 누워있는 모습은 에너지의 수준이 낮음을 의미함. 즉, 활동상태의 수준이 떨어진다는 것, 동기 저하, 의욕상실로 볼 수도 있다. 비행청소년들이 그리는 경우는 손발이 좌우로 힘이 뻗쳐 있는 경우가 있다.

⑨ **특이한 그림들:** 막대인간(stick figure)으로 그리거나 만화의 주인공처럼 그리는 것은 자신을 나타내지 않으려고 하는 것이다. 이것은 일종의 방어로 봐야 한다. 이 경우 사람처럼 그려 보라고 권해 보는 것이 좋다.

> **참고** 정상적이고 건강한 사람의 그림
>
> - 머리, 몸, 두 다리, 두 팔, 두 눈, 코, 입 등 필수적 세부 포함. A4 용지에 대략 15~20cm크기로 10-12분에 걸쳐 완성.
> - 중앙이나 약간 아래 위치. 머리와 얼굴부터 그림. 비율 적당. 적절한 자발성이나 움직임 보임. 균형적, 보기에 괜찮음.
> - 지우개 거의 사용 않거나 사용 시 그림의 질 향상됨. 필압과 획의 강도가 일정함.
> - 동성 그림 먼저 그리고, 시간 더 들이고 숙고하여 세부적 부분까지 그림. 눈동자 그리지만 콧구멍 그리지 않음.
> - 옷 입은 상태. 남성의 경우 벨트 그림. 발이나 귀가 강조되지 않음. 생략된 부분이 최소한임

13 HTP 검사

[2014년 기출]

다음은 성지(중1, 남)의 집-나무-사람 검사(HTP)와 문장완성검사(SCT) 결과의 일부이다. 두 검사 결과의 공통점에 근거하여, 성지의 개인적 특성과 관계적 특성을 서술하시오.

※ 여자 그리기를 거부함.

- HTP에 대한 성지의 설명
  집: 화목한 집이고 가족들이 살고 있다. (망설이다가) 저, 누나, 엄마만 산다. 이 집은 여자일 것 같고 창문은 십자가를 향하고 있다. (커튼을 떼면 다 볼 수 있다고 말하면서 커튼을 그린다.)
  나무: 어린나무는 크지만 건강하지 않을 것 같다. 어린나무는 어릴 때부터 너무 많이 맞아서 말라 있고 나중에 이 나무는 의자가 될 것 같다. 씨가 말라서 죽을 것 같다.
  사람: 남자는 겸손하지만 축구를 잘한다.

- SCT의 일부

  나는 　때때로 놀고 싶다.
  우리 가족은 　불쌍하다.
  어머니는 　걱정...
  아버지는 　
  다른 사람들은 나를 　싫어 한다.
  내가 가장 싫어하는 사람은 　김태호다. 걔는 아빠자랑을 한다.
  나의 미래는 　생각한 적 없다.
  내가 제일 걱정하는 것은 　너무 많다.

14 로르샤흐 검사

1 개관 📖 2007, 2010 기출

1 개인 성격의 다차원적 이해에 도움. 사고, 정서, 현실지각, 대인관계 방식 등 다양한 측면의 인격 특성에 대한 정보를 제공한다. 📖 2009, 2011 기출

2 모호하고 애매한 잉크 얼룩을 이용한 이 검사는 스위스의 정신과 의사 헤르만 로르샤흐(Herman Rorschach, 1884~1922)가 1921년 처음 발표한 검사로, 잉크 얼룩으로 들여다본 인간의 무의식적인 사고 체계와 내용을 평가하는 기능을 한다.

(1) 로르샤흐 검사의 개발은 정신의학계의 두 가지 흐름에 영향을 받았다. 하나는 로르샤흐가 직접 영향을 받은 프로이트의 정신분석(무의식이 인간의 행동과 생각에 큰 영향을 미친다는 이론)이고, 다른 하나는 정신병리를 객관적으로 평가하려는 20세기 초반의 경향이다. 지능 검사를 만든 알프레드 비네(Alfred Binet), 성격 요인을 통계적으로 뽑아 성격검사를 만든 제임스 커텔(James M. Cattel)이 다양한 검사도구를 개발했는데, 이러한 흐름 속에서 로르샤흐 검사도 탄생한 것이다.

3 로르샤흐(Rorschach) 검사에 대한 지식을 수용하는 과정에서 존 엑스너(John E. Exner, 1961) 방식을 채택. 엑스너는 검사방식과 해석체계를 통합하여 종합체계방식으로 로르샤흐검사를 발전시켰다.

(1) 엑스너는 이전의 로르샤흐 방식들을 통합, 표준화를 하였다. 이를 통해 검사방식들의 독립적 채점, 해석체계 때문에 연구의 발전을 저해시켰던 문제를 해결하였다.

(2) 심리검사의 전문화 과정에서 필수적으로 요구되는 검사의 전산화 작업에서 실시, 채점, 해석의 표준화가 가능하다.

(3) **엑스너 종합체계 방식의 특징**

> - 경험적 근거를 바탕으로 기존 방식에서 실증적 검증을 견뎌낸 채점방식이나 해석방식만 도입하였다. 그 결과 기존 어떤 방식보다 과학적이다.
> - 과거 방식 중 경험적 검증을 근거로 하는 부분만을 선택할 뿐 아니라 기존의 방식을 종합하는 특징이 있다.
> - 구체적인 채점 기준과 채점 범례를 제공하여 채점 기준이 명료화되었다. 이를 통해 배우기 쉽고 정확한 채점이 가능, 검사자 간 신뢰도를 높여주었다.
> - 종합적 방식에 따른 반응의 해석은 광범위한 연구 자료를 기초로 하기 때문에 해석의 타당성이 높다. 또한 타당도 검증이 보다 쉽게 시행될 수 있으며 검사의 타당도 검증을 위한 방안을 제시해주고 있다.
> - 한계점: 철저하게 통계적인 검증을 견뎌낸 채점방식과 해석방식만을 채택하였다. 그 결과 반응의 내용분석을 위축시키고 임상 경험을 바탕으로 할 때 계속 검토될 가치가 있는 잠정적 해석을 억제한다.

(4) **신뢰도**: 재검사 신뢰도의 경우, 성인의 경우 3년의 장기 기간에도 불구하고 일관된 방향으로 반응을 보이고 있어 로르샤흐 검사의 신뢰도를 지지해 주고 있다.

(5) 타당도: 전체적으로 부정적인 결과에도 불구하고 부분적으로는 사고장애, 자아기능 평가에서는 지지를 받고 있다.

2 도구의 구성 2011 기출

1 10장의 대칭 잉크블롯 카드로 구성

Ⅰ,Ⅳ,Ⅴ,Ⅵ,Ⅶ은 무채색, Ⅱ, Ⅲ은 검정색과 붉은 색채의 혼합, Ⅷ, Ⅸ, Ⅹ은 여러 가지 색채가 혼합되어 있다.

2 특징

체계화되어 있지 않고 불분명하며 뚜렷한 의미가 없다. 이와 같이 불분명한 다양한 함축적 의미가 암시되는 자극 카드에 각 피험자가 다양한 반응을 투사할 수 있다.

R#	Location Sheet	내용
Ⅰ		• 상당히 큰 섬은색과 회색의 잉크 반점, 뚜렷이 구별되는 4군데의 배색 공간이 있다. 새롭고 친숙하지 않은 스트레스를 주는 상황을 제공하며 이러한 상황에서 피검자가 대처하는 방식을 제공하게 된다. 첫 카드에서의 어두운 색은 피검자에게 부정적인 정서를 유발하고 따라서 우울감을 느끼는 사람은 카드 Ⅰ과 다른 네 개의 흑백카드들에 불편감을 보이거나 잘 다루지 못할 가능성이 있다. • 날개가 달린 산 짐승(박쥐, 나비), 인간상으로 볼 때 중앙부의 여성상, 골반 또는 다른 해부적 개념, 손, 새 새끼
Ⅱ		• 처음으로 색깔이 나온다. 색깔쇼크(Color shock)가 있을 수 있다. 밝고 붉은 색 영역이 가장 주된 특징을 보인다. 이것은 분노감, 혹은 상해와 관련된 연상을 유발하는 경향이 있어, 분노감을 지닌 사람이나 신체적 약점을 지닌 사람들에게는 힘든 카드가 될 수 있다. • 인간 및 그 운동, 동물 및 그 운동, 곰, 개 등
Ⅲ		• 대인관계 카드. 흔하게 지각하는 내용인 두 사람이 어떤 상호작용을 하는 것을 통하여 투사를 나타낼 수 있다. 다른 사람들과의 관계에서의 태도나 관심사를 반영한다. 카드에 반응하는 데 어려움이 클수록 사회적 상호작용에 대하여 부정적인 태도를 반영한다. • 인간, 이인의 인간, 인간의 운동, 인간의 성
Ⅳ		• 권위상 카드(Father Card). 크고 강하고 중후하고 무겁고 강력하고 권위적 위치에 있고, 위협적인 것과 관련된 연상을 유발한다. 밑에서 올려다 보는 느낌이다. 상대적으로 피검자를 약하고 낮은 위치에 설정한다. 권위적 태도를 반영하거나 일반적인 남성에 대한 태도를 반영하기도 한다. 어두운 색으로 인하여 우울한 피검자가 자극을 처리하는 것을 힘들게 한다. • 모피류, 동물의 머리, 괴물, 거인, 고릴라

R#	Location Sheet	내용
V		• 쉬어가는 카드. 어두운 색이라 다소 우울하다는 점 외에는 어려움이 없는 카드다. 오히려 Ⅰ-Ⅳ의 distress에서부터 안도감을 느낄 수 있는 카드다. 이 카드에서의 곤란은 카드 Ⅳ에서 유발된 정서가 연장되어 나타난 것일 가능성이 크다. • 나비, 박쥐 및 우동동물의 머리, 인족
Ⅵ		• 친밀감 카드, 애착 카드. Ⅲ카드보다 더 대인관계에서의 친밀성에 대한 지각과 이에 대한 연상을 유발하는 카드이다. 이러한 주제에 대한 관심, 태도, 기대를 반영한다. 성적인 지각과 주제를 가장 많이 보고하는 카드이다. • 동물의 피질, 남근, 모피
Ⅶ		• Mother Card. 카드 Ⅳ와 대조되는 카드. 전통적인 여성성에 관한 연상을 유발하고, 성인 남성보다는 여성이나 어린이로 지각하는 경향이 높다. 여성성을 함축하는 이 카드에서의 곤란은 여성과의 갈등이나 해결되지 않은 문제를 반영할 수 있다. • 인간 및 그 운동, 지도, 동물 및 그 운동
Ⅷ		• 새로운 페이스로 들어가는 카드. 앞의 네 개의 흑백카드에서 처음으로 파스텔 톤의 여러 색깔로 된 카드가 나온다. 그렇기에 매력적으로 보이며 양쪽에 동물을 쉽게 보는 경향이 있다. 이 카드에서 힘들어하는 피검자는 복잡한 상황을 정리 통합하는 데 곤란을 느끼는 사람, 정서-유발 상황을 불편해하는 사람, 정서적 자극을 회피하려는 사람 등이다. • 동물, 색칠한 나비, 해부도
Ⅸ		• 난이도가 높아지는 카드다. Ⅱ번, Ⅸ번 카드에서 실패하는 사람은 정서자극을 처리하고 통합하는 데 어려움을 느끼는 사람이다. 모호하고 흐린 특징을 지니고 있다. 비구조화된 상황을 효과적으로 파악할 수 있는 능력을 나타내준다. • 마녀, 인두, 원자폭탄의 폭발(카드를 거꾸로 볼 때), 무궁화
Ⅹ		• 외출서명(Sign out). 마무리, 정리하는 카드다. 그래서 자신을 정리하는 느낌을 받을 수 있다. 피검자가 전반적인 정서를 정리하게 된다. Ⅸ의 불명확성과 복잡성을 모두 가지고 있다. 대개는 기분 좋은 자극으로 보이고 많은 것을 볼 수 있지만, 효과적으로 조직화하는 것은 힘들어 어려운 카드에 해당한다. • 화가의 파렛트, 해저경치, 가슴, 거미, 뱀

3 검사의 시행 📖 2007, 2009, 2015, 2017 기출

- **준비**: 로르샤흐 카드 세트, 충분한 양의 반응 기록지와 반응영역 기록지, 필기도구

> **〈검사 시행 전 결정 사항〉**
> - 현재 진단 목적에 비추어 볼 때 적절한지를 살피고, 기능적 정신장애의 임상진단이나 역동진단에 보다 적절한 해답을 줄 수 있을 것인지 여부를 판단한다.
> - 검사 순서를 어떻게 할 것인지를 결정한다. 일반적으로 로르샤흐 검사를 맨 마지막에 실시하거나 마지막에서 두 번째 순서로 시행한다.

1 로르샤흐 검사의 준비 및 좌석 배치

(1) 검사 전 카드를 수검자에게 정확한 순서로 제시할 수 있도록 정리한다. 기록지를 넉넉히 준비한다.

(2) **좌석 배치**: 가능한 검사자와 수검자가 정면으로 마주보는 것은 피한다. 검사자의 옆으로 앉는 <u>나란히(side by side) 방법</u>을 권장한다. 검사자가 무심코 피검자에게 영향 줄 수 있는 단서를 줄이고 질문 시 피검자가 말하는 자극을 훨씬 더 정확히 볼 수 있기 때문이다.

2 로르샤흐 검사의 소개(피검자 준비시키기)

(1) 대부분 다른 검사를 시행 후 로르샤흐 검사하므로 특별히 자세히 소개할 필요는 없다. 자세한 소개는 오히려 피검자의 불안과 저항을 불러일으킬 수 있다. 다음과 같은 방식으로 검사를 비교적 간단하게 소개한다.

> **+ 검사 시행 전 질문**
> - "이제 우리가 시작할 검사는 잉크로 만든 검사입니다. 당신은 이 검사에 대해 이야기를 듣거나 이전에 이 검사를 해본 적이 있습니까?"
> - "이제 몇 장의 잉크 카드를 차례로 당신에게 보여주겠습니다. 이 잉크 카드가 당신에게 무엇처럼 보이는지 이야기해 주시기를 바랍니다."

(2) **이미 검사 시행해 본 경험이 있다면**: 언제, 어디서, 어떤 이유로 검사를 시행했는지, 그 당시의 반응을 기억하고 있는지를 질문한다.

(3) **다시 검사를 시행할 이유가 충분한 경우**: 그 때 반응했던 내용과 상관없이 현재 생각나는 대로 응답하라고 권유한다.

(4) 당시 반응 내용을 기억하고 있는 피검자라면: "굳이 그때의 반응과 똑같이 하려고 하신다거나 틀리게 하려고 하실 필요는 없습니다. 그때 어떤 반응을 하셨는지에 상관없이 지금 보이는 것을 말씀해 주시면 됩니다."라고 말해 둔다.

(4) **주의**: 피검자의 상상력을 검사한다는 잘못된 개념을 심어주면 안 된다. 검사 반응은 피검자가 본 것을 말하는 것이다. 또한 카드의 잉크 반점들이 모호하다거나 구조화되지 않은 자극이라고 설명하지 말아야 한다. 단지 '잉크 반점으로 만든 검사이다'라고 말하는 것으로 충분하다.

3 지시(연상단계)

(1) 지시가 달라짐에 따라 반응의 수는 물론 반응내용이 달라질 수 있다는 점을 명심하고 반드시 표준방식에 따라야 한다.
(2) 첫 번째 카드를 제시하면서 "이것이 무엇으로 보입니까?" 또는 "이것이 무엇입니까?"라고만 한다. 즉 자유연상 단계(연상단계)이다.
(3) 만약 피검자가 이러한 지시에 대해 "그건 잉크블롯처럼 보여요."라고 응답한다면: 검사자는 "그래요. 이건 잉크로 만든 카드예요. 그것이 무엇처럼 보이는지를 말해 주길 바래요."라고 지시한다.
(4) 피검자가 I번 카드에서 단지 한 개의 반응만을 하는 경우: 검사자는 카드 I에 한하여 "좀 더 충분하게 보도록 합시다. 내 생각에는 당신이 좀더 볼 수 있을 것 같군요."라고 격려한다.
(5) 만약 피검자가 I번 카드에서 2개, 3개 반응을 하고 나서 몇 개나 반응을 해야 하는지 물을 경우: "그건 당신에게 달려있습니다."라고 응답한다.
(6) 피검자가 I번 카드나 II번 카드에서 아무것도 볼 수 없다고 거절한다면: 적절한 관계형성에 실패했거나 피검자가 검사 시행 방법을 이해하지 못한 경우다. 이러한 상황에서는 검사를 무리하게 진행하는 것은 의미가 없다. 일단 검사를 중지하고 피검자와 함께 무엇이 문제인지 검토해 보아야 한다. 계속 저항하면 검사를 중단한다.
(7) 피검자가 몇 개 카드에 적절히 반응하다가 반응 거부하는 경우: 충분한 격려 후 다시 반응하도록 도와준다.

4 피검자의 질문에 응답하기

(1) 피검자의 질문에 대한 원칙은 가능한 비지시적으로 짧게 응답한다.
(2) 돌려봐도 되느냐고 묻는다면: "편한 대로 하십시오.", "그건 당신이 마음대로 할 수 있습니다."로 응답한다.
(3) 다른 사람들은 몇 개나 반응을 하느냐고 묻는다면: "대부분 한 개 이상의 대답을 합니다."로 응답한다.
(4) 다른 사람들은 이것을 무엇이라고 보더냐고 묻는다면: "사람에 따라 다릅니다."로 응답한다.
(5) 이 검사의 목적이 무엇이냐고 묻는다면: 피검자가 검사를 받는 목적이나 상황에 따라 적절하게 응답한다. 상담 현장이라면 "당신의 문제를 보다 잘 이해할 수 있도록 하는 한 방법입니다."로 응답한다.

5 반응기록

(1) 원칙적으로 피검자가 말하거나 표현한 것은 모두 그대로 기록한다(verbatim: 말 그대로). 반응이 말 그대로 기록되어야 채점이 정확하게 이루어지고 피검자의 독특한 반응이 그대로 보존됨으로써 중요한 정보를 얻을 수 있다.
(2) 피검자의 반응을 받아 적는 속도 자체보다는, 검사 진행에 일정한 속도가 유지될 수 있도록 하는 것이 바람직하며, 적은 내용을 다른 사람들도 정확히 알아보기 쉽도록 기록하는 것도 중요하다.
(3) 카드 보는 방향 기록: ∧, >, ∨, <의 네 가지 방식으로 표시. ∧가 정위치. 뾰족한 부분이 카드의 윗부분이다.
(4) **반응이 14개 이하**: 해석을 시도하지 않는다. 즉 질문단계로 넘어가지 않고 표준절차를 벗어나 추가 지시하고, 증가된 반응을 모두 포함해 채점 해석한다.

+ 반응이 14개 이하일 때 지시문
"자 이제 당신은 어떻게 반응하는지를 알고 있지요. 그러나 문제가 있습니다. 당신은 검사로부터 무언가를 알아낼 수 있을 만큼 충분한 반응을 하지 않았습니다. 이제 다시 앞으로 가서 이번에는 더 많은 반응을 해보도록 합시다. 이미 반응했던 것을 반복해도 좋습니다. 그러나 이번에는 좀더 반응을 더 해보도록 합시다."

(5) 반응이 너무 많은 경우: 한 카드당 반응을 5개 이하로 제한한다. 만약 어느 카드에서 5개보다 반응을 적게 하면 이때부터 피검자 반응을 그대로 받아들인다. 반응의 제한은 반응비율을 변화시킬 위험성이 있다는 점이 고려되어야 한다.

6 질문단계(Inquiry)

(1) 질문단계의 목적은 피검자의 반응을 정확한 기호화, 채점하려는 데 있다. 즉 피검자가 어떻게 그렇게 보게 되었는지를 명료화하려는 데 목적이 있는 것이지 새로운 반응을 이끌어내려는 것이 목적이 아님을 명심하여야 한다.

(2) 이 과정에서 검사자의 질문이나 태도에 따라 피검자의 반응이 유도되기 쉬우므로 주의해야 한다.

(3) **설명**: 질문을 시작하면서 질문의 목적을 표준방식으로 설명한다.

> **+ 질문단계 지시문**
>
> "지금까지 10장의 카드에 대해서 잘 대답해 주셨습니다. 이제 카드를 다시 한번 보면서 당신이 본 것을 저도 볼 수 있도록 말씀해 주시기 바랍니다. 제가 당신이 말했던 것을 그대로 읽으면 그것을 어디에서 그렇게 보았는지, 어떻게 해서 그렇게 보게 되었는지 설명해 주십시오."

(4) **진행**: 카드를 건네주면서 "여기서 당신은 .. 이렇게 이야기했습니다"라고 피검자의 말을 그대로 반복한다. 어떤 피검자들은 무엇이 그렇게 보도록 만들었는지 말하기 어려워하는데 이때 그렇게 보도록 만든 것이 무엇인지를 설명하도록 요구한다.

(5) **피검자의 반응에 따른 대응**
   ① 피검자가 "예, 그랬습니다."라고만 말하고 가만히 있는 경우(피검자가 충분히 이해하지 못한 경우): "당신께서 그렇게 본 것을 저도 볼 수 있도록 해 주십시오. 어디에서 그렇게 보았는지, 무엇 때문에 그렇게 보았는지 말씀해 주십시오."라고 하면서 질문 단계의 목적과 방법을 주지시킨다.
   ② 피검자가 "그 이유는 모르겠어요. 그냥 그렇게 보였어요."라고 반응할 경우: "그렇게 보였다는 것은 알겠지만 저도 그렇게 볼 수 있어야 한다는 점을 기억하세요. 자, 저도 그렇게 볼 수 있도록 도와주세요. 그 부분에서 그렇게 보도록 만든 것이 무엇이었는지 저에게 말해주세요."라고 한다.
   ③ 탐색질문 중의 저항이 있을 때는 단호하면서 기술적으로 대처한다. 피검자가 자기가 말한 반응을 부인할 때: "자, 여기를 보세요. 제가 적어둔 것이 보이시죠. 찬찬히 생각해보세요."라고 한다.

(6) **얻어야 할 정보**: 반응 위치(어디서 그렇게 보았는지), 반응 결정요인(무엇 때문에 그렇게 보았는지), 반응 내용(무엇으로 봤는지)

(7) **기본적 질문방식**: 어떤 단서도 제공하지 않고 비지시적 방식으로 질문한다. 원래 반응되었던 내용에 한해서 응답되어야 한다.

(8) **추가반응**: 검사자의 질문에 영향 받지 않고 자발적으로 응답되었다는 판단이 내려지면 추가 결정요인의 채점을 위해 질문한다. 반면 검사자의 질문의 영향을 받아서 피검자가 추가반응을 했다면 이런 경우 추가요인으로 추가하지 않는다.

(9) **부적절한 질문**: 질문 방식이 지시적이고 유도적인 경우 부적절하며 간단하고 비지시적이어야 한다.

(10) 한계 음미

> - 평범반응 하지 않은 경우: 심한 혼란 때문인지 독창적 반응 추구 때문인지 가리는 것이 유의미하다. 질문 단계 완료 후 직접적으로 질문한다. 재검사에 직접 영향을 미칠 수 있으므로 꼭 필요한 경우 신중하게 직접 질문해야 한다.
> - 평범반응이 매우 빈약한 정신분열증 환자: 심한 지각장애 때문인지 독특한 반응선호 때문인지를 구별하는 것이 치료계획을 설정하는 데 중요한 단서를 제공한다.

> **+ 한계 검증의 질문**
>
> 질문단계를 마친 후 평범반응을 하지 않은 2~3개의 카드를 선택한 후 "우리는 이제 검사를 끝냈지만 잠시 이 카드(손으로 카드를 건네주면서)를 보기로 하겠습니다. 어떤 사람들은 이 카드에서 박쥐(그 카드의 평범반응을 언급해준다)를 보기도 합니다. 당신은 이 카드에서 그런 종류의 것을 볼 수 있나요?"라고 질문한다.

[2007년 기출]

다음은 어떤 심리검사에 대한 설명이다. 물음에 답하시오.

- (가) 이 검사는 개인의 사고, 정서, 현실지각, 대인관계방식 등 다양한 측면의 성격 특성에 관한 정보를 제공한다.
- (나) 이 검사는 흑백으로만 구성된 카드, 흑백에 붉은색이 혼합된 카드, 여러 가지 색깔들로 혼합된 카드 등 총 10장의 카드로 구성되어 있다.
- (다) 이 검사에서 사용하는 카드는 모두 특정한 대상이나 사물로 명명한 만큼 명확한 형태를 지니고 있지 않고 모호하게 되어 있다.
- (라) 검사실시는 자유연상단계, 질문단계, 한계음미단계로 진행된다.
- (마) 엑스너는 이 검사의 여러 검사방식과 해석체계를 통합하여 종합체계방식으로 발전시켰다.

(1) 위에서 설명한 검사의 이름을 쓰시오.

(2) 이 검사의 자유연상단계에서 첫 번째 카드를 제시하면서 지시하는 말을 쓰시오.

(3) (다)처럼 모호하고 애매한 검사자극에 대한 개인의 반응을 분석하여 사고과정과 사고내용, 정서와 성격특징, 주요한 갈등과 방어, 심리적 부적응, 정신병리 등을 측정하는 검사를 무엇이라고 하는지 쓰시오.

[2017년 기출]

다음은 전문상담교사가 민영(고1, 여)에게 집-나무-사람 그림 검사(HTP)와 로르샤흐검사(Rorschach Test)를 실시하는 대화 내용이다. 밑줄 친 ㉠~㉣ 중 잘못된 반응의 기호를 2가지 쓰고, 각각을 바른 반응으로 고쳐 서술하시오.

〈집-나무-사람 그림검사 실시 중 나눈 대화〉

민　　영: 혹시 자나 다른 도구를 사용해도 되나요?
상담교사: ㉠ 필요하다면 사용해도 됩니다.
　　　　　　　　　　　　　…(중략)…
상담교사: 자, 이제 여기에 사람을 그려 보세요.
민　　영: (종이에 얼굴만 그려 놓았다.)
상담교사: ㉡ 여기 얼굴만 그려 놓았는데, 사람 전체를 다시 그려 보세요.

〈로르샤흐검사 실시 중 나눈 대화〉

상담교사: (카드 I을 제시하며) 이게 무엇처럼 보이나요?
민　　영: 몇 개나 말해야 되죠?
상담교사: ㉢ 일반적으로 사람들은 1개 카드에 1개 이상을 말해요.
　　　　　　　　　　　　　…(중략)…
민　　영: 카드를 돌려 봐도 되나요?
상담교사: ㉣ 아니요. 카드는 돌려 볼 수 없어요.

4 반응의 채점 2015 기출

1 반응 채점의 주요 원칙

채점이란, 피검자의 반응을 로르샤흐 부호로 바꾸는 과정이다.

(1) 피검자가 자유연상단계에서 자발적으로 응답한 반응만 채점한다. 검사자의 질문으로 유도된 반응은 채점되지 않는다. 그러나 질문단계에서 응답되었다 할지라도 자발적으로 응답한 경우라면 채점에 포함한다.
(2) 반응단계에서 나타난 모든 요소들을 빠짐없이 채점한다. 혼합반응도 각 요인 모두 개별적으로 채점한다. 검사자의 질문을 받고 한 것이 아니라 피검자가 자발적으로 응답하면 채점에 포함한다.

- 반응의 위치: 브롯의 어느 부분에 반응했는가?
- 반응 위치의 발달질: 위치 반응은 어떤 발달수준을 나타내는가?
- 반응의 결정요인: 반응을 결정하는 데 영향을 준 브롯의 특징은?
- 형태질: 반응된 내용은 자극의 특징에 적절한가?
- 반응내용: 반응은 어떤 내용 범주에 속하는가?
- 평범반응: 일반적으로 흔히 일어나는 반응인가?
- 조직활동: 자극을 조직화하여 응답했는가?
- 특수점수: 특이한 언어반응이 일어나고 있는가?
- 쌍반응: 사물을 대칭적으로 지각하고 있는가?

2 반응위치(Location)

(1) 브롯의 어떤 부분에서 반응이 일어났는가를 판단하는 과정이다. 피검자가 쉽게 위치를 말하지 못하는 경우는 "손가락으로 그 부분을 짚어 보세요"라고 지시한다.

(2) **D반응 합성**: 반응 내용이 각각 분리된 사물로 나타나면 D로 채점한다. 새로운 특이한 하나의 사물로 나타나면 Dd로 채점한다.

기호	정의	기준
W	전체반응 whole response	• 브롯의 전체가 응답에 사용된 경우에 한하여 W로 채점한다.
D	부분반응 common detail response	• 흔히 반응되는 브롯이 사용되었을 때 D로 채점. 정상집단의 반응 빈도를 기준으로 하여 정상집단의 반응 가운데 반응 빈도가 95%이상 빈번하게 응답된 영역이 반응에 사용되었을 때 D로 채점. 위치 번호를 함께 기록한다.
Dd	드문 부분반응 unusual detail response	• 반응빈도가 5% 미만으로 드물게 반응되는 영역. 대부분 크기가 작은 영역에서 응답. 때로 전체 반응에서 일부를 제외한 큰 부분에서 반응되는 경우도 있다. 위치반응표에 W, D반응으로 분류되지 않는 반응은 Dd반응으로 분류하되 Dd99로 표기.
S	공백반응 white response	• 카드의 흰 공백부분에 대해 반응이 일어나는 경우 채점. 독립적으로 채점되지 않고 WS, DS, DdS와 같이 부가적으로 채점한다.

3 반응위치의 발달질(Developmental Quality of Location)

(1) 발달질은 인지기능 발달 수준 평가하는 지표이다. 지각의 정확도를 나타내주는 형태질 평가와는 구별된다.

기호	정의	기준
+	통합 반응 synthesized response	• 브롯의 전체나 분리된 부분들이 처음에는 분리되었다가 하나의 반응으로 다시 통합. 두 개 이상의 사물이 분리되어 있지만 서로 의미 있는 관계에 있다. 관련 사물 중 최소 하나는 원래 일정 형태 있거나 일정한 형태 있는 상태로 묘사.
o	보통 반응 ordinary response	• 브롯의 한 영역이 단일한 사물을 가리키는 데 사용한다. 사물은 원래 일정한 형태를 지니고 있거나 형태를 지니고 있는 상태로 묘사되어야 한다.
v/+	모호-통합 반응 vague/synthesized	• 브롯의 전체 부분이나 분리된 부분이 처음에는 분리되고 난 다음 하나의 반응으로 다시 통합. 두 개 이상의 사물들이 분리되어 있으나 의미 있는 관계 속에 있다. 관련된 사물들 가운데 어떤 것도 원래 일정한 형태가 있는 사물이 아니거나 특정한 형태를 지니고 있는 것으로 묘사되고 있지 않다.
v	모호 반응 vague response	• 브롯의 영역에서 한 사물이 응답되는 데 응답된 사물이 특정한 형태를 지니고 있지 않으며, 사물 묘사가 특정한 형태를 드러내고 있지 않다.

4 결정요인(Determinants)

(1) 브롯의 어떤 특징이 지각 형성에 영향을 미쳤는지 알려준다. 반응 일으킨 복잡한 지각-인지과정에 관한 정보를 얻기 위함이다.

분류	기호	기준
형태	F	• 브롯의 형태를 단독적으로 보고 반응하는 경우 채점된다.
움직임	M	• 인간의 움직임: 인간의 동작 또는 동물이나 가공적 인물이 인간과 유사한 움직임을 보이는 경우 채점한다.

분류	기호	기준
	FM	• 동물의 움직임: 동물의 자연적인 움직임. 만약 그 동물의 자연스러운 동작이 아닌 경우 M으로 채점한다.
	m	• 무생물의 움직임: 생명이 없는 사물의 움직임에 대해 채점한다.
색채	C	• 순수 색채 반응: 브롯의 색채만을 근거로 하여 반응했을 때 채점한다.
	CF	• 색채-형태 반응: 브롯 색채가 일차적 주요 결정인. 형태는 이차적인 결정인으로 사용
	FC	• 형태-색채반응: 브롯의 형태가 주요 결정요인, 이차적으로 색채가 개입되었을 때 채점.
	Cn	• 색채명명반응: 반점의 색채 이름이 그대로 반응으로 나타난 경우. 색채 명명이 단순 위치 지적X.
무채색	C′	• 순수 무채색: 브롯의 무채색, 즉 회색, 검정색, 흰색의 무채색이 반응 결정인으로 작용
	C′F	• 무채색-형태: 무채색이 일차적 결정인, 이차적으로 형태가 결정인으로 개입.
	FC′	• 형태-무채색: 일차적으로 형태에 의존, 이차적으로 무채색이 결정요인으로 사용.
음영-재질	T	• 순수 재질반응: 브롯의 음영이 형태 개입되지 않은 순수한 재질현상을 나타낸다고 지각되는 경우.
	TF	• 재질-형태: 음영이 재질로 지각된 뒤, 사물의 윤곽을 나타내거나 자세히 묘사되는 데 형태가 개입.
	FT	• 형태-재질반응: 기본적으로는 형태에 따라 반응을 지각, 이차적으로 음영이 재질로 지각되는 경우.
음영-차원	V	• 순수 차원반응: 음영의 특징이 형태를 개입시키지 않고 차원이나 깊이만을 나타내는 것으로 지각.
	VF	• 차원-형태반응: 일차적으로 음영이 깊이나 차원을 나타내는 것으로 지각, 이차적으로 형태 지각.
	FV	• 형태-차원: 형태에 근거해 반응이 결정된 뒤, 음영이 깊이나 차원을 나타내는 이차적 결정요인.
음영-확산	Y	• 순수 음영반응: 형태 개입시키지 않고 브롯의 밝고 어두운 특징에 따라서만 반응이 결정.
	YF	• 음영-형태반응: 브롯의 밝고 어두운 특징 근거로 일차적으로 반응이 결정, 형태는 이차적으로 개입
	FY	• 형태-음영반응: 주로 브롯의 형태에 의존하여 반응이 결정, 이차적으로 음영 특징이 반응을 결정.
형태차원	FD	• 형태에 근거한 차원: 깊이·거리·차원이 브롯의 크기나 모양 근거로 결정. 음영은 개입되지 않는다.
쌍	(2)	• 브롯의 대칭성에 근거해 두 개의 동일한 사물을 지각. 사물들은 모든 점에서 동일해야 하며 반사나 거울에 비친 모습이라고 반응되는 경우 쌍반응이 아닌 반사반응으로 채점
반사	rF	• 반사-형태반응: 브롯의 대칭적인 성질에 근거하여 반사되거나 거울에 비친 모습을 나타낸다고 반응될 때 채점된다. 구름이나 그림자와 같이 원래 일정한 형태를 갖추고 있지 않은 사물로 반응.
	Fr	• 형태-반사반응: 브롯의 대칭성에 근거하여 반사되거나 거울에 비친 모습으로 지각되는 경우 채점된다. 이때 반응된 사물은 일정한 형태를 지니고 있다.

〈결정인 각 요인마다 채점 지침〉

1) 형태 결정인(Form Determinant)
  (1) "모양이 그렇다"식으로 응답하는 경우이다. 쉽게 인지. 직접 형태를 언급하지 않더라도 모양을 지각한 경우 채점한다.
  (2) 드물지만 사물의 원래의 조건이 일정한 형태를 갖추지 않은 경우라도 채점 가능. "꼭대기가 비구름처럼 불규칙적이고 좁다"

2) 움직임 결정인(Movement Determinants)
  (1) 인간 동작반응은 "달리고 뛰어오르고 싸우고 논쟁하는" 적극적 반응과 "잠자고 생각하고 미소 짓고 쳐다보는" 소극적 반응으로 구별한다. 적극적 인간 운동반응은 Ma, 소극적 인간 운동반응은 Mp로 표시한다.
  (2) 동물움직임과 무생물 움직임 역시 적극적 반응에 FMa, ma, 소극적 반응에 FMp, mp를 기록한다.

(3) 자발적으로 움직임이 언급되어야 채점한다.
(4) 감각적 경험이나 정서적 경험이 추상적으로 표현되는 경우에도 채점. "두 사람이 우울해하고 있다.", "이 사람이 사랑을 느끼고 있다."
(5) 동물이나 무생물이 인간과 같은 활동을 보일 때도 M으로 채점: "매우 행복한 나무"
(6) 동물의 원래 동작 아닌 경우 응답과정에 공상이 관여되었으므로 M으로 채점. "뱀이 공중을 날다.", "물고기가 서 있다." 등
(7) "용"과 같이 상상의 동물의 움직임은 모두 FM으로 채점한다.
(8) m반응은 인간이나 동물이 아닌 무생물의 움직임을 나타낼 때 채점한다. "불이 타오르고, 폭발하고 있고, 피가 떨어지고, 폭포 물이 떨어지고, 나무가 기울어져 있다."의 경우. "팽팽하게 펴진 가죽, 옷걸이에 걸린 외투"는 자연스럽지 않은 긴장 상태를 나타내므로 m반응.

3) 색채 결정인(Color Determinants)
    (1) C: 피, 아이스크림, 물감 등. CF: 둥근 모양으로 번진 핏자국
    (2) '피' 자체가 지니고 있는 형태 문제가 아니라 피검자가 응답할 때 형태를 개입시키고 있느냐가 기준이다.
    (3) FC: 빨간 리본, 폐의 해부도. Cn: 빨간색이다. 이건 파란색, 녹색, 또 붉은 색이 있다.
    (4) '이 빨간색 부분은 모자와 같다': 위치를 구별하기 위한 단순한 진술이므로 Cn으로 채점되지 않는다.

4) 무채색 결정인(Achromatic Determinants)
    (1) C': 매우 드문 반응. "석탄 같다. 색깔이 까맣기 때문이다." C'F: "하얀 구름이 덮인 까만 하늘"

5) 음영 결정인(Shading Determinants)
    (1) 음영의 밝고 어두운 특징을 결정인으로 사용시, T, Y, V를 채택. V는 음영이 드러나는 반응만 포함, Y는 무채색 반응으로 응답되는 경우는 제외한다.

6) 재질 결정인(Texture Determinants)
    (1) "부드러운, 거칠은, 털이 많은" 등의 형용사로 표현.
    (2) T: 드문 반응. 양털, 얼음, 기름 등. 반응과정에서 형태 언급된다면 T보다 TF반응으로 채점한다.
    (3) TF: "뭔가를 구운 거 같은데---새우 같아요, 그래요, 바로 새우튀김이에요."

7) 음영- 차원 결정인(Shading-Determinants)(VISTA)
    (1) 브롯의 평면적 모양을 깊이나 거리 있는 입체적 모양으로. 이러한 반응 가운데 깊이에 관한 반응이 더 자주 일어난다.
    (2) V: 매우 드문 반응. 깊이, 전망, 나를 향해 찌르고 있다 등.

8) 확산음영 결정인(The Diffuse Shading Determinants)
    (1) 재질이나 차원과 연관되지 않는 모든 음영반응은 확산 음영반응으로 채점된다.
    (2) Y: 특정한 형태를 지니고 있지 않은 안개, 어두움, 연기 등이 있다.
    (3) YF: 형태가 없는 구름, 그림자, 연기 등이 있다.
    (4) FY: 특정한 모양의 구름, 더러운 얼굴 등. 음영이 단순히 형태의 윤곽을 나타내는 데 사용되는 경우 F로 채점한다.

9) 형태-차원반응(The Form-Dimension Response:FD)
    (1) 종합방식에서만 채점되는 것. FD는 브롯의 형태나 크기, 다른 부분과의 관계를 근거로 하여 조망이나 입체감을 지각하는 경우에 채점한다. 흔한 FD반응은 IV번 카드에서 "사람이 등을 기대고 있다."에서 채점한다.

10) 반응과 반사반응(Pair and Reflection response)
    (1) "둘"이라는 단어가 사용되거나 "여기에 하나, 저기에 하나"로 표현. "곰들, 개들"과 같은 복수도 쌍반응으로 채점한다.

11) 혼합반응(Blend)
    (1) 한 반응의 결정 요인이 2개 이상일 때. 반응을 결정하는 데 개입된 모든 결정요인들이 채점되어야 한다.
    (2) 결정요인들 사이에 마침표를 찍고 동등한 정도의 중요성으로 취급한다. 일어난 순서에 따라 기록.
    (3) F반응이 혼합반응으로 채점되는 경우는 매우 드물며 이 경우는 신경학적 장애나 정신지체 같은 인지적 손상을 의미한다.
    (4) 혼합 결정인 반응에 나타나는 여러 사물들은 서로 가까이 있고 의미 있는 관계 속에 있는 것으로 표현한다.

12) 인지조작 활동(cognitive organization activity)
    (1) 인지적 조직 활동 Z는 Beck이 자극의 조직화와 복잡성에 대해 점수를 부여한 이후 지능과의 연관성이 검토되어 왔다.
    (2) 형태를 포함하는 반응 가운데 다음의 조건이 충족되면 채점한다.

> - W의 발달 수준이 +, v/+, o일 때(Wv 제외)
> - 2개 이상 근접한 부분이 서로 의미 있는 관계에 있을 때
> - 서로 근접하지 않은 부분들이 의미 있는 관계를 이룰 때
> - 공백반응이 다른 부분 반응과 의미 있게 통합되고 있을 때
>
> (3) Z점수는 형태가 사용되는 경우에만 채점한다. 만약 한 반응이 2개 이상의 Z점수를 동시에 받으면 그 가운데 높은 점수를 준다.

5 형태질(Form Quality)

(1) 반응내용이 브롯의 특징에 얼마나 적합한가를 평가한다. 형태질 분석은 로르샤흐검사의 양적 평가의 주요 부분이다.

(2) 형태질이 양호하다고 평가되는 2개 수준(+, o)과 양호하지 못하다고 분류되는 2개 수준(u, -).

(3) 현실검증력이나 지각장애를 판단해 주고 임상진단을 구별해주는 주요한 지표이다.

기호	정의	기준
+	우수하고 정교한 superior-overelaborated	매우 정확하게 형태를 사용한다. 즉 형태가 적절하면서 질적으로 상승된 수준에서 반응한다. 반드시 독창적일 필요 없으나 부분들 구별되고 형태가 사용·명료화 방식이 매우 독특하다.
o	보통의 ordinary	흔히 지각되는 사물을 묘사하는 데 명백하고 쉽게 이해될 수 있는 방식으로 브롯의 특징이 사용. 반응내용은 평범하며 반응의 내용을 쉽게 알아볼 수 있다. 브롯의 특징을 사용하는 수준은 평범하므로, 브롯 특징의 사용이 매우 정교하여 반응내용을 풍부하고 독특하게 해주는 우수한 형태질 수준과는 구별된다.
u	드문 unusual	흔히 반응되지 않는 낮은 빈도의 반응. 반응내용이 브롯 특징과 크게 부조화되지는 않는다. 비교적 빠르고 쉽게 알아볼 수는 있지만 흔히 일어나는 반응은 아니다.
-	왜곡된 minus	반응과정에서 브롯의 특징이 왜곡·인위적·비현실적으로 사용. 브롯의 특징을 완전히 혹은 거의 무시한 반응이 지각. 반응과 브롯의 특징이 전혀 조화되지 않는다. 때로 반응된 형태를 지각할만한 브롯의 특징이 없는 상태에서 독단적으로 형태가 지각된다.

6 반응내용(Contents)

(1) 한 반응에 2개 이상의 내용 포함될 때 모두 채점한다. 예외는 자연반응, 식물반응, 풍경반응 동시에 반응되는 경우 자연 반응에 모두 포함하고 식물이나 풍경반응을 따로 채점하지 않는다. 만약 자연반응이 포함되지 않고 풍경과 식물 반응만 있는 경우는 두 개 반응 중 하나만 채점한다. 이유는 한 반응이 소외지표에 지나치게 영향을 미치는 것을 막기 위해서이다.

(2) 가장 중심적인 내용을 맨 먼저 기록한다. 일반적으로 중심적인 내용이 맨 처음 언급된다.

(3) 흔치 않는 내용(idiographic contents)은 반응내용이 표준분류에 포함되지 않은 내용들을 말한다. 그러나 겉보기에 흔치 않은 반응처럼 보인다 할지라도 검토해 보면 표준분류에 해당하는 경우 있으므로 유의해야 한다. 예를 들면 시험관(test tube)은 겉으로 보기에 매우 드문 반응이지만 SC에 분류될 수 있다.

분류	기호	기준
전체인간 Whole human	H	전체 인간의 모습이 지각될 때
가공적 또는 신화적 전체인간 fictional or mythological	(H)	거인, 악마, 귀신, 천사, 이상한 나라의 앨리스와 같은 가공적, 신화적 전체 인간의 모습이 지각될 때

분류	기호	기준
인간부분 Human detail	Hd	• 불완전한 부분적인 인간의 모습 지각. 사람의 머리, 팔, 다리 등.
가공적 또는 신화적 인간부분 fictional or mythological	(Hd)	• 신의 손, 악마의 머리, 괴물의 발 등 가공적 또는 신화적인 인간의 신체 부분이 지각될 때
인간경험 Human experience	Hx	• 사랑, 우울, 행복, 소리, 냄새, 공포 등 인간의 정서나 지각경험. 특수점수로 AB로 채점되기도 하며, 추상적이지 않은 반응내용에서 이차반응으로 채점되기도 한다. 예〉 두 사람이 깊이 사랑하면서 쳐다보고 있다(Hx는 이차내용).
전체동물 Whole animal	A	• 전체 동물형태가 지각될 때
가공적 신화적 전체동물 fictional or mythological	(A)	• 용, 날아다니는 붉은 말, 유니콘, 마술개구리 등과 같이 가공적 또는 신화적 동물 형태가 전체적으로 지각될 때.
동물부분 Animal detail	Ad	• 불완전한 동물의 형태가 지각될 때. 동물가죽 포함.
가공적 신화적 동물부분 fictional or mythological	(Ad)	• 날개 돋친 천마의 날개와 같이 신화적 가공적 동물의 신체 부분이 지각될 때.
추상반응 Abstraction	AB	• 추상적 개념, 즉 공포, 우울, 행복, 분노. 상징, 추상예술 등을 지각
알파벳 Alphabet	Al	• Al 2, 4, 7 혹은 A, M, X와 같은 숫자나 글자가 지각될 때
해부 Anatomy	An	• 사람이나 동물의 골격, 근육, 내부기관이 지각될 때. 예〉 두개골, 갈비뼈, 심장, 폐, 위, 간, 척추.
예술 Art	Art	• 추상적이든 구상적이든 그림이나 다른 예술작품, 가문의 문장 a family crest 조각품 등. 예〉 보석류, 샹데리아, 촛대, 투구장식, 뱃지, 인장 등
인류학 Anthrpology	Ay	• 특정한 문화역사적 배경을 지닌 유품. 예〉 토템기 등, 로마시대의 투구, 선사시대 도끼, 화살촉, 나폴레옹의 모자
피 Blood	Bl	• 동물이나 인간의 피반응
식물 Botany	Bt	• 꽃, 나무, 숲, 해초 등 식물반응. 나뭇잎, 꽃잎, 나무둥지, 뿌리 등 부분 반응도 포함.
의복 Clothing	Cg	• 모자, 장화, 벨트 바지, 넥타이 등과 같은 의복반응
구름 Clouds	Cl	• 구름반응 포함. 여기서 변형된 안개, 노을 반응은 자연반응으로 분류되든가 독자적인 반응으로 기록.
폭발 Explosion	Ex	• 흔히 카드 IX에서 나타나는 원자폭탄이나 폭풍에 의한 폭발반응, 불꽃놀이 반응이 포함. 대체로 m반응이 동반된다
불 Fire	Fi	• 불과 관련된 반응으로, 연기, 타오르는 촛대, 램프 불꽃 등
음식 Food	Fd	• 음식 관련 반응. 아이스크림, 요리된 새우, 구운 닭, 사탕, 껌 등
지도 Geography	Ge	• 특정한 또는 비특정한 지도. 섬, 만, 반도 등이 실제 지각된다면 풍경
가구 Household	Hh	• 의자, 양탄자, 식기, 침대, 램프, 컵, 은그릇 등 가구반응. 양탄자는 동물가죽인 경우 Ad로 채점.
풍경 Landscape	Ls	• 풍경이나 해저의 풍경반응. 산, 산맥, 언덕, 섬, 동굴, 바위, 사막, 늪 혹은 산호초, 해저 풍경 등의 바다풍경
자연 Nature	Na	• 식물이나 풍경으로 분류되지 않은 자연환경의 다양한 내용들. 예를 들면, 해, 달, 유성, 하늘, 물, 대양, 강, 얼음, 눈, 비, 안개, 진눈개비, 무지개, 폭풍, 회오리바람, 밤, 빗방울 등

분류	기호	기준
성반응 Sex	Sx	• 성기능과 관련된 성기관과 성행위. 예〉 남근, 자궁, 가슴, 고환, 월경, 유산, 성교. 보통 성교는 이차반응으로 채점. 일차 내용은 H, Hd, An이다.
과학 Science	Sc	• 과학과 연관되거나 과학 혹은 과학적 상상력의 산물. 예〉 현미경, 망원경, 무기, 로켓, 발동기, 우주선, 광선총, 비행기, 배, 기차, 자동차 등
X-선	Xy	• 뼈, 내부기관의 X선 반응, Xy가 채점외면 An은 채점되지 않는다
직업적 반응(이차적 채점)	Vo	• 피검자의 직업과 연관되는 반응으로서 이차반응으로만 채점된다

7 평범반응(Popular Responses)

(1) 평범반응과 내용 및 위치가 매우 유사하지만 정확하게 일치하지 않는 경우 평범반응으로 채점되지 않는다.

카드	위치	기준
I	W	• 박쥐, 전체 브롯을 포함하고 있어야 한다.
I	W	• 나비, 전체 브롯을 포함하고 있어야 한다.
II	D1	• 동물, 곰, 개, 코끼리 등 구체적 동물이름 제시. 보통은 동물의 머리나 상체부분으로 표현되지만 동물 전체 모양이 지각될 때도 평범반응으로 채점된다.
III	D9	• 인간의 모습이나 인형, 만화 등 인간의 모습. 만약 D1이 두 사람으로 지각된다면 D9이 단일한 인간으로 지각되어도 평범반응으로 채점된다
IV	W / D7	• 인간 혹은 인간과 유사한 존재 (거인, 괴물, 공상과학적 존재)
V	W	• 박쥐, 카드의 정위치나 거꾸로 돌려본 위치에서 전체브롯을 포함한다.
V	W	• 나비, 카드의 정위치나 거꾸로 돌려본 위치에서 전체브롯을 포함한다.
VI	W / D9	• 동물가죽, 융단, 가죽. 흔히 고양이나 여우의 전체 모양의 가죽이 언급. 평범반응은 피검자가 반응하는 과정에서 가죽을 실제로 묘사할 경우 채점.
VII	D1 또는 D9	• 인간 머리나 얼굴 특히 여성, 어린이, 인디안으로 지칭되거나 성이 언급되지 않기도 한다. D1이 사용된다면 D5는 머리카락이나 깃털로 묘사. D2가 반응된다면 머리나 얼굴은 D9에 국한. 만약 Dd23이 인간의 부분으로 묘사된다면 평범반응으로 채점되지 않는다.
VIII	D1	• 전체 동물 모습, 흔히 개, 고양이, 다람쥐 등 다양한 동물이 언급된다. 또한 동물 모양의 문장과 같은 W반응의 일부분으로 D1이 지각된 때도 평범반응으로 채점된다.
IX	D3	• 인간이나 인간과 유사한 존재, 마귀, 거인, 괴물, 공상과학적 존재.
X	D1	• 게, D1 영역에 국한되어야 한다.
X	D1	• 거미, D1 영역에 국한되어야 한다

8 특수점수

범주	기호명	수준	설명	예
특이한 언어 반응 (수준1, 수준2)	일탈된 표현 (DV)	신조어	부적절한 단어나 신조어를 사용하는 경우	망원경으로 본 세균(DV1), 뛰면서 난다는 뒤날이(DV2)
		동어 반복	말을 두 번 불필요하게 반복하는 경우	한 쌍의 두 마리 나비(DV1), 세 사람의 트리오(DV2)
	일탈된 반응 (DR)	부적절한 어구	부적절하고 아무 관련이 없는 구절을 써서 반응하는 경우	이게 게 같은데 요즘은 게 철이 아닌데요
		우회적 반응	부적절한 정교화 때문에 나타나는 유동적 혹은 산만한 반응	동물의 코 같은데 열정이 가득한 연극과 사이코드라마 같네요
부적절한 논리(ALOG)			자신의 반응을 정당화하기 위해 비합리적인 논리를 말할 때	카드 위쪽에 있으니까 북극, 녹색은 상추인데 토끼 옆에 있으니까 상추다.
반응 반복과 통합 실패	반응 반복 (PSV)	카드 내 반응 반복	동일한 카드 내에서 위치, 발달질, 결정인, 형태질, 내용 및 Z점수가 동일한 반응이 연속적으로 나타날 경우	카드 I 에서 박쥐(F), 나비 등을 차례로 말하는 경우
		내용반복	앞 카드에서 말한 대상을 뒤 카드에서도 동일하게 반복할 때	카드 II에서 두 사람이 싸운다고 하고, 카드 III에서 그 사람들이 싸우지 않는다고 한다.
		기계적 반복	동일한 대상을 기계적으로 반복할 때	카드마다 연속해서 박쥐라고 대답할 경우
	작화반응(CONFAB)		반점의 일부분에 근거하여 보다 큰 영역 혹은 전체로 반응을 일반화하는 경우	집게발이 있으므로 가재다.
특수 내용	공격적 운동(AG)		주체적인 내용의 공격적 운동	싸우기, 파괴하기, 폭발, 찢기, 화나 보이는 것.
	협동적 운동(COP)		둘 이상의 대상이 적극적이고 협동적인 상호작용을 하는 운동	두 사람이 무엇을 들어올리고 있다.
	병적 내용(MOR)		죽은, 파괴된, 손상된 대상을 지각하거나 우울한 감정이나 특징을 부과하는 경우	죽은 개, 썩은 잎사귀, 깨진 거울, 울고 있는 사람, 침울한 집
기타 특수 반응	추상적 내용(AB)		인간 경험 혹은 분명하고 구체적인 상징적 표현을 사용하는 경우	우울을 상징, 악마를 상징하는 마스크, 여성의 아름다움을 드러내는 무용, 순수를 향한 열망에 대한 그림
	개인적 반응(PER)		자신의 반응을 명료화하고 정당화하는 과정에서 개인적 경험이나 지식을 언급한 경우	예전에 이것과 비슷한 그림을 책에서 본 적이 있어요.
	색채투사(CP)		무채색 영역에서 유채색을 보는 경우	카드 V. 아름다운 자주색 나비

14 로르샤흐 검사

[2015년 기출]

전문상담교사가 고등학생에게 로르샤흐검사(Rorschach Test)를 실시하고 있다. 다음 〈지시문〉과 같이 안내하게 되는 단계의 명칭을 쓰시오. 그리고 엑스너(J. Exner) 체계를 기준으로 할 때, 이 단계에서 초점을 두고 있는 특징적인 채점요소들 중 다음 〈채점표〉에 해당하는 요소의 명칭을 쓰시오.

〈지시문〉

지금까지 10장의 카드에 대해서 대답을 참 잘 했어. 이제부터 조금 전에 봤던 카드를 하나씩 다시 보여 줄게. 카드마다 네가 본 그대로 선생님도 똑같이 볼 수 있도록 설명해 주렴. 네가 말한 것을 다시 읽어 줄 테니 어디에서 그렇게 보았는지, 어떤 점에서 그렇게 보았는지를 선생님이 이해할 수 있도록 설명해 주겠니?

〈채점표〉

범주	기호	채점 기준
형태	F	형태 반응: 전적으로 반점의 형태 특징을 근거로……
운동	M	인간 운동 반응: 인간의 움직임이나 동물 또는 가공적인……
	FM	동물 운동 반응: 피검자가 보고한 동물에서……
	m	무생물 운동 반응: 무생물 또는 감각이 없는 대상에……
유채색	C	순수 색채 반응: 전적으로 반점의 유채색에……
	CF	색채-형태 반응: 일차적으로는 반점의 색채가……
	FC	형태-색채 반응: 일차적으로는 형태가……
	Cn	색채 명명 반응: 반점의 색채를 명명한 경우로……
무채색	C'	순수 무채색 반응: 반점의 무채색, 즉 흰색, 검성색, 회색이……
	C'F	무채색-형태 반응: 일차적으로는 반점의 무채색이……
…(하략)…		

15 주제통각검사(Thematic Apperception Test)

1 TAT란? 2008 기출

1) 헨리 머레이(Henry A. Murray)의 욕구이론에 기초하여 모건(Morgan)과 머레이가 개발하였다.
2) 성격의 역동성 요소를 알려준다. 대인관계와 환경지각에서 나타나는 요소, 개인의 성격과 환경과의 상호관계를 알려준다.
3) 개인의 인격 가운데 주요 동기, 정서, 기분, 콤플렉스, 갈등 등 다양한 정보를 빠른 시간 내에 제공하는 것이 장점이다.
4) 특히 개인이 지각하지 못하는 억제된 요소들을 드러나게 해준다.
5) 짧은 시간 동안 내담자의 심리적 갈등 파악하고자 하는 경우 도움. 치료적 면담 이전에 시행함으로써 유용한 정보 획득할 수 있다.
6) 로르샤흐 검사와 상호보완적 기능을 하기 때문에 두 검사를 동시에 시행하는 것이 추천되기도 한다.

2 기본적 가설 2010 기출

1 헨리 머레이(Henry Alexander Murray, 1943)

그림에 대한 이야기들이 피검자의 주요한 성격 측면을 나타내준다고 제안하였다. 이에 대한 논리적 근거는 다음과 같다.
(1) 사람들은 모호한 상황을 과거 경험과 현재 소망에 따라 해석하는 경향이 있다.
(2) 경험의 축적과 의식적, 무의식적 감정과 욕구와 일치되는 방향으로 이야기를 만드는 경향이 있다.

2 레오폴드 벨락(Leopold Bellak, 1959)

기본 가정으로서 통각(apperception), 외연화(externalization), 정신 결정론(psychic determination)을 도입하였다.
(1) **통각 과정**: 개인의 지각과정은 내적 욕구에 의해 어느 정도 왜곡되므로 순수한 지각과정이라기보다 통각과정이다. 개인의 선행경험에 의해 지각이 왜곡되고 공상적 체험이 혼합되는 과정이다. 주제통각검사에서 개인의 반응은 통각현상이다.
(2) **외연화 과정**: 주제통각검사에서 전 의식적 수준에 있는 개인의 내적 욕구가 의식화되는 과정이다.
(3) 외적 자극에 대한 반응으로 이야기되는 모든 것은 **역동적 의미**가 있다.

3 머스테인(Murstein, 1961)

TAT 반응이 자극 카드의 그림의 특성에 의해서도 결정된다고 주장한다. 카드 그림의 특성은 다음과 같다.

(1) 구성적 특성: 그림에서 몇 사람이 동시에 등장하며 인물의 성이나 상황의 배경이 카드에 제시되고 있다는 점이다.

(2) 모호성: 그림의 내용이 불확실하여 여러 가지 해석이 가능하다. 따라서 공상의 주제는 완전히 자유롭게 결정되기보다는 제시된 자극에 대한 공상이 나타난다. 지각된 내용은 자극 조건과 개인의 내적 경험-개인의 의식적, 무의식적 요구와 방어, 갈등상태-이 동시에 나타난다.

4 TAT반응의 기본전제

(1) 비구성적 장면 완성하면서 피검사자는 성격을 드러낸다.

(2) 피검사자는 이야기 속의 어떤 인물과 동일시한다.

(3) 때로 피검자 충동이 이야기 속에 상징적으로 출현한다.

(4) 피검자 이야기 내용이 충동과 갈등 진단하는 데 반드시 유용한 것은 아니다.

(5) 자극에 따라 반응된 내용은 자극과 직접 상관없이 결정된 내용에 비해 진단적으로 덜 의미 있다.

(6) 이야기에서 반복되는 주제는 성격을 반영한다.

(7) 이야기에 피검자의 과거사건 나타날 수 있으며 이는 진단적인 가치가 있다.

(8) 이야기에 피검자의 지속적 기질과 갈등과 함께 순간적 자극에 따라 일어난 충동과 갈등을 표현한다. 두 가지가 동일방식으로 반영된다.

(9) 이야기 속에 개인적 내용만 반영되는 것이 아니라 개인이 소속된 집단, 사회적, 문화적 요인과 관련된 내용이 반영된다.

(10) 이야기에 나타난 충동, 갈등과 외부 행동 사이에 상관관계 있다.

(11) 반응내용에서 성격에 대한 판단을 내리는 데 정당한 근거가 있다.

3 실시방법 📖 2008, 2009, 2011, 2019 기출

1 검사도구

(1) **TAT 도판**: 흰색과 검은색으로 그림이 그려진 31개 카드, 한 개의 백지카드(16번) 포함한다.

(2) **카드 선정**: 각 카드 뒷면에 남자(M), 성인여자(F), 소년(B), 소녀(G) 등으로 구별이 표기되어 있으므로 피검자의 연령과 성에 따라 카드를 선정한다.

(3) **실시카드**: 이 중 11장은 모든 피검자에게 실시되고 나머지 카드들은 성별과 연령에 따라 각각 9장씩 실시한다. 각 개인은 20장의 그림을 보게 된다.

2 검사준비사항

(1) 반응이 적거나 저항이 강하거나 의심 있는 내담자의 경우, 다른 검사를 먼저 시행하는 것이 자유로운 반응을 끌어내는 데 도움이 된다.

(2) TAT에서 얻어지는 자료는 TAT를 실시하는 동안 피검자의 개방된 정신활동의 결과로 얻어진다.

(3) 이 검사의 반응이 의미 있는 자료가 되려면 검사자와 피검자 사이의 관계 형성이 최대로 이루어져야 한다.

(4) 피검자가 검사 실시 동안 자유롭게 상상하고 이러한 공상을 언어로 표현하려면 피검자가 편안하게 느낄 수 있어야 한다.

3 검사실시 📖 2008 기출

<검사 실시 내용>

- 성, 연령지능, 성격, 피검자의 상황을 고려하여 선정된 20개 카드를 2회에 걸쳐 실시한다. 즉 1회에 10개, 2회에 10개 카드를 실시한다. 이는 피험자의 피로도를 줄이고 반응의 효율성을 최대화하기 위해서이다.
- 경우에 따라서 그림의 매수를 줄여 간편하게 9~12매의 그림으로 실시할 수 있다.
- 1회 시행시간은 대략 1시간이 소요. 표준절차에서는 지시 내용을 검사자가 읽어주도록 한다.

(1) 1회 검사지시 내용

> **TAT 1회 지시문 내용: 평균 지능과 교양을 갖춘 청소년과 성인에게 적합**
>
> 지금부터 몇 장의 카드를 보여드리겠습니다. 각 그림을 보면서 될 수 있는 대로 극적인 이야기를 만들어 보십시오. 그림에 나타난 장면이 있기까지 어떤 일이 있었는지, 현재 무슨 일이 일어나고 있는지, 등장하는 사람들이 어떻게 느끼고 무엇을 생각하고 있는지 이야기해 주십시오. 그리고 그 일의 결과에 대해서도 이야기해 주십시오. 어떻게 하는지 이해하셨나요? 각 카드마다 약 5분 정도로 이야기해 주시면 됩니다. 자, 여기 첫 번째 카드가 있습니다.

> **참고** Form B 1회 지시문 내용: 아동, 교육수준이 낮은 성인, 정신병환자에게 적합
>
> "이것은 이야기하는 검사입니다. 제가 가지고 있는 그림을 당신에게 보여줄 것입니다. 당신이 각 그림마다 이야기를 만들어주세요. 이전에 무슨 일이 있었으며 지금 무슨 일이 일어나고 있는지 말해주세요. 사람들이 어떻게 느끼고 생각하는지와 어떻게 될 것인지 말해 보세요. 당신이 하고 싶은 어떤 이야기라도 만들 수 있습니다. 이해하시겠습니까? 자, 첫 번째 그림입니다. 이야기를 만들 수 있는 시간은 5분입니다. 얼마나 잘 할 수 있는지 볼까요."

(2) 2회 검사지시 내용: 2회 검사는 1회 검사 후 적어도 하루 지난 뒤 실시한다. 1회와 비슷하나 상상을 완전히 자유롭게 할 것을 강조한다.

> **TAT 2회 지시문 내용: 평균 지능과 교양을 갖춘 청소년과 성인에게 적합**
>
> "오늘 검사 시행방법은 상상을 좀 더 자유롭게 한다는 점 외에는 지난번 방법과 동일합니다. 첫 번째 10개 이야기들은 매우 훌륭했습니다. 그러나 그 이야기들은 일상적인 사실들에 국한되는 것이었습니다. 이제 상식적인 현실을 무시할 때 이 그림에서 무엇을 볼 수 있는지를 알아보기로 합시다. 신화나 동화, 우화에서처럼 상상력을 마음껏 발휘해 보시기 바랍니다. 자, 여기 첫 번째 카드가 있습니다."

> **참고** Form B 2회 지시문 내용: 아동, 교육수준이 낮은 성인, 정신병환자에게 적합
>
> "오늘 몇 가지 그림을 더 보여주겠습니다. 이 그림들은 더 재미있고 더 좋은 그림들이기 때문에 이번에는 이야기하는 게 더 쉬울 것입니다. 지난번에 당신은 이야기를 매우 잘 해 주었습니다. 이제 몇 장 더 이야기할 수 있는지 알아보고자 합니다. 이번에는 이야기를 동화나 꿈과 같이 더 재미있게 꾸며 보기 바랍니다. 자, 여기 첫 번째 그림이 있습니다."

(3) 백지카드

① 지시문: "이 백지 카드에 대해 당신이 무엇을 볼 수 있는지를 알아봅시다. 이 백지에서 어떤 그림을 상상해 보고 그것을 자세하게 말해 보십시오."

② 잘 따르지 못할 경우: "당신의 눈을 감고 무엇인가를 상상해 보십시오. 자, 이제 그것을 이야기로 꾸며 보십시오."

(4) 자가실시

① 피험자에게 구두나 문장으로 쓰여진 지시문과 함께 선발된 카드를 주는 것이 경제적이다.

② 한 번에 하나의 그림만 보아야 한다는 것을 강조한 다음, 집이나 사무실에서 일반 용지에 이야기를 쓴다.

③ 피험자에게 각 이야기마다 가능하다면 즉각적으로 300단어 이내를 써야 한다고 알려주는 것이 좋다.

④ 자가 시행(self-administration) 피험자에게는 다음과 같은 지시를 써주어야 한다.

> **〈자가시행을 위한 지침〉**
> - 각 그림에 관한 이야기를 쓰시오.
> - 기록할 준비를 하기 전에는 그림을 보지 마시오.
> - 주어진 순서대로 한 번에 하나의 그림만 본 후 각각의 그림에 대해 당신이 할 수 있는 한 극적인 이야기를 쓰시오. 무엇 때문에 그림에 보이는 일이 일어났는가, 현재 무슨 일이 일어나고 있는가, 등장인물의 느낌과 사고는 어떤가에 대해 묘사하고 결론도 쓰시오. 마음속에 떠오르는 대로 쓰시오.
> - 원하면 더 많은 시간을 써도 되지만 가능한 한, 한 이야기에 7분 이상 소요하지 않도록 하시오.
> - 한 이야기에 300단어 정도를 사용하고 만약 글씨가 느리다면 한 장 정도 타이핑을 하시오. 가능하다면 손으로 쓴 이야기를 후에 한 장에 이야기 하나를 한 줄씩 띄어 수정 없이 옮겨 타이핑하시오.

4 검사자의 질문과 면담

(1) 질문은 피검자가 이야기를 다 완성한 후 하는 것이 가장 도움이 된다.

(2) 질문은 자유연상의 과정으로 일반적으로 장소, 날짜, 인물의 적합한 이름이나 상세한 정보 등 검사자에 의해 주어진 모든 유용한 정보에 관한 자유연상이나 생각을 해보라고 한다.

(3) 검사자는 지시내용을 편안하게 전달, 과거·현재·미래가 포함되어야 한다는 점을 분명하게 알려주는 것이 중요하다.

(4) 검사자는 검사 도중 중립적이어야 하며, 피검자의 반응에 대해 검사자의 개인적인 감정반응을 말해서는 안 된다.

(5) 검사자는 중간 질문이나 종결 질문을 통해 가치 있는 정보를 얻을 수 있다.

(6) 중간질문은 검사자가 생각하기에 불완전해 보이는 부분에 대해 한다.

> **＋ 중간질문의 예**
> "이 소년은 친구와 같이 가지 않았다."라고 응답한 경우, "이 소년은 그때 어떤 느낌이었을까?", "이 소년과 같이 가지 않은 친구에 대해 더 이야기해 줄 것은 없는가?"라고 질문한다. 그러나 이런 질문은 경험이 많은 전문가가 조심스럽게 해야 하는데 자칫하면 연상의 흐름을 방해하고 이야기 내용을 유도할 수 있기 때문이다.

(7) 그 외에 환자가 중간에 질문하는 것에 대한 대처반응은 다음과 같다.

> **＋ 환자의 중간질문에 대한 대처의 예**
> - 환자가 카드의 분명치 않은 세부를 결정하기 어려워하면서 그에 대해 물어볼 수 있다. 예를 들어, 3번 카드에서 "이게 총인가요?"라고 물어본다면, "보이는 그대로 보시면 됩니다."라고 대답한다.
> - 환자의 이야기가 지나치게 짧을 때는 "잘 했습니다. 그런데, 그래서 어떻게 되었나요?"라고 질문한다.

(8) **검사시행 후 질문**: 그림에서 반응된 피검자의 이야기가 그의 순수한 생각인지, 아니면 다른 잡지나 소설, 혹은 친지의 경험에서 나온 것인지, 이야기의 원천에 대해 질문해 보는 것이 도움이 된다. 그리고 나서 피검사자 이야기의 주요 줄거리를 상기시켜 주면 그 주제에 대해 자유롭게 이야기하도록 한다. 이러한 경우 TAT 반응이 피검사자로 하여금 자유로운 연상을 유도하고, 의미 있는 경험을 의식화하는 기회를 제공해 주고, 나아가서는 통찰력을 제공해 주며 기회도 주게 된다.

(9) 반응 기록방식은 검사자가 피검사자의 말 그대로를 기록하는 방식이 가장 일반적이다. 다른 방식으로 피검사자가 직접 기록하게 하는 방식, 기록보조자의 도움방식, 녹음방식이 있다.

4 해석 📖 2011 기출

〈해석의 방법과 유의점〉

- TAT 분석과 해석의 타당성: 검사자의 자질과 훈련, 역동 심리학의 원리에 대한 이해와 인식 정도에 달려 있다.
- 피검자 나이, 성, 직업, 결혼여부, 형제·부모 존재여부만 안 상태에서 무정보 해석: 타 자료에 오염되지 않고 독립적 판단이 가능하다. 환자가 면담 중 의식적·무의식적으로 감추고 있던 결정적 영역에 대한 단서를 제공한다.
- 구체적 개인력 참조해 다시 검토: 다양한 문제들의 역동이 드러나는 방식에 대한 부가적 단서 제공, 무정보 해석에서 간과한 부분을 부각한다.
- 객관적으로 접근할 수 있도록 자신의 갈등 및 욕구를 잘 파악, 두 개 이상의 이야기에 의해 입증되는 경우에만 해석을 채택한다.
- 이야기를 너무 문자 그대로 해석하는 오류 극복 방법: 이야기의 역동성에 우선 집중한다. 각 그림에서 공통인인 이야기를 파악하여, 둘 이상의 이야기로 통합될 때까지 해석을 보류한다. 언급 대상이 그 그림 자체에 국한된 것이 아닐 경우 해석에 우선권을 부여한다.

1 해석방법

표준화법	• 반응을 항목별로 묶어 표준화 자료와 비교하는 수량화된 해석방법이다.
주인공 중심 해석법	• 이야기에 나오는 주인공 중심 해석법이다. 주인공 중심법, 욕구-압력 분석법, 이야기 속 인물분석법 등이 있다.
직관적 해석법	• 정신분석에 기초. 반응내용 기저의 무의식적 내용을 자유연상 이용해 해석하는 방법. 해석자의 통찰적 감정이입 능력이 중요하다.
대인관계법	• 인물 간 대인관계 사태 분석법으로, 등장인물 중 피검자 역할에 비추어 공격·친화 및 도피 감정을 중심으로 분석한다. 이야기에 나오는 여러 인물의 사회적 지각 및 인물들 상호 관계 중심으로 분석하는 방식이다.
지각법	• 이야기 내용의 형식을 분석하는 것으로, 도판의 시각 자극의 왜곡, 언어의 이색적 사용, 사고나 논리의 특성, 또는 이야기 자체의 기묘한 왜곡 등을 포착하는 방식이다.

2 욕구-압력 분석법

욕구-압력 분석법은 개인의 욕구와 환경의 압력 사이의 상호작용 결과를 분석함으로써 개인의 심리적 상황을 평가하고자 하는 방식으로 가장 많이 사용된다.

(1) 주인공을 찾는다.
① 피검자는 대체로 이야기 속의 주인공과 자신을 동일시했을 것으로 가정할 수 있다.
② 주인공에게 미치는 압력이나 그의 욕구, 집중하고 있는 대상 등은 피검자의 그것과 같다고 볼 수 있다.
③ 이야기에 둘 이상의 개인이 등장하는 경우에, 다른 이야기들의 자료에서도 비슷한 성향을 가진 인물이 있다면, 피검자가 자신의 특성을 드러낸 것이라 볼 수 있다.
④ 묘사된 인물들이 모순된 성격 특성을 가지고 있다면, 피검자가 자기 성격의 모순된 일면을 드러내고 있는 것일 수 있다.

⑤ 주인공을 찾는 방법

• 제일 먼저 이야기에 등장하는 인물 • 이야기 전체에서 피검자가 관심을 집중하는 인물 • 중요한 행동을 주동하는 입장에 있는 인물	• 이야기를 전환하는 역할을 하는 인물 • 다른 사람으로부터 행동을 강요받는 인물 • 연령, 성, 기타 심리적 특징이 피검자와 유사한 인물

(2) 환경의 압력을 분석한다.

① 이야기 속에서 환경에 대한 묘사와 상황을 구조화하는 과정에서 주인공이 환경을 어떻게 바라보는지에 대해 유추해 볼 수 있다.

② 환경 자극으로는 일반적 환경과 특정한 자극이 있다. 특정 자극은 주인공의 주변 인물에 의한 압력, 주변 환경에 의한 압력, 주인공 자신의 내적 압력으로 구별할 수 있다.

③ 일반적 환경

- 환경이 주인공의 발달을 촉진시키는가/저해하는 방향으로 작용하는가?
- 주인공은 환경에 순응하는가/순응하지 않는가?
- 주인공이 환경과 조화를 이루는가/맞서고 있는가?
- 주인공이 환경에 대해 만족하는가/불만족하는가?
- 주인공이 환경을 기쁘게 받아들이는가/고통스럽게 받아들이는가?
- 주인공의 행동을 방해하는 신체적, 심리적 장벽이 존재하는가?
- 주인공은 환경을 풍족하게 여기는가/결핍된 것으로 여기는가?

④ 특정한 자극

- **인적(人的) 압력**: 착취의 압력, 친화의 압력, 공격의 압력, 인지의 압력, 존경의 압력, 지배의 압력, 예시의 압력, 전달의 압력, 양육의 압력, 배척의 압력, 확보의 압력, 성의 압력, 구원의 압력, 포상의 압력, 가정 불화의 압력, 경쟁의 압력, 동생 출산의 압력, 지배-양육의 압력, 공격-지배 압력, 사기 또는 배신의 압력
- **환경적 압력**: 재해의 압력, 운명의 압력, 불행의 압력, 결여의 압력, 위험의 압력, 다양성의 압력
- **내적 압력**: 죽음의 압력, 질환의 압력, 좌절의 압력, 죄의 압력, 신체 부전의 압력, 심리 부전의 압력, 수술의 압력, 열등감의 압력

(3) 주인공의 욕구를 분석한다.

① 주인공의 욕구가 다양하게 드러나는 경우, 주요 욕구는 빈도, 강도, 지속시간에 따라 결정된다.

- 사물의 상황에게로 향하는 주인공의 활동에서 드러나는 욕구: 성취의 욕구, 획득의 욕구, 변화·여행·모험 추구의 욕구, 인지의 욕구, 구성의 욕구, 만화의 욕구, 흥분의 욕구, 섭취의 욕구, 수동의 욕구, 유희의 욕구, 확보의 욕구, 관능의 욕구, 이해의 욕구
- 다른 사람에게로 향하는 주인공의 활동에서 드러나는 주인공의 욕구: 친화의 욕구, 공격의 욕구, 지배의 욕구, 전달의 욕구, 양육의 욕구, 인정의 욕구, 거부의 욕구, 성의 욕구, 구원의 욕구, 우월의 욕구, 유사의 욕구, 불일치의 욕구
- 다른 사람의 행동에 대한 주인공의 반응에서 드러나는 주인공의 욕구: 굴종의 욕구, 자율의 욕구, 비난 회피의 욕구, 존경과 복종의 욕구, 재난 회피의 욕구, 방어의 욕구, 은둔의 욕구, 불가침의 욕구, 해독 회피의 욕구

(4) 주인공이 관심을 표현하고 있는 대상을 분석한다.

① 반응내용 가운데 주인공에게 긍정적이거나 부정적 감정을 일으키는 사물, 활동, 사람, 관념을 찾아본다.

(5) 주인공의 내적 심리 상태를 분석한다.

① 이야기 속에서 주인공이 경험하는 내적, 심리적 상태가 발생하는 환경 자극과 그것이 해결되는 방식을 분석한다. 행복 상태, 갈등 상태, 비판적 상태로 구별한다.

(6) 주인공의 행동이 표현되는 방식을 분석한다.
① 주인공이 환경적 힘에 자극되었거나 자극되고 있을 때 반응하는 행동 방식을 검토한다. 이를 통해 이야기에서 드러나는 피검자의 성격이 표면적 수준인지 혹은 내재된 수준인지 알 수 있다.
② 주인공의 행동 수준은 공상 수준, 행동 이전 수준, 억제된 행동 수준, 행동 수준으로 구별된다.
③ 이 가운데 행동 수준은 몸짓 정도로만 표현되는 반응, 능동적 반응, 수동적 반응, 외향적 행동, 내향적 행동으로 구별될 수 있다.

(7) 일의 결말을 분석한다.
① 이야기의 종료 상황뿐 아니라 결과를 유발한 조건들에도 주의를 기울여야 한다.
② 욕구와 압력 관계에 의해 상황의 결말이 행복한가, 불행한가, 성공적인가, 실패인가 또는 문제 해결이 이루어지고 욕구 충족적인가, 갈등 해결이 이루어지지 못하고 문제 해결이 지연되는 상태인가에 주목한다.

5 아동용 주제 통각 검사(Korean Child Apperception Test: K-CAT) 2019 기출

1 대상: 3~10세 아동들을 대상으로 실시하기 위해 제작된 아동용 투사적 성격검사이다.

2 제작자: 벨락(Leopold Bellak, 1949)

3 특징

(1) 도판의 자극 장면들을 아동들에게 맞는 그림으로 바꾸고 등장 주인공도 동물로 바꾸었다. 2019 기출 그 이유는, 아동이 사람보다 동물에 대해 더 잘 동일시되며, 동물은 의식수준에서는 어린이의 친구로서, 꿈에서는 동일시의 대상으로서 중요한 역할을 하기 때문이다.

(2) TAT와 마찬가지로 대인관계, 사회적 상호작용, 동일시 양식 등과 같은 아동의 보다 구체적인 문제를 반영하는 반응들이 나타나며 이와 함께 반응내용에서 공포, 공격성, 애정의 원천이나 그 대상, 반응기제에 관한 단서도 얻을 수 있다.

(3) CAT는 미국 아동 성장 과정에 관계되는 문제나 일상생활에 관련된 문제를 투사시킨 검사이므로 한국에 적합하지 않아 한국 아동에게 알맞게 수정된 것이 K-CAT(김태련, 서봉연, 이은화, 홍숙기, 1976)이다.

(4) CAT는 신뢰도 타당도가 검증되지 못하고 어린 아동은 해석이 쉽지 않아 부가적인 증거들이 부재한 상태에서 이야기를 꾸민 내용만으로는 해석할 수 없다는 제한점이 있으나, 그럼에도 불구하고 K-CAT는 매우 흥미롭고 의미있는 해석방법을 제시하고 있으며, 아동에게 시행했을 때 관계를 증진해 주고 의사소통을 촉진하며 보다 포괄적인 사회정서적 평가를 시행하는 데 도움이 되는 유용한 검사도구이다.

(5) K-CAT는 정신역동적 접근을 지향하고 있으므로, 연령에 따른 아동의 주요 발달과제나 갈등 내용에 대한 정보가 기초가 되어야 한다. 이를 바탕으로 아동의 각 연령에 적합한 발달과제나 갈등의 내용이 나타나고 있는지, 특정 단계에서 해결되지 않은 과제에 집착하고 고착되어 있는지를 파악하는 데 도움이 된다.

4 검사방법

(1) 경험 많고 숙련된 임상가가 시행해야 하며, 상당한 시간이 소요된다. 또한, 시행과 해석에 많은 주의가 필요하다.

(2) 개인이나 집단 모두 실시 가능하다.

(3) 체계적 해석은 각 기록마다 최소 30분 또는 그 이상 소요된다.

(4) 수검자는 편안해야 하며 검사자와 적절한 라포 형성, 이를 위해 놀이를 활용할 수 있다.

(5) 지시문

> **+ CAT 지시문**
>
> - 초기 지시문: "지금부터 그림을 가지고 이야기를 할 거예요. 내가 그림을 보여줄 테니까 그림들을 보고 거기에서 어떤 일이 일어나고 있는지 말해주면 돼요. 네가 하고 싶은 어떤 이야기든지 만들 수 있어요. 자, 이 그림을 봐요. 여기 나온 동물들은 지금 무엇을 하고 있고, 여기서 어떤 일들이 일어나고 있는지 말해 봐요."
> - 중기 지시문: "그럼, 이 일이 있기 전에는 어떤 일이 일어났을까요? 그럼, 다음에는 어떻게 될까요?"
> - 반응 유도 질문: "어느 동물이 그런 이름을 갖게 되었나요? 얘기에 나오는 동물들은 몇 살인가요?"
> - 주의집중 및 환기 질문: "잘 했어요. 잘하는군요. 그럼, 다른 걸 해볼까요?"

(6) 도판 순서는 가능한 정해진 순서대로 제시, 아동이 제시되고 있는 도판에 주의집중할 수 있도록 나머지 도판들은 뒤집어 놓는다.

(7) 표준형 도판은 총 9매이며 보충용 도판도 9매이고, 이를 반드시 다 사용할 필요는 없으며 수검자의 문제와 관련된 도판만 골라 실시한다.

(8) 기록의 기본원칙은 수검자가 말하는 모든 것을 가능한 한 기록한다.

[2019년 기출]

다음은 주제통각검사(TAT)와 문장완성검사(SCT)에 대해 궁금해하는 학교장의 질문에 대해 전문상담교사가 응답한 내용의 일부이다. 밑줄 친 ㉠~㉣ 중 잘못 반응한 진술문의 기호를 2가지 쓰고, 그 2가지를 각각 올바른 응답으로 고쳐 서술하시오.

〈TAT에 대해 나눈 대화〉

학 교 장: TAT라는 검사가 흥미롭네요. 이 검사는 총 몇 장의 카드로 구성되어 있죠?
상담교사: 백지를 포함해 총 31장으로 구성되어 있고 각 카드 뒷면에는 성인남자(M), 성인여자(F), 소년(B), 소녀(G) 등이 표기되어 있습니다.
학 교 장: 그러면 각 개인에게 몇 장의 카드를 보여 주나요?
상담교사: ㉠ 특별한 경우엔 9~12장의 카드를 보여 주지만, 보통은 각 개인에게 20장의 카드를 보여 줍니다.
학 교 장: 그렇군요. 이와 비슷한 검사로 '한국판 아동용 회화 통각검사(K-CAT)'도 있다고 들었는데, TAT의 카드와는 어떤 차이점이 있나요?
상담교사: ㉡ TAT 카드에 등장하는 인물들이 K-CAT 카드에는 집과 나무로 그려져 있다는 점이 다릅니다.

〈SCT에 대해 나눈 대화〉

학 교 장: SCT는 개인과 집단 모두에게 실시할 수 있는 건가요?
상담교사: ㉢ 개인과 집단 모두에게 실시할 수 있어요. 그러나 집단에 실시하더라도 해석은 개인을 대상으로 해야 합니다.
학 교 장: 시간제한이 있나요?
상담교사: ㉣ 시간제한이 있습니다만 생각을 많이 해 쓰도록 지시해야 합니다.

16 기타 지능검사(K-ABC-II)

1 한국 카우프만 아동 지능검사2(KABC-II) 2009 기출

1 검사 대상 연령: 만 3~18세

2 검사 정의

KABC-II(카우프만 아동용 지능검사 II: Kaufman Assessment Battery for Korean Children, Second edition)는 만 3~18세에 이르는 아동과 청소년의 정보처리와 인지능력을 측정하기 위해 개발된 개인지능검사(individual intelligence test)로서 심리, 임상, 심리교육 그리고 신경심리적 평가를 위한 목적으로 개발되었으며, 사고력과 전반적 인지능력을 모두 측정할 수 있는 측정도구이다.

3 검사 목적

(1) 검사를 통해 임상, 심리-교육적 그리고 신경심리학적 면에서 평가할 수 있다. 검사를 통해 임상, 교육적 측면에서 상태를 진단할 수 있으며, 치료계획, 배치 계획을 세우는 데 도움을 준다.

(2) 인지능력과 사고력에서 개개인의 강점과 약점을 파악할 수 있도록 되어 있으며, 학습장애의 핵심적인 양상인 기본적인 사고 처리과정의 장애를 파악하는 데 대단히 유용하다.

4 검사 기본 양식

저 자	Alan S. Kaufman & Nadeen L. Kaufman
한국판 표준화	문수백
목 적	인지적 강점 및 약점의 파악/ 치료 계획, 배치계획 설정
대 상	만 3~만 18세
실시형태	개별
소요시간	약 60~90분

5 KABC-II의 특징

(1) **광범위한 인지능력 측정**: 교육적 또는 심리적으로 문제가 있는 아동들을 이해하기 위해 필요한 순차처리, 동시처리, 학습력, 추리력 그리고 결정성 지적 능력을 포함하는 광범위한 인지능력들을 측정한다.

(2) **이원적 이론구조로 해석**: 인간의 사고 능력을 광범적 능력들과 한정적 능력들로 이루어진 위계적 관계구조로 설명하고 있는 CHC의 심리측정모델과 신경심리학적 인지처리 이론인 루리아 모델(Brain Model of Luria)에 근거하여 개발되어, 한 검사를 통해 피검자의 지적 능력을 평가하는 데 두 가지의 보완적인 이론적 관점에서 진단하고 해석할 수 있다.

(3) 언어적 제한의 최소화: 비언어성 척도를 포함하고 있어 비언어성척도의 하위검사에서 검사자가 몸짓으로 문항을 제시하고 피검사자는 언어가 아닌 동작으로 반응할 수도 있도록 함으로써, 청각이 손실되었거나, 또는 언어장애로 인해 제한된 언어능력을 가진 다문화 가정의 아동들을 보다 타당하게 평가할 수 있다.

(4) 핵심하위검사와 보충하위검사: 검사 실시 시간을 효율적으로 쓸 수 있도록 두 시스템으로 이루어져 있으며, 핵심하위검사의 실시를 통해 전체척도 지수와 각 하위척도의 지수를 산출한다. 보충하위검사는 핵심하위검사를 통해 측정된 능력과 처리과정을 보다 심도 있게 탐색하고자 할 때 보충적으로 실시된다.

(5) 질적 지표의 표기: 기록지에 각 하위검사마다 질적 지표를 두어 검사 중 관찰된 피검사자의 특별한 행동들을 기록할 수 있도록 하여 검사결과 해석에 참고할 수 있도록 하였다.

(6) 전체 모집단의 규준에 따라 수준(level) 구애받지 않음: 자신의 나이에 비해 평균 이상의 능력을 보이거나 평균에 많이 미달하는 능력을 보이는 아동들에게도 실시될 수 있다.

6 검사의 구성

(1) 전체척도와 하위척도

KABC-II 검사는 루리아(Luria)와 CHC 모델의 처리영역 및 광범위적 능력들과 일치하는 5가지 하위척도로 분류된다. 각 하위척도의 하위검사 구성은 Luria 모델, CHC 모델 둘 다 동일하다.

	Luria 용어	CHC 용어	KABC-II 하위척도 명칭
	순차처리	단기기억(Gsm)	순차처리(Gsm)
	동시처리	시각적 처리(Gv)	동시처리(Gv)
	학습력	장기저장 회생(Glr)	학습력(Glr)
	계획력	유동성추리(Gf)	계획력(Gf)
		결정성능력(Gc)	지식(Gc)
KABC-II 전체척도 명칭	인지처리지표(MPI)	유동성-결정성지표(FCI)	

(2) 하위검사 구성

척도/하위검사	실시 대상 연령			척도/하위검사	실시 대상 연령		
	핵심	보충	비언어성		핵심	보충	비언어성
순차처리/Gsm				계획력/Gf (7-18세)			
수회생	4-18	3		형태추리	7-18		5-18
단어배열	3-18			이야기완성	7-18		6-18
손동작		4-18	3-18	학습력/Glr			
동시처리/Gv				이름기억	3-18		
블록세기	13-18	5-12	7-18	암호해독	4-18		
관계유추	3-6		3-6	이름기억-지연		5-18	
얼굴기억	3-4	5	3-5	암호해독-지연		5-18	
형태추리	5-6			지식/Gc(CHC 모델에만 해당)			
빠른길 찾기	6-18			표현어휘	3-6	7-18	
이야기완성		6		수수께끼	3-18		
삼각형	3-12	13-18	3-18	언어지식	7-18	3-6	
그림통합		3-18					

17 기타 성격검사 (16PF, NEO-PI, CPI, PAI, TCI)

1. 16PF(다요인성격검사)

1 배경

(1) 카텔(Raymond Bernard Cattell)은 그의 성격이론을 입증하기 위한 도구로서 개발하여 1949년 처음 발표한 것이 그 시초. 인간 행동을 기술하는 방대한 양의 형용사들을 발췌하여 최소한의 공통요인을 추출해 내는 요인분석 방법으로 개발했다.

(2) 표면특질과 원천특질 중 원천특질을 성격검사를 통해 확인하기 위해 구성된 검사이다.

(3) 생활관찰자료(L-data)와 질문지 검사자료(Q-data)를 함께 사용하여 16PF를 개발했다.

(4) 검사가 제작되고 약 20년 동안 주로 연구도구로 사용했다. 16PF는 1970년대에 접어들면서 본격적으로 평가도구로서 발전하기 시작했다.

2 척도구성

- 14개의 일차척도와 2개의 특수척도로 구성(2003 개정)

일차요인	요인명	낮은 점수 명칭	높은 점수 명칭
척도 1	A요인	냉정성(Coolness)	온정성(Warmth)
척도 2	C요인	약한 자아강도(Unstableness)	강한 자아강도(Stableness)
척도 3	E요인	복종성(Submissiveness)	지배성(Dominanace)
척도 4	F요인	신중성(Desurgency)	정열성(Surgency)
척도 5	G요인	약한 도덕성(Low Superego)	강한 도덕성(High Superego)
척도 6	H요인	소심성(Shyness)	대담성(Boldness)
척도 7	I요인	둔감성(Tough-mindedness)	예민성(Tender-mindedness)
척도 8	M요인	실제성(Praxernia)	공상성(Autia)
척도 9	N요인	순진성(Naivete)	실리성(Shrewdness)
척도 10	O요인	편안감(Untroubled-adequacy)	자책감(Guilt-proneness)
척도 11	Q1요인	보수성(Conservatism)	진보성(Liberalism)
척도 12	Q2요인	집단 의존성(Group-dependency)	자기 결정성(Self-sufficiency)
척도 13	Q3요인	약한 통제력(Self-conflict)	강한 통제력(Self-control)
척도 14	Q4요인	이완감(Relaxation)	불안감(Tension, Anxiety)
특수척도	요인명	낮은 점수의 의미	높은 점수의 의미
동기왜곡척도	MD요인	솔직하게 대답함	잘 보이려는 의도로 대답함
무작위척도	RANDOM	진지하게 대답함	아무렇게나 대답함

3 특징

(1) 16PF에 나타난 16개의 성격척도는 요인분석을 통하여 추출된 여러 성격 요인들의 공통요인이다.
(2) 16PF는 인간에게서 관찰될 수 있는 거의 모든 성격범주를 포괄하고 있어서 일반인들의 성격이해에 매우 적합하다고 할 수 있다.
(3) 임상적 특성과 같은 표면특징들은 기저에 높은 잠재적 성격특성으로부터 영향을 받기 때문에 내담자의 문제의 근본 특징을 이해하고 내담자의 문제를 진단하는 데 매우 유용하다.
(4) **목적**: 성격진단, 임상진단, 직업적성 진단, 연구

4 검사 실시와 채점

(1) **실시대상**: 성인, 대학생, 고등학생별로 9개 규준집단을 대상으로 표준화되어 남성, 여성, 전체 집단 각각에 대한 활용이 가능하도록 되어 있다.
(2) **검사실시 도구**: 문제지, 답안지, 필기도구. 답안지는 수기채점과 컴퓨터 채점 2가지로 구분.
(3) **검사 소요시간**: 30-40분
(4) 5점 척도로 평가. 수검자는 답지에 문항 별로 1점에서 5점 사이의 숫자를 표기한다. 채점은 수검자가 기재한 숫자를 더하거나 뺀 다음 각 요인별로 채점판에 표기된 상수를 더하는 방식으로 이루어지며 이것이 원점수가 된다.
(5) 계산된 원점수는 1에서 10까지의 범위로 표시되는 표준 점수 스텐(STEN: Standard ten)으로 환산한다.

5 해석

(1) 동기왜곡척도와 무작위척도의 점수들이 있는지 반드시 확인하여 참조한다. 검사보고서 작성 때는 동기왜곡척도(MD)의 높은 점수를 우선적으로 언급한다.
(2) 이차요인을 측정한 경우에는 불안점수와 외향성점수를 먼저 고려한다. 불안점수는 정신병리를 가장 잘 나타내는 중요한 지표라고 할 수 있기 때문이다.
(3) 동기왜곡척도(MD)가 두드러지지 않는 경우 프로파일 중에서 표준점수의 최고점수(10점)와 최저점수(1점)의 방향으로 평균으로부터 이탈이 심한 척도 순서대로 해석한다.
(4) 이와 같이 3단계를 거치는 동안 문제에 대한 가설 설정이 가능해진다. 가설을 확인할 수 있는 모든 자료를 통합하여 해석한다.
(5) 검사결과를 요약한다. 이것은 정신의학적 진단으로 제안될 수도 있다.
(6) 본 검사의 결과해석을 통하여 얻은 수검자에 대한 가설과 기타 다른 검사자료를 비교한다. 검사자료들 간의 해석이 서로 일치하지 않을 경우 다른 검사를 추가로 실시할 수 있다.
(7) 추적 자료를 통해서 해석의 정확성을 확인한다.

2 | NEO-PI(NEO 인성검사와 Big5 성격검사) 2016 기출

1 실시 및 대상

(1) NEO-PI는 Big5, 즉 개인의 5요인 성격모델(경험에 대한 개방성, 성실성, 외향성, 우호성/친화성 및 신경증/신경질적 성향)을 검사하는 성격 검사지이다.

(2) **대상**: NEO 인성검사, NEO 성격검사(아동용, 청소년용, 성인용)

(3) **추가형**: 내담자를 잘 알고 있는 배우자나 동료가 평정하기 때문에 자기지각과 타인지각 비교가 가능하다.

(4) **단기형(NEO-FFI)**: 5개의 차원에 대한 점수만을 제공한다.

(5) **Big5 성격검사**: 초등학생(초등5-6)부터 고등학생에 이르는 아동 및 청소년들을 대상으로 개별 및 집단검사가 가능한 자기보고식 검사이다.

2 특징 및 척도구성

(1) **검사 반응의 타당도**: NEO 아동검사와 청소년검사에는 두 개의 타당도 문항이 있다. 이 두 개의 문항은 수검자가 ① 모든 질문에 정확하고 솔직하게 응답하려고 하였는지, ② 모든 문항에 답을 하였는지 묻는다.

(2) 다음과 같은 경우 NEO 성격검사 결과는 타당하게 채점되고 해석될 수 없다.
① 9개 문항 이상이 연속적으로 '아주 그렇다'에 응답한 경우
② 14개 문항 이상이 연속적으로 '그렇다'에 응답한 경우
③ 10개 문항 이상이 연속적으로 '모르겠다'에 응답한 경우
④ 9개 문항 이상이 연속적으로 '아니다'에 응답한 경우
⑤ 6개 문항 이상이 연속적으로 '아주 아니다'에 응답한 경우

높은 점수	요인	낮은 점수
걱정, 초조, 감정의 변덕, 불안정, 부적절한 감정, 건강염려증(심기증)이 있음	신경증(N): 적응 VS 정서적 불안정 / 심리적 디스트레스, 비현실적 생각, 과도한 열망과 충동, 부적응적인 대처 반응을 얼마나 나타내는지를 측정	침착, 이완, 안정, 강건함, 자기충족
사교적, 적극적, 말하기를 좋아함, 사람 중심, 낙관적, 즐거움 추구, 상냥함	외향성(E): 내향성 VS 외향성 / 대인관계에서의 상호작용 정도와 강도를 측정, 즉 활동 수준, 자극에 대한 욕구, 즐거움 능력 등을 측정	말수가 적음, 냉정함, 과업 중심, 조용, 활기가 없음
호기심이 많음, 흥미의 영역이 광범위함, 창의적임, 독창적임, 상상력이 풍부함, 관습에 얽매이지 않음	개방성(O): 새로운 경험에 대한 폐쇄성 VS 개방성 / 자신의 경험을 주도적으로 추구하고 평가하는지의 여부를 측정, 즉 낯선 것에 대한 인내와 탐색 정도를 측정	관습적임, 흥미를 갖는 영역이 제한됨, 예술적이지 않음, 분석적이지 않음
마음이 여림, 성격이 좋음, 신뢰로움, 도움을 잘 줌, 관대함, 잘 속음, 솔직함	우호성(A): 적대성 VS 우호성 / 사고, 감정, 행동에서 동정심부터 적대감까지의 연속선상을 따라 개인의 대인관계 지향성이 어느 위치에 있는지를 측정	냉소적임, 무례함, 의심이 많음, 비협조적임, 앙심을 품음, 무모함, 초조함, 조종적임
체계적임, 믿음직함, 근면, 시간을 잘 지킴, 정돈됨, 야망이 큼	성실성(C): 방향성의 결여 VS 성실성 / 목표지향적 행동을 조직하고 지속적으로 유지하며, 목표지향적 행동에 동기를 부여하는 정도를 측정	목적이 없음, 믿을 수 없음, 게으름, 부주의함, 의지가 약함, 쾌락의 탐닉

3 해석

(1) NEO 청소년 성격검사의 채점은 컴퓨터 채점만이 가능하다.
(2) 채점 결과는 5개의 상위척도와 26개의 하위척도에 대해서 먼저 그래프로 제시된다. 그래프와 함께 제공되는 결과 해석은 본인과 교사용 또는 상담용의 두 가지 방식으로 제시된다.
(3) 결과해석 정보는 총 9개 부분으로 나뉘어 제공된다. 검사회원정보, 검사결과의 신뢰도(검사반응의 타당도 평가 결과), 검사프로파일, 외향성-내향성 특징, 심리적 개방성, 대인관계, 학습 스타일, 임상적 특징, 자기개발을 위한 권고사항으로 나뉘어진다.

3 CPI(California Psychological Inventory, 캘리포니아 성격검사)

2012 기출

1 대상 및 특징

(1) MMPI(다면적 인성검사)가 이 검사 개발에 있어 기초가 되었지만, 일반인의 성격특성을 측정하기 위해 고안된 성격검사다(CPI 문항 중 1/3 이상).
(2) CPI는 저자 해리슨 거프(Harrison Gough)가 '사회문화적 개념'이라고 부른 사회성, 관용성, 책임성과 같은 일반적인 성격 특성을 측정하기 위해 고안되었다.
(3) CPI는 전형적인 행동유형과 태도를 나타내는 문항으로 구성되어 정상적인 개인의 대인관계 행동을 이해하는 데 도움을 주는 검사이다. 이는 때때로 '심리적으로 건강한 사람들을 위한 MMPI'로 불린다.
(4) **대상**: 중고등학생용, 대학생용, 성인용

2 척도구성

(1) CPI는 4개의 군집으로 구성되며 각 군집은 20개의 척도로 구성된다.

지배성, 사회성 등의 대인관계 적절성 측정 군집 - 7개 척도	지배성(Do), 사회적 성취 능력(Cs), 사교성(Sy), 사회적 안정감(Sp), 자기만족감(Sa), 독립성(In), 공감(Em)
성격과 사회화, 책임감 측정 군집 - 7개 척도	책임감(Re), 사회적 성숙성(So), 자기통제력(Sc), 자기현시성(Gi), 사회적 상식성(Cm), 행복감(Wb), 관용성(To)
인지적, 학업적 특성 측정 군집 - 3개 척도	순응적인 성취욕구(Ac), 자립적 성취욕구(Ai), 지적 능력(Ie)
다른 세 군집의 척도와 무관한 척도의 혼합 군집 - 3개 척도	공감성(Py), 융통성(Fx), 여성성/남성성(F/M)

① CPI에는 검사 수행 태도를 판별하기 위한 세 개의 타당도 척도가 있는데 Wb, Cm, Gi 척도에서 T점수가 35이하인 경우에는 'Faking Bad(자신의 문제가 심각하여 다른 사람들로부터 도움을 구하고 있는 상태)'로 진단한다.
② 이와는 반대로 Gi 척도가 'Faking Good(좋은 인상을 주는데 과도하게 신경을 쓰는 상태)'을 판별하기 위해 사용하는데, Gi의 T점수가 65점 이상이고 이 점수가 프로파일 중에서 가장 높을 때 'Faking Good'이라고 진단한다.

3 벡터척도

Gough(1987)는 CPI의 20개 척도들을 요인분석하여 성격구조를 이루고 있는 세 가지 벡터척도를 발견하였다. 세 가지 벡터는 일반적으로 ① 내재성 대 외재성, ② 규준선호 대 규준회의, ③ 자기이해와 자기실현으로 기술된다. 특히 첫 번째와 두 번째 벡터는 개인의 성격 적응 수준을 측정한다.

벡터1	• 높은 점수를 얻은 사람들: 과묵하고, 신중하며, 부끄럼을 잘 타고, 수줍어하며, 온건하고, 대인관계 행동을 시작하거나 결정하는 데 주저하는 경향이 있다. • 낮은 점수를 얻은 사람들: 말이 많고, 외향적이며, 자신만만하고, 침착하다.
벡터2	• 높은 점수를 얻은 사람들: 체계적이며, 양심적이고 전통적이며, 믿을 만하고, 조심스러운 면이 있다. • 낮은 점수를 얻은 사람들: 반항적이고 불안해하며 자기탐닉적이며 쾌락추구형으로 보인다.
벡터3	• 높은 점수를 얻은 사람들: 낙관적이고 성숙하며 통찰력 있고 신경증적 경향이나 갈등이 없으며, 다양한 관심분야를 지니고 있는 것으로 보인다. • 낮은 점수를 얻은 사람들: 불만족스럽고 자신에 대한 확신이 없으며 불확실성과 복잡함에 대해 불편해하고 제한된 흥미를 지니고 있다.

4 벡터 점수

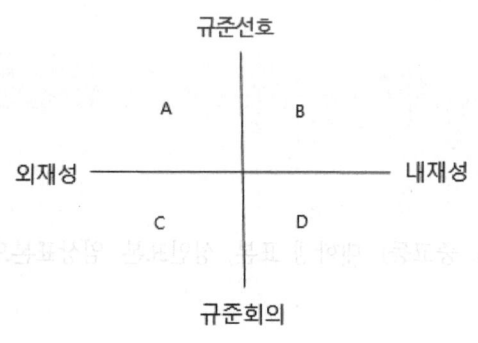

① A사분면: 야심적이고 생산적이며 대인관계에 유능.
② B사분면: 책임감 있고 말수가 적으며 순응적
③ C사분면: 불안하고 반항적이며 쾌락추구형.
④ D사분면: 반성적이고 고립.

5 해석 및 활용

(1) 학업이나 직업영역에서 성공을 예언하는 데 유용하다. IQ점수나 SAT점수보다 학교에서의 수행을 더 잘 예언하는 것으로 보고되었다.

(2) 성공한 사람들은 상대적으로 Ac, Ai, Re, So 척도에서 높은 점수를 얻는 경향이 있다.

(3) 임상 평가를 목적으로 고안된 것이 아니므로 임상평가에는 비효과적이나, 개인의 일반적 적응수준은 프로파일의 전체적인 수준에 의해 해석이 가능하다.

(4) Re와 So 척도 낮은 점수: 청소년비행과 범죄와 관련
 Ie와 Fe 척도 낮은 점수: 단독비행과 관련
 Sy, Sp, Sa 척도에서 높은 점수: 사회적 비행과 관련

(5) 해석 절차
① 타당도 척도에 대한 해석을 먼저하고 결과가 타당하면 벡터척도 결과 확인한다.
② 이후 20개 개별척도에 대한 프로파일 분석한다.

(6) 프로파일 분석 과정

① 프로파일의 전체적인 높이를 우선 살핀다. 높은 점수는 심리적으로 건강한 반응을 표현한다.
② 프로파일에서 가장 높은 점수와 가장 낮은 점수를 살핀다.
③ 4개의 군집 각각에서 점수의 높이를 살핀다.
④ 점수가 가장 높게 나온 군집과 가장 낮게 나온 군집을 살핀다.
⑤ 프로파일에서 기술되거나 해석되지 않은 나머지 척도에 관심을 기울인다.

6 CPI의 장단점

(1) 많은 연구를 기초로 경험적으로 구성. 척도 점수가 다른 규준집단과 비교될 수 있다.
(2) 내담자의 다양한 성격특성의 장점을 비교하고 평가하는 데 검사를 사용할 수 있다.
(3) 내담자는 자신의 장단점을 규준집단과 비교함으로써 자신을 이해할 수 있다.
(4) 컴퓨터 활용 프로파일 해석이 가능하다.
(5) MMPI와는 달리 상승척도쌍에 대한 연구가 적다는 제한점이 있다.

4 PAI 성격평가 질문지 2011, 2012 기출

1 실시 대상

① 고등학생 이상 성인이 대상. 고등학생 표본(PAI-A. 중고등), 대학생 표본, 성인표본, 임상표본으로 구분된 규준을 가지고 있다.
② 환자집단뿐 아니라 정상인도 대상.
③ 개인별-집단별 실시가 모두 가능하며, 채점은 수작업과 컴퓨터 채점이 동시에 가능하다.

2 척도구성

(1) PAI(성격평가검사: Personality Assessment Inventory)는 22개의 척도와 4점 척도로 평가하는 344개의 문항으로 구성되었다. 22개의 척도는 4개의 타당성 척도, 11개의 임상척도, 5개의 치료고려척도, 2개의 대인관계 척도로 이루어져 있다.

(2) 문항의 개발은 '순차적 구성타당화 전략'을 적용하였다. 즉 각 척도는 측정하려고 하는 구성개념의 전체 범위를 포함하는 차원에서 심각성 수준에 따른 가장 경한 수준부터 가장 심각한 수준에 이르는 모든 문항들로 구성되었다. 따라서 '경도'에 속하는 문항은 정상표본과 임상표본을 구분하는 데 유용하고, 심각한 정신병리를 나타내는 문항들은 임상집단의 변별에 유용하다고 볼 수 있다.

17 기타 성격검사

척도구분	상위척도	문항수
타당도 척도	비일관성(ICN): 문항에 대한 수검자의 반응의 일관성, 즉 반응일치성을 평가하는 척도.	10
	저빈도(INF) 부주의, 무관심, 정신적 혼란이나 독해력 결함 등으로 인해 문항에 제대로 반응하지 못하는 수검자를 구분하기 위한 척도.	8
	부정적 인상(NIM): 꾀병을 부리거나 나쁜 인상을 과장하는 수검자를 변별해내려는 척도.	9
	긍정적 인상(PIM): 지나치게 좋은 인상을 주려고 하고 사소한 결점도 부인하는 태도를 구분하기 위한 척도.	24
임상 척도	신체적 호소(SOM): 두통과 같은 사소한 신체적 문제를 반복해서 경험하는 것부터 마비 증상과 같이 중요한 신체기관의 역기능에 이르기까지 건강 문제에 대한 집착이나 신체적 불편감을 측정하는 척도. • 하위척도: 전환, 신체화, 건강염려	24
	불안(ANX): 걱정, 주관적 염려감, 긴장, 스트레스에 따른 신체적 징후 등, 불안의 여러 임상적 특징을 측정하는 척도. • 하위척도: 인지적 불안, 정서적 불안, 생리적 불안	24
	불안관련장애(ARD): 불안장애와 관련된 구체적인 임상적 증상과 행동을 측정. 특히 강박적 사고와 행동, 외상적 사건과 관련된 경험 및 특정대상이나 상황과 관련된 구체적 공포를 묻는 문항들로 구성. • 하위척도: 강박증, 공포증, 외상적 스트레스	24
	우울(DEP): 우울장애의 공통적인 증상과 행동을 측정하는 척도. 주관적 불행감, 즐거움 상실, 무감동, 회의, 부정적 기대, 집중력 저하, 무기력, 수면 및 식욕 감소와 같은 인지적, 정서적, 신체적 특징을 묻는 문항들을 포함. • 하위척도: 인지적 우울, 정서적 우울, 생리적 우울	24
	조증(MAN): 조증과 경조증의 임상적 특징이라 할 수 있는 정서적, 인지적 및 행동적 증상을 측정. 활동수준의 급격한 증가, 사고과정의 행동의 가속화, 자기확대, 자기확산 및 자존감의 고양, 초조감 또는 참을성 부족 등을 측정하는 문항으로 구성. • 활동수준, 과대성, 초조성	24
	망상(PAR): 편집장애의 임상적 증상과 편집적 성격장애의 구체적 특징을 측정. 주변환경에 대한 지나친 경계, 의심 및 불신, 부당대우를 받고 있다는 신념 또는 자신을 상대로 한 음모가 있다는 신념과 그 증거를 찾기 위한 감시, 원한과 앙심 등의 문항으로 구성. • 과경계, 피해의식, 원한	24
	정신분열병(SCZ): 정신분열장애의 광범위한 증상 측정. 비일상적인 기이한 신념과 지각, 마술적 사고, 사회적 유능성 저하와 사회적 무쾌감, 주의집중 곤란 및 사고과정의 혼란을 묻는 문항들로 구성. • 정신병적 경험, 사회적 위축, 사고장애	24
임상 척도	경계선적 특징(BOR): 경계선 증후군과 밀접한 관련이 있는 성격적 장애들을 측정. 주로 감정통제의 어려움, 빠른 기분변화, 통제되지 않는 분노, 불안정하고 투쟁적인 대인관계, 정체감과 자기 가치감의 혼란, 자기 손상을 초래할 충동적인 행동 등의 문항으로 구성. • 정서적 불안정, 정체성 문제, 부정적 관계, 자기손상	24
	반사회적 특징(ANT): 반사회적 성격장애의 특징과 불법적 행위에 관여한 경험을 측정하기 위한 척도. 이 척도의 문항들은 공감능력 및 자책감의 부족, 자기중심성, 무모한 모험심, 흥분과 자극추구 성향, 참을성 부족 등과 같은 내용을 물음. • 반사회적 행동, 자기중심성, 자극추구	24
	음주문제(ALC): 알코올의 남용과 의존에 관련된 행동과 결과를 평가. 하위 척도는 없으며 잦은 음주, 음주로 인한 통제 불능의 문제와 심각한 결과, 알코올에 대한 갈망 등에 대한 문항으로 구성.	12
	약물사용(DRG): 처방된 약 또는 불법약물의 문제적 사용과 지나친 약물의존적 행동의 특징을 구분하기 위한 척도. 직접적으로 묻는 문항으로 구성.	12

척도구분	상위척도	문항수
치료 고려 척도	공격성(AGG): 분노, 적개심 표현의 통제 부족, 공격적인 행동과 태도에 관해 측정. 공격성을 수단으로 활용하려는 신념에서부터 주장성이나 모욕을 통한 타인에 대한 언어적 분노 표현 및 폭력을 사용한 신체적 분노 표현까지 다양한 문항으로 구성. • 공격적 태도, 언어적 공격, 신체적 공격	18
	자살관념(SUI): 죽음이나 자살 행위에 관한 생각과 구상을 평가하는 적도. 무망감과 같은 자살과 관련된 태도뿐만이 아니라 자살하고자 하는 구체적인 계획에 대해서도 직접적으로 질문하는 문항으로 구성.	12
	스트레스(STR): 현재의 일상에서 스트레스 요인이 주는 영향에 관해 평가하는 척도. 가족관계의 문제, 경제적 문제, 고용상태의 문제 등 생활 스트레스 요인에 관한 문항으로 구성.	8
	비지지(NON): 이 척도는 지각된 사회적 지지의 부족을 측정. 접근 가능한 지지의 수준과 질을 고려하여 평가하기 위한 문항으로 구성.	8
	치료거부(RXR): 수검자가 자신의 심리적, 정서적 측면을 변화시키려는 흥미와 동기가 있는지, 치료에의 참여 의지, 자신의 문제에 대한 인지 및 책임 의식을 평가하는 척도. 이 척도에서 점수가 낮은 사람은 치료동기가 부족함을 의미한다.	8
대인 관계 척도	지배성(DOM): 지배와 복종이라는 두 차원에서 나타나는 대인관계 양상에서 수검자가 개인적 통제와 독립성을 유지하려는 정도를 평가하는 척도. 대인관계에서의 독립성, 주장성, 지시 및 조정에 관한 문항들로 구성되어 있고 이 척도에서 점수가 높으면 지배적인 것을, 낮으면 복종적인 것을 반영한다.	12
	온정성(WRM): 온정과 냉담 차원에서 수검자가 대인관계에서 나타내는 지지적이고 공감적인 정도를 평가하는 척도. 이 척도에서 점수가 높으면 온정적이고 외향적임을, 점수가 낮으면 거칠고 냉정함을 반영.	12

3 검사 특징

(1) PAI가 측정하는 증상의 수준과 심각성은 환자집단에만 맞춰져 있지 않고 정상인의 수준부터 포함하고 있으므로 PAI는 환자와 정상인 모두의 성격을 평가하는 데 이용될 수 있다.

(2) 불안, 우울, 정신분열병과 같이 DSM-Ⅳ의 축 Ⅰ의 주요 장애분만이 아니라 축 Ⅱ의 성격 장애 중 반사회성 및 경계선 성격장애를 다루고 있어 DSM-Ⅳ를 통한 진단을 돕는 데 유용하다.

(3) PAI의 가장 큰 장점은, 빠른 문항내용의 파악(결정문항의 평가)을 통해서 즉각적으로 관심을 필요로 하는 행동이나 정신병리, 곧 잠재적인 공격행동이나 자해가능성, 망상 및 환각 등을 재빨리 파악할 수 있다는 것. 따라서 위기상황에 대한 즉각적인 개입을 할 수 있게 하는 점이다.

(4) PAI의 22개의 척도들은 타당도척도, 임상척도, 치료척도, 대인관계척도 등의 4가지 군으로 분류되어 있다. 이 중에서 특히 치료척도는 환자의 치료동기, 치료경과, 치료결과에 민감한 정도를 해석할 수 있어, 검사결과를 치료과정에 활용하는 데 유용한 것으로 보여진다.

4 실시와 채점

(1) 검사지: 344문항, 답지: 2장
(2) 프로파일 기록지: 22개의 척도와 하위척도의 원점수를 T점수로 환산하여 검사 결과를 프로파일로 나타내기 위한 것이다..
(3) 결정문항 기록지: PAI 결정문항 기록지에는 망상과 환각, 자해 가능성, 공격 가능성, 물질 남용, 꾀병 가능성, 비신뢰성과 저항 그리고 외상적 스트레스인에 관련된 문항으로 구성된다.
(4) 실시: 40~50분

(5) PAI의 결과가 해석상의 의미를 갖기 위해서는 95% 이상 응답해야 한다. 또한 17문항 이상 응답하지 않았을 경우 프로파일 해석을 제한한다.
(6) 344개의 각 문항에 대해 0~3점의 점수범위가 기록된다.

5 해석

(1) 문항누락 정도의 검토
(2) 타당성 척도를 통한 수검자의 왜곡된 반응 태도 확인
(3) 결정문항의 검토
(4) 척도 수준에서의 해석
(5) 프로파일 해석

[2011년 기출]

다음에 제시된 특징을 모두 갖춘 심리검사들로 바르게 묶은 것은?

- 성격과 정신병리를 평가하기 위한 객관적 검사이다.
- 피검자가 각 문항에 0점에서 3점까지 4분척으로 반응하도록 구성된다.
- 타당성 척도와 임상척도는 물론 여타의 특수 척도를 추가로 포함한다.
- 임상 장면에서 내담자의 정신과적 문제를 선별·진단하는 데 중요한 정보를 제공한다.

① 다면적 인성검사(MMPI), 성격유형검사(MBTI)
② 다면적 인성검사(MMPI), 한국아동인성검사(KPI-C)
③ 성격평가질문지(PAI), 한국아동인성평정척도(KPRC)
④ 성격평가질문지(PAI), 코너스교사평정척도(CTRS-R)
⑤ 한국아동인성검사(KPI-C), 한국아동인성평정척도(KPRC)

---

5 TCI(기질 및 성격검사: The Temperament and Character Inventory)

1 저자: 로버트 클로닝거(C. R. Cloninger) - 미국의 정신의학자

2 목적: 사전에 심리장애를 예측하기 위해 만들어진다.

(1) 인성(Personality)의 타고난 부분(기질, temperament)과 이를 바탕으로 후천적으로 형성된 성격(character)을 구분한다. 일반적으로 새로운 것을 탐색하고자 하는 성격, 보수적이며 안전한 것을 추구하는 성격, 다른 사람의 감정을 이해하고 자신을 개방할 수 있는 성격, 인내력이 강한 성격, 이 4가지는 타고난 기질의 영향을 좀더 많이 받는다. 이에 비해, 자율적이고 독립적인 성격, 협동성을 추구하는 성격, 정신적 가치를 추구하는 성격, 이 3가지는 노력 등 후천적 영향을 많이 받는 성격 유형이다.

① 현재의 성격발달 수준을 진단한다.
② 인성 발달이 미숙할 경우, 발달의 기본 토대(기질)를 분석함으로써 그 원인을 조사하고, 이에 대처함으로써 후에 발생할 수 있는 인성발달의 실패, 곧 심리장애를 사전에 예방한다.
③ 유아, 아동, 청소년에게는 성격의 구조, 특성 및 성숙도를 파악하는 것 외에도 이상적 발달을 돕기 위한 조언이 가능하다.
④ 성인의 경우 아직 심리장애가 심각해지기 전에 인성의 어떤 특성, 곧 타고난 부분과 후천적으로 발달한 부분 중 무엇이 근본 원인인가에 접근하여 인성 특성 중 수용해야 할 부분과 변화시켜야 할 부분을 구분하여 처방하고, 사전에 문제가 심리장애로 발전하는 것을 방지할 수 있다.

(2) TCI 활용
① 일반 유아, 아동, 청소년: 인성의 구조와 특징을 파악하는 것 외에도 인성의 성숙도 진단 및 바람직한 인성발달을 위한 예방적 처방에 있다.
② 일반 성인과 모든 내담자 및 환자: 인성의 성숙도 진단, 현재 인성 발달에 가장 큰 영향을 미친 요인의 분석, 인성 특성 중 수용할 부분과 개선할 부분의 구분, 향후 인성 발달의 예측 등 인성의 구조 및 특성 파악

3 배경

(1) 클로닝거의 심리생물학적 인성 모델(인성 = 기질+성격)에서 기질과 성격은 인성을 이루는 두 개의 큰 구조로 구분된다.
(2) TCI는 기질과 성격의 분리로 인해서 인성발달에 영향을 미친 유전적 영향과 환경적 영향을 구분하여 인성발달 과정을 이해할 수 있게 하는 점이 장점이다.
(3) **TCI에서 기질**: 자극에 대해 자동적으로 일어나는 정서적 반응 성향, 유전적인 것으로 타고난 것으로 일생 동안 비교적 안정적인 속성을 띤다. 이는 인성발달의 기본 틀이 된다.
(4) **TCI에서 성격**: 체험하는 것에 대한 개인적 해석에 의해 형성된 것이다. 개인이 추구하는 가치와 목표 자신을 어떤 사람으로 이해하고 동일시하는가를 포함하는 자기개념과 관련된다. 성격의 형성은 기질이 환경과 상호작용하면서 이루어지는 것이며 사회문화적 학습의 영향을 받으며 일생 동안 지속적으로 발달한다. 또한 성격은 기질에 의한 자동적 정서반응을 조절한다. 즉 성격이 성숙할수록 개인 기질의 자동적 반응을 조절하여 유연한 삶을 사는 능력으로 표현되는 것이다.

4 척도

(1) **기질(temperament)**이란 다양한 자극 유형에 대한 반응에 관여하는 적응체계에서의 개인적 특성으로, 세 가지 근본적 기능인 행동 활성화, 행동 억제, 행동 유지를 조절하는 기능에 관여한다.
① 자극 추구(novelty seeking): 뇌구조의 행동조절시스템 중 행동활성화 시스템(BAS)와 관련된 척도이다. 새로운 자극이나 보상 단서 앞에서 행동이 활성화되거나 처벌과 단조로움을 적극적으로 회피하려는 유전적 성향과 관련한다.
  ㉠ 높은 점수: 신기한 것에 끌리며 빨리 흥분하고, 호기심이 많고, 충동적이며, 작은 실패에 쉽게 좌절하며, 돈이나 에너지 감정 절제 어렵고, 규정에 메이는 것 싫어하며 단조로운 것 못 참는다. 대인관계에서 변덕스럽고 지속적인 노력이 부족하다. 장점은 낯선 것에 열정적으로 탐색하지만, 단점은 좌절에 쉽게 화를 내며 의욕을 상실한다.

ⓒ 낮은 점수: 성미 느리고 호기심 적고, 심사숙고하고, 절제하며, 단조로움을 잘 견딘다. 익숙한 것 선호하며, 분석적이고, 한 가지에 뛰어난 집중력을 보이며, 분명한 규칙을 선호하고, 좌절에 대한 인내심이 높다. 장점은 분석적, 체계적, 대인관계 신뢰적이며, 단점은 비열정적, 무관심하다.

② 위험 회피(Harm avoidance): 뇌구조의 행동조절시스템 중 행동억제 시스템(BIS)과 관련된 척도. 처벌이나 위험 단서 앞에서 수동적인 회피 성향으로 행동이 억제되거나 이전 행동이 중단되는 유전적 성향과 관련된다.

㉠ 높은 점수: 조심성 많고 꼼꼼하며, 겁이 많고 긴장을 많이 하며, 걱정 근심이 많고, 부정적 사고가 많으며, 익숙치 않은 상황을 두려워하고, 쉽게 위축되며, 수줍음이 있고, 스트레스를 많이 받고, 자주 피곤하고, 비판과 처벌에 민감하다. 장점은 세심한 대비를 하기 때문에 위험에 대한 사전에 계획을 한다. 단점은 위험에 대한 불필요한 근심과 걱정이 있다.

ⓒ 낮은 점수: 타고난 낙천가이며, 걱정 없고 과감하며, 용기 있고, 침착하며, 사교적이고, 자신감 있고, 에너지 높다. 타인에게 역동적이며, 활달하고, 정력적이다. 장점은 위험과 불확실성에 직면했을 때 침착, 자신감, 별 고통없이 정력적 노력을 기울인다. 단점은 무모한 낙관주의, 위험에 둔감하다.

③ 사회적 민감성(reward dependence): 뇌구조 행동조절시스템 중 행동유지 시스템(BMS: behavioral maintenance system)과 관련, 행동 특성 중 사회적 보상 신호에 민감하게 반응하는 유전적 경향성이다.

㉠ 높은 점수: 사회적 보상 단서(타인 칭찬, 찡그림 등) 및 타인의 감정에 민감. 감수성 풍부, 공감적, 타인의 고통에 깊이 마음이 움직임, 감정 표현 잘 함, 마음이 여리고 애정이 많으며 따뜻한 사람, 타인에게 의존적, 헌신적, 사회적 접촉 좋아함, 사람과 교류에 열려 있음. 장점은 사회적 보상 신호와 타인의 감정에 민감하기 때문에 따뜻한 사회적 관계를 쉽게 형성하고 타인 정서 잘 이해한다. 단점은 타인에 의해 자신의 견해와 감정이 쉽게 영향받기 때문에 객관성을 상실한다.

ⓒ 낮은 점수: 타인의 감정에 둔감, 무관심, 냉정, 혼자 있는 것에 만족, 타인에게 자신의 감정을 잘 드러내지 않음, 타인과 거리 유지를 편하게 여긴다, 타인으로부터 협조나 보호를 원하지 않는다, 사회적 압력이나 비판에 둔감, 타인 영향 덜 받음. 장점은 감성적 호소로부터 독립적, 객관적이고 실용적인 견해 유지. 단점은 자신에게 유익한 사회적 친분 맺는 데 어려우며 타인의 감정과 의견을 제대로 이해하지 못하고 자기중심적 견해를 취한다.

④ 인내력(persistence): 뇌구조 행동조절시스템 중 행동유지 시스템과 관련. 지속적 강화가 없더라도 한 번 보상된 행동을 일정한 시간 동안 꾸준히 지속하려는 성향이다.

㉠ 높은 점수: 근면, 끈기, 좌절과 피로에도 열심히 꾸준히 노력, 보상 기대될 때 한층 더 노력, 난관에 부딪치면 더 열심히 일 함, 성공을 위해 큰 희생도 감수할 의지가 있는 성취 지향적 야심가, 완벽주의자, 일 중독자, 보상 확률이 안정적일 때 적응적 행동 책략, 보상 확률이 불안정적일 때 부적응적일 수 있음.

ⓒ 낮은 점수: 보상이 안정적으로 기대되는 상황에서도 게으르고 비활동적, 일관성과 끈기 부족, 노력 안 함, 꼭 해야 할 일만 함, 어렵지 않은 일도 시작 더딤, 좌절 비판 피곤 장애물에 부딪치면 쉽게 포기, 현재 성취에만 만족, 개선을 위한 부가적 노력 안 함, 항상 타협 준비가 된 실용주의자, 변화가 빠른 상황에선 적응적이나 변화지 않는 상황에서 보상이 자주 있지 않아도 장시간 후 보상이 주어지는 상황에서는 부적응적이다.

(2) **성격**의 부분에서 자기개념의 발달과 관련된 자율성, 연대감, 자기초월의 측면에서 성격장애를 진단하고 예측하며 성격장애의 발생과정을 설명한다.

① **자율성(self-directedness)**: 자신을 얼마나 자율적인 개인으로 이해하는가와 관련. 자율성이란 자기결정력과 의지력의 두 가지 기본 개념에 기초하는 특성으로 자신이 선택한 목표와 가치를 이루기 위하여(자기결정력) 자신의 행동을 상황에 맞게 통제, 조절, 적응시키는 능력(의지력)으로 정의한다.

⊙ 높은 점수: 성숙, 강함, 자족적, 책임감, 믿을 수 있는 사람, 목표 지향적, 건설적, 자존감이 높고 자신을 신뢰, 자신이 선택한 목표에 맞게 행동 조절, 권위 있는 타인으로부터 자신의 목표나 가치에 반하는 지시를 받을 때 명령에 무조건 따르기보다 도전함.
⊙ 낮은 점수: 미성숙, 약함, 상처받기 쉽고 불평불만, 남을 원망, 비난, 비효율적이고 책임감 부족, 신뢰하기 힘든 사람, 의미 있는 목표 설정하고 추구하는 데 어려움, 자기실현에 이르지 못하며 사소하고 단기적이며 때로는 상호 배타적인 다양한 동기에 따라 행동

② 연대감(cooperativeness): 자신을 사회 일부분으로서 이해하는가와 관련된 성격척도이다. 타인에 대한 수용 능력 및 타인과의 동일시 능력에서의 개인차를 측정한다.
⊙ 높은 점수: 타인에게 관대, 친절, 협조적, 비슷하지 않은 사람을 인정할 줄 알며 공정, 도덕적 원칙 분명, 자신의 지식과 능력을 남에게 잘 베풂, 봉사를 즐거워함, 자신의 욕구나 선호만큼 타인의 욕구나 선호 이해하고 존중
⊙ 낮은 점수: 타인에게 관대하지 않으며, 비판적, 비협조적, 기회주의자, 자기 이익 추구, 타인 권리나 감정에 대한 배려 적음, 의심 많음, 자신과 다른 가치관과 목적을 가진 사람에게 인내심 적음, 사회적 관계에 장애

③ 자기초월(self-transcendence): 개인이 자신을 우주의 통합적 부분으로 이해하는가와 관련된 성격 척도이다. 우주만물과 자연을 수용하고 동일시하며 이들과 일체감을 느끼는 능력과 관련된다.
⊙ 높은 점수: 정서적 집중시 몰입, 창조적, 독창적, 꾸밈 없음, 충만감이 있으며 참을성 있고 사심 없음, 모호함과 불확실성을 잘 견딤, 결과를 모르고도 이를 통제하려는 불안 없이 자신의 활동을 충분히 즐김, 실패를 기꺼이 수용, 성공과 실패에 대해서도 감사, 겸손함, 자신과 자연 및 우주와 강한 관계를 느끼며 세상을 개선하고 싶어하는 이상주의자. 물질적 부와 힘 획득에는 방해되는 성격. 고통이나 죽음에 직면시 적응적 성격
⊙ 낮은 점수: 자의식 강함, 현실적, 세속적, 상상력 적음, 건조, 유물론적, 예술에 감화가 안된다. 모호함 불확실감 경이로움을 잘 견디지 못함, 통제적, 인류 운명과 세계에 책임감 없음, 개인주의자

5 한국판 TCI

(1) 기질 및 성격 검사-유아용: 취학 전 유아/아동 대상, 86문항, 양육자 보고식
(2) 기질 및 성격 검사-아동용: 초등학생 대상, 86문항, 양육자 보고식
(3) 기질 및 성격 검사-청소년용: 중학생, 고등학생 대상, 82문항, 자기 보고식
(4) 기질 및 성격 검사-성인용: 대학생, 성인 대상, 140문항, 자기 보고식

6 결과 해석

모든 버전에서 표준점수와 백분율을 통해 검사결과를 읽는 방법은 동일하다.

7 성격 척도

(1) 자율성 및 연대감은 각각의 점수가 T점수 - 40/45 이상의 여부 확인
① 검사 결과를 확인하는 검사자는 우선적으로 성격의 성숙도를 진단하는 것이 제안.
② T 점수 40 이하는 백분율로 대략 하위 16.5%: 성격장애 및 기타 심리적 장애의 위험 가능성이 큰 집단

③ T 점수 45 이하는 백분율로 대략 하위 33%: 성격의 성숙도가 상당히 낮은 경우, 상당수(절반 정도)가 성격장애 및 심리적 장애 위험 부담 있음.
④ 자율성과 + 연대감 합산 점수가 백분위점수 30점 미만: 적응상 어려움을 보이는 미성숙한 성격
⑤ 자율성과 + 연대감 두 척도 모두 T 점수 45 넘으면 동년배에 맞게 성숙

(2) 자기초월 특성 확인

① 성격 성숙도 진단하지 않음. 자율성과 연대감이 얼마나 성숙했느냐에 따라 특정 의미를 가지나 성격의 성숙도와는 상관이 없다.
② T점수 45, 백분율이 33 이상이면 창의적이고 이상주의적인 성격. 그 이하일 경우 현실적이고 경험 과학적인 사고를 신뢰하는 조직화되고 관습적인 성격.
③ 자율성과 연대감이 낮으면서(T 40/45 이하) 자기초월이 매우 높을 경우(55 이상): 피암시성과 자기 투사가 큰 성향. 비조직적이고 정신분열형의 성격 장애 나타낼 가능성 높음.

(3) (1)+(2)

① 자율성, 연대감, 자기초월 모두 점수가 높은 경우(T 점수>45): 이상주의적 성격
② 자율성, 연대감 두 척도에서 점수가 높으나(T 점수>45) 자기초월에서만 점수가 낮은 경우(T 점수<45): 관습적, 현실적, 보수적
③ 자율성, 연대감 두 척도 또는 자율성, 연대감, 자기초월 세 척도 모두 낮은 점수(T 점수<45): 성격적 성숙도 떨어짐. 40 미만일 경우 성격적 미성숙이며 성격장애 가능성이 높음을 시사. 다른 검사 자료와 통합하여 성격장애로 진단내릴 수 있다. 이렇게 성격적 미성숙으로 평가될 경우 그의 기질 유형을 살펴보면 된다.
④ 자율성, 연대감, 자기초월에서 T점수가 50점을 기준으로 이 점수 이상일 경우 특성이 강한 사람의 특징을 확인하고 미만일 경우 특성이 약한 사람의 특징을 확인한다.
⑤ T 점수 = 45와 55를 기준으로 각 성격차원을 3분 분할하여 나눈 27개의 성격 유형으로 세분화된다. 즉 3개의 각 성격차원을 높음, 중간, 낮음으로 3등분하여 3 × 3 × 3으로 27개 유형을 만든다.

8 기질 척도

(1) 까다로운 기질(개성이 강한 기질): T<40/45 또는 T>55/60

① T점수 40 이하: 까다로운 기질. 성격 발달이 잘 이루어진 경우는 기질적 특성이 잘 조절되어 표현되므로 개성이 강하고 매력적인 사람이다. 그렇지 않은 경우는 주변과 갈등과 마찰이 빈번할 수 있다.
② T 점수 45 미만: 비교적 개성이 분명한 기질
③ T 점수 60 이상: 까다로운 기질이거나 개성이 강한 기질. 환경과 마찰과 갈등이 비교적 클 수 있으나 인내하고 이해해주는 환경적 조건에 따라 성격이 적절하게 발달되면 성격의 중재로 잘 조절되고 개성이 강하고 매력있는 인성이 될 수 있다.
④ T 점수 55 이상: 비교적 개성이 분명한 기질

(2) 순한 기질: T 점수 45 이상에서 55 미만

① 요구가 까다롭지 않으며 주변의 요구에도 까다로운 반응을 하지 않으므로 성격발달에 유리하다. 따라서 개성은 강하지 않으나 성격발달에 유리한 조건을 갖고 태어났다.

(3) T 점수 50은 기질 유형 분류의 기준선: 3개의 기질을 50을 기준으로 높고 낮음을 양분하여 2 × 2 × 2으로 등분하여 총 8개 유형으로 분류

인격장애	자극추구	위험회피	사회적 민감성
반사회성(모험적 기질)	높다	낮다	낮다
연극성(열정적 기질)	높다	낮다	높다
수동공격성(예민한 기질)	높다	높다	높다
경계성(폭발적 기질)	높다	높다	낮다
강박성(꼼꼼한 기질)	낮다	높다	낮다
정신분열성(독립적 기질)	낮다	낮다	낮다
순환성(신뢰로운 기질)	낮다	낮다	높다
수동의존성(조심성 많은 기질)	낮다	높다	높다

(4) T 점수 = 45와 55를 기준으로 각 성격차원을 3분할하여 나눈 27개의 성격 유형으로 세분화된다. 즉 3개의 각 성격차원을 높음, 중간, 낮음으로 3등분하여 3 × 3 × 3으로 27개 유형을 만든다.

9 참고

(1) 수동-공격적 기질

타인의 인정을 받기 위해 크게 노력한다. 자극추구 성향이 큰 만큼 새로움에 쉽게 이끌리지만 두려움이 많아 심사숙고하므로 갈등이 많고 쉽게 지치는 편이다. 위험회피 성향이 크고 사회적 민감성이 높은 만큼 섬세한 감성으로 많은 것을 느끼지만 타인을 다치게하지 않으려 노력하고, 따라서 감정을 직접적으로 표현하는 일이 드물고 신중하고 민감한 사람들이다. 이 성향이 강할 경우 주로 요구받은 일을 하기 쉽다. 순종적이고 모범적이다. 자신의 욕구보다 타인을 더 중시하고 행동을 통제하기 때문에 자신을 매우 노력하는 사람, 모범적인 사람으로 인식하고, 따라서 스스로 나쁜 사람이 되는 것을 상상하는 것과 감당하는 것을 힘들어서 가해자에 대한 직접적인 공격을 하지 않고 주로 간접적, 수동적 방법으로 공격한다.

(2) 순환성 기질

자극추구 성향이 적고 위험이나 불확실성에 대한 두려움이 적은 만큼 동요가 적고, 어떤 어려운 일을 만나도 좌절하지 않고 대담하게 일을 해결한다. 사람들을 중시하고 타인의 정서에 민감하므로 타인을 먼저 챙겨주고 배려해 주는 신뢰로운 사람이다. 내적으로나 외적으로 별 요구가 없고 낙천적이어서 명랑하고 유쾌하지만 단순하게 보일 수 있다. 이 성향이 강할 경우 너무 낙관적으로만 생각하다 실수를 범하기도 한다. 또한 타인의 생각과 말에 많이 의존하고 타인의 영향을 많이 받으면서 타인에 의해 정서적 행동이 많이 좌우되고 정서적 기복이 크다고 할 수 있다.

(3) 수동의존성 기질

자극추구가 적고 위험회피 성향이 큰 만큼 관심의 폭이 좁고 근심이 많다. 걱정이 많은 편이어서 비활동적이다. 결정 앞에서는 충분한 시간을 두고 여러 측면을 살펴보는 신중한 사람이다. 타인의 정서에 민감한 만큼 타인의 입장과 감정을 중시하고 예의 바르고 양심적이다. 자기주장을 하지 않으며 자신의 결정에 대해서는 다른 사람의 지지나 확인을 필요로 한다. 이 성향이 강할 경우 매사에 조심하고 소심하며 수동적이고 부정적이다. 애정적이며 따뜻하여 타인과의 교류를 잘 받아들이지만 동시에 수줍어하며 용기가 적고 수동적인 성향과 함께 타인에게 많이 의지, 즉 의존적 요구가 많다.

18 기타 진단용 검사 (CARS, 우울증 척도, Conners 평가척도)

1 아동기 자폐증 평정 척도(Childhood Autism Rating Scale: CARS)

1 실시 대상 및 특징

(1) 만 2세 이상의 아동을 대상으로 자폐장애와 기타 발달장애를 구별하고 자폐장애의 정도를 판별하기 위한 검사이다.
(2) 발달검사 심리평가상황에서 직접관찰, 부모면담, 가정이나 학교장면에서의 관찰을 포함한 다양한 정보를 통합하여 사용한다.
(3) 교육, 의료, 정신건강 분야에서 일하는 아동 전문가들이 평가하도록 되어 있다.
(4) 경증 내지 중간 정도의 자폐아동과 중증의 자폐아동을 분류해 낼 수 있다.
(5) 명확하고 구체적인 하위척도가 있다.
(6) 다양한 장면에서 검사자가 쉽게 배워서 사용할 수 있는 용이성 때문에 널리 사용되고 있다. 지속적인 경험적 연구에 따라 자폐증에 대한 광범위한 자료에 근거한 정의와 여러 진단기준에서 제시하는 문항들을 포함한다.
(7) 취학 전 아동을 포함한 모든 연령군의 아동에게 적용이 가능하다.
(8) 주관적인 임상적 판단 대신 직접적인 행동관찰에 기초한 객관적이고 수량화된 척도이다.

2 척도 구성

척도명	내용
사람과의 관계	아동이 여러 다양한 상황에서 타인과 어떻게 상호작용하는가에 대해 평가한다.
모방	아동이 어떻게 언어적 및 비언어적 행동들을 모방하는가에 기초를 두고 있다.
정서반응	아동이 즐겁거나 불쾌한 상황에 어떻게 반응하는가에 대해 평가한다. 아동의 정서 또는 감정이 상황에 적절한가를 결정하는 것을 포함한다.
신체사용	신체 움직임의 적절성과 협응을 평가한다. 특이한 자세 취하기, 빙빙 돌기, 두드리기, 흔들기, 까치발 들기, 자해적인 공격성과 같은 일탈을 포함한다.
물체사용	장난감과 다른 물체에 대한 아동의 관심과 사용을 평가한다.
변화에 대한 적응	정해진 일상생활이나 형태를 변화시키거나 한 행동에서 다른 행동으로 변화시키는 것의 어려움에 관한 것이다. 이런 어려움은 종종 앞의 척도에서 평가한 반복적인 행동들과 관련된다.
시각반응	많은 자폐아에게 발견되는 비정상적 시각적 주의 형태에 대해 평가한다.
청각반응	소리에 대한 비정상적 반응 또는 비정상적 청각 행동에 대해 평가한다.
미각, 후각, 촉각반응 및 사용	맛, 냄새, 그리고 촉각감각에 대한 아동의 반응에 대해 평가한다. 또한 아동이 이러한 감각 양상의 사용에 대한 평가도 포함한다.
두려움 또는 신경과민	비정상적이거나 근거 없는 두려움에 대해 평가한다. 또한 같은 수준의 정상아동이 두려움이나 신경증을 보이는 상황에서도 두려움을 나타내지 않는지 평가한다.

척도명	내용
언어적 의사소통	아동이 사용하는 말과 언어의 모든 측면에 대해 평가한다. 말의 유무뿐만 아니라 특이성, 기이함, 또는 아동이 말을 할 때 발성 요소의 부적절성 등을 평가한다.
비언어적 의사소통	얼굴표정, 자세, 몸짓 그리고 몸 움직임 등 아동의 비언어적 의사소통에 대해 평가한다. 또한 다른 비언어적 의사소통에 대한 아동의 반응도 포함한다.
활동수준	제한되거나 제한되지 않은 상황에서 아동이 얼마나 움직이는가에 대해 평가한나.
지적반응의 수준과 항상성	일반적인 지적 기능 수준과 한 종류의 기능에서 다른 기능의 항상성 또는 균등성에 관해 평가한다.
일반적 인상	다른 14개 문항에서 정의된 자폐증의 정도에 대한 주관적 인상에 기초하여 자폐증상 정도를 전반적으로 평가한다. 이 평가는 다른 평가자들의 평균에 기초하지 않고 이루어져야 한다. 과거력, 부모, 면담 또는 과거 기록 등 아동에 관련된 모든 정보가 고려되어야 한다.

3 실시절차

(1) 심리검사, 교실 참여와 같은 여러 다른 상황에서의 관찰, 부모의 보고 그리고 병력기록을 통해 임상가가 하게 된다.

(2) 관찰시 아동의 행동은 같은 연령의 정상아동의 행동과 비교해야 하며, 같은 연령의 아동에 비해 정상적이지 않은 행동이 관찰되면 이런 행동들의 특징, 빈도, 강도, 지속시간 등을 고려하여 평가한다.

(3) 아동기 자폐증의 일부 행동은 다른 아동기 장애로 기인된 행동과 유사하므로, 행동이 뇌손상이나 정신지체와 같은 장애로 인해 생겨난 것인가를 판단하려 하지 말고 아동의 행동이 정상에서 어느 정도 벗어나는가를 평가하는 것이 중요하다.

4 채점 및 해석

(1) 15개 각 문항마다 1~4점까지 평정
(2) 1: 아동의 행동이 같은 연령 아동의 정상 범위 내에 있다는 것.
   2: 아동의 행동이 같은 연령의 아동과 비교해 경미하게 비정상적임을 의미.
   3: 아동의 행동이 중간 정도 비정상적임을 의미
   4: 아동의 행동이 같은 연령의 아동에 비해 심하게 비정상적임.
   ※ 4개의 등급 외에도 행동이 두 범주 사이에 해당될 때 사용하는 중간점(1.4, 2.5, 3.5)
(3) 15개 각각의 하위척도들에 대한 개별점수들을 합하여 총점 계산. 총점의 범위는 15~60점.
(4) 점수가 높을수록 자폐증이 심각하다.

전체 점수	진단적 분류	기술적 수준
15~29.5	자폐증 아님	(자폐증 아님)
30~36.5	자폐증	경증, 중간정도 자폐증
37~60.0	자폐증	중증 자폐증

2 우울증 관련 척도

1 벡(Aaron T. Beck)의 우울검사(BDI: Beck Depression Inventory)

(1) 성인과 청소년을 대상으로 우울증의 심한 정도를 평가하기 위해 개발되었다.

(2) 대상: 중학교 이상. 5학년 이상의 읽기 수준을 요구하며 정서적, 인지적, 행동적, 생리적 측면에서 우울증상을 설명한다.

(3) 문항: 21문항. 문항은 심한 정도를 0~3점 범위 내에서 응답하도록 하는 4점 척도로 구성되어 있다.

Beck Depression Inventory(BDI)

지금 현재의 자신의 상태를 가장 잘 나타낸다고 생각되는 문항 하나를 고르십시오

1)
0. 나는 슬프지 않다.
1. 가끔 슬플 때가 있다.
2. 슬픔에 젖어 헤어날 수가 없다.
3. 대단히 슬프고 불행해서 견딜 수가 없다.

2)
0. 장래에 대해 별로 걱정하지 않는다.
1. 장래에 대해 가끔 걱정한다.
2. 장래에 대한 기대는 아무것도 없다.
3. 장래는 절망적이고 나아질 수도 없다.

3)
0. 실패라는 것은 생각하지도 않는다.
1. 다른 사람보다 실패를 많이 한 것 같다.
2. 과거 내 생활은 거의 실패의 연속이었다.
3. 나는 완전히 실패한 인간이다.

4)
0. 내가 하는 일에 여전히 만족하고 있다.
1. 예전처럼 만족을 느끼지 못한다.
2. 무엇을 해도 만족스럽지 않다.
3. 만사가 불만스럽고 짜증이 난다.

5)
0. 별로 죄책감을 느끼지 않는다.
1. 때때로 죄책감을 느낀다.
2. 자주 죄책감을 느낀다.
3. 항상 죄책감에 빠져 있다.

6)
0. 벌 받는 느낌은 없다.
1. 벌을 받을는지 모른다.
2. 벌 받을까봐 걱정이다.
3. 나는 지금 벌 받고 있다.

7)
0. 나 자신에 대해 실망하지 않는다.
1. 나 자신에 실망할 때가 많다.
2. 내 자신이 지긋지긋하다.
3. 내 자신을 증오힌다.

8)
0. 나는 다른 사람보다 뒤떨어지지 않는다.
1. 나의 약점이나 실수는 가끔 내 탓으로 돌린다.
2. 다른 사람보다 뒤떨어지는 것은 거의 내 탓이라고 생각한다.
3. 잘못된 일은 모두 내 탓이다.

9)
0. 죽고 싶은 생각은 해본 적이 없다.
1. 가끔 죽고 싶은 생각이 들지만 실행은 못할 것이다.
2. 나는 죽고 싶은 생각을 할 때가 많다.
3. 기회만 있으면 자살할 것이다.

10)
0. 평소보다 더 우는 편은 아니다.
1. 전보다 더 자주 우는 편이다.
2. 요즈음 항상 울고 있다.
3. 울고 싶어도 나올 눈물조차 없다.

11)
0. 전보다 더 짜증나지는 않는다.
1. 전보다 더 쉽게 짜증이 난다.
2. 요사이 항상 짜증이 난다.
3. 짜증내고 싶어도 이제는 짜증내기도 지쳤다.

12)
0. 다른 사람과 여전히 잘 어울린다.
1. 다른 사람과 어울리지 못할 때가 가끔 있다.
2. 거의 대부분 다른 사람들과 어울리지 못한다.
3. 다른 사람들에 대해 전혀 흥미가 없다.

13)
0. 나의 결단력은 전과 같다.
1. 전보다 다소 결단력이 약해졌다.
2. 전보다 훨씬 결단력이 약해졌다.
3. 나는 아무것도 결단을 내릴 수가 없다.

13)
0. 나의 결단력은 전과 같다.
1. 전보다 다소 결단력이 약해졌다.
2. 전보다 훨씬 결단력이 약해졌다.
3. 나는 아무것도 결단을 내릴 수가 없다.

14)
0. 전보다 내 모습이 못하지는 않다.
1. 내가 늙거나 매력이 없어진 것 같아 걱정이다.
2. 내 모습은 변했고 매력도 없어졌다.
3. 내 모습은 확실히 추해졌다.

15)
0. 전과 같이 일을 잘 할 수 있다.
1. 전처럼 일을 하려면 조금 힘이 든다.
2. 무슨 일이든 하려면 무척 힘이 든다.
3. 전혀 아무 일도 할 수가 없다.

16)
0. 잠자는 데 아무 불편이 없다.
1. 잠 못 이룰 때가 가끔 있다.
2. 평소보다 새벽에 일찍 깨고 다시 잠들기 어렵다.
3. 밤중에 깨서 전혀 못 잔다.

17)
0. 별로 피곤한 줄 모르고 지낸다.
1. 평소보다 쉽게 피로해진다.
2. 사소한 일에도 곧 피로해진다.
3. 너무 피로해서 아무 일도 할 수 없다.

18)
0. 입맛은 평소와 같다.
1. 입맛이 전과 같이 좋지는 않다.
2. 요사이 입맛은 매우 나빠졌다.
3. 전혀 입맛이 없다.

19)
0. 체중의 변화는 없다.
1. 근래 3kg 줄었다.
2. 근래 5kg 줄었다.
3. 근래 7kg 줄었다.

20)
0. 건강에 대한 걱정은 별로 안 한다.
1. 신체적 건강에 대해 걱정한다. (몸살, 소화불량 등)
2. 신체적 건강에 대한 걱정 때문에 다른 생각이 하기 힘들다.
3. 신체적 건강에 대한 걱정 때문에 전혀 아무 일도 할 수 없다.

21)
0. 성욕이 전보다 떨어진 것 같지는 않다.
1. 성욕이 전보다 약간 떨어졌다.
2. 확실히 성욕이 떨어졌다.
3. 성욕이 전혀 일어나지 않는다.

(4) 해석
① 0~9점: 낮은 우울 수준
② 10~16점: 경미한 우울 수준
③ 17~29점: 중간정도의 우울 수준
④ 30~63점: 심한 우울 수준

(5) 증상의 정도를 리커트식 척도가 아니라, 증상의 정도를 표현하는 구체적인 진술문에 응답하게 함으로써 응답자들이 자신의 심리상태를 수량화하는 데 겪는 혼란을 줄일 수 있다.

2 아동용 우울검사(CDI)

(1) BDI를 아동과 청소년에게 실시할 수 있도록 개발한 것이다.
(2) 대상: 만 8세~13세 아동

(3) 아동기 우울증의 인지, 정서, 행동적 증상들을 평가하기 위해 개발한 자기보고형 척도다.
(4) 문항: 각 문항을 0~2점으로 평정한다.
(5) 해석
　① 22~25점: 약간 우울 상태
　② 26~28점: 상당한 우울 상태
　③ 29~54점: 매우 심한 우울상태

3 코너스(Conners) 평가척도 2011 기출

1 대상 및 특징

(1) 부모평가척도(CPSQ), 교사평가척도(TRS)는 ADHD 아동을 평가하는 데 쓰이는 있는 행동평가 척도다.
(2) 교사용 39문항 버전과 28문항 버전이 있으며, 부모용 49문항 버전과 93문항 버전으로 구성되어 있다.
　① 개정판 부모용 척도: 총 80문항. 단축형 27문항
　② 개정판 교사용 척도: 총 59문항. 단축형 28문항
(3) 개정 코너스(Conners) 평가척도: 청소년용 자기보고 척도를 포함하여 6개의 주요 척도와 5개의 보조 척도를 포함하는 통합평가 체계로 구성되어 있다.
(4) ADHD 평가에 주로 사용하지만 그 밖에 가족문제, 정서문제, 분노조절문제, 불안문제 등을 평가하는 하위척도 포함되어 있다.
(5) 단축형: 국내에서는 코너스(Conners) 평가척도 중 ADHD 아동의 부모 및 교사가 가장 빈번히 보고하고 있는 10개의 문항으로 구성되어 있다.

[2011년 기출]

다음에 제시된 특징을 모두 갖춘 심리검사들로 바르게 묶은 것은?

- 성격과 정신병리를 평가하기 위한 객관적 검사이다.
- 피검자가 각 문항에 0점에서 3점까지 4분척도로 반응하도록 구성된다.
- 타당성 척도와 임상척도는 물론 여타의 특수 척도를 추가로 포함한다.
- 임상 장면에서 내담자의 정신과적 문제를 선별·진단하는 데 중요한 정보를 제공한다.

① 다면적 인성검사(MMPI), 성격유형검사(MBTI)
② 다면적 인성검사(MMPI), 한국아동인성검사(KPI-C)
③ 성격평가질문지(PAI), 한국아동인성평정척도(KPRC)
④ 성격평가질문지(PAI), 코너스교사평정척도(CTRS-R)
⑤ 한국아동인성검사(KPI-C), 한국아동인성평정척도(KPRC)

2 척도 구성

〈Conners 단축형 평가척도 문항 내용〉

(1) 차분하지 못하고 너무 활동적이다.
(2) 쉽사리 흥분하고 충동적이다.
(3) 다른 아이들에게 방해가 된다.
(4) 한번 시작한 일을 끝내지 못한다: 주의집중 시간이 짧다.
(5) 늘 안절부절못한다.
(6) 주의력이 없고 쉽게 주의분산이 된다.
(7) 요구하는 것이 있으면 금방 들어주어야 한다: 쉽게 좌절한다.
(8) 자주, 또 쉽게 울어 버린다.
(9) 금방 기분이 확 변한다.
(10) 화를 터뜨리거나 쉽게 감정이 격해지고 행동을 예측하기 어렵다.

3 채점 및 해석

(1) 4점 척도로 평정. 0점은 '전혀 없음', 1점은 '약간', 2점은 '상당히', 3점은 '아주 심함'으로 이루어져 있다.
(2) 교사용 평가척도는 3~24세, 부모용 평가척도는 3~17세에 해당하는 규준이 있다.
(3) 부모용 척도는 16점 이상이면 ADHD로 진단. 교사용 척도는 ADHD의 절단점수가 17점.

19 학습 검사

1 기초학습기능검사(KEDI-Individual Basic Learning Skills Test)

1 대상 및 목적

(1) **대상**: 유치원(만 5세 0개월)부터 초등학교 6학년까지(만 12세 11개월)
(2) **목적**: 아동의 학습수준을 측정하여 동일 연령 또는 동일 학년의 다른 학생들과 비교할 때 어느 정도 차이가 있는지 알아보기 위해서 사용하는 검사이다. 아동을 학습능력에 따라 분류 또는 반 배정을 할 때 각 아동에 맞는 개별화 교수안을 계획하거나 그 효과성을 확인할 때 사용하는 검사로서, 특정 아동의 학습진도를 평가할 때 필요한 검사이다.

2 검사 구성

기능	측정 요소		소검사	문항수	총문항수
정보처리기능	관찰능력, 조직능력, 관계능력	1	정보처리	60	
언어기능	문자와 낱말의 재인능력(문자변별, 발음 등)	2	읽기 I	50	
	독해 능력	3	읽기 II	50	270
	철자의 재인능력	4	쓰기	50	
수기능	기초개념 이해능력, 계산능력, 문제해결능력	5	셈하기	60	

3 실시 절차

(1) 총 검사에 소요되는 시간: 40~60분
(2) 셈하기 검사의 경우 약 30초, 그 밖의 소검사들은 15초 정도 응답시간을 주는 것이 적당하다.
(3) 기초학습기능검사에서는 5개의 소검사를 정보처리, 셈하기, 읽기 I, 읽기 II, 쓰기의 순서로 실시한다. 각 소검사는 아동의 학년에 따라 검사설명서에 제시된 시작문항 번호에서 시작한다.

2 학습능력 검사(LAT: Learning Ability Test)

1 대상 및 특징

(1) 학생의 지적 능력은 물론 학습과 밀접한 관련이 있는 학습동기, 기억력, 집중력, 실행력과 같은 수행능력을 평가한다.

(2) 대상: 초등 2학년 이상~중, 고등학생

(3) 학업재능 및 스타일을 파악하여 개인의 학습능력의 장단점을 파악할 수 있도록 도움을 주고, 학습문제가 인지적인 기능의 문제에서만 발생하는 것이 아니므로 동기의 문제, 기억력, 집중력, 실행력을 동시에 평가한다.

2 검사의 구성 및 척도

		초등학생	중학생	고등학생
학습능력	어휘력	비슷한말(15) 문장완성(15)	동의어(15) 반의어(15)	동의어(20) 반의어(20)
	수리력	수리력(15)	수리력(15)	수리력(15)
	추리력	추리Ⅰ(20) 추리Ⅱ(20)	언어추리력(20) 수열추리력(20)	언어추리력(20) 순열추리력(20)
	지각력	공간지각(20)	공간지각력(20)	공간지각력(20)
학습활동		학습활동(40)	학습활동(40)	학습활동(40)
총문항수		145	145	155

3 검사실시

(1) 오프라인에서 검사자의 정확한 지시에 따라 실시

(2) 검사 시간은 철저히 지키는 것이 매우 중요
   ① 초등학생: 45분 30초
   ② 중학생: 45분
   ③ 고등학생: 46분

4 결과해석

(1) 학습능력이 우수하고 학습활동도 우수한 학생(A타입)

(2) 학습능력은 우수하지만 학습활동은 낮은 학생(B타입)

(3) 학습능력은 낮지만 학습활동은 우수한 학생(C타입)

(4) 학습능력은 낮고 학습활동도 낮은 학생(D타입)

3 청소년학습전략검사(ALSA) 2014 기출

1 실시 대상: 초등학교 5학년 ~ 고등학교 2학년

2 검사 특징

학습전략과 함께 자아효능감과 학습동기를 특정한다. 이를 통해 학업성취의 정서적 측면과 교수적 측면에서의 정보를 얻는다.

3 해석

검사결과를 얻은 후, 학습전략프로그램과 함께 청소년의 학습동기를 높이는 방법으로 지도해야 한다.

4 검사의 구성

학습동기 척도	자아효능감 척도	인지-초인지전략 척도	자원관리 전략 척도
학습에 대한 선택, 잠재성, 강도, 지속성을 측정한다.	학업적 과제 수행에 필요한 행위를 얼마나 잘 조직할 수 있는지를 측정한다.	학습과 관련된 인지적 전략. 정교화 전략, 조직화 전략의 사용여부를 측정한다.	시간, 환경, 노력, 타인의 조력을 관리하는 능력에 대해 측정한다.

(1) 학습동기
　① 동기란 '행동을 시작하게 하고, 지속시키며, 방향짓게 하는 힘'을 의미한다. 학습동기에 대한 연구는 '무엇이 사람들을 학습하도록 하는가? 사람들은 왜 학습하는가?' 등의 질문으로부터 비롯되었다. 즉 학습에 대한 선택, 잠재성, 강도, 지속성, 수반된 인지적·정서적 반응 등을 고려하는 것이다.
　② 예컨대 학생 중에 공부를 즐기거나 학습과제에 도전하기를 선호하는 학생들이 있다면 이런 학생들은 외부의 어떤 보상이 없더라도 공부를 지속적으로 하게 될 것이다. 이런 학생은 학습에 대한 내재동기가 상당히 높은 것이다. 반면에 같은 학급의 다른 친구들보다 공부를 잘해야 한다고 생각하거나 이후에 부모님의 칭찬이나 선물을 기대해서 공부를 하는 학생들은 외재동기가 높은 학생들이다.

> **+ 34점 이하 매우 낮음의 결과해석**
>
> 이 학생의 학습동기 수준은 매우 낮습니다. 이로 인해 학습내용의 선택, 학습행동의 강도·지속성이 떨어지고 따라서 과제 집중도가 낮아져 지속적인 학습행동이 어려울 수 있습니다. 또한 공부에 대한 회의, 즉 '공부는 해서 뭐하나' 하는 생각이 크며 현재 하고 있는 공부가 장래의 진로나 직업선택에 있어 도움이 되지 않는다는 생각을 할 수도 있습니다.
> 지금의 수준을 향상시키기 위해서는 학습난이도를 낮추고 과제 흥미와 집중도를 높일 수 있도록 수업과 프로그램을 통해 집중적인 도움을 제공하는 것이 필요합니다. 많은 관심과 도움이 필요합니다.

(2) 자아효능감
　① 자아효능감은 학습자가 학업적 과제의 수행을 위해 필요한 행위를 조직하고 실행해 나가는 자신의 능력에 대해 내리는 판단을 의미하는 것으로 '자기 자신이 어느 정도의 능력을 갖춘 사람인가'에 대한 스스로의 판단에 해당한다.
　② 자아효능감이 높은 학습자는 도전적인 과제를 선택하고, 주어진 과제를 성공적으로 수행하기 위해 더 많은 노력을 기울이며, 어려운 일이 닥쳐도 끈기있게 과제를 지속한다.
　③ 또한 자아효능감이 높을수록 불안을 느끼는 정도가 낮고, 보다 효과적인 학습전략을 사용하며 뛰어난 자기조절능력을 보인다.
　④ 예컨대 자신이 스스로 상당히 높은 수준의 능력을 가지고 있다고 믿는 학생은 도전적인 과제를 좋아할 것이다. 그런데 실제 자기 능력 수준은 형편없음에도 불구하고 자신이 상당한 능력을 가진 것으로 판단하는 학생이 있다면 이 학생은 비현실적인 자기 기대를 하게 될 것이다. 따라서 자기 자신의 능력 정도를 정확하게 판단하는 것이 매우 중요하다.

> **+ 34점 이하 매우 낮음의 결과해석**
>
> 이 학생의 자아효능감 수준은 매우 낮습니다. 이런 경우, 과제의 수행을 위해 필요한 학습행동을 조직하고 실행해 나가는 자신의 능력이 매우 부족하다고 판단을 내릴 수 있습니다. 따라서 과제 수행이 적어지고, 도전적인 과제를 회피할 수 있습니다. 또한 끈기있게 학업 수행을 하지 못하며, 자신의 학습행동에 대한 불안이 커 학습에 많은 어려움을 겪을 수 있습니다.
>
> 자아효능감 수준을 높이기 위해서는 지속적인 격려와 함께, 학습난이도를 낮추어 성취경험을 할 수 있도록 수업과 프로그램을 통해 집중적인 도움을 제공하는 것이 필요합니다.

(3) 인지・초인지 전략

① 학습전략은 학습자가 자신의 부호화 과정에 영향을 주거나 학습하는 동안 자신의 학습에 관여하는 모든 사고와 행동을 의미한다. 이런 과정에서 학습전략은 학습자로 하여금 새로운 정보를 효과적이고 효율적으로 습득・파지하고 적용할 수 있도록 하는 일종의 도구이다.

② 학습전략은 인지적 학습전략, 초인지적 학습전략 그리고 자원관리 전략, 이 세 가지 범주로 구분할 수 있다. 인지적 전략에는 시연전략, 정교화전략, 조직화전략 등이 있고, 초인지 전략에는 계획하기, 조절하기 등이 포함된다.

③ 예컨대, 인지・초인지 전략이 뛰어난 학생들은 새로운 정보를 학습하는 방법을 알고 있으며, 다음과 같은 활동에 익숙할 것이다.(맥키지와 인지적 전략의 내용, 초인지적 전략의 내용과 동일)

> **+ 34점 이하 매우 낮음의 결과해석**
>
> 이 학생의 인지・초인지 전략 활용 수준은 매우 낮습니다. 이런 경우, 과제에 대한 반복학습이 매우 부족하고, 학습정보를 종합하거나 수업 내용을 정리하는 등의 활동이 매우 적으며, 학습 내용에 대한 이해의 정도를 점검하여 스스로 평가하기 힘들어서 학습의 효율성이 매우 낮아질 수 있습니다. 이로 인해 학습된 내용이 잘 축적되지 못하고 소실되기 쉬우며, 효과적인 시험치기도 어려워질 수 있습니다.
>
> 지금의 수준을 향상시키기 위해서는 수업이나 프로그램 등을 통해 기억조성, 읽기, 노트필기, 시험치기 기술 등에 대해 익히는 노력이 매우 필요합니다. 구체적으로, 과제나 수업내용에 대해 반복적으로 학습하고, 그 가운데 핵심적인 내용을 간략히 정리해 보는 연습을 하는 것이 필요하며, 학습한 내용에 대한 자신의 이해 정도를 점검하는 활동이 필요합니다. 이를 위해서 인지・초인지 학습전략 능력을 향상시킬 수 있는 수업과 프로그램을 통해 집중적인 도움을 제공하는 것이 필요합니다. 많은 관심과 도움이 필요합니다.

(4) 자원관리 전략

① 자원관리 전략은 학습전략의 한 범주로서, 자신에게 주어진 주변 환경을 효율적으로 활용하여 새로운 정보를 효과적으로 학습하는 방법이다. 자원관리 전략은 시간관리, 공부환경관리, 노력관리 및 타인의 조력추구 등으로 구성되어 있다.

② 예컨대, 자원관리 전략이 뛰어난 학생은 학습 시에 다음과 같은 활동에 익숙할 것이다(맥키지의 자원관리 전략 내용과 동일)

> **+ 34점 이하 매우 낮음의 결과해석**
>
> 이 학생의 자원관리 전략 활용 수준은 매우 낮습니다. 이런 경우, 전반적인 학습지지체계가 매우 약하여, 시간과 학습환경 관리가 미흡하고, 낮은 난이도의 학습과제만을 선별적으로 학습하며, 지속적인 학습행동이 부족할 수 있습니다. 과제를 혼자 진행함으로써 실패 경험이 늘어날 수 있으며, 이해되지 않는 학습과제에 대해 질문을 하거나 학습행동을 유지시키기 위해 주변 친구 또는 교사에게 도움을 요청하는 행동이 상당히 부족할 수 있습니다.
>
> 지금의 수준을 향상시키기 위해서는 고정된 공부장소를 마련하고, 학습과제의 난이도를 점진적으로 높이며, 동료들과 함께 공부할 수 있는 환경을 찾을 필요가 있습니다. 그리고 학습 내용이나 과제에 대해 또래 친구나 교사에게 질문하고 도움을 구하려는 의도적인 노력이 많이 필요합니다. 이러한 노력을 유도할 수 있는 수업과 프로그램을 통하여 집중적인 도움을 제공하는 것이 필요합니다. 많은 관심과 도움이 필요합니다.

5 해석 절차

(1) 청소년 학습전략 검사에 측정된 4개 요인과 전체 척도에 대한 일반적인 해석은 T점수로 평균에서 어느 정도 떨어져 있느냐에 따라 5개 수준으로 나누어진다.

(2) 검사 점수의 해석은 평균점수보다는 표준편차를 고려한 범위점수에 기초하는 것이 바람직하다.

(3) T점수에 따른 소검사별 기준

	매우 낮음	낮음	보통	높음	매우높음
기준	34점 이하	35 ~ 44	45 ~ 55	56 ~ 65	66점 이상
누적백분율	7%	31%	69%	93%	100%

+ 프로파일의 예

요인	학습동기	자아효능감	인지·초인지 전략	자원관리 전략	전체 환산 T점수
원점수	28	26	34	26	114
T점수	62	50	44	54	53

[2014년 기출]

다음은 전문상담교사가 기수(중2, 남)가 속한 학년 전체를 대상으로 학습전략검사(Assessment of Learning Strategies for Adolescents: ALSA)를 실시한 결과이다. 학년 전체 결과와 비교했을 때 기수의 학습 전략의 강점과 약점을 제시하고, 약점을 보완하기 위한 구체적인 상담 방향을 서술하시오.

소검사	학년 전체 검사결과		기수의 검사결과
	평균	표준편차	
학습동기	2.49	0.54	3.00
자아효능감	2.48	0.44	3.00
인지·초인지전략	2.23	0.44	1.00
자원관리전략	2.65	0.43	2.00

4 MLST 학습전략검사

1 실시 대상: 초등학생, 중고등학생(각각 다르게 검사지가 구성)

2 검사 특징

학습과 관련된 다양한 차원의 요인을 포함하고 있어 종합적인 학습능력을 측정하는 것이 가능하다. 학습전략 외에도 학습성취도에 영향을 미치는 심리적 특성과 동기수준에 대한 정보를 얻을 수 있어, 하나의 검사로 학생의 학습부진 원인을 탐색하고, 공부방법이나 지도 방법을 수정하고 보완할 수 있다.

3 검사 구성

척도명	요인
성격적 차원	효능감, 자신감, 실천력
정서적 차원	우울, 불안, 짜증
동기적 차원	학습동기, 경쟁동기, 회피동기
행동적 차원	시간관리, 공부환경, 수업태도, 노트필기, 집중전략, 책읽기, 기억전략, 시험치기

5 학습동기검사(AMT: Academic Motive Test, 학업동기검사) 2011 기출

1 제작자: 김아영(2003)

2 평가 내용

학업적 자기효능감(자신의 수행능력에 대한 기대나 신념), 학업적 실패내성(실패경험에 대해 건설적인 반응 여부)

3 척도 구성

(1) 학업적 자기효능감: 자신감 / 자기조절효능감 / 과제수준선호

(2) 학업적 실패내성: 감정 / 행동 / 과제난이도선호

4 총문항: 44문항에 리커트식 6점 척도

5 대상: 초등학생~대학생

6 소요 시간: 10~20분

7 검사 특성

(1) 개별검사 집단검사 두 가지 다 가능하다.
(2) 비교적 적은 수의 문항으로 빠른 시간 내에 학생들의 학습동기 측면에 대한 간편한 평가 가능.
(3) 학업동기검사를 통하여 학생들의 동기적 특성을 구체적으로 이해하고 세분화된 동기적 측면에 대한 정보를 제공해 줄 수 있다.

6 학습방법진단검사 <small>2011 기출</small>

1 제작: 한국심리자문연구소(1997)

2 대상: 초등학생, 중학생, 고등학생(각각 별도로 검사 제작)

3 검사 시간: 40~50분

4 검사 구성: 학습부진의 원인과 영향을 주는 요인을 세 가지로 구별한다.

학습효율 척도	학습전략, 학습습관 등을 반영
감성지수 척도	학습효율에 영향을 미치는 개별능력, 자신감, 성격 등 개인적, 정서적 요소를 반영
환경요인 척도	가족 내 환경이나 학교적응, 대인관계 등 학습과 연관된 환경요인 반영

5 검사 특성

(1) 학습장애가 있는 아동의 경우 주의집중과 언어력, 수리력 등 특정 인지 기능상의 문제를 파악하고 조기 발견함으로써 향후 치료와 학교생활 적응에 필요한 실질적인 도움을 줄 수 있다.

(2) 학생의 성격특성에 관한 피드백을 교사나 부모에게 전달함으로써 실제적으로 피검자 개개인에 맞는 학습특성을 조성하는 데 효과적일 수 있다.

7 한국판 학습장애평가척도(K-LDES: Korean version of Learning Disability Evaluation Scale)
<small>2011 기출</small>

1 한국판 표준화 작업: 신민섭, 조수철, 홍강의

2 목적: 학령기 아동의 학습장애 여부 및 문제의 심각성, 학습장애 유형을 객관적으로 평가

3 대상: 6~11세

4 실시형태: 교사 또는 부모 평정

5 문항수: 88문항

6 소요시간: 20분

7 세트구성: 전문가 지침서, 검사지, 채점코드

8 척도구성

하위척도	내용	문항수
주의력	주의집중의 어려움을 평가한다.	7
생각하기	시공간적 능력, 계기적 정보처리 능력을 평가한다.	17
말하기	말할 때 음을 빠뜨리거나 단어를 완전히 틀리게 발음하거나 대화를 잘 이어가지 못하거나 어휘력이 한정되어 있는 것 등을 평가한다.	9
읽기	단어나 행, 문장들을 빼먹고 읽는 것과 같은 읽기의 정확성과 독해력을 평가한다.	14
쓰기	반전 오류(글자나 숫자를 거꾸로 씀), 띄어쓰기에서의 어려움 등을 평가한다.	14
철자법	철자법, 받아쓰기의 어려움 등을 평가한다.	7
수학적 계산	수학적 연산과 수학적 추론에서의 어려움을 평가한다.	20
총 문항 수		88

9 구체적인 문항의 예

(1) 주의력: 말한 내용을 정확히 다 듣지 못하고 중간중간 빠뜨리고 듣는다.
(2) 생각하기: 계속해서 같은 것만을 하려 한다.
(3) 말하기: 또래나 어른들과 대화를 이어가지 못한다.
(4) 읽기: 비슷하게 생긴 글자를 구별하지 못한다.
(5) 쓰기: 주어와 동사의 존칭이 일치되게 쓰지 못한다.
(6) 철자법: 단어와 음운이 같지 않은 낱말을 쓰는 데 어려움이 있다. (예 많다 - 만타)
(7) 수학적 계산: 말로 표현되어 있는 산수문제를 푸는 데 어려움이 있다.

19 학습 검사

[2011년 기출]

다음은 강희(고1, 여)의 호소 내용을 정리한 것이다. 전문상담교사가 강희의 학습 관련 문제를 평가하기 위해 실시할 수 있는 심리검사로 옳은 것만을 〈보기〉에서 모두 고른 것은?

> 강희는 고등학교에 들어오면서 학업 문제로 고민이 깊어졌다. 중학교까지만 해도 학교 공부도 재미있고 성적도 상위권을 유지했으나, 고등학교에서는 성적이 계속 하락하고 있다. 기숙형 고등학교에 진학한 강희는 학원에 의존하던 중학교 때와는 달리 많은 시간을 혼자 보내면서 스스로 공부해야 하는 상황이 되었다. 그러나 강희는 학습 의욕을 상실한 채 무엇을 어떻게 시작해야 하는지 감을 잡지 못하고 있다. 최근 들어 강희는 수업 중에 자주 긴장하고 두통을 느끼며, 때로 이상한 생각에 사로잡혀 허공을 응시하곤 한다.

〈보기〉
ㄱ. 학습방법진단검사
ㄴ. 학업동기검사(AMT)
ㄷ. 한국학습장애평가척도(K-LDES)
ㄹ. 아동·청소년행동평가척도(K-CBCL)

MEMO

편/저/자/약/력

정 혜영 교수

[학력 및 약력]
- 가톨릭대학교 상담심리대학원 석사
- 숙명여자대학교 상담학과 학사
- 현) 박문각 임용고시 전문상담 강사
- 마인드원심리상담센터 상담사
- 틔움심리상담연구소 객원상담사
- 연세드림 정신과 상담사
- 송파구 청소년상담복지센터 상담사 및 집단상담사
- 관악구 청소년상담복지센터 상담사
- 평택시 청소년상담복지센터 상담사
- 어세스타 진로 특강 강사
- 청소년 분노조절 집단 강사
- 한국상담심리학회 1급 2급 시험 지도 강사
- 상담심리대학원 입시 지도 강사

[자격증 및 교육]
- 한국상담심리학회 상담사 2급
- 한국상담심리학회 정신보건증진사 2급
- 여성가족부 청소년상담사 3급
- 한국청소년상담복지개발원 MMPI 교육수료
- 한국청소년상담복지개발원 트라우마치료 교육수료
- 한국청소년상담복지개발원 청소년위기 및 정신병리 교육수료
- 한국청소년상담복지개발원 PBIM사례개념화 모형 교육수료
- MBTI연구소 MBTI 교육 수료
- 수원시자살예방센터 자살예방 교육 수료 외 다수

2024학년도 중등임용 전문상담교사 대비

콕콕!! 적중! 정혜영의 전문상담이론 2

2023년	3월 10일	4판 1쇄 개정판 인쇄
2023년	3월 15일	4판 1쇄 개정판 발행

편저자 정혜영
발행인 염명숙
발행처 베스트에듀
등 록 제 2014-000013호
주 소 서울시 동작구 만양로 14길 43 (노량진동)
T E L (02) 812-0532
F A X (02) 812-0516
이메일 ksdbdhl@nate.com

ISBN 979-11-88651-91-7 (13180)　　　　　정가 39,000원

이 책의 무단 전재 또는 복제 행위는 저작권법 제136조에 의거 5년 이하의 징역 또는 5,000만원 이하의 벌금에 처하거나 이를 병과할 수 있습니다.